AF831725

Die strafrechtliche Aufarbeitung von DDR-Justizunrecht

Iris Keller

Die strafrechtliche Aufarbeitung von DDR-Justizunrecht

PL ACADEMIC RESEARCH

Bibliografische Information der Deutschen Nationalbibliothek
Die Deutsche Nationalbibliothek verzeichnet diese Publikation in der Deutschen Nationalbibliografie; detaillierte bibliografische Daten sind im Internet über http://dnb.d-nb.de abrufbar.

Zugl.: Passau, Univ., Diss., 2011

Umschlagabbildung:
Oberstes Gericht der DDR (bis 1973),
Berlin Invalidenstraße,
mit Grenzübergang Invalidenstraße.
Fotograf: Klaus Lehnartz, 1973.
Druck mit freundlicher Genehmigung
von Dirk Lehnartz, photonet.de.

D 739
ISBN 978-3-631-62301-5
© Peter Lang GmbH
Internationaler Verlag der Wissenschaften
Frankfurt am Main 2013
Alle Rechte vorbehalten.
PL Academic Research ist ein Imprint der Peter Lang GmbH

Das Werk einschließlich aller seiner Teile ist urheberrechtlich geschützt. Jede Verwertung außerhalb der engen Grenzen des Urheberrechtsgesetzes ist ohne Zustimmung des Verlages unzulässig und strafbar. Das gilt insbesondere für Vervielfältigungen, Übersetzungen, Mikroverfilmungen und die Einspeicherung und Verarbeitung in elektronischen Systemen.

www.peterlang.de

Einleitung

Die strafrechtliche Aufarbeitung des DDR-Unrechts kann mittlerweile als abgeschlossen betrachtet werden. Nach einer Schlussbilanz von 2007 endete das letzte einschlägig bekannte Verfahren im Jahre 2005[1]. Im Bereich des Justizunrechts wäre aufgrund von Verjährung nur noch die Verfolgung von Todesurteilen gegebenenfalls möglich[2]. Dass es insoweit noch zu weiteren Verfahren kommt, ist jedoch höchst unwahrscheinlich. Die Rechtsprechung kann damit insgesamt abschließend analysiert und bewertet werden.

A. Thema und Ziel der Arbeit

Diese Arbeit soll die Möglichkeiten und Grenzen der strafrechtlichen *Aufarbeitung* von DDR Justizunrecht aufzeigen und bewerten, wie die Rechtsprechung hiermit umgegangen ist. Hierbei geht es nach allgemeinen Überlegungen zu dem Rahmen, der einer Vergangenheitsaufarbeitung durch das Strafrecht und das Strafverfahren vorgegeben ist[3], vor allem um die Frage, ob und inwiefern sich Richter und Staatsanwälte[4] der ehemaligen DDR im Zusammenhang mit ihrer Tätigkeit strafbar gemacht haben und dafür nach der Wiedervereinigung zur Verantwortung gezogen werden konnten. Dafür kommt dem Tatbestand der Rechtsbeugung vorrangige Bedeutung zu. Bei Verurteilungen zu Freiheitsstrafen kommt des weiteren Freiheitsberaubung, bei vollstreckten Todesstrafen Totschlag oder unter Umständen sogar Mord in Betracht. Wurde ein Straftäter aus politischen Gründen nicht verfolgt, kann Strafvereitelung und gegebenenfalls auch Begünstigung hinzukommen. Solche Fälle und ihr Verhältnis zum Tatbestand der Rechtsbeugung werden in einem gesonderten

---

1 *Marxen/Werle/Schäfter*, Die Strafverfolgung von DDR-Unrecht Fakten und Zahlen, S. 57.

2 Im Einzelnen dazu Kapitel 14, D.

3 Kapitel 1.

4 Aus Gründen der Lesbarkeit wird der Paarausdruck „Richter und Staatsanwälte" in dieser Arbeit nicht durch die jeweils weibliche Form ergänzt. Hierbei sind jedoch ebenso Richterinnen und Staatsanwältinnen mitgedacht.

Kapitel[5] zu bestimmen sein. Ausgeklammert bleibt der Bereich des Strafvollzugs[6], ebenso Misshandlungen und Geständniserpressungen in der U-Haft[7].

Mit der Beschränkung des Themas auf das *Justizunrecht* sind auch weitere Bereiche des DDR-Unrechts ausgeklammert, so insbesondere die Problematik der Spionage, Wahlfälschungen, der StaSi-„Postraub" und andere MfS-Straftaten, die Abhörfälle und die Fälle von Denunziation. Auf die Mauerschützenfälle ist gleichwohl partiell einzugehen, da hier enge Querverbindungen zu Fragen der Rechtsbeugung bestehen. Dabei soll auch der Vermutung nachgegangen werden, der BGH privilegiere mit seiner Rechtsprechung die Justizjuristen gegenüber den Mauerschützen.

Zentrale Frage bei der strafrechtlichen Beurteilung von Handlungen, die in der ehemaligen DDR begangen wurden, ist die Auswirkung des Rückwirkungsverbotes des Art. 103 II GG. Nach der hier vertretenen Ansicht ergibt sich aus den von Art. 103 II GG gesetzten Maßstäben, dass bei der Prüfung der Erfüllung des Rechtsbeugungstatbestandes im konkreten Einzelfall das Rechtsverständnis der DDR zu berücksichtigen und das DDR-Recht systemimmanent auszulegen ist[8]. Der BGH hat einen eigenen Ansatz vertreten, der ausführlich und kritisch zu beleuchten ist[9]. Er hat neben der Berücksichtigung von Besonderheiten des DDR-Rechtssystems, die aber nicht konsequent genug betrieben wurde, mit einer Einschränkung des objektiven Tatbestands der Rechtsbeugung reagiert. Damit knüpfte er an eine unselige Rechtsprechung an und entwickelte diese fort[10]. Dies warf neue Fragen und Unklarheiten auf, die auch durch eine teils unstimmige Systematik von Fallgruppen[11] nicht aufgefangen werden konnten. Damit waren jedoch die Leitlinien für die weitere Arbeit der Untergerichte und Staatsanwaltschaften gesetzt. Auch wenn das strikte grundgesetzliche Rückwirkungsverbot von vornherein enge Grenzen für die Zahl möglicher Verurteilungen zog, reiht sich die vorliegende Arbeit in die kritischen Stimmen der Literatur ein, die jedoch keine Änderung der Rechtsprechung bewirkte.

---

5 Kapitel 11.

6 Dazu Oleschinski, in: Im Namen des Volkes?, S. 255 ff.

7 Dazu F.-C. Schroeder, Die Verfolgung der DDR-Staatsverbrechen nach der Wiedervereinigung, in: Eckart u. a. (Hrsg.), Wiedervereinigung Deutschlands (FS), S. 412 f.; *Körting*, RuP 1998, 131.

8 Dazu Kapitel 3.

9 Dazu insbes. Kapitel 3 und 4 sowie 5.

10 Kapitel 3 und 4.

11 Dazu Kapitel 5 bis 8.

Die Problematik der „Scheinverfahren" hat der BGH mit der Bejahung des Rechtsbeugungstatbestandes, dessen Sperrwirkung zugleich eingreift, ebenfalls nur unzureichend gelöst. Dies verdient eine breite Analyse mit abweichendem Lösungsansatz[12].

Zunächst musste jedoch geklärt werden, welches Recht das der DDR oder das der Bundesrepublik anzuwenden und ob nicht eine Unrechtskontinuität zwischen den beiden Rechtsbeugungstatbeständen zu verneinen war[13]. Das entsprechende Kapitel ist bewusst kurz und überblicksartig angelegt, um die Schwerpunktsetzung bei anderen, strittigeren Fragen wahren zu können.

Wenn es um die *strafrechtliche* Seite der Auseinandersetzung mit der Vergangenheit geht, bedeutet das, dass die moralische, politische, ideologische, historische, soziologische und psychologische Aufarbeitung nicht behandelt wird. Ebenso wenig wie die zivilrechtlichen Aspekte (z. B. Ersatz des durch die Inhaftierung entstandenen Schadens) kann die staatliche Opferentschädigung angesprochen werden. Die Frage der Übernahme früherer DDR Richter und Staatsanwälte in den öffentlichen Dienst oder ihrer Ersetzung durch „unbelastete" Kräfte, also die Ziehung personalpolitischer Konsequenzen, wird nur kurz gestreift[14]. Für den ideellen Aspekt der Wiedergutmachung steht nach den noch in der DDR begonnenen Kassationsverfahren die strafrechtliche Rehabilitierung zur Verfügung[15]. Die Rehabilitierung, die bereits Mitte der 1990er Jahre schon weit vorangeschritten war[16], wird nach anderen Kriterien vorgenommen als nach den Maßstäben, die im Strafrecht und im Strafverfahren anzulegen sind. Ist eine Verurteilung, die mit wesentlichen rechtsstaatlichen

12 Kapitel 5, A.III.1.b) und insbesondere Kapitel 11, B.III. und IV.

13 Kapitel 2.

14 Kapitel 13, D.I.

15 DDR Rehabilitierungsgesetz vom 6. Sept. 1990 (GBl DDR I Nr. 60, S. 1459) i. V. m. Art. 3 Nr. 6 Durchführungsvereinbarung vom 18. 9. 1990 zum EinigungsV vom 31. 8. 1990 (BGBl. II, S. 885, 889; 1239f) sowie Strafrechtliches Rehabilitierungsgesetz, Art. 1 des Ersten SED-UnrechtsbereinigungsG vom 29. Oktober 1992 (BGBl. I, 1814 ff.).

16 Im Land Brandenburg waren zum 31. 12. 1995 92,1 % der Rehabilitierungsverfahren abgeschlossen; sie hatten bis dahin zur Rehabilitierung von 13 270 Opfern der DDR Justiz geführt (Frankfurter Allgemeine Zeitung vom 19. 2. 1996, S. 2). In Thüringen waren im Januar 1994 86 % der Anträge erledigt, davon 95 % mit positivem Erfolg (Tagesspiegel vom 25. 1. 1994, zitiert in: *Pfister*, Die Aufhebung von Willkürurteilen, in: Weber/Piazolo, Eine Diktatur vor Gericht, S. 183 Fn. 8). Ende Juni 1994 waren bei den Landgerichten noch ca. 17.500 Verfahren anhängig (Pfister, a. a. O., S. 183 Fn. 9).

Grundsätzen unvereinbar ist, im Rehabilitierungsverfahren aufzuheben[17], so lässt dies noch nicht den Schluss zu, dass der das Urteil verhängende Richter sich wegen Rechtsbeugung strafbar gemacht hat. Die rehabilitierende Aufhebung eines DDR Urteils stellte allenfalls einen näherer Überprüfung bedürftigen Hinweis[18] auf eine mögliche Rechtsbeugung dar, die in sehr vielen Fällen letztlich doch ausscheidet.

Die Erörterung der DDR-Rechtsbeugung ist stark auf Fälle von Strafverfahren fokussiert. Rechtsbeugung ist zwar grundsätzlich auch in Zivilprozessen (sog. ZFA Sachen: Zivil Familien und Arbeitssachen), die auch politische Dimensionen haben konnten, denkbar. Entsprechende Anklagen haben aber, soweit ersichtlich, in keinem Fall zu einer rechtskräftigen Verurteilung geführt. Die Ausführungen dazu sind dementsprechend nur kurz[19].

Der Täterkreis der Rechtsbeugung erstreckt sich von Richtern über Staatsanwälte bis hin zu Mitarbeitern des Ministeriums für Staatssicherheit in ihrer Tätigkeit als Untersuchungsorgan[20], was insbesondere auch für die Strafbarkeit politisch einflussreicher sog. „Hintermänner" interessant ist.

Die Vorsatzproblematik wirft insbesondere Fragen nach dem Umgang mit den Phänomenen Rechtsblindheit, Verblendung und Überzeugungstäterschaft auf. Hierauf wird vertieft und unter besonderer Berücksichtigung der dabei bestehenden Bezüge der Aufarbeitung des NS Justizunrechts in der Bundesrepublik eingegangen, da die dogmatische Behandlung des Phänomens „Rechtsblindheit" nicht losgelöst vom zeitgeschichtlichen Kontext gesehen werden kann[21]. Weitere faktische und dogmatische Bezüge des Versagens der bundesdeutschen Justiz bei der Aufarbeitung von NS-Justizunrecht werden aufgezeigt[22], bis hin zu dem Umstand, dass der BGH sich veranlasst sah, dies neben anderen Umständen strafmildernd bei der Aburteilung von DDR-Justizunrecht zu berücksichtigen[23]. Den Erläuterungen zur verjährungsrechtlichen Lage[24] schließt sich eine Bilanz der Aufarbeitung des DDR-Justizunrechts an[25].

---

17 § 1 I Nr. 1 StrRehaG, Art. 1 des Ersten SED-UnrechtsbereinigungsG vom 29. Oktober 1992 (BGBl. I, 1814 ff.).

18 Dazu siehe Kapitel 15, A.I.2.b).

19 Kapitel 5, B.

20 Kapitel 9.

21 Kapitel 10.

22 Kapitel 13.

23 Dazu Kapitel 12.

24 Kapitel 14.

25 Kapitel 15.

Vorwort

Die vorliegende Arbeit entstand als Dissertation der Juristischen Fakultät der Universität Passau. Das Manuskript wurde im Februar 2011 abgeschlossen, Literatur und Rechtsprechung bis Ende Januar 2011 berücksichtigt.

Die Arbeit wurde durch ein Stipendium der Studienstiftung des deutschen Volkes gefördert. Hierfür wie auch für die immer freundliche Begleitung meines Weges durch Studium und Promotion möchte ich mich herzlich bedanken. Gleichfalls danke ich für das Stipendium nach dem Bayrischen Begabtenförderungsgesetz in der Startphase.

Meinem Doktorvater, Herrn Prof. Dr. Werner Beulke, danke ich sehr herzlich für die Betreuung der Arbeit sowie für seine Geduld und sein Verständnis für die Verzögerung, die durch meine zwischenzeitlich aufgenommene Berufstätigkeit entstanden ist. Daneben danke ich Herrn Prof. Dr. Jochen Bung für die zügige Erstellung des Zweitgutachtens.

Vor allem aber danke ich von Herzen meinem Mann, Rechtsanwalt Alexander Sättele, nicht nur für die immer wertvollen juristischen Diskussionen und das regelmäßige Gegenlesen der Arbeit, sondern auch für das Ertragen der langen Zeit, seine Geduld und Unterstützung. Er hat die Dissertation wie kein anderer intensiv begleitet.

Außerdem danke ich meinen lieben Eltern für die ideelle und materielle Förderung meines Studiums und meiner Promotion sowie für die ergänzende Unterstützung beim Korrekturlesen.

Berlin, im November 2012 *Iris Keller*

Inhaltsübersicht

Inhaltsverzeichnis

B. Zur Methodik

Die vorliegende Arbeit verfolgt schwerpunktmäßig einen rechtsdogmatischen und weniger einen rechtstatsächlichen Ansatz. Rechtstatsächliche Ergebnisse finden sich allerdings an verschiedenen Stellen, insbesondere im Kapitel über die Bilanz der Aufarbeitung des DDR-Justizunrechts[26].

Was die Analyse der Rechtsprechung betrifft, so wurde diese überwiegend anhand von veröffentlichten und einigen unveröffentlichten Urteilen und Beschlüssen des BGH vorgenommen. Hierzu wurden insgesamt etwa 70 Entscheidungen des BGH herangezogen. Daneben wurden vereinzelt unveröffentlichte und in Teilen veröffentlichte LG-Urteile einbezogen. Eine umfassende Auswertung landgerichtlicher Urteile und anderer unveröffentlichter Entscheidungen wäre nicht zu leisten gewesen. Das gilt schon für die Zuordnung zu den verschiedenen in Betracht kommenden Fallgruppen der Rechtsbeugung und erst recht für die Ausdifferenzierung innerhalb der jeweiligen Fallgruppe. In der von *Hohoff* im Rahmen des Forschungsprojekts „Strafjustiz und DDR-Vergangenheit" an der Humboldt-Universität zu Berlin durchgeführten Studie zu den Strafverfahren gegen DDR-Juristen, in welcher die Anklagen wegen Rechtsbeugung und die Art ihrer Erledigung untersucht wurde, wird dementsprechend ebenso darauf hingewiesen, dass eine genaue Zuordnung der Anklagen zu den Tatbeständen im DDR-StGB und zu den einzelnen Gesetzesfassungen nicht möglich sei, weil hierzu eine außerordentlich aufwendige einzelfallbezogene inhaltliche Analyse und Auswertung notwendig gewesen wäre[27]. Gleiches gilt für die vorliegende Arbeit hinsichtlich des Zugangs zu und der Auswertung von einer Vielzahl unveröffentlichter Urteile. Dennoch wurden hier einige besonders wichtige und interessante unveröffentlichte Entscheidungen einbezogen. Im Übrigen wirkte die sich entwickelnde BGH-Rechtsprechung auch prägend auf die erstinstanzliche Rechtsprechung sowie die weitere Anklage- und Einstellungspraxis ein. Ihr kommt daher eine über die Bindungswirkung im jeweiligen Einzelfall hinaus gehende Beachtung zu.

Bei der Auswertung von Rechtsprechung und Literatur wurde der Stand bis Ende Januar 2011 berücksichtigt. Gleichwohl wurde bei der Kommentarliteratur vereinzelt (und unter entsprechender Kennzeichnung) auf ältere Auflagen zurückgegriffen, da in späteren Auflagen das Thema entsprechend seiner geringer gewordenen praktischen Bedeutung

26 Kapitel 15.

27 *Hohoff*, An den Grenzen des Rechtsbeugungstatbestandes, S. 55.

zum Teil nicht mehr oder nicht mehr im gleichen Umfang abgehandelt wurde. Das betrifft insbesondere das Kapitel über das anwendbare Recht und die damit verbundenen Regelungen des Einigungsvertrages[28], aber auch weitere Kapitel. Ältere Auflagen wurden außerdem zusätzlich zur aktuellen Kommentarauflage verwendet, wenn ein Bearbeiterwechsel stattgefunden hat und die jeweilige Meinung des Autors dokumentiert werden soll.

Zu dem Themenkreis der Rechtsbeugung in der DDR sind mehrere Dissertationen erschienen, die sich jedoch in inhaltlichem Ansatz, Aufbau und Schwerpunkt unterscheiden. Zudem konnten nicht alle Arbeiten die gesamte Rechtsprechung bereits abschließend berücksichtigen. Die vorliegende Arbeit ist daher als weitere Ergänzung zu sehen.

---

28 Kapitel 2.

1. Kapitel: Möglichkeiten und Grenzen der Vergangenheitsaufarbeitung mit Hilfe eines rechtsstaatlichen Strafrechts und Strafprozessrechts

Nach einigen Überlegungen grundsätzlicher Art (A.) sind im Hinblick auf das Thema dieses Kapitels wesentliche Charakteristika unseres rechtsstaatlichen Strafrechts zu beleuchten (B.). Sodann (C.) ist aufzuzeigen, inwieweit das Strafprozessrecht nach seinen Zielen, Grundsätzen und von ihm gewährten Rechten eine Geschichts- oder Vergangenheitsaufarbeitung nach einem Systemwechsel ermöglicht oder ihr Grenzen setzt. Verbunden damit sind auch die verfassungsrechtlichen Grenzen einer solchen Aufarbeitung anzusprechen, die allerdings hinsichtlich des strafrechtlichen Rückwirkungsverbotes des Art. 103 II GG derart umstritten sind, dass eine vertiefte Auseinandersetzung hiermit wegen der konkreten Auswirkungen der jeweiligen Position auf den Umgang mit DDR-Justizunrecht in den Mittelpunkt späterer Ausführungen[29] gestellt werden soll. Am Ende dieses Kapitels kann daher nur ein Zwischenfazit stehen (D.). Im Verlauf der Ausführungen wird sich zeigen, dass unser Straf- und Strafprozessrecht in seinen auch verfassungsrechtlichen Grenzen nur einen beschränkten Beitrag zur Aufarbeitung der Folgelasten totalitärer Systeme und damit der jüngeren Geschichte Deutschlands leisten kann. Dieser Beitrag ist jedoch von grundlegender Bedeutung und verdient daher angemessene Beachtung.

A. Allgemeine Überlegungen

Nach der Überwindung von Unrechtsregimen wird immer wieder von der „Vergangenheitsbewältigung“ gesprochen[30]. Dem ist der Begriff „Auf-

29 Kapitel 3, A.

30 U. a. von *Ulrich Neumann*, Die strafrechtliche Vergangenheitsbewältigung von SED-Unrecht am Beispiel der Rechtsbeugung, insbes. S. 3 f.; vgl. i. Ü. die zahlreichen Nachweise im Literaturverzeichnis.

arbeitung“ vorzuziehen[31] (I.). Da es um die Aufarbeitung systembedingten oder systembegünstigten Fehlverhaltens geht, kann man von der Aufarbeitung von Systemunrecht[32] sprechen. Es gibt verschiedene Wege und Vorstellungen, *wie* diese Aufarbeitung geschehen sollte (II.). Richtet man den Blick auf das Strafrecht, sind zunächst Überlegungen zu Sinn und Zweck der staatlichen Strafe angebracht (III.), um zu klären, ob das Strafrecht nach dem „Warum“ und „Wozu“ seiner Mittel überhaupt geeignet sein kann, die nun präzisierte Aufgabe zu erfüllen.

I. Terminologisches: „bewältigen“ oder „aufarbeiten“?

Der meist im Zusammenhang mit der NS-Vergangenheit, aber auch bezüglich des DDR-Unrechts häufig gebrauchte Begriff der „Vergangenheitsbewältigung“ ist etwas unglücklich gewählt. Wenn *Alexander* und *Margarete Mitscherlich* von „bewältigen“ sprachen, so meinten sie - unter Bezugnahme auf *Freud* - eine aus „erinnern, wiederholen, durcharbeiten“ bestehende, auf kollektive Vorgänge zu übertragende Folge von Erkenntnisschritten. Dass man etwa millionenfachen Mord nicht „bewältigen“ kann, stellten sie selbst klar[33]. *Adorno* verwendet demgegenüber den Begriff der „Aufarbeitung“[34].

„Bewältigen“ kann man eine Aufgabe, eine Schwierigkeit, zeitlich gesehen: Zukunft, nicht aber Vergangenheit - diese ist vergangen, abgeschlossen[35], man kann sie nur zur Kenntnis nehmen[36], denn Geschehenes kann nicht ungeschehen gemacht werden. Der Begriff „bewältigen“ bezieht sich im allgemeinen Sprachgebrauch sowohl auf die Zukunft als auch auf die Gegenwart. In diesem Sinne haben Strafprozesse etwas mit Bewältigung zu tun. Richtigerweise wurde darauf hingewiesen, dass es im Strafrecht, das sich ja mit in der Vergangenheit liegenden Taten beschäftigt, um die Bewältigung der durch die Vergangenheit gestörten Gegenwart gehe. Die abgeschlossene Straftat sei Gegenstand des Strafrechts als Quelle eines

---

31 Anders *Leutheusser-Schnarrenberger*, ZRP 1995, 309, die die Vermeidung beider Begriffe bevorzugt.

32 *Roggemann*, Systemunrecht und Strafrecht am Beispiel der Mauerschützen, S. 13.

33 *A. u. M. Mitscherlich*, Die Unfähigkeit zu trauern, S. 24.

34 *Adorno*, Was bedeutet: Aufarbeitung der Vergangenheit, in: *ders.*, Gesammelte Schriften, Bd. 10, 2, S. 555 ff.

35 *Dencker*, KritV 1990, 310.

36 *Wolff*, wiedergegeben in: *Wüstrich*, NJ 1993, 171.

zur Zeit der Bestrafung immer noch gegenwärtigen Konflikts, der bewältigt werden müsse[37].

Spricht man von der Vergangenheit, eignet sich der Begriff „Aufarbeitung" besser. Vergangenheitsaufarbeitung ist Grundlage und Teil der Zukunftsbewältigung. Manche fordern, unter die Vergangenheit einen Schlussstrich zu ziehen. Besser ist es, mit der Vergangenheit gegenwärtig so umzugehen, dass aus ihr möglichst Gewinn für die Zukunft gezogen wird, mindestens aber kein nachwirkender Schaden droht. Das setzt voraus, sie nicht zu verdrängen, zu vertuschen und abzuwehren, sondern aufzuklären und gedanklich zu verarbeiten[38]. Insoweit schwingt auch ein (tiefen-)psychologisches Moment der Benennung und Auseinandersetzung mit unbewussten bzw. verdrängten lebensgeschichtlichen Vergangenheiten des einzelnen mit[39]. Insofern kommt die „Bewältigung" im Sinne von *Alexander* und *Margarete Mitscherlich*, welche die „Wiederholung innerer Auseinandersetzungen und kritisches Durchdenken" zur Überwindung der „instinktiv und unbewusst arbeitenden Kräfte des Selbstschutzes im Vergessen, Verleugnen, Projizieren und ähnlichen Abwehrmechanismen" umfasst[40], bei der „Aufarbeitung" der Vergangenheit zum Tragen. Aufarbeitung der Vergangenheit bedeutet allerdings mehr als die individuelle und kollektive *Ver*arbeitung der Vergangenheit. Über die Bildung von Geschichtsbewusstsein hinaus geht es bei der Aufarbeitung auch um die Umsetzung von geschichtlicher Erkenntnis in verantwortliche Zukunftspraxis und um die Deutung von Erfahrungen aus der Vergangenheit in ihrer Bedeutung für die Gegenwart[41]. Diese zukunftsorientierte Auseinandersetzung mit der Vergangenheit soll hier mit dem Begriff „Aufarbeitung" [42] bezeichnet werden.

Aufarbeiten setzt ein Aufbereiten voraus. Zunächst ist zu ermitteln und zur Kenntnis zu nehmen, was geschehen ist. Da im Rahmen der Aufarbei-

---

37 *Jakobs*, Vergangenheitsbewältigung durch Strafrecht?, in: Isensee (Hrsg.), Vergangenheitsbewältigung durch Recht, S. 37f. *F.-C. Schroeder* verweist demgegenüber auf NSG-Prozesse, die die wichtige Funktion gehabt hätten, dem deutschen Volk die von seiner Führung begangenen bzw. ins Werk gesetzten Verbrechen überhaupt erst bewusst zu machen (DRiZ 1996, 83).

38 *Dencker*, KritV 1990, 310.

39 *Schulze-Fielitz*, DVBl. 1991, 896.

40 *A.u.M. Mitscherlich*, Die Unfähigkeit zu trauern, S. 24.

41 *Lampe*, Aufarbeitung der DDR-Vergangenheit durch Strafrecht?, in: Lampe (Hrsg.), Deutsche Wiedervereinigung. Die Rechtseinheit. Bd. II, S. 3 und 4.

42 *Schulze-Fielitz*, DVBl. 1991, 896 definiert Aufarbeitung als „zukunftsgerichtete Vergangenheitsbewältigung", was jedoch nicht die o. g. Bedenken gegen den Begriff der Vergangenheitsbewältigung ausräumt.

tung aus einer Flut von Informationen Wichtiges von weniger Wichtigem unterschieden werden muss, um den Überblick zu wahren, findet hierbei bereits ein Selektionsprozess statt, der von Wertungen kaum freigehalten werden kann. Anschließend - soweit man dies nach dem eben Gesagten überhaupt trennen kann - folgt ein Stadium der bewussten Bewertung und der Analyse der so zusammengestellten Informationen. Schließlich kann eine Phase stattfinden, in der Konsequenzen für die Zukunft aus dem Ergebnis der Bewertung der Vergangenheit gezogen werden.

Zu diesem Vorgang kann das Strafrecht beitragen; es steht dem eben nicht notwendig im Wege, wie etwa *Dencker* meint, der sich darauf beruft, Strafrecht heiße Vorwurf und Verteidigung, Abwehr, Verneinung[43]. Im Gegenteil: Strafrecht und Strafprozess bedeuten in gewisser Weise immer Aufarbeitung von Vergangenheit in diesem Sinne: Der Sachverhalt ist aufzuklären und unter strafrechtlichen Gesichtspunkten zu bewerten, woraufhin eine staatliche Reaktion erfolgt. Die Art der in diesem Rahmen erlaubten Reaktionen ist freilich begrenzt auf Verurteilung, Freispruch oder Verfahrenseinstellung, sofern nicht aufgrund von Besonderheiten andere Maßnahmen[44] angezeigt sind. Auch der Weg, auf dem die Tatsachen zu ermitteln und zu bewerten sind, ist rechtlich eingegrenzt, was natürlich Einfluss auf das Ergebnis hat. Hierauf ist sogleich noch genauer einzugehen. Nichtsdestotrotz ist die Anwendung des Strafrechts und des Strafprozessrechts *eine* Art, mit der Vergangenheit umzugehen, die als „Aufarbeitung“ zu bezeichnen ist.

II. Wege der Vergangenheitsaufarbeitung

Vergangenheit kann unter anderem historisch, moralisch, politisch, ideologisch, soziologisch, psychologisch und strafrechtlich aufgearbeitet werden. Rehabilitierung der Opfer, Wiedergutmachung und zumindest teilweise Auswechselung von Funktionsträgern sind wichtige Schritte des Neuanfangs nach dem Untergang eines Unrechtssystems. Sinnvoll ist auch die Einrichtung einer Kommission wie der Enquête-Kommission des Deutschen Bundestags zur „Aufarbeitung von Geschichte und Folgen der SED-Diktatur in Deutschland“[45]. Wie der Titel der vorliegenden Arbeit bereits ausdrückt, soll es hier ausschließlich um die *strafrechtliche* Seite

---

43 *Dencker*, KritV 1990, 310.

44 Vgl. §§ 61 ff. StGB.

45 Vgl. BT-Drs. 12/2230, 12/2597.

der Beschäftigung mit der DDR-Justiz gehen. Die Aufarbeitung staatlich gesteuerten Unrechts und besonders des Justizunrechts mit den Mitteln eines rechtsstaatlichen Strafrechts und Strafprozessrechts ist schwierig. Sie ist bisher - mit unterschiedlichem Erfolg[46] - nur selten unternommen worden. Im Laufe der Geschichte ging man überwiegend andere Wege. Der am häufigsten gewählte dürfte der Weg der Gewalt und des kurzen Prozesses gewesen sein. Er kommt für einen Rechtsstaat selbstverständlich nicht in Frage. Eine umfassende Amnestie, wie sie in den meisten lateinamerikanischen Staaten nach dem Ende der Militärdiktaturen stattfand, ist nur in Erwägung zu ziehen, wenn sie aufgrund allgemeiner Akzeptanz dem Rechtsfrieden dient[47]. Diese Voraussetzung war im Fall des DDR-Unrechts nicht erfüllt[48]. Die kollektive Verdrängung der Problematik - wie in Japan im Hinblick auf Kriegsschuld und Kriegsverbrechen[49] - kommt einer Billigung und Aufrechterhaltung des geschehenen Unrechts gleich. Dem wirkt die Anwendung des Strafrechts entgegen.

Allerdings gab und gibt es auch Gegner der strafrechtlichen Aufarbeitung der DDR-Vergangenheit. So findet etwa *Jakobs*, im Verzicht auf Strafverfahren läge die Aussage, dieser Staat werde als politisch schlechthin indiskutabel, als überwunden begriffen. Damit *wäre*, so *Jakobs*, diese Vergangenheit bewältigt[50]. Schon die Ableitbarkeit einer solchen Aussage erscheint zweifelhaft. Die Folgerung ist nicht nur aus der Perspektive der Opfer, sondern allgemein wegen der Einengung auf die Überwindung des Staates DDR zu weitreichend. Ein „Bewältigen" durch (strafrechtliches) Ignorieren zu bewerkstelligen ist ein sehr fragwürdiger Lösungsvorschlag - gerade im Hinblick auf *Jakobs'* zutreffende Ausgangsthese[51], dass es im Strafrecht um die Bewältigung der durch die Vergangenheit gestörten Gegenwart geht, um die Bewältigung eines immer noch gegenwärtigen Konflikts. Mag sein, dass es für *Jakobs* im Fall des DDR-Un-

46 Vgl. dazu Kapitel 13.

47 So auch *Kinkel*, JZ 1992, 486.

48 Zur Amnestiedebatte vgl. das Streitgespräch zwischen *Egon Bahr* und *Steffen Heitmann*, NJ 1993, 537f.; *Peschel-Gutzeit*, NJ 1995, 454 („Nur dürfen wir dabei nicht den Fehler machen, diese Frage den Tätern zu stellen"); Interviews mit *Erardo Rautenberg* und *Hansjörg Geiger*, Frankfurter Rundschau vom 13. April 1995, S. 14; *Geiger*, DRiZ 1990, 231 („Ein Schlußstrich ist notwendig - aber nicht vor der Inventur"); *Rautenberg*, NJ 1995, 624f.; *Limbach*, DtZ 1993, 69; *Däubler-Gmelin*, in: 40 Jahre SED-Unrecht, S. 25; *Hillenkamp*, JZ 1996, 179f.; *Schulze-Fielitz*, DVBl. 1991, 902; *Roggemann*, NJ 1997, 231.

49 Vgl. *Kinkel*, JZ 1992, 485.

50 *Jakobs*, Vergangenheitsbewältigung durch Strafrecht?, in: Isensee (Hrsg.), Vergangenheitsbewältigung durch Recht, S. 64.

51 *Jakobs*, a.a.O., S. 38.

rechts keinen solchen Konflikt gibt, denn er stellt auf die von der Tat bis in die Gegenwart reichende Störung der Normgeltung ab[52]. Da er ohnehin zu dem Ergebnis kommt, dass die Todesschüsse an der Mauer und anderes DDR-Unrecht generell nicht strafbar waren[53], gab es im Rahmen seines positivistischen Ansatzes gar keine Norm, deren Geltung je hätte gestört sein können. Insofern überrascht seine Forderung nicht, auf Strafverfahren zu verzichten. Sie ergäbe sich aber schon aus der fehlenden Strafbarkeit und nicht erst aus einer Zweckmäßigkeit für die Frage der „Vergangenheitsbewältigung". Davon abgesehen ist die These der Straflosigkeit jeglicher Alttaten nach damals geltendem Recht zu bestreiten[54]. Wenn Menschen gegen damals geltendes Recht anderen Leid zugefügt haben, ist deshalb auch nach dem politischen Umbruch noch ein (auch) die Normgeltung betreffender Konflikt gegenwärtig. Ein Verzicht auf jegliche Strafverfolgung bedeutet, der Verdrängung Vorschub zu leisten. Aus diesen Gründen ist die Heranziehung des Strafrechts - in den Grenzen der Rechtsstaatlichkeit - bei der Auseinandersetzung mit der Vergangenheit des DDR-Systemunrechts zu begrüßen.

III. Begrenzung des Einsatzes des Strafrechts durch den Sinn und Zweck der Strafe?

Bevor im Einzelnen die Möglichkeiten und Grenzen erörtert werden, die nach einem Systemumbruch einer justiziellen Aufarbeitung der Ereignisse durch das materielle Strafrecht, das Strafprozess- und das Verfassungsrecht gesetzt sind, stellt sich die Frage, ob nicht schon grundsätzliche Überlegungen zu Sinn und Zweck der Strafe gegen den Einsatz des Strafrechts zur Verfolgung systemspezifischen Unrechts sprechen. Gegner der strafrechtlichen Aufarbeitung meinen insbesondere, die Strafzwecke der Spezial- und Generalprävention liefen ins Leere; eine Bestrafung sei weder sinnvoll noch zweckmäßig[55].

52 *Jakobs*, a.a.O., S. 38.

53 *Jakobs*, a.a.O., S. 52.

54 Dazu Kapitel 3, A.II.3 und III.2.e).

55 *Wieners*, Rechtsbeugung im Zeitgeistwandel, S. 171 ff. , 179 und 195; *Jakobs*, Vergangenheitsbewältigung durch Strafrecht?, in: Isensee (Hrsg.), Vergangenheitsbewältigung durch Recht, S. 58 (in Bezug auf die Mauerschützen). Mit der Wiedervereinigung habe sich das Problem restlos erledigt, denn nun seien vergleichbare Fälle nicht mehr möglich, weshalb alle Präventionen des Rechts leerliefen. Vgl. auch die Hinweise bei *Blanke*, KJ 1995, 138, der dem allerdings nicht folgt (a.a.O., 146).

Mit dem Gedanken der Spezialprävention lässt sich in aller Regel die Bestrafung von Menschen, die in einem inzwischen überwundenen System der politischen Unterdrückung zu Tätern wurden, in der Tat nicht rechtfertigen[56]. Mit dem Untergang des Systems sind auch die Bedingungen und der Rahmen weggefallen, unter denen die konkreten Taten so überhaupt stattfinden konnten. Damit soll nicht gesagt werden, dass solche Taten derart systemspezifisch sind, dass ihre Begehung in einem anderen System ausgeschlossen wäre. Die Betrachtung richtet sich in diesem Zusammenhang jedoch nur auf denjenigen, der bereits eine oder mehrere Taten begangen hat. Oft ist ihm schon durch Berufswechsel oder Ruhestand die Möglichkeit zur Begehung von „berufsbedingten" Straftaten genommen. Auch sonst besteht meist keine Wiederholungsgefahr. Die Betreffenden leben, ohne weitere Straftaten zu begehen, unauffällig und sozial integriert, bedürfen also keiner Resozialisierung[57], manche arbeiten sogar für das neue System oder distanzieren sich zumindest von dem alten System[58] oder von ihren Taten[59]. Jedenfalls ist die *konkrete* Tat-

56 A.A. *Schöll*, Die Rechtsbeugung, S. 15 f. mit Verweis auf die Übernahme von Richtern in den Justizdienst der Bundesrepublik.

57 Zu den NS-Tätern: *Roxin*, Sinn und Grenzen staatlicher Strafe, JuS 1966, 379; *Jäger*, Makrokriminalität, S. 180; *Hey*, Die NS-Prozesse – Probleme einer juristischen Vergangenheitsbewältigung, in: Weber/Steinbach, (Hrsg.), Vergangenheitsbewältigung durch Strafverfahren? NS-Prozesse in der Bundesrepublik Deutschland, S. 66; *Browning*, Ganz normale Männer, S. 217; a. A. offenbar *Fritz Bauer*, zitiert in *Lüderssen*, Der Staat geht unter – das Unrecht bleibt?, S. 141: „Er soll später die Ansicht geäußert haben, man könne keineswegs davon ausgehen, daß die Beschuldigten, obwohl die Zeit ihrer Taten weit zurückliege und die gegenwärtige Gesellschaft für vergleichbare Greuel eigentlich keine Chance mehr biete, als wirklich resozialisiert anzusehen seien. Ihre äußerliche Anpassung genüge nicht, garantiere jedenfalls nicht, daß sozusagen bei passender Gelegenheit nicht doch wieder ähnliches geschehen könne."

58 So z. B. *Günter Schabowski*, wegen der Todesfälle an der Mauer angeklagtes früheres Politbüromitglied und Ost-Berliner SED-Chef, der vor dem LG Berlin das realsozialistische System der DDR als „falsch und illusionär", als „untauglich und verfehlt" bezeichnete. Es habe „vor dem Leben, vor der Wirklichkeit versagt". Die Toten an den Grenzen seien „ein Teil der Erblast unseres mißratenen Versuchs, die Menschheit von ihren Plagen zu befreien". Das Grundübel des Systems habe darin gelegen, dass die Rolle des Individuums geringer veranschlagt worden sei als das Gemeinwohl. Dadurch sei die Gesellschaftsidee des Sozialismus inhuman geworden (Süddeutsche Zeitung vom 27. Februar 1996, S. 5).

59 Z. B. *Günter Schabowski*, vgl. Süddeutsche Zeitung vom 12. März 1996, S. 5: *Schabowski* habe sich vor dem Gericht zwar als nicht schuldig im Sinne der Anklage bezeichnet, jedoch moralische Schuld eingestanden.
Ein 76-jähriger wegen Rechtsbeugung vor Gericht stehender ehemaliger Bezirksrichter ließ von seinem Anwalt erklären: „Ich entschuldige mich bei allen Opfern für das, was ihnen auch durch mich zugefügt worden ist." (Süddeutsche Zeitung vom 9./10.

situation unwiederholbar, so dass wohl davon auszugehen ist, dass kein Bedürfnis für eine Besserung, Abschreckung oder ein Unschädlichmachen des Täters besteht und aus dieser Sicht eine Bestrafung der genannten Täter nicht in Frage käme.

Aus der letztlich durch den Systemwechsel bedingten Unwiederholbarkeit der konkreten Tatsituation können auch Zweifel an einer negativ generalpräventiven Legitimation einer Bestrafung erwachsen. Sie sind wohl mit der Erwägung auszuräumen, die übrigen Rechtsgenossen, insbesondere die kommenden Generationen, müssten vor einem entsprechenden Verhalten in einer ähnlichen Situation abgeschreckt werden, da ein erneuter Systemwechsel hin zu einem Unterdrückungssystem nie ausgeschlossen werden könne und auch in einem freiheitlichen System Situationen von Unterdrückung, Machtmissbrauch und blindem Gehorsam vorkommen könnten[60].

Roggemann[61] sieht dabei die legitimierende rechtsstaatliche Begründung der Strafdrohung gegenüber dem Richter und der Verfolgung von Justizunrecht, und zwar des eigenen wie auch eines vorangegangenen Systems, in der auf den Effekt der Kontrolle von Machtmissbrauch gerichteten, durch Abschreckung disziplinierenden Einwirkung auf den Richter. Als primäre aktuelle Adressaten der generalpräventiven Verfolgungswirkung der nachholenden Justizkontrolle nennt er zutreffend die amtierenden Justizangehörigen der Bundesrepublik.

Der Sinn der Strafe bei vergangenem politischen Systemunrecht ist vorrangig in der positiven Generalprävention zu sehen[62]. In diesem Sinne haben sich viele Stimmen geäußert. Eine Stärkung des Normbewusstseins ist gerade nach dem Untergang eines Systems erforderlich[63], in dem das Recht in vielen Fällen mit Füßen getreten wurde und besonders wichtig, wenn dort Recht und Politik in einem Maße verwoben waren, das geeignet war, erhebliche Unklarheiten und Unsicherheiten über den Inhalt von

---

März 1996, S. 6). Er empfinde „Schuld und Schmach bei dem Gedanken an die Getöteten" (Süddeutsche Zeitung vom 27. Februar 1996, S. 5).

60 So auch *Schöll*, Die Rechtsbeugung, S. 15; dies übersieht *Jakobs* (Vergangenheitsbewältigung durch Strafrecht?, in: Isensee [Hrsg.], Vergangenheitsbewältigung durch Recht, S. 58).

61 *Roggemann*, JZ 1994, 770.

62 Hiergegen nicht überzeugend *Wieners*, Rechtsbeugung im Zeitgeistwandel, S. 176f. (bezogen auf DDR-Justizunrecht).

63 So auch *Odersky*, Die Rolle des Strafrechts bei der Bewältigung politischen Unrechts, S. 26.

Rechtsnormen sowie über Recht und Unrecht überhaupt hervorzurufen. Beides trifft sowohl für das Dritte Reich als auch für die DDR zu. *Odersky* hebt in diesem Zusammenhang zu Recht den Sinn der Herausstellung der Verantwortung des Einzelnen hervor:

> „Den Zweck der Stärkung des Normbewußtseins erfüllt die Bestrafung auch dadurch, daß sie mit aller Deutlichkeit die Verantwortlichkeit des jeweils beschuldigten Täters herausstellt. Sie zeigt, daß auch bei dem in einem politischen System verübten Unrecht es immer Menschen sind, die das Unrecht verursachen – nicht das System als Abstraktum. Freilich gehört zur Eigenart dieses Unrechts auch, daß der einzelne Täter im großen Räderwerk oft beliebig auswechselbar ist, ja daß er ersetzt wird, falls er seine Mitwirkung vermeidet. Besonders erschwert wird die Beurteilung ferner dadurch, daß die Tatbeiträge vieler oft zusammenfließen. Dennoch gehört es zur Bewältigung gerade der schrecklichen Form des Unrechts in politischen Systemen, sichtbar zu machen, daß alle Erfolge auf Entschlüsse und Handlungen von Menschen zurückgehen." [64]

Schaefgen betont ebenfalls, es müsse deutlich gemacht werden, dass für strafbares Unrecht nicht der Lauf der Geschichte, nicht Systeme und Apparate, sondern Menschen verantwortlich seien, dass es auch für Regierende keinen straffreien Raum gebe[65]. Andere fügen das Erfordernis der Wiederherstellung des Vertrauens in Rechtsordnung und Justiz hinzu: Die gerechte Ahndung des Justizunrechts der ehemaligen DDR sei über die Rehabilitierung der Opfer hinaus angesichts der herausragenden Stellung, die der politischen Justiz im gesamten Unterdrückungsapparat zugekommen sei, unumgänglich zur Wiederherstellung des Rechtsfriedens, zum Schutz des Vertrauens in die Unverbrüchlichkeit der Ordnung des Rechts und zur Wiedergewinnung des weitgehend verlorengegangenen Vertrauens in die Justiz in den neuen Bundesländern[66].

Hillenkamp nennt die Demonstration der Unverbrüchlichkeit des Rechts auch gegenüber totalitärer Macht und die Unterfütterung von Rechtstreue und Zivilcourage als Aspekte der positiven Generalprävention, die mit der Bestrafung der Schuldigen – das Bestehen eines Strafanspruchs vorausgesetzt – betrieben würde[67]. Auch *Rogall* betont den Symbolwert des

---

64 *Odersky*, a.a.O., S. 26.

65 *Schaefgen* in Süddeutsche Zeitung v. 19.8.1997, S. 6.

66 *Meinerzhagen*, Die Verfahren gegen ehemalige Richter der DDR, in: Weber/Piazolo, Eine Diktatur vor Gericht, S. 115; ähnlich *Groesdonk*, Reflexionen des berichterstattenden Richters, in: Justizministerium des Landes Nordrhein-Westfalen (Hrsg.), Juristische Zeitgeschichte, Bd. 4: NS-Verbrechen und Justiz, S. 176.

67 *Hillenkamp*, JZ 1996, 183.

Demonstrierens unverbrüchlicher Geltung des Rechts[68]. *Wassermann* geht es um die Wiederherstellung des „durch die Kriminalität der Machthaber zerrütteten Rechtsbewußtseins“[69]. Auch *Kinkel* hält die Rechtsbeugungsverfahren für notwendig, um die Unantastbarkeit des Rechts zu sichern und ins Bewusstsein der Juristen einzuprägen[70]. Eine der vordringlichsten Aufgaben des heutigen Strafrechts sieht *Jäger* darin, ein Rechtsbewusstsein zu bilden, das auch auf konforme, im Einklang mit der Staatsführung und dem Kollektiv begangene Gewaltverbrechen reagiert[71]. *Blanke* führt für die Funktion der Generalprävention an, auch politische Systeme ließen sich als „lernfähige“ Einheiten verstehen, welche die Erfahrungen des Scheiterns anderer Herrschaftssysteme verarbeiten und zu internen Umstrukturierungen nutzen könnten[72].

F.-C. Schroeder schreibt der strafrechtlichen Verfolgung der „DDR-Regierungsjustiz“ sogar eine „ungeheure generalpräventive Wirkung“ zu, diene sie doch der Bestätigung dafür, dass Angriffe auf Leben und Freiheit von Menschen unter dem Deckmantel einer staatlichen Tolerierung auf die Dauer nicht ungestraft blieben, so sicher sich der Täter auch wähne[73]. Er geht über die herkömmlichen Straftheorien hinaus und fasst die Generalprävention so weit, dass sie die Diskreditierung von kriminogenen politischen Systemen einschließt. Er nennt dies „Systemprävention“. Diese soll bewirkt werden durch das Sichtbarmachen der kriminogenen Strukturen, indem die bösen Antriebe durch das System einerseits und andererseits die Verführungs- und Drucksituationen ermittelt und herausgestellt werden. Hiervon verspricht er sich auch einen Beitrag zur Versöhnung[74].

---

68 *Rogall*, Bewältigung von Systemkriminalität, in: Roxin/Widmaier (Hrsg.): 50 Jahre Bundesgerichtshof, Bd. IV, S. 387.

69 *Wassermann*, DRiZ 1993, 137.

70 *Kinkel*, JZ 1992, 488.

71 *Jäger*, Strafrecht und nationalsozialistische Gewaltverbrechen, in.: Redaktion Kritische Justiz (Hrsg.), Der Unrechts-Staat, S. 149.

72 *Blanke*, KJ 1995, 141.

73 *F.-C. Schroeder*, JZ 1992, 993.

74 *F.-C. Schroeder*, DRiZ 1996, 83; wohl zust. *Haffke*, Strafprozeß als Lernprozeß? Über die (Un-)Möglichkeit, Geschichte in Strafprozessen aufzuarbeiten, in: de Boor/Frisch/Rode (Hrsg.), Vergessen - Verdrängen - Verleugnen, S. 53; krit. *Groesdonk*, Reflexionen des berichterstattenden Richters, in: Justizministerium des Landes Nordrhein-Westfalen (Hrsg.), Juristische Zeitgeschichte, Bd. 4: NS-Verbrechen und Justiz, S. 176 Fn. 1.

Aus alledem ergibt sich, dass Strafzweckerwägungen nach ganz überwiegender und zutreffender Meinung keineswegs gegen die Bestrafung vergangenen staatlich organisierten oder geduldeten Unrechts sprechen.

B. Materielles Strafrecht

Es stellt sich nun die Frage, ob das rechtstaatliche Strafrecht seiner Eigenart nach überhaupt zur Verfolgung staatlich organisierten oder geduldeten Unrechts geeignet ist. Der Staat selbst kann nicht bestraft werden. Der Blick richtet sich damit auf die Menschen, die für den Staat oder unter dessen billigender Duldung anderen Übel zugefügt haben. Das Strafrecht unterscheidet nicht zwischen der Kriminalität der Machthaber und „gewöhnlicher" Kriminalität. Die Totalität des staatlichen Zugriffs mit seiner Überwachung, Zersetzung, Willkür, Vereitelung von Lebenschancen und Unterdrückung - hier ist insbesondere an das MfS zu denken - lässt sich in ihrer ganzen Dimension nicht ahnden, da strafbar nur das Tun und Unterlassen ist, dessen Strafbarkeit zur Zeit der Tat gesetzlich bestimmt war. Nachträglich dürfen keine rückwirkenden Straftatbestände eingeführt werden, die auf die Behandlung dieser besonderen Situation zugeschnitten wären. Dieser in Art. 103 II GG und § 1 StGB niedergelegte „nulla poena sine lege" Grundsatz[75] führt zu Strafbarkeitslücken oft gerade da, wo die Strafbedürftigkeit besonders empfunden wird, hat er doch zur Folge, dass verbrecherische Machthaber eines Staates über ihre eigene Strafbarkeit und die ihrer Handlanger bestimmen können[76]. Da die Errichtung und Aufrechterhaltung einer Diktatur als solche nicht unter Strafe stehen, muss die Aufarbeitung dieses Unrechts, wie in der Literatur zutreffend angemerkt wird, höchst unvollkommen bleiben. Denn die Gesamtheit des eigentlichen Unrechts findet im materiellen Strafrecht keine Entsprechung[77].

Doch auch wenn ein Großteil des politisch und/oder moralisch kritikwürdigen Verhaltens unterhalb der Grenze des strafrechtlich Fassbaren bleibt, sind in einigen Fällen Verstöße selbst gegen Strafnormen des untergegangenen Staates feststellbar. Diese können nach dem Systemwechsel geahndet werden, auch wenn sie damals wegen der herrschenden Macht-

---

75 Zum strafrechtlichen Rückwirkungsverbot und seinen Auswirkungen siehe unten, D., und oben, B., sowie Kapitel 3, A.

76 Ähnlich *Heitmann*, NJW 1992, 2181.

77 *Von Stahl*, in: 40 Jahre SED-Unrecht, S. 26.

verhältnisse nicht verfolgt wurden. Das gilt auch im Bereich der Justiz, wo es Urteile gegeben hat, die selbst nach „innerjuristischen" Kriterien[78] der DDR unhaltbar waren. Völlig befriedigen können die so zu erzielenden Ergebnisse freilich nicht. Das rechtsstaatliche Strafrecht ist eben auf den Rechtsstaat und rechtsstaatliche Verhältnisse zugeschnitten. Es versagt daher in nicht unerheblichem Ausmaß, wenn es um das Erfassen von Handlungen geht, die im Zusammenhang mit einer pervertierten Rechtsordnung vorgenommen wurden. Es ist dem rechtsstaatlichen Strafrecht nicht gegeben, eine Revolution mit anderen Mitteln fortzusetzen[79].

Eine weitere Beschränkung der strafrechtlichen Behandlung der Täter staatlich sanktionierten Unrechts liegt im *Individualcharakter* des Strafrechts. Kollektivbestrafung kennt das rechtsstaatliche Strafrecht nicht. Unser aus dem Jahre 1871 stammendes Strafgesetzbuch basiert auf einer Vorstellungswelt, in der das staatlich befohlene oder gebilligte Verbrechen nicht vorkam[80]. Es ist auf die persönliche Schuld des Täters ausgerichtet und daher nur begrenzt geeignet, Systemunrecht oder Massenverbrechen angemessen zu verfolgen. Persönliche Schuld ist bei solchen Taten schwer nachzuweisen[81]. Das gilt besonders für gesellschaftliche Verhältnisse, in denen das Kollektiv über dem Individuum steht und die Individuen vielfach in Kollektive eingeordnet sind. *Kollektive* Schuld einer Personengruppe wegen der Schaffung eines Systems oder von Strukturen zur Ermöglichung von selbst oder durch andere begangenem Unrecht kann mit den gegebenen rechtsstaatlichen Mitteln nicht als solche geahndet werden, sondern allenfalls mittelbar auf dem „Umweg" über die Verurteilung einzelner Täter wegen ihrer individuellen Beteiligung an strafbaren Handlungen.

Strafrecht bedeutet Vereinzelung des Individuums als Träger des Schuldvorwurfs und damit oft genug Verdeckung systematischer und kollektiver

78 *Wassermann*, in: 40 Jahre SED-Unrecht, S. 37.

79 *Heitmann*, NJW 1992, 2180. Andererseits ist angesichts der immerhin bestehenden begrenzten Möglichkeiten rechtsstaatlichen Strafrechts Versuchen zu widersprechen, diesem die Eignung zur strafrechtlichen Aufarbeitung einer Diktatur pauschal abzusprechen (so aber *Hoenigs*, Zur Existenzberechtigung des Straftatbestandes der Rechtsbeugung, S. 74 f. mit dem Diktum, rechtsstaatliches Strafrecht sei wohl seiner Natur nach nur geeignet, das Unrecht im Rechtsstaat selbst zu erfassen, sowie mit dem Fazit, das Strafrecht habe keinen Beitrag zur Vergangenheitsbewältigung zu erbringen vermocht, a.a.O., S. 78).

80 *Rückerl*, NS-Verbrechen vor Gericht, S. 21.

81 *Streim*, Interview Der Spiegel 7/1995, S. 31.

Zusammenhänge[82]. Bei der Ermittlung der individuellen Schuld kann aber dennoch als „Nebeneffekt" eine Erhellung der gesellschaftlichen und politischen Gegebenheiten zur Tatzeit erfolgen, weil sie Auswirkungen auf die Tatbestandsmäßigkeit der Handlung, ihre Rechtswidrigkeit und die Schuld wie auch auf die Strafzumessung haben können und insoweit in das Verfahren einzubeziehen sind. Dies spiegelt sich zum Beispiel in Urteilspassagen zu staatlichen Einflussnahmen auf die richterliche Tätigkeit in der DDR[83] oder die Verhältnisse an der innerdeutschen Grenze und die Indoktrination der Menschen[84]. Darauf, dass auf der anderen Seite die individuelle Zuordnung von Verantwortung für Teilvorgänge eines historischen Geschehens wichtig ist, wurde bereits hingewiesen[85].

Unter einem weiteren Aspekt ist am Beispiel der DDR noch einmal die Schwierigkeit aufzugreifen, dass unser Strafrecht nicht auf staatlich organisiertes Unrecht zugeschnitten ist. Es ist das *Verhältnis von Normalität und Ausnahmesituation. Kinkel* schildert dies folgendermaßen:

> „Im Strafrecht geht es immer um die individuelle Auflehnung gegen die bestehende Rechtsordnung. Der Hintergrund, vor dem strafbares Verhalten erst auffällig wird, ist immer die Rechtstreue der Mehrheit zum bestehenden Recht. Recht setzt sich selbst voraus. Erst wenn das Recht den Rahmen gibt, ist das Unrecht als aus dem Rahmen fallend konkretisierbar.
> In der DDR lagen die Dinge ganz anders. Ein ganzer Staat hatte sich in Bereichen vom Recht abgekoppelt, sich ein eigenes Wertesystem gegeben. Dem Primat einer häufig gewissenlosen, menschenverachtenden Politik war das Recht zum Opfer gefallen. In der DDR war die Abweichung vom Recht nicht der – konkretisierbare – Einzelfall, sondern vielfach die politisch gewünschte Normalität. Das ganze System ist vom Rechtsstaat in unserem Sinn abgewichen. Wie in anderen Diktaturen auch, war das Recht zur bloßen Form geworden. Urteile und Gesetze dienten nicht mehr dazu, Unrecht auszuschließen, sondern dazu, Unrecht formal zu legitimieren."[86]

Die angesichts dessen von manchen vertretene Ansicht, rechtsstaatliches Strafrecht setze voraus, dass die Taten, die es zu ahnden habe, selbst unter den Rahmenbedingungen eines funktionierenden Rechtsstaats begangen wurden[87], kann nicht dazu führen, das rechtsstaatliche Strafrecht in solchen Fällen für unanwendbar zu halten[88]. Allein die Normalität der

82 *Dencker*, Vergangenheitsbewältigung durch Strafrecht?, KritV 1990, 311; krit. auch *Blanke*, KJ 1995, 139.

83 BGH NJW 1994, S. 529, 530 f.

84 BGHSt 39, 1 ff., insbes. 34 f.

85 S. o., A.III.

86 *Kinkel*, JZ 1992, 486.

87 *Zielcke*, KJ 1990, 464.

88 Dagegen auch *Jäger*, KJ 1990, 469.

Missachtung von Gesetzen lässt das Unrecht nicht zum Recht werden. Dass das Strafrecht in dieser Sondersituation faktisch nicht durchsetzbar ist, kann es seiner Verbindlichkeit nicht entkleiden, und die Kollektivität des Unrechts schließt die individuelle Schuld nicht aus. Handeln kann nur der Einzelne, und erst die Handlungen der Einzelnen formen das System. Die individuellen Verantwortungsanteile unter den Bedingungen des Systems sind es, die der strafrechtlichen Beurteilung zugänglich sind[89]. Es gibt Handlungsspielräume und Raum für persönliche, individuelle Schuld auch in totalitären Staaten, und es ist wichtig, bei der Aufarbeitung von Systemunrecht die trotz Einbindung in einen Apparat bestehende individuelle Verantwortung zu betonen[90].

Diesen Aspekt ignoriert, wer etwa behauptet, Richter und Staatsanwälte, die in der DDR nie mitzureden gehabt hätten, die sowohl quantitativ „als auch sonst" nicht ins Gewicht gefallen seien und die keinerlei Privilegien teilhaftig geworden seien, stünden nun stellvertretend für die DDR vor Gericht und müssten die Zeche zahlen[91]. Entgegen dieser „Sündenbock-Theorie" (man denkt dabei auch an den Vorwurf der Siegerjustiz, der noch zu entkräften sein wird[92]) geht es aber nicht um die Abrechnung mit dem DDR-System. Eine solche Abrechnung ist auch mit den Mitteln unseres schuldorientierten Strafrechts gar nicht möglich. Es geht darum, dass die staatliche Billigung oder gar Forderung von Straftaten nichts daran ändert, dass es sich eben um Straftaten handelt und der einzelne hierfür die strafrechtliche Verantwortung zu tragen hat. Dass Richter und Staatsanwälte in der „großen Politik" nichts mitzureden hatten, ändert nichts an der Tatsache, dass sie in dem Bereich ihrer Verantwortlichkeit durchaus Handlungsspielräume hatten.

Die Vorrangstellung der Juristen unter den Tätern des DDR-Systemunrechts wird als exemplarisch für die Untauglichkeit des Strafrechts zur Geschichtsbewältigung angeführt[93]. Abgesehen von der allgemein angebrachten Zurückhaltung gegenüber dem Begriff der Geschichtsbewältigung[94] kann die Untauglichkeit des Strafrechts nicht entscheidend

---

89 *Heitmann*, NJW 1992, 2181.

90 Vgl. o., A.III.; in diesem Sinne auch *Jäger*, Strafrecht und nationalsozialistische Gewaltverbrechen, in: Redaktion Kritische Justiz (Hrsg.), Der Unrechts-Staat, S. 145.

91 So *Wolff*, DRiZ 1996, 90.

92 Dazu Kapitel 15, insbes. B.I.

93 *Wolff*, a.a.O., 90.

94 Geschichte bedeutet mehr als Vergangenheit. Sie umfasst komplexe Geschehnisse, die auch für die Allgemeinheit von Bedeutung sind. Nicht alles Vergangene wird „Geschichte". Was dazu gehört, erweist sich oft erst, nachdem Prozesse bestimmte Fakten ans Licht gebracht haben und unterliegt der Wertung. Deshalb sollte besser

an diesem Punkt festgemacht werden. Im Gegenteil, gerade die Tatsache, dass die Juristen nicht von der Strafverfolgung ausgenommen werden, zeigt, dass ihre Verantwortung für Unrecht erkannt wurde[95]. Zu einem Schluss auf die Untauglichkeit des Strafrechts in diesem Bereich kann man allenfalls kommen, wenn man sich die Ergebnisse dieser Strafverfolgung ansieht[96]. Wenn die Juristen bei der Zahl der eingeleiteten Verfahren einen hohen Anteil stellen, dann liegt das daran, dass auch die Zahl ihrer Opfer nicht unerheblich ist.

Schließlich kommt hinzu, dass eine *durchgehende Kausalkette* zwischen Handlung und „Erfolg" nachgewiesen werden muss. Gerade bei Systemunrecht, bei den „Schreibtischtätern", ist der bürokratische Weg der Handlungsketten (etwa eines Befehls) besonders lang und vielstufig[97], muss aber genau nachgewiesen werden. Die reinen ideologischen „Vordenker", die eine unheilvolle Entwicklung provoziert und angeheizt haben, können dafür strafrechtlich nicht zur Verantwortung gezogen werden, weil sie nicht in der juristischen Kausalkette einer bestimmten Tat stehen.

C. Strafprozessrecht und Verfassungsrecht

Strafrecht, Strafprozessrecht und Verfassungsrecht setzen einer Verfolgung der Täter im Rechtsstaat Grenzen, beinhalten aber auch in gewissem Maße Chancen und Hilfen für die gesamtgesellschaftliche Aufarbeitung einiger Probleme.

I. Ziel und Funktion des Strafverfahrens

Ziel des Strafprozesses ist die Feststellung des staatlichen Strafanspruchs zur Verwirklichung des materiellen Strafrechts (d. h. die Feststellung, ob sich ein bestimmter Beschuldigter einer Straftat schuldig gemacht hat, um je nach Ergebnis gegen den Schuldigen die im materiellen Strafrecht vor-

---

der neutrale Begriff der Aufarbeitung der Vergangenheit verwendet werden (Zum Begriff „bewältigen" vgl. o. A.).

95 Zum Vergleich mit dem Versagen der Justiz bei der Aufarbeitung des NS-Justizunrechts Kapitel 13, C.

96 Zu der hohen Zahl von Verfahrenseinstellungen siehe Kapitel 15, A.I., II.1. und III.1., zu der die Strafbarkeit einschränkenden Rechtsprechung des BGH siehe Kapitel 4, B.

97 Vgl. *Kinkel*, JZ 1992, 486.

gesehenen Rechtsfolgen zu verhängen und den nicht für schuldig Befundenen aus dem Verfahren zu entlassen[98]). Zwischenziel ist hierzu die Aufklärung des Sachverhalts, die Ermittlung der Wahrheit[99]. Neben der materiell richtigen, prozessordnungsgemäß zustandekommenden Entscheidung wird zum Teil auch noch die Schaffung von Rechtsfrieden als Ziel des Strafverfahrens bestimmt[100].

Aus dem Ziel des Strafprozesses ergibt sich, dass der mutmaßliche Täter im Mittelpunkt des Verfahrens steht. Der Strafprozess ist auf den Täter fokussiert[101]. Nicht nur die Opfer sind hierbei von untergeordneter Bedeutung. Gesellschaftliche oder politische Ursachen der Tat können *für sich* nicht Thema im Strafprozess werden[102]. Die Aufklärung der Taten findet ihr Ende, wo der staatliche Strafanspruch nicht mehr durchgesetzt werden kann. Stirbt ein Tatverdächtiger oder tritt dauernde Verhandlungsunfähigkeit ein, ist das Verfahren einzustellen. Der Strafanspruch kann nur in Bezug auf konkrete Personen festgestellt werden. Dieses an Einzelfällen orientierte Vorgehen der Justiz hat bei der Aufarbeitung von Systemunrecht folglich fragmentarischen Charakter.

Da Aufgabe der Strafverfolgungsbehörden und der Strafgerichte die Aufklärung und Beurteilung von Straftaten nach strafrechtlichen und strafprozessualen Kriterien ist, kann sich die Aufarbeitung von Systemunrecht gewissermaßen nur als Nebenprodukt aus der Wahrnehmung dieser eigentlichen Aufgabe ergeben[103]. Eine historische, politologische, soziologische oder sozialpsychologische Aufarbeitung in dem Sinne,

---

98 Löwe-Rosenberg/*Schäfer*, Einl., Kap. 6, Rn. 7 und 27.

99 Jedoch nur in einem geregelten Verfahren und mit justizförmigen Mitteln, Löwe-Rosenberg/*Schäfer*, Einl., Kap. 6, Rn 7. Es geht nicht um Wahrheitsermittlung um jeden Preis (BGHSt 14, 356, 358; 38, 214, 220). Das hat hier die gleichen Einschränkungen zur Folge wie in Prozessen, die keinerlei politischen Bezug haben, z. B. Einstellung des Verfahrens bei dauerhafter Verhandlungsunfähigkeit (z. B. Fall Honecker, Fall Mielke). Die geschichtliche oder politische Bedeutung eines Prozesses kann nicht die Versagung rechtsstaatlicher Garantien rechtfertigen.

100 *Roxin/Schünemann*, Strafverfahrensrecht, Einl., § 1 Rn. 3; *Schmidhäuser*, FS Eb. Schmidt, S. 521 ff.; *Rieß*, FS Karl Schäfer, S. 170.

101 *Haffke*, Strafprozeß als Lernprozeß? Über die (Un-)Möglichkeit, Geschichte in Strafprozessen aufzuarbeiten, in: de Boor/Frisch/Rode (Hrsg.), Vergessen - Verdrängen - Verleugnen, S. 52.

102 *Haffke*, a.a.O., S. 52.

103 Ähnlich *Groesdonk*, Reflexionen des berichterstattenden Richters, in: Justizministerium des Landes Nordrhein-Westfalen (Hrsg.), Juristische Zeitgeschichte, Bd. 4: NS-Verbrechen und Justiz, S. 177 (historische Aufarbeitung könne allenfalls am Rande geleistet werden) und 178 (das Öffentlichmachen persönlicher Schuld einer Einzelperson als Mittel der geschichtlichen Aufarbeitung im Strafprozess werde nur als Nebenprodukt geleistet).

dass das Individuum Nebensache ist, kann der Strafprozess nicht leisten. Geschichte und Vergangenheit können nur über die Zurechnung der Tat zu einem Individuum Verfahrensthema werden[104].

Dass aber Geschichtsaufarbeitung vom Strafprozess generell nicht zu leisten sei, weil sie außerhalb seines Aufgabenkreises liege[105], ist so nicht zutreffend. Durch seine Aufklärungsfunktion trägt der Strafprozess zur weiteren Aufdeckung geschichtlicher Ereignisse und Strukturen bei. Schon aus den NS-Prozessen und ihrer publizistischen und wissenschaftlichen Diskussion hatten sich wichtige Erkenntnisse ergeben: Sie vermittelten Einblicke in die Funktionsweise totalitärer Herrschaft und zeigten, dass dem Täter trotz allem individuelle Verhaltensspielräume[106] blieben. Die Vorstellung, kollektive Verbrechen seien als verselbständigtes Handeln von Systemen, Apparaten und organisierten Großgruppen zu interpretieren, das für persönlich motiviertes Handeln keinen Raum gelassen habe, hat sich als vereinfachender Irrtum entlarvt[107]. Auch die strafrechtlichen Ermittlungen und Gerichtsverfahren zur Rechtsbeugung in der DDR haben zur Sammlung von Erkenntnissen über die DDR-Justiz geführt, deren Bedeutung nicht unterschätzt werden sollte und die durchaus nicht gänzlich schon Allgemeingut der historischen oder rechtshistorischen Forschung waren[108]. Freilich reicht die justizförmige Bearbeitung der Materie zur Aufarbeitung nicht aus[109].

Strafgerichte können im Übrigen Vergangenheitsaufarbeitung auch leisten, wenn es um die Geschichte einer eigenen Rechtsprechung geht, von der sie etwa abrücken wollen. Aus Gründen der Rechtsklarheit kann es geboten sein, im Urteil über die Kontinuität oder Diskontinuität der Spruchpraxis Rechenschaft abzulegen[110]. Hiermit kann ein Stück (Justiz)geschichte auf-

---

104 *Haffke*, Strafprozeß als Lernprozeß? Über die (Un-)Möglichkeit, Geschichte in Strafprozessen aufzuarbeiten, in: de Boor/Frisch/Rode (Hrsg.), Vergessen - Verdrängen - Verleugnen, S. 52f.

105 So etwa *Lorenz*, MDR 1993, 705; anders *F.-C. Schroeder*, DRiZ 1996, 82f., der es, wie er mit Beispielen der Wirkung von NS-Prozessen zeigt, auch als Funktion des Strafverfahrens ansieht, dem Volk die Geschichte und die von seiner Führung begangenen bzw. ins Werk gesetzten Verbrechen bewusst zu machen.

106 Dazu auch *Jäger*, Verbrechen unter totalitärer Herrschaft; *ders.*, Strafrecht und nationalsozialistische Gewaltverbrechen, in: Redaktion Kritische Justiz (Hrsg.), Der Unrechts-Staat, S. 145.

107 *Kinkel*, JZ 1992, 487.

108 *Debes/Weinke*, DA 1995, 1030.

109 Wie hier *Arnold*, Thesen zur DDR-Forschung nach 1989, in: Arnold (Hrsg.), Strafrechtliche Auseinandersetzung mit Systemvergangenheit am Beispiel der DDR, S. 45.

110 So *Lamprecht* zur Rechtsprechung des BGH zur Rechtsbeugung , NJW 1994, 562.

gearbeitet werden. Dies ist beispielsweise durch die BGH-Entscheidung vom 16.11.1995[111] hinsichtlich des Versagens bei der Verfolgung von NS-Justizunrecht geschehen, worauf noch zurückzukommen ist[112].

Die Durchführung von Strafverfahren kann daneben durchaus zur Herstellung des Rechtsfriedens beitragen. Sie zeigt den Opfern von Straftaten, dass sie ernst genommen werden und dass der Staat das Unrecht, das ihnen angetan wurde, als strafrechtlich relevant erkennt. Das trifft besonders auf die Verfolgung von DDR-Straftaten zu, weil sonst der Eindruck entstehen könnte, alle Nachteile und Schikanen seien als Teil des Systems vom Opfer hinzunehmendes Pech[113]. Strafverfahren gegen Funktionäre verdeutlichen, dass die Herrschenden nicht von der Geltung der Gesetze freigestellt sind. Verurteilungen wegen Rechtsbeugung sind, ebenso wie Rehabilitierungen[114], eine Grundlage für das Erinnern an den Missbrauch der Justiz durch die Politik.

Strafrechtliche und historische Aufarbeitung von Systemunrecht ergänzen sich und sind in gewissem Umfang sogar aufeinander angewiesen. Dies beschränkt sich nicht auf die Vermutung, Strafprozesse fänden in der Öffentlichkeit mehr Beachtung als historische Studien[115]. Im Gegensatz zu Historikern, die Zeitzeugen zu Aussagen überreden müssen, kann die Justiz Zeugen zum Erscheinen und zur Aussage[116] zwingen. Es ist auch möglich, historische Gutachter im Prozess zu bestellen, die bei der Einordnung des Geschehens in größere zeitgeschichtliche Zusammenhänge und der Herausarbeitung von Organisations- und Hierarchiestrukturen hilfreich sein können. Die Ermittlung solcher Umstände kann zur richtigen Bewertung der Schuld des Betreffenden sogar erforderlich sein. Wissenschaftliche Prozessbegleitung wird daher nicht ohne Grund als unverzichtbare Erkenntnisquelle bezeichnet[117].

Die historische Forschung kann wiederum die Unterlagen auswerten, die sich im Zusammenhang mit Strafprozessen angesammelt haben.

---

111 BGH NJW 1996, 857 ff.

112 Kapitel 13, C.III.1.

113 *Hansjörg Geiger*, damals Direktor beim Bundesbeauftragten für die Stasi-Unterlagen in Berlin, Frankfurter Rundschau vom 13. April 1995, S. 14.

114 *Pfister*, Die Aufhebung von Willkürurteilen, in: Weber/Piazolo, Eine Diktatur vor Gericht, S. 199.

115 *Rieger*, NJ 1993, 551.

116 Kritisch zu den Vorteilen bei der Wahrheitsermittlung *Blanke*, KJ 1995, 139 unter Hinweis auf sinkende Aussagebereitschaft aufgrund der Gefahr für Zeugen, selbst zu Beschuldigten zu werden.

117 *Roggemann*, Systemunrecht und Strafrecht am Beispiel der Mauerschützen, S. 14 Fn. 6.

Neben Anklageschriften und Urteilen stehen ihr dafür ggf. Dokumente aus sonst manchmal schwer zugänglichen (z. B. ausländischen) Archiven, polizeiliche, staatsanwaltschaftliche und richterliche Vernehmungen sowie Abschlussvermerke bei eingestellten Verfahren zur Verfügung. Je näher eine Quelle am tatsächlichen Geschehen ist, desto größeren Wert hat sie für die historische Forschung. Aussagen und Vernehmungen sind daher am wichtigsten. Großen Wert besitzen vor allem staatsanwaltschaftliche und richterliche Vernehmungen, die von Beamten ausgeführt wurden, welche an einem Sammelermittlungsverfahren beteiligt waren oder bereits mehrere Ermittlungsverfahren im gleichen oder einem ähnlichen Bereich geführt und dadurch eine große Sachkenntnis erlangt hatten.

Aufgrund der Abschaffung des Wortprotokolls steht die als am wichtigsten angesehene Quelle aus dem Strafprozess, nämlich die Aussagen von Tätern, Opfern und Zeugen in der Hauptverhandlung, - jedenfalls in exakter Form - nicht mehr zur Verfügung. Vermerke, Anklageschriften und Urteile berichten über historisches Geschehen, das nicht nach historischen, sondern allein nach juristischen Kriterien aufbereitet wurde. Urteile enthalten keine Darstellung, wie sie Historiker liefern sollten, sondern allein den Tathergang, das Tatumfeld und die subjektive Beteiligung der einzelnen Angeklagten, während im Mittelpunkt zeitgeschichtlicher und historischer Forschung gesellschaftliche Strukturprozesse und kollektive Ereignisse stehen. Die Geschichtswissenschaft muss also die Filterfunktion der Justiz wieder ausgleichen[118].

Hier werden Möglichkeiten und Grenzen eines Beitrags der justiziellen zur historischen Aufarbeitung des Geschehenen erkennbar, die in der Funktion des Strafprozesses und den dabei zu beachtenden rechtlichen Grundsätzen[119] liegen - hervorgehoben sei auch das Erfordernis des Schuldnachweises mit der Regel „in dubio pro reo“, die ebenso zum Abweichen der forensischen Wahrheit von der historischen Wahrheit führen kann wie das Recht zur Lüge des Angeklagten. Auf der anderen Seite machen es die im rechtsstaatlich gesicherten Erkenntnisverfahren getroffenen Feststellungen Dritten kaum möglich, das geschehene Verbrechen schlichtweg zu leugnen[120]. Was gericht-

118 *Tuchel*, Die NS-Prozesse als Materialgrundlage für die historische Forschung, in: Weber/Steinbach, Vergangenheitsbewältigung durch Strafverfahren?, S. 140 ff.

119 Zu letzterem siehe unten, II.

120 *Groesdonk*, Reflexionen des berichterstattenden Richters, in: Justizministerium des Landes Nordrhein-Westfalen (Hrsg.), Juristische Zeitgeschichte, Bd. 4: NS-Verbrechen und Justiz, S. 178.

lich positiv festgestellt wurde, darf grundsätzlich als gesichertes Geschehen angesehen werden. *Rückerl* ergänzt hierzu:

> „Manche Historiker (...) geben zu bedenken, die in Ermittlungs- und Strafverfahren gemachten Aussagen seien mit größter Vorsicht aufzunehmen, weil diese nicht aus freiem Entschluß und oft wohl auch mit einer, wenn auch kaum erkennbaren, Tendenz der Entlastung oder Belastung der eigenen oder einer anderen Person gemacht worden seien. Dem ist entgegenzuhalten, daß es sich gerade in den Strafverfahren häufig gezeigt hat, was es mit den freiwilligen und außerhalb jeder strafprozessualen Untersuchungen erstellten und nicht selten auch veröffentlichten Erlebnisberichten, (...), tatsächlich auf sich hat, d. h. was davon als unbestreitbares Kerngeschehen blieb, wenn Kriminalbeamte, Staatsanwälte, Untersuchungsrichter und schließlich Gerichte daran gingen, diese Punkt für Punkt auf ihren Wahrheitsgehalt abzuklopfen." [121]

Zu Recht weist *Jan Müller* darauf hin, dass die strafrechtliche Vergangenheitsverarbeitung es ermögliche, bestimmte Fakten vor Legendenbildung und falscher Idealisierung zu bewahren[122].

Im Bewusstmachen der Geschichte und im Sichtbarmachen kriminogener Strukturen sieht *F.-C. Schroeder* eine besonders wichtige Funktion von Strafverfahren, die in Zusammenhang mit dem von ihm geprägten Begriff der „Systemprävention" als Form der Generalprävention steht[123]. Versteht man Sinn und Zweck der Strafe in diesem weiten Sinne, liegt eine entsprechende Einbeziehung in die Aufgaben des Strafverfahrens nahe[124].

In der Nähe zu diesem Konzept ist *Haffke* anzusiedeln, der dem Strafprozess die „anspruchsvolle sozialpädagogische Aufgabe" zuspricht, dass die Gesellschaft am Täterschicksal über sich lernen soll: Die gründliche Rekonstruktion der Geschichte individueller Verstrickung helfe der Gesellschaft, Tat und Täter zu verstehen und daraus Konsequenzen für die Zukunft zu ziehen. Durch die Thematisierung von Geschichte könne der projektive Abwehrmechanismus von Ausgrenzung und Verdrängung außer Kraft gesetzt werden[125].

Durch seine Aufklärungsfunktion wirkt der Strafprozess in der Tat Verdrängungsmechanismen entgegen. Dieser wichtige Effekt gesellschaftlichen Verstehens und Lernens für die Zukunft setzt allerdings voraus, dass die aus dem Strafverfahren zu ziehenden Erkenntnisse der Gesellschaft auch vermittelt werden. Hier spielen die Medien eine wich-

---

121 *Rückerl*, NS-Verbrechen vor Gericht, S. 323 f.

122 *J. Müller*, NJW 2001, 2378.

123 *F.-C. Schroeder*, DRiZ 1996, 82 f.; s. dazu schon o. A.III.

124 In diesem Sinne auch *Haffke*, Strafprozeß als Lernprozeß? Über die (Un-)Möglichkeit, Geschichte in Strafprozessen aufzuarbeiten, in: de Boor/Frisch/Rode (Hrsg.), Vergessen - Verdrängen - Verleugnen, S. 53.

125 *Haffke*, a.a.O., S. 56.

tige Rolle. Mag der Strafprozess *aus sich selbst heraus* Verdrängungsmechanismen in der Gesellschaft nicht verhindern oder auflösen, so kann er dazu mit Hilfe der Medien und anderer Multiplikatoren beitragen, indem eine gesellschaftliche Debatte ausgelöst wird. So greifen justizielle und nichtjustizielle Aufarbeitung der Vergangenheit ineinander.

Nur am Rande sei bemerkt, dass auch umgekehrt die gesellschaftliche Debatte nicht spurlos am Strafverfolgungsverhalten der Justiz vorbeigeht. Ebenso wie die mangelnde Intensität der Strafverfolgung von NS-Unrecht in der Bundesrepublik nach 1949 im Zeichen des damals herrschenden Zeitgeistes steht, spiegelt sich in der hohen Zahl von Ermittlungsverfahren zum DDR-Unrecht nicht zuletzt die breite gesellschaftliche Auseinandersetzung mit diesem Komplex nach 1989.

Die hier interessierende Art und Weise der Aufarbeitung der Vergangenheit muss im Strafprozess allerdings schon deshalb unvollständig bleiben, weil das Blickfeld auf das *strafrechtlich relevante* Verhalten beschränkt ist. Darüberhinausgehendes rechtlich relevantes Verhalten kann Gegenstand der justiziellen Aufarbeitung sein, wenn es von einem Bürger vor Gericht getragen wird - etwa wenn es um den zivilrechtlichen Ehrenschutz[126] oder um Schadensersatzforderungen geht. Die Wirkung der Vergangenheitsaufarbeitung durch die Zivilgerichte sollte nicht unterschätzt werden. Diese gewährleisten - in bestimmten Fällen - einen Ausgleich verletzter Interessen unmittelbar zwischen Verletzer und Verletztem, dessen Befriedungs- und auch Sühneerfolg größer sein kann als der eines Strafverfahrens, in dem sich nicht Bürger und Bürger, sondern Bürger und Staat gegenüberstehen. Der Ausgleich des materiellen und immateriellen Schadens ist eine wichtige Voraussetzung für die Versöhnung des Opfers und kann diesem Genugtuung verschaffen. Es gibt zwar auch im Strafverfahren die Möglichkeit des Verletzten oder seiner Erben, vermögensrechtliche Ansprüche durchzusetzen, soweit sie aus der angeklagten Straftat erwachsen sind. Dieses sogenannte Adhäsionsverfahren (§§ 403 ff. StPO) hat sich aber in der Praxis allgemein nicht durchgesetzt. Das Gericht hatte nämlich lange Zeit nach § 405 S. 2 StPO a. F. in weitem Umfang das Recht, die Befassung mit dem Entschädigungsantrag abzulehnen, so insbesondere bei einer in aller Regel drohenden Verfahrensverzögerung[127]. Auch nach den neueren Regelungen zur erschwerten Ablehnung der Entscheidung und zur Stärkung des

126 Z.B. eine Klage auf Unterlassen der Behauptung der Stasi-Mitarbeit (Fall Gysi/ Bohley).

127 Dazu *Jescheck*, JZ 1958, 593.

Adhäsionsverfahrens (Opferrechtsreformgesetz von 2004) hat sich dessen Praxisrelevanz nicht merklich erhöht.

Weite und sehr wichtige Bereiche der Vergangenheitsaufarbeitung können mit juristischen Mitteln jedoch nicht abgedeckt werden. Die Aufklärung menschlicher Hintergründe der Taten kann und muss im Prozess zwar versucht werden[128], soweit das etwa für die Strafzumessung relevant ist, kann aber nicht alle Facetten erfassen. Menschliche Enttäuschungen müssen vom Einzelnen verkraftet, psychische und psychosomatische Störungen[129] verarbeitet, eine ideologische Auseinandersetzung zwischen Gegnern und Befürwortern der vergangenen Staats- und Gesellschaftsstrukturen weitergeführt und Lehren aus der Vergangenheit für die Zukunft gezogen werden. Psychologen, Psychiater, Politologen, Soziologen und Historiker, ja die ganze Gesellschaft ist auf den Plan gerufen, um sich an der politischen, historischen und wissenschaftlichen Auseinandersetzung zu beteiligen. Eine sinnvolle Plattform dafür sind beispielsweise wissenschaftliche Ausstellungen[130], Enquête-Kommissionen[131] und Diskussionsforen[132]. Nicht geeignet erscheint dagegen die Einrichtung eines auf politisch- moralische Reaktionen gerichteten „Tribunals“[133].

---

128 *J. Müller* hebt zutreffend hervor, durch die Ermittlung von Tatmotiven könnten die Verfahren ein Stück Lebenswirklichkeit der Täter innerhalb des politischen Systems beleuchten. Sie schafften so auch Ansätze für ein Verstehen der Taten, das Polarisierung und politischer Spaltung entgegenwirke (NJW 2001, 2378).

129 Vgl. dazu den Artikel „Vom Wendetraum blieb nur das Trauma – Viele politisch Verfolgte der ehemaligen DDR leiden noch heute unter den erlebten Schikanen“, Süddeutsche Zeitung vom 18. Mai 1995, Teil Umwelt – Wissenschaft – Technik.

130 Z. B. die vom Bundesjustizministerium eingerichtete Ausstellung „Im Namen des Volkes?“, die 1994 in Berlin stattfand und anschließend auf Rundreise ging.

131 Z. B. die Enquête-Kommission des Deutschen Bundestags zur „Aufarbeitung von Geschichte und Folgen der SED-Diktatur in Deutschland“ (vgl. BT-Drs. 12/2230, 12/2597); dazu *Eppelmann,* Die Enquête-Kommission des Deutschen Bundestages „Aufarbeitung von Geschichte und Folgen der SED-Diktatur in Deutschland“, in: BMJ (Hrsg.), Im Namen des Volkes?; *Lüderssen,* Der Staat geht unter – das Unrecht bleibt?, S. 127 ff.; *Limbach,* „Im Namen des Volkes“. Macht und Verantwortung der Richter, S. 73.

132 Z. B. das Erste Forum des Bundesministers der Justiz am 9. Juli 1991 mit namhaften Historikern, Philosophen, Politikern und Juristen in Bonn, veröffentlichte Form: „40 Jahre SED-Unrecht. Eine Herausforderung für den Rechtsstaat“, Sonderheft der Zeitschrift für Gesetzgebung.

133 Hierzu *Lüderssen,* Der Staat geht unter – das Unrecht bleibt?, S. 129 ff., der auf viele problematische Aspekte aufmerksam macht; *F.-C. Schroeder,* DRiZ 1996, 83: „Ein Tribunal will sich den guten Ruf der Justiz zunutze machen, ohne an deren Rechtsgarantien für die Angeklagten gebunden zu sein, ohne aber auch über die Zwangsmittel der Justiz, und seien es nur die Strafdrohungen gegen Falschaussagen, zu verfügen.“; *Kargl,* KritV 1992, 66 ff.; *Kinkel,* Vorwort zu: 40 Jahre SED-Unrecht, der fragt, ob ein solches Tribu-

II. Grundsätze des Strafverfahrens und verfassungsrechtliche Aspekte

Das in §§ 152 II, 170 I StPO enthaltene *Legalitätsprinzip* verpflichtet die Staatsanwaltschaft, bei Vorliegen eines Anfangsverdachts Ermittlungen aufzunehmen (Gleiches gilt gem. § 163 StPO für die Polizei) und - im Falle eines hinreichenden Tatverdachts - Anklage zu erheben. Dies gilt ohne Ansehen der Person und deren Stellung (abgesehen von der Regelung der Indemnität und Immunität von Bundestagsabgeordneten in Art. 44 GG und § 152a StPO i. V. m. den entsprechenden Vorschriften der Landesverfassungen für die Mitglieder der Länderparlamente). Es darf also grundsätzlich keine Rücksicht auf gesellschaftliches Ansehen oder politischen Einfluss genommen werden. Mit dem Legalitätsprinzip ist auch die Ansicht, die strafrechtliche „Bewältigung" der Geschichte sei nicht zulässig[134], nicht vereinbar[135].

Die Voraussetzung des Anfangsverdachts[136] bewirkt allerdings insofern eine selektive Verfolgung, als die zuständige Behörde überhaupt Kenntnis von den zu verfolgenden Vorgängen haben muss und konkrete Anhaltspunkte für eine verfolgbare Straftat bestehen müssen. Hierbei ist die Mitarbeit der Bevölkerung und besonders der Opfer mutmaßlicher Straftaten wichtig, um diesen Kenntnisstand herbeizuführen und zu fördern. Die Bürger haben die Möglichkeit, durch Anzeige von Straftaten (§ 158 StPO) Ermittlungsverfahren in Gang zu bringen. Den Verlauf und Ausgang einer etwaigen Hauptverhandlung können sie dank der *Grundsätze*

---

nal dort, wo der Rechtsstaat nicht mehr weiter wisse, „höheres Recht" sprechen solle; *Schulze-Fielitz*, DVBl. 1991, 902 (Solche politischen Formen kollektiver Aufarbeitung setzten Distanz zur Vergangenheit voraus, an der es noch fehlen müsse. Sie könnten individuelle Strafverfahren nicht ersetzen, die für den Einzelnen unvertretbare Grenzüberschreitungen klarlegten und öffentlich verdeutlichten); *Scholderer*, Rechtsbeugung, S. 500f., der hervorhebt, die Veranstaltung eines Tribunals käme einer unzulässigen Unterwanderung des Gesetzlichkeitsprinzips gleich und widerspreche dem Grundgedanken der positivistischen Trennungsthese, wonach der Staat dem Bürger nur gesetzwidriges, nicht aber unmoralisches Verhalten vorwerfen dürfe und die Moralität jenseits ihrer Verrechtlichung Privatsache sei; *Jesse*, „Entnazifizierung" und „Entstasifizierung" als politisches Problem. Die doppelte Vergangenheitsbewältigung, in: Isensee (Hrsg.), Vergangenheitsbewältigung durch Recht, S. 26; *Ralf Dreier*, Juristische Vergangenheitsbewältigung, S. 36.

134 *Wolff*, DRiZ 1996, 94; *Becker*, FS Valdés, S. 20ff.

135 Ebenso *F.-C. Schroeder*, DRiZ 1996, 82.

136 Hierzu noch weiter unten, Kapitel 15, A.I.2.a), b), II.2.

der Öffentlichkeit (§ 169 S. 1 GVG) *und der Mündlichkeit* der Verhandlung (§ 261 StPO) verfolgen, was sie unmittelbar oder über die Berichterstattung in den Medien in die Lage versetzt, sich mit dem justiziellen Teil der Vergangenheitsaufarbeitung und dem, was dieser zu Tage bringt, auseinanderzusetzen. Ob diese Möglichkeiten von den unmittelbar Betroffenen tatsächlich umfangreich genutzt wurden, muss bezweifelt werden. Es scheint zum Beispiel, dass bisher nur wenige, die in ihren Stasi-Akten Hinweise auf strafrechtlich relevantes Verhalten gefunden haben, von sich aus Strafanzeige erstattet haben[137]. Viele Täter waren im Fall der Stasi-Spitzel im persönlichen Umfeld angesiedelt. In solchen Fällen besteht oft nur das Bedürfnis, persönlich miteinander ins Reine zu kommen und Zurückhaltung gegenüber strafrechtlichen Schritten. In anderen Fällen wird der Anstoß zu einem Strafverfahren primär zur Vorbereitung eines späteren Zivilprozesses, in dem Restitutionsansprüche durchgesetzt werden sollen, gegeben[138]. Manche erblicken als Ursache der geringen Zahl von Anzeigen neben fehlendem Vergeltungsbedürfnis auch die Mentalität der Menschen, die die Diktatur so erzogen habe, das eigene Schicksal nicht selbst in die Hand zu nehmen[139]. Hiergegen spricht aber die große Zahl von Menschen, die sich an der Herbeiführung der Wende von 1989 beteiligt haben. Als Erklärung bieten sich eher die Sanftmütigkeit, die sich auch in der Friedlichkeit des Umsturzes äußerte, und eine bei nicht wenigen vorhandene Bereitschaft zur Vergebung an.

Durch die Öffentlichkeit der Verfahren wird gleichzeitig die gesellschaftliche Diskussion gefördert. Selbst wenn die Möglichkeit einer Bestrafung der Verantwortlichen im Rechtsstaat begrenzt ist, initiieren öffentliche Verfahren im Aufarbeitungsprozess unerlässliche Debatten über juristische und moralische Schuld, ideologische Verblendung und zynische Machtausübung, über „große Schreibtischtäter" und „kleine Exekutoren"[140]. Ein durch ein unabhängiges Gericht verkündetes Urteil macht öffentlich bewusst, dass ein Verbrechen von zeitgeschichtlicher Bedeutung so als Geschehen festgestellt wurde[141].

---

137 So *Erardo Rautenberg*, Leitender OStA in Neuruppin, Frankfurter Rundschau vom 13. April 1995, S. 14.

138 *Rautenberg*, a.a.O.

139 *Geiger*, Frankfurter Rundschau vom 13. April 1995, S. 14.

140 *Hirsch*, FAZ v. 28. Oktober 1996, S. 15.

141 *Groesdonk*, Reflexionen des berichterstattenden Richters, in: Justizministerium des Landes Nordrhein-Westfalen (Hrsg.), Juristische Zeitgeschichte, Bd. 4: NS-Verbrechen und Justiz, S. 178.

Im Strafverfahren übernimmt der Staat durch Staatsanwaltschaft und Gericht die Aufklärungsfunktion (§§ 155 II, 160 II, 244 II StPO, *Untersuchungsgrundsatz*). Aufwendige Ermittlungen können durchgeführt werden und Umstände aufklären, die ohne den staatlichen Ermittlungsapparat im Dunkeln geblieben wären. Allerdings kann die Überführung des Täters an rechtsstaatlichen Grundsätzen scheitern. Einige davon sollen, wiewohl von Verfassungsrang, schon hier angesprochen werden, weil sie auch im einfachen Strafprozessrecht verankert oder diesem immanent sind.

Im Rahmen eines Strafverfahrens[142] muss sich niemand selbst belasten (nemo tenetur se ipsum accusare). Dieser *nemo-tenetur-Grundsatz* ist aus dem Allgemeinen Persönlichkeitsrecht (Art. 2 I i. V. m. Art. 1 I GG) sowie aus dem Rechtsstaatsprinzip (Art. 20 III GG) abzuleiten[143] und hat damit Verfassungsrang. Er wird durch die §§ 55, 136, 136a und 243 IV StPO einfachgesetzlich umgesetzt. Der Beschuldigte muss demzufolge nicht an seiner eigenen Überführung mitwirken, sei das Aufklärungsinteresse der Allgemeinheit auch noch so groß. Das Auskunftsverweigerungsrecht von Zeugen auf Fragen, deren Beantwortung sie selbst oder einen der in § 52 I StPO bestimmten Angehörigen in die Gefahr einer Strafverfolgung bringen würde, führt zu großen Schwierigkeiten beim Nachweis gerade von Straftaten, die in unrechtsbegünstigenden undemokratischen Systemen begangen wurden, denn hier besteht oft ein Geflecht von Straftaten, die

---

142 Hiervon zu unterscheiden ist etwa das Übernahmeverfahren, in dem es für eine Ablehnung der Übernahme beispielsweise von Richtern und Staatsanwälten um die Frage geht, ob die Bewerber im Hinblick auf ihre frühere Tätigkeit der Öffentlichkeit als Richter oder Staatsanwälte zugemutet werden können, es also nicht darauf ankommt, ob ein konkreter individueller Vorwurf gemacht werden kann (*Limbach*, ZRP 1992, 174).
Nach der Wende von 1989 kam – in Anlehnung an die „Entnazifizierung" der Nachkriegszeit – der Begriff der „Entstasifizierung" auf (vgl. *Jesse*, „Entnazifizierung" und „Entstasifizierung" als politisches Problem, in: Isensee (Hrsg.), Vergangenheitsbewältigung durch Recht, S. 9ff.). Er ist streng von dem der strafrechtlichen Aufarbeitung zu trennen. Schon die angedeutete Gleichsetzung der „Entstasifizierung" mit der Entnazifizierung und erst recht der justitiellen Aufarbeitung wäre unzutreffend, weil nicht die gesamte Bevölkerung wie damals im Wege von Fragebogenaktion und Spruchkammerverfahren (vgl. *Rückerl*, NS-Verbrechen vor Gericht, S. 120) angehalten wurde, über ihr Verhalten in dem untergegangenen System Rechenschaft abzulegen. Wenn man überhaupt von „Entstasifizierung" spricht, so betrifft das nur die Verpflichtung zur Offenlegung einer Zusammenarbeit mit dem MfS im Rahmen der Übernahme in den öffentlichen Dienst der Bundesrepublik oder eines Landes (vgl. hierzu auch *Maunz*, Die Justiz vor Gericht, S. 30).

143 BVerfGE 38, 105, 113.

mittäterschaftlich oder unter Beteiligung mehrerer Menschen begangen wurden, nach außen hin aber von der Kenntnisnahme Dritter möglichst abgeschottet wurden[144], so dass Mitwisserkreis und Täterkreis (bzw. Teilnehmerkreis) sich weitgehend überschneiden – mit der grundsätzlichen Folge des Auskunftsverweigerungsrechts.

Werden politisch Verantwortliche wegen Regierungskriminalität oder sonstigem Systemunrecht vor Gericht gestellt, besteht die Gefahr, dass der Gerichtssaal als politische Bühne missbraucht wird. Der Angeklagte kann zwar in seine Schranken verwiesen werden, doch darf hierbei nicht der Anspruch auf rechtliches Gehör (Art. 103 I GG) verletzt werden. Dem Betroffenen muss Gelegenheit gegeben werden, sich zu den gegen ihn erhobenen Vorwürfen zu äußern, Anträge zu stellen und Ausführungen zu machen, die das Gericht zur Kenntnis nehmen und in Erwägung ziehen muss[145]. Dass dabei auch politisch gefärbte Stellungnahmen abgegeben werden, ist vom Rechtsstaat hinzunehmen.

Zu beachten sind des Weiteren der sich aus dem Rechtsstaatsprinzip (Art. 20 III GG) ergebende Grundsatz *„in dubio pro reo"*, das *Gebot eines fairen Verfahrens* und die *Bindung an die Grundrechte*, vor allem die Verpflichtung zur Wahrung der *Menschenwürde*. Das gilt auch für diejenigen, die als Funktionsträger vormals Rechtsstaatsprinzipien und Menschenrechte mit Füßen getreten haben. Sie haben dadurch ihre justiziellen und anderen Grundrechte nicht etwa verwirkt[146], da eine solche Verwirkung bis auf die abschließend geregelten Fälle des Art. 18 GG in unserer rechtsstaatlichen Ordnung nicht vorgesehen ist.

Die Konsequenzen rufen bei vielen Betroffenen Gefühle der Enttäuschung oder gar Bitterkeit hervor[147]. Die Täterschaft vieler ehemaliger Funktionäre scheint auf der Hand zu liegen. Man möchte sie zur Verantwortung ziehen. Der Rechtsstaat kann aber nicht für das bestrafen, was jemand gewesen ist, sondern allenfalls für das, was jemand getan hat, und auch das nur dann, wenn es strafbar war. Er erlegt sich die Pflicht auf, in einem sorgfältig geführten Verfahren, das seine Zeit braucht, dem Tatverdächtigen seine konkret bestimmte individuelle[148] strafrechtliche Schuld nachzuweisen. Dieser Nachweis kann sehr schwierig oder gar unmöglich

144 Z. B. Nichtveröffentlichung und Nichtaushändigung von Urteilen.
145 BVerfGE 6, 19, 20; 60, 175, 210; 64, 135, 143 f..
146 So aber *Burian*, ZStW 112 (2000), 111 zu Art. 103 II GG.
147 Vgl. auch *Bohley*, in: 40 Jahre SED-Unrecht, S. 31.
148 Zum Individualcharakter des Strafrechts s. u., C.

sein, wenn in den Wirren des Umbruchs noch hastig Akten und damit wichtige Beweismittel vernichtet wurden. Dadurch kann neue Ungerechtigkeit und Ungleichheit entstehen. Hier stößt der Rechtsstaat – wie auch sonst bei der Überführung von Tätern, denen es gelungen ist, die Spuren ihrer Tat ausreichend zu verwischen – so manches Mal an seine Grenzen. Aber gerade diese Grenzen machen den Rechtsstaat mit aus. An der Wertung, jedem ein faires Verfahren zu gewähren und lieber viele Schuldige entkommen zu lassen, als einen Unschuldigen zu verurteilen, muss auch und gerade dann festgehalten werden, wenn dies aufgrund der besonderen politischen Situation nicht populär ist. Die rechtsstaatlichen Prinzipien dürfen nicht selektiv nach politischer Opportunität angewandt werden, sonst werden sie wertlos, und der Rechtsstaat ist diskreditiert, ja, er hört auf, Rechtsstaat zu sein und befindet sich selbst auf dem Weg zum Unrechtsstaat. Das ist schwerwiegender als die desillusionierende Erkenntnis der Tatsache, dass der Rechtsstaat oft nicht in der Lage ist, materielle Gerechtigkeit herbeizuführen. Wohin die Missachtung rechtsstaatlicher Prinzipien führen kann, war in der DDR beispielsweise bei den sogenannten „Waldheimer Prozessen“[149] zu sehen. Wenn der Systemwechsel hin zum Rechtsstaat konsequent durchgeführt werden soll, müssen seine Wohltaten auch denjenigen zugutekommen, die seine Regeln zuvor nicht anerkannt haben, sich heute aber auf sie berufen. Das kann z. B. auch bedeuten, dass auf Alter und Senilität beruhende Verhandlungsunfähigkeit der Durchführung eines Prozesses entgegensteht[150]. Die rechtsstaatlichen Grundsätze sind nicht ein Lohn für Wohlverhalten, sondern das Rechtsstaatsprinzip ist sich selbst verpflichtet und gilt absolut; es könnte eine Bestrafung ohne Befolgung seiner eigenen Prinzipien nicht mehr rechtfertigen[151].

Die rechtsstaatliche Aufarbeitung der vor-rechtsstaatlichen Vergangenheit lässt Maschen im Netz, durch die zuweilen auch große Fische entkommen können. Wer das politisch nicht will, hätte für eine (nach-) revolutionäre Phase der Generalabrechnung plädieren und in Kauf nehmen müssen, dass dabei auch Unschuldige getroffen würden und dies auf die vermeintliche Schaffung von Gerechtigkeit zurückfiele. Bei der Wiedervereinigung hat sich jedoch das Bekenntnis zum Rechtsstaat durchgesetzt. Es zeugt von besonderer Selbstbeherrschung und Friedfertigkeit der ehemals Unterdrückten, dass sie sich gegen Selbstjustiz und „kurzen

149 Siehe dazu Kapitel 11, B. IV. 1.

150 Dazu *Lüderssen*, Der Staat geht unter – das Unrecht bleibt?, S. 97 ff.; *Paeffgen*, NJ 1993, 152 ff.

151 *F.-C. Schroeder*, DRiZ 1996, 85.

Prozess" entschieden haben. Hass und Rachegefühle waren nach 1989 nirgendwo festzustellen, eher eine Art Verachtung. Allerdings entstand bei nicht Wenigen Enttäuschung darüber, wie wenig der Rechtsstaat in der Lage sei, inhaltlich Gerechtigkeit zu üben[152]. Die Prinzipien des Rechtsstaats sind jedoch selbst Ausdruck des Gerechtigkeitsgedankens[153], auch die formellen Garantien. Die Hoffnung, dass die vielleicht durch hohe Erwartungen vorprogrammierte Enttäuschung über den Rechtsstaat nicht in Gegnerschaft umschlagen möge, weil nur der Rechtsstaat die Würde und die Rechte des Menschen umfassend schützen kann, hat sich glücklicherweise im Wesentlichen erfüllt.

Schon nach 1945 wurden die Grenzen von manchen als zu eng empfunden, die die rechtsstaatlichen Prinzipien des Grundgesetzes einer Verfolgung der NS-Täter setzten. Ausgerechnet solche Menschen, die zu den größten Feinden des Rechtsstaats zu zählen waren, sollten von der Wohltat des Rechtsstaats profitieren können? Dem stand ein konsequentes Bekenntnis zum Rechtsstaatsprinzip gegenüber:

> „Auch wenn die Angeklagten der NS-Prozesse seinerzeit ihren Opfern alle bürgerlichen Rechtsgarantien verweigert hatten, so gebietet es gleichwohl unsere Rechtsordnung, ihnen heute diese Garantien zu gewähren, auch auf die Gefahr hin, daß es dadurch dem einen oder anderen gelingen sollte, sich der Bestrafung zu entziehen. Alles andere wäre Rache und damit Grundlage für neues Unrecht."[154]

Das gleiche Dilemma besteht nun beim strafrechtlichen Umgang mit DDR-Systemunrecht. Dabei ist weniger die Zubilligung prozessualer Garantien als die Reichweite des Rückwirkungsverbotes des Art. 103 II GG umstritten. Von der Festlegung in diesem Streit hängt ab, ob und in welchem Umfang als Unrecht empfundene Taten geahndet werden können. Hierauf ist noch ausführlich einzugehen[155], so dass an dieser Stelle nur ein vorläufiges Fazit gezogen werden kann.

---

152 *Schuller*, „Vergangenheitsbewältigungen in Deutschland. Die NS-Diktatur, die SED-Diktatur und der Rechtsstaat", Frankfurter Allgemeine Zeitung vom 12. März 1996, S. 12; ebenso *Heitmann*, NJ 1993, 540: „Es herrscht in Deutschland kein Klima der Vergeltung. Nicht einmal die Opfer, die unschuldig in Waldheim oder Bautzen saßen, sprechen von Vergeltung oder gar von Rache."

153 *Ralf Dreier*, FS Arthur Kaufmann, S. 69.

154 *Rückerl*, NS-Verbrechen vor Gericht, S. 236.

155 Dazu u., Kapitel 3, A.III.4.

D. Zwischenfazit

Das Strafrecht beruht auf der individuellen Verantwortlichkeit des Einzelnen und betont diese. Sie kann sich allerdings nur auf die Beteiligung an strafbaren Handlungen beziehen. Geschichtliche Zusammenhänge dürfen dabei nicht aus dem Blickfeld geraten, treten aber in den Hintergrund. Die historische Darstellung und Bewertung der Vergangenheit und die öffentliche Auseinandersetzung ist durch strafrechtliche Mittel nicht zu ersetzen, kann diese aber in gewissen Grenzen unterstützen. Die aus der Bewertung der Vergangenheit zu ziehenden Konsequenzen dürfen sich nicht in strafrechtlichen Reaktionen erschöpfen, die einseitig an die Person eines Täters geknüpft sind und nur unter engen Voraussetzungen erfolgen können. Die vor allem aus rechtsstaatlichen Grundsätzen folgenden Einschränkungen der Leistungsfähigkeit strafrechtlicher Mittel für die Aufarbeitung der Vergangenheit und insbesondere für das Herbeiführen materieller Gerechtigkeit müssen akzeptiert werden. Wie *Isensee* anmerkte, kann der Rechtsstaat die reine Gerechtigkeit, den „Knabentraum von Revolutionären", nicht auf diese Erde herab holen[156].

Gleichwohl gibt es zu Strafverfahren keine Alternative, die gleichermaßen gerecht und fair ist[157]. Sie leisten einen Beitrag zur Wiederherstellung rechtsstaatlicher Normalität[158]. Die Strafjustiz ist auch nicht völlig ohnmächtig. Allerdings - und dies wird sich im Verlauf der Arbeit noch zeigen - sind der strafrechtlichen Aufarbeitung des DDR-Justizunrechts (wie des gesamten DDR-Unrechts) insbesondere durch das Verbot rückwirkender Bestrafung sehr enge Grenzen gesetzt. Die Strafbarkeit richtet sich nicht nach dem Bedürfnis, empörende Handlungen zu bestrafen. Die Einschränkung von Freiheit und Lebenschancen der DDR-Bürger etwa ist als solche strafrechtlich nicht erfassbar.

In diesem Sinne kann das Strafrecht zur Aufarbeitung und „Bewältigung" der DDR-Vergangenheit nach dem politischen Umbruch nur sehr unvollkommen beitragen. Doch was möglich war, musste versucht werden. Politische, moralische und historische Aufarbeitung bleiben neben der strafrechtlichen Aufarbeitung unentbehrlich.

---

156 *Isensee*, Der deutsche Rechtsstaat und sein unrechtsstaatliches Erbe (Nachwort), in: Isensee (Hrsg.), Vergangenheitsbewältigung durch Recht, S. 103.

157 So auch *Limbach*, DtZ 1993, 66.

158 So auch *Lübbe*, in: 40 Jahre SED-Unrecht, S. 16.

2. Kapitel: Das in Verfahren gegen Justizjuristen der ehemaligen DDR anzuwendende Recht

Da die Rechtsbeugung in beiden deutschen Staaten unter Strafe stand, ist zunächst klärungsbedürftig, nach welchem Recht die Frage der Strafbarkeit zu beurteilen ist.

A. Der Regelungszusammenhang

Für die Aburteilung von DDR-Justizunrecht kommen grundsätzlich beide Rechtsbeugungstatbestände in Betracht. Zunächst galt in der DDR § 336 RStGB a. F. weiter. Mit dem Inkrafttreten des StGB der DDR am 1. Juli 1968[159] wurde er durch § 244 DDR-StGB ersetzt. Mit dem Wirksamwerden des Beitritts am 3. Oktober 1990 ist im Beitrittsgebiet gem. Art. 8 EV[160] Bundesrecht in Kraft getreten, soweit nicht in den Anlagen des EV Ausnahmen von diesem Grundsatz vorgesehen sind. Diese Ausnahmen erfassen nicht den Tatbestand der Rechtsbeugung. Zum Zeitpunkt der Aburteilung durch bundesdeutsche Gerichte war demnach § 244 DDR-StGB außer Kraft getreten. Ab dem Beitritt galt auch für das Gebiet der früheren DDR § 336 StGB, der durch Gesetz vom 13. August 1997[161] wortgleich zu § 339 StGB wurde[162].

Als Übergangsregelung wurde durch den EV (Anlage I[163]) Art. 315 EGStGB neu gefasst. Dieser verweist in seinem Absatz 1[164] für nach dem Wirksamwerden des Beitritts abzuurteilende, aber zuvor in der DDR begangene Taten (sog. „Alttaten") auf § 2 StGB. Nach § 2 I StGB bestimmt sich die Strafe nach dem Gesetz, das zur Zeit der Tat gilt. Wird das Gesetz,

---

159 § 1 I Einführungsgesetz zum Strafgesetzbuch und zur Strafprozessordnung der DDR vom 12. Januar 1968, GBl. DDR 1968 I, S. 97.

160 EV v. 31.8.1990, BGBl. II, 889 ff. i. d. F. des Gesetzes vom 23. 9. 1990 zu dem Vertrag vom 31.8.1990 zwischen der Bundesrepublik Deutschland und der Deutschen Demokratischen Republik über die Herstellung der Einheit Deutschlands – Einigungsvertragsgesetz – und der Vereinbarung vom 18. September 1990, BGBl. II 1990, 885 ff.

161 BGBl. I, 2038, 2040.

162 Im Folgenden wird diese Vorschrift daher grundsätzlich als „§ 339 StGB" angeführt, sofern nicht die Zitierweise oder andere Umstände die Bezeichnung als „§ 336 StGB" oder „§ 336 a. F./§ 339 n.F." erforderlich machen oder nahelegen.

163 Anlage I Kapitel III Sachgebiet C Abschnitt II Nr. 1 b) zum EV.

164 Mit Modifikationen, die hier nicht interessieren.

das bei Beendigung der Tat gilt, vor der Entscheidung geändert, so legt § 2 III StGB fest, dass das mildeste Gesetz anzuwenden ist. Gemäß Art. 315 IV EGStGB finden die Absätze 1–3 dieses Artikels keine Anwendung, soweit für die Tat das Strafrecht der Bundesrepublik Deutschland schon vor dem Wirksamwerden des Beitritts gegolten hat.

I. „Beitrittsprinzip" (Rechtsprechung und herrschende Lehre)

Aus der soeben geschilderten Regelung zog die h.L. und Rechtsprechung die zutreffende Schlussfolgerung, dass auf Alttaten grundsätzlich DDR-Recht als Tatzeitrecht (§ 2 I StGB i. V. m. Art. 315 I EGStGB) anzuwenden ist, es sei denn, dass das Strafrecht der Bundesrepublik das mildere ist (§ 2 III StGB i. V. m. Art. 315 I EGStGB)[165]. Diesem sog. Beitrittsprinzip können wohl auch diejenigen Autoren zugeordnet werden, die in allgemeinerer Formulierung vertreten, dass bei Strafbarkeit nach beiden Rechtsordnungen das Strafmaß aus dem Tatbestand zu entnehmen ist, der die mildeste Entscheidung ermöglicht[166]. Hierbei ist jedoch zu beachten, dass auch der Tatbestand in den Mildevergleich einzubeziehen ist, weil § 2 StGB von dem gesamten mildesten Gesetz spricht[167]. Die äußerste Milderung ist der Wegfall der Strafbarkeit[168].

Sofern eine Alttat schon vor dem Beitritt von der Geltung des StGB erfasst wurde, bleibt es dabei; eine Anwendung des DDR-Strafrechts ist

165 BGHSt 39, 1, 6ff.; BGHSt 39, 54, 59; 317, 319; BGH NJW 1994, 529f. = BGHSt 40, 30, 32f.; KG NJW 1991, 2653 (das sich dazu irreführend auf die Inlandstheorie *Samsons* beruft); *Lorenz*, NStZ 1992, 423f.; *Scholten*, ZRP 1992, 476; *Polakiewicz*, EuGRZ 1992, 177f.; *Lippold*, NJW 1992, 19; *Höchst*, JR 1992, 60; *Renzikowski*, NJ 1992, 153; *Krehl*, DtZ 1992, 14; *Roggemann*, DtZ 1993, 13f.; *König*, JR 1993, 207f.; *Vormbaum*, NJ 1993, 212; *Kuhlen/Gramminger*, JuS 1993, 34; *Scholderer*, Rechtsbeugung, S. 495 und 502; *Letzgus*, FS Helmrich, S. 79; Lackner/Kühl-*Lackner* (24. Auf.), § 2 Rn. 13; *Kühl* (27. Aufl.), § 2 Rn. 13; Tröndle/Fischer (50. Aufl.), Vor § 3 Rn 46; *H. Dreier*, JZ 1997, 424, *Kraut*, Rechtsbeugung?, S. 73f. und 75; *Möller-Heilmann*, Die Strafverfolgung von Richtern und Staatsanwälten der ehemaligen DDR wegen Rechtsbeugung, S. 127; *Grote*, Die DDR-Justiz vor Gericht, S. 10; *Ulrich Neumann*, Die strafrechtliche Vergangenheitsbewältigung von SED-Unrecht am Beispiel der Rechtsbeugung, S. 47; *Quasten*, Die Judikatur des Bundesgerichtshofs zur Rechtsbeugung im NS-Staat und in der DDR, S. 164f.

166 *Maiwald*, NJW 1993, 1882f.; *Rautenberg/Burges*, DtZ 1993, 71; *Roggemann*, DtZ 1993, 13f. (präziser *ders.*, JZ 1994, 773f. mit Fn. 34).

167 Hierauf weist auch *Roggemann* (JZ 1994, 773 Fn. 34) hin; dazu noch u., C.

168 BGHSt 20, 116 119= NJW 1965, 453; BGH NJW 1993, 1019, 1020 = BGHSt 39, 54, 59.

dann ausgeschlossen[169], aber auch nur dann. Art. 315 IV EGStGB verhindert, dass (über § 2 III StGB) eine vor dem Beitritt entstandene Strafbarkeit nach dem Strafrecht der Bundesrepublik entfällt; allein darin besteht sein Regelungsgehalt[170].

Dem Beitrittsprinzip ist zuzustimmen, weil dies dem Zweckzusammenhang des Art. 315 EGStGB entspricht[171]. Die Ansichten, die aus Art. 315 EGStGB etwas anderes ableiten wollen, sind abzulehnen, wie im Folgenden näher zu begründen ist.

II. Ausschliessliche Anwendbarkeit des DDR-Strafrechts (sog. „DDR-Lösung")

Von *Luther* wurde der Einigungsvertrag mit seiner Fassung des Art. 315 EGStGB so verstanden, dass für die Beurteilung von Alttaten nach dem Willen der Vertragsstaaten grundsätzlich DDR-Recht gelten sollte[172]. Art. 315 IV EGStGB beziehe sich nicht auf Fälle der stellvertretenden Strafrechtspflege und könne nicht auf DDR-Alttaten angewandt werden[173]. Der Verweis in Art. 315 I EGStGB auf § 2 I, III StGB soll nur die Bedeutung haben, dass innerhalb des anzuwendenden DDR-Rechts die Veränderungen des DDR-Strafrechts nach Beendigung der Tat - insbesondere das am 1. Juli 1990 in Kraft getretene 6. Strafrechtsänderungsgesetz vom 29. Juni 1990[174] - zu berücksichtigen seien, so dass nur das DDR-StGB in seiner letzten Fassung gelte. Dieser Grundsatz sei nur „unscharf formuliert"[175]. § 2 III StGB soll lediglich - analog - anzuwenden sein, um einen im StGB enthaltenen milderen Strafrahmen zu berücksichtigen. Der Tatbestand soll insoweit außer Betracht bleiben, um eine „massenhafte Straflosigkeit strafwürdiger DDR-Alttaten" zu vermeiden, wie ausdrücklich zugegeben wird[176].

Diese abwegige Auslegung findet in der rechtlichen Regelung von Art. 8f. EV und Art. 315 EGStGB sowie dem zugrundeliegenden Rege-

169 *Mitsch*, NJ 1992, 294; *König*, JR 1993, 208; in diesem Sinne auch *Grote*, Die DDR-Justiz vor Gericht, S. 10.

170 *Lippold*, NJW 1992, 19.

171 So auch *Maiwald*, NJW 1993, 1883.

172 *Luther*, NJ 1991, 396; *ders.*, DtZ 1991, 433.

173 *Luther*, NJ 1991, 396; *ders.*, DtZ 1991, 424.

174 GBl. DDR I, 526.

175 *Luther*, DtZ 1991, 433.

176 *Luther*, a.a.O., 434.

lungswillen keine Stütze und wird daher einhellig abgelehnt[177], soweit überhaupt dazu Stellung genommen wird. Das grundsätzliche Außerkrafttreten des Strafrechts der DDR zum 3. Oktober 1990 wird fälschlicherweise für wirkungslos gehalten[178] und der Verweis auf § 2 StGB in nicht nachvollziehbarer Weise restriktiv interpretiert.

III. Anwendbarkeit des bundesrepublikanischen Strafrechts unter Berücksichtigung des Tatortrechts und ausschließliche Anwendbarkeit des StGB

Für größere Uneinigkeit sorgte Art. 315 IV EGStGB. Damit sollten bereits entstandene Strafansprüche der Bundesrepublik wie bisher verfolgt werden können. Diese Regelung brachte eine bereits vor der Wiedervereinigung bestehende Kontroverse über den räumlichen und personellen Geltungsbereich des bundesdeutschen Strafrechts (§ 3 ff. StGB) zum Aufleben. Hierbei berufen sich die einen auf § 3 StGB, die anderen auf § 7 StGB.

1. Inlandstheorie

Nach § 3 StGB gilt das deutsche Strafrecht für Taten, die im Inland begangen wurden. Die Rechtsprechung hatte nach Gründung der Bundesrepublik aus staatsrechtlichen Gründen die DDR zunächst als Inland i. S. v. § 3 StGB behandelt[179]. Als 1972 der Grundlagenvertrag[180] geschlossen wurde, wurde in dessen Art. 6 anerkannt: „Die Bundesrepublik Deutschland und die Deutsche Demokratische Republik gehen von dem Grundsatz aus, dass die Hoheitsgewalt jedes der beiden Staaten sich auf sein Staatsgebiet beschränkt. Sie respektieren die Unabhängigkeit und Selbständigkeit

177 *Mitsch*, NJ 1992, 296; *Renzikowski*, NJ 1992, 153; *Seebode*, FS Lenckner, S. 591 Fn. 46; *Kraut*, Rechtsbeugung?, S. 62 f.; *Möller-Heilmann*, Die Strafverfolgung von Richtern und Staatsanwälten der ehemaligen DDR wegen Rechtsbeugung, S. 122 f.; *Grote*, Die DDR-Justiz vor Gericht, S. 2; *Ulrich Neumann*, Die strafrechtliche Vergangenheitsbewältigung von SED-Unrecht am Beispiel der Rechtsbeugung, S. 39.

178 Vgl. *Luther*, DtZ 1991, 433.

179 BGHSt 5, 364, 365; 7, 53, 55; 20, 5, 7; BGH GA 55, 178; BGH NJW 1960, 395; BVerfGE 1, 332, 341; 11, 150, 158; 12, 62, 65; zur zust. Lit. Schönke/Schröder-*Eser* (27. Aufl.), Vor § 3–7 Rn. 27, 28.

180 Vertrag über die Grundlagen der Beziehungen zwischen der Bundesrepublik Deutschland und der DDR vom 21.12.1972, GBl. 1973 II, 423 f.

jedes der beiden Staaten in seinen inneren und äußeren Angelegenheiten." 1980 änderte der BGH daraufhin seine Rechtsprechung und verwarf, wie auch das Schrifttum, die Inlandstheorie, da diese jedenfalls seit Abschluss des Grundlagenvertrags nicht mehr vertretbar sei[181]. Er ging mit der Literatur zum „funktionellen Inlandsbegriff" über. Hiernach war die DDR zwar nicht mehr als Inland i. A. § 3 StGB zu betrachten, aber auch nicht *als* Ausland, sondern nach Sinn und Funktion des deutschen Strafrechts *wie* Ausland zu behandeln[182].

Samson betrachtet die DDR seit der Wiedervereinigung wiederum als Inland im strafrechtlichen Sinne. Zwar sei die DDR zu Zeiten ihrer Existenz Ausland gewesen, doch sei die DDR durch den Beitritt nicht mehr Ausland, sondern „sozusagen rückwirkend" als Inland zu behandeln, da die zuvor entstandenen und von der Bundesrepublik durch den Beitritt der neuen Bundesländer im Wege der Rechtsnachfolge erworbenen Strafansprüche nun innerstaatliche Ansprüche geworden seien[183]. Durch den Beitritt hätten sich die zuvor begangenen Taten verändert[184].

Der Ansatz *Samsons* wird durchweg abgelehnt. Wie es möglich sein soll, dass die DDR kein Inland war, es dann aber rückwirkend doch wurde, bleibt in der Tat unerfindlich und unlogisch[185]. Zutreffend und insofern dem Beitrittsprinzip entsprechend ist nur, dass die Bundesrepublik im Wege der Rechtsnachfolge die Strafansprüche der DDR erworben hat[186].

---

181 BGHSt 30, 1, 3–5; *Roggemann*, ZRP 1976, 244; *Woesner*, ZRP 1976, 248 f.; weitere Nachweise zum Schrifttum bei *Krey*, JR 1985, 399 Fn. 6–8 und Schönke/Schröder-*Eser* (27. Aufl.), Vor § 3–7 Rn. 28, 29.

182 BGHSt 32, 293, 294 und 297 (unter Verweis auf BGHSt 30, 1, 4 f.); BGHSt 38, 88, 90; BGH NJW 1991, 929, 930; Schönke/Schröder-*Eser* (27. Aufl.), Vor § 3–7 Rn. 29 und 69 ff.; *Küpper/Wilms*, ZRP 1992, 91; *Hruschka*, JZ 1992, 669.

183 *Samson*, NJW 1991, 337; *ders.*, NJ 1991, 236.

184 *Samson*, NJW 1991, 337.

185 So *Mitsch*, NJ 1992, 296; *Hruschka*, JZ 1992, 669; *Buchner*, Die Rechtswidrigkeit der Taten von „Mauerschützen", S. 61; *Kraut*, Rechtsbeugung?, S. 72; *Möller-Heilmann*, Die Strafverfolgung von Richtern und Staatsanwälten der ehemaligen DDR wegen Rechtsbeugung, S. 125 f.; *Grote*, Die DDR-Justiz vor Gericht, S. 6; *Ulrich Neumann*, Die strafrechtliche Vergangenheitsbewältigung von SED-Unrecht am Beispiel der Rechtsbeugung, S. 45; krit. auch Schönke/Schröder-*Eser* (27. Aufl.), Vor § 3–7 Rn. 83; ebenfalls abl., im Ergebnis aber doch ähnlich wie Samson: *Schöll*, Die Rechtsbeugung, S. 81 f., 85–91.

186 So auch *Mitsch*, NJ 1992, 296; *Riedel*, DtZ 1992, 163; *Maiwald*, NJW 1993, 1883; Lackner/Kühl-*Lackner* (24. Aufl.), § 2 Rn. 13; *Kühl* (27. Aufl.), § 2 Rn. 13; *Buchholz*, ZAP-Ost 1996, 226; *Kraut*, Rechtsbeugung?, S. 72, 74; *Möller-Heilmann*, Die Strafverfolgung von Richtern und Staatsanwälten der ehemaligen DDR wegen Rechtsbeugung, S. 126.

Samson verkennt aber, dass dies den Charakter des Strafanspruchs unberührt lässt. Dieser ist, jedenfalls strafrechtlich-funktional, ein ausländischer Strafanspruch, den die Bundesrepublik aus abgeleitetem Recht durchsetzen kann[187]. Die Rechtsnachfolge kann ihn nicht in einen originär innerstaatlichen verwandeln[188]. In der DDR begangene Taten können nicht nachträglich zu Inlandstaten umgedeutet werden[189]. Zudem wäre dies mit Art. 315 IV EGStGB schwerlich zu vereinbaren, der ausdrücklich darauf abstellt, dass das StGB für die Tat schon *vor* dem Wirksamwerden des Beitritts galt und damit zwischen den Alttaten differenziert[190].

Allerdings gelangt die fortgesetzte Inlandstheorie *Samsons*, ebenso wie schon die Inlandstheorie vor der Wiedervereinigung, nicht zur uneingeschränkten Anwendbarkeit des StGB der Bundesrepublik. Vielmehr sollen die (ungeschriebenen) Grundsätze des interlokalen Strafrechts anzuwenden sein, wonach es auf das Tatortrecht ankommt. Aus *Samsons* Sicht stellt das Inkrafttreten des StGB für das Gebiet der ehemaligen DDR eine Änderung des Strafgesetzes dar, die direkt nach § 2 III StGB zu behandeln ist, ohne dass es grundsätzlich auf Art. 315 EGStGB ankäme. In der Konsequenz sind Alttaten danach – ebenso wie nach dem Beitrittsprinzip der h.M. und Rechtsprechung – grundsätzlich nach dem Recht der DDR abzuurteilen, soweit nicht das StGB milder ist (§ 2 I, III StGB). Die Bedeutung des Art. 315 EGStGB beschränkt sich auf die Fälle der Modifizierung von § 2 StGB für Sanktionen des DDR-Rechts, die dem Recht der Bundesrepublik fremd sind[191].

Hiergegen ist anzuführen, dass § 2 StGB auf Rechtsänderungen innerhalb einer Rechtsordnung und eines räumlichen Geltungsbereichs zugeschnitten ist, so dass es bei der Erstreckung des Rechts eines Staates auf ein hinzukommendes Gebiet und der Unterstellung von Strafansprüchen unter diese Norm einer gesonderten Regelung wie durch die Anwend-

---

187 *Kraut*, a.a.O., S. 72; *Möller-Heilmann*, a.a.O., S. 126.

188 *Kraut*, a.a.O., S. 72.

189 *Luther*, NJ 1991, 396; *Mitsch*, NJ 1992, 296; *Buchner*, Die Rechtswidrigkeit der Taten von „Mauerschützen", S. 61.

190 *Grote*, Die DDR-Justiz vor Gericht, S. 6; *Ulrich Neumann*, Die strafrechtliche Vergangenheitsbewältigung von SED-Unrecht am Beispiel der Rechtsbeugung, S. 45; in diesem Sinne bereits *König*, JR 1993, 208, ähnlich *Renzikowski*, NJ 1992, 153.

191 *Samson*, NJW 1991, 337; *ders.*, NJ 1991, 237; letzteres verkennt *Möller-Heilmann*, Die Strafverfolgung von Richtern und Staatsanwälten der ehemaligen DDR wegen Rechtsbeugung, S. 125, die dabei für Art. 315 EGStGB „keinerlei" Bedeutung erkennt.

barkeitsanordnung des Art. 315 EGStGB bedarf[192]. Dies entspricht auch der Rechtsprechung des BGH und des BVerfG, wonach Art. 315 EGStGB sicherstellen soll, dass die Anwendbarkeit des § 2 StGB nicht daran scheitert, dass die Strafrechtsnormen der DDR und der BRD vor der Wiedervereinigung verschiedene räumliche Geltungsbereiche hatten[193].

2. Auslandstheorie (international-strafrechtliche Lösung)

Das deutsche Strafrecht gilt gem. § 7 I StGB für Taten, die im *Ausland gegen* einen *Deutschen* begangen werden, wenn die Tat am Tatort mit Strafe bedroht ist oder der Tatort keiner Strafgewalt unterliegt. Für andere Taten, die im *Ausland* begangen werden, gilt das deutsche Strafrecht nach § 7 II Nr. 1 StGB – ebenfalls unter der Voraussetzung, dass die Tat am Tatort mit Strafe bedroht ist oder der Tatort keiner Strafgewalt unterliegt –, wenn der *Täter* zur Zeit der Tat *Deutscher* war oder es nach der Tat geworden ist.

Die Befürworter der Anwendung von § 7 StGB (und damit des Art. 315 IV EGStGB) berufen sich darauf, dass die DDR spätestens seit dem sog. Grundlagenvertrag zwischen der BRD und der DDR strafrechtlich als „Ausland" anzusehen sei. Die DDR-Bewohner als Opfer oder Täter seien dagegen als „Deutsche" zu behandeln, weil man weiterhin an ihrer Einordnung als Deutsche im Sinne des Grundgesetzes (Art. 116 GG) festgehalten habe[194].

---

192 *Vormbaum*, NJ 1993, 212; *Letzgus*, FS Helmrich, S. 78; *Kraut*, Rechtsbeugung?, S. 73; *Möller-Heilmann*, Die Strafverfolgung von Richtern und Staatsanwälten der ehemaligen DDR wegen Rechtsbeugung, S. 126.

193 BGH NJW 1993, 1019, 1021 = BGHSt 39, 54, 65 (Wahlfälschungsurteil); BGH NJW 1994, 529, 530 = BGHSt 40, 30, 33; BVerfG NJW NStZ 1993, 432. Vgl. noch BGH NJW 1991, 2300 = BGHSt 38, 1 ff., wo der BGH die Anwendbarkeit von § 2 III StGB gleichermaßen darauf stützt, dass auch in der fast gänzlichen Austauschung des Strafrechts, wie sie durch den EV vorgenommen wurde, eine Änderung des Gesetzes i. S. d. § 2 III StGB liege, wie darauf, dass der EV über den Verweis in Art. 315 EGStGB die Anwendbarkeit des § 2 StGB ausdrücklich vorsieht. Demgegenüber führt er in BGH NJW 1993, 1019, 1921 = BGHSt 39, 54, 66 (ausdr. zust. *Letzgus*, FS Helmrich, S. 77f) aus, § 2 StGB selbst sei nur auf den Fall zugeschnitten, dass eine Strafnorm innerhalb desselben räumlichen Geltungsbereichs zwischen Tatbegehung und Aburteilung geändert werde, während Art. 315 I EGStGB den Fall betreffe, dass Strafnormen aus zwei unterschiedlichen Geltungsbereichen und zwei unterschiedlichen Staats- und Gesellschaftsordnungen miteinander verglichen werden sollten, um die dem Angeklagten günstigste Norm zu ermitteln.

194 *Liebig*, NStZ 1991, 373; *Wassermann*, NJW 1993, 896; *Wilms/Ziemske*, ZRP 1994, 171; *Küpper/Wilms*, ZRP 1992, 91 f.; *Hruschka*, JZ 1992, 669; für die Zeit vor 1989: *Woesner*, ZRP 1976, 249 f.; *Oehler*, JZ 1984, 948 f.; OLG Düsseldorf NJW 1979, 59, 61; NJW 1983, 1277 (hiergegen BGHSt 32, 293, 297 f.).

Jedenfalls, argumentieren manche, seien alle DDR-Bürger mit dem Beitritt Deutsche im strafrechtlichen Sinn geworden[195].

Wie schon bei der Abwendung der Rechtsprechung von der Inlandstheorie beschrieben, wollte der BGH die DDR seit Abschluss des Grundlagenvertrags zwar nicht mehr als Inland i. S. d. § 3 StGB betrachten, aber auch nicht *als* Ausland. Gegen die allgemeine Anwendung von § 7 StGB wandte er, wie auch viele in der Literatur, überzeugend ein, dass die damit verbundene allgemeine Anwendung des StGB auf in der DDR begangene Straftaten gegen Bürger der DDR auf einen umfassenden Geltungsanspruch des Strafrechts der Bundesrepublik in der DDR hinauslaufen würde[196]. Das wäre mit der grundsätzlichen Beschränkung dieses Geltungsanspruchs auf in der Bundesrepublik begangene Straftaten nach § 3 StGB („Inlandstaten") nicht zu vereinbaren[197]. Entsprechend erfasste § 7 StGB nach h.M. die DDR-Bürger nicht als Deutsche, sondern nur die Bundesbürger[198].

Mit der Wiedervereinigung kommt als weiteres Argument hinzu, dass sich der EV an jener Rechtsprechung des BGH und dem Meinungsstand dazu orientierte. Bei einer Änderung dieser Rechtsprechung erhielte Art 315 EGStGB einen Inhalt, mit dem der Gesetzgeber nicht gerechnet habe[199]. Wollte man DDR-Bewohner zudem als Deutsche i. S. d. § 7 I StGB ansehen, bliebe für Art 315 I EGStGB nur ein sehr geringer Anwendungsbereich, weil alle gegen DDR-Bürger gerichteten Taten unter Art 315 IV EGStGB fielen. Diese Auslegung entspricht nicht dem EV, der davon ausging, dass der Anwendungsbereich des DDR-Rechts breit sein werde[200]. Wenn man die in der ehemaligen DDR lebenden DDR-Bürger nunmehr generell als Deutsche i. S. d. § 7 StGB behandeln würde, liefe die Regelung des Art 315 I–III EGStGB praktisch leer, da über den als Ausnahmebestimmung gedach-

195 *Liebig*, NStZ 1991, 373; *Küpper/Wilms*, ZRP 1992, 91; *Vormbaum*, StV 1991, 178, der aber die weitere Voraussetzung der Strafbarkeit am Tatort verneint (a.a.O., 178 f.).

196 BGHSt 32, 293, 297; *Roggemann*, ZRP 1976, 245; *ders.*, DtZ 1993, 14; differenzierend *Woesner*, ZRP 1976, 249 f.; *Krey*, JR 1980, 48; *Lemke/Hettinger*, StV 1991, 422; *Kraut*, Rechtsbeugung?, S. 65 f.; *Möller-Heilmann*, Die Strafverfolgung von Richtern und Staatsanwälten der ehemaligen DDR wegen Rechtsbeugung, S. 123 f.

197 BGHSt 32, 293, 297; BGHSt 39, 54, 60 = NJW 1993, 1019, 1020.

198 *Krey*, JR 1980, 46 und 48 m. w. N.; *Bottke*, Die Verfolgung von Regierungskriminalität der DDR nach dem Beitritt der neuen Länder, in: Lampe (Hrsg.), Deutsche Wiedervereinigung Bd. II, S. 220.

199 BGHSt 39, 1, 8 f.; zust. *Amelung*, JuS 1993, 638; *Möller-Heilmann*, Die Strafverfolgung von Richtern und Staatsanwälten der ehemaligen DDR wegen Rechtsbeugung, S. 124; *Quasten*, Die Judikatur des Bundesgerichtshofs zur Rechtsbeugung im NS-Staat und in der DDR, S. 163 f.

200 BGHSt 39, 1, 8 f.; zust. *Amelung*, JuS 1993, 638; *König*, JR 1993, 208; *Möller-Heilmann*, a.a.O., S. 124; *Grote*, Die DDR-Justiz vor Gericht, S. 8.

ten Art 315 IV EGStGB in fast allen Fällen bundesdeutsches Strafrecht zur Anwendung käme[201]. Teilweise wird noch strikter argumentiert, dass dann Art. 315 I EGStGB überhaupt keinen Anwendungsbereich mehr hätte[202] und überflüssig sei[203], was zwar nicht in dieser Absolutheit[204], aber in der ganz wesentlichen Tendenz (Aushöhlung des Mildeprivilegs) richtig ist.

Art. 315 EGStGB schließt es als Spezialregelung insbesondere auch aus, die vor dem Beitritt begangenen Taten deshalb dem Recht der Bundesrepublik zu unterstellen, weil die Bürger der DDR durch den Beitritt Deutsche im Sinne des § 7 II Nr. 1 StGB geworden seien[205]. Auch hierzu wird darauf hingewiesen, dass ansonsten die Bestimmungen des Art. 315 I–III EGStGB leerliefen[206] und dass Art. 315 EGStGB als spezielle Kollisionsnorm die Geltungsbereiche des DDR-StGB und des StGB für Alttaten gegeneinander abgrenzt[207]. Bereits aus der Formulierung „soweit" geht hervor, dass Art. 315 IV EGStGB differenziert und nicht alle Alttaten dem BRD-Recht unterstellt, sondern eben nur, soweit sie danach schon vor dem Beitritt strafbar waren[208].

Die aus den genannten Gründen abzulehnende Auslandstheorie wird von *Hruschka* mit Hinweis auf die tatsächlichen Verhältnisse in der DDR in der Variante vertreten, dass § 7 StGB mit der Alternative „Tatort, der keiner Strafgewalt unterliegt" anzuwenden sei[209]. Er unterscheidet bei der Auslegung des §ss7 StGB, soweit es nicht um einen Rechtsstaat geht, sondern um einen „Zwangsstaat", als den er auch die DDR ansieht, zwei

201 *Lemke/Hettinger*, StV 1991, 422; *Polakiewicz*, EuGRZ 1992, 178; Schönke/Schröder-*Eser* (27. Aufl.), Vor § 3–7 Rn. 83; *Möller-Heilmann*, a.a.O., S. 123; *Grote*, a.a.O., S. 8; *Quasten*, Die Judikatur des Bundesgerichtshofs zur Rechtsbeugung im NS-Staat und in der DDR, S. 164;wohl auch *Lüderssen*, ZStW 104 (1992), 758 ff.

202 *Samson*, NJW 1991, 336.

203 Schönke/Schröder-*Eser* (27. Aufl.), Vor § 3–7 Rn. 70; *Arnold*, NJ 1997, S. 117.

204 Übrig blieben Taten gegen Ausländer sowie Taten ohne individuelle Opfer, vgl. BGHSt 39, 1, 8.

205 BGHSt 39, 54, 60 f. = NJW 1993, 1019, 1020; BGHSt 39, 317, 320; Lackner/Kühl *Lackner* (24. Aufl.), § 2 Rn. 13; *Kühl* (27. Aufl.), § 2 Rn. 13; Schönke/Schröder-*Eser* (27. Aufl.), Vor § 3–7 Rn. 83; *Kraut*, Rechtsbeugung?, S. 67 f., *Möller-Heilmann*, Die Strafverfolgung von Richtern und Staatsanwälten der ehemaligen DDR wegen Rechtsbeugung, S. 124.

206 BGHSt 39, 54, 61 = NJW 1993, 1019, 1020; Schönke/Schröder-*Eser* (27. Aufl.), Vor § 3–7 Rn. 83; *König*, JR 1993, 208; *Kraut*, a.a.O., S. 67 f., *Möller-Heilmann*, a.a.O., S. 124.

207 BGHSt 39, 54, 60 = NJW 1993, 1019, 1020 unter Hinweis auf BGHSt 38, 1; 38, 19 und 39, 1, 8.

208 Schönke/Schröder-*Eser* (27. Aufl.), Vor § 3–7 Rn. 83; *Kraut*, a.a.O., S. 66 f., *Möller-Heilmann*, a.a.O., S. 124.

209 *Hruschka*, JZ 1992, 669 f.

Ordnungsschichten. Die untere der beiden Schichten soll eine „normale“ Rechtsschicht sein, wie es sie auch in einem Rechtsstaat geben könnte. Die obere bildeten diejenigen Regeln, mit deren Hilfe eine staatliche Unrechtspraxis sich – scheinbar – selbst legitimiere. Für diese Schicht soll nicht gefragt werden, ob „die Tat am Tatort mit Strafe bedroht ist“, sondern das Gebiet eines „Zwangsstaates“ soll so zu behandeln sein wie ein „Tatort, der keiner Strafgewalt unterliegt“, so dass das bundesrepublikanische Strafrecht anzuwenden sein soll[210].

Auch dieser Vorschlag konnte sich zu Recht nicht durchsetzen[211]. Zum einen bestand in der DDR durchaus eine Strafgewalt. Hierzu lässt sich auf die Anerkennung der Hoheitsgewalt der DDR durch Art. 6 Grundlagenvertrag verweisen[212]. Sie wurde nur in bestimmten Bereichen nicht ausgeübt. Zum anderen ist eine solche vage Differenzierung zwischen verschiedenen Arten von Rechtsnormen mit dem Bestimmtheitsgebot des Art. 103 II GG nicht zu vereinbaren[213], wie noch näher auszuführen sein wird[214].

Sieht man einmal von dieser etwas ausgefallenen Variante der Auslandstheorie ab, kommt die Auslandstheorie freilich jedenfalls in den Fällen, in denen nach dem zur Tatzeit geltenden DDR-Recht eine Strafbarkeit nicht gegeben war, zum gleichen Ergebnis wie die übrigen Ansätze, nämlich zur Straflosigkeit, da § 7 I und II Nr. 1 StGB jeweils voraussetzt, dass die Tat am Tatort mit Strafe bedroht ist.

IV. Zwischenergebnis

Die Anwendung des oben vertretenen Beitrittsprinzips bedeutet für den Bereich des Justizunrechts folgendes: Eine Strafbarkeit von DDR-Juristen setzt zunächst voraus, dass diese sich nach § 244 DDR-StGB strafbar gemacht haben – Prüfungsmaßstab für die Frage der Gesetzwidrigkeit ist

210 *Hruschka*, a.a.O., 669 f.

211 Ablehnend etwa *F.-C. Schroeder*, JR 1993, 46; *Buchner*, Die Rechtswidrigkeit der Taten von „Mauerschützen“, S. 158 f.; *Kraut*, Rechtsbeugung?, S. 68; *Ulrich Neumann*, Die strafrechtliche Vergangenheitsbewältigung von SED-Unrecht am Beispiel der Rechtsbeugung, S. 43; *Quasten*, Die Judikatur des Bundesgerichtshofs zur Rechtsbeugung im NS-Staat und in der DDR, S. 161 Fn 43.

212 So auch *Kraut*, a.a.O., S. 68; *Neumann*, a.a.O., S. 43.

213 So auch *Kraut*, a.a.O., S. 68.

214 Kapitel 3, A.III.2.b).

das Recht der DDR - und dass ihr Verhalten auch nach § 339 StGB strafbar ist[215].

Für eine grundsätzliche Möglichkeit der Bestrafung von Rechtsbeugungstaten in der DDR durch Gerichte der Bundesrepublik muss noch eine weitere Voraussetzung hinzukommen, auf die im folgenden näher eingegangen wird.

B. Kontinuität des Unrechtstyps

Der zur Ermittlung des milderen Gesetzes nach § 2 III StGB anzustellende Vergleich setzt nach der Rechtsprechung und der ganz überwiegenden Literatur voraus, dass das Wesen des in dem früheren Gesetz beschriebenen Delikts in seinem Kern von der Gesetzesänderung unberührt geblieben ist. Es kommt also darauf an, ob der Unrechtskern der Tat erhalten geblieben ist. Wurde dagegen ein völlig neuer Unrechtstyp geschaffen, kann die neue gesetzliche Bestimmung nicht als Nachfolgevorschrift angesehen werden, und die bisherige Strafvorschrift ist ersatzlos weggefallen und damit unanwendbar geworden. Der Anwendung der neuen Strafvorschrift stehen das Rückwirkungsverbot und das darin enthaltene Gebot der Gesetzesbestimmtheit entgegen[216]. Man spricht von der Erforderlichkeit der „Kontinuität des Unrechtstyps" - ein in der Literatur geprägter Begriff[217], den der BGH aufgenommen hat[218] und teilweise auch in der verkürzten Form „Unrechtskontinuität" verwendet[219].

Nicht allein die bloße formale Erfüllung des jeweiligen Tatbestandes ist maßgeblich, sondern auch die jeweilige Schutzrichtung der formal einander entsprechenden Strafnormen und das jeweils geschützte Rechtsgut sind zu berücksichtigen. Die zu vergleichenden Tatbestände müssen insgesamt oder in dem zur Anwendung kommenden Teilbereich dasselbe

215 BGH NJW 1994, 529 = BGHSt 40, 30, 32 f.; *Schreiber*, ZStW 107 (1995), 172.

216 BGHSt 26, 167, 172; BGH GA 1978, 147, 148; BGHSt 37, 320, 322; BGHSt 39, 54, 68 = NJW 1019, 1022; BGH NJW 1994, 529, 530; zust. *Dannecker*, Das intertemporale Strafrecht, S. 502; *Weber*, GA 1993, 206; *Schreiber*, ZStW 107 (1995), 173; Schönke/Schröder-*Eser* (27. Aufl.), § 2 Rn. 24; Schönke/Schröder-*Eser/Hecker* (28. Aufl.), § 2 Rn. 22; Tröndle/Fischer (50. Aufl.), Vor § 3 Rn. 46.

217 *Tiedemann*, JZ 1975, 693; *ders.*, FS Peters, S. 204; krit. hierzu *Sommer*, Das „mildeste Gesetz i. S. d. § 2 III StGB, S. 145 ff., 163 ff.

218 BGHSt 26, 167, 173; 37, 320, 322; BGH GA 1978, 147, 148; BGHSt 39, 54, 68 = NJW 1019, 1022

219 BGH NJW 1995, 857; BGH NJW 1995, 2734; NJW 1995, 3324.

Rechtsgut oder wenigstens übereinstimmende wesentliche Komponenten des jeweiligen Rechtsguts schützen; sie müssen art- und wertgleiches Unrecht beschreiben[220]. Mit diesem Erfordernis wird dem Rückwirkungsverbot und dem Bestimmtheitsgebot des Art. 103 II GG hinreichend Rechnung getragen[221].

Da diese Anforderungen nicht nur im Falle der Änderung einzelner Gesetze gelten, sondern auch bei der Ersetzung des ganzen Strafgesetzbuches durch ein anderes[222], wie es bei der Wiedervereinigung geschah, würde eine Strafbarkeit von DDR-Justizjuristen also von vornherein ausscheiden, wenn ihr Verhalten wegen der unterschiedlichen Art des in den Rechtsbeugungsnormen tatbestandlich umschriebenen Unrechts überhaupt nicht den Tatbestand des § 339 StGB erfüllen könnte[223].

Die Kontinuität des Unrechtstyps ist angesichts der erheblichen Unterschiede zwischen der Justiz der Bundesrepublik mit ihrem westlich-rechtsstaatlichem Verständnis von richterlicher Unabhängigkeit einerseits und der zentralistischen sowie in starkem Maße politisch instrumentalisierten Justiz der DDR andererseits[224] umstritten.

Die Aufgaben der Rechtspflege in der DDR nannte Art. 90 I DDR-Verf. von 1968/1974:

> „Die Rechtspflege dient der Durchführung der sozialistischen Gesetzlichkeit, dem Schutz und der Entwicklung der DDR und ihrer Staats- und Gesellschaftsordnung. Sie schützt die Freiheit, das friedliche Leben, die Rechte und die Würde des Menschen."

Dementsprechend dient die Rechtsprechung aus DDR-Sicht

> „dem Schutz der sozialistischen Gesellschafts- und Staatsordnung, der sozialistischen Planwirtschaft und des sozialistischen Eigentums, der verfassungsmäßigen und gesetzlich garantierten Rechte und Interessen der Bürger sowie der Staatsorgane, Betriebe, Kombinate, Genossenschaften, Einrichtungen und gesellschaftlichen Organisationen. Sie verfolgt zugleich das Ziel, die Bürger, Staats- und Wirtschaftsfunktionäre sowie andere verantwortliche Leiter zur strikten Einhaltung des sozialistischen Rechts zu erziehen."[225] „Sie hat die Lösung der Aufgaben bei der weiteren Gestaltung der entwickelten sozialistischen Gesellschaft aktiv zu fördern."[226]

---

220 BGHSt 39, 54, 68 = NJW 1019, 1022.

221 BVerfG NStZ 1993, 432.

222 Tröndle/Fischer (50. Aufl.), Vor § 3 Rn. 46.

223 BGH NJW 1994, 529, 530.

224 Dazu ausführlich BGH NJW 1994, 529, 530 = BGHSt 40, 30, 35 ff.

225 *Autorenkollektiv*, Einführung in die marxistisch-leninistische Staats- und Rechtslehre, S. 181.

226 *Autorenkollektiv*, Grundlagen der Rechtspflege, S. 18.

Der BGH hat eine entgegen der in der Literatur teilweise geäußerten Einwände überzeugende Antwort auf die Frage der Unrechtskontinuität gegeben und damit auch die ganz überwiegende Zustimmung des Schrifttums gefunden. Trotz der im Einzelnen dargelegten tiefgreifenden Unterschiede zwischen der Justiz der DDR und jener der Bundesrepublik kommt er zu dem Ergebnis, dass die mit dem Rechtsbeugungstatbestand geschützten Rechtsgüter in beiden Staaten nicht derart ungleich sind, dass eine Anwendung des § 339 StGB und damit eine Bestrafung ausscheidet.

Dabei stellt der BGH darauf ab, dass die Rechtsprechung in der DDR auch dazu diente, ein geordnetes Zusammenleben der Menschen zu regeln. Selbst wenn Gerichte de facto nicht unabhängig seien, so könnten sie doch streitentscheidend, befriedend und ahndend wirken, was auch der Fall gewesen sei. Hiermit zielt der BGH insbesondere auf Fälle ohne politischen Bezug[227]. Im Hinblick auf das Streben nach Gerechtigkeit sei diese Aburteilung der gewöhnlichen Kriminalität in der DDR derer in der BRD vergleichbar[228]. Demgegenüber erschienen Fälle der Verletzung elementarer Menschenrechte als ein Missbrauch[229]. Ergänzend stützt sich der BGH auf den Einigungsvertrag, aus dem nichts dafür ersichtlich sei, dass der Übergang zwischen verschiedenen Systemen der Justiz Anlass dafür sein sollte, Rechtsbeugungen aus der Zeit vor dem Systemwechsel von der Strafbarkeit auszunehmen[230].

In einer weiteren Entscheidung hat der BGH die innerstaatliche Rechtspflege als (gemeinsames) geschütztes überindividuelles Rechtsgut des § 244 DDR-StGB und des § 339 StGB benannt und auch für den Bereich politischer Strafjustiz die Unrechtskontinuität „in einem wesentlichen Teilbereich" bejaht. Beide Normen entfalteten eine Reflexwirkung zum Schutz des rechtsunterworfenen Bürgers. Dieser solle vor einer Rechtsanwendung bewahrt werden, die der nationalen Rechtsordnung widerspreche. Zumindest in dieser (für den zu entscheidenden Fall bedeutsamen) Komponente beschrieben die Tatbestände beider Strafrechtsordnungen art- und wertgleiches Unrecht[231].

---

227 BGH NJW 1994, 529, 531 = BGHSt 40, 30, 39, dementsprechend zur Rechtsbeugung durch Staatsanwälte BGH NJW 1994, 3238, 3239 f. = BGHSt 40, 169, 174 ff.; BGH NJW 1995 2734 = BGHSt 41, 157, 160; krit., aber i. E. zust. *Roggemann* JZ 1994, 771 ff.

228 BGH NJW 1994, 3238, 3239 unter Verweis auf BGH NJW 1994, 529, 531.

229 BGH NJW 1994, 529, 531 = BGHSt 40, 30, 39.

230 BGH NJW 1994, 529, 531; 1994, 3238, 3239.

231 BGH NJW 1995, 64, 65 = BGHSt 40, 272, 275; dem folgend BGH NJW 1995 2734 = BGHSt 41, 157, 160; ebenso die „Unrechtskontinuität" bzw. die „Kontinuität des Unrechtstyps" oder die „Kontinuität im Unrechtskern" bejahend: *Höchst*, JR 1992, 363, 364, 365; *F.-C. Schroeder*, Strafrechtliche Verantwortlichkeit für die Ausübung politischer Straf-

Geschütztes (überindividuelles) Rechtsgut des § 339 StGB ist mithin nach Ansicht des BGH der Schutz der (innerstaatlichen) Rechtspflege[232]. Das entspricht auch der überwiegenden Ansicht in der Literatur, die dabei den Schutz der Rechtspflege in ihrer speziellen Aufgabe, richtiges und unparteiisches Recht zu sprechen, gegen Angriffe „von innen" betont[233].

---

justiz in der ehemaligen DDR, in: Lampe (Hrsg.), Deutsche Wiedervereinigung, Bd. 2, S. 112f.; *ders.*, GA 1993, 402; *Weber*, GA 1993, 207; *Spendel*, JR 1994, 222; LK-*Spendel* (11. Aufl.), Vorb. § 339, S. 1f.; *Buchholz*, ZAP-Ost 1994, 188; *Bemmann*, JZ 1995, 124f.; *L. Schulz*, StV 1995, 208; *Stanglow*, JuS 1995, 974; *Schreiber*, ZStW 107 (1995), 173; *Seebode*, FS Lenckner, S. 592ff.; *Roggemann*, JZ 1994, 773 (Individualschutzfunktion als kleinster gemeinsamer Nenner); differenzierend allerdings *ders.*, Die Justiz auf dem Prüfstand der Justiz, in: BMJ (Hrsg.), Im Namen des Volkes?, S. 292f.; ebenso *Grote*, Die DDR-Justiz vor Gericht, S. 12ff., 18; *Scholderer*, Rechtsbeugung , S. 502f.; Lackner/Kühl-*Lackner* (24. Aufl.), § 2 Rn. 19; *Kühl* (27. Aufl.), § 2 Rn. 19; Schönke/Schröder-*Eser* (27. Aufl.), Vor §§ 3–7 Rn. 106; *Letzgus*, FS Helmrich, S. 78; *Kraut*, Rechtsbeugung?, S. 81; *Möller-Heilmann*, Die Strafverfolgung von Richtern und Staatsanwälten der ehemaligen DDR wegen Rechtsbeugung, S. 132f.; i. E. und der Sache nach, aber mit eigener Begrifflichkeit zur Rechtsgutsbestimmung auch *Gerke*, Die Anwendung des § 339 StGB auf Rechtsbeugungen in der DDR, S. 202; i. E. a. *Samson*, NJW 1991, 338f (zwar rein nationales Rechtsgut geschützt, aber Lösung über Inlandstheorie i. V. m. Ausweitung des Tatbestands auf Gemeinschaftsinteressen der DDR durch den EV); krit., aber i. E. zust. *Maiwald*, JZ 1996, 867f., der als Voraussetzung für die Bejahung eines gemeinsamen Unrechtskerns die Ablehnung der Berücksichtigung von „Wertvorstellungen einer rein instrumentellen Rechtsauffassung" und der Auslegungsmethoden der DDR ansieht, allerdings selbst einräumt, die Rechtsauffassung der DDR sei nicht so eindimensional gewesen, dass die Rechtspflege *nur* ein Instrument zur Sicherung der Macht der Partei und der Arbeiterklasse gewesen sei; grds. die Identität des Unrechtskerns bejahend schon *ders.*, NJW 1993, 1884; Tröndle/Fischer (50. Aufl.), Vor § 3 Rn. 50; a. A. *Dannecker*, Das intertemporale Strafrecht, S. 519f.; *Vormbaum*, StV 1991, 179; *ders.*, NJ 1993, 213f.; *ders.*, FS Posser, S. 161ff., 165f.; vgl. bereits *ders.*, Der strafrechtliche Schutz des Strafurteils, S. 346; *Hohmann*, NJ 1995, 129f.; *ders.*, DtZ 1996, 232ff.; *Ulrich Neumann*, Die strafrechtliche Vergangenheitsbewältigung von SED-Unrecht am Beispiel der Rechtsbeugung, S. 174ff., 205f.; *Wieners*, Rechtsbeugung im Zeitgeistwandel, S. 112ff.; *Heine*, DtZ 1991, 427f.; SK-*Rudolphi*, § 339 (5. Aufl.) Rn. 3b; ebenso SK-*Rudolphi/Stein*, § 339 (7. Aufl.), Rn. 3c; wohl auch *Breymann* NStZ 1991, 465; *Liebig*, NStZ 1991, 374f.; krit. zu letzterem *F.-C. Schroeder*, NStZ 1993, 217.

232 BGH NJW 1995, 3324 = BGHSt 41, 247, 248; BGHSt 43, 183, 189 = BGH NJW 1998, 248, 249 im Anschluss an *Spendel* in LK (11. Aufl.), § 339 Rn. 5–8 m. w. N.

233 LK-*Spendel* (11. Aufl.), § 339 Rn. 7; LK-*Hilgendorf* (12. Aufl.), § 339 Rn. 8; Tröndle/Fischer (50. Aufl.), § 339 Rn. 2 („gegen Angriffe von innen"); Fischer (58. Aufl.), § 339 Rn. 2 („innerstaatliche Rechtspflege") *Behrendt*, JuS 1989, 946; *Weber*, GA 1993, 226; *Hupe*, Der Rechtsbeugungsvorsatz, S. 104; *Letzgus*, FS Helmrich, S. 78; *Möller-Heilmann*, Die Strafverfolgung von Richtern und Staatsanwälten der ehemaligen DDR wegen Rechtsbeugung, S. 13 und 129; *Ulrich Neumann*, Die strafrechtliche Vergangenheitsbewältigung von SED-Unrecht am Beispiel der Rechtsbeugung, S. 185; ähnlich SK-*Rudolphi*, § 339 (5. Aufl.) Rn. 2; SK-*Rudolphi/Stein*, § 339 (7. Aufl.), Rn. 2–3a; ähnlich *Vormbaum*, Der

Die damit verbundene Wahrung von Parteiinteressen wird nur als ein Schutzreflex angesehen[234]. Die Rechtspflege (in Form der richtigen und unparteilichen Rechtsprechung) wird auch als Rechtsgut des § 244 DDR-StGB angesehen[235].

Geht man davon aus, dass beide Rechtsbeugungsvorschriften dem Schutz der jeweiligen Rechtspflege dienten, besteht trotz der Einordnung in unterschiedliche politische und Verfassungssysteme und auch bei Berücksichtigung des sozialistischen Rechtsverständnisses kein Anlass, die Unrechtskontinuität und damit die grundsätzliche Anwendbarkeit des Rechtsbeugungstatbestandes zu verneinen.

Denn bei der Rechtsbeugung steht nicht die ost- und bundesdeutsche Rechtspflege als solche zum Vergleich an, sondern die jeweilige gesellschaftliche Funktion. Diese ist durchaus vergleichbar, denn es ist Anliegen jedes modernen Staates, den Gesellschaftsfrieden durch Rechtspflegeorgane und mit Hilfe des staatlichen Gewaltmonopols zu sichern[236].

Anliegen wie die Durchsetzung staatspolitischer Konzepte oder gar intendierter Machtmissbrauch haben als über den Zweck der Norm hinausgehende Fernziele außer Betracht zu bleiben. Obwohl die Rechtspflege in der DDR auch zur Repression eingesetzt wurde, kam sie doch grundsätzlich den Organisations- und Entfaltungsbedürfnissen der Bevölkerung entgegen[237].

Das spiegelt sich auch in den Kommentaren zum Strafgesetzbuch der DDR. Danach diente die Vorschrift des § 244 DDR-StGB „der Gewährleistung des Grundsatzes der Gleichheit vor dem Gesetz (vgl. Art. 20 Verfassung, Art. 5 StGB, § 5 StPO) sowie der Sicherung einer in allen Fragen

---

strafrechtliche Schutz des Strafurteils, S. 333 f. (Rechtspflegeschutz; Schutz des Verfahrensziels).

234 *Vormbaum*, Der strafrechtliche Schutz des Strafurteils, S. 325; *Kühl* (27. Aufl.), § 339 Rn. 1; *Möller-Heilmann*, Die Strafverfolgung von Richtern und Staatsanwälten der ehemaligen DDR wegen Rechtsbeugung, S. 13; *Ulrich Neumann*, Die strafrechtliche Vergangenheitsbewältigung von SED-Unrecht am Beispiel der Rechtsbeugung, S. 186, 194 ff.; *Wieners*, Rechtsbeugung im Zeitgeistwandel, S. 110 ff.

235 BGH NJW 1995, 64, 65; *Weber*, GA 1993, 226; *Wieners*, a.a.O., S. 113; in diesem Sinne auch *Möller-Heilmann*, Die Strafverfolgung von Richtern und Staatsanwälten der ehemaligen DDR wegen Rechtsbeugung, S. 132; ähnlich *Ulrich Neumann*, Die strafrechtliche Vergangenheitsbewältigung von SED-Unrecht am Beispiel der Rechtsbeugung, S. 189 f.

236 *Höchst*, JR 1992, 363; zust. *Möller-Heilmann*, a.a.O., S. 132; *Asche*, Die DDR-Justiz vor Gericht, S. 93 f. (das Kriterium des Regelungseffekts betonend); ähnlich Schönke/Schröder-*Eser* (27. Aufl.), Vor §§ 3–7 Rn. 106; ähnlich Tröndle/Fischer (50. Aufl.), Vor § 3 Rn. 50.

237 *Höchst*, JR 1992, 364; dagegen *Grote*, Die DDR-Justiz vor Gericht, S. 15 Fn. 113.

gerechten und gesetzlichen Rechtsprechung"[238]. Mit dem Tatbestand sollte zum Ausdruck gebracht werden, „daß jeder Mißbrauch der Rechtsprechung auch zu strafrechtlichen Konsequenzen führt."[239]. Die Rechtsbeugung wurde als Tatbestand zur Sicherung der Gesellschaft und des Staates und seiner Bürger gegen den Missbrauch richterlicher und anderer dienstlicher Befugnisse und Pflichten verstanden[240].

Geht man mit Teilen der Literatur davon aus, dass § 339 StGB nur[241] oder jedenfalls auch[242] Individualrechtsgüter der Bürger schützt und dies nicht nur als Reflexwirkung anzusehen ist, so ist eine Unrechtskontinuität zu § 244 DDR-StGB insoweit ebenfalls zu bejahen[243], so dass es gar nicht auf eine Entscheidung zwischen diesen Ansichten und der herrschenden Meinung und Rechtsprechung ankommt[244].

Letztlich kann auch dahinstehen, ob sich der Unrechtstyp und seine Kontinuität nur nach dem geschützten Rechtsgut bestimmt, sondern auch, wie

---

238 MdJ/Dt. Akad. für Staats- und Rechtswissenschaften (Hrsg.), Strafrecht der DDR. Lehrkommentar zum Strafgesetzbuch, Bd. II (1969), § 244 Anm. 1; ebenso Strafrecht der DDR. Kommentar zum Strafgesetzbuch, 4. Aufl. 1981 und 5. Aufl. 1987, jeweils Anm. 1.

239 MdJ/Dt. Akad. für Staats- und Rechtswissenschaften (Hrsg.), Strafrecht der DDR. Lehrkommentar zum Strafgesetzbuch, Bd. II (1969), § 244 Anm. 1 – dieser Hinweis wurde in den späteren Kommentaren beachtlicherweise weggelassen, was aber inhaltlich nichts ändern kann.

240 *Autorenkollektiv*, Grundlagen der Rechtspflege, S. 74; *Müller/Fritzsche*, Gerichtsverfassungsrecht Staatsanwaltschaftsrecht, S. 31.

241 So wohl *Schulz*, StV 1995, 208.

242 *Scholderer*, Rechtsbeugung, S. 95 ff., 98, 114, 130 f., 132, 163, 194, 503 (gegen diesen *Hupe*, Der Rechtsbeugungsvorsatz, S. 100 ff.; *Möller-Heilmann*, Die Strafverfolgung von Richtern und Staatsanwälten der ehemaligen DDR wegen Rechtsbeugung, S. 12 f.); *Roggemann*, JZ 1994, 773; *ders.*, Die Justiz auf dem Prüfstand der Justiz, in: BMJ (Hrsg.), Im Namen des Volkes?, S. 292 f.; *Bemmann*, JZ 1995, 124; *Seebode*, FS Lenckner, S. 592 f.; *Gerke*, Die Anwendung des § 339 StGB auf Rechtsbeugungen in der DDR, S. 142, 205; *Grote*, Die DDR-Justiz vor Gericht, S. 16 (jedenfalls als Reflex, vgl. *ders.*, a.a.O., S. 15); *Quasten*, Die Judikatur des Bundesgerichtshofs zur Rechtsbeugung im NS-Staat und in der DDR, S. 165 ff., 174; *Schöll*, Die Rechtsbeugung, S. 80; wohl auch *Kraut*, Rechtsbeugung?, S. 79.

243 Vgl. *Roggemann*, JZ 1994, 773 (Individualschutzfunktion als kleinster gemeinsamer Nenner); *ders.*, Die Justiz auf dem Prüfstand der Justiz, in: BMJ (Hrsg.), Im Namen des Volkes?, S. 292 f.; *Bemmann*, JZ 1995, 124; *Kraut*, Rechtsbeugung?, S. 81; *Grote*, Die DDR-Justiz vor Gericht, S. 18; *Quasten*, Die Judikatur des Bundesgerichtshofs zur Rechtsbeugung im NS-Staat und in der DDR, S. 174; *Scholderer*, Rechtsbeugung, S. 503 (für Rechtsbeugungshandlungen zum Nachteil von DDR-Bürgern).

244 So auch *Möller-Heilmann*, Die Strafverfolgung von Richtern und Staatsanwälten der ehemaligen DDR wegen Rechtsbeugung, S. 133 auf der Basis der h.M. (vgl. *dies.*, a.a.O., S. 10 ff.).

viele aus guten Gründen meinen[245], nach der inkriminierten Angriffsweise. Denn da sowohl § 244 DDR-StGB als auch § 339 StGB jedenfalls die Verletzung von Gesetzen durch einen weitgehend übereinstimmenden Täterkreis und vergleichbare Verhaltensweisen unter Strafe stellen, sanktionieren beide Strafvorschriften die gleiche Angriffsmodalität[246]. Insoweit enthalten sie als gemeinsamen Unrechtskern den Missbrauch der dem Richter und anderen amtlichen Entscheidungsträgern zugewiesenen Entscheidungsmacht[247].

Im Ergebnis ist festzuhalten, dass die Strafverfolgung von DDR-Justizunrecht nicht an mangelnder Kontinuität des Unrechtstyps der einschlägigen Strafnormen scheitert. Welche der beiden Rechtsbeugungsbestimmungen nun tatsächlich anzuwenden ist, hängt vom konkreten Mildevergleich ab.

C. Das mildeste Gesetz i. S. d. § 2 III StGB bei der Rechtsbeugung in concreto

§ 244 DDR-StGB lautete: *„Wer* ***wissentlich*** *bei der Durchführung eines gerichtlichen Verfahrens oder eines Ermittlungsverfahrens als Richter, Staatsanwalt oder Mitarbeiter eines Untersuchungsorgans* ***gesetzwidrig*** *zugunsten oder zuungunsten eines Beteiligten entscheidet, wird mit Freiheitsstrafe* ***bis zu fünf Jahren*** *bestraft."*

§ 339 StGB lautet: *„Ein Richter, ein anderer Amtsträger oder ein Schiedsrichter, welcher sich bei der Leitung oder Entscheidung einer Rechtssache zugunsten oder zum Nachteil einer Partei einer* ***Beugung des Rechts*** *schuldig macht, wird mit Freiheitsstrafe von* ***einem Jahr bis zu fünf Jahren*** *bestraft".*

Beide Vorschriften drohen zwar die gleiche Höchststrafe von fünf Jahren an, doch die Mindeststrafe ist bei § 339 StGB ein Jahr, während sie nach § 244 i. V. m. § 40 I 2 DDR-StGB nur sechs Monate beträgt. Auch die tatbestandliche Fassung des § 244 DDR-StGB ist enger. Nicht jede Beugung des Rechts ist zugleich eine *gesetz*widrige Entscheidung[248]. Hinsichtlich der subjektiven Seite ist für § 339 StGB gem. § 15 StGB Vorsatz erforder-

---

245 *Tiedemann*, JZ 1975, 693; *ders.*, FS Peters, S. 205; *Dannecker*, Das intertemporale Strafrecht, S. 507; Schönke/Schröder-*Eser* (27. Aufl.), § 2 Rn. 25; Schönke/Schröder-*Eser/Hecker* (28. Aufl.), § 2 Rn. 23; *Höchst*, JR 1992, 362 m. w. N.; *Möller-Heilmann*, a.a.O., S. 128, die dies als mittlerweile herrschende Meinung bezeichnet.

246 In diesem Sinne auch Schönke/Schröder-*Eser* (27. Aufl.), Vor §§ 3–7 Rn. 106; *Möller-Heilmann*, a.a.O., S. 133.

247 So zutr. *Letzgus*, FS Helmrich, S. 78.

248 Vgl. dazu Kapitel 3, A.III.1.a)dd).

lich. Dafür genügt nach inzwischen wohl allgemeiner Ansicht auch bei der Rechtsbeugung bedingter Vorsatz (dolus eventualis)[249]. Dagegen setzt eine Bestrafung nach § 244 DDR-StGB voraus, dass der Täter *wusste*, dass seine Entscheidung gesetzwidrig ist. Das entspricht dem direkten Vorsatz (dolus directus). Daraus ergibt sich, dass im Rahmen der Aufarbeitung des Justizunrechts eine Bestrafung wegen lediglich bedingt vorsätzlicher Rechtsbeugungshandlungen ebenso wenig möglich war wie wegen Rechtsverletzungen, die nicht zugleich Gesetzesverletzungen sind.

Die Frage, welche der beiden Strafnormen anzuwenden war, lässt sich aber nicht allgemein beantworten. Es war nicht das abstrakt und generell mildere Recht anzuwenden. Maßgebend ist vielmehr, welches Gesetz in dem zu entscheidenden Einzelfall nach dessen besonderen Umständen die dem Täter günstigere Beurteilung zulässt[250].

Nach h.L. und Rechtsprechung ist dabei ein Gesamtvergleich des früher und des derzeit geltenden Strafrechts maßgeblich und das Zugrundelegen der aus Sicht des Angeklagten jeweils günstigeren Regelung bei verschiedenen Schritten der Rechtsfindung unzulässig[251]. Nach diesem sog. „Grundsatz der strikten Alternativität"[252] ist also stets nur ein Gesetz als Ganzes anzuwenden[253]. Im Regelfall führt dies nach ganz überwiegender Meinung zur Anwendbarkeit von § 244 DDR-StGB als milderes Gesetz[254].

---

249 Dazu Kapitel 13, C.II.3.a).

250 RGSt 61, 76, 77 und 130, 135; 71, 42 f.; 75, 306, 310; BGHSt 20, 22, 25 und 29; BGH NStZ 1983, 80; BGH MDR 1992, 64; *Krehl*, DtZ 1992, 14; *Letzgus*, FS Helmrich, S. 79; *Seebode*, FS Lenckner, S. 594; *Roxin*, AT/1, S. 171 (§ 5 G VI Rn. 65); Schönke/Schröder-*Eser* (27. Aufl.), § 2 Rn. 30.

251 BGHSt 20, 22 30; 24, 94, 97; 37, 320 ff., 322; BGH NJW 1995, 2861 f.; *Weber*, GA 1993, 204; *F.-C. Schroeder*, Strafrechtliche Verantwortlichkeit für die Ausübung politischer Strafjustiz in der ehemaligen DDR, in: Lampe (Hrsg.), Deutsche Wiedervereinigung, Bd. 2, S. 113; *Kraut*, Rechtsbeugung?, S. 146; *Roggemann*, NJ 1997, 230; *Seebode*, FS Lenckner, S. 594; LK-*Spendel* (11. Aufl.), Vorb. § 339, S. 3 f.; a. A. Schönke/Schröder-*Eser* (27. Aufl.), § 2 Rn. 34 m. w. N. (für eine getrennte Prüfung für jede einzelne „Deliktsreaktion"); Schönke/Schröder-*Eser/Hecker* (28. Aufl.), § 2 Rn. 32; *Jakobs*, AT, S. 104.

252 Bezeichnung bei *Dannecker*, Das intertemporale Strafrecht, S. 525; *Weber*, GA 1993, 204; BGH NJW 1995, 3324, 3332 = BGHSt 41, 247, 277.

253 *Dannecker*, a.a.O., S. 525.

254 *Roggemann*, Die Justiz auf dem Prüfstand der Justiz, in: BMJ (Hrsg.), Im Namen des Volkes?, S. 293; *Rautenberg/Burges*, DtZ 1993, 71 f.; *Letzgus*, FS Helmrich, S. 80; *Seebode*, FS Lenckner, S. 594 f.; *Kraut*, Rechtsbeugung?, S. 87; *Möller-Heilmann*, Die Strafverfolgung von Richtern und Staatsanwälten der ehemaligen DDR wegen Rechtsbeugung, S. 136; LK-*Spendel* (11. Aufl.), Vorb. § 339, S. 1 f.; *Hohmann*, NJ 1995, 131, soweit er nicht für Staatsanwälte eine andere Ansicht vertritt (*Hohmann*, NJ 95, 130 f. und DtZ 1996, 233 f., wonach Staatsanwälte jedenfalls für bestimmte Fälle von 336 StGB nicht erfasst

Bei der Ermittlung des milderen Rechts ist auch ein sog. „Zwischengesetz", also ein Gesetz, das zur Tatzeit noch nicht galt und bei der Entscheidung nicht mehr gilt, einzubeziehen[255]. Als milderes Zwischengesetz kommt § 244 DDR-StGB auch für die Taten in Betracht, die vor Ablösung des alten § 336 StGB durch § 244 DDR-StGB mit dem DDR-StGB von 1968 begangen wurden[256].

Sollte die sich bei Anwendung des StGB ergebende Strafe nach § 56 StGB zur Bewährung ausgesetzt werden können, so war sie als mildere Sanktion zu verhängen[257]. Die Strafe war dann also aus dem Strafrahmen des § 339 zu entnehmen, obwohl dieser hinsichtlich der Mindeststrafe („von einem Jahr bis zu fünf Jahren") strenger ist. In den Fällen, in denen nicht schon aufgrund der engeren tatbestandlichen Fassung des § 244 DDR-StGB eine Strafbarkeit entfiel, sondern eine Verurteilung erfolgte, wurde in der Praxis in fast 80 % der Fälle § 339 StGB angewandt und die Strafvollstreckung zur Bewährung ausgesetzt[258].

Da es sich bei § 244 DDR-StGB im Unterschied zu § 339 StGB nicht um einen Verbrechenstatbestand handelt, ist auch eine Verfahrenseinstellung nach § 153a StPO möglich[259]. Von dieser Möglichkeit wurde auch tatsächlich Gebrauch gemacht, ebenso wie von der Möglichkeit der Einstellung nach § 153 StPO[260]. Eine mildere Regelung läge, wie bereits gesagt, auch im gänzlichen Wegfall der Strafbarkeit[261].

Bis zum Jahre 1968 galt in der DDR § 336 (R)StGB in der vor dem 4. Strafrechtsänderungsgesetz vom 2. März 1974 bestehenden Fassung (statt

---

sein sollen und daher dann diese Bestimmung das mildere Recht darstelle – vgl. dazu Kapitel 9, B.I.1), a. A. für Staatsanwälte auch *Vormbaum*, Der strafrechtliche Schutz des Strafurteils, S. 337, 339 ff. und 373; *Seebode*, Das Verbrechen der Rechtsbeugung, S. 64 und 75 f.; teilw. auch *ders.*, FS Lenckner, S. 595 f.;
die Bewertung von 244 als milderes G wegen der „Sperrwirkung" des § 336 StGB bezweifelnd *F.-C. Schroeder*, GA 1993, 389, 401 f.

255 BGHSt 39, 353, 370; LK-*Gribbohm*, (11. Aufl.), § 2 Rn. 21; Roxin, AT/1, S. 170 (§ 5 G VI Rn. 63), Schönke/Schröder-*Eser* (27. Aufl.), § 2 Rn. 29 m. w. N.; Schönke/Schröder-*Eser/Hecker* (28. Aufl.), § 2 Rn. 22 m. w. N.

256 *Maiwald*, NJW 1993, 1882, *Rautenberg/Burges*, DtZ 1993, 72.

257 BGH NJW 1995, 3324, 3332 = BGHSt 41, 247, 277; LG Berlin NJ 1997, 36, 37; *Willnow*, JR 1997, 266.

258 *Hohoff*, An den Grenzen des Rechtsbeugungstatbestandes, S. 22 (Stichtag: 31. August 1999, vgl. *Hohoff*, a.a.O., S. 5).

259 StA Neuruppin NJ 1996, 539, 540; *Willnow*, JR 1997, 266; *Seebode*, FS Lenckner, S. 594, 609.

260 *Marxen/Werle*, Die strafrechtliche Aufarbeitung von DDR-Unrecht. Eine Bilanz, S. 182; *Hohoff*, An den Grenzen des Rechtsbeugungstatbestandes, S. 18.

261 BGHSt 20, 116 119= NJW 1965, 453; BGH NJW 1993, 1019, 1020 = BGHSt 39, 54, 59.

„Richter, ein anderer Amtsträger“ hieß es „Beamter“). Daher können (wegen § 2 I StGB) Schöffen wegen Rechtsbeugung vor dem Inkrafttreten des § 244 DDR-StGB nicht verfolgt werden[262]. Dagegen ergibt sich nicht etwa aus § 2 III i. V. m. Art. 315 EGStGB eine Nichtverfolgbarkeit von Schöffen auch für bis 1974 begangene Taten[263]. Denn zum Mildevergleich ist nur das zum Zeitpunkt der Aburteilung geltende Gesetz heranzuziehen. Als milderes Zwischengesetz kommt nur eine zwischen Tatbegehung und Aburteilung am Tatort geltende Norm in Betracht.

Trotz ihrer späteren Verfolgbarkeit wurden gegen Schöffen, die an Strafurteilen mitgewirkt hatten, keine Anklagen erhoben[264]. Allerdings waren bereits 1993 etwa 300 Ermittlungsverfahren gegen Schöffen eingeleitet worden[265].

Es ist anzunehmen, dass es an einem hinreichenden Tatverdacht überwiegend deshalb fehlte, weil der Rechtsbeugungsvorsatz bei Schöffen noch schwieriger als bei Berufsrichtern nachzuweisen ist.

---

262 Rautenberg/*Burges*, DtZ 1993, 71; *Letzgus*, FS Helmrich, S. 80 f.; *Kraut*, Rechtsbeugung?, S. 86 (siehe jedoch die nächste Fußnote).

263 So aber *Kraut*, a.a.O., S. 86.

264 *Hohoff*, An den Grenzen des Rechtsbeugungstatbestandes, S. 32; Stand: 31. August 1999 (vgl. *Hohoff* a.a.O., S. 5).

265 Laut einer nicht näher genannten Zeitungsmeldung vom Oktober 1993, zit. bei *Schaefgen*, Die Strafverfolgung von Regierungskriminalität der DDR, in: Weber/Piazolo, S. 52 Fn. 5.

3. Kapitel: Das DDR-Recht und seine Auslegung

Nachdem geklärt ist, dass die Strafbarkeit jedenfalls auch von dem DDR-StGB mit seiner Rechtsbeugungsnorm § 244 abhängt, richtet sich der Blick nunmehr auf den Begriff der Gesetzwidrigkeit im Sinne dieser Bestimmung. Wie man jene zu ermitteln hat, ist das zentrale Problem des Rechtsbeugungstatbestandes. Ob eine Entscheidung als gesetzwidrig anzusehen ist, hängt davon ab, wie das vom Handelnden anzuwendende Recht auszulegen war. Nach der hier vertretenen Ansicht ergibt sich aus den von Art. 103 II GG gesetzten Maßstäben, dass dabei das Rechtsverständnis der DDR zu berücksichtigen und das DDR-Recht systemimmanent auszulegen ist (A.). Daher wird anschließend dieses Rechtsverständnis mit seinen Implikationen, die im weiteren Verlauf der Arbeit immer wieder aufzugreifen sind, näher dargelegt (B.). Dem werden weitere Ausführungen zu den in der DDR üblichen Dokumenten zur (An-)Leitung der Rechtsprechung und den Auslegungsmethoden der DDR angefügt (C.).

A. Die von Art. 103 II GG gesetzten Massstäbe für die Auslegung des DDR-Rechts

Art. 103 II GG stellt den Grundsatz auf, dass eine Tat nur bestraft werden kann, wenn die Strafbarkeit gesetzlich bestimmt war, bevor die Tat begangen wurde. Vordergründig besteht Einigkeit darüber, dass für die „gesetzliche Bestimmtheit" im Sinne des Art. 103 II GG auf das zur Tatzeit geltende Recht abzustellen ist. Die Differenzen beginnen bei der Frage, was das geltende Recht war und welche Maßstäbe zu dessen Ermittlung heranzuziehen sind, insbesondere, ob die Heranziehung übergesetzlicher Maßstäbe im Rahmen des Art. 103 II GG zulässig ist.

Die Problematik des Art. 103 II GG wird in Literatur und Rechtsprechung überwiegend im Hinblick auf die Bestrafung der „Mauerschützen" erörtert, ist jedoch bei der Frage der Rechtsbeugung gleichfalls relevant, da die Probleme ähnlich liegen. Daher werden hier auch auf die Mauerschützenfälle bezogene Stellungnahmen berücksichtigt, soweit sie in engem Zusammenhang mit der Frage stehen, welche Konsequenzen sich aus dem Verbot rückwirkender Bestrafung für die Auslegung des DDR-Rechts ergeben, ohne hierbei allerdings die Mauerschützenproblematik erschöpfend abhandeln zu können. Während die Frage der gesetzlichen Bestimmtheit der Strafbarkeit in den Mauerschützenfällen auf der Ebene der Rechtfertigung relevant ist, stellt sie sich bei den Rechtsbeugungsfällen bereits auf der Tatbestandsebene.

I. Nichtpositivistische Ansätze

Die nicht-positivistischen Ansätze schließen hier insbesondere diejenigen ein, die mehr oder weniger deutlich mit der Radbruch'schen Formel arbeiten. Danach soll im Konflikt zwischen Rechtssicherheit und Gerechtigkeit das positive Recht grundsätzlich Vorrang haben, auch wenn es ungerecht und unzweckmäßig ist, „es sei denn, dass der Widerspruch des positiven Gesetzes zur Gerechtigkeit ein so unerträgliches Maß erreicht, dass das Gesetz als ‚unrichtiges Recht' der Gerechtigkeit zu weichen hat."[266].

Diese Formel stellt zwar nicht selbst vor- und überstaatliches Recht dar, stützt sich aber darauf[267]. Da es ihr Sinn ist, die Kollision zwischen positivem und überpositivem Recht zu regeln, setzt sie die Existenz überpositiven Rechts voraus[268].

---

266 *Radbruch*, SJZ 1946, 107. Dieser sog. „Unerträglichkeitsformel" folgt der als „Verleugnungsformel" bezeichnete Satz: „Wo Gerechtigkeit nicht einmal erstrebt wird, wo die Gleichheit, die den Kern der Gerechtigkeit ausmacht, bei der Setzung positiven Rechts bewußt verleugnet wurde, da ist das Gesetz nicht etwa nur ‚unrichtiges Recht', vielmehr entbehrt es überhaupt der Rechtsnatur". Dieser Teil der Formel wird aber üblicherweise vernachlässigt, da er auf eine Art „Gerechtigkeitsbeugungsvorsatz" des Gesetzgebers abstellt, der im Zweifel schwer nachweisbar ist (vgl. *R. Dreier.*, FS Arthur Kaufmann, S. 57f.; *Alexy*, Mauerschützen, S. 4; *Arthur Kaufmann*, NJW 1995, 81f.).

267 *Alexy*, VVDStRL 51 (1992), S. 133; *H. Dreier*, VVDStRL 51 (1992), S. 137.

268 *Alexy*, Mauerschützen, S. 26 Fn. 59; a. A. *Arthur Kaufmann*, NJW 1995, 84ff. (statt „überpositiv" müsse man „übergesetzlich" sagen); *L. Schulz*, Der nulla-poena-Grundsatz – ein Fundament des Rechtsstaats?, in: Pawlowski /Roellecke (Hrsg.), Der Universalitätsanspruch des demokratischen Rechtsstaats, ARSP-Beiheft 65, S. 188 Fn. 106; *Frommel*, FS Arthur Kaufmann, S. 89 („immanente Grenzen jeder Gesetzgebung"); dieser folgend *Ulrich Neumann*, Die strafrechtliche Vergangenheitsbewältigung von SED-Unrecht am Beispiel der Rechtsbeugung, S. 163f.

1. Rechtsprechung

a) *Bekenntnis zu überpositiven Grundsätzen in der Mauerschützenrechtsprechung von BGH und BVerfG*

Für die Darstellung der Mauerschützenrechtsprechung des BGH, auf die unten noch genauer eingegangen wird, genügt zunächst eine kurze Zusammenfassung. Nach dieser Rechtsprechung muss ein Rechtfertigungsgrund wie der als Rechtfertigungsgrund für die Tötungen an der innerdeutschen Grenze zu prüfende § 27 des DDR-Grenzgesetzes[269] bei der Rechtsanwendung unbeachtet bleiben, wenn er die vorsätzliche Tötung von Personen deckte, die lediglich unbewaffnet und ohne Gefährdung all-

---

269 **§ 27 DDR-GrenzG** v. 25.3.1982 lautete:

„(1) Die Anwendung der Schußwaffe ist die äußerste Maßnahme der Gewaltanwendung gegenüber Personen. Die Schußwaffe darf nur in solchen Fällen angewendet werden, wenn die körperliche Einwirkung ohne oder mit Hilfsmitteln erfolglos blieb oder offensichtlich keinen Erfolg verspricht. Die Anwendung von Schußwaffen gegen Personen ist erst dann zulässig, wenn durch Waffeneinwirkung gegen Sachen oder Tiere der Zweck nicht erreicht wird.

(2) Die Anwendung der Schußwaffe ist gerechtfertigt, um die unmittelbar bevorstehende Ausführung oder die Fortsetzung einer Straftat zu verhindern, die sich den Umständen nach als ein Verbrechen darstellt. Sie ist auch gerechtfertigt zur Ergreifung von Personen, die eines Verbrechens dringend verdächtig sind.

(3) Die Anwendung der Schußwaffe ist grundsätzlich durch Zuruf oder Abgabe eines Warnschusses anzukündigen, sofern nicht eine unmittelbar bevorstehende Gefahr nur durch die gezielte Anwendung der Schußwaffe verhindert oder beseitigt werden kann.

(4) Die Schußwaffe ist nicht anzuwenden, wenn
(a) das Leben oder die Gesundheit Unbeteiligter gefährdet werden können,
(b) die Personen dem äußeren Eindruck nach im Kindesalter sind oder
(c) das Hoheitsgebiet eines anderen Staates beschossen würde.
Gegen Jugendliche und weibliche Personen sind nach Möglichkeit Schußwaffen nicht anzuwenden.

(5) Bei der Anwendung der Schußwaffe ist das Leben von Personen nach Möglichkeit zu schonen. Verletzten ist unter Beachtung der notwendigen Sicherheitsmaßnahmen Erste Hilfe zu erweisen."

Ein Verbrechen i. S. d. § 27 II DDR-GrenzG (und § 1 III DDR-StGB, s. u.) konnte in den „schweren Fällen" des ungesetzlichen Grenzübertritts (§ 213 DDR-StGB) gegeben sein, die regelmäßig angenommen wurden (vgl. Kapitel 6, B.II.).

§ 1 III DDR-StGB:

„Verbrechen sind (...). Verbrechen sind auch andere vorsätzlich begangene gesellschaftsgefährliche Straftaten (...), die eine schwerwiegende Mißachtung der sozialistischen Gesetzlichkeit darstellen und für die deshalb eine Freiheitsstrafe von mindestens zwei Jahren angedroht ist oder für die innerhalb des vorgesehenen Strafrahmens im Einzelfall eine Freiheitsstrafe von über zwei Jahren ausgesprochen wird."

gemein anerkannter Rechtsgüter die innerdeutsche Grenze überschreiten wollten. Denn ein solcher Rechtfertigungsgrund, der einer Durchsetzung des Verbots, die Grenze zu überschreiten, schlechthin Vorrang vor dem Lebensrecht gebe, sei wegen offensichtlichen, unerträglichen Verstoßes gegen elementare Gebote der Gerechtigkeit und gegen völkerrechtlich geschützte Menschenrechte unwirksam. Der Verstoß wirke so schwer, dass er die allen Völkern gemeinsamen, auf Wert und Würde des Menschen bezogenen Rechtsüberzeugungen verletze. In einem solchen Fall müsse das positive Recht der Gerechtigkeit weichen[270].

Das BVerfG befand, die vom BGH getroffene Bewertung entspreche dem Grundgesetz[271]. Sowohl BGH als auch BVerfG argumentieren mit dem von Art. 103 II GG bezweckten Vertrauensschutz. Nach Ansicht des BGH steht Art. 103 II GG der Bestrafung nicht entgegen, denn ein nach den genannten Grundsätzen unbeachtlicher Rechtfertigungsgrund habe wegen der Offensichtlichkeit des in ihm verkörperten Unrechts niemals Wirksamkeit erlangt[272]. Die Grenzposten seien nicht in ihrem Vertrauen auf die Fortgeltung *gesetzlicher* Regelungen enttäuscht worden, denn das geschriebene Recht der DDR habe auch menschenrechtsfreundlich interpretiert werden können. Die Erwartung, das Recht werde auch in Zukunft wie in der Staatspraxis zur Tatzeit so angewandt werden, dass ein menschenrechtswidriger Rechtfertigungsgrund anerkannt werde, sei nicht schutzwürdig[273].

Das BVerfG setzte sich auf seine Weise intensiv mit Art. 103 II GG auseinander. Die durch den Einigungsvertrag herbeigeführte Rechtslage, nach der die Bundesrepublik ihre Strafgewalt unter Zugrundelegung von Recht eines Staates auszuüben habe, der weder die Demokratie noch die Gewaltenteilung noch die Grundrechte verwirklicht habe, könne zu einem Konflikt zwischen den unverzichtbaren rechtsstaatlichen Geboten

---

270 BGHSt 39, 1, 15 ff.; 39, 168, 183 f.; 40, 218, 232; 40, 241, 244 ff.; 41, 101, 105. Zur zust. Lit. s. u.

271 BVerfGE 95, 96 ff. = NJW 1997, 929 ff. = StV 1997, 14, 17 = NJ 1997, 19. Im Übrigen konnte auch der EGMR hinsichtlich der Bestätigung der Verurteilung eines Grenzsoldaten (BGHSt 40, 241 ff.) und von Mitgliedern des Nationalen Verteidigungsrates (BGHSt 40, 218 ff.) sowie des Politbüros des ZK der SED (BGHSt 45, 270 ff. = BGH NJW 2000, 443) wegen ihrer strafrechtlichen Verantwortlichkeit für Tötungen von Flüchtlingen durch Grenzsoldaten keine Verletzung des in Art. 7 I EMRK enthaltenen Rückwirkungsverbotes feststellen, EGMR, Urt. v. 22. März 2001, NJ 2001, 261 ff. (Politbüro/ Nationaler Verteidigungsrat) sowie Urteil vom gleichen Tage, NJ 2000, 268 ff. (Grenzsoldat).

272 BGHSt 41, 101, 105 = NJW 1995, 2728, 2730.

273 BGHSt 39, 1, 29 f.; 41, 101, 111 f. = NJW 1995, 2732.

des GG und dem (bei rechtsstaatlicher Normallage[274]) absoluten Rückwirkungsverbot des Art. 103 II GG führen[275]. Die Argumentation zur Auflösung dieses Konflikts wurde zum 2. und 3. Leitsatz erhoben:

> „Das strikte Rückwirkungsverbot des Art. 103 II GG findet seine rechtsstaatliche Rechtfertigung in der besonderen Vertrauensgrundlage, welche die Strafgesetze tragen, wenn sie von einem an die Grundrechte gebundenen demokratischen Gesetzgeber erlassen werden.
>
> An einer solchen besonderen Vertrauensgrundlage fehlt es, wenn der Träger der Staatsmacht für den Bereich schwersten kriminellen Unrechts die Strafbarkeit durch Rechtfertigungsgründe ausschließt, indem er über die geschriebenen Normen hinaus zu solchem Unrecht auffordert, es begünstigt und so die in der Völkerrechtsgemeinschaft anerkannten Menschenrechte in schwerwiegender Weise mißachtet. Der strikte Schutz von Vertrauen durch Art. 103 II GG muß dann zurücktreten."[276]

Im Urteilstext heißt es weiterhin, der Träger der Staatsmacht habe durch das zuvor geschilderte Verhalten extremes staatliches Unrecht gesetzt, das sich nur solange behaupten könne, wie die dafür verantwortliche Staatsmacht faktisch bestehe. In dieser ganz besonderen Situation untersage das Gebot materieller Gerechtigkeit, das auch die Achtung der völkerrechtlich anerkannten Menschenrechte aufnehme, die Anwendung eines solchen Rechtfertigungsgrundes. Der strikte Schutz von Vertrauen durch Art. 103 II GG müsse dann zurücktreten, denn anderenfalls würde die Strafrechtspflege der Bundesrepublik zu ihren rechtsstaatlichen Prämissen in Widerspruch geraten[277].

Aus den Formulierungen des BVerfG geht mit hinreichender Deutlichkeit hervor, dass auch hier der Grundgedanke Radbruchs die Entscheidung trägt[278]. Die vom BGH propagierte sog. „menschenrechtsfreundliche Auslegung" greift das BVerfG bemerkenswerterweise gar nicht auf.

b) *Die menschenrechtsfreundliche Auslegung in der Mauerschützenrechtsprechung des BGH*

Der 5. Strafsenat behauptet in seiner ersten Mauerschützenentscheidung BGHSt 39, 1 ff., § 27 des DDR-Grenzgesetzes „mit Auslegungsmethoden,

---

274 Vgl. BVerfG NJW 1997, 929, 930 = StV 1997, 14, 15

275 BVerfG NJW 1997, 929, 930 = StV 1997, 14, 16.

276 BVerfG NJW 1997, 929 = StV 1997, 14; bekräftigt in BVerfG EuGRZ 1997, 413, 416 und BVerfG NJ 2000, 248; zust. *Marxen/Werle*, Die strafrechtliche Aufarbeitung von DDR-Unrecht. Eine Bilanz, S. 243 f.; *Rummler*, Die Gewalttaten an der deutsch-deutschen Grenze vor Gericht, S. 379 f.; i. E. auch *Alwart*, JZ 2000, 230 f.

277 BVerfG NJW 1997, 929, 930 f. = StV 1997, 14, 16.

278 So auch *H. Dreier*, JZ 1997, 428.

die dem Recht der DDR eigentümlich waren", auszulegen. Sein Ausgangspunkt ist Art. 89 III der DDR-Verfassung, wonach Rechtsvorschriften nicht der Verfassung widersprechen durften[279]. Weiter beruft er sich auf Art. 30 II 2 der DDR-Verfassung von 1968/74, wonach Rechte nur insoweit eingeschränkt werden durften, als dies gesetzlich zulässig und unumgänglich war. Diese Bestimmung – eine entsprechende Regelung findet sich übrigens in der Verfassung von 1949 nicht – bezeichnet er als „Grundsatz der Verhältnismäßigkeit"[280], womit er einen nur in der westlichen Terminologie vorkommenden Begriff verwendet. Weiter propagiert er eine am Internationalen Pakt über bürgerliche und politische Rechte (IPBPR) vom 19. Dezember 1966[281] (Art. 6, 12) „orientierte" Auslegung des DDR-Rechts, die sich auf diesen Verhältnismäßigkeitsgrundsatz der DDR-Verfassung stützen könne, und die er als „menschenrechtsfreundliche Auslegung" bezeichnet[282]. An anderer Stelle spricht er noch einmal in Bezug auf den Fall, dass das Tatzeitrecht „bei Beachtung der vom Wortsinn des Gesetzes gegebenen Grenzen im Lichte der Verfassung der DDR" so ausgelegt werden konnte, „daß den völkerrechtlichen Bindungen der DDR im Hinblick auf Menschenrechte entsprochen wurde", von „dieser menschenrechtsfreundlichen Auslegung"[283]. Der Senat betont, er lege bei dieser Auslegung nicht die Wertordnung des Grundgesetzes oder der Menschenrechtskonvention zugrunde; er beschränke sich darauf, die Vorgaben zu berücksichtigen, die im Recht der DDR für eine menschenrechtsfreundliche Auslegung angelegt gewesen seien[284].

Um die wahre Natur dieser menschenrechtsfreundlichen Auslegung zu verstehen, muß man sie im Zusammenhang der Begründungsschritte des Urteils sehen. Der komplizierte Aufbau der Entscheidung ist in der Literatur als umwegreich, heterogen und verwirrend bezeichnet worden. Es ist von „Ausweichstrategien" die Rede[285]. Verklausulierungen und mehrdeutige sowie miteinander unverbundene Ausführungen machten es nicht einfach zu erkennen, welcher Auffassung der BGH letztlich Recht gebe[286].

---

279 Art. 89 III DDR-Verf./1968 bzw. Art. 89 III 1 DDR-Verf./1974. Entsprechendes geht indirekt aus Art. 66 III DDR-Verf. von 1949 hervor.

280 BGHSt 39, 1, 23.

281 BGBl. 1973 II 1534.

282 BGHSt 39, 1, 24 f.

283 BGHSt 39, 1, 29.

284 BGHSt 39, 1, 23; 41, 101, 110.

285 *H. Dreier*, JZ 1997, 424.

286 *F.-C. Schroeder*, JR 1993, 47.

Manche meinen gar, es bleibe offen, welche Begründung letztlich maßgeblich sein solle[287]. Es verwundert daher nicht, dass die Aussagen des BGH in der Literatur unterschiedlich verstanden wurden.

Zunächst hatte der BGH festgestellt, dass das Verhalten der Angeklagten von der rechtfertigenden Vorschrift des § 27 II DDR-Grenzgesetz, so wie sie in der Staatspraxis angewandt wurde (nämlich der Fluchtverhinderung den Vorrang vor dem Lebensschutz gebend), gedeckt war. Der Wortsinn lasse eine solche Auslegung zu[288].

Im Anschluss beschäftigt er sich mit der Frage, ob ein so verstandener Rechtfertigungsgrund „wegen Verletzung vorgeordneter, auch von der DDR zu beachtender allgemeiner Rechtsprinzipien und wegen eines extremen Verstoßes gegen das Verhältnismäßigkeitsprinzip bei der Rechtsfindung außer Betracht bleiben muß", was er bejaht. In diesem Zusammenhang bekennt sich der BGH im Grunde zu überpositiven Konzepten und nimmt Bezug auf die Radbruch'sche Formel, zumindest deren ersten Teil:

> „Ein zur Tatzeit angenommener Rechtfertigungsgrund kann (...) dann wegen Verstoßes gegen höherrangiges Recht unbeachtet bleiben, wenn in ihm ein offensichtlich grober Verstoß gegen Grundgedanken der Gerechtigkeit und Menschlichkeit zum Ausdruck kommt; der Verstoß muß so schwer wiegen, daß er die allen Völkern gemeinsamen, auf Wert und Würde des Menschen bezogenen Rechtsüberzeugungen verletzt (BGHSt 2, 234, 239). Der Widerspruch des positiven Gesetzes zur Gerechtigkeit muß so unerträglich sein, daß das Gesetz als unrichtiges Recht der Gerechtigkeit zu weichen hat (Radbruch SJZ 1946, 105, 107)."[289]

Der BGH bekennt sich zu der nach dem Ende der nationalsozialistischen Gewaltherrschaft gewonnenen „Einsicht, daß bei der Beurteilung von Taten, die in staatlichem Auftrag begangen worden sind, darauf zu achten ist, ob der Staat die äußerste Grenze überschritten hat, die ihm nach allgemeiner Überzeugung in jedem Land gesetzt ist." Neu ist, dass er anfügt:

> „Heute sind konkretere Prüfungsmaßstäbe hinzugekommen: Die internationalen Menschenrechtspakte bieten Anhaltspunkte dafür, wann der Staat nach der Überzeugung der weltweiten Rechtsgemeinschaft Menschenrechte verletzt". Hierfür sei der IPBPR von besonderer Bedeutung[290].

Der BGH begründet nun einen Verstoß des Grenzregimes gegen Art. 6 (Recht auf Leben) und Art. 12 (Ausreisefreiheit) IPBPR und bekräftigt, der Rechtfertigungsgrund des § 27 DDR-GrenzG habe deswegen in der Aus-

---

287 *Marxen/Werle*, Die strafrechtliche Aufarbeitung von DDR-Unrecht. Eine Bilanz, S. 250.

288 BGHSt 39, 1, 10 und 14.

289 BGHSt 39, 1, 15 f.

290 BGHSt 39, 1, 16; 40, 241, 244; zust. *Papier*, in: Isensee/Kirchhof (Hrsg.), Handbuch des Staatsrechts der Bundesrepublik Deutschland, Bd. IX, S. 618 Rn. 62.

legung, die durch die tatsächlichen Verhältnisse an der Grenze gekennzeichnet gewesen sei, von Anfang an keine Wirksamkeit gehabt[291].

Nun schließt sich die ansatzweise bereits oben skizzierte Argumentationslinie an, wonach § 27 DDR-GrenzG „mit Auslegungsmethoden, die dem Recht der DDR eigentümlich waren, so hätte ausgelegt werden können, daß die genannten Menschenrechtsverletzungen vermieden wurden". In dieser menschenrechtsfreundlichen Auslegung hätte der Rechtfertigungsgrund jedoch das Verhalten des Angeklagten (Dauerfeuer mit bedingtem Tötungsvorsatz) nicht gedeckt[292]. Die Angeklagten hätten danach auch nach dem Recht der DDR einen rechtswidrigen Totschlag begangen; die Tat sei nach dem „richtig ausgelegten" Recht der DDR zur Tatzeit strafbar gewesen[293].

Während sich der BGH also im ersten Argumentationsstrang mit der fehlenden Rechtfertigung im Hinblick auf überpositive Grundsätze beschäftigt, versucht er im zweiten, die Rechtswidrigkeit allein aus positivem Recht der DDR herzuleiten. Wie ist nun das Verhältnis zwischen diesen beiden Argumentationssträngen zu sehen?

Dadurch, dass der BGH suggeriert, die Angeklagten hätten sich eigentlich bereits nach DDR-Recht strafbar gemacht[294], könnte der Eindruck entstehen, überpositive Gesichtspunkte seien für die Entscheidung im Ergebnis nicht relevant gewesen[295]. Dies trifft indes nicht zu. Vielmehr stellen sie

291 BGHSt 39, 1, 17–22.

292 BGHSt 39, 1, 23; zust. *Papier*, a.a.O., 618 Rn. 62; ähnlich *Schreiber*, Strafrechtliche Verantwortlichkeit für den Schußwaffengebrauch an der Grenze, in: Lampe (Hrsg.), Deutsche Wiedervereinigung, Band II, S. 61.

293 BGHSt 39, 1, 26.

294 *H. Dreier*, JZ 1994, 427; *Polakiewicz*, EuGRZ 1992, 179.

295 So meinten manche in der Literatur, der BGH habe zumindest im ersten Mauerschützenfall die Einschlägigkeit der Radbruch'schen Formel offen gelassen (*Pawlik*, GA 1994, 478 f.; *Amelung*, NStZ 1995, 30; *Zimmermann*, JuS 1996, 870; *H. Dreier*, JZ 1997, 424 f., vgl. allerdings auch 427, wo *Dreier* letztlich doch zu dem Ergebnis kommt, der BGH arbeite der Sache nach mit der Radbruch'schen Formel und daher mit der Annahme von Naturrecht; die naturrechtliche Argumentation dominiere). *F.-C. Schroeder* (JR 1993, 49) verweist auf die weitere Formulierung des Senats, wonach der Rechtfertigungsgrund „in der Auslegung, die durch die tatsächlichen Verhältnisse an der Grenze gekennzeichnet war", außer Betracht zu bleiben habe, „weil bereits die DDR bei Zugrundelegung der von ihr anerkannten Prinzipien den Rechtfertigungsgrund hätte einschränkend auslegen müssen." (BGHSt 39, 1, 22 f.). Der BGH habe danach seine These, dass der Rechtfertigungsgrund in seiner tatsächlichen Auslegung wegen vorgeordneter, auch von der DDR zu beachtender allgemeiner Rechtsprinzipien und wegen eines Verstoßes gegen das Verhältnismäßigkeitsprinzip außer Betracht bleiben müsse, erneut zurückgenommen und sei zur immanenten Wertung zurückgekehrt. Andere gingen von vornherein von der Relevanz der naturrechtlichen Argumentation

eine wichtige Säule der Entscheidung dar. Entscheidend ist nämlich, dass § 27 DDR-GrenzG in der Logik des BGH offenbar menschenrechtsfreundlich ausgelegt werden *musste*, *weil* der Rechtfertigungsgrund in der Auslegung der Staatspraxis wegen Verstoßes gegen höherrangiges, nicht-positives Recht als unwirksam und unbeachtlich angesehen wird[296]. Zudem hat der BGH klargestellt, dass sich das Ergebnis nicht ändern würde, wenn ein gesetzlicher Rechtfertigungsgrund, gegen den gleich gewichtige Einwände bestünden wie gegen § 27 DDR-GrenzG (in der Auslegung der Staatspraxis), überhaupt keiner Auslegung zugänglich gewesen wäre, die sich an den Menschenrechten orientiere[297]. In einem späteren Judikat heißt es noch deutlicher, dass eine Freistellung von Strafbarkeit, die derart gegen die Menschenrechte verstoße, dass eine menschenrechtsfreundliche Auslegung überhaupt nicht in Betracht komme, von vornherein unwirksam sei, also überhaupt nicht Recht geworden sei[298]. Mit anderen Worten, die Rechtfertigung wäre auch versagt worden, wenn kein Raum für eine menschenrechtsfreundliche Auslegung gewesen wäre. Es zeigt sich also, dass die überpositive Argumentation dominiert[299] und die menschenrechtsfreundliche Auslegung überpositiv begründet wird.

Dass der BGH eine menschenrechtsfreundliche Auslegung des DDR-Rechts für verpflichtend hielt, tritt im zweiten Mauerschützenurteil noch

---

aus und davon, dass der BGH das Völkerrecht nicht als positives Recht anwendet, so *Paeffgen*, NJ 1993, 153 Fn. 8 („völkerrechtlich überhöhtes Naturrechtsargument"); in diesem Sinne auch *H. Dreier*, JZ 1997, 427 („Naturrecht im Gewande des Völkerrechts" bzw. „Naturrecht im Gewande der Auslegung").

296 Wenn *F.-C. Schroeder* in der von ihm zitierten Urteilspassage eine Abwendung von der Ebene der „Transzendenz" und eine Hinwendung zur „Immanenz" konstatiert (vgl. die vorstehende Fn.), so hat das einiges für sich, da von der Zugrundelegung der von der DDR anerkannten Prinzipien die Rede ist. Auf der anderen Seite verstärkt diese Passage noch den Eindruck, dass die beiden Argumentationsstränge enger miteinander verflochten sind, als es auf den ersten Blick scheint. Im weiteren Verlauf der Entscheidung heißt es: „Ein Rechtfertigungsgrund, der das Verhalten der Angeklagten gerechtfertigt hätte, wurde zwar in der Staatspraxis, wie sie sich in der Befehlslage ausdrückte, angenommen; er *durfte* aber dem *richtig* interpretierten Gesetz schon damals nicht entnommen werden." (BGHSt 39, 1, 29, Hervorhebung v. d. Verf.). Dies bezieht sich auf die vorgenannte, den ersten Argumentationsstrang abschließende Passage, wo gesagt wird, die DDR hätte den Rechtfertigungsgrund einschränkend auslegen müssen (und nicht, wie man meinen könnte, auf die menschenrechtsfreundliche Auslegung). Denn: In der weiten Auslegung wäre der Rechtfertigungsgrund als unwirksam anzusehen.

297 BGHSt 39, 1, 30.

298 BGHSt 41, 101, 112 = NJW 1995, 2728, 2732.

299 So auch *H. Dreier*, JZ 1997, 427.

klarer hervor: „Im Lichte dieses Prinzips (der Verhältnismäßigkeit[300]) und der Artikel 6 und 12 des IPBPR *konnten und mussten* das Grenzgesetz und die damit zusammenhängende Strafbestimmung (§ 213 III DDR-StGB) menschenrechtsfreundlich ausgelegt werden."[301]. Einen Verstoß gegen das Rückwirkungsverbot sieht der BGH hierin nicht, denn das Tatzeitrecht in der menschenrechtsfreundlichen Auslegung sei als das Recht zu verstehen, das die Strafbarkeit zur Zeit der Tat i. S. d. Art. 103 II GG „gesetzlich bestimmt" habe[302].

Die These der überpositiven Fundierung der menschenrechtsfreundlichen Auslegung findet ihre Stütze auch darin, wie der 3. Strafsenat die diesbezüglichen Ausführungen des 5. Strafsenats versteht. Er hält die „unter der Bezeichnung der sog. Radbruch'schen Formel zusammengefassten Rechtsgrundsätze" für die Strafbarkeit von DDR-Unrecht für beachtlich und erklärt, dies habe der 5. Strafsenat *mit der besonderen Ausprägung dieser Grundsätze im Gebot menschenrechtsfreundlicher Auslegung* des DDR-Rechts in seiner Mauerschützenrechtsprechung eingehend dargelegt[303].

c) Die menschenrechtsfreundliche Auslegung und überpositive Grundsätze in der Rechtsbeugungsrechtsprechung des BGH und des BVerfG

In seiner Rechtsprechung zur Rechtsbeugung setzt der BGH die in den Mauerschützenurteilen erkennbare Tendenz fort, den Menschenrechten eine naturrechtsähnliche bzw. überpositive Geltungskraft beizulegen[304]. Dies gilt insbesondere für den 3. und 4. Senat, während der 5. Strafsenat sich hier zurückhaltender äußert.

Anknüpfend an die Mauerschützenrechtsprechung geht der 5. Strafsenat des BGH auch in seinem ersten nach der Wende ergangenen Urteil zur Rechtsbeugung in der DDR davon aus, dass das Recht der DDR auch mit den Auslegungsmethoden, die ihm eigentümlich waren, so ausgelegt werden konnte, dass Willkürakte im Sinne offensichtlicher, schwerer Menschenrechtsverletzungen vermieden wurden. Eine solche menschenrechtsfreundliche Auslegung sei dem Richter ungeachtet der auf ihn wirkenden Einflüsse möglich gewesen. Er habe sich darauf berufen können, dass die Verfassung der DDR der Rechtspflege auch die Aufgabe zugewie-

300 Einfügung durch d. Verf.
301 BGHSt 39, 168, 184 (Hervorhebung v. d. Verf.).
302 BGHSt 39, 1, 29; 39, 168, 185.
303 BGH NJW 1995, 2734 f.
304 *Amelung*, GA 1996, 62.

sen habe, die Freiheit, das friedliche Leben, die Rechte und die Würde des Menschen zu schützen (Art. 90 I 2 DDR-Verf.), und dass die Einschränkung von Rechten nur so weit zulässig gewesen sei, als das „unumgänglich" gewesen sei (Art. 30 II 2 DDR-Verf.)[305].

Wie in den Mauerschützenfällen ist jedoch auch für die Frage der Rechtsbeugung nicht entscheidend, ob das DDR-Recht menschenrechtsfreundlich ausgelegt werden konnte, sondern ob es so ausgelegt werden *musste*. Nur dann, wenn eine nicht menschenrechtsfreundliche Auslegung zu einer schlechthin unvertretbaren Entscheidung führte, ist der objektive Tatbestand der Rechtsbeugung erfüllt[306].

Man kann aber annehmen, dass eine solche Pflicht zur menschenrechtsfreundlichen Auslegung vom 5. Strafsenat grundsätzlich vorausgesetzt wurde, ohne dies so ausdrücklich wie in der Mauerschützenrechtsprechung („konnte und musste") auszusprechen. Immerhin heißt es nämlich, Orientierungsmaßstab für die Frage der Rechtsbeugung solle die offensichtliche Verletzung von Menschenrechten sein, wie sie in der DDR durch den Beitritt zum IPBPR anerkannt worden seien[307]. Aus dem Zusammenhang lässt sich schließen, dass bei einer „menschenrechtsfeindlichen" Auslegung eben Rechtsbeugung in Betracht komme und daher eine menschenrechtsfreundliche Auslegung gewählt werden musste, um nicht der Strafbarkeit wegen Rechtsbeugung zu unterfallen. In einem späteren Urteil desselben Senats heißt es denn auch im Blick auf „vorrangige übergesetzliche Grundsätze und völkerrechtliche Normen", wie sie in der Mauerschützenrechtsprechung herangezogen wurden: Die allen zivilisierten Völkern gemeinsame Grundüberzeugung vom allgemeinen Tötungsverbot erfordere, auch in Fällen der Verhängung der Todesstrafe durch einen Richter, der sich an der Tatzeitpraxis orientiert habe, bei der Annahme von Rechtsbeugung weniger Zurückhaltung zu üben. Im übrigen habe der damals angewandte Art. 6 II DDR-Verf./1949 insofern menschenrechtsfreundlich ausgelegt werden können, als er es in der Auslegung durch die Rechtsprechung der DDR in allen Fällen gestattet habe, eine andere als die Todesstrafe zu wählen[308]. Allerdings bleibt hier die entscheidungsleitende Bedeutung der menschenrechtsfreundlichen Auslegung etwas ungewiss, da sich die angenommene Rechtsbeugung durch die außerhalb jeder Tat- und Schuldangemessenheit liegende Todesstrafe auch nach den Strafzumessungskriterien des DDR-Rechts ergibt. Auch bei

305 BGH NJW 1994, 529, 532 = BGHSt 40, 30, 42.
306 So auch *Bandel*, NStZ 1994, 439; *Stanglow*, JuS 1995, 977; *Hohmann*, NJ 1995, 131.
307 BGH NJW 1994, 529, 532.
308 BGH NJW 1996, 857, 859.

der Beurteilung der Auslegung von Tatbeständen des politischen Strafrechts der DDR hat sich die menschenrechtsfreundliche Auslegung in der Praxis nicht als entscheidendes Kriterium zur Begründung von Verurteilungen wegen Rechtsbeugung erwiesen. Darauf ist noch zurückzukommen[309]. Jedenfalls schließt der 5. Senat die Relevanz der menschenrechtsfreundlichen Auslegung nicht aus.

Deutlicher bekennen sich hierzu der 4. und ihm folgend der 3. Strafsenat. Sie knüpfen an die Kernbereichslehre aus BGHSt 2, 234ff. sowie die in der Mauerschützenrechtsprechung aufgestellte Rolle völkerrechtlicher Dokumente an: Auch die Anwendung geschriebenen Rechts, das nach seinem zwingenden Gesetzeswortlaut oder in einer bestimmten menschenrechtswidrigen Auslegung gegen überpositives Recht verstoße, werde vom Normbereich des § 244 DDR-StGB erfasst. Gesetzliche Bestimmungen, die den Kernbereich des Rechts verletzten, der bestimmte als unantastbar anzusehende Grundsätze menschlichen Verhaltens umfasse, die sich bei allen Kulturvölkern im Laufe der Zeit herausgebildet und in neuerer Zeit in völkerrechtlichen Konventionen und Abkommen wie der AEMR vom 10.12.1948 und dem IPBPR vom 19.12.1966 ihren Niederschlag gefunden hätten, könnten von vornherein keine rechtliche Wirkungskraft entfalten. Einer darauf gestützten Entscheidung fehle die Rechtsgrundlage; sie sei gesetzwidrig[310]. Dies verstoße nicht gegen Art. 103 II GG[311]. Der 3. und der 4. Strafsenat postulieren also im Ergebnis eine Pflicht zur menschenrechtsfreundlichen Auslegung, soweit der Wortlaut der Norm eine solche zuließ, wenn andernfalls (bei weiter Auslegung) ein elementarer Verstoß gegen Menschenrechte vorläge. Denn eine solch weite Auslegung soll als Rechtsbeugung zu werten sein[312].

Das BVerfG übertrug seine Rechtsprechung zu den Mauerschützen auf die Rechtsbeugungsfälle durch Beschluss vom 7. April 1998 über die Nichtannahme der Verfassungsbeschwerde einer früheren DDR-Richterin gegen ihre Verurteilung[313]. Das Vertrauen in den Fortbestand einer

---

309 Dazu u., A. III. 1. a) dd) (1) sowie Kapitel 6, B.

310 BGH (4. Strafsenat) NJW 1995, 64f.; BGH (4. Strafsenat) NStZ-RR 1996, 69f.; BGH (4. Strafsenat) NStZ-RR 1996, 65f.; zust. BGH (3. Strafsenat) NJW 1995, 2734f.; BGH (3. Strafsenat) DtZ 1996, 92f. (wo verstärkt auch Anknüpfungspunkte im positiven Recht der DDR für die Möglichkeit der Wahrung von Gerechtigkeit und Menschenrechtsschutz gesucht werden).

311 BGH NJW 1995, 2734f.

312 BGH NStZ-RR 1996, 65, 66.

313 BVerfG NJW 1998, 2585ff. = NJ 1998, 314ff.

bestimmten Interpretation von Strafgesetzen sei jedenfalls in den Fällen der vorliegenden Art nicht mehr durch Art. 103 II GG geschützt. Dieser sei nicht anwendbar, wenn die der Rechtsanwendung zugrundeliegende Staatspraxis durch Aufforderung zu schwerstem kriminellen Unrecht und seiner Begünstigung die in der Völkergemeinschaft allgemein anerkannten Menschenrechte in schwerwiegender Weise missachte. Denn hierdurch setze der Träger der Staatsmacht extremes staatliches Unrecht, das sich nur solange behaupten könne, wie die dafür verantwortliche Staatsmacht faktisch bestehe[314].

2. Literatur

Die Meinung, dass in den Mauerschützenfällen die Anwendung der Radbruch'schen Formel bzw. überpositiver Grundsätze auf das Strafrecht der ehemaligen DDR trotz des Art. 103 II GG gerechtfertigt sei, um extreme Unrechtstaten zu bestrafen, findet in der Literatur viele Anhänger[315].

---

314 BVerfG NJW 1998, 2585; ebenso BVerfG NJW 1998, 2587, 2588 f.; BVerfG NJ 2000, 139, 140.

315 Im Zusammenhang mit den Mauerschützenfällen (zu den Rechtsbeugungsfällen: s. u., A. III.1.a)dd)(2)); *Alexy*, VVDStRL 51 (1992), S. 133; *ders.*, Mauerschützen, S. 1 ff., insbes. S. 30 ff. (vgl. dazu schon *Radbruch*, SJZ 1947, Sp. 135); *Schaefgen* (stellvertretend für die Position der damaligen Arbeitsgruppe Regierungskriminalität der Staatsanwaltschaft bei dem Kammergericht), RuP 1992, 198; *Wassermann*, RuP 1992, 205; *ders.*, NJW 1993, 896 (im Anschluss an *Odersky*, s. u.); *Klein*, ZRP 1992, 213, *Herrmann*, NStZ 1993, 121; *Maiwald*, NJW 1993, 1888; *Limbach*, DtZ 1993, 69; *Fiedler*, JZ 1993, 207 f.; *Odersky*, Die Rolle des Strafrechts bei der Bewältigung politischen Unrechts, S. 14 ff.; *Starck*, VVDStRL 51 (1992), S. 27; *Herzog*, NJ 1993, 3 mit Fn. 9, 4; ders. (Hrsg.), Die strafrechtliche Verantwortlichkeit von Todesschützen an der innerdeutschen Grenze, S. 35 ff., insbes. S. 47, 71; *Spendel*, RuP 1993, 64, 65 f.; *Jesse*, „Entnazifizierung" und „Entstasifizierung" als politisches Problem. Die doppelte Vergangenheitsbewältigung, in: Isensee (Hrsg.), Vergangenheitsbewältigung durch Recht, S. 35; *Maurer*, VVDStRL 51 (1992), S. 148; *Kriele*, VVDStRL 51 (1992), S. 131 f.; *Lampe*, ZStW 106 (1994), 721; *Arthur Kaufmann*, NJW 1995, 84 f.; Lackner/Kühl-*Lackner* (24. Aufl.), § 2 Rn. 16a; *Kühl* (27. Aufl.), § 2 Rn. 16a; *Winters*, DA 1993, 1123; *Amelung*, GA 1996, 56; *Papier*, in: Isensee/Kirchhof (Hrsg.), Handbuch des Staatsrechts der Bundesrepublik Deutschland, Bd. IX, S. 618 Rn. 61, *ders./Möller*, NJW 1999, 3291 f.; *Rummler*, Die Gewalttaten an der deutsch-deutschen Grenze vor Gericht, S. 370, 376; wohl auch *Starck*, JZ 1997, 148, zust. zur „menschenrechtsorientierten Rechtsprechung" des BGH im Hinblick auf die Rechtswidrigkeit, aber krit. zur Frage der Schuld *Eser*, FS Odersky, 339; zust., aber ein offen rückwirkendes Gesetz bevorzugend *Günther*, StV 1993, 23 f.; differenzierend *Frommel*, FS Arthur Kaufmann, S. 87 ff. (die auf die Möglichkeit der Gewährung von Vertrauensschutz auf Schuldebene verweist); zust. im Ansatz, allerdings im Ergebnis zurückhaltender *Gropp*, NJ 1997, 397 f., der § 27 II DDR-GrenzG unter Anwendung der Radbruch'schen Formel die rechtfertigende Wirkung nur in den schwersten Fällen

Geringer ist die Zustimmung bei der Rechtsprechung zur Rechtsbeugung aufgrund der dort gegebenen Besonderheiten. Zustimmende wie auch kritische Stimmen der Literatur werden im Zusammenhang mit der Erläuterung der Leitlinien der Rechtsprechung des BGH zur DDR-Rechtsbeugung ausführlich dargestellt, worauf an dieser Stelle verwiesen wird[316].

II. Positivistische Ansätze

Den positivistischen Ansätzen werden hier neben denjenigen, die den Rückgriff auf überpositive Erwägungen generell ablehnen, auch diejenigen zugerechnet, die zwar Verfechter von überpositiven Konzeptionen sind, diese aber nicht zur Begründung der Strafbarkeit nutzbar machen. Die verschiedenen Strömungen unterscheiden sich in der Art der Ermittlung des für die Frage der Strafbarkeit zugrundezulegenden Rechts und sind von einem engen bis zu einem sehr weiten Verständnis des Rückwirkungsverbots breit gefächert.

1. Die These der Unanwendbarkeit des Rückwirkungsverbotes wegen des eigenen Vorverhaltens des Täters

Manche halten im Hinblick auf politische Täter diktatorischer Regime das Rückwirkungsverbot für schlechthin nicht anwendbar und kommen damit zu einer uneingeschränkten strafrechtlichen Verantwortlichkeit dieser Personen.

---

von Tötungen an der innerdeutschen Grenze versagen will. Dazu zählt er insbesondere die sog. „Hinrichtungsfälle", in denen der Fluchtversuch bereits fehlgeschlagen war und auf Wehrlose geschossen wurde;

a. A. (neben den unten bei den positivistischen Ansätzen genannten Vertretern): *Grünwald*, StV 1991, 36; vgl. schon *ders.*, FS Arthur Kaufmann, S. 446; *Merkel*, Politik und Kriminalität, in: Unseld (Hrsg.), Politik ohne Projekt?, S. 315, 325; *Mohr*, NJW 1997, 916; *Peschel-Gutzeit/Jenckel*, Aktuelle Bezüge des Nürnberger Juristenurteils, in: Peschel-Gutzeit(Hrsg.), Das Nürnberger Juristen-Urteil von 1947, S. 297f., konzedieren, das absolute Rückwirkungsverbot des Grundgesetzes lasse sich „streng genommen" nicht mit überpositivem Recht vereinbaren, fordern aber eine Änderung des Rückwirkungsverbotes de lege ferenda dahingehend, dass keiner darauf solle vertrauen können, dass er in einem Unrechtsstaat in Ausübung staatlicher Willkür Menschenrechte im Einklang mit dem jeweils nationalen Recht verletzen und später dafür nicht zur Verantwortung gezogen werden könne.

316 Siehe u., A. III.1.a)dd)(2) und Kapitel 4, B.

Darunter wollen einige den Herrschenden und Mächtigen[317], den politisch Verantwortlichen, den Trägern des Staates „mitsamt Komparsen" die Berufung auf das nulla-poena-Prinzip versagen[318]. Hierzu wird angeführt, das rechtsstaatliche Strafrecht sei auch und gerade ein Strafrecht gegen jene Mächtigen, die in großem Stil Menschen als Material ihrer Politik verbraucht hätten. Das rechtsstaatliche Strafrecht müsse nur lernen, seine Entmachtung bei der Strafverfolgung der Mächtigen juristisch auszugleichen. Der Grundgedanke des rechtsstaatlichen Strafrechts sei, dass die Ausübung von Macht über einzelne oder über die Allgemeinheit strafrechtlich riskant sei[319]. Politische Systemverbrecher, die die Schranken des Rechtsstaates eingerissen hätten, dürften nicht in den Genuss des Rückwirkungsverbotes kommen. Dieses degeneriere sonst zum Privileg für Diktatoren und ihre Helfershelfer[320]. Aus dem Schutz der Bürger vor den Wechselfällen politischer Machtspiele werde so ein Schutz diktatorischer Machthaber vor den Risiken ihres Machtverfalls[321].

Da das Rückwirkungsverbot die Beschränkung der Machthaber bezwecke, um die Bürger vor der Willkür des Staates zu schützen, könnten sich die Mächtigen nicht auf genau jenes Instrument stützen, das die Unterworfenen vor ihnen, den Mächtigen, schützen solle. Dies ergebe sich aus einer teleologischen Begrenzung des Rückwirkungsverbotes[322]. Das Rückwirkungsverbot würde andernfalls den politischen Machthaber vor seiner eigenen Willkür bewahren. Die Berufung auf das Rückwirkungsverbot sei daher auch wegen des Verbots des venire contra factum proprium

---

317 *Schünemann*, zitiert nach: V. Schöneburg, Diskussionsbericht, in: Lampe (Hrsg.), Deutsche Wiedervereinigung, Band II, S. 48.

318 *Welke*, KJ 1995, 377ff.; *Laage*, KJ 1989, 428 (in Bezug auf NS-Täter); *Naucke*, KritV 1990, 257; *ders.*, Die strafjuristische Privilegierung staatsverstärkter Kriminalität, S. 55ff.; *Schünemann*, Aufarbeitung von Unrecht aus totalitärer Zeit, in: Pawlowski/Roellecke (Hrsg.), Der Universalitätsanspruch des demokratischen Rechtsstaats, ARSP-Beiheft Nr. 65, S. 110; *Kenntner*, RuP 1997, 170, 172, 180ff.; *Wassermann*, RuP 1999, 103f.

319 *Naucke*, KritV 1990, 257.

320 *Werkentin*, RuP 1996, 141; ähnlich *Naucke*, Die strafjuristische Privilegierung staatsverstärkter Kriminalität, S. 57; nicht ganz so dezidiert *Blanke*, KJ 1995, 144 und 146, der die Geltung des Rückwirkungsverbotes immerhin (ausschließlich) durch den Einigungsvertrag als „Teilamnestie" verbürgt sieht (a.a.O., 147f.).

321 *Blanke*, KJ 1995, 144; *Werkentin*, RuP 1996, 141; *Kenntner*, RuP 1997, 181.

322 *Schünemann*, zitiert nach: V. Schöneburg, Diskussionsbericht, in: Lampe (Hrsg.), Deutsche Wiedervereinigung, Bd. II, S. 48; *Laage*, KJ 1989, 428 (Durchbrechung des Rückwirkungsverbotes wegen dessen rechtsstaatsbezogener Funktion des Willkürschutzes); *Welke*, KJ 1995, 374f., 377; *Werkentin*, RuP 1996, 141; ähnlich *Blanke*, KJ 1995, 143; *Kenntner*, RuP 1997, 181.

unzulässig[323]. Das Rückwirkungsverbot dürfe nicht zur Reproduktion der Standards einer totalitär gefesselten Justiz führen[324]. Von manchen wird auch ausdrücklich der Gedanke der Verwirkung des Schutzes des Rückwirkungsverbotes angesprochen und teilweise mit dem Schutz der Opfer eines Unrechtssystems als immanente Schranke des Rückwirkungsverbots legitimiert[325].

2. Rechtsanwendungslösung/Ordnungsschichtentheorie (Hruschka)

Hruschka will, wie bereits geschildert[326], über § 7 StGB der Anwendbarkeit des DDR-Rechts überhaupt entgehen. Er unterscheidet bei der Auslegung des § 7 StGB, soweit es nicht um einen Rechtsstaat geht, sondern um einen „Zwangsstaat", als den er auch die DDR ansieht, zwei Ordnungsschichten. Die untere der beiden Schichten soll eine „normale" Rechtsschicht sein, wie es sie auch in einem Rechtsstaat geben könnte. Die obere bildeten diejenigen Regeln, mit deren Hilfe eine staatliche Unrechtspraxis sich – scheinbar – selbst legitimiere. Für diese Schicht soll nicht gefragt werden, ob „die Tat am Tatort mit Strafe bedroht ist", sondern das Gebiet eines „Zwangsstaates" soll so zu behandeln sein wie ein „Tatort, der keiner Strafgewalt unterliegt". Dies hat zur Folge, dass in diesem Bereich über § 7 StGB das bundesrepublikanische Strafrecht anzuwenden sein soll[327].

Hruschka sieht sich hieran auch nicht durch Art. 103 II GG gehindert. Er versteht diesen lediglich als eine Selbstbindung des Rechtsstaats, die das Verbot formuliere, Strafgesetze, die der Rechtsstaat *selbst* erlasse oder erlassen habe, rückwirkend anzuwenden. Art. 103 GG verlange deshalb, dass die Strafbarkeit einer Tat, gleich wo diese Tat begangen wurde, nach dem Strafrecht *der Bundesrepublik Deutschland* gesetzlich bestimmt war, bevor die Tat begangen wurde. Eine Bindung an *fremdes* Recht dagegen, insbesondere eine Berücksichtigung des sog. Tatortrechts, verlange der Verfassungssatz nicht[328]. Eine Bindung der Gerichte eines Rechtsstaats an

323 *Welke*, KJ 1995, 377.

324 *Blanke*, KJ 1995, 149 Fn. 50.

325 *Naucke*, Die strafjuristische Privilegierung staatsverstärkter Kriminalität, S. 55 f.; *Burian*, ZStW 112 (2000), 111, der aber gleichzeitig übergesetzliches Recht als Korrektiv nicht ausschließt (a.a.O., 132).

326 Kapitel 2, A.III.2.

327 *Hruschka*, JZ 1992, 669 f.

328 *Hruschka*, a.a.O., 668.

rechtsstaatswidriges fremdes positives Recht liefe auf einen Selbstwiderspruch des Rechtsstaats hinaus, meint *Hruschka*[329].

Übertragen auf die Fälle Rechtsbeugung könnte *Hruschkas* Ansatz bedeuten, dass beispielsweise rechtsstaatswidrige Tatbestände des politischen Strafrechts, die eine Verurteilung deckten, schlechthin nicht anzuwenden wären und damit eine Bestrafung wegen Rechtsbeugung nicht ausschließen würden.

3. Rechtsstaatliche Auslegung des DDR-Rechts

Die 18. Große Strafkammer des LG Berlin befand:

> „Ein Gesetz, das den Anschein von Rechtsstaatlichkeit - und sei es auch nur aus Gründen internationalen Ansehens - erweckt, ist nach rechtsstaatlichen Grundsätzen auszulegen"[330].

Dem folgt *Spendel*[331]. Ganz ähnlich meint *F.-C. Schroeder*:

> „Wenn in der DDR der Anschein erweckt wurde, entsprechende Rechtfertigungsgründe bestünden nicht, andererseits sie aber faktisch gewährt wurden, so ist auch das rechtsstaatlich gebundene Strafrecht der Bundesrepublik Deutschland nicht gehalten, sie anzuerkennen."[332]

Die Anforderungen an den Grundsatz „nulla poena sine lege" würden überspannt, wenn die Rechtsprechung verpflichtet werde, geheimen, nur faktisch anerkannten Rechtfertigungsgründen nachzuspüren und den Tätern Rechtfertigungsgründe zu offerieren, die sie seinerzeit für sich selber öffentlich in Anspruch zu nehmen nicht gewagt hätten[333].

---

329 *Hruschka*, a.a.O., 669.

330 LG Berlin NStZ 1992, 492, 494.

331 *Spendel*, RuP 1993, 63; *ders.*, JR 1994, 222; ähnlich *ders.*, JZ 1995, 378.

332 *F.-C. Schroeder*, JZ 1992, 991, der im Übrigen das Fehlen der Rechtfertigung der Mauerschützen aus § 95 DDR-StGB herleiten will; dem folgend hinsichtlich der Anwendung des § 95 DDR-StGB *Bottke*, Die Verfolgung von Regierungskriminalität der DDR nach dem Beitritt der neuen Länder, in: Lampe (Hrsg.), Deutsche Wiedervereinigung, Bd. II, S. 223 (dieser allerdings ansonsten gegen die rechtsstaatliche Auslegung a.a.O., S. 228); dagegen zutr. BGHSt 39, 1, 28 f.; *Arnold/Kühl*, JuS 1992, 994; *Möller-Heilmann*, Die Strafverfolgung von Richtern und Staatsanwälten der ehemaligen DDR wegen Rechtsbeugung, S. 202 f.; im Ergebnis auch *Polakiewicz*, EuGRZ 1992, 181 ff.
§ 95 DDR-StGB (Ausschluß des Befehlsnotstandes):
„Auf Gesetz, Befehl oder Anweisung kann sich nicht berufen, wer in Mißachtung der Grund- und Menschenrechte, der völkerrechtlichen Pflichten oder der staatlichen Souveränität der Deutschen Demokratischen Republik handelt; er ist strafrechtlich verantwortlich."

333 *F.-C. Schroeder*, JZ 1992, 991.

Auch *Maiwald* verficht die Anwendung rechtsstaatlicher Auslegungsmethoden[334]. Andere wollen - noch weitergehend - unter Berufung auf den „ordre-public-Vorbehalt" solche Fremdrechtfertigungsgründe nicht anerkennen, die dem Grundgesetz widersprechen[335].

4. Restriktiver Positivismus (Lüderssen)

Hauptvertreter einer von ihm selbst als „restriktiven Positivismus"[336] bezeichneten Lehre zur im Rahmen von Art. 103 II GG relevanten Auslegung des DDR-Rechts ist *Lüderssen*. Der Ansatz charakterisiert sich schlagwortartig durch den Grundsatz, bei der Verfolgung in der DDR begangener Handlungen die geschriebene Gesetzeslage der DDR „beim Wort" zu nehmen, nicht aber auf überpositive Grundsätze zu rekurrieren. Damit wird die strafrechtliche Verfolgbarkeit im Wesentlichen auf Exzessfälle beschränkt.

Art. 103 GG binde zwar nicht die Auslegung, aber er solle auch einen Vertrauensschutz gegen nachträgliche, willkürliche Veränderungen der Strafbarkeit zu Lasten des Täters gewähren. Daraus folge, wenn die DDR-Juristen in dem Grenzgesetz keine Verletzung von menschen- und völkerrechtlichen Grundsätzen gesehen hätten, die nach § 95 DDR-StGB die zuständigen Organe dazu berechtigt haben würde, die Befehle nicht auszuführen, so müsse das hingenommen werden. Für eine strafrechtliche Verfolgung blieben nur die Fälle übrig, in denen das fragliche Verhalten durch jene Rechtfertigungsgründe gar nicht gedeckt gewesen sei[337].

Ähnlich eng sei auch die Bindung an Strafvorschriften, die zwar jetzt nicht mehr gälten, seinerzeit aber die Grundlage für Verurteilungen gewesen seien, so dass diese Verurteilungen nachträglich nicht als Rechtsbeugung bestraft werden könnten. Einschränkende Voraussetzung ist für ihn, dass diese Strafvorschriften den von der jeweiligen DDR-Verfassung vorgegebenen Maßstäben entsprechen. Die Anwendung DDR-verfassungswidriger Normen will er mithin nicht straffrei lassen.

334 *Maiwald*, JZ 1996, 867 f.

335 *Küpper/Wilms*, ZRP 1992, 93; *Wassermann*, RuP 1992, 125; *ders.*, DRiZ 1993, 138; *Wilms/Ziemske*, ZRP 1994, 170f; vgl. schon *Baade*, ROW 1959, 13 zu Art. 6 II DDR-Verf./1949.

336 *Lüderssen*, Der Staat geht unter - das Unrecht bleibt?, S. 12 f., *ders.*, ZStW 104 (1992), 752.

337 *Lüderssen*, Der Staat geht unter - das Unrecht bleibt?, S. 31 f..; ähnlich, aber stärker auf § 95 DDR-StGB sowie Art. 12 II IPBPR zurückgreifend *Schreiber*, Strafrechtliche Verantwortlichkeit für den Schußwaffengebrauch an der Grenze, in: Lampe (Hrsg.), Deutsche Wiedervereinigung, Bd. II, S. 59 ff.

Der positivistische Kern seiner Position liegt darin, dass die Normen, die eine Entscheidung decken, seiner Ansicht nach nicht „höherrangigen Normen“, die über der Verfassung der DDR anzusiedeln wären, also vor- und überstaatlichem Recht, entsprechen müssen. Auch dort, wo in den einzelnen Gesetzen oder auch in den Verfassungen auf allgemeine Menschenrechte Bezug genommen werde, müsse die Konkretisierung dieser besonderen Rechte durch das jeweilige positive Recht respektiert werden – etwa jene Relativierung des Ausreiserechts als ein Menschenrecht durch den Straftatbestand der Republikflucht und das Grenzgesetz[338].

Weitergehende Bindungen lehnt er unter der Überschrift „Kein Rückwirkungsverbot jenseits des positiven Rechts“ allerdings ab. In der Respektierung des „Geistes“ der DDR-Rechtsordnung müsse man nicht weiter gehen. Die Respektierung der fremden (früheren) Souveränität müsse nicht auch diejenigen Entscheidungen einschließen, die jenseits der seinerzeit formal geltenden Rechtsvorschriften mit Blick auf die totale Funktionalisierung des Rechts getroffen worden seien[339].

Zur Frage, welches Rechtsverständnis wirklich für die DDR-Juristen verbindlich gewesen sei, räumt er einerseits ein, dass es in der marxistisch-leninistischen Tradition, der sich die DDR verpflichtet gefühlt habe, eine Vorstellung von der totalen Instrumentalisierung des Rechts gegeben habe. Auf der anderen Seite betont er, dass nach der Etablierung des Sozialismus diese Staaten sehr bald die Vorstellung kultiviert hätten, nunmehr gehe es darum, die Errungenschaften gesetzlich zu sichern und im Rahmen dieser neuen „Gesetzlichkeit“ zu bleiben. Dem entspreche „eine Richtung sozusagen absolut linientreuen sozialistischen Rechtsdenkens, das den neuen Staat korrekt handhaben wollte“. Formal gesehen seien das rechtsstaatliche Denkweisen – denen westlicher Länder durchaus vergleichbar–, deren sozialistischer Charakter eben nur durch das vollkommen neue, umgekehrte Vorzeichen des ganz anderen Staates garantiert gewesen sei[340]. *Lüderssen* will die DDR an einem „sozialistisch getönten Rechtsstaatsverständnis festhalten“, was heißen soll, „ihre Gesetze ganz einfach beim Wort nehmen“[341].

---

338 *Lüderssen*, a.a.O., S. 32f. und 147f.; ebenso hierzu und zum Folgenden *ders.*, ZStW 104 (1992), 740ff.

339 *Lüderssen*, a.a.O., S. 33f.; *ders.*, StV 1991, 486.

340 *Lüderssen*, a.a.O., S. 34f.

341 *Lüderssen*, a.a.O., S. 52; zust. *Vormbaum*, NJ 1993, 215 (Fn. 31); *Kraut*, Rechtsbeugung?, S. 138f.; ebenso *Roggemann*, DtZ 1993, 16, der allerdings grundsätzlich für Fälle evidenten, schwersten Gesetzesunrechts dessen „Entkräftung“ durch überpositive Rechtssätze befürwortet, wofür er aber bei den Tatbeständen des politischen Strafrechts im

Daraus ergibt sich für ihn: Jenseits der „nachlesbaren Gesetzeslage" sich bewegende (Polizei- und) Justizakte, die sich gleichsam der „Parteilogik der Stunde" verpflichtet gefühlt hätten, dürften vernachlässigt werden; das heiße, das Verbot rückwirkender Bestrafung gehe nicht so weit, dass auch auf der Basis dieser Partei-Befehls-Struktur ergangene Entscheidungen nachträglich anerkannt werden müssten[342]. Anders ausgedrückt: Dem Beschuldigten soll versagt bleiben, sich für seine Rechtfertigung auf jenseits der Gesetzeslage ergangene Beschlüsse oder Entscheidungen staatlicher Stellen oder parteilicher Gremien zu berufen[343].

Lüderssens „Festhalten an einem sozialistisch getönten Rechtsstaatsverständnis" ist, wie er selbst einräumt, extern. Er meint aber, dies verletze nicht die positivistischen Grundsätze, auf deren Basis das Rückwirkungsverbot des Grundgesetzes entstanden sei, sondern zeige nur dessen logisch-immanente Grenzen[344].

Er bekennt sich zur Anwendung eines externen „Minimal-Rechtsbegriffs" auf positivistischer Grundlage, der allerdings nur insofern ansatzweise skizziert wird, als die Anerkennung des ehemaligen DDR-Strafrechts „Mindestanforderungen an Rechtsstaatlichkeit" genügen soll, zu denen er jedenfalls die Bestimmtheit rechnet. Auf der Basis des Bestimmtheitserfordernisses sollen nicht näher genannte Strukturelemente *jeder* Rechtsnorm identifiziert werden. Besonders unbestimmte und substanzlose Normen will er auch als Positivist nicht mehr als Recht anerkennen[345].

5. „Soziologischer Positivismus" (insbes. Jakobs, Isensee, Pawlik)

Anhänger einer anderen positivistischen Richtung verstehen Art. 103 II GG in dem Sinne, dass er die (vollständige) Vorhersehbarkeit von Strafe

---

DDR-StGB von 1968 die Voraussetzungen als nicht erfüllt ansieht (*Roggemann*, JZ 1994, 777); grds. zustimmend, aber einen eigenen Rechtsbegriff zugrundelegend *Schünemann*, Aufarbeitung von Unrecht aus totalitärer Zeit, in: Pawlowski/Roellecke (Hrsg.), Der Universalitätsanspruch des demokratischen Rechtsstaats, ARSP-Beiheft Nr. 65, S. 112 ff.; in der Formulierung wie *Lüderssen*, aber der Sache nach der menschenrechtsfreundlichen Auslegung des BGH zustimmend *R. Dreier*, Juristische Vergangenheitsbewältigung, S. 26 f., 31; tendenziell auch Schönke/Schröder-*Eser* (27. Aufl.), Vor §§ 3–7 Rn. 103 (i.E. aber zugleich der BGH-Rechtsprechung zustimmend).

342 *Lüderssen*, a.a.O., S. 35.

343 *Lüderssen*, a.a.O., S. 147.

344 *Lüderssen*, a.a.O., S. 52.

345 *Lüderssen*, a.a.O., S. 64 f., 69 f.

erfordert, die angesichts der damaligen Rechtslage nicht bestanden habe[346]. Letzteres wird aus der faktischen Nichtahndung der politisch erwünschten oder geduldeten Handlungen abgeleitet. Diese Strömung hat *L. Schulz* treffend als (strikt) soziologischen Positivismus charakterisiert[347], *Lüderssen* spricht bereits wertend von „exzessivem" Positivismus[348].

Als Hauptvertreter dieser Richtung ist *Jakobs* zu nennen, der für die Ermittlung des zur Tatzeit geltenden Rechts auf die „faktisch gelebte Verfassung"[349] abstellt. Die wirkliche Verfassung erschließe sich induktiv von der Rechtswirklichkeit her[350]. Die Norm, die befolgt und in diesem empirischen Sinn wirklich geworden sei, sei eben nicht der Wortlaut eines geschriebenen Gesetzes gewesen[351]. *Jakobs* hält die Taten der Todesschützen und ihrer Anstifter für nicht strafbar[352] - und Gleiches darf man ihm wohl für Handlungen an Unterdrückungsmaßnahmen beteiligter Justizjuristen unterstellen[353] - und kommt infolgedessen zu dem Ergebnis, dass eine strafrechtliche Verfolgung nur bei einer Suspendierung des Rückwirkungsverbotes möglich gewesen wäre[354].

---

346 *Dannecker*, Jura 1994, 593; *Dannecker/Stoffers*, JZ 1996, 493.

347 *L. Schulz*, Der nulla-poena-Grundsatz - ein Fundament des Rechtsstaats?, in: Pawlowski /Roellecke (Hrsg.), Der Universalitätsanspruch des demokratischen Rechtsstaats, ARSP-Beiheft Nr. 65, S. 174 und 185.

348 *Lüderssen*, Der Staat geht unter - das Unrecht bleibt?, S. 68 Fn. 92.

349 *Jakobs*, Vergangenheitsbewältigung durch Strafrecht?, in: Isensee (Hrsg.), Vergangenheitsbewältigung durch Recht, S. 44; zust. Maunz/Dürig/Herzog/Scholz *Schmidt-Aßmann* (30. Lieferung), Art. 103 II Rn. 255 (allerdings doch wieder differenzierend in Fn. 375); *Dannecker*, Jura 1994, 593; tendenziell ähnlich, wenngleich nur auf die NS-Zeit bezogen *Dencker*, KritV 1990, 304f.; tendenziell zust. im Hinblick auf die Bestimmung des DDR-Rechts, im Ergebnis aber die auf das überpositive Recht bezogene Lösung des BGH billigend *Günther*, StV 1993, 21ff.

350 *Jakobs*, GA 1994, 8.

351 *Jakobs*, a.a.O., 5.

352 *Jakobs*, Vergangenheitsbewältigung durch Strafrecht?, in: Isensee (Hrsg.), Vergangenheitsbewältigung durch Recht, S. 52. Zunächst ähnlich *Hruschka* (JZ 1992, 669), der meint, die Praxis, dass die Mauerschützen von Staats wegen als nicht Straftäter behandelt wurden, beweise, dass diese Taten in der DDR nicht mit Strafe bedroht gewesen seien (hiergegen *Lüderssen*, ZStW 104 (1992), 743). Allerdings bleibt *Hruschka* nicht beim Ergebnis der Straflosigkeit stehen, sondern leitet die Strafbarkeit über § 7 StGB aus bundesrepublikanischem Strafrecht her (vgl. o., A.II.2.).

353 vgl. z.B. *Jakobs*, a.a.O., S. 58; in diesem Sinne versteht ihn auch *Möller-Heilmann*, Die Strafverfolgung von Richtern und Staatsanwälten der ehemaligen DDR wegen Rechtsbeugung, S. 165.

354 *Jakobs*, a.a.O., S. 48 in Bezug auf die Bestrafung nationalsozialistischer Gewalttäter, aber aus dem Kontext übertragbar auf seine Sicht zu DDR-Alttaten. Zust. zur Lösung von *Jakobs*: *Dannecker*, Jura 1994, 593; *Dannecker/Stoffers*, JZ 1996, 493.

Die Annahme von Strafbarkeit stelle eine Verharmlosung des Systems der ehemaligen DDR dar. Der Flüchtling sei nicht in falscher Handhabung der am Tatort geltenden Rechtsordnung erschossen worden, sondern die geltende Rechtsordnung habe ihn rechtlos gestellt. Diese Menschenrechtsverletzung durch Pervertierung des Rechts selbst, nicht erst durch seine falsche Handhabung, werde geradezu vertuscht, wenn man annehme, die Taten seien am Tatort mit Strafe bedroht gewesen. Der Kulturverlust sei eben noch viel schlimmer gewesen[355].

Im Ergebnis ähnlich, jedoch weniger fundamental, hat sich *Isensee* geäußert. Nach dessen Ansicht kann das rechtsstaatliche Strafrecht zwar die privaten Exzesse der Regimetäter, nicht aber das systemkonforme Unrecht erfassen, das, selbst wenn es dem förmlichen Strafrecht der DDR widersprochen haben sollte, unter den Bedingungen des sozialistischen Systems nicht mit Strafe bedroht gewesen sei. Jegliche Bestrafung von Regime-Unrecht der DDR hält er für vom nulla-poena-Satz nicht gedeckte verschleierte Naturrechtsjustiz[356].

Die am Ort und zur Zeit der Tat geltende Strafvorschrift dürfe nicht aus ihrem raumzeitlichen Kontext gelöst werden. Die ratio des nulla-poena-Satzes erfordere nicht nur bloße Textidentität, sondern Inhaltsidentität der Strafnorm im Kontext des staatlichen Gesamtsystems, in der realen Verfassung des Gemeinwesens[357]. Maßgeblich sei das materiell, nicht nur das semantisch geltende Recht[358]. Es komme darauf an, wie die Normen tatsächlich verstanden und gehandhabt worden seien[359].

Wie *Jakobs* hält es *Pawlik* für eine Verharmlosung der DDR, sie „zu einem Staat zu stilisieren, der ‚an sich' ein Rechtsstaat hätte sein können, in dem aber leider häufig das Recht gebeugt oder begangene Straftaten nicht ver-

---

355 *Jakobs*, a.a.O., S. 53; zust. *Pawlik*, GA 1994, 477 f.; ähnlich *H. Dreier*, JZ 1994, 427, der allerdings die Strafbarkeit von Mauerschützen in selbst von § 27 DDR-GrenzG nicht mehr gedeckten Exzessfällen bejaht.

356 *Isensee*, VVDStRL 51 (1992), S. 135.

357 *Isensee*, Der deutsche Rechtsstaat vor seinem unrechtsstaatlichen Erbe (Nachwort), in: Isensee (Hrsg.), Vergangenheitsbewältigung durch Recht, S. 106.

358 *Isensee*, Verfassungsrecht als „politisches Recht", in: Isensee/Kirchhof (Hrsg.), Handbuch des Staatsrechts, Bd. VII, S. 159 Rn. 101.

359 *Isensee*, VVDStRL 51 (1992), S. 61; ebenso *Schlink*, NJ 1994, 435 und 436; krit. hierzu *L. Schulz*, Der nulla-poena-Grundsatz – ein Fundament des Rechtsstaats?, in: Pawlowski/Roellecke (Hrsg.), Der Universalitätsanspruch des demokratischen Rechtsstaats, ARSP-Beiheft 65, S. 197.

folgt wurden"[360]. Welcher Rechtsbegriff der in einer Gesellschaft tatsächlich maßgebliche sei, werde *vom politischen System her* bestimmt. Wer dies nicht beachte, erreiche nicht das *positive* Recht einer *realen*, sondern lediglich das *fiktive* Recht einer *fiktiven* Gesellschaft[361].

Die Auslegung des Rechts müsse intrasystematisch sein und habe relativ zu den Systemvorgaben zu erfolgen, die der Auslegende nicht in Frage zu stellen befugt sei. Die juristisch-dogmatische Auslegung des positiven Rechts dürfe auch nicht die Merkmale, die die politische Identität einer Gesellschaft ausmachten, in Frage stellen[362]. Zulässig sei nur eine Interpretation, die die politischen Grundstrukturen der Gesellschaft, auf die sie sich beziehe, jedenfalls nicht für rechtswidrig erkläre[363]. Bei der Auslegung des DDR-Rechts dürfe keinesfalls außer Acht gelassen werden, dass im Nicht-Rechtsstaat die Abgrenzung zwischen rechtlichem und politischem System, anders als im Rechtsstaat, nicht vom Recht, sondern von der Politik her bestimmt werde[364].

6. Systemimmanenter Ansatz (Arnold)

Zwischen den beiden vorgenannten Positionen von *Jakobs* und *Lüderssen* anzusiedeln ist der insbesondere von *Arnold* vertretene systemimmanente Ansatz. Danach sollen nur die Verstöße gegen das DDR-Recht verfolgbar sein, die nicht von systemimmanenter Auslegung gedeckt waren. Eine Bestrafung jenseits der Beachtung von Systemimmanenz wird als mit dem Rückwirkungsverbot unvereinbar angesehen[365]. Das bedeutet insbe-

---

360 *Pawlik*, Rechtstheorie 1994, 115; *ders.*, GA 1994, 477 f.

361 *Pawlik*, GA 1994, 476.

362 *Pawlik*, Das positive Recht und seine Grenzen, in: Orsi u. a., Gerechtigkeit, S. 97 f.

363 *Pawlik*, GA 1994, 477.

364 *Pawlik*, Das positive Recht und seine Grenzen, in: Orsi u. a., Gerechtigkeit, S. 100; dazu *Lüderssen*, Der Staat geht unter – das Unrecht bleibt?, S. 38 f.

365 *Arnold*, KritV 1994, 201; *ders.*, wistra 1994, 326 f.; *ders./Karsten/Kreicker*, NJ 2001, 562; *Möller-Heilmann*, Die Strafverfolgung von Richtern und Staatsanwälten der ehemaligen DDR wegen Rechtsbeugung, S. 167; *Asche*, Die DDR-Justiz vor Gericht, S. 137; wohl auch *Merkel*, Politik und Kriminalität, in: Unseld (Hrsg.), Politik ohne Projekt?, S. 326; *Rittstieg*, DuR 1991, 412 (Das Rückwirkungsverbot beziehe sich auf die Normativität, nicht auf die Realität der Rechtsordnung; andererseits dürfe die Rechtsordnung der DDR nicht nachträglich mit dem Rechtsdenken der Bundesrepublik ausgefüllt und dadurch zu Lasten der Täter verschärft werden); in der Tendenz auch *Günther*, StV 1993, 21 ff., dem es auf die Berücksichtigung des Selbstverständnisses der DDR-Rechtsordnung ankommt; tendenziell wohl auch *L. Schulz*, StV 1995, 206 f.; *ders.*, Der nulla-poena-Grundsatz – ein Fundament des Rechtsstaats?, in: Pawlowski/Roellecke (Hrsg.), Der Universalitätsanspruch des demokratischen Rechtsstaats, ARSP-Beiheft

sondere, dass das sozialistische Rechtsverständnis mit seinem Prinzip der sozialistischen Gesetzlichkeit und anderen Bestandteilen nicht ignoriert werden darf[366].

Der BGH verfolgt in seiner Rechtsprechung zur Rechtsbeugung in der DDR teilweise ebenfalls den systemimmanenten Ansatz. Er erkennt ihn allerdings nur in Grenzen an, da er überpositive Grundsätze, insbesondere den Schutz der Menschenrechte, als Korrektiv zulassen will[367]. Immerhin geht er im Grundsatz zunächst davon aus, dass die Auslegung von Straftatbeständen etwa des politischen DDR-Strafrechts „nicht im Lichte der Wertvorstellungen des Grundgesetzes und orientiert an seinem Menschenbild" erfolgen darf. Vielmehr sei zu berücksichtigen, dass die Rechtspflege von Verfassungs wegen vorrangig dem Schutz und der Entwicklung der DDR und ihrer Staats- und Gesellschaftsordnung dienen sollte (Art. 90 I 1 DDR-Verf./1968)[368].

III. Kritische Stellungnahme

Zur Übersichtlichkeit und Klarheit der Argumentation soll bei der Stellungnahme der obigen Darstellung folgend wiederum zwischen nichtpositivistischen und positivistischen Ansätzen unterschieden werden.

65, S. 187, 189, 193; *Grote*, Die DDR-Justiz vor Gericht, S. 54, der sich allerdings teilweise auch auf Art. 20 III GG stützt (vgl. a.a.O., S. 74) und ein Entfallen dieses Vertrauensschutzes bei „menschenrechtsunfreundlicher" Auslegung unter Heranziehung der Radbruch'schen Formel im Rahmen des im Einzelfall bestehenden richterlichen Beurteilungs- und Wertungsspielraumes (a.a.O., S. 57, 76 f.) für möglich hält und (*insoweit* in Anlehnung an den BGH) die immanente Auslegung nicht konsequent handhabt, aber letztlich doch die Pönalisierung eines sich im Rahmen der Gesetze (einschließlich gesetzlich fixierter Grundsätze), aber außerhalb der Moral haltenden DDR-Urteils als gegen Art. 103 II GG verstoßend ablehnt, weil solche Entscheidungen nur unrichtig, aber nicht gesetzwidrig i. S. d. § 244 DDR-StGB seien (a.a.O., S. 80).

366 *Arnold/Karsten/Kreicker*, NJ 2001, 562; *Luchterhand*, Was bleibt vom Recht der DDR?, in: K. Schmidt (Hrsg.), Vielfalt des Rechts – Einheit der Rechtsordnung?, S. 192; ähnlich *Günther*, StV 1993, 21 ff.; nur im Ansatz auch *Buchner*, Die Rechtswidrigkeit der Taten von „Mauerschützen", S. 146 und 301, die aber im Ergebnis eine Strafbarkeit von Mauerschützen auch jenseits des systemimmanenten Ansatzes über Art. 25 GG i. V. m. dem Recht auf Leben und den Straftatbestand des Verbrechens gegen die Menschlichkeit als jeweils völkergewohnheitsrechtliches ius cogens begründet, wohinter Art. 103 II GG (immanent beschränkt durch Art. 25 GG) im Wege der praktischen Konkordanz zurückzutreten habe, und im übrigen auch einer Begründbarkeit der Strafbarkeit von Mauerschützen über den Verstoß gegen überpositives Recht zuneigt (a.a.O., S. 301 ff.).

367 Vgl. o., A.I.1.a) bis c) sowie u., C.

368 BGH NJW 1995, 3324, 3328 = BGHSt 41, 247, 262.

1. Zu den nichtpositivistischen Ansätzen

a) Zur Rechtsprechung von BGH und BVerfG

Die Kritik an der Rechtsprechung vollzieht sich in mehreren Unterpunkten.

aa) Relativierung des an sich absolut geltenden Art. 103 II GG

Die Begründung des BVerfG für die Einschränkungen des absoluten Rückwirkungsverbotes des Art. 103 II GG[369] vermag nicht zu überzeugen. Dies hat insbesondere *H. Dreier*[370] zutreffend ausgeführt: Indem das BVerfG die gegenläufigen Maximen von Gerechtigkeit und Rechtssicherheit gleichermaßen in einem allumfassenden Rechtsstaatsprinzip verankert und dann der Gerechtigkeit in Fällen extremen Unrechts den Vorzug gibt, verkennt es die zentrale Funktion des Rückwirkungsverbotes des Art. 103 II GG. Dieses enthält für das begrenzte Feld strafrechtlicher Sanktionierung bereits die Lösung des Konflikts zwischen Gerechtigkeit und Rechtssicherheit, nicht erst dessen Formulierung. Auch Art. 103 II GG liegt ein gerechtigkeitsorientierter Gedanke zugrunde. Das strafrechtliche Rückwirkungsverbot bildet kein Gegengewicht zur im Rechtsstaat verankerten Gerechtigkeit, sondern ist deren Ausdruck, indem es die Anwendung staatlicher Strafgesetze an strenge Voraussetzungen bindet. Deswegen muss das Rückwirkungsverbot strikt formal gelten. Es kann und darf im Unterschied zum allgemeinen Vertrauensschutzgedanken gerade nicht mehr durch materielle Gerechtigkeitsüberlegungen oder durch Rekurs auf eine „Schutzwürdigkeit" des Vertrauens eingeschränkt werden[371]. Gibt man das Formalprinzip des Art. 103 II GG auf, gibt man im Grunde

---

369 Hiervon spricht das BVerfG ausdrücklich (NJW 1997, 929, 930 = StV 1997, 14, 15).

370 *H. Dreier*, JZ 1997, 432.

371 *H. Dreier*, a.a.O., 432; *Ambos*, StV 1997, 41; *Möller-Heilmann*, Die Strafverfolgung von Richtern und Staatsanwälten der ehemaligen DDR wegen Rechtsbeugung, S. 210; *Grote*, Die DDR-Justiz vor Gericht, S. 30f.; in diesem Sinne auch Dreier-*Schulze-Fielitz*, Art. 103 II Rn. 56f; vgl. schon *Schünemann*, Nulla poena sine lege?, S. 26; *Pieroth*, VVDStRL 51 (1992), S. 168; *Lüderssen*, Der Staat geht unter - das Unrecht bleibt?, S. 69; BK-*Rüping*, Art. 103 II Rn. 17; Maunz/Dürig/Herzog/Scholz *Schmidt-Aßmann* (30. Lieferung), Art. 103 II Rn. 255; *Schlink*, NJ 1994, 436; von Münch/Kunig-*Kunig*, Art. 103 Rn. 34; eine Einschränkung des Art. 103 II GG aus Gerechtigkeitserwägungen zwar erwägend, aber letztlich tendenziell verwerfend *Miehe*, FS Gitter, S. 659ff.

die Vorschrift selbst auf[372]. Art. 103 II GG ist sozusagen die unübersteigbare Barriere für das Streben nach Gerechtigkeit[373].

Die Kernthese des BVerfG, das Rückwirkungsverbot finde seine rechtsstaatliche Rechtfertigung in der besonderen Vertrauensgrundlage, welche die Strafgesetze tragen, wenn sie von einem an die Grundrechte gebundenen demokratischen Gesetzgeber erlassen werden (Leitsatz 2), steht im Kontrast zur langen vordemokratischen Tradition dieser Garantie. Den vollen Schutz des Art. 103 II GG nur demjenigen zukommen zu lassen, der unter einer rechtsstaatlichen Verfassungsordnung lebt, verkennt die verfassungs- und ideengeschichtliche Entwicklung des Rückwirkungsverbotes. Denn der Einzelne ist besonders schutzbedürftig, wenn die gesetzgebende Obrigkeit gerade nicht rechtsstaatlich diszipliniert und demokratisch organisiert ist. Seiner in der Neuzeit entwickelten Hauptstoßrichtung gemäß sollte das Verbot rückwirkender Strafgesetze dem Einzelnen vor allem gegen eine vorrechtsstaatliche und vordemokratische Staatsgewalt Schutz bieten[374].

Der BGH setzt sich in den Mauerschützenurteilen über das Rückwirkungsverbot hinweg, indem er das zur Tatzeit geltende GrenzG als gegen überpositives Recht verstoßend beiseiteschiebt bzw. anhand dessen „richtig interpretiert“[375]. Dem BGH ist daher in der Literatur von nicht wenigen ein Verstoß gegen Art. 103 II GG vorgeworfen worden[376]. Die Kritik an der Argumentation des BGH ist im Folgenden zu konkretisieren. Die menschenrechtsfreundliche Auslegung des BGH missachtet nicht nur völkerrechtliche Prinzipien, sie wird auch ihrem eigenen Anspruch, das DDR-Recht mit den ihm immanenten Methoden auszulegen, nicht gerecht.

bb) Aushebelung völkerrechtlicher Prinzipien

Im Hinblick auf die Beachtung völkerrechtlicher Prinzipien ist eine genauere Betrachtung der Rolle internationaler Menschenrechtsdokumente in

372 Maunz/Dürig/Herzog/Scholz *Schmidt-Aßmann* (30. Lieferung), Art. 103 II Rn. 255.

373 *Lüderssen*, Der Staat geht unter – das Unrecht bleibt?, S. 69.

374 Näher dazu *H. Dreier*, JZ 1997, 432; krit. auch Dreier-*Schulze-Fielitz*, Art. 103 II Rn. 56f; *Kluth*, JA 1998, 104 f.

375 So auch *Dencker*, Kausalität und Gesamttat, S. 236.

376 *H. Dreier*, JZ 1994, 432; *Dannecker*, „Diener“ des DDR-Regimes: Straftäter oder Opfer des Systems?, in: Huber/Oenning (Hrsg.), 50 Jahre danach – Unser Umgang mit der Vergangenheit 1945–1995, S. 188; *Dencker*, a.a.O., S. 236; Jarass/Pieroth-*Pieroth*, Art. 103 GG Rn. 69; Maunz/Dürig/Herzog/Scholz *Schmidt-Aßmann* (30. Lieferung), Art. 103 II Rn. 255; *L. Schulz*, StV 1995, 210; Dreier-*Schulze-Fielitz*, Art. 103 II Rn. 56 f.; wohl auch *Miehe*, FS Gitter, S. 656.

der Mauerschützenrechtsprechung des BGH angezeigt. Im Schrifttum wurde von einigen zutreffend schon nach BGHSt 39, 1 ff. angenommen, dass der Hinweis auf die „konkreteren Prüfungsmaßstäbe", die der IPBPR im Vergleich zur Radbruch'schen Formel biete, von der Absicht getragen sei, den Pakt nur im Sinne einer Konkretisierung überpositiver Rechtsgrundsätze zu verwenden[377]. Diese Vermutung wurde bestätigt, als mit einem weiteren Mauerschützenurteil des BGH ein Fall zur Entscheidung stand, der sich vor dem Beitritt der DDR zum IPBPR zugetragen hatte. Der BGH rekurrierte hier auf die Allgemeine Erklärung der Menschenrechte von 1948 (AEMR) und damit auf eine bloße nichtverbindliche Resolution der Generalversammlung der Vereinten Nationen, die also kein Völkervertragsrecht darstellt. Die AEMR könne, nicht anders als der IPBPR, als eine Konkretisierung dessen aufgefasst werden, was als die allen Völkern gemeinsame, auf Wert und Würde des Menschen bezogene Rechtsüberzeugung verstanden werde[378]. Nun war eindeutig: Der 5. Senat spricht den internationalen Menschenrechtserklärungen naturrechtliche Geltung zu, sie sind für ihn eine Art „empirisches Naturrecht", gewinnen quasi-naturrechtliche Gestalt[379].

Da Naturrecht ohne Positivierungsakte Geltung beansprucht[380], kommt es für die Lösung des BGH nicht darauf an, dass die DDR es trotz ihres Beitritts zum IPBPR im Jahre 1974[381] und des Inkrafttretens des Paktes in der DDR am 23. März 1976[382] unterlassen hat, die Transformation in innerstaatliches Recht durch einen erforderlichen staatlichen Rechtsakt[383], insbesondere die gem. Art. 51 ihrer Verfassung bei Gesetzesänderungen erforderliche Bestätigung von der Volkskammer vornehmen zu lassen (was der BGH durchaus erkennt)[384]. Dies hat der Senat noch einmal

377 *Günther*, StV 1993, 20; *Herrmann*, NStZ 1993, 119 (der BGH habe den „Kernbereich des Rechts" mithilfe des IPBPR inhaltlich konkretisiert); *Alexy*, Mauerschützen, S. 26.

378 BGHSt 40, 241, 248; zust. *Papier*, in: Isensee/Kirchhof (Hrsg.), Handbuch des Staatsrechts der Bundesrepublik Deutschland, Bd. IX, S. 618 Rn. 62.

379 *Amelung*, NStZ 1995, 29 und 30; *ders.*, GA 1996, 57; *H. Dreier*, JZ 1997, 426; *Zimmermann*, JuS 1996, 871; *Quasten*, Die Judikatur des Bundesgerichtshofs zur Rechtsbeugung im NS-Staat und in der DDR, S. 219.

380 *Amelung*, a.a.O., 30.

381 GBl. DDR II 1974, 57 und 108.

382 GBl. DDR II 1976, 108.

383 Dazu *Brunner/Klein*, Internationale Menschenrechtsverpflichtungen der DDR, in: Brunner (Hrsg.), Menschenrechte in der DDR, S. 31 ff.

384 So wohl auch *Günther*, StV 1993, 21.

betont[385]. Es kommt auch nicht darauf an, ob der IPBPR überhaupt schon unterzeichnet war, da der BGH bereits in der AEMR (als Grundlage des IPBPR) entsprechende Rechte bzw. „Gewährleistungstatbestände" erkennt und diese quasi als Naturrecht anwendet[386].

Der von vielen Kritikern vorgebrachte und an sich zutreffende Einwand, der BGH setze sich darüber hinweg, dass eine Transformation in innerstaatliches Recht der DDR nicht stattgefunden habe und sich aus einem innerstaatlich nicht umgesetzten völkerrechtlichen Vertrag keinesfalls die Begründung für eine individuelle Strafbarkeit der Grenzsoldaten herleiten lasse[387], geht daher ins Leere, weil der BGH bereits in seiner ersten Mauerschützenentscheidung den IPBPR nicht als positives Völkerrecht, sondern als konkretisiertes Naturrecht bzw. überpositives Recht anwandte. Die Kritik muss daher an dieser überpositiven Orientierung ansetzen.

Obwohl eine Verletzung der Vorschriften des Paktes lediglich zur völkerrechtlichen Verantwortlichkeit gegenüber den anderen Vertragsstaaten führt und die Verpflichtung begründet, die innerstaatliche Rechtslage und Praxis zu ändern, wird der IPBPR vom 5. Strafsenat als abstrakter, übergesetzlicher Prüfungsmaßstab in die Interpretation eingeführt. Durch dieses Vorgehen gewinnt der IPBPR zudem einen höheren juristischen Stellenwert, als er es bei erfolgter Transformation gehabt hätte[388]. Völkerrechtliche Menschenrechtsnormen eignen sich daher schon aus strukturellen Gründen nicht dazu, ein „Naturrechtsvakuum aufzufüllen" bzw. zu „konkretisieren", um positives Recht außer Kraft zu setzen[389].

Indem der BGH dem IPBPR auch ohne Unterzeichnung rechtliche Geltung zuspricht, beschneidet er allen Staaten die Freiheit, darüber zu entscheiden, ob sie solchen Pakten beitreten wollen oder nicht[390]. Diese Freiheit hat nicht nur ihren „guten rechtlichen Sinn" im Dienst für das

---

385 BGHSt 41, 101, 108 f. = NJW 1995, 2728, 2731; vgl. schon BGHSt 39, 1, 16 f.; *Maiwald* (JZ 1996, 867) beruft sich daher für die Behauptung, der IPBPR sei innerstaatliches Recht der DDR geworden, zu Unrecht auf den BGH.

386 BGHSt 40, 241, 245.

387 *Polakiewicz*, EuGRZ 1992, 189 (noch vor dem ersten Mauerschützenurteil des BGH); *Rittstieg*, DuR 1993, 19; *Roggemann*, DtZ 1993, 17 f.; *Amelung*, JuS 1993, 641; *ders.*, NStZ 1995, 30; *Alexy*, Mauerschützen, S. 16; *Pawlik*, GA 1994, 474; *Stanglow*, JuS 1995, 977; *Gropp*, NJ 1996, 395 f.; *Dannecker/Stoffers*, JZ 1996, 492; *H. Dreier*, JZ 1997, 425; *Kluth*, JA 1998, 105; *Hummer/Mayr-Singer*, NJ 2000, 565; wohl auch *Renzikowski*, NJ 1992, 154; a. A. *Schreiber*, ZStW 107 (1995), 166.

388 *Ott*, NJ 1993, 341.

389 *Ott*, a.a.O., 338 f.

390 *Amelung*, NStZ 1995, 30.

friedliche Zusammenleben von Völkern mit unterschiedlichen Wertvorstellungen[391], sie entspricht schlichtweg dem allgemeinen, in Art. 34 WVK kodifizierten völkerrechtlichen Grundsatz, wonach ein Staat vertraglich nur mit seinem Einverständnis gebunden werden kann[392].

Auch das methodische Vorgehen des BGH innerhalb seines Ansatzes wird kritisiert. Da im Grund Völkerrechtsnormen als „Naturrechtsnormen" verwendet werden sollen, hätte sich der BGH zur Feststellung allgemeingültiger Normen des Völkerrechts nicht auf die Untersuchung nur eines Menschenrechtspaktes beschränken dürfen, sondern hätte andere Verträge, die Anzahl der Ratifizierungen und die Zugehörigkeit von ihm verwendeter Normen zum Völkergewohnheitsrecht prüfen müssen[393].

Schließlich ergeben sich noch Zweifel am Universalitätsanspruch der Menschenrechtspakte und deren Auslegung aus den fundamental unterschiedlichen Menschenrechtskonzepten, die bis 1989 die völkerrechtliche und politische Debatte beherrschten[394]. Der Pakt beruhte auf einem Formelkompromiss, der tiefgehende Differenzen zwischen verschiedenen Menschenrechtskonzepten verdeckte[395]. Nach sozialistischem Rechtsverständnis können die Interessen des Individuums nicht grundsätzlich im Widerspruch zu den Interessen der Gemeinschaft stehen. Darauf ist unten noch näher einzugehen[396]. Der BGH aber hat den IPBPR einseitig nach westlichem Verständnis und unter Außerachtlassung der sozialistischen Menschenrechtskonzeption ausgelegt[397], welche dem positiven Völkerrecht nicht eindeutig zuwider lief[398].

cc) Bruch mit der vorgeblich „immanenten" Auslegung des DDR-Rechts

Wenn der BGH die menschenrechtsfreundliche Auslegung für die einzig „richtige" hält, dann trifft das nur im Sinne einer *idealen* Richtigkeit zu, die ihre Maßstäbe aus dem überpositiven Recht und den dieses konkre-

391 Dazu *Amelung*, a.a.O., 30.

392 Vgl. *Ipsen*, Völkerrecht, S. 157 (3. Kapitel, § 12 III), Rn. 23.

393 *Ott*, NJ 1993, 340.

394 *Ott*, a.a.O., 341; vgl. a. *Alexy*, Mauerschützen, S. 19; *R. Dreier*, Juristische Vergangenheitsbewältigung, S. 32.

395 *R. Dreier*, Juristische Vergangenheitsbewältigung, S. 32.

396 Dazu u., B.VII.

397 Dies kritisieren auch *Rittstieg*, DuR 1993, 19; *Dannecker*, Jura 1994, 592; wohl auch *Renzikowski*, NJ 1992, 154; krit. auch *Burian*, ZStW 112 (2000), 109 Fn. 16, der aber andererseits im Ergebnis die vom BGH verfolgte Linie als „vernünftigen Ansatz" bezeichnet (a.a.O., 132).

398 *Alexy*, Mauerschützen, S. 19.

tisierenden Menschenrechten bezieht. Das wäre *Naturrecht im Gewande der Auslegung*[399]. Man könnte daher von „naturrechtskonformer Auslegung" sprechen. Eine solche war nun gewiss keine Auslegungsmethode der DDR, deren Rechtsverständnis eine naturrechtliche Verankerung von Grundrechten nicht anerkannte[400]. Der BGH verstrickt sich in einen unauflösbaren Selbstwiderspruch[401].

Indem er formuliert, dass Art. 30 II 2 der DDR-Verfassung von 1968/74 „einen Gesichtspunkt zum Ausdruck" brachte, der „im Verfassungsrecht der Bundesrepublik Deutschland als Grundsatz der Verhältnismäßigkeit bezeichnet wird", lässt er den Eindruck entstehen, in der DDR habe ein westlich-rechtsstaatliches Verständnis des Verhältnismäßigkeitsprinzips gegolten, was so nicht zutrifft. Kurz darauf räumt er denn auch ein – allerdings in einem Nebensatz und in Klammern versteckt –, dass der Verhältnismäßigkeitsgrundsatz im Recht der DDR nur eingeschränkt vorhanden gewesen sei[402].

In der Tat ist der Begriff der „unumgänglichen" Einschränkung von Persönlichkeit und Freiheit in Art. 30 der DDR-Verfassung sehr unterschiedlicher Interpretation zugänglich, die vor dem Hintergrund des sozialistischen Rechtsverständnisses Zweifel aufwirft, ob hierzu überhaupt eine über die reine Erforderlichkeit hinausgehende Verhältnismäßigkeit i. e. S., also eine Angemessenheit gehört. *Mampel* beschreibt Art. 30 II 2 DDR-Verf./1968 als eine Anwendung des Grundsatzes der Verhältnismäßigkeit des Mittels „in der spezifischen Form des ultima-ratio-Prinzips, das das Übermaßverbot einschließt"[403]. Dies geht aber aus dem Wortlaut nicht hinreichend eindeutig hervor. *Brunner* bestreitet die theoretische Anerkennung des Übermaßverbotes in der DDR[404]. Art. 30 der DDR-Verf. kann zudem nicht isoliert betrachtet werden. Er ist nicht zuletzt im Lichte der zentralen Bestimmung des Art. 1 I der DDR-Verf. von 1968/74 zu interpretieren[405], welcher lautete: „Die Deutsche Demokratische Republik ist ein sozialistischer Staat deutscher Nation" bzw. „...der Arbeiter und

---

399 *Günther*, StV 1993, 23; zust. *H. Dreier*, JZ 1997, 427; insoweit auch zust. *Rummler*, Die Gewalttaten an der deutsch-deutschen Grenze vor Gericht, S. 375.

400 Siehe u., B. VII.

401 *H. Dreier*, a.a.O., 427; ähnlich schon *Pawlik*, GA 1994, 478 Fn. 23; krit. auch *Günther*, a.a.O., 21 ff.

402 BGHSt 39, 1, 24 f.

403 *Mampel*, Die sozialistische Verfassung der DDR, Art. 30 Rn. 15; dem folgend *Grote*, Die DDR-Justiz vor Gericht, S. 75.

404 *Brunner*, in: Isensee/Kirchhof (Hrsg.), Handbuch des Staatsrechts der Bundesrepublik Deutschland, Bd. I, S. 405 Rn. 30.

405 So auch *Günther*, StV 1993, 23.

Bauern". „Sie ist die politische Organisation der Werktätigen in Stadt und Land, (die gemeinsam) unter Führung der Arbeiterklasse und ihrer marxistisch-leninistischen Partei (den Sozialismus verwirklichen)". Ebenso wenig können das Prinzip der sozialistischen Gesetzlichkeit und das Grundrechtsverständnis der DDR außer Acht gelassen werden. Selbst wenn man ein Übermaßverbot nach Art. 30 DDR-Verf./1968 postuliert, Muss man, wie dies auch *Mampel* einräumt, einschränkend berücksichtigen, dass dieses nicht den westlich-rechtsstaatlichen Vorstellungen entspricht, weil es eine Wertabwägung verlangt, die sich an den Werten der sozialistischen DDR-Verfassung orientiert. Diese betrachtet den Bürger als „vergesellschafteten" Menschen, gegenüber dem die sozialistische Gesellschaft Vorrang hat[406].

Es ist daher nicht nachvollziehbar, wie vom BGH aus Art. 30 der DDR-Verf. eine dem DDR-Recht eigentümliche Auslegungsmethode abgeleitet werden könnte, die die Beachtung der „völkerrechtlichen Bindungen der DDR im Hinblick auf Menschenrechte" umsetzt. Die menschenrechtsfreundliche Auslegung, mit der der BGH das Grundrechtsverständnis der DDR und das die Parteilichkeit der Rechtsanwendung beinhaltende Prinzip der sozialistischen Gesetzlichkeit[407] außer Acht lässt, war dem Recht der DDR nicht eigentümlich[408]. Sie ist eine nachträgliche, rückwirkende Uminterpretation[409], ja Umwertung[410] und zu Recht als völlig irreal[411] sowie als Kunstprodukt bezeichnet worden, das überwiegend westdeutschem Rechtsstaatsdenken entspringe[412].

Spätestens mit der Formulierung in seinem zweiten Mauerschützenurteil, dass die betreffenden Vorschriften des DDR-Rechts menschenrechtsfreundlich ausgelegt werden „konnten *und mussten*" geht der BGH von einem „externen, offensichtlich auf westliches Rechtsdenken gestützten Anspruch" aus[413]. Der Anspruch, das Recht der DDR mit den ihr

406 *Mampel*, a.a.O., Art. 30 Rn. 17.

407 Dazu u., B. IV.

408 So auch *Stanglow*, JuS 1995, 977 Fn. 60.

409 *Laskowski*, JA 1994, 161; *Arnold*, JuS 1997, 400; *Möller-Heilmann*, Die Strafverfolgung von Richtern und Staatsanwälten der ehemaligen DDR wegen Rechtsbeugung, S. 181.

410 *Laskowski*, a.a.O., 163; *Miehe*, FS Gitter, S. 656.

411 *Herrmann*, NStZ 1993, 487.

412 *Amelung*, JuS 1993, 639; *H. Dreier*, JZ 1994, 426; *Luchterhand*, Was bleibt vom Recht der DDR?, in: K. Schmidt (Hrsg.), Vielfalt des Rechts – Einheit der Rechtsordnung?, S. 188; *Buchner*, Die Rechtswidrigkeit der Taten von „Mauerschützen", S. 118; kritisch auch *Gropp*, NJ 1997, 395.

413 *Herrmann*, NStZ 1993, 488. *Herrmann* ist allerdings insoweit zu widersprechen, als er meint, die ursprüngliche Argumentation des BGH sei „rein DDR-immanent" gewe-

eigentümlichen Auslegungsmethoden ohne Unterlegung einer fremden Rechtsordnung richtig auszulegen, ist nicht erfüllt[414], die zugrundegelegte „richtige" Auslegung eine Fiktion[415]. Mit ihr wird ein anderes als das damals geltende Gesetz hergestellt[416]. Der Ansatz des BGH ist also in Wirklichkeit kein Maßstab, der dem DDR-Recht immanent war. *F.-C. Schroeder* bezeichnet ihn als „immanent-normativen Ansatz", da er die DDR an ihren eigenen Anerkennungen festnagele[417].

Zusammenfassend ist zur menschenrechtsfreundlichen Auslegung des BGH festzuhalten, dass diese zwar vordergründig auf positives DDR-Recht gestützt wird, aber die Pflicht zu ihrer Anwendung nicht dem Recht der DDR immanent ist, sondern auf einem Bekenntnis zu überpositiven Grundsätzen basiert. Solche waren aber nicht „gesetzlich bestimmt" im Sinne des Art. 103 II GG. Zutreffend ist darum von verdeckter Rückwirkung[418] gesprochen worden. Die nachträgliche Umbewertung des sozialistischen Rechts und Rechtsverständnisses im Wege einer menschenrechtsfreundlichen Auslegung verstößt gegen das in Art. 103 II GG garantierte Rückwirkungsverbot[419].

---

sen. Wie oben gezeigt, geht schon das erste Mauerschützenurteil von einer Pflicht zur menschenrechtsfreundlichen Auslegung aus.

414 *Günther*, StV 1993, 23; *Dannecker*, Jura 1994, 592; *Miehe*, FS Gitter, S. 656; *Luchterhand*, Was bleibt vom Recht der DDR?, in: K. Schmidt (Hrsg.), Vielfalt des Rechts - Einheit der Rechtsordnung?, S. 187 ff.; *Laskowski*, JA 1994, 160; *Rosenau*, Tödliche Schüsse im staatlichen Auftrag, S. 184 ff.; Möller-Heilmann, Die Strafverfolgung von Richtern und Staatsanwälten der ehemaligen DDR wegen Rechtsbeugung, S. 180 f.; *Rummler*, Die Gewalttaten an der deutsch-deutschen Grenze vor Gericht, S. 382.

415 *Fiedler*, JZ 1993, 208; zust. *Paeffgen*, NJ 1993, 153; *Luchterhand*, a.a.O., S. 192; *Rosenau*, Tödliche Schüsse im staatlichen Auftrag, S. 186, der aber mit abweichender Begründung zu gleichen Ergebnissen wie der BGH kommt (*Rosenau*, a.a.O., S. 260); *Rummler*, a.a.O., S. 375, 381 f., der aber i. Erg. der Rspr. des BGH zustimmt.

416 *Dencker*, Kausalität und Gesamttat, S. 236; *Rummler*, a.a.O., S. 319, 376.

417 *F.-C. Schroeder*, JR 1993, 49; a. A. *Rummler*, a.a.O., S. 331, der keinen Widerspruch zur immanenten Betrachtung sieht.

418 *Alexy*, Mauerschützen, S. 30; *L. Schulz*, Der nulla-poena-Grundsatz - ein Fundament des Rechtsstaats?, in: Pawlowski /Roellecke (Hrsg.), Der Universalitätsanspruch des demokratischen Rechtsstaats, ARSP-Beiheft Nr. 65, S. 185; *Dannecker*, „Diener" des DDR-Regimes: Straftäter oder Opfer des Systems?, in: Huber/Oenning (Hrsg.), 50 Jahre danach - Unser Umgang mit der Vergangenheit 1945–1995, S. 194; *Laskowski*, JA 1994, 163; *Möller-Heilmann*, Die Strafverfolgung von Richtern und Staatsanwälten der ehemaligen DDR wegen Rechtsbeugung, S. 180; *Miehe*, FS Gitter, S. 655 („faktische Rückwirkung").

419 So auch *Dannecker*, Jura 1994, 592; *Dannecker/Stoffers*, JZ 1996, 492; *L. Schulz*, a.a.O., S. 189; *Möller-Heilmann*, a.a.O., S. 181; Jarass/Pieroth-*Pieroth*, Art. 103 II GG, Rn. 69; zweifelnd, aber offengelassen bei *Erb*, ZStW 108 (1996), 279 ff., insbes. 283.

dd) Kritische Stellungnahme zu überpositiven Grundsätzen und zur menschenrechtsfreundlichen Auslegung in den Rechtsbeugungsfällen

Über die bereits zu den Mauerschützenfällen ausgeführte Kritik hinaus ist die Berücksichtigung überpositiven Rechts und der Anwendung der menschenrechtsfreundlichen Auslegung in den Rechtsbeugungsfällen besonders kritikwürdig. Zunächst ist aber auf die Kritik derer einzugehen, die dem BGH insoweit eine Ungleichbehandlung von Mauerschützen einerseits und DDR-Juristen andererseits vorwerfen.

(1) Zweierlei Maß für Grenzsoldaten und Juristen?

Von manchen wird dem BGH Widersprüchlichkeit und mangelnde Kohärenz der Rechtsbeugungsrechtsprechung im Verhältnis zur Mauerschützenrechtsprechung vorgeworfen[420]. Von den Grenzsoldaten werde eine differenziertere Gesetzesauslegung erwartet als von den ausgebildeten Juristen. Der Grenzsoldat solle eine menschenrechtsfreundlichere Auslegung der DDR-Gesetze anhand höherrangigen DDR-Rechts vornehmen, obwohl er unter dem Zwang einer schnellen Entscheidung gestanden habe. Dem ausgebildeten Juristen wolle der BGH Vergleichbares nicht zumuten, obwohl Zeit zur Überlegung vorhanden gewesen sei[421].

Dieser Kritik ist jedoch nicht beizupflichten. Der zunächst in der Tat bestehende Anschein einer nachsichtigen Privilegierung des eigenen Berufsstandes bestätigt sich bei genauerem Hinsehen nicht. Abstrakt betrachtet sind die Maßstäbe nicht verschieden, wie bereits oben herausgearbeitet wurde[422]: Der BGH hält die menschenrechtsfreundliche Auslegung bei der Rechtsbeugung für ebenso maßgeblich wie bei den Mauerschützenfällen, mag das auch für den 5. Strafsenat weniger deutlich hervortreten. Konkrete Unterschiede ergeben sich daraus, dass das

420 *L. Schulz*, StV 1995, 211 f.; *ders.*, Der nulla-poena-Grundsatz – ein Fundament des Rechtsstaats?, in: Pawlowski /Roellecke (Hrsg.), Der Universalitätsanspruch des demokratischen Rechtsstaats, ARSP-Beiheft 65, S. 195; *Homann*, KJ 1996, 500; *H. Dreier*, JZ 1997, 431; *Lüderssen*, JZ 1997, 531 f.; *Ulrich Neumann*, Die strafrechtliche Vergangenheitsbewältigung von SED-Unrecht am Beispiel der Rechtsbeugung, S. 156 ff.

421 *Homann*, KJ 1996, 500; *H. Dreier*, a.a.O., 431; *Ulrich Neumann*, Die strafrechtliche Vergangenheitsbewältigung von SED-Unrecht am Beispiel der Rechtsbeugung, S. 156; *Lüderssen*, a.a.O., 531 f.; *Peschel-Gutzeit*, Aufarbeitung von Systemunrecht durch die Justiz: Anspruch und Wirklichkeit, in: Drobnig (Hrsg.), Die Strafrechtsjustiz der DDR im Systemwechsel, S. 19; ähnlich bereits *dies.*, FAZ v. 18. Juni 1996, S. 12.

422 Siehe A. I. b) und c).

von den DDR-Juristen anzuwendende politische Strafrecht (einschließlich § 213 DDR-StGB) in seiner Einschränkung von Rechtsgütern und Rechten nicht so weit ging wie § 27 DDR-GrenzG (im Zusammenspiel mit § 213 DDR-StGB) und daher vom BGH nicht als gegen übergesetzliches Recht verstoßend angesehen wurde[423], auch nicht in einer bestimmten, konkret zu beurteilenden Auslegung und Anwendung[424]. Das ist aber nicht zu beanstanden, da der BGH von vornherein klargestellt hatte, dass wegen des hohen Wertes der Rechtssicherheit die Fälle, in denen eine Norm wegen vorgeordneter Grundsätze als unbeachtlich anzusehen ist, auf extreme Ausnahmen beschränkt bleiben müsse[425]. Daher wirkt sich die Gleichheit des Maßstabs bei Grenzsoldaten und Juristen unterschiedlich aus.

Hinzu kommt, dass der rechtliche Ansatzpunkt, bei dem die menschenrechtsfreundliche Auslegung zur Geltung kommt, verschieden ist. Bei der Strafbarkeit der Mauerschützen ist die entscheidende Frage, ob ein Rechtfertigungsgrund auf die Todesschüsse Anwendung findet. Es ist damit die richtige Auslegung des § 27 DDR-GrenzG (i. V. m. § 213 DDR-StGB) zu ermitteln. Bei der Rechtsbeugung kommt es dagegen auf die Gesetzwidrigkeit einer gerichtlichen oder staatsanwaltlichen Entscheidung an[426]. Hierbei genügt es für die Straffreiheit selbst nach der im Verhältnis zur BGH-Rechtsprechung strengeren überwiegenden Literaturmeinung, wenn die vorgeworfene Rechtsanwendung und -auslegung noch vertretbar war[427]. Ob sie auch die richtige von mehreren noch rechtmäßigen Auslegungen war, spielt dafür keine Rolle[428]. Im subjektiven Bereich müsste der direkte Vorsatz der Gesetzwidrigkeit der Entscheidung nachgewiesen sein, während sich Fehlvorstellungen der Grenzsoldaten zur Rechtmäßigkeit der Todesschüsse allenfalls als Verbotsirrtum niederschlagen könnten.

Allerdings wäre eine geringere Diskrepanz der beiden Rechtsprechungskomplexe erreichbar gewesen, wenn der BGH auf sein Konstrukt einer menschenrechtsfreundlichen Auslegung verzichtet hätte, welches

423 Dazu Kapitel 6, A.

424 Vgl. z. B. ausdr. BGH NJW 1995, 64, 65; BGH NJW 1995, 2734, 2736 und 2737; BGH NStZ-RR 1996, 65, 66 f.; BGH NStZ-RR 1996, 69, 70.

425 BGHSt 39, 1, 15; BGHSt 41, 101, 107 f.; BGH NJW 1995, 2734, 2735; ähnlich auch BGH NJW 1995, 64, 65 f.

426 Diesen Unterschied hebt auch *Grote* (Die DDR-Justiz vor Gericht, S. 80) hervor.

427 Dazu Kapitel 4.

428 Vgl. dazu auch *Scholderer*, Rechtsbeugung, S. 539 ff.

sich auf die Strafbarkeit der Mauerschützen stärker auswirkt[429]. Außerdem wäre bei den Mauerschützen ein Verbotsirrtum und dessen Vermeidbarkeit im jeweiligen Einzelfall genauer zu prüfen gewesen[430]. Das BVerfG hielt zwar entsprechend knappe Ausführungen unter dem Gesichtspunkt des Schuldprinzips für genügend, wies aber auch darauf hin, es sei wegen des Verhaltens der Staatsführung der DDR, die den in Anspruch genommenen Rechtfertigungsgrund mit staatlicher Autorität ausgeweitet und den Soldaten so vermittelt habe, nicht selbstverständlich, dass sich dem durchschnittlichen Soldaten die richtige Grenze strafbaren Verhaltens zweifelsfrei erschließe. Unter dem Schuldgrundsatz wäre es unhaltbar, die Offensichtlichkeit des Strafrechtsverstoßes für den Soldaten allein mit dem - objektiven - Vorliegen eines schweren Menschenrechtsverstoßes zu begründen. Stattdessen müsse näher dargelegt werden, warum der einzelne Soldat angesichts seiner Erziehung, der Indoktrination und der sonstigen Umstände in der Lage war, den Strafrechtsverstoß zweifelsfrei zu erkennen[431].

Die Situation der DDR-Richter sei dagegen mit der Lage der Grenzsoldaten nicht vergleichbar. Bei Berufsrichtern könne auf die Schwere des Rechtsverstoßes regelmäßig die Feststellung gestützt werden, der Betreffende habe wissentlich gegen das Gesetz verstoßen[432]. Freilich wäre dies gerade bei Verletzungen übergesetzlichen Rechts fraglich, denn richtigerweise ist hier schon die Annahme einer objektiven Rechtsbeugung zu verneinen, wie gleich näher ausgeführt wird. Eine Kohärenz in der Behandlung von Mauerschützen und DDR-Juristen wäre dann dadurch herzustellen, dass auch § 27 DDR-GrenzG nicht anhand überpositiver Kriterien ausgehebelt bzw. ausgelegt würde.

(2) Keine Strafbarkeit der Beugung übergesetzlichen Rechts

In der Rechtsbeugungsrechtsprechung bricht der BGH nicht nur - wie in der Mauerschützenrechtsprechung - mit dem vorgeblich angewandten

---

429 Noch weitergehend *L. Schulz*, StV 1995, 212.

430 Vgl. die sehr knappen Ausführungen dazu in BGHSt 39, 1, 35. Hierzu auch *Helten*, Zur strafrechtlichen Beurteilung der Mauerschützen, in: Drobnig, Ulrich (Hrsg.), Die Strafrechtsjustiz der DDR im Systemwechsel, S. 143; *Rummler*, Die Gewalttaten an der deutsch-deutschen Grenze vor Gericht, S. 413 ff., 565 f.

431 BVerfG NJW 1997, 929, 932 f. = StV 1997, 14, 18; vgl. bereits *Schreiber*, Strafrechtliche Verantwortlichkeit für den Schußwaffengebrauch an der Grenze, in: Lampe (Hrsg.), Deutsche Wiedervereinigung, Band II, S. 64 f.

432 BVerfG NJW 1998, 2585, 2587.

Prinzip der immanenten Auslegung des DDR-Rechts, indem er auch in der Rechtsprechung zur Rechtsbeugung auf die reine Möglichkeit der menschenrechtsfreundlichen Auslegung abstellt, dabei aber letztlich wiederum den Anspruch einer „einzig richtigen" Auslegung erhebt[433] und entgegen dem (noch näher zu erläuternden[434]) positivistischen Rechtsverständnis der DDR überpositives Recht einbezieht[435]. Er ignoriert darüber hinaus auch den Wortlaut der DDR-Rechtsbeugungsvorschrift mit der vom 4. und 3. Senat explizit vertretenen Ansicht, die Anwendung gegen überpositives Recht verstoßenden geschriebenen Rechts sei gesetzwidrig i. S. d. § 244 DDR-StGB[436]. Er unterlegt dem § 244 DDR-StGB eine Bedeutung, die er so niemals gehabt hat und die auch nicht vom Wortlaut gedeckt ist.

Denn wenn in einer DDR-Norm von „Gesetz" die Rede ist, kann das nur „staatlich gesetztes Recht" und nicht „Naturrecht" oder „überpositives Recht" bedeuten. Wenn also der Rechtsbeugungsstraftatbestand der DDR mit seiner positivistischen Fassung eine „gesetzwidrige" Entscheidung fordert, so wird davon, auch wenn er mit „Rechtsbeugung" und nicht mit „Gesetzesbeugung" überschrieben ist, eine Beugung überpositiven Rechts nicht erfasst; Erwägungen zum überpositiven Recht haben daher im Rahmen des § 244 DDR-StGB keinen Raum[437]. Dies erlaubt auch nicht die Konstruktion, die Gesetzwidrigkeit ergebe sich aus dem Fehlen

---

433 *L. Schulz*, StV 1995, 211; *Ulrich Neumann*, Die strafrechtliche Vergangenheitsbewältigung von SED-Unrecht am Beispiel der Rechtsbeugung, S. 159.

434 Dazu u., B.VI.

435 Ähnlich *L. Schulz*, Der nulla-poena-Grundsatz – ein Fundament des Rechtsstaats?, in: Pawlowski /Roellecke (Hrsg.), Der Universalitätsanspruch des demokratischen Rechtsstaats, ARSP-Beiheft 65, S.193.

436 Siehe o., A. I. 1. c); so auch *L. Schulz*, a.a.O., S.193.

437 Ebenso *Limbach*, Strafrechtliche Verantwortlichkeit für die Ausübung politischer Strafjustiz, in: Lampe (Hrsg.), Deutsche Wiedervereinigung, Bd. II, S. 105; *Breymann*, NStZ 1991, 463 f.; *Grünwald*, StV 1991, 36; *Bemmann*, Zur Frage der Strafbarkeit des Judizierens gegen übergesetzliches Recht, in: Bemmann/Manoledakis (Hrsg.), Der Richter in Strafsachen, S. 163 f.; *ders.*, JZ 1995, 124; *Maiwald*, NJW 1993, 1883, 1884; *Bottke*, Die Verfolgung von Regierungskriminalität der DDR nach dem Beitritt der neuen Länder, in: Lampe (Hrsg.), Deutsche Wiedervereinigung Bd. II, S. 227 f.; *Scholderer*, Rechtsbeugung, S. 498; *Buchholz*, ZAP-Ost 1994, 189; *Stanglow*, JuS 1995, 977; *L. Schulz*, Der nulla-poena-Grundsatz – ein Fundament des Rechtsstaats?, in: Pawlowski /Roellecke (Hrsg.), Der Universalitätsanspruch des demokratischen Rechtsstaats, ARSP-Beiheft 65, S.193; *ders.*, StV 1995, 211; *Möller-Heilmann*, Die Strafverfolgung von Richtern und Staatsanwälten der ehemaligen DDR wegen Rechtsbeugung, S. 189, 274, 281, 293, 299, 306, 311; *Grote*, Die DDR-Justiz vor Gericht, S. 35 f.; *Quasten*, Die Judikatur des Bundesgerichtshofs zur Rechtsbeugung im NS-Staat und in der DDR, S. 201 f.; *Seidel*, Rechtsphilosophische Aspekte der „Mauerschützen"-Prozesse, S. 49; ähnlich *Bohlander*, DRiZ 1991, 446; vom Ansatz her auch *F.-C. Schroeder*, GA 1993, 404, der aber

der Rechtsgrundlage der Entscheidung. Wer seine Entscheidung nach Maßgabe eines „Unrechtsgesetzes" fällt, entscheidet ja nicht gesetzwidrig, sondern gerade gesetzmäßig, so dass solches Tun nicht dem § 244 DDR-StGB unterfallen kann[438].

Es kann von einer solchen positivistisch gefassten Norm in einer positivistisch orientierten Rechtsordnung nicht gemeint sein, dass die Anwendung eines überpositiven Grundsätzen widersprechenden Gesetzes einer Rechtsgrundlage entbehrt und deshalb gesetzwidrig ist. Das Rückwirkungsverbot lässt es nicht zu, das Tatbestandsmerkmal „gesetzwidrig" i. S. d. § 244 DDR-StGB unter Rückgriff auf einen naturrechtlichen Kernbereich des Rechts oder ähnliches auszuhebeln[439]. Unabhängig von der Frage der Anerkennung überpositiven Rechts ignoriert die Auffassung, dass sich der Anwender einer wegen Verstoßes hiergegen nichtigen Norm nicht auf eine Vorschrift berufen dürfe, die ihn von Strafe „freistelle"[440], dass eine Bestrafung nur auf das positive Recht gestützt werden kann[441].

Angesichts der somit anzunehmenden Straflosigkeit des Judizierens gegen übergesetzliches Recht nach § 244 DDR-StGB kann wegen des lex-mitior-Prinzips (§ 2 III StGB) die Frage der von der ganz überwiegenden Lehre[442] befürworteten Einbeziehung übergesetzlichen oder Naturrechts in

---

unzutreffend über § 95 DDR-StGB zu einer Strafbarkeit kommen will; unentschieden *Weber*, GA 1993, 217 f.;

a. A. *Meinerzhagen*, Die Verfahren gegen ehemalige Richter der DDR, in: Weber/Piazolo (Hrsg.), Eine Diktatur vor Gericht, S. 117 ff.; *Letzgus*, FS Helmrich , S. 81, 82; *Rautenberg/Burges*, DtZ 1993, 73 und 74; *Spendel*, JZ 1995, 380; wohl auch *Wassermann*, FS Spendel, S. 646; *W. Müller*, NJ 1990, 234; *Kraut*, Rechtsbeugung?, S. 118, 128, 132; *Käsewieter*, Der Begriff der Rechtsbeugung im deutschen Strafrecht, S. 35 ff.; Satzger/Schmitt/Widmaier-*Kudlich*, § 339 Rn. 16, 18; widersprüchlich *Roggemann*, der einerseits selbst hervorhebt, mit der „positivistischen Engführung" des Tatbestandes (§ 244 DDR-StGB) würden „überpositive, naturrechtliche Rechts- und Gerechtigkeitsinhalte" vom Wortlaut nicht erfasst (JZ 1994, 773), andererseits den Einschränkungen des BGH zustimmt, dessen Auffassung er „den Vorzug gegenüber einem strikten Positivismus" gibt (JZ 1994, 776).

438 So treffend *Bemmann*, JZ 1995, 124; *Hohmann*, DtZ 1996, 235; *Wieners*, Rechtsbeugung im Zeitgeistwandel, S. 85.

439 So auch *Bottke*, Die Verfolgung von Regierungskriminalität der DDR nach dem Beitritt der neuen Länder, in: Lampe (Hrsg.), Deutsche Wiedervereinigung, Bd. II, S. 227 f.; *Stanglow*, JuS 1995, 977; a. A. LK-*Spendel* (11. Aufl.), § 339 Rn. 53b; LK-*Hilgendorf* (12. Aufl.), § 339 Rn. 62; *Saliger*, Radbruchsche Formel und Rechtsstaat, S. 47.

440 So *Rautenberg*, DtZ 1993, 73; *Saliger*, a.a.O., S. 47.

441 Dazu auch *Möller-Heilmann*, Die Strafverfolgung von Richtern und Staatsanwälten der ehemaligen DDR wegen Rechtsbeugung, S. 187 ff.

442 *Seebode*, Das Verbrechen der Rechtsbeugung, S. 27 ff. m. w. N., insbes. S. 48; *Heinitz*, Probleme der Rechtsbeugung, S. 16; *Spendel*, Radbruch-GS, S. 313; *ders.*, NJW 1971,

§ 339 StGB dahinstehen. Das gilt auch für Tatvorwürfe, die sich auf einen Zeitraum vor Inkrafttreten des DDR-StGB von 1968 beziehen. Denn insoweit greift die Straflosigkeit nach § 244 DDR-StGB als milderem Zwischengesetz[443].

Die Streitfrage ist auch dadurch entschärft worden, dass der BGH in den Vorschriften des politisch motivierten Strafrechts der DDR keinen zur Nichtigkeit führenden Verstoß gegen übergesetzliches Recht oder den „Kernbereich des Rechts" gesehen hat[444]. Im Übrigen würde bei Einbeziehung übergesetzlichen Rechts in § 244 DDR-StGB die Strafbarkeit wohl am Nachweis des direkten Rechtsbeugungsvorsatzes scheitern[445].

---

538 = *ders.*, Rechtsbeugung durch Rechtsprechung, 40; LK-*Spendel* (11. Aufl.), § 339 Rn. 49f., 53a m. w. N.; LK-*Hilgendorf* (12. Aufl.), § 339 Rn. 55ff., 61f.; *Schreiber*, GA 1972, 202; *Wassermann*, FS Spendel, S. 646; *Bemmann*, Zur Frage der Strafbarkeit des Judizierens gegen übergesetzliches Recht, in: Bemmann/Manoledakis (Hrsg.), Der Richter in Strafsachen, S. 161ff.; *ders.*, JZ 1995, 123; *Behrendt*, JuS 1989, 950f.; *Odersky*, Die Rolle des Strafrechts bei der Bewältigung politischen Unrechts, S. 19; *Maurach/Schröder/Maiwald*, Strafrecht BT/2, § 77 II, Rn 14; *Saliger*, Radbruchsche Formel und Rechtsstaat, S. 45; *Kühl*, (27. Aufl.), § 339 Rn 5; SK-*Rudolphi*, § 339 (5. Aufl.) Rn. 10; SK-*Rudolphi/Stein*, § 339 (7. Aufl.) Rn. 10; Schönke/Schröder-*Cramer* (26. Aufl.) , § 339 Rn. 5; Schönke/Schröder-*Heine* (28. Aufl.) § 339 Rn. 5; Fischer (58. Aufl.), § 339 Rn. 13; *Meinerzhagen*, Die Verfahren gegen ehemalige Richter der DDR, in: Weber/Piazolo (Hrsg.), Eine Diktatur vor Gericht, S. 117; *Letzgus*, FS Helmrich, S. 82f.; *Kraut*, Rechtsbeugung?, S. 134; *Hohmann*, DtZ 1996, 231; *Schöll*, Die Rechtsbeugung, S. 159, 163; MünchKom-Übele, § 339 Rn. 25; von Heintschel-Heinegg-*Wittek/Bange*, § 339 Rn. 15 (jedoch nur dann, wenn das geschriebene Recht in offenkundiger Weise und unter der Missachtung der Menschenwürde gesetzliches Unrecht darstelle, das nicht einmal den Anspruch erhebe, Gerechtigkeit anzustreben);
a. A.: *Coing*, SJZ 1947 Sp. 62ff., 64; *Schultz*, MDR 1952, 695; *Evers*, DRiZ 1955, 189; *Schlösser*, NJW 1960, 945f.; *Grünwald*, ZStW 76 (1964), 5; *ders.*, StV 1991, 36; LK-*Herdegen* (9. Aufl.), § 336 Rn. 10; *Scholderer*, Rechtsbeugung, S. 457; *L. Schulz*, Der nulla-poena-Grundsatz – ein Fundament des Rechtsstaats?, in: Pawlowski /Roellecke (Hrsg.), Der Universalitätsanspruch des demokratischen Rechtsstaats, ARSP-Beiheft 65, S. 195; *ders.*, StV 1995, 211; *Quasten*, Die Judikatur des Bundesgerichtshofs zur Rechtsbeugung im NS-Staat und in der DDR, S. 74ff., 86–104, 114, 199, 273; *Kargl*, Die Rechtsbeugung (§ 339 StGB) – ein Exempel des Abbaus strafrechtlicher Gesetzlichkeit, in: Beulke u. a. (Hrsg.), Das Dilemma des rechtsstaatlichen Strafrechts, S. 45ff.; NK-*Kuhlen*, § 339 Rn. 40; wohl auch *I. Müller*, NJW 1980, 2395; grundsätzlich auch *Freund*, Rechtsbeugung durch Verletzung übergesetzlichen Rechts, S. 79f., 260, die aber die Strafverfolgung von staatlich veranlasstem Justizunrecht nach einem Systemwechsel mittlerweise, jedenfalls für die Zukunft, ohne Verstoß gegen das Rückwirkungsverbot für zulässig hält, wenn überstaatlich Maßstäbe über völkerrechtliche Rechtsprinzipien wie völkerrechtliche Menschenrechtsverträge zum positiven Recht geworden sind (a.a.O., S. 198ff., 242ff., 258f., 263).

443 *Maiwald*, NJW 1993, 1884; *Buchholz*, ZAP-Ost 1994, 189.

444 Dazu Kapitel 6, A.I.

445 So auch *Saliger*, Radbruchsche Formel und Rechtsstaat, S. 47.

b) Zur Literatur

Die gegen die höchstrichterliche Rechtsprechung vorgebrachten Einwände hinsichtlich der Relativierung des Art. 103 II GG betreffen grundsätzlich auch alle nichtpositivistischen Ansätze in der Literatur. Wie auch immer man grundsätzlich zu nichtpositivistischen Überlegungen steht, der Grundsatz „nulla poena sine lege" verlangt nun einmal ein geschriebenes Gesetz zum Tatzeitpunkt und macht damit für das Strafrecht den Positivismus verbindlich[446]. Jede Bezugnahme auf überpositives Recht verstößt gegen Art. 103 II GG[447].

Neben dem Verstoß gegen das Rückwirkungsverbot wird auch das Bestimmtheitsgebot verletzt, da bei der Heranziehung überpositiver Grundsätze kein *gesetzlicher* Maßstab angewandt wird und nur der Richter über die Strafbarkeit entscheidet[448]. Daran ändert sich auch nichts durch die konkretisierende Heranziehung von Menschenrechtspakten durch den BGH.

Ein – von *Alexy* unterstelltes – Recht der Opfer, durch (strafrichterlichen[449]) Richterspruch festgestellt zu bekommen, dass an ihnen ein Verbrechen begangen worden sei[450], besteht nicht a priori, sondern allenfalls unter der Voraussetzung, dass die Täter überhaupt bestraft werden dürfen. Dieses soll aber bei der Prüfung im Rahmen des Art. 103 II GG erst festgestellt werden. Daher ist *Alexys* Argument zirkulär.

c) Zusammenfassung

Da jede Bezugnahme auf überpositives Recht zur Begründung der Strafbarkeit mit Art. 103 II GG unvereinbar ist und auch die „menschenrechtsfreundliche Auslegung" des BGH überpositiv fundiert ist, ist die Rechtsprechung und die sie stützende Literatur bei den Rechtsbeugungsfällen

---

446 So zutr. *F.-C. Schroeder*, JZ 1992, 991; ähnlich auch *Jakobs*, Vergangenheitsbewältigung durch Strafrecht?, in: Isensee (Hrsg.), Vergangenheitsbewältigung durch Recht, S. 53; *Schreiber*, ZStW 107 (1995), 165 f.; *Dannecker/Stoffers*, JZ 1996, 492; *F. L. Lorenz*, JZ 1994, 393.

447 So auch *Dencker*, KritV 1990, 305; *Schünemann*, FS Bruns, S. 226; *H. Dreier*, VVDStRL 51 (1992), S. 137; *Pieroth*, Der Rechtsstaat und die Aufarbeitung der vor-rechtsstaatlichen Vergangenheit, in: VVDStRL 51 (1992), S. 103; *Grünwald*, JZ 1966, 637; *ders.*, StV 1991, 36; *ders.*, Die Entwicklung der Rechtsprechung zum Gesetzlichkeitsprinzip, in: Haft, u. a. (Hrsg.), S. 446; *Renzikowski*, NJ 1992, 154.

448 So auch *Dencker*, Kausalität und Gesamttat, S. 236.

449 Anders steht es mit der Rehabilitation, um die es hier aber nicht geht.

450 *Alexy*, Mauerschützen, S. 35.

ebenso wie im Zusammenhang mit den Mauerschützenfällen als mit Art. 103 II GG unvereinbar abzulehnen.

2. Zu den positivistischen Ansätzen

a) Zur These der Unanwendbarkeit des Rückwirkungsverbotes wegen des eigenen Vorverhaltens des Täters

Die Bestrebungen, den Tätern die Berufung auf das Rückwirkungsverbot zu versagen, die zuvor den Rechtsstaat mit Füßen getreten haben, sind vor allem deswegen abzulehnen, weil rechtstaatliche Grundsätze nicht ein Lohn für Wohlverhalten sind, sondern absolut gelten[451]. Sie lassen sich auch nicht durch die Berufung auf die Idee eines rechtsstaatlichen Strafrechts aushebeln, denn das materielle Rechtsstaatsprinzip wird durch die formale Garantie des Art. 103 II GG eindeutig begrenzt[452]. Auch der Gedanke der Verwirkung kann nicht durchgreifen, denn eine solche Verwirkung ist bis auf die abschließend geregelten Fälle des Art. 18 GG in unserer rechtsstaatlichen Ordnung nicht vorgesehen[453].

Das Argument, das Rückwirkungsverbot würde (ansonsten) den politischen Machthaber vor seiner eigenen Willkür bewahren, schlägt nicht durch. Wenn es vor etwas bewahrt, dann vor der Willkür der neuen Machthaber. Dies aber entspricht durchaus der ratio des Rückwirkungsverbotes, denn nach dem Systemwechsel finden sich die vormaligen Vertreter des Staates in der neuen Ordnung als einfache Bürger wieder, die ihrerseits dem Staat gegenüberstehen, der das Rückwirkungsverbot respektieren muss[454].

---

451 So zutr. *F.-C. Schroeder*, DRiZ 1996, 85.

452 So auch *Lüderssen*, StV 1991, 486 f.; *Horstkotte*, Rechtsbeugung, in: Drobnig (Hrsg.), Die Strafrechtsjustiz der DDR im Systemwechsel, S. 76 unter Verweis auf BVerfG NJW 1997, 929, 1. Leitsatz: „Das Rückwirkungsverbot des Art. 103 II GG ist absolut und erfüllt seine rechtsstaatliche und grundrechtliche Gewährleistungsfunktion durch eine strikte Formalisierung".

453 Hierauf verweist auch *Ulrich Neumann*, Die strafrechtliche Vergangenheitsbewältigung von SED-Unrecht am Beispiel der Rechtsbeugung, S. 225.

454 So auch *Lüderssen*, Der Staat geht unter – das Unrecht bleibt?, S. 67; *Möller-Heilmann*, Die Strafverfolgung von Richtern und Staatsanwälten der ehemaligen DDR wegen Rechtsbeugung, S. 190. Der Gegeneinwand, eine Wandlung vom Mächtigen zum Bürger sei nicht mehr möglich, ist lebensfremd. Er lässt sich auch nicht aus einem hypothetischen Gesellschaftsvertrag herleiten, von dem der Mächtige nicht nachträglich zurücktreten könne (so aber *Welke*, NJ 1995, 377). Einer Diktatur mit einer der Bevölkerung aufgezwungenen Regierung einen freiwillig geschlossenen Gesellschaftsvertrag zu unterstellen, erscheint reichlich konstruiert.

Schließlich lässt sich als Kritikpunkt anführen, dass der Vorschlag, Machthaber und ihre Helfer vom Rückwirkungsverbot auszunehmen, unpraktikabel ist. Der Kreis der Machthaber und insbesondere der Helfer, die an der Gesetzgebungsmacht teilhatten, ist nicht eindeutig abgrenzbar[455]. Im Übrigen gerät leicht aus dem Blickfeld, dass derartige Ansätze sich ohnehin nur auf staatliche Repräsentanten beziehen, die staatsleitend und gestalterisch tätig waren[456]. Die übergroße Mehrzahl der wegen ihrer Beteiligung an DDR-Unrecht Beschuldigten wie Mauerschützen, Richter und Staatsanwälte dürfte davon gar nicht erfasst sein[457].

b) Zur Rechtsanwendungslösung (Hruschka)

Hruschkas Ansatz, die teilweise Nichtausübung der durchaus bestehenden Strafgewalt der DDR dem Fehlen einer Strafgewalt gleichzustellen, um das Tatortrecht beiseite zu schieben, kann nicht überzeugen. Für eine derartige analoge Anwendung des § 7 StGB ist kein Raum[458]. Damit würde die Strafbarkeit in einer mit dem Bestimmtheitsgebot nicht zu vereinbarenden Weise von einer vagen Differenzierung verschiedener Arten von Rechtsnormen der DDR abhängig gemacht werden[459]. Art. 103 II GG ist im Hinblick auf seine Vertrauensschutzfunktion so zu verstehen, dass er die gesetzliche Bestimmtheit der Strafbarkeit durch die Gesetze, denen der Handelnde unterworfen ist, verlangt – also auch die gesetzliche Bestimmtheit am Tatort. Art. 103 II GG stellt eine Grenze dar, die sich die Bundesrepublik als Rechtsstaat für ihr eigenes staatliches Handeln gesetzt hat. Es kann dafür keine entscheidende Rolle spielen, ob sie einem Bürger gegenübertritt, der im Rechtsstaat Bundesrepublik gehandelt hat, oder einem Bürger, dessen strafrechtlich zu beurteilendes Handeln sich im Nicht-Rechtsstaat DDR abgespielt hat. Die Selbstbindung des Rechtsstaats beschränkt sich nicht, wie *Hruschka* meint, auf die gesetzliche Bestimmtheit durch die vom Rechtsstaat selbst erlassenen Gesetze. Aus der Berücksichtigung des Tatortrechts erwächst auch kein Selbstwi-

---

455 So auch *Horstkotte*, Rechtsbeugung, in: Drobnig (Hrsg.), Die Strafrechtsjustiz der DDR im Systemwechsel, S. 76.

456 Vgl. *Kenntner*, RuP 1997, 183.

457 So räumt *Kenntner*, a.a.O., 182 ausdrücklich ein, für Gesetzesunterworfene, die nicht selbst an staatlicher Führungs- und Gestaltungstätigkeit beteiligt gewesen seien, etwa Mauerschützen, gestalte sich die Situation schwieriger und vielschichtiger. Hier müsse die bestehende Rechts- und Befehlslage berücksichtigt werden.

458 Ebenfalls ablehnend *F.-C. Schroeder*, JR 1993, 46.

459 *Kraut*, Rechtsbeugung?, S. 68; krit. auch *Buchner*, Die Rechtswidrigkeit der Taten von „Mauerschützen", S. 158.

derspruch, denn es geht ja nicht darum, dass der Rechtsstaat gezwungen wäre, rechtsstaatswidrige Gesetze durchzusetzen. Es geht auch nicht darum, Entscheidungen, die auf rechtsstaatswidrigen Gesetzen oder rechtsstaatswidriger Auslegung beruhen, nachträglich noch anzuerkennen – das zeigen die eingeleiteten Rehabilitierungsverfahren. Es ist nur zu beachten, dass der Rechtsstaat solche Entscheidungen, soweit sie dem am Ort und zum Zeitpunkt der Handlung geltenden Recht und Rechtsverständnis entsprachen, nicht nachträglich mit Strafe belegen darf. Dies lässt sich auch nicht über die auch vom Wortsinn her nicht überzeugende[460] Anwendung des §7 StGB umgehen.

c) Zur rechtsstaatlichen Auslegung des DDR-Rechts

Gegen die ordre-public-Argumentation wie auch die rechtsstaatliche Auslegung des LG Berlin hat sich selbst der BGH gewandt[461]. Sie stellt eine verdeckte Rückwirkung durch nachträgliche Uminterpretation dar[462]. Wie der BGH zutreffend ausführt, kann nicht jede rechtsstaatswidrige oder mit Grundsätzen des Menschenrechtsschutzes als unvereinbar zu wertende Entscheidung von Richtern oder Staatsanwälten, die auf Grundlage des DDR-Rechts erging, nachträglich als eine Beugung des Rechts aufgefasst werden. Im Hinblick auf Art. 103 II GG und das rechtsstaatlich verankerte Prinzip des Vertrauensschutzes dürfe das geschriebene Recht der DDR nicht nach einer am Grundgesetz orientierten Auslegung interpretiert und damit das Handeln eines Täters an ihm fremden Maßstäben gemessen werden[463].

Die gerichtliche Verwerfung und Uminterpretation von Rechtfertigungsgründen eines Nicht-Rechtstaates als rechtsstaatswidrig ist mit den

460 Dazu bereits Kapitel 2, A.III.2.

461 BGHSt 39, 1, 14f.; krit. auch *Scholten*, ZRP 1992, 477; *Herrmann*, NStZ 1993, 118; *Alexy*, VVDStRL 51 (1992), S. 133; *Lüderssen*, StV 1991, 486 (der ordre-public-Vorbehalt könne im Strafrecht den Rang des Rückwirkungsverbotes nicht relativieren).

462 So auch *Alexy*, Mauerschützen, S. 10; *Laskowski*, JA 1994, 158; *Möller-Heilmann*, Die Strafverfolgung von Richtern und Staatsanwälten der ehemaligen DDR wegen Rechtsbeugung, 175f.; ähnlich *Quasten*, Die Judikatur des Bundesgerichtshofs zur Rechtsbeugung im NS-Staat und in der DDR, S. 233f.; *Wieners*, Rechtsbeugung im Zeitgeistwandel, S. 89; krit. dazu auch *Isensee*, Der deutsche Rechtsstaat vor seinem unrechtsstaatlichen Erbe (Nachwort), in: Isensee (Hrsg.), Vergangenheitsbewältigung durch Recht, S. 106.

463 BGH NJW 1995, 2734, 2735 = BGHSt 41, 157, 165; BGH NJW 1995, 3324, 3326 = BGHSt 41, 247, 256; BGH NJW 1996, 857, 859; zust. *Roggemann*, JZ 1994, 775; *ders.*, NJ 1997, 230.

üblichen Fällen einer nach Rechtsprechung und h.M.[464] mit Art. 103 II GG zu vereinbarenden rückwirkenden Änderung der Rechtsprechung, gegen die bereits beachtliche Bedenken geltend gemacht werden[465], nicht gleichzusetzen. Denn mit der Verwerfung von geschriebenen Rechtfertigungsgründen korrigiert die Rechtsprechung nicht lediglich sich selbst, sondern den Gesetzgeber bzw. Normgeber. Aus der Perspektive des der staatlichen Strafgewalt unterworfenen Bürgers besteht kein wesensmäßiger Unterschied zwischen einer den Rahmen der Gesetze überschreitenden Analogie und der Nichtanerkennung eines zur Tatzeit geltenden Rechtfertigungsgrundes. Auch letztere verstößt aus diesen Gründen gegen Art. 103 II GG[466].

Der Vergleich der nachträglich rechtsstaatlichen Auslegung des DDR-Rechts mit einer rückwirkenden Rechtsprechungsänderung ist nicht angebracht, da nicht die Auslegung innerhalb eines Systems geändert wird, sondern eine Überprüfung der Rechtsanwendung bzw. eine Uminterpretation in einer anderen Rechtsordnung stattfindet[467]. Auf die Frage, ob eine Neuinterpretation bereits außer Kraft gesetzter Vorschriften generell unzulässig ist[468], braucht daher nicht weiter eingegangen zu werden. Durch eine an rechtsstaatlichen Maßstäben orientierte Auslegung würde außerdem das Mildeprivileg umgangen[469].

d) *Zum restriktiven Positivismus*

Wenn *Lüderssen* von einer „nachlesbaren Gesetzeslage" ausgeht und glaubt, diese unmittelbar beim Wort nehmen zu können, so ist das naiv[470] und vernachlässigt, dass sich die Rechtslage erst aus dem Zusammenspiel

---

464 BVerfGE 18, 224, 240f.; BVerfG NJW 1990, 3140; BGH NJW 1990, 2393ff. = BGHSt 37, 89ff.; *Roxin*, AT/1, S. 168f. (§ 5 G VI Rn. 61); BK-*Rüping*, Art. 103 II Rn. 63; Fischer (58. Aufl.), § 1 StGB Rn. 17; *Kühl* (27. Aufl.), § 1 StGB, Rn. 4, jeweils m. w. N.

465 *Ulfried Neumann*, ZStW 103 (1991), 331ff. m. w. N., insbes. 332 Fn. 7.

466 So auch *Polakiewicz*, EuGRZ 1992, 188.

467 So auch *Arnold*, NJ 1997, 118; *Möller-Heilmann*, Die Strafverfolgung von Richtern und Staatsanwälten der ehemaligen DDR wegen Rechtsbeugung, S. 176.

468 So *Buchner*, Die Rechtswidrigkeit der Taten von „Mauerschützen", S. 123; dem folgend *Möller-Heilmann*, a.a.O., S. 176f.; entschieden a. A.: *Schünemann*, Aufarbeitung von Unrecht aus totalitärer Zeit, in: Pawlowski/Roellecke (Hrsg.), Der Universalitätsanspruch des demokratischen Rechtsstaats, ARSP-Beiheft Nr. 65, S. 97ff.

469 *Roggemann*, NJ 1997, 230; dagegen *Spendel*, JZ 1995, 378 Fn 19; hiergegen wiederum *Roggemann*, NJ 1997, 230 Fn. 41.

470 *L. Schulz*, Der nulla-poena-Grundsatz – ein Fundament des Rechtsstaats?, in: Pawlowski /Roellecke (Hrsg.), Der Universalitätsanspruch des demokratischen Rechtsstaats, ARSP-Beiheft 65, S.187.

von Gesetzestext und Auslegung ergibt. *Lüderssen* spricht bezeichnenderweise vom formal geltenden Recht - das materiell geltende Recht will er offenbar nicht berücksichtigen, um die Vorschriften einer anderen als der damals vorgenommenen Auslegung zuführen zu können. Damit geht er, obwohl er das vermeiden will, letztlich doch von einem rechtsstaatlichen Vorverständnis aus und legt rechtsstaatliche Maßstäbe an.

Dies zeigt sich auch darin, dass er auf der Grundlage geltender DDR-Strafvorschriften ergangene Verurteilungen nur unter der einschränkenden Voraussetzung nicht als Rechtsbeugung bestraft sehen will, dass diese Strafvorschriften der jeweiligen DDR-Verfassung nicht widersprachen. Bei Berücksichtigung des sozialistischen Rechtsverständnisses war jedoch ein solcher Widerspruch ebenso wenig denkbar, wie eine Pflicht zur verfassungskonformen Auslegung festgestellt werden kann[471].

Die DDR war bis zu ihrem Ende auch normativ kein Rechtsstaat im westlichen Sinne. Die Diskussion über einen sozialistischen Rechtsstaat kam in der DDR nicht nur spät auf - was schon ein Festhalten an einem derartigen sozialistisch getönten Rechtsstaatsverständnis für zeitlich davor liegende Fälle ausschließt -, sie blieb auch im völlig unverbindlichen und noch dazu inhaltlich umstrittenen Bereich einer Charakterisierung und der theoretischen Ausarbeitung von Konzeptionen und Begriffen, die zugleich rechtspolitische Bilanz und Aufgabenstellung sein sollten[472], nicht aber bereits geltender normativer Maßstab für die Rechtspraxis. Dabei wies man auf die Notwendigkeit einer scharfen Abgrenzung des Begriffs des sozialistischen Rechtsstaats gegenüber „ähnlichen Termini bürgerlicher Rechtsstaatsideologie“ hin[473]. Sozialistisches Rechtsdenken war vielmehr immer auch durch die Parteilichkeit gekennzeichnet[474]. Es gab deshalb kein Rechtsstaatsverständnis im Sinne von *Lüderssen*, an dem man die DDR festhalten könnte[475]. *Lüderssen* geht also bei seiner externen Betrachtung des DDR-Rechts über das hinaus, was durch den von ihm erwähnten nicht zu umgehenden hermeneutischen Zirkel - kein Fremdverständnis ohne eigenes Vorverständnis[476] - erforderlich ist. Freilich geschähe der DDR kein Unrecht, hielte man

---

471 Dazu u.

472 Vgl. z. B. *Mollnau*, NJ 1989, 393 ff. m. w. N., insbes. 396 f. Bezeichnenderweise hat *Polak* schon 1946 geäußert, der Begriff des Rechtsstaates sei vollkommen inhaltsleer, denn jede politische und historische Formation könne ihn für sich in Anspruch nehmen und habe ihn für sich in Anspruch genommen (Einheit 1946, S. 399).

473 *Melzer*, StuR 1967, 2014.

474 Dazu u., B.IV.

475 So auch *Arnold*, KritV 1994, 200; ähnlich *Möller-Heilmann*, Die Strafverfolgung von Richtern und Staatsanwälten der ehemaligen DDR wegen Rechtsbeugung, S. 167.

476 *Lüderssen*, Der Staat geht unter - das Unrecht bleibt?, S. 53.

sie an ihrer Selbstdarstellung nach außen fest. Im Strafprozess geht es aber nicht um die Behandlung der DDR, sondern um die rechtsstaatlichen Bindungen der BRD bei der Strafverfolgung ehemaliger DDR-Bürger[477]. *Lüderssen* will eine systemwidrige Auslegung von DDR-Recht vornehmen und altes Strafrecht nach neuen Wertungen interpretieren[478].

e) Zum soziologischen Positivismus

Der soziologische Positivismus, insbesondere *Jakobs'scher* Prägung, ist auf erhebliche Kritik gestoßen. Allzu leichthändig, so wird ihm zu Recht vorgeworfen, identifiziere er eine angebliche empirische Wirklichkeit mit dem geltenden Recht, setze Recht und Politik vollständig gleich. Dafür, dass in der DDR der Wille der Staatsspitze ohne Rücksicht auf das geschriebene Gesetz gegolten habe und dies „Rechtszustand" der DDR gewesen sei, bringe er keine Beweise und beachte nicht die gegenteiligen Indizien[479]. Der Beweis für eine entsprechende Richtigkeitsvorstellung in der Bevölkerung, durch die die allgemeine Übung normativen Charakter hätte erhalten können, dürfte sich auch kaum führen lassen.

Bei den Vertretern des soziologischen Positivismus wird die juristische durch eine soziologische Betrachtungsweise ersetzt. Rein politisch-gesellschaftliche Verhaltenserwartungen, welche in hohem Maße Bestandteil des in der DDR herrschenden Systems waren, sind aber von rechtlich normierten Verhaltenserwartungen zu unterscheiden. *R. Dreier* hat die Praxis an der Grenze zutreffend als *sozial* geltende Norm umschrieben, die sich so weit von der *rechtlich* geltenden Norm abgelöst hatte, dass sie dieser nicht mehr zugeordnet werden könne[480].

---

477 Ähnlich *Jakobs*, Vergangenheitsbewältigung durch Strafrecht?, in: Isensee (Hrsg.), Vergangenheitsbewältigung durch Recht, S. 53.

478 So auch *Arnold*, KritV 1994, 201.

479 *Schreiber*, ZStW 107 (1995), 168 ff.; ähnlich *Schünemann*, Aufarbeitung von Unrecht aus totalitärer Zeit, in: Pawlowski/Roellecke (Hrsg.), Der Universalitätsanspruch des demokratischen Rechtsstaats, ARSP-Beiheft Nr. 65, S. 109 („rechtsnihilistische Konzeption"); Schönke/Schröder-*Eser* (27. Aufl.), Vor §§ 3–7 Rn. 100; *Bottke*, Die Verfolgung von Regierungskriminalität der DDR nach dem Beitritt der neuen Länder, in: Lampe (Hrsg.), Deutsche Wiedervereinigung, Bd. II, S. 207; *L. Schulz*, StV 1995, 209; *Maiwald*, NJW 1993, 1886; *Möller-Heilmann*, Die Strafverfolgung von Richtern und Staatsanwälten der ehemaligen DDR wegen Rechtsbeugung, S. 165 f.; *Asche*, Die DDR-Justiz vor Gericht, S. 128 f. (der ergänzend darauf hinweist, eine klar bestimmbare DDR-Wirklichkeit im Sinne Pawliks und Jakobs habe es in der DDR nie gegeben).

480 *R. Dreier*, FS Arthur Kaufmann, S. 66; ebenso *L. Schulz*, StV 1995, 210 und *ders.*, Der nulla-poena-Grundsatz – ein Fundament des Rechtsstaats?, in: Pawlowski /Roellecke

Zwar gehört zum Recht auch die jeweilige interpretative Praxis[481], aber das ist eben nur die Praxis, die bewusst das Recht auslegt und nicht die Praxis, die das Recht unberücksichtigt lässt. Es ist daher nicht angebracht, die Staatspraxis mit der Auslegung gleichzusetzen[482]. Betrachtet man die Verfassungswirklichkeit der DDR, so ist daraus das Faktum fehlender Strafverfolgung in bestimmten Bereichen, nicht aber das Faktum fehlender Strafbarkeit ersichtlich. Das verfassungsrechtliche Rückwirkungsverbot bezieht sich aber auf die Normativität und nicht auf die Realität der Rechtsordnung[483].

Bei *Jakobs* werden Sein und Sollen, Faktizität und Geltung gleichgesetzt. *Jakobs* beruft sich dabei zu Unrecht auf *Kelsen*. Er formuliert nicht nur in unzulässiger Weise die kelsensche „Grundnorm" um[484], er missversteht offenbar auch dessen Ausführungen zum Verhältnis von Geltung und Wirksamkeit, wenn er das alleinige Abstellen auf die faktisch gelebte Verfassung mit der Wirksamkeit als Bedingung der Geltung rechtfertigt[485].

Wirksamkeit ist nach *Kelsen* nicht mit der Geltung gleichzusetzen; eine derartige realistische Rechtstheorie lehnt er ab. Wirksamkeit muss zur Setzung hinzutreten, damit die Rechtsordnung als Ganzes ebenso wie eine einzelne Rechtsnorm ihre Geltung nicht verliere. Sie ist damit notwendige, aber nicht hinreichende Bedingung der Geltung. Eine Rechtsordnung ist nach *Kelsen* als gültig anzusehen, wenn ihre Normen *im Großen und Ganzen* wirksam sind, das heißt tatsächlich befolgt und angewendet werden. Und auch eine einzelne Rechtsnorm verliert ihre Geltung nicht, wenn sie nur in einzelnen Fällen nicht wirksam ist[486].

F. L. Lorenz wendet dies zutreffend auf die Verhältnisse in der DDR an: Würde der Maßstab der Reinen Rechtslehre *Kelsens* hier angelegt,

> „so könnte hieraus weder die Geltung der materiellen Staatsverfassung noch die Geltung der ihr gemäß erzeugten Rechtsordnung noch diejenige einzelner Normen

---

(Hrsg.), Der Universalitätsanspruch des demokratischen Rechtsstaats, ARSP-Beiheft 65, S.187.

481 *Alexy*, VVDStRL 51 (1992), S. 133; *Schreiber*, ZStW 107 (1995), 170; *Laskowski*, JA 1994, 158.

482 Krit. auch *Miehe*, FS Gitter, S. 650.

483 *Wullweber*, KJ 1993, 51; *Renzikowski*, NJ 1992, 154; *Arnold*, wistra 1994, 327.

484 *Jakobs*, GA 1994, 8 f.; dagegen zutr. *F. L Lorenz*, JZ 1994, 390; *Möller-Heilmann*, Die Strafverfolgung von Richtern und Staatsanwälten der ehemaligen DDR wegen Rechtsbeugung, S. 166; krit. auch *L. Schulz*, Der nulla-poena-Grundsatz – ein Fundament des Rechtsstaats?, in: Pawlowski /Roellecke (Hrsg.), Der Universalitätsanspruch des demokratischen Rechtsstaats, ARSP-Beiheft 65, S.185 f.

485 Vgl. *Jakobs*, Vergangenheitsbewältigung durch Strafrecht?, in: Isensee (Hrsg.), Vergangenheitsbewältigung durch Recht, S. 44.

486 *Kelsen*, Reine Rechtslehre, S. 215 ff.

> in Frage gestellt werden. Die positivrechtliche Grundlage der Rechtserzeugung bildete die Verfassung der DDR. Die DDR-Verfassung bezeichnete die Volkskammer als das einzige Organ, das zur Setzung von Rechtsnormen kompetent ist (Art. 48). Die zentralen Organe der SED hatten zwar erheblichen Einfluß auf das Gesetzgebungsverfahren, sie waren aber, trotz ihres Führungsanspruchs, in das Grundgefüge des Rechtserzeugungsverfahrens eingebunden. Man wird daher nicht bezweifeln können, daß im kelsenschen Sinne die materielle Verfassung der DDR im *‚großen und ganzen'* wirksam gewesen ist."[487].

Selbstverständlich, so führt *F. L. Lorenz* weiter aus, sei auch das Verbot der Tötung (§ 113 DDR-StGB) in diesem Sinne wirksam gewesen. Dass die Verbotsnorm in einzelnen Bereichen, hier an der DDR-Grenze, weder befolgt noch angewendet worden sei, sei insoweit irrelevant. Er illustriert dies mit dem Beispiel, dass auch in der Bundesrepublik niemand aus der Tatsache, dass das Eigentum an Fahrrädern kaum geachtet noch in nennenswertem Maß polizeilich und gerichtlich verfolgt werde, den Schluss ziehen würde, der Diebstahlsparagraf habe seine Geltung eingebüßt. § 242 StGB würde auch gelten, falls Fahrraddiebstahl überhaupt nicht mehr verfolgt werden würde[488]. Dem ist noch hinzuzufügen, dass selbst an der DDR-Grenze das Tötungsverbot in vielen Fällen beachtet wurde, nämlich wenn Grenzposten bewusst danebenschossen.

Entsprechendes gilt für das Verbot der Rechtsbeugung (§ 244 DDR-StGB). Dass politisch erwünschte exzessive Anwendung des politischen Strafrechts und Verletzung des Strafprozessrechts nicht verfolgt wurde, stellt die Geltung des § 244 DDR-StGB ebenso wenig in Frage wie die merkwürdig niedrige Zahl der Rechtsbeugungsverfahren in der alten Bundesrepublik[489] an der Geltung des § 339 a. F. StGB hätte zweifeln lassen.

Lorenz kritisiert das Auslegungsergebnis des soziologischen Positivismus von einem eigenen Ansatz her[490]. Zunächst sei das Spannungsverhältnis zwischen normativer Ordnung und Wirklichkeit im Rahmen des Art. 103 II GG wegen dessen „Verweis" auf das in der DDR geltende Recht ausschließlich nach der Staats- und Rechtstheorie der DDR zu beurteilen. Gemäß dem DDR-Rechts- und Verfassungsverständnis habe die politisch akzeptierte, normwidrige Wirklichkeit *Recht* gestaltet[491]. „Normwidrige

487 *F. L. Lorenz*, JZ 1994, 391.

488 *F. L. Lorenz*, a.a.O., mit Fn. 28.

489 Zur mehr oder weniger starken Vermutung für ein Dunkelfeld *Scholderer*, Rechtsbeugung, S. 612 f.

490 *F. L. Lorenz*, a.a.O., 392 ff.

491 *Ders.*, a.a.O., 392 f.

Faktizität" sei aber aus der Sicht des Art. 103 II GG im Lichte des Einigungsvertrages nicht „als Recht" zu berücksichtigen.

Bezogen auf den materiellen Gehalt des nach Art. 103 II GG geschützten Konflikts bestehe kein juristischer Unterschied zwischen Normativität und (sozialistisch) rechtsgestaltender Faktizität. Der Einzelne befinde sich in einer Konfliktsituation, die dem klassischen Anwendungsfall des Art. 103 II GG vergleichbar sei. Durch die einigungsvertragliche Erstreckung der Strafgewalt auf DDR-Alttaten habe Art. 103 II GG als verweisender Systembegriff insoweit im Grundsatz einen modifizierten Inhalt. Allerdings sei jeder Staat berechtigt, bei der Erstreckung der Strafgewalt die Grenzen abzustecken, innerhalb derer er die schutzbereichserweiternde Auslegung des Art. 103 II GG gelten lassen wolle. Im Anschluss hieran interpretiert *Lorenz* Art. 103 II GG vor dem Hintergrund des Einigungsvertrages. Dieser habe die schutzbereichserweiternde Modifizierung des Art. 103 II GG nicht vollständig akzeptiert. Dafür verweist *Lorenz* auf die Aussage des EV, DDR-Unrecht solle aufgearbeitet werden, und die Bezeichnung der SED als Urheberin des Unrechtsregimes (Art. 17). Dies schließe einen Rekurs auf die rechtsgestaltende Kraft der Wirklichkeit aus[492].

Lorenz ist zwar insoweit nicht zu widersprechen, als Art. 103 II GG über die einigungsvertragliche Erstreckung der Strafgewalt auf DDR-Alttaten die Rechtstheorie der DDR zum Maßstab macht. Die Annahme einer Einschränkung dieser „Verweisung" durch „einigungsvertragskonforme Auslegung" ist aber überflüssig. Es trifft nämlich so nicht zu, dass nach der Rechtstheorie der DDR jede politisch akzeptierte, normwidrige Wirklichkeit Recht gestaltet habe. In der DDR-Literatur wurde die Unterscheidung von Faktischem und Normativem durchaus betont. Das Verhältnis zwischen diesen Polen war zeitweise umstritten[493]. Es setzte sich aber schließlich die Ansicht durch, die den Standpunkt, das Recht sei mit dem Handeln zu identifizieren, ablehnte. Dies wurde mit dem Argument begründet, mit einer solchen Definition wäre es nicht möglich, das Recht als Regulator des Handelns zu begreifen, und die instrumentale Seite, die staatlichen Leitungseigenschaften des sozialistischen Rechts würden aus der Betrachtung ausgeklammert[494]. Die h.M. wandte sich mithin gegen

492 Dagegen *Dannecker*, Jura 1994, 593.

493 Vgl. *Ingo Wagner*, Sozialistisches Recht und juristischer Überbau, in: Karl-Marx-Universität Leipzig, Sektion Rechtswissenschaft/Ingo Wagner (Hrsg.), Sozialistisches Recht und juristischer Überbau, S. 15.

494 Institut für Theorie des Staates und des Rechts der Akademie der Wissenschaften der DDR (Hrsg.), Marxistisch-leninistische Staats- und Rechtstheorie, S. 407; vgl. a. *Ingo Wagner*, a.a.O., S. 16.

den Vorschlag, die Rechtsverwirklichung in den Rechtsbegriff mit einzubeziehen:

> „Daß die praktische Realisierung der Rechtsnormen eines der Hauptmomente der unmittelbaren Existenz des sozialistischen Rechts ist, bedeutet nicht, daß die Rechtsnormen mit dem Handeln als Rechtsverwirklichung identisch sind. Kudrjawzew verweist überzeugend auf die Gefahren für Theorie und Praxis, die sich aus einer überzogenen Annäherung der Rechtsnormen und des faktischen Verhaltens ergeben: Verwischung der Grenzen zwischen Recht und Rechtlosigkeit, (...), falsches Verständnis vom Absterben des rechtlichen Überbaus."[495]

Im Ergebnis ist aber auch *Lorenz* der Auffassung, dass Art. 103 II GG nicht zur Berücksichtigung der reinen Faktizität zwingt.

Dem Vorwurf der Vertuschung und Verharmlosung der Pervertierung des Rechts ist zu entgegnen, dass es keine Verharmlosung von Menschenrechtsverletzungen darstellt, wenn man herausarbeitet, dass einige Handlungen selbst mit dem nur weite Grenzen ziehenden DDR-Recht und DDR-Rechtsverständnis nicht mehr zu vereinbaren waren. Dass die Menschen in hohem Maße rechtlos gestellt waren, wird dabei nicht verschleiert. Die DDR selbst hat die Pervertierung des Rechts vertuscht, nicht aber eine Rechtsprechung, die die Täter am positiven Recht festhält[496]. Im Übrigen bleibt es ja unbenommen, die Menschenrechte westlicher Prägung als politisch-moralischen oder auch überpositiven Maßstab[497] bei der nichtstrafrechtlichen Bewertung der Vergangenheit zu nehmen und den Kulturverlust daran zu messen.

3. Eigene Positionierung: Systemimmanenter Ansatz

Der nach den Vorgaben des Art. 103 II GG als richtig anzusehende Ansatz liegt darin, nur die Handlungen als strafbar anzusehen, die nicht vom systemimmanent ausgelegten DDR-Recht gedeckt waren. Art. 103 II GG schließt eine Gesetzesauslegung aus, deren hypothetische Anerkennung und Praktizierung zur Tatzeit nur unter (stillschweigender) Voraussetzung einer Revolution in der DDR denkbar gewesen wäre[498]. Auch im Zurechtschneiden des alten Strafrechts nach neuen Wertungen liegt

495 *Ingo Wagner*, a.a.O., S. 15 f.; zust. *Becher*, ebenda, S. 69 und *Boros*, ebenda, S. 75.

496 *F.-C. Schroeder*, JZ 1992, 991.

497 Vgl. dazu *Jakobs*, Vergangenheitsbewältigung durch Strafrecht?, in: Isensee (Hrsg.), Vergangenheitsbewältigung durch Recht, S. 52.

498 So auch *Luchterhand*, Was bleibt vom Recht der DDR?, in: K. Schmidt (Hrsg.), Vielfalt des Rechts - Einheit der Rechtsordnung?, S. 190.

Rückwirkung[499]. Die Uminterpretation von Begriffen kommt einer Ersetzung der Norm durch eine neue gleich[500]. Nur die systemimmanente Auslegung normativer Rechtsbegriffe kann den Rechtsinhalt zur Tatzeit hervorbringen[501].

Der ratio des Art. 103 II GG, einen Vertrauensschutz gegen nachträgliche, willkürliche Veränderungen der Strafbarkeit zu Lasten des Täters zu gewähren, würde es widersprechen, nicht nur die Auslegung eines Gesetzes, sondern auch das ihr zugrundeliegende Rechtsverständnis zu ändern, also gewissermaßen das Vorzeichen umzudrehen, unter dem die Auslegung steht. Das wäre aber der Fall, wenn man, wie die Vertreter einer rechtsstaatlichen Auslegung und letztlich auch *Lüderssen* und der BGH, trotz der ganz anderen Rechtsordnung der DDR von einem letztlich doch rechtsstaatlichen Vorverständnis ausginge. Auf die Probleme des Fremdverstehens ist verschiedentlich hingewiesen worden[502]. Ein Verzicht auf den Versuch des Fremdverstehens kann jedoch nicht die Lösung sein[503].

Das DDR-Recht kann nicht ohne volle Berücksichtigung des Rechtsverständnisses der DDR ausgelegt werden[504]. Dies gilt umso mehr, als die sozialistische Auffassung vom Charakter des Rechts und den Regeln der Rechtsanwendung u. a. im Rechtspflegeerlass von 1963 seinen normativen Ausdruck gefunden hat[505]. Durch diesen Staatsratserlass wurde dem Obersten Gericht die Aufgabe übertragen zu „sicher(n), dass die Rechtsprechung den Erfordernissen der objektiven Gesetze des Sozialismus entspricht und der Festigung und dem Schutz der sozialistischen Gesellschaftsverhältnisse (...) dient“[506]. Die Bezirksgerichte hatten die Aufgabe, die Tätigkeit der Kreisgerichte im Bezirk „auf der Grundlage der Gesetze

499 *Isensee*, Aussprache, VVDStRL 51 (1992), S. 136.

500 *Streinz*, VVDStRL 51 (1992), S. 153. Auch vor dem Hintergrund des vom Einigungsvertrag implementierten lex-mitior-Grundsatzes kann eine nachträgliche Auslegung, die zum Tatzeitpunkt in der DDR gerade nicht zulässig war, nicht angehen (so auch *Arnold*, NJ 1997, 117 und 120).

501 So auch *Grote*, Die DDR-Justiz vor Gericht, S. 54.

502 *Lüderssen*, Der Staat geht unter – das Unrecht bleibt?, S. 53, 59 ff.; *Günther*, StV 1993, 22 f.; *Hohoff*, DtZ 1997, 309.

503 So aber *Günther*, StV 1993, S. 22; dagegen *L. Schulz*, StV 1995, 210.

504 So auch *Hellbeck*, Die Staatsanwaltschaft in der Sowjetischen Besatzungszone Deutschlands, S. 17.

505 *Mampel*, Die Entwicklung der Verfassungsordnung in der Sowjetzone Deutschlands von 1945 bis 1963, S. 553.

506 GBl. DDR 1963 I, S. 21 ff., 25.

(...) entsprechend den Aufgaben des Arbeiter- und Bauernstaates beim umfassenden sozialistischen Aufbau" zu leiten[507].

Bei der Auslegung des DDR-Rechts zur Bestimmung der Strafbarkeit von DDR-Alttaten ist nach dem systemimmanenten Ansatz das zur Tatzeit geltende Rechtsverständnis zugrunde zu legen und von der zur Tatzeit geltenden Gesetzesauslegung auszugehen, nicht aber allein von der üblichen Praxis[508]. Die systemimmanente Auslegung bedeutet also insbesondere nicht die uneingeschränkte Berücksichtigung der Staatspraxis für die Ermittlung des zur Tatzeit geltenden Rechts. Soweit *Möller-Heilmann* im Anschluss an *Arnold*[509] die „Rechtsauslegung durch die Staatspraxis" in den Fällen, die im staatlichen Auftrag ausgeführt wurden, berücksichtigen will, tut sie dies nur unter der Einschränkung, dass es sich noch um wirkliche Auslegung zum Zwecke der Rechtsverwirklichung handeln müsse[510]. Ergebnisse, die nichts mehr mit der Norm gemein haben (normwidrige Praxis), sind damit nicht außerhalb des Rechtsbeugungstatbestands gestellt. Auch *Arnold* wendet sich gegen den Ansatz von *Jakobs*, der ein falsches Bild vom Verhältnis zwischen Recht und Politik in der DDR als letztlich einem einzigen Willkürakt zeichne[511] und das DDR-Rechtsverständnis nicht adäquat erfasse[512].

Der systemimmanente Ansatz bedeutet folglich nicht, dass schlechthin jedes systemkonforme Verhalten straffrei bliebe. Die Berücksichtigung des DDR-Rechtsverständnisses schließt die Strafbarkeit von Exzesstätern, die selbst die vom sozialistisch ausgelegten Recht gesetzten Grenzen überschritten haben, nicht aus[513]. Insbesondere sind auch Exzesstaten

507 GBl. DDR 1963 I, S. 21 ff., 27.

508 So auch *Arnold*, NJ 1997, S. 117; *ders./Karsten/Kreicker*, NJ 2001, 562; LG Berlin DtZ 1993, 155, 157; im Ansatz auch *Schreiber*, ZStW 107 (1995), 170 (das zur Tatzeit geltende Recht sei so auszulegen, wie es zur Tatzeit verstanden wurde), der allerdings von einer innerstaatlichen Geltung des IPBPR ausgeht und ohne Berücksichtigung der sozialistischen Auslegung solcher Menschenrechtspakte durch eine IPBPR-konforme Auslegung zu dem Ergebnis kommt, über Exzesstaten hinaus seien auch im Rahmen des § 27 II GrenzG bleibende Maßnahmen nicht gerechtfertigt, obwohl er andererseits eine rechtsstaatliche Auslegung zurückweist.

509 *Arnold*, wistra 1994, 326.

510 *Möller-Heilmann*, Die Strafverfolgung von Richtern und Staatsanwälten der ehemaligen DDR wegen Rechtsbeugung, S. 178 f.

511 *Arnold*, KritV 1994, 201.

512 *Arnold*, wistra 1994, 326.

513 So wohl auch *Pieroth*, VVDStRL 51 (1992), S. 98 f., dem allerdings nicht uneingeschränkt in seiner Ansicht zuzustimmen ist, auch der brutale, in den Anfangsjahren der DDR geradezu terroristische Einsatz der Strafrechtspflege habe in der DDR geltendem Recht entsprochen (a.a.O., S. 98), da gewisse Grenzen doch ausgemacht

von Mauerschützen, die nicht einmal mehr von § 27 DDR-GrenzG gedeckt waren, als strafbar anzusehen[514].

4. Fazit für die verfassungsrechtlichen Grenzen der Aufarbeitung von DDR-Unrecht

Die strafrechtliche Erfassung eines größeren Täter- und Tatenkreises wäre für den Umgang mit der vor-rechtsstaatlichen Vergangenheit wünschenswert gewesen. Dazu wäre aber eine Änderung des Art 103 II GG erforderlich gewesen[515]. Sie hätte der sog. Nürnberg-Klausel entsprechen können, die den Rückwirkungsverboten der EMRK und des IPBPR angefügt sind. Danach sind Verurteilungen oder Bestrafungen für solche Handlungen oder Unterlassungen nicht ausgeschlossen, die im Zeitpunkt ihrer Begehung „nach den allgemeinen von den zivilisierten Völkern anerkannten Rechtsgrundsätzen"[516] bzw. „nach den von der Völkergemeinschaft anerkannten allgemeinen Rechtsgrundsätzen"[517] strafbar waren[518].

---

werden können (vgl. insbes. Kapitel 11, B.III. und IV.). In diesem Sinne auch *Hillenkamp*, JZ 1996, 184 f.

514 So im Ergebnis auch (wenngleich nicht generell dem systemimmanenten Ansatz zuzuordnen) *Roggemann*, DtZ 1993, 12 ff., 19; *H. Dreier*, JZ 1994, 427 Fn. 79; *Miehe*, FS Gitter, S. 653; Jarass/Pieroth-*Pieroth*, Art. 103 GG Rn. 69; *Schünemann*, Aufarbeitung von Unrecht aus totalitärer Zeit, in: Pawlowski/Roellecke (Hrsg.), Der Universalitätsanspruch des demokratischen Rechtsstaats, ARSP-Beiheft Nr. 65, S. 112; *Hillenkamp*, JZ 1996, 184.

515 So auch *Pieroth*, VVDStRL 51 (1992), S. 104; *Isensee*, VVDStRL 51 (1992), S. 136; *Neumann*, zitiert nach: *V. Schöneburg*, Diskussionsbericht, in: Lampe (Hrsg.), Deutsche Wiedervereinigung, Band II, S. 50; *Dannecker*, „Diener" des DDR-Regimes: Straftäter oder Opfer des Systems?, in: Huber/Oenning (Hrsg.), 50 Jahre danach – Unser Umgang mit der Vergangenheit 1945–1995, S. 194; *H. Dreier*, JZ 1994, 432 ff.; *Classen*, GA 1998, 220; *Möller-Heilmann*, Die Strafverfolgung von Richtern und Staatsanwälten der ehemaligen DDR wegen Rechtsbeugung, S. 211; *Wassermann*, RuP 1999, 102 ff.; von Münch/Kunig-*Kunig*, Art. 102 Rn. 34.

516 BGBl. 1952 II, S. 685 ff. (EMRK).

517 BGBl. 1973 II, S. 1534 ff. (IPBPR).

518 Dazu *Grünwald*, Die Entwicklung der Rechtsprechung zum Gesetzlichkeitsprinzip, in: Haft, u. a. (Hrsg.), S. 446 f. Für eine Änderung des Art. 103 II GG i. S. der Nürnberg-Klausel auch *Welke*, KJ 1995, 382; *Werkentin*, RuP 1996, 142; *Laskowski*, JA 1994, 165; *Classen*, GA 1998, 219; *Wassermann*, RuP 1999, 102 ff. (dieser hält es sogar für einen Kardinalfehler, dies nicht zu tun); *Schöll*, Die Rechtsbeugung, S. 22 f.; *Wieland/Albin*, Horch und Guck 2010, 8; erwägend, aber letztlich doch auf immanente Schranken des Rückwirkungsverbotes abstellend *Burian*, ZStW 112 (2000), 109 ff.; für einen offenen Bruch des Rückwirkungsverbotes per Gesetz zur Bestrafung der NS-Täter *Dencker*, KritV 1990, 306 f.; zust., auch für die Mauerschützenfälle, *Günther*, StV 1993, 23 f.

Beim Abschluss des Einigungsvertrages wäre Anlass und Gelegenheit gewesen, formelle Rechtssicherheit und materielle Gerechtigkeit für die besondere Situation des Systemumbruchs eines nichtrechtsstaatlichen Systems neu abzuwägen[519]. Da dies nicht geschehen ist, bleibt nichts übrig, als mit dem etwas unbefriedigenden Ergebnis zu leben, dass legalisierte Ungerechtigkeit nicht zu strafrechtlichen Konsequenzen führen darf.

Damit ist auf die eingangs[520] gestellte Frage zurückzukommen, inwieweit eine solche Vergangenheit in den verfassungsrechtlichen Grenzen des Rechtsstaats strafrechtlich aufgearbeitet werden kann. Der Umfang möglicher strafrechtlicher Verfolgung hängt davon ab, wie weit oder eng man das Verbot rückwirkender Bestrafung versteht und ob man es für zulässig hält, zur Bestrafung auf übergesetzliche Grundsätze zurückzugreifen. Die obigen Ausführungen dürften gezeigt haben, dass auch bei der zu bevorzugenden weiten Auslegung des Art. 103 II GG eine Aufarbeitung im Wege strafrechtlicher Verfolgung nicht gänzlich ausgeschlossen gewesen wäre.

Aus Opferperspektive mag das Ergebnis freilich unbefriedigend sein. Der damalige Berliner Generalstaatsanwalt *Schaefgen* resümiert, das DDR-Unrecht sei mit den Mitteln der Justiz nicht zu bewältigen. Das anzuwendende DDR-Recht habe damals vor allem dem Ziel gedient, die Diktatur zu erhalten, nicht aber die Gegner dieser Diktatur zu schützen. Man stehe also vor der ungelösten Aufgabe, jenes Recht anzuwenden, mit dem einst die DDR-Gegner diszipliniert worden seien, um die Verfolger zu bestrafen[521]. Die niedrigen Anklage- und Verurteilungsquoten[522] bestätigen seine pessimistische Einschätzung. Doch die Verfahren, die immerhin stattfinden konnten, haben ein reges Interesse der Öffentlichkeit gefunden und durch die Auseinandersetzung mit Recht und Unrecht zu einer Aufarbeitung der Vergangenheit beigetragen.

So hat auch *Schaefgen* in einer Zwischenbewertung von 1995 trotz magerer zahlenmäßiger Bilanz ebenso zutreffend festgehalten, dass von einem Scheitern der Aufarbeitung mit strafrechtlichen Mitteln nicht gesprochen werden kann wenn man den Blick dafür nicht verliere, dass die Aufgabe der Justiz nur in der Aufklärung und Verfolgung von Straftaten und

519 So auch *Dannecker*, „Diener" des DDR-Regimes: Straftäter oder Opfer des Systems?, in: Huber/Oenning (Hrsg.), 50 Jahre danach – Unser Umgang mit der Vergangenheit 1945–1995, S. 194.

520 Kapitel 1, vgl. dort insbes. C., II.

521 *Schaefgen* in Süddeutsche Zeitung v. 23. Dezember 1996, S. 4.

522 Dazu Kapitel 15, A.II.1. und III.1.

Straftätern liege, die in Ausübung politischer Macht gegen die Gesetze ihres eigenen Staates verstoßen haben und nicht darin, sämtliches in der ehemaligen DDR begangenes Unrecht wiedergutzumachen[523].

B. Das Rechtsverständnis der DDR

Auf der Grundlage des oben befürworteten systemimmanenten Ansatzes kann die Frage, ob eine bestimmte Handlung den Tatbestand der Rechtsbeugung erfüllt, nicht ohne Berücksichtigung des in der DDR geltenden Rechtsverständnisses beantwortet werden. Daher soll nun dargelegt werden, was dieses - sozialistische - Rechtsverständnis ausmacht. Dabei wird vor dem Hintergrund der fundamentalen Unterschiedlichkeit des Rechtsverständnisses in BRD und DDR deutlich werden, dass viele rechtsstaatswidrige Vorgehensweisen dem in der DDR geltenden Recht entsprachen. Daneben soll aber auch noch einmal unterstrichen werden, dass der obige systemimmanente Ansatz nicht die vollständige Straflosigkeit politischer Justiz der DDR zur Folge hat.

I. Die Grundlage: Der Marxismus-Leninismus

Die Rechtsauffassung der DDR war geprägt von der Weltanschauung des Marxismus-Leninismus. Diese kann hier zwar nicht vertieft dargestellt werden. Es sei aber auf einige grundlegende Züge hingewiesen. Die Aussagen des Marxismus-Leninismus über das Recht haben ihre Grundlage in der Theorie des dialektischen und historischen Materialismus[524]. Hierzu gehört das Axiom der philosophischen Seinslehre, das eigentliche wirklich Seiende sei nur das materielle Sein. Demgegenüber sei alles Geistige unselbständig und akzessorisch. Das Geistige sei (nur) Reflex des materiellen Seins, Spiegelung der materiellen Wirklichkeit, die konkret bestimmt sei durch die jeweiligen Produktionsverhältnisse. Daraus ergibt sich für die Sozialtheorie des Marxismus die Lehre von Basis und Überbau. Grundlage jeder Gesellschaftsordnung ist danach die ökonomische Basis; darüber erhebt sich als Reflex und Spiegelung dieser Basis ein juris-

---

523 *Schaefgen*, Die Strafverfolgung von Regierungskriminalität in der DDR, in: *Weber/Piazolo*, Eine Diktatur vor Gericht, S. 64.

524 Dazu übersichtlich: *Böckenförde*, Die Rechtsauffassung im kommunistischen Staat, S. 13ff.

tisch-politischer und ein ideologischer Überbau[525]. Das Recht ist danach Bestandteil des Überbaus.

Auf Stalin geht die wichtige Relativierung dieser Theorie zurück, wonach der Überbau nicht nur die ökonomische Basis widerspiegelt, sondern, einmal entstanden, auch in Wechselwirkung mit dieser steht und sie beeinflusst. Dem Überbau und damit dem Recht kommt also auch eine aktive Rolle gegenüber der Basis zu[526]. Hieraus wird bereits verständlich, dass das Rechtsverständnis der DDR ein instrumentelles war.

II. Das sozialistische Rechtsverständnis in der DDR – ein instrumentelles Rechtsverständnis

Das instrumentelle Rechtsverständnis ist mit der Theorie vom Klassencharakter des Rechts verbunden, welche auch in der DDR maßgeblich war. Danach ist das Recht der staatlich normierte und garantierte Wille der jeweils herrschenden Klasse[527]. Rechtsnormen sind damit von Natur aus, von ihrer Funktion und Aufgabe her, parteilich[528]. Das Recht dient nach diesem Verständnis der Aufrechterhaltung und Festigung der Herrschaft einer Klasse[529]. So sind der sozialistische Staat und sein Recht Instrumente zur Ausübung der politischen Herrschaft der Arbeiterklasse[530]. Das sozialistische Recht stellt ein Instrument des sozialistischen Staates dar, mit dessen Hilfe die Gesellschaft durch die Arbeiterklasse und ihre marxistisch-leninistische Partei geführt wird[531]. Das Recht wird als „Hebel" zur Erfüllung der Aufgaben bei der sozialistischen Umgestaltung der Gesellschaft betrachtet[532].

---

525 *Böckenförde*, a.a.O., S. 13 f.

526 *Stalin*, Der Marxismus und die Fragen der Sprachwissenschaft, S. 7 f.; vgl. dazu auch *Westen*, Die rechtstheoretischen und rechtsphilosophischen Ansichten Josef Stalins, S. 25 f.

527 *Klenner*, Der Marxismus-Leninismus über das Wesen des Rechts, S. 93.

528 *Klenner*, a.a.O., S. 40.

529 Autorenkollektiv, Einführung in die marxistisch-leninistische Staats- und Rechtslehre, S. 192, unter Bezugnahme auf Marx und Engels; Autorenkollektiv, Marxistisch-leninistische allgemeine Theorie des Staates und des Rechts, Bd. 1, S. 272 (Recht als Instrument der Klassenherrschaft).

530 Autorenkollektiv, Einführung in die marxistisch-leninistische Staats- und Rechtslehre, S. 95.

531 *Arlt/Stiller*, Entwicklung der sozialistischen Rechtsordnung in der DDR, S. 33.

532 *Klenner*, Der Marxismus-Leninismus über das Wesen des Rechts, S. 69; Autorenkollektiv, a.a.O., S. 96.

Auch die Rechtsprechung ist nach diesem Verständnis ein Mittel bewusster politisch-sozialer Gestaltung und Umgestaltung. Sie hat unmittelbar den (politischen) Zwecken der Staatsmacht zu dienen, sie in ihrem Bereich zu vollziehen; sie ist in den Staat eingebaut als aktive politische und gesellschaftsgestaltende Kraft, ist bevorzugtes Organ der staatlichen Leitung der Volksmassen[533]. Die Vermittlung politischer Lehren gehört zu den Aufgaben der Rechtspflege[534]. So war in der jeweils geltenden Fassung des GVG der DDR festgeschrieben, die Rechtsprechung habe dem Aufbau[535] bzw. Sieg[536] des Sozialismus zu dienen bzw. zur Lösung der Aufgaben der sozialistischen Staatsmacht bei der Gestaltung der entwickelten sozialistischen Gesellschaft beizutragen[537]. Nicht nur der Schutz der Staats-, sondern auch der sozialistischen Gesellschaftsordnung war ihre Aufgabe[538].

III. Dynamisches Rechtsverständnis und die Rolle der Partei

Die marxistisch-leninistische Rechtstheorie kann als dynamisches Rechtsverständnis bezeichnet werden. Die dynamische Rolle des Rechts lässt sich als Spezialfall der allgemeinen aktiv-umgestaltenden Funktion des neuen Überbaus begreifen. Danach hat sich das Recht, als Teil des von der ökonomischen Basis abhängigen Überbaus reagierend, nicht nur in den Prozess des determinierten Verlaufs der Geschichte einzupassen, sondern diesen zugleich (auf die Basis zurückwirkend) auch zu fördern[539]. Ebenso wie sich die materiellen Verhältnisse in den einzelnen Etappen der sozialistischen Staatlichkeit veränderten, würden auch für die Anwendung des sozialistischen Rechts entsprechende Probleme aufgeworfen[540]. An diese Dynamik knüpft sich die besondere Rolle der marxistisch-leninistischen Partei, also der SED, abgeleitet aus ihrem Führungsanspruch.

Der Führungsanspruch der Partei war – im Gegensatz zur ersten Verfassung der DDR von 1949 – in Art. 1 der DDR-Verfassung von 1968 und

533 *Böckenförde*, Die Rechtsauffassung im kommunistischen Staat, S. 66 f.
534 *Arlt/Stiller*, a.a.O., S. 262.
535 § 2 I DDR-GVG/1952.
536 § 2 I DDR-GVG/1959.
537 § 3 DDR-GVG/1974.
538 § 2 I DDR-GVG/1952, auch i.d.F.v. 1959, § 3 DDR-GVG/1974.
539 *Müller-Römer*, Die Grundrechte in Mitteldeutschland, S. 51.
540 *Haney*, Grundlagen der Theorie des sozialistischen Staates und Rechts, Teil II, S. 261.

(in leicht veränderter Formulierung) in der Verfassung von 1974 enthalten. Die Verfassung spricht dabei von der „Führung der Arbeiterklasse und ihrer marxistisch-leninistischen Partei". Darunter wurde die führende Rolle der Partei verstanden. Die „Führung durch die Arbeiterklasse und ihre marxistisch-leninistische Partei" war auch ein Prinzip der sozialistischen Rechtspflege. Sie galt in allen Staatsorganen einschließlich der Gerichte und der Staatsanwaltschaft[541].

Wichtiges Instrument zur Realisierung der führenden Rolle der Partei waren die Parteibeschlüsse. Den Parteibeschlüssen wurde eine prinzipielle Bedeutung für die Anwendung und Auslegung des sozialistischen Rechts beigemessen[542]. Da der konkrete Inhalt und Umfang der im Gesetz verwendeten Begriffe sich mit der Entwicklung der gesellschaftlichen Verhältnisse sowie mit der Bereicherung der Erkenntnisse verändere, müsse jeder Richter die Parteibeschlüsse gründlich auswerten und der eigenen Arbeit zugrunde legen. Diese vermittelten ihm die notwendige ideologische Klarheit über die Entwicklungsziele der jeweiligen Etappe[543]. Die staatlichen Ziele variierten nämlich nach den Stufen des sozialistischen Aufbaus, die von der Partei verbindlich interpretiert wurden[544]. Der Partei kommt darum systemgemäß großer Einfluss zu, denn ihre Rolle umfasst über die Analyse der gesellschaftlichen Lage hinaus auch die Definition der Zielvorgaben. Die Rolle der Partei als Interpretin der gesellschaftlichen Verhältnisse verdeutlicht auch ein vom damaligen Vizepräsident des OG mit verfasster Aufsatz:

> „Um das Verhältnis zwischen den Beschlüssen der marxistisch-leninistischen Partei der Arbeiterklasse, dem sozialistischen Recht und der sozialistischen Gerechtigkeit richtig zu verstehen, muß davon ausgegangen werden, daß *das sozialistische Recht und die sozialistische Gesetzlichkeit ihre Grundlage in der historischen Notwendigkeit selbst haben, die von der Partei der Arbeiterklasse entsprechend den jeweiligen Entwicklungsbedingungen aufgedeckt und bewußt gemacht wird.*"[545]

Nach der dynamischen Rechtsauffassung muss sich das Recht fortwährend verändern und angleichen an die erreichte gesellschaftliche Entwicklungslage und deren – von der Partei festgestellte – Erfordernisse. Neben der Erneuerung durch die Gesetzgebung verändert und entwickelt sich das sozialistische Recht auch im Rahmen der gleichbleibenden gesetz-

541 Vgl. Autorenkollektiv, Einführung in die marxistisch-leninistische Staats- und Rechtslehre, S. 158.

542 *Haney*, a.a.O., S. 261.

543 *Herrmann/Schüsseler*, NJ 1963, S. 131.

544 *Böckenförde*, Die Rechtsauffassung im kommunistischen Staat, S. 68.

545 *Jahn/Petzold*, NJ 1961, S. 117 (Hervorhebung v. d. zitierenden Verf.).

lichen Form[546]. So muss immer die „Synthese“ von Gesetzesregel und konkreter gesellschaftlicher Lage gesucht werden, was in der Sache die „stete Umbildung des Rechts unter dem Deckmantel der Interpretation“ bedeutet[547]. Anders ausgedrückt: Das Recht nimmt stets die aktuellen politischen Zielsetzungen der Parteiführung unverzüglich und unmittelbar in die Einzelnormen auf, ohne dass dafür besondere juristische Transaktionsakte notwendig wären[548].

Die daraus von *Müller-Römer* gezogene Schlussfolgerung, eine Spannung oder gar Kluft zwischen Verfassungsrecht und Verfassungswirklichkeit könne nach dem dynamischen Rechtsverständnis niemals bestehen[549], kann jedoch nicht uneingeschränkt mit vollzogen werden, da die dynamische Rechtsauffassung in der DDR durch das Zugeständnis einer im Gesetzeswortlaut liegenden Auslegungsgrenze eine Einschränkung erfahren hat[550]. Wenn es also hieß, die Auslegung müsse auf der Politik der Arbeiterklasse und ihrer Partei in der konkreten Etappe der gesellschaftlichen Entwicklung basieren, so galt dies unter der Voraussetzung, dass dabei der Rahmen des gesetzlichen Wortlauts gewahrt war[551]. In einer um 1959 geführten Debatte konnte sich die Ansicht, dass eine Überschreitung der Grenzen einzelner Rechtsnormen zulässig sei, wenn dadurch der revolutionäre Umwälzungsprozess beschleunigt würde, nicht durchsetzen. Letztlich wurde anerkannt und auch 1967 vom OG der DDR bestätigt, dass Richter nicht unter Berufung auf Parteibeschlüsse und politische Notwendigkeiten Gesetze außer Acht lassen durften. Dies wird im Zusammenhang mit der Wortlautgrenze bei der Auslegung näher dargestellt[552].

Dennoch haben die Darlegungen zum dynamischen Rechtsverständnis wohl bereits gezeigt, dass Recht und Politik auf das Engste verquickt waren. Gleiches zeigt sich auch in dem Grundsatz der sozialistischen Gesetzlichkeit, dessen Auswirkungen auf die strafrechtliche Bewertung des politisierten Handelns der DDR-Justiz im Folgenden untersucht werden.

---

546 *Herrmann/Schüsseler*, NJ 1963, S. 131.
547 *Böckenförde*, Die Rechtsauffassung im kommunistischen Staat, S. 41.
548 *Müller-Römer*, Die Grundrechte in Mitteldeutschland, S. 207.
549 *Müller-Römer*, a.a.O., S. 207.
550 Dazu u., C.II.1.
551 Autorenkollektiv, Strafrecht der DDR, S. 140.
552 Siehe u., C.II.1.

IV. Das Prinzip der sozialistischen Gesetzlichkeit und die Rolle der Partei

Das Verhältnis von Staat und Partei blieb in der DDR-Justiz strukturell ungeklärt[553]. Die Führungsrolle der Partei wirkte sich - wie auch bei dem dynamischen Wesen des Rechts - insbesondere im Rahmen der sozialistischen Gesetzlichkeit aus. Bis Mitte der 50er Jahre sprach man überwiegend von „demokratischer Gesetzlichkeit"[554]. Der später gebräuchliche Begriff „sozialistische Gesetzlichkeit" tauchte in der DDR erstmals 1952 auf[555]. Da die beiden Begriffe nicht inhaltsverschieden sind, wird hier durchgängig der Begriff der sozialistischen Gesetzlichkeit verwendet. Er wurde in der Rechtspflege in der DDR zum Leitbegriff[556].

Die sozialistische Gesetzlichkeit war rechtlich festgeschrieben, und zwar in § 18 DDR-GVG/1959, § 45 DDR-GVG/1974 (Pflicht der Richter zur Durchsetzung der sozialistischen Gesetzlichkeit in der Rechtsprechung) sowie in Art. 19 I 2 und (als Aufgabe der Rechtspflege) in Art. 90 I DDR-Verf. von 1968/1974. Auch § 11 I 2 DDR-StPO/1968 schrieb noch einmal konkret vor, gerichtliche Entscheidungen müssten den Grundsätzen der sozialistischen Gesetzlichkeit entsprechen.

Die sozialistische Gesetzlichkeit hat viele Facetten, die hier nicht alle ausführlich anzusprechen sind. Sie ist ein Prinzip der Rechtsprechung wie auch der Verwaltung und aller anderen staatlichen und gesellschaftlichen Organe[557]. Sie bedeutet als grundlegendes Prinzip der Machtausübung des sozialistischen Staates, dass alle gesellschaftlichen Verhältnisse, die der (rechtlichen) Gestaltung und des rechtlichen Schutzes bedürfen, rechtlich zu regeln sind und die rechtlichen Regelungen für alle Staatsorgane, Kollektive und Organisationen sowie für alle Bürger verbindlich und strikt einzuhalten sind[558]. Diese Forderung richtet sich primär an die Staatsorgane und Staatsfunktionäre. In diesem Sinne heißt Gesetzlich-

---

553 *Rottleuthner*, Steuerung der Justiz, in: Bundesministerium der Justiz (Hrsg.),Im Namen des Volkes?, S. 228.

554 *Benjamin*, NJ 1951, 153; OG NJ 1951, 223; *Benjamin*, NJ 1953, 477; *ebenda*, 509; *dies.*, NJ 1954, 223; *Lekschas/Renneberg*, NJ 1955, 36.

555 Vgl. *Kröger*, NJ 1952, 340.

556 *Roggemann*, Gutachterliche Stellungnahme, in: Rottleuthner (Hrsg.), Das Havemann-Verfahren, S. 222.

557 *Benjamin*, NJ 1951, 154 f.

558 Institut für Theorie des Staates und des Rechts (Hrsg.), Marxistisch-leninistische Staats- und Rechtstheorie, S. 423 m. w. N.; Autorenkollektiv, Grundlagen der Rechtspflege, S. 25.

keit unter anderem, dass sich die staatliche Leitungstätigkeit im Rahmen der Rechtsvorschriften zu bewegen hat[559]. Sozialistische Gesetzlichkeit beinhaltet auch, dass sozialistische Vorstellungen in Rechtsnormen umgesetzt und diese damit parteilich im Sinne der Klasseninteressen der Arbeiterklasse werden.

Die Bedeutung des Begriffs der sozialistischen Gesetzlichkeit für die Justiz soll im Folgenden näher dargelegt werden. Der Begriffsinhalt ist nicht generell, sondern nur abhängig vom jeweiligen Zeitabschnitt in der Entwicklung der DDR zu bestimmen[560]. Er wird maßgeblich vom Begriff der Parteilichkeit mitgeprägt, deren Rolle wechselnden Interpretationen unterlag. Daher soll zunächst insbesondere versucht werden, das Verhältnis von Gesetzlichkeit und Parteilichkeit zu klären und Konsequenzen aufzuzeigen. Anschließend ist auf Fragen einzugehen, die sich im Zusammenhang mit der richterlichen Unabhängigkeit stellen.

1. Gesetzlichkeit und Parteilichkeit

a) *Zum Verhältnis von Gesetzlichkeit und Parteilichkeit in den 50er Jahren*

1950 formulierte das OG, es sei ein wesentliches Prinzip der demokratischen (= sozialistischen) Gesetzlichkeit, „daß die Richter einerseits an die geltenden Gesetze gebunden sind, andererseits aber diese im Sinne der antifaschistisch-demokratischen Ordnung anzuwenden haben."[561]. Den hier bereits angelegten Antagonismus entwickelte die Justizministerin *Hilde Benjamin* 1954 und insbesondere 1958 weiter, indem sie die demokratische bzw. sozialistische Gesetzlichkeit in der dann gängigen Formel als *„(dialektische) Einheit von strikter Einhaltung der Rechtsnormen und Parteilichkeit ihrer Anwendung"* definierte[562]. Sozialistische Gesetzlichkeit bedeute zwar strikte Einhaltung der Gesetze, aber nicht ihre formale, allein am Buchstaben klebende, sondern ihre parteiliche Anwendung[563]. Diese Begriffsbestimmung war die zeitweilig offiziell geltende[564]. Zwischenzeitliche Aufweichungstendenzen wurden alsbald zurückgedrängt[565].

---

559 *Bley/Schüsseler*, StuR 1974, 1476.

560 *Preuss*, Der Begriff der sozialistischen Gesetzlichkeit in der DDR, S. 49.

561 OG NJ 1951, 223.

562 *Benjamin*, NJ 1954, 223; *dies.*, NJ 1958, 437 und 509, ebenso *Melsheimer*, NJ 1958, 511.

563 *Benjamin*, NJ 1958, 368; ähnlich schon *dies.*, NJ 1954, 223.

564 *Preuss*, Der Begriff der sozialistischen Gesetzlichkeit in der DDR, S. 47.

565 Zu der für kurze Zeit als der offiziellen Auffassung entsprechenden oder zumindest nahekommenden, da im offiziellen Organ „Neue Justiz" veröffentlichten (Publi-

b) Die Bedeutung der Parteilichkeit im Allgemeinen

Der Begriff der Parteilichkeit ist auf verschiedene Weise erläutert worden. Westliche Autoren charakterisierten die Parteilichkeit in dem Sinne, dass jede Norm so anzuwenden sei, dass sie dem nütze, was unter dem gesellschaftlichen Fortschritt zu verstehen sei[566]. Individuelle Interessen seien nur beachtlich, wenn und soweit sie mit der Generallinie der Parteiführung übereinstimmen[567]. Dies fügt sich ein in Erläuterungen von sozialistischer Seite.

Parteilichkeit bedeutete danach, die sozialistische Gesetzlichkeit sei „von den Klasseninteressen der Arbeiterklasse und ihrer Verbündeten geprägt" und erfordere das „bewußte Eintreten für die Interessen der Werktätigen"[568]. Unter Parteilichkeit der Rechtspflege wurde ihr bewusstes und konsequentes Wirken für die Festigung, den Schutz und die Entwicklung der sozialistischen Gesellschaftsverhältnisse verstanden[569], Anwendung der Gesetze für die Sache des Sozialismus und des werktätigen Volkes[570]. Oder kurz: Sozialistisches Recht parteilich anzuwenden hieß, „dem Sozialismus dienen"[571]. So fasste es *Hilde Benjamin* 1958 zusammen, nachdem sie zuvor schon erläutert hatte:

> „Das Gesetz parteilich anwenden heißt, es so anzuwenden, wie es der Auffassung der Mehrheit der Werktätigen und damit den Zielen der Partei der Arbeiterklasse und der Regierung entspricht."[572]

Da nach der Ideologie die Mehrheit der Werktätigen von der Partei als ihrer Avantgarde repräsentiert wurde, man ihre Auffassung also mit der

---

kationen hierin bedurften der Zustimmung der Abteilung „Staats- und Rechtsfragen" des ZK der SED - so *Rottleuthner*, Steuerung der Justiz, in: Bundesministerium der Justiz [Hrsg.], Im Namen des Volkes?, S. 226) Meinung von *Artzt* (NJ 1956, S. 581 ff.) über das Verhältnis von sozialistischer Gesetzlichkeit und Parteilichkeit, wonach Einhaltung der Gesetzlichkeit auch Wahrung der Parteilichkeit bedeute, ohne dass die parteiliche Rechtsanwendung ein Mehr erfordere, da das Recht selbst parteilich sei, und zur Wiederherstellung des orthodoxen Begriffs der Parteilichkeit: *Preuss*, a.a.O., S. 37 ff. Zum späteren Einschwenken der offiziellen Linie auf diese Formulierungen vgl. u.,B.IV.1.d).

566 *Mampel*, Das Recht in Mitteldeutschland, S. 78.

567 *Müller-Römer*, Grundrechte in Mitteldeutschland, S. 49.

568 Autorenkollektiv, Grundlagen der Rechtspflege, S. 26.

569 Autorenkollektiv, a.a.O., S. 26.

570 *Ranke/Jahn*, NJ 1958, 519; ähnlich schon *Benjamin*, NJ 1954, 223 (Anwendung der Gesetze im Interesse der Werktätigen).

571 *Benjamin*, NJ 1958, 509.

572 *Benjamin*, NJ 1958, 368.

der Partei(führung) gleichsetzte[573], kam der Partei eine wichtige Rolle zu. Allerdings wäre es etwas verkürzend zu sagen, Parteilichkeit sei gleichbedeutend mit der Unterwerfung unter die Beschlüsse der Partei[574]. Zutreffender erscheint die Deutung, Parteilichkeit der Rechtspflege meine die Bereitschaft, das Recht im Sinne der Forderungen der Parteiziele und Parteiinteressen, die auch die Staatsziele und Staatsinteressen seien, anzuwenden. Sie bedeute mithin den Willen zur ideologiekonformen Auslegung[575]. Genauer sollte man von parteibeschlusskonformer Auslegung sprechen. Daraus folgt die Bindung der Rechtspflege an eine ideologiegerechte Rechtsanwendung, wobei über die Frage der Ideologiegerechtigkeit nicht der Richter selbst, sondern die Partei als Sachwalterin und autoritative Interpretin der Ideologie entscheidet[576].

Da die Parteibeschlüsse den konkreten Stand der sozialistischen Entwicklung, des Wirkens der gesellschaftlichen Gesetze und der sich daraus ergebenden Aufgaben sowie die grundlegenden Methoden zu ihrer Lösung darstellen[577], unterliegen die Ergebnisse der parteibeschlusskonformen Auslegung einem Wandel. Im Grunde ist die Parteilichkeit „nichts anderes als eine Neuformulierung des schon seit je bestehenden dynamischen Aspekts der Gesetzlichkeit“[578]. Sie kann daher auch nur mit den Einschränkungen bestehen, die bereits beim dynamischen Rechtsverständnis genannt wurden, und auf die noch zurückzukommen ist[579].

c) *Die Bedeutung der Parteilichkeit bei der Anwendung und Auslegung sog. tradierten oder sanktionierten Rechts*

Die Anwendung des Prinzips der sozialistischen Gesetzlichkeit ermöglichte vor allem die Umdeutung von Normen aus vorsozialistischer Zeit, die zunächst von der DDR übernommen wurden (insbes. das BGB und das StGB), sog. tradiertes oder sanktioniertes Recht. Solche Normen blieben zwar dem Wortlaut nach unverändert, waren aber im Sinne der Verfassung auszulegen (Art. 144 I 4 DDR-Verf./1949). Sie wurden nun nicht mehr als bürgerliche Gesetze, sondern als Gesetze einer Arbeiter- und Bauernmacht betrachtet, die nicht mehr dem Schutz der „Kapitalisten-

---

573 *Böckenförde*, Die Rechtsauffassung im kommunistischen Staat, S. 70.
574 So aber *Sagel-Grande*, Grundzüge des Strafrechts der DDR, S. 15.
575 *Böckenförde*, a.a.O., S. 69 f.
576 *Böckenförde*, a.a.O., S. 68 f.
577 *Benjamin*, NJ 1962, 765.
578 *Preuss*, Der Begriff der sozialistischen Gesetzlichkeit in der DDR, S. 30.
579 S. o., B.III., sowie u., B.VIII. und C.II.1.

klasse" dienten, sondern den Werktätigen halfen, die Kapitalisten zu entmachten[580]. Mit der Sanktionierung durch den sozialistischen Staat wurde ihnen ein inhaltlicher Wandel zugesprochen. Die Form des alten Rechts werde ausgenutzt und mit neuem „Klasseninhalt" erfüllt[581]. So kam der Aspekt der Parteilichkeit zum Tragen.

Wie insbesondere Generalklauseln, etwa §§ 138, 242 BGB, unter veränderten Vorzeichen uminterpretiert werden können, hat *Rüthers* für das Recht im Nationalsozialismus aufgezeigt[582]. In der DDR bekannte man sich ausdrücklich zu solchem Vorgehen[583]. Hiermit sind Ergebnisse erzielbar, die sich meist nicht als Rechtsbeugung erfassen lassen. Beispielhaft zeigt dies die Auslegung des Kammergerichts (Ost-) Berlin zum neuen Inhalt des § 138 BGB und damit zum Begriff der Sittenwidrigkeit:

> „Sittenwidrigkeit ist nach der bekannten Definition des ehemaligen Reichsgerichts anzunehmen, wenn das Rechtsgeschäft nach seinem Gesamtcharakter mit dem Anstandsgefühl aller billig und gerecht Denkenden unvereinbar ist (RGZ 80, 221).
>
> Die Feststellung, was im einzelnen der Anschauung aller ‚billig und gerecht Denkenden' entspricht, kann nicht abstrakt getroffen werden. Sie ist vielmehr klassengebunden und wandelt sich mit dem Klasseninhalt des jeweiligen Staates. Der Begriff der Sittenwidrigkeit kann daher nur aus den jeweiligen gesellschaftlichen Verhältnissen abgeleitet werden. Er ist ebenso wie das Recht und andere Erscheinungen des Überbaus von dem ökonomischen Inhalt und den Zielen der jeweiligen Gesellschaftsordnung abhängig. In der antifaschistisch-demokratischen Ordnung findet er seinen Maßstab an dem, was die Masse der Werktätigen als gerecht und billig ansieht, was im einzelnen aus dem von der werktätigen Bevölkerung, insbesondere durch ihr Machtinstrument, den Staat, bekundeten Willen zu ersehen ist. Daher erhält der Begriff der ‚guten Sitten' in der antifaschistisch-demokratischen Ordnung seinen Inhalt aus der sozialökonomischen Struktur, dem Ziel und den Aufgaben unseres Staates. Deshalb müssen Rechtsgeschäfte, die dem Inhalt, dem Ziel und den Aufgaben der antifaschistisch-demokratischen Ordnung widersprechen, sittenwidrig und damit nichtig sein."[584]

d) Die Bedeutung der Parteilichkeit nach dem Staatsratsbeschluss vom 30. Januar 1961

Nachdem es Ende der 50er Jahre Meinungsverschiedenheiten über Begriff und Inhalt der sozialistischen Gesetzlichkeit gegeben hatte[585], stellte der Staatsrat am 30. Januar 1961 in einem Beschluss klar:

---

580 *Klenner*, Der Marxismus-Leninismus über das Wesen des Rechts, S. 48.

581 Institut für Theorie des Staates und des Rechts (Hrsg.), Marxistisch-leninistische Staats- und Rechtstheorie, S. 398.

582 *Rüthers*, Die unbegrenzte Auslegung, S. 210 ff., 216 ff.; *ders.*, Entartetes Recht, S. 181.

583 *Klenner*, a.a.O., S. 48.

584 KG NJ 1952, 35, 36.

585 Vgl. dazu u., C.II.1.

„Die sozialistische Gesetzlichkeit verlangt die allseitige, genaue Beachtung des gesetzlichen Tatbestandes.“[586]

Damit wurde nach der Beurteilung westlicher Autoren die Begriffsbestimmung der sozialistischen Gesetzlichkeit als Einheit von strikter Einhaltung der Gesetze und Parteilichkeit ihrer Anwendung aufgegeben[587]. Dem entspricht, dass *Karl Polak*, Mitglied des Staatsrates, in einem Aufsatz zu dem zitierten Staatsratsbeschluss die Formel *Hilde Benjamins* als verhängnisvoll bezeichnete. Sie bringe den ganzen Widerspruch zum Ausdruck, der in der Übernahme der alten Form liege, da das Recht der Parteilichkeit und damit dem sozialistischen Staat entgegengestellt werde[588]. Es sei falsch, führten weitere DDR-Autoren aus, von einer dialektischen Einheit der Begriffe zu sprechen, da diese den Gegensatz in sich einschließen würde. Parteilichkeit und Gesetzlichkeit seien keine alternativen Begriffe, sie stünden zueinander im Verhältnis des Enthaltenseins. Die sozialistische Gesetzlichkeit sei Ausdruck der Parteilichkeit[589]. Dementsprechend wurde nunmehr betont:

„Unsere Justiz- und Staatsfunktionäre entscheiden parteilich, *indem* sie unser sozialistisches Recht anwenden (...). Es kann also nicht heißen: parteilich steht die Frage so, aber rechtlich anders. Eine solche Trennung und Gegenüberstellung würde zwangsläufig dazu führen, daß das vom sozialistischen Staat gesetzte Recht von außen durch das, was der einzelne gesondert für parteilich hält, korrigiert, d. h. verletzt wird.“[590]

Immerhin taucht das Wort von der dialektischen Einheit in einem 1961 vom Vizepräsidenten des OG, *Jahn*, mit verfassten Aufsatz noch auf – allerdings bereits mit gewandelter Bedeutung. Darin wurde formuliert, die Parteilichkeit bestehe in der exakten Verwirklichung der objektiven Gesetzmäßigkeiten der gesellschaftlichen Entwicklung. Es gebe keine Parteilichkeit in der Anwendung des sozialistischen Rechts außerhalb dieser historischen Notwendigkeit. Parteilichkeit und Gesetzmäßigkeit der gesellschaftlichen Entwicklung bildeten im sozialistischen Recht eine untrennbare Einheit. Wenn das Gesetz entsprechend seinem Wesen und seiner konkreten Aufgabenstellung exakt verwirklicht werde, dann

586 NJ 1961, 74.

587 *Preuss*, Der Begriff der sozialistischen Gesetzlichkeit in der DDR, S. 47; *F.- C. Schroeder*, Das Strafrecht des realen Sozialismus, S. 72.

588 *Polak*, NJ 1961, 146; ebenso *ders.*, StuR 1961, 609 f.; zust. *Haney*, Grundlagen der Theorie des sozialistischen Staates und Rechts, Teil II, S. 240.

589 *Haney*, Grundlagen der Theorie des sozialistischen Staates und Rechts, Teil II, S. 240, 242; ähnlich Institut für Theorie des Staates und des Rechts (Hrsg.), Marxistisch-leninistische Staats- und Rechtstheorie, S. 426; *Lehmann/Weber*, NJ 1969, 608.

590 *Buchholz*, NJ 1961, 746 f. (Hervorhebung v. d. Verf.).

werde das sozialistische Recht auch parteilich und gerecht angewandt, dann bildeten Gesetzlichkeit, Parteilichkeit und Gerechtigkeit eine dialektische Einheit[591]. *Petzold* ergänzte, die Parteilichkeit des sozialistischen Rechts liege in seinem Wesen selbst begründet. Jeder Versuch, irgendwelche Kriterien für die Parteilichkeit des sozialistischen Rechts außerhalb seines geschichtlichen Wesens zu finden, bedeute Subjektivierung und Willkür, habe mit dem sozialistischen Recht nichts gemein, schade dem sozialistischen Aufbau[592].

Preuss fasst die Stellungnahmen zur Begrifflichkeit dahingehend zusammen, die Parteilichkeit solle nunmehr der Gesetzlichkeit immanent sein. Er sieht darin lediglich ein Spiel mit Worten, das das Problem des Verhältnisses zwischen gesetzestreuer Anwendung der Normen und ihrer Auslegung im Sinne der Generallinie der Partei nicht löse. Dem Wesen nach habe sich an der früheren Begriffsbestimmung durch *Hilde Benjamin* nichts geändert[593]. So betont denn auch *Polak*, wer die Feststellung aus dem Staatsratsbeschluss vom 30. Januar 1961 als ein Zurück zur abstrakten Tatbestandsmäßigkeit und damit zur bürgerlichen Rechts- und Gesetzeslehre verstehe, der verstehe sie gründlich falsch[594].

Man kann wohl sagen, dass die parteiliche Anwendung der Gesetze nicht aufgegeben, sondern lediglich ideologisch anders vermittelt werden sollte. Die Verwerfung der Formel *Benjamins* ist allenfalls formal. Selbst wenn die Bedeutung der Parteilichkeit nach außen hin relativiert werden sollte, so bleiben auch bei einer „Beschränkung“ der Parteilichkeit auf die Durchsetzung der „objektiven Gesetzmäßigkeiten der gesellschaftlichen Entwicklung“ als historischer Notwendigkeit viele politisch opportune Urteile im System der sozialistischen Gesetzlichkeit.

e) Die weitere Entwicklung des Begriffs der sozialistischen Gesetzlichkeit und die Rolle der Parteibeschlüsse

Mit zunehmender Umgestaltung der Normen und damit der Festigung der sozialistischen Gesetzlichkeit im Sinne der Verwirklichung von Parteilichkeit im Wege der Gesetzgebung und im Zuge der Konsolidierung des Systems schwand die Bedeutung der Parteilichkeit bei der Auslegung, vor

---

591 *Jahn/Petzold*, NJ 1961, 117 und 119.

592 *Petzold*, StuR 1961, 671; ähnlich schon *Jahn/Petzold*, NJ 1961, 119; ähnlich auch *Buchholz*, NJ 1961, 746: Das sozialistische Recht sei seinem Wesen nach parteilich, denn Parteilichkeit sei nichts anderes als Durchsetzung des historisch Notwendigen.

593 *Preuss*, Der Begriff der sozialistischen Gesetzlichkeit in der DDR, S. 48.

594 *Polak*, NJ 1961, 151; *ders.*, StuR 1961, 621.

allem während der 70er Jahre[595]. Allerdings blieb es dabei, dass die Auslegung als parteilicher Vorgang verstanden wurde[596]. Den Parteibeschlüssen wurde weiterhin große Bedeutung für die Auslegung zugesprochen. Sie hätten nicht etwa bloß einen das sozialistische Recht ergänzenden und modifizierenden Sinn; vielmehr gäben sie dem sozialistischen Recht Inhalt, Ziel und Funktion[597]. Die Auslegung müsse von der Politik der Arbeiterklasse und ihrer Partei in der konkreten Etappe der gesellschaftlichen Entwicklung ausgehen. Die Beschlüsse der SED legten die Grundlinien und Zielsetzungen der Gesellschaftsentwicklung und -gestaltung fest. Sie bildeten damit auch den Schlüssel für die Erkenntnis des konkreten Inhalts der Schutzfunktion des sozialistischen Strafrechts[598].

Verwirklichung des Parteiprogramms und Rechtsverwirklichung wurden als eins angesehen[599]. Die Bindung an die Parteibeschlüsse wurde 1969 sogar normativ abgesichert durch § 2 II und III der VO über die Pflichten, die Rechte und die Verantwortlichkeit der Mitarbeiter in den Staatsorganen vom 19.2.1969[600]. Danach sind Grundlage für die Tätigkeit der Leiter und anderen Beschäftigten (Mitarbeiter) in den Staatsorganen die Beschlüsse der Partei der Arbeiterklasse. Diese sind ebenso wie die Gesetze und anderen Rechtsvorschriften auszuwerten und konsequent durchzuführen. Damit wurde den Parteibeschlüssen über die Bindung der Parteimitglieder hinaus Allgemeinverbindlichkeit zuerkannt[601]. Festzuhalten ist aber, dass die angeführte Verordnung ausdrücklich nicht für Richter und Staatsanwälte galt (§ 1 II der Verordnung). Mit dem Gesetz über die Staatsanwaltschaft von 1977 wurde geregelt, dass die Staatsanwaltschaft „in Verwirklichung der Beschlüsse der Partei der Arbeiterklasse" auf der Grundlage der Verfassung, der Gesetze und anderen Rechtsvorschriften tätig wird (§ 1 I StAG/1977)[602]. Da allerdings fast sämt-

595 *Menzel*, Die Bedeutung des Rechts in der DDR, S. 44 und 53; *Lieser-Triebnigg*, Recht in der DDR, S. 11.

596 Institut für Theorie des Staates und des Rechts (Hrsg.), Marxistisch-leninistische Staats- und Rechtstheorie, S. 580; *Lekschas/Renneberg u.* a., Strafrecht AT. Lehrbuch, Aufl. 1978, S. 152.

597 *Haney*, NJ 1976, 605.

598 *Lekschas/Renneberg u.* a., Strafrecht AT. Lehrbuch, 2. Aufl. 1978; Autorenkollektiv, Strafrecht der DDR (1. Aufl. 1988), S. 140.

599 *Haney*, a.a.O., 605.

600 GBl DDR II S. 163.

601 *Mampel*, Die sozialistische Verfassung der DDR, Art. 1 Rn. 36.

602 Näher dazu Kapitel 9, A.

liche Justizjuristen Mitglieder der Partei waren[603], waren bereits vorher die Parteibeschlüsse aus diesem Grunde für sie als Parteimitglieder unmittelbar verbindlich. Die in den Rechtspflegeorganen tätigen Mitglieder der Partei waren als Genossen verpflichtet, sich für die Verwirklichung der Parteibeschlüsse in der Tätigkeit der Rechtspflegeorgane einzusetzen[604]. Für Nichtparteimitglieder waren diese jedenfalls mittelbar verbindlich, denn Parteibeschlüsse wurden zwar selbst nicht als Rechtsnormen, aber als verbindliche Grundlage der Entwicklung des sozialistischen Rechts[605] und als „unabdingbare Grundlage" für die Tätigkeit der Rechtspflegeorgane betrachtet[606]. Allerdings ist die Konkretheit der Parteibeschlüsse nicht zu überschätzen. Die Beschlüsse des ZK enthielten „wichtige Hinweise und Anleitung" und lenkten vor allem „die Aufmerksamkeit der Justizorgane auf die jeweilig wichtigsten Gebiete, denen diese ihre ganze Aufmerksamkeit zuwenden" mussten[607].

Im Strafrechtslehrbuch von 1988 ist von Parteilichkeit keine Rede mehr, nur noch von strikter Übereinstimmung mit den Gesetzen[608]. Dies kann aber nicht als Aufgabe des Prinzips der sozialistischen Gesetzlichkeit verstanden werden.

---

603 *Schuller*, Geschichte und Struktur des politischen Strafrechts der DDR bis 1968, S. 373; näher dazu *Rottleuthner*, Zur Steuerung der Justiz in der DDR, in: Rottleuthner (Hrsg.: BMJ), Steuerung der Justiz in der DDR, S. 38; *Werkentin*, Strafjustiz im politischen System der DDR, in: Rottleuthner (Hrsg.: BMJ), Steuerung der Justiz in der DDR, S. 128.

604 Autorenkollektiv, Grundlagen der Rechtspflege, S. 23.

605 Autorenkollektiv, Einführung in die marxistisch-leninistische Staats- und Rechtslehre, S. 213.

606 Autorenkollektiv, Grundlagen der Rechtspflege, S. 22.

607 *Benjamin*, NJ 1954, 97. Vgl. auch Autorenkollektiv, Grundlagen der Rechtspflege, S. 22: Danach liegt die Bedeutung der Parteibeschlüsse u.a. darin, dass die SED in ihnen die „Strategie und Taktik zur weiteren Gestaltung der sozialistischen Gesellschaft heraus(arbeitet) und auf diese Weise die gesellschaftspolitischen Grundlagen auch für die Entwicklung und Wirksamkeit der Rechtsordnung und Gesetzlichkeit (bestimmt)" sowie „auf die gesellschaftlich notwendigen Schritte zur weiteren Vervollkommnung der sozialistischen Rechtsordnung und Gesetzlichkeit, insbesondere auf die entscheidenden Probleme und Aufgaben der Rechtssetzung und Rechtsverwirklichung, der Rechtsarbeit und Rechtserziehung und somit auch auf die Vervollkommnung der rechtlichen Grundlagen, des Inhalts und der Arbeitsweise der Rechtspflege" orientiert.

608 Autorenkollektiv, Strafrecht der DDR, S. 117.

f) Zwischenergebnis

Letztlich blieb die Beziehung zwischen Parteilichkeit und Gesetzlichkeit rätselhaft[609]. Ihre Widersprüchlichkeit kommt in dem Ausspruch eines Oberrichters zum Ausdruck: „Wenn ich juristisch richtig entscheide, so ist es politisch falsch; entscheide ich politisch richtig, dann ist es juristisch falsch"[610]. Zwar wurde eine solche Sichtweise - zumindest nach dem Beschluss des Staatsrats von 1961 - dogmatisch abgelehnt, doch auch die stärkere Betonung der Grenzen der Parteilichkeit[611] konnte den Widerspruch allenfalls abmildern. Dem Rechtsanwender blieb aufgrund des Deutungsmonopols der SED zumindest die Unsicherheit, ob er innerhalb seines Spielraumes der Forderung nach Parteilichkeit ausreichend entsprochen habe. Wenn dann in Einzelfällen solchen Orientierungsproblemen von oben abgeholfen wurde, so war dies durchaus im Rahmen der Steuerung zur Sicherung der Konformität des „Rechtsstabes" intendiert[612]. Nicht jede Art der Justizsteuerung[613] entsprach allerdings dem DDR-Recht. Auf die Grenzen wird noch näher eingegangen[614]. Für die Gesetzesauslegung zieht der Wortlaut in gleicher Weise, wie es schon unter dem Gesichtspunkt des dynamischen Rechtsverständnisses angesprochen wurde[615], die Grenze der zulässigen parteilichen Ausrichtung justiziellen Handelns. In diesem Rahmen aber kann den DDR-Richtern alleine die Berücksichtigung der Parteilichkeit, insbesondere die Ausrichtung der Gesetzesauslegung an den Parteibeschlüssen, grundsätzlich nicht als Rechtsbeugung angelastet werden.

2. Sozialistische Gesetzlichkeit und richterliche Unabhängigkeit

Art. 127 der DDR-Verfassung von 1949 sowie Art. 96 I der Verfassungen von 1968 und 1974 proklamierten die richterliche Unabhängigkeit sowie die ausschließliche Unterworfenheit unter Verfassung und Gesetz. Diese

609 So auch *Rottleuthner*, Steuerung der Justiz, in: Bundesministerium der Justiz (Hrsg.),Im Namen des Volkes?, S. 228, *Schuller*, Geschichte und Struktur des politischen Strafrechts der DDR bis 1968, S. 375.

610 Wiedergegeben bei *Rottleuthner*, Steuerung der Justiz, in: Bundesministerium der Justiz (Hrsg.), Im Namen des Volkes?, S. 228

611 Vgl. dazu o., B.III, sowie v.a. u., C.II.1.

612 *Rottleuthner*, a.a.O., S. 221, 228.

613 Zum Begriff der „Steuerung" siehe *Rottleuthner*, a.a.O., S. 228 Fn. 1.

614 Dazu u., C. und C. ., sowie sogleich, B.IV.2.a).

615 Siehe o., B.III.

Grundsätze wurden in § 5 DDR-GVG/1952, § 7 DDR-GVG/1959, § 1 III DDR-GVG/1963 und § 5 II DDR-GVG/1974 wiederholt.

Das sozialistische Verständnis von richterlicher Unabhängigkeit unterschied sich jedoch erheblich von dem eines bürgerlichen Rechtsstaates[616]. Die Wählbarkeit und Abberufbarkeit der Richter war verfassungsrechtlich verankert (Art. 95 DDR-Verf./1968 und 1974 - unter der DDR-Verf./1949 war dies jedenfalls in eingeschränktem Maße teilweise verfassungsrechtlich, teilweise einfachgesetzlich geregelt[617]), so dass es keine persönliche Unabhängigkeit gab. Eine Unabsetzbarkeit von Richtern wurde als Nichtverantwortlichkeit vor dem Volk gesehen[618].

Als Mitglieder der Partei waren Richter und Staatsanwälte der Partei für ihre Handlungen verantwortlich und unterlagen deren Kontrolle[619]. Eine solche Bindung an eine politische Partei ist mit richterlicher Unabhängigkeit im westlich-rechtsstaatlichen Sinne nicht zu vereinbaren[620], wohl aber mit dem verengten sozialistischen Verständnis von Unabhängigkeit. Unabhängigkeit und Parteilichkeit der Richter waren danach „untrennbar miteinander verbunden". Unter Hinweis auf die Verantwortung gegenüber den Werktätigen wurde erwartet, dass die richterliche Entscheidung die Bereitschaft widerspiegele, die von der Partei und der Regierung gefassten Beschlüsse durchzusetzen[621].

Dies wirft die Frage auf, ob die Partei auch befugt war - sei es über Parteifunktionäre, sei es über (von der Partei bestimmte) Staatsfunktionäre -, in einzelne Gerichtsverfahren ergebnisleitend einzugreifen, wie es teilweise vorkam[622]. Daneben fragt sich, ob eine subtilere Praxis der mittelbaren Einwirkung auf die richterliche Strafzumessung durch die Vorgabe des jeweiligen Strafantrags der Staatsanwaltschaft über den Ausdruck einer Erwartungshaltung hinaus rechtliche Bindungswirkung entfalten konnte. Wäre dem so, würde dies nämlich der Strafbarkeit von Richtern entgegenstehen, die dem Strafantrag der Staatsanwaltschaft blind folgten.

---

616 Dazu *Herrmann/Schüsseler*, NJ 1963, 29ff.

617 Näher dazu *Roggemann*, Gutachterliche Stellungnahme, in: Rottleuthner (Hrsg.), Das Havemann-Verfahren, S. 274ff.

618 *Herrmann/Schüsseler*, a.a.O., 134.

619 *Streit*, NJ 1958, 369.

620 So z. B. auch *Rosenthal*, Die Gerichtsverfassung in der SBZ, in: Maurach u. a., Fragen der Gerichtsverfassung im Ostblock, S. 75.

621 *Melsheimer*, NJ 1953, 294f.

622 Vgl. dazu Kapitel 11, B.IV.

a) Zulässigkeit von Parteiweisungen und anderen Einwirkungen von außen?

Einwirkungen von außen bei der Untersuchung und Entscheidung *einzelner* Rechtsverletzungen und Rechtsstreitigkeiten verstießen auch nach DDR-Verständnis gegen die Unabhängigkeit der Richter. Dies wurde immer wieder beteuert. Die Leitung der Rechtsprechung dürfe nur durch gerichtliche Organe erfolgen; andere Organe hätten keine Befugnis dazu[623]. Eine von anderen Organen ausgehende Weisung mit dem Ziel, den Richter zu einer bestimmten Entscheidung zu veranlassen bzw. einen bestimmten Inhalt und Ausgang des Verfahrens zu erreichen, wurde als absolut unzulässig und nicht bindend angesehen[624]. Die Unterworfenheit des Richters unter das Gesetz dürfe durch nichts beeinträchtigt werden, auch nicht durch Einflüsse von außen, liest man bei Justizministerin *Benjamin* höchstselbst[625]. Jede Einmischung in die Entscheidung einzelner Sachen betrachtete sie als Verletzung der richterlichen Unabhängigkeit und als Entstellung der Parteilinie[626].

Insbesondere war auch kein Verwaltungsorgan befugt, in die Rechtsprechung einzugreifen. Dies wurde in den Grundsätzen zum Erlass des Staatsrates über die grundsätzlichen Aufgaben und die Arbeitsweise der Organe der Rechtspflege von 1962 erklärt[627]. Der Präsident des OG bekräftigte 1963, weder die Empfehlung eines örtlichen Organs noch der Antrag des Staatsanwalts änderten etwas daran, dass allein die Richter für alle Entscheidungen im gerichtlichen wie im Ermittlungsverfahren verantwortlich seien. Ihre Unabhängigkeit bedeute, dass nur Verfassung und Gesetze für die Entscheidung bestimmend seien[628]. Generalstaatsanwalt *Melsheimer* hatte schon 1953 betont: „Unabhängigkeit heißt, dass der Richter unabhängig ist von Weisungen oder ‚betonten Empfehlungen', gleichgültig, von wem sie ausgesprochen wurden."[629]. Es dürfe kein Schielen nach oben geben und keine Frage danach, was erwünscht sei[630].

Nur die staatlichen Gerichte waren berechtigt, die durch Gesetz bestimmte strafrechtliche Verantwortlichkeit festzustellen und erforder-

623 *Müller/Fritzsche*, Gerichtsverfassungsrecht Staatsanwaltschaftsrecht, S. 39 f.
624 *Herrmann/Schüsseler*, NJ 1963, 133; *Riemann*, StuR 1976, 1298.
625 *Benjamin*, NJ 1962, 764.
626 *Benjamin*, NJ 1956, 229.
627 NJ 1962, 757.
628 *Toeplitz*, NJ 1963, 34.
629 *Melsheimer*, NJ 1953, 294.
630 *Melsheimer*, NJ 1956, 296.

liche Maßnahmen anzuwenden[631]. Selbst die übergeordneten Gerichte durften, außer in Rechtsmittel- und Kassationsverfahren, keine Weisungen für die Durchführung einzelner Gerichtsverfahren erteilen[632]. In Lehrbüchern wurde zum Grundsatz der Unabhängigkeit der Rechtsprechung ausgeführt: *„Niemand darf in ein Verfahren und in die Entscheidungsfindung eines Gerichts eingreifen.* Kein anderes Organ, keine Person darf Anweisungen für die Durchführung des Verfahrens oder die Entscheidung geben oder sich in anderer Weise in den Prozess der Entscheidungsfindung einmischen."[633]. Die gerichtliche Entscheidung war die verbindliche Anwendung des Rechts auf den Einzelfall. Kein anderes Organ durfte eine andere Sachentscheidung treffen[634]. Einmischungen der SED in die Durchführung von Strafverfahren wurden stets als eine Verletzung der Gesetzlichkeit betrachtet[635], wenngleich sie nicht selten stattfanden, worauf noch zurückzukommen ist[636]. In der Endphase der DDR musste man am Obersten Gericht einräumen, die von Verfassung und Gesetz postulierte richterliche Unabhängigkeit sei in der Praxis „nicht immer konsequent verwirklicht" worden. Das OG habe ungenügenden Nachdruck auf die Wahrung der eigenen richterlichen Unabhängigkeit gelegt und damit dazu beigetragen, dass auch die nachgeordneten Gerichte in ihrer Unabhängigkeit beeinträchtigt worden seien. Es habe Versuche unzulässiger Einmischung durch die SED, gesellschaftliche Organisationen, Massenmedien und Staatsorgane gegeben[637]. Ausdrücklich wurden Einmischungen durch das Politbüro und den Ministerrat zugegeben[638]. Einmischungen in die Rechtsprechung unter Berufung auf das Prinzip des demokratischen Zentralismus seien unzulässig[639]. Rechtlich bestand also

---

631 Autorenkollektiv, Einführung in die marxistisch-leninistische Staats- und Rechtslehre, S. 180.

632 *Riemann*, StuR 1976, 1297.

633 Autorenkollektiv, Grundlagen der Rechtspflege, S. 63; *Müller/Fritzsche*, Gerichtsverfassungsrecht Staatsanwaltschaftsrecht, S. 34.

634 *Müller/Fritzsche*, Gerichtsverfassungsrecht Staatsanwaltschaftsrecht, S. 59.

635 *Luther*, in: Heuer (Hrsg.), Die Rechtsordnung der DDR, S. 362.

636 Dazu Kapitel 11, B.IV.

637 *N.N.*, Referat zur Plenartagung des Obersten Gerichts am 22. November 1989, zitiert in: *Arnold*, Die Normalität des Strafrechts der DDR, Bd. 1: Gesammelte Beiträge und Dokumente, S.447 ff.

638 Erklärung des Plenums des OG vom 6. Dezember 1989, Der Schöffe 1990, 1.

639 *N.N.*, Referat zur Plenartagung des Obersten Gerichts am 22. November 1989, zitiert in: *Arnold*, Die Normalität des Strafrechts der DDR, Bd. 1: Gesammelte Beiträge und Dokumente, S. 447 ff.

richterliche Unabhängigkeit immerhin im Sinne einer Weisungsunabhängigkeit.

Zusammenfassend kann als wichtiger Punkt hervorgehoben werden, dass (entgegen der nicht seltenen Praxis) Willensäußerungen der politischen Führung und Parteiweisungen zur Behandlung von *Einzelfällen* auch nach dem in der DDR geltenden Rechtsverständnis unzulässig waren und keine Bindungswirkung hervorriefen[640]. Sie setzten also nicht etwa Recht. Ein solcher Eindruck entsteht nur durch bestimmte Beschreibungen der Vorgänge bei politisch brisanten, das Interesse der Partei weckenden Verfahren, worin von nichtjuristischer Seite - immerhin in Anführungszeichen - formuliert wird, in derartigen Fällen seien die Anweisungen aus dem ZK-Apparat zur obersten „Rechtsquelle" geworden[641]. Aus dem Prinzip des demokratischen Zentralismus (Art. 47 II DDR-Verf./1968 und 1974) wurde die „Bindung aller Gerichte an den Willen und Auftrag der Arbeiterklasse und ihrer Verbündeten" hergeleitet, allerdings nur „in Gestalt der Verfassung, der Gesetze und anderen Rechtsvorschriften"[642]. Auch trotz des dynamischen Rechtsverständnisses durften Richter nicht unter Berufung auf gesellschaftliche Entwicklungen und politische Notwendigkeiten Gesetze ignorieren[643]. Es war allein Aufgabe der Gesetzgebung, die Rechtslage an die Bedürfnisse der gesellschaftlichen Entwicklung anzupassen[644]. Außerhalb dessen konnte der Wille der SED, die beanspruchte, die Arbeiterklasse zu vertreten, mithin nicht bindend sein. Daher ist es zutreffend, wenn der BGH in anderem Zusammenhang hervorhebt, dass es in der DDR - anders als im nationalsozialistischen Führerstaat[645] - keine Doktrin gegeben habe, wonach der bloße Wille der Inhaber staatlicher Macht Recht schaffen konnte[646].

---

640 So auch *Grote*, Die DDR-Justiz vor Gericht, S. 59, 60.

641 *Werkentin*, NJ 1991, 479, 480.

642 Autorenkollektiv, Grundlagen der Rechtspflege, S. 80.

643 Vgl. dazu o., B.III., und u., B.VIII.

644 Dazu u., C.II.1.

645 Im NS-Staat galt der „Führerwille" als Rechtsquelle: *Rüthers*, Entartetes Recht, S. 27 m. w. N. und 186.

646 BGH NJW 1993, 141, 146 = BGHSt 39, 1, 24; BGH NJW 1994, 529, 530 = BGHSt 40, 30, 35; NJW 1994, 2240, 2241 = BGHSt 40, 113, 116; BGH NJW 1995, 3324, 3328 = BGHSt 41, 247, 261; BGH NJW 1996, 857, 863; zust. *Rautenberg/Burges*, DtZ 1993, 72; *Schreiber*, ZStW 107 (1995), 169; *Buchner*, Die Rechtswidrigkeit der Taten von „Mauerschützen", S. 143; *Möller-Heilmann*, Die Strafverfolgung von Richtern und Staatsanwälten der ehemaligen DDR wegen Rechtsbeugung, S. 148, 165; ebenso insoweit bereits *Grünwald*, StV 1992, 335; krit. *Fiedler*, JZ 1993, 207. Unabhängig von einer solchen Doktrin soll nach einer Minderheitsmeinung der Wille der Machthaber in der DDR Recht haben schaf-

Mit dem Gesetz unvereinbare justizielle Entscheidungen wurden mithin nicht aufgrund vorangegangener Parteiweisung als rechtlich zulässig angesehen[647]. Sie können daher grundsätzlich strafbar sein. Etwas anderes ergibt sich auch nicht aus Vertrauensschutzerwägungen[648]. Denn Art. 103 II GG stellt als formale Regelung auf die gesetzliche Bestimmtheit ab und schützt nicht darüber hinaus die reine, mit dem Gesetz unvereinbare und nur von Weisungen bestimmte Faktizität[649]. Insoweit ist dem BGH und dem BVerfG darin zuzustimmen, dass das nunmehr erkennende Gericht bei der Beurteilung der gesetzlichen Bestimmtheit der Strafbarkeit nicht im Sinne reiner Faktizität in jeder Hinsicht an die Interpretation des Rechts gebunden war, die in der damaligen Staatspraxis Ausdruck gefunden hat[650]. Auch wenn man einen Vertrauensschutz der Richter über das allgemeine Rechtsstaatsprinzip des Art. 20 III GG in Betracht zieht und eine Lösung durch Abwägung im Einzelfall finden will[651], steht dies einer Strafbarkeit nicht entgegen, da ein etwaiges Vertrauen von DDR-Juristen auf gesetzwidrige geheime Parteiweisungen nicht schutzwürdig erscheint[652]. Auf präjudizierende Parteieingriffe in einzelne Gerichtsverfahren wird sowohl bei der Erläuterung der Fallgruppen der Rechtsbeugung als auch der Problematik der Scheinverfahren zurückzukommen sein[653].

b) Bindung des Gerichts an den Strafantrag der Staatsanwaltschaft?

Im Zusammenhang mit der Problematik der Rechtsbeugung durch richterliche Strafzumessung fragt sich vor dem Hintergrund der in der DDR üblichen Praxis, dass die Richter die beantragten Strafen auch meist verhängten: Waren die Gerichte an den jeweiligen Strafantrag der Staatsanwaltschaft *rechtlich* gebunden, oder erlaubte es ihnen die in der DDR-Verfassung statuierte richterliche Unabhängigkeit, davon abzuweichen?

---

fen können (*F.-C. Schroeder*, JR 1993, 49; *König*, JR 1994, 340). Dazu noch im Zusammenhang mit dem Ruhen der Verjährung Kapitel 14, B.

647 So auch *Grote*, Die DDR-Justiz vor Gericht, S. 90.

648 Dies erwägend, aber i. E. ablehnend *Grote*, a.a.O., S. 94 ff.

649 So auch *Grote*, a.a.O., S. 94 ff.

650 BGHSt 39, 1, 29; dem folgend BVerfG NJW 1998, 2587, 2588.

651 So *Grote*, a.a.O., S. 74, 96.

652 So im Ergebnis auch *Grote*, a.a.O., S. 96; in diesem Sinne auch *Fiedler*, JZ 1993, 208.

653 Kapitel 5, A.III., insbes. 1.b) und Kapitel 11, III. und IV.

Das Justizministerium der DDR forderte in einer Rundverfügung von 1950[654] zu beachten, dass für die früher von den Gerichten geübte Praxis, bei der Strafzumessung stets unter dem Antrag des Staatsanwalts zu bleiben, nun kein Raum mehr sei. Die Anklagevertreter seien schon längst dazu übergegangen, diejenigen Strafen zu beantragen, die zum Schutz der staatlichen Interessen erforderlich seien. Der Staatsanwalt werde infolgedessen auch von sich aus bereits diejenigen Umstände berücksichtigen, die zu Gunsten des Angeklagten sprächen. Er werde aber dabei stets den Interessen der Gesellschaft und des Staates den Vorrang geben. Dieser Grundsatz gelte auch für das Gericht, für das ebenfalls der Schutz der Gesellschaft, und zwar in der gegenwärtigen Lage die Sicherung der antifaschistisch-demokratischen Ordnung, die oberste Richtschnur bei der Strafzumessung sein müsse.

Dass hiermit psychischer Druck ausgeübt werden sollte, der auch nicht ohne Wirkung blieb, ist offensichtlich. Auf der anderen Seite räumte das Justizministerium ein, es werde selbstverständlich immer einzelne Fälle geben, in denen der Staatsanwalt es unterlasse, die zu Gunsten eines Angeklagten sprechenden Tatsachen ausreichend zu berücksichtigen oder in denen die Auffassungen des Gerichts und der Staatsanwaltschaft aus anderen Gründen nicht übereinstimmten und das Gericht aus diesem Grunde dem Antrag des Staatsanwaltes nicht entspreche. Wenn aber nicht nur der Staatsanwalt, sondern auch das Gericht den Schutz der staatlichen Interessen bei der Strafzumessung konsequent in den Vordergrund stelle, so würden diese Fälle nicht wie bisher die Regel darstellen.

Die Frage der Übereinstimmung von Strafantrag und Urteil wurde in der Praxis auch später noch häufig diskutiert[655]. Vom GStA von Groß-Berlin wurde dabei Mitte der 50er Jahre vertreten, es dürfe nicht zu einer Praxis kommen, dass die Gerichte aus vielen Erwägungen, vor allem aus „falsch verstandener Unabhängigkeit" in der Regel zu Urteilen kämen, die vom Strafantrag abwichen[656]. Aber auch hier wurde eingeräumt, natürlich könne es Abweichungen des Urteils vom Strafantrag geben. Unbegründet seien allerdings geringfügige Abweichungen im Strafmaß, für die das Gericht in seinem Urteil keine anderen Erwägungen anzustellen vermöge

654 Rundverfügung Nr. 105/50 des Ministeriums der Justiz vom 10.8.1950, in: Bundesministerium für gesamtdeutsche Fragen (Hrsg.), Unrecht als System I, S. 78, Dokument Nr. 80.

655 Vgl. *N.N.*, Aussprache von Richtern und Staatsanwälten über Fragen der sozialistischen Gesetzlichkeit im Strafverfahren – Bericht über die Konferenz der Richter und Staatsanwälte vom 10. Mai 1956, NJ 1956, 325.

656 *Teuber*, zitiert nach *N.N.*, a.a.O., 325.

als die, dass es „nach Meinung des Gerichts" oder „unter Abwägung aller Umstände" angebracht erschienen sei, um einige Wochen oder - bei schweren Verbrechen - um wenige Monate (!) vom Antrag des Staatsanwalts abzuweichen[657].

Eine unmittelbare rechtliche Bindung des Gerichts an den jeweiligen Antrag des Staatsanwalts lässt sich jedoch weder aus diesen Stellungnahmen noch aus der oben zitierten Rundverfügung des Justizministeriums ableiten. Auch wenn es nach der Praxis anders schien, war das Gericht nicht unausweichlich an die Anträge der Staatsanwaltschaft gebunden; die Staatsanwaltschaft stand nicht über dem Gericht[658]. Es wurde lediglich propagiert, das „beste" Urteil und der „beste" Strafantrag seien diejenigen, die aus den notwendigen Bedingungen als übereinstimmendes Ergebnis hervorgingen[659]. Ebenso wenig war das Gericht an andere Anträge des Staatsanwalts, etwa zur Eröffnung von Verfahren, gebunden[660]. Daher scheidet eine Rechtsbeugung nicht schon deshalb aus, weil das Gericht dem Antrag der Staatsanwaltschaft gefolgt ist.

3. Zusammenfassung

Das Verhältnis von Staat und Partei in der DDR wurde trotz wortreicher Erklärungen zur sozialistischen Gesetzlichkeit nicht genau definiert. Die geforderte Parteilichkeit der Gesetzesanwendung und -auslegung bildete das Einfallstor für die Ideologisierung der Justiz. Dabei waren dem erheblichen Einfluss der Partei - jedenfalls theoretisch - durchaus bestimmte Grenzen gesetzt. Hier ist insbesondere zwischen den allgemein-ideologisch gehaltenen Partei*beschlüssen* und konkreten Partei*weisungen* im Einzelfall eine deutliche Trennlinie erkennbar. Die SED konnte auf rechtlich zulässigem Wege nicht jedes beliebige Ergebnis eines laufenden Gerichtsverfahrens erreichen. Tatsächlicher oder vorauseilender Gehorsam der Justiz gegenüber den Wünschen der Parteiführung ist auch bei Berücksichtigung der Implikationen der sozialistischen Gesetzlichkeit nicht per se der Strafbarkeit wegen Rechtsbeugung entzogen.

---

657 *Melsheimer*, NJ 1956, 295.

658 Autorenkollektiv, Grundlagen der Rechtspflege, S. 143.

659 *Teuber*, zitiert nach *N.N.*, NJ 1956, 325.

660 *Müller/Fritzsche*, Gerichtsverfassungsrecht Staatsanwaltschaftsrecht, S. 85.

V. Antiformalismus

Der sogenannte „Kampf der SED gegen jeden Formalismus“ wurde als Ausprägung des Humanismus der sozialistischen Rechtsordnung verstanden[661]. Formalistische Einstellungen zu den Rechtsvorschriften bei deren Auslegung sollten im Rahmen der Gesetzlichkeitskontrolle unterbunden werden[662]. Unter Rechtsformalismus wurde eine „lediglich am Buchstaben des Gesetzes klebende Rechtsanwendung“ verstanden, bei der die Normen „völlig abstrakt, losgelöst von der gesellschaftlichen Wirklichkeit betrachtet“ und „ohne klassenmäßige Analyse der zu regelnden Verhältnisse angewendet“ werden[663]. Form und Inhalt des Rechts wurden als dialektische Einheit angesehen, in welcher der Inhalt gegenüber der Form das Bestimmende sein sollte[664].

Zur richtigen Anwendung der Rechtsnormen sollte angesichts der Aufgabe der sozialistischen Erziehung der Menschen ein „formallogisches Subsumieren des Einzelnen unter das Allgemeine“ nicht genügen. Ein Richter, der dogmatisch an das Gesetz herangehe und es nur als einen logischen und grammatikalischen Komplex begreife, ignoriere den Inhalt des sozialistischen Gesetzes, durch dessen Anwendung die Wirklichkeit umgestaltet werden solle[665]. Es sei mit dem Wesen und den Aufgaben des sozialistischen Rechts der DDR unvereinbar, wenn der Richter zur Subsumtionsmaschine werde und die gesellschaftliche Funktion des Rechts, aktiv fördernd in den gesellschaftlichen Umwälzungsprozess vom Kapitalismus zum Sozialismus einzugreifen, ignoriere[666].

Wegen der Bindung an Politik und Ideologie nennt *Böckenförde* das DDR-Recht ein in hohem Maße materiales Recht[667]. Formale Elemente wie Bindung an im Voraus festliegende Formen und rechtlich geordnete Verfahren, die Unverbrüchlichkeit des einmal festgelegten Rechts so lange, bis es förmlich aufgehoben werde, und die inhaltliche Gewissheit des festgelegten Rechts könnten demgegenüber keine Eigenständigkeit oder gar eine hemmende und regulierende Kraft entwickeln. Diese formalen Ele-

661 Autorenkollektiv, Einführung in die marxistisch-leninistische Staats- und Rechtslehre, S. 195.

662 *Bley/Schüsseler*, StuR 1974, 1479.

663 *Strohbach/Rohde*, NJ 1958, 692; so z.T. auch schon *Benjamin*, NJ 1958, 368.

664 *Haney*, Grundlagen der Theorie des sozialistischen Staates und Rechts, Teil II, S. 34.

665 *Herrmann/Schüsseler*, NJ 1963, 131.

666 *Strohbach/Rohde*, NJ 1958, 692.

667 *Böckenförde*, Die Rechtsauffassung im kommunistischen Staat, S. 38.

mente fehlten dem Recht zwar nicht völlig, aber sie dürften keine Hindernisse für die jederzeitige und volle Verwirklichung der materialen gesellschaftlichen Inhalte des Rechts werden. In jedem Konfliktfall müssten sie zurücktreten. Sich in einem solchen Konfliktfall auf die formalen Elemente des Rechts zu berufen, wäre unzulässiger Formalismus und Dogmatismus, Ausdruck der Distanz zwischen Mensch und Gesellschaft, die in der sozialistischen Gesellschaft keinen Platz mehr habe[668].

Wenn auch dieser Analyse grundsätzlich zu folgen ist, muss der Aussage widersprochen werden, dass die formalen Elemente in *jedem* Konfliktfall hinter die materialen gesellschaftlichen Inhalte zurückzutreten hätten. Hierzu ist auf die noch folgenden Ausführungen zum Verhältnis zwischen Recht und Politik zu verweisen[669] sowie darauf, dass Einschränkungen des Antiformalismus durch den Gesetzeswortlaut in der DDR zumindest ab einer bestimmten Zeit durchaus anerkannt waren[670].

Ausdruck des antiformalistischen Rechtsverständnisses ist auch der materielle Verbrechensbegriff, der 1957 gesetzlich verankert wurde, zuvor aber schon in der Lehre etabliert war[671]. Danach liegt eine Straftat nicht vor, wenn die Handlung zwar dem Wortlaut eines gesetzlichen Tatbestandes entspricht, aber wegen ihrer Geringfügigkeit und mangels schädlicher Folgen für die DDR, den sozialistischen Aufbau, die Interessen des werktätigen Volkes sowie des einzelnen Bürgers nicht gefährlich ist (§ 8 StEG; später in ähnlicher Formulierung in das DDR-StGB als § 3 I[672] übernommen). Dies ermöglichte es in gewissem Umfang auch, Personen straffrei zu lassen, deren Verfolgung nicht opportun erschien, etwa bei politischen Funktionären oder verdienten Parteigängern als Tätern, sofern es sich um Bagatellfälle handelte[673].

---

668 *Böckenförde*, a.a.O., S. 38.

669 S.u., B.VIII.

670 Dazu u., C.II.1.

671 Dazu *Benjamin*, NJ 1954, 455; *Lekschas/Renneberg*, NJ 1954, 717; *Gerats/Lekschas/Renneberg*, Lehrbuch des Strafrechts, AT, S. 253; *Orschekowski*, NJ 1958, 302ff.; vgl. zum Ganzen *Lyon*, Der Verbrechensbegriff in der Strafrechtswissenschaft der DDR.

672 § 3 I DDR-StGB: „Eine Straftat liegt nicht vor, wenn die Handlung zwar dem Wortlaut eines gesetzlichen Tatbestandes entspricht, jedoch die Auswirkungen der Tat auf die Rechte und Interessen der Bürger oder der Gesellschaft und die Schuld des Täters unbedeutend sind."

673 *Lange*, Die Entwicklung des Strafrechts in der sowjetischen Besatzungszone, in: Rosenthal/Lange/Blomeyer, Die Justiz in der sowjetischen Besatzungszone Deutschlands (1959), S. 130; *Jescheck*, Die neuere Entwicklung des Strafrechts und des Strafver-

Wenn die Gesellschaftsgefährlichkeit als „beliebig manipulierbare(s) Werturteil" beschrieben wird, das als ungeschriebenes Tatbestandsmerkmal wirke[674], wird damit der bereits im Gesetz verankerte stark politische Charakter erfasst, aber auch etwas überbewertet. Die Strafbarkeit war damit nicht völlig beliebig manipulierbar, wie die Begrenzung auf Bagatellfälle zeigt. Auch war die Anwendung des § 3 DDR-StGB nach der Kommentierung in der Regel nur auf einmalige Handlungen anwendbar[675]. Massive oder wiederholte Rechtsbrüche konnten danach der Strafverfolgung nicht entzogen werden, selbst wenn sie systemkonform waren[676]. Selbst in Fällen der exzessiven Anwendung politischen Strafrechts, in denen eine Verletzung gesellschaftlicher Interessen im Sinne des damaligen Verständnisses nicht feststellbar sein mag, bleibt doch regelmäßig die Nachweisbarkeit meist erheblicher Beeinträchtigungen von Rechten einzelner, um die Bestimmung als nicht einschlägig anzusehen[677]. Die Norm ist eher als eine in das materielle Strafrecht übertragene Entsprechung zu § 153 StPO zu betrachten und nicht als genereller Tatbestandsausschluss bei Gesetzwidrigkeiten im Namen gesellschaftlicher Erfordernisse[678]. Daneben hat der materielle Verbrechensbegriff auch bei der Strafzumessung gewisse Auswirkungen[679].

VI. Sozialistisches Rechtsverständnis im Spannungsfeld von Positivismus und Naturrechtskonzeptionen sowie anderen Vorstellungen von überpositivem Recht

Die marxistisch-leninistische Rechtstheorie geht davon aus, dass das Recht auf den materiellen Lebensbedingungen beruht und nur von daher

---

fahrensrechts in der SBZ, in: Rechts- und Staatswissenschaftliche Fakultät der Universität Freiburg/Br. (Hrsg.), Die Lage des Rechts in Mitteldeutschland, S. 87 f.

674 *Roggemann*, ROW 1969, 104; ähnlich *Müller-Römer*, Die Grundrechte in Mitteldeutschland, S. 108 f., der mit Beispielen zur praktischen Auswirkung auf die Manipulierbarkeit je nach politischer Einstellung und Klassenzugehörigkeit hinweist.

675 Ministerium der Justiz/Akademie für Staats- und Rechtswissenschaften der DDR (Hrsg.), Kommentar zum Strafgesetzbuch, 4. Aufl. 1981 und 5. Aufl. 1987, jeweils § 3 Anm. 3.

676 So auch *Grote*, Die DDR-Justiz vor Gericht, S. 91.

677 *Krehl*, DtZ 1992, 24 f.

678 So auch *Grote*, a.a.O., S. 91 m. w. N.

679 Kapitel 5, A.II.2.

erklärbar ist, nicht aber von einer absoluten ahistorischen Rechtsidee bestimmt ist[680]. Das Recht wurde mithin nicht als ewige Idee, allgemeines unhistorisches Prinzip von Gleichheit, Gerechtigkeit oder Sicherheit[681] angesehen. Der kommunistische Rechtsbegriff kennt keinerlei festen, überzeitlichen Maßstab für den Rechtsinhalt, also nichts, was dem Naturrechtsgedanken entsprechen würde[682].

Die „bürgerliche" Theorie mit ihrem Glauben an ein über dem Staat stehendes, zeitloses, klassenneutrales Recht, das den Staat als „überpositives" Recht (dessen Ursprung in Gott, der Vernunft oder der Natur liege) bindet, wurde zurückgewiesen[683]. Ein wie auch immer motiviertes Recht-vor-dem-Gesetz-Denken, ein Naturrechtsdenken, das das Recht über das Gesetz stelle, wurde mit dem Argument abgelehnt, dies könnte dem „Subjektivismus" und der Willkür in der Rechtsanwendung Tür und Tor öffnen[684].

Das sozialistische Rechtsverständnis ist mithin ein positivistisches, weil es die Vorstellung eines vorstaatlichen, überpositiven Rechts ablehnt und das Recht für die Summe des staatlich gesetzten (und sanktionierten) Rechts hält[685] und Recht danach nur durch den Staat geschaffen werden kann[686]. Daher ist richtigerweise der DDR-Rechtsbeugungsparagraph dahingehend auszulegen, dass er nicht solche Entscheidungen als „gesetzwidrig" unter Strafe stellt, die nur unter Rückgriff auf überpositives Recht oder ähnliche Maßstäbe als rechtswidrig angesehen werden könnten[687].

---

680 Autorenkollektiv, Einführung in die marxistisch-leninistische Staats- und Rechtslehre, S. 193.

681 *Reich/Reichel*, Einführung in das sozialistische Recht, S. 3; vgl. auch *Klenner/Schöneburg*, StuR 1956, 485 ff.

682 Akademie für Staats- und Rechtswissenschaft (Hrsg.), Staat, Recht und Politik im Sozialismus, S. 164; Autorenkollektiv (Schüßler u. a.), Staat, Recht und Politik, S. 164; *Böckenförde*, Die Rechtsauffassung im kommunistischen Staat, S. 34; *Sontheimer/Beck*, Die DDR, S. 122.

683 Autorenkollektiv, Grundlagen der Rechtspflege, S. 17; *Polak*, StuR 1961, 622.

684 *Buchholz*, ZStW 101 (1989), 949.

685 So auch *Mampel*, Das Recht in Mitteldeutschland, S. 71 Rn. 316.

686 *Brunner/Klein*, Internationale Menschenrechtsverpflichtungen der DDR, in: Brunner (Hrsg.), Menschenrechte in der DDR, S. 22; *Böckenförde*, Die Rechtsauffassung im kommunistischen Staat, S. 27.

687 So bereits unter A.III.1.a)dd)(2).

VII. Sozialistisches Grundrechtsverständnis

Der Mensch wird in der marxistisch-leninistischen Rechtstheorie nicht als Inhaber unveräußerlicher, überstaatlicher Menschenrechte anerkannt[688], was sich logisch aus der oben dargelegten generellen Ablehnung überstaatlichen Rechts ergibt. Grundrechten wird nur ein relativer Charakter zugestanden, da Freiheit und Gleichheit als ökonomisch und klassenmäßig bestimmte, historische Größen und nicht als absolute Werte anerkannt werden[689].

Soweit die Rechtswissenschaft der DDR nicht schon den Begriff des subjektiven Rechts überhaupt ablehnte, wurde ihm ein anderer Inhalt als dem bürgerlichen Begriff beigemessen, so dass die Grundrechte in der DDR keine subjektiven öffentlichen (Abwehr-) Rechte gegen den Staat im westlichen Sinne waren[690]. Dies wurde damit begründet, der sozialistische Staat sei das Machtinstrument der Werktätigen; diese müssten nicht vor der Macht geschützt werden, die sie selbst revolutionär geschaffen hätten und ausübten[691]. Ein Interessengegensatz zwischen Bürgern und Staat wurde geleugnet[692]. Zwar räumte man später ein, die behauptete Einheit von gesellschaftlichen und persönlichen Interessen und Übereinstimmung der Interessen der Klassen und Schichten im Sozialismus heiße nicht unterschieds- und widerspruchslose Identität[693]. Gleichzeitig wurde aber darauf verwiesen, der Einzelne müsse sich der Interessenidentität bei weitem nicht immer bewusst sein, und den unabdingbaren „gesellschaftlichen Erfordernissen im Klassenkampf" wurde letztlich der Vorrang eingeräumt[694].

Die Grundrechte im Sozialismus sind nicht individuelle Freiheitsrechte gegenüber dem Staat und bestimmten gesellschaftlichen Mäch-

688 *Müller-Römer*, Die Grundrechte in Mitteldeutschland, S. 58.

689 *Müller-Römer*, a.a.O., S. 67.

690 Akademie für Staats- und Rechtswissenschaft der DDR (Hrsg.), Staatsrecht der DDR. Lehrbuch, 2. Aufl. 1984, S. 181; dazu auch *Müller-Römer*, a.a.O., S. 72ff., insbes. 78ff., der daher von bloßen Reflexen des öffentlichen Rechts spricht; a. A. hinsichtlich der Grundrechte der DDR-Verf. v. 1949 offenbar *Roggemann*, Die DDR-Verfassungen, S. 47.

691 Akademie für Staats- und Rechtswissenschaft der DDR (Hrsg.), a.a.O., S. 181.

692 So insbes. hinsichtlich der Funktion des Strafverteidigers (vgl. auch Kapitel 8, B.IX.): *Heidrich*, NJ 1960, 169; *Wolff*, NJ 1961, 277; *Häusler*, NJ 1973, 340f.; zur Leugnung des Interessenkonfliktes auch *Mohr*, Das Recht auf Verteidigung im Strafverfahren der DDR, S. 72f.

693 Autorenkollektiv, Einführung in die marxistisch-leninistische Staats- und Rechtslehre, S. 197f.

694 Autorenkollektiv, a.a.O., S. 198.

ten, sondern Mitwirkungs- und Gestaltungsrechte. Sie sind keine normative Begrenzung für eine vom Staat betriebene gesellschaftliche Veränderung, sondern Instrumente und Organisationsformen eines solchen Prozesses[695]. Als Mitwirkungsrechte gelten sie immer nur im Rahmen der neuen Staats- und Gesellschaftsordnung. Sie begründen eine Betätigungsfreiheit und auch -pflicht nicht jenseits, sondern innerhalb des Sozialismus und der sozialistischen Ordnung[696]. Die sozialistischen Grundrechte werden durch die „Suprematie" der marxistisch-leninistischen Parteiführung immanent beschränkt[697]. Die immanente Schranke der Grundrechte bilden die „gesellschaftlichen Interessen", die von der SED kraft ihres Erkenntnis- und Führungsmonopols verbindlich interpretiert werden, also die aktuellen politischen Zielsetzungen der Parteiführung, die damit die aktuellen Grundrechtsinhalte festlegt[698]. Selbst als in der Endphase der DDR der Begriff des sozialistischen Rechtsstaats diskutiert wurde, geschah dies unter der Klarstellung, dass sozialistische Rechtsstaatlichkeit nicht erlaube, subjektive Rechte gegen den Sozialismus zu missbrauchen[699]. Dies bedeutet, dass sich niemand auf Grundrechte berufen durfte, wo dies dem kaderdefinierten Staatswillen zuwiderlief[700].

Die Konsequenzen zeigen sich etwa beim Recht auf freie Meinungsäußerung, dessen Inhalt und Umfang durch den Verfassungsvorbehalt des Art. 27 I DDR-Verf. v 1968/1974 („Recht, *den Grundsätzen dieser Verfassung gemäß* seine Meinung frei und öffentlich zu äußern") beschränkt wird. Aus Sicht der Staatsrechtslehre der DDR bedeutete dies:

> „Das Recht auf freie Meinungsäußerung ist jedem Bürger gemäß den Grundsätzen der Verfassung, d.h. in Übereinstimmung mit dem Sozialismus-Kommunismus, dem Frieden, der Demokratie und der Völkerfreundschaft, garantiert. (...) Ein Mißbrauch des Rechts der freien Meinungsäußerung gegen die Interessen der Werktätigen und ihres Staates, gegen die Grundsätze der Verfassung ist unzulässig. Die Arbeiter- und Bauernmacht anerkennt kein Grundrecht für konterrevolutionäre Meinungsäußerungen. Für antisozialistische Hetze und Propaganda, im besondern für ideologische Diversion des imperialistischen Gegners, kann es keine Freiheit

695 *Böckenförde*, Die Rechtsauffassung im kommunistischen Staat, S. 45f.; *Sontheimer/Beck*, Die DDR, S. 126.

696 *Böckenförde*, a.a.O., S. 48.

697 *Mampel*, Die sozialistische Verfassung der DDR, Art. 19 Anm. II 5 c), S. 495.

698 *Brunner/Klein*, Internationale Menschenrechtsverpflichtungen der DDR, in: Brunner (Hrsg.), Menschenrechte in der DDR, S. 25; *Müller-Römer*, Die Grundrechte in Mitteldeutschland, S. 83.

699 *Michael Benjamin*, StuR 1989, 106.

700 *Fikentscher*, Methoden des Rechts in vergleichender Darstellung, Bd. III: Mitteleuropäischer Rechtskreis, S. 584.

geben, weil diese gegen die Freiheit gerichtet ist, die sich die Werktätigen im Sozialismus errungen haben."[701]

Das Grundrecht auf freie Meinungsäußerung wird damit auf den „Weltanschauungsinhalt der sozialistischen Verfassungswerteordnung" beschränkt[702]. Nach DDR-verfassungskonformem Verständnis hat also die Meinungsäußerungsfreiheit nicht nur nicht die Funktion, die grundlegenden politischen Voraussetzungen für die Entfaltung eines konkurrierenden pluralistischen Willensbildungsprozesses zu schaffen; sondern sie hat vielmehr auch der Stabilisierung der sozialistischen Einheitsparteiherrschaft zu dienen. Sie ist so konzipiert, dass jede Äußerung, die nicht mit den von der SED bestimmten Grundsätzen in Einklang steht, als verfassungswidrig bezeichnet werden konnte[703]. Dies zeigt bereits, dass es kaum gelingen kann, eine extensive Auslegung des politischen Strafrechts der DDR mit dem Argument, dieses habe verfassungskonform ausgelegt werden müssen, als rechtsbeugerisch zu bezeichnen.

Die Problematik hat auch der BGH nicht ausgeblendet. Richtigerweise betonte er in einem Urteil zur Rechtsbeugung bei der Anwendung politischen Strafrechts, es sei zu berücksichtigen, „daß die DDR-Verfassung und die Staatsrechtspraxis der DDR von einem Grundrechtsverständnis ausgingen, das dem Charakter der Grundrechte unter der Herrschaft des Grundgesetzes nicht entspricht" und dass aus dem Begriff der sozialistischen Gesetzlichkeit und dessen Implikationen „gleichsam ‚verfassungsimmanente Schranken' für garantierte Grundrechte" erwachsen[704].

VIII. Schlussbemerkungen zum Verhältnis von Recht und Politik im DDR-sozialistischen Verständnis

Viele meinen, es habe auch nach offiziellem DDR-Verständnis keine Trennung zwischen Recht und Politik gegeben[705]. Das sozialistische Recht habe keinerlei die Politik begrenzende, ihr gegenüber eigenständige,

701 Akademie für Staats- und Rechtswissenschaft der DDR (Hrsg.), Staatsrecht der DDR. Lehrbuch, 2. Aufl. 1984, S. 194.

702 *Roggemann*, Die DDR-Verfassungen, S. 281.

703 *Blumenwitz*, Meinungs- und Informationsfreiheit, in: Brunner (Hrsg.), Menschenrechte in der DDR, S. 56.

704 BGH NJW 1995, 3324, 3328 = BGHSt 41, 247, 262.

705 *Günther*, StV 1993, 23.

sondern nur eine der Politik dienende Funktion[706]. Es sei eine der Politik untergeordnete Kategorie[707], nicht ihr Maß[708]. So könnte man denken, dass Rechtsbeugung in politischen Strafverfahren von vornherein ausgeschlossen wäre. Hierzu ist einiges anzumerken, um zu zeigen, dass das stark von politischen Einflüssen bestimmte sozialistische Rechtsverständnis der DDR gesetzwidrige Entscheidungen auch in politischen Verfahren nicht grundsätzlich ausschließt.

Trotz der Besonderheiten des sozialistischen Rechtsverständnisses ist „Recht" im Sozialismus nicht einfach ein anderes Wort für angewandte und durchsetzbare Macht. Denn das Recht setzt danach nicht allein die Interessen der herrschenden Klasse durch, sondern verleiht ihnen einen ideell-normativen Ausdruck[709]. Dies verdeutlichen Ausführungen, wie sie im Lehrbuch für marxistisch-leninistische Staats- und Rechtstheorie gegeben werden:

> „Recht ist nicht die Summe individueller Willen von Vertretern der herrschenden Klasse oder ihrer einzelnen Organisationen. Der auf der Grundlage gemeinschaftlicher Interessen der herrschenden Klasse entstehende Wille dieser Klasse muß durch den Staatswillen hindurchgehen, um allgemeinverbindlich zu werden."[710].

Erst der Staat verleihe dem Willen der herrschenden Klasse rechtlichen Charakter[711]. Der politische Wille musste also erst in die Formen des Rechts (Gesetzgebung) umgesetzt werden, bevor er unmittelbar verbindlich wurde. Dementsprechend wird *Walter Ulbrichts* Rechtsbegriff dahingehend analysiert, dass trotz der Betonung der Rolle von Parteibeschlüssen der Grundsatz des zentralen staatlichen Rechtssetzungsmonopols nicht aufgegeben werden sollte. Von Parteibeschlüssen solle abhängen, welche Normen ausgearbeitet werden müssten und wie diese Normen zu interpretieren und anzuwenden seien. Er sei jedoch nicht so weit gegan-

---

706 *Böckenförde*, Die Rechtsauffassung im kommunistischen Staat, S. 36; *Sontheimer/Beck*, Die DDR, S. 123; vgl. auch *Wyschinski*, zitiert bei *Anissimow*, NJ 1950, 240.

707 *Klenner*, Der Marxismus-Leninismus über das Wesen des Rechts, S. 69 (im Anschluss an *Wyschinski*, a.a.O.).

708 *Schöneburg*, wiedergegeben von Eckert, in: Gespräch mit Karl-Heinz Schöneburg über die Babelsberger Konferenz, in: Eckert (Hrsg.), Die Babelsberger Konferenz vom 2./3. April 1958, S. 55; *Mollnau*, NJ 1991, 96.

709 *Böckenförde*, Die Rechtsauffassung im kommunistischen Staat, S. 21.

710 Institut für Theorie des Staates und des Rechts der Akademie der Wissenschaften der DDR (Hrsg.), Marxistisch-leninistische Staats- und Rechtstheorie, S. 108.

711 A.a.O., S. 109; in diesem Sinne auch *Jahn/Petzold*, NJ 1961, 118 (Mittels des sozialistischen Rechts würden die von der Partei herausgearbeiteten „objektiven Erfordernisse" des „Vorwärtsschreitens" zum gesamtstaatlichen Willen erhoben).

gen vorzuschlagen, ganz auf staatliches Recht zu verzichten und das Verhalten der Bürger unmittelbar durch Parteibefehle statt durch staatliches Recht zu lenken. Dann nämlich hätte er auf den Schein von Legitimität verzichten müssen, den Recht erzeugen könne, was ein Verzicht auf ein Stück Effektivität der Herrschaftsausübung gewesen wäre[712]. Die mit der Unterscheidung des Rechts von der Politik verbundene Legitimationswirkung wurde also durchaus in Anspruch genommen.

Für das offizielle Selbstverständnis der DDR war weniger der Vorrang der Politik vor dem Recht charakteristisch als vielmehr die Vorstellung von einer dialektischen *Einheit* von Politik und Recht[713]. Dies entspricht auch der DDR-Sichtweise, dass es keinen Gegensatz zwischen Recht und Politik gab[714]. Wenn in der marxistisch-leninistischen Rechtstheorie vom Primat der Politik die Rede ist, dann bedeutet das vor allem, dass das Recht bei veränderten politischen Vorgaben jederzeit und unbegrenzt geändert werden kann. Durch die darin liegende Verneinung absoluter Schranken für die Machtausübung wird eine zeitweilige rechtliche Selbstbindung der Inhaber der politischen Macht nicht ausgeschlossen[715]. Dass der Politik die dominierende Rolle gegenüber dem Recht zugesprochen wurde, bedeutete nicht, dass die Politik das Recht einfach negieren oder außer Kraft setzen durfte[716].

Insbesondere weist die auch in der DDR anerkannte[717] Wortlautgrenze bei der Auslegung des Rechts darauf hin, dass das Primat der Politik keine Lizenz zur Missachtung noch geltender Gesetze enthält. In einem offiziellen Lehrbuch wurde die Vorrangstellung des Gesetzes gegenüber allen Akten der örtlichen Machtorgane, der Justiz- und Untersuchungsorgane beteuert[718]. In politischen Direktiven gegenüber mittleren und lokalen Parteiorganisationen wurden immer wieder Verstöße der Parteiorgane gegen die Gesetzlichkeit gerügt, was nicht nur auf das Vorkommen, sondern auch auf das Verbotensein solcher Verstöße schließen lässt[719]. Die

---

712 *Alexy*, Walter Ulbrichts Rechtsbegriff, in: Eckert (Hrsg.), Die Babelsberger Konferenz vom 2./3. April 1958, S. 199.

713 Autorenkollektiv (Schüßler u. a.), Staat, Recht und Politik, S. 160; *Günther*, StV 1993, 22; *Arnold*, Die Normalität des Strafrechts der DDR, Bd. 1, S. 283; *Bernet*, StuR 1989, 711; *L. Schulz*, StV 1995, 207 Fn. 9.

714 *Sontheimer/Beck*, Die DDR, S. 123.

715 *Müller-Römer*, Die Grundrechte in Mitteldeutschland, S. 50.

716 *Arnold*, NJ 1997, 118.

717 Dazu u., C.II.1.

718 Autorenkollektiv (Alexandrow u. a.), Marxistisch-leninistische allgemeine Theorie des Staates und des Rechts, Bd. 4: Das sozialistische Recht, S. 89.

719 Vgl. *Reich/Reichel*, Einführung in das sozialistische Recht, S. 68 f.

Möglichkeit und das Vorkommen von Rechtsbrüchen auch durch Parteifunktionäre wird sogar unter Berufung auf ein Lenin-Zitat[720] implizit eingeräumt: Gerade diese Feststellung Lenins müsse einer zum Teil noch vorhandenen Unterbewertung oder sogar Nichtbeachtung des Rechts und der Gesetzlichkeit im Sozialismus durch einzelne Funktionäre und Leiter entgegengehalten werden[721]. Schließlich war sogar im StAG/1952 normiert, dass der Staatsanwalt (im Rahmen der sog. allgemeinen Gesetzlichkeitsaufsicht) Einspruch gegen jede ungesetzliche Handlung eines Funktionärs des Staatsapparates zu erheben und erforderlichenfalls gegen diesen ein Strafverfahren einzuleiten hatte[722]. Unzutreffend ist daher die Behauptung, die Parteioligarchie sei den Gesetzen, über die sie verfügt hätte, nicht unterworfen gewesen[723].

Wenn angeführt wird, der Wille der Parteiführung zur Machterhaltung als oberstem Grundsatz führe grundsätzlich zum Vorrang der Zweckmäßigkeit gegenüber der Rechtmäßigkeit, vor allem im Konfliktfall mit vitalen Machtinteressen[724], dann mag das den damaligen Ist-Zustand beschreiben, nicht aber die damals geltende Rechtslage. Ein mit „Zweckmäßigkeitserwägungen" motiviertes Abweichen und Außerachtlassen von Gesetzen und rechtlich fixierten Verhaltensmaßstäben wurde von der Literatur in der DDR jedoch strikt als unzulässig zurückgewiesen[725]. Das zur sozialistischen Gesetzlichkeit gehörende Prinzip der Einheit von Gesetzlichkeit und Zweckmäßigkeit schließe die Verbindlichkeit des Wortlauts eines Gesetzes ein; das sozialistische Recht sei vom Standpunkt der Interessen der Arbeiterklasse aus betrachtet zugleich höchste

---

720 „Je mehr wir in Verhältnisse eintreten, die feste und sichere Machtverhältnisse sind, je stärker sich der Warenumlauf entwickelt, desto nachdrücklicher muß die entschiedene Losung der Verwirklichung größerer revolutionärer Gesetzlichkeit in den Vordergrund gerückt werden" (Lenin, IX. Gesamtrussischer Sowjetkongreß, in: Werke, Bd. 33, S. 161).

721 Autorenkollektiv, Einführung in die marxistisch-leninistische Staats- und Rechtslehre, S. 199 f.

722 § 13 II StAG/1952.

723 *Isensee*, Der deutsche Rechtsstaat vor seinem unrechtsstaatlichen Erbe (Nachwort), in: Isensee (Hrsg.), Vergangenheitsbewältigung durch Recht, S. 106.

724 *Luchterhand*, in: Meissner u. a. (Hrsg.), Grundsatzfragen der Ostrechtsforschung, S. 105. In weniger politisch bestimmten oder gar unpolitischen Bereichen sei hingegen der Raum für eine relative Selbständigkeit des Rechts als eigenständigem Wirkungsfaktor gegeben.

725 *Ostmann*, NJ 1954, 727; *Artzt*, NJ 1956, 584 f.; *Erler*, NJ 1961, 105; *Buchholz*, NJ 1991, 747; *Haney*, Grundlagen der Theorie des sozialistischen Staates und Rechts, Teil II, S. 245; *Bley/Schüsseler*, StuR 1974, 1476; Autorenkollektiv, Grundlagen der Rechtspflege, S. 122.

Zweckmäßigkeit[726]. Es sei mit der Forderung nach strikter Einhaltung der Gesetze nicht zu vereinbaren, die Entscheidung darüber, ob ein Gesetz noch den gesellschaftlichen Bedingungen entspreche, dem einzelnen Richter zu überlassen[727].

Daher kann hinsichtlich der *Rechts*lage ebenso wenig einer ebenfalls in die Richtung des Vorrangs der Zweckmäßigkeit gegenüber der Rechtmäßigkeit zielenden, 1963 erschienenen Untersuchung gefolgt werden. Sie kommt zu dem Ergebnis, der Begriff der sozialistischen Gesetzlichkeit bedeute mit seinem jeweiligen Inhalt nichts anderes als die Anleitung zum situationsgerechten Handeln[728] im Sinne der SED. Die sozialistische Gesetzlichkeit sei damit ein bloßes Herrschaftsinstrument dieser Partei[729]. Sie sei nichts als eine Bezeichnung dafür, dass sich die Organe des Staatsapparats in jeder Situation und bei wie auch immer lautenden gesetzlichen Bestimmungen im Sinne der Weisungen der Partei zu verhalten und die Normen entsprechend diesen Weisungen anzuwenden, zu interpretieren oder auch nicht anzuwenden hätten[730].

Dies kann in dieser Reichweite nicht aus dem dynamischen Rechtsverständnis, dem Prinzip der Parteilichkeit und der darin enthaltenen Orientierung an den von der Partei definierten „objektiven Gesetzmäßigkeiten" gefolgert werden. Sicherlich war die sozialistische Gesetzlichkeit ein weites Einfallstor für den Einfluss der SED nicht nur auf die Rechtssetzung, sondern auch auf die Rechtsanwendung und ist damit in der Tat als Herrschaftsinstrument der Partei zu bezeichnen. Die Konsequenz ist eine sehr weitgehende Einschränkung der strafrechtlichen Verfolgbarkeit politisch gefärbter Justizakte. Doch eine die strafrechtliche Ahndung der Unterdrückung missliebiger Personen letztlich ausschließende völlige Aufhebung der Trennung zwischen Recht und Politik, welche die genannte Analyse im Ergebnis bedeutet, kann insbesondere im Hinblick auf die Entwicklung ab den sechziger Jahren, die überwiegend nach Erscheinen jener Arbeit stattgefunden hat, nicht konstatiert werden.

Nach dem dynamischen Rechtsverständnis gilt das Gesetz nicht als starre Fixierung, sondern nur als Rahmen, der offen ist für das Einströmen wechselnder ideologisch-politischer Inhalte nach dem jeweiligen

---

726 *Arlt/Stiller*, Entwicklung der sozialistischen Rechtsordnung in der DDR, S. 185 f.; *Buchholz*, NJ 1961, 747.

727 *Erler*, NJ 1961, 105; ähnlich *Buchholz*, NJ 1961, 746 f.

728 So schon *Kirchheimer*, AöR 85, 46.

729 *Preuss*, Der Begriff der sozialistischen Gesetzlichkeit in der DDR, S. 102.

730 *Preuss*, a.a.O., S. 50.

Stand der (revolutionären) gesellschaftlichen Entwicklung[731]. Dadurch ist das Recht der DDR in hohem Maße von der Politik durchdrungen. Relevant für dieses Einströmen sind allerdings nur Parteibeschlüsse, die sehr allgemein gehalten sind und nicht schon konkrete Gesetzesauslegungen vorschreiben. Die Rechtsanwendung ist in den Parteibeschlüssen nur „prinzipiell und richtunggebend vorgezeichnet"[732]. Die konkrete Auslegung und Anwendung der Gesetze stand in der Verantwortung der Gerichte. Andere Organe durften auch nach DDR-Verständnis nicht eingreifen[733]. So kann von einem vollständigen Verschmelzen von Recht und Politik keine Rede sein. Bezeichnenderweise findet sich in den DDR-Veröffentlichungen, mithin in der offiziellen Doktrin, soweit ersichtlich keine Äußerung, die es wagen würde, Parteiweisungen an den Richter, wie er im Einzelfall zu entscheiden habe, ausdrücklich als zulässig hinzustellen. Solche Einzelweisungen wurden trotz des Fehlens einer richterlichen Unabhängigkeit im westlich-rechtsstaatlichen Sinne, wie bereits dargestellt, für unzulässig gehalten[734].

Es ist nochmals darauf hinzuweisen, dass der Gesetzeswortlaut in der DDR als Grenze der Auslegung anerkannt war[735]. Nur innerhalb des Spielraums, den der Gesetzeswortlaut ließ, durfte der Justizfunktionär eine Entscheidung finden, die „bei der gegebenen Situation am besten dem objektiven politischen Sinn des Gesetzes als Instrument der staatlichen Leitung entspricht"[736]. Im Ergebnis kann daher festgehalten werden, dass trotz der politischen Durchdringung des Rechts in der DDR nicht grenzenlos nach politischer Willkür verfahren werden durfte.

C. Die (An-) Leitungsdokumente und Auslegungsmethoden des DDR-Rechts

Die Erläuterung des sozialistischen Rechtsverständnisses der DDR muss noch um einige Besonderheiten des damaligen Rechtssystems, speziell Aspekte der (An-) Leitung der Rechtsprechung, sowie um die Sicht der Auslegungsmethoden in der DDR ergänzt werden, um die Grundlage für

731 *Böckenförde*, Die Rechtsauffassung im kommunistischen Staat, S. 41.
732 *Haney*, NJ 1976, 605.
733 Dazu o., B.IV.2.a).
734 Dazu o., B.IV.2.a).
735 Dazu u., C.II.1.
736 *Buchholz*, NJ 1961, 747.

die Anwendung des systemimmanenten Ansatzes zu vervollständigen. Da aber vielfach dem systemimmanenten Ansatz nicht gefolgt wird, fließt in die folgende Darstellung mit ein, dass nicht durchweg Übereinstimmung darüber besteht, inwieweit die Besonderheiten des Rechtssystems der DDR und deren Auslegungsmethoden bei der Ermittlung des geltenden Rechts und damit für die Frage der Rechtsbeugung zu berücksichtigen sind.

Der BGH, insbesondere dessen 5. Strafsenat, sprach sich für eine umfassende Berücksichtigung aus. Bei der Prüfung, ob sich ein DDR-Richter der Rechtsbeugung schuldig gemacht habe, müsse beachtet werden, dass es um Handlungen gehe, die in einem anderen Rechtssystem vorgenommen worden seien. Die besonderen Züge dieses Rechtssystems seien zu beachten. Insoweit sei das System der auf Vereinheitlichung und Durchsetzung der sozialistischen Zielsetzung gerichteten Einflussnahmen zu berücksichtigen. Da diese Einflussnahmen im Einklang mit der Staatszielbestimmung der DDR-Verfassung gestanden hätten, könne eine Gesetzesverletzung im Sinne des § 244 DDR-StGB nicht schon darin gefunden werden, dass sich der Richter von solchen Einflüssen – so insbesondere Richtlinien und Beschlüssen des Obersten Gerichts, aber auch sonstigen Verlautbarungen wie „Standpunkten" und „Orientierungen"[737] – habe bestimmen lassen. Bei der Auslegung kommt es nach in der Literatur überwiegend befürworteter, teilweise aber auch heftig bekämpfter st. Rspr. des 5. Strafsenats auf die Auslegungsmethoden der DDR, nicht auf die der Bundesrepublik an[738].

---

737 Dazu sogleich näher.

738 BGH NJW 1994, 529, 531f. = BGHSt 40, 30, 40f.; BGH NJW 1994, 3238, 3240 = BGHSt 40, 169, 178f.; BGH NJW 1995, 3324, 3326 und 3327 = BGHSt 41, 247, 253 und 260; BGH NStZ-RR 1998, 361; BGH NStZ-RR 1998, 362, 363; zust. *Roggemann*, JZ 1994, 775; *ders.*, NJ 1997, 230; *Buchholz*, ZAP-Ost 1994, 188; *ders.*, ZAP-Ost 1996, 222; *Schreiber*, ZStW 107 (1995), 174; *Stanglow*, JuS 1995, 977; *Hohmann*, DtZ 1996, 235; *Möller-Heilmann*, Die Strafverfolgung von Richtern und Staatsanwälten der ehemaligen DDR wegen Rechtsbeugung, S. 175 und 178; *Papier*, in: Isensee/Kirchhof (Hrsg.), Handbuch des Staatsrechts der Bundesrepublik Deutschland, Bd. IX, S. 618 Rn. 66; *J. Müller*, NStZ 1998, 195; *Wieners*, Rechtsbeugung im Zeitgeistwandel, S. 89f.; *Papier/Möller*, NJW 1999, 3292; *Kraut*, Rechtsbeugung?, S. 136 (jedoch mit der entscheidenden Einschränkung, dass die soziologisch-funktionelle Auslegungsmethode als politisch-ideologische Auslegungsmethode samt ihrer Ergebnisse nicht anzuerkennen sei); *Schöll*, Die Rechtsbeugung, S. 106f. (allerdings ebenfalls mit der entscheidenden Einschränkung des Ausschlusses der soziologisch-funktionellen Auslegungsmethode als der freiheitlichen, demokratischen sozialen und rechtsstaatlichen Grundordnung widersprechend, wobei er sich zu Unrecht auf die Argumentation *Oetker*, JZ 1992, 614 beruft, unter Verkennung des Anwendungsbereichs der von ihm angeführten Regelungen,

Letzteres wurde von den Strafsenaten des BGH nicht ganz einheitlich gesehen. Der 4. Strafsenat meinte zunächst, unbeschadet der Besonderheiten des Rechtssystems der DDR und der damit verbundenen Wertvorstellungen seien für die Auslegungsmethoden als solche keine Besonderheiten für die DDR anzuerkennen[739]. Mehrere Jahre später hat er sich aber unter Verweis auf die auf die eben angeführten Urteilspassagen des 5. Strafsenats kommentarlos dessen Position zu eigen gemacht, es komme auf die Auslegungsmethoden der DDR an, nicht auf die der Bundesrepublik[740]. Auch der dritte Strafsenat sah - wie auch das BVerfG[741] - in der *formalen* Auslegungsmethodik keine wesentlichen Abweichungen. Er erkannte aber, dass die Auslegung wegen der Pflicht der Gerichte, an der Verwirklichung der sozialistischen Staatsziele der DDR mitzuwirken, erhebliche *inhaltliche* Unterschiede zur rechtsstaatlichen Gesetzesauslegung in der Bundesrepublik aufwies[742]. Über die Berücksichtigung der Wertvorstellungen der DDR gelangen 3. und 4. Strafsenat bezüglich der Ermittlung des möglichen Wortsinns einer Norm letztlich ebenfalls zu der Auffassung, es sei grundsätzlich auf das Rechtssystem der DDR abzustellen, insbesondere auf die „Verlautbarungen" des OG und die Auslegungsrichtlinien des Justizministeriums in den von ihm herausgegebenen einschlägigen Kommentaren[743]. Im Ergebnis liegen daher die Senate nicht so weit auseinander, wie es zunächst scheinen mag[744]. Die im Tat-

---

vgl. *Oetker* a.a.O., 609, 612); **a. A.** (Abstellen auf die Auslegungsmethoden der Bundesrepublik) *Spendel*, JR 1994, 221 f.; *ders.*, JZ 1995, 379; *ders.*, NJW 1996, 810 und 811; *Wassermann*, RuP 1996, 135; *Maiwald*, JZ 1996, 867 f.; *Wolff*, NJW 1994, 1390; *Bemmann*, JZ 1995, 125 f.; *Homann*, KJ 1996, 497 f.; zumindest für die Beurteilung der Strafzumessung auch Tröndle/Fischer (50. Aufl.), § 339 Rn. 16 e, f.

739 BGH NJW 1995, 64, 66 = BGHSt 40, 272, 279 f.; NStZ-RR 1996, 69 f.; insoweit zust. *Spendel*, JR 1995, 215 und JR 1995, 380, der aber einen Gedankenbruch dahingehend kritisiert, dass der 4. Senat Wertvorstellungen eines anderen Rechtssystems doch wiederum berücksichtigen will; *Kraut*, Rechtsbeugung?, S. 136, der aber wesentliche Unterschiede im Hinblick auf die „soziologisch-funktionelle" Auslegungsmethode erkennt, ohne diese anerkennen zu wollen.

740 BGH JR 2000, 246, 247 (insoweit nicht abgedruckt in BGH NJ 1998, 602 f.).

741 BVerfG NJW 1998, 2585, 2587.

742 BGH NJW 1995, 2734 f.; dies verkennt *Stanglow*, JuS 1995, 977.

743 BGH NStZ-RR 1996, 69, 70; BGH NStZ-RR 1996, 65, 66; ähnlich schon BGH NJW 1995, 64, 66 = BGHSt 40, 272, 279 f.; a. A. *Spendel*, JR 1995, 215; *ders.*, JZ 1995, 378 und 380; krit. *Maiwald*, JZ 1996, 867 f.

744 Ein früheres Mitglied des 5. Strafsenats des BGH spricht sogar von einer nur scheinbaren Abweichung der Formulierungen des 4. Strafsenats von denen des 5. Strafsenats (*Horstkotte*, Rechtsbeugung, in: Drobnig (Hrsg.), Die Strafrechtsjustiz der DDR im Systemwechsel, S. 87).

zeitraum herrschenden Wertvorstellungen der DDR betrachtet im Übrigen auch der 5. Strafsenat als maßgeblich[745].

Vorzugswürdig ist die klare Bezugnahme des 5. Strafsenats auf die Auslegungsmethoden der DDR. Denn die Berücksichtigung der Auslegungsmethoden, wie sie damals verstanden wurden, entspricht – ohne zugleich eine inhaltliche Zustimmung zu diesen Methoden zu implizieren – dem Ansatz der systemimmanenten Auslegung[746]. Die Auslegungsmethoden der DDR werden daher noch näher dargestellt[747]. Da über die Auslegungsmethoden im engeren Sinne hinaus für die Auslegung auch Instrumente der Leitung der Rechtsprechung maßgebend waren, die in der BRD nicht existieren, ist auch insofern mit dem 5. Strafsenat eine Kongruenz der „Auslegungsmethoden" (i. w. S.) zu verneinen.

Wie bereits angesprochen, wollen trotz gewisser Unterschiede in der Formulierung gegenüber dem 5. Strafsenat auch der 3. und 4. Strafsenat die Verlautbarung von Rechtsmeinungen des OG und anderer staatlicher Stellen im Hinblick auf den „demokratischen Zentralismus", die Leitungsfunktion des OG und den hohen Stellenwert der Einheitlichkeit der Rechtsprechung in der DDR grundsätzlich berücksichtigen[748]. Sie setzen dafür allerdings engere Grenzen als der 5. Strafsenat. Der 4. Senat will „Verlautbarungen" wie Richtlinien, Orientierungen und Gemeinsame Standpunkte grundsätzlich berücksichtigen. Dies aber nur, sofern sie nicht überpositivem Recht widersprechen[749]. Die herrschende Auslegungspraxis soll nach ähnlicher Ansicht des 3. Strafsenats dann nicht maßgebend sein, wenn die Rechtsanwendung in einem offensichtlichen und unerträglichen Widerspruch zu elementaren Geboten der Gerechtigkeit und zu völkerrechtlich geschützten Menschenrechten stand[750]. Der 4. Strafsenat will außerdem eine Auslegung nicht als gesetzmäßig anerkennen, wenn sich aus ihr eine elementare Menschenrechtsverletzung ergab, obwohl eine menschenrechtsfreundliche Auslegung möglich gewesen wäre[751]. Diese Einschränkung ist auf der Basis der hier vertretenen positivistisch

745 BGH NJW 1996, 857, 859 (hier insbesondere im Hinblick auf die Strafzumessung).

746 Dass es auf die Auslegungsmethoden der DDR wie auch auf deren Strafrechtsdogmatik ankommt, stützt *Hohoff* direkt auf § 2 StGB i. V. m. Art. 315 I EGStGB (*Hohoff*, DtZ 1997, 309).

747 S.u., C.II.

748 BGH NJW 1995, 2734, 2735; BGH NStZ-RR 1996, 65, 66.

749 BGH NJW 1995, 64, 66 = BGHSt 40, 272, 280; zust. *König*, JR 1997, 318.

750 BGH NJW 1995, 2734, 2735.

751 BGH NStZ-RR 1996, 65, 66.

orientierten und systemimmanenten Auslegung abzulehnen, da sie dem zur Tatzeit geltenden DDR-Rechtsverständnis widerspricht[752].

Gegen jegliche Berücksichtigung der Vorgaben und Direktiven der Justizsteuerung in der DDR durch den BGH führt ein Teil der Literatur an, dies als „Auslegungsmethodik" einer anderen Rechtsordnung anzuerkennen, verschaffe politischen Einflussnahmen Legitimität und Legalität[753]. Diese Kritik lässt aber außer Acht, dass politische Einflussnahmen in gewissem Rahmen in der Rechtsordnung der DDR vorgesehen waren oder dieser nicht widersprachen. Indem man dies berücksichtigt, verschafft man diesen keine Legalität, die nicht schon vorher existierte. Auch über die Legitimität wird damit nichts ausgesagt. Was zum Rechtssystem gehörte, kann nicht ohne weiteres rückwirkend ignoriert werden. Auf die wesentlichen Arten schriftlicher (An)leitungsinstrumente sowie Ausmaß und Grenzen ihrer Berücksichtigung wird daher im Folgenden näher eingegangen. Für die daneben bestehenden mannigfaltigen Justizsteuerungsmechanismen informeller Art ist auf die Literatur zu verweisen[754].

I. Die Rolle von Instrumenten zur Leitung und Anleitung der Rechtsprechung

Die Leitung und Kontrolle der Rechtsprechung war gesetzlich verankert[755] und galt damit nicht als unvereinbar mit der richterlichen Unabhängigkeit. Seit 1963 gehörte die Leitung der Rechtsprechung zu den Aufgaben des OG[756]. Seit 1968 war sie ebenso verfassungsrechtlich verankert wie die Aufgabe des OG, die Einheitlichkeit der Rechtsanwendung durch alle Gerichte zu sichern[757]. Sie erfolgte außer durch die Spruchpraxis unter anderem[758] durch Richtlinien und Beschlüsse, Orientierungen,

---

752 Vgl. o., A.III.1.a)dd)(2).

753 *Wassermann*, RuP 1996, 136; *ders.*, NJW 1996, 2077; ähnlich *Spendel*, JZ 1995, 380.

754 Dazu *Rottleuthner* (Hrsg.: BMJ), Steuerung der Justiz in der DDR; *Werkentin*, Politische Strafjustiz in der Ära Ulbricht; *Fricke*, Politik und Justiz in der DDR.

755 § 1 III DDR-GVG/1963 und 1974.

756 § 11 II DDR-GVG/1963, § 20 I DDR-GVG/1974, konkretisiert in §§ 36ff. DDR-GVG/1974.

757 Art. 93 II DDR-Verf./1968 und 1974.

758 Näher dazu *Rottleuthner*, Zur Steuerung der Justiz in der DDR, in: Rottleuthner (Hrsg.: BMJ), Steuerung der Justiz in der DDR, S. 33f.; *Gängel*, Das Oberste Gericht der DDR, in: Rottleuthner (Hrsg.: BMJ), a.a.O., S. 276.

Standpunkte sowie durch sog. Informationen des OG und wurde durch die Anleitungstätigkeit des MdJ ergänzt.

1. Richtlinien und Beschlüsse des OG

Zur Steuerung der Rechtsprechung durch das OG war zunächst im DDR-GVG von 1952 nur der Erlass von Richtlinien vorgesehen. Diese konnten im Interesse der einheitlichen Anwendung und Auslegung der Gesetze erlassen werden[759] und wurden im Gesetzblatt veröffentlicht[760]. Mit dem DDR-GVG/1963 kam die Möglichkeit des Erlasses von Beschlüssen durch Plenum (bis zum DDR-GVG/1974) und Präsidium des OG hinzu. Die Richtlinien und Beschlüsse des OG waren nach der Gesetzeslage der DDR verbindlich für alle Gerichte[761]. Folgerichtig sieht der BGH eine Gesetzesverletzung - jedenfalls grundsätzlich - nicht schon darin, dass sich ein Richter von Richtlinien oder Beschlüssen des OG hat bestimmen lassen[762]. Die Nichtbeachtung von Beschlüssen des Präsidiums des OG stellte nach einer Stellungnahme des OG wegen deren gesetzlich geregelter Verbindlichkeit eine Gesetzesverletzung dar[763]. Dies übersehen diejenigen[764], die ein Ignorieren von Richtlinien und Beschlüssen fordern.

Die Richtlinien des Plenums behandelten meist komplexe oder prinzipielle Fragen der Rechtsprechung. Sie sollten den Gerichten „aus der Analyse der Rechtsprechung und zur Verallgemeinerung der besten Erfahrungen und Ergebnisse verbindliche Anleitung für die wirksamste, politisch richtige Anwendung der Rechtsnormen" geben[765].

Die Beschlüsse des Präsidiums des OG betrafen dagegen spezielle Probleme der Rechtsprechung und der Sicherung ihrer Einheitlichkeit, so z. B. die Interpretation und Anwendung bestimmter Tatbestände oder die Strafzumessung und -differenzierung[766]. Diese Einteilung kann allerdings nur zur groben Orientierung dienen.

759 § 58 DDR-GVG/1952.

760 Verzeichnis bei *Gängel*, a.a.O., S. 284 ff.

761 § 58 DDR-GVG/1952, § 68 DDR-GVG/1959, §§ 17 I, 19 I DDR-GVG/1963, §§ 20 II, 39 I, 40 I DDR-GVG/1974.

762 BGH NJW 1994, 529, 531 = BGHSt 40, 30, 41; BGH (4. Strafsenat) NStZ-RR 1996, 65, 66; *Papier*, in: Isensee/Kirchhof (Hrsg.), Handbuch des Staatsrechts der Bundesrepublik Deutschland, Bd. IX, S. 618 Rn. 66.

763 OGI Heft 4/1987, S. 41, wiedergegeben nach: *Gängel*, Das Oberste Gericht der DDR, in: Rottleuthner (Hrsg.: BMJ), Steuerung der Justiz in der DDR, S. 280.

764 (Vgl. schon o.) *Wassermann*, RuP 1996, 135; *ders.*, NJW 1996, 2077; *Spendel*, JZ 1995, 380.

765 Autorenkollektiv, Grundlagen der Rechtspflege, S. 101.

766 Autorenkollektiv, a.a.O., S. 103.

Wie ist es nun zu beurteilen, wenn die angewendete Richtlinie oder der angewendete Beschluss dem Gesetzeswortlaut widerspricht? Gegen die Zulässigkeit wortlautüberschreitender Richtlinien und Beschlüsse spricht schon die Funktion der Leitungstätigkeit: Die Leitung der Rechtsprechung durch das OG sollte die strikte Bindung aller Gerichte an die Verfassung, die Gesetze und anderen Rechtsvorschriften und damit an den „Willen der Arbeiterklasse und ihrer Verbündeten" sichern und auf die Verwirklichung des gesetzlich normierten Willens des werktätigen Volkes hinwirken[767]. Ziel des Erlasses von Richtlinien und Beschlüssen war die Einheitlichkeit der Rechtsanwendung und -auslegung[768]. Daraus wurde in der DDR abgeleitet, dass eine Richtlinie ein Gesetz nicht abändern oder ergänzen könne[769]. Die Leitungstätigkeit, insbesondere der Erlass von Richtlinien, wurde in der Literatur durch den klaren Gesetzeswortlaut begrenzt[770].

Allerdings war zeitweilig streitig, ob Richtlinien nur insoweit verbindlich seien, als sie auf der Grundlage des geltenden Rechts ergingen[771]. Das OG schloss demgegenüber ein richterliches Nachprüfungsrecht, ob diese auf der Grundlage des geltenden Rechts ergangen seien, unter Verweis auf die gesetzlich geregelte Verbindlichkeit der Richtlinien und Beschlüsse aus[772].

Nach zutreffender Ansicht des BGH können dennoch Richtlinien und Beschlüsse des OG für das Merkmal der Gesetzwidrigkeit in § 244 DDR-StGB nur insoweit Bedeutung erlangen, als sie mit der (unter Umständen extensiven) Auslegung eines gesetzlichen Straftatbestandes noch vereinbar sind[773]. Die Berücksichtigung scheidet – wie generell bei der Ausle-

---

767 *Müller/Fritzsche*, Gerichtsverfassungsrecht Staatsanwaltschaftsrecht, S. 39.

768 § 58 DDR-GVG v. 1952, § 68 DDR-GVG v. 1952 i.d.F.v. 1959, §§ 11 II 2, 17 I DDR-GVG v. 1963, §§ 20 II, 39 I DDR-GVG v. 1974.

769 *N.N.*, NJ 1959, 666; *Toeplitz*, NJ 1979, 394.

770 *Haney*, Grundlagen der Theorie des sozialistischen Staates und Rechts, Teil II, S. 262; wohl auch *Riemann*, Sozialistisches Recht und normative Weisungen in: Karl-Marx-Universität Leipzig, Sektion Rechtswissenschaft/Ingo Wagner, Sozialistisches Recht und juristischer Überbau, S. 231 (normative Weisungen dürften den Rechtsvorschriften nicht widersprechen); *Toeplitz*, NJ 1979, 394 (Richtlinien müssten sich „im Rahmen der Rechtsvorschriften der DDR halten").

771 So *Lehmann/Weber*, NJ 1969, 611; a. A. *Arlt/Stiller*, Entwicklung der sozialistischen Rechtsordnung in der DDR, S. 295 f., Fn. 222; vgl. a. *Riemann*, a.a.O., S. 231 („Vorrang der Rechtsvorschriften vor den normativen Weisungen", aber „nicht im Sinne einer abgestuften Verbindlichkeit").

772 OG NJ 1970, 131.

773 BGH NJW 1995, 3324, 3328; BGH (4. Strafsenat) NStZ-RR 1996, 65, 66; NGH NStZ-RR 1997, 301; zust. *Möller-Heilmann*, Die Strafverfolgung von Richtern und Staatsanwälten

gung - aus, wenn unbestimmte Rechtsbegriffe derart überdehnt wurden, dass die Erkennbarkeit und Vorhersehbarkeit strafbaren Verhaltens für den Normadressaten weitgehend aufgehoben war[774]. Der BGH argumentiert überzeugend mit dem Grundsatz „nullum crimen, nulla poena sine lege", der nicht nur in Art. 4 DDR-StGB/1968 und 1974, sondern auch in Art. 135 DDR-Verf./1949 sowie in Art. 99 DDR-Verf./1968 und 1974 verankert war. Dieser auch in der DDR gültige Gesetzesvorbehalt im engeren Sinne verbiete es, Bestimmungen, die keine Gesetzesqualität besäßen, eine das förmliche Gesetz verdrängende, strafbarkeitsbegründende Kraft zukommen zu lassen[775]. Ergänzend führt er an, dass es in der DDR - wie bereits erwähnt - keine Doktrin gab, wonach der bloße Wille der Inhaber staatlicher Macht Recht schaffen konnte[776].

Orientierte sich ein Richter an Richtlinien und Beschlüssen des OG, wird man ihm allerdings auch bei Überschreitung der Wortlautgrenze des Gesetzes jedenfalls den Vorsatz der Rechtsbeugung kaum nachweisen können[777].

2. Standpunkte und Orientierungen

Ab Ende der 70er Jahre gab das OG regelmäßig Standpunkte zu einzelnen Fragen der Rechtsprechung heraus, ohne dass es dafür eine gesetzliche Grundlage gegeben hätte. Dies waren überwiegend Standpunkte der Kollegien und einzelner Senate, aber auch einzelner Richter und der Grundsatzabteilung des OG[778]. Ferner gab es sog. Gemeinsame Standpunkte, in denen das OG wiederholt zu grundsätzlichen Fragen der Rechtsanwendung zusammen mit dem Generalstaatsanwalt der DDR, dem Innen- und dem Justizministerium oder anderen staatlichen Organen Stellung genommen hat. Die Standpunkte wurden z.T. in den noch zu erwähnenden „Informationen des Obersten Gerichts" justizintern herausgegeben[779]. Sie wurden zuweilen auch als „Orientierung" oder „Ausgewählte Hin-

---

der ehemaligen DDR wegen Rechtsbeugung, S. 179.

774 BGH NStZ-RR 1996, 65, 66; zust. *Möller-Heilmann*, a.a.O., S. 179.

775 BGH NJW 1995, 3324, 3327 f.; ähnlich *Rautenberg/Burges*, DtZ 1993, 72.

776 BGH NJW 1995, 3324, 3328 = BGHSt 41, 247, 261 (im Übrigen dazu bereits oben m. w. N.).

777 So auch *Rautenberg/Burges*, DtZ 1993, 75 (jedenfalls für Richter und Staatsanwälte der Kreise und Bezirke); zweifelnd auch *Weber*, GA 1993, 225.

778 *Gängel*, Das Oberste Gericht der DDR, in: Rottleuthner (Hrsg.: BMJ), Steuerung der Justiz in der DDR, S. 280 f.

779 Vgl. die Aufstellung bei Rottleuthner (Hrsg.: BMJ), Steuerung der Justiz in der DDR, Anhang S. 619.

weise" bezeichnet[780]. Da eine systematische Unterscheidung zwischen solchen Orientierungen und Standpunkten nicht ersichtlich ist, werden beide hier zusammen behandelt. Die mangelnde Unterscheidung kommt auch in der Lehrbuchformulierung zum Ausdruck, Standpunkten der Kollegien oder einzelner Senate komme „der Charakter von Orientierungen" zu[781]. Der Rechtscharakter von Standpunkten und Orientierungen war gesetzlich nicht normiert. Mitunter wurde von „normative(n) Weisung(en)" gesprochen, wobei in diese Bezeichnung auch Richtlinien und Beschlüsse einbezogen waren[782].

Zur Frage der Verbindlichkeit von Standpunkten und Orientierungen ergibt sich ein zunächst unklares Bild. Gegen eine Verbindlichkeit spricht schon die verfassungsrechtliche und einfachgesetzliche Regelung, wonach Richter und Schöffen *nur* an die Verfassung, die Gesetze und anderen Rechtsvorschriften gebunden waren[783]. Nach dem jeweiligen GVG war im Rahmen der Leitung der Rechtsprechung allein den Richtlinien und Beschlüssen verbindliche Wirkung verliehen[784], was als abschließende Regelung zu verstehen ist[785]. Im Strafrechtslehrbuch von 1988 wurde jedoch den Gemeinsamen Standpunkten des OG und anderer staatlicher Organe verbindliche Wirkung für die an ihnen beteiligten bzw. diesen nachgeordneten staatlichen Organe zugesprochen, nicht aber Standpunkten der Kollegien und einzelner Senate[786]. Dagegen behauptet *Arnold* ohne eine solche Unterscheidung, Standpunkte seien „in Anwendung" des Prinzips des demokratischen Zentralismus als verbindlich angesehen worden (und daher für die Gerichte verbindlich gewesen)[787], was von *Möller-Heilmann* unkritisch rezipiert wird[788]. Gegenteilige Äuße-

780 *Gängel*, a.a.O., S. 281.

781 Autorenkollektiv, Strafrecht der DDR, S. 143.

782 *Riemann*, Sozialistisches Recht und normative Weisungen in: Karl-Marx-Universität Leipzig, Sektion Rechtswissenschaft/Ingo Wagner, Sozialistisches Recht und juristischer Überbau, S. 230.

783 Art. 127 DDR-Verf./1949; Art. 96 I 2 DDR-Verf./1968 und 1974; § 5 DDR-GVG/1952; § 7 DDR-GVG/1959; § 5 II DDR-GVG/1974.

784 S. o., C.I.1.

785 Vgl. dazu auch Ministerium der Justiz/Akademie für Staats- und Rechtswissenschaften der DDR (Hrsg.), Kommentar zum Strafgesetzbuch (3. Aufl. 1979, 5. Aufl. 1987), Art. 7 Anm. 5, wonach die Leitung der Strafrechtsprechung durch das OG „an gesetzlich exakt und ausschließlich geregelte Rechtsformen gebunden" war.

786 Autorenkollektiv, Strafrecht der DDR, S. 143.

787 *Arnold*, KritV 1994, 192 und 194.

788 *Möller-Heilmann*, Die Strafverfolgung von Richtern und Staatsanwälten der ehemaligen DDR wegen Rechtsbeugung, S. 94 und 295; so auch schon *Rosenau*, Tödliche Schüsse im staatlichen Auftrag, S. 68.

rungen werden dabei nicht berücksichtigt. So wurde in der DDR-Literatur 1982 die Verbindlichkeit normativer Weisungen für die Rechtsprechung (außer bei den gesetzlich geregelten Richtlinien und Beschlüssen) verneint[789]. 1986 räumte der damalige Präsident des OG indirekt die rechtliche Unverbindlichkeit anderer Materialien als Richtlinien, Beschlüsse und Entscheidungen ein[790]. In der Endphase der DDR äußerte das OG selbstkritisch zu Standpunkten wie zu Orientierungen ausdrücklich, diese könnten keine Verbindlichkeit für die Rechtsprechung haben und seien als unverbindliche Kommentierung eines Gesetzes zu betrachten[791]. Selbst wenn dies unter dem Reformdruck der Wende geschah und mit Blick auf Konsequenzen für die Zukunft ausgesprochen wurde, lässt sich daraus schließen, dass eine rechtliche Verbindlichkeit von vornherein nicht anzunehmen war.

Zu Recht geht nach alledem das überwiegende gesamtdeutsche Schrifttum davon aus, dass Standpunkte und Orientierungen (anders als Richtlinien und Beschlüsse) de jure nicht verbindlich waren[792]. Von manchen dieser Autoren wie auch vom 4. Strafsenat des BGH wird allerdings eine erhebliche „faktische Bindungswirkung" eingeräumt[793], was besser mit

---

789 *Riemann*, Sozialistisches Recht und normative Weisungen in: Karl-Marx-Universität Leipzig, Sektion Rechtswissenschaft/Ingo Wagner, Sozialistisches Recht und juristischer Überbau, S. 230.

790 Dazu *Grote*, Die DDR-Justiz vor Gericht, S. 66 f.

791 *N.N.*, Referat zur Plenartagung des Obersten Gerichts am 22. November 1989, zitiert in: *Arnold*, Die Normalität des Strafrechts der DDR, Bd. 1: Gesammelte Beiträge und Dokumente, S.450.

792 *F. Müller*, Gerichtsverfassungsrecht, in: Heuer (Hrsg.), Die Rechtsordnung der DDR, S. 251; *Gängel*, Das Oberste Gericht der DDR, in: Rottleuthner (Hrsg.: BMJ), Steuerung der Justiz in der DDR, S. 281; *Meinerzhagen*, Die Verfahren gegen ehemalige Richter der DDR, in: Weber/Piazolo, Eine Diktatur vor Gericht, S. 129 (zu Orientierungen) und S. 135 (zu Standpunkten); *Bischoff*, in: Deutscher Bundestag (Hrsg.), Materialien der Enquête-Kommission des Deutschen Bundestages „Aufarbeitung von Geschichte und Folgen der SED-Diktatur in Deutschland", Bd. IV, S. 236 (zu Gemeinsamen Standpunkten); *L. Schulz*, StV 1995, 210; *ders.*, Der nulla-poena-Grundsatz – ein Fundament des Rechtsstaats?, in: Pawlowski /Roellecke (Hrsg.), Der Universalitätsanspruch des demokratischen Rechtsstaats, ARSP-Beiheft 65, S. 192; *Kraut*, Rechtsbeugung?, S. 40 (zu Standpunkten); *Grote*, Die DDR-Justiz vor Gericht, S. 68; wohl auch *Marxen/Werle*, Die strafrechtliche Aufarbeitung von DDR-Unrecht. Eine Bilanz, S. 55 (zu Standpunkten).

793 *Gängel*, a.a.O., S. 281; *L. Schulz*, StV 1995, 210; *ders.*, Der nulla-poena-Grundsatz – ein Fundament des Rechtsstaats?, in: Pawlowski /Roellecke (Hrsg.), Der Universalitätsanspruch des demokratischen Rechtsstaats, ARSP-Beiheft 65, S. 192; *Grote*, Die DDR-Justiz vor Gericht, S. 152; BGH NStZ-RR 1996, 65, 66.

der Beschreibung „de facto überragende Bedeutung"[794] auszudrücken ist. Soweit dies begründet wird, werden hierzu Formulierungen wie „darf nicht" oder „das gilt auch/nicht" und die Überprüfung der Durchsetzung in Einsätzen bzw. Revisionen der zentralen Justizorgane angeführt, welche bei Nichtbeachtung (Gemeinsamer) Standpunkte die Kassation von (bereits rechtskräftigen) Entscheidungen durch das OG und eine Rüge zur Folge haben konnten[795]. Diese Umstände bringen indes lediglich eine Art Erwartungshaltung zum Ausdruck, einen intern erhobenen Anspruch auf Befolgung[796], der nicht mit der Rechtsverbindlichkeit gleichzusetzen ist.

Auch wenn man eine Verbindlichkeit der (Gemeinsamen) Standpunkte bzw. Orientierungen verneint, erfordert die systemimmanente Auslegung, diese hinsichtlich der Grenzen zulässiger Auslegung zu berücksichtigen und grundsätzlich eine Entscheidung nicht als gesetzwidrig anzusehen, die sich an ihnen orientiert[797]. Dies sieht der BGH im Ergebnis genauso[798].

Zwar ist der Einschränkung des 4. Strafsenats im Falle des Widerspruchs zu überpositivem Recht[799], wie schon oben gesagt, nicht zuzustimmen, doch ist hier wiederum - wie bei Richtlinien und Beschlüssen - die Einschränkung zu machen, dass die Berücksichtigung nur gelten kann, soweit nicht der Gesetzeswortlaut überschritten wurde. Nach richtiger Ansicht des BGH können „sonstige Verlautbarungen von Staatsorganen" für das Merkmal der Gesetzwidrigkeit in § 244 DDR-StGB nur insoweit Bedeutung erlangen, als sie mit der (unter Umständen extensiven) Auslegung eines gesetzlichen Straftatbestandes noch vereinbar sind[800]. Dies

794 *Grote*, a.a.O., S. 68.

795 *Gängel*, Das Oberste Gericht der DDR, in: Rottleuthner (Hrsg.: BMJ), Steuerung der Justiz in der DDR, S. 281 f.

796 So auch *Grote*, a.a.O., S. 67.

797 Ebenso *L. Schulz*, StV 1995, 210; *ders.*, Der nulla-poena-Grundsatz - ein Fundament des Rechtsstaats?, in: Pawlowski /Roellecke (Hrsg.), Der Universalitätsanspruch des demokratischen Rechtsstaats, ARSP-Beiheft 65, S. 192.

798 BGH NJW 1994, 529, 531; BGH NJW 1995, 64, 66; zust. *Papier*, in: Isensee/Kirchhof (Hrsg.), Handbuch des Staatsrechts der Bundesrepublik Deutschland, Bd. IX, S. 618 Rn. 66; abl. *Meinerzhagen*, Die Verfahren gegen ehemalige Richter der DDR, in: Weber/ Piazolo, Eine Diktatur vor Gericht, S. 135, mit der nicht nachvollziehbaren Begründung, die damalige Verfahrensweise verstoße evident gegen das DDR-GVG.

799 BGH NJW 1995, 64, 66.

800 BGH NJW 1995, 3324, 3328; BGH NStZ-RR 1997, 301; ähnlich *Rautenberg/Burges*, DtZ 1993, 72 (zu Gemeinsamen Standpunkten); ebenso *Möller-Heilmann*, Die Strafverfol-

überzeugt aus den gleichen Gründen, die hinsichtlich der Richtlinien und Beschlüsse des OG bereits ausgeführt wurden, und um so mehr, als im Gegensatz dazu die Verbindlichkeit derartiger Leitungsmaterialien nicht gesetzlich festgeschrieben war. Zulässig war daher nur eine wirkliche Auslegung und keine Abänderung der Rechtslage durch solche Instrumente.

Allerdings dürfte ein Vorsatz der Rechtsbeugung kaum nachweisbar sein, wenn Richter und Staatsanwälte sich an Orientierungen oder (Gemeinsame) Standpunkte hielten[801], zumindest wenn sie sich dahingehend einlassen, an deren Verbindlichkeit geglaubt zu haben.

3. Entscheidungen des Obersten Gerichts

Entscheidungen des OG konnten in gewissem Maße bindende Kraft über den Einzelfall hinaus erlangen. Die verallgemeinerungsfähigen Hauptaussagen wichtiger Einzelentscheidungen wurden (leitsatzartig) als sog. *Rechtssätze* des OG publiziert oder den nachgeordneten Gerichten „auf andere Weise" übermittelt[802].

Im Jahre 1960 äußerte sich das OG zur der Frage der Verbindlichkeit. Danach hatten die nachgeordneten Gerichte (Kreis- und Bezirksgerichte) in ihrer Rechtsprechung gemäß dem Prinzip des demokratischen Zentralismus[803] grundsätzlich die in veröffentlichten oder ihnen auf andere Weise bekanntgewordenen Entscheidungen dargelegten Rechtsansichten des OG als Richtschnur anzusehen und ihren Entscheidungen zugrunde zu legen. Allerdings durften sie auch aufgrund eigener verantwortlicher Erwägungen bei besonders eingehender Prüfung der in Betracht kommenden Rechtsfragen und nach Ausschöpfung aller ihnen zur Verfügung stehenden Erkenntnismöglichkeiten zu einer abweichenden Begründung oder zu einem abweichenden Ergebnis gelangen[804].

---

gung von Richtern und Staatsanwälten der ehemaligen DDR wegen Rechtsbeugung, S. 179.

801 So auch *Rautenberg/Burges*, DtZ 1993, 75 (jedenfalls für Richter und Staatsanwälte der Kreise und Bezirke), zweifelnd auch *Weber*, GA 1993, 225.

802 Autorenkollektiv, Grundlagen der Rechtspflege, S. 103 f.

803 Die Entscheidung stützt sich auf § 2 I Nr. 1 des Gesetzes über die Vervollkommnung und Vereinfachung der Arbeit des Staatsapparates in der DDR vom 11.2.1958 (GBl. I S. 117), wo es heißt: „Für die Tätigkeit aller Organe der Staatsmacht (...) gilt das Prinzip des demokratischen Zentralismus". In den Verfassungen von 1968 und 1974 war der demokratische Zentralismus als tragendes Prinzip des Staatsaufbaus verankert (Art. 47 II).

804 OG NJ 1961, 104.

In der Literatur wurde erläutert, eine Bindung an die vom OG entwickelten Rechtsauffassungen bestehe nur dann nicht, wenn sich wesentliche neue Gesichtspunkte ergäben, die bei der vom OG behandelten Problematik keine Rolle gespielt hätten. Das könnten Momente sein, die den Sachverhalt selbst und seine Einordnung in den gesellschaftlichen Gesamtzusammenhang beträfen oder die auf einer inzwischen gewonnenen tieferen Einsicht und einem weiteren Fortschreiten des Entwicklungsprozesses basierten[805]. Im Übrigen stellte aber ein Abweichen von den Rechtssätzen des OG eine Verletzung der sozialistischen Gesetzlichkeit dar[806].

Trotz fehlender allgemeiner Verbindlichkeit wurden die Rechtssätze in der Praxis als „faktisch verbindliche" Orientierungen angesehen[807]. Zu ihrer Berücksichtigung sind dementsprechend die gleichen Grundsätze wie für Orientierungen und Standpunkte heranzuziehen. Sie sind also grundsätzlich - bis zur Grenze eindeutiger Wortlautüberschreitung - zu berücksichtigen.

In der Rechtsbeugungsliteratur wird als Lösung des Problems angeblich „normsetzender" Rechtsprechung ein Rückgriff auf das allgemeine rechtsstaatliche Vertrauensschutzprinzip des Art. 20 III GG angeboten. Danach soll im Allgemeinen ein schützenswertes Vertrauen der ehemaligen DDR-Richter auf die Anerkennung der von den obersten Justizorganen bekanntgegebenen Rechtsansichten wie überhaupt der damaligen höchstrichterlichen Rechtsprechung bestehen. Eine rückwirkende Änderung der Auslegung sei daher grundsätzlich verschlossen. Der Grundsatz des Vertrauensschutzes erlaube jedoch Abwägungen im Einzelfall. Bei eindeutiger Wortlautüberschreitung sei ein Vertrauensschutz aber ausgeschlossen, weil dann kein Fall der Auslegung mehr vorliege[808].

Dieses Ergebnis folgt schlüssiger bereits aus der Erwägung, dass jede innerhalb der Grenzen des Gesetzeswortlauts liegende Auslegung durch die Rechtsprechung als noch vertretbar und damit als nicht gesetzwidrig anzusehen ist[809] sowie aus dem hier vertretenen und aus Art. 103 II GG abgeleiteten Grundsatz systemimmanenter Auslegung, für den ebenfalls eine Grenze in der auch DDR-rechtlich unzulässigen Wortlautüberschreitung liegt[810]. Ein Rückgriff auf das allgemeine Rechtsstaatsprinzip erscheint daher nicht erforderlich.

---

805 *Herrmann/Schüsseler*, NJ 1963, 132.
806 *Erler*, NJ 1961, 106.
807 Autorenkollektiv, Strafrecht der DDR, S. 143.
808 *Grote*, Die DDR-Justiz vor Gericht, S. 74.
809 Vgl. dazu Kapitel 4 und Kapitel 5, A.I.
810 Dazu auch u., C.II.1.

4. Informationen des Obersten Gerichts (OGI)

Seit 1977 gab das OG sogenannte Informationen (OGI) heraus[811]. Sie wurden als „Vertrauliche Dienstsache" behandelt und waren den Anwälten zunächst überhaupt nicht, später nur eingeschränkt zugänglich[812]. Aus ihnen durfte in öffentlichen Hauptverhandlungen nicht zitiert werden[813].

Wenn die OGI zuweilen im westdeutschen Schrifttum ohne Begründung oder Nachweis als verbindlich bezeichnet werden[814], so beruht das anscheinend auf einem Missverständnis. Die OGI als solche waren nur Medium der Übermittlung an Richter und Staatsanwälte. Die Frage der Verbindlichkeit ist für das jeweils den Inhalt bildende Material nach dessen Rechtscharakter zu beurteilen.

Weiter wird angeführt, die in den OGI enthaltenen Beschlüsse des Präsidiums des OG, Rechtsstandpunkte, Entscheidungen des OG und der Instanzgerichte, Berichte des Präsidiums des OG an das Plenum, gemeinsame Anweisungen des Ministeriums der Justiz, des OG und der Generalstaatsanwaltschaft und andere Beiträge seien für Richter und Staatsanwälte als verbindlich angesehen worden[815]. Dies ist jedoch differenziert zu sehen und mit einer bei den „Standpunkten" bereits angesprochenen justizintern bestehenden Erwartungshaltung der Befolgung einerseits und einer entsprechenden Befolgungsbereitschaft[816] andererseits erklärbar. Grundsätzlich waren interne schriftliche Materialien de jure nicht verbindlich[817].

---

811 *Schroeder/Gräf*, ROW 1987, 292; *Weber*, GA 1993, 225.

812 *Schroeder/Gräf*, a.a.O., 292f; *Weber*, a.a.O.

813 *Lilie*, NStZ 1990, 154.

814 So etwa bei *Möller-Heilmann*, Die Strafverfolgung von Richtern und Staatsanwälten der ehemaligen DDR wegen Rechtsbeugung, S. 92; ähnlich missverständlich *Weber*, GA 1993, 225 (die OGI seien als verbindlich angesehen worden; dazu sogleich).

815 *Schroeder/Gräf*, ROW 1987, 292; im Anschluss an diese *Niethammer*, Der Staatsanwalt in der DDR, S. 10; verkürzend *Weber*, GA 1993, 225 unter Bezugnahme auf *Schröder/Gräf*, ROW 1988, 292 (sic; ersichtlich 1987, 292 gemeint), ferner *Arnold*, KritV 1994, 192 (nur in Bezug auf Rechtsstandpunkte und nicht mit dem Abdruck in den OGI, sondern mit dem Prinzip des demokratischen Zentralismus begründet, dazu bereits o., C.I.2.).

816 Vgl. *Bischoff*, in: Deutscher Bundestag (Hrsg.), Materialien der Enquête-Kommission des Deutschen Bundestages „Aufarbeitung von Geschichte und Folgen der SED-Diktatur in Deutschland", Bd. IV, S. 236: „Es fehlte ihnen (den Richtern, die Verf.) völlig ein Bewußtsein vom Rang des Rechts: Verfassung, Gesetz, Verordnung, ministerielle Richtlinie oder Verwaltungsvorschrift. Diese Skala war begrifflich nicht vorhanden. Was von oben verordnet wurde und schriftlich vorlag, das galt sozusagen gleich als verbindlich."

817 So insbes. *F. Müller*, in Heuer (Hrsg.), Die Rechtsordnung der DDR, S. 251; *Riemann*, Sozialistisches Recht und normative Weisungen, in: Karl-Marx-Universität Leipzig,

Soweit Beschlüsse des Präsidiums des OG in den OGI mitgeteilt wurden, waren sie nicht aus diesem Grunde, sondern schon von Gesetzes wegen verbindlich[818]. Bei „Berichten des Präsidiums des OG an das Plenum" kann es sich in Wahrheit um gesetzlich verbindliche, aber fehlbezeichnete Beschlüsse handeln. In einem Lehrbuch heißt es nämlich zu den Beschlüssen des Präsidiums, diese seien teilweise auch als Berichte des Präsidiums an das Plenum des OG ausgewiesen[819]. Soweit sie aber tatsächlich Berichte im Wortsinne darstellen, scheidet eine Verbindlichkeit schon mangels Regelungsgehaltes aus. Das gleiche gilt für sonstiges reines Informationsmaterial. Standpunkte sind nicht als de jure verbindlich anzuerkennen, unabhängig von der Form ihrer Übermittlung[820]. In den OGI mitgeteilte Gerichtsentscheidungen können nur in dem Rahmen als verbindlich gelten, der allgemein für Entscheidungen des Obersten Gerichts gilt, also nach den Grundsätzen der erwähnten OG-Entscheidung von 1960[821], die sich mit der Wendung „veröffentlichten oder ihnen auf *andere Weise bekanntgewordenen* Entscheidungen" verklausuliert auf die OGI bezieht[822].

Unabhängig von ihrer Verbindlichkeit sind derartige in den OGI mitgeteilte „geheime Rechtsprechungsanweisungen"[823] zur Gesetzesinterpretation wie bereits dargelegt[824] grundsätzlich zu berücksichtigen[825], soweit sie dem Gesetzeswortlaut nicht widersprechen.

5. Zur Rolle des MdJ und der von ihm herausgegebenen Kommentare

Während dem OG die unmittelbare Leitung der Rechtsprechung oblag, war das MdJ jedenfalls zwischen 1959 und 1963 sowie ab 1974 für die

Sektion Rechtswissenschaft/Ingo Wagner, Sozialistisches Recht und juristischer Überbau, S. 230; vgl. dazu mit weiteren Nachweisen auch o., C.I.2.

818 S. o., C.I.1.

819 Autorenkollektiv, Strafrecht der DDR, S. 143.

820 Dazu bereits o., C.I.2.

821 OG NJ 1961, 104.

822 *F.-C. Schroeder*, ROW 1987, 293.

823 Vgl. *F.-C. Schroeder*, ROW 1987, 291 ff.

824 Vgl. o., C.I.1. bis 3.

825 BGH NJW 1994, 529, 531 (das die OGI zwar nicht ausdrücklich nennt, aber allgemein von „sonstigen Verlautbarungen" spricht); *Möller-Heilmann*, Die Strafverfolgung von Richtern und Staatsanwälten der ehemaligen DDR wegen Rechtsbeugung, S. 178; a. A. *Kraut*, Rechtsbeugung?, S. 138.

Anleitung (und Kontrolle) der Kreis- und Bezirksgerichte zuständig[826]. Die Abgrenzung zwischen „Leitung“ und „Anleitung“ war alles andere als klar. „Leitung“ sollte mehr die Inhalte der Rechtsprechung und „Anleitung“ mehr organisatorische Fragen betreffen[827]. Zur den Aufgaben des MdJ gehörte jedenfalls u. a. die (Mit-)Herausgabe der Zeitschrift „Neue Justiz“, von Lehrbüchern und von Gesetzeskommentaren, an deren Ausarbeitung auch Vertreter des OG beteiligt waren. Obgleich diese „offiziellen“ Kommentare als Konkretisierung des Rechts angesehen wurden[828] und man für sie eine authentische Interpretation der Gesetze beanspruchte, wurde andererseits eingeräumt, dass sie für die Rechtsprechung nicht verbindlich seien[829]. In der Praxis hatten sie jedoch eine starke orientierende Wirkung[830].

Grundsätzlich ist daher davon auszugehen, dass Staatsanwälte und Richter gesetzmäßig handelten, wenn sie sich bei der Gesetzesauslegung an den einschlägigen Kommentaren ausrichteten[831]. Eine Ausnahme ist jedoch anzunehmen, wenn die Schranken möglicher Wortbedeutung eindeutig überschritten sind[832]. Darüber hinaus will der 4. Strafsenat des BGH wiederum eine objektive Rechtsbeugung annehmen, wenn eine weite Auslegung eine elementare Menschenrechtsverletzung ergab, obwohl eine menschenrechtsfreundliche Auslegung möglich gewesen wäre, oder wenn unbestimmte Rechtsbegriffe derart überdehnt wurden, dass die Erkennbarkeit und Vorhersehbarkeit strafbaren Verhaltens für den Normadressaten weitgehend aufgehoben war[833].

Folgte ein Richter einer solchen Kommentierung, wird man ihm allerdings auch bei Überschreitung der Wortlautgrenze jedenfalls den Vorsatz der Rechtsbeugung nur schwer nachweisen können.

---

826 § 13 DDR-GVG/1959; § 21 DDR-GVG/1974; eingehender zur Rolle des MdJ: *Rottleuthner*, Zur Steuerung der Justiz in der DDR, in: Rottleuthner (Hrsg.: BMJ), Steuerung der Justiz in der DDR, S. 34 ff.; *Baer*, Rechtsquellen der DDR, in: Rottleuthner (Hrsg.: BMJ), a.a.O., S. 67 ff., insbes. 84.

827 *Rottleuthner*, Steuerung der Justiz, in: BMJ (Hrsg.),Im Namen des Volkes?, S. 228 Fn 1.

828 So *Arnold*, wistra 1994, 324.

829 Autorenkollektiv, Grundlagen der Rechtspflege, S. 108.

830 Autorenkollektiv, a.a.O., S. 108.

831 BGH NJW 1995, 2734, 2735; BGH NStZ-RR 1996, 65, 66.

832 BGH NStZ-RR 1996, 65, 66.

833 BGH a.a.O.

II. Zu den Auslegungsmethoden der DDR im Einzelnen

In der DDR diente die Auslegung der Rechtsvorschriften der „Feststellung des im Gesetz zum Ausdruck kommenden Willens der Arbeiterklasse". Sie hatte sich an der Dynamik der gesellschaftlichen Entwicklung zu orientieren[834]. In der Literatur wurde betont, die „dogmatische" Anwendung einer Rechtsnorm ohne Beachtung der gegebenen gesellschaftlichen Bedingungen könne zu „großen Entstellungen" des sozialistischen Rechts führen[835]. Die Auslegung habe auf der Grundlage der marxistisch-leninistischen Theorie und der dialektischen Methode zu erfolgen[836] und wurde als parteilicher Vorgang verstanden[837]. Der sozialistischen Gesetzlichkeit entsprechend waren die Gesetze in Übereinstimmung mit den von der SED verbindlich festgelegten Zielen der DDR anzuwenden[838]. Den Beschlüssen der SED kommt damit entscheidende Bedeutung zu. Sie zeigten, wie der konkrete Inhalt des sozialistischen Rechts im jeweiligen Entwicklungsstadium zu bestimmen war[839]. Der gerichtliche Urteilsspruch hatte stets „von den Aufgaben, Zusammenhängen und Perspektiven des sozialistischen Aufbaus sowie den Beschlüssen von Partei und Regierung" auszugehen und sie aktiv zu fördern[840].

Eine solche Orientierung der Gesetzesauslegung an Partei- und Regierungsbeschlüssen ist keine Methode, die sich im Recht der Bundesrepublik findet. Schon insofern kann von einer Kongruenz der Auslegungsmethoden nicht gesprochen werden.

Zusätzlich zur allgemeinen dialektischen Methode waren als spezielle Methoden die grammatikalische, die logische, die systematische und die historische Auslegung anerkannt[841], ebenso eine „soziologisch-

834 *Bley/Schüsseler*, StuR 1974, 1479.

835 *Poppe/Schüsseler*, StuR 1963, 214.

836 *Gerats/Lekschas/Renneberg*, Lehrbuch des Strafrechts, AT, S. 243; Autorenkollektiv, Strafrecht der DDR, S. 141; *Arlt/Stiller*, Entwicklung der sozialistischen Rechtsordnung in der DDR, S. 254.

837 S. o., B.IV.

838 Vgl. o., B.IV.1.b); so auch *Gropp*, NJ 1996, 394.

839 *Poppe/Schüsseler*, StuR 1963, 214.

840 *Ranke/Jahn*, NJ 1958, 519. Dies wurde aus der in § 2 I GVG gestellten Aufgabe des Aufbaus des Sozialismus begründet. Ähnlich auch Autorenkollektiv, Grundlagen der Rechtspflege, S. 23.

841 *Gerats/Lekschas/Renneberg*, Lehrbuch des Strafrechts, AT, S. 243 f.; *Lekschas/Renneberg u.* a., Strafrecht AT. Lehrbuch, 2. Aufl. 1978, S. 159 ff.; Autorenkollektiv, Strafrecht der DDR, S. 141.

funktionelle" Methode[842]. Soweit erforderlich, werden diese Auslegungsmethoden im Folgenden erörtert und die Frage einer verfassungskonformen Auslegung untersucht. Abschließend ist auf die vom BGH unterstellte sog. „menschenrechtsfreundliche Auslegung" zurückzukommen[843], wenngleich von einer derartigen Auslegungsmethode in der DDR nie die Rede war.

1. Grammatikalische Auslegung – der Gesetzeswortlaut als Grenze zulässiger Auslegung

Die zentrale Auslegungsmethode war in der DDR nicht anders als in der Bundesrepublik die auf die Analyse der Formulierung der Rechtsnorm abstellende grammatikalische Auslegung (bzw. in der DDR auch grammatikalisch-syntaktische, grammatikalisch-semantische oder auch sprachliche, textliche oder Wortauslegung genannt). Für die Frage der Rechtsbeugung gilt es – wichtig vor allem für die Fallgruppe der Tatbestandsüberdehnung – folgendes festzuhalten:

In der DDR galt durchaus der Gesetzeswortlaut als Grenze rechtlich zulässiger Auslegung, auch wenn dies in der Praxis teilweise missachtet wurde. Bereits 1953 hatte das OG klargestellt, dass der Wortlaut von sanktionierten Gesetzen wie dem BGB im neuen Staat zwar einen entsprechenden neuen Inhalt erhalte, dies aber nicht bedeute, dass diese Gesetze etwa entgegen ihrem Wortlaut oder überhaupt nicht angewendet werden dürften, soweit sie der DDR-Verfassung nicht widersprächen. Es sei nicht zulässig, unter Berufung auf Treu- und Glaubensregeln des BGB oder auf Erkenntnisse und Erwägungen der politischen Ökonomie oder sonstiger Gesellschaftslehre die Anwendung gesetzlicher Bestimmungen abzulehnen[844].

Auch in der DDR-Literatur wurde spätestens seit 1957 der Wortlaut ausdrücklich als Grenze rechtlich zulässiger Auslegung benannt, gerade auch (aber nicht nur) im Strafrecht[845]. Hiermit wurde auch ausdrücklich

---

842 Dazu u., C.II.3.

843 Vgl. bereits A.I.1. und A.III.1.a).

844 OG NJ 1953, 654, 655.

845 *Gerats/Lekschas/Renneberg*, Lehrbuch des Strafrechts, AT (1957), S. 241; *Haney*, Grundlagen der Theorie des sozialistischen Staates und Rechts, Teil II, S. 262; *Stiller*, NJ 1962, 770; *Arlt/Stiller*, Entwicklung der sozialistischen Rechtsordnung in der DDR, S. 185 f.; Autorenkollektiv, Marxistisch-leninistische allgemeine Theorie des Staates und des Rechts, Bd. 4 (Moskau 1973, Berlin 1976): Das sozialistische Recht, S. 335; *Lekschas/Renneberg u.* a., Strafrecht AT. Lehrbuch, 2. Aufl. 1978, S. 150; Autorenkollektiv, Straf-

eine Grenze des dynamischen Rechtsverständnisses, das grundsätzlich eine konkrete Anpassung der Normen an die entstandenen und entstehenden neuen gesellschaftlichen Sachverhalte auch im Wege der Auslegung verlangt[846], markiert. Gleichzeitig ist darin eine Begrenzung des oben angesprochenen grundsätzlichen Vorrangs materieller Überlegungen gegenüber formellen Elementen zu sehen.

Bei einem Widerspruch zwischen der gesetzlichen Norm und den sich weiterentwickelnden gesellschaftlichen Verhältnissen sei die Grundregel für die Auslegung von Rechtsnormen zu beachten: Am klaren Wortlaut eines Gesetzes ende jede Auslegung[847]. Entsprächen Rechtsnormen nicht mehr den veränderten Bedingungen oder neuen Erkenntnissen und seien sie auch infolge ihres klaren Wortlautes einer entsprechenden Auslegung nicht fähig, dann seien sie abzuändern. Das Hinwegsetzen über bestehendes Recht, um zu einem für die Gesellschaft vernünftigen Ergebnis zu gelangen, wurde im Hinblick auf die sozialistische Gesetzlichkeit abgelehnt[848].

1959 hatte es (allerdings anhand eines praktischen Falles ohne Bezug auf die Rechtsprechung) eine Debatte darüber gegeben, ob eine Überschreitung der Grenzen einzelner Rechtsnormen zulässig sei, wenn

---

recht der DDR (1988), S. 140; *Buchholz*, Tatbestandslehre in der DDR, ZStW 101 (1989), 953.

846 *Arlt/Stiller*, Entwicklung der sozialistischen Rechtsordnung in der DDR, S. 119; Institut für Theorie des Staates und des Rechts (Hrsg.), Marxistisch-leninistische Staats- und Rechtstheorie, S. 435.

847 *Arlt/Stiller*, a.a.O., S. 119 und 253f.; ähnlich schon *Gerats/Lekschas/Renneberg*, Lehrbuch des Strafrechts, AT (1957), S. 240f.: Während der Geltung eines Gesetzes könnten sich die von ihm erfassten gesellschaftlichen Beziehungen verändern, was durch die Auslegung der Gesetze berücksichtigt werden müsse. Dabei finde die Auslegung ihre *absolute Grenze im ausdrücklichen Wortlaut des Gesetzes*; vgl. auch schon *Erler*, NJ 1961, 105f., der zwar nicht ausdrücklich die Wortlautgrenze anspricht, aber lediglich auf eine mögliche Änderung der Gesetze verweist. „Ergibt sich, daß bei einer richtigen, den politischen Erfordernissen unseres Staates entsprechenden Auslegung das Gesetz im Widerspruch zu den Interessen unserer Ordnung steht, dann hat der Richter nicht nur das Recht, sondern die Pflicht, den zuständigen staatlichen Organen entsprechende Hinweise zu geben." Auf diese Möglichkeit wurde auch die Staatsanwaltschaft verwiesen. Sie sei bei aufkommenden Widersprüchen zwischen Gesellschaftsentwicklung und – z.B. als überholt angesehenen – Rechtsvorschriften von der Gesetzesbindung nicht befreit (Autorenkollektiv, Grundlagen der Rechtspflege, S. 122).

848 *Haney*, Grundlagen der Theorie des sozialistischen Staates und Rechts, Teil II S. 263; *Ostmann*, NJ 1954, 727; a.A., soweit ersichtlich, nur *Leymann/Petzold*, StuR 1959, 694, die den „bisher in der Praxis und Rechtswissenschaft anerkannten Gesetzlichkeitsbegriff" verändern wollten; dazu sogleich. Vgl. auch schon o., B. VIII.

dadurch der revolutionäre Umwälzungsprozess beschleunigt würde[849]. Mit der Streitfrage beschäftigte sich Ende 1959 sogar das 7. Plenum des ZK der SED[850]. Eine solche Meinung wurde jedoch mit der Begründung, es entspreche nicht den Prinzipien des „demokratischen Zentralismus", sich aus eigenem Ermessen über das Gesetz hinwegzusetzen, „offiziell" zurückgewiesen. Eine Änderung der Gesetze dürfe nur von den zentralen Staatsorganen vorgenommen werden. Andere, untergeordnete Stellen hätten (lediglich) das Recht und die Pflicht, dem Ministerrat, den Behörden der staatlichen Kontrolle oder dem Zentralkomitee der SED zu signalisieren, falls und inwieweit die geltenden Normen nicht mehr mit der Entwicklung in Einklang stünden[851]. Damit war anerkannt, dass Richter nicht unter Berufung auf Parteibeschlüsse und politische Notwendigkeiten ohne weiteres Gesetze außer Acht lassen durften[852]. In der Literatur wurde dieser Grundsatz ausdrücklich auch auf als überholt angesehene Bestimmungen des vorsozialistischen Gesetzgebers angewandt, und dies auch schon in früheren Jahren[853].

1967 entschied das OG noch einmal in diesem Sinne. Zwar müsse die Rechtsanwendung und -auslegung der gesellschaftlichen Entwicklung Rechnung tragen. Dabei sei jedoch die Grenze zu beachten, die der Auslegung vom Inhalt der jeweils anzuwendenden Rechtsnorm selbst gezogen werde. Eine Auslegung, mit deren Hilfe ein Gesetz gegen seinen eindeutigen Inhalt angewendet werde, sei nicht nur widersinnig, sondern auch ungesetzlich. Sollte es dennoch notwendig sein, einen verbindlichen Grundsatz auszusprechen, wie er mit der unzulässigen Auslegung erstrebt werde, um die Übereinstimmung des Rechts mit dem erreichten Stand der gesellschaftlichen Entwicklung herzustellen, so sei das eine Aufgabe der Gesetzgebung, aber nicht der Rechtsprechung[854]. Bei dieser

849 So *Leymann/Petzold*, a.a.O., 694; dazu *Müller-Römer*, Die Grundrechte in Mitteldeutschland, S. 53.

850 *Mampel*, Die sozialistische Verfassung der DDR, Art. 19 Rn. 53.

851 *Benjamin*, NJ 1960, 4 ff.; vgl. *Preuss*, Der Begriff der sozialistischen Gesetzlichkeit in der DDR, S. 28 f.; *Mampel*, Die sozialistische Verfassung der DDR, Art. 19 Rn. 53 ff.

852 *Roggemann*, Die DDR-Verfassungen, S. 157; unzutr. daher die gegenteilige Schlussfolgerung von *Müller-Römer*, Die Grundrechte in Mitteldeutschland, S. 54 (vgl. dazu auch im Folgenden zu der weiteren Entwicklung in Rechtsprechung und Literatur, die bei *Müller-Römer* [1965] nicht berücksichtigt werden konnte).

853 *Ostmann*, NJ 1954, 725 ff.; *Buchholz*, NJ 1961, 746 Fn. 5.

854 OG NJ 1967, 583, 584. Ebenso galt danach als allgemeiner Auslegungsgrundsatz die Unzulässigkeit der ausdehnenden Auslegung einer Ausnahmebestimmung.

Ansicht ist es auch in der (die offizielle Linie widerspiegelnden) Literatur geblieben[855].

Nach alledem ist es korrekt, dass der BGH neben Sinn und Zweck der Norm den Gesetzeswortlaut als Maßstab für die Grenzen zulässiger Auslegung des DDR-Rechts ansieht. Die Grenzen möglicher Wortbedeutung dürften nicht überschritten werden[856]. Richtigerweise hebt der BGH hervor, dass die Grenzen zwischen zulässiger Auslegung und verbotener Ausdehnung einer Strafrechtsnorm fließend seien, da die Wortlautschranke wegen der Manipulierbarkeit des Sprachgebrauchs nur begrenzt leistungsfähig sei. Dies gelte insbesondere für die offenen Rechtsbegriffe. Um auch in diesem Bereich eine unzulässige Überdehnung des Strafrechts, zumal zum Zwecke politischer Verfolgung, „zu verhindern" (sic), sei für die Bestimmung der möglichen Wortbedeutung in besonderem Maße auf die Erkennbarkeit und Verstehbarkeit für den Normadressaten abzuheben[857].

---

855 Vgl. z. B. Institut für Theorie des Staates und des Rechts (Hrsg.), Marxistisch-leninistische Staats- und Rechtstheorie, S. 434 (Das Recht außer Kraft setzen oder verändern könnten nur die hierzu befugten Organe. Sei ein Staatsfunktionär oder Bürger der Meinung, dass bestimmte Rechtsvorschriften nicht mehr der Entwicklung dienten, dann sei er verpflichtet, dies den zur Rechtssetzung befugten Organen kundzutun. Er könne sich selbst jedoch nicht von der Befolgung des Gesetzes entbinden.) – dieses Lehrbuch war vom zuständigen Minister für die Ausbildung an Universitäten und Hochschulen der DDR anerkannt und damit quasi mit staatlicher Autorität ausgestattet (*Oetker*, JZ 1992, 608); Autorenkollektiv, Strafrecht der DDR (1988), S. 140 (Eine Auslegung von Strafrechtsnormen über den gesetzlichen Wortlaut hinaus sei unzulässig. Auch dürften strafgesetzliche Regelungen, die nicht mehr den Erfordernissen der Kriminalitätsbekämpfung entsprächen, nicht durch Auslegung korrigiert werden).
Unzutreffend daher *Müller-Römer* (Grundrechte in Mitteldeutschland, S. 54), der meinte, jede parteiliche Gesetzesauslegung, selbst wenn sie den Rechtssatz in ihr Gegenteil verkehre oder als die gesellschaftliche Entwicklung hemmende Norm für überholt und damit nicht mehr anwendbar erkläre, seien durch die sozialistische Gesetzlichkeit gedeckt. Aus dem dynamischen Wesen des Rechts lasse sich folgern, dass der parteilichen Auslegung einer Rechtsnorm keine Schranken gesetzt seien (vgl. bereits o., B. III.).

856 BGH NJW 1995, 64, 66 = BGHSt 40, 272, 279.

857 BGH NJW a.a.O.; zust. *Kraut*, Rechtsbeugung?, S. 137, der allerdings die Wortlautgrenze für leistungsfähiger hält als der BGH und auf den allgemeinen Sprachgebrauch abstellt, der nur in geringem Maße manipulierbar sei. Diesen will er aus ideologisch unbelasteten Wörterbüchern der DDR ermitteln können (*Kraut*, a.a.O., S. 137 f.). Hiergegen wiederum *Möller-Heilmann*, Die Strafverfolgung von Richtern und Staatsanwälten der ehemaligen DDR wegen Rechtsbeugung, S. 177 f.

3. und 4. Strafsenat weisen zutreffend darauf hin, es sei aber auch zu beachten, dass der Wortsinn von geschichtlichen, kulturellen und soziologischen Rahmenbedingungen beeinflusst werde. Dabei sei auch das grundlegend voneinander abweichende Staats- und Rechtsverständnis der betroffenen Staaten zu berücksichtigen. Maßstab für die Ermittlung des möglichen Wortsinns könnten deshalb nicht die Wertvorstellungen der Bundesrepublik sein. Vielmehr sei grundsätzlich auf das Rechtssystem der DDR abzustellen, dessen Verständnis von „sozialistischer Gesetzlichkeit" seinen Ausdruck insbesondere in den Verlautbarungen des OG und den Auslegungsrichtlinien des Justizministeriums in den von ihm herausgegebenen einschlägigen Kommentaren gefunden habe[858].

2. Systematische Auslegung

Wie in der Bundesrepublik konnte auch in der DDR die Stellung der auszulegenden Norm im System des Gesetzes und der Rechtsordnung zur Ermittlung ihres Sinnes herangezogen werden. Bei sog. sanktionierten Normen wie dem grundsätzlich bis 1968 in der DDR geltenden StGB von 1871 war aber zu beachten, dass dessen System nicht immer den sozialistischen Prinzipien des Strafrechts entsprach und insofern als nur bedingt verbindlich angesehen wurde. Diese Einschränkung wurde beachtlicherweise von der Literatur nur insoweit zugelassen, als der Angeklagte dadurch nicht schlechter gestellt wurde[859]. Nach (allerdings sehr allgemein gehaltener) Kritik von *Stiller*[860] taucht eine entsprechende Passage im Strafrechtslehrbuch von 1988 nicht mehr auf. Das kann zwar darauf deuten, dass diese Position aufgegeben wurde, dürfte aber eher durch eine zwischenzeitliche Erledigung des Problems zu erklären sein (Ersetzung sanktionierten Rechts durch sozialistische DDR-Gesetze).

3. Soziologisch-funktionelle statt teleologische Auslegung

Die teleologische Auslegungsmethode taucht als solche in der DDR-Literatur nicht auf. Statt ihrer findet sich jedoch eine „soziologisch-funktionelle".

858 BGH NStZ-RR 1996, 69, 70; BGH NStZ-RR 1996, 65, 66; ähnlich schon BGH NJW 1995, 64, 66 = BGHSt 40, 272, 279 f.; a. A. *Spendel*, JR 1995, 215; *ders.*, JZ 1995, 378 und 380; krit. *Maiwald*, JZ 1996, 867 f.; näher dazu bereits o., C. und C.I.

859 *Gerats/Lekschas/Renneberg*, Lehrbuch des Strafrechts, AT, S. 244.

860 *Stiller*, NJ 1962, 770.

Sie ersetzt offenbar die Auslegung nach dem Sinn und Zweck der Norm und verdeutlicht das Primat des Politischen bei der Auslegung[861]:

> „Sie nutzt die Erklärungen zentraler Leitungsorgane der sozialistischen Gesellschaft zu den gegenwärtigen Erfordernissen, Funktionen und Aufgaben des Rechts, um daraus Folgerungen für den gegenwärtigen Sinn der Rechtsnormen abzuleiten."[862]

Die Auslegung hatte in der DDR „den Inhalt des in der Rechtsnorm ausgedrückten Klassenwillens sowie ihr gesellschaftliches Ziel" zu ermitteln[863]. Der Form nach mag man diese Auslegungsmethode demnach vielleicht noch als eine teleologische ansehen, inhaltlich ist sie das jedoch nur begrenzt. *Mampel* bezeichnet sie in Anbetracht der Ausrichtung der Staats-, Wirtschafts-, Gesellschafts- und Rechtsordnung auf ein einziges telos als „systemimmanent-teleologisch"[864]. Der Richter hatte in all seinen Entscheidungen die Ziele der gesamten Rechtsordnung zu berücksichtigen. Das bedeutete, dass er auch der gesetzlich zum Ausdruck gekommenen Rechts- und Wirtschaftspolitik Rechnung zu tragen hatte[865].

Vor allem aber waren die Parteibeschlüsse zu berücksichtigen. Durch sie erhalte das sozialistische Recht Inhalt, Ziel und Funktion[866]. Diese „parteibeschlusskonforme Auslegung"[867] könnte formal gewissermaßen als Ausprägung teleologischer Auslegung aufgefasst werden. Will man schon von teleologischer Auslegung sprechen, muss man allerdings einräumen, dass das „telos" ein radikal anderes war als in der Bundesrepublik[868]. Eine Zuordnung soziologisch-funktioneller Auslegung zur teleologischen ändert jedenfalls nichts daran, dass materiell die vom 4. Strafsenat des BGH behauptete Kongruenz der Auslegungsmethoden der DDR mit denen der BRD so nicht besteht, weil die Kriterien für ihre konkrete Anwendung andere als in der Bundesrepublik sind.

Als Hilfsmittel für die Ermittlung des Inhalts einer Rechtsnorm waren auch die Präambeln anzusehen[869]. In der DDR wurden politisch bedeut-

---

861 *Oetker*, JZ 1992, 608 f.

862 Institut für Theorie des Staates und des Rechts (Hrsg.), Marxistisch-leninistische Staats- und Rechtstheorie, S. 581.

863 Institut für Theorie des Staates und des Rechts (Hrsg.), a.a.O., S. 580.

864 *Mampel*, Das Recht in Mitteldeutschland, S. 82.

865 *Berger*, NJ 1950, 207.

866 *Haney*, NJ 1976, 605.

867 Vgl. dazu bereits o., B.IV.1.b).

868 So i.E. auch *F.-C. Schroeder*, NStZ 1995, 546.

869 *Pfarr*, Auslegungstheorie und Auslegungspraxis im Zivil- und Arbeitsrecht der DDR, S. 60.

same Gesetze durch meist mehrere Seiten lange Präambeln eingeleitet. Diese geben Auskunft über Zweck und Funktion der gesetzlichen Regelung, aus welcher konkreten gesellschaftlichen Lage sie entstanden war und welchem gesellschaftlichen Bedürfnis sie diente[870]. Daher ist ihre Auswertung gleichermaßen der soziologisch-funktionellen wie der historischen Auslegungsmethode zuzuordnen. Den Präambeln kommt besondere Bedeutung bei der Auslegung zu[871]. Sie enthalten politische Zielvorgaben wie „Aufbau des Sozialismus", denen die Gesetzesanwendung nicht zuwiderlaufen darf. Auch weil sie einen Teil der Gesetzestexte darstellen, sind sie im Hinblick auf Art. 103 II GG zu beachten[872].

4. Historische bzw. historisch-politische Auslegung

Die teilweise ausdrücklich als „historisch-politische" bezeichnete historische Auslegung in der DDR erhielt eine sozialistische Prägung:

> „Sie vergleicht die gesellschaftlichen Bedingungen zum Zeitpunkt des Erlasses der Rechtsnorm mit denen zum Zeitpunkt der Anwendung, um daraus Rückschlüsse für den gegenwärtigen Inhalt der Norm zu ziehen."[873]

Über das Verständnis der „bürgerlichen" Wissenschaft von historischer Auslegung hinaus stützte sie sich zur Ermittlung der gesellschaftspolitischen Situation, welche die Annahme einer Rechtsnorm bedingte, auch auf die Untersuchung folgender politischer Materialien und Dokumente: Beschlüsse der Parteiorgane, Äußerungen bekannter Partei- und Staatsfunktionäre; Literatur, die die Politik der kommunistischen Partei widerspiegelt, Zeitschriften usw.[874]

---

870 *Böckenförde*, Die Rechtsauffassung im kommunistischen Staat, S. 41; *Pfarr*, a.a.O., S. 60.

871 *Hellbeck*, Die Staatsanwaltschaft in der Sowjetischen Besatzungszone Deutschlands, S. 16; *Menzel*, Die Bedeutung des Rechts in der DDR, S. 67; vgl. die Heranziehung der Präambel zur Auslegung des „Gesetz(es) zum Schutz des innerdeutschen Handels" (HSchG) in OGSt 2, 199 f.; OGSt 2, 202, 205.

872 So auch *Grote*, Die DDR-Justiz vor Gericht, S. 54; dies lässt *Spendel* (JZ 1995, 378) außer Acht, der jegliche „von der kommunistischen Ideologie bestimmte Auslegungsmaßstäbe" unberücksichtigt lassen will. Dies entspricht insbesondere dann nicht dem Rückwirkungsverbot, wenn diese Maßstäbe mit der Präambel sogar im Gesetz Niederschlag gefunden haben.

873 Institut für Theorie des Staates und des Rechts (Hrsg.), Marxistisch-leninistische Staats- und Rechtstheorie, S. 581.

874 Autorenkollektiv, Marxistisch-leninistische allgemeine Theorie des Staates und des Rechts, Bd. 4: Das sozialistische Recht, S. 334. Dieses sowjetische Werk war als zweites Staats- und Rechtstheorielehrbuch an den Universitäten der DDR zugelassen (*Behlert*, Die Staatsanwaltschaft, in: BMJ (Hrsg.), Im Namen des Volkes?, S. 153). Zum Ein-

Relevant war einerseits der durch die „objektiven historischen Umstände und Verhältnisse bedingte Wille des Gesetzgebers zum Zeitpunkt des Gesetzeserlasses“[875]. Die „objektiven historischen Umstände“ waren selbstverständlich entsprechend der marxistisch-leninistischen Ideologie zu bestimmen. Andererseits waren aber auch die Veränderungen der gesellschaftlichen Verhältnisse *nach* Erlass des Gesetzes zu berücksichtigen[876]. Durch sie konnte sich der konkrete gesellschaftliche Inhalt und Anwendungsbereich verändern[877], so dass auch auf den gesetzgeberischen Willen zum Zeitpunkt der Gesetzesanwendung abgestellt werden sollte[878]. Ebenso wie in der Bundesrepublik wurde der historischen Methode allerdings nur Hilfscharakter zugesprochen und nicht zugebilligt, den im Gesetz ausgedrückten Willen des Gesetzgebers zu ersetzen[879].

5. Verfassungskonforme Auslegung?

In den Fällen verfassungswidriger Gesetze waren den DDR-Richtern die Hände gebunden. Einerseits war die Verfassung zwar unmittelbar geltendes Recht (Art. 144 I 1 DDR-Verf./1949; 107 DDR-Verf./1968; 105 DDR-Verf./1974). Rechtsvorschriften durften der Verfassung nicht widersprechen (Art. 89 III 1 DDR-Verf./1968 und 1974). Auf der anderen Seite gab es aber kein materielles richterliches Prüfungsrecht. Nach Art. 89 I DDR-

---

fluss auf die Auslegungstheorie in der DDR vgl. auch *Mück*, ROW 1978, 16. Ergänzend zu den heranzuziehenden Willensäußerungen beteiligter Personen *Schönrath*, Die Methoden für die Auslegung der Rechtsnormen der DDR, unveröffentlichte Dissertation 1957, S. 114 f. (zitiert nach *Pfarr*, Auslegungstheorie und Auslegungspraxis im Zivil- und Arbeitsrecht der DDR, S. 42 f.).

875 *Gerats/Lekschas/Renneberg*, Lehrbuch des Strafrechts, AT, S. 244. Hieß es in diesem Lehrbuch 1957 noch, es dürfte dabei ausschließlich der in den Präambeln, Motiven, in den Debatten der Volkskammer und des Ministerrates oder in ähnlichen Formen geäußerte Wille des Gesetzgebers beachtet werden, ist nach der (wenig konkreten) Kritik von *Stiller*, NJ 1962, 770, in dem entsprechenden Lehrbuch von 1978 von „ausschließlich“ nicht mehr die Rede (vgl. *Lekschas/Renneberg u. a.*, Strafrecht AT, Lehrbuch, 2. Aufl., S. 161). Im Lehrbuch von 1988 taucht eine entsprechende Passage nicht mehr auf. Das deutet darauf hin, dass die ursprüngliche Position aufgegeben wurde.

876 *Gerats/Lekschas/Renneberg*, Lehrbuch des Strafrechts, AT, S. 244 f.

877 Autorenkollektiv, Strafrecht der DDR, S. 142.

878 *Pfarr*, Auslegungstheorie und Auslegungspraxis im Zivil- und Arbeitsrecht der DDR, S. 44 in Analyse von *Schönrath*, Die Methoden für die Auslegung der Rechtsnormen der DDR, unveröffentlichte Dissertation 1957.

879 Autorenkollektiv, Marxistisch-leninistische allgemeine Theorie des Staates und des Rechts, Bd. 4: Das sozialistische Recht, S. 335; dazu auch *Pfarr*, Auslegungstheorie und Auslegungspraxis im Zivil- und Arbeitsrecht der DDR, S. 44.

Verf./1949 waren ordnungsgemäß verkündete Gesetze von den Richtern auf ihre Verfassungsmäßigkeit ausdrücklich nicht zu prüfen[880]. Auch die Literatur schloss ein materielles Prüfungsrecht aus[881]. Der Richter durfte also bei seiner Entscheidung nicht ein verfassungswidriges Gesetz unter Berufung auf die Verfassung unbeachtet lassen[882]. Eine Art. 100 I GG entsprechendes Vorlageverfahren gab es nicht[883].

Es mag sein, dass es dem Richter dagegen nicht verwehrt war, eine verfassungskonforme oder verfassungsfreundliche Auslegung von Gesetzen vorzunehmen[884]. Dafür lassen sich die unmittelbare Geltung der Verfassung (s. o.) und die Bindung der Richter an die Verfassung (Art. 127 DDR-Verf./1949; Art. 96 I 2 DDR-Verf./1968 und 1974) anführen. Einschränkungen könnten sich aber aus der dort ebenfalls angeordneten Bindung an die Gesetze in Verbindung mit dem dynamischen Rechtsverständnis, das eine Auslegung unter Berücksichtigung der „Entwicklung der gesellschaftlichen Verhältnisse" erfordert, ergeben.

Entscheidend für die Frage der Rechtsbeugung bei nicht verfassungskonformer oder verfassungsfreundlicher Auslegung ist jedoch, dass eine *Verpflichtung* zu einer solchen verfassungskonformen Auslegung feststellbar sein müsste. Hierfür gibt es indes keine hinreichenden Anhaltspunkte[885]. *Amelung* verweist zu Recht darauf, dass eine verfassungskonforme Interpretation einfachen Gesetzesrechts schon einem Rechtsstaat wie England fremd sei[886].

---

880 Über die Verfassungsmäßigkeit von Gesetzen entschied zunächst allein die Volkskammer in deren Verfassungsausschuss (Art. 4, 66 DDR-Verf./1949) und zwischenzeitlich (nach der Verfassung von 1968 in ihrer bis 1974 gültigen Fassung) der Staatsrat (Art. 89 III 2 DDR-Verf./1968), der damit korrespondierend die Verfassung und die Gesetze verbindlich auslegte, soweit dies nicht durch die Volkskammer selbst erfolgte (Art. 71 III DDR-Verf./1968; hinsichtlich einfacher Gesetze bereits seit 1960, Gesetz über die Bildung des Staatsrates der DDR v. 12.9.1960, GBl. DDR 1960 I, 505). Nach der Verfassung von 1974 oblag die Entscheidung über Zweifel an der Verfassungsmäßigkeit von Rechtsvorschriften wieder allein der Volkskammer (Art. 89 III 2). Allerdings hat nie ein solches parlamentarisches Prüfungsverfahren stattgefunden, weshalb die Verfassungsnorm „totes Recht" blieb (*Janke*, NJ 1997, 458).

881 *Riemann*, StuR 1976, 1295 f.; Akademie für Staats- und Rechtswissenschaft der DDR (Hrsg.), Staatsrecht der DDR. Lehrbuch, S. 356; zur Verneinung jeglichen Prüfungsrechts auch *Herrmann/Schüsseler*, NJ 1963, 132; *Baade*, ROW 1959, 14; *Lehmann/Weber*, NJ 1969, 611.

882 *Weber*, GA 1993,217.

883 *Weber*, a.a.O., 217 m. w. N.

884 So *Weber*, a.a.O., 217 Fn. 105.

885 So aber offenbar *Weber*, a.a.O., 221.

886 *Amelung*, JuS 1993, 639.

Lüderssen meint hingegen, die Grundlagen, aus denen sich in Westdeutschland die verfassungskonforme Gesetzesauslegung entwickelt habe, seien strukturell auch in der ehemaligen DDR vorhanden gewesen. Wenn es richtig sei, dass sozialistische Gesetzlichkeit der Topos sei für die Bindung der DDR-Richter an das Recht, so sei damit auch ein Rahmen für die Relevanz sachfremder Einflüsse abgesteckt[887]. Inhaltliche Grenzen der Anerkennung der Auslegung gesetzlicher Vorschriften bestimmten sich nach den von der DDR-Verfassung vorgegebenen Maßstäben[888].

Sozialistische Gesetzlichkeit kann aber nicht mit Bindung der Richter an das Recht im westlichen Sinne gleichgesetzt werden, wie die obigen Ausführungen gezeigt haben[889]. Zudem ist es verfehlt, eine Normenhierarchie zugrunde zu legen, wie sie für den Rechtsstaat mit der Priorität des Verfassungsrechts gegeben ist[890]. Aus der einfachen Gesetzgebung konnte in der DDR wegen der Vorabprüfung der Verfassungsmäßigkeit im Gesetzgebungsverfahren auf die Interpretation der Verfassung durch die Volkskammer geschlossen werden[891]. Vor allem aber hat die Volkskammer seit ihrem Bestehen Gesetze stets mit verfassungsändernder Mehrheit, ja sogar einstimmig verabschiedet. Soweit diese Gesetze der Verfassungsurkunde widersprachen, hatte diese unter der Geltung der Verfassung von 1949 ihre materielle Geltung verloren, auch wenn formell die entsprechenden Artikel nicht aufgehoben oder angepasst wurden[892]. Dementsprechend erübrigte sich in diesem Zeitraum eine verfassungskonforme Auslegung sogar weitgehend. Erst ab Inkrafttreten der DDR-Verf./1968, nach deren Art. 108 die Verfassung nur von der Volkskammer durch Gesetz geändert werden konnte, das den Wortlaut der Verfassung ausdrücklich ändert oder ergänzt, war die Weiterentwicklung der Verfassung außerhalb der Verfassungsurkunde untersagt[893] und damit eine verfassungskonforme Auslegung eher denkbar.

---

887 *Lüderssen*, Der Staat geht unter - das Unrecht bleibt?, S. 62 f.; *ders.*, ZStW 104 (1992), 753.

888 *Lüderssen*, Der Staat geht unter - das Unrecht bleibt?, S. 147 f.

889 Vgl. o., B. III. und IV.; so auch *Günther*, StV 1993, 23.

890 *F.-C. Schroeder*, JR 1993, 47; *Sontheimer/Beck*, Die DDR, S. 124; *Heuer/Lieberam*, Rechtsverständnis in der DDR, in: Heuer (Hrsg.), Die Rechtsordnung der DDR, S. 67 f.

891 *Mampel*, Die sozialistische Verfassung der DDR, Art. 89 Rn. 20.

892 So referiert bei *Mampel*, Die Entwicklung der Verfassungsordnung in der Sowjetzone Deutschlands von 1945 bis 1963, vgl. in diesem Sinne auch *Steiniger*, Die Arbeit 1957, Heft 7, 7. Dass man die Gesetze einstimmig verabschiedete, wurde bis zur Wende praktiziert, vgl. *K.-H. Schöneburg*, Die Verfassungen der DDR von 1949, 1968/74 und 1990, in: Friedrich-Ebert-Stiftung (Hrsg.), Rechtswissenschaft der DDR, S. 24.

893 *Mampel*, Die sozialistische Verfassung der DDR, Art. 19 Rn. 64.

Weiter gilt es zu bedenken: Selbst wenn man die verfassungskonforme Auslegung als eine der DDR eigentümliche Auslegungsmethode unterstellen könnte, so würde sie doch nicht zu den Ergebnissen führen, die eine westlich-rechtsstaatliche verfassungskonforme Auslegung hervorbringen würde. Insbesondere dürfte dies in der Regel gerade bei Verurteilungen Oppositioneller ohnehin nicht dazu führen, dass sich darauf eine Verurteilung wegen Rechtsbeugung stützen ließe. Denn hier Muss das sozialistische Grundrechtsverständnis berücksichtigt werden, wonach die Grundrechte ohnehin nur im Rahmen der Befürwortung des Sozialismus gewährt werden. Damit läuft auch eine aus Art. 49 DDR-Verf./1949 entnommene Wesensgehaltsgarantie[894] leer.

6. Keine menschenrechtsfreundliche Auslegung

Bereits oben wurde ausgeführt, dass eine menschenrechtsfreundliche Auslegung, wie sie der BGH anwenden will, dem Recht der DDR nicht eigentümlich war und daher zu Recht beträchtliche Kritik in der Literatur auf sich gezogen hat[895]. Das wurde nach der näheren Betrachtung dessen, was das sozialistische Rechtsverständnis und die Auslegungsmethoden der DDR ausmachte, noch deutlicher.

894 Dazu *Kraut*, Rechtsbeugung?, S. 131 f.
895 A.III.1.a)cc) und dd).

4. Kapitel: Die Tathandlung bei der Rechtsbeugung

Während § 244 DDR-StGB eine gesetzwidrige Entscheidung erfordert, nennt § 339 StGB als Tathandlung die Beugung des Rechts. Dieses Tatbestandsmerkmal ist auslegungsbedürftig und hat nicht erst bei den Fällen der DDR-Rechtsbeugung zu Streit geführt. Daher ist zunächst allgemein zu erörtern, wie diese Tathandlung grundsätzlich näher zu bestimmen ist (A.). Im Anschluss wird auf die tatbestandlichen Einschränkungen eingegangen, die der BGH entwickelt und bei Fällen der DDR-Rechtsbeugung ausgebaut hat, so dass die Leitlinien der Rechtsprechung des BGH zur Strafbarkeit der DDR-Rechtsbeugung deutlich werden (B.).

A. Grundsätzliche Ansätze zur Bestimmung der Tathandlung

I. Die Tathandlung bei § 339 StGB

Die Definition der Tathandlung der Rechtsbeugung i. S. d. § 339 StGB ist seit jeher umstritten. Dazu wurden im Wesentlichen vier Ansätze vertreten: Objektive, subjektive, gemischte Theorie und Pflichtverletzungslehre. Nach einer kurzen Darstellung und kritischen Würdigung dieser Rechtsbeugungstheorien wird eine Einordnung der Rechtsprechung des BGH vorgenommen.

1. Die Rechtsbeugungstheorien

a) Objektive Theorie

Die überwiegend vertretene objektive Theorie stellt darauf ab, ob der Rechtsanwendende entgegen der objektiven Rechtslage entscheidet. Eine objektiv-tatbestandsmäßige Beugung des Rechts ist dabei nur, aber auch stets dann gegeben, wenn das Recht objektiv „falsch" bzw. „unrichtig" angewendet wird[896]. Da es bei mehrdeutigem Gesetzestext praktisch

896 *Kohler*, Studien aus dem Strafrecht, 1. Bd. (1890), S. 35 f; *ders.*, DJZ 1904, Sp. 615; *Obermeyer*, DRiZ 1927, 62; *R. Frank*, Das Strafgesetzbuch für das deutsche Reich, § 336 Anm.

unmöglich ist, eine Auslegung als richtig und andere Auslegungen als unrichtig zu „beweisen“[897], rekurriert die objektive Theorie für die Grenzziehung zwischen einer fragwürdigen, möglicherweise fehlerhaften, aber unter strafrechtlichen Gesichtspunkten noch hinzunehmenden Entscheidung und einer strafbar rechtsbeugerischen Entscheidung auf die „Vertretbarkeit“. Danach ist eine Entscheidung als objektiv rechtsbeugerisch anzusehen, wenn sie nicht einmal als vertretbar erscheint. Lassen die angewandten Rechtsvorschriften mehrere Interpretationsmöglichkeiten zu, wird der Tatbestand der Rechtsbeugung nur dann als erfüllt angesehen, wenn die Grenze des Vertretbaren *eindeutig* überschritten ist[898].

Der Inhalt der Vertretbarkeit wird neuerdings dahingehend näher bestimmt, der Richter handele vertretbar, der bei der Leitung oder Entscheidung einer Rechtssache für sein relevantes (die Rechtslage beeinflussendes) Tun oder Unterlassen *von Rechts wegen diskussionswürdige Gründe* ins Feld zu führen vermöge[899]. Unvertretbar sei die Abweichung vom eindeutigen Normbefehl aus Gründen, die von Rechts wegen keine Gültigkeit beanspruchen könnten, wie auch die Interpretation oder „Rechtsfortbil-

---

III.; LK-*Spendel* (11. Aufl.), § 339 Rn. 41; *ders.*, JR 1985, 489; LK-*Hilgendorf* (12. Aufl.), § 339 Rn. 47; *Seebode*, Das Verbrechen der Rechtsbeugung, S. 20 ff. mit vielen weiteren Nachw. in Fn. 69; *Bemmann*, GA 1969, 65 ff. mit vielen weiteren Nachw. in Fn. 3–9; *Marx*, JZ 1970, 249; *Vormbaum*, Der strafrechtliche Schutz des Strafurteils, S. 362; *Maurach/Schroeder/Maiwald*, Strafrecht BT/2, § 77 II, Rn. 10; *Scholderer*, Rechtsbeugung, S. 540; *Möller-Heilmann*, Die Strafverfolgung von Richtern und Staatsanwälten der ehemaligen DDR wegen Rechtsbeugung, S. 33, 206; *Letzgus*, FS Helmrich, S. 82; *Kühl* (27. Aufl.), § 339 Rn. 5; Schönke/Schröder-*Cramer* (26. Aufl.), § 339 Rn. 5a; Schönke/Schröder-*Heine* (28. Aufl.), § 339 Rn. 5a; OLG Bremen NStZ 1986, 120; LG Neubrandenburg, unveröff. Urt. v. 18.7.1994, zitiert nach *Hohmann*, NJ 1995, 132.

897 *Maurach/Schroeder/Maiwald*, Strafrecht BT/2, § 77 II, Rn. 10.

898 *Spendel*, NJW 1971, 539 = *ders.*, Rechtsbeugung durch Rechtsprechung, S. 42; *ders.*, Rechtsbeugung durch Rechtsprechung, S. 74; *Bemmann*, GA 1969, 69 Fn. 24; *ders.*, JZ 1973, 549; *Vormbaum*, Der strafrechtliche Schutz des Strafurteils, S. 362, 363 f., 373; KG NStZ 1988, 557; *Beulke*, Stichwort Rechtsbeugung, in: Tilch (Hrsg.), Deutsches Rechtslexikon, Bd. 3, 46; *Weber*, GA 1993, 219 Fn. 114; *Letzgus*, FS Helmrich, S. 82; *Scholderer*, Rechtsbeugung, S. 540 f. mit Fn. 94; *Möller-Heilmann*, Die Strafverfolgung von Richtern und Staatsanwälten der ehemaligen DDR wegen Rechtsbeugung, S. 206 f.; *Schöll*, Die Rechtsbeugung, S. 128; *Wohlers/Gaede*, GA 2002, 494; Schönke/Schröder-*Cramer* (26. Aufl.), § 339 Rn. 5b; Schönke/Schröder-*Heine* (28. Aufl.), § 339 Rn. 5b; *Kühl*, (27. Aufl.), § 339 Rn. 5a; LK-*Hilgendorf* (12. Aufl.), § 339 Rn. 47; MünchKom-*Uebele*, § 339 Rn. 26; LG Berlin MDR 1995, 191, 192.

899 *Herdegen*, NStZ 1999, 457 (Hervorhebung im Original); NK-*Kuhlen* § 339 Rn. 57. Anders *Larenz*, Methodenlehre, S. 294, wonach eine Entscheidung vertretbar sei, wenn mindestens ebenso gute Gründe für wie gegen ihre Richtigkeit sprechen. Herdegen hält dem zu Recht entgegen, dass *Larenz* damit zu viel verlangt und es für die in „ebenso gut“ enthaltenen Wertungen keine eindeutigen Maßstäbe gibt (a.a.O.).

dung" ohne jede methodologische, an rechtlichen Wertprinzipien ausgerichtete Fundierung. Eine Ermessensentscheidung liege abseits vom Vertretbaren, die ein Richter aus Gründen treffe, die jenseits aller Intentionen lägen, die von Gesetzes wegen mit der Einräumung des Ermessens verknüpft gewesen sein könnten[900].

b) *Subjektive Theorie*

Nach der subjektiven Theorie ist eine Rechtsbeugung zu bejahen, wenn der Täter eine Entscheidung im bewussten Widerspruch zu seiner eigenen Überzeugung trifft. Umgekehrt handelt der Richter, der nicht gegen seine Rechtsüberzeugung entscheidet, schon objektiv nicht tatbestandsmäßig[901].

c) *Gemischte Theorie*

Eine gemischte Theorie kombiniert objektive und subjektive Aspekte, indem sie neben der objektiven Unrichtigkeit der Entscheidung auf subjektive Elemente wie das Bewusstsein der Rechtsverletzung oder gar eine „subjektive Tendenz" des Richters, gegen das Recht zu verstoßen, abstellt[902].

d) *Pflichtverletzungslehre*

Die Pflichtverletzungslehre hebt die nach dem Verfahrensrecht bestehenden Pflichten des Rechtsanwendenden hervor und spricht von einer Beugung des Rechts dann, wenn der Richter bei der Ermittlung des Sachverhalts, der Anwendung des Rechts oder der Ermessensausübung die ihm als Richter obliegenden Pflichten verletzt[903]. Steht die

---

900 *Herdegen*, a.a.O., 457.

901 *Meves*, in: v. Holtzendorff, Handbuch des deutschen Strafrechts, 3. Bd. (1874), S. 989; *Schütze*, Lehrbuch des Deutschen Strafrechts (1874), S. 530; *Oppenheim*, Die Rechtsbeugungsverbrechen (1886), S. 86 f, 106; *Joly*, Die Rechtsbeugung des Richters (ungedr. Diss. Göttingen 1954), S. 21 ff. (zitiert nach *Seebode*, Das Verbrechen der Rechtsbeugung, S. 13); *Musielak*, Die Rechtsbeugung, S. 18 ff., 23 ff.; *Sarstedt*, FS Heinitz, S. 429 f. und 433 f.; weitere Nachweise bei *Bemmann*, GA 1969, S. 66 Fn. 15.

902 *Grünhut*, MSchrKrim, 3. Beiheft 1930, 9; *Eb. Schmidt*, Lehrkommentar StPO, Rn. 526; *Heinitz*, Probleme der Rechtsbeugung, S. 16 f.; weitere Nachweise bei *Seebode*, Das Verbrechen der Rechtsbeugung, S. 18.

903 *Rudolphi*, ZStW 82 (1970), 629; SK-*Rudolphi*, § 339 (5. Aufl.) Rn. 13; im Grunde weiterhin SK-*Rudolphi/Stein*, § 339 (7. Aufl.) Rn. 12 und 17d (wonach stärker zwischen Rechts-

Entscheidung im Widerspruch zu einem objektiv eindeutigen Rechtssatz, wird danach stets eine (objektive) Rechtsbeugung angenommen, mag sie auch mit der Rechtsüberzeugung des Entscheidenden übereinstimmen[904]. Insoweit besteht Übereinstimmung mit der objektiven Theorie. Darüber hinaus bejaht die Pflichtverletzungslehre auch dann eine Rechtsbeugung, wenn der Richter sich zwar objektiv mit seiner Entscheidung noch im Rahmen des Vertretbaren hält, sie jedoch unter Verletzung seiner richterlichen Pflichten aus sachfremden Erwägungen heraus getroffen hat[905].

2. Kritische Stellungnahme

a) Subjektive und gemischte Theorie

Vertreter der subjektiven Theorie meinen, in dem Wort „beugen" liege bereits ein subjektives Element[906]. Die „Beugung des Rechts" soll danach ein „subjektiv-seelisches Merkmal"[907] darstellen, das, losgelöst vom inneren Tatbestand, schon in sich rein subjektiv gefasst ist[908]. Wieso die Begriffe „beugen" und „Rechtsbeugung" nicht ebenso wie die Ausdrücke „biegen" und „Kniebeuge", die objektive Vorgänge beschreiben, objektiv

---

beugungserfolg und Rechtsbeugungsverhalten unterschieden werden soll); *Schreiber*, GA 1972, 196 f. und 207; LK-*Herdegen* (9. Aufl.), § 336 Rn. 4 und 6; *Wagner*, Amtsverbrechen, S. 195 ff. (besonders auf den Aspekt der Amtsausübung abstellend); *Geppert*, Jura 1981, 80; *Schmidt-Speicher*, Hauptprobleme der Rechtsbeugung, S. 63 ff., 80 f.; *Behrendt*, JuS 1989, 946, 948; *Käsewieter*, Der Begriff der Rechtsbeugung im deutschen Strafrecht, S. 69 ff.; wohl auch *Hirsch*, ZStW 82 (1970), 437; zunächst auch *Wessels/Hettinger*, Strafrecht BT/1, 25. Aufl., S. 297 (Rn. 1134), jedoch unter ausdrücklicher Aufgabe der Auffassung 33. Aufl., S. 343 (Rn. 1134a) und 34. Aufl., S. 349 (Rn. 1134a).

904 *Rudolphi*, ZStW 82 (1970), 629; SK-*Rudolphi*, § 339 (5. Aufl.) Rn. 14; SK-*Rudolphi/Stein*, § 339 (7. Aufl.) Rn. 12; Käsewieter, a.a.O., S. 69.

905 SK-*Rudolphi*, § 339 (5. Aufl.) Rn. 14; ähnlich SK-*Rudolphi/Stein*, § 339 (7. Aufl.) Rn. 17d (allerdings nur für den rechtsfehlerhaften Gebrauch eines Interpretations-, Ermessens- oder Sachverhaltsfeststellungsspielraums, auf das Motiv soll es dagegen nicht ankommen); LK-*Herdegen* (9. Aufl.), § 336 Rn. 6; *Schreiber*, GA 1972, 197; *Wagner*, Amtsverbrechen, S. 203 ff., 206, 208; *Schmidt-Speicher*, a.a.O., S. 79; *Käsewieter*, a.a.O., S. 70; *Zapater*, FS Rudolphi, S. 399.

906 *Joly*, Die Rechtsbeugung des Richters (ungedr. Diss. Göttingen 1954) S. 16 (zitiert nach: *Schmidt-Speicher*, Hauptprobleme der Rechtsbeugung, S. 64); *Musielak*, Die Rechtsbeugung, S. 20.

907 *Joly*, a.a.O.

908 *Musielak*, Die Rechtsbeugung, S. 21 f.

aufzufassen sein sollen, ist jedoch nicht einzusehen[909]. Mit Recht bemerkt *Engisch*, man sei es nur bei der Rechtsbeugung wie bei anderen Delikten der Sprachübung gemäß gewohnt, den dolus malus mitzudenken; es sei aber dennoch unbestreitbar, dass es eine objektive Beugung des Rechts ebenso gut gebe wie eine objektiv unrechtmäßige Wegnahme einer fremden Sache oder einen objektiven Falscheid[910].

Die Unstimmigkeit der subjektiven Theorie wird auch daran deutlich, dass nach ihr eine fahrlässige Rechtsbeugung (schon begrifflich) nicht denkbar wäre, obwohl der Gesetzgeber die Strafbarkeit auf vorsätzliches Handeln beschränkt, also fahrlässige Rechtsbeugung für möglich gehalten und lediglich für nicht strafwürdig erachtet hat[911].

Die subjektive Theorie stellt allein darauf ab, ob die Rechtsanwendung in bewusstem Widerspruch zur Rechtsüberzeugung des Richters steht. Dies entspricht einer Neigung, die Gesinnung zu bestrafen[912]. Nach der subjektiven Theorie wäre Recht i. S. d. § 339 StGB das, was der Richter dafür gehalten hätte, würden auch alle übrigen Juristen das anders sehen[913]. Es kommt aber nicht auf das Verbindlichmachen einer Rechtsauffassung des Richters an, sondern auf die Verwirklichung der materiellrechtlichen Normen[914]. Objektives Recht ist nicht zwangsläufig das, was der Überzeugung des Richters entspricht. Diese ist beim subjektiven Tatbestand zu berücksichtigen[915]. Die Rechtsbeugung ist kein Überzeugungsdelikt[916].

Die subjektive Theorie missachtet darüber hinaus den Sinn des § 339 StGB, die Bindung des Richters an Recht und Gesetz negativ zu ergän-

909 Ebenso *Seebode*, Das Verbrechen der Rechtsbeugung, S. 14; *Spendel*, Rechtsbeugung durch Rechtsprechung, S. 25; *Schmidt-Speicher*, Hauptprobleme der Rechtsbeugung, S. 64; *Käsewieter*, Der Begriff der Rechtsbeugung im deutschen Strafrecht, S. 67.

910 *Engisch*, FS Eb. Schmidt, S. 119; zust. *Spendel*, a.a.O., S. 25; *Seebode*, a.a.O., S. 14 f; *Schmidt-Speicher*, a.a.O., S. 64.

911 *Seebode*, a.a.O., S. 16 und *Schmidt-Speicher*, a.a.O., S. 65.

912 *Seebode*, a.a.O., S. 17; LK-*Spendel* (11. Aufl.), § 339 Rn. 37; *Schmidt-Speicher*, a.a.O., S. 69; *Vormbaum*, Der strafrechtliche Schutz des Strafurteils, S. 362; *Scholderer*, Rechtsbeugung, S. 282; *Seemann*, Rechtsbeugung, S. 25; *Kargl*, Die Rechtsbeugung (3 339 StGB) – ein Exempel des Abbaus strafrechtlicher Gesetzlichkeit, in: Beulke u. a. (Hrsg.), Das Dilemma des rechtsstaatlichen Strafrechts, S. 51.

913 Krit. *Seebode*, a.a.O., S. 13.

914 *Vormbaum*, Der strafrechtliche Schutz des Strafurteils, S. 360 f.

915 *Seebode*, Das Verbrechen der Rechtsbeugung, S. 14; LK-*Spendel* (11. Aufl.), § 339 StGB Rn. 37.

916 So aber *Musielak*, Die Rechtsbeugung, S. 22.

zen[917]. Es ist mit den Grundprinzipien des demokratischen Rechtsstaats unvereinbar, allein auf die Übereinstimmung mit der subjektiven Rechtsüberzeugung abzustellen und die objektive Rechtmäßigkeit außer Acht zu lassen[918]. Zu Recht weist *Kargl* daher darauf hin, dass mit einer so verstandenen Norm eine Transformation vom Rechtsstaat zu einem Richterstaat stattfinden würde und ohne jegliche rechtliche Sicherung Grundrechtsschutz und inhaltliche Gestaltung der Norm im Einzelfall dem Richter „zu treuen Händen" übergeben würden[919]. Daneben spricht gegen diese Theorie auch die Entstehungsgeschichte des § 336 a. F./§ 339 n.F. StGB[920].

Die subjektive Theorie führt auch zu dem untragbaren Ergebnis, dass der (wirklich) rechtsblinde[921] Täter schon objektiv nicht das Recht gebeugt hätte, da das objektiv eindeutig unrichtige Urteil seiner Rechtsüberzeugung entspräche[922]. Zudem bleibt durch das Erfordernis der bewussten Zuwiderhandlung gegen die eigene Überzeugung im subjektiven Tatbestand für den Eventualvorsatz kein Raum[923]. Unannehmbar ist auch die Konsequenz, eine Rechtsbeugung dann zu bejahen, wenn der Richter seine Entscheidung zwar in Übereinstimmung mit der objektiven Rechtslage, aber im Widerspruch zu seiner eigenen, durch verfehlte Auslegung gewonnenen Rechtsüberzeugung fällt[924].

---

917 *Seebode*, Das Verbrechen der Rechtsbeugung, S. 17; zust. *Scholderer*, Rechtsbeugung, S. 280 mit Fn. 1116; in diesem Sinne auch *Möller-Heilmann*, Die Strafverfolgung von Richtern und Staatsanwälten der ehemaligen DDR wegen Rechtsbeugung, S. 32; *Quasten*, Die Judikatur des Bundesgerichtshofs zur Rechtsbeugung im NS-Staat und in der DDR, S. 147 f.

918 *Scholderer*, Rechtsbeugung, S. 279 ff.; *Vormbaum*, Der strafrechtliche Schutz des Strafurteils, S. 362; *Möller-Heilmann*, a.a.O., S. 32.

919 *Kargl*, Die Rechtsbeugung (3 339 StGB) – ein Exempel des Abbaus strafrechtlicher Gesetzlichkeit, in: Beulke u. a. (Hrsg.), Das Dilemma des rechtsstaatlichen Strafrechts, S. 51.

920 Dazu *Seebode*, Das Verbrechen der Rechtsbeugung, S. 15 f; *Käsewieter*, Der Begriff der Rechtsbeugung im deutschen Strafrecht, S. 67.

921 Dazu Kapitel 10, B.II.

922 In diesem Sinne auch *Seebode*, a.a.O., S. 16; LK-*Spendel* (11. Aufl.), § 339 StGB Rn. 37; *ders.*, NJW 1971, 538 = *ders.*, Rechtsbeugung durch Rechtsprechung, S. 42; *Seemann*, Rechtsbeugung, S. 26; ähnlich *Quasten*, Die Judikatur des Bundesgerichtshofs zur Rechtsbeugung im NS-Staat und in der DDR, S. 147; *Kargl*, Die Rechtsbeugung (§ 339 StGB) – ein Exempel des Abbaus strafrechtlicher Gesetzlichkeit, in: Beulke u.a. (Hrsg.), Das Dilemma des rechtsstaatlichen Strafrechts, S. 51 f.

923 *Seebode*, a.a.O., S. 107; *Seemann*, a.a.O., S. 23; teilw. a. A. *Schreiber*, GA 1972, 206 f.

924 So auch *Seemann*, a.a.O., S. 26; *Seebode*, a.a.O., S. 17; *Quasten*, Die Judikatur des Bundesgerichtshofs zur Rechtsbeugung im NS-Staat und in der DDR, S. 147.

Die subjektive Theorie wird in ihrer reinen Form heute nicht mehr vertreten[925]. Gegen die gemischte Theorie gelten freilich die gleichen Einwände wie gegen die subjektive Theorie[926].

b) Pflichtverletzungslehre

Die Pflichtverletzungslehre beinhaltet die unzulässige Vermengung von Fragen der „Richtigkeit" mit Fragen der Sorgfaltswidrigkeit und Pflichtverletzung[927]. Für die „richtige" Rechtsanwendung ist nicht maßgeblich, ob sie von dem Bemühen um eine richtige, gerechte Entscheidung oder von sachfremden Erwägungen getragen wird, sondern ob sie objektiv geboten oder wenigstens vertretbar ist[928]. Es ist nur das Ergebnis der Rechtsanwendung zu betrachten. Es überzeugt nicht, dass nach der Pflichtverletzungslehre § 339 StGB auch dann erfüllt sein soll, wenn aufgrund sachfremder Überlegungen zufällig doch ein nach dem geltenden Recht vertretbares Ergebnis herauskommt.

c) Objektive Theorie

Mit der h.M. ist daher an der konsequenten Anwendung der objektiven Theorie der Rechtsbeugung festzuhalten. Die objektive Theorie entspricht Wortlaut und Entstehungsgeschichte des § 339 StGB; sie ist dogmatisch konsequent und führt zu brauchbaren Ergebnissen[929]. Die Vertretbarkeit bzw. Unvertretbarkeit als Abgrenzungskriterium verhindert ein Ausufern der Strafbarkeit und bietet ausreichend Rechtssicherheit.

---

925 So auch *Seemann*, a.a.O., S. 25.

926 So auch *Seebode*, a.a.O., S. 19 f.; ausführlicher hierzu *Scholderer*, Rechtsbeugung, S. 283 ff.

927 *Maurach/Schröder/Maiwald* Strafrecht BT/2, § 77 II, Rn. 9.

928 *Spendel*, NJW 1971, 539 = *ders.*, Rechtsbeugung durch Rechtsprechung, S. 43; *Vormbaum*, Der strafrechtliche Schutz des Strafurteils, S. 364, der allerdings darauf abstellt, ob die Entscheidungsfindung in der *Methode* vertretbar ist, d.h. wenn sie den anerkannten Regeln der Rechtsanwendung entspricht (hierzu *Scholderer*, Rechtsbeugung, S. 302 mit Fn. 1231); ausf. gegen die Pflichtverletzungslehre *Scholderer*, a.a.O., S. 289 ff., 301 f., 317 ff.; krit. auch *I. Müller*, StV 2002, 308.

929 Vgl. dazu *Seebode*, Das Verbrechen der Rechtsbeugung, S. 21 ff.

3. Einordnung der BGH-Rechtsprechung

Der BGH neigte bislang grundsätzlich der objektiven Theorie zu und verwarf die subjektive[930]. Trotz seines weiterhin grundsätzlich objektiven Ansatzes rückte er jedoch von dem Kriterium der Unvertretbarkeit ab. Nach nunmehr ständiger Rechtsprechung des BGH begründet die „bloße“ Unvertretbarkeit einer Entscheidung nicht mehr die Annahme einer (objektiven) Rechtsbeugung, wie noch näher auszuführen ist[931]. Dieses Kriterium ist für den BGH nur noch in dem Sinne relevant, dass jedenfalls *keine* Rechtsbeugung vorliegt, wenn die Entscheidung *vertretbar* war[932].

930 So deuten auch *Rudolphi*, SK § 339 (5. Aufl.) Rn. 12, *Behrendt*, JuS 1989, 946, *Seebode*, JR 1994, 1 sowie *Käsewieter*, Der Begriff der Rechtsbeugung im deutschen Strafrecht, S. 72f. und 76 die Entscheidungen BGH MDR 1952, 693f. und BGHSt 10, 294, 300 = NJW 1957, 1158, 1159 (vgl. BGH a.a.O.: Die unrichtige Rechtsanwendung ist Tatbestandsmerkmal).
Seebode versteht auch das jüngere BGH-Urteil BGHSt 38, 381ff. von 1992 trotz eines subjektiven Einschlags (dazu u., B.III.3.b)aa).) in diesem Sinne. Die objektive Theorie spiegelt sich auch in der Entscheidung BGH NJW 1993, 605, 606, wo es heißt, die Handlung des angeklagten Staatsanwalts (Einstellung eines Verfahrens) sei objektiv nicht fehlerhaft gewesen. Zur Einordnung von BGH NJW 1997, 1452 = BGHSt 42, 343ff. vgl. *Martin*, JuS 1997, 857; *Sowada*, GA 1998, 183.
Ganz deutlich stellt der 1. Strafsenat in seinem Urteil vom 3.12. 1998 im Sinne der objektiven Theorie darauf ab, ob die Handlung „objektiv im Widerspruch zum Recht steht“ (BGH NJW 1999, 1122ff. = BGHSt 44, 258, 261). *Herdegen* (NStZ 1999, 457) weist darauf hin, dass die Entscheidung jedoch nicht als eine Abkehr von der einschränkenden st. Rspr. zu verstehen ist, da ein „elementarer Verstoß gegen die Rechtspflege erforderlich ist“ (BGH NJW 1999, 1122ff. = BGHSt 44, 258, 260).
Das Schill-Urteil des BGH gibt letztlich keine Veranlassung, die Ausführungen als eine Tendenz zur Pflichtverletzungslehre zu werten (a. A. *I. Müller*, StV 2002, 308; offengelassen bei *Böttcher*, NStZ 2002, 148). Hier heißt es, bei zögerlicher Bearbeitung einer Rechtssache innerhalb eines objektiv vertretbaren Zeitraumes komme ein schwerwiegender Rechtsverstoß in Betracht, wenn der Richter mit seiner Verfahrensweise aus sachfremden Erwägungen gezielt zum Vorteil oder Nachteil einer Partei handele. Bei mutwilliger Verzögerung der Bearbeitung von Beschwerden gegen Ordnungshaftbeschlüsse bis zu deren vollständigem Vollzug liege ein Ermessensmissbrauch durch Überschreitung der inneren Schranken des Ermessens vor (BGH NJW 2001, 3275, 3277 = BGHSt 47, 105, 113 f). Ein Ermessensmissbrauch lässt sich als (objektiv) falsche Rechtsanwendung begreifen (vgl. Kapitel 5, A.) und kann daher Rechtsbeugung auch im Sinne der objektiven Theorie sein.

931 Siehe insbes. BGH NJW 1995, 3324, 3325 = BGHSt 41, 247, 251; BGH NJW 1997, 1455; NJW 1998, 248, 249 = BGHSt 43, 183, 190; BGHR StGB § 336 Rechtsbeugung 11; BGH NJW 2001, 3275 = BGHSt 47, 105, 109. Zur einschränkenden Rechtsprechung noch u., B. I.

932 BGH NJW 1994, 529, 532 = BGHSt 40, 30, 43.

II. Die Tathandlung bei § 244 DDR-StGB

Es fragt sich nun, wie die Tathandlung bei § 244 DDR-StGB, die gesetzwidrige Entscheidung, näher zu bestimmen ist. In den einschlägigen Kommentaren und Lehrbüchern der DDR fehlt es an einer konkreten Darlegung hierzu. Auch sonstige Literatur oder gar Gerichtsentscheidungen zu dieser Frage gibt es nicht[933]. Schon der Wortlaut schließt die Bestimmung der Tathandlung anhand der subjektiven Überzeugung der entscheidenden Person ebenso aus wie die Orientierung an einer Pflichtwidrigkeit. Vielmehr fordert das Gesetz deutlicher noch als bei dem auslegungsbedürftigen Merkmal „Beugung des Rechts" in § 339 StGB den Maßstab der Verletzung des *objektiven* Rechts. In diesem Rahmen liegt zur Konkretisierung wiederum das Kriterium der Unvertretbarkeit der Entscheidung, wie es der objektiven Theorie entspricht, auf der Hand.

Dagegen spricht auch nicht eine Äußerung in der DDR-Literatur zur sozialistischen Gesetzlichkeit, wonach sich der Richter nicht vom unklaren Gefühl einer vertretbaren Entscheidung leiten lassen dürfe[934]. Sie steht im Zusammenhang mit der Zurückweisung des „Subjektivismus" und dem Hinweis auf die Forderung des Rechtspflegeerlasses von 1963, in dem die strenge Beachtung des gesetzlichen Tatbestandes sowie ein wissenschaftliches Vorgehen des Richters gefordert wurden. Die Äußerung ist also eher als Mahnung zur Suche nach der - wenn auch politisch gefärbt - „richtigen" (aber unbeweisbaren) und nicht nur nach einer vertretbaren Entscheidung zu verstehen. Sie steckt nicht den - weiter zu ziehenden - Rahmen des nicht als Rechtsbeugung erfassten Bereichs ab.

Nur die auf einer unvertretbaren Gesetzesauslegung beruhende Entscheidung lässt sich daher als eine gesetzwidrige Entscheidung i. S. d. § 244 DDR-StGB qualifizieren[935]. Entsprechend hatte auch das LG Berlin für die Annahme einer Rechtsbeugung zunächst auf eine Gesetzesverletzung abgestellt, die „die Auffassung des Richters nicht einmal vertretbar"

---

933 Daher gibt der BGH zu bedenken, „daß der Gesetzesbegriff der DDR, der dem Merkmal der Gesetzwidrigkeit i. S. d. § 244 DDR-StGB zugrundeliegt (vgl. Art. 49 der DDR-Verfassung), nach dem Befund von Literatur und Rechtsprechung wenig geklärt und durch Theorie und Praxis der ‚sozialistischen Gesetzlichkeit' (Art. 19 I 2 DDR-Verf.) nachhaltig verdunkelt worden ist." (BGH NJW 1994, 529, 531).

934 *Haney*, Grundlagen der Theorie des sozialistischen Staates und Rechts, Teil II, S. 238.

935 *Bemmann*, JZ 1995, 125.

erscheinen lasse[936]. Dem ist der BGH aber nicht gefolgt, indem er - wie bei § 339 StGB - noch strengere Anforderungen aufstellte. Hierauf ist im Folgenden näher einzugehen.

B. Die Leitlinien der Rechtsprechung des BGH zur DDR-Rechtsbeugung

Die Rechtsprechung des BGH zur Rechtsbeugung in der DDR ist von erheblichen Einschränkungen des Rechtsbeugungstatbestandes gekennzeichnet, die von der Literatur höchst unterschiedlich aufgenommen wurden.

I. Einschränkung des Rechtsbeugungstatbestandes

Die Tendenz des BGH, den Rechtsbeugungstatbestand einzuschränken, begann nicht erst mit der Behandlung von in der DDR begangenen Alttaten nach der Wiedervereinigung. Sie nahm vielmehr schon früher ihren Ausgang. Bei der Aufarbeitung von DDR-Rechtsbeugungen wurde sie jedoch stark ausgeweitet und auf den Rechtsbeugungstatbestand der DDR übertragen.

---

936 LG Berlin DtZ 1993, 155, 157; ebenso *Grote*, Die DDR-Justiz vor Gericht, S. 36, 56 und 77. Soweit das LG Berlin eine Rechtsbeugung nur dann annehmen will, wenn der Richter das Gesetz *bewusst* in einer Weise verletzt, die die Auffassung des Richters nicht einmal vertretbar erscheinen lässt, dürfte das nicht als faktischer Ausschluss des dolus eventualis bei § 339 StGB zu verstehen sein, da sich die Ausführungen auf § 244 DDR-StGB beziehen, der Wissentlichkeit verlangt. Weiter heißt es allerdings beim LG Berlin (a.a.O.), es liege solange keine Rechtsbeugung vor, als das Handeln des Richters noch vom Streben nach Gesetzmäßigkeit bestimmt sei und er sich bei seiner Entscheidung also nicht von dem für ihn geltenden Gesetz löse. Klarzustellen ist jedoch, dass objektiver und subjektiver Tatbestand zu trennen sind. Wenn der Richter eine unvertretbare und damit gesetzwidrige Entscheidung trifft, begeht er damit eine objektiv-tatbestandliche Rechtsbeugung. Die Formulierungen des LG Berlin könnten in der Weise zu verstehen sein, dass „Rechtsbeugung" als Gesamtheit der Erfüllung des objektiven und des subjektiven Tatbestands gemeint ist (zu dem Sprachgebrauch, den dolus malus mitzudenken vgl. *Engisch*, FS Eb. Schmidt, S. 119). Eine andernfalls subjektiv verstandene Loslösung vom Gesetz (als Gegensatz zum Streben nach Gesetzmäßigkeit) würde verkennen, dass schon eine objektive, unbewusste Loslösung vom Gesetz gesetzwidrig wäre. Das Bewusstsein der Unvertretbarkeit ist freilich erforderlich, um von einer *strafbaren* Rechtsbeugung sprechen zu können.

1. Wurzeln der restriktiven Auslegung des § 336 a. F./§ 339 n.F. StGB vor der Behandlung von DDR-Rechtsbeugungen durch den BGH

Bereits seit 1984 zeigt der BGH Bestrebungen, den objektiven Tatbestand des § 336 a. F. StGB restriktiv auszulegen. Er zitiert die Ausführungen des Regierungsvertreters bei der Beratung des § 336 StGB in der Fassung des EGStGB v. 2.3.1974[937] im Sonderausschuss für die Strafrechtsreform, wonach § 336 StGB „nicht schlechthin jede unrichtige Rechtsanwendung, sondern nur die Beugung des Rechts" erfassen soll. Diese Ansicht macht er sich zu Eigen[938]. Die Auslegung der als Verbrechenstatbestand ausgebildeten Strafvorschrift habe sich im Rahmen des vom Gesetzgeber verfolgten Zwecks zu halten. Zweck des § 336 StGB (a. F.) sei es nicht, bei dem Entscheidungsträger das Gefühl der Rechtsunsicherheit zu erzeugen, sondern den Rechtsbruch zu erfassen[939].

Dieser Satz wird 1992 dahingehend ergänzt, dass es Zweck der Vorschrift sei, den *Rechtsbruch als elementaren Verstoß gegen die Rechtspflege* unter Strafe zu stellen. Begründet wird dies wiederum mit der Einordnung als Verbrechen und der damit indizierten Schwere des Unwerturteils sowie mit der Härte der Rechtsfolgen im Falle der rechtskräftigen Verurteilung (Beendigung des Richter- oder Beamtenverhältnisses, § 24 I DRiG, § 24 I BRRG). Mit dieser gesetzlichen Zweckbestimmung sei es nicht zu vereinbaren, jede unrichtige Rechtsanwendung und jeden Ermessensfehler in den Schutzbereich der Norm einzubeziehen. Rechtsbeugung begehe deshalb nur der Amtsträger, der sich *bewusst in schwerwiegender Weise vom Gesetz entferne* und sein Handeln als Organ des Staates statt an Recht und Gesetz an seinen eigenen Maßstäben ausrichte[940].

Zur Einleitung dieser bis dahin am weitesten gehenden Restriktion des § 336 a. F. StGB merkt der BGH an, er habe wiederholt darauf hingewiesen, dass der Tatbestand nicht in unangemessener Weise ausgedehnt werden dürfe. Neben den beiden bereits erwähnten Entscheidungen zitiert er ein Urteil von 1987, in dem er betont hatte, die Tendenz zu einer ausdehnenden Auslegung des § 336 StGB (a. F.) würde die Unabhängigkeit richter-

937 BGBl. I S. 469.

938 NJW 1984, 2711, 2712 = BGHSt 32, 357, 364; NJW 1986, 3093 = BGHSt 34, 146, 149; NJW 1993, 605, 606 = BGHSt 38, 381, 383.

939 NJW 1984, 2711, 2712 = BGHSt 32, 357, 363.

940 NJW 1993, 605, 606 = BGHSt 38, 381, 383 (Hervorhebungen v. d. Verf.).

lichen Entscheidens ernstlich beeinträchtigen, wollte man ihr bei der Anwendung der Vorschrift allgemein folgen[941].

2. Weiterführung und Ausweitung der früheren Restriktion des § 336 a. F./§ 339 n.F. StGB in Bezug auf DDR-Alttaten (Willküraktrechtsprechung)

Der BGH hat diese Einschränkungen des Tatbestands trotz erheblicher Einwände in der Literatur in seinen Urteilen zu DDR-Juristen sowie in weiteren Rechtsbeugungsurteilen ausdrücklich als solche aufgegriffen[942] und daran auch für den „besonders sensiblen Bereich der politisch motivierten Strafjustiz" festgehalten[943].

Konkretisierend[944] fügt der 5. Senat an, schon für die objektive Tatbestandsmäßigkeit (und im übrigen im Hinblick auf die innere Tatseite) sei zu berücksichtigen, dass es um die Beurteilung von Handlungen gehe, die in einem anderen Rechtssystem vorgenommen worden seien[945]. Nach weiteren Überlegungen zum System der Einflussnahmen auf die Rechtsprechung und die Festlegung, bei der Auslegung von (DDR-) Normen komme es auf die Auslegungsmethoden der DDR[946], nicht auf die der Bundesrepublik Deutschland an[947], folgert er in seinem Grundsatzurteil vom 13.12.1993, eine Bestrafung von Richtern der DDR wegen Rechtsbeugung sei

> ***„abgesehen von Einzelexzessen" auf Fälle zu beschränken, „in denen die Rechtswidrigkeit der Entscheidung so offensichtlich war und insbesondere die Rechte***

941 BGH NStZ 1988, 218, 219.

942 BGH NJW 1994, 529, 531 = BGHSt 40, 30, 40; BGH NJW 1994, 3238, 3240 = BGHSt 40, 169, 178; BGH NJW 1995, 64, 67 = BGHSt 40, 272, 283; BGH NJW 1995, 3324, 3325 = BGHSt 41, 247, 251; BGH NJW 1996, 857; BGH NStZ-RR 1996, 65, 68; BGHSt 43, 183, 190 = BGH NJW 1998, 248, 249; BGH NStZ-RR 1998, 172. Ebenso in Fällen ohne DDR-Bezug: BGH NJW 1997, 1455; BGH NJW 1997, 1452; BGH NStZ-RR 2001, 243, 244; BGH NJW 2001, 3275 = BGHSt 47, 105, 108 f. Anzumerken ist, dass der 3. Strafsenat bisher noch nicht ausdrücklich auf das aufgestellte Erfordernis des elementaren Verstoßes gegen die Rechtspflege und der schwerwiegenden Entfernung vom Gesetz zurückgegriffen hat. Er war es allerdings, der als erster den Rechtsbeugungstatbestand auf den Rechtsbruch beschränkt hatte (BGHSt 32, 357, 363 f. = NJW 1984, 2711, 2712).

943 BGH NJW 1995, 3324, 3326 und Urt. v. selben Tage (Urt. v. 15. 9. 1995) - 5 StR 23/95, S. 7, 68/95, S. 7, 168/95, S. 7, 642/95, S. 10 f.

944 Vgl. BGH NJW 1994, 3238, 3240.

945 BGH NJW 1994, 529, 531; BGH NJW 1995, 3324, 3326.

946 Dazu ausführlich Kapitel 3, C.

947 BGH NJW 1994, 529, 531 f.

anderer, hauptsächlich ihre Menschenrechte, derart schwerwiegend verletzt worden sind, daß sich die Entscheidung als Willkürakt darstellt.“[948]

Als „Orientierungsmaßstab“ wird die „offensichtliche Verletzung von Menschenrechten“ genannt, „wie sie in der DDR durch den Beitritt zum Internationalen Pakt über bürgerliche und politische Rechte anerkannt waren.“ Nur bei Anlegung dieses strengen Maßstabes sei gewährleistet, dass eine Bestrafung nicht gegen das Rückwirkungsverbot (Art. 103 II GG) verstoße.

Damit ist die Einschränkung des objektiven Rechtsbeugungstatbestandes auf einem neuen Höhepunkt angelangt. Die obigen Grundsätze hat der 5. Strafsenat insbesondere in seinen Folgeentscheidungen vom 9.5.1994 und 15.9.1995 ausdrücklich bekräftigt[949]. Sie sind seither ständige Rechtsprechung[950]. Der 4. und danach der 3. Senat haben sie übernommen[951], schließlich auch der 2. Strafsenat[952]. Dabei wird eine direkte innere Verbindung zwischen „alter“ und „neuer“ Einschränkung hergestellt, wenn es heißt, ein elementarer Verstoß gegen die Rechtspflege könne nur bei offensichtlichen[953] Willkürakten seitens der DDR-Justiz bejaht werden[954].

---

948 BGH NJW 1994, 529, 532 = BGHSt 40, 30, 41.

949 BGH NJW 1994, 3238, 3240; BGH NJW 1995, 3324, 3326; BGH NJ 1996, 152.

950 Vgl. BGHSt 43, 183, 190 = BGH NJW 1998, 248, 249 und folgende Fußnote.

951 3. Senat: seit BGH DtZ 1996, 92, 93 und 96; offen noch BGH NJW 1995, 2734 ff., wobei allerdings der 5. Senat bereits „Einklang“ mit seiner Grundsatzentscheidung unterstellte, vgl. BGH NJW 1994, 3324, 3326. Auch *Hillenkamp*, JZ 1996, 181 mit Fn. 38 deutet schon BGH NJW 1995, 2734 als Anschluss an die Willküraktrechtsprechung. Dagegen deutet *Kraut*, Rechtsbeugung?, S. 135 f. beide Entscheidungen anders (i. S. v. die Einschränkungen des 5. Senats nicht übernehmend), wobei er auch die Rechtsprechung des 5. Senats missversteht, wenn er meint, dieser wolle mit seinem einschränkenden Kriterium der Menschenrechtsverletzung *ausschließlich* Verletzungen des *Kernbereichs* des Rechts als Rechtsbeugungshandlungen i. S. d. § 244 DDR-StGB anerkennen. Im Einklang mit der Rechtsprechung des 5. Senats steht auch BGH NJ 1997, 375, 376, wo die Tathandlung am Maßstab der offensichtlichen, schweren Menschenrechtsverletzung gemessen wird.
4. Senat: NJW 1995, 64, 67; vgl. aber auch NStZ-RR 1996, 65 ff. und 69 ff., wo nicht auf die Willküraktrechtsprechung zurückgegriffen wird, dann aber wiederum dem 5. Senat ausdrücklich folgend NStZ-RR 1998, 361 f.; NStZ-RR 1998, 362, 363; NJ 1998, 602; JR 2000, 246, 247.

952 BGH NStZ-RR 1998, 172.

953 Dazu noch s. u., III.2.

954 BGH Urt. v. 16.11.1995, NJW 1996, 857. Gleiches geschieht anhand einer der Fallgruppen. Für die Frage der Rechtsbeugung durch überhöhte Strafen zitiert und erläutert der BGH die ältere Einschränkung und verbindet sie anschließend mit der Willküraktrechtsprechung: Nicht jeder Richter habe daher zwangsläufig Rechtsbeugung begangen, dessen Urteil vom Revisionsgericht im Strafmaß aufgehoben werde, weil

3. Einschränkung auch des § 244 DDR-StGB

Die bereits oben zitierte einschränkende Willküraktrechtsprechung bezieht sich nicht nur auf § 339 StGB, sondern auch auf § 244 DDR-StGB. Das ergibt sich schon aus dem Grundsatzurteil vom 13. Dezember 1993, in dem die einschränkenden Gesichtspunkte mit der Erwägung eingeleitet werden, die besonderen Züge des DDR-Rechtssystems seien bei der Prüfung der Frage, ob die Handlung *gesetzwidrig i. S. des § 244 DDR-StGB* gewesen ist bzw. i. S. des § 336 StGB (a. F.) das Recht gebeugt hat, zu beachten[955]. Dies zitierend greifen auch Folgeurteile[956] die Grundsätze der Willküraktrechtsprechung auf, welche dabei gerade in Bezug auf § 244 DDR-StGB als „Prüfungsmaßstab" bezeichnet wird[957]. Zu dessen Begründung wird, etwas ausführlicher als im Grundsatzurteil, ausgeführt:

> „Dieser Maßstab ist an Beschränkungen orientiert, die sich aus den Grundprinzipien des Schuldstrafrechts ergeben, entspricht der Struktur des Rechtsbeugungstatbestandes und trägt insbesondere dem Gesichtspunkt des Vertrauensschutzes Rechnung, der im Rechtsstaatsprinzip, speziell auch in Art. 103 Abs. 2 GG, verankert ist."[958]

II. Zustimmende Literatur

Die früheren, bis 1992 entwickelten Einschränkungen des Rechtsbeugungstatbestandes trafen in der Literatur teilweise auf Zustimmung[959]. Auch für die neueren Einschränkungen finden sich Befürworter. Sie halten die Maßstäbe, die der BGH setzt, nicht nur für überzeugend, angemessen und plausibel, sondern auch geeignet, den unteren Instanzen einen

---

sich die Strafe nach oben oder unten vom Zweck gerechten Strafens entferne. Maßstab könne vielmehr nur sein, ob sich eine Entscheidung offensichtlich als Willkürakt darstelle (BGH NJW 1995, 64, 67 = BGHSt 40, 272, 283; BGH NStZ-RR 1996, 65, 69; zust. *Wassermann*, NJW 1995, 2966); dazu näher u., Kapitel 7, A.VI.4.a), b), 6.

955 BGH NJW 1994, 529, 531 unter II.2.a), Hervorhebung v. d. Verf.

956 BGH NJW 1994, 3238, 3240; BGH NJW 1995, 3324, 3326.

957 BGH NJW 1995, 3324, 3326.

958 BGH a.a.O.

959 Schmidt, LM (1984), § 336 StGB 1975, Anm. zu Nr. 1; *König*, JR 1997, 318 Fn. 17; *Willnow*, JR 1997, 266 Fn. 118; *Doller*, NStZ 1988, 219 f (allerdings die Unklarheit der Grenzziehung bedauernd); ähnlich *Brammsen*, NStZ 1993, 542; *Kühl* (27. Aufl.), § 339 Rn. 5; *Scheffler*, NStZ 1996, 70; Schönke/Schröder-*Heine* (28. Aufl.), § 339 Rn. 5c; wohl auch Schönke/Schröder-*Cramer* (26. Aufl.), § 339 Rn. 5b; aus neuerer Zeit auch *Böttcher*, NStZ 2002, 146 f.; weitgehend auch NK-*Kuhlen* § 339 Rn. 65 ff., 68 ff. (schwerwiegende und bewusste Rechtsverletzung verlangend); in der Tendenz auch *Wohlers/Gaede*, GA 2002, 489.

gangbaren Weg zu weisen und „zugleich die Erwartungen aller billig und gerecht Denkenden zu befriedigen“[960] und stimmen der Begrenzung der Strafbarkeit auf Fälle von „Willkür, die Menschenrechte mit den Füßen trat“, als maßvollem und überzeugendem Maßstab zu[961]. Diese Grundsätze versprächen Gerechtigkeit, wo Selbstgerechtigkeit und Rache zu befürchten seien[962]. Dies sind ebenso rechtspolitische Überlegungen, wie sie die Entscheidung des BGH beeinflusst haben dürften. Hier werden aber die Grenzen der Strafbarkeit aus den vermeintlichen Grenzen der Strafwürdigkeit abgeleitet.

Eine vereinzelt vertretene Literaturmeinung stimmt dem BGH in dem Ergebnis einer Begrenzung der Verfolgung staatlichen Unrechts zu, hält es aber systematisch für vorzugswürdig, eine Straflosigkeit über die Anwendung eines Entschuldigungs- oder Rechtfertigungsgrundes zu erreichen[963], ohne dies allerdings überzeugend zu begründen. Der Begriff des Vertretbaren sei bis heute noch nicht zufriedenstellend geklärt[964], was allerdings viel mehr für den Begriff des Willküraktes und die tatbestandseinschränkende Rechtsprechung des BGH gilt.

III. Kritik an den Einschränkungen

Schon an den früheren Einschränkungen des Rechtsbeugungstatbestandes war gewichtige Kritik aufgekommen[965]. Diese verschärfte sich mit den weitergehenden Einschränkungen hinsichtlich der DDR-Fälle.

---

960 *Lamprecht*, NJW 1994, 562; zu Recht krit. hierzu *Käsewieter*, Der Begriff der Rechtsbeugung im deutschen Strafrecht, S. 215.

961 *Rudolph*, NJW 1994, 1201; i. Erg. der Begrenzung auf Rechtsanwendungsexzesse zust. auch *L. Schulz*, StV 1995, 207; differenzierend *Hohoff*, An den Grenzen des Rechtsbeugungstatbestandes, S. 194 ff., die dem Kriterium des Willkürakts zustimmt und darin keine Restriktion der Rechtsbeugungstatbestände sieht, soweit Entscheidungen von der höchstrichterlichen Rechtsprechung als gesetzwidrig im Sinne des § 244 DDR-StGB gewertet werden, obwohl sie dem Wortlaut einer Strafnorm entsprechen oder sich im Rahmen des gesetzlich eröffneten Strafrahmens bewegen, aber ein Abstellen auf einen Willkürakt bei systembedingter Nichtverfolgung als unnötig ablehnt und insgesamt eine Verselbständigung des Willküraktkriteriums feststellt.

962 *Kerscher*, DRiZ 1991, 110.

963 *Stanglow*, JuS 1995, 976 mit Fn. 50, 55.

964 *Stanglow*, a.a.O., 977.

965 Dazu sogleich; ergänzend aus neuerer Zeit *Sowada*, GA 1998, 178 ff.; MünchKom-*Uebele*, § 339 Rn. 32 ff., aber mit der Einschränkung, dass er die Begrenzung auf elementare Rechtsverstöße unterstützt, a.a.O., Rn. 40 f., 43, 46.

1. Aufgabe des Kriteriums der Unvertretbarkeit

Mit seiner Willküraktrechtsprechung gibt der BGH – wie schon mit den vorherigen Restriktionen des Tatbestandes – ohne letztlich zwingenden Grund die rechtliche Unvertretbarkeit als entscheidendes Kriterium der objektiven Verwirklichung des Rechtsbeugungstatbestandes auf, indem er strengere Anforderungen stellt[966]. Dies ist zur Beachtung von Art. 103 II GG nicht erforderlich. Dem Verbot rückwirkender Bestrafung ist bereits dann Genüge getan, wenn als vertretbare Auslegung jede Gesetzesanwendung angesehen wird, die nach den Auslegungsmethoden der DDR und bei Berücksichtigung des in der DDR geltenden Rechtsverständnisses sowie der besonderen Züge des Rechtssystems der DDR noch vertretbar erscheint[967]. Die vom BGH eingeführten zusätzlichen Einschränkungen sind nicht mehr aus Art. 103 II GG überzeugend ableitbar[968]. Dies gilt gleichermaßen für § 244 DDR-StGB, zumal aus der einschlägigen Kommentarliteratur keinerlei Einschränkungstendenzen erkennbar sind[969]. Daraus ist zu schließen, dass jeder Verstoß gegen DDR-Gesetze und nicht nur offensichtliche, schwere Menschenrechtsverletzungen von § 244 DDR-StGB erfasst wird[970].

2. Unbestimmtheit der Grenzziehung

Bereits an der älteren Begrenzung wurde vielfach bemängelt, der Gehalt der normativen Einschränkung bleibe völlig im Dunkeln[971]. Solche unbestimmten Wendungen böten allzu leicht eine Hintertür, durch die man trotz Rechtsverstößen der Strafe nach § 339 entgehen könne[972]. Die Rechtsprechung begründe untragbare Ungewissheiten, die, wenn überhaupt, nur

966 So auch ablehnend *Meinerzhagen*, Die Verfahren gegen ehemalige Richter der DDR, in: Weber/Piazolo (Hrsg.), Eine Diktatur vor Gericht, S. 133; *Schöll*, Die Rechtsbeugung, S. 140; *Müther*, JR 2000, 249; vgl. bereits o., A. I. 3.

967 So auch *Möller-Heilmann*, Die Strafverfolgung von Richtern und Staatsanwälten der ehemaligen DDR wegen Rechtsbeugung, S. 207, 210.

968 Dazu noch u., 6.

969 Vgl. o., A.II.

970 So auch *Möller-Heilmann*, a.a.O., S. 207.

971 SK-*Rudolphi* (4. Aufl.), § 336 Rn. 11; ähnlich *H. Wagner*, JZ 1987, 661; *Seebode*, JR 1994, 1; *L. Schulz*, StV 1995, 209; *Stanglow*, JuS 1995, 975; *Herdegen*, NStZ 1999, 457; MünchKom-*Uebele*, § 339 Rn. 34 („völlige Konturenlosigkeit"); *Kern*, Die Rechtsbeugung durch Verletzung formellen Rechts, S. 41–50.

972 *Spendel*, JR 1985, 489.

von Fall zu Fall und mit unvorhersehbaren Ungereimtheiten zu verringern wären[973].

In der Tat fragt man sich, ohne zu einem überzeugenden Ergebnis gelangen zu können: Welche Rechtsverletzungen sind elementar? Wann ist die Entfernung vom Gesetz schwerwiegend? Auch in Bagatellsachen kann eine Verbiegung des Rechts schwer wiegen[974]. Unklar bleibt, ob das Elementare des Verstoßes an der Bedeutung der Sache oder an der des Rechts zu messen ist[975].

Auch die Leitlinien des Grundsatzurteils zur Behandlung der DDR-Altfälle werden dahingehend kritisiert, sie seien nicht klar genug gefasst, um prognostizieren zu können, ob und inwieweit der BGH im Einzelfall zu einer Verurteilung wegen Rechtsbeugung kommen werde[976]. Die „offensichtliche Verletzung von Menschenrechten" werde als „Orientierungsmaßstab" für die Beurteilung des Eingreifens der vom BGH vorgeschlagenen Beschränkungen bezeichnet, ohne zu klären, welcher Rechtsnatur dieser Orientierungsmaßstab sei und wie man ihn anwenden könnte. Dadurch werde dieser Maßstab so unbestimmt, dass schon aus diesem Grund schwere Bedenken gegen seine Verwendung erhoben werden müssten. Die Bedenken würden auch nicht durch die vom BGH entwickelten Fallgruppen gemildert, da diese nicht abschließend seien[977].

Die größte Unsicherheit entsteht aber durch die Einführung des Willkürakts als entscheidendes Kriterium der Rechtsbeugung, das der BGH nicht definiert. Wann eine schwere (Menschen)rechtsverletzung - ohnehin schon ein „schwierig zu bestimmendes quantitatives Element"[978] - derart schwerwiegend ist, dass sie sich als Willkürakt darstellt, wird nur in gewissem Maße durch die Fallgruppen erläutert. Diese lassen zum Teil

---

973 *Seebode*, JR 1994, 3; kritisch zur Voraussetzung des elementaren Rechtsbruchs als Verstoß gegen die Rechtspflege auch Fischer (58. Aufl.), § 339 Rn. 15a („vage"; „Erklärungen … drehen sich im Kreise").

974 Wie selbst *Doller* (NStZ 1988, S. 220) zu Recht bemerkt.

975 *Seebode*, JZ 1994, 2 f.; vgl. dazu 4. Senat NStZ-RR 1996, 65, 68 in dem Sinne, dass es nicht auf Art und Schwere der für den Beschuldigten in Aussicht genommenen Rechtsfolge ankomme.

976 *Bandel*, NStZ 1994, 439; *Stanglow*, JuS 1995, 978; Lackner/Kühl-*Lackner* (24. Aufl.), § 2 StGB Rn. 19 a; *Kühl* (27. Aufl.), § 2 Rn. 19a.

977 *Stanglow*, JuS 1995, 978; ähnlich *Quasten*, Die Judikatur des Bundesgerichtshofs zur Rechtsbeugung im NS-Staat und in der DDR, S. 251 f.

978 *Stanglow*, a.a.O., 976.

jegliche Konkretisierung des Willkürmaßstabes vermissen[979] und sind nicht abschließend[980]. Das Kriterium des Willküraktes ist schon wegen seiner Unschärfe nicht überzeugend[981].

Weitere Unklarheit entsteht durch eine spätere Entscheidung des BGH, in der die gleichen Substantive und Adjektive wie im Grundsatzurteil verwendet, aber anders zugeordnet werden. So ist dort die Rede von „*offensichtlichen* Willkürakten", bei denen allein ein elementarer Verstoß gegen die Rechtspflege bejaht werden könne, von „*unerträgliche(n)*" (also nicht „nur" schwerwiegenden) Menschenrechtsverletzungen, als die sich die Entscheidung des Amtsträgers darstellen müsse, und von der Beschränkung auf „offensichtliche schwere Menschenrechtsverletzungen durch *unerträgliche* Willkürakte"[982]. Sollen hierdurch die Anforderungen verschärft werden? Oder handelt es sich nur um eine ungenaue Handhabung der eigenen Formel? Für letzteres spricht, dass die Tatsache der Abweichung von den Formulierungen des Grundsatzurteils überhaupt nicht angesprochen wird.

Stanglow bemängelt, Herleitung und systematischer Standort der Beschränkungen blieben ungeklärt[983]. Dass der systematische Standort, an dem der BGH ansetzt, der objektive Tatbestand der §§ 339 StGB, 244 DDR-StGB ist, erkennt *Stanglow* selbst[984]. Dass eine dogmatische Herleitung fehlt, ist allerdings zutreffend. Insbesondere lässt sich diese Rechtsprechung des BGH nicht anhand der gängigen Auslegungsmethoden nachvollziehen.

---

979 Dies bemängelt auch *Käsewieter*, Der Begriff der Rechtsbeugung im deutschen Strafrecht, S. 220f. Dazu noch u., Kapitel 5, C.

980 Dazu Kapitel 5, B.

981 So auch *Ulrich Neumann*, Die strafrechtliche Vergangenheitsbewältigung von SED-Unrecht am Beispiel der Rechtsbeugung, S. 230; *Käsewieter*, Der Begriff der Rechtsbeugung im deutschen Strafrecht, S. 204, 213.

982 BGH NJW 1996, 857 und 862; Hervorhebung v. d. Verf.

983 *Stanglow*, JuS 1995, 975; ähnlich *Käsewieter*, Der Begriff der Rechtsbeugung im deutschen Strafrecht, S. 219.

984 *Stanglow*, a.a.O., 976.

3. Zur Wortlautinterpretation des Rechtsbeugungstatbestandes

a) Einschränkung des Wortlauts durch das Schwerekriterium und das Offensichtlichkeits- sowie Willkürakterfordernis

aa) Nicht jede unrichtige Rechtsanwendung als Rechtsbeugung, sondern Beschränkung auf schwerwiegende Rechtsverletzungen

Anlässlich der strafrechtlichen Bewertung der Rechtsprechung in der DDR behauptete der BGH zu der Aussage, nicht jede unrichtige Rechtsanwendung stelle eine Beugung des Rechts dar, diese Einschränkung des Tatbestandes sei im Begriff der Rechtsbeugung angelegt[985]. Doch bereits der Wortsinn des Begriffes „Rechtsbeugung" steht der Einengung auf schwere Rechtsverletzungen entgegen. „Beugen" und „Rechtsbeugung" bedeutet an sich das „Verbiegen des Geraden", das Verbiegen oder Verdrehen des Rechts[986]. *Seebode* weist darauf hin, dass die Begriffe „beugen" und „biegen" nichts über die Intensität des Beugens oder Biegens aussagen, sondern bereits jede Abweichung vom Geraden oder Rechten erfassen. Er betont, dass „brechen" kein Synonym für „beugen" und „biegen" sei. Daraus folgt für weite Teile der Literatur zutreffend, dass das Verständnis der Rechtsbeugung als auf schwere Fälle begrenzter Rechtsbruch mit dem Wortlaut des § 339 StGB unvereinbar sei[987]. Der manifeste Rechtsbruch wird als besondere, qualitativ gesteigerte Form der Rechtsbeugung herausgestellt[988].

Spendel kritisiert ergänzend, mit dem Gebrauch des Wortes „Rechts*bruch*" bei der „Rechts*beugung*" werde suggeriert, dass die Rechtsverletzung

985 BGH NJW 1995, 3324, 3325.

986 *Seebode*, Das Verbrechen der Rechtsbeugung, S. 15; LK-*Spendel* (11. Aufl.), § 339 Rn. 9, 53a; *Schmidt-Speicher*, Hauptprobleme der Rechtsbeugung, S. 64; *Behrendt*, JuS 1989, 947; *Wessels/Hettinger*, Strafrecht BT/1, 25. Aufl., S. 290.

987 *Seebode*, JR 1994, 4; *ders.*, Jura 1997, 420; zust. *L. Schulz*, StV 1995, 208 (Fn. 39); *Spendel*, JR 1994, 223; *Wassermann*, RuP 1996, 134; grds. bereits *ders.*, NJW 1995, 931; *Kraut*, Rechtsbeugung?, S. 133 f; *Ulrich Neumann*, Die strafrechtliche Vergangenheitsbewältigung von SED-Unrecht am Beispiel der Rechtsbeugung, S. 63, 65 und 147; *Wieners*, Rechtsbeugung im Zeitgeistwandel, S. 95; *Käsewieter*, Der Begriff der Rechtsbeugung im deutschen Strafrecht, S. 165, 199 und 218; *Schöll*, Die Rechtsbeugung, S. 135 f.; *Quasten*, Die Judikatur des Bundesgerichtshofs zur Rechtsbeugung im NS-Staat und in der DDR, S. 245 f.; SK-*Rudolphi*, § 339 (5. Aufl.) Rn. 11a; nicht ganz so explizit SK-*Rudolphi/Stein*, § 339 (7. Aufl.) Rn. 11a.

988 *L. Schulz*, a.a.O.

besonders schwer zu sein habe[989]. Doch wer als Richter das Recht „biege" d.h. „beuge", indem er es (eindeutig) unrichtig anwende, verletze damit das Gesetz, ohne dass es erst zu einem völligen „Bruch" kommen müsste, indem er mit dem Rechtssatz durch dessen Nichtbeachtung und Nichtanwendung gänzlich „breche" und sich in einem Willkürakt völlig vom Recht „lossage"[990]. Eine begrifflich scharfe Grenze zwischen Rechtsbeugung und Rechtsbruch, zwischen falscher (weil objektiv nicht mehr vertretbarer) *An*wendung des Rechts und völliger *Ab*wendung vom Recht lasse sich ohnehin kaum ziehen[991].

Dementsprechend wird der Satz des Regierungsvertreters, soweit ihn der BGH in der Formulierung aufgenommen hat, § 336 StGB (a. F.) erfasse nicht schlechthin jede unrichtige Rechtsanwendung, sondern nur die Beugung des Rechts, im Hinblick auf das „sondern" als völlig nebulöse bzw. unrichtige Behauptung eines Gegensatzes und im Übrigen als Tautologie bezeichnet[992], die als Tatbestandsveränderung zu brandmarken sei[993].

Im Rahmen der folgenden Klärung kann *Spendel* zugestimmt werden. Es trifft (nur) in gewissem Sinne zu, dass § 339 StGB nicht jede unrichtige Rechtsanwendung erfasst, nämlich, falls damit gesagt sein sollte, dass eine fehlerhafte Anwendung des Rechts dieses nur dann beugt, wenn die Grenze des Vertretbaren eindeutig überschritten ist[994], nicht aber, wenn mehrere Interpretationsmöglichkeiten gegeben sind[995]. Dies entspräche der objektiven Rechtsbeugungstheorie. Mit einem rein revisionsrechtlich geprägten Verständnis von „unrichtig" und „fehlerhaft" wäre dann die Aussage zu vereinbaren, dass nicht jede unrichtige Entscheidung eine Rechtsbeugung darstelle. Denn die Bezeichnung einer Auslegung als „unrichtig" und „rechtsfehlerhaft" kann u. U. lediglich zum Ausdruck bringen, dass das Revisionsgericht eine andere Rechtsmeinung vertritt und diese im Rechtsmittelverfahren durchzusetzen gedenkt, ohne dass damit die aufgehobene Entscheidung als unvertretbar angesehen würde,

---

989 *Spendel*, JR 1994, 223.

990 *Spendel*, JR 1994, 223; *ders.*, JR 1995, 215; *ders.*, JZ 1995, 381; *ders.*, NJW 1996, 810.

991 *Spendel*, JR 1994, 223; *ders.*, JR 1995, 215; *ders.*, JZ 1995, 381; ähnlich *Käsewieter*, Der Begriff der Rechtsbeugung im deutschen Strafrecht, S. 218.

992 *Spendel*, JZ 1995, 379; *ders.*, NJW 1996, 810; ähnlich schon *ders.*, JR 1994, 222f.; zust. *Käsewieter*, a.a.O., S. 181.

993 *K.-H. Lehmann*, NJ 1996, 564; zust. *Kraut*, Rechtsbeugung?, S. 134 Fn. 553.

994 Außerdem ist im Tatbestand nur die Beugung des Rechts zum Vor- oder Nachteil einer Partei und nur in bestimmten Tatsituationen (Leitung oder Entscheidung einer Rechtssache) pönalisiert.

995 KG NStZ 1988, 557; *L. Schulz*, StV 1995, 208.

weil die Revisionsgerichte weitgehend nicht nur eine Rechtmäßigkeits-, sondern darüber hinaus eine Richtigkeitskontrolle betreiben[996].

Ein solches revisionsrechtlich geprägtes Verständnis von „unrichtig" hat der BGH aber nicht gemeint, denn er hat den Satz, dass nicht jede unrichtige Anwendung des Rechts eine Rechtsbeugung darstelle, ausdrücklich als Einschränkung des Tatbestandes bezeichnet[997] und dies mit der Aufstellung des Erfordernisses eines elementaren Verstoßes gegen die Rechtspflege und der schwerwiegenden Entfernung vom Gesetz ja auch ausgeführt. Ein solches Erfordernis ist jedoch dem Wortlaut des § 339 StGB nicht zu entnehmen[998].

Im Übrigen offenbart sich hier eine Widersprüchlichkeit der Konzeption des BGH. Entweder hat ein Begriff von vornherein (d.h. vom Wortsinn her) eine enge Bedeutung, die nur ermittelt werden muss, oder der Begriff (und mit ihm der Tatbestand) wird aus bestimmten Gründen einengend ausgelegt, also eingeschränkt. Eine bereits „im Begriff der Rechtsbeugung angelegte Einschränkung des Tatbestandes"[999] erscheint logisch nicht einleuchtend.

Für das Erfordernis der „schwerwiegenden Entfernung vom Gesetz" bzw. der „schwerwiegenden Verletzung der Rechte anderer" gibt es ebenfalls keinen überzeugenden Grund. Es kann nicht sein, dass Richter von strafrechtlicher Verantwortlichkeit freigestellt werden, wenn sie nur objektives Recht oder subjektive Rechte Dritter „lediglich ein bißchen"

---

996 *Scholderer* weist berechtigterweise darauf hin, der Begriff der Gesetzesverletzung werde von den Revisionsgerichten wesentlich weiter ausgelegt, als er im objektiven Tatbestand des § 339 StGB mit einer Beugung des Rechts gleichgesetzt werden könne, obwohl dort die Tathandlung ebenfalls in der Verletzung formellen oder sachlichen Rechts bestehe. Der Unterschied sei damit zu erklären, dass die Revisionsgerichte unter dem Merkmal der Gesetzesverletzung weitgehend nicht nur eine Rechtmäßigkeits-, sondern darüber hinaus eine Richtigkeitskontrolle betrieben (*Scholderer*, Rechtsbeugung, S. 238). Unter Verweis auf die beiden hauptsächlich diskutierten Zwecke der Revision, der Einzelfallgerechtigkeit und der Rechtseinheitlichkeit, hält er die erweiternde Auslegung des zentralen Begriffs der Gesetzesverletzung im Revisionsrecht für begründbar.

997 BGH NJW 1995, 3324, 3325.

998 So auch LK-*Spendel* (11. Aufl.), § 339 Rn. 54a; *Maurach/Schroeder/Maiwald*, Strafrecht BT/2, § 77 II, Rn. 16; *Müther*, JR 2000, 249; ähnlich *K.-H. Lehmann*, NJ 1996, 563; *Quasten*, Die Judikatur des Bundesgerichtshofs zur Rechtsbeugung im NS-Staat und in der DDR, S. 245 f.

999 So BGH NJW 1995, 3324, 3325.

verletzen[1000]. Eine solche Einschränkung des Tatbestandes ist unhaltbar[1001].

Zusammenfassend ist festzuhalten, dass jede eindeutig unrichtige (im Sinne von „unvertretbare") Leitung oder Entscheidung einer Rechtssache durch den Richter zugunsten oder zuungunsten einer Partei, ob leicht- oder schwerwiegend, das Recht verletzt und eine objektiv-tatbestandsmäßige Rechtsbeugung darstellt[1002]. Verdient schon die einschränkende Auslegung des § 339 StGB keine Zustimmung, so ist sie mit dem Wortlaut des § 244 DDR-StGB erst recht unvereinbar[1003].

bb) Offensichtliche Rechtswidrigkeit der Entscheidung und Willkürakt

Indem der BGH die Bestrafung von DDR-Richtern auf Fälle beschränken will, „in denen die Rechtswidrigkeit der Entscheidung[1004] so offensichtlich war (...), dass sich die Entscheidung als Willkürakt darstellt"[1005], führt er eine zusätzliche hohe Hürde ein.

Das Erfordernis der Offensichtlichkeit der Rechtswidrigkeit ist vom Gesetzeswortlaut nicht gedeckt[1006]. Es kann nur darauf ankommen, ob

---

1000 So auch *Stanglow*, JuS 1995, 975.

1001 So auch LK-*Spendel* (11. Aufl.), § 339 Rn. 54a; *Möller-Heilmann*, Die Strafverfolgung von Richtern und Staatsanwälten der ehemaligen DDR wegen Rechtsbeugung, S. 39, 207; *Maurach/Schroeder/Maiwald*, Strafrecht BT/2, § 77 II, Rn. 16; ähnlich MünchKom-*Uebele*, § 339 Rn. 39, der aber eine Begrenzung auf elementare Rechtsverstöße unterstützt (a.a.O., Rn. 40 f., 43, 46).

1002 Ebenso insbes. *Spendel*, JZ 1995, 381; *Hohmann*, DtZ 1996, 236 f.

1003 So auch *Stanglow*, JuS 1995, 975; *Homann*, KJ 1996, 497; *Quasten*, Die Judikatur des Bundesgerichtshofs zur Rechtsbeugung im NS-Staat und in der DDR, S. 249.

1004 Mit der Formulierung „Rechtswidrigkeit der *Entscheidung*" lässt der BGH zwar die Begehungsalternative „Leitung einer Rechtssache" (§ 339 StGB) bzw. „bei der Durchführung eines gerichtlichen Verfahrens oder eines Ermittlungsverfahrens" (§ 244 DDR-StGB) unberücksichtigt. Letzteres ist aber nicht als Ausschluss dieser Möglichkeit der Rechtsbeugungsstrafbarkeit zu verstehen. Dies ist an der Nennung der Fallgruppen zu erkennen, welche insbesondere auch die Rechtsbeugung durch die Art und Weise der Durchführung von Verfahren enthält (dazu Kapitel 5 und 8).

1005 BGH NJW 1994, 529, 532.

1006 So auch *Hohmann*, DtZ 1996, 237; *Stanglow*, JuS 1995, 975; krit. auch *Möller-Heilmann*, Die Strafverfolgung von Richtern und Staatsanwälten der ehemaligen DDR wegen Rechtsbeugung, S. 206 („unhaltbar"); MünchKom-*Uebele*, § 339 Rn. 39 (trotz grundsätzlicher Zustimmung zu restriktiver Handhabung des Rechtsbeugungstatbestandes, a.a.O., Rn. 40 f.); *Hirsch*, Rechtsstaatliches Strafrecht und staatlich gesteuertes Unrecht, S. 24 („fragwürdig"). *Grote* (Die DDR-Justiz vor Gericht, S. 163) hält es für richtig, die Offensichtlichkeit des Verstoßes zu verlangen, da bei Taten innerhalb eines anderen politischen Systems die Hürde der Eindeutigkeit eines Rechtsversto-

der Richter oder Staatsanwalt die Rechtswidrigkeit tatsächlich erkannt hat (und dies nur im Rahmen des Vorsatzes). Es wäre ein absurdes Ergebnis, einen Richter oder Staatsanwalt, der die Rechtswidrigkeit seiner Entscheidung (subjektiv) erkannt hat, freisprechen zu müssen, nur weil diese Rechtswidrigkeit zwar eindeutig, aber nicht schon (objektiv gesehen) offensichtlich war.

Auch das Erfordernis eines Willkürakts widerspricht dem Gesetzeswortlaut[1007] beider Rechtsbeugungstatbestände. Eine Beschränkung der Strafbarkeit auf Willkürakte ergibt sich auch nicht aus der „Struktur des Rechtsbeugungstatbestandes", auf welche sich der BGH beruft[1008]. Vielmehr wird von § 244 DDR-StGB jede Gesetzwidrigkeit erfasst, auch wenn sie nicht mit Willkür verbunden war. Entsprechendes gilt für § 339 StGB.

b) Subjektivierung des objektiven Tatbestandes

aa) Erfordernis der bewussten schwerwiegenden Entfernung von Recht und Gesetz

Der BGH hat ausdrücklich bekundet, es sei schon im Rahmen der Prüfung des *objektiven* Tatbestandes zu berücksichtigen, dass Rechtsbeugung nur der Amtsträger begehe, der sich *bewusst* in schwerwiegender Weise von Recht und Gesetz entferne[1009]. Im Schrifttum wurde berechtigterweise eine in Begründung und Ergebnis unhaltbare Subjektivierung des § 339 StGB durch dieses Erfordernis kritisiert[1010]. In der Tat werden hier subjektiver und objektiver Tatbestand fälschlicherweise vermengt[1011].

ßes hoch anzusetzen sei. Er lehnt jedoch das Abstellen auf Willkür ab; eindeutige Rechtsbrüche würden dadurch straffrei gestellt.

1007 So insbes. auch *Wassermann*, RuP 1996, 134; krit. auch *Hirsch*, Rechtsstaatliches Strafrecht und staatlich gesteuertes Unrecht, S. 24, *Schöll*, Die Rechtsbeugung, S. 140 f, der gleichzeitig eine Uminterpretation des Willküraktbegriffes vorschlägt, die wiederum auf das Kriterium der Unvertretbarkeit hinausläuft (a.a.O., S. 142, 147 f.). Wie er selbst einräumt, hatte der BGH das gerade nicht gemeint. Eine Uminterpretation der BGH-Rechtsprechung hilft daher nicht weiter.

1008 BGH NJW 1995, 3324, 3326.

1009 BGH NJW 1995, 64, 67 (Hervorhebung v. d.Verf.). Selbst in Bezug auf § 244 DDR-StGB beharrt der BGH darauf, der „zumindest" in der Überschrift verwendete Begriff der Rechtsbeugung beinhalte ein subjektives Element i. S. eines bewussten Rechtsbruchs (BGH NStZ-RR 1996, 65, 68).

1010 *H. Wagner*, JZ 1987, 661.

1011 So auch Fischer (58. Aufl.), § 339 Rn. 15; MünchKom-*Uebele*, § 339 Rn. 34; ähnlich SK-*Rudolphi/Stein*, § 339 (7. Aufl.) Rn. 11a („Gesamtbetrachtung" kritisierend).

Das Erfordernis der bewussten Entfernung von Recht und Gesetz enthält Anklänge an die subjektive Theorie, die aus den bereits erwähnten Gründen[1012] abzulehnen ist und welcher der BGH auch grundsätzlich nicht folgt, da er es dem Amtsträger ausdrücklich untersagt, die Rechtsanwendung statt am (objektiven) Recht an eigenen (subjektiven) Maßstäben auszurichten[1013].

Die Berücksichtigung der subjektiven Seite schon im objektiven Tatbestand ist auch vollkommen überflüssig, da sie über das Vorsatzerfordernis im subjektiven Tatbestand ohnehin erfolgt. Wertungsmäßig macht es schon einen Unterschied, ob ein Richter oder Staatsanwalt straflos bleibt, weil er bereits objektiv keine Rechtsbeugung begangen hat, oder weil er nicht vorsätzlich handelte.

Weiter ist kritisch zu fragen, ob der BGH mit der Behauptung, nur die *bewusste* Entfernung vom Gesetz stelle eine Rechtsbeugung dar, erneut[1014] den subjektiven Tatbestand des § 339 StGB auf direkten Vorsatz begrenzen wollte. Dies wurde in der Literatur erwogen, letztlich aber verworfen[1015]. Gewisse Zweifel dürften dadurch ausgeräumt sein, dass der BGH sich nun zugleich dazu bekennt, dass dolus eventualis ausreicht[1016].

Allerdings erscheint das Bekenntnis des BGH zur dolus-eventualis-Lehre – so begrüßenswert die Entscheidung für die Strafbarkeit auch bedingt vorsätzlicher Rechtsbeugung ist – wegen des Erfordernisses einer dem Täter „bewussten" (und schwerwiegenden) Entfernung vom Gesetz als ein Lippenbekenntnis, wie *Seebode* treffend anmerkt. Denn wer weiß, dass er gegen das Recht entscheidet, kann es nicht mehr mit nur bedingtem Vorsatz beugen. Der bedingte Vorsatz kann in der Konsequenz dieser Rechtsprechung nur noch für die Merkmale „Leitung oder Entscheidung einer Rechtssache" und „Vor- oder Nachteil einer Partei" von Bedeutung sein. So ergreift die Strafbarkeitseinschränkung durch Restriktion des objektiven Tatbestands den subjektiven Tatbestand kaum weniger als die

1012 Siehe A.I.2a); kritisch zur Mischung der Theorien auch Fischer (58. Aufl.), § 339 Rn. 15.

1013 Vgl. BGHSt 38, 381, 383. Hierauf weist *Seebode*, JR 1994, 1 hin, wobei er auch anführt, der BGH halte es in dem Urteil BGHSt 38, 381 ff. für entscheidungserheblich, dass die Verfahrenseinstellung „objektiv nicht fehlerhaft war".

1014 Dazu Kapitel 13, C.II.3.a).

1015 Eingehend *Seebode*, JR 1994, 6; so wohl auch *L. Schulz*, StV 1995, 209.

1016 BGH NJW 1995, 64, 65; vgl. auch u., Kapitel 13, C.II.3.a).

frühere dolus-directus-Rechtsprechung und ist ebenso wenig wie diese mit dem Gesetzestext zu vereinbaren[1017].

Der Vorsitzende Richter am BGH *Jähnke* rechtfertigte diese Rechtsprechung mit dem Argument, in Wirklichkeit könne die Schwere eines Verstoßes nicht ohne Einbeziehung der Gesinnung, der Ziele und der Haltung des betreffenden Richters gewichtet werden. Dass Rechtsbeugung nur dann gegeben sei, wenn sich die Entscheidung in grober Weise von dem, was jedermann als Recht empfinden würde, entferne, bedeute, dass ein Richter, der sich so verhalte, eigentlich notwendigerweise bewusst gegen das Recht verstoße. Das subjektive Moment sei also in dem objektiven Verstoß gegen das Recht enthalten[1018].

Dem kann jedoch nicht gefolgt werden. Es ist zwar so, dass eine objektiv schwerwiegende Gesetzesverletzung ein Indiz für das Vorliegen des Vorsatzes darstellen kann. Das bedeutet aber nicht, dass der diese Entscheidung treffende Richter *notwendigerweise* bewusst gegen das Recht verstößt. Schon gar nicht lässt sich ableiten, dass nur bewusste Rechtsverletzungen schwerwiegend sein könnten. Die Schwere einer Rechtsverletzung kann durchaus an objektiven rechtlichen Kriterien gemessen werden.

Die Gewichtung der Schwere eines Verstoßes ist vor allem eine Frage, die bei der Strafzumessung (Unrechtsgehalt der Tat, Schwere der Schuld) relevant wird, nicht schon bei der Frage der Erfüllung des objektiven Tatbestandes. In der Strafzumessung haben dann, falls der subjektive Tatbestand erfüllt ist, auch solche Aspekte wie Ziele und Haltung des Richters in der konkreten Tatsituation ihren Platz. Die Einbeziehung subjektiver Aspekte in den objektiven Tatbestand, verquickt mit dem Schwerekriterium, erweist sich daher einmal mehr als verfehlt.

bb) Subjektivierung durch den Begriff des Willkürakts

Willkür beinhaltet ein voluntatives oder zumindest kognitives Element. Es gibt keine „versehentliche" Willkür. Schon nach dem Sprachsinn haftet dem Begriff „Willkür" ein subjektives Moment an[1019]. Gesetzwidrige Entscheidungen werden erst durch die bewusste Loslösung vom Gesetz will-

---

1017 *Seebode*, Jura 1997, 420; LK-*Spendel* (11. Aufl.), § 339 Rn. 77; krit. auch *Volk*, NStZ 1997, 414; *Maurach/Schroeder/Maiwald*, Strafrecht BT/2, § 77 II, Rn. 16; *I. Müller*, StV 2002, 308; MünchKom-*Uebele*, § 339 Rn. 34.

1018 *Jähnke*, ZRP 1994, 444.

1019 So schon *Hamann*, NJW 1956, 370.

kürlich im Sinne des allgemeinen Sprachgebrauchs[1020]. Daher gleitet der BGH auch mit seiner Willküraktrechtsprechung in den subjektiven Tatbestand der Rechtsbeugung.

Es ist noch einmal zu betonen, dass subjektive Aspekte jedoch nicht in die Prüfung des objektiven Tatbestandes der Rechtsbeugung gehören. Indem der BGH über den Willkürakt objektive und subjektive Aspekte miteinander verquickt, begeht er den gleichen Fehler wie schon mit seiner Behauptung, nur die bewusste Entfernung vom Gesetz stelle eine Rechtsbeugung dar.

4. Zur teleologischen Interpretation

Seebode hat ausführlich dargelegt, dass es nicht der vom historischen Gesetzgeber verfolgte Zweck war, nur den elementaren Rechtsverstoß unter Strafe zu stellen. Die Härte der Rechtsfolgen auch bei Rechtsbeugungen mit nur geringfügigen Folgen wurde erkannt. Dennoch hielt man am Verbrechenscharakter letztlich immer wieder fest, vorgeschlagene Strafmilderungsmöglichkeiten setzten sich nicht durch. Auch sah kein Entwurf zur Reform des StGB in diesem Jahrhundert die Einschränkung des Rechtsbeugungstatbestandes auf schwerwiegende oder elementare Rechtsverletzungen vor. Mit einer subjektiv-teleologischen Auslegung kann die Einengung des § 339 StGB nicht begründet werden[1021].

Gleiches gilt für die objektiv-teleologische Auslegung, wie *Seebode* überzeugend ausführt: Der Hinweis auf die Härte der Rechtsfolgen reicht zur Herleitung des behaupteten objektiven Zweckes der Norm nicht aus, sondern kennzeichnet nur die richterliche Bewertung der Folgen als unangemessen. Es ist nicht ersichtlich, dass § 339 StGB objektiv bezweckt, nur „elementare" Verstöße gegen die Rechtspflege zu erfassen. Sein Zweck ist vielmehr, keine vorsätzliche Rechtsverletzung, die die übrigen Tatbestandsvoraussetzungen erfüllt, straflos zu lassen. Eine objektiv-teleogische Auslegung, die zu dem vom BGH vertretenen Ergebnis führte, widerspräche dem Wortsinn. Ein hinter dem Wortsinn zurückbleibendes Verständ-

1020 Vgl. auch *Kirchhof*, FS Geiger, S. 82. Dagegen kann man das Streben nach Gesetzmäßigkeit in subjektiver Hinsicht als Gegenstück zur Willkür betrachten (vgl. LG Berlin DtZ 1993, 155, 157). Allerdings wird das Streben nach Gesetzmäßigkeit vom Gesetz durch das Vorsatzerfordernis berücksichtigt. In diesem Sinne hat es wohl auch das LG Berlin (a.a.O.) gemeint.

1021 *Seebode*, JR 1994, 5; zust. *Käsewieter*, Der Begriff der Rechtsbeugung im deutschen Strafrecht, S. 167 f.; *Quasten*, Die Judikatur des Bundesgerichtshofs zur Rechtsbeugung im NS-Staat und in der DDR, S. 246 f.; SK-*Rudolphi/Stein*, § 339 (7. Aufl.) Rn. 11b.

nis[1022] der Rechtsbeugung bedeutete eine teleologische Reduktion. Diese stößt hier im Hinblick auf das Bestimmtheitsgebot[1023] und die Bindung der Rechtsprechung an das Gesetz auf durchgreifende verfassungsrechtliche Bedenken, da die behauptete ratio legis sowohl dem Gesetzeswortlaut als auch dem Willen des Gesetzgebers widerspricht und auch sonst kein Anhaltspunkt für sie im Gesetz besteht und daher weniger als richterlich *erkannt* denn *gesetzt* erscheint[1024]. Dies gilt noch mehr für die Willkürakt-rechtsprechung.

Dass es *nicht* Zweck des § 339 StGB sei, bei dem Entscheidungsträger ein Gefühl der Rechtsunsicherheit zu erzeugen[1025], kann als Argument zur Einschränkung des Tatbestandes der Rechtsbeugung ebenso wenig dienen wie bei den Bestimmungen über die Körperverletzungsdelikte, die bei dem Arzt keine Therapieunsicherheit bezwecken, oder bei den Straßenverkehrsvorschriften, die den Kraftfahrer nicht verunsichern sollen[1026].

Schließlich ist die Begründung der Tatbestandseinschränkung mit der Mindeststrafe von einem Jahr schon gar nicht aus § 244 DDR-StGB ableitbar oder hierauf übertragbar, da dessen Mindeststrafdrohung lediglich sechs Monate Freiheitsentzug beträgt und damit sogar Verfahrenseinstellungen nach dem Opportunitätsprinzip ermöglicht[1027].

1022 *Seebode* spricht in diesem Sinne von einem den Wortsinn „sprengenden" Verständnis (a.a.O., 6).

1023 S. o., B. II.2.

1024 *Seebode*, JR 1994, 6; zust. SK-*Rudolphi*, § 339 (5. Aufl.) Rn. 11a; *Quasten*, Die Judikatur des Bundesgerichtshofs zur Rechtsbeugung im NS-Staat und in der DDR, S. 247.

1025 BGHSt 32, 357, 363.

1026 *Seebode*, a.a.O., 5. *Spendel* zeigt sich zu Recht befremdet von der seltsamen Auffassung, ein kleines Unrecht zu begehen solle beim Richter noch nicht so schlimm und noch nicht ahndungsbedürftig sein. Er stellt den Fall eines Bürgers, der eine geringwertige Sache wegnimmt und damit den objektiven Diebstahlstatbestand verwirklicht, dem des Richters gegenüber, der eindeutig, wenn auch nicht schwerwiegend das Recht verletzt, aber noch nicht den objektiven Rechtsbeugungstatbestand erfüllt haben soll (*Spendel*, JR 1994, 223; zust. *Käsewieter*, Der Begriff der Rechtsbeugung im deutschen Strafrecht, S. 182; ähnlich *Spendel*, JR 1995, 215 und JZ 1995, 381 – Gegenüberstellung mit einer körperlichen Misshandlung – und *ders.*, NJW 1996, 810 – Gegenüberstellung mit Untreue). Seine Frage, ob hier nicht mit zweierlei Maß gemessen werde, ist ebenso berechtigt wie seine Bewertung, mit der Straflosigkeit selbst einer grob fahrlässigen Rechtsbeugung sei dem Spruchrichter ein hinreichender Schutz vor einer zu weitgehenden strafrechtlichen Haftung gewährt (*Spendel*, JR 1994, 223).

1027 StA Neuruppin NJ 1996, 539, 540; *Willnow*, JR 1997, 266; *Seebode*, FS Lenckner, S. 594, 609.

5. Zur historischen Interpretation

Rechtsbeugung nur bei einem elementaren Verstoß gegen die Rechtspflege anzunehmen, findet nicht nur im Willen des historischen Gesetzgebers keine Stütze, sondern stellt auch einen Bruch mit der Rechtstradition dar, wie *Seebode* ausführt. Seit alters her wurde jede „unrichtige" Rechtsanwendung, die richterlich oder in ähnlicher Funktion begangen wird, als Rechtsbeugung angesehen[1028].

Die davon abweichende und vom BGH aufgegriffene Äußerung des Regierungsvertreters bei der Beratung der Strafrechtsreform ist zwar unwidersprochen geblieben[1029]. *Seebode* weist aber darauf hin, dass sie auch nicht aufgegriffen und insbesondere in der ausführlichen Begründung des Ausschussvorschlages nicht verwandt wurde. Wenn er meint, nach den Materialien wäre die Annahme verwegen, der Gesetzgeber habe sich ohne jegliche Diskussion für eine ebenso undeutliche wie weitreichende Straffreiheit von Rechtsbeugungen ausgesprochen[1030], kann dem nur zugestimmt werden. Der Sonderausschuss für die Strafrechtsreform hat schließlich sogar geäußert, der Bereich der Beugung des Rechts beginne da, wo die Rechtsanwendung unvertretbar sei[1031].

6. Zur verfassungskonformen Interpretation

Schon der früheren Beschränkung auf schwerwiegende Fälle ist entgegenzuhalten, dass das Argument der Härte der Rechtsfolgen eher den Weg zu einer mit dem Übermaßverbot und dem Schuldgrundsatz zu begründenden Richtervorlage nach Art. 100 I GG als zu einer teleologischen Reduktion gewiesen hätte[1032]. Doch *Bemmann* merkt in Bezug auf beide Phasen der Einschränkung scharfsichtig an, der BGH habe von der Möglichkeit der Anrufung des Bundesverfassungsgerichts wohlweislich

---

1028 *Seebode*, JR 1994, 3 f.; zust. *Bemmann*, JZ 1995, 127; *Wieners*, Rechtsbeugung im Zeitgeistwandel, S. 94 f.; *Maurach/Schroeder/Maiwald*, Strafrecht BT/2, § 77 II, Rn. 16; *Käsewieter*, Der Begriff der Rechtsbeugung im deutschen Strafrecht, S. 164; *Quasten*, Die Judikatur des Bundesgerichtshofs zur Rechtsbeugung im NS-Staat und in der DDR, S. 245 f.; *Thiel*, Rechtsbeugung § 339 StGB, S. 169; zur Einordnung in die Gesetzgebungshistorie auch *Kern*, die Rechtsbeugung durch Verletzung formellen Rechts, S. 32 ff., 61 f.; vgl. noch BGH NJW 1957, 1158, 1159, wo die unrichtige Rechtsanwendung ohne Einschränkung als Tatbestandsmerkmal bezeichnet wurde.

1029 Vgl. BGHSt 32, 357, 364.

1030 *Seebode*, JR 1994, 3.

1031 BT-Drs. 7/1261 S. 22.

1032 So auch *Seebode*, JR 1994, 5; *L. Schulz*, StV 1995, 209.

keinen Gebrauch gemacht. Denn ihm gehe es nicht eigentlich um eine Strafmilderung für minder schwere Fälle der Rechtsbeugung, sondern vielmehr um eine Beschränkung der Strafbarkeit auf die Taten, die ganz gravierend gegen die Rechtspflege verstießen[1033].

Gegenüber dem Argument der Gefährdung richterlicher Unabhängigkeit verweist *Seebode* zu Recht darauf, dass § 339 StGB nicht das Schild, sondern das Gegenstück der richterlichen Unabhängigkeit sei. Diese werde bei gleichzeitiger Abhängigkeit vom Gesetz (Art. 97 I Hs. 2 GG) gewährt. Letztere sei von § 339 StGB zu schützen. Über den Umgang mit dem Recht wache die Jurisdiktion selbst, nicht die Staatsgewalten, von denen der Richter unabhängig sei. Daran, dass § 339 StGB wie die Bindung an das Gesetz das Gegenstück der Unabhängigkeit sei, ändere es nichts, dass der Tatbestand der Rechtsbeugung wie jeder andere Straftatbestand die strafrechtliche Verantwortlichkeit sowohl begründe als auch begrenze. Die verfassungsrechtlich gesicherte Unabhängigkeit richterlichen Entscheidens sei also wegen der gleichzeitigen verfassungsrechtlichen Gesetzesbindung ein ungeeigneter, jedenfalls einseitiger und eher irreführende Ansatzpunkt zur Begrenzung der Strafnorm. Eine solche könne auch nicht aus der *inneren* Unabhängigkeit des Richters hergeleitet werden, da diese rechtlich ungesichert sei[1034].

Dem ist nur hinzuzufügen, dass die Sicherung der richterlichen Unabhängigkeit auch deswegen zur Einschränkung des Tatbestandes wenig geeignet ist, weil der Tatbestand auch Personen als mögliche Täter erfasst, die diese Unabhängigkeit nicht genießen.

Der BGH rückt denn auch bei der Übertragung der „älteren" Einschränkungen auf DDR-Juristen von seinem ursprünglichen Begründungsmuster in dieser Hinsicht etwas ab. Im Vordergrund stünden weniger der Schutz richterlicher Unabhängigkeit oder das Bedürfnis, Sachverhalte auszugrenzen, die mit dem Verbrechensverdikt des § 339 überbewertet wären. Ausschlaggebend sei vielmehr, dass im Interesse der Rechtssicherheit eine neuerliche Überprüfung von Rechtsprechungsakten durch die Staatsanwaltschaft – und gegebenenfalls auch das Gericht – im Rahmen von Strafverfahren wegen des Vorwurfs der Rechtsbeugung von hohen Schranken abhängig sein müsse, da sich aus Schranken im eigentlichen (!) subjektiven Tatbestand mit Blick auf die eigene besondere Rechtskun-

---

1033 *Bemmann*, JZ 1995, 127.

1034 *Seebode*, JR 1994, 4 f.; zust. Tröndle/Fischer (50. Aufl.), § 339 Rn. 15 und ähnlich Fischer (58. Aufl.), § 339 Rn. 15a, b; SK-*Rudolphi*, § 339 (5. Aufl.) Rn. 11a; *Sowada*, GA 1998, 179.

digkeit der so Beschuldigten kaum taugliche Grenzen ableiten ließen. Gegenüber der Unvertretbarkeit seien gesteigerte Anforderungen an den Rechtsbeugungstatbestand ein notwendiges Korrektiv gegen die andernfalls drohende Konsequenz, Gerichtsentscheidungen allzu häufig nochmals wegen des Vorwurfs der Rechtsbeugung erneuter Sachprüfung durch die Justiz zu unterstellen. Hierzu verweist der BGH auf den „Hintergrund, daß die Annahme von Unvertretbarkeit bei der gerichtlichen Überprüfung von Entscheidungen nicht etwa auf extreme Ausnahmefälle beschränkt ist – beispielsweise bei revisionsgerichtlicher Überprüfung von Strafaussprüchen und bei Annahme ‚objektiver Willkür' im Verfassungsbeschwerdeverfahren"[1035].

Es scheint, dass der BGH hier die Unvertretbarkeit unberechtigterweise mit dem Begriff der „Unrichtigkeit" im revisionsrechtlichen Sinne (für deren Annahme eine niedrigere Schwelle besteht) gleichsetzt und von daher zu einem Teil seiner Bedenken hinsichtlich der erneuten Sachprüfung durch die Justiz kommt. Diese Umdeutung des Begriffs der Vertretbarkeit mag auch dahinterstehen, wenn er betont, die Anforderungen an die Annahme einer Rechtsbeugung seien grundsätzlich strenger als die Voraussetzungen, von denen nach geltendem Recht das Eingreifen des Revisionsgerichts in die tatrichterliche Strafzumessung im Falle überhöhter Strafen abhänge, und dabei u. a. auf die „besondere Struktur richterlicher Strafzumessung" hinweist[1036]. Letzterem kann durchaus zugestimmt werden. Das spricht jedoch nicht für eine Ablehnung des Maßstabs der Unvertretbarkeit im Sinne der objektiven Theorie der Rechtsbeugung. Bei Zugrundelegen dieses Maßstabs wird noch nicht jede überhöhte Strafe als rechtsbeugerisch angesehen, wohl aber die Messlatte des offensichtlichen Willkürakts abgelehnt. Es ist eine ausreichende Sicherung verfassungsrechtlicher Grenzen, wenn im Rahmen der Unvertretbarkeit das sozialistische Rechtsverständnis mit den Regeln sozialistischer Strafzumessung berücksichtigt wird.

Soweit die Bedenken des BGH die erneute Überprüfung bereits rechtskräftiger Entscheidungen betreffen, wird der bereits zuvor geäußerte Gedanke der Rechtssicherheit aus einer anderen Perspektive aufgegriffen. Lag ursprünglich das Bestreben offen zutage, das Gefühl der Rechtsunsicherheit beim Entscheidungsträger zu vermeiden, wird dies nun hinter der Sorge um die Bestandskraft der Entscheidungen versteckt. Auch diese

---

1035 BGH NJW 1995, 3324, 3325.

1036 BGH DtZ 1996, 92, 93; zust. *Möller-Heilmann*, Die Strafverfolgung von Richtern und Staatsanwälten der ehemaligen DDR wegen Rechtsbeugung, S. 213. Näheres zum anzulegenden Maßstab im Kapitel 5, A.II.2.

Sorge ist allerdings nicht angebracht. Auf der einen Seite würde ein Wiederaufnahmeverfahren nach § 359 bzw. § 362 StPO, auf das der BGH möglicherweise auch anspielt, eine strafbare Verletzung einer Amtspflicht des Richters voraussetzen. Dafür ist auch die Erfüllung des subjektiven Tatbestandes erforderlich. Dass sich aus dem subjektiven Tatbestand kaum taugliche Grenzen der Strafbarkeit ableiten lassen sollen, ist eine befremdliche Behauptung angesichts des von § 244 DDR-StGB geforderten und auch bei Berücksichtigung der besonderen Rechtskenntnisse oft nur schwer nachweisbaren dolus directus (Wissentlichkeit) und den Schwierigkeiten bei der Handhabung politischer Verblendung[1037]. Auf der anderen Seite ist die Aufhebung von nach rechtsstaatlichen Maßstäben unhaltbaren Entscheidungen von DDR-Richtern ohnehin im Rehabilitierungsrecht vorgesehen. Insofern gibt die gesetzgeberische Wertung aus dem besonderen Anlass des Systemumbruchs in noch größerem Umfang als über das Wiederaufnahmeverfahren der materiellen Rechtmäßigkeit und Gerechtigkeit Vorrang vor der Rechtssicherheit.

Darüber hinaus weist *Fischer* zutreffend darauf hin, dass ein Schutz von Entscheidungen vor nochmaliger Überprüfung mit der Erhöhung der tatbestandlichen Anforderungen gar nicht erreicht werden könne, weil Anzeigewillige sich nicht durch subtile Abgrenzungen abhalten ließen. Im Hinblick auf die Rechtsgüter des § 339 könne die Auslegung nicht am Schutz der Justiz orientiert werden[1038].

Auch weitere verfassungsrechtliche Gesichtspunkte zwingen nicht zu einer verfassungskonformen Interpretation im Sinne der vom BGH aufgestellten Restriktionen. Zur Rechtsbeugung durch DDR-Juristen meint der BGH, nur bei Anlegung seines strengen Maßstabes sei es gewährleistet, dass eine Bestrafung nicht gegen das Rückwirkungsverbot des Art. 103 II GG verstoße[1039]. Eine über die Erwähnung des Art. 103 II GG hinausgehende Begründung erfolgt nicht[1040]. Einmal nennt er auch den Gesichtspunkt des Vertrauensschutzes aus dem allgemeinen Rechtsstaatsprinzip neben dessen spezieller Verankerung in Art. 103 II GG[1041].

1037 Dazu Kapitel 10, B.

1038 Fischer (58. Aufl.), § 339 Rn. 15b, c.

1039 BGH NJW 1994, 529, 532.

1040 Kritisch auch *Käsewieter*, Der Begriff der Rechtsbeugung im deutschen Strafrecht, S. 119.

1041 BGH NJW 1996, 857 (hier ging es um die Begründung des Satzes, ein elementarer Verstoß gegen die Rechtspflege könne bei DDR-Juristen nur im Falle offensichtlicher Willkürakte bejaht werden).

Dem ist entgegenzuhalten, dass diese Verfassungsprinzipien die Begrenzung strafbarer DDR-Rechtsbeugung auf Willkürakte nicht erfordern. Wenn man die Frage der Rechtsbeugung nach der Vertretbarkeit der Entscheidung beurteilt und den Maßstab der Vertretbarkeit an den sozialistischen Auslegungsmethoden und -grundsätzen und den Besonderheiten des Rechtssystems und Rechtsverständnisses der DDR ausrichtet, ist dem Gebot des Vertrauensschutzes und dem Rückwirkungsverbot Genüge getan[1042]. Gleiches gilt für die vom BGH nicht näher spezifizierten Prinzipien des Schuldstrafrechts, zumal über § 2 III StGB der mit einer höheren Mindeststrafe versehene § 339 StGB nur anzuwenden ist, wenn er sich im Einzelfall, etwa wegen der Möglichkeit der Strafaussetzung zur Bewährung, als der mildere erweist. Daher besteht auch von der Härte der Sanktion her kein Grund, die Strafbarkeit auf Willkürakte zu begrenzen.

Auch ein etwaiges Zusatzerfordernis einer schweren Menschenrechtsverletzung (wenn man es überhaupt als absolutes Erfordernis versteht[1043]) vermag der vom BGH angeführte Art. 103 II GG nicht zu begründen, da weder § 244 DDR-StGB noch § 339 StGB einen Nachteil von besonderer Schwere verlangt[1044]. Der Hinweis auf den Gesichtspunkt des Vertrauensschutzes geht fehl. Der Rechtsanwender konnte nur darauf vertrauen, dass gesetzeskonforme, nicht hingegen, dass eine gesetzwidrige, aber nicht offensichtlich rechtswidrige und nicht menschenrechtsverletzende Rechtsanwendung straflos sei[1045].

7. Zwischenfazit

Die Beschränkung des Anwendungsbereichs der Rechtsbeugung durch den BGH, insbesondere durch dessen Willküraktrechtsprechung, ist in der Literatur zu Recht auf scharfe Kritik gestoßen. Angesichts der im Einzelnen dargelegten Kritikpunkte ist es nicht nachvollziehbar, dass manche diese Rechtsprechung als gangbaren und angemessenen Weg ansehen[1046].

1042 So auch *Möller-Heilmann*, Die Strafverfolgung von Richtern und Staatsanwälten der ehemaligen DDR wegen Rechtsbeugung, S. 209.

1043 Dazu u., IV.2.

1044 So auch *Bandel*, NStZ 1994, 439; *Hohmann*, NJ 1995, 131; *ders.*, DtZ 1996, 237; *Kraut*, Rechtsbeugung?, S. 133, 134 f.; *Möller-Heilmann*, a.a.O., S. 208 f.; *Ulrich Neumann*, Die strafrechtliche Vergangenheitsbewältigung von SED-Unrecht am Beispiel der Rechtsbeugung, S. 150.

1045 *Hohmann*, DtZ 1996, 237; *Käsewieter*, Der Begriff der Rechtsbeugung im deutschen Strafrecht, S. 195 f.

1046 Vgl. dazu auch *Käsewieter*, a.a.O., S. 215.

Die oben ausgeführten Angriffspunkte veranlassten daher viele Autoren zu einer äußerst kritischen Gesamtwertung der BGH-Rechtsprechung zur DDR-Rechtsbeugung. *Wassermann* sieht für die Verurteilung „kaum überwindbare Hürden errichtet"[1047]. *Spendel*, beharrlichster Kritiker des BGH, wies früh darauf hin, diese Zurückhaltung richterlicher Selbstkontrolle begründe die Gefahr, dass das SED-Justizunrecht genauso wenig gebührend geahndet werde wie die NS-Justizverbrechen[1048]. Er spricht in Bezug auf die etwas ältere einschränkende Rechtsprechung ebenso wie für die Begrenzung auf Willkürakte deutlich aus, dass er die unberechtigte, vom Gesetz nicht gedeckte[1049] Einschränkung durch die Rechtsprechung für eine unzulässige Umdeutung des Rechtsbeugungstatbestandes und ein gesetzwidriges Richterprivileg hält, womit die Strafvorschrift praktisch weitgehend wirkungslos gemacht werde[1050]. *Käsewieter* stimmt dem zu; er hält die einschränkende Gesetzesauslegung des BGH, die ihm „wie herbeigezaubert" erscheint, für nicht mehr vertretbar[1051]. Ebenso kommt *Möller-Heilmann* zu dem Ergebnis, die Einschränkungen seien „schlichtweg unzulässig"[1052].

Auch *F.-C. Schroeder* sieht in der Beschränkung der Rechtsbeugung auf die schwerwiegende Entfernung von Recht und Gesetz ein nicht zu vermittelndes Richterprivileg[1053]. Das Urteil zur Beschränkung auf Willkürakte veranlasste ihn dazu, in der milden Rechtsprechung teilweise nur noch ein „Zerrbild rechtsstaatlicher Justiz" zu erkennen. Er findet es bedenklich, dass die Justiz wieder einmal - wie schon nach 1945 - ihren Berufskollegen über die politischen Systeme hinweg ein besonderes Einfühlungsvermögen entgegenbringe und meinte, die strafrechtliche Behandlung des SED-Unrechts drohe in einer Weise zu versagen, dass das allgemeine Rechtsgefühl schwer enttäuscht werde, was der allgemein beklagten Politikverdrossenheit eine Justizenttäuschung hinzufügen würde[1054].

1047 *Wassermann*, Gestörtes Gleichgewicht, S. 211.

1048 *Spendel*, JR 1994, 221; *ders.*, NJW 1996, 812; kritisch dazu *Lehmann*, NJ 1996, 564.

1049 Ähnlich *Bemmann*, JZ 1995, 127.

1050 *Spendel*, JR 1995, 215; *ders.*, JZ 1995, 375, 379 und 380; *ders.*, NJW 1996, 810 f.; zust. *Wassermann*, NJW 1996, 2077; *ders.*, RuP 1996, 135; *Käsewieter*, Der Begriff der Rechtsbeugung im deutschen Strafrecht, S. 187 und 218.

1051 *Käsewieter*, a.a.O., S. 218.

1052 *Möller-Heilmann*, Die Strafverfolgung von Richtern und Staatsanwälten der ehemaligen DDR wegen Rechtsbeugung, S. 318.

1053 *F.-C. Schroeder*, NStZ 1995, 546; auch *Schöll*, Die Rechtsbeugung, S. 138 spricht von einem unzulässigen Justizprivileg.

1054 *F.-C. Schroeder*, DRiZ 1996, 88.

Schreiber sieht hierin „Elemente einer Amnestie für die kleinen Täter"[1055]. *Hillenkamp* hält die Bezeichnung als *kleine* Täter angesichts der durch den BGH errichteten hohen Hürden für eine freundliche Untertreibung und spricht unter Hinweis auf die Justizgeschichte nach 1945 von einer sich wiederholenden „richterlichen Selbstamnestie"[1056], *Kraut* von einer „kalten Amnestie"[1057].

Krakowsky schließt sich grundsätzlich der in der Literatur geäußerten Kritik an. Er nimmt aber andererseits den BGH vor allzu harscher Kritik mit dem Argument in Schutz, dem BGH sei in der Phase unmittelbar nach der Wiedervereinigung keine breite Literaturmeinung zum DDR-Justizunrecht angeboten worden. Die Literatur sei auch zunächst von einem „verständnisvolleren" Standpunkt gekennzeichnet gewesen. Erst später, als sich die Linie des BGH klar abgezeichnete, sei eine Vielzahl von Autoren mit verschärfender Tendenz in Erscheinung getreten[1058].

Dieser Hinweis kann hingegen die kritische Würdigung der BGH-Rechtsprechung nicht relativieren. Was die oben beschriebene Willküraktrechtsprechung betrifft, so liegt es in der Natur der Sache, dass die Kritik erst in Reaktion auf den BGH auftrat. Denn eine derartige aus der Luft gegriffene zusätzliche Tatbestandseinschränkung war vorher nicht absehbar. Da sie aber dogmatisch unhaltbar ist, konnte die harsche Kritik der Literatur nicht wirklich überraschen. Was die bereits vor der Wende eingeführten Tatbestandseinschränkungen angeht, so waren diese durchaus einer breiten Kritik unterzogen worden, wie aus den obigen Ausführungen ersichtlich ist. Von daher war genug Material vorhanden, das eine Rückkehr zum Kriterium der Unvertretbarkeit – auch anlässlich der Aburteilung von DDR-Juristen – gestützt hätte. Ein maßvoller, rechtsstaatlicher Umgang mit der strafrechtlichen Aufarbeitung von DDR-Justizunrecht wäre auch ohne die tatbestandlichen Einschränkungen bei Anwendung des Kriteriums der Vertretbarkeit in Verbindung mit dem bereits dargelegten systemimmanenten Ansatz der Auslegung des DDR-Rechts[1059] gewährleistet gewesen. Letzterer führt ohnehin schon dazu,

1055 *Schreiber*, ZStW 107 (1995), 175.

1056 *Hillenkamp*, JZ 1996, 181; zust. *Seebode*, FS Lenckner, 610. *Hillenkamps* Forderung nach gesetzlicher Absegnung der wie eine Amnestie wirkenden Rechtsprechung (a.a.O., 179) ist allerdings umso weniger überzeugend, als er selbst im Anschluss an *Spendel* die Rechtsbeugung als das „krasseste Sakrileg, das ein Richter begehen kann" bezeichnet.

1057 *Kraut*, Rechtsbeugung?, S. 227.

1058 *Krakowsky*, Die Aufarbeitung des SED-Unrechts durch BGH und Literatur – ein Vergleich, S. 190 ff.

1059 Dazu Kapitel 3, A.II.6. und A.III.3.

dass sehr viele aus rechtsstaatlicher Sicht empörende Handlungen strafrechtlich ungeahndet bleiben.

Bevor ein abschließendes Ergebnis zur hier erörterten BGH-Rechtsprechung festgehalten werden kann, ist zunächst noch der Umfang der tatbestandseinschränkenden Wirkung der Willküraktrechtsprechung und deren Bedeutung etwas genauer zu bestimmen.

IV. Begrenzte Offenheit der Willküraktrechtsprechung

Bei genauerer Betrachtung der Rechtsprechung ergibt sich, dass die Einschränkungen des Rechtsbeugungstatbestandes nicht ganz so weit gehen, wie manche meinen[1060] und wie es auf den ersten Blick scheint.

1. Einzelexzesse

Zur weiteren Klärung des Umfangs der vom BGH gemachten Einschränkungen der Strafbarkeit der Rechtsbeugung in der DDR muss die Bedeutung und Rolle der sogenannten Einzelexzesse beleuchtet werden. Daher sei hier noch einmal die entsprechende Passage aus dem Grundsatzurteil des BGH zitiert:

> „Unter Beachtung dieser Gesichtspunkte wird, *abgesehen von Einzelexzessen*, eine Bestrafung von Richtern der DDR wegen Rechtsbeugung auf Fälle zu beschränken sein, in denen die Rechtswidrigkeit der Entscheidung so offensichtlich war und insbesondere die Rechte anderer, hauptsächlich ihre Menschenrechte, derart schwerwiegend verletzt worden sind, daß sich die Entscheidung als Willkürakt darstellt."[1061]

Die grammatikalische Analyse dieser Formulierung ergibt, dass Einzelexzesse und Willkürakte als etwas Verschiedenes gesehen werden[1062], mag auch die Unterscheidung wenig einleuchtend[1063] sein. Denn vor der Entwicklung des Willkürakt-Kriteriums werden die Fälle der Einzelexzesse durch die Formulierung „abgesehen von" abgespalten. In seinem zweiten Rechtsbeugungsurteil bejaht der BGH zudem einen Willkürakt, nachdem

1060 Vgl. *Kraut*, Rechtsbeugung?, S. 133.
1061 BGH NJW 1994, 529, 532 = BGHSt 40, 30, 41 (Hervorhebung v. d. Verf.).
1062 Diese Unterscheidung treffen auch *Roggemann*, JZ 1994, 776 und *Wieners*, Rechtsbeugung im Zeitgeistwandel, S. 92.
1063 So explizit *L. Schulz*, StV 1995, 210.

er das Vorliegen eines Einzelexzesses ausdrücklich verneint hatte[1064]. Die Einschränkungen der Willküraktformel sollen mithin nicht für Einzelexzesse gelten[1065]. Daher interessiert die Frage, wann ein Einzelexzess gegeben ist. In der Literatur befand man, der Einzelexzess sei begrifflich nicht oder kaum fassbar und könne daher nicht weiter erörtert werden[1066]. Dennoch soll hier versucht werden, einer Begriffsklärung näher zu kommen.

Der Wortsinn von „Einzelexzess" legt zunächst die Annahme nahe, dass es sich dabei um Ausnahmefälle besonders krassen Abweichens von der gängigen Rechtspraxis handeln soll[1067]. Dagegen spricht allerdings eine spätere Entscheidung zur Rechtsbeugung in der DDR, in der der Willkürakt konkretisiert wird. Eine überhöhte Strafe soll danach u.a. dann einen *Willkürakt* darstellen, wenn sie in extremem Maße von einer gängigen Rechtspraxis abweicht[1068]. Wenn in diesem Fall schon ein Willkürakt vorliegt, kann das krasse Abweichen von der gängigen Rechtspraxis jedenfalls nicht zur abschließenden Beschreibung eines Einzelexzesses im Sinne der BGH-Rechtsprechung verwendet werden. Sonst macht die besondere Erwähnung der Einzelexzesse keinen Sinn. Was jedoch für den eigenen Bedeutungsbereich des Einzelexzesses bleibt, klärt sich daraus nicht.

Später ist vermutet worden, dass sich der BGH mit dem Begriff des Einzelexzesses neben dem Begriff des Willküraktes eine zusätzliche Möglichkeit der Bestrafung wegen Rechtsbeugung für Fälle offenhalten wollte, in denen die Voraussetzungen für einen Willkürakt nicht gegeben sind, aber eine Bestrafung wegen Rechtsbeugung dennoch angebracht erscheine[1069]. Diese Vermutung liegt nahe. Also eine Hintertür für die spätere Entscheidung anfangs nicht mit bedachter Fälle? Es gibt Anhaltspunkte, die in eine etwas andere Richtung weisen und die Bedeutung des Einzelexzesses erhellen können. Sie deuten auf durchaus mit bedachte Rechtsbeugungshandlungen ohne politischen Bezug. Für diesen Bereich soll offenbar die hohe Schwelle des Willkürakts tatsächlich nicht gelten. Hierfür lassen sich – ohne dass ein DDR-Rechtsbeugungsfall ohne politi-

---

1064 BGH NJW 1994, 3238, 3241.

1065 So versteht auch *Käsewieter*, Der Begriff der Rechtsbeugung im deutschen Strafrecht, S. 118 die Rechtsprechung.

1066 *Stanglow*, JuS 1995, 975.

1067 Davon geht auch das LG Berlin aus, wenn es feststellt, einen Einzelexzess hätten die Angeklagten bereits deshalb nicht verwirklicht, weil nach dem festgestellten Sachverhalt die von den Angeklagten getroffenen Entscheidungen der Rechtspraxis in der ehemaligen DDR entsprochen hätten (NJ 1995, 270, 271).

1068 BGH NJW 1995, 64, 67; ebenso BGH NStZ-RR 1996, 65, 69.

1069 *Käsewieter*, Der Begriff der Rechtsbeugung im deutschen Strafrecht, S. 120.

schen Bezug zu höchstrichterlicher Entscheidung gelangt wäre[1070] – drei BGH-Urteile anführen:

Erstens: Bereits in seinem Grundsatzurteil zur DDR-Rechtsbeugung erwähnt der BGH im Zusammenhang mit Erörterungen zur Kontinuität des Unrechtstyps Formen des Missbrauchs der Justiz, welcher, sei es unter Druck, sei es im Einverständnis des Richters mit der Unterdrückung von Menschenrechten, sei es gar als *individueller* Exzess des Richters, stattgefunden habe[1071]. Weiter unten folgt dann die bereits zitierte Willküraktformel zur Beschränkung der Strafbarkeit „*abgesehen* von Einzelexzessen"[1072].

Zweitens: Ausdrücklich nicht als Einzelexzesse (wohl aber als rechtsbeugerisch überhöht) hat der BGH Fälle von Todesurteilen und langjährigen Zuchthausstrafen wegen Spionage auf der Grundlage des Art. 6 II DDR-Verf. (1949) angesehen[1073]. Die Ausführungen des Urteils zeigen, dass sich die Einzelexzesse nach Vorstellung des BGH gerade *unterhalb* der Schwelle der schwerwiegenden Menschenrechtsverletzung und des Willkürakts bewegen können, während sonst der strengere Maßstab angelegt wird. Denn nach dem genannten Urteil muss sich die Entscheidung des Amtsträgers

> „– abgesehen von den hier nicht in Betracht kommenden Fällen von Einzelexzessen – bei Zugrundelegen des für die Beurteilung maßgeblichen Rechts der DDR und unter Berücksichtigung der im SED-Staat herrschenden (...) Wertvorstellungen als unerträgliche Menschenrechtsverletzung darstellen".[1074]

Drittens: Eine Bestätigung für die Annahme, dass Einzelexzesse keine Menschenrechtsverletzungen sein müssen, sowie eine konkretere Vorstellung von der Art der Exzesse, die gemeint waren, brachte eine spätere Entscheidung vom 21. August 1997. Darin legte der BGH dar, auch in Fällen begünstigender Entscheidungen, die naturgemäß nicht zu einer unmittelbaren Menschenrechtsverletzung führen könnten, blieben Einzelexzesse uneingeschränkt als Rechtsbeugung strafbar. Aber auch systembedingte Nichtverfolgung von Straftaten könne Rechtsbeugung sein[1075]. Durch die

---

1070 Vgl. *Hohoff*, An den Grenzen des Rechtsbeugungstatbestandes, S. 34f. zu einigen wenigen Anklagen, die „eher Fälle der Alltagskriminalität" betrafen, aber dennoch jeweils einen bestimmten politischen Bezug aufwiesen.

1071 BGH NJW 1994, 529, 531 = BGHSt 40, 30, 39 (Hervorhebung v. d. Verf.).

1072 BGH NJW 1994, 529, 532 = BGHSt 40, 30, 41.

1073 BGH NJW 1996, 857f.

1074 BGH NJW 1996, 857.

1075 BGH NJW 1998, 248, 250 = BGHSt 43, 183, 191.

Absetzung *systembedingter* begünstigender Entscheidungen von den Einzelexzessen gewinnen letztere an Kontur: Unter Einzelexzessen werden also offenbar *nicht-systembedingte Rechtsbeugungen* verstanden, gewissermaßen Exzesse ohne politischen Bezug.

Wenn Einzelexzesse die nicht-systembedingten Taten sein sollen, dann wollte der BGH zweierlei Maßstab an politische und unpolitische Fälle anlegen, da die in der Willküraktrechtsprechung enthaltenen Beschränkungen nicht für Einzelexzesse gelten sollen. Eine mögliche Erklärung liegt darin, dass der BGH damit sicherstellen wollte, Rechtsbeugungshandlungen ohne politischen Bezug einem gleichen Maßstab zu unterstellen, seien sie in der DDR oder in der Bundesrepublik begangen worden. Eine Ungleichbehandlung solcher Fälle wäre in der Tat nicht nachvollziehbar gewesen.

Wieso aber in der DDR begangene politische, systembedingte Taten schon im Ansatz bevorzugt werden sollten, ist mit dem angeführten Vertrauensschutzargument nicht ausreichend und schon gar nicht mit der Struktur des Rechtsbeugungstatbestandes zu begründen.

Davon abgesehen kann es schwierig sein, politische von nicht-politischen Verfahren abzugrenzen, gerade weil auch solche Verfahren für die DDR-Führung Bedeutung erlangen konnten, die Straftatbestände der „normalen" Kriminalität zu Gegenstand hatten[1076].

2. Keine gänzliche Beschränkung auf Menschenrechtsverletzungen; kein grundsätzlicher Ausschluss objektiver Rechtsverletzungen

Bereits aus dem Grundsatzurteil vom 13. Dezember 1993 ist zu erkennen, dass die Beschränkung der Strafbarkeit von DDR-Rechtsbeugung auf Menschenrechtsverletzungen nicht strikt ist. Dieses Urteil spricht nur von der Beschränkung auf Fälle, in denen „hauptsächlich" Menschenrechte verletzt worden sind[1077]. Und wenn der BGH formuliert, es müssten „insbesondere die Rechte anderer" verletzt sein, dann hat er zwar primär subjektive Rechte im Blick, schließt damit aber die Verletzung rein objektiven Rechts nicht aus.

1076 So auch *Hohoff*, An den Grenzen des Rechtsbeugungstatbestandes, S. 35.
1077 BGH NJW 1994, 529, 532.

Dieses Ergebnis bestätigt sich bei der Betrachtung weiterer Entscheidungen. In seinem zweiten nach der Wende ergangenen Rechtsbeugungsurteil betont der BGH:

> „*Auch wenn* die Entscheidung der Angeklagten *nicht* unmittelbar in *Menschenrechte* eingegriffen haben mag und nicht im Sinne des Senatsurteils vom 13.12.1993 als Einzelexzeß aufgefaßt werden kann, ist sie bei Berücksichtigung der - auch durch Art. 103 II GG gebotenen - restriktiven Anwendung des § 336 StGB auf DDR-Altfälle als *tatbestandsmäßig* anzusehen, *weil* die Rechtswidrigkeit der Entscheidung so offensichtlich ist, daß sie sich ohne weiteres als *Willkürakt* darstellt, *der* für das Zusammenleben der Menschen seinem *Gewicht* nach einer *Menschenrechtsverletzung entspricht.*"[1078]

Hieraus geht also noch deutlicher als aus dem Urteil vom 13. Dezember 1993 hervor, dass eine Rechtsbeugung eine Menschenrechtsverletzung nicht zwingend voraussetzt. Gleiches ergibt sich auch aus einer weiteren Entscheidung[1079]. Es ist daher nicht ganz zutreffend, wenn von manchen behauptet wird, nach der Rechtsprechung des BGH dürften nur diejenigen Urheber von Justizunrecht strafrechtlich belangt werden, die gegen Menschenrechte verstoßen hätten[1080].

Allerdings begründet der BGH in dem oben zitierten Urteil die Tatbestandsmäßigkeit auch damit, dass der Willkürakt seinem Gewicht nach einer Menschenrechtsverletzung entspreche. Ob die Bejahung einer Rechtsbeugung hingegen die genannte Entsprechung *erfordert,* bleibt zunächst offen. Da im zu entscheidenden Fall die Entsprechung gegeben war, war die Beantwortung dieser Frage nicht unbedingt vonnöten. Ein Hinweis für ein solches Äquivalenzerfordernis könnte zwar die im Grundsatzurteil erfolgte Bezeichnung der offensichtlichen Menschenrechtsverletzungen als Orientierungsmaßstab[1081] sein. Spätere Urteile

---

1078 BGH NJW 1994, 3238, 3241 (Hervorhebung durch d. Verf.).

1079 BGH NJW 1998, 248, 250 = BGHSt 43, 183, 191 f, so auch *J. Müller*, NStZ 1998, 195 zu dieser Entscheidung.

1080 *Wassermann*, Gestörtes Gleichgewicht, S. 211 und 217; *Hohmann*, NJ 1993, 131; *Bandel*, NStZ 1994, 439; offenbar auch *Spendel*, JZ 1995, 379f., wenn er (zutreffend) zu der zitierten Urteilspassage bemerkt, nach dem Gesetz komme es auf eine Menschenrechtsverletzung als objektive Strafbarkeitsvoraussetzung nicht an. Auch *Möller-Heilmann* geht selbst angesichts dieses Urteils vom Erfordernis einer Menschenrechtsverletzung aus (Die Strafverfolgung von Richtern und Staatsanwälten der ehemaligen DDR wegen Rechtsbeugung, S. 209). Dagegen weist *Käsewieter* (Der Begriff der Rechtsbeugung im deutschen Strafrecht, S. 195) zutreffend darauf hin, dass eine Kumulation von offensichtlicher Rechtswidrigkeit und schwerer Verletzung von Menschenrechten vom BGH nicht gefordert wird.

1081 BGH NJW 1994, 529, 532.

zeigen aber, dass Menschenrechtsverletzungen nicht den alleinigen Vergleichsmaßstab darstellen[1082].

Über das Ausreichen rein objektiver Rechtsverletzungen mag es Unsicherheit gegeben haben, die der BGH aber später zu beseitigen suchte. So hatte das LG Berlin eine Interpretation des oben zitierten zweiten DDR-Rechtsbeugungsurteils vorgenommen, indem es anführte, den Menschenrechtsverletzungen stünden „Eingriffe in ebenso wichtige Rechte" gleich und seine Prüfung auf „ebenso wichtige Rechte *der Betroffenen*" beschränkte[1083]. Um Rechte von Betroffenen ging es aber in der vom LG in Anspruch genommenen BGH-Entscheidung nicht. Ihre Besonderheit lag gerade darin, dass es um Rechtsbeugung *zugunsten* einer Partei[1084] bzw. eines Beteiligten[1085] durch deren Nichtverfolgung (Einstellung des Verfahrens und Nichtaufhebung der Einstellungsverfügung nach Anzeige) ging[1086]. Der BGH wies die Annahme zurück, dass er es in dieser Entscheidung als erforderlich angesehen hätte, durch die begünstigende Entscheidung, die naturgemäß nicht zu einer unmittelbaren Menschenrechtsverletzung führen könne, müsse mittelbar ein anderer verletzt worden sein[1087]. Eine Verletzung objektiven Rechts kann folglich auch aus Sicht des BGH, wie sie hier bekräftigt wurde, eine Rechtsbeugung durch DDR-Justizjuristen darstellen.

Grundsätzlich beschränkt die BGH-Rechtsprechung also die Strafbarkeit von DDR-Justizjuristen weder auf Menschenrechtsverletzungen noch auf die Verletzung subjektiver Rechte. Doch diese Offenheit ist nur begrenzt, da sich eine Beschränkung der Strafbarkeit aus dem Begriff des Willkürakts ergibt.

V. Zum Begriff des Willkürakts und dessen Funktion in der Rechtsprechung des BGH

Auch wenn die Willküraktrechtsprechung des BGH als unzulässige Einschränkung des Tatbestandes abzulehnen ist, muss sie wegen ihrer prak-

1082 So insbes. BGH NJW 1998, 248, 250 = BGHSt 43, 183, 191 f., dazu näher u., V.2.b)cc).
1083 LG Berlin, NJ 1995, 270, 271.
1084 § 339 StGB.
1085 § 244 DDR-StGB.
1086 Vgl. BGH NJW 1994, 3238 ff. = BGHSt 40, 169 ff.
1087 BGH NJW 1998, 248, 250 = BGHSt 43, 183, 191.

tischen Bedeutung näher analysiert werden. Daher werden nun Funktion und Inhalt des Begriffs des Willküraktes näher untersucht.

1. Funktion des Willküraktbegriffes

Die Funktion des Willküraktbegriffes kann in eine Leit- und eine Korrekturfunktion unterteilt werden.

a) Leitfunktion

Dem Begriff des Willkürakts kann man zunächst eine Leitfunktion zuschreiben, weil er für die Prüfung, ob eine in der DDR begangene Handlung nach der Rechtsprechung des BGH den Tatbestand der Rechtsbeugung erfüllt, die zentrale Komponente des Maßstabs vorgibt, der das Kriterium der Unvertretbarkeit ersetzen soll.

Diese Leitfunktion ergibt sich schon aus dem Grundsatzurteil, wonach die Rechtsbeugungsstrafbarkeit von DDR-Juristen auf Fälle zu beschränken ist, in denen (...) sich die Entscheidung als *Willkürakt* darstellt[1088]. Die Leitfunktion des Willküraktbegriffes wird auch in weiteren Urteilen deutlich, in denen es zur Rechtsbeugung durch überhöhte Strafen heißt, *Maßstab* für eine Rechtsbeugung könne nur sein, ob sich eine Entscheidung offensichtlich als *Willkürakt* darstelle[1089].

b) Korrekturfunktion

Bedeutender als die Leitfunktion, durch welche die Prüfung einer möglichen Rechtsverletzung bereits auf ein bestimmtes Ziel hingelenkt wird, ist die Korrekturfunktion des Begriffes des Willkürakts. Der frühere Vorsitzende Richter am BGH *Jähnke* spricht von einem „Kontrollbegriff", der dem zu beurteilenden Sachverhalt gleichsam übergestülpt werde, um kontrollierend im Sinne eines heuristischen „Aha"-Erlebnisses zu erfahren, ob tatsächlich die Beurteilung als Rechtsbeugung richtig sei oder nicht[1090].

Diese Kontrolle kann zu einer Korrektur in zwei verschiedene Richtungen (Tatbestand nicht erfüllt/erfüllt) veranlassen, so dass man von negativer und positiver Korrektur sprechen könnte.

1088 BGH NJW 1994, 529, 532.

1089 BGH NJW 1995, 64, 67 = BGHSt 40, 272, 283; BGH NStZ-RR 1996, 65, 69; zust. *Wassermann*, NJW 1995, 2966.

1090 *Jähnke*, ZRP 1994, 443.

aa) Negative Korrektur

In seinem Grundsatzurteil betonte der BGH, die Bestrafung von DDR-Richtern sei auf Fälle zu *beschränken,* in denen (...) insbesondere die Rechte anderer, hauptsächlich ihre Menschenrechte, *derart* schwerwiegend verletzt worden seien, dass sich die Entscheidung als *Willkürakt* darstelle[1091].

Daraus folgt: Soll zwar durch eine unerträgliche schwere Menschenrechtsverletzung eine Rechtsbeugung indiziert sein, so soll das Verhalten dennoch straflos bleiben, wenn es sich nicht als Willkürakt darstellt. Die plakative Formel würde hier lauten: „Ohne Willkürakt keine Rechtsbeugung". Das vorläufige Ergebnis kann also anhand des Willkürbegriffes korrigiert werden.

Dass der BGH dies so will, zeigt sich auch in einer Entscheidung, wonach das Erfordernis eines elementaren Verstoßes gegen die Rechtspflege bezüglich der DDR-Justiz nur bei offensichtlichen Willkürakten erfüllt sein soll[1092]. Daraus würde folgen, dass bei Fehlen eines offensichtlichen Willküraktes keine Rechtsbeugung gegeben wäre, denn nach der anlässlich der DDR-Fälle bekräftigten Rechtsprechung des BGH soll nur der elementare Verstoß gegen die Rechtspflege als Rechtsbeugung strafbar sein[1093]. Hier wird besonders deutlich, dass die Beschränkung auf Willkürakte verfehlt ist, wenn nicht einmal unerträgliche schwere Menschenrechtsverletzungen (mangels Willkür) elementare Verstöße gegen die Rechtspflege sein sollen.

bb) Positive Korrektur

Kann nach dem Kriterium der unerträglichen schweren Menschenrechtsverletzung noch keine Rechtsbeugung bejaht werden, so kann sich eine Rechtsbeugung noch aus der Qualifizierung der Handlung als Willkürakt ergeben. Plakativ ließe sich das auf die Formel bringen: „Bei Willkürakt immer Rechtsbeugung".

Ein Beispiel bildet das bereits angesprochene zweite Rechtsbeugungsurteil des BGH. Dort heißt es, auch wenn die Entscheidung nicht unmittelbar in Menschenrechte eingegriffen haben möge (und auch nicht als Einzelexzess aufgefasst werden könne), sei sie als tatbestandsmäßig anzusehen, *weil* die Rechtswidrigkeit der Entscheidung so offensichtlich sei,

1091 BGH NJW 1994, 529, 532.

1092 BGH NJW 1996, 857.

1093 Siehe B.II.

dass sie sich ohne weiteres als *Willkürakt* darstelle, der für das Zusammenleben der Menschen seinem Gewicht nach einer Menschenrechtsverletzung entspreche[1094].

Die zentrale Stellung des Willküraktes wird auch aus der Überlegung deutlich, dass der BGH auch ohne den Umweg über den Willkürakt hätte formulieren können, die Rechtsverletzung sei als Rechtsbeugung zu bewerten, weil diese Gesetzesverletzung so offensichtlich sei, dass sie (obwohl eine Verletzung rein objektiven Rechts) ihrem Gewicht nach einer Menschenrechtsverletzung entspreche. Dies hat er aber nicht getan, sondern entscheidend auf einen Willkürakt abgestellt.

2. Inhalt des Willküraktbegriffes im Sinne des BGH

Da die Beschränkung der Strafbarkeit von DDR-Rechtsbeugungen auf Willkürakte hier abgelehnt wird, kann es nicht Ziel der Untersuchung sein, einen eigenen Willkürbegriff aufzustellen und darzulegen, wie der Willkürakt definiert werden sollte. Vielmehr gilt es Licht in das Dunkel der höchstrichterlichen Begriffsverwendung zu bringen, um die Rechtsprechung besser verstehen und ihre Konsequenzen besser beurteilen zu können. Bevor Kriterien für den Willküraktbegriff im Sinne der Rechtsprechung des BGH herausgearbeitet werden, ist das Verhältnis zum Begriff der Unvertretbarkeit zu klären.

a) Verhältnis zur Unvertretbarkeit

Der Begriff „Willkür" tauchte schon in der Entscheidung des LG Berlin auf, die später vom BGH in seinem Grundsatzurteil zur DDR-Rechtsbeugung im Ergebnis bestätigt wurde. Dort hieß es, eine Entscheidung komme nur durch Rechtsbeugung zustande, wenn der Richter das Recht oder nach dem positivistischen DDR-StGB das Gesetz bewusst in einer Weise verletze, die die Auffassung des Richters „nicht einmal vertretbar erscheinen lässt, mit anderen Worten, wenn er das Recht verdreht und dadurch Willkür verübt."

So liegt die Annahme nahe, dass das LG Berlin den BGH auf die Idee seiner Willküraktrechtsprechung gebracht hat. Der Begriff der Willkür ist vom BGH jedoch anders aufgegriffen worden, als ihn das LG verstanden hatte. Für das LG Berlin ist Willkür nur ein Synonym für die Unvertretbarkeit der Entscheidung. Anders in der Rechtsprechung des BGH: Auch

1094 BGH NJW 1994, 3238, 3241; dazu schon o., B.IV.2.b).

wenn jede willkürliche Entscheidung gleichzeitig unvertretbar ist[1095], ist für den BGH[1096] nicht jede unvertretbare Entscheidung schon willkürlich.

Es kann mithin zumindest gesagt werden, dass der Willkürbegriff des BGH enger als der Begriff der Unvertretbarkeit ist. Auf der anderen Seite ist jedenfalls dann kein Willkürakt und damit keine Rechtsbeugung anzunehmen, wenn die Entscheidung noch vertretbar war. Dieses Ergebnis wird dadurch bekräftigt, dass der BGH die Freisprüche des LG Berlin u.a. mit der Begründung bestätigte, die damals erfolgte Wahl des Beschlussverfahrens sei „ebenfalls nicht unvertretbar", nachdem schon die in jenem Verfahren angewandte Auffassung zur Zulässigkeit einer arbeitsrechtlichen Kündigung als „jedenfalls nicht willkürlich" bezeichnet worden war[1097].

Eine nähere Inhaltsbestimmung ist schwierig. Der BGH selbst gibt keine Definition der Willkür. Dass er die Entscheidung über Strafbarkeit und Straflosigkeit an einem Begriff festmacht, dessen Inhalt und Grenzen höchst unbestimmt sind[1098], ist bedenklich[1099]. Es soll daher nun eine Konkretisierung des vom BGH intendierten Begriffsinhalts versucht werden.

b) *Kriterien für einen Willkürakt im Sinne des BGH*

Die Kriterien der Konkretisierung des Willküraktbegriffs können nur aus der BGH-Rechtsprechung selbst entnommen werden. Hier ergeben sich mehrere Anhaltspunkte, die kritisch zu würdigen sind. Dies sind hauptsächlich die Offensichtlichkeit der Rechtsverletzung und das Schwerekriterium. Daneben sind das Maß der Pflichtwidrigkeit, der Wert des – jenseits des Rechtsgutes der Rechtsbeugung – tangierten Rechtsgutes sowie der Schweregrad der Tatauswirkungen zu nennen. Weiterhin spielt eine subjektive Komponente des Willküraktbegriffs eine Rolle.

aa) Offensichtlichkeit der Rechtsverletzung

Nach der Formel des Grundsatzurteils zur Rechtsbeugung muss die Entscheidung *so offensichtlich rechtswidrig sein, dass* sie sich als Willkürakt

1095 Vgl. auch *Bandel*, NStZ 1994, 439: „willkürlich und deshalb unvertretbar".

1096 Anders etwa *Bandel*, a.a.O., 439: „(...) eine unter keinem Gesichtspunkt vertretbare und deshalb willkürliche Gesetzesauslegung (...)".

1097 BGH NJW 1994, 529, 532.

1098 Vgl. auch *Jähnke*, ZRP 1994, 443.

1099 So auch *Stanglow*, JuS 1995, 978.

darstellt[1100]. Ein Willkürakt wird also durch die Offensichtlichkeit der Rechtswidrigkeit charakterisiert. Im zweiten nach der Wende ergangenen DDR-Rechtsbeugungsurteil des BGH gewinnt dies angesichts des Fehlens einer unmittelbaren Menschenrechtsverletzung noch an Bedeutung. In diesem Fall wurde eine Rechtsbeugung bejaht, „*weil* die Rechtswidrigkeit der Entscheidung *so offensichtlich* ist, *daß* sie sich ohne weiteres als Willkürakt darstellt, der seinem *Gewicht* nach einer Menschenrechtsverletzung entspricht"[1101]. Hier konnte also die Offensichtlichkeit der Rechtswidrigkeit das Fehlen einer Menschenrechtsverletzung ausgleichen.

Aus der Formulierung beider Urteile[1102] ergibt sich überdies, dass es für die Einstufung einer Handlung als Willkürakt auf den *Grad* der Evidenz der Rechtswidrigkeit ankommt („*so* offensichtlich..., daß..."). Es fragt sich allerdings: Wie offensichtlich muss die Rechtswidrigkeit denn sein, damit man von einem Willkürakt sprechen kann? Dazu macht der BGH keine abstrakte Aussage, so dass dieser Aspekt hier nicht näher konkretisiert werden kann.

bb) Schwerekriterium

Wenn der BGH in seinem Grundsatzurteil als Maßstab anlegt, dass Rechte anderer „*derart schwerwiegend* verletzt worden sind, dass sich die Entscheidung als Willkürakt darstellt"[1103], lässt das darauf schließen, dass unter Willkürakten nur besonders schwerwiegende Rechtsverletzungen zu verstehen sind. *Wie* schwerwiegend eine Rechtsverletzung sein muss, damit sie sich dem BGH als Willkürakt darstellt, darüber wird in diesem Zusammenhang ebenfalls keine Auskunft erteilt. Diese Frage kann daher nicht abstrakt beantwortet werden.

Unbefriedigend ist auch, dass das Gewicht einer (sich als Willkürakt darstellenden) Rechtsverletzung nicht nach dem Grad der Beeinträchtigung des Schutzgutes der Rechtsbeugung bestimmt wird. Vielmehr stellt der BGH in seinem zweiten nach der Wende ergangenen Rechtsbeugungsurteil auf die Bedeutung für das „Zusammenleben der Menschen" ab. Weshalb dies der Maßstab für einen Willkürakt sein soll, ist nicht erkennbar. Eine Menschenrechtsverletzung, der in jener Urteilspassage ein Äquivalent an die Seite gestellt werden soll, betrifft ja auch weniger das Zusammenleben der Menschen untereinander als das Verhältnis zwi-

1100 BGH NJW 1994, 529, 532 (Hervorhebung v. d. Verf.).
1101 BGH NJW 1994, 3238, 3241.
1102 Vgl. auch BGH NJW 1998, 248, 250 = BGHSt 43, 183, 191.
1103 BGH NJW 1994, 529, 532 = BGHSt 40, 30, 41.

schen Bürger und Staat. Offenbar sollte zur Menschenrechtsverletzung eine Entsprechung für Fälle gefunden werden, in denen es nicht um die Verletzung subjektiver Rechte geht. Da in solchen Fällen die Beeinträchtigung des Einzelnen als Gradmesser ausscheidet, mag für den BGH der Rückgriff auf das Zusammenleben der Menschen nahegelegen haben. Hiermit würde aber der Kern der Sache nicht ganz getroffen. Wenn schon die Strafbarkeit der Rechtsbeugung auf schwerwiegende Fälle beschränkt werden soll, muss die Schwere einer in Rede stehenden objektiven Rechtsverletzung am Grad der Beeinträchtigung des Schutzgutes der Rechtsbeugung gemessen werden. Dieses hat der BGH im „überindividuelle(n) Schutzgut der innerstaatlichen Rechtspflege" gesehen[1104]. Konsequent wäre es also gewesen, auf die Intensität der Beeinträchtigung der Rechtspflege abzustellen.

Bei der Verletzung der Rechte anderer hätte sich angeboten, das Gewicht einer (sich als Willkürakt darstellenden) Rechtsverletzung auch nach dem Grad der Beeinträchtigung des Schutzgutes tateinheitlich verwirklichter Delikte zu bestimmen. Immerhin äußerte der BGH in einem sogleich näher darzustellenden Urteil vom 21. August 1997, dass unter anderem auch der Wert des – jenseits des Rechtsgutes der Rechtsbeugung – tangierten Rechtsgutes berücksichtigt werden könne.

cc) Maß der Pflichtwidrigkeit, Wert des – jenseits des Rechtsgutes der Rechtsbeugung – tangierten Rechtsgutes, Schweregrad der Tatauswirkungen

Eine erfreuliche Ergänzung der bisherigen Kriterien des Willkürakts lässt die Entscheidung vom 21. August 1997 zur Rechtsbeugung durch Nichtverfolgung von Wahlfälschung in der DDR erkennen. Hier nennt der BGH zwar weiterhin das Kriterium, dass der Akt für das Zusammenleben der Menschen seinem Gewicht nach einer Menschenrechtsverletzung entspricht. „Namentlich" dann soll es in Betracht kommen, wenn die Rechtswidrigkeit so offensichtlich ist, dass sich die Entscheidung als Willkürakt darstellt. „Jenseits davon" soll es aber insbesondere auf das Maß der in der Tat liegenden Pflichtwidrigkeit ankommen. Daneben könnten auch der Wert des – jenseits des Rechtsgutes der Rechtsbeugung – tangierten Rechtsgutes und schließlich der Schweregrad der Auswirkungen der Tat Bedeutung haben. An diesem Maßstab seien die Fälle zu messen, bei denen von der Verfolgung von Straftätern zur Erreichung politisch

1104 BGH NJW 1995, 64, 65.

erwünschter Ziele abgesehen worden sei, befand der BGH[1105]. Mit dem „jenseits der Rechtsbeugung tangierten Rechtsgut" ist dabei das Rechtsgut gemeint, das durch das nicht verfolgte Delikt geschützt wird.

dd) Subjektive Komponente

Über die allgemeine subjektive Komponente hinaus, die dem Willkürbegriff innewohnt, interessiert speziell die Rolle politischer Motive für die Ausfüllung des Begriffes des Willkürakts.

(1) Allgemeines

Es wurde bereits dargelegt, dass der Begriff „Willkür" schon sprachlich ein subjektives Element beinhaltet[1106]. Der BGH scheint sich auch zu einer subjektiven Dimension seines Willkürbegriffes zu bekennen. In seiner Entscheidung zur Frage der Strafbarkeit wegen der Beteiligung an Todesurteilen in der DDR führt er aus, ein Todesurteil könne „in der gegebenen Fallkonstellation, jedenfalls aus *subjektiven* Gründen, nicht ohne Hinzutreten weiterer Umstände bereits für sich genommen als *willkürliche* Menschenrechtsverletzung angesehen werden[1107]. Eine weitere Präzisierung der subjektiven Anforderungen an die Einordnung als Willkürakt wäre wünschenswert gewesen. Insoweit kann aber Näheres nur zur Einbeziehung politischer Gründe gesagt werden.

(2) Politisches Motiv als (unabdingbares) Kriterium des Willküraktes?

In seinem zweiten Urteil zur Rechtsbeugung in der DDR äußerte der BGH, für die Annahme eines Willküraktes könne es sprechen, wenn ein Sachverhalt in schwerwiegender Weise verfälscht werde, um ein politisch erwünschtes Ziel zu erreichen[1108]. Als *mögliches* Kriterium der Willkür sind politische Motive oder Zielsetzungen annehmbar. Politische Motive sind in aller Regel sachfremde Erwägungen, die die subjektive Komponente der Willkür tragen. Abzulehnen ist ein politisches Motiv jedoch als *unabdingbare* Voraussetzung eines Willküraktes. Da die genannte Entscheidung aber auch die Frage aufwirft, ob das politische Motiv als eine

---

1105 BGH NJW 1998, 248, 250 = BGHSt 43, 183, 191 f.
1106 Dazu o., B. III. 3. b) bb).
1107 BGH NJW 1996, 857, 858 (Hervorhebung v. d.Verf.).
1108 BGH NJW 1994, 3238, 3241; i. Erg. zust. *L. Schulz*, StV 1995, 212. Vgl. auch das Urteil des 2. Strafsenats BGH NStZ-RR 1998, 172 f.

unabdingbare Voraussetzung für die Annahme einer Rechtsbeugung anzusehen ist, soll sie hier näher erörtert werden.

In dem zu entscheidenden Fall ergaben die Feststellungen für den BGH, dass die Angeklagten den Sachverhalt in einer solchen Weise verfälscht hatten, dass sich ihr Verhalten als Willkürakt darstellte. Die Verfälschung könne hier nur dahingehend verstanden werden, dass eine nach dem Straf- und Strafverfahrensrecht der DDR gebotene *Strafverfolgung*, zudem unter Hintanstellung des berechtigten Interesses der Angehörigen der Opfer an einer Klärung des Sachverhalts, *unterbunden werden sollte, um die Gerechtigkeit zum Nutzen des politischen Systems zu unterdrücken*[1109].

Zusammengefasst[1110] wurde zwei Militärstaatsanwälten[1111] vorgeworfen, das Verfahren gegen einen Wachmann des MfS, der unter erheblichem Alkoholeinfluss vor seinem Dienstgebäude zwei Männer erschossen und einen weiteren schwer verletzt hatte, wegen angeblicher Notwehr eingestellt und nach einer Strafanzeige von der erneuten Einleitung eines Verfahrens abgesehen zu haben. Dabei wurden Opfer zu Tätern gemacht[1112]. Mit einem Oberst des MfS wurde vereinbart, „dass man nach außen so tun wolle, als ob auf die Anzeige eine Überprüfung stattfinde, in Wirklichkeit sollte aber nichts geschehen und alles beim alten bleiben“[1113]. So wurde auch verfahren. Der Wachmann des MfS wurde nach der Wiedervereinigung wegen zweifachen Totschlags und versuchten Totschlags zu einer Freiheitsstrafe von zehn Jahren rechtskräftig verurteilt[1114].

Der BGH hob allerdings die erstinstanzliche Verurteilung der Militärstaatsanwälte auf, obwohl objektive und subjektive Tatseite an sich ausreichend festgestellt waren, und verwies die Sache zurück, da es für ihn auf eine zugleich zu beachtende Wahrunterstellung ankam. Auf die Verfahrensrüge der Angeklagten beanstandete er den Widerspruch von Feststellungen zur inneren Tatseite zu einer mit der Ablehnung eines Beweisantrages verbundenen Wahrunterstellung, wonach Erwägungen zum Ansehen des MfS bei der Entscheidung, „wie in anderen Fällen auch“, keine Rolle gespielt hätten.

1109 BGH a.a.O. (Hervorhebung v. d. Verf.).

1110 Ausführlich zum Sachverhalt BGH NJW 1994, 3238 f. und die Sachverhaltsverfälschungen herausarbeitend BGH a.a.O., 3241; ebenfalls zusammenfassend *Spendel*, JZ 1995, 379.

1111 Zur Strafbarkeit von Staatsanwälten siehe Kapitel 9, insbes. B.I.

1112 LG Berlin, vgl. BGH NJW 1994, 3238, 3241, unter C.I.7.a).

1113 BGH NJW 1994, 3238.

1114 BGHSt 38, 18 ff., 23.

Die Angeklagten hätten darauf vertrauen können, das LG werde als wahr behandeln, dass bei Entscheidungen der Militärstaatsanwälte regelmäßig keine Rücksicht auf Belange des MfS genommen worden sei und dass die Angeklagten auch im vorliegenden Fall ohne politische Motivation entschieden hätten. Die Zusage der Wahrunterstellung lasse sich, beanstandet der BGH, nicht mit der Feststellung vereinbaren, die Angeklagten hätten aus politischen Gründen wissentlich falsch entschieden. *Dieses Motiv sei aber im vorliegenden Fall eine wesentliche Voraussetzung für die Annahme eines Willküraktes*[1115]. Diese Passage deutet darauf hin, dass ein politisches Motiv eine unabdingbare Voraussetzung für die Annahme einer Rechtsbeugung sein soll. So versteht jedenfalls *Spendel* das Urteil.

Auf das Vorliegen eines politischen Beweggrundes kann es indes für die Rechtsbeugung nicht entscheidend ankommen. Dies hat *Spendel* zu Recht kritisiert. Auf ein politisches *Motiv* als subjektive Delikts- und Strafbarkeitsvoraussetzung komme es bei den §§ 339 StGB, 244 DDR-StGB nicht an, sie könne nur für die Strafzumessung bedeutsam sein. Das Gericht lege die Rechtsbeugungsvorschrift nicht mehr aus, sondern lege ihr mit dem aufgestellten Erfordernis eines politischen Motivs etwas unter, wovon das Gesetz nichts wisse und nichts sage[1116]. *Spendel* konstruiert den Fall so, dass die Verfahrenseinstellung nicht aus dem besagten politischen Beweggrund, sondern aus Gründen der Schul- oder Kriegskameradschaft erfolgt sein soll. Er betont, dass dies nichts am Vorliegen des äußeren wie inneren Tatbestandes der Rechtsbeugungsvorschriften geändert hätte. Alles andere sei eine selbstherrliche Gesetzesumdeutung und damit gesetzwidrige Entscheidung[1117]. Es gibt in der Tat keinen Grund, eine Sachverhaltsverfälschung nicht auch in einem unpolitischen Fall als Rechtsbeugung anzusehen.

Mit *Spendel* ist daher davon auszugehen, dass die zugesagte, aber unterlassene Wahrunterstellung des Tatrichters für den Schuldspruch wegen Rechtsbeugung unerheblich war[1118]. Der BGH hätte folglich die erstinstanzliche Verurteilung insoweit bestätigen können und müssen, weil die Verurteilung nicht auf dem angesprochenen Rechtsfehler beruhte (§ 337

1115 BGH NJW 1994, 3238, 3242 (Hervorhebung durch d. Verf.).

1116 *Spendel*, JZ 1995, 380; dem folgend *K.-H. Lehmann*, NJ 1996, 564 und LK-*Hilgendorf* (12. Aufl.) § 339 Rn. 85.

1117 *Spendel*, NJW 1996, 812.

1118 *Spendel*, a.a.O.

I StPO). Nach der Zurückverweisung verurteilte das LG Berlin die Angeklagten letztlich rechtskräftig[1119].

Zurückkommend zur Kernfrage, der Relevanz politischer Motive als Willkürkriterium, ist festzuhalten, dass der BGH in dem hier erörterten „Stasi-Wachmann-Fall" das politische Motiv als *unabdingbare* Voraussetzung aufstellte, indem er von einer „wesentlichen" Voraussetzung für die Annahme eines Willküraktes sprach, derer es für die Bestrafung wegen Rechtsbeugung bedürfe[1120] und die letztlich Grund für die Aufhebung des erstinstanzlichen Urteils war. Doch die Bedeutung dieser Voraussetzung scheint nicht über den entschiedenen Einzelfall hinauszugehen. Hierfür sprechen zwei Gesichtspunkte: Der BGH hatte sich von vornherein auf die Aussage beschränkt, das politische Motiv sei *im vorliegenden Fall* eine wesentliche Voraussetzung für die Annahme eines Willküraktes, deren es *hier* für die Bestrafung wegen Rechtsbeugung bedürfe[1121]. Außerdem wurden politische Motive in späteren Entscheidungen nicht mehr als Maßstab für Willkürakte genannt. Insbesondere nannte die oben erwähnte Entscheidung zur Rechtsbeugung durch Nichtverfolgung von Wahlfälschung ausschließlich andere Kriterien[1122], obwohl es auch hier um einen Nichtverfolgungsfall, also um Rechtsbeugung *zugunsten* einer Partei bzw. eines Beteiligten ging und nicht unmittelbar in Menschenrechte eingegriffen wurde. Insgesamt ist also der Rolle politischer Motive keine große Bedeutung für die Bestimmung des Begriffes des Willkürakts beizumessen.

C. Ergebnis

Die Tathandlung beider Rechtsbeugungstatbestände ist ausschließlich anhand objektiver Kriterien zu bestimmen. Für die Frage der Rechtsbeugung ist also auf den Widerspruch zur objektiven Rechtslage abzustellen. Bei mehrdeutigem Gesetzestext ist nur eine schlechthin unvertretbare Entscheidung bzw. Leitung einer Rechtssache als Rechtsbeugung anzusehen. Nach der hier vertretenen Ansicht reicht dies aber auch aus, um den objektiven Tatbestand zu erfüllen.

1119 LG Berlin, Urt. v. 30.10.1996 – 525 KLs 24/94, zitiert nach *Hohoff*, An den Grenzen des Rechtsbeugungstatbestandes, S. 64 f Fn. 222.

1120 BGH NJW 1994, 3238, 3242.

1121 BGH NJW 1994, 3238, 3242 (Hervorhebung durch d. Verf.).

1122 Siehe o., cc).

Der BGH hat demgegenüber zusätzliche Einschränkungen des Tatbestandes vorgenommen, denen nicht zugestimmt werden kann. So sollen nur elementare Verstöße gegen die Rechtspflege, bei denen sich der Amtsträger bewusst in schwerwiegender Weise vom Gesetz entfernt, eine Rechtsbeugung darstellen. Im Hinblick auf in der DDR begangene Taten soll die Strafbarkeit wegen Rechtsbeugung zusätzlich auf Einzelexzesse sowie auf Fälle zu beschränken sein, in denen die Rechtswidrigkeit der Entscheidung so offensichtlich war und insbesondere die Rechte anderer, hauptsächlich ihre Menschenrechte, derart schwerwiegend verletzt worden sind, dass sich die Entscheidung als Willkürakt darstellt.

Trotz der heftigen Kritik in der Literatur hat der BGH an seiner einschränkenden Rechtsprechung festgehalten. Ebenso wenig wie die Kritik der Lehre an der höchstrichterlichen Rechtsprechung hat das Unbehagen mancher erstinstanzlicher Gerichte[1123] verhindert, dass sich die restriktiven Leitlinien des BGH durchsetzten. Das Fehlen der vom BGH aufgestellten Voraussetzungen hat zu zahlreichen Freisprüchen und Verfahrenseinstellungen geführt[1124].

Die Willküraktformel nimmt zwar den Bereich der sogenannten Einzelexzesse von den besonderen Einschränkungen aus. Der Begriff des Einzelexzesses zielte offenbar auf DDR-Fälle ohne politischen Bezug. Diese erlangten aber bei der strafrechtlichen Aufarbeitung kaum praktische Bedeutung.

Zur Annahme einer Rechtsbeugung ist weder eine Menschenrechtsverletzung noch die Verletzung sonstiger subjektiver Rechte zwingend erforderlich, was vielfach verkannt wurde. Auch die Verletzung rein objektiven DDR-Rechts kann Rechtsbeugung sein. Allerdings muss sich die Entscheidung immer als Willkürakt darstellen. „Willkürakt“ ist also der zentrale Begriff der einschränkenden Rechtsprechung zur Rechtsbeugung in der DDR.

Als Willkürakt kommen nur Entscheidungen in Betracht, die offensichtlich rechtswidrig sind und zugleich eine schwerwiegende Rechtsverletzung beinhalten. Offen bleibt aber, wie offensichtlich und wie schwerwiegend die Rechtsverletzung sein muss, damit sie sich als Willkürakt darstellt. Diese Wertung bleibt dem Einzelfall überlassen. Weitere Kriterien sollen jedenfalls bei Fällen der Nichtverfolgung von Straftaten herangezogen werden, so das Maß der in der Tat liegenden Pflichtwidrigkeit,

1123 Vgl. hierzu *Wassermann*, NJW 2000, 404.

1124 *Marxen/Werle*, Die strafrechtliche Aufarbeitung von DDR-Unrecht. Eine Bilanz, S. 239.

der Wert des - jenseits des Rechtsgutes der Rechtsbeugung - tangierten Rechtsgutes und der Schweregrad der Tatauswirkungen. Der Willkürakt-begriff hat auch einen subjektiven Einschlag, der etwa in der Berücksichtigung politischer Motive der Handlung zum Ausdruck kommen kann. Politische Motive scheinen aber keine zwingende Voraussetzung für die Annahme eines Willkürakts zu sein. Obwohl sich also einige Kriterien für einen Willkürakt ausmachen lassen, bleibt der Begriff letztlich doch vage und stark wertungsabhängig.

Der vormalige Vorsitzende Richter am BGH *Jähnke* räumte ein, der Begriff der Willkür könne nicht allein zur Konkretisierung des Unrechts der Rechtsbeugung herangezogen werden; man müsse auf die Fallgruppen zurückgreifen, um das Tun der DDR-Richter richtig einzuordnen[1125]. Auch wenn der Versuch des BGH, den Willküraktbegriff durch die Orientierung an Fallgruppen auszufüllen, nur teilweise gelingt und zur Konkretisierung vor der Entscheidung einzelner Fälle nicht ausreicht, so dient die Einordnung der entschiedenen Fälle in Fallgruppen und deren Erörterung jedenfalls der geordneten Darstellung im weiteren Verlauf.

1125 *Jähnke*, ZRP 1994, 443.

5. Kapitel: Die Fallgruppen der Rechtsbeugung

Schon lange vor der Wiedervereinigung wurden Fallgruppen bzw. Begehungsweisen der Rechtsbeugung herausgearbeitet. Besondere Bedeutung erhielten aber vor allem jene Fallgruppen, die der BGH später zur Rechtsbeugung in der DDR entwickelte (A.), wobei diese aber nicht alle möglichen Fälle erfassen und daher unvollständig sind (B.).

A. Die Fallgruppen nach der Rechtsprechung des BGH

In einer Entscheidung von 1971 ging der BGH von folgenden drei Begehungsweisen der Rechtsbeugung aus: Sachverhaltsverfälschung, unrichtige Anwendung der gesetzlichen Vorschriften und Ermessensmissbrauch bei der Strafzumessung[1126]. Diese hielt er für „wesensverschiedene alternative Begehungsweisen"[1127]. Hiergegen führte die Literatur an, dass sich

1126 BGH NJW 1971, 571, 573. Sachverhaltsverfälschung als Begehungsweise der Rechtsbeugung ist auch schon in BGH NJW 1960, 253 erwähnt. Der BGH hatte außerdem schon früh (1952) klargestellt, dass Rechtsbeugung auch durch Beugung des Verfahrensrechts begangen werden könne (BGH MDR 1952, 693, 694).

1127 BGH NJW 1971, 571, 573 und 575. Die Einordnung als „alternative Begehungsweisen" führte zur Aufhebung der Verurteilung von zwei Beisitzern eines Sondergerichts (im Fall Katzenberger, vgl. dazu Kapitel 13, C.I.1.). Die Urteilsausführungen zum Vorsatz sah der BGH als zu pauschal an. Das erstinstanzliche Gericht hatte einen bewussten Verstoß gegen den Grundsatz „in dubio pro reo" festgestellt, eine Sachverhaltsverfälschung unter „begrifflicher Verkennung" dieser Fallgruppe aber verneint (vgl. BGH NJW 1971, 571, 573). Es stützte sich nach Ansicht des BGH bei der Begründung des Rechtsbeugungsvorsatzes entscheidend auf eine Hilfserwägung zum Ermessensmissbrauch bei der Strafbemessung, Schloss auf den Rechtsbeugungsvorsatz aber aus der Gesamtheit der festgestellten Fehler. Demgegenüber wandte der BGH ein, bei der richtig verstandenen Sachverhaltsverfälschung und dem Ermessensmissbrauch handle es sich um wesensverschiedene alternative Begehungsweisen der Rechtsbeugung, denen jeweils eine spezifische Vorsatzrichtung zugeordnet sei. Der Vorsatz müsse für jeden einzelnen Fehler feststehen, also habe hier auch festgestellt werden müssen, dass die Angeklagten bewusst den Sachverhalt verfälscht hätten (BGH NJW 1971, 571, 575 – der BGH geht hier noch von dem zu kritisierenden Erfordernis des direkten Vorsatzes aus, vgl. dazu Kapitel 13, C.II.3.a).

letztlich alle drei Alternativen als falsche Rechtsanwendung begreifen ließen und Überschneidungen möglich seien[1128]. Dem ist zuzustimmen. Insbesondere setzt eine Rechtsbeugung immer eine Rechtsverletzung voraus. Daher muss die konkrete Begehungsweise hierauf zurückführbar sein[1129].

In seinem grundlegenden Urteil vom 13. Dezember 1993 und seitdem in ständiger Rechtsprechung nannte der BGH Fallgruppen, in denen eine Bestrafung von DDR-Juristen wegen Rechtsbeugung auch bei Berücksichtigung seiner einschränkenden Willküraktrechtsprechung in Betracht kommen soll.

Im Einzelnen soll danach ein Willkürakt dann vorliegen, wenn Straftatbestände unter Überschreitung des Gesetzeswortlautes oder unter Ausnutzung ihrer Unbestimmtheit derart überdehnt worden sind, dass eine Bestrafung, zumal mit Freiheitsstrafe, als offensichtliches Unrecht anzusehen ist, oder wenn die Strafe in einem unerträglichen Missverhältnis zu der Handlung gestanden hat, so dass die Strafe, auch im Widerspruch zu Vorschriften des DDR-Strafrechts, als grob ungerecht und schwerer Verstoß gegen die Menschenrechte erscheinen muss, oder schließlich bei Menschenrechtsverletzungen durch die Art und Weise der Durchführung von Verfahren, sowie wenn die Strafverfolgung und die Bestrafung überhaupt nicht der Verwirklichung von Gerechtigkeit, sondern der

---

Damit war also eine präzise, auf die jeweilige Fallgruppe bezogene Vorsatzprüfung gefordert.

1128 *Spendel*, NJW 1971, 538 und 540 = *ders.*, Rechtsbeugung durch Rechtsprechung, S. 44ff.; LK-*Spendel* (11. Aufl.), § 339 Rn. 55; diesem zust. *Vormbaum*, Der strafrechtliche Schutz des Strafurteils, S. 358; *Schmidt-Speicher*, Hauptprobleme der Rechtsbeugung, S. 54ff.; *Wassermann*, FS Spendel, S. 647; *Behrendt*, JuS 1989, 947; *Kühl* (27. Aufl.), § 339 Rn. 5a; *Scholderer*, Rechtsbeugung, S. 525; *Möller-Heilmann*, Die Strafverfolgung von Richtern und Staatsanwälten der ehemaligen DDR wegen Rechtsbeugung, S. 34; *Käsewieter*, Der Begriff der Rechtsbeugung im deutschen Strafrecht, S. 46; LK-*Hilgendorf* (12. Aufl.), § 339 Rn. 67. Zu Recht wies *Spendel* darauf hin, dass es zum einen auch bei der Strafzumessung Sachverhaltsverfälschung (Verfälschung von Strafmaßfakten) und falsche Rechtsanwendung (etwa beim Verstoß gegen das Verbot der Doppelverwertung von Tatbestandsmerkmalen) gibt und sich zum anderen Tatsachenverdrehung und ermessensmissbräuchliche Strafmaßbestimmung auch als falsche Rechtsanwendung begreifen lassen. Sowohl die Sachverhaltsverfälschung bei der Tatermittlung als auch der Ermessensmissbrauch bei der Strafzumessung seien letztlich „falsche Rechtsanwendung", denn neben der eigentlichen Rechtsanwendung i. S. v. Sachverhaltssubsumtion vollzögen sich auch die Tatsachenfeststellung und die Strafmaßbestimmung nach Rechtsnormen (*Spendel*, NJW 1971, 538, 540). Ermessensmissbrauch lässt sich im Übrigen nicht nur bei der Strafzumessung als falsche Rechtsanwendung verstehen, vgl. LK-*Spendel* (11. Aufl.), § 339 Rn. 55.

1129 In diesem Sinne auch *Scholderer*, Rechtsbeugung, S. 525.

Ausschaltung des politischen Gegners oder einer bestimmten sozialen Gruppe gedient haben[1130].

Die Sachverhaltsverfälschung taucht nicht als selbständige Fallgruppe auf[1131]. Zugleich ist auch nicht mehr von wesensverschiedenen alternativen Begehungsweisen die Rede. Im Gegenteil: Die einzelnen Fallgruppen der DDR-Rechtsbeugung sind nach der Rechtsprechung des BGH nicht nur isoliert zu betrachten. Zwischen den Fallgruppen gibt es fließende Übergänge und Mischfälle. In solchen Fällen könne eine Gesamtbetrachtung der Elemente aller drei Fallgruppen geboten sein[1132].

Damit dürfte gemeint sein, dass bei Fällen im Grenzbereich mehrerer Fallgruppen eine Kumulierung des Unrechtscharakters zur Annahme eines Willküraktes führen kann[1133]. Die bei isolierter Betrachtung nicht eindeutig erscheinende Ausprägung der Merkmale einer Fallgruppe soll also unter Umständen dadurch ausgeglichen sein, dass die Merkmale einer anderen Fallgruppe zwar zu schwach ausgeprägt sind, um eigenständig einen Willkürakt darzustellen, aber immerhin an der Schwelle zum Willkürakt angesiedelt sind. Eine solche ausgleichende und ergänzende Kombination von Fallgruppen oder ihren Vorformen kann als „Kompensationslösung“ bezeichnet werden.

In diesem Kapitel werden zunächst die zur Konkretisierung der Willküraktrechtsprechung eingeführten Fallgruppen hinsichtlich ihrer Grundlagen erörtert. Spezielle Probleme und Beispiele werden jeweils in einem gesonderten Kapitel vertieft[1134]. Die Fallgruppen lassen sich schlagwortartig mit den Begriffen „Wortlautüberschreitung/Tatbestandsüberdehnung“ (I.), „Übermaßstrafe“[1135] (II.) und „Verfahrensweise“ (III.) knapp bezeichnen. Die „Kompensationslösung“ bei der Gesamtbetrachtung von Fallgruppen wird in einem weiteren Abschnitt genauer in den Blick genommen (IV.).

1130 BGH NJW 1994, 529, 532 = BGHSt 40, 30, 43; BGH NJW 1995, 3324, 3326 = BGHSt 41, 247, 254; verkürzt auch in BGH NJW 1996, 857 = BGHSt 41, 317, 321; BGH NStZ 1997, 127, 128 = NJ 1997, 264; BGH NStZ-RR 1998, 361, 362; BGH NStZ-RR 1998, 362, 363; BGH JR 2000, 246, 247.

1131 Zur Sachverhaltsverfälschung siehe u., III. 2.

1132 BGH NJW 1999, 3347, 3351 = BGHSt 44, 275, 298. Näher dazu u., IV., sowie insbesondere im Zusammenhang mit dem Fall Havemann in Kapitel 11, B.IV.b)cc).

1133 So auch *F.-C. Schroeder*, NStZ 1999, 620.

1134 Kapitel 6, 7 und 8.

1135 So auch *Roggemann*, Die Justiz auf dem Prüfstand der Justiz, in: BMJ (Hrsg.), Im Namen des Volkes?, S. 295.

I. Wortlautüberschreitung bzw. Tatbestandsüberdehnung

Es wurde bereits darauf hingewiesen, dass der Gesetzeswortlaut selbst nach den in der DDR geltenden Auslegungsregeln eine Grenze zulässiger Auslegung darstellte. Eine Ausdehnung der Tatbestandsmerkmale über die selbst nach DDR-Recht zulässigen Grenzen hinaus erfüllt den objektiven Tatbestand der Rechtsbeugung. Dies gilt auch für die Fälle, in denen Tatbestände auf Sachverhalte angewandt wurden, die dort überhaupt nicht untergebracht werden konnten[1136]. Dass „die Tatbestände einiger Gesetze über Gebühr ausgeweitet" worden seien, gab selbst die Justizministerin Hilde Benjamin 1953 im Rahmen des „neuen Kurses" zu[1137], was freilich die ausufernde Anwendung insbesondere des politischen Strafrechts nicht beendete. Wurde ein Deliktstatbestand unter Missachtung der Auslegungsschranke möglicher Wortbedeutung überdehnt, ist darin eine Rechtsbeugung zu sehen, auch wenn eine solche Handlung im Einklang mit der herrschenden Rechtsprechungspraxis in der DDR stand[1138].

Dagegen sind Handlungen, die vom Wortlaut des DDR-Rechts gedeckt waren, nach der Rechtsprechung des BGH grundsätzlich nicht gesetzwidrig i. S. d. § 244 DDR-StGB. Das soll grundsätzlich auch gelten, soweit

---

1136 *Jähnke* sieht solche Fälle ausdrücklich als exzessive Auslegung von Tatbeständen an (ZRP 1994, 443). Dagegen will *F.-C. Schroeder*, auch im Gegensatz zum BGH, eine „groteske Tatsachenwürdigung" von der Anwendung offener, unbestimmter Rechtsbegriffe unterscheiden. Die groteske Würdigung eines Sachverhalts habe mit der Auslegung von Gesetzen nichts zu tun. In Frage komme nur ein Verstoß gegen die Grundsätze der Tatsachenwürdigung, der Subsumtion. Diese seien aber rechtlich viel weniger abgesichert als die rechtliche Würdigung. Die Frage, wie weit unrichtige Subsumtionen den Grundsatz „nulla poena sine lege" verletzten, müsse noch gesondert untersucht werden (NJW 1999, 90 mit Fn. 13).
Davon abgesehen, dass es gerade bei der strafrechtlichen Würdigung oft nur spärlich begründeter DDR-Urteile meist nicht möglich ist, eine genaue Grenze zwischen exzessiver Auslegung eines Tatbestandes und unzulässiger Subsumtion eines tatbestandlich nicht erfassten Sachverhaltes zu ziehen, ist diese Unterscheidung ebenso wie die Frage der Verletzung des nulla-poena-Grundsatzes hier nicht entscheidend. Die Beugung des Rechts bzw. die Gesetzwidrigkeit der Entscheidung ergibt sich nämlich schon aus der unvertretbar ausgelegten bzw. unzulässigerweise angewandten Norm selbst. Diese ist das verletzte Recht, so dass eine Rechtsbeugung auch durch die unzulässige Anwendung bzw. die exzessive Auslegung von Zivil- oder Verfahrensrecht begangen werden kann.

1137 *Benjamin*, NJ 1953, 478.

1138 BGH DtZ 1996, 92, 93.

der Wortlaut des Gesetzes wegen seiner Unschärfe mehrdeutig war[1139]. Dabei ist aus insoweit überzeugender Sicht des BGH selbst eine weite Interpretation von Straftatbeständen hinzunehmen[1140]. Auch das Strafrecht der DDR kannte die Unterscheidung zwischen restriktiver und extensiver Auslegung. Von letzterer sprach man, wenn „der Begriffsinhalt und -umfang bis zur äußersten sprachlichen Grenze voll ausgeschöpft" wurde[1141]. Hierin kann noch keine Rechtsbeugung gesehen werden.

Es ist aber als Ausnahme von diesem Grundsatz der Hinnahme auch extensiver Gesetzesauslegung anzusehen, dass unter bestimmten Voraussetzungen auch die Ausnutzung der Unbestimmtheit des Gesetzeswortlauts zu einer Bestrafung als Rechtsbeugung angesehen wird. Als erste Fallgruppe, in der eine Bestrafung wegen Rechtsbeugung in Betracht kommt, nennt der BGH nämlich Fälle,

> „in denen Straftatbestände unter Überschreitung des Gesetzeswortlautes *oder unter Ausnutzung ihrer Unbestimmtheit* bei der Anwendung *derart* überdehnt worden sind, *daß eine Bestrafung,* zumal mit Freiheitsstrafe, *als offensichtliches Unrecht anzusehen ist*"[1142].

1139 BGH NJW 1994, 529, 531 = BGHSt 40, 30, 41; BGH NJW 1995, 3324, 3327 = BGHSt 41, 247, 260; BGH JR 2000, 246, 247; zust. *Buchholz,* ZAP-Ost 1994, 190. *Meinerzhagen* (Die Verfahren gegen ehemalige Richter der DDR, in: Weber/Piazolo, Eine Diktatur vor Gericht, S. 133 f.) führt hiergegen an, eine Entscheidung könne bereits dann rechtlich unter keinem Gesichtspunkt mehr vertretbar sein, wenn sie vom Wortlaut der angewandten Norm noch gedeckt zu sein scheine, es aber offenkundig sei, dass die der Entscheidung zugrunde gelegte Auslegung allen anerkannten Auslegungsregeln widerspreche. Dies ist widersprüchlich und kann nicht überzeugen, denn die Auslegung nach dem Wortlaut der Norm ist eine der anerkannten Auslegungsmethoden, so dass sie eben nicht „allen" anerkannten Auslegungsregeln widerspricht. Eine vom Gesetzeswortlaut gedeckte Auslegung mag nicht immer die richtige sein, sie ist aber immer zumindest vertretbar und daher keine Rechtsbeugung.
Gleiches ist einzuwenden gegen die Auffassung von *Schroeder,* wonach eine von den Randbereichen des Wortlauts noch gedeckte Auslegung Rechtsbeugung darstelle, wenn sie dem Sinn des Gesetzes zuwiderlaufe, so dass das positive Recht zwar nicht verletzt (eben !), sondern „überdehnt" sei, wobei *Schroeder* aber – weitergehend als der BGH – die Ausnutzung von begrifflichen Grenzbereichen schon für sich genommen und nicht erst abhängig von der verhängten Strafe als Rechtsbeugung ansehen will (*F.-C. Schroeder,* Strafrechtliche Verantwortlichkeit für die Ausübung politischer Strafjustiz in der ehemaligen DDR, in: Lampe (Hrsg.), Deutsche Wiedervereinigung, Bd. 2, S. 116 f.; *ders.,* NJW 1999, 89). Gegen *Schroeder* auch *Amelung,* wiedergegeben bei *Arnold,* NJ 1992, 255.

1140 BGH NJW 1995, 3324, 3327 = BGHSt 41, 247, 260.

1141 Autorenkollektiv, Strafrecht der DDR, S. 142.

1142 BGH NJW 1994, 529, 532 = BGHSt 40, 30, 43 und seitdem st. Rspr. (für weitere Belege s. o., unter A., sowie BGH NStZ-RR 1998, 172).

Dies ist vor dem Hintergrund zu sehen, dass sich der BGH mit folgendem Problem konfrontiert sah: Bei extensiver Auslegung von Strafnormen seien die Grenzen zwischen noch zulässiger Auslegung und verbotener Tatbestandsüberdehnung fließend[1143], da die Wortlautschranke wegen der Manipulierbarkeit des Sprachgebrauchs nur beschränkt leistungsfähig sei. Das gelte insbesondere für die gerade in der Gesetzgebung totalitärer Staaten wie der DDR besonders häufig verwendeten „offenen Rechtsbegriffe"[1144]. Bei einem Einklang der Rechtsanwendung mit üblicher Praxis oder mit obergerichtlicher Orientierung sei es auch denkbar, dass es selbst in Fällen objektiver „Überdehnung"- bei nicht grotesker Entfernung von Gesetzeswortlaut, -sinn und -systematik - an direktem Vorsatz gefehlt habe[1145].

In der Folge ließ der BGH die Frage der objektiven Überdehnung immer häufiger dahinstehen, da es „jedenfalls" am Vorsatz fehle[1146]. Dafür wich er in manchen Fällen auf die bereits im obigen Zitat angelegte Kombinationslösung aus, indem er zusätzlich auf Art und Maß der Strafe abstellte. Auf diese Art der Gesamtbetrachtung ist noch zurückzukommen[1147]. Eine Analyse verschiedener Entscheidungen im Hinblick auf Rechtsbeugung durch Anwendung von Tatbeständen des politischen Strafrechts im konkreten Fall wird im nächsten Kapitel vorgenommen[1148].

II. Übermassstrafe

Eine willkürliche Menschenrechtsverletzung im Sinne der BGH-Rechtsprechung soll ferner anzunehmen sein,

> „wenn die verhängte Strafe (...) in einem unerträglichen Mißverhältnis zu der Handlung gestanden hat, so daß die Strafe, auch im Widerspruch zu den Vorschriften des

---

1143 BGH, Urt. v. 6.10.1994, NJW 1995, 64, 66; BGH, Urt. v. 15.9.1995 - 5 StR 713/94, NJW 1995, 3324, 3328.

1144 BGH NJW 1995, 64, 66.

1145 BGH NJW 1995, 3324, 3328 = BGHSt 41, 247, 261.

1146 Darauf weist auch *F.-C. Schroeder*, JZ 1998, 911 kritisch hin. Vgl. dazu auch Kapitel 6, B., C.II.

1147 Dazu u., A. IV.

1148 Siehe Kapitel 6, B.

DDR-Strafrechts (Art. 4 V[1149], Art. 5 S. 3[1150], § 61 I, II[1151] DDR-StGB) als grob ungerecht und als schwerer Verstoß gegen die Menschenrechte erscheinen muß"[1152].

Nach der Untersuchung der rechtlichen Herleitung dieser Fallgruppe (1.) wird der Frage nachgegangen, nach welchem Maßstab zu ermitteln ist, ob eine verhängte Strafe den Tatbestand der Rechtsbeugung erfüllt (2.).

1. Rechtliche Herleitung der Fallgruppe

Dass eine Beugung des Rechts auch durch das Verhängen einer überhöhten Strafe möglich ist, war schon fester Bestandteil der Nachkriegsrechtsprechung[1153]. Der BGH vertrat dabei die Ansicht, das Verbot grausamen oder überharten Strafens sei von jeher ungeschriebener Grundsatz des deutschen Strafrechts gewesen[1154] und gehöre nicht nur dem „Naturrecht"

1149 **Art. 4 V DDR-StGB/1968:** „Niemand darf als einer Straftat schuldig behandelt werden, bevor nicht in einem gesetzlich durchgeführten Verfahren von einem Gericht oder einem gesellschaftlichen Organ der Rechtspflege seine Schuld zweifelsfrei nachgewiesen und rechtskräftig festgestellt worden ist."

1150 **Art. 5 S. 3 DDR-StGB/1968**: „Die Gerechtigkeit in der Strafrechtspflege erfordert, daß die objektiven und subjektiven Umstände der Tat, wie Art und Weise ihrer Begehung, ihre Folgen, ihre Ursachen und Bedingungen, die Schuld des Täters sowie die Möglichkeit seiner Erziehung zu einem gleichberechtigten und gleichverpflichteten Mitglied der sozialistischen Gesellschaft unter Berücksichtigung seiner Persönlichkeit festgestellt und nach den für alle geltenden Gesetzen beurteilt werden."

1151 **§ 61 I, II DDR-StGB/1968**: „(1) Bei der Strafzumessung hat das Gericht die Grundsätze der sozialistischen Gesetzlichkeit zu verwirklichen.
(2) Art und Maß der Strafe sind innerhalb des gesetzlichen Strafrahmens unter Berücksichtigung der objektiven und subjektiven Umstände der Tat, wie Art und Weise ihrer Begehung, ihrer Folgen, der Art und Schwere der Schuld des Täters, zu bestimmen. Dabei sind auch die Persönlichkeit des Täters, sein gesellschaftliches Verhalten vor und nach der Tat und die Ursachen und Bedingungen der Tat zu berücksichtigen, soweit diese über die Schwere der Tat und die Fähigkeit und Bereitschaft des Täters Aufschluß geben, künftig seiner Verantwortung gegenüber der sozialistischen Gesellschaft nachzukommen. Es ist insbesondere zu prüfen, inwieweit der Täter aus bereits erfolgten Bestrafungen richtige Lehren gezogen hat. Bei der Festsetzung der Strafe hat das Gericht sowohl die zugunsten als auch zuungunsten des Täters vorliegenden Umstände allseitig zu würdigen."

1152 BGH NJW 1994, 529, 532 = BGHSt 40, 30, 43 und seitdem st. Rspr. (für weitere Belege s. o., unter A.); zust. *Seebode*, FS Lenckner, S. 615.

1153 BGHSt 3, 110, 118 ff. = NJW 1952, 1024; BGHSt 10, 294, 300 f. = NJW 1957, 1158; BGH GA 1958, 241; BGH NJW 1960, 974, 975.

1154 BGH MDR 1952, 693, 694; BGH NJW 1952, 1024, 1025 = BGHSt 3, 110, 119; BGH NJW 1957, 1158, 1159 f. = BGHSt 10, 294, 301; zust. (soweit ein Strafrahmen für Strafzumessungserwägungen Raum gab) LK-*Herdegen* (9. Aufl.), § 336 Rn. 9.

an[1155]. Die Weite eines Strafrahmens finde ihr Gegengewicht in verpflichtenden Grundsätzen der Strafzumessung[1156].

> „Stellt ein Strafgesetz einen so weiten Strafrahmen zur Verfügung (...), und gibt es dadurch selbst zu erkennen, daß sein Tatbestand durch Handlungen von sehr unterschiedlichem Schuld- und Unrechtsgehalt verwirklicht werden kann, so spricht es damit für die Strafbemessung zugleich den Grundsatz aus, daß die angedrohte Höchststrafe nur in den Fällen verhängt werden darf, bei denen der Unrechtsgehalt der Tat – gemessen an den möglichen Verwirklichungen des Tatbestandes – besonders hoch und die Schuld oder die Gefährlichkeit des Täters besonders groß ist."[1157]

Ein Strafrichter begehe Rechtsbeugung, wenn er bewusst eine Strafe verhänge, die nach Art oder Höhe in einem unerträglichen Missverhältnis zu der Schwere der Tat und der Schuld des Täters stehe[1158].

Daran hält die Rechtsprechung auch für DDR-Altfälle fest[1159], was vom BVerfG gebilligt wurde[1160]. Dabei ergänzt der BGH in enger Anlehnung an ein Urteil aus der Nachkriegszeit:

> „Eine solche in einem unerträglichen Mißverhältnis zu etwa begangenem Unrecht und möglicher Schuld stehende Art des Strafens entspricht nicht mehr sachlichen Erwägungen. Sie erscheint willkürlich, weil sie erkennbar allein darauf abzielt, durch übermäßige Strenge politisch Andersdenkende einzuschüchtern und damit die Herrschaft der Machthaber zu sichern."[1161]

Dies lässt sich ergänzen durch den Aspekt des Missbrauchs überzogener Bestrafungen zum Beweis der Willfährigkeit gegenüber den Machthabern, auf den *F.-C. Schroeder* neben dem Missbrauch zur Einschüchterung hinweist[1162].

Eine Rechtsfolgenentscheidung muss auch gesetzwidrig i. S. d. § 244 DDR-StGB sein. Dies ist nicht nur dann der Fall, wenn eine gesetzlich unzuläs-

---

1155 Anders *Lewald*, NJW 1969, 459: Das Missverhältnis könne heute nur noch nach dem überpositiven, also auch für die damalige Zeit gültigen Maßstab der Gerechtigkeit beurteilt werden.

1156 BGHSt 3, 110, 118.

1157 BGHSt 3, 110, 118 f.

1158 BGH NJW 1960, 974, 975 – insoweit in BGHSt 14, 147 ff. nicht abgedruckt.

1159 Neben dem eben genannten Grundsatzurteil vgl. z. B. BGH NJW 1995, 3324, 3328 = BGHSt 41, 247, 264; BGHR StGB § 336 DDR-Recht 11; BGH DtZ 1996, 92, 93; BGH NJW 1996, 857, 858 und 859; vgl. auch schon BGH NJW 1995, 64,67 = BGHSt 40, 272, 283 f.

1160 BVerfG NJW 1998, 2587, 2589.

1161 BGHR StGB § 336 DDR-Recht 11; vgl. BGHSt 4, 66, 70.

1162 *F.-C. Schroeder*, Strafrechtliche Verantwortlichkeit für die Ausübung politischer Strafjustiz in der ehemaligen DDR, in: Lampe, (Hrsg.), Deutsche Wiedervereinigung, Bd. 2, S. 115.

sige Strafe ausgesprochen oder sonst gegen eindeutige Strafzumessungsregeln wie § 61 III und IV[1163] oder § 64 DDR-StGB verstoßen oder eine der in § 61 II DDR-StGB aufgeführten Strafzumessungstatsachen völlig außer Acht gelassen wurde[1164]. Auch ein eindeutiger Verstoß gegen das Gebot der Verhältnismäßigkeit bei der Strafzumessung durch Verhängung einer unvertretbar hohen Strafe kann eine Gesetzwidrigkeit begründen. Denn dieses war sehr wohl[1165] in Vorschriften des DDR-Rechts gesetzlich vorgesehen (und bereits zuvor der Sache nach in der DDR anerkannt[1166]). Der BGH verweist hier zu Recht auf den Proportionalitätsgrundsatz bei der Zumessung der Strafe in § 61 II 1 DDR-StGB, welcher auf die Schwere der Schuld hinweist, sowie auf Art. 30 II 2 DDR-Verf./1968 und 1974[1167], wonach die Rechte der Bürger nur insoweit eingeschränkt werden durften, als dies „unumgänglich" war, sowie auf Art. 4 und Art. 5 S. 3[1168]. Auch in der DDR-Literatur wurde § 61 II als Ausdruck des Proportionalitätsprinzips gesehen und daneben auf § 5ff., 28, 30, 39 DDR-StGB sowie weitere Vorschriften verwiesen, in denen dieser Grundsatz ebenfalls seinen Niederschlag gefunden habe[1169]. Tatschuld und Tatschwere waren wichtige sich aus § 61 II DDR-StGB ergebende Strafzumessungsgesichtspunkte[1170]. Die Tatangemessenheit wurde besonders betont[1171], gerade auch

---

1163 **§ 61 III, IV DDR-StGB/1968**: „(3) Legt das verletzte Gesetz fest, daß bestimmte Umstände die strafrechtliche Verantwortlichkeit begründen, mindern, oder erhöhen, darf das Vorliegen eines solchen Umstandes nicht noch strafmildernd oder straferschwerend berücksichtigt werden.
(4) Geht das Gesetz davon aus, daß bestimmte Umstände die strafrechtliche Verantwortlichkeit mindern, so ist dies bei der Strafzumessung innerhalb des Strafrahmens des verletzten Gesetzes zu berücksichtigen."

1164 So aber *Buchholz*, ZAP-Ost 1994, 192; kritisch auch *Ulrich Neumann*, Die strafrechtliche Vergangenheitsbewältigung von SED-Unrecht am Beispiel der Rechtsbeugung, S. 160, der es für widersprüchlich hält, eine Rechtsbeugung durch eine innerhalb des gesetzlichen Strafrahmens liegende Bestrafung für möglich zu halten, wenn andererseits das Vertrauen auf den Wortlaut der Gesetze eine Rechtsbeugung ausschließen solle. Auch *Wieners* (Rechtsbeugung im Zeitgeistwandel, S. 85) hält den Tatbestand nicht für erfüllt, wenn der Strafrahmen beachtet wurde.

1165 A.A. *Buchholz*, ZAP-Ost 1994, 192.

1166 BGH NJW 1996, 857, 859 m. w. N.

1167 BGH NJW 1994, 529, 532; BGHR StGB § 336 DDR-Recht 11; BGH NJW 1996, 857, 858.

1168 BGH NJW 1994, 529, 532; BGH NJW 1996, 857, 858.

1169 *Dähn*, NJ 1980, 12.

1170 *Sagel-Grande*, Grundzüge des Strafrechts der DDR, S. 55; *Buchholz*, Strafrecht, in: Heuer (Hrsg.), Die Rechtsordnung der DDR, S. 321 unter Hinweis auf eine Tagung des OG vom 19.3.1969.

1171 *Buchholz*, Strafrecht, in: Heuer (Hrsg.), Die Rechtsordnung der DDR, S. 315; *Roggemann*, ROW 1969, 147; vgl. auch *Dähn*, NJ 1980, 12.

im Strafrechtslehrbuch von 1988: Gerecht sei der Strafzwang nur in dem Rahmen, in dem er tatbezogen und tatangemessen bleibe. Die Zwangsanwendung finde dort ihre Grenze, wo solche Eingriffe außer Verhältnis zu den Interessen und Belangen der Gesellschaft und der betroffenen Einzelnen stehen würden[1172].

Wenn sich der BGH für die Rechtsbeugung in dieser Fallgruppe der Übermassstrafe auf das Kriterium der Gerechtigkeit bezieht, findet dies ebenfalls seine Verankerung im (positiven) Recht der DDR. Bei der Strafzumessung hatte das Gericht gem. § 61 I DDR-StGB/1968 die Grundsätze der sozialistischen Gerechtigkeit zu verwirklichen. Art. 5 DDR-StGB[1173] hob ebenfalls die sozialistische Gerechtigkeit hervor. Ergänzend lässt sich Art. 86 DDR-Verf./1968 und 1974 anführen[1174].

Für die Zeit vor Inkrafttreten des DDR-StGB/1968 mit seinen Strafzumessungsregeln argumentiert der BGH, der Grundsatz, dass eine verhängte Strafe nicht in einem unerträglichen Missverhältnis zur geahndeten Tat stehen dürfe, sei „Allgemeingut aller zivilisierten Völker der Neuzeit" und habe in der DDR auch ohne seine (partielle) Kodifizierung gegolten[1175]. Allein die gesetzliche Eröffnung von Strafrahmen anstelle absoluter Strafdrohungen bilde hierfür eine hinreichend deutliche gesetzliche Verankerung[1176]. Dieses Strafrahmenargument ist hier ebenso richtig, wie dies für die oben zitierte Nachkriegsrechtsprechung gilt. Unerträglich hohe Strafen aus der Zeit bis 1968, für die § 244 DDR-StGB als Zwischengesetz zu prüfen ist, können daher durchaus gesetzwidrig im Sinne dieser Bestimmung sein.

1172 Autorenkollektiv, Strafrecht der DDR, S. 318 f.

1173 **Art. 5 DDR-StGB/1968**: „Das Strafrecht und die Strafrechtspflege gewährleisten die Gleichheit vor dem Gesetz als ein Grundprinzip sozialistischer Gerechtigkeit. Niemand darf wegen seiner Nationalität, seiner Rasse, seines Glaubensbekenntnisses, seiner Weltanschauung oder wegen seiner Zugehörigkeit zu einer Klasse oder sozialen Schicht strafrechtlich verfolgt oder benachteiligt werden. Die Gerechtigkeit in der Strafrechtspflege erfordert, daß die objektiven und subjektiven Umstände der Tat, wie Art und Weise ihrer Begehung, ihre Folgen, ihre Ursachen und Bedingungen, die Schuld des Täters sowie die Möglichkeit seiner Erziehung zu einem gleichberechtigten und gleichverpflichteten Mitglied der sozialistischen Gesellschaft unter Berücksichtigung seiner Persönlichkeit festgestellt und nach den für alle geltenden Gesetzen beurteilt werden."

1174 Dazu u., III.

1175 BGH NJW 1996, 857, 858 unter Verweis auf *Gerats/Lekschas/Renneberg*, Lehrbuch des Strafrechts, AT (1957), S. 543, 607.

1176 BGH a.a.O. unter Verweis auf *Gerats/Lekschas/Renneberg*, a.a.O., S. 602 f., 605 f.

2. Maßstab für Übermassstrafen

Bei der Beurteilung des rechtsbeugerischen Missverhältnisses zwischen Schuld und verhängter bzw. beantragter Strafe ist die Bestrafung schon angesichts des generell höheren Strafniveaus der DDR[1177] nicht an rechtsstaatlichen Maßstäben zu messen. Auch galten in der DDR (neben den ohnehin bestehenden strukturellen Besonderheiten richterlicher Strafzumessung[1178]) teilweise andere Strafzumessungskriterien als in der Bundesrepublik. So waren neben der Art und Weise der Begehung und der Folgen der Tat beispielsweise auch das gesellschaftliche Verhalten des Täters vor und nach der Tat zu berücksichtigen (§ 61 II DDR-StGB). Die bei der Strafzumessung ausschlaggebenden Kriterien waren entsprechend der herrschenden Ideologie anzuwenden[1179]. Wenn auch die allgemeine Schutz- und Erziehungsfunktion des sozialistischen Strafrechts immer mehr hervorgehoben wurde, so galt doch weiterhin die spezielle Schutz- und Repressivfunktion etwa für „friedensfeindliche und konterrevolutionäre Anschläge imperialistischer Kräfte" mit dem Mittel langfristiger Freiheitsstrafen[1180].

Entsprechend der damaligen Ideologielastigkeit des Verständnisses der Strafzumessungskriterien hat der 5. Strafsenat des BGH beispielsweise entschieden, es belege im Blick auf die gebotene Sicht eines damals tätigen DDR-Richters der Umstand keine Rechtsbeugung, dass bei der Strafbemessung der engagierte und öffentlichkeitswirksame berufliche (in dem Fall: journalistische) Einsatz des Betroffenen gegen die DDR diesem - auch wenn er für sich nicht strafbar war - erschwerend angelastet wurde[1181].

Die Unumgänglichkeit i. S. des Art. 30 II DDR-Verf.[1182] und Art. 4 DDR-StGB[1183] war nach sozialistischer Auslegung als eine gesellschaftliche zu

1177 BGH NJW 1995, 64, 67; BGH DtZ 1996, 92, 93; BGH NJW 1996, 857, 864; *F.-C. Schroeder*, ROW 1986, 338; *Roggemann*, JZ 1995, 778; *Werkentin*, NJ 1992, 527; *Weber*, GA 1993, 222.

1178 BGH DtZ 1996, 92, 93.

1179 *Sagel-Grande*, Grundzüge des Strafrechts der DDR, S. 55.

1180 Autorenkollektiv, Strafrecht der DDR, S. 112.

1181 BGH NJW 1996, 857, 865.

1182 **Art. 30 I, II DDR-StGB/1968**: „(1) Die Persönlichkeit und Freiheit jedes Bürgers der Deutschen Demokratischen Republik sind unantastbar.
(2) Einschränkungen sind nur im Zusammenhang mit strafbaren Handlungen oder einer Heilbehandlung zulässig und müssen gesetzlich begründet sein. Dabei dürfen die Rechte solcher Bürger nur insoweit eingeschränkt werden, als dies gesetzlich zulässig und unumgänglich ist."

1183 **Art. 4 IV DDR-StGB/1968**: „Die Rechte der Persönlichkeit (...) sind gewährleistet. Sie dürfen nur so weit eingeschränkt werden, als dies gesetzlich zulässig und unumgänglich ist. (...)".

verstehen[1184]. Da die DDR-Verfassung nach ihrem sozialistischen Gesellschaftskonzept und Menschenbild der sozialistischen Gesellschaft grundsätzlich Vorrang vor dem einzelnen Bürger gewährt, ist eine „Unumgänglichkeit“ der Einschränkung von Rechten bei Kollision des Verhaltens mit den Interessen der sozialistischen Gesellschaft, also gerade im politischen Bereich, weit eher annehmbar als bei einem Konzept der Gleichwertigkeit[1185]. Aus all diesen Gründen können bzw. konnten oft selbst solche Strafen, die nach rechtsstaatlichen Maßstäben eindeutig unverhältnismäßig und unvertretbar wären, noch nicht als rechtsbeugerisch überhöht angesehen werden.

Wo allerdings die Grenze zur Rechtsbeugung im Einzelfall überschritten ist, ist oft schwierig zu entscheiden. Bedenken gegen die Feststellung einer eindeutigen Gesetzwidrigkeit[1186] begegnete der BGH mit dem Hinweis auf seine Beschränkung des Rechtsbeugungstatbestandes auf offensichtliche schwere Menschenrechtsverletzungen[1187] bzw. Willkürakte. Er meint, Maßstab für eine Rechtsbeugung durch überhöhte Strafe könne nur sein, ob sich eine Entscheidung offensichtlich als *Willkürakt* darstelle, weil sie entweder von einer *gängigen Rechtspraxis* in extremem Maße abweiche oder weil die Rechtspraxis, an der sie sich orientiere, in krassem Widerspruch zum *Verhältnismäßigkeitsprinzip*[1188] stehe[1189]. Ob etwa andere Gerichte in vergleichbaren Fällen ähnlich hohe Strafen verhängt haben, soll für den objektiven Tatbestand der Rechtsbeugung ohne entscheidende Bedeutung sein (abgesehen von den – eben bereits genannten – Fällen einer selbst die Strafzumessungspraxis der DDR exzessiv übersteigenden Strafe); vielmehr kommt es auf das Gewicht der im Einzelfall abgeurteilten Verfehlung an[1190]. Neben der Dauer der erkannten Strafe ist auch die

---

1184 Vgl. Autorenkollektiv, Strafrecht der DDR, S. 118 unter Hinweis auf Art. 30 II DDR-Verf. und Art. 4 DDR-StGB: Die Anwendung von Zwang gegenüber dem Straftäter, Entziehung oder Einschränkung von Rechten dürfe nur in dem Umfang geschehen, der *gesellschaftlich* unbedingt erforderlich sei (Hervorhebung v. d. Verf.).

1185 *Mampel*, Die sozialistische Verfassung der DDR, Art. 30 Rn. 17.

1186 *Buchholz*, ZAP-Ost 1994, 192.

1187 BGH NJW 1995, 3324, 3328 = BGHSt 41, 247, 264; BGHR StGB § 336 DDR-Recht 11.

1188 Damit ist das Verhältnismäßigkeitsprinzip des DDR-Rechts gemeint, vgl. BGH DtZ 1996, 92, 93, wo auf § 61 II 1 DDR-StGB und Art. 30 II 2 DDR-Verf. verwiesen wird.

1189 BGH NJW 1995, 64, 67 = BGHSt 40, 272, 283; BGH NStZ-RR 1996, 65, 69 (Hervorhebung v. d. Verf.); in diesem Sinne auch BGH NJW 1995, 3324, 3328 = BGHSt 41, 247, 264 (wo darauf abgestellt wird, dass die Sanktion (selbst) in krassem Widerspruch zum Verhältnismäßigkeitsprinzip steht); zust. *Wassermann*, NJW 1995, 2966.

1190 BGH NJ 1997, 375, 376; BGH NStZ-RR 1996, 201, 202.

Härte des Strafvollzugs zu berücksichtigen, der gerade politische Häftlinge ausgesetzt waren[1191].

Abgesehen von der oben angesprochenen Auslegung gesetzlicher Strafzumessungskriterien kam es vor, dass der BGH im Rahmen der Verhältnismäßigkeitsprüfung allgemein auf das Gerechtigkeitsempfinden abstellte. Hierbei sind wenig beachtete Unterschiede erkennbar. Während der 4. Strafsenat den Maßstab eines *von Ideologien unbeeinflussten Gerechtigkeitsempfindens* anlegte[1192], hatte der 3. Strafsenat des BGH das Erfordernis aufgestellt, die Entfernung vom Verhältnismäßigkeitsgrundsatz müsse regelmäßig so deutlich sein, dass die Bestrafung *in einer sich selbst einem politisch indoktrinierten Richter aufdrängenden Weise* als Willkür und damit für das Gerechtigkeitsempfinden unerträglich erscheine[1193]. Dies geht allerdings zu weit, denn es ist davon auszugehen, dass unter den politisch indoktrinierten Richtern manche so verblendet waren, dass eine Erkenntnis des Unrechtsgehalts selbst härtester Strafen für geringfügig erscheinende Taten nicht festzustellen ist. Eine Lösung dieses Problems ist auf der subjektiven und damit dem individuellen Fall Rechnung tragenden Ebene zu suchen[1194]. Macht man aber die Vorstellungswelt politisch indoktrinierter Personen zum Maßstab objektiver Rechtsbeugung, bleibt man hinter dem zurück, was selbst nach DDR-Recht objektiv gesetzwidrig war. Die eigene Willkür und Ungerechtigkeit ist dem Machtzyniker, aber nicht unbedingt dem politischen Idealisten bewusst. Wann sie sich ihm trotz Indoktrination aufdrängen musste, ist nur schwer zu sagen und zur Ermittlung eines objektiven Maßstabes wohl kaum geeignet.

Vorzuziehen ist ein objektiver Maßstab, wonach rechtsbeugerische Übermassstrafen anzunehmen sind bei Verhängung eindeutig unvertretbarer Strafen, die auch bei Berücksichtigung der gesetzlich geregelten Grundsätze sozialistischer Strafzumessung jeglichen gegebenen Spielraum überschreiten. Damit dürfte man in dieser Fallgruppe regelmäßig

---

1191 BGHR StGB § 336 DDR-Richter 2 (insoweit nicht in BGH NJ 1997, 375 f. abgedruckt).

1192 BGH NStZ-RR 1998, 362, 363 (Hervorhebung v. d. Verf.): Die in concreto verhängte Freiheitsstrafe erscheine nicht als unerträglicher Verstoß gegen jegliches – von Ideologien unbeeinflusstes – Gerechtigkeitsempfinden und damit nicht als Rechtsbeugung.

1193 BGH DtZ 1996, 92, 93; BGH NJ 1997, 375, 376 (Hervorhebung v. d. Verf.); zust. *Möller-Heilmann*, Die Strafverfolgung von Richtern und Staatsanwälten der ehemaligen DDR wegen Rechtsbeugung, S. 213.

1194 Dazu auch Kapitel 10.

zu ähnlichen Ergebnissen gelangen wie der 5. Strafsenat im Rahmen seiner Willküraktrechtsprechung[1195].

III. Verfahrensweise

Zum Abschluss der als Rechtsbeugung in Frage kommenden Fallgruppen erläutert der BGH in seinem Grundsatzurteil vom 13.12.1993 und seit dem in ständiger Rechtsprechung:

> „Des weiteren ist an schwere Menschenrechtsverletzungen im Hinblick auf die Art und Weise der Durchführung von Verfahren, insbesondere von Strafverfahren, sowie an Fälle zu denken, in denen die Strafverfolgung und die Bestrafung überhaupt nicht der Verwirklichung von Gerechtigkeit (Art. 86 der DDR-Verfassung), sondern der Ausschaltung des politischen Gegners oder einer bestimmten sozialen Gruppe gedient haben“[1196].

Neben der Rechtsbeugung durch die *Art und Weise der Durchführung von Verfahren* wird mithin der *Missbrauch (Instrumentalisierung) von Strafverfahren zur Ausschaltung bestimmter Personen* hervorgehoben. Dass es – insbesondere in der stalinistischen Zeit der DDR – Gerichtsentscheidungen gab, die ausschließlich zu dem Zweck ergingen, politische Gegner auszuschalten, wurde in der Endphase der DDR sogar intern zugegeben[1197]. Die Formulierungen des BGH legen nahe, zwischen Rechtsbeugung durch das „Wie“ des Verfahrens und Rechtsbeugung durch das „Ob“ des Verfahrens zu unterscheiden, also von insgesamt vier Fallgruppen auszugehen, wie es teilweise in der Literatur geschieht[1198]. Manche stellen dagegen

1195 Daher kann nicht uneingeschränkt der Einschätzung gefolgt werden, in vielen Fällen liege eine gesetzwidrige Entscheidung durch das Verhängen einer im Missverhältnis zur Handlung stehenden Strafe vor, deren Ahndung aber aufgrund der Einschränkung des Bundesgerichtshofs auf eine gleichzeitig erforderliche Menschenrechtsverletzung unterbleibe (so *Möller-Heilmann*, Die Strafverfolgung von Richtern und Staatsanwälten der ehemaligen DDR wegen Rechtsbeugung, S. 320). Dass abgesehen davon weniger die Menschenrechtsverletzung als der Willkürakt als entscheidendes Kriterium des BGH zur Annahme von Rechtsbeugung zur Einschränkung des Tatbestandes führt, wurde bereits an anderer Stelle dargelegt (vgl. Kapitel 4, B.IV.2), macht aber an dieser Stelle keinen entscheidenden Unterschied.

1196 BGH NJW 1994, 529, 532 = BGHSt 40, 30, 43 und seitdem st. Rspr. (für weitere Belege s.o., unter A.).

1197 *N.N.*, Referat zur Plenartagung des Obersten Gerichts am 22. November 1989, zitiert in: *Arnold*, Die Normalität des Strafrechts der DDR, Bd. 1: Gesammelte Beiträge und Dokumente, S. 446.

1198 So die Einteilung bei *Roggemann*, JZ 1994, 777, *Amelung*, GA 1996, 61 sowie *Wieners*, Rechtsbeugung im Zeitgeistwandel, S. 93.

diese beiden Fallvarianten als eine einheitliche Fallgruppe – allenfalls die zweitgenannte Variante als Unterkomponente der ersten dar[1199]. Mittlerweile hat der BGH klargestellt, dass er selbst von nur drei Fallgruppen ausgeht, wobei er die Art und Weise und den Missbrauch des Verfahrens zusammenfasst[1200]. Dieser Einteilung soll daher in der Darstellung gefolgt werden. Ergänzend ist auf die Begehungsweise der Sachverhaltsverfälschung einzugehen.

1. Rechtliche Herleitung der Fallgruppe

a) Verfahrensrechtsverletzungen

Die Fallgruppe der Rechtsbeugung durch die Art und Weise der Durchführung von Verfahren erfasst insbesondere die gesetzwidrige Anwendung von konkreten Verfahrensvorschriften, d.h. die Verletzung prozessualen Rechts, also vor allem der Strafprozessordnung, aber auch des GVG der DDR. In derartigen Fällen ergibt sich die Tatbestandsmäßigkeit unmittelbar aus dem Verstoß gegen die jeweilige Norm. Auf Beispiele wird in einem gesonderten Kapitel eingegangen[1201].

b) Instrumentalisierung von Strafverfahren (Verfahrensmissbrauch)

Zur Begründung der Rechtsbeugung in Fällen, in denen die Strafverfolgung und die Bestrafung überhaupt nicht der Verwirklichung von Gerechtigkeit dienten, verweist der BGH auf Art. 86 der DDR-Verfassung. Diese – erst in den Verfassungen von 1968 und 1974 enthaltene – Bestimmung spricht von der Verwirklichung der Verfassung (also auch deren Bestimmungen zur Rechtspflege) im Geiste der Gerechtigkeit. Als weitere Stütze dieses Gedankens lassen sich folgende Vorschriften anführen: § 1 I 1 DDR-StPO/1968 („Das Strafverfahren dient der *gerechten* Anwendung des sozialistischen Strafrechts und *damit* dem Schutz der sozialistischen Staats- und Gesellschaftsordnung und jedes Bürgers"[1202]), § 5 I 1 DDR-StPO/1968 (Verbot der strafrechtlichen Verfolgung oder Benachteiligung

---

1199 So etwa *L. Schulz*, Der nulla-poena-Grundsatz – ein Fundament des Rechtsstaats?, in: Pawlowski /Roellecke (Hrsg.), Der Universalitätsanspruch des demokratischen Rechtsstaats, ARSP-Beiheft 65, S. 193; wohl auch *F.-C. Schroeder*, NJW 1999, 90.

1200 BGH NJW 1995, 3324, 3326 = BGHSt 41, 247, 254; BGH NStZ 1997, 127, 128= NJ 1997, 264; noch deutlicher BGH NJW 1999, 3347, 3351 = BGHSt 44, 275, 298.

1201 Siehe Kapitel 8, B.

1202 Hervorhebung v. d. Verf.

wegen der Weltanschauung oder Zugehörigkeit zu einer Klasse oder sozialen Schicht), § 6 II 1 DDR-StPO/1968 (Unschuldsvermutung: „Niemand darf als einer Straftat schuldig behandelt werden, bevor seine strafrechtliche Verantwortlichkeit nachgewiesen und in einer rechtskräftigen Entscheidung festgestellt ist"), § 11 I 2 DDR-StPO/1968 („Die Entscheidung muß den Grundsätzen der Gerechtigkeit und der sozialistischen Gesetzlichkeit entsprechen"). Für Fälle vor 1968 lässt sich immerhin § 1 II 2 DDR-StPO/1952 (Zweck der StPO ist die „gerechte Anwendung des Strafgesetzes") anführen.

Ein Verstoß gegen das Ziel der Verwirklichung der Gerechtigkeit kann daher durchaus als gesetzwidrig und eine Beugung des Rechts angesehen werden. Hierauf lassen sich auch die Fälle der Ausschaltung bestimmter Personen oder Personengruppen zurückführen[1203]. Wenn mit Verfahren und Bestrafung ausschließlich oder ganz überwiegend der Zweck verfolgt wurde, einen unliebsamen Kritiker des Regimes mundtot zu machen, handelt es sich um einen willkürlichen Missbrauch des Strafverfahrens, der den Vorwurf der Beugung des Rechts begründet. Dies hatte der BGH zunächst im Fall *Reinwarth* angedeutet[1204] und im Fall *Havemann* verstärkend aufgegriffen:

> „Das wissentliche Eingebundensein in die Ausschaltung des politischen Gegners im Gewande eines justiziellen Verfahrens (Scheinjustiz) ist *keine Rechtsanwendung* und daher gesetzwidrig und eine Beugung des Rechts."[1205]

Als solche Scheinjustiz beschreibt er Verfahren, in denen nur dem äußeren Anschein nach Gesetzesanwendung betrieben und ein vorgegebenes Ergebnis ohne justizförmige Entscheidungsfindung auf nur scheinbar justizförmige Weise erreicht werden sollte[1206]. Bereits 1956 hatte der BGH in einem Fall von NS-Justizunrecht ähnlich argumentiert:

> „Die bewußte Benutzung der Formen des Gerichtsverfahrens zur Erreichung von Zwecken, die mit Recht und Gerechtigkeit nichts zu tun haben, stellt eine Beugung des Rechts im Sinne des § 336 [StGB] dar. Wer gar nicht Recht sprechen will und die Formen der richterlichen Tätigkeit nur zur Erreichung anderer, sachfremder Ziele benutzt, kann sich nicht darauf berufen, daß er sich – äußerlich gesehen – an die

---

1203 Dies sei auf die Bedenken von *Buchholz*, ZAP-Ost 1994, 192, woran in diesen Fällen die Rechtsbeugung festzumachen sei, entgegnet.

1204 Im zu entscheidenden Fall hatte er dies aber, obwohl objektiv sehr naheliegend, nicht für erwiesen angesehen, weil sich das den seinerzeit Verurteilten zur Last gelegte Verhalten dem angeklagten Richter als Spionage (wegen der die Verurteilung erfolgte) darstellen konnte, BGH NJW 1996, 857, 864 f.

1205 BGH NJW 1999, 3347, 3353 = BGHSt 44, 275, 306 (Hervorhebung v. d. Verf.).

1206 BGH NJW 1999, 3347, 3352 = BGHSt 44, 275, 301 f.

bestehenden Gesetze gehalten habe; denn dies ist bei einer solchen inneren Haltung nur zum Schein geschehen."[1207]

Charakteristisch für die in verschiedenen Erscheinungsformen auftretende Scheinjustiz ist, dass das Ergebnis ganz oder im wesentlichen vorher feststeht, also das Verfahren nur noch „pro forma" durchgeführt wird, ohne dass es auf die Klärung der Schuldfrage und des Maßes der Schuld ankäme. Eine solche Präjudizierung des Urteils kann zum einen auf Initiative „von oben", also durch die jeweils Mächtigen, herbeigeführt worden sein – sei es durch schlichte Anordnung des Ergebnisses, sei es durch detaillierte Vorgaben bis hin zum konkreten Verfahrensablauf (so die noch ausführlich zu behandelnden „Drehbuchfälle"[1208]). Zum anderen kann Scheinjustiz auch auf Eigeninitiative der beteiligten Justizjuristen basieren[1209].

In der Literatur wird darauf verwiesen, dass die Präjudizierung von Entscheidungen nicht nur gegen die Unschuldsvermutung, sondern auch gegen den Grundsatz der Unmittelbarkeit verstoße[1210]. § 222 III DDR-StPO/1968 und 1974 legte sogar ausdrücklich fest, dass alleinige Grundlage für das Urteil die in der Beweisaufnahme zu treffenden Feststellungen zu sein hatten.

Ein weiteres Problem liegt in Fällen von Scheinjustiz aber darin, dass bezweifelt werden kann, ob es sich überhaupt noch um die Durchführung eines gerichtliches Verfahrens (bzw. eines Ermittlungsverfahrens) im Sinne des § 244 DDR-StGB und um die Leitung oder Entscheidung einer Rechtssache im Sinne des § 339 StGB handelt. Diese Frage berührt – unabhängig von der Rechtsbeugung als Tathandlung – bereits die Anwendbarkeit des Rechtsbeugungstatbestandes. Damit verknüpft ist die Problematik der Reichweite der Sperrwirkung des Rechtsbeugungstatbestandes – eine Problematik, die naheliegenderweise schon bei Fällen von NS-Unrechtsjustiz virulent wurde. Daher soll hierauf im Zusammenhang mit der Sperrwirkung sowie den Bezügen zur Aufarbeitung des NS-Justizunrechts näher eingegangen werden[1211].

1207 BGHSt 10, 294, 300 f. = BGH NJW 1957, 1158, 1159.

1208 Dazu Kapitel 11, B.IV.4.

1209 Insoweit str., dazu näher Kapitel 11, B.III.4.

1210 *Grote*, Die DDR-Justiz vor Gericht, S. 102 f.

1211 Siehe Kapitel 11, B.II. und Kapitel 13, C.II.2.

2. Sachverhaltsverfälschung

Will man die Begehungsweise der Sachverhaltsverfälschung den nunmehr vom BGH regelmäßig genannten Fallgruppen zuordnen, so dürfte sie im Wesentlichen zu der Fallgruppe der rechtsbeugerischen Verfahrensweise gehören. Auf der Basis der objektiven Theorie der Rechtsbeugung[1212] entspricht diejenige Entscheidung objektiv der Rechtslage, die durch die Beachtung der Verfahrensnormen veranlasst ist[1213]. Es kommt somit nicht auf die Übereinstimmung des der Entscheidung zugrundegelegten Sachverhalts mit der „objektiven Wirklichkeit“ an, sondern auf die prozessordnungsgemäße und auch sonst rechtmäßige Sachverhaltserforschung[1214]. Eine Verfälschung des Sachverhalts entgegen den Verfahrensnormen ist also deswegen rechtsbeugerisch, weil das prozessuale Recht verletzt wird. Nicht die Verfälschung eines Sachverhalts als solche, sondern ein eventueller Verstoß gegen die Beweiserhebungs- und Beweiswürdigungsvorschriften kann als Rechtsverletzung den Tatbestand der Rechtsbeugung erfüllen[1215], ebenso der Verstoß gegen ein Beweisverwertungsverbot. Dies sieht auch die Pflichtverletzungslehre so, da sie auf die sich aus der jeweiligen Verfahrensordnung ergebenden Pflichten abstellt[1216].

Auch der BGH hat entsprechend der hier vorgenommenen Einordnung beispielhaft für rechtsbeugerische Verfahrensweisen bewusste Verstöße gegen Regelungen des Beweisrechts „mit dem Ziel einer Verfälschung des Sachverhalts zur Erreichung eines politisch erwünschten oder doch opportun erscheinenden Ergebnisses“ genannt[1217]. Eine schwerwiegende Sachverhaltsverfälschung mit politischen Zielen könne für die Annahme eines Willküraktes sprechen[1218].

Eine Sachverhaltsverfälschung kann auch darin liegen, dass der Sachverhalt im Urteil einfach anders dargestellt und zugrundegelegt wird, als er ermittelt und festgestellt[1219] wurde. Das Abweichen von fest-

1212 Dazu Kapitel 4, A.I.1.a).

1213 LK-*Spendel* (11. Aufl.), § 339 StGB Rn. 56; *Maurach/Schroeder/Maiwald*, Strafrecht BT/2, § 77 II, Rn. 11; *Vormbaum*, Der strafrechtliche Schutz des Strafurteils, S. 360.

1214 *Spendel*, NJW 1971, 540; *Vormbaum*, Der strafrechtliche Schutz des Strafurteils, S. 360; LK-*Herdegen* (9. Aufl.), § 336 Rn. 7.

1215 *Scholderer*, Rechtsbeugung, S. 325.

1216 SK-*Rudolphi*, § 339(5. Aufl.) Rn. 15.

1217 BGH DtZ 1996, 92, 94.

1218 BGH NJW 1994, 3238, 3241; dazu Kapitel 4, B.V.2.b)dd)(2).

1219 *Scholderer* ordnet das (vorsätzliche) Konstruieren eines Sachverhaltes, der von den nach vorschriftsmäßiger Beweiserhebung festgestellten Tatsachen abweicht, dem

gestellten Tatsachen kann, soweit nicht schon gegen den auch im DDR-Recht[1220] enthaltenen Grundsatz „in dubio pro reo" oder zivilrechtliche Beweislastregeln verstoßen wurde[1221], die aus §§ 261 StPO, 286 ZPO, 108 VwGO abzuleitende Rechtspflicht verletzen, nicht gegen die eigene Überzeugung zu entscheiden (ohne dass dies generell bedeuten würde, eine subjektive Theorie der Rechtsbeugung zugrundezulegen – das objektive Recht hat hier nur einen subjektiven Inhalt, indem es die subjektive Überzeugung des Richters für maßgeblich erklärt)[1222]. Entsprechend wären aus dem DDR-Recht § 220 I DDR-StPO/1952 bzw. § 241 II DDR-StPO/1968 und 1974 tangiert, wonach Gegenstand der Urteilsfindung das in der Anklage bezeichnete (und vom Eröffnungsbeschluss erfasste) Verhalten des Angeklagten ist, *wie es sich nach dem Ergebnis der (Haupt-) Verhandlung darstellt.*

Eine Sachverhaltsverfälschung kann im Übrigen auch gesetzwidrig i. S. d. § 244 DDR-StGB sein, weil sie das Prinzip „nulla poena sine lege" verletzt, das in den DDR-Verfassungen[1223] sowie im StGB[1224] verankert war, nämlich wenn ein Sachverhalt konstruiert wird, der ohne die Verfälschung nicht dem angewandten Strafgesetz unterfiele. Hierin kann dann auch eine selbständige Verletzung des angewandten materiellen Rechts gesehen werden[1225], so dass man diese Konstellation als Mischfall zugleich der Fallgruppe der Tatbestandsüberdehnung zuordnen

---

Vorgang der Beweiswürdigung zu (*Scholderer*, Rechtsbeugung, S. 526). Die Beweiswürdigung ist jedoch kein der Tatsachenfeststellung nachfolgender Vorgang. Vielmehr ergibt sich gerade aus der Beweiswürdigung, welche Tatsachen festzustellen sind.

1220 Verfassungsrechtlich: Art. 99 II 1 DDR-Verf./1968 und 1974; einfachgesetzlich: Beweisführungspflicht des Gerichts (§ 22 DDR-StPO/1968) und Verbot, dem Beschuldigten oder Angeklagten eine Beweisführungspflicht aufzuerlegen (§ 8 II DDR-StPO/1968).

1221 Dahingehend, dass eine Sachverhaltsverfälschung auch vorliegt, wenn der Grundsatz „in dubio pro reo" verletzt wurde, bestand schon früh Übereinstimmung, vgl. BGH NJW 1971, 571, 573; zust. *Spendel*, NJW 1971, 539 mit der Erwägung, es sei prinzipiell gleich, ob in zweifels*freien* Fällen ein anderer (nicht nachgewiesener) Sachverhalt anstelle des erwiesenen oder ob in zweifel*haften* Fällen eine dem Angeklagten ungünstige (nicht feststellbare) Sachlage statt der günstigen (nach der Entscheidungsregel nur festzustellenden) angenommen werde – beide Male würden die dem Urteil zugrundeliegenden Tatsachen verdreht; zust. auch *Behrendt*, JuS 1989, 948.

1222 *Scholderer*, Rechtsbeugung, S. 526, dazu auch S. 314.

1223 Art. 135 DDR-Verf./1949; Art. 99 DDR-Verf./1968 und 1974.

1224 Art. 4 DDR-StGB/1968 und 1974.

1225 Vgl. dazu auch *Scholderer*, Rechtsbeugung, S. 526.

kann (Anwendung einer auf den – unverfälschten – Sachverhalt nicht anwendbaren Norm[1226]).

Daneben konnte eine Sachverhaltsverfälschung zur Unterbindung einer nach dem Straf- und Strafverfahrensrecht der DDR gebotenen Strafverfolgung auch zu einer Strafbarkeit von Staatsanwälten führen[1227].

IV. Die „Kompensationslösung" bei der Gesamtbetrachtung von Fallgruppen

Einleitend wurde bereits darauf hingewiesen, dass die Fallgruppen nach der Rechtsprechung des BGH nicht isoliert zu betrachten sind, sondern eine Gesamtbetrachtung geboten sein kann. Dabei können sich die Fallgruppen gewissermaßen untereinander ergänzen. Die Annahme eines Willküraktes kann dann auf die ausgleichende und ergänzende Kombination von Fallgruppen oder ihren Vorformen gestützt werden („Kompensationslösung").

Dem BGH genügen für diese Art der Gesamtbetrachtung, die er meist nicht ausdrücklich als solche bezeichnet[1228], meist schon zwei Fallgruppen bzw. ihre Vorformen. Sie findet insbesondere dann Anwendung, wenn der BGH eine extrem weite Tatbestandsauslegung als Kriterium für Rechtsbeugung durch unerträgliches Missverhältnis zwischen Strafe und Handlung heranzieht (a). Ein weiterer Anwendungsbereich solcher Kompensation findet sich in der Berücksichtigung bestimmter Verfahrensweisen, wobei hier von einer „Indikatorfunktion" die Rede ist (b).

1. Relative Übermassstrafen im Grenzbereich des Tatbestandes

Nach der Rechtsprechung des BGH kann das Zusammenspiel von tendenzieller Überdehnung einer Norm auf der Tatbestandsseite und gleichzeitiger Verhängung einer hohen vollstreckbaren Freiheitsstrafe den Vorwurf

1226 Zur Rechtsbeugung durch Anwendung von Tatbeständen auf tatbestandlich nicht erfasste Sachverhalte siehe bereits o., A. I.

1227 Dazu Kapitel 4, B.V.2.b)cc)(2), „Stasi-Wachmann-Fall", BGH NJW 1994, 3238 ff. = BGHSt 40, 169 ff. sowie zur Strafbarkeit von Staatsanwälten Kapitel 9, B.I., insbes. 3.d); Kapitel 11, A.V.

1228 Der Begriff „Gesamtbetrachtung taucht erst in dem Havemann-Urteil des BGH vom 10.12.1998 auf, also fünf Jahre nach dem ersten Leiturteil zur DDR-Rechtsbeugung nach der Wiedervereinigung.

der Rechtsbeugung begründen[1229]. Damit sind Fälle gemeint, in denen Strafnormen extensiv bis an die Grenze des gesetzlichen Wortlauts ausgedehnt wurden, ohne diese allerdings zu überschreiten, und zugleich eine in Anbetracht dieses Umstands unverhältnismäßig schwere Strafe verhängt wurde[1230].

Willnow prägte hierzu den Begriff der „relativen Terrorstrafen“, im Gegensatz zu den sogenannten „absoluten Terrorstrafen“, welche bereits ohne das Zusammenspiel mit der Überdehnung einer Norm rechtsbeugerisch verhängt wurden[1231]. Zurückhaltender ist die hier gewählte Bezeichnung als absolute bzw. relative Übermassstrafen. Konkrete Beispiele werden noch im Einzelnen behandelt[1232]. Zunächst sollen vorrangig die allgemeinen oder verallgemeinerungsfähigen Äußerungen des BGH zu relativen Terrorstrafen im Grenzbereich des Tatbestandes erörtert werden.

Die fließenden Übergänge zwischen Fallgruppen, die den BGH zu einer Gesamtbetrachtung veranlassen, wurden schon in der bereits angeführten Formulierung des Grundsatzurteils sichtbar, in der Fälle beschrieben werden,

> „in denen Straftatbestände unter Überschreitung des Gesetzeswortlautes oder unter Ausnutzung ihrer Unbestimmtheit bei der Anwendung *derart* überdehnt worden sind, *daß eine Bestrafung, zumal mit Freiheitsstrafe, als offensichtliches Unrecht anzusehen ist*“[1233].

Noch deutlicher wird die Gesamtbetrachtung von Grenzfällen der Tatbestandsüberdehnung mit Grenzfällen der Strafüberhöhung, und zwar zur Bejahung einer (vorsätzlichen) Rechtsbeugung wegen eines unerträglichen Missverhältnisses zwischen Strafe und Tat, in einer weiteren Entscheidung, die zur Grundlage einer ständigen Rechtsprechung wurde:

> „Für diejenigen Fälle, in denen die Auslegung einer Strafnorm zum Nachteil des Beschuldigten offensichtlich die äußersten Grenzen hinnehmbarer Rechtsanwendung berührt, wird bei gleichzeitiger Verhängung einer im vorgesehenen Strafrahmen besonders schwerwiegenden Rechtsfolge – bzw. beim Hinwirken des Staatsanwalts hierauf – jedenfalls die Annahme eines (vom entscheidenden Richter oder

1229 Vgl. insbes. BGH NJW 1995, 3324, 3329 = BGHSt 41, 247, 267; näher dazu sogleich.

1230 Vgl. KG NStZ-RR 1998, 301, 303.

1231 *Willnow*, JR 1997, 269; den Begriff übernehmend *Möller-Heilmann*, Die Strafverfolgung von Richtern und Staatsanwälten der ehemaligen DDR wegen Rechtsbeugung, S. 214 und *Käsewieter*, Der Begriff der Rechtsbeugung im deutschen Strafrecht, S. 137, 142.

1232 Kapitel 7, A.

1233 BGH NJW 1994, 529, 532 = BGHSt 40, 30, 43 (für weitere Belege s. o., unter A., sowie BGH NStZ-RR 1998, 172.

> Staatsanwalt erkannten) unerträglichen Mißverhältnisses der Strafe zu der abgeurteilten Handlung in Betracht kommen (vgl. bereits BGHSt 40, 30, 43[1234]). Das ist nicht auf absolut besonders schwere Strafen beschränkt. Nicht zuletzt auch im Blick auf die besondere Härte des DDR-Strafvollzugs (...) kann allein die Verhängung einer zu vollstreckenden Freiheitsstrafe für einen offensichtlichen Grenzfall im Einzelfall als Rechtsbeugung zu werten sein."[1235]

Die Grenzen des unter dem Gesichtspunkt der Rechtsbeugung noch zulässigen Strafens sollen mithin enger gezogen sein, wenn es um Fälle geht, in denen die Annahme der Tatbestandserfüllung nur noch eben hinnehmbar ist[1236]. Sie erfordern dann nach Ansicht des BGH zumindest auf der Sanktionsseite ganz besondere Zurückhaltung[1237].

Eine weitere Konkretisierung erfuhren die Grundsätze der Aburteilung relativer Übermassstrafen in Entscheidungen im Zusammenhang mit „ungesetzlicher Verbindungsaufnahme" nach § 219 II Nr. 1 DDR-StGB/1979. Eine Wortlautüberschreitung hielt der BGH insoweit nicht für gegeben. Allerdings seien die Taten des seinerzeit Verurteilten auch bei Berücksichtigung der in der DDR herrschenden Wertvorstellungen im Grenzbereich der Tatbestandlichkeit angesiedelt gewesen. Weiter heißt es:

> „Deshalb durfte bei derartigen Bagatelldelikten angesichts der Öffnung des Strafrahmens nach unten auf Geldstrafe und Verurteilung auf Bewährung jedenfalls gegen bislang Unbescholtene nur dann unmittelbar mit längeren vollstreckbaren Freiheitsstrafen reagiert werden, wenn im Einzelfall erschwerende Umstände vorlagen."[1238]

Hier stellt der BGH also darauf ab, dass es sich bei den im tatbestandlichen Grenzbereich liegenden Verfehlungen grundsätzlich um Bagatelltaten handelt.

Exemplarisch sind auch die Ausführungen des BGH bei der Bejahung relativer Übermassstrafen in zwei Fällen der Verurteilung[1239] nach § 214

1234 Hier weist der BGH ausdrücklich auf die zuvor zitierte Entscheidung hin.

1235 BGH, Urt. v. 15. 9. 1995, NJW 1995, 3324, 3328 = BGHSt 41, 247, 261 f.; ebenso die unveröffentlichte Entscheidung vom gleichen Tag – 5 StR 68/ 95, S. 8; in diesem Sinne auch BGH DtZ 1996, 92, 93 und BGH NStZ 1996, 386, 388 (insoweit nicht abgedruckt in DtZ 1996, 92 ff. und NJ 1996, 318 ff.) sowie BGH NStZ-RR 1997, 359; BGH NStZ-RR 1999, 43, 44.

1236 So ausdrücklich BGH DtZ 1996, 92, 92.

1237 BGH NStZ 1999, 455

1238 BGH NStZ-RR 1998, 361, 362 (solche erschwerenden Umstände sah der BGH in concreto als gegeben an, so dass er zu einem Freispruch gem. § 354 I StPO kam); ebenso bereits BGHR StGB § 336 DDR-Recht 9, BGH, Urt. v. 15.9.1995 (5 StR 642/94), S. 35 sub C III 2 b und S. 40 sub C III 3 b sowie 5 StR 68/95, S. 18 f. sub C II 2 b – jeweils insoweit nicht veröffentlicht; ähnlich BGH NStZ-RR 1999, 43, 44.

1239 Bzw. entsprechender Anklageerhebung mit Antrag auf Aufrechterhaltung des Haftbefehls.

I DDR-StGB[1240] zu vollstreckbaren Freiheitsstrafen von einem Jahr und zwei Monaten[1241] bzw. einem Jahr[1242]. Der BGH gründet die Rechtsbeugung auch hier nicht schon auf die Überdehnung des herangezogenen Tatbestandes, die er freilich als naheliegend betrachtet[1243], sondern letztlich auf das (angesichts der äußerst extensiven Tatbestandsauslegung) in unerträglichem Missverhältnis zur Tat stehende Strafmaß:

> „Zu einer offensichtlich schweren Menschenrechtsverletzung wird die gegen den Betroffenen gerichtete Strafverfolgung *in diesem Grenzbereich des Tatbestandes* – selbst wenn man die Annahme der Voraussetzungen der zweiten Variante des § 214 Abs. 1 StGB-DDR noch nicht für sich als „Überdehnung" ansehen wollte – jedenfalls durch das in einem unerträglichen Mißverhältnis zur „Tat" stehende Strafmaß von einem Jahr und zwei Monaten Freiheitsstrafe. (...) Da hier die Beurteilung eines Verhaltens in Rede stand, das, falls überhaupt, dann nur bei denkbar weitester Auslegung den Tatbestand der Norm im Grenzbereich erfüllen konnte, war die Verhängung von Freiheitsstrafe als der schärfsten Sanktion, zumal da keine Anhaltspunkte für etwa gravierende persönliche Erschwerungsgründe bei dem Betroffenen vorlagen, mit dem Gesetz (vgl. § 61 Abs. 2 StGB-DDR) schlechthin nicht zu vereinbaren."[1244]

Der BGH weicht also bei (seiner Ansicht nach) für sich genommen nicht eindeutig rechtsbeugerischer Tatbestandsauslegung auf eine Beurteilung als Rechtsbeugung durch Übermaßstrafe aus, die dafür eher angenommen wird, als wenn die Gesetzesanwendung nicht im tatbestandlichen Grenzbereich läge.

Gleiches tut er, wenn die Heranziehung eines Tatbestandes bereits den „äußersten Grenzbereich noch hinnehmbarer Gesetzesauslegung" überschreitet, er es aber nicht ausschließen mag, dass der Angeklagte aus seiner subjektiven Sicht das inkriminierte Verhalten „bei jedenfalls zugleich erkannter denkbar weitester Auslegung" noch im Grenzbereich der Tatbestandlichkeit ansiedelte. Dann habe jedenfalls eine unbedingte Freiheitsstrafe nicht verhängt werden dürfen[1245].

1240 Die damalige Verurteilung erfolgte wegen der schlichten Äußerung eines Ausreisebegehrens unter Vorlage des Personalausweises, siehe dazu noch Kapitel 6, B.III.2.e) und Kapitel 7, A.VI.4.b).

1241 BGH NJW 1995, 3324, 3331 f.

1242 BGH, Urt. v. 15.9.1995 – 5 StR 168/95, S. 31 (insoweit teilweise veröffentlicht in BGHR § 336 Staatsanwalt 1).

1243 Dazu Kapitel 6, B.III.2.e).

1244 BGH NJW 1995, 3324, 3332 = BGHSt 41, 247, 275 (Hervorhebung von der Verf.); gleiches gilt in dem Fall der Verurteilung zu einem Jahr Freiheitsstrafe, zumal bei dem Betroffenen bereits in der Anklageschrift aufgeführte Milderungsgründe vorlagen (siehe BGH 5 StR 168/95, S. 32); weiter dazu Kapitel 6, B.III.2.e).

1245 BGH NJ 1996, 153 = BGHR StGB § 336 DDR-Recht 10. Da hier aber eine Verurteilung auf Bewährung unter Androhung einer zehnmonatigen Freiheitsstrafe ausgespro-

Bei der Beurteilung der nach der überdehnten Norm verhängten Rechtsfolge fällt auch eine Minderjährigkeit der Betroffenen besonders ins Gewicht[1246]. Außerdem befand der BGH, dass die Grenzen noch zulässigen Strafens dann enger gezogen sind, wenn es sich um Delikte handelt, die über eine bloße Meinungsäußerung nicht hinausgehen[1247]. Bei Überschreitung dieser Grenzen liege kein an der Verwirklichung von Gerechtigkeit (vgl. § 61 I DDR-StGB) orientierter Rechtsprechungsakt mehr vor, sondern willkürliche Unterdrückung und gezielte Ausschaltung eines politischen Gegners[1248].

Bei Strafbestimmungen, die in Verbindung mit unbestimmten Rechtsbegriffen (und dadurch bedingter Weite des Anwendungsbereiches) auf der Tatbestandsseite extrem hohe Strafen auf der Rechtsfolgenseite androhten, sei ein Minimum an Restriktionsbemühungen die Voraussetzung gesetzmäßiger Rechtsanwendung[1249]. Das BVerfG hat dem zugestimmt und ausgeführt, nur dann bleibe die Rechtsprechung noch an den Menschenrechten orientiert. Dabei verwies es auf die Möglichkeit, das politische Strafrecht aufgrund der „offenen" Rechtsbegriffe als Mittel zu politischer Verfolgung einzusetzen[1250].

Davon abgesehen, dass hier eine Tendenz zum Anlegen rechtsstaatlicher Maßstäbe erkennbar ist, liegt den Überlegungen des BGH stillschweigend die nicht unproblematische These zugrunde, der Unrechtsgehalt der Taten nehme innerhalb der von einem Straftatbestand erfassten Bandbreite der Sachverhalte zu den Rändern des Tatbestands hin generell ab. Letzteres trifft aber in dieser Allgemeinheit nicht zu. Allerdings ist der Bejahung einer rechtsbeugenden Übermassstrafe im Ergebnis zuzustimmen, wenn es sich tatsächlich um eine Bagatelltat handelte oder die verhängte Strafe aus anderen Gründen völlig außer Verhältnis zum abgeurteilten Sachverhalt stand. Nur muss dies der Einzelfallentscheidung vorbehalten bleiben.

---

chen worden war, verneinte der BGH trotz der selbst „nach den Gesetzlichkeiten der DDR noch als überhöht" erscheinenden Bestrafung eine offensichtliche schwere Menschenrechtsverletzung, die von der Angekl. auch subjektiv nicht verkannt worden sein könnte, weil der Verfolgten wenigstens der Freiheitsentzug erspart blieb.

1246 Vgl. BGHR StGB § 336 Staatsanwalt 1; BGH NJW 1995, 3324, 3331 = BGHSt 41, 247, 271 ff. (dazu ausführlicher Kapitel 7, A.Vi.6.

1247 BGHR StGB § 336 DDR-Recht 11.

1248 BGH a.a.O.

1249 BGH, Urt. v. 15.9.1995 - 5 StR 642/95, S. 32 (unter C III 2 a), insoweit unveröffentlicht; BGH DtZ 1996, 92, 95; zust. *F.-C. Schroeder*, NJW 1999, 90.

1250 BVerfG NJW 1998, 2528, 2586 = NJ 1998, 314, 316.

2. Indikatorfunktion „anstößiger" Verfahrensweisen

Auch wenn im konkreten Fall Rechtsbeugung durch die Art und Weise des Verfahrens verneint wird, sollen nach der Rechtsprechung des BGH die zugrundeliegenden Handlungen unter Umständen „Indikatorfunktion" für eine Rechtsbeugung bei der Bestrafung haben. So formulierte der BGH im Fall *Reinwarth*[1251]:

> „Soweit das Schwurgericht die Schuldsprüche auch auf Verfahrensverstöße gestützt hat, bestehen gegen eine, insbesondere isolierte, Tragfähigkeit dieser Begründung (...) durchgreifende Bedenken. *Soweit die Verfahrensweise anstößig*[1252] *war, ist dies jedoch als Indikator für den rechtsbeugerischen Charakter der Bestrafung bedeutsam.*"[1253]

Wenn der BGH bedenkliche, aber jedenfalls mangels nachweisbaren Vorsatzes nicht für sich rechtsbeugerische Verfahrensabläufe als „Indikator" für eine rechtsbeugerische Bestrafung in Betracht zieht, dann gilt das bemerkenswerterweise nicht nur in subjektiver (aa) sondern auch in objektiver Hinsicht (bb). Die Rechtsnatur und Funktion dieses „Indikators" lässt sich mithin nicht auf ein Indiz im beweisrechtlichen Sinne beschränken. Nicht zufällig führte der BGH dafür einen eigenen Begriff ein.

a) Indiz für den Vorsatz

Unzweifelhaft kommt dem „Indikator Verfahren" die beweisrechtliche Funktion des Indizes im Rahmen des Vorsatznachweises für die Übermaßstrafe zu. Das zeigt sich in folgender Urteilspassage:

> „Für die vom Tatrichter vorgenommene Würdigung, daß der Angeklagte die willkürlichen Unterdrückungsakte gegen die seinerzeit Verfolgten auch subjektiv als solche erkannt hat, sprechen hier als zusätzliche Anzeichen einige Feststellungen des Schwurgerichts zu fragwürdigen Verfahrensabläufen. (...) Diese Prozeßabläufe weisen darauf hin, daß die Betroffenen Richtern gegenüberstanden, denen es auch subjektiv nicht primär um Gerechtigkeit, sondern um Abschreckung durch Vernichtung von Angeklagten ging."; „Im Fall F begegnet das Verfahren solchen Bedenken nicht. (...) In diesem Fall ist indes die Unangemessenheit der Todesstrafe für sich ganz

---

1251 Dazu näher Kapitel 11, B. IV. 3.

1252 Was unter „anstößig" zu verstehen ist, wird an dieser Stelle nicht näher präzisiert. Später ist von „fragwürdigen Verfahrensabläufen" die Rede. Dies bezieht sich auf „unüberbrückbare Unverträglichkeiten zwischen dem protokollierten Geständnis des Verurteilten und weiterreichenden erstinstanzlichen Urteilsfeststellungen", mithin „unbelegte Übertreibungen des als strafbar erachteten Verhaltens des Angeklagten" (BGH NJW 1996, 857, 862), die vom OG der DDR – unter Beteiligung des hier angeklagten OG-Richters Reinwarth – nicht beanstandet wurden.

1253 BGH NJW 1996, 857, 858 (Hervorhebung von der Verf.).

besonders deutlich, so daß das Fehlen eines zusätzlichen Indizes gegen den Angeklagten aus der Verfahrensgestaltung seinen Vorsatz nicht etwa in Frage zu stellen vermag."[1254]

Hieraus geht hervor, dass bestimmte objektive Verfahrensabläufe grundsätzlich als geeignet erachtet werden, auf die subjektive Seite, nämlich auf den Vorsatz hinsichtlich des Übermaßes der Strafe zu schließen. In einem weiteren Urteil sieht der BGH die schweren Verfahrensverstöße, soweit die Angeklagten von ihnen Kenntnis gehabt hätten, ebenfalls als Indiz für den Rechtsbeugungsvorsatz an, wobei die objektive Rechtsbeugung aus einer Gesamtbetrachtung mehrerer Fallgruppen resultierte[1255].

b) Kompensationsfunktion im Bereich des objektiven Tatbestandes

Die Indikatorfunktion der Verfahrensweise wird auch im Bereich des objektiven Tatbestandes angewandt. Der BGH spricht nämlich in dem oben zitierten Reinwarth-Urteil von einem Indikator für den rechtsbeugerischen Charakter der *Bestrafung* und bejaht im Folgenden eine Rechtsbeugung in Form grausamen und überharten Strafens[1256]. Die Begründung der Rechtsbeugung aufgrund der Überhöhung der Strafen stützt er in diesem Fall nicht nur auf das krasse Missverhältnis zwischen Strafe und Tat, sondern ergänzend auch auf Aspekte des Verfahrensablaufs und -zwecks (sowie auf die sich in den Urteilsformulierungen spiegelnde Einstellung des Gerichts zum Verfahren und den Angeklagten)[1257]. Dies stellt sich als eine Anwendung der oben beschriebenen „Kompensationslösung" dar.

Die Berücksichtigung der Art und Weise des Verfahrens als Indikator kann auch anders als zur Begründung eines Willkürakts durch Übermaßstrafe zur Geltung kommen. So zog der BGH im Rahmen einer Gesamtbetrachtung u.a. die Gestaltung des gerichtlichen Verfahrens im sog. „Aufenthaltsbeschränkungsverfahren" gegen *Robert Havemann,* das kein Strafverfahren im eigentlichen Sinne war, zur Begründung objektiver Rechtsbeugung durch Wortlautüberdehnung heran[1258].

Als Indikator kommen auch Verfahrensweisen in Betracht, die schon für sich genommen den objektiven Tatbestand der Rechtsbeugung erfül-

1254 BGH a.a.O., 862.

1255 BGH NJW 1999, 3347, 3353 (Fall Havemann, dazu eingehend Kapitel 11, B. IV. 4. b) cc)).

1256 BGH NJW 1996, 857, 858, vgl. das Zitat o., vor a).

1257 BGH NJW 1996, 857, 862, unter III 1.

1258 BGH NJW 1999, 3347, 3351; dazu Kapitel 11, B.V.4.b)cc).

len, ohne dass aber dem angeklagten Richter ein diesbezüglicher Vorsatz nachzuweisen wäre. Dies geht im Reinwarth-Urteil aus der Heranziehung von rechtsbeugerischen Verfahrensmanipulationen hervor, die das Schwurgericht festgestellt, mangels nachgewiesener Kenntnis dem Angeklagten aber nicht angelastet hatte. Der BGH stellt in diesem mit Todesurteilen und hohen Zuchthausstrafen befassten Urteil darauf ab, dass sich das damalige Verfahren als ein der Abschreckung dienender, mit propagandistischen Zwecken verbundener Schauprozess darstellte, in dem Verurteilte zum Objekt des Verfahrens herabgestuft wurden[1259].

Insgesamt lässt sich sagen, dass es dem BGH nicht auf eine starre Abgrenzung von Fallgruppen ankommt, sondern auf die Berücksichtigung aller auf einen Willkürakt hinweisenden Aspekte. Eine strenge Unterscheidung der Fallgruppen ergibt auch deshalb keinen Sinn, weil diese ohnehin unvollständig sind.

B. Unvollständigkeit der Fallgruppen

In der Literatur wurde bald darauf hingewiesen, dass sich der Kreis der Anwendungsfälle des Rechtsbeugungstatbestandes in den genannten Fallgruppen keineswegs erschöpft[1260]. Auch der BGH hat nach einiger Zeit

---

1259 BGH NJW 1996, 857, 862: „...aus den mit dem vorliegenden Schauprozeß verbundenen propagandistischen Zwecken heraus..."; „Es handelt sich (...) um ein allein oder jedenfalls vorrangig gänzlich überzogener Abschreckung dienendes Signal als Ergebnis eines Schauprozesses, mit dem die seitens des SED-Staates angesehene Abwanderungs- und Abwerbungsbewegung plakativ angeprangert werden sollte. Der Verurteilte S. wurde hierbei rechtsbeugerisch zum Objekt dieses Verfahrens gemacht."; „Derartige unbelegte Übertreibungen des als strafbar erachteten Verhaltens des Angeklagten auch in Randbereichen sind gerade angesichts der dann verhängten Höchststrafe ein deutliches Anzeichen für dessen Herabstufung zum Verfahrensobjekt."; „...war das Verfahren, wenngleich das Schwurgericht die festgestellten rechtsbeugerischen Verfahrensmanipulationen dem Angeklagten mangels nachgewiesener Kenntnis nicht anlastet, nicht frei von für den Angeklagten offensichtlichen Elementen eines Schauprozesses, der vor dem Obersten Gericht der DDR verbunden gegen vier einander nicht bekannte Personen unter nachhaltiger Zurschaustellung des „Abwerbungs"- Problems gegenüber der Öffentlichkeit geführt wurde. Diese Prozessabläufe weisen darauf hin, dass die Betroffenen Richtern gegenüberstanden, denen es auch subjektiv nicht primär um Gerechtigkeit, sondern um Abschreckung durch Vernichtung von Angeklagten ging."

1260 *Spendel*, JZ 1995, 379; *Stanglow*, JuS 1995, 978.

klargestellt, dass die Fallgruppen nicht abschließend sind[1261]. Insofern ist die Aussage, der BGH habe die Strafbarkeit von DDR-Juristen auf die drei in den Fallgruppen genannten Fälle eingeschränkt[1262], in dieser verkürzenden Weise unzutreffend.

Von den Konstellationen, die den Fallgruppen nicht oder nicht vollständig zuzuordnen sind (I.), werden an dieser Stelle Verfahren wegen arbeitsrechtlicher Entscheidungen gesondert dargestellt (II.).

I. Von den Fallgruppen nicht erfasste Konstellationen

Von den genannten Fallgruppen werden insbesondere begünstigende Entscheidungen nicht erfasst, darunter etwa die Fälle, bei denen von der Verfolgung von Straftätern zur Erreichung politisch erwünschter Ziele abgesehen wurde, wie der „Stasi-Wachmann-Fall"[1263] oder die Nichtverfolgung von Wahlfälschungen[1264] und Todesschüsse an der innerdeutschen Grenze – zumindest soweit diese selbst nach positivem DDR-Recht strafbar waren[1265]. Daneben werden auch Fälle wie etwa der Erlass eines rechtswidrigen Haftbefehls nicht von den Fallgruppen abgedeckt.

Eine Tatbestandsüberdehnung in Form der Wortlautüberschreitung kommt nicht nur bei Straftatbeständen in Betracht, anhand derer diese Fallgruppe aufgestellt wurde, sondern naheliegenderweise auch bei der Wortlautüberschreitung anderer, nicht-strafrechtlicher Normen. Hierbei ist insbesondere an den Bereich der sog. Zivil-, Familien- und Arbeitssachen (ZFA-Sachen) zu denken. Darunter spielten arbeitsrechtliche Fälle in der Verfolgungspraxis mit 12 Anklagen die größte Rolle, wenngleich damit der Anteil an den insgesamt erhobenen Anklagen wegen Rechtsbeugung lediglich 3,8 % ausmacht[1266]. Das allgemeine Zivilrecht wurde, soweit ersichtlich, nicht zum Gegenstand eines Rechtsbeugungsverfahrens. Ein Rechtsbeugungsvorwurf wurde in einem Fall der Zwangsadoption, also hinsichtlich einer Familiensache erhoben. Allerdings ging

---

1261 BGHSt 43, 183, 191 = BGH NJW 1998, 248, 250; vgl. bereits BGH NJ 1996, 152, wo die Fallgruppen mit der Bemerkung genannt werden, „namentlich" diese drei Fallgruppen kämen als mögliche Rechtsbeugungsfälle in Betracht.

1262 *F.-C. Schroeder*, NStZ 1999, 620.

1263 BGH NJW 1994, 3238, 3241; dazu Kapitel 4, B.V.2.b)dd)(2).

1264 Vgl. BGHSt 43, 183, 191 f. = BGH NJW 1998, 248, 250; dazu noch Kapitel 9, B.I.3.e)aa).

1265 Dazu Kapitel 3, A. und Kapitel 9, B.I.3.e).

1266 *Hohoff*, An den Grenzen des Rechtsbeugungstatbestandes, S. 65, Stand: 31. August 1999 (vgl. *Hohoff*, a.a.O., S. 5).

es hier um Verfahrensrechtsverletzungen, so dass hierauf im Kapitel zur Fallgruppe der Rechtsbeugung durch die Art und Weise des Verfahrens zurückzukommen ist[1267]. Die Rechtsbeugungsverfahren wegen arbeitsrechtlicher Entscheidungen betreffen hingegen überwiegend materiellrechtliche Probleme. Daher sollen sie im folgenden Unterabschnitt dargestellt werden. Dabei wird die daran gekoppelte Frage von Verfahrensrechtsverletzungen mit behandelt, um den Zusammenhang nicht auseinanderzureißen.

II. Zu Rechtsbeugungsverfahren wegen arbeitsrechtlicher Entscheidungen

Nahezu sämtliche Anklagen wegen arbeitsrechtlicher Entscheidungen betreffen die Behandlung von Kündigungsschutzklagen. Lediglich in einem Fall ging es um die Abweisung einer Schadensersatzklage[1268]. Arbeitsrechtliche Kündigungen wurden in der DDR zu politischen Zwecken, vor allem zur Isolierung und Abschreckung Ausreisewilliger missbraucht[1269]. Das erste BGH-Urteil zur DDR-Rechtsbeugung nach der Wiedervereinigung erging gerade zu dem Bereich der Arbeitsrechtssachen, auch wenn es die Grundlagen insbesondere zur Beurteilung von Strafsachen legte. Bevor auf die entschiedenen Fälle eingegangen wird, sind die einschlägigen rechtlichen Bestimmungen zu nennen:

Nach § 54 II 1 b des Arbeitsgesetzbuches der DDR (AGB) konnte ein Arbeitsvertrag gekündigt werden, wenn der „Werktätige für die vereinbarte Arbeitsaufgabe nicht geeignet" war. Nach § 54 II 2 AGB setzte die Kündigung voraus, dass der Betrieb einen Änderungsvertrag über die Aufnahme einer zumutbaren anderen Arbeit angeboten und der „Werktätige" dieses Angebot abgelehnt hatte.

Nach § 56 I 1 AGB konnte ein Werktätiger bei schwerwiegender Verletzung der „sozialistischen Arbeitsdisziplin" oder der „staatsbürgerlichen Pflichten" fristlos entlassen werden, wenn eine Weiterbeschäftigung im Betrieb nicht mehr möglich war. Nach § 56 I 2 AGB war die fristlose Entlassung zudem in der Regel davon abhängig, dass Erziehungs- bzw. Disziplinarmaßnahmen erfolglos geblieben waren.

1267 Dazu Kapitel 8, B.XI. sowie *Hohoff*, a.a.O., S. 67.

1268 *Hohoff*, a.a.O., S. 65 mit Fn. 223.

1269 BGH NJW 1994, 529, 532 = BGHSt 40, 30, 43.

§ 254 AGB sah die fristlose Entlassung als schärfste unter mehreren Disziplinarmaßnahmen vor, wenn der Werktätige seine Arbeitspflichten schuldhaft verletzte und andere Formen der Erziehung nicht ausreichten. § 14 I der Arbeitsordnung für pädagogische Kräfte verwies hierauf auch für die disziplinarische Verantwortlichkeit von Pädagogen.

Gemäß § 28 III DDR-ZPO konnte eine „aufgrund des dargestellten Sachverhalts offensichtlich unbegründete" Klage durch Beschluss abgewiesen werden.

1. Abweisung der Kündigungsschutzklage nach Parteiausschluss

Das genannte erste BGH-Urteil zur DDR-Rechtsbeugung betraf den Fall eines Diplomingenieurs (B), der beim Bundesvorstand des FDGB in leitender Stellung für Informationstechnik im Hause zuständig war. B, dessen Arbeitsleistung und kollegiales Verhalten stets gut bewertet worden waren, hatte sich geweigert, einen Antrag auf Aufnahme in die Betriebskampfgruppe zu stellen. Deswegen wurde er aus der SED ausgeschlossen. Der zuständige Kaderleiter (Personalchef) des FDGB teilte B mit, er sei zwar fachlich qualifiziert, aber wegen des Parteiausschlusses kein Vorbild für das Kollektiv und deshalb als Fachbereichsleiter nicht mehr geeignet. Ihm wurde eine untergeordnete Position angeboten, mit der er einverstanden war. Der dann vorgelegte Änderungsvertrag enthielt aber eine noch niedrigere Gehaltsgruppe als die in Aussicht gestellte. Weil B damit nicht einverstanden war, unterzeichnete er nicht, ohne allerdings ausdrücklich abzulehnen. Die von B geforderte Bedenkzeit wurde ihm nicht eingeräumt. Am nächsten Tag erhielt B ein auf § 54 II 1 b des AGB gestütztes Kündigungsschreiben, das u. a. politische Ausführungen zur Ungeeignetheit enthielt.

Die zuständige Richterin T. wies seine Kündigungsschutzklage mit Beschluss vom 10. Oktober 1989 ohne öffentliche Hauptverhandlung nach § 28 III DDR-ZPO als „offensichtlich unbegründet" ab. Zur Begründung hieß es darin u. a., der Kläger sei aufgrund der von ihm an den Tag gelegten Verhaltensweise nicht mehr geeignet, mit der vereinbarten Arbeitsaufgabe beschäftigt zu werden. Das Angebot eines zumutbaren Änderungsvertrages habe er unbegründet nicht wahrgenommen. Zur Gewährung einer längeren Bedenkzeit sei der Betrieb nicht verpflichtet gewesen. Der Ausschluss aus der SED wurde in dem Beschluss nicht erwähnt. Der Beschluss wurde im November 1989 auf Beschwerde des B aufgehoben, woraufhin der FDGB die Kündigung zurücknahm.

Der nunmehr wegen Anstiftung zur Rechtsbeugung angeklagte Dr. R., Vorsitzender des Senats für Arbeitsrecht im Stadtgericht Berlin, hatte von dem Fall Kenntnis erlangt und die ebenfalls angeklagte T gegen deren anfängliche Bedenken zu der beschriebenen Verfahrensweise gebracht sowie den Beschlussentwurf vorab geprüft. Dabei hatte er die Ungeeignetheit des B mit dem Parteiausschluss begründet. Das Schweigen des B auf das Angebot des Betriebs sei als Ablehnung zu werten, da Bedenkzeit nicht habe eingeräumt werden müssen.

Das LG sprach die beiden Juristen frei. Der BGH bestätigte dieses Urteil. Er sah die Auffassung, angesichts der politischen Bedeutung des Bundesvorstands des FDGB könne jemand, den die SED ausgeschlossen hatte, keine Leitungsfunktion wahrnehmen, nicht als willkürlich an. Diese Frage der Geeignetheit dürften die Angeklagten bei Berücksichtigung sozialistischer Rechtsauffassung und Auslegung in der Tat vertretbar beantwortet haben, auch wenn der eigentliche Grund der Kündigung (Weigerung des Beitritts zur Betriebskampfgruppe und Parteiausschluss) in dem Beschluss nicht ausdrücklich erwähnt war[1270]. Nicht ganz so eindeutig gilt das für die Frage der Ablehnung einer zumutbaren Alternativbeschäftigung. Der BGH begnügt sich mit dem lapidaren Satz, immerhin hätte B das Angebot eines anderen - freilich für ihn ungünstigeren - Arbeitsplatzes nicht abschließend beantwortet[1271]. Allerdings hatte hierzu bereits das LG überzeugende Ausführungen zur Vertretbarkeit gemacht[1272]. Da also die Voraussetzungen einer Kündigung vertretbar angenommen werden konnten, war es auch nicht unvertretbar, durch Beschluss nach § 28 III DDR-ZPO zu entscheiden[1273], so dass die Freisprüche zu Recht erfolgten[1274].

1270 Vgl. dazu LG Berlin DtZ 1993, 155, 157 und 158.

1271 BGH NJW 1994, 529, 532 = BGHSt 40, 30, 43.

1272 LG Berlin DtZ 1993, 155, 157 f.

1273 LG Berlin a.a.O., 158; BGH NJW 1994, 529, 532 = BGHSt 40, 30, 43.

1274 Zust. auch *Spendel*, JR 1994, 224; *Rudolph*, NJW 1994, 1201; *Stanglow*, JuS 1995, 977; *Meinerzhagen*, Die Verfahren gegen ehemalige Richter der DDR, in: Weber/Piazolo (Hrsg.), Eine Diktatur vor Gericht, S. 131; *Wieners*, Rechtsbeugung im Zeitgeistwandel, S. 128; *F.-C. Schroeder*, NJW 2000, 3021 (der hier darauf hinweist, dass die Freisprüche auch ohne die abzulehnende Willküraktformel des BGH überzeugend zu begründen waren); a. A. *Wolf*, NJW 1994, 1391; allgemein kritisch zu Freisprüchen für DDR-Rechtsbeugungsverfahren *Bemmann*, JZ 1995, 127.

2. Abweisung der Einsprüche von Ausreiseantragstellern (insbes. Pädagogen) gegen ihre fristlose Entlassung

Alle weiteren Anklagen betrafen Kündigungsschutzklagen Ausreisewilliger, die infolge ihres Ausreiseantrages ihren Arbeitsplatz verloren hatten[1275].

Im Falle der fristlosen Entlassung von Lehrerinnen und Erzieherinnen nach der Stellung von Ausreiseanträgen zur Übersiedlung in die Bundesrepublik, an denen sie auch nach einschlägigen Gesprächen und der Zuweisung niederrangiger Tätigkeiten festhielten, hat der BGH in überzeugender Weise eine Rechtsbeugung durch die Abweisung von Einsprüchen gegen diese fristlose Entlassung im Beschlusswege nach § 28 III DDR-ZPO als „offensichtlich unbegründet" verneint. Der BGH hält – wie schon das LG Dresden[1276] und das LG Berlin[1277] – die den Klageabweisungen zugrundeliegende Annahme, die Stellung und Aufrechterhaltung von Übersiedlungsanträgen durch Lehrerinnen und Erzieherinnen seien ein Grund für die fristlose Entlassung wegen schwerwiegender Verletzung der sozialistischen Arbeitsdisziplin gem. § 56 I i. V. m. § 254 I DDR-AGB, und die Klageabweisung im Beschlusswege nach dem Maßstab des DDR-Rechts und des DDR-Rechtssystems noch für vertretbar[1278].

Nach der marxistisch-leninistischen Staatsdoktrin hätten DDR-Bürger, denen ein Rechtsanspruch auf Ausreise generell nicht zugebilligt worden sei, wegen ihres Wunsches, das System auf Dauer zu verlassen, als Verräter an der eigenen Sache gegolten, zumindest aber als Personen, die durch Einflüsse des feindlichen „Kapitalismus" und „Imperialismus" irregeleitet waren. Sie seien nach den Regeln „sozialistischer Moral" als unzuverlässig erschienen. Es sei besonders ins Gewicht gefallen, wenn Angehörige einer Berufsgruppe der DDR den Rücken kehren wollten, die eine staatsnahe Stellung innegehabt hätten, zu der sie auf Kosten des Staates ausgebildet worden seien. Den in Erziehung und Ausbildung pädagogisch Tätigen seien in der DDR besondere Pflichten auferlegt gewesen, durch die

1275 *Hohoff*, An den Grenzen des Rechtsbeugungstatbestandes, S. 65.

1276 LG Dresden NJ 1995, 46 ff.

1277 LG Berlin NJ 1995, 270 ff.

1278 BGH NJW 1995, 2734, 2736 ff. = BGHSt 41, 157, 165 ff.; zust. *F.-C. Schroeder*, NStZ 1995, 546; *Kraut*, Rechtsbeugung?, S. 203 f.; *Middendorf*, Recht auf Arbeit in der DDR, S. 408 ff.; a. A. *Limbach*, Strafrechtliche Verantwortlichkeit für die Ausübung politischer Strafjustiz, in: Lampe (Hrsg.), Deutsche Wiedervereinigung, Band II, S. 106; *Meinerzhagen*, Die Verfahren gegen ehemalige Richter der DDR, in: Weber/Piazolo (Hrsg.), Eine Diktatur vor Gericht, S. 131; *Seebode*, FS Lenckner, S. 612 f.

sie in herausgehobener Weise in die politischen Zielsetzungen der DDR eingebunden gewesen seien[1279]. Der BGH verweist neben verschiedenen gesetzlichen Regelungen auf § 2 I der Arbeitsordnung für pädagogische Kräfte, wo ausdrücklich festgelegt war, dass Pädagogen auch „in ihrem gesellschaftlichen und persönlichen Leben der Jugend stets ein Vorbild sein" mussten. Die „offenen Rechtsbegriffe" in den einschlägigen Bestimmungen hätten nach den Rechtsvorstellungen der DDR dahin ausgelegt werden können, dass eine uneingeschränkte politische Zuverlässigkeit Voraussetzung für die Ausübung des Berufs eines Pädagogen im sozialistischen System der DDR gewesen, und das Verhalten eines Pädagogen, aus dem sich offensichtliche Zweifel hieran ergäben, als Verstoß gegen seine spezifischen Arbeitspflichten zu bewerten sei[1280].

In verfahrensrechtlicher Hinsicht konnte diese Bewertung, die der durch obergerichtliche Entscheidungen gebilligten Gerichtspraxis entsprochen habe, in diesem Sinne als „offensichtlich" angesehen werden, so dass auch das Vorgehen durch Beschluss nach § 28 III DDR-ZPO nicht als gesetzwidrig einzustufen war[1281]. In weiteren Fällen der Kündigung von Ausreiseantragstellern sah das KG eine Rechtsbeugung durch die Art und Weise des Verfahrens ausdrücklich auch nicht darin, dass die Kündigungsgründe im gesamten Arbeitsgerichtsverfahren geheim gehalten wurden. Dies sei nicht geschehen, um sie den Klägern (denen sie bekannt waren) zu verschweigen, sondern habe aus Sicht der Angeschuldigten dem Bemühen gedient, die DDR vor politischem Schaden zu bewahren[1282].

In gleicher Weise wie das Vorgehen gegen Pädagogen war das entsprechende Vorgehen gegen ausreiseantragstellende Mitarbeiter von Staatsorganen grundsätzlich als noch rechtmäßig anzusehen[1283].

Bei anderweitig Beschäftigten konnte das Stellen eines Ausreiseantrages als Dokumentation fehlender Loyalität zum sozialistischen Staat nur dann eine Kündigung rechtfertigen, wenn der Betroffene aufgrund seiner konkreten beruflichen Stellung zu besonderer Treue gegenüber der DDR verpflichtet war, etwa als Beschäftigter mit Leitungsaufgaben[1284]. Einen Fall von Rechtsbeugung sah das KG – ebenso wie das LG Berlin – in einer

---

1279 BGH NJW 1995, 2734, 2736 = BGHSt 41, 157, 168 f. (auch näher dazu).

1280 BGH NJW 1995, 2734, 2736 f. = BGHSt 41, 157, 169 f.

1281 BGH NJW 1995, 2734, 2737 = BGHSt 41, 157, 172; zust. *Middendorf*, Recht auf Arbeit in der DDR, S. 410 f.

1282 KG, Beschl. v. 28.7.1998 – 3 AR 61/97 – 5 Ws 594/97, NJ 1999, 97, 98, mitgeteilt in einer Zusammenfassung von *König*.

1283 Ebenso *Middendorf*, Recht auf Arbeit in der DDR, S. 408 ff.

1284 *Middendorf*, a.a.O., S. 412 ff., insbes. 413.

Entscheidung, in der die Kündigung des geschiedenen Ehepartners eines Ausreiseantragstellers bestätigt worden war[1285]. Ob es nach Eröffnung des Hauptverfahrens zu einer Verurteilung kam, ist nicht ersichtlich[1286]. Die übrigen Verfahren zu arbeitsrechtlichen Entscheidungen endeten mit Freispruch oder Nichteröffnung des Verfahrens[1287].

Ein Verfahren betraf jenseits konkreter Einzelfallentscheidungen die Mitwirkung an der Erarbeitung von Orientierungen der Jahre 1977 und 1983 für die Behandlung der Kündigungsschutzklagen von Ausreiseantragstellern. Darin war die generelle Abweisung solcher Klagen als „offensichtlich unbegründet" im Beschlusswege vorgesehen. Angeklagt waren der ehemalige Vizepräsident und spätere Präsident des OG, *Dr. Günter Sarge* und seine OG-Kollegen *Dr. Werner Strasberg* (ehemaliger Vizepräsident) und *Walter Rudelt* (Vorsitzender des Senats für Arbeitsrecht). Das Verfahren gegen *Sarge* wurde jedoch nach § 154 II StPO eingestellt. *Strasberg* und *Rudelt* wurden freigesprochen[1288].

C. Zusammenfassung und Bewertung

Der BGH hat zur Konkretisierung seiner Willküraktrechtsprechung Fallgruppen gebildet. Danach soll eine Rechtsbeugung dann vorliegen, wenn Straftatbestände unter Überschreitung des Gesetzeswortlautes oder unter Ausnutzung ihrer Unbestimmtheit derart überdehnt worden sind, dass eine Bestrafung, zumal mit Freiheitsstrafe, als offensichtliches Unrecht anzusehen ist, oder wenn die Strafe in einem unerträglichen Missverhältnis zu der Handlung gestanden hat, so dass die Strafe, auch im Widerspruch zu Vorschriften des DDR-Strafrechts, als grob ungerecht und schwerer Verstoß gegen die Menschenrechte erscheinen muss, oder schließlich bei Menschenrechtsverletzungen durch die Art und Weise der Durchführung von Verfahren, sowie wenn die Strafverfolgung und die Bestrafung überhaupt nicht der Verwirklichung von Gerechtigkeit, son-

---

1285 KG, Beschl. v. 28.7.1998 – 3 AR 61/97 – 5 Ws 594/97, NJ 1999, 97, 98, mitgeteilt in einer Zusammenfassung von *König*.

1286 Hierbei dürfte es sich um das Verfahren handeln, zu dem *Hohoff* mitteilt, dass über die Anklage noch nicht – zumindest nicht für alle Angeklagten – rechtskräftig entschieden worden sei (*Hohoff*, An den Grenzen des Rechtsbeugungstatbestandes, S. 66).

1287 *Hohoff*, a.a.O., S. 66.

1288 *Hohoff*, a.a.O., S. 65f.

dern der Ausschaltung des politischen Gegners oder einer bestimmten sozialen Gruppe gedient haben.

Diese Fallgruppen lassen sich jeweils rechtlich herleiten, also auf den Rechtsbeugungstatbestand zurückführen. Sie mögen auch teilweise illustrieren, welche Bereiche möglicher Rechtsbeugung dem BGH vorschwebten. Die ihnen eigentlich zugedachte Funktion, nämlich die Konkretisierung der Willküraktrechtsprechung, erfüllen sie kaum. Wann eine schwere (Menschen-)Rechtsverletzung derart schwerwiegend ist, dass sie sich als Willkürakt darstellt, wird nur in begrenztem Maße durch die Fallgruppen erläutert. Diese lassen zum Teil jegliche Konkretisierung des Willkürmaßstabes vermissen[1289]. Beispielsweise fragt sich, wann Straftatbestände unter Ausnutzung ihrer Unbestimmtheit derart überdehnt worden sind, dass eine Bestrafung als offensichtliches Unrecht anzusehen ist. Bei der Fallgruppe „schwere Menschenrechtsverletzungen im Hinblick auf die Art und Weise der Durchführung von Verfahren" handelt es sich um eine bloße thematische Einordnung möglicher Rechtsbeugungshandlungen. Deshalb ist *Käsewieter* zuzustimmen, wenn er die Fallgruppen für zu allgemein und zu ungenau formuliert und daher als ungenügend ansieht[1290]. Außerdem sind die Fallgruppen nicht abschließend.

Allerdings ist einzuräumen, dass eine genauere Definition der Fallgruppen teilweise schwierig ist. Als Beispiel sei die Fallgruppe der Übermaßstrafe angeführt. Bei der Fallgruppenumschreibung des BGH wird nicht ohne weiteres ersichtlich, wann die Strafe in einem „unerträglichen Mißverhältnis" zu der Handlung gestanden hat, so dass sie, „auch im Widerspruch zu Vorschriften des DDR-Strafrechts, als grob ungerecht und schwerer Verstoß gegen die Menschenrechte erscheinen muß". Demgegenüber ist zwar ein etwas weniger restriktiver Maßstab zu bevorzugen. Danach sollte entsprechend dem systemimmanenten Ansatz auch bei der hier gebotenen Zurückhaltung eine Rechtsbeugung bereits bei *eindeutigem* Verstoß gegen den Grundsatz der Verhältnismäßigkeit bejaht werden können, wobei natürlich die damals geltenden Strafzumessungsregeln in der Auslegung nach dem in der DDR geltenden Rechtsverständ-

1289 Dies bemängelt auch *Käsewieter*, Der Begriff der Rechtsbeugung im deutschen Strafrecht, S. 220f.; vgl. bereits o., Kapitel 4, B.III.2. Ähnlich *Quasten*, Die Judikatur des Bundesgerichtshofs zur Rechtsbeugung im NS-Staat und in der DDR, S. 251f. in Bezug auf das Kriterium der Menschenrechtsverletzung.

1290 *Käsewieter*, a.a.O., S. 220f.; ähnlich *Quasten*, Die Judikatur des Bundesgerichtshofs zur Rechtsbeugung im NS-Staat und in der DDR, S. 251f. Anders MünchKom-*Uebele*, § 339 Rn. 35, der trotz Kritik an der Rechtsprechung im Übrigen anerkennt, dem BGH sei die Benennung praktisch handhabbarer Fallgruppen gelungen.

nis zu berücksichtigen wären. Aber auch dieser Maßstab lässt sich kaum in eine konkretere Fallgruppendefinition fassen, so dass wohl nur der Verweis auf Beispielsfälle bleibt.

Käsewieter bemängelt, bei der Bestimmung des Begriffs des „unerträglichen Missverhältnisses" zwischen Strafe und Tathandlung im Sinne der BGH-Rechtsprechung träten so erhebliche Abgrenzungsschwierigkeiten auf, dass eine exakte Bestimmung des Vorliegens einer Rechtsbeugung nicht mehr möglich sei, sondern die Prüfung oft auf eine reine Wertungsfrage hinauslaufe, welche dann von der Rechtsauffassung des jeweils Entscheidenden stark beeinflusst werde[1291]. Dieses Unbehagen ist verständlich. Dem ist aber entgegenzuhalten, dass Wertungen im Rahmen der Subsumtion keine Besonderheit und auch gerade bei der Überprüfung der Strafzumessung unvermeidlich sind. Freilich wäre eine klarere und vor allem einheitlichere Einordnung der Rolle der Ideologie im Rahmen des objektiven Maßstabs für Übermassstrafen zu wünschen gewesen.

Die Fallgruppen des BGH sollen nicht isoliert zu betrachten sein. Im Rahmen einer Gesamtbetrachtung können sich die Fallgruppen untereinander gewissermaßen ergänzen. Die ausgleichende und ergänzende Kombination von Fallgruppen oder ihren Vorformen zur Annahme eines Willküraktes kann als „Kompensationslösung" bezeichnet werden. Damit will der BGH der Schwierigkeit Rechnung tragen, dass die Grenze zwischen strafbarem und straffreiem Verhalten auch mit Hilfe der einzelnen Fallgruppe oft nicht leicht zu ziehen und der entsprechende direkte Vorsatz (§ 244 DDR-StGB) angesichts der besonderen Verhältnisse in der DDR-Justiz schwer zu ermitteln ist.

Häufigster Anwendungsfall: Nach der Rechtsprechung des BGH kann das Zusammenspiel von tendenzieller Überdehnung einer Norm auf der Tatbestandsseite und gleichzeitiger Verhängung einer (hohen) vollstreckbaren Freiheitsstrafe (als „relative Übermaßstrafe" zu bezeichnen) den Vorwurf der Rechtsbeugung begründen. Als weiterer Anwendungsbereich solcher Kompensation ist die Berücksichtigung bestimmter Verfahrensweisen als „Indikator" einer Rechtsbeugung zu nennen. Für eine „Indikatorfunktion" kommen zum einen Verfahrensweisen unterhalb der Willkürschwelle in Betracht, zum anderen Verfahrensweisen, die schon für sich genommen bereits den objektiven Tatbestand der Rechtsbeugung erfüllen, ohne dass aber ein entsprechender Vorsatz nachzuweisen wäre.

1291 *Käsewieter*, a.a.O., S. 220f.

Auch wenn es dem BGH nicht auf eine starre Abgrenzung von Fallgruppen ankommt, sondern auf die Berücksichtigung aller auf einen Willkürakt hinweisenden Aspekte, sind die Fallgruppen zumindest geeignet, die Vielfalt der Fallgestaltungen zu strukturieren. Die folgenden Kapitel[1292] vertiefen die obigen Ausführungen zu den einzelnen Fallgruppen.

1292 Kapitel 6, 7 und 8 sowie (zum Problemkreis Verfahrensmissbrauch/Scheinverfahren) Kapitel 11, B.III. und IV.

6. Kapitel: Zur Strafbarkeit wegen der Anwendung von Tatbeständen des sog. politischen Strafrechts der DDR

Das vorliegende Kapitel widmet sich hauptsächlich der Analyse verschiedener DDR-Urteile und anderer Entscheidungen im Hinblick auf eine Rechtsbeugung durch Anwendung von Tatbeständen des politisch motivierten Strafrechts im konkreten Fall (B.). Zuvor wird die grundlegende, im wesentlichen aber bereits angesprochene Frage abgeschichtet, ob sich ein Rechtsbeugungsvorwurf bereits darauf stützen ließ, dass überhaupt bestimmte Tatbestände zur Anwendung gebracht wurden (A.).

A. Strafbarkeit allein wegen Anwendung der Tatbestände des politischen Strafrechts?

Das politisch motivierte Strafrecht der DDR war aus rechtsstaatlicher Perspektive exzessiv ausgestaltet und sah drakonische Strafen vor. Es wurde daher diskutiert, ob derartige Tatbestände gegen übergesetzliches Recht verstoßen und ihre Anwendung aus diesem Grunde eine Rechtsbeugung darstellte (I.). Um einen Sonderfall geht es bei der Bestimmung des Art. 6 II DDR-Verf./1949, der die Frage aufwirft, ob es sich dabei überhaupt um eine Strafnorm handelte (II.).

I. Anwendung politischen Strafrechts als Verstoss gegen übergesetzliches Recht?

Wie an gegebener Stelle erörtert, lässt es das Rückwirkungsverbot nach der hier vertretenen Sichtweise jedenfalls nicht zu, das Tatbestandsmerkmal „gesetzwidrig“ im Sinne des positivistisch zu verstehenden § 244 DDR-StGB unter Rückgriff auf einen Verstoß gegen „überpositives Recht“ oder ähnliche übergeordnete Maßstäbe als erfüllt anzusehen[1293]. Da der BGH, insbesondere dessen 3. und 4. Strafsenat, den Tatbestand aber

1293 Dazu bereits Kapitel 3, A.III.1.a)dd)(2).

anders auslegt[1294], verlagerte sich für ihn das Problem des Spannungsverhältnisses zwischen Rechtssicherheit und materieller Gerechtigkeit auf die Ebene der einzelnen Tatbestände.

Der BGH sah in den Vorschriften des politischen Strafrechts der DDR keinen „schlechthin unerträglichen Verstoß gegen elementare Gebote der Gerechtigkeit und gegen die Menschenrechte, mithin gegen den ‚Kernbereich des Rechts'“: Deshalb begründet die Anwendung dieser Bestimmungen für sich allein nach seiner Rechtsprechung noch nicht den Vorwurf der Rechtsbeugung[1295]. Davon sind die Gerichte durchweg ausgegangen[1296].

In der Literatur wird nur vereinzelt politisches Strafrecht, speziell der „Republikfluchtparagraph“ § 213 DDR-StGB, als gesetzliches Unrecht und seine bloße Anwendung als Rechtsbeugung angesehen[1297]. Im übrigen wird dies auch in der Literatur nicht nur bei § 213 DDR-StGB, sondern ebenso hinsichtlich weiterer rechtsstaatswidriger Bestimmungen des politischen Strafrechts verneint[1298], soweit nicht schon zutreffend übergesetzliches Recht, auch in seiner „Konkretisierung“ durch internationale

1294 Siehe Kapitel 3, A.I.1.c).

1295 BGH NJW 1995, 64, 65f. (zu § 214 DDR-StGB); BGH NJW 1995, 3324, 3327 (generell zu den Vorschriften des politischen Strafrechts); BGH DtZ 1996, 92, 93 (zu §§ 99, 100, 106, 213, 214, 219 DDR-StGB/1979); BGH NJ 1997, 204, 205 (zu § 5 PaßVO/1957).

1296 *Horstkotte*, Rechtsbeugung, in: Drobnig (Hrsg.), Die Strafrechtsjustiz der DDR im Systemwechsel, S. 72.

1297 *Wassermann*, RuP 1992, 209; *ders.*, FS Spendel, S. 647; dem tendenziell folgend *Reimer*, NStZ 1995, 84; ebenso für die Vorläuferbestimmungen *Heinitz*, Probleme der Rechtsbeugung, S. 16; *Meinerzhagen*, Die Verfahren gegen ehemalige Richter der DDR, in: Weber/Piazolo (Hrsg.), Eine Diktatur vor Gericht, S. 121 (für § 213 DDR-StGB und Vorläufer).

1298 (*Zu § 213 DDR-StGB*:) *F.-C. Schroeder*, Strafrechtliche Verantwortlichkeit für die Ausübung politischer Strafjustiz in der ehemaligen DDR, in: Lampe (Hrsg.), Deutsche Wiedervereinigung, Bd. 2, S. 119; *Rautenberg/Burges*, DtZ 1993, 74; *Rautenberg*, NJ 1994, 89; *ders.*, NJ 1995, 620; *Limbach*, DtZ 1993, 69; *Letzgus*, FS Helmrich, S. 84f.; zust. zu diesem *Schreiber*, ZStW 107 (1995), 174 Fn. 69; (*allgemein zum politischen Strafrecht*:) *W. Müller*, NJ 1990, 234 (zu § 213 ebenso wie zu §§ 105, 202ff., 106, 220, 215, 219, 217 DDR-StGB); *Schöll*, Die Rechtsbeugung, S. 164ff. (zu §§ 213, 214 DDR-StGB, Art. 6 II DDR-Verf./1949); *Lüderssen*, StV 1991, 486 (mit §§ 213, 106 DDR-StGB als Beispiel); *Limbach*, Strafrechtliche Verantwortlichkeit für die Ausübung politischer Strafjustiz, in: Lampe (Hrsg.), Deutsche Wiedervereinigung, Band II, S. 100 (zu §§ 214, 215, 217 DDR-StGB); *Ulrich Neumann*, Die strafrechtliche Vergangenheitsbewältigung von SED-Unrecht am Beispiel der Rechtsbeugung, S. 165f. (zu §§ 213, 99, 105, 219, 249 DDR-StGB sowie Art. 6 II DDR-Verf./1949). *Horstkotte* weist auch auf den Unterschied zwischen dem politischen Strafrecht der DDR und dem nationalsozialistischen Straftatbestand der Rassenschande sowie dem sog. Polenstrafrecht hin (*Horstkotte*, Rechtsbeugung, in: Drobnig (Hrsg.), Die Strafrechtsjustiz der DDR im Systemwechsel, S. 71).

Abkommen, überhaupt als Prüfungsmaßstab jedenfalls der Gesetzwidrigkeit in § 244 DDR-StGB abgelehnt wird, weil diese Strafnorm nicht die Beugung überpositiven Rechts erfasse[1299].

Im Jahre 1991 hatte der Generalstaatsanwalt bei dem KG gegenüber dem LG Berlin noch die Ansicht vertreten, § 213 DDR-StGB verstoße gegen den Kernbereich des Rechts und seine Anwendung sei gesetzwidrig[1300]. Dadurch kam es zu einer extensiven Praxis der Verfahrenseinleitung, die aber vielfach in eine Einstellung mündete, da man sich mit der Einlassung des Beschuldigten zufrieden gab, er habe die Vorschrift für gültig gehalten. Zu diesem vorsatzausschließenden Tatbestandsirrtum verwies man darauf, dass „die Frage der Nichtigkeit oder Gültigkeit dieser Vorschrift selbst unter in der Bundesrepublik Deutschland ausgebildeten Juristen kontrovers diskutiert" werde[1301]. Mit der höchstrichterlichen Klärung der Streitfrage, die insoweit allerdings erst mit Urteil vom 15. September 1995 erfolgte[1302], konnte auf die vorsatzbezogene Argumentation zur Einstellung solcher Verfahren verzichtet werden.

II. Anwendung des Art. 6 II der DDR-Verf./1949 als Strafgesetz

In den 50er Jahren wurde Art. 6 II DDR-Verf./1949 rigoros als politisches Terrorinstrument angewandt, um politisch unerwünschtes Verhalten und echte oder vermeintliche Gegner des Systems zu bestrafen[1303]. Nach Art. 6 II DDR-Verf./1949 wurden u. a. Spione verurteilt und die „Zeugen Jehovas" verfolgt[1304], ebenso andere Personen wegen der bloßen Zugehörigkeit zu einer Gruppe, der nach Art. 6 II DDR-Verf./1949 als strafbar angesehene Handlungen zugeschrieben wurden, so etwa Angehörige der

1299 Siehe Kapitel 3, A.III.1.a)dd)(2).

1300 So die Darstellung bei *Rautenberg/Burges*, DtZ 1993, 74 und *Rautenberg*, NJ 1995, 620.

1301 So die Darstellung bei *Rautenberg/Burges*, DtZ 1993, 74.

1302 BGH NJW 1995, 3324, 3327; daher noch offengelassen in einem Klageerzwingungsverfahren, in dem das BG Potsdam einen hinreichenden Tatverdacht in Bezug auf den subjektiven Tatbestand verneint (NJ 1994, 87 f.).

1303 *Fricke*, Politik und Justiz in der DDR, S. 15; *Roggemann*, ROW 1958, 58.

1304 OG NJ 1950, 452 ff. = OGSt 1, 33 ff.; dazu *Beckert*, Die erste und letzte Instanz, S. 224 ff.; weitere Nachweise bei *Möller-Heilmann*, Die Strafverfolgung von Richtern und Staatsanwälten der ehemaligen DDR wegen Rechtsbeugung, S. 264 Fn. 1283; dazu auch u., B.I.

sogenannten „Kampfgruppe gegen Unmenschlichkeit" (KgU)[1305] und des „Untersuchungsausschusses freiheitlicher Juristen" (UfJ)[1306]. Die Bestimmung wurde auch gegen innerparteiliche Gegner angewandt, die politische Veränderungen im Rahmen des Sozialismus erstrebten, wie bei der Verurteilung von *Wolfgang Harich*[1307] und anderen sowie *Walter Janka* und anderen 1957[1308]. Die Bestimmung lautete:

> **Artikel 6**
> „...(2) Boykotthetze gegen demokratische Einrichtungen und Organisationen, Mordhetze gegen demokratische Politiker, Bekundung von Glaubens-, Rassen-, Völkerhaß, militaristische Propaganda sowie Kriegshetze und alle sonstigen Handlungen, die sich gegen die Gleichberechtigung richten, sind Verbrechen im Sinne des Strafgesetzbuches. Ausübung demokratischer Rechte im Sinne der Verfassung ist keine Boykotthetze."

Die Norm enthält jedoch keine Strafandrohung. Dennoch erklärte das Oberste Gericht in einem Urteil vom 4. Oktober 1950 Art. 6 II zum unmittelbar anzuwendenden Strafgesetz. Er spreche aus, dass die in ihm genannten Handlungen Verbrechen im Sinne des Strafgesetzbuches seien. Die in ihm selbst nicht enthaltenen Strafbestimmungen seien dem allgemeinen Strafgesetzbuch zu entnehmen. Diese drohten nach Ansicht des OG für Verbrechen die Todesstrafe, lebenslängliche und zeitige Zuchthausstrafe an. Weiter stützte sich das OG auf Art. 144 DDR-Verf./1949, wonach alle Bestimmungen der Verfassung (unmittelbar) geltendes Recht waren[1309].

Die unmittelbare Geltung der Verfassungsbestimmungen ändert jedoch nichts daran, dass Art. 6 II DDR-Verf./1949 keine Wirksamkeit als Strafbestimmung entfalten konnte, weil ihm eine Rechtsfolgenbestimmung trotz des Hinweises auf das StGB nicht entnommen werden kann[1310]. Mit der Bezeichnung der Tathandlungen als Verbrechen i.S.d StGB ist nämlich keine Strafandrohung vorgenommen, selbst wenn man dem einen Verweis auf § 1 I RStGB in der damals in der DDR fortgeltenden Fassung entnehmen will. Denn eine Strafandrohung für auf diesen verweisende Normen ist nicht Regelungsgehalt des § 1 I StGB. Dieser besagt nur, dass

---

1305 OG NJ 1952, 369 f. = OGSt 2, 14 ff.

1306 OG NJ 1952, 490 ff.

1307 Dazu Auszüge aus dem OG-Urteil vom 9.3.1957 NJ 1957, 166 ff.; Kassationsurteil des OG v. 30.3.1990 NJ 1990, 206 ff.; *Bästlein*, Der Fall Mielke, S. 128 ff.; dazu noch u., B.I.

1308 Dazu *o.Verf./o.Hrsg.*, Der Prozeß gegen Walter Janka und andere; *Bästlein*, Der Fall Mielke, S. 134 ff., 138; Kassationsurteil des OG v. 5.1.1990 NJ 1990, 50 f.; dazu noch u., B.I.

1309 OG NJW 1950, 452, 454 = OGSt 1, 33, 39 f.

1310 So auch *Schmidthals*, Die Neugestaltung des strafrechtlichen Staatsschutzes in der Sowjetischen Besatzungszone, S. 5 f.

solche Taten, die mit Todesstrafe, lebenslänglicher oder zeitiger Zuchthausstrafe von mehr als einem Jahr bedroht sind, „Verbrechen" darstellten[1311]. Er setzt damit bereits voraus, dass eine Strafvorschrift bestimmte Strafen für die tatbestandlichen Handlungen androht, und definiert diese Taten als Verbrechen. Diesen Regelungszusammenhang herumzudrehen, bedeutet einen unzulässigen Zirkelschluss[1312].

Art. 6 II DDR-Verf./1949 war nur der verfassungsrechtliche Auftrag zur Schaffung entsprechender Straftatbestände zum Schutze der demokratischen Ordnung und des Gleichberechtigungsgrundsatzes zu entnehmen - wofür auch spricht, dass die „Tatbestandsmerkmale" der Boykotthetze, der Kriegshetze und „aller sonstigen Handlungen, die sich gegen die Gleichberechtigung richten", nicht hinreichend bestimmt sind -, nicht aber eine unmittelbar anwendbare Strafnorm. Seine Anwendung als Strafnorm verstieß folglich gegen Art. 135 I DDR-Verf./1949, wonach Strafen nur verhängt werden durften, wenn sie zur Zeit der Tat gesetzlich angedroht waren. Verurteilungen auf der Grundlage des Art. 6 II DDR-Verf./1949 sind daher nicht nur eindeutig mit rechtsstaatlichen Grundsätzen unvereinbar[1313], sondern mangels gesetzlicher Grundlage mit der wohl überwiegenden Meinung in der Literatur ohne weiteres als (objektive) Rechtsbeugung anzusehen[1314]. Manche halten dabei schon die Tathandlungen in ihrer Uferlosigkeit für viel zu unbestimmt, als dass Art. 6 II DDR-Verf./1949 den Anforderungen an ein Strafgesetz genügen könnte[1315]. In der neueren Literatur halten andere dagegen die Anwen-

1311 Vgl. Textausgabe des fortgeltenden RStGB, 1951 herausgegeben vom Ministerium der Justiz der DDR, wiedergegeben nach *Kraut*, Rechtsbeugung?, S. 163, 164; vgl. auch *Rosenthal*, Aufgaben, Methoden und Aufbau der sowjetzonalen Justiz, in: Rosenthal/Lange/Blomeyer(Hrsg.: Bundesministerium für gesamtdeutsche Fragen), Die Justiz in der sowjetischen Besatzungszone Deutschlands, S. 12 Fn. 19.

1312 So auch *Böckenförde*, Die Rechtsauffassung im kommunistischen Staat, S. 74; vgl. auch *Rosenthal*, a.a.O., S. 12 mit Fn. 19.

1313 So BGH NJW 1996, 857 f.; BGH NJ 1997, 35 = NStZ-RR 1997, 36; *Möller-Heilmann*, Die Strafverfolgung von Richtern und Staatsanwälten der ehemaligen DDR wegen Rechtsbeugung, S. 259.

1314 *Schuller*, Geschichte und Struktur des politischen Strafrechts der DDR bis 1968, S. 246 f.; *ders.*, DA 1994, 1257 ff.; *Meinerzhagen*, Die Verfahren gegen ehemalige Richter der DDR, in: Weber/Piazolo, Eine Diktatur vor Gericht, S. 121 und 129 f.; *Wassermann*, NJW 1995, 2966; *ders.*, FS Kaiser, S. 1412; LK-*Hilgendorf* (12. Aufl.), § 339 Rn. 77 mit Fn. 301; ebenso die Staatsanwaltschaft beim KG, vgl. NJ 1995, 213; wohl auch *Fricke*, Politik und Justiz in der DDR, S. 168; *Schümann*, NJ 2001, 506.

1315 *Maurach*, ROW 1958, 178; *Schmidthals*, Die Neugestaltung des strafrechtlichen Staatsschutzes in der Sowjetischen Besatzungszone, S. 5 f.; *Schuller*, Geschichte und Struktur des politischen Strafrechts der DDR bis 1968, S. 247; *Meinerzhagen*, a.a.O., S. 129 f.

dung dieser Bestimmung als Strafnorm noch für vertretbar, also nicht rechtsbeugerisch[1316].

Das LG Berlin hielt allein die Anwendung des Art. 6 DDR-Verf./1949 nicht für eine objektive Rechtsbeugung. Unter Verweis auf die oben geschilderte Rechtsprechung des OG führt das LG an, es sei seit dem Jahre 1950 verbindliches Recht gewesen, Art. 6 der DDR-Verf. als Strafrechtsnorm anzuwenden[1317]. Der BGH ist auf die Revision sowie in späteren Urteilen einer Entscheidung der Frage der objektiven Rechtsbeugung durch bloße Anwendung des Art. 6 DDR-Verf./1949 als Strafnorm wie schon früher[1318] ausgewichen, weil dem OG-Richter jedenfalls der Vorsatz der Rechtsbeugung gefehlt habe. Hierbei bezieht er sich ebenfalls auf das genannte Urteil des OG, das die Heranziehung als unmittelbar anzuwendendes Strafgesetz vorgegeben habe[1319].

Zwar trifft die Ansicht des LG Berlin, die Rechtsprechung des OG habe verbindliches Recht geschaffen, trotz Berücksichtigung des in der DDR geltenden Rechtsverständnisses nicht zu[1320], weil jedenfalls eine gesetzwidrige Auslegung, wie sie hier anzunehmen ist, die unteren Gerichte nicht binden konnte. Dennoch sind auch bei dieser Sichtweise die Schwierigkeiten des Vorsatznachweises nicht ausgeräumt.

Der BGH hat selbst den beisitzenden Richter *T.*, der unter dem Vorsitz *Hilde Benjamins* an der erstmaligen Anwendung von Art. 6 II DDR-Verf./1949 als Strafgesetz in dem „Zeugen-Jehovas-Urteil" des OG von

---

1316 *Kraut*, Rechtsbeugung?, S. 165; *Möller-Heilmann*, Die Strafverfolgung von Richtern und Staatsanwälten der ehemaligen DDR wegen Rechtsbeugung, 260; wohl auch bereits *F.-C. Schroeder*, Der Schutz von Staat und Verfassung im Strafrecht, S. 274.

1317 LG Berlin, Urt. v. 17.6.1994, NJ 1995, 211, 213; zust. *Möller-Heilmann*, a.a.O., S. 260; dagegen *Schuller*, DA 1994, 1258ff. Anders als das LG Berlin a.a.O. allerdings die Schwurgerichtskammer am LG Berlin im Fall Heymann laut mündlicher Urteilsbegründung, wonach bereits die Anwendung des Art. 6 II DDR-Verf./1949 Rechtsbeugung gewesen sei (wiedergegeben nach *Homann*, Herausforderungen an den Rechtsstaat durch Justizunrecht, S. 123f.). Das Urteil wurde nicht rechtskräftig, da Helene Heymann kurz nach der Urteilsverkündung starb (*Grote*, Die DDR-Justiz vor Gericht, S. 104).

1318 So bereits BGH ROW 1958, 204. In diesem Urteil vom 10.12.1957 hatte es der BGH ebenfalls offengelassen, ob Art. 6 II geltendes oder ungültiges Strafrecht sei. Denn wenn der Angeklagte (es handelte sich um einen Oberrichter als Vorsitzenden eines der zur Tatzeit noch existierenden Landgerichte) – von seinem damaligen Standpunkt als Richter der SBZ aus gesehen – der persönlichen Ansicht gewesen sei, dass es sich bei Art. 6 um für ihn verbindliches Recht gehandelt habe, so fehle es ihm insoweit am Vorsatz der Rechtsbeugung.

1319 BGH NJW 1996, 857, 858; BGH NJ 1997, 35 = BGH NStZ-RR 1997, 36; BGHR StGB § 339 Vorsatz 2; zust. *Burian*, ZStW 112 (2000), 130 Fn. 115.

1320 Vgl. dazu Kapitel 3, C.I.3.

1950 beteiligt gewesen (und bereits 1952 aus der DDR geflüchtet) war, aus subjektiven Gründen freigesprochen[1321]. Wenn nun aus den genannten Gründen schon der Vorsatz von OG-Richtern zu verneinen war, dann war dies erst recht bei Richtern untergeordneter Gerichte der Fall. Denn von einem Angehörigen des für die Entscheidung verantwortlichen Gerichts konnte noch am ehesten (wenn überhaupt) ein Überdenken der Rechtsprechung des eigenen Hauses erwartet werden, kaum aber von einem in das hierarchisch gegliederte Gerichtssystem auf einer der unteren Ebenen eingeordneten Richter. In der Konsequenz schied eine Verurteilung wegen Rechtsbeugung allein aufgrund der Anwendung des Art. 6 II DDR-Verf./1949 aus, weil jedenfalls der Vorsatz immer zu verneinen war.

Im Übrigen sei erwähnt, dass in Verbindung mit Art. 6 II DDR-Verf./1949 häufig auch die Kontrollratsdirektive Nr. 38 vom 12. Oktober 1946[1322] angewandt wurde, deren Eigenschaft als unmittelbar gültige Strafnorm ebenfalls bestritten wurde[1323]. Auch diese ergänzende Anwendung der KRD Nr. 38 hat der BGH für sich genommen entsprechend seiner Rechtsprechung zu Art. 6 II DDR-Verf./1949 nicht als Rechtsbeugung gewertet[1324], wie auch schon das LG Berlin[1325].

B. Analyse verschiedener Entscheidungen im Hinblick auf Rechtsbeugung durch Anwendung von Tatbeständen des politischen Strafrechts im konkreten Fall

Zahlreiche empörende Fälle der Kriminalisierung von Oppositionellen und anderen aus Sicht der politischen Machthaber missliebigen DDR-Bürgern kamen von vornherein oder bereits nach kurzer Prüfung nicht für

1321 BGH NJ 1997, 35 = BGH NStZ-RR 1997, 36; dazu *Hohoff*, An den Grenzen des Rechtsbeugungstatbestandes, S. 46.

1322 ABl. des Kontrollrats Nr. 11 vom 30.10.1946, S. 184.

1323 Staatsanwaltschaft beim KG, vgl. NJ 1995, 213; *Schuller*, Geschichte und Struktur des politischen Strafrechts der DDR bis 1968, S. 239 ff.; *ders.*, DA 1994, 1258.

1324 BGH NJW 1996, 857, 864; zur Frage vorsätzlicher Tatbestandsüberdehnung bei der KRD Nr. 38 siehe BGH NStZ-RR 1998, 360 f. = JZ 1998, 910 f. m. krit. Anm. *F.-C. Schroeder*, JZ 1998, 911; zur Anwendung und Auslegung der KRD Nr. 38 siehe *Schuller*, Geschichte und Struktur des politischen Strafrechts der DDR bis 1968, S. 107 ff. und 242 ff.; *Kraut*, Rechtsbeugung?, S. 173 ff.

1325 LG Berlin NJ 1995, 211, 213.

eine Ahndung mittels des Rechtsbeugungstatbestandes in Betracht, weil die DDR ihr politisches Strafrecht so weit gefasst hatte, dass Handlungen und Äußerungen, die nach westlich-rechtsstaatlichem Verständnis lediglich legitime und legale Ausübung von Grundrechten darstellten, in der DDR in weitem Umfang unter Strafe gestellt waren.

In diesem Zusammenhang ist nochmals auf die Auswirkungen des sozialistischen Rechtsverständnisses hinzuweisen, das aufgrund der Grenzen, die dem Rechtsstaat durch Art. 103 II GG nach der hier vertretenden Auffassung gesetzt sind[1326], zu berücksichtigen ist. So war beispielsweise die Meinungsäußerungsfreiheit darauf beschränkt, dass sich jedermann öffentlich zustimmend über die Zustände in der DDR äußern konnte. Kritik war erlaubt, sofern dadurch die von Partei und Staat proklamierte Entwicklung gefördert wurde[1327]. Antisozialistische Kritik war nach damaligem Verständnis nicht vom Schutz des Art. 27 DDR-Verf./1968 und 1974 gedeckt[1328]. Eine an den Grundrechten der Verfassung orientierte rechtsstaatliche, also restriktive Auslegung der Tatbestände des politischen Strafrechts, die zur Unterdrückung der freien Meinungsäußerung bestimmt waren, kann daher nicht auf Auslegungsmethoden der DDR gestützt werden. Ebenso wenig kann nachträglich eine restriktive Auslegung im Sinne der vom BGH in den Mauerschützenfällen entwickelten Methode der „menschenrechtsfreundlichen Auslegung" zum Maßstab gemacht werden.

Der BGH verwirft diesen Maßstab zwar nicht, begründete aber, soweit ersichtlich, auch keine Tatbestandsüberdehnung mit einer Pflicht zur menschenrechtsfreundlichen Auslegung. Dies ist damit zu erklären, dass ein Durchschlagen des Erfordernisses menschenrechtsfreundlicher Auslegung auf die Auslegung politischen Strafrechts nach den Grundsätzen der Mauerschützenrechtsprechung nur angezeigt gewesen wäre, wenn ansonsten diese Tatbestände als mit übergesetzlichem Recht unvereinbar anzusehen wären[1329]. Letzteres hat der BGH aber, wie bereits dargelegt[1330], verneint.

Neben den Auslegungsmethoden der DDR will der BGH, jedenfalls dessen 5. Strafsenat, auch die „dort praktizierten Auslegungskriterien" berücksichtigen[1331]. Dies dürfte der auch vom 4. Strafsenat befürworteten

1326 Dazu Kapitel 3.

1327 *Müller-Römer*, Die Grundrechte in Mitteldeutschland, S. 132.

1328 Näher dazu Kapitel 3, VII.

1329 Vgl. dazu bereits Kapitel 3, A.III.a)dd)(1).

1330 S. o., A.I.

1331 BGH NStZ-RR 1997, 359, 360.

Berücksichtigung der dortigen „Wertvorstellungen" bei der Ermittlung des möglichen Wortsinns einer Norm entsprechen[1332]. So berücksichtigt der 5. Strafsenat beispielsweise, dass die DDR „jegliche spektakuläre Kritik an ihrem freiheitsbeschränkenden Staatswesen für gefährlich und strafwürdig erachtete"[1333]. Er räumt ein, dies führe dazu, dass eine Verurteilung in Fällen der vorliegenden Art - gemeint ist die Anwendung politischen Strafrechts der DDR - nur noch in Betracht komme, wenn die Rechtsanwendung durch Justizangehörige der DDR auch bei Berücksichtigung der dort praktizierten Auslegungskriterien und Methoden schlechterdings nicht mehr nachvollziehbar zu machen sei[1334]. Dies sieht er zwar nicht als Folge des Art. 103 II GG, sondern des Vertrauensschutzes aus dem allgemeinen Rechtsstaatsgebot und des Zweifelsgrundsatzes. Im Ergebnis ändert dies hier jedoch nichts.

Unvermeidliche Konsequenz der rechtsstaatlichen Erfordernisse war es also, dass gerade rechtsstaatswidrige Entscheidungen und Verhaltensweisen der DDR-Justiz in vielen Fällen nicht als Rechtsbeugung geahndet werden konnten. Der BGH wies bei derartigen Freisprüchen, die von ihm selbst ausgesprochen oder bestätigt wurden, regelmäßig darauf hin, dass das Vorgehen der DDR-Justiz in dem betreffenden Fall rechtsstaatswidrig war. Damit stellte er klar, dass er sich von diesem Vorgehen distanziert und der Freispruch nicht etwa eine nachträgliche Bestätigung oder gar Billigung bedeutet.

Trotz der genannten Rahmenbedingungen war es nicht grundsätzlich ausgeschlossen, eine Handlung als Rechtsbeugung durch Tatbestandsüberdehnung zu qualifizieren. Auf eine bloße Überdehnung von Vorschriften ohne gleichzeitigen Blick auf die Rechtsfolge hat der BGH allerdings kaum einen Rechtsbeugungsvorwurf gestützt. Ob dieses Ergebnis der Aufarbeitung von DDR-Justizunrecht - auch bei Berücksichtigung der oben geschilderten Problematik - richtig sein kann, bedarf einer differenzierten Untersuchung. Hierfür ist vorab ein kurzer Überblick über die Entwicklung des politischen Strafrechts in der DDR erforderlich. Für die jeweils angewandten Strafnormen ist nach verschiedenen Zeitabschnitten zu unterscheiden:

1332 Zur Berücksichtigung von Wertvorstellungen der DDR bereits Kapitel 3, insbes. C.II.1.

1333 BGH NStZ-RR 1997, 359, 360.

1334 BGH a.a.O.

Zunächst blieb das Reichsstrafgesetzbuch[1335] auch in der DDR in Kraft, bis 1968 das Strafgesetzbuch der DDR erlassen wurde. Neben wirtschaftsstrafrechtlichen Bestimmungen[1336] und Besatzungsstrafrecht kam insbesondere der bereits angesprochene Art. 6 II DDR-Verf./1949 zur Anwendung. Auf diesen wurde den politischen Bedürfnissen entsprechend exzessiv zurückgegriffen.

Mit dem Gesetz zur Ergänzung des Strafgesetzbuches (Strafrechtsergänzungsgesetz, StEG) vom 11. Dezember 1957[1337], das am 1. Februar 1958 in Kraft trat, wurde das politische Strafrecht der DDR in eine Vielzahl von - ebenfalls exzessiv angewandten - Tatbeständen gefasst. Art. 6 II DDR-Verf./1949 galt daneben allerdings bis zum Inkrafttreten der DDR-Verfassung von 1968 als eine Art „Reservetatbestand"[1338] oder Auffangtatbestand[1339] fort[1340].

Im Jahr 1968 wurde das politische Strafrecht des StEG abgelöst und mit einigen Änderungen in das erstmals ausgearbeitete Strafgesetzbuch der DDR integriert, welches am 1. Juli 1968 in Kraft trat[1341]. Dieses wurde durch Gesetz vom 19. Dezember 1974 - in Kraft getreten am 1. April 1975 - neu gefasst[1342], was allerdings kaum Änderungen des politischen Strafrechts mit sich brachte. Nach weiteren Ergänzungen und Änderungen durch das 2. Strafrechtsänderungsgesetz[1343] 1977 wurden 1979 mit dem

---

1335 Die politischen Straftatbestände des RStGB waren durch das Kontrollratsgesetz Nr. 1 vom 20 September 1945 (ABl. des Kontrollrats in Deutschland Nr. 1 [1945], S. 6 ff.) und das Kontrollratsgesetz Nr. 11 vom 30. Januar 1946 (ABl. des Kontrollrats in Deutschland Nr. 3 [1946], S. 55 ff.) aufgehoben worden.

1336 Dazu noch Kapitel 7, A.I.,III.,IV.

1337 GBl. DDR 1957 I, S. 643 ff.

1338 *Roggemann*, ROW 1968, 59.

1339 *Schuller*, Geschichte und Struktur des politischen Strafrechts der DDR bis 1968, S. 162.

1340 Dazu *Schmidthals*, Die Neugestaltung des strafrechtlichen Staatsschutzes in der Sowjetischen Besatzungszone, S. 5 und 65 ff.; *Lekschas*, NJ 1958, 82 f.

1341 § 1 I, II Nr. 3 Einführungsgesetz zum Strafgesetzbuch und zur Strafprozeßordnung der DDR vom 12. Januar 1968, GBl. DDR 1968 I, S. 97 ff. (Inkrafttreten des DDR-StGB/1968; Außerkrafttreten des StEG).

1342 § 1, 3 Gesetz zur Änderung des Strafgesetzbuches, des Anpassungsgesetzes und des Gesetzes zur Bekämpfung von Ordnungswidrigkeiten vom 19. Dezember 1974, GBl. DDR 1974 I, S. 591 ff.; Bekanntmachung der Neufassung des Strafgesetzbuches der DDR, GBl. DDR 1975 I, S. 13 ff.

1343 Gesetz zur Änderung und Ergänzung straf- und strafverfahrensrechtlicher Bestimmungen (2. Strafrechtsänderungsgesetz) vom 7. April 1977, GBl. DDR 1977 I, S. 100 ff.

3. Strafrechtsänderungsgesetz[1344] zahlreiche Tatbestände neu gefasst und damit das politische Strafrecht teils erheblich verschärft und erweitert.
Die Anwendung des politischen Strafrechts der DDR kann hier nicht hinsichtlich aller diesem zuzurechnenden Bestimmungen und den verschiedenen Phasen ihrer Geltung bearbeitet werden. Insbesondere die Tatbestände des StEG werden hier nicht näher untersucht, zumal in diesem Bereich kein Schwerpunkt der justiziellen Aufarbeitung zu sehen ist – nur 9,8 % der bis Ende August 1999 ausgewerteten Anklagen betrafen das gesamte politische Strafrecht zwischen 1958 und 1968[1345] – und es kaum veröffentlichte Entscheidungen hierzu gibt. Die Auslegung von Tatbestandsmerkmalen wirft zudem oftmals Fragen auf, die sich gleichermaßen oder ähnlich bei ab 1968 geltenden Tatbeständen stellen. Auch dies rechtfertigt eine Beschränkung auf einen kurzen Hinweis auf die jeweilige Vorläufernorm.

Neben dem das politische Strafrecht der frühen DDR prägenden Art. 6 II DDR-Verf./1949 konzentriert sich die Darstellung daher auf das politische Strafrecht ab 1968. Hier wiederum werden einige häufig angewandte Tatbestände kursorisch angesprochen, bevor auf eine Auswahl genauer eingegangen wird.

Ein großer Teil der Verurteilungen in Anwendung des politischen Strafrechts betraf das Vorgehen gegen ausreisewillige DDR-Bürger und regimekritische Personen. Hier kamen verschiedene Tatbestände in Betracht, die teilweise auch nebeneinander angewandt wurden.

Ausreisewillige, die sich mit amtlichen Stellen der Bundesrepublik (Ständige Vertretung der Bundesrepublik in der DDR, Bundesministerium für innerdeutsche Beziehungen, Botschaften) oder mit – von der DDR als feindlich beurteilten – Organisationen im Bundesgebiet (z.B. Internationale Gesellschaft für Menschenrechte, amnesty international, Verein „Hilferufe von drüben"), mit den Vereinten Nationen oder mit dem Zweiten Deutschen Fernsehen (ZDF) in Verbindung gesetzt und in der Hoffnung, Unterstützung für ihre bis dahin vergeblichen Ausreisebemü-

1344 Gesetz zur Änderung und Ergänzung straf- und strafverfahrensrechtlicher Bestimmungen und des Gesetzes zur Bekämpfung von Ordnungswidrigkeiten (3. Strafrechtsänderungsgesetz) vom 28. Juni 1979, GBl. DDR 1979 I, S. 139 ff.

1345 *Hohoff*, An den Grenzen des Rechtsbeugungstatbestandes, S. 68. Zu Anklagen und (vereinzelten) Verurteilungen wegen Strafverfolgung auf der Grundlage des StEG und anderer zwischen 1958 und 1968 erlassener strafrechtlicher Nebengesetze bzw. der Verordnung über Aufenthaltsbeschränkung in dieser Zeit siehe *Hohoff*, a.a.O., S. 49 ff. und 70 sowie BGH NStZ 1999, 455 f. und Kapitel 7, A.V.

hungen zu erhalten, über ihre persönlichen Verhältnisse, ihre Ausreisebemühungen und teilweise auch über Vorgänge in ihrem Umfeld berichtet hatten, wurden je nach Inhalt und Adressaten der Mitteilungen mit Hilfe der folgenden Bestimmungen kriminalisiert:

Sammlung von Nachrichten (§ 15 StEG bzw. § 98 DDR-StGB/1968) und Landesverräterische Nachrichtenübermittlung (§ 99 DDR-StGB/1979), Verbindung zu verbrecherischen Organisationen oder Dienststellen (§ 16 StEG) bzw. Landesverräterischer Treubruch (§ 99 DDR-StGB/1968) und Staatsfeindliche Verbindungen (§ 100 DDR-StGB/1968) bzw. Landesverräterische Agententätigkeit (§ 100 DDR-StGB/1979) sowie Ungesetzliche Verbindungsaufnahme (§ 219 DDR-StGB/1968/1979) als Auffangtatbestand.

Diese Tatbestände waren durch Tatbestandsmerkmale wie „Nachrichten", „zum Nachteil der Interessen der DDR", „ausländische Organisationen", „Schriften, Manuskripte oder andere Materialien, die geeignet sind, den Interessen der DDR zu schaden" (u. a.) von solch uferloser Weite, dass eine Tatbestandsüberdehnung (im Sinne einer Wortlautüberschreitung[1346]) in kaum einem Fall angenommen werden konnte[1347]. Dies soll hier nicht im Detail dargestellt werden.

Abgesehen von teilweise nicht unumstrittenen Einzelkonstellationen, in denen der BGH schon die Grenzen möglicher Gesetzesinterpretation als überschritten angesehen hat[1348], sind Verurteilungen nach den genann-

1346 Vgl. Kapitel 5, A.I.

1347 *Kraut*, Rechtsbeugung?, S. 183, 185 (für §§ 98 DDR-StGB/1968 und § 99 DDR-StGB/1979) und S. 188f (insbes. für § 100 DDR-StGB/1968, und § 100 DDR-StGB/1979, allerdings jeweils differenzierend für den Kontakt mit Angehörigen oder Freunden) und S. 190 zu § 219 DDR-StGB/1968/1979; *Möller-Heilmann*, Die Strafverfolgung von Richtern und Staatsanwälten der ehemaligen DDR wegen Rechtsbeugung, S. 273 (für § 15 StEG), 275f. und 278 (für § 99 DDR-StGB/1979), 280f. und 282f. (für § 16 StEG, § 100 DDR-StGB/1968, 100 DDR-StGB/1979), 307f. (für § 219 DDR-StGB/1968/1979).

1348 1.) Fälle der Kontaktaufnahme Ausreisewilliger mit der Ständigen Vertretung der Bundesrepublik Deutschland in der DDR:
a) BGH, Urt. v. 15.9.1995 – 5 StR 642/94 (unter C III 2), S. 30ff. (insoweit nicht veröffentlicht) zu § 99 DDR-StGB/1979 (kein Handeln „zum Nachteil der Interessen der DDR", da Informationszuwachs auf Empfängerseite denkbar gering und Weiterverbreitung in der Öffentlichkeit, insbes. den Massenmedien, fernliegend); dagegen *Kraut*, a.a.O., S. 185f. und *Möller-Heilmann*, a.a.O., 277f.; zust. *Spendel*, JR 1996, 181, der die Entscheidung ebenfalls in dem Sinne versteht, dass der BGH bereits eine Wortlautüberschreitung bejaht und die Ausführungen zur Strafhöhe für Hilfserwägungen hält – anders insoweit nur *Grote*, Die DDR-Justiz vor Gericht, S. 147 und *Willnow*, JR 1997, 267, welcher generell für den untersuchten Zeitraum meint, der 5. Strafsenat habe keine Verurteilung wegen Rechtsbeugung auf die bloße Überdehnung von Straftatbeständen gestützt, sondern stets gleichzeitig die Rechtsfolge im Blick gehabt);

ten Vorschriften eher über den Aspekt des rechtsbeugerisch überhöhten Strafmaßes erfassbar[1349]. So hat die Rechtsprechung in einigen solchen Fällen Rechtsbeugung durch die übermäßige Bestrafung für im Grenzbereich der Tatbestandlichkeit angesiedelte Bagatelldelikte angenommen[1350] und dabei zu §§ 99, 100 DDR-StGB/1979 den allgemeinen, eine Gesamtwürdigung aller Gesichtspunkte des Einzelfalls (insbesondere aus Sicht der DDR-Justiz erschwerender Besonderheiten) nicht entbehrlich machenden Grundsatz aufgestellt, in den Fällen minderen Gewichts, in denen es allein um die bloße hilfesuchende Kontaktaufnahme oder doch nur um die Weitergabe von Informationen über das politische Schicksal des Ausreisewilligen und seine Ausreisebemühungen gegangen sei, stelle die Verhängung einer längeren Freiheitsstrafe eine Rechtsbeugung dar[1351].

Vollendeter, versuchter oder auch nur vorbereiteter ungesetzlicher Grenzübertritt stand gemäß § 213 DDR-StGB/1968/1979 unter Strafe. In der Regel wurden nach dieser Bestimmung erhebliche vollstreckbare Freiheitsstrafen verhängt - wenn ein gescheiterter Fluchtversuch nicht schon mit dem Tode geendet hatte. Vielfach wurden Ausreisewillige wegen Bekundung oder Verbreitung ihres Ausreisewillens pönalisiert.

---

b) BGH NJ 1996, 318, 320 (Fall R., insoweit in BGH DtZ 1996, 92 ff. nicht abgedruckt);
c) Wohl auch BGH, Urt. v. 15.9.1995 - 5 StR 642/94 (unter C III 3), S. 36 ff. zu § 100 DDR-StGB/1979 (schlichte Äußerung des Ausreisewillens ohne „staatsfeindliche Motivation"), aber letztlich auf das „jedenfalls" gänzlich überzogene Strafmaß von 2 Jahren Freiheitsstrafe abstellend, das nicht mehr der Verwirklichung der Gerechtigkeit, sondern ausschließlich der rücksichtslosen Unterdrückung eines Ausreisewilligen gedient habe (a.a.O., S. 40); zust. Spendel (JR 1996, 181), der ebenfalls meint, dass der BGH die Annahme der Rechtsbeugung sowohl mit einer Tatbestandsüberdehnung als auch mit der überhöhten Strafe begründet; ebenso *Horstkotte*, Rechtsbeugung, in: Drobnig (Hrsg.), Die Strafrechtsjustiz der DDR im Systemwechsel, S. 84.
2.) Fall eines Solidarno´s´c-Kontaktes:
BGH DtZ 1996, 92, 94 zu § 219 DDR-StGB/1979 („nicht erkennbar, daß die [...] Informationen [...] geeignet waren, den Interessen der DDR zu schaden"; zum Sachverhalt siehe u., B.IV).

1349 So auch *Kraut*, Rechtsbeugung?, S. 189 und 190 f.; *Möller-Heilmann*, Die Strafverfolgung von Richtern und Staatsanwälten der ehemaligen DDR wegen Rechtsbeugung, S. 276, 282, 283.

1350 BGHR StGB § 336 DDR-Recht 9, BGH, Urt. v. 15.9.1995 (5 StR 642/94), S. 35 sub C III 2 b und S. 40 sub C III 3 b - insoweit nicht veröffentlicht ; BGH DtZ 1996, 92, 94 ff. und BGH NJ 1996, 318, 320 (insoweit nicht in DtZ 1996, 92, 96 abgedruckt); Gegenbeispiele (keine Übermaßstrafe im Hinblick auf - aus Sicht der DDR-Justiz - erschwerende Besonderheiten): BGH NStZ 1996, 386, 388 unter 3. (insoweit nicht in DtZ 1996, 92, 96 und NJ 1996, 318 ff. abgedruckt); BGH NStZ-RR 1998, 361, 362.

1351 BGH DtZ 1996, 92, 95 f. unter Verweis auf BGH, Urt. v. 15.9.1995 - 5 StR 642/94 (unter C III 2 b), S. 30 ff., 35.

Die insoweit bevorzugt herangezogene Strafnorm war § 214 I DDR-StGB/1968/1979[1352], in den Alternativen „Beeinträchtigung staatlicher Tätigkeit" oder „Bekundung einer Missachtung der Gesetze". Kritische Äußerungen von ausreisewilligen und anderen DDR-Bürgern konnten zu Verurteilungen wegen Staatsfeindlicher Hetze (§ 106 DDR-StGB/1968/1979) oder - bei als herabsetzend aufgefassten kritischen Äußerungen von minderem Gewicht - wegen Staatsverleumdung bzw. Öffentlicher Herabwürdigung (§ 220 DDR-StGB/1968/1977/1979) führen. Missliebige Demonstranten wurden unter Umständen auch wegen Zusammenrottung nach § 217 I DDR-StGB verfolgt.

Exemplarisch soll im Folgenden die Anwendung der im vorstehenden Absatz genannten Bestimmungen des ab 1968 geltenden politischen Strafrechts auf typische Sachverhalte unter dem Gesichtspunkt der Strafbarkeit wegen Rechtsbeugung durch Überschreitung des Wortlauts (Tatbestandsüberdehnung) näher untersucht werden. Zuerst bezieht sich die Untersuchung jedoch auch auf die Anwendung des Art. 6 II DDR-Verf./1949 als zentraler Handhabe des politischen Strafrechts der frühen DDR.

I. Art. 6 II DDR-Verf./1949

Wie oben bereits dargelegt[1353], scheidet eine Rechtsbeugung allein wegen der Anwendung des Art. 6 II DDR-Verf./1949 zumindest mangels Nachweisbarkeit des Vorsatzes aus. Eine Rechtsbeugung kann aber im Einzelfall durch eine Überdehnung des (ohnehin schon weitgefassten) Tatbestandes des Art. 6 II DDR-Verf./1949, durch ein unerträgliches Missverhältnis von Schuld und Strafe oder durch die Art und Weise der Verfahrensgestaltung gegeben sein.

Als Tatbestandsüberdehnung (im Sinne einer Wortlautüberschreitung) konnten jedoch viele Fälle nicht erfasst werden. In den Gesamttatbestand des Art. 6 II DDR-Verf./1949 ließ sich, wie *Maurach* dezidiert feststellte, fast jede Handlung oder Unterlassung einordnen, die mit der nach der jeweiligen „Generallinie" ausgerichteten Politik des Regimes nicht vereinbar erschien[1354].

1352 So auch *Willnow*, JR 1997, 268.

1353 Vgl. A. II.

1354 *Maurach*, ROW 1958, 178.

Artikel 6

„...(2) Boykotthetze gegen demokratische Einrichtungen und Organisationen, Mordhetze gegen demokratische Politiker, Bekundung von Glaubens-, Rassen-, Völkerhaß, militaristische Propaganda sowie Kriegshetze und alle sonstigen Handlungen, die sich gegen die Gleichberechtigung richten, sind Verbrechen im Sinne des Strafgesetzbuches. Ausübung demokratischer Rechte im Sinne der Verfassung ist keine Boykotthetze."

Der geringe Anwendungsbereich der Fallgruppe „Tatbestandsüberdehnung" bei Art. 6 II DDR-Verf./1949 liegt aber nicht nur an der extrem weiten Fassung der möglichen Tathandlungen, sondern auch an der nur äußerst beschränkten Bedeutung der Ausnahme der „Ausübung demokratischer Rechte" für die Boykotthetze (Art. 6 II 2 DDR-Verf./1949). Denn diese Ausnahme war ausdrücklich auf demokratische Rechte „im Sinne dieser Verfassung" eingegrenzt und darf folglich nicht im Sinne einer freiheitlich demokratischen Ordnung verstanden werden, weil dies die sozialistische Verfassung nicht meinte. Nach dem bereits erörterten sozialistischen Rechtsverständnis galten Grundrechte nur als Mitwirkungsrechte innerhalb des Sozialismus und der sozialistischen Ordnung[1355]. Das Grundrecht auf Meinungsäußerungsfreiheit war auf den Weltanschauungsinhalt der sozialistischen Wertordnung beschränkt. Das sollte ausdrücklich auch im Rahmen des Art. 6 II DDR-Verf. 1949 gelten[1356]. *Böckenförde* spricht insofern zutreffend von Art. 6 II DDR-Verf. als einem „allgemeinen Gewährleistungsvorbehalt für die Grundrechte": keine Grundrechte für die, die sie in einer Weise gebrauchen, welche die politischen, gesellschaftlichen und ideologischen Fundamente des Staates untergräbt[1357].

Angesichts der schier uferlosen Weite des Tatbestands und der Vorsatzproblematik erschienen die meisten Anwendungsfälle des Art. 6 II DDR-Verf./1949 strafrechtlich eher über die Fallgruppe der Übermaßstrafe erfassbar. Auf rechtsbeugerisch überhöhte Strafen bei Art. 6 II DDR-Verf./1949 wird an entsprechender Stelle eingegangen[1358].

Gleichwohl war eine Tatbestandsüberdehnung dieser Bestimmung nicht gänzlich ausgeschlossen. Selbst frühere Protagonisten der nicht gerade regimekritischen rechtswissenschaftlichen Literatur räumen heute eine rechtswidrige und pervertierte Nutzung dieser Bestimmung

---

1355 *Böckenförde*, Die Rechtsauffassung im kommunistischen Staat, S. 48; zum sozialistischen Grundrechtsverständnis Kapitel 3, B.VII.

1356 Akademie für Staats- und Rechtswissenschaft der DDR (Hrsg.), Staatsrecht der DDR. Lehrbuch, 2. Aufl. 1984, S. 194.

1357 *Böckenförde*, a.a.O., S. 49.

1358 Kapitel 7, A.II.

gegen Andersdenkende, die ihr verfassungsmäßiges Recht auf Meinungsfreiheit wahrnahmen, so in den bereits erwähnten Fällen *Harich*[1359] und *Janka*[1360] ein[1361].

Angesichts der geringen Bedeutung dieser Fallgruppe sollen hier nur die besonders häufig angewandten „Tatbestandsmerkmale" der Boykotthetze und der Kriegshetze (einschließlich der darunter subsumierten Spionage) näher behandelt werden[1362].

1. Boykotthetze

Besonders extensiv angewandt wurde die Tatbestandsvariante der Boykotthetze gegen demokratische Einrichtungen und Organisationen. Da man sich in der DDR nicht die Mühe machte, den unbestimmten Rechtsbegriff der Boykotthetze zu konkretisieren und auszulegen[1363], sondern sich Urteile mit der Behauptung begnügten, der festgestellte Sachverhalt erfülle den Tatbestand, erarbeitete *Schuller* anhand von Wörterbüchern, die auch in der DDR gebräuchlich waren, und am allgemeinen Sprachgebrauch orientiert eine Definition der Boykotthetze. Danach stellt sich diese

---

1359 Dazu Auszüge aus dem OG-Urteil v. 9.3.1957 NJ 1957, 166 ff.; Kassationsurteil des OG v. 30.3.1990 NJ 1990, 206 ff., das zu dem Ergebnis kommt, die damaligen Angeklagten seien zu Unrecht wegen Boykotthetze verurteilt worden, weil ihre Ziele nicht im Widerspruch zur Verfassung der DDR gestanden und ihre Meinungsäußerungen und Handlungen eine Ausübung demokratischer Rechte dargestellt hätten. Es seien Überzeugungen und Verhaltensweisen, die nicht mit der herrschenden Politik übereingestimmt hätten, kriminalisiert worden (OG a.a.O., 207 f.).

1360 Dazu Kassationsurteil des OG v. 5.1.1990 NJ 1990, 50 f., das ebenfalls zu dem Ergebnis kommt, die damaligen Angeklagten seien zu Unrecht wegen Boykotthetze verurteilt worden.

1361 *Buchholz*, ZRP 1990, 467 f.

1362 *Zur Mordhetze*: *Schuller*, Geschichte und Struktur des politischen Strafrechts der DDR bis 1968, S. 252 und 264; *zur Bekundung von Völkerhass*: *Schuller*, a.a.O., S. 252 f., 264 f.; *Kraut*, Rechtsbeugung?, S. 172; *Möller-Heilmann*, Die Strafverfolgung von Richtern und Staatsanwälten der ehemaligen DDR wegen Rechtsbeugung, S. 269 f. Völkerhass wurde schon angenommen, wenn der Inhalt verbreiteter Schriften gegen die Sowjetunion und andere sozialistische Länder gerichtet war (vgl. *Kleine/Krutzsch*, NJ 1954, 73); *zu weiteren Begehungsweisen*: *Schuller*, a.a.O., S. 49 ff., 253.

1363 Wenn die OG-Richterin *Kleine* und der Persönliche Referent des Ministers der Justiz, *Krutzsch*, in NJ 1954, 73 nach Darstellung einiger OG-Urteile „zusammenfassend" feststellen, dass „Boykotthetze als eine der Begehungsformen des Angriffs auf unseren Staat und seine Grundlagen durch die Methoden der staatsfeindlichen politischen Agitation in Wort und Schrift sowie durch Gewalttaten gegenüber demokratischen Einrichtungen und Organisationen begangen werden kann", so liegt darin insbesondere keine abschließende Definition der Boykotthetze.

als menschliche Äußerung dar, die – ausgenommen die Ausübung demokratischer Rechte – in sehr unsachlicher Weise und stark aufstachelndem Ton dazu aufruft, solche Einrichtungen und Organisationen durch Nichtbeteiligung an ihnen (bzw. Unterlassen der Unterstützung) zu schädigen, die sich sowohl ihrem inneren Aufbau nach als auch hinsichtlich ihrer politischen Ziele von parlamentarisch-demokratischen, rechtsstaatlichen Grundsätzen leiten ließen; hinzukommen musste die Absicht, den oder die Adressaten in eine unreflektierte affektbedingte Stimmung zu versetzen bzw. unkontrollierte Affekte beim Adressaten hervorzurufen[1364].

Dem entsprach jedoch nicht die Anwendungspraxis. Kritische Äußerungen wurden in uferloser Weite dem Art. 6 II DDR-Verf./1949 unterstellt. Hiernach wurden etwa Menschen zu harten Strafen verurteilt, die eine ablehnende Haltung gegenüber der Gründung der Landwirtschaftlichen Produktionsgenossenschaften (LPG), Unverständnis über die Mitgliedschaft in der SED oder die Einschätzung geäußert hatten, angesichts der Verhältnisse in der DDR sei eine Wiederholung der Ereignisse vom 17. Juni 1953 alsbald zu erwarten[1365]. Bei solchen Verurteilungen ist besonders zweifelhaft, ob auch nur annäherungsweise von „Hetze" gesprochen werden konnte. Als Boykotthetze angesehen wurde auch die am 17. Juni 1953 getane Äußerung über die Flucht „eines unserer führenden Politiker, mit der der Eindruck der Sprengung des Blocks der antifaschistisch-demokratischen Parteien durch die Putschisten erweckt werden sollte"[1366].

Neben Meinungsäußerungen wurden auch Handlungen über Art. 6 II DDR-Verf./1949 kriminalisiert. Dies betraf z. B. tätliche Angriffe gegen „Mitglieder demokratischer Einrichtungen und Organisationen wegen ihrer Zugehörigkeit z. B. zur Partei, zur Volkspolizei oder zu einer landwirtschaftlichen Produktionsgemeinschaft"[1367] oder einen Steinwurf in die Fensterscheibe einer Geschäftsstelle der SED[1368] und sogar die Republikflucht[1369]. Auch Sabotage wurde als Form der Boykotthetze aufgefasst[1370]. Als unerwünschte Handlung wurde selbst die Abwerbung von Arbeitskräften, sofern überhaupt von einer solchen gesprochen werden

---

1364 *Schuller*, Geschichte und Struktur des politischen Strafrechts der DDR bis 1968, S. 248 f. und 252.

1365 Jeweils BG Leipzig, Nachweise bei *Kraut*, Rechtsbeugung?, S. 168 Fn. 693,694, 696.

1366 *Kleine/Krutzsch*, NJ 1954, 73.

1367 *Kleine/Krutzsch*, a.a.O.

1368 *Benjamin*, NJ 1951, 540.

1369 Dazu *Kraut*, Rechtsbeugung?, S. 168 f.; *Möller-Heilmann*, Die Strafverfolgung von Richtern und Staatsanwälten der ehemaligen DDR wegen Rechtsbeugung, S. 265 f.

1370 Zur Sabotage als Form der Boykotthetze *Möller-Heilmann*, a.a.O., S. 266 ff.; *Schuller*, Geschichte und Struktur des politischen Strafrechts der DDR bis 1968,S. 112 ff., 253.

konnte[1371], willkürlich als Boykotthetze und gleichzeitig Kriegshetze bestraft[1372]. Der BGH bewertete Verurteilungen wegen Abwerbung allerdings nur wegen der dabei verhängten überzogenen Strafen (u.a. Todesstrafen) als Rechtsbeugung[1373]. Im Ergebnis wurde von der DDR-Justiz nach der Analyse *Schullers* letztlich jedes vom Regime als schädlich betrachtete Tun als Boykotthetze behandelt[1374].

Gewisse Einschränkungstendenzen waren immerhin auch in den 50er Jahren erkennbar. Von Rechtsprechung und Literatur wurde sowohl objektiv als auch subjektiv eine gewisse Schwere der Tat verlangt[1375]. Zum subjektiven Erfordernis der Schwere verlangte das OG 1953, bei der Feststellung eines Verbrechens gegen Art. 6 der Verfassung müsse ein Handeln vorliegen, das sich gegen die Grundlagen der staatlichen Ordnung richte. Diese Zielrichtung müsse festgestellt werden[1376]. Dass dieses Erfordernis oft nicht eingehalten wurde, haben sogar das OG[1377] und Generalstaatsanwalt Melsheimer im Rahmen des „neuen Kurses“ zugegeben[1378]. In der Folgezeit schwankten die Anforderungen an die Zielrichtung in Literatur und untergerichtlicher Rechtsprechung zwischen Aufgabe der Einschränkung und Rückkehr zu ihr, wobei die Tendenz jeweils von der politischen Gesamtlage abzuhängen schien[1379]. In seiner Abwerbungsentscheidung vom 2. November 1956 sprach das OG immerhin den erstinstanzlich verurteilten Angeklagten aus subjektiven Gründen frei, weil seinen Gesprächen keine eindeutige staatsfeindliche Zielrichtung entnommen werden und es nicht als erwiesen angesehen werden könne, dass er DDR-Bürger zur illegalen Abwanderung nach Westdeutschland habe verleiten wollen, um dadurch der Wirtschaft in der DDR Schaden zuzufügen[1380]. In anderen

1371 Vgl. dazu *Müller-Römer*, Die Grundrechte in Mitteldeutschland, S. 125.

1372 Chronologisch: BG Karl-Marx-Stadt, NJ 1956, 25ff.; OG NJ 1956, 99, 103; BG Suhl NJ 1956, 479f.; zust. *Benjamin*, NJ 1956, 99; dazu auch *Schuller*, Geschichte und Struktur des politischen Strafrechts der DDR bis 1968,S. 116ff.

1373 BGH NJW 1996, 857, 862; dazu Kapitel 7, A.II.

1374 *Schuller*, Geschichte und Struktur des politischen Strafrechts der DDR bis 1968, insbes. S. 253.

1375 Vgl. dazu OG NJ 1950, 452, 454 und *Kleine/Krutzsch*, NJ 1954, 71; dazu auch *Schuller*, a.a.O., S.127f. m. w. N.

1376 OG NJ 1953, 411; OGSt 3, 102, 104.

1377 OGSt 3, 102, 103f.

1378 *Melsheimer*, NJ 1953, 576; dazu auch *Schuller*, a.a.O., S. 264.

1379 Näher *Schuller*, a.a.O., S. 129ff.

1380 OG NJ 1956, 766, 767 und 768; krit. *Streit*, NJ 1957, 616; *Krutzsch*, NJ 1957, 294 (die von *Schuller*, a.a.O., S. 133 auf diese Veröffentlichungen gestützte Bewertung als Rückgängigmachung der Rechtsprechung kann allerdings nicht geteilt werden, da Belege aus der OG-Rechtsprechung selbst nicht ersichtlich sind).

Fällen wurde das Vorliegen der subjektiven Erfordernisse dagegen einfach behauptet[1381].

Obwohl auch der Begriff der Boykotthetze der Anwendung des Tatbestands sprachliche Grenzen setzte, ist aus der strafrechtlichen Aufarbeitung der Verurteilungen nach dieser Alternative kein Urteil bekannt geworden, das eine zumindest objektive Tatbestandsüberdehnung deutlich gemacht hätte.

2. Kriegshetze

Auch für den Begriff der Kriegshetze gab es keine offizielle abstrakte Auslegung. Dem Wortsinn nach kann darunter, kurz gesagt, nur eine Hetze verstanden werden, die zum Krieg anstachelt[1382]. Es kann begrifflich nur ein Handeln erfasst werden, das auf die Entfachung militärischer Aktionen gegen einen anderen Staat gerichtet ist[1383]. Versteht man Hetze, wie bei der Boykotthetze, als sehr unsachliche Äußerung in stark aufstachelndem Ton, so ist Kriegshetze ein in dieser Weise geäußertes Aufrufen zum Krieg[1384]. Unter Kriegshetze wurden in der DDR aber neben Äußerungen auch Handlungen subsumiert, die vom möglichen Wortsinn so weit entfernt sind, dass der Tatbestand die Verurteilungen nicht deckte. Ein besonderer Ausdruck der Kriegshetze wurde dabei in der Spionage[1385] und in Terrorhandlungen[1386] gesehen.

a) Kriegshetze durch Äußerungen

Das OG sah insbesondere bestimmte, aus dem religiösen Kontext gerissene und überinterpretierte Äußerungen der Zeugen Jehovas als Kriegshetze an[1387]. Auch Kritik an der Sowjetunion und ihrer Gesellschaft wurde mit dem Argument der Unterstützung westlicher „Kriegstreiber" nicht

1381 Vgl. BG Karl-Marx-Stadt, NJ 1956, 25 ff.; OG NJ 1956, 99 ff.; BG Suhl NJ 1956, 479 f.

1382 So die Definition von *Schuller*, Geschichte und Struktur des politischen Strafrechts der DDR bis 1968, S. 252.

1383 So die Definition des LG Berlin im Beschluss zur Rehabilitierung Frickes, NJ 1991, 496.

1384 So in Anlehnung an *Schuller* auch *Kraut*, Rechtsbeugung?, S. 172.

1385 OG NJ 1950, 452, 454; OGSt 2, 7 ff.; OG NJ 1956, 99, 103; *Kleine/Krutzsch*, NJ 1954, 73.

1386 OG NJ 1952, 320 ff. = OGSt 2, 37 ff.; OG NJ 1952, 451 ff., insbes. 456; *Kleine/Krutzsch*, a.a.O.

1387 OG NJ 1950, 452, 454 f.

nachvollziehbar als Kriegshetze bestraft[1388]. Besonders häufig waren aber Verurteilungen wegen Spionage.

b) Spionage

Tatsächliche und angebliche Spionage wurde als Kriegshetze aufgefasst und bestraft[1389]. Das Sammeln jeder Art von Nachrichten, ob aus jeglichen Gebieten des öffentlichen Lebens, der Produktion, des Transports oder gar des gesellschaftlichen und kulturellen Lebens, ob zutreffend oder unwahr, wurde als wichtig für die „anglo-amerikanischen Kriegsvorbereitungen" angesehen und als Spionage bezeichnet, die der Vorbereitung eines neuen Krieges und dessen Erfolg durch innere Zersetzung diene. Wer dabei mitwirke, unterstütze die „Kriegstreiber" und treibe dadurch Kriegshetze, wobei ein Bestreben zur Umwandlung vom „kalten Krieg" zum „heißen Krieg" einfach unterstellt wurde[1390].

Mögen ideologische Vorgaben zur Einschätzung der Welt- und deutschlandpolitischen Lage und ihre Berücksichtigung in der Rechtsprechung noch grundsätzlich im Rahmen des sozialistischen Rechtsverständnisses liegen, bleibt doch angesichts der immerhin für die Auslegung von Gesetzen, insbesondere Strafgesetzen, geltenden Wortlautgrenze[1391] unerfindlich, worin bei Handlungen wie der Sammlung und ggf. Weitergabe von Nachrichten die „Hetze" liegen soll. Unter „Hetze" müsste man, wenn man sie nicht schon auf verbale Äußerungen beschränkt, zumindest ein öffentliches, an andere gerichtetes, aufstachelndes Verhalten verstehen, während Spionage typischerweise heimlich und konspirativ verübt wird. Tatsächliche oder angebliche Spionage als Kriegshetze unter Art. 6 II DDR-Verf. zu subsumieren, stellte daher nach der hier vertretenen Sicht der Wortlautgrenze eine objektive Rechtsbeugung dar. Dies sah schon die frühe bundesrepublikanische Literatur ebenso. Sie hielt die Anwendung des Art. 6 II DDR-Verf. auf Spionage für weder vom Wortlaut noch von der Schutzfunktion gedeckt[1392] und damit unzulässig. In der neueren Litera-

---

1388 Dazu *Kraut*, Rechtsbeugung?, S. 171 f.; *Möller-Heilmann*, Die Strafverfolgung von Richtern und Staatsanwälten der ehemaligen DDR wegen Rechtsbeugung, S. 268 f.

1389 OG NJ 1950, 452, 454; OGSt 2, 7 ff.; OG NJ 1952, 451, 456; OG NJ 1956, 99, 103; *Kleine/Krutzsch*, NJ 1954, 73.

1390 OGSt 2, 7; 2, 9, 13.

1391 Siehe Kapitel 3, C.II.1.

1392 *Maurach*, ROW 1958, 178; *Schuller*, Geschichte und Struktur des politischen Strafrechts der DDR bis 1968, S. 253.

tur wird die Unvertretbarkeit der Subsumtion von Spionage unter Art. 6 II DDR-Verf. nicht explizit angesprochen[1393].

In erstinstanzlichen Entscheidungen ist die Bestrafung von Spionagehandlungen als Kriegshetze nach Art. 6 II unterschiedlich bewertet worden[1394]. Der BGH zog sich wiederholt auf eine Verneinung des Vorsatzes zurück[1395] - sogar bei zwei Angeklagten, die immerhin selbst Richter am OG gewesen waren[1396]. Dabei berief er sich darauf, dass die Subsumtion von Spionagehandlungen unter den Begriff der Kriegshetze durch eine Entscheidung des Obersten Gerichts vom 4. 10. 1950[1397] vorgegeben gewesen sei[1398].

Die geringe Bedeutung des Verratsgegenstandes soll die Wertung eines Verhaltens als „Spionage" nicht ausschließen[1399]. Die in Bagatellfällen naheliegende vorsätzliche Rechtsbeugung durch übermäßig harte Bestrafung scheint allerdings nicht so häufig bejaht worden zu sein, wie das zu vermuten gewesen wäre[1400].

Soweit etwa „Zeugen Jehovas" wegen Spionage verurteilt wurden, kann eine Rechtsbeugung auch darin liegen, dass konkrete Spionagehandlungen nicht nachgewiesen wurden, sondern einfach behauptet wurde, die Zentrale der Zeugen Jehovas in Brooklyn mit ihren deutschen Zweigbüros sei eine Spionageorganisation[1401], weshalb die Angeklagten im Dienste des amerikanischen Imperialismus gehandelt und sich mit der

---

1393 Vgl. *Kraut*, Rechtsbeugung?, S. 170 ff.; *Möller-Heilmann*, Die Strafverfolgung von Richtern und Staatsanwälten der ehemaligen DDR wegen Rechtsbeugung, S. 268 f.

1394 Keine Rechtsbeugung: LG Berlin, NJ 1995, 211, 214; a. A. LG Berlin, Urt. v. 30.3.1995 (527-9/94).

1395 BGH NJW 1996, 857, 858 (Fall Reinwarth); BGH NJ 1997, 35 = BGH NStZ-RR 1997, 36; BGHR StGB § 339 Vorsatz 2.

1396 BGH NJW 1996, 857, 858 (Fall Reinwarth); BGH NJ 1997, 35 = BGH NStZ-RR 1997, 36.

1397 OG NJ 1950, 452, 454 f. = OGSt 1, 33 ff.

1398 BGH NJW 1996, 857, 858.

1399 BGH NJW 1996, 857, 864. Der Vorwurf ging hier dahin, dem „Agenten eines westlichen Geheimdienstes" zwei Berichte über die Treibstoffproduktion sowie über die Produktion von Lastwagen und Traktoren in der DDR verschafft zu haben und betraf den westdeutschen Journalisten *Fricke*. Dies als „Spionage" zu werten, sei ersichtlich nicht willkürlich (BGH a.a.O.). Ob dies auch dem richtigerweise anzulegenden Maßstab der Vertretbarkeit genügte, ist allerdings fraglich. Vgl. zur Rehabilitierung *Frickes* den Beschluss des LG Berlin, NJ 1991, 496, wonach das OG *unterstellte*, dass der Aufbau eines journalistischen Archivs und die Weitergabe der Wirtschaftsberichte an den Herausgeber des „Aktuellen Reportagepressedienstes" „Spionagehandlungen" gewesen seien (Hervorhebung v. d. Verf.).

1400 Vgl. Kapitel 7, A.II.

1401 OG NJ 1950, 452.

Weitergabe quasi jeglicher Informationen an Vorbereitungen und Hetze zum Krieg beteiligt hätten[1402].

Dieser Hinweis ist deswegen relevant, weil die neuere Literatur die Bestrafung von Zeugen Jehovas unter Verweis auf Art. 6 II 2 DDR-Verf./1949 („Ausübung demokratischer Rechte") für gesetzwidrig hält. Dabei bezieht sie sich auf die Glaubens- und Gewissensfreiheit sowie die Meinungsfreiheit (Art. 41 und 9 DDR-Verf./1949)[1403]. Hierbei wird allerdings nicht ausreichend berücksichtigt, dass diese Einschränkung nur für die Boykotthetze gilt, Zeugen Jehovas jedoch in der Regel zugleich wegen der Tatbestandsvariante „Kriegshetze" verurteilt wurden, für die diese Einschränkung keine Anwendung findet.

c) Terror

Die Terrorhandlung wurde als bösartigste und direkteste Erscheinungsform der Kriegshetze betrachtet, da sie bereits Elemente des Krieges, nämlich Gewalt, Schrecken und Zerstörung, beinhalte[1404]. Selbst wenn man die Bewertung als kriegsartige Handlungen hinnimmt, bleibt nicht nachvollziehbar, worin die „Hetze" liegen soll. Denn mit Terrorhandlungen wird nicht notwendigerweise, gewissermaßen „konkludent" zum Krieg aufgerufen, auch wenn sie entsprechend dem Kriterium des OG[1405] mit Mitteln ausgeführt werden, die die Verbreitung von Furcht und Schrecken unter der Bevölkerung bezwecken. Für letzteres fehlt darüber hinaus in den veröffentlichten Fällen[1406] der Nachweis[1407]. Die Anwendung von Art. 6 II DDR-Verf./1949 auf Terrorhandlungen ist im Ergebnis als zumindest objektive Rechtsbeugung anzusehen[1408]. Der BGH hat sich hierzu in keiner Entscheidung geäußert. Inwieweit erstinstanzliche Rechtsprechung hierzu ergangen ist, ist nicht ersichtlich.

1402 OG NJ 1950, 452, 454.

1403 *Kraut*, Rechtsbeugung?, S. 170; *Möller-Heilmann*, Die Strafverfolgung von Richtern und Staatsanwälten der ehemaligen DDR wegen Rechtsbeugung, S. 265.

1404 OG NJ 1952, 320 f. = OGSt 2, 37 ff.

1405 OG NJ 1952, 320 f.

1406 OG NJ 1952, 320 ff.; OG NJ 1952, 451 ff.

1407 So auch *Schuller*, Geschichte und Struktur des politischen Strafrechts der DDR bis 1968, 265.

1408 So auch *Schuller*, a.a.O., 253.

II. Ungesetzlicher Grenzübertritt, § 213 DDR-StGB

Die DDR-Führung konnte nicht verhindern, dass viele Menschen angesichts der politischen und wirtschaftlichen Verhältnisse die DDR verlassen wollten, um in der Bundesrepublik zu leben. Auf die beträchtliche Abwanderungsbewegung reagierte sie mit deren Kriminalisierung, Mauerbau und Verschärfung der Kriminalisierung.

Der den „ungesetzlichen Grenzübertritt" sanktionierende § 213 DDR-StGB/1968 enthielt im Grundtatbestand eine Strafdrohung bis zu zwei Jahren und in der Qualifikation von bis zu fünf Jahren. Er lautete (ähnlich wie sein Vorläufer in § 8 PaßG/1957[1409] bzw. § 5 PaßVO/1957, welcher allerdings noch keine Qualifikationstatbestände enthielt und Gefängnisstrafe bis zu drei Jahren vorsah):

> **§ 213 DDR-StGB/1968**
> **Ungesetzlicher Grenzübertritt**
> (1) Wer widerrechtlich in das Gebiet der Deutschen Demokratischen Republik eindringt oder sich darin widerrechtlich aufhält, die gesetzlichen Bestimmungen oder auferlegte Beschränkungen über Ein- und Ausreise, Reisewege und Fristen oder den Aufenthalt nicht einhält oder wer durch falsche Angaben für sich oder einen anderen eine Genehmigung zum Betreten oder Verlassen der Deutschen Demokratischen Republik erschleicht oder ohne staatliche Genehmigung das Gebiet der Deutschen Demokratischen Republik verläßt oder in dieses nicht zurückkehrt, wird mit Freiheitsstrafe bis zu zwei Jahren oder mit Verurteilung auf Bewährung, Geldstrafe oder öffentlichem Tadel bestraft.
> (2) In schweren Fällen wird der Täter mit Freiheitsstrafe von einem Jahr bis zu fünf Jahren bestraft. Ein schwerer Fall liegt insbesondere vor, wenn
> 1. die Tat durch Beschädigung von Grenzsicherungsanlagen oder Mitführen dazu geeigneter Werkzeuge oder Geräte oder Mitführen von Waffen oder durch die Anwendung gefährlicher Mittel oder Methoden durchgeführt wird;
> 2. die Tat durch Mißbrauch oder Fälschung von Ausweisen oder Grenzübertrittsdokumenten, durch Anwendung falscher derartiger Dokumente oder unter Ausnutzung eines Verstecks erfolgt;
> 3. die Tat von einer Gruppe begangen wird;
> 4. der Täter mehrfach die Tat begangen oder im Grenzgebiet versucht hat oder wegen ungesetzlichen Grenzübertritts bereits bestraft ist.
> (3) Vorbereitung und Versuch sind strafbar.

In der Neufassung des DDR-StGB vom 19. Dezember 1974 wurde die Möglichkeit der Haftstrafe ergänzt. In der Fassung des 3. Strafrechtsände-

1409 Zu den Vorläufernormen *Kraut*, Rechtsbeugung?, S. 168 f.; *Möller-Heilmann*, Die Strafverfolgung von Richtern und Staatsanwälten der ehemaligen DDR wegen Rechtsbeugung, S. 291 f.; *Buchner*, Die Rechtswidrigkeit der Taten von „Mauerschützen", S. 77 f.

rungsgesetzes von 1979 wurde die milde Sanktion des öffentlichen Tadels gestrichen, der erste Absatz in zwei Absätze aufgespalten und gestrafft. Bei den schweren Fällen wurden die Regelbeispiele insbesondere durch den unbestimmten Rechtsbegriff der Durchführung der Tat „mit besonderer Intensität" erweitert. Der schwere Fall konnte von nun an mit Freiheitsstrafe bis zu acht Jahren geahndet werden (zuvor fünf Jahre).

Das Beschädigen von Grenzsicherungsanlagen und das Mitführen dazu geeigneter Werkzeuge oder Geräte wurde zwar aus Ziffer 1 der schweren Fälle gestrichen, dürfte aber durch das neu eingeführte Merkmal der Tatdurchführung „mit besonderer Intensität" in § 213 III Nr. 4 mit abgedeckt gewesen sein. § 213 DDR-StGB lautete dann:

§ 213 DDR-StGB/1979
Ungesetzlicher Grenzübertritt

(1) Wer widerrechtlich die Staatsgrenze der Deutschen Demokratischen Republik passiert oder Bestimmungen des zeitweiligen Aufenthalts in der Deutschen Demokratischen Republik sowie des Transits durch die Deutsche Demokratische Republik verletzt, wird mit Freiheitsstrafe bis zu zwei Jahren oder mit Verurteilung auf Bewährung, Haftstrafe oder mit Geldstrafe bestraft.

(2) Ebenso wird bestraft, wer als Bürger der Deutschen Demokratischen Republik rechtswidrig nicht oder nicht fristgerecht in die Deutsche Demokratische Republik zurückkehrt oder staatliche Festlegungen über seinen Auslandsaufenthalt verletzt.

(3) In schweren Fällen wird der Täter mit Freiheitsstrafe von einem Jahr bis zu acht Jahren bestraft. Ein schwerer Fall liegt insbesondere vor, wenn

1. die Tat Leben oder Gesundheit von Menschen gefährdet;
2. die Tat unter Mitführung von Waffen oder unter Anwendung gefährlicher Mittel oder Methoden erfolgt;
3. die Tat mit besonderer Intensität durchgeführt wird;
4. die Tat durch Urkundenfälschung (§ 240), Falschbeurkundung (§ 242) oder durch Mißbrauch von Urkunden oder unter Ausnutzung eines Verstecks erfolgt;
5. die Tat zusammen mit anderen begangen wird;
6. der Täter wegen ungesetzlichen Grenzübertritts bereits bestraft ist.

(4) Vorbereitung und Versuch sind strafbar.

Angesichts der besonderen Sicherungsvorkehrungen der DDR-Grenze konnte fast jeder Grenzübertritt zum besonders schweren Fall mit der Mindestfreiheitsstrafe von einem Jahr werden. Die „schweren Fälle" enthielten mit der „Gefährdung der Gesundheit von Menschen", der „Anwendung gefährlicher Mittel und Methoden", der Begehung der Tat „unter Ausnutzung eines Verstecks", der Durchführung „mit besonderer Intensität" und der Tatbegehung „zusammen mit anderen" alle Merkmale, unter denen ein Grenzübertritt regelmäßig begangen wurde. Sie erhoben damit den Regelfall zur Qualifizierung[1410].

1410 *Arnold/Kühl*, JuS 1992, 994; *F.-C. Schroeder*, JR 1993, 45.

Die weite Tatbestandsfassung wurde durch eine weite Auslegung ergänzt, welche durch den Strafrechtskommentar und insbesondere durch die in den Informationen des Obersten Gerichts (OGI) wiedergegebenen, aber geheimzuhaltenden[1411] Gemeinsamen Standpunkte des Obersten Gerichts und des Generalstaatsanwalts der DDR festgelegt wurde.

Die Gefährlichkeit der Mittel und Methoden sollte in erster Linie an Charakter und Umfang der möglichen „Grenzprovokation" gemessen werden[1412]. Als gefährliche Methoden galten auch solche, denen „die Gefahr von Grenzzwischenfällen in besonderem Maße innewohnt oder die geeignet sind, die für die Sicherung der Staatsgrenze eingesetzten Kräfte zu desorientieren und Sicherungsmaßnahmen unwirksam zu machen[1413] – also gerade erfolgversprechende Begehungsweisen. Auch der Bau von Tunnels galt als gefährliche Methode[1414]. Bereits die Benutzung einer Leiter wurde als schwerer Fall des ungesetzlichen Grenzübertritts angesehen: „Steighilfen zur Überwindung von Grenzsicherungsanlagen" wurden in einem Gemeinsamen Standpunkt des Obersten Gerichts und des Generalstaatsanwalts der DDR vom 15. Januar 1988 als „gefährliche Methode" i. S. d. § 213 III 2 Nr. 2 DDR-StGB/1979 bezeichnet[1415]. Entsprechend hatte schon ein Gemeinsamer Standpunkt des Obersten Gerichts und des Generalstaatsanwalts der DDR vom 17. Oktober 1980 „spezielle Geräte zum Überwinden der Grenzsicherungsanlagen" als gefährliche Mittel im Sinne dieses Tatbestandes qualifiziert[1416].

Eine solche Auslegung ist zwar äußerst extensiv, da sie nicht auf die Gefahr für Menschen oder Sachwerte abstellt und die Verwendung von Steighilfen auch nicht das Gewicht etwa der „Mitführung von Waffen" erreicht, dürfte aber mit Blick auf den Schutzzweck des Tatbestandes (Verbleiben der Menschen in der DDR) wegen der Erleichterung der Flucht

1411 Zur Geheimhaltung s. u., B.III.1.a).

1412 Ministerium der Justiz (Hrsg.), StPO-Lehrkommentar (1968) § 213 Anm. 4.

1413 MdJ/Akademie für Staats- und Rechtswissenschaften der DDR (Hrsg.), Kommentar zum Strafgesetzbuch, 4. Aufl. 1981 und 5. Aufl. 1987, jeweils § 213 Anm. 9.

1414 Ministerium der Justiz (Hrsg.), StPO-Lehrkommentar (1968) § 213 Anm. 4.

1415 Gemeinsamer Standpunkt des Obersten Gerichts und des Generalstaatsanwalts der DDR zur Anwendung des § 213 StGB vom 15. Januar 1988, OGI 2/1988 S. 9, 14, insoweit abgedruckt in: *Rosenau*, Tödliche Schüsse im staatlichen Auftrag, als Anlage 6, vgl. auch *Rosenau*, a.a.O., S. 68 mit Fn. 223.

1416 Gemeinsame Standpunkte zu einigen Problemen der rechtlichen Beurteilung von Verbrechen gegen die DDR und von Straftaten gegen die staatliche und öffentliche Ordnung, in: Informationen des Obersten Gerichts der DDR, Sonderdruck (1980), S. 14, abgedruckt in: *Sauer/Plumeyer*, Der Salzgitterreport, Anhang, Dokument 15.

noch vertretbar gewesen sein[1417]. Wollte man dies anders sehen[1418], wäre jedenfalls der Rechtsbeugungsvorsatz zu verneinen, zumindest wenn die rechtsanwendende Person von der Verbindlichkeit des Gemeinsamen Standpunktes ausging[1419].

Entsprechendes gilt für die Auslegung des § 213 III Nr. 3 DDR-StGB/1979. Nach dem Strafrechtskommentar war die Tat „mit besonderer Intensität" begangen, wenn sie „z. B. mit erheblichem physischen Aufwand" erfolgte[1420]. Ähnlich lauteten insoweit die genannten Gemeinsamen Standpunkte des OG und des GStA von 1980 und 1988[1421]. Dies ist vom Wortlaut gedeckt. Konkretisierend wird in dem Gemeinsamen Standpunkt von 1988 das Durchschwimmen größerer Grenzgewässer als Ausführung mit besonderer Intensität bezeichnet[1422]. Entgegen vereinzelter Literaturmeinung[1423] muss dies noch als vertretbar angesehen werden[1424].

Zusätzlich sicherte die Strafbarkeit des Versuchs und sogar von Vorbereitungshandlungen eine umfassende Anwendung des § 213 DDR-StGB. Die Strafbarkeit der Vorbereitung des ungesetzlichen Grenzübertritts führte dazu, dass u. a. bereits das Erkunden von Begehungsmöglichkeiten als strafbar angesehen wurde[1425]. Der Versuch begann schon bei Verlassen des Wohn- oder Aufenthaltsortes mit dem Ziel, die Staatsgrenze unge-

---

1417 So auch *Amelung*, JuS 1993, 639; a. A. *F.-C. Schroeder*, GA 1993, 405; *Spendel*, JR 1994, 222.

1418 Vgl. die vorstehende Fn.

1419 Vgl. Kapitel 3, C.I.2 am Ende.

1420 MdJ/Akademie für Staats- und Rechtswissenschaften der DDR (Hrsg.), Kommentar zum Strafgesetzbuch, 4. Aufl. 1981 und 5. Aufl. 1987, jeweils § 213 Anm. 10.

1421 Gemeinsame Standpunkte zu einigen Problemen der rechtlichen Beurteilung von Verbrechen gegen die DDR und von Straftaten gegen die staatliche und öffentliche Ordnung, in: Informationen des Obersten Gerichts der DDR, Sonderdruck (1980), S. 15, abgedruckt in: *Sauer/Plumeyer*, Der Salzgitterreport, Anhang, Dokument 15; Gemeinsamer Standpunkt des Obersten Gerichts und des Generalstaatsanwalts der DDR zur Anwendung des § 213 StGB vom 15. Januar 1988, OGI 2/1988 S. 9, 14, insoweit abgedruckt in: *Rosenau*, Tödliche Schüsse im staatlichen Auftrag, als Anlage 6.

1422 Gemeinsame Standpunkte zu einigen Problemen der rechtlichen Beurteilung von Verbrechen gegen die DDR und von Straftaten gegen die staatliche und öffentliche Ordnung, in: Informationen des Obersten Gerichts der DDR, Sonderdruck (1980), S. 14, abgedruckt in: *Sauer/Plumeyer*, Der Salzgitterreport, Anhang, Dokument 15.

1423 *F.-C. Schroeder*, GA 1993, 405.

1424 So wohl auch *Rosenau*, Tödliche Schüsse im staatlichen Auftrag, S. 68 f.; *Arnold/Kühl*, JuS 1992, 994; i.E. auch *Möller-Heilmann*, Die Strafverfolgung von Richtern und Staatsanwälten der ehemaligen DDR wegen Rechtsbeugung, S. 295

1425 MdJ/Akademie für Staats- und Rechtswissenschaften der DDR (Hrsg.), Kommentar zum Strafgesetzbuch, 4. Aufl. 1981 und 5. Aufl. 1987, jeweils § 213 Anm. 15.

setzlich zu passieren, selbst wenn der Ablauf sich in mehrere zeitlich und räumlich trennbare Etappen gliederte[1426].

Angesichts der weiten Fassung des Tatbestands mit den entsprechenden Auslegungsmöglichkeiten kam eine Überdehnung des § 213 DDR-StGB allenfalls in wenigen Ausnahmefällen in Betracht, war aber im Grunde so gut wie ausgeschlossen[1427]. Soweit ersichtlich, ist es auch zu keiner auf die Fallgruppe der Tatbestandsüberdehnung gestützten Verurteilung wegen der Anwendung des § 213 DDR-StGB gekommen[1428]. Im Hinblick auf die verhängten hohen Strafen blieb jedoch grundsätzlich Raum für den Vorwurf der Rechtsbeugung in der Fallgruppe der Übermaßstrafe, auch wenn der BGH hier sehr zurückhaltend war[1429].

III. Beeinträchtigung staatlicher oder gesellschaftlicher Tätigkeit, § 214 DDR-StGB

Nach der Wiedervereinigung hat besonders die exzessive Anwendung des § 214 I DDR-StGB zu politischen Zwecken die Justiz beschäftigt. Hauptanwendungsfall waren Meinungsäußerungen, die sich auf die Restriktionen der Ausreise aus der DDR bezogen. Dies betrifft die ab 1977 bzw. 1979 geltende Fassung. In seiner von 1968 bis 1977 geltenden und noch relativ begrenzten (aus einem Teil des § 19 StEG hervorgegangenen) Fassung erlangte der Tatbestand des § 214 DDR-StGB in der Praxis kaum Bedeutung[1430]. Soweit ersichtlich, hat nach der Wiedervereinigung kein in diesem Geltungszeitraum abgeurteilter Fall die Rechtsprechung zur Rechtsbeugung beschäftigt. Die Bestimmung sei hier aber in allen Fassungen wiedergegeben, um die Entwicklung des Tatbestandes besser nachvollziehbar zu machen.

1426 Ministerium der Justiz/Akademie für Staats- und Rechtswissenschaften der DDR (Hrsg.), Kommentar zum Strafgesetzbuch, 4. Aufl. 1981 und 5. Aufl. 1987, jeweils § 213 Anm. 15. unter Hinweis auf OG -Urteil v. 17.4.1970/1 b Ust 13/69.

1427 So auch *Kraut*, Rechtsbeugung?, S. 179; *Möller-Heilmann*, Die Strafverfolgung von Richtern und Staatsanwälten der ehemaligen DDR wegen Rechtsbeugung, S. 294 ff.

1428 Vgl. z. B. BGH, Urt. v. 15.9.1995 - 5 StR 68/95, S. 10 f. (Überwinden eines Grenzzauns als Versuch) - insoweit nicht veröffentlicht - und Urt. v. gl. Tage - 5 StR 642/94, S. 17 f., 19 f. (insoweit nicht veröffentlicht).

1429 Dazu Kapitel 7, A.VI.2.

1430 *Kraut*, Rechtsbeugung?, S. 195 Fn. 810; *Möller-Heilmann*, Die Strafverfolgung von Richtern und Staatsanwälten der ehemaligen DDR wegen Rechtsbeugung, S. 288.

§ 214 DDR-StGB/1968

Beeinträchtigung staatlicher oder gesellschaftlicher Tätigkeit

(1) Wer gegen Bürger wegen ihrer staatlichen oder gesellschaftlichen Tätigkeit mit Tätlichkeiten vorgeht oder solche androht, wird mit Freiheitsstrafe bis zu zwei Jahren oder mit Verurteilung auf Bewährung, Geldstrafe oder öffentlichem Tadel bestraft.

(2) Wer sich an einer Gruppe beteiligt, die Gewalttätigkeiten gegen Bürger wegen ihrer staatlichen oder gesellschaftlichen Tätigkeit verübt oder androht, wird mit Freiheitsstrafe bis zu fünf Jahren bestraft.

(3) Ist die Tatbeteiligung von untergeordneter Bedeutung, kann der Täter mit Verurteilung auf Bewährung, Haftstrafe oder Geldstrafe bestraft werden.

(4) Der Versuch ist strafbar.

Im Jahr 1977 erhielt die Vorschrift einen wesentlich breiteren Anwendungsbereich. Es wurde ein neuer Absatz 1 eingeschoben, der auch die Beeinträchtigung der Tätigkeit staatlicher Organe sowie die Bekundung einer Missachtung der Gesetze und die Aufforderung zur Missachtung der Gesetze unter bestimmten Voraussetzungen unter Strafe stellte.

§ 214 DDR-StGB/1977

Beeinträchtigung staatlicher oder gesellschaftlicher Tätigkeit

(1) Wer die Tätigkeit staatlicher Organe durch Gewalt oder Drohungen beeinträchtigt oder in einer die öffentliche Ordnung gefährdenden Weise eine Mißachtung der Gesetze bekundet oder zur Mißachtung der Gesetze auffordert, wird mit Freiheitsstrafe bis zu zwei Jahren oder mit Verurteilung auf Bewährung, Haftstrafe, Geldstrafe oder mit öffentlichem Tadel bestraft.

(2) Ebenso wird bestraft, wer gegen Bürger wegen ihrer staatlichen oder gesellschaftlichen Tätigkeit mit Tätlichkeiten vorgeht oder solche androht.

(3) Wer sich an einer Gruppe beteiligt, die Gewalttätigkeiten gegen Bürger wegen ihrer staatlichen oder gesellschaftlichen Tätigkeit verübt oder androht, wird mit Freiheitsstrafe bis zu fünf Jahren bestraft.

(4) Ist die Tatbeteiligung von untergeordneter Bedeutung, kann der Täter mit Verurteilung auf Bewährung, Haftstrafe oder Geldstrafe bestraft werden.

(5) Der Versuch ist strafbar.

In der ab 1979 geltenden Fassung wurde – neben einer Erweiterung des Absatzes 2 – die mögliche Freiheitsstrafe in Absatz 1 von zwei auf drei Jahre angehoben. Der neu gefasste Absatz 3 unterstellte nun nicht mehr die bloße Beteiligung an einer durch näher bezeichnete Tätigkeiten charakterisierte Gruppe, sondern die Tatbegehung zusammen mit anderen einer erhöhten Bestrafung, bezog sich dafür aber auf die Taten nach Absatz 2 *und* Absatz 1.

§ 214 DDR-StGB/1979

Beeinträchtigung staatlicher oder gesellschaftlicher Tätigkeit

(1) Wer die Tätigkeit staatlicher Organe durch Gewalt oder Drohungen beeinträchtigt oder in einer die öffentliche Ordnung gefährdenden Weise eine Mißachtung der Gesetze bekundet oder zur Mißachtung der Gesetze auffordert, wird mit Frei-

heitsstrafe bis zu zwei Jahren oder mit Verurteilung auf Bewährung, Haftstrafe, Geldstrafe oder mit öffentlichem Tadel bestraft.

(2) Ebenso wird bestraft, wer gegen Bürger wegen ihrer staatlichen oder gesellschaftlichen Tätigkeit oder wegen ihres Eintretens für die öffentliche Ordnung und Sicherheit mit Tätlichkeiten vorgeht oder solche androht.

(3) Wer zusammen mit anderen eine Tat nach den Absätzen 1 oder 2 begeht, wird mit Freiheitsstrafe bis zu fünf Jahren bestraft.

(4) Ist die Tatbeteiligung von untergeordneter Bedeutung, kann der Täter mit Verurteilung auf Bewährung, Haftstrafe oder Geldstrafe bestraft werden.

(5) Der Versuch ist strafbar.

Bei der Aufarbeitung der Verfolgung bestimmter Äußerungen und Handlungen von Ausreisewilligen unter Anwendung des § 214 I DDR-StGB wird zwischen zwei Tatbestandsalternativen unterschieden.

1. Beeinträchtigung der Tätigkeit staatlicher Organe durch Gewalt oder Drohungen, § 214 I Alt. 1 DDR-StGB

Der Schwerpunkt der strafrechtlichen Probleme der ersten Tatbestandsalternative liegt auf dem Tatbestandsmerkmal der „Beeinträchtigung". Die Begehungsweise der Gewalt wurde nicht Gegenstand höchstrichterlicher Rechtsprechung nach der Wiedervereinigung, die der Drohung wurde nur selten als zweifelhaft angesehen.

a) Beeinträchtigung

Die Strafbarkeit nach der ersten Tatbestandsalternative setzte nach der Kommentierung voraus, dass die Tat den *ordnungsgemäßen Tätigkeitsablauf* eines staatlichen Organs beeinträchtigt hatte. Dies sollte nicht nur bei schwerwiegenden Störungen der Fall sein, sondern auch dann, wenn die Störungen zu Sicherheitsmaßnahmen oder auch nur zu Tätigkeitsunterbrechungen führten, die nicht dem normalen Tätigkeitsablauf entsprachen[1431].

Auch die mittels Gewalt oder Drohung bewirkte *Einengung der Entscheidungsmöglichkeit* im Rahmen der jeweiligen staatlichen Aufgaben wurde als Beeinträchtigung im Sinne dieser Tatbestandsalternative angesehen[1432]. Diese Kommentierung geht auf einen Gemeinsamen Standpunkt

---

1431 MdJ/Akademie für Staats- und Rechtswissenschaften der DDR (Hrsg.), Strafrecht der DDR. Kommentar zum Strafgesetzbuch (4. Aufl. 1981, wortgleich 5. Aufl. 1987), § 214 Anm. 3 (Hervorhebung nicht im Original).

1432 MdJ/Akademie für Staats- und Rechtswissenschaften der DDR (Hrsg.), Strafrecht der DDR. Kommentar zum Strafgesetzbuch (4. Aufl. 1981, wortgleich 5. Aufl. 1987), § 214 Anm. 3 (Hervorhebung nicht im Original).

des Obersten Gerichts und des Generalstaatsanwalts der DDR von 1980 zurück, der zusätzliche Auslegungshinweise enthielt, welche aber geheim gehalten werden sollten. Entsprechend hieß es in dem Sonderdruck der Informationen des Obersten Gerichts (OGI), der diesen Standpunkt zu § 214 DDR-StGB und zu weiteren Tatbeständen des politischen Strafrechts sowie einen Rechtsprechungsteil enthielt:

> „Für diesen Sonderdruck wird kein Register herausgegeben. Die Empfänger des vorliegenden Heftes bitten wir, die enthaltenen Probleme unter Beachtung des Vertraulichkeitsgrades des Inhalts nach eigenem Bedarf zu dokumentieren." [1433]

Die zusätzlichen Auslegungshinweise zu § 214 I Alt. 1 DDR-StGB bezogen sich auf die Beeinträchtigung des ordnungsgemäßen Tätigkeitsablaufes eines staatlichen Organs. Dazu hieß es:

> „Eine derartige Beeinträchtigung liegt bereits dann vor, wenn der Täter Gewalt oder Drohungen anwendet, um staatliche Organe zu zwingen, pflichtwidrige Entscheidungen zu treffen oder Maßnahmen einzuleiten bzw. Entscheidungen oder Maßnahmen zu unterlassen. In solchen Fällen wird die ordnungsgemäße Tätigkeit der staatlichen Organe dadurch beeinträchtigt, daß ihr Entscheidungsspielraum eingeengt wird (vgl. OG-Urteil vom 2. 5. 1980 – 1 OSB 12/80 –). Das trifft auch auf *provokatorische Forderungen* gegenüber staatlichen Organen zu, *die Ausreise zu genehmigen, wenn sie mit der Androhung der Verbindungsaufnahme z. B. zu einer staatsfeindlichen Organisation oder mit der Drohung verbunden sind, internationale Organisationen zu veranlassen, gegen die DDR vorzugehen.*"[1434]

Die ersichtliche Intention dieser Maßnahme der Justizsteuerung, Ausreisewillige durch justizielle Repression von der (erneuten) nachdrücklichen Stellung von Ausreiseanträgen abzuschrecken und in Ohnmacht zu halten, wurde von der Justiz offensichtlich verstanden und umgesetzt.

Dies zeigen zahlreiche Fälle der Anwendung des Tatbestandes, die eine große Bandbreite von Sachverhalten betreffen, in denen DDR-Bürger versuchten, ihr Ausreisebegehren aussichtsreicher zu machen – von der Mitteilung, eine Botschaft der Bundesrepublik aufzusuchen[1435] über die

---

1433 Gemeinsame Standpunkte zu einigen Problemen der rechtlichen Beurteilung von Verbrechen gegen die DDR und von Straftaten gegen die staatliche und öffentliche Ordnung, in: Informationen des Obersten Gerichts der DDR, Sonderdruck (1980), Anmerkung am Ende des Inhaltsverzeichnisses, abgedruckt in: *Sauer/Plumeyer*, Der Salzgitterreport, Anhang, Dokument 15.

1434 Gemeinsame Standpunkte zu einigen Problemen der rechtlichen Beurteilung von Verbrechen gegen die DDR und von Straftaten gegen die staatliche und öffentliche Ordnung, in: Informationen des Obersten Gerichts der DDR, Sonderdruck (1980), S. 16 f. (Hervorhebung nicht im Original), abgedruckt in: *Sauer/Plumeyer*, a.a.O.

1435 So der Sachverhalt in BGH NStZ-RR 1996, 65 (Fall 3).

Versendung von Material über die eigenen Ausreiseanträge mit dem Ziel der Veröffentlichung an das „ZDF-Magazin“ und die „(Internationale) Gesellschaft für Menschenrechte“ und der Drohung in Ausreiseanträgen mit der Veröffentlichung in westlichen Presseorganen[1436] oder der Androhung, mit „Massenmedien der BRD“ Verbindung aufzunehmen[1437] bis hin zum Zusammenschluss mit anderen Ausreisewilligen zum Gedanken- und Erfahrungsaustausch über Ausreisestrategien[1438] bzw. die Erklärung der Absicht, einen „Verband der Ausreisewilligen“ zu gründen[1439] oder der bloßen Ankündigung eines „Sitzstreiks“ vor dem Rathaus bis zur Bewilligung des Ausreiseantrags[1440].

Derartige Ankündigungen und Äußerungen beeinflussten allerdings die Bearbeitung eines Ausreiseantrags grundsätzlich nicht im Sinne der antragstellenden Personen. Eine Unterbrechung oder Verzögerung des Verfahrens war ebenso wenig die Folge[1441]. Bemerkenswerterweise revidierte das OG 1987 nach einer Auswertung der Rechtsprechung der Instanzgerichte den o.g. Standpunkt. Im Wege der Orientierung machte es differenzierte Vorgaben, in welchen Fällen die tatbestandlichen Voraussetzungen als erfüllt anzusehen seien. Für die bloße Ankündigung, irgendetwas tun zu wollen bzw. ausländische Organe kontaktieren zu wollen, verneinte das OG dabei die Tatbestandsmäßigkeit[1442].

Diese Begrenzung der ungehemmten Anwendung des Tatbestands dürfte auch aufgrund einer Lehrbuchpassage von 1981 erforderlich geworden sein. Darin wurde die Ansicht vertreten, eine Strafbarkeit nach der ersten Tatbestandsalternative liege vor, wenn das Vorgehen des Täters auf eine Beeinträchtigung des ordnungsgemäßen Tätigkeitsablaufs innerhalb des angegriffenen staatlichen Organs *gerichtet* und objektiv dazu geeignet war, ein solches Ergebnis herbeizuführen, also z. B. die Tätigkeit zu unterbrechen oder Sicherungsmaßnahmen einzuleiten. Eine derartige

1436 So der Sachverhalt in BGH NJW 1995, 3324, 3329 unter C.I.4.

1437 So der Sachverhalt in BGH, Urt. v. 15.9.1995 - 5 StR 642/94, S. 21 f.

1438 So der weitere Sachverhalt in BGH, Urt. v. 15.9.1995 - 5 StR 642/94, S. 21 f.

1439 So der Sachverhalt in BGH NJ 1995, 152.

1440 So der Sachverhalt in BGH, Urt. v. 15.9.1995 - 5 StR 168/95, S. 18 f.; weitere Fälle siehe BGH NStZ-RR 1996, 65 f. sowie BGH NJW 1995, 3324, 3330 (unter C.I.7.).

1441 *Kraut*, Rechtsbeugung?, S. 199 unter Verweis auf Erkenntnisse bundesdeutscher Ermittlungsbehörden, insbesondere der StA Dresden.

1442 Orientierung des OG der DDR zur Strafverfolgung bestimmter Straftaten gegen die staatliche und öffentliche Ordnung vom Juni 1987, wiedergegeben nach: *Kraut*, Rechtsbeugung?; S. 199 mit Fn 825.

Entscheidung müsse jedoch noch nicht veranlasst worden sein[1443]. Eine solche Auslegung lag indessen fern und erfasste den bloßen Versuch. Der Gesetzeswortlaut („Wer ... beeinträchtigt“) erforderte, dass eine Beeinträchtigung tatsächlich stattgefunden hatte. *Kraut* und *Möller-Heilmann* meinten daher, die Annahme einer gesetzwidrigen Überdehnung des § 214 I Alt. 1 DDR-StGB liege mangels tatsächlicher Einengung der Entscheidungsmöglichkeit der Behörden in vielen Fällen nahe[1444].

Hier ist aber zu berücksichtigen, dass eine Beeinträchtigung bei weiter Auslegung auch darin gesehen werden konnte, dass die Entscheidungsfreiheit des betreffenden Organs vermindert war, auch wenn letztlich die Entscheidung unter Inkaufnahme möglicher angedrohter Nachteile gegen die Ausreisewilligen getroffen wurde. Der 4. Strafsenat des BGH hat dies treffend dahingehend formuliert, dass die sprachliche Fassung von § 214 I Alt. 1 DDR-StGB nicht zwingend einen Nötigungserfolg i.S. von § 240 StGB voraussetze und daher die Nichterteilung der erstrebten Ausreiseerlaubnis der Vollendung der Tat nicht entgegenstehe[1445]. Dieser Senat verweist auch auf ein unveröffentlichtes Urteil des OG von 1978, worin dieses entschieden hatte, dass eine Einschränkung der Entscheidungsfreiheit nicht als „meßbarer Erfolg“ zu verstehen sei, sondern auch dadurch bewirkt werden könne, dass der Täter Staatsorgane „in eine Zwangslage zwischen zwei schwerwiegenden Alternativen zu bringen sucht“[1446]. Es kann nicht beanstandet werden, wenn der Senat meint, mit dieser Auslegung des Begriffs „Beeinträchtigung“ i.S. von „Stören eines reibungslosen Ablaufs“ sei die Wortlautschranke noch nicht in unzulässiger Weise überschritten[1447].

Mit dem Senat ist daher die Subsumtion der von ihm nachträglich zu beurteilenden Fälle unter die angewandte Strafbestimmung nicht als Rechtsbeugung anzusehen, wenngleich aus ihnen die ganze Verzweiflung, aber auch Entschlossenheit missachteter Übersiedlungswilliger spricht.

Auch der 5. Strafsenat des BGH sah teilweise ebenfalls die Bejahung des Merkmals „Beeinträchtigung“ als noch vom Wortsinn des Normtex-

---

1443 Sektion Rechtswissenschaft der Humboldt-Universität zu Berlin/Akademie für Staats- und Rechtswissenschaft der DDR (Hrsg.), Strafrecht Besonderer Teil, S. 208 (Hervorhebung nicht im Original).

1444 *Kraut*, Rechtsbeugung?, S. 199; *Möller-Heilmann*, Die Strafverfolgung von Richtern und Staatsanwälten der ehemaligen DDR wegen Rechtsbeugung, S. 300.

1445 BGH NStZ-RR 1996, 65, 67.

1446 BGH NStZ-RR 1996, 65, 67 unter Verweis auf OG, Urt. v. 4.10.1978 – 1 OSB 60/78.

1447 BGH NStZ-RR 1996, 65, 67.

tes gedeckt an, so im Fall der (bis zur Festnahme realisierten) Androhung eines „Sitzstreiks“ vor dem Rathaus, bis dem Ausreiseantrag stattgegeben werde[1448] und im Fall der Androhung, mit „Massenmedien der BRD“ Verbindung aufzunehmen[1449]. In anderen Fällen (Versendung von Material über die eigenen Ausreiseanträge mit dem Ziel der Veröffentlichung an das „ZDF-Magazin“ und die „(Internationale) Gesellschaft für Menschenrechte“ und Drohung mit der Veröffentlichung in westlichen Presseorganen[1450]; Androhung, mit „Massenmedien der BRD“ Verbindung aufzunehmen sowie Zusammenschluss mit anderen Ausreisewilligen zum Gedanken- und Erfahrungsaustausch über Ausreisestrategien[1451]; Erklärung der Absicht, einen „Verband der Ausreisewilligen“ zu gründen[1452]) nimmt er dagegen an, dass, soweit die Anklage nicht belege bzw. das Urteil nicht feststelle, dass der ordnungsgemäße Tätigkeitsablauf eines staatlichen Organs tatsächlich beeinträchtigt wurde, („jedenfalls“) ein Versuch nach § 214 V DDR-StGB in Betracht gekommen sei[1453]. Eine solche lediglich fehlerhafte Einordnung strafbaren Verhaltens, die naheliegend auf Nachlässigkeit beruhe, stelle sich regelmäßig nicht als Rechtsbeugung dar[1454].

Dem ist zumindest im Ergebnis (Nichterfüllung des Rechtsbeugungstatbestandes) zuzustimmen. Zwar kann es auch angesichts der Versuchsstrafbarkeit nicht, wie der BGH in einem Fall verkürzend meint, „als unerheblich erscheinen“, dass es im konkreten Fall ersichtlich noch zu keiner Beeinträchtigung im Sinne einer „Einengung der Entscheidungsmöglichkeiten“ gekommen war[1455], zumal in Fällen des bloßen Versuchs grundsätzlich immerhin die Möglichkeit einer Strafmilderung nach § 21 IV i. V. m. § 62 DDR-StGB zu prüfen gewesen wäre. Die Annahme eines vollendeten Delikts, obwohl nicht sämtliche Tatbestandsmerkmale erfüllt sind, kann für sich genommen durchaus eine Rechtsbeugung darstellen.

1448 BGH, Urt. v. 15.9.1995 - 5 StR 168/95 sub C. I. 4, S. 18 f. (insoweit nicht veröffentlicht).

1449 BGH, Urt. v. 15.9.1995 - 5 StR 642/94, S. 22.

1450 BGH NJW 1995, 3324, 3329 unter C. I. 4.

1451 BGH, Urt. v. 15.9.1995 - 5 StR 642/94, S. 21 f.

1452 BGH NJ 1995, 152.

1453 BGH NJW 1995, 3324, 3329 unter C. I. 4; ebenso BGH, Urt. v. 15.9.1995 - 5 StR 642/94, S. 22; ähnlich BGH NJ 1995, 152.

1454 BGH NJW 1995, 3324, 3329 unter C. I. 4; ebenso BGH, Urt. v. 15.9.1995 - 5 StR 642/94, S. 22; krit. *Spendel*, JR 1996, 180 f.; *Möller-Heilmann*, Die Strafverfolgung von Richtern und Staatsanwälten der ehemaligen DDR wegen Rechtsbeugung, S. 304; *Quasten*, Die Judikatur des Bundesgerichtshofs zur Rechtsbeugung im NS-Staat und in der DDR, S. 264 Fn. 540.

1455 So BGH NJ 1996, 152; krit. *Spendel*, JR 1996, 182.

Aber es ist einzuräumen, dass angesichts der geringen Anforderungen an das Vorliegen einer tatsächlichen Beeinträchtigung, verstärkt durch die oben genannte Lehrbuchpassage, ein *Vorsatz* der Rechtsbeugung bei Annahme von Vollendung statt eines Versuchs kaum nachgewiesen werden kann (selbst wenn an einer „ersichtlichen Nachlässigkeit", wie sie der BGH annimmt, vor dem gegebenen politischen Hintergrund zu zweifeln ist). Insoweit war hier die Zurückhaltung des BGH angebracht. Dies gilt besonders in dem zuletzt genannten Fall[1456], in dem es nur um eine kursorische Prüfung der Strafbarkeit im Anfangsstudium des Ermittlungsverfahrens ging und es auch nicht entscheidend auf die Möglichkeit einer Strafmilderung ankam[1457].

b) Drohungen

Drohungen wurden als „Ankündigungen von Nachteilen aller Art" definiert, wozu insbesondere auch „Nachteile für den sozialistischen Staat, seine Gesellschaft und die sozialistische Entwicklung" gezählt wurden[1458]. Die Subsumtion unter dieses Tatbestandsmerkmal erwies sich nur selten als problematisch.

In einem Fall hatten drei Personen versucht, in die dänische Botschaft in Ost-Berlin zu gelangen, um von dort aus ihre Übersiedlung nach West-Berlin durchzusetzen. Die mit der Strafverfolgung befasste und später angeklagte Staatsanwältin habe den (Versuchs-) Tatbestand der Beeinträchtigung staatlicher Tätigkeit durch „Drohung" bei extensiver Auslegung ohne Überdehnung der Vorschrift noch als gegeben ansehen können, urteilte der BGH[1459]. Entgegen der Ansicht von *Spendel*[1460] ist dies jedenfalls nicht als unvertretbar anzusehen. Denn der BGH berücksichtigte, dass in der Anklageschrift immerhin darauf abgestellt worden war, dass die Betroffenen die DDR verlassen und zu diesem Zwecke in der dänischen Botschaft „politisches Asyl" suchen wollten, „um dadurch

---

1456 BGH NJ 1996, 152; krit. hierzu *Grote*, Die DDR-Justiz vor Gericht, S. 162f. (ohne auf die Problematik der Versuchsstrafbarkeit einzugehen).

1457 Vgl. dazu BGH NJ 1996, 152 a.E. sowie noch u., b) (sogleich).

1458 MdJ/Akademie für Staats- und Rechtswissenschaften der DDR (Hrsg.), Strafrecht der DDR. Kommentar zum Strafgesetzbuch (4. Aufl. 1981, wortgleich 5. Aufl. 1987), § 214 Anm. 3.

1459 BGH, Urt. v. 15.9.1995 – 5 StR 168/95, S. 34 (insoweit nur teilweise veröffentlicht in BGHR § 336 Staatsanwalt 1).

1460 *Spendel*, JR 1996, 182; ebenso *ders.*, RuP 2000, 233.

Druck auf die staatlichen Organe der DDR auszuüben und letztlich eine Genehmigung zu gemeinsamer Übersiedlung (...) zu erzwingen". Dieser gedankliche Ansatz lasse hinreichend erkennen, dass die Staatsanwältin die von den Betroffenen aus Sicht der Anklagebehörde angestrebte Inaussichtstellung politischer Verwicklungen unter Einsatz der Botschaft gleichsam als „Tatmittler" im Auge gehabt habe[1461].

In einem anderen (bereits erwähnten[1462]) Fall kamen zwei Bürger nach Abweisung ihrer Übersiedlungsanträge überein, zur Förderung ihres Ausreisebegehrens weitere Schritte zu unternehmen, um die Behörden auf ihr Anliegen aufmerksam zu machen. Sie richteten an das Ministerium des Inneren der DDR einen schriftlichen „Antrag auf Gründung einer Vereinigung" und erklärten darin ihre Absicht, einen „Verband der Ausreisewilligen" zu gründen. Daraufhin wurde auf Anordnung des MfS ein Ermittlungsverfahren eingeleitet. Die Betroffenen wurden noch am selben Tage vorläufig festgenommen. Dann wurde gegen sie Haftbefehl erlassen. Der spätere Angeklagte, langjähriger stellvertretender Generalstaatsanwalt von Berlin (Ost), erstattete dem Generalstaatsanwalt der DDR Bericht über die Ergebnisse der Ermittlungen und die Anordnung der Untersuchungshaft gegen die Verfolgten, welche später gemäß § 214 DDR-StGB zu Freiheitsstrafen von je einem Jahr verurteilt wurden. Der Angeklagte wurde in dem Strafverfahren allerdings lediglich durch diesen Bericht tätig.

Das LG Berlin verurteilte ihn zu einer Freiheitsstrafe von acht Monaten unter Strafaussetzung zur Bewährung. Es sah den Tatbestand der Rechtsbeugung in Tateinheit mit Freiheitsberaubung als erfüllt an. Dem Täter sei als erfahrenem, geschultem Juristen bei der Berichterstattung sofort klar gewesen, dass die Verfolgten den Tatbestand des § 214 DDR-StGB nicht – „auch nicht im Ansatz eines Anfangsverdachts" – verwirklicht hätten.

Der BGH hingegen hob dieses Urteil auf und sprach den Angeklagten frei. Er pflichtete zwar der Auffassung des LG bei, der Angeklagte sei für die Aufrechterhaltung des Haftbefehls verantwortlich gewesen[1463], schloss

1461 BGH, Urt. v. 15.9.1995 – 5 StR 168/95, S. 34f. (insoweit nicht in BGHR § 336 Staatsanwalt 1 veröffentlicht); a. A. auch *F.-C. Schroeder*, Die Verfolgung der DDR-Staatsverbrechen nach der Wiedervereinigung, in: Eckart u. a. (Hrsg.), Wiedervereinigung Deutschlands (FS), S. 413f.; *ders.*, NJW 1999, 90; krit. bereits *ders.*, FAZ v. 1.2.1996. Vgl. zur Frage der Rechtsbeugung aufgrund verhängter Sanktionen in diesem Fall Kapitel 7, A.VI.4.a).

1462 Vgl. o., a).

1463 Dazu Kapitel 9, B.I.3.b)bb).

aber die Nachweisbarkeit eines Rechtsbeugungsvorsatzes aus. Der BGH hob dazu hervor, das Ermittlungsverfahren habe sich im Anfangsstadium befunden. In dieser Phase der Strafverfolgung habe lediglich die Möglichkeit einer kursorischen Prüfung der Strafbarkeit bestanden. Wenn der Angeklagte dabei – unter Berücksichtigung der in der DDR herrschenden Rechtsvorstellungen – nicht zu dem Ergebnis gelangt sei, das Verhalten der Verfolgten erfülle keinen Straftatbestand, habe das nicht so gänzlich fern gelegen. Es habe jedenfalls nicht außerhalb jeglicher nachvollziehbaren Rechtsüberlegung gelegen, die Voraussetzungen des § 214 I DDR-StGB zumindest in Gestalt eines (dringenden) Anfangsverdachts zu bejahen.

Die Annahme einer Beeinträchtigung staatlicher Tätigkeit durch „Drohung" habe bei einer zwar extensiven, aber mit dem Wortlaut noch zu vereinbarenden Gesetzesinterpretation in einer Ankündigung der beabsichtigten Verbandsgründung erblickt werden können[1464]. Diesem Ergebnis kann aufgrund der Begründung des BGH, die im Folgenden wiedergegeben werden soll, entgegen der Ansicht von *Spendel*[1465] und *F.-C. Schroeder*[1466] zugestimmt werden.

> „Eine breit angelegte Unterstützung von Ausreisewilligen lief den Interessen des SED-Regimes, dem bekanntermaßen gerade an der Eindämmung von Ausreisebegehren gelegen war, offensichtlich zuwider. Zwar weist das LG zutreffend darauf hin, daß die Bitte um Genehmigung der Verbandsgründung nicht mit der (ausdrücklichen) Ankündigung eines bestimmten zukünftigen Verhaltens verbunden war. Nach den Umständen des Falles war es indes nicht gänzlich abwegig anzunehmen, daß die Verfolgten durch ihren Antrag schlüssig weitergehende Bemühungen um einen Zusammenschluß zur Unterstützung Ausreisewilliger androhen wollten. Immerhin mußten sie eine Erteilung der beantragten Genehmigung für ausgeschlossen halten. Das offensichtlich aussichtslose Begehren mochte deshalb aus Sicht der DDR-Justiz als gleichzeitige versteckte Drohung mit einem vom SED-Regime als illegal sowie als gefährlich und lästig erachteten Zusammenschluß verstanden worden sein."[1467]

Abschließend lässt sich festhalten, dass nach den Rahmenbedingungen der dargestellten BGH-Entscheidungen kaum mehr Raum für eine Strafverfolgung wegen Überdehnung des § 214 I Alt. 1 DDR-StGB blieb[1468]. Nicht viel anders verhielt es sich mit der zweiten Tatbestandsalternative.

1464 BGH NJ 1996, 152.

1465 *Spendel*, JR 1996, 182.

1466 *F.-C. Schroeder*, Die Verfolgung der DDR-Staatsverbrechen nach der Wiedervereinigung, in: Eckart u. a. (Hrsg.), Wiedervereinigung Deutschlands (FS), S. 413 f.; *ders.*, NJW 1999, 90; krit bereits *ders.*, FAZ v. 1.2.1996.

1467 BGH NJ 1996, 152.

1468 So auch *Kraut*, Rechtsbeugung?, S. 199.

2. Bekundung einer Missachtung der Gesetze oder Aufforderung zu ihrer Missachtung, § 214 I Alt. 2 DDR-StGB

Die zweite Tatbestandsalternative musste „in einer die öffentliche Ordnung gefährdenden Weise" begangen worden sein. Der Kommentar zum DDR-StGB schwieg sich hierzu aus. Eine Konkretisierung erfolgte allein durch die geheimzuhaltenden Gemeinsamen Standpunkte des Obersten Gerichts und des Generalstaatsanwalts der DDR von 1980, die das Tatbestandsmerkmal in bedenklicher Weise auslegten. Dabei ist nicht zu beanstanden, dass eine tatsächliche Störung der öffentlichen Ordnung für nicht erforderlich gehalten wurde. Problematisch ist aber, dass bereits eine Handlungsweise für ausreichend zur Tatbestandserfüllung angesehen wurde, die „*geeignet* ist, die öffentliche Ordnung zu gefährden"[1469].

Was abstrakt unter einer „Bekundung einer Missachtung der Gesetze" zu verstehen sei, wurde in der DDR nicht umfassend definiert. Vielmehr wurden beispielhafte Erläuterungen angeführt, die Raum für weitere Anwendungsfälle ließen. Nach den Gemeinsamen Standpunkten des OG und des GStA der DDR von 1980 sowie der darauf basierenden, nahezu wortgleichen Gesetzeskommentierung lag eine Bekundung der Missachtung der Gesetze in einer die öffentliche Ordnung gefährdenden Weise beispielsweise vor,

> „wenn der Täter in der Öffentlichkeit oder gegenüber staatlichen Organen und deren Vertretern in demonstrativer oder provokatorischer Weise die Gesamtheit oder einzelne Gesetze der DDR herabwürdigt und z. B. ankündigt, sie als ungültig oder für ihn nicht verbindlich zu betrachten. Eine solche Erklärung kann auch in demonstrativen Handlungen zum Ausdruck kommen."[1470]

Diese Auslegungshinweise wurden im Januar 1985 ergänzt durch eine Orientierung des OG. Darin hieß es, dass die oben dargestellten Grundsätze auch dann gelten sollten, wenn für Außenstehende *nicht erkennbar*

1469 Gemeinsame Standpunkte zu einigen Problemen der rechtlichen Beurteilung von Verbrechen gegen die DDR und von Straftaten gegen die staatliche und öffentliche Ordnung, in: Informationen des Obersten Gerichts der DDR, Sonderdruck (1980), S. 17, abgedruckt in: *Sauer/Plumeyer*, Der Salzgitterreport, Anhang, Dokument 15.

1470 Gemeinsame Standpunkte zu einigen Problemen der rechtlichen Beurteilung von Verbrechen gegen die DDR und von Straftaten gegen die staatliche und öffentliche Ordnung, in: Informationen des Obersten Gerichts der DDR, Sonderdruck (1980), S. 17, abgedruckt in: *Sauer/Plumeyer*, a.a.O.; MdJ/Akademie für Staats- und Rechtswissenschaften der DDR (Hrsg.), Strafrecht der DDR. Kommentar zum Strafgesetzbuch (4. Aufl. 1981, wortgleich 5. Aufl. 1987), § 214 Anm. 4 (abweichender Wortlaut hier: „...in demonstrativer Weise, kategorisch und provokatorisch ....").

sei, dass ein bestimmtes Handeln eine Missachtung der Gesetze im Sinne des Tatbestandes darstelle[1471]. Dies ist als Fall einer gesetzwidrigen Orientierung anzusehen[1472]. Ist schon zweifelhaft, in einer solchen versteckten (konkludenten) Erklärung eine Missachtensbekundung zu sehen, so ist jedenfalls nicht mehr nachvollziehbar, worin eine Gefährdung der öffentlichen Ordnung oder auch nur eine Eignung zur Gefährdung der öffentlichen Ordnung liegen soll. Dies sprengt den Rahmen einer auch bei extensiver Auslegung noch möglichen Interpretation des Wortsinns. Nach den allgemein entwickelten Grundsätzen[1473] wäre demnach dieser Hinweis der Orientierung nicht geeignet, jedenfalls in objektiver Hinsicht die Gesetzwidrigkeit eines daran orientierten DDR-Urteils zu verneinen.

Hinsichtlich der Variante der „Aufforderung zur Missachtung der Gesetze" erläuterte der Kommentar zum DDR-StGB ergänzend, die Aufforderung könne mündlich, schriftlich oder auch in anderer Form, z. B. durch Symbole erfolgen. Der Täter könne auch in anderer Art und Weise die Handlung durchführen und damit schlüssig andere zur Missachtung der Gesetze auffordern[1474].

Hauptanwendungsbereich von § 214 I Alt. 2 DDR-StGB war die Unterdrückung Ausreisewilliger. Gegen sie wurde insbesondere in folgenden typischen Fallkonstellationen vorgegangen: Neben Fällen ausdrücklicher Meinungsäußerungen im Zusammenhang mit der Unmöglichkeit, die DDR zu verlassen, insbesondere in Form von Plakataktionen, waren dies Schweigedemonstrationen und andere symbolische Handlungen zur Bekundung des Ausreisewillens, insbesondere das Zurschaustellen des Symbols „A" oder das Befestigen eines weißen Bandes an der Autoantenne, ebenso der Versuch, durch einfache Vorlage des Personalausweises die Ausreise aus der DDR zu erreichen. Zu diesen im Folgenden zu erörternden Konstellationen seien die grundlegenden Maßstäbe der BGH-Rechtsprechung vorausgeschickt.

1471 „Orientierung zu Verfolgung bestimmter Straftaten gegen die staatliche und öffentliche Ordnung" vom Januar 1985, wiedergegeben nach BGH NJW 1995, 64, 66 (Hervorhebung v. d. Verf.).

1472 So auch *Schoreit*, StV 1995, 196; F.-C. *Schroeder*, NJW 1999, 90.

1473 Siehe Kapitel 3, C.I.2 a.E.

1474 MdJ/Akademie für Staats- und Rechtswissenschaften der DDR (Hrsg.), Strafrecht der DDR. Kommentar zum Strafgesetzbuch (4. Aufl. 1981, wortgleich 5. Aufl. 1987), § 214 Anm. 4; ähnlich Sektion Rechtswissenschaft der Humboldt-Universität zu Berlin/Akademie für Staats- und Rechtswissenschaft der DDR (Hrsg.), Strafrecht Besonderer Teil, S. 208.

Der BGH erblickte das entscheidende Kriterium dafür, ob die Begriffe „Gefährdung der öffentlichen Ordnung" und „Missachtung der Gesetze" noch in den Grenzen des möglichen Wortsinns ausgelegt worden waren, in der Annahme einer „(demonstrativ-) provokatorischen Handlung"[1475] bzw. einer „provokatorischen Tendenz" des Täterverhaltens[1476].

Der BGH äußerte dabei in zwei obiter dicta, dass er die Wortlautschranke unter Zugrundelegung der Wertmaßstäbe der DDR, wie sie in den Auslegungshinweisen des OG Ausdruck gefunden hätten, in Fällen als überschritten betrachte, in denen Menschen verurteilt worden seien, die ohne jegliche Provokation lediglich ihren Wunsch nach Ausreise öffentlich bekundet hätten[1477]. Für die Frage der Nachvollziehbarkeit einer Provokation kommt es nach der Rechtsprechung des BGH auf die Umstände des Einzelfalls an. Bei Zusammenkünften oder Demonstrationen soll es danach – neben dem Umfang der Versammlung – etwa darauf ankommen, ob Forderungen oder Parolen durch Hilfsmittel wie Plakate oder Kennzeichen zur Schau gestellt werden sollten, ob besonderes Aufsehen – z. B. durch Sprechchöre – erregt werden sollte oder ob eine Darstellung in – insbesondere westlichen – Massenmedien angestrebt war[1478].

a) Plakataktionen

Eine besonders umstrittene Entscheidung hinsichtlich der Tatbestandsüberdehnung durch DDR-Juristen war das erste nach der Wiedervereinigung ergangene BGH-Urteil zum Themenkreis der Anwendung politischen Strafrechts der DDR (insgesamt das dritte Rechtsbeugungsurteil nach der Wende).

Ein ausreisewilliger DDR-Bürger hatte bei einer öffentlichen Vereidigung von DDR-Grenztruppen während des Abspielens der DDR-Hymne ein Plakat mit der Aufschrift *„DDR, deine Grenzen sind für mich kein Friedensbeitrag!"* hochgehalten, bis es ihm nach 20 Sekunden entrissen wurde. Er wurde festgenommen, inhaftiert und schließlich unter Anwendung des § 214 DDR-StGB antragsgemäß zu einer Freiheitsstrafe von einem Jahr und sechs Monaten verurteilt. Nach knapp achtmonatiger Haft erfolgte

1475 BGH NJW 1995, 64, 66; BGH NJW 1995, 3324, 3332.

1476 BGH NJW 1995, 3324, 3329; BGHR StGB § 336 DDR-Recht 8.

1477 BGH NJW 1995, 64, 66; BGH NJW 1995, 3324, 3329.

1478 BGH, Urt. v. 15.9.1995 – 5 StR 68/95, S. 15 (insoweit auch veröffentlicht in BGHR StGB § 336 DDR-Recht 9).

der (von vornherein erstrebte) Freikauf[1479] und die Abschiebung in die Bundesrepublik. Das LG Schwerin meinte, das Verhalten des Betroffenen habe keinen Erklärungswert in Bezug auf irgendein Gesetz und habe deshalb nicht als Bekundung der Missachtung der Gesetze angesehen werden können. Es verurteilte den damaligen Richter sowie die beteiligte Staatsanwältin[1480].

Der BGH hob diese Entscheidung auf und sprach die beiden frei. Der Betroffene habe zwar nicht ausdrücklich Gesetze benannt, die von ihm nicht anerkannt würden. Aus dem Plakattext in Verbindung mit der objektiven Situation, in der er diesen zur Schau gestellt habe, und seinem subjektiven Anliegen, seine Ausreise zu erzwingen, hätten die angeklagten Juristen den Schluss ziehen können, dass er die gesamte, mit der Grenzregelung in Zusammenhang stehende Gesetzgebung habe in Frage stellen wollen. Der Namhaftmachung eines bestimmten Gesetzes habe es nicht bedurft. Auf den Umstand, dass es in keinem Gesetz der DDR eine umfassende Ausreiseregelung gegeben habe, könne ein mangelnder Erklärungswert des Plakattextes in Bezug auf Gesetze jedenfalls nicht gestützt werden. Weiter führt der BGH aus, gerade das Fehlen einer solchen Regelung kennzeichne die nach Überzeugung der DDR-Juristen missachtete Gesetzeslage[1481].

Diese Begründung führte zu teils heftigen Angriffen in der Literatur[1482]. Die Kritik geht jedoch insoweit ins Leere, als sie sich auf das Fehlen einer gesetzlichen Regelung bezieht. In der Tat war es zweifelhaft, auf das Fehlen einer Regelung abzustellen. Dies wäre aber auch gar nicht nötig gewesen, denn es gab durchaus eine gesetzliche Ausreiseregelung. Zunächst hatten Paßgesetz und PaßVO, in denen Pass- und Visumspflicht vorgesehen waren, das Verlassen (oder Betreten) der DDR „ohne Genehmigung" unter Strafe gestellt[1483]. Ebenso ging später aus § 213 DDR-StGB/1968 hervor, dass die DDR bei Strafandrohung ohne Genehmigung

---

1479 Zur Freikaufproblematik vgl. noch Kapitel 7, B.II.

1480 Zust. *Letzgus*, FS Helmrich, S. 76.

1481 BGH NJW 1995, 64, 66.

1482 *Schoreit*, StV 1995, 196 f.; *F.-C. Schroeder*, DRiZ 1996, 87; *ders.*, NJW 1999, 91; *ders.*, Die Verfolgung der DDR-Staatsverbrechen nach der Wiedervereinigung, in: Eckart u. a. (Hrsg.), Wiedervereinigung Deutschlands (FS), S. 413 f.; vgl. auch bereits *ders.*, FAZ v. 1.2.1996; *Homann*, KJ 1996, 500 f.; *Seebode*, FS Lenckner, S. 615; a. A. *Hohmann*, NJ 1995, 132; *Möller-Heilmann*, Die Strafverfolgung von Richtern und Staatsanwälten der ehemaligen DDR wegen Rechtsbeugung, S. 301 f.; *Quasten*, Die Judikatur des Bundesgerichtshofs zur Rechtsbeugung im NS-Staat und in der DDR, S. 258 ff., insbes. S. 262 f.

1483 §§ 1, 8 PaßG/1954/1957 bzw. §§ 1, 5 PaßVO/1954/1957.

nicht verlassen (oder betreten) werden durfte[1484]. In der zur Tatzeit geltenden Gesetzesfassung von 1979 war zwar der Begriff der „Genehmigung" nicht mehr enthalten, sondern durch den Begriff „widerrechtlich" ersetzt[1485], doch ging hieraus ebenso hervor, dass man die DDR nicht ohne weiteres verlassen durfte. Letzteres ergab sich auch aus § 9 I GrenzG (1982)[1486] durch den Verweis auf die „erforderlichen Dokumente". Dies wurde ergänzt durch eine – ab 1982 auch in Gesetzesform geltende – Regelung, wonach unter bestimmten Voraussetzungen an der Grenze geschossen werden durfte (§ 27 GrenzG[1487]).

Auf diese gesetzliche Regelung konnten sich also Plakatäußerungen beziehen, auch wenn nicht im Einzelnen geregelt war, unter welchen Voraussetzungen eine Genehmigung der Ausreise erteilt werden konnte. Höchstwahrscheinlich meinte der BGH auch nur das Fehlen dieser einzelnen Regelungen mit seiner Bemerkung, es habe keine *umfassende* Ausreiseregelung gegeben. Hierfür spricht auch die vorherige Bezugnahme des BGH auf „die gesamte, mit der Grenzregelung in Zusammenhang stehende Gesetzgebung". Außerdem geht ein späteres Urteil desselben Senats, in dem er seine Argumentation ergänzt, auf das Fehlen eines geregelten Ausreiseanspruchs ein: Der Gesetzgeber könne einen Rechtsanspruch gegen den Staat vereiteln, indem er ihn in einer gesetzlichen Regelung ausdrücklich ausschließe. Dasselbe Ergebnis lasse sich aber auch dadurch erzielen, dass er – wie in der Ausreisegesetzgebung der DDR – auf die Schaffung der erforderlichen Rechtsgrundlage bewusst verzichte.

1484 § 213 I DDR-StGB/1968: „(1) Wer widerrechtlich in das Gebiet der Deutschen Demokratischen Republik eindringt oder sich darin widerrechtlich aufhält, die gesetzlichen Bestimmungen oder auferlegte Beschränkungen über Ein- und Ausreise, Reisewege und Fristen oder den Aufenthalt nicht einhält oder wer durch falsche Angaben für sich oder einen anderen eine Genehmigung zum Betreten oder Verlassen der Deutschen Demokratischen Republik erschleicht oder ohne staatliche Genehmigung das Gebiet der Deutschen Demokratischen Republik verläßt oder in dieses nicht zurückkehrt, wird mit Freiheitsstrafe bis zu zwei Jahren oder mit Verurteilung auf Bewährung, Geldstrafe oder öffentlichem Tadel bestraft."

1485 § 213 I DDR-StGB/1979: „(1) Wer widerrechtlich die Staatsgrenze der Deutschen Demokratischen Republik passiert oder Bestimmungen des zeitweiligen Aufenthalts in der Deutschen Demokratischen Republik sowie des Transits durch die Deutschen Demokratischen Republik verletzt, wird mit Freiheitsstrafe bis zu zwei Jahren oder mit Verurteilung auf Bewährung, Haftstrafe oder mit Geldstrafe bestraft."

1486 § 9 I GrenzG (Allgemeine Bestimmungen):
(1) Die Staatsgrenze der Deutschen Demokratischen Republik darf grundsätzlich nur über die Grenzübergangsstellen (...) und mit den erforderlichen Dokumenten passiert werden."

1487 Dazu Kapitel 3, A., insbes. A.I.1.a).

Eine unterschiedliche Beurteilung der allein auf die gesetzgeberische Wirkung abzielenden Kritik lasse sich aus der verschiedenen Gesetzesmethodik nicht herleiten[1488].

Überprüft man nun die Nachvollziehbarkeit der Plakatinterpretation, so ist im Ergebnis ebenfalls dem BGH zuzustimmen. Der Kritik ist nur insoweit zu folgen, als es problematisch ist, das nach außen (ohne das Vorwissen über die vorherige erfolglose Antragstellung) nicht erkennbare subjektive Anliegen, die eigene Ausreise zu erreichen, zur Auslegung des Plakattextes als „Bekundung einer Missachtung der Gesetze" heranzuziehen[1489]. Zwar beinhaltete die oben genannte Orientierung des OG von 1985, dass es unerheblich sein solle, wenn für Außenstehende nicht erkennbar sei, dass ein bestimmtes Handeln eine Missachtung der Gesetze im Sinne des Tatbestandes darstelle[1490]. Diese hätte hier aber, weil selbst nicht mit dem Gesetzeswortlaut vereinbar[1491], nicht bei der Auslegung berücksichtigt werden dürfen.

Dies ändert jedoch nichts daran, dass schon anhand des objektiven Erklärungswertes der Auftretensweise des Betroffenen durchaus angenommen werden konnte, dass er die mit der Grenze zusammenhängende Gesetzgebung in Frage stellen wollte und nicht nur die tatsächlichen Zustände an der Grenze[1492]. Hierzu stellt der BGH zu Recht auf den situativen Kontext ab, nämlich die Vereidigung der Grenztruppen. Diese standen gewissermaßen symbolisch auch für die rechtliche Verhinderung der freien Ausreise, die sie rigide durchsetzten. Diesen Kontext und die Formulierung des Plakatspruchs zusammengenommen konnte die Äußerung bei Anlegung der damals geltenden Maßstäbe noch vertretbar als Missachtung der Gesetze gewertet werden.

In einem ähnlich gelagerten Fall war ein DDR-Bürger zu einer Freiheitsstrafe von einem Jahr und drei Monaten verurteilt worden, weil er nachmittags im Fußgängertunnel am Berliner Alexanderplatz ein selbstgefertigtes Plakat gezeigt hatte. Es trug die Aufschrift *„Seit 12 Monaten werde ich am legalen Verlassen der DDR gehindert"* und wurde von rund 50 Passanten wahrgenommen. Hier schloss sich der 5. Strafsenat der oben dargestellten Rechtsprechung des 4. Senats an. Die Subsumtion des Verhaltens unter § 214 I Alt. 2 DDR-StGB habe sich noch in den äußersten

1488 BGH NStZ-RR 1996, 69, 70.
1489 *Schoreit*, StV 1995, 196; dem folgend *Schöll*, Die Rechtsbeugung, S. 178.
1490 S. o., vor a).
1491 S. o., vor a).
1492 So aber *Schoreit*, StV 1995, 196 f.

Grenzen möglicher Auslegung gehalten. Der Betroffene habe zwar nicht ausdrücklich Gesetze bezeichnet, die von ihm nicht anerkannt worden seien. Aus den Umständen habe die damalige Staatsanwältin aber den möglichen Schluss ziehen können, dass er die gesamte mit der Grenzregelung in Zusammenhang stehende Gesetzgebung der DDR, die auch einer Bewilligung seines Ausreisegesuches entgegengestanden habe, als illegal habe in Frage stellen wollen. Der Namhaftmachung eines bestimmten Gesetzes habe es nicht bedurft. Ebenso komme es nicht darauf an, dass es in keinem Gesetz der DDR eine umfassende Ausreiseregelung gegeben habe[1493]. Auch die Wertung des Verhaltens des Verfolgten als „demonstrativ und provokatorisch" lasse sich angesichts von Zeit und Ort der Handlung nicht als rechtsbeugende Rechtsauslegung ansehen[1494].

Ebenso entschied der Senat bei einem Plakat, das - unter Hinweis darauf, der Betroffene werde seit acht Jahren an der Ausreise gehindert[1495] bzw. mit dem Text „... Ich bin seit 1975 Antragsteller"[1496] - den deutlichen[1497] Vorwurf eines bereits acht Jahre dauernden willkürlichen, gegen Menschenrechte verstoßenden Verhaltens enthielt und in der Rathauspassage in Berlin-Mitte gezeigt wurde[1498]. Den Grundsätzen des BGH folgend entschied das OLG Dresden für Transparente mit der Aufschrift „Ausreiserecht ist Menschenrecht, wann auch für uns?" und „Für Freiheit, Demokratie und Menschenrechte", dass kein zur Anklageerhebung ausreichender Tatverdacht bestehe[1499]. In vielen inhaltlich gleichgelagerten Fällen wurden die Anklagen zurückgenommen, da sie durch die BGH-

---

1493 BGH NJW 1995, 3324, 3329 (unter Hinweis auf BGH NJW 1995, 64, 66); zust. *Möller-Heilmann*, Die Strafverfolgung von Richtern und Staatsanwälten der ehemaligen DDR wegen Rechtsbeugung, S. 301 f.; krit. *F.-C. Schroeder*, NJW 1999, 92; *Quasten*, Die Judikatur des Bundesgerichtshofs zur Rechtsbeugung im NS-Staat und in der DDR, S. 264 Fn. 540; vgl. zu dem Fall noch Kapitel 7, A.VI.4.b).

1494 BGH a.a.O.; krit. *Spendel*, JR 1996, 178 f.

1495 So die Sachverhaltsdarstellung bei *F.-C. Schroeder*, NJW 1999, 92.

1496 So die Sachverhaltsdarstellung bei *Willnow*, JR 1997, 268 Fn. 139.

1497 Die Ausdrücklichkeit des Vorwurfs ergibt sich aus der Plakataufschrift „Schon acht Jahre dauernde, willkürliche Menschenrechtsverletzung" in der Sachverhaltsdarstellung bei Horstkotte, der dem entscheidenden Senat damals angehörte (*Horstkotte*, Rechtsbeugung, in: Drobnig (Hrsg.), Die Strafrechtsjustiz der DDR im Systemwechsel, S. 88).

1498 BGH, Urt. v. 15.9.1995 - 5 StR 68/95, S. 11 ff.; krit. *F.-C. Schroeder*, NJW 1999, 92; *ders.*, NJW 2000, 3021 Fn. 88; vgl. dazu noch Kapitel 7, A.VI.4.b); vgl. zu einer weiteren, provokativen Plakataktion mit Anketten und Einbestellung westlicher Journalisten BGH, Urt. v. 15.9.1995 - 5 StR 168/95 sub C I 5, S. 20 (insoweit nicht veröffentlicht) und Kapitel 7, A.VI.4.b).

1499 OLG Dresden, NJ 1995, 601, 602.

Rechtsprechung aussichtslos geworden waren[1500], auch im Hinblick auf die verhängten Strafen[1501].

b) Schweigedemonstrationen

Trotz der oben dargestellten Kriterien des BGH hat dieser in keinem Fall sogenannter „Schweigedemonstrationen" eine Wortlautüberdehnung des § 214 I Alt. 2 DDR-StGB bestätigt. Allenfalls hat er eine Rechtsbeugung durch das Zusammenspiel von tendenzieller Überdehnung einer Norm auf der Tatbestandsseite mit der Verhängung überhöhter Strafen bejaht.

So bestätigte er die Verurteilung eines Staatsanwaltes, der auf die Verurteilung Ausreisewilliger zu Freiheitsstrafen von zehn Monaten bis einem Jahr hingewirkt hatte. Die Verfolgten hatten an einem Spaziergang Ausreisewilliger in der Nähe des Brandenburger Tors teilgenommen, wobei sie weder optisch, etwa durch Zurschaustellung von Plakaten oder Symbolen, noch akustisch, etwa durch Sprechchöre oder Unmutsäußerungen, für Aufsehen gesorgt hatten. Medieninteresse war nicht erweckt und auch nicht angestrebt worden. Den Ort hatten die Ausreisewilligen nach Aufforderung unverzüglich verlassen. Der BGH hielt zwar die Verhängung der Freiheitsstrafen „im gegebenen Grenzbereich des Tatbestandes" für schlechthin unvertretbar[1502]. Hier war aber bereits der Tatbestand des § 214 DDR-StGB gesetzwidrig überdehnt[1503]. Gleiches gilt für eine weitere Entscheidung zu einer (verhinderten) Zusammenkunft Ausreisewilliger am Brandenburger Tor[1504] sowie zu weiteren Schweigedemonstrationen[1505]. Das Verhalten bei solchen Schweigedemonstrationen war weder provokatorisch[1506] noch erfolgte es in einer die öffentliche Ordnung gefährdenden Weise.

1500 Näher dazu *Hohoff*, An den Grenzen des Rechtsbeugungstatbestandes, S. 18 f.

1501 Siehe dazu noch Kapitel 7, A.VI.4.b).

1502 BGH BGHR StGB § 336 DDR-Recht 26.

1503 So auch *Möller-Heilmann*, Die Strafverfolgung von Richtern und Staatsanwälten der ehemaligen DDR wegen Rechtsbeugung, S. 301.

1504 BGH NStZ-RR 1997, 359, 360.

1505 BGH NStZ-RR 1999, 43; BGH NStZ 1999, 562; BGH NStZ 2000, 91, 92 (= gleicher Fall wie BGH NStZ-RR 1999, 43).

1506 So auch *Möller-Heilmann*, Die Strafverfolgung von Richtern und Staatsanwälten der ehemaligen DDR wegen Rechtsbeugung, S. 301; anders OLG Dresden NJ 1995, 601, 603 zum bloßen Zusammenstehen Ausreisewilliger in einer Gruppe vor der Kreuzkirche in Dresden, unter Hinweis auf einen in Dresden allgemein bekannten eindeutigen Symbol- und Erklärungswert.

Soweit eine geplante aufsehenerregende Schweigedemonstration nicht zustande kam und damit eine (auch nur versuchte) *Bekundung* der Missachtung von Gesetzen ausschied, konnte aber aus Sicht des BGH bei extensiver Auslegung aufgrund der gegenseitigen Verabredung der Demonstration noch eine *„Aufforderung"* zur Missachtung der Gesetze in Betracht kommen, ohne den Tatbestand zu überdehnen[1507].

Dagegen hob der BGH den Freispruch in einem ähnlich gelagerten Fall auf, weil er eine Rechtsbeugung nicht sicher ausschließen konnte. Der Unterschied bestand darin, dass hier ein Ehepaar wegen des *Versuchs*vorwurfs der Missachtensbekundung (und nicht wegen der Aufforderung hierzu, welche schon deshalb aus Sicht des BGH fern lag) angeklagt und verurteilt worden war, weil es am Vortag zu einer als provokatorisch-demonstrativ angesehenen Kundgebung angereist war und dann auch versucht hatte, daran teilzunehmen. Für die Nachvollziehbarkeit der Annahme einer Provokation sowie der Voraussetzungen eines Versuchs fehlte es jedoch an hinreichenden Angaben[1508].

c) *Verwendung des Buchstaben „A" als Symbol des Ausreisewillens*

Die strafrechtliche Einordnung der Fälle des zumeist in Wohnungsfenstern aufgestellten oder auf andere Weise[1509] zur Schau gestellten „A"-Symbols ist umstritten. Hier differiert auch die Rechtsprechung innerhalb des BGH[1510].

Der 5. Strafsenat hält die Anwendung des § 214 DDR-StGB auf derartige Sachverhalte für eine Überschreitung des äußersten Grenzbereiches noch hinnehmbarer Gesetzesauslegung, da die Betroffenen lediglich ihren Ausreisewillen bekundet hätten – und dies in kaum provokatorischer Form. Dennoch sprach der Senat insoweit aus subjektiven Gründen

1507 BGHR StGB § 336 DDR-Recht 8; zust. *Grote*, Die DDR-Justiz vor Gericht, S. 149f. (unter Hinweis auf eine Orientierung des OG von 1985 wonach unter „Auffordern" nicht nur ein Veranlassen, sondern auch ein Bestärken gefasst wurde); a. A. *F.-C. Schroeder*, NJW 1999, 92; *ders.*, NJW 2000, 3021 mit Fn. 88.

1508 BGHR StGB § 336 DDR-Recht 9.

1509 Vgl. den Sachverhalt bei *Letzgus*, FS Helmrich, S. 75: Hier hatten sich Ausreisewillige mit brennenden Kerzen in der Hand auf einem Marktplatz zu dem Buchstaben A formiert und waren zu Freiheitsstrafen von sechs Monaten verurteilt worden.

1510 So auch *Grote*, Die DDR-Justiz vor Gericht, S. 142; unzutr. geht dagegen *Möller-Heilmann* (Die Strafverfolgung von Richtern und Staatsanwälten der ehemaligen DDR wegen Rechtsbeugung, S. 304) von zwei unterschiedlichen Fallgestaltungen aus.

frei[1511]. Im konkreten Fall schied auch eine Rechtsbeugung durch die verhängte Sanktion aus[1512], in einem anderen Fall bestätigte der 5. Senat einen Schuldspruch wegen überharter Sanktionierung im „erkannten Grenzbereich"[1513] der Strafnorm durch Beantragung der Fortdauer von Untersuchungshaft[1514].

Der 4. Strafsenat, der ebenfalls aus subjektiven Gründen freisprach, mochte dagegen eine Tatbestandsüberdehnung nicht klar herausstellen, sondern ließ diese dahingestellt sein, wobei eine Verneinungstendenz erkennbar ist[1515]. Zur Begründung führte er folgendes an. Der Buchstabe

---

1511 BGH NJW 1996, 153. Diese Aussage wird missverständlicherweise in einem weiteren Urteil des Senats vom gleichen Tage wieder verunklart, wenn auch nur in einem obiter dictum. Darin werden unter Bezugnahme auf das vorstehende Urteil die „A"-Fälle, obwohl hier als Äußerungen *ohne* (jegliche) Provokation beschrieben, lediglich als Beispiel eines *Grenzfalles* der Überdehnung genannt (BGH, Urt. v. 15.9.1995 - 5 StR 68/95, S. 12 f.).
Der 5. Senat hält in einem späteren Urteil Ausnahmen von dem Grundsatz der Annahme einer Tatbestandsüberdehnung für denkbar. Sie seien zu erwägen, wenn aus Sicht der DDR-Justiz erschwerende Umstände hinzukamen. In dem konkreten Fall beschränkte sich der BGH auf die Wertung, die Verneinung des Vorsatzes durch das LG sei sachlichrechtlich nicht zu beanstanden (BGH, Urt. v. 21.8.1997 - 5 StR 309/97, Beck RS 1997, 31358245). Das LG hatte derartige erschwerende Umstände in den besonderen Begleitumständen der Aufstellung der Symbole (Anbringen von „A" und weißer Fahne in Wohnungsfenstern gegenüber einer Schule und in der Nichtbeachtung wiederholter behördlicher Aufforderungen zur Entfernung) gesehen (vgl. BGH a.a.O.). Gleiches gilt für das Befestigen des „A" an der Kleidung zur Mittagszeit am belebten Ost-Berliner Alexanderplatz (BGH a.a.O.). In diesen Fällen beanstandete der BGH aber den Ausschluss des Vorsatzes hinsichtlich der überharten Sanktionierung.

1512 Es war „nur" eine Bewährungsstrafe (von 10 Monaten) verhängt worden. Eine offensichtliche schwere Menschenrechtsverletzung durch die auch „nach den Gesetzlichkeiten der DDR" noch als überhöht erscheinenden Strafe, die von der Angeklagten auch subjektiv nicht verkannt worden sein könnte, ließ sich aus Sicht des BGH noch nicht feststellen, weil der Verfolgten wenigstens der Freiheitsentzug erspart blieb (BGH NJ 1996, 153).

1513 Auch hier wird die ursprüngliche Bejahung einer objektiv schon für sich genommen bestehenden Tatbestandsüberdehnung nicht konsequent durchgehalten (vgl. die vorvorige Fußnote) oder zumindest missverständlich - aufgrund des Abstellens auf die subjektive Vorstellung des Angeklagten - formuliert.

1514 BGH NStZ 1999, 562.

1515 BGH NStZ-RR 1996, 69, 70 (zunächst heißt es in dieser Entscheidung, es könne dahingestellt bleiben, ob der Angeklagte mit der weiten Auslegung des Begriffs „Gefährdung der öffentlichen Ordnung" die Grenzen zulässiger Auslegung objektiv bereits überschritten habe. Anhaltspunkte für einen bewussten Rechtsbruch könnten daraus angesichts der fließenden Grenzen zwischen extensiver zulässiger Auslegung und unzulässiger Überdehnung jedenfalls nicht hergeleitet werden. Weiter

„A" habe zum Ausdruck gebracht, dass der Aufsteller oder Träger des Symbols einen Ausreiseantrag gestellt hatte, dieser abgelehnt oder nicht beschieden worden war und die Person damit nicht einverstanden war. Die symbolisch ausgedrückte Kritik, die in den achtziger Jahren den meisten DDR-Bürgern bekannt gewesen sei, habe sich jedoch nicht auf die im Einzelfall getroffene Verwaltungsentscheidung beschränkt. Den Verwendern sei es nicht nur darauf angekommen, die falsche Anwendung eines von ihnen etwa als richtig und für sich als verbindlich betrachteten Gesetzes im Einzelfall zu kritisieren. Gerade die gemeinsame Benutzung eines bestimmten, Widerstand ausdrückenden Symbols mache vielmehr deutlich, dass sie über ihr persönliches Schicksal hinaus in Solidarität mit anderen auf eine von ihnen zu Recht als ungerecht und unannehmbar empfundene Handhabung der Ausreise hinweisen wollten[1516]. Mit dem Aufstellen des (hier: beleuchteten) „A" hätten sich die Betroffenen nicht darauf beschränkt, ihren Wunsch nach Ausreise öffentlich zu bekunden[1517]. Vielmehr sei ihr Verhalten auf eine aus Sicht der DDR provokante Kritik der Ausreisegesetzgebung gerichtet gewesen[1518].

Die Ansicht des LG Neubrandenburg, ein irgendwie gearteter Erklärungswert eines aufgestellten Buchstabens „A" in Bezug auf die Gültigkeit von Rechtsvorschriften der DDR ergebe sich nicht, da es keine allgemeine rechtliche Regelung der Übersiedlungsfrage gegeben habe[1519], konnte sich nicht durchsetzen. Auch Stimmen in der Literatur meinten, diese Sichtweise werde einer den wirklichen Willen erforschenden Auslegung der Erklärung nicht gerecht[1520]. Entsprechend der bereits dargestellten Rechtsprechung zu Plakataktionen mit Aussagen wie „DDR, deine Grenzen sind für mich kein Friedensbeitrag!" wurde der Erklärungswert der symbolischen Kritik gerade auf das Fehlen einer umfassenden gesetz-

---

unten heißt es jedoch deutlicher, der Angeklagte habe sich mit der von ihm vorgenommenen Wertung nicht in offenkundiger Weise vom Gesetzeswortlaut entfernt).

1516 BGH NStZ-RR 1996, 69, 70 unter Bezugnahme auf die Feststellungen der Vorinstanz LG Neubrandenburg (NJ 1994, 590, 591), dessen Feststellungen freilich etwas weniger weit gehen; vgl. auch OLG Dresden NJ 1995, 601, 602, wobei der Freispruch aus subjektiven Gründen mit Erwägungen begründet wird, die sinngemäß auf die Berücksichtigung der Staatsräson weisen, was so aber den Vorsatz nicht ausschließt, vgl. Kapitel 10, B.IV.

1517 A.A. *Hohmann*, NJ 1995, 132.

1518 BGH NStZ-RR 1996, 69, 70.

1519 LG Neubrandenburg NJ 1994, 590, 591.

1520 *Hohmann*, NJ 1995, 132.

lichen Ausreiseregelung bezogen und als vertretbarer Anwendungsfall des Tatbestandsmerkmals „Missachtung der Gesetze" angesehen[1521].

Im Vergleich zu den Plakatfällen erscheint die Kritik in den „A"-Symbol-Fällen jedoch – wenn überhaupt[1522] – zumindest wesentlich weniger provokativ. Mag sie auch demonstrativ gewesen sein[1523], ist jedenfalls eine etwaige provokatorische Tendenz nur mit Mühe erkennbar und daher etwas zweifelhaft, ob die Kritik noch als eine „Missachtung" von Gesetzen gewertet werden konnte[1524]. Vor allem vermag nicht recht zu überzeugen, worin bei der Verwendung des „A"-Symbols eine in vertretbarer Weise angenommene „Gefährdung der öffentlichen Ordnung" lag[1525]. Befremdlich ist daneben die Verneinung einer Rechtsbeugung durch das verhängte Strafmaß von einem Jahr Freiheitsstrafe[1526], über das der 4. Senat noch nicht einmal ein Wort verlor[1527]. Weitere Anklagerücknahmen standen in Zusammenhang mit dieser Entscheidung[1528].

d) Weißes Band an Autoantenne als Symbol des Ausreisewillens

Eine durchaus typische Form symbolhafter Kritik wurde zumindest gegen Ende der achtziger Jahre auch in der Weise praktiziert, dass zur Demonstration des Ausreisewillens ein weißes Stoffbändchen an der Autoantenne befestigt wurde. Die Verwendung dieses noch zurückhaltenderen Symbols durfte mindestens ebenso wenig wie das Aufstellen von Gegenständen in Form eines „A" nach § 214 DDR-StGB geahndet

---

1521 *Hohmann*, a.a.O.; BGH NStZ-RR 1996, 69, 70, beide unter Verweis auf BGH NJW 1995, 94, 96.

1522 Eine Provokation verneinend Hohmann, NJ 1996, 132; ebenso *Kraut*, Rechtsbeugung?, S. 198; *Möller-Heilmann*, Die Strafverfolgung von Richtern und Staatsanwälten der ehemaligen DDR wegen Rechtsbeugung, S. 303 f. (kein demonstrativ-provokatorischer Akt ohne Hinzukommen besonderer, nach außen hin auf Provokation gerichteter Umstände).

1523 So BGH NStZ-RR 1996, 69, 70; OLG Dresden, NJ 1995, 601, 602; a. A. *Kraut*, a.a.O., S. 198.

1524 Verneinend *Hohmann*, NJ 1996, 132; ebenso *Kraut*, a.a.O., S. 197 f.; *Möller-Heilmann*, Die Strafverfolgung von Richtern und Staatsanwälten der ehemaligen DDR wegen Rechtsbeugung, S. 302, 304.

1525 So auch *Hohmann*, NJ 1996, 132; *Kraut*, a.a.O., S. 198; *Möller-Heilmann*, a.a.O., S. 303, 304, krit. auch *Seebode*, FS Lenckner, S. 615.

1526 So auch LK-*Spendel* (11. Aufl.), § 339 Rn. 64.

1527 Vgl. BGH NStZ-RR 1996, 69, 70 f.

1528 *Hohoff*, An den Grenzen des Rechtsbeugungstatbestandes, S. 18 f.

werden. Die entgegenstehende Praxis ist als Tatbestandsüberdehnung anzusehen[1529].

In einem solchen Fall bekräftigte der 5. Strafsenat seine Rechtsprechung zum Aufstellen des „A"-Symbols und wandte sie entsprechend an. Das Verhalten des Betroffenen sei lediglich als symbolhaft geäußerte, versteckte Kritik am DDR-System, speziell an seiner Ausreisepraxis, zu werten. Eine solche bloße Zurschaustellung eines Symbols, der (auch wegen einer gewissermaßen konspirativen Verwendung) für sich kaum etwas Provokatorisches zu entnehmen sei, könne man objektiv nicht unter die Tatbestandsvoraussetzungen des § 214 DDR-StGB subsumieren. Allerdings sei in solchen Fällen mit Rücksicht auf die verbreitete Überempfindlichkeit von DDR-Amtsträgern gegen Kritik an der Ausreisepraxis der Vorsatz einer Überdehnung der Strafnorm zu verneinen[1530]. Immerhin wird für derartige Fälle wiederum schon eine Inhaftierung aufgrund solchen Verhaltens bei Fehlen von Erschwerungsgründen grundsätzlich als Rechtsbeugung in objektiver wie subjektiver Hinsicht angesehen, erst recht die Verhängung einer einjährigen oder auch nur halbjährigen Freiheitsstrafe[1531].

e) Sog. „schlichte Passvorlage"

Eine größere Anzahl höchstrichterlicher Entscheidungen erging zu Fällen sogenannter „schlichter Passvorlage". In den damit bezeichneten Fällen strafrechtlicher Verfolgung Ausreisewilliger hatten die betroffenen DDR-Bürger an Grenzübergangsstellen (häufig nachts) ihren Personalausweis vorgelegt und schlicht die Ausreise nach West-Berlin bzw. in die Bundesrepublik gefordert. Manche zielten dabei auf eine Verurteilung ab oder nahmen diese bewusst in Kauf, in der Hoffnung auf einen anschließenden Freikauf[1532]. In dieser nicht seltenen Fallkonstellation der achtziger Jahre wurde ebenfalls § 214 DDR-StGB angewandt.

Dass hier zumindest das Tatbestandsmerkmal „in einer die öffentliche Ordnung gefährdenden Weise" nicht ohne weiteres erfüllt war, hatte auch das OG der DDR zunächst anerkannt. 1983 hatte es in einem Fall schlichter Passvorlage entschieden, dass eine Gefährdung der öffentlichen Ord-

1529 Eine Tatbestandsüberdehnung ebenfalls bejahend *Kraut*, Rechtsbeugung?, S. 198; *Möller-Heilmann*, Die Strafverfolgung von Richtern und Staatsanwälten der ehemaligen DDR wegen Rechtsbeugung, S. 302 f.

1530 BGHR StGB § 336 DDR-Recht 28; vgl. dazu bereits BGH NJW 1996, 153.

1531 BGHR StGB § 336 DDR-Recht 28; näher dazu Kapitel 7, A.VI.4.b).

1532 Zur Freikaufproblematik vgl. noch Kapitel 7, B.II.

nung nicht gegeben sei, wenn sich außer den Grenzsicherungskräften keine weiteren Personen an der Grenzübergangsstelle aufhielten; die Gefährdung könne auch nicht allein daraus hergeleitet werden, dass die Missachtung der Gesetze im Bereich einer Grenzübergangsstelle bekundet worden sei[1533].

Diese Rechtsprechung gab das OG zwar 1985 ausdrücklich auf, wie *Buchholz* einwandte[1534], nämlich in der verschärfenden „Orientierung zu Verfolgung bestimmter Straftaten gegen die staatliche und öffentliche Ordnung" vom Januar 1985. Darin hieß es fortan:

> „Fordert ein DDR-Bürger an einer Grenzübergangsstelle die Gestattung der Ausreise, ohne im Besitz von Grenzübertrittsdokumenten zu sein, liegt eine Bekundung der Mißachtung der Gesetze in einer die öffentliche Ordnung gefährdenden Weise vor."[1535]

Dieses Ergebnis basiert auf der vorstehenden, bereits oben angeführten Passage der Orientierung, wonach es unerheblich sein sollte, wenn für Außenstehende nicht erkennbar war, dass ein bestimmtes Handeln eine Missachtung der Gesetze im Sinne des Tatbestandes darstellte[1536]. Insoweit war die Orientierung aber selbst nicht mit dem Gesetzeswortlaut vereinbar und war insoweit unbeachtlich[1537]. Es ist nicht mehr nachvollziehbar, worin eine Gefährdung der öffentlichen Ordnung oder auch nur eine Eignung zur Gefährdung der öffentlichen Ordnung liegen soll, wenn in keiner Weise Aufsehen erregt wurde oder aufgrund der Nähe anderer Personen zu erwarten war. Die Orientierung steht mithin der Annahme einer objektiven Rechtsbeugung in Fällen schlichter Passvorlage nicht entgegen.

Die Möglichkeit des Vorsatznachweises ist angesichts der Orientierung eine andere Frage. Es wäre aber jedenfalls wünschenswert gewesen, dass der BGH das Vorliegen einer objektiven Tatbestandsüberdehnung deutlich gemacht hätte. Dieser äußerte sich in der Leitentscheidung hierzu bedauerlicherweise etwas vorsichtiger, indem er formulierte, die Heranziehung der Strafnorm auf die Fälle schlichter Passvorlage lege die Annahme einer Überdehnung des § 214 DDR-StGB nahe. Möge zwar noch eine gewisse Ähnlichkeit mit einer „demonstrativ-provokatorischen

---

1533 OG, Urt. v. 7.1.1983 – 1 OSB 63/82 (offenbar unveröffentlicht), zitiert nach BGH NJW 1995, 3324, 3332.

1534 *Buchholz*, ZAP-Ost 1996, 223.

1535 Orientierung zu Verfolgung bestimmter Straftaten gegen die staatliche und öffentliche Ordnung vom Januar 1985, zitiert nach *Grote*, Die DDR-Justiz vor Gericht, S. 139.

1536 S. o., vor a).

1537 S. o., vor a).

Handlung" nach DDR-Verständnis bestehen, so spreche es doch eindeutig gegen ein Vorgehen in einer die öffentliche Ordnung gefährdenden Weise, dass außer den Grenzbediensteten irgendjemand sonst Kenntnis vom Tun des Betroffenen erlangt habe. Selbst wenn man eine Überdehnung des § 214 I Alt. 2 DDR-StGB nicht annehmen wolle, liege eine offensichtlich schwere Menschenrechtsverletzung „in diesem Grenzbereich des Tatbestandes" jedenfalls in dem unerträglichen Missverhältnis zwischen der Tat und der verhängten Freiheitsstrafe[1538]. Auf diese Grundsätze bezog sich der BGH sodann in ständiger Rechtsprechung[1539]. Allerdings machte er dabei in späteren Urteilen teilweise deutlicher, dass er eine Tatbestandsüberdehnung in objektiver Hinsicht durchaus bejaht, aber aus subjektiven Gründen Rechtsbeugung nicht bereits wegen der Überdehnung, sondern nur wegen überharter Sanktionierung im erkannten Grenzbereich des Tatbestandes in Betracht komme[1540]. Bereits zuvor war er auch auf die damalige Änderung der Rechtsauffassung des OG der DDR eingegangen. Er sah seine Rechtsprechung dadurch zutreffend nicht in Frage gestellt. Eine entsprechende einheitliche Strafpraxis könne am Tatbestand der Rechtsbeugung nichts ändern, auch wenn sie im Einklang mit Richtlinien und Orientierungen gestanden habe, die indes ihrerseits an das Gesetz gebunden und insoweit rechtsbeugerisch gewesen sein[1541].

Die Rechtsprechung des BGH zur „schlichten Passvorlage" fand in der Literatur weitgehend Zustimmung[1542]. Gerade im Hinblick auf die

---

1538 BGH NJW 1995, 3324, 3332; BGH 5 StR 168/95, S. 29ff. (insoweit nicht in NJ 1996, 153 veröffentlicht; nur teilweise veröffentlicht in BGHR § 336 Staatsanwalt 1). Dazu, dass in Fällen schlichter Passvorlage auch keine Beeinträchtigung staatlicher Tätigkeit durch Gewalt oder Drohung im Sinne der ersten Tatbestandsalternative angenommen werden konnte, vgl. BGH NJW 1995, 3324, 3332 vor b).

1539 BGH NStZ-RR 1997, 301; BGH NStZ-RR 1997, 359f.; BGH NStZ-RR 1998, 171; BGH NJW 1998, 2616; BGH NStZ 1999, 562; BGH NJ 2000, 101, 102; vgl. dazu noch Kapitel 7, A.VI.4.b).

1540 BGH NStZ-RR 1998, 171; BGH NJW 1998, 2616; BGH NStZ 1999, 562, 563; BGH NJ 2000, 101, 102.

1541 BGH NStZ-RR 1997, 301; BGH NStZ-RR 1997, 359, 360.

1542 *Möller-Heilmann*, Die Strafverfolgung von Richtern und Staatsanwälten der ehemaligen DDR wegen Rechtsbeugung, S. 303f. (insbes. für eine Differenzierung danach, ob außer den Grenzbediensteten weitere Personen von dem Vorgang der Paßvorlage Kenntnis erhielten); *Spendel*, JR 1996, 180; LK-*Spendel* (11. Aufl.), § 339 Rn. 60 (objektive Tatbestandsüberdehnung bejahend, ohne allerdings auf die Differenzierung einzugehen); wohl auch *Kraut*, Rechtsbeugung?, S. 198; a. A. *Buchholz*, ZAP-Ost 1996, 223f. (Rechtsbeugung unter Berufung auf die Orientierung zumindest in der Tendenz generell verneinend).

Schwierigkeit des Vorsatznachweises kam in diesen Fällen der Fallgruppe der Rechtsbeugung durch Übermaßstrafe besondere Bedeutung zu[1543].

Zusammenfassend lässt sich zu den Fällen des § 214 I Alt. 2 DDR-StGB sagen, dass dessen Anwendung in kaum einem Fall zur Annahme einer Tatbestandsüberdehnung geführt hat, und wenn, dann wich der BGH aus Gründen des Vorsatznachweises darauf aus, die Bestätigung von Verurteilungen wegen Rechtsbeugung auf die seinerzeit „im Grenzbereich" des Tatbestandes verhängten Freiheitsstrafen zu stützen.

IV. Staatsfeindliche Hetze, § 106 DDR-StGB

Eine äußerst scharfe Bestimmung zur Unterdrückung freier kritischer Meinungsäußerungen stellte § 106 DDR-StGB dar, wie schon seine Vorläufernorm 19 StEG[1544], die er 1968 ablöste.

§ 106 DDR-StGB/1968
Staatsfeindliche Hetze

(1) Wer mit dem Ziel, die sozialistische Staats- und Gesellschaftsordnung der Deutschen Demokratischen Republik zu schädigen oder gegen sie aufzuwiegeln,

1. Schriften, Gegenstände oder Symbole, die die staatlichen, politischen, ökonomischen oder anderen gesellschaftlichen Verhältnisse der Deutschen Demokratischen Republik diskriminieren, einführt, herstellt, verbreitet oder anbringt;
2. Verbrechen gegen den Staat androht oder dazu auffordert, Widerstand gegen die sozialistische Staats- und Gesellschaftsordnung der Deutschen Demokratischen Republik zu leisten;
3. Repräsentanten oder andere Bürger der Deutschen Demokratischen Republik oder die Tätigkeit staatlicher oder gesellschaftlicher Organe und Einrichtungen diskriminiert;
4. den Faschismus oder Militarismus verherrlicht, wird mit Freiheitsstrafe von einem Jahr bis zu fünf Jahren bestraft.

(2) Wer zur Durchführung des Verbrechens Publikationsorgane oder Einrichtungen benutzt, die einen Kampf gegen die Deutsche Demokratische Republik führen, oder das Verbrechen im Auftrag derartiger Einrichtungen oder planmäßig durchführt, wird mit Freiheitsstrafe von zwei bis zu zehn Jahren bestraft.

1543 Dazu Kapitel 7, A.VI.4.b).

1544 Zur von 1958 bis 1968 geltenden Vorläufernorm, § 19 StEG, siehe *Schmidthals*, Die Neugestaltung des strafrechtlichen Staatsschutzes in der Sowjetischen Besatzungszone, S. 40 ff.; *Schuller*, Geschichte und Struktur des politischen Strafrechts der DDR bis 1968, S. 257; *Kraut*, Rechtsbeugung?, S. 206 f. und 209; *Möller-Heilmann*, Die Strafverfolgung von Richtern und Staatsanwälten der ehemaligen DDR wegen Rechtsbeugung, S. 284 ff.

(3) Im Fall des Absatzes 1 Ziffer 3 ist der Versuch, in allen anderen Fällen sind Vorbereitung und Versuch strafbar.

Während zunächst die sozialistische Staats- und Gesellschaftsordnung Schutzobjekt des § 106 DDR-StGB war, wurden ab 1979 auch die „verfassungsmäßigen Grundlagen der sozialistischen Staats- und Gesellschaftsordnung" geschützt. Der Strafrahmen des Absatzes 1 wurde erheblich erweitert (auf ein Jahr bis zu acht Jahren Freiheitsstrafe nach einem Jahr bis zu fünf Jahren). Außerdem kam es nicht einmal mehr auf eine Schädigungs- oder Aufwiegelungsabsicht an, sondern nur noch auf einfachen Vorsatz. Der Tatbestand wurde wie folgt gefasst:

§ 106 DDR-StGB/1979
Staatsfeindliche Hetze

(1) Wer die verfassungsmäßigen Grundlagen der sozialistischen Staats- und Gesellschaftsordnung der Deutschen Demokratischen Republik angreift oder gegen sie aufwiegelt, indem er

1. die gesellschaftlichen Verhältnisse, Repräsentanten oder andere Bürger der Deutschen Demokratischen Republik wegen deren staatlicher oder gesellschaftlicher Tätigkeiten diskriminiert;
2. Schriften, Gegenstände oder Symbole zur Diskriminierung der gesellschaftlichen Verhältnisse, von Repräsentanten oder anderen Bürgern herstellt, einführt, verbreitet oder anbringt;
3. die Freundschafts- und Bündnisbeziehungen der Deutschen Demokratischen Republik diskriminiert;
4. Verbrechen gegen den Staat androht oder dazu auffordert, Widerstand gegen die sozialistische Staats- und Gesellschaftsordnung der Deutschen Demokratischen Republik zu leisten;
5. den Faschismus oder Militarismus verherrlicht oder Rassenhetze treibt, wird mit Freiheitsstrafe von einem bis zu acht Jahren bestraft.

(2) Wer zur Durchführung des Verbrechens mit Organisationen, Einrichtungen oder Personen zusammenwirkt, deren Tätigkeit gegen die Deutsche Demokratische Republik gerichtet ist oder das Verbrechen planmäßig durchführt, wird mit Freiheitsstrafe von zwei bis zu zehn Jahren bestraft.

(3) Vorbereitung und Versuch sind strafbar.

Das entscheidende Tatbestandsmerkmal „diskriminieren" war so allgemein gehalten, dass es jeder Auslegung fähig war[1545]. In der Kommentierung wurde es als „feindliche gezielte Herabwürdigung der im Gesetz genannten Verhältnisse und Personen" umschrieben[1546]. Das Element der

1545 Bundesministerium für innerdeutsche Beziehungen (Hrsg.), DDR Handbuch, Stichwort „Staatsverbrechen", S. 1302, 1304; *Roggemann*, ROW 1968, 62.

1546 MdJ/Dt. Akad. für Staats- und Rechtswissenschaften (Hrsg.), Strafrecht der DDR. Lehrkommentar zum Strafgesetzbuch, Bd. II (1969), § 106 Anm. 4; MdJ/Akademie für Staats- und Rechtswissenschaften der DDR (Hrsg.), Strafrecht der DDR. Kommentar zum Strafgesetzbuch (4. Aufl. 1981, wortgleich 5. Aufl. 1987), § 106 Anm. 5.

Feindlichkeit kann jedoch nicht als wesentlicher einschränkender Faktor gesehen werden. Vielmehr gründete die Anwendung des § 106 DDR-StGB auf ein ideologisches Vorverständnis, das überall eine subversive feindliche Tätigkeit wähnte. So beginnen sowohl die Gesetzeskommentierung als auch die sehr ähnliche entsprechende Lehrbuchdarstellung mit längeren, stark ideologisch geprägten Darlegungen. Darin war u. a. die Rede von einem „System der subversiven Tätigkeit", „ideologischer Subversion", dem „Einfluß feindlicher Agenturen", der „Zersetzung der politisch-moralischen Festigkeit und Lähmung der sozialistischen Bewußtseinsentwicklung"[1547], von „subversiven feindlichen Angriffen", „hinterhältigen Angriffsmethoden im Rahmen des ideologischen Kampfes des Imperialismus gegen des Sozialismus mit kriminellen Mitteln"[1548] und „ideologische(r) Subversion des Klassenfeindes"[1549].

Vor diesem Hintergrund bedeutet es auch keine hohe Hürde, wenn unter der Gesetzesfassung von 1979 der Vorsatz und damit die bewusste Entscheidung, die verfassungsmäßigen Grundlagen der sozialistischen Staats- und Gesellschaftsordnung der DDR angreifen oder gegen sie aufwiegeln zu wollen, nach Lehrbuchdarstellung eine „staatsfeindliche Position" des Täters voraussetzte, die in seiner Einstellung, in den Motiven sowie Zielen seines Handelns zum Ausdruck kam und sein „staatsfeindliches Handeln" bestimmte[1550].

Das stark politisch geprägte Verständnis des Tatbestandes der staatsfeindlichen Hetze korrespondiert mit dem restriktiven sozialistischen Verständnis des Grundrechts auf Meinungsfreiheit nach Art. 27 DDR-Verf./1968/1974, an das noch einmal erinnert sei:

> „Die Arbeiter- und Bauernmacht anerkennt kein Grundrecht für konterrevolutionäre Meinungsäußerungen. Für antisozialistische Hetze und Propaganda, im besonderen für ideologische Diversion des imperialistischen Gegners, kann es keine Freiheit geben, weil diese gegen die Freiheit gerichtet ist, die sich die Werktätigen im Sozialismus errungen haben."[1551]

1547 MdJ/Dt. Akad. für Staats- und Rechtswissenschaften (Hrsg.), Strafrecht der DDR. Lehrkommentar zum Strafgesetzbuch, Bd. II (1969), § 106 Anm. 1.

1548 MdJ/Akademie für Staats- und Rechtswissenschaften der DDR (Hrsg.), Strafrecht der DDR. Kommentar zum Strafgesetzbuch (4. Aufl. 1981, wortgleich 5. Aufl. 1987), § 106 Anm. 1.

1549 Sektion Rechtswissenschaft der Humboldt-Universität zu Berlin/Akademie für Staats- und Rechtswissenschaft der DDR (Hrsg.), Strafrecht Besonderer Teil, S. 60.

1550 Sektion Rechtswissenschaft der Humboldt-Universität zu Berlin/Akademie für Staats- und Rechtswissenschaft der DDR (Hrsg.), a.a.O., S. 62.

1551 Akademie für Staats- und Rechtswissenschaft der DDR (Hrsg.), Staatsrecht der DDR. Lehrbuch, 2. Aufl. 1984, S. 194; vgl. bereits Kapitel 3, B.VII.

Im Ergebnis konnte also in weitem Umfang insbesondere gegen Kritik an den Lebensumständen und gesellschaftlichen Bedingungen in der DDR mit strafrechtlicher Repression vorgegangen werden, was auch geschah.

Diese „Reduzierung der Wirkkraft der Meinungsäußerungsfreiheit", die nach rechtsstaatlichem Verständnis den Wesensgehalt dieses Grundrechts bis zur Unkenntlichkeit einengt, hat der BGH in richtiger Weise berücksichtigt. So hob er die Verurteilung einer Staatsanwältin auf, die wegen staatsfeindlicher Hetze gegen einen Chemiker vorgegangen war. Diesem war vorgeworfen worden, vor fünf Schülern der 11. Klasse einer Oberschule, die er im Rahmen eines Betriebspraktikums zu unterrichten hatte, die DDR, ihre Repräsentanten (und mit ihr verbündete Staaten[1552]) herabgewürdigt zu haben. Die von ihm gewählten Formulierungen, die vom BGH nicht wiedergegeben wurden, hätten als „Diskriminierung" im tatbestandlichen Sinne jedenfalls im Blick darauf angesehen werden können, dass in scharfem Ton gehaltene Äußerungen eines Unterrichtenden vor jugendlichen Schülern in Rede gestanden hätten[1553].

Weitere BGH-Entscheidungen weisen in die gleiche Richtung, indem sie eine Tatbestandsüberdehnung wegen des restriktiven sozialistischen Verständnisses der Meinungsfreiheit verneinen. In einem derartigen Fall ging es um Äußerungen über die staatlichen und politischen Verhältnisse in der DDR in Gesprächen mit Arbeitskollegen, wobei der Betroffene die Verhältnisse wiederholt als undemokratisch kritisiert hatte[1554]. In einem anderen Fall richtete sich der Vorwurf auf die Herstellung und/oder Verbreitung der in der Bundesrepublik gedruckten Zeitung der KPD/Marxisten-Leninisten „Roter Morgen" sowie verschiedener Flugblätter[1555]. Darin hatte der Betroffene kritische Schriften zum DDR-Sozialismus und dessen staatlichen und wirtschaftlichen Mängeln veröffentlicht[1556].

Angesichts der ausufernden Weite des Tatbestandes und seiner möglichen Auslegung ist es besonders bemerkenswert, dass doch in einigen

---

1552 Insoweit wurde auch § 108 DDR-StGB angewandt, der die Taten nach §§ 96–107 auch dann für strafbar erklärte, wenn sie gegen mit der DDR verbündete Staaten gerichtet waren.

1553 BGH NJW 1995, 3324, 3328; krit. *Spendel*, JR 1996, 178.

1554 BGH, Urt. v. 15.9.1995 – 5 StR 642/94, S. 13 f. (dass der Betroffene die Verhältnisse als undemokratisch bezeichnet hatte, ergibt sich aus dem erstinstanzlichen Urteil hierzu, LG Berlin NJ 1994, 472).

1555 BGH a.a.O., S. 23 ff.; ebenso im Parallelfall hierzu: BGH, Urt. v. 15.9.1995 – 5 StR 168/95, S. 23 ff. (insoweit teilweise veröffentlicht in BGHR § 336 Staatsanwalt 1); vgl. zu diesen Fällen noch Kapitel 7, A.VI.5.

1556 LG Berlin NJ 1994, 472.

Urteilen eine Überschreitung des Gesetzeswortlauts festgestellt werden konnte. So bestätige der BGH die Verurteilung eines Richters im „Solidarność-Briefe-Fall". Ein Arzt hatte 1980 in zwei gleichlautenden Briefen an die polnische unabhängige Gewerkschaft Solidarność seine Verbundenheit erklärt, von Sympathiebekundungen in der DDR berichtet und eine Spende in Aussicht gestellt. Zugleich hatte er, auf Streikaktionen anspielend, geschrieben, dass „bei den hinreichend bekannten Informationspraktiken über lange Zeit nur von ‚Arbeitsunterbrechungen' die Rede sein durfte". Daraufhin wurde er wegen staatsfeindlicher Hetze (§ 106 I Nr. 2 DDR-StGB/1979) in Tateinheit mit ungesetzlicher Verbindungsaufnahme (§ 219 II Nr. 1 DDR-StGB/1979[1557]) zu einer Freiheitsstrafe von einem Jahr und vier Monaten verurteilt. Die tatbestandlichen Voraussetzungen beider Vorschriften waren jedoch selbst bei weiter Auslegung nicht erfüllt. Der zur Erfüllung des § 106 DDR-StGB erforderliche Angriff auf die verfassungsmäßigen Grundlagen der sozialistischen Staats- und Gesellschaftsordnung der DDR konnte aus der Äußerung nicht abgeleitet werden. Auch fehlte es den Briefen an jeglichem Anhaltspunkt für ein Handeln aus staatsfeindlicher Gesinnung. Hinsichtlich der Anwendung des § 219 DDR-StGB verneinte die Rechtsprechung eine Erkennbarkeit der erforderlichen Eignung der Nachrichten, den Interessen der DDR zu schaden[1558].

Eine rechtswidrige Überdehnung des § 106 DDR-StGB bejahten LG und BGH auch im sog. „Wohnzimmerschrank-Fall". Hier hatte der Betroffene eine Schrift mit massiver Kritik verfasst, deren Inhalt in vertretbarer Weise unter § 106 DDR-StGB subsumiert werden konnte. Eine erwogene

---

1557 **§ 219 DDR-StGB/1979 Ungesetzliche Verbindungsaufnahme**:
„(1) Wer zu Organisationen, Einrichtungen oder Personen, die sich eine gegen die staatliche Ordnung der Deutschen Demokratischen Republik gerichtete Tätigkeit zum Ziele setzen, in Kenntnis dieser Ziele oder Tätigkeit in Verbindung tritt, wird mit Freiheitsstrafe bis zu fünf Jahren, Verurteilung auf Bewährung oder mit Geldstrafe bestraft.
(2) Ebenso wird bestraft
1. wer als Bürger der Deutschen Demokratischen Republik Nachrichten, die geeignet sind, den Interessen der Deutschen Demokratischen Republik zu schaden, im Ausland verbreitet oder verbreiten läßt oder zu diesem Zweck Aufzeichnungen herstellt oder herstellen läßt;
2. wer Schriften, Manuskripte oder andere Materialien, die geeignet sind, den Interessen der Deutschen Demokratischen Republik zu schaden, unter Umgehung von Rechtsvorschriften an Organisationen, Einrichtungen oder Personen im Ausland übergibt oder übergeben läßt.
(3) Der Versuch ist im Falle des Absatzes 2 Ziffer 2 strafbar."

1558 BGH DtZ 1996, 92, 94; zust. *Spendel*, JR 1996, 184.

Veröffentlichung verfolgte er jedoch nach einiger Zeit nicht weiter. Das Manuskript aus den Jahren 1969/1970 verstaute er ab 1973 im Wohnzimmerschrank. Dort entdeckte es sein Sohn Mitte der 70er Jahre. Erst im November 1982, als der Sohn den Text Freunden zu lesen gab, gelangte das Manuskript an das MfS. So kam es zur Verurteilung zu einer sechsjährigen Freiheitsstrafe wegen „planmäßig" begangener staatsfeindlicher Hetze nach § 106 I Nr. 1 und 3, II DDR-StGB 1968. Das LG verurteilte einen der verantwortlichen Richter wegen Rechtsbeugung und Freiheitsberaubung, weil er zur Umgehung sonst eingetretener Verfolgungsverjährung und unter bewusster Überdehnung der angewendeten Strafvorschrift einen Verbreitungsakt in der bloßen Verwahrung der Schrift im Wohnzimmerschrank bejaht und ohne Grundlage in den Feststellungen den schweren Fall planmäßiger Begehung bejaht hatte. Dem folgte der BGH[1559].

Derartige Fälle rechtskräftig gewordener Verurteilungen wegen einer gesetzwidrigen Entscheidung durch Überdehnung des § 106 DDR-StGB blieben aber, wie erwartet[1560], vereinzelt. Bei der Überprüfung unverhältnismäßiger Strafen zeigte sich der BGH allerdings ebenfalls zurückhaltend in der Annahme einer Rechtsbeugung im Sinne seiner Rechtsprechung[1561].

V. Staatsverleumdung/Öffentliche Herabwürdigung, § 220 DDR-StGB

Weitere missliebige Äußerungen wurden nach § 220 DDR-StGB bestraft. Von der staatsfeindlichen Hetze sollte dieser Tatbestand entscheidend durch das Fehlen einer staatsfeindlichen Zielsetzung abgegrenzt werden[1562], daneben auch durch die objektive Tatschwere[1563]. Die Vorschrift fungierte als Ergänzung zu § 106 DDR-StGB für als weniger gravierend angesehene Fälle.

§ 220 DDR-StGB wurde meist auf Ausreisewillige angewandt. Ihnen warfen die Behörden vor, bereits mit der Begründung ihrer Ausreise-

---

1559 BGH a.a.O.; zust. *Spendel*, a.a.O.; *Kraut*, Rechtsbeugung?, S. 210.

1560 *Kraut*, a.a.O., S. 210; *Möller-Heilmann*, Die Strafverfolgung von Richtern und Staatsanwälten der ehemaligen DDR wegen Rechtsbeugung, S. 290.

1561 Dazu Kapitel 7, A.VI.5.

1562 MdJ/Dt. Akad. für Staats- und Rechtswissenschaften (Hrsg.), Strafrecht der DDR. Lehrkommentar zum Strafgesetzbuch, Bd. II (1969), § 220 Anm. 5.

1563 Sektion Rechtswissenschaft der Humboldt-Universität zu Berlin/Akademie für Staats- und Rechtswissenschaft der DDR (Hrsg.), Strafrecht Besonderer Teil, S. 63.

anträge die DDR „herabgewürdigt“ zu haben[1564]. Häufig wurden auch Äußerungen oder Schreiben im Zusammenhang mit der Ablehnung von Ausreiseanträgen als herabwürdigend eingestuft[1565]. Öffentliche Herabwürdigung wurde beispielsweise bereits dann angenommen, wenn die Kopie eines Antrages auf ein Ausreisevisum an die vorgesetzte Behörde geschickt wurde[1566].

Unter § 220 DDR-StGB wurden nicht nur bestimmte regimekritische Äußerungen subsumiert, sondern auch ein die Zustände in der DDR symbolhaft kritisierendes Verhalten. So wurde beispielsweise ein Ausreisewilliger in Untersuchungshaft genommen, der einem Behördenmitarbeiter einen mit Stacheldraht umwickelten Blumenstrauß überreicht hatte. Der BGH wertete dies richtigerweise noch nicht als Rechtsbeugung, nicht ohne allerdings auf die Rechtsstaatswidrigkeit hinzuweisen[1567]. Ob die Sanktionierung von Äußerungen oder Verhaltensweisen im Einzelfall als Rechtsbeugung anzusehen ist, hängt von der jeweils geltenden Tatbestandsfassung und ihrer Auslegung ab.

Die Vorläufernorm zur Staatsverleumdung, § 20 StEG[1568], wurde 1968 durch § 220 DDR-StGB in der folgenden Fassung ersetzt:

§ 220 DDR-StGB/1968
Staatsverleumdung

(1) Wer in der Öffentlichkeit

1. die staatliche Ordnung oder staatliche Organe, Einrichtungen oder gesellschaftliche Organisationen oder deren Tätigkeit oder Maßnahmen;
2. einen Bürger wegen seiner staatlichen oder gesellschaftlichen Tätigkeit, wegen seiner Zugehörigkeit zu einem staatlichen oder gesellschaftlichen Organ oder einer gesellschaftlichen Organisation verächtlich macht oder verleumdet, wird mit Freiheitsstrafe bis zu zwei Jahren oder mit Verurteilung auf Bewährung, Geldstrafe oder mit öffentlichem Tadel bestraft.

(2) Ebenso wird bestraft, wer in der Öffentlichkeit Äußerungen faschistischen oder militaristischen Charakters kundtut.

1564 amnesty international, Sektion der Bundesrepublik Deutschland e.V. (Hrsg.), Deutsche Demokratische Republik – Rechtsprechung hinter verschlossenen Türen, S. 40.

1565 Vgl. z. B. die Fälle 2, 5 und 8 in BGH NStZ-RR 1996, 65, 68.

1566 amnesty international, Sektion der Bundesrepublik Deutschland e.V. (Hrsg.), a.a.O., S. 40.

1567 BGH NStZ-RR 1997, 359, 360; zust. *Möller-Heilmann*, Die Strafverfolgung von Richtern und Staatsanwälten der ehemaligen DDR wegen Rechtsbeugung, S. 313.

1568 Dazu *Schmidthals*, Die Neugestaltung des strafrechtlichen Staatsschutzes in der Sowjetischen Besatzungszone, S. 40 ff.; *Müller-Römer*, Die Grundrechte in Mitteldeutschland, S. 132 ff.; *Schuller*, Geschichte und Struktur des politischen Strafrechts der DDR bis 1968, S. 257 f.; *Kraut*, Rechtsbeugung?, S. 207 f.; *Möller-Heilmann*, a.a.O., S. 308 ff.

Nachdem 1974 die Möglichkeit der Haftstrafe ergänzt worden war, erhöhte die in „Öffentliche Herabwürdigung“ umbenannte Gesetzesfassung von 1977 die maximale Freiheitsstrafe von zwei auf drei Jahre. Der Tatbestand lautete nunmehr:

§ 220 DDR-StGB/1977
Öffentliche Herabwürdigung
(1) Wer in der Öffentlichkeit die staatliche Ordnung oder staatliche Organe, Einrichtungen oder gesellschaftliche Organisationen oder deren Tätigkeit oder Maßnahmen herabwürdigt, wird mit Freiheitsstrafe bis zu drei Jahren oder mit Verurteilung auf Bewährung, Haftstrafe, Geldstrafe oder mit öffentlichem Tadel bestraft.
(2) Ebenso wird bestraft, wer in der Öffentlichkeit Äußerungen faschistischen oder militaristischen Charakters kundtut.

Mit dem 2. Strafrechtsänderungsgesetz von 1979 wurde der Tatbestand erheblich ausgeweitet.

§ 220 DDR-StGB/1979
Öffentliche Herabwürdigung
(1) Wer in der Öffentlichkeit die staatliche Ordnung oder staatliche Organe, Einrichtungen oder gesellschaftliche Organisationen oder deren Tätigkeit oder Maßnahmen herabwürdigt, wird mit Freiheitsstrafe bis zu drei Jahren oder mit Verurteilung auf Bewährung, Haftstrafe, Geldstrafe oder mit öffentlichem Tadel bestraft.
(2) Ebenso wird bestraft, wer Schriften, Gegenstände oder Symbole, die geeignet sind, die staatliche oder öffentliche Ordnung zu beeinträchtigen, das sozialistische Zusammenleben zu stören oder die staatliche oder gesellschaftliche Ordnung verächtlich zu machen, verbreitet oder in sonstiger Weise anderen zugänglich macht.
(3) Ebenso wird bestraft, wer in der Öffentlichkeit Äußerungen faschistischen, rassistischen, militaristischen oder revanchistischen Charakters kundtut oder Symbole dieses Charakters verwendet, verbreitet oder anbringt.
(4) Wer als Bürger der Deutschen Demokratischen Republik die Tat nach Absatz 1 oder 3 im Ausland begeht, wird mit Freiheitsstrafe bis zu fünf Jahren, Verurteilung auf Bewährung oder mit Geldstrafe bestraft.

Zentrale Tatbestandsmerkmale, deren Anwendung in der Praxis Fragen der Rechtsbeugung hervorrufen, sind das Merkmal des „Herabwürdigens“ (bzw. in der von 1968 bis 1977 geltenden Fassung die Merkmale des Verächtlichmachens oder Verleumdens) und das Merkmal „in der Öffentlichkeit“.

1. Herabwürdigen (bzw. Verächtlichmachen oder Verleumden)

In dem 1969 erschienenen Lehrkommentar zu DDR-StGB/1968 wurde unterschieden zwischen der „bewußte(n) Verbreitung unwahrer diskriminierender Tatsachen“, welche das Tatbestandsmerkmal der Verleum-

dung erfüllen sollte, und der „bewußte(n) grobe(n) Herabwürdigung“, als die das Verächtlichmachen definiert wurde[1569].
Diese Unterscheidung ließ der Strafrechtskommentar fallen, nachdem 1979 das Merkmal des Herabwürdigens die beiden bisherigen Merkmale abgelöst hatte. Man sah nun die Herabwürdigung als eine Art der Verächtlichmachung an, die auch durch Verleumden begangen werden könne. Herabwürdigen wurde dabei definiert als

> „die in Wort- oder Schriftform oder in sonstiger Weise (Ton, Bild, Gestik) zum Ausdruck gebrachte Darlegung von Unwahrheiten oder unbeweisbaren Behauptungen, die geeignet sind, das Ansehen der staatlichen Ordnung und der anderen geschützten Objekte, ihre Maßnahmen und ihre Tätigkeit in Mißkredit zu bringen“[1570].

Diese Definition fand sich auch im Strafrechtslehrbuch wieder[1571]. Wenngleich sie nur Tatsachenbehauptungen umfasst, waren mit der Erwähnung des Verächtlichmachens auch negative Werturteile angesprochen. Jedenfalls ist eine Anwendung des Tatbestands auf negative Werturteile nach allgemeinem Sprachgebrauch grundsätzlich vom Wortlaut des § 220 I DDR-StGB gedeckt. Daher kann nicht, wie von *Kraut* vorgeschlagen[1572], im Einzelfall für die Annahme einer Rechtsbeugung damit argumentiert werden, die Äußerung sei nicht zur Herabwürdigung geeignet gewesen, da sie weder als Darlegung einer Unwahrheit noch als unbeweisbare Behauptung mit Eignung zur Diskreditierung angesehen werden könne. Das gilt jedenfalls für die Äußerung von Werturteilen. Bei der Äußerung von Tatsachenbehauptungen kann dagegen mit der Wahrheit und Beweisbarkeit der poenalisierten Behauptung eine Rechtsbeugung begründet werden. Doch liegt die Schwierigkeit hier manchmal im zumindest mittelbaren Einfließen von Wertungsfragen, wie auch die von *Kraut* angeführten Beispiele zeigen (Kritik an Versorgungsmängeln, Behauptung von Gesetzesverstößen der Staats- und Parteiführung, Hinweis auf die Existenz politischer Gefangener).

Das Merkmal des Herabwürdigens wurde in der DDR-Kommentierung allerdings durchaus eingegrenzt. Nicht jede gegen das Ansehen der in § 220 I bezeichneten Institutionen gerichtete abwertende Äußerung sei

---

1569 MdJ/Dt. Akad. für Staats- und Rechtswissenschaften (Hrsg.), Strafrecht der DDR. Lehrkommentar zum Strafgesetzbuch, Bd. II (1969), § 220 Anm. 2.

1570 MdJ/Akademie für Staats- und Rechtswissenschaften der DDR (Hrsg.), Strafrecht der DDR. Kommentar zum Strafgesetzbuch (4. Aufl. 1981, wortgleich 5. Aufl. 1987), § 220 Anm. 3.

1571 Sektion Rechtswissenschaft der Humboldt-Universität zu Berlin/Akademie für Staats- und Rechtswissenschaft der DDR (Hrsg.), Strafrecht Besonderer Teil, S. 216.

1572 *Kraut*, Rechtsbeugung?, S. 212.

eine öffentliche Herabwürdigung. Von der, wenn auch ggf. die Grenzen gebotener Sachlichkeit überschreitenden, jedoch in keinem Falle als öffentliche Herabwürdigung zu betrachtenden Kritik an der Tätigkeit staatlicher oder gesellschaftlicher Einrichtungen oder Organe unterscheide sich die öffentliche Herabwürdigung durch den ihr zugrunde liegenden ausdrücklichen Willen, mit verächtlichmachenden Bemerkungen oder verleumderischen Behauptungen herabzuwürdigen[1573].

Herabwürdigung und Kritik seien in ihrem gesellschaftlichen Inhalt grundverschieden. Die Rechtsprechung habe wiederholt betont, dass eine berechtigte Kritik niemals die Voraussetzungen einer strafrechtlichen Verantwortlichkeit nach § 220 DDR-StGB erfülle, selbst wenn dabei in der Form die Grenzen gebotener Sachlichkeit überschritten oder irrtümlich Voraussetzungen behauptet würden, die nicht vorlägen. Werde z. B. im Fall berechtigter Kritik in einer nach außen hin als Herabwürdigung erscheinenden Weise auf kritikwürdige Zustände reagiert, sei davon auszugehen, dass dem Handeln berechtigter Unmut, nicht aber der Wille zur Herabwürdigung der angegriffenen Institution zugrunde liege. Derartige Äußerungen seien kein Verächtlichmachen oder Verleumden[1574].

Wenn in der DDR-Praxis in der Regel die Kritik nicht als „berechtigt“ angesehen wurde, so ist hier freilich schwer anzusetzen[1575], weil die Frage der Berechtigung einer Kritik an bestimmten Zuständen in der DDR meist auch eine Frage der zugrundezulegenden politischen Anschauungen ist. Insoweit verhindert die Verpflichtung zur Berücksichtigung der sozialistischen Gesetzlichkeit und damit Parteilichkeit bei der Auslegung es, unbefangen westliche Sichtweisen zugrunde zu legen.

Allerdings muss dies nicht bedeuten, dass die in der DDR selbst vorgenommene Eingrenzung leerläuft. Zum einen erlaubte das sozialistische Verständnis von Meinungsfreiheit theoretisch in gewissen Grenzen eine konstruktive, auf grundsätzlicher Zustimmung beruhende Kritik an bestehenden Verhältnissen[1576]. Zum anderen ist zu beachten, dass in der Literatur auch allgemein auf die innere Willensrichtung abgestellt wurde

---

1573 MdJ/Dt. Akad. für Staats- und Rechtswissenschaften (Hrsg.), Strafrecht der DDR. Lehrkommentar zum Strafgesetzbuch, Bd. II (1969), § 220 Anm. 6; MdJ/Akademie für Staats- und Rechtswissenschaften der DDR (Hrsg.), Strafrecht der DDR. Kommentar zum Strafgesetzbuch (4. Aufl. 1981, wortgleich 5. Aufl. 1987), § 220 Anm. 3.

1574 Sektion Rechtswissenschaft der Humboldt-Universität zu Berlin/Akademie für Staats- und Rechtswissenschaft der DDR (Hrsg.), Strafrecht Besonderer Teil, S. 216.

1575 A.A. *Möller-Heilmann*, Die Strafverfolgung von Richtern und Staatsanwälten der ehemaligen DDR wegen Rechtsbeugung, S. 312.

1576 Vgl. Kapitel 3, B.VII.

und ein entsprechender Nachweis oft nicht erbracht sein dürfte[1577]. Das gilt auch für den Vorsatz[1578].
Trotz dieser Eingrenzungen hat die Rechtsprechung sich in keiner der veröffentlichten[1579] Entscheidungen dazu durchringen können, eine Rechtsbeugung durch Wortlautüberschreitung des Merkmals „Herabwürdigung" anzunehmen. Die Hoffnung, zumindest in einigen wenigen Fällen könnten Funktionsträger der DDR-Justiz für die Anwendung des § 220 DDR-StGB zur Verantwortung gezogen werden[1580], scheint sich also nicht erfüllt zu haben. Dies soll an zwei Fällen aufgezeigt werden.

a) „Solidarność-Paket-Fall"

Ein DDR-Bürger war 1982 wegen öffentlicher Herabwürdigung gem. § 220 DDR-StGB/1979 per Strafbefehl mit einer Geldstrafe bestraft worden. Er hatte anlässlich einer Solidaritätsaktion der Pionierorganisation und der FDJ auf zwei Weihnachtskarten, die er in die für Kinder in Polen bestimmten Pakete seiner Kinder legte, handschriftlich den Text eingefügt: „Alles Gute und Gottes Segen im Neuen Jahr. Bleibt fest bei Eurer Solidarność".

Das zuständige AG lehnte die Eröffnung des Hauptverfahrens gegen den am damaligen Strafbefehl beteiligten Staatsanwalt und den Richter ab. Das LG Halle bestätigte diese Entscheidung. Die Begründung kann nicht überzeugen[1581]. Das LG hielt es bei extensiver Auslegung zumindest für möglich, den Satz „Bleibt fest bei Eurer Solidarność" so auszulegen, wie im Strafbefehl geschehen, nämlich als Behauptung, es gäbe in der DDR Bürger, die die polnische Gewerkschaft Solidarność „als etwas Positives betrachten"[1582]. Wenn man schon in der Aufforderung eine Tatsachenbehauptung erkennen mag – ohnehin schon kaum nachvollziehbar –, so war dies jedenfalls keine *unbeweisbare* Behauptung oder gar Unwahrheit. Denn zumindest für den Kartenschreiber traf sie ja ersichtlich zu. Daran konnte auch die Sichtweise der DDR-Machthaber nichts ändern.

1577 So auch *Kraut*, Rechtsbeugung?, S. 211.

1578 So wohl (etwas missverständlich) auch Kraut, a.a.O., S. 211 f. mit Fn. 867; offengeblieben bei *Möller-Heilmann*, Die Strafverfolgung von Richtern und Staatsanwälten der ehemaligen DDR wegen Rechtsbeugung, S. 312.

1579 Unveröffentlichte Entscheidungen können hier nicht umfassend berücksichtigt werden. Dazu bereits Einleitung, B.

1580 *Kraut*, Rechtsbeugung?, S. 212.

1581 So wohl auch *Kraut*, a.a.O., S. 212.

1582 LG Halle NJ 1996, 489 f.

b) „Intershop-Fall“

Ein ARD-Korrespondent hatte vor einem Intershop in der Berliner Friedrichstraße DDR-Bürger befragt, die in einer Schlange warteten, um vor der bereits angekündigten Einführung von „Wertschecks“ für Einkäufe in Intershops noch ihr Westgeld zu verwenden. Eine daraufhin angesprochene Frau äußerte in das vorgehaltene Mikrofon: „Warum darf man nicht mit Geld im Laden bezahlen, wenn schon solche Läden existieren? Das ist etwas, also es tut mir leid, da, also, da habe ich kein Verständnis für. Ich bin ein mündiger Bürger, auch hier in der DDR. Und wenn ich dann mit Geld, was ich ja bisher haben durfte in den letzten Jahren, nicht mehr offiziell im Laden bezahlen muss, sondern mir 'nen Gutschein geben lassen muss, dann ist das 'ne Entmündigung in meinen Augen, denn Geld ist Geld in der ganzen Welt.“ Diese Äußerung wurde am selben Abend in den ARD-Tagesthemen gesendet. Die Frau wurde nach ihrer Identifizierung durch das MfS verhaftet und zu einer Freiheitsstrafe von einem Jahr verurteilt.

Der BGH billigte insoweit die Verurteilung der angeklagten Staatsanwältin, stützte dies aber nicht auf eine Überdehnung des angewandten § 220 I DDR-StGB, sondern auf die Höhe der Strafe[1583]. Der Tatbestand des § 220 I DDR-StGB habe bei extensiver Auslegung aus Sicht der Angeklagten im Blick darauf als gegeben angesehen werden können, dass die Betroffene ihre kritischen Äußerungen gegenüber einem westlichen Journalisten machte und damit ihre Kritik in einem für die DDR besonders sensiblen Bereich der Öffentlichkeit zum Ausdruck brachte[1584].

Diese Argumentation vermag allerdings nicht recht zu überzeugen. Wäre die Äußerung als eine Herabwürdigung zu werten, so hätte die Art der Öffentlichkeit sicherlich Einfluss auf die Höhe einer noch nachvollziehbaren Strafe haben können. Es ist aber bereits zu bezweifeln, dass die Kritik überhaupt das Tatbestandsmerkmal der Herabwürdigung erfüllt. Denn es fehlt der Nachweis, dass die – aus konkretem Anlass geäußerte – Unmutsäußerung entsprechend dem in der Literatur angeführten Abgrenzungskriterium in dem ausdrücklichen Willen erfolgte, eines der Schutzobjekte mit verächtlichmachenden Bemerkungen oder verleumderischen Behauptungen herabzuwürdigen[1585].

1583 Dazu Kapitel 7, A.VI.6.

1584 BGH NJW 1995, 3324, 3330.

1585 So wohl (etwas missverständlich) auch *Kraut*, Rechtsbeugung?, S. 211 f. mit Fn. 867; offengeblieben bei *Möller-Heilmann*, Die Strafverfolgung von Richtern und Staatsanwälten der ehemaligen DDR wegen Rechtsbeugung, S. 313 f.

In anderen Fällen war allerdings das Tatbestandsmerkmal der Herabwürdigung in vertretbarer Weise angenommen worden, so dass der BGH insoweit zu Recht eine Tatbestandsüberdehnung verneinte[1586]. Erwähnt sei beispielhaft der Fall einer 16-Jährigen, die eine relativ geringe Zahl von Schriften hergestellt und in Hausbriefkästen geworfen hatte. Ein Teil der Schriften war als „Anklage" bezeichnet. Darin hieß es u. a. „In diesem Staat dürfen wir uns nur mit Arbeit die Zeit vertreiben. Wir leben in einer gefährlichen Mausefalle." Der andere Teil der Schriften war als „Aufruf" bezeichnet und bestand aus einer Aufzählung von Imperativen wie „Jedem eine volle Meinungsfreiheit. (...) Laßt Unschuldige existieren (z. B. die Punkscene in Ost-Berlin)!" Das Vorgehen gegen die nicht vorbelastete Jugendliche sah der BGH allerdings aus anderen Gründen als gesetzwidrig an[1587].

2. Öffentlichkeit

Die Herabwürdigung war nur strafbar, wenn sie in der Öffentlichkeit erfolgte. Dieses Merkmal wurde weit ausgelegt. Eine Äußerung wurde zum einen als öffentlich angesehen, wenn sie auf öffentlichen Straßen oder Plätzen, in öffentlichen Einrichtungen etc. in einer Weise bekundet wurde, dass sie einem unbestimmten Personenkreis zugänglich war. Zum anderen wurde die Öffentlichkeit einer Äußerung auch dann bejaht, wenn in anderer Weise die Möglichkeit der Kenntnisnahme durch einen unbestimmten Personenkreis bestand[1588].

So wurde z. B. auch bei Schreiben an eine staatliche Dienststelle oder gesellschaftliche Organisation Öffentlichkeit bejaht[1589], selbst wenn nur eine einzige Person von dem Schreiben Kenntnis erlangte[1590]. Ebenso war

1586 So in BGH NStZ-RR 1996, 65, 68 (Fälle 2, 5 und 8).

1587 BGH NJW 1995, 3324, 3331; dazu noch Kapitel 7, A.VI.6.

1588 MdJ/Dt. Akad. für Staats- und Rechtswissenschaften (Hrsg.), Strafrecht der DDR. Lehrkommentar zum Strafgesetzbuch, Bd. II (1969), § 220 Anm. 3; ähnlich MdJ/Akademie für Staats- und Rechtswissenschaften der DDR (Hrsg.), Strafrecht der DDR. Kommentar zum Strafgesetzbuch (4. Aufl. 1981, wortgleich 5. Aufl. 1987), § 220 Anm. 1 i. V. m. § 139 Anm. 4; Sektion Rechtswissenschaft der Humboldt-Universität zu Berlin/Akademie für Staats- und Rechtswissenschaft der DDR (Hrsg.), Strafrecht Besonderer Teil, S. 216.

1589 MdJ/Dt. Akad. für Staats- und Rechtswissenschaften (Hrsg.), Strafrecht der DDR. Lehrkommentar zum Strafgesetzbuch, Bd. II (1969), § 220 Anm. 3.

1590 MdJ/Akademie für Staats- und Rechtswissenschaften der DDR (Hrsg.), Strafrecht der DDR. Kommentar zum Strafgesetzbuch (4. Aufl. 1981, wortgleich 5. Aufl. 1987), § 220 Anm. 1 i. V. m. § 139 Anm. 4; Sektion Rechtswissenschaft der Humboldt-Uni-

es bei Äußerungen in den Diensträumen einer öffentlichen, staatlichen oder gesellschaftlichen Dienststelle, wiederum unabhängig davon, ob die Äußerung gegenüber einer oder mehreren Personen gemacht wurde[1591]. Versammlungen oder sonstige Zusammenkünfte wurden selbst dann als Öffentlichkeit angesehen, wenn sie in Wohnungen stattfanden und der Personenkreis bestimmbar oder geschlossen war, sofern er außerhalb der familiären oder privaten Sphäre lag[1592].

Diese weite, aber immerhin differenzierende Auslegung war jedoch noch mit dem Wortsinn des Begriffs Öffentlichkeit zu vereinbaren, so dass darauf beruhende Entscheidungen nicht als gesetzwidrig angesehen werden können[1593], wie auch der BGH bekräftigte[1594].

VI. Zusammenrottung, § 217 I DDR-StGB

Missliebige Demonstranten konnten sich auch mit einer Strafverfolgung wegen Zusammenrottung konfrontiert sehen. Wegen Zusammenrottung machte sich nach § 217 I DDR-StGB/1968[1595] strafbar,

---

versität zu Berlin/Akademie für Staats- und Rechtswissenschaft der DDR (Hrsg.), Strafrecht Besonderer Teil, S. 216.

1591 MdJ/Dt. Akad. für Staats- und Rechtswissenschaften (Hrsg.), Strafrecht der DDR. Lehrkommentar zum Strafgesetzbuch, Bd. II (1969), § 220 Anm. 3; Sektion Rechtswissenschaft der Humboldt-Universität zu Berlin/Akademie für Staats- und Rechtswissenschaft der DDR (Hrsg.), Strafrecht Besonderer Teil, S. 216

1592 Sektion Rechtswissenschaft der Humboldt-Universität zu Berlin/Akademie für Staats- und Rechtswissenschaft der DDR (Hrsg.), Strafrecht Besonderer Teil, S. 216.

1593 So auch *Möller-Heilmann*, Die Strafverfolgung von Richtern und Staatsanwälten der ehemaligen DDR wegen Rechtsbeugung, S. 312.

1594 BGH NStZ-RR 1996, 65, 68; a. A. *Maiwald*, NJW 1993, 1887. Vgl. auch zur Bejahung des Begriffs der Öffentlichkeit und damit zusammenhängenden Beweisfragen im „Bildungsverbot-Fall" zutr. BGH NStZ-RR 1998, 172f. (anders als noch die Vorinstanz); zust. *Möller-Heilmann*, Die Strafverfolgung von Richtern und Staatsanwälten der ehemaligen DDR wegen Rechtsbeugung, S. 313.

1595 **§ 217 DDR-StGB/1968 (Zusammenrottung)**:

(1) Wer sich an einer die öffentliche Ordnung und Sicherheit beeinträchtigenden Ansammlung von Personen beteiligt und sie nicht unverzüglich nach Aufforderung durch die Sicherheitsorgane verläßt, wird mit Haftstrafe oder Geldstrafe bestraft.

(2) Wer eine Zusammenrottung organisiert oder anführt (Rädelsführer), wird mit Freiheitsstrafe von einem Jahr bis zu fünf Jahren bestraft.

(3) Der Versuch ist strafbar."

„Wer sich an einer die öffentliche Ordnung und Sicherheit beeinträchtigenden Ansammlung von Personen beteiligt und sie nicht unverzüglich nach Aufforderung durch die Sicherheitsorgane verläßt (...)".

Mit dem 3. StrÄG von 1979 wurden andere zuständige Staatsorgane den Sicherheitsorganen gleichgestellt. Nach 217 III stand auch der Versuch unter Strafe. Beteiligung war nach dem Strafrechtskommentar der DDR die „bewußte Eingliederung in eine Personenansammlung, deren negative, den Regeln der öffentlichen Ordnung und Sicherheit widersprechende Handlungsrichtung erkannt ist."[1596].

Im Januar 1988 wurden mehrere Personen, unter ihnen Ausreisewillige und Bürgerrechtler, verhaftet und teilweise auch angeklagt, weil sie versucht hatten, an der offiziellen Demonstration zum Gedenken an Karl Liebknecht und Rosa Luxemburg, zwei Mitbegründern der Kommunistischen Partei Deutschlands, teilzunehmen. Einige von ihnen hatten Transparente mit dem Rosa-Luxemburg-Zitat: „Freiheit ist immer die Freiheit des anders Denkenden" mit sich geführt[1597].

Das LG Berlin sprach den Haftrichter und den Staatsanwalt, der den gegen einen ausreisewilligen Familienvater erlassenen und auf § 217 I, III DDR-StGB und § 122 I Nr. 4 DDR-StPO (zu erwartender Freiheitsentzug) gestützten Haftbefehl beantragt hatte, mit der Begründung frei, jedenfalls aus subjektiven Gründen fehle es an den für eine Verurteilung wegen Rechtsbeugung (und Freiheitsberaubung) erforderlichen Voraussetzungen.

Der BGH bestätigte diesen Freispruch. Er verneinte bereits eine rechtsbeugerische Überdehnung des § 217 DDR-StGB. Er begründete dies damit, dass die geplante Demonstrationsteilnahme der Gruppierung aus der Ostberliner Zionskirchengemeinde, zu der der Verfolgte gehörte, unter bewusster Einbeziehung der erwarteten bundesdeutschen Fernseh-

1596 MdJ/Akademie für Staats- und Rechtswissenschaften der DDR (Hrsg.), Kommentar zum Strafgesetzbuch, 4. Aufl. 1981 und 5. Aufl. 1987, jeweils § 217 Anm. 2.

1597 Vgl. dazu den Sachverhalt in BGH NStZ 1997, 127 = NJ 1997, 264 sowie den Bericht in: amnesty international, Sektion der Bundesrepublik Deutschland e.V. (Hrsg.), Deutsche Demokratische Republik – Rechtsprechung hinter verschlossenen Türen, S. 60ff.
Vgl. auch den in LG Berlin NJ 1996, 649, 650 erwähnten (allerdings nicht eindeutig einer objektiven Rechtsbeugung zuzuordnenden) Fall des Bürgerrechtlers *Stephan Krawczyk*, der ebenfalls wegen versuchter Teilnahme an der Liebknecht/Luxemburg-Demonstration unter dem Vorwurf des § 217 (zugleich mit § 214) DDR-StGB festgenommen wurde, weil er ein nicht näher beschriebenes Transparent gegen Berufsverbote bei sich hatte.

teams auf eine öffentlichkeitswirksame Verbreitung DDR-kritischer Auffassungen gezielt habe. Es sei für diese Gruppierung klar gewesen, dass die „staatstragenden Kräfte“ als Organisatoren der Schauveranstaltung eine Inanspruchnahme von Gedanken der zu ehrenden Rosa Luxemburg für die Ideen der „Gegendemonstranten“ für provokativ halten würden. Entsprechend habe die Auffassung, eine „die öffentliche Ordnung und Sicherheit beeinträchtigende Personenansammlung“ anzunehmen, zwar evident einer rechtsstaatlichen, an Ideen der Demonstrations- und Meinungsfreiheit orientierten Sicht, aber noch nicht der Sicht eines DDR-Richters und -Staatsanwalts zur Tatzeit widersprochen. Allein auf deren Sicht könne es hier aber ankommen[1598].

Die Entscheidung des BGH ist zwar vertretbar, aber nicht überzeugend. Dies liegt daran, dass der BGH nicht exakt genug herausarbeitet, auf welche Sichtweise abzustellen ist. Richtig ist zwar die Bemerkung des BGH, eine „gewendete“ Sichtweise des OG in seinem Kassationsurteil der „Nachwendezeit“ im Mai 1990 zu dem damaligen Verfahren gegen *Vera Wollenberger*[1599] (jetzt *Vera Lengsfeld*) wegen des gleichen Tatvorwurfs sei nicht maßgeblich[1600]. In der Tat kommt es nicht auf den Umstand an, dass das OG nunmehr die Verurteilung Vera Wollenbergers als nicht von § 217 DDR-StGB gedeckt ansah. Auf der anderen Seite ist aber auch nicht allein maßgeblich, wie die *tatsächliche* damalige Sichtweise der DDR-Justiz oder gar der Veranstaltungsorganisatoren war. Würde man dem folgen, so bedeutete dies im Ergebnis eine Gleichsetzung von Staatspraxis und Rechtslage, die der BGH, anders als die Vertreter des soziologischen Positivismus, zu Recht grundsätzlich ablehnt[1601]. Entscheidend ist vielmehr, ob die DDR-Justiz zur Tatzeit unter Berücksichtigung des in der DDR geltenden Rechtsverständnisses einschließlich der Auslegungsmethoden der DDR das Handeln des oder der Verfolgten vertretbarerweise unter § 217 subsumieren durfte.

Legt man nun diesen korrigierten Maßstab an, ergibt sich ein anderes Bild. Es war natürlich klar, dass die Organisatoren der offiziellen Demonstration die Transparente als Provokation auffassen würden. Dies aber deshalb, weil sie ihnen und der Öffentlichkeit den Widerspruch zwischen Staatspraxis und verbalem Anspruch und das Ignorieren des Ausspruchs der Kommunistin Rosa Luxemburg verdeutlichten. Damit stell-

1598 BGH NStZ 1997, 127 f. = NJ 1997, 264f; BGH, Urt. vom gleichen Tage (22.10. 1996) 5 StR 140/96 PM des BGH Nr. 60/96, zitiert nach NJ 1996, 635.

1599 OG NJ 1990, 289.

1600 BGH NStZ 1997, 127, 128 = NJ 1997, 264, 265.

1601 Vgl. dazu Kapitel 3, B. IV.2.a) a.E. sowie A.II.5. und A. III.2.e).

ten sich die Demonstranten noch nicht außerhalb ihrer von der DDR auch verfassungsmäßig anerkannten Grundrechte. Das sozialistische Grundrechtsverständnis – als Gewährung von Mitwirkungsrechten immer nur im Rahmen der Staats- und Gesellschaftsordnung, von Betätigungsfreiheit nur innerhalb des Sozialismus und der sozialistischen Ordnung – mit seinem sehr eingeschränkten Konzept von Meinungsfreiheit, dass jede Äußerung, die nicht mit den von der SED bestimmten Grundsätzen in Einklang stand, als verfassungswidrig bezeichnet werden konnte[1602], deckte Inhalt und geplantes Vorzeigen der Transparente. Das Luxemburg-Zitat bewegte sich nicht außerhalb der von der Urheberin ja befürworteten sozialistischen Staats- und Gesellschaftsordnung. Es beinhaltete keinen Widerspruch zu offiziellen SED-Beschlüssen oder ähnlichem. Die Aktion war daher von der Meinungsfreiheit, aber auch von der Versammlungsfreiheit gedeckt. Die Versammlungsfreiheit war zur Tatzeit in Art. 28 I DDR-Verf./1974 in der Formulierung: „Alle Bürger haben das Recht, sich im Rahmen der Grundsätze und Ziele der Verfassung friedlich zu versammeln." verankert. Das geplante Vorgehen war eine zulässige Teilnahme an einer kollektiven Meinungsäußerung, das keinen verfassungswidrigen Inhalt transportierte und keinerlei Aggressivität oder gar Waffengewalt beinhaltete, also friedlich war. Es handelte sich um eine Kollision mit den Machthabern, nicht mit den Grundrechten. Mit der Provokation, die sich innerhalb der zulässigen Grundrechtsausübung bewegte, wurde die öffentliche Ordnung und Sicherheit daher eben nicht versucht zu beeinträchtigen.

Erst recht überdehnte die – offenbar strafrechtlich nicht geahndete – Verurteilung Vera Wollenbergers zu sechs Monaten Freiheitsstrafe den Tatbestand des § 217 DDR-StGB. Denn ihr Transparent lautete: „Artikel 27 der Verfassung der DDR. Jeder Bürger hat das Recht, seine Meinung frei zu äußern."[1603]. Damit hatte sie lediglich auf den Inhalt der DDR-Verfassung hingewiesen – wenn auch verkürzt[1604], aber nicht entstellend, wie das Kassationsurteil zutreffend hervorhebt, und sich folglich innerhalb ihrer

1602 S. o., Kapitel 3, B.VII.

1603 Zitiert nach OG NJ 1990, 289.

1604 Der volle Wortlaut nach der zur Tatzeit geltenden DDR-Verf./1974 war: „Artikel 27 (1) Jeder Bürger der Deutschen demokratischen Republik hat das Recht, den Grundsätzen dieser Verfassung gemäß seine Meinung frei und öffentlich zu äußern. Dieses recht wird durch kein Dienst- oder Arbeitsverhältnis beschränkt. Niemand darf benachteiligt werden, wenn er von diesem Recht Gebrauch macht. (2) Die Freiheit der Presse, des Rundfunks und des Fernsehens ist gewährleistet."

verfassungsmäßigen Rechte bewegt und nicht außerhalb des Sozialismus gestellt. Eine Beeinträchtigung der öffentlichen Ordnung und Sicherheit konnte darin trotz des Missfallens der Staatsmacht nicht nur aus rechtsstaatlicher Sicht nicht gesehen werden.

Außerdem fehlte es an einem weiteren Tatbestandsmerkmal des nur auf hartnäckige Störer zugeschnittenen § 217 DDR-StGB. In beiden Fällen wurde die Teilnahme an der Demonstration durch Festnahme verhindert, ohne dass die Betroffenen aufgefordert worden wären, die Ansammlung zu verlassen. Der o.g. Familienvater wurde sogar gleich nach Verlassen seiner Wohnung noch im Treppenhaus festgenommen, bevor er den Weg zu dem mehrere Kilometer entfernten Treffpunkt aufnehmen konnte. Er und seine Frau waren einige Tage zuvor behördlich vorgeladen und möglicherweise aufgefordert worden, jegliche Aktivitäten zum „Missbrauch der Versammlung" zu unterlassen, und belehrt worden, sie würden sich durch die geplante Teilnahme an der Demonstration strafbar machen. Der BGH hielt es noch für eine mögliche Gesetzesauslegung, eine vorherige ausdrückliche Aufforderung zur Nichtteilnahme der Aufforderung zum Verlassen der Ansammlung gleichzuachten. Dies gelte insbesondere bei Übereinstimmung mit obergerichtlicher Orientierung, wie sie hier festgestellt sei[1605]. Beides erscheint aber nicht richtig.

Die Unvertretbarkeit jener Gleichstellung verdeutlicht ein Vergleich mit der folgendermaßen veränderten Fallkonstellation: Wurden die Oppositionellen zunächst nicht von der Teilnahme an der Demonstration und dem Entrollen ihrer Transparente abgehalten, sondern erst im weiteren Verlauf festgenommen, kann ganz offensichtlich nicht ausreichen, dass sie Tage vorher von den Sicherheitsbehörden an der geplanten Form der Demonstrationsteilnahme gewarnt wurden, weil der Gesetzeswortlaut klar ein Nichtverlassen der Ansammlung *„unverzüglich nach Aufforderung durch die Sicherheitsorgane"* verlangt. Bleibt die Tat, wie hier, allenfalls im Versuchsstadium stecken (nach bundesdeutschem Verständnis wäre das Vorbereitungsstadium noch nicht einmal überschritten), kann die vorherige Warnung ebenfalls nicht ausreichen. Im Versuchsstadium kann allenfalls die auf dem Weg zur Ansammlung ausgesprochene und sodann missachtete Aufforderung, von der Teilnahme abzusehen und umzukehren, der Aufforderung zum Verlassen gleichgeachtet werden, und auch das nur mit Bedenken.

Auch eine Übereinstimmung mit obergerichtlicher Orientierung ändert an der Unvertretbarkeit der praktizierten Gesetzesanwendung hier nichts,

1605 BGH NStZ 1997, 127, 128.

auch wenn solche Orientierungen grundsätzlich zu berücksichtigen sind. Denn dies geht nicht so weit, dass eine eindeutige Wortlautüberschreitung durch eine entsprechende Orientierung legalisiert werden könnte. Nach richtiger Ansicht des BGH können Orientierungen nur insoweit Bedeutung erlangen, als sie mit der (unter Umständen extensiven) Auslegung eines gesetzlichen Straftatbestandes noch vereinbar sind[1606]. Das war hier nicht der Fall.

In beiden angesprochenen Fällen erscheint allerdings der Vorsatznachweis als entscheidende Hürde, die eine Verurteilung wegen Rechtsbeugung verhindert hätte. Darauf hatte sich der BGH im ersten Fall ergänzend gestützt, was insoweit nicht zu beanstanden ist. Beim Vorsatz konnte sich in der Tat die obergerichtliche Orientierung auswirken.

C. Zusammenfassung und Fazit

I. Zu Teil A

Bei den politisch motivierten Tatbeständen des Strafrechts der DDR wird fast durchweg davon ausgegangen, dass die Anwendung dieser Vorschriften für sich allein noch keine Rechtsbeugung darstelle. Dies gilt jedenfalls für das ab 1958 und ab 1968 geltende Strafrecht.

Was den Sonderfall des Art. 6 II DDR-Verf./1969 betrifft, so ist dagegen nach zutreffender Meinung vieler bereits aus positivistischer Sicht die Anwendung als solche schon als objektive Rechtsbeugung anzusehen, weil diese Bestimmung überhaupt nicht als Strafgesetz angesehen werden kann. Es ist bedauerlich, dass der BGH hierzu keine klaren Worte gefunden hat. Sein Ausweichen auf die Vorsatzfrage erscheint aber angesichts der insoweit tatsächlich kaum überwindbaren Schwierigkeit des Vorsatznachweises in milderem Licht.

Insgesamt lässt sich daher feststellen, dass sich ein Vorwurf vorsätzlicher Rechtsbeugung nicht bereits darauf stützen ließ, dass überhaupt bestimmte Tatbestände (des politisch motivierten Strafrechts) zur Anwendung gebracht wurden.

1606 S. o., Kapitel 3, C., insbes. C.I.2.

II. Zu Teil B

Was die Rechtsbeugung im Einzelfall angeht, so wurde sie in der ersten Fallgruppe (Tatbestandsüberdehnung) nur sehr selten bejaht. Das verwundert grundsätzlich nicht, da die oben erörterten Tatbestände viele derart unbestimmte Rechtsbegriffe enthalten, dass die Grenzen zur schlichtweg unvertretbaren Gesetzesauslegung weit gesteckt und schwer bestimmbar sind. Dies wird verstärkt durch die Auswirkungen des sozialistischen Rechtsverständnisses und der in der DDR üblichen Auslegungsmethoden. Dem musste der BGH Rechnung tragen, so dass viele seiner Entscheidungen im Ergebnis nicht zu beanstanden sind.

Es kann ihm dabei nicht vorgeworfen werden, er habe in befremdlicher Weise versucht, die Rechtsprechungsakte der DDR nachträglich gewissermaßen zu heilen[1607] oder zu retten[1608]. Obwohl in manchen konkreten Fällen seine zur Straflosigkeit von DDR-Juristen gelangende Begründung nicht überzeugt, wäre dies eine unzutreffende Unterstellung. Einem solchen Eindruck entgegenzuwirken war der BGH stets bemüht, indem er die damaligen Strafverfolgungsmaßnahmen regelmäßig als rechtsstaatswidrig bezeichnete und sich auf diese Weise von ihnen distanzierte. Daher trifft auch die Behauptung nicht zu, der BGH habe unerträgliche Strafurteile der DDR gerechtfertigt[1609]. Was der Ahndung in vielen Fällen entgegenstand, war die Folge aus der freilich von einigen Autoren nicht akzeptierten[1610] Grundentscheidung, für die strafrechtliche Aufarbeitung nicht nachträglich rechtsstaatliche Maßstäbe anlegen zu können.

Hinzu kommt regelmäßig die Vorsatzproblematik. In vielen Fällen ließ der BGH die Bestrafung wegen Rechtsbeugung am fehlenden Vorsatz hinsichtlich der Tatbestandsüberdehnung scheitern. Hier ist neben der unbestimmten Weite der Tatbestandsfassungen die äußerst spärliche Aufarbeitung in der Literatur in Rechnung zu stellen. In der DDR gab es nicht die Fülle von Aufsätzen, Entscheidungsnachweisen und Kommentierungen mit der Vielfalt darin vertretener Meinungen, die der Justiz in der Bundesrepublik zur Verfügung steht[1611], zumal etwa Publikationen in der Zeitschrift „Neue Justiz" der Zustimmung der Abteilung „Staats- und

1607 So aber *F.-C. Schroeder*, Die Verfolgung der DDR-Staatsverbrechen nach der Wiedervereinigung, in: Eckart u. a. (Hrsg.), Wiedervereinigung Deutschlands (FS), S. 413.

1608 *Ders.*, FAZ v. 1.2.1996.

1609 So aber *ders.*, a.a.O.

1610 Vgl. bereits *Spendel* und *F.-C. Schroeder* in Kapitel 3, A.II.3.

1611 Hierauf weist *Rottleuthner*, Steuerung der Justiz, in: Bundesministerium der Justiz (Hrsg.),Im Namen des Volkes?, S. 227 zu Recht hin.

Rechtsfragen" des ZK der SED bedurften[1612]. Insbesondere klammerte die Strafrechtswissenschaft die politisch relevanten, tabuisierten Felder des Strafrechts und der Strafrechtspraxis weitgehend aus wissenschaftlichen Arbeiten aus[1613]. Dies gilt im Besonderen, aber nicht nur, für die stalinistische Zeit. Auch der einzige in der DDR existierende Kommentar zum StGB von 1968, der vom Justizministerium der DDR und der Akademie für Staats- und Rechtswissenschaften der DDR in mehreren, kaum veränderten Auflagen bis zur Wende herausgegeben wurde, sparte im Allgemeinen die wirklich problematischen Grenzfälle aus. Es gab keine öffentliche Diskussion von unterschiedlichen Rechtsstandpunkten und Lehrmeinungen zu den Fragen des politischen Strafrechts, die eine hinreichende Orientierung ermöglicht hätte[1614]. Umso empfänglicher dürfte das bereits durch politische Vorauswahl geprägte Justizpersonal der DDR für Mechanismen der formellen und informellen Steuerung (etwa durch Standpunkte oder Orientierungen) gewesen sein. Daneben kamen die Feindbilder des „Kalten Krieges" sowie weitere Indoktrinierung[1615] zum Tragen.

Mag die vom Einzelfall abhängige Entscheidung der Vorsatzfrage nur begrenzt der externen Beurteilung zugänglich sein, so wäre jedenfalls auf der objektiven Ebene doch in einigen Fällen die Feststellung einer Rechtsbeugung durch Tatbestandsüberdehnung angebracht gewesen.

Da der BGH kaum einen Rechtsbeugungsvorwurf auf eine bloße Überdehnung von Vorschriften ohne gleichzeitigen Blick auf die Rechtsfolge gestützt hat, kam der Fallgruppe der Übermassstrafen besondere Bedeutung zu. Hiermit beschäftigt sich das folgende Kapitel.

1612 *Rottleuthner*, a.a.O., S. 226

1613 Dies räumen selbst Vertreter der früheren DDR-Strafrechtswissenschaft ein (*Buchholz/Gerats*, StuR 1990, 755).

1614 *Heuer/Schramm*, DuR 1992, 435.

1615 Vgl. zu den Problemen von Rechtsblindheit, Verblendung und Überzeugungstäterschaft noch Kapitel 10, B.

7. Kapitel: Zu den Übermassstrafen

In der Praxis erlangte die Fallgruppe der Übermaßstrafe insofern die größte Bedeutung für die Aufarbeitung von DDR-Justizunrecht, als hierauf die meisten Verurteilungen wegen Rechtsbeugung gestützt wurden. Dies gilt jedenfalls, soweit es aus den hier untersuchten, überwiegend veröffentlichten Entscheidungen ersichtlich ist. Nachdem diese Fallgruppe bereits abstrakt erörtert wurde[1616], sollen nun konkrete Fallgestaltungen hierzu behandelt werden. Dies geschieht entlang der chronologischen Entwicklung des politischen Strafrechts der DDR (A.). Im Anschluss daran werden die tatbestandsübergreifenden Sonderthemen der Todesstrafe und der Freikaufproblematik aufgegriffen (B.).

A. Untersuchung zu Übermassstrafen bei Anwendung verschiedener Tatbestände

I. Anwendung der Wirtschaftsstrafverordnung (WStVO) vom 23. September 1948

Bereits die schon vor der DDR-Verfassung in Kraft getretene WStVO[1617], die sich auf die Herstellung von Rohstoffen und Erzeugnissen sowie den Umgang mit ihnen und anderen Gegenständen bezog und im wesentlichen jede Beeinträchtigung oder auch nur Gefährdung der Planwirtschaft kriminalisierte, wurde exzessiv angewendet[1618], unter anderem im Rahmen der an anderer Stelle dargestellten sog. „Aktion Rose“[1619].

Das OG gab in einer Plenarentscheidung vom 26. August 1953 „Überhöhungen im Strafmaß“ zu. Die Rechtsprechung des OG habe auch nicht immer sorgfältig differenziert bei der Entscheidung, ob ein Normalfall oder ein minder schwerer Fall des § 1 WStVO gegeben sei. Die Erklärung,

1616 Vgl. Kapitel 5, A.II.

1617 ZVOBl. 1948, S. 439 ff.; näher zur WStVO *K. Müller*, Aktion Rose, S. 111 f.

1618 Beispiele bei *Melsheimer*, NJ 1953, 578.

1619 Dazu Kapitel 11, B.IV.2.

die Gerichte seien bestrebt gewesen, die Politik der Regierung zu unterstützen[1620], offenbart sachfremde Erwägungen, die auf einen Rechtsbeugungsvorsatz hinweisen.

Auch GStA *Melsheimer* räumte 1953 ein, dass § 1 I WStVO in Fällen angewandt wurde, in denen es nicht angemessen war. Der minder schwere Fall des Abs. 2 müsse wieder zur Geltung kommen; jede Überhöhung im Strafmaß müsse künftig vermieden werden[1621].

In der justiziellen Aufarbeitung von DDR-Justizunrecht taucht die Anwendung der WStVO nur insoweit auf, als sie die „Aktion Rose" betraf. Selbst hierzu wurde nur ein Verfahren bekannt. In diesem Verfahren wurde ein Staatsanwalt verurteilt, der in neun Fällen Anklage erhoben und teilweise auch die Sitzungsvertretung in der Hauptverhandlung wahrgenommen hatte. Die betroffenen Hoteliers waren dann zu Strafen verurteilt worden, die bis zu 5 Jahren Zuchthaus reichten. In allen Fällen war ihr Vermögen eingezogen worden. Die Rechtsprechung sah hierin eine rechtsbeugerische Strafzumessung unter Missbrauch des Strafrechts für das verfahrensfremde Ziel der Enteignung[1622].

II. Strafen unter Anwendung des Art. 6 II DDR-Verf. von 1949

Zur strafrechtlichen Repression zog man in der DDR zunächst insbesondere Art. 6 II DDR-Verf./1949 heran[1623], wobei in Verbindung hiermit häufig auch die Kontrollratsdirektive Nr. 38 vom 12. Oktober 1946[1624] angewandt wurde. Dabei wurden äußerst drastische Strafen verhängt, bis hin zu lebenslanger Zuchthausstrafe und zur Todesstrafe[1625].

Gewisse Begrenzungsbestrebungen waren teilweise sogar beim Obersten Gericht der DDR erkennbar. In einer Plenarentscheidung vom 26. August 1953 hob das OG ein Urteil des 1a-Strafsenats des OG auf und räumte ein, dass auch das OG „verschiedentlich die zum notwendigen Schutz unseres Staates getroffenen Maßnahmen überspannt hat, ohne die

1620 OG NJ 1953, 599.
1621 *Melsheimer*, NJ 1953, 576 f.
1622 Näher dazu Kapitel 11, B.IV.2.
1623 Vgl. hierzu bereits Kapitel 6. A.I., B.I.
1624 ABl. des Kontrollrats Nr. 11 vom 30. 10. 1946, S. 184; hierzu *Marxen/Werle*, Die strafrechtliche Aufarbeitung von DDR-Unrecht. Eine Bilanz, S. 43, 44.
1625 Dazu *Schuller*, Geschichte und Struktur des politischen Strafrechts der DDR bis 1968, S. 85 ff. Fn. 19 mit umfangreichen Nachweisen.

konkreten einzelnen Umstände des Verbrechens genügend zu berücksichtigen." Das habe auf der einen Seite zu einer Ausweitung des Art. 6 II DDR-Verf./1949 über Angriffe gegen die Grundlagen des Staates hinaus geführt. Auf der anderen Seite sei aus der Überbetonung des Schutzinteresses des Staates das Strafmaß teilweise überhöht festgesetzt worden[1626].

Hier konnte die Rechtsprechung nach der Wende ansetzen. Bei Übermassstrafen nach Art. 6 II DDR-Verf./1949 ist zuerst an die Vielzahl von Todesurteilen zu denken. Auf diese wird unter dem Gesichtspunkt der Todesstrafe gesondert eingegangen[1627]. Aber auch die Verhängung zeitiger Freiheitsstrafen hat zu Verurteilungen wegen Rechtsbeugung geführt.

Als rechtsbeugerisch überhöht beurteilte der BGH eine 1956 verhängte achtjährige Zuchthausstrafe wegen „Abwerbung" aufgrund Art. 6 II DDR-Verf./1949 gegen einen Verfolgten, der zwei Arbeitskollegen durch den Hinweis auf ein ihm selbst aus Westdeutschland gemachtes Stellenangebot zur Übersiedlung dorthin veranlasst und dies bei einer weiteren Kollegin versucht hatte[1628].

Eine offensichtlich unerträgliche Bestrafung sah der BGH auch in der Verhängung einer zehnjährigen Freiheitsstrafe nach Art. 6 II DDR-Verf./1949 i. V. m. der Kontrollratsdirektive Nr. 38 wegen massiver Kritik am System der DDR, ihren Repräsentanten sowie *Stalin*. Diese Bestrafung lasse sich trotz der Art der Kritik nur als willkürliche massive Einschüchterung politisch Andersdenkender verstehen. Die Verneinung des direkten Rechtsbeugungsvorsatzes lasse sich bei einem derart markanten Unrechtsurteil auch nicht mit einer bloßen Volksrichterausbildung des angeklagten Staatsanwalts, seiner ideologischen Verankerung in das DDR-System und seinem persönlichen Werdegang begründen[1629].

Dagegen verneinte der BGH eine Rechtsbeugung trotz der Geringfügigkeit der „Spionage"-Aktivitäten[1630] bei der 1956 erfolgten Verurteilung des westdeutschen Journalisten *Fricke* zu einer Zuchthausstrafe von vier Jahren nach Art. 6 II DDR-Verf./1949 durch OG-Richter Reinwarth[1631].

1626 OGSt 3, 102, 103 f. = NJ 1953, 593, 594.

1627 S.u., B.I.

1628 BGH NJW 1996, 857, 862.

1629 BGH NStZ-RR 1999, 42 f.

1630 Der Vorwurf ging dahin, dem Herausgeber des „Aktuellen Reportagepressedienstes" als „Agenten eines westlichen Geheimdienstes" zwei Berichte über die Treibstoffproduktion sowie über die Produktion von Lastwagen und Traktoren in der DDR verschafft zu haben. Vgl. dazu bereits Kapitel 6, B.I.2.b).

1631 BGH NJW 1996, 857, 864 f. (*Fricke* ist hier fälschlich als „R" bezeichnet; korrekt in BGHSt 41, 137, 139). Die weiteren am Strafverfahren gegen Fricke vor dem OG beteiligten Richter und Staatsanwälte waren bereits verstorben (*Bästlein*, Der Fall Mielke,

Obwohl *Fricke* in die DDR verschleppt worden war[1632], das Urteil nach überlanger Untersuchungshaft unter Missachtung der Untersuchungsfristen[1633] auf Äußerungen *Frickes* nach folterartiger Vernehmungsdauer gestützt worden war[1634] und der Verdacht bestand, dass die bei weitem überhöhte Strafe der DDR-kritischen journalistischen Tätigkeit *Frickes* galt, habe dies das erstinstanzliche Gericht nicht zu dem – objektiv freilich außerordentlich naheliegenden – Schluss gezwungen, mit der Strafe

---

S. 172). Gegen Mielke selbst wurde nur wegen der Entführung ermittelt. Das Verfahren wurde aber nach § 154 StPO beendet (*Bästlein*, a.a.O., S. 172).

1632 Vgl. dazu Kapitel 8, B.X.

1633 Es gab zur Beschleunigung des Ermittlungsverfahrens besondere Untersuchungsfristen, die von den Untersuchungsorganen und vom Staatsanwalt einzuhalten waren (dazu *Hellbeck*, Der Staatsanwalt in der Sowjetischen Besatzungszone Deutschlands, S. 49f. und *Melsheimer*, NJ 1956, 295), aber oft nicht eingehalten wurden (vgl. *Melsheimer*, NJ 1953, 576). Selbst Generalstaatsanwalt Melsheimer betonte die nicht nur formale, sondern auch materielle Bedeutung der strikten Einhaltung dieser Fristen für die Gesetzlichkeit (*Melsheimer*, NJ 1956, 295). Die an sich für den Abschluss aller Ermittlungsverfahren vorgesehene Höchstfrist von drei Monaten – für einzelne Arten der Ermittlungsverfahren vom Generalstaatsanwalt weiter verkürzt – konnte mit Genehmigung des Generalstaatsanwaltes (ab 1968 genügte die Genehmigung des Bezirksstaatsanwaltes) – bei verkürzten Fristen mit Zustimmung des zuständigen Staatsanwalts – überschritten werden, wenn wegen des Umfanges der Sache oder wegen der Schwierigkeit der Ermittlungen die Frist nicht eingehalten werden konnte (§ 107 I 1, II DDR-StPO/1952; § 103 I 1, II DDR-StPO/1968). Es gab jedoch Fälle, in denen die Voraussetzungen für eine Überschreitung der Höchstfrist fehlten.
Der *Fall Fricke* ist hierfür ein Beispiel (zum folgenden siehe *Fricke*, DA 1990, 1484ff.; *ders.*, RuP 1993, 137f.; *ders.*, Akten-Einsicht, insbes. S. 84ff.; *ders.*, Zur politischen Strafrechtsprechung des Obersten Gerichts der DDR, S. 21ff. sowie den Rehabilitierungsbeschluss des LG Berlin, NJ 1991, 496). Der Journalist *Karl Wilhelm Fricke* wurde der Spionage verdächtigt und am 1. April 1955 vom MfS nach Ost-Berlin verschleppt (zur Problematik der Verschleppung siehe Kapitel 8, B.X.). Nach dieser „vorläufigen Festnahme" dauerte seine Untersuchungshaft weit über ein Jahr, vom 4. April 1955 bis zum 11. Juli 1956. Obwohl die Vernehmungen noch im April 1955 abgeschlossen waren, wurden Fristverlängerungen für die Ermittlungen bis zum 31. Dezember 1955 ohne hinreichende sachliche Prüfung erteilt. Dies rügte sogar der Vorsitzende des erkennenden Senats und damalige Vizepräsident des OG, *Ziegler*, in einem Schreiben an GStA Melsheimer als Gesetzesverletzung (Schriftwechsel abgedruckt in NJ 1991, 496f.). Es besteht die Vermutung, dass die Akte in der Zeit von Anfang August bis Ende Oktober 1955 beim ZK lag. Danach wanderte die Akte zwischen der Obersten Staatsanwaltschaft, dem Gericht und wieder der Staatsanwaltschaft und dem ZK hin und her, ohne dass weitere Ermittlungen ersichtlich wären – allein wegen der „großen politischen Bedeutung" des Falles. Man ließ sich die Anklage, die zwischenzeitlich dank des politischen „Tauwetters" 1956 politisch und juristisch entschärft wurde, politisch absegnen. Erst am 18.6.1956 wurde die Anklage erhoben, ohne dass vorherige weitere Fristverlängerungen ersichtlich wären.

1634 Vgl. Kapitel 8, B.III.

sei ausschließlich oder überwiegend der Zweck verfolgt worden, *Fricke* mundtot zu machen[1635]. Warum sich das erstinstanzliche Gericht nicht von einem willkürlichen Missbrauch des Strafverfahrens überzeugen konnte, wird leider nicht mitgeteilt. Es ist zumindest erstaunlich, dass der BGH hier nicht einen Anwendungsfall für die Gesamtbetrachtung[1636] der Fallgruppen angenommen und nicht einmal ausdrücklich erörtert hat.

Wegen Mitwirkung an der strafrechtlichen Verfolgung von Zeugen Jehovas nach Art. 6 II DDR-Verf./1949 wurde mindestens[1637] ein Staatsanwalt verurteilt, und zwar zu einer Bewährungsstrafe von einem Jahr[1638]. Insoweit kam im Ergebnis nur die hier behandelte Fallgruppe der Übermaßstrafe in Betracht, da im Übrigen nach der Rechtsprechung des BGH jedenfalls der Vorsatznachweis ausgeschlossen war[1639]. Dennoch kam es auch bei sehr hohen gegen Zeugen Jehovas verhängten Freiheitsstrafen zu mehreren Freisprüchen von DDR-Juristen.

Ein Freispruch betraf einen OG-Richter, der 1952 aus der DDR flüchtete. Er hatte 1950 an einem Verfahren mitgewirkt, in dem neun Zeugen Jehovas zu langjährigen Freiheitsstrafen verurteilt worden waren (zwei lebenslängliche Zuchthausstrafen und solche zwischen acht und 15 Jahren). Der BGH meinte zwar, die Annahme von Kriegs- und Boykotthetze, namentlich auch von Spionage, *grenze* an Tatbestandsüberdehnung. Sie sei jedoch mit Rücksicht auf die Tatzeit in der Periode des „Kalten Krieges" und zugleich in der Anfangsphase der in hohem Maße selbstunsicheren DDR einem dort wirkenden Richter nicht als direkt vorsätzliche Rechtsbeugung anzulasten[1640]. Die daher naheliegende Verurteilung wegen Rechtsbeugung unter dem Gesichtspunkt ganz unangemessen überhöhter Strafen schied in diesem Fall ebenfalls aus subjektiven Gründen aus, allerdings aufgrund der Besonderheit, dass der Angeklagte – anders als der Berichterstatter und die spätere Justizministerin *Hilde Benjamin* als Vorsitzende – für niedrigere Strafen (zwischen 5 und 15 Jahren) gestimmt hatte. Diese sah der BGH zwar ebenfalls als objektiv rechtsbeugerisch an. Da sich aber der Angeklagte mit seinem Abstimmungsverhalten in Widerspruch zum

1635 BGH a.a.O., 865.

1636 Siehe dazu Kapitel 5, A.IV., insbes. 2.

1637 Bei *Hohoff*, An den Grenzen des Rechtsbeugungstatbestandes, S. 46 f. sind insoweit insgesamt 13 Anklagen erfasst, jedoch überwiegend nicht bis zum rechtskräftigen Ausgang der Verfahren.

1638 LG Görlitz, Urt. v. 14.1.1999 – 2 KLs 833 Js 3052/96, zitiert nach *Hohoff*, An den Grenzen des Rechtsbeugungstatbestandes, S. 47 mit Fn. 142 und 143.

1639 Dazu Kapitel 6, A.I., B.I.2.a).

1640 BGH NJ 1997, 35 = BGH NStZ-RR 1997, 36; ähnlich BGHR StGB § 339 Vorsatz 2 für Staatsanwälte.

Rest des Spruchkörpers gesetzt hatte, erschien der Nachweis eines entsprechenden direkten Vorsatzes in der Tat ausgeschlossen[1641].

Auch zwei Staatsanwälte, die an Verfahren gegen insgesamt vier Zeugen Jehovas teilgenommen und dabei mit Zuchthausstrafen zwischen vier und zehn Jahren objektiv rechtsbeugerische Bestrafungen beantragt hatten, wurden aus subjektiven Gründen freigesprochen[1642]. Der BGH nahm die Verneinung des direkten Rechtsbeugungsvorsatzes hin. Hier spielte neben der durch die Feindbilder des „Kalten Krieges" geprägten Tatzeit unter anderem der Umstand eine Rolle, dass die Staatsanwälte Strafanträge gestellt hatten, die immerhin nach „Tatbeiträgen" der Verfolgten differenzierten[1643].

Dies zeigt, dass der BGH jeweils – fern jeglicher Siegerjustiz[1644] – die besonderen Umstände des Einzelfalls berücksichtigte. Die Leitlinie, dass angesichts der hohen objektiven Schranke für die Annahme von Rechtsbeugung in politischen Strafverfahren der DDR in vielen Fällen die Annahme des direkten Rechtsbeugungsvorsatzes außer Frage stehen sollte[1645], wurde nicht verabsolutiert[1646].

III. Strafen nach dem „Gesetz zum Schutz des innerdeutschen Handels" vom 21. April 1950 (HSchG)

Wirtschaftsrechtlicher Dirigismus wurde in der frühen DDR strafrechtlich ergänzt. Nach § 2 HSchG war mit Gefängnis nicht unter drei Jahren (!) zu bestrafen, wer es unternahm, Transporte ohne den erforderlichen Warenbegleitschein oder entgegen den Ausführungsbestimmungen zu § 1 HSchG durchzuführen. Diese Vorschrift mit ihren hohen Mindeststrafen kam bereits bei Bagatellfällen und unter anderem im Zuge der sog. „Aktion Rose" gegen Gewerbetreibende im Ostseetourismus zur Anwendung[1647]. Ein solcher Bagatellfall betraf einen Rentner, der zur Auf-

---

1641 BGH NJ 1997, 35, 36 = BGH NStZ-RR 1997, 36.

1642 Bestätigt durch BGHR StGB § 339 Vorsatz 2.

1643 BGH a.a.O.

1644 Dazu noch Kapitel 15, B.I.

1645 Immer deutlicher werdend in drei im September 1995, November 1995 und Juli 1999 ergangenen Urteilen: BGH NJW 1995, 3324, 3332; BGH NJW 1996, 857, 862; BGHR StGB § 339 Vorsatz 2; näher dazu noch in Kapitel 10, B.IV. a.E.

1646 Vgl. dazu BGHR StGB § 339 Vorsatz 2 m. w. N. und auch u., A.VI.2.

1647 Dazu Kapitel 11, B. IV. 2.

besserung seines Lebensunterhalts gelegentlich mit Eiern nach Westberlin gefahren war und die eingehandelten Bücklinge mit geringem Aufschlag im Bekanntenkreis verkauft hatte. Er wurde in Anwendung des § 2 HSchG wegen eines „gewerbsmäßig" begangenen Verbrechens zu 5 Jahren Zuchthaus verurteilt[1648], was selbst GStA *Melsheimer* später verfehlt fand[1649], der auch sonst im Nachhinein die unangebrachte Anwendung des HSchG beanstandete[1650].

Die harte Praxis sollte vom OG korrigiert werden. In einer Entscheidung vom 12. Juli 1951 stellte es für die Erforderlichkeit der Anwendung des HSchG unter Hinweis auf dessen Präambel auf die Schwere des Verstoßes und die Tragweite der Tat ab[1651]. Dennoch hielt die Anwendung des HSchG auch auf geringfügige Verstöße an[1652]. In seiner Richtlinie von 1953 zur Anwendung des HSchG[1653] schrieb das OG verbindlich fest, dass in Anbetracht der in § 2 angedrohten hohen Mindeststrafen und des Ziels des Gesetzes nach dem HSchG nicht Verstöße gegen die Bestimmungen über die Warenbewegung schlechthin bestraft werden sollten, sondern nur solche gesetzwidrigen Warenbewegungen, die Angriffe gegen den innerdeutschen Handel darstellten und nicht nur die Tatbestandsmerkmale des Gesetzes formal verwirklichten. So sei es falsch, den gesetzwidrigen Transport einer verhältnismäßig geringen Menge von Nahrungsmitteln nach den Bestimmungen des HSchG zu bestrafen, denn ein solcher Transport gefährde nicht den innerdeutschen Handel. In solchen Fällen müssten bestimmte andere Gesetze angewandt werden, die äußerlich gleiche Handlungen erfassten, welche aber nach der Gesamtheit der objektiven und subjektiven Umstände ihrem Wesen nach verschiedene Verbrechen darstellten.

Zwar kritisierte das OG in seiner Richtlinie ausdrücklich, das HSchG habe nicht, wie geschehen, gegen Personen angewendet werden dürfen, die nur gelegentlich und in geringem Umfange ungenehmigte Warentransporte durchgeführt hätten. Solche Handlungen werden allerdings vom Wortlaut des HSchG erfasst. Eine Tatbestandsüberdehnung allein wegen der Verfehlung des Telos kann der zuvor praktizierten Rechtsprechung und geübten Anklagepraxis nicht angelastet werden. In Bagatell-

1648 Fall wiedergegeben nach *Melsheimer*, NJ 1953, 577.
1649 *Melsheimer*, NJ 1953, 577.
1650 *Melsheimer*, NJ 1956, 291.
1651 OGSt 2, 199, 201.
1652 *Melsheimer*, NJ 1953, 576.
1653 Richtlinie Nr. 4 v. 31. Oktober 1953, NJ 1959, S. 714 ff.

fällen aber durfte die verhängte bzw. beantragte Strafe nicht über die ohnehin schon überhöhte, aber im HSchG vorgesehene Mindeststrafe hinausgehen. Andernfalls ist ein rechtsbeugerisches Missverhältnis zwischen Tat und Strafe schon bei geringfügiger Überschreitung der Mindeststrafe gegeben. Erstaunlicherweise hat es hierzu kein – jedenfalls kein höchstrichterliches – Rechtsbeugungsurteil gegeben.

IV. Verfolgung von Straftaten nach dem Gesetz zum Schutz des Volkseigentums und anderen gesellschaftlichen Eigentums vom 2. Oktober 1952 (VESchG)

Eine ähnliche Anwendbarkeitsproblematik wie für das HSchG ergab sich für das VESchG, das in § 1 für „Diebstahl, Unterschlagung oder sonstiges Beiseiteschaffen von staatlichem oder genossenschaftlichem Eigentum oder von Eigentum gesellschaftlicher Organisationen" eine Mindeststrafe von einem Jahr Zuchthaus vorsah. Bei Urkundenfälschung oder Untreue zum Nachteil der vorgenannten Eigentumsformen enthielt § 2 VESchG sogar eine Mindeststrafe von drei Jahren.

Auch beim VESchG kam es zur „überspitzten, falschen" Anwendung und überhöhten Strafzumessung, wie offiziell zugegeben wurde[1654]. Kleinste Diebstähle von Volkseigentum ahndete man unter Anwendung des VESchG mit einem Jahr Zuchthaus, beispielsweise bei 100 Zigaretten, 9 leeren Säcken oder einer Wurst[1655], ohne eine Verfahrenseinstellung zu erwägen. Ebenso wurde etwa ein Rangierer wegen des Diebstahls von Briketts im Wert von einer Mark oder ein Arbeiter wegen Diebstahls von ¾ kg Sauerkraut jeweils zu einem Jahr Zuchthaus verurteilt. Zwei Jahre Zuchthaus gab es wegen eines halben Liters Benzin, drei Jahre für das kenntnislose Zulassen des Diebstahls von insgesamt sieben Paar Hausschuhen aus einem Lager[1656]. Es wurde nach einiger Zeit in einer gemeinschaftlichen Rundverfügung des Generalstaatsanwalts, des Ministers der Justiz und des Präsidenten des Obersten Gerichts vom 26. Mai 1953 darauf hingewiesen, dass das VESchG nicht formal auf kleine und geringfügige

---

1654 *Melsheimer*, NJ 1956, 290 und 291; *Benjamin*, NJ 1953, 478.

1655 UaS II, S. 175 f. Dok. 199–201.

1656 *Werkentin*, Wirtschaftsstrafrecht als Instrument der „Revolution von oben" – Justizpolitik der DDR in den 50er Jahren, in: Strafrecht, soziale Kontrolle, soziale Disziplinierung, Jahrbuch für Rechtssoziologie und Rechtstheorie, Bd. 15, S. 343 f.

Angriffe auf das gesellschaftliche Eigentum angewendet werden dürfe[1657]. Stattdessen sollte das StGB (§§ 242, 246, 259–261, 263, 266, 267) angewendet werden. Diese Auffassung hat das OG in seiner Richtlinie vom 28. Oktober 1953[1658] mit verbindlicher Wirkung festgelegt. Darin wird die Anwendung des VESchG ausdrücklich auf schwere Angriffe gegen gesellschaftliches Eigentum begrenzt. Für unbedeutende Gefährdungen gesellschaftlichen Eigentums wird sogar die Prüfung der Möglichkeit einer Verfahrenseinstellung vorgeschrieben; ein Hinweis auf die Möglichkeit des damals noch geltenden § 153 StPO war (ebenso wie der Verweis auf das allgemeine Strafrecht) auch in einem teilweise selbstkritischen Aufsatz von GStA *Melsheimer* enthalten[1659].

Wenig vorher hatte das OG in seiner Entscheidung vom 27. August 1953 unter Berufung auf die Höhe der angedrohten Strafen sowie Überschrift und Vorspruch des Gesetzes bereits die gleichen Hinweise gegeben und die fehlerhafte Handhabung des VESchG, insbesondere die Verhängung überhöhter Strafen, die schon die Schwere der Mindeststrafen nicht berücksichtigten, scharf kritisiert[1660].

Die Anwendung des VESchG auf minder schwere Fälle ist allerdings vom Wortlaut gedeckt[1661] und mithin zunächst nicht als Tatbestandsüberdehnung zu erfassen. Wegen der Verbindlichkeit der OG-Richtlinie vom 28. Oktober 1953 kann aber jedenfalls ab deren Inkrafttreten bei eindeutigem Verstoß hiergegen eine gesetzwidrige Entscheidung angenommen werden, die in der Anwendung eines (mangels Schwere des Angriffs) nicht anwendbaren Gesetzes liegt. Zudem konnte eine Rechtsbeugung durch Beantragung oder Verhängung einer übermäßigen Strafe verwirklicht sein, und zwar zumindest bei Überschreiten der gesetzlichen Mindeststrafe auch schon vor dem Inkrafttreten der Richtlinie. Auch insoweit hat es aber, wie schon zu Bestrafungen nach dem HSchG, kein – jedenfalls kein höchstrichterliches – Rechtsbeugungsurteil gegeben. Dass sich dieser Bereich nicht in der strafrechtlichen Aufarbeitung von DDR-Justizunrecht spiegelt, verwundert angesichts der sehr harten Strafen, die verhängt worden waren.

Hierzu sei noch ein Hinweis ergänzt. Dieses harte Durchgreifen erfolgte Anfang der 50er Jahre nicht nur im Wege der Anwendung des VESchG,

1657 Zitiert in der OG-Richtlinie vom 28. Oktober 1953, NJ 1953, 686.
1658 NJ 1953, 686ff.
1659 *Melsheimer*, NJ 1953, 576.
1660 OG NJ 1953, 596, 597.
1661 Vgl. auch OG NJ 1956, 596, 597 („wörtliche, aber sinnwidrige Anwendung").

sondern auch gegen jene, die sich einer exzessiven Anwendung des Wirtschaftsstrafrechts verweigerten:

Der Direktor des Kreisgerichtes Schmölln, *Willy Sachse*, hatte die später angeordnete mildere Linie zur Anwendung des VESchG vorweggenommen und gegen einen HO-Bäcker, der zehn Pfannkuchen gestohlen hatte, nur eine Geldstrafe von 50 Mark wegen Mundraubs verhängt. Einen Haftbefehlsantrag in einem ähnlich gelagerten Fall[1662] hatte er abgelehnt. Er wurde wegen Rechtsbeugung durch bewusste Nichtanwendung des VESchG im Januar 1953 verhaftet und später zu dreieinhalb Jahren Zuchthaus verurteilt[1663]. Ob er mit dem „Neuen Kurs" vom Juni 1953 freikam, ist nicht bekannt[1664]. Es handelt sich ausgerechnet bei dem milde urteilenden Kreisgerichtsdirektor *Sachse* um den offenbar einzigen bekanntgewordenen Fall einer Verurteilung wegen Rechtsbeugung in der DDR. Im Juni 1952 war *Alois Track*, Richter am Landgericht Magdeburg, wegen des Verdachts der „Rechtsbeugung und Gefangenenbefreiung" verhaftet worden, u. a. weil er das VESchG nicht wie gewünscht angewandt hatte. Er wurde jedoch nach kurzer Zeit wieder aus der Haft entlassen und nicht weiter strafverfolgt[1665]. Bei der Verurteilung des Richters *Udo Gemballa* zu eineinhalb Jahren Gefängnis handelte es sich um eine Verurteilung wegen angeblicher staatsgefährdender Hetze nach § 19 StEG aufgrund politischer Meinungsäußerungen, die nicht in unmittelbarem Zusammenhang mit seiner rechtsprechenden Tätigkeit standen[1666]. Die Inhaftnahme des Kreisrichters *Reimann*, der wegen eines Urteils als „Arbeiterfeind" aufgefallen war und dessen weiteres Schicksal ungeklärt ist, erfolgte wegen „staatsfeindlicher Tätigkeit"[1667]. Im Februar 1953 wurde die Richterin *Charlotte Hardt* vom BezG Frankfurt/Oder zu 3 Jahren Gefängnis und einer Geldstrafe verurteilt, aber nicht wegen Rechtsbeugung, sondern wegen Gefangenenbefreiung. Die konkreten Vorwürfe sind bisher nicht bekannt[1668].

1662 Ein Landwirt hatte insgesamt etwa 30 Zentner Stroh von einem volkseigenen Gut entwendet. Der Haftbefehlsantrag war damit begründet, dass wegen der Höhe der zu erwartenden Strafe – mindestens 1 Jahr Zuchthaus – Fluchtverdacht gesetzlich begründet sei.

1663 Bundesministerium für gesamtdeutsche Fragen (Hrsg.), UaS II, S. 76 Dok. 89.

1664 *Werkentin*, Politische Justiz in der Ära Ulbricht, S. 70.

1665 Track in: *Witte*, NJ 1990, 145; *Werkentin*, Politische Justiz in der Ära Ulbricht, S. 323.

1666 BezG Neubrandenburg, Urt. v. 3. 11.1958, DtZ 1990, 273 ff.; vgl. das Kassationsurteil des OG vom 6.6.1990, DtZ 1990, 283; vgl. dazu auch *Werkentin*, NJ 1991, 482 mit Fn. 23 und *Witte*, NJ 1990, 145 f.

1667 *Werkentin*, Strafjustiz im politischen System der DDR, in: Rottleuthner (Hrsg.: BMJ), Steuerung der Justiz in der DDR, S. 114.

1668 *Werkentin*, a.a.O., S. 114.

Ebenfalls nicht wegen Rechtsbeugung, aber „als Saboteur einer Reihe von Wirtschaftsstrafsachen" wurde der Erste Staatsanwalt beim GStA Sachsen, *Dr. Formann*, im September 1951 zu 15 Jahren Zuchthaus verurteilt[1669]. Die nach dem SMAD-Befehl Nr. 160 abgeurteilten Vorwürfe betrafen neben „Sabotagehandlungen" im Zusammenhang mit seiner Tätigkeit als Staatsanwalt in Wirtschaftsstrafsachen auch die Einfuhr westlicher Waren sowie die Kontaktaufnahme zu einem Agenten aus dem Westen[1670]. Die Verfahren gegen die nach der Wende angeklagten Richter *Formanns* konnten nebenbei bemerkt wegen Verhandlungsunfähigkeit bzw. Versterbens der beiden Juristen nicht zum Ende geführt werden[1671]. Nach dem SMAD-Befehl Nr. 160 (und nicht wegen Rechtsbeugung) wurde 1952 auch ein Oberrichter zu drei Jahren Zuchthaus verurteilt, dem zu milde Urteile angelastet wurden[1672].

V. Strafen unter Anwendung des StEG von 1957

Obwohl nach den Tatbeständen des Strafrechtsergänzungsgesetzes von 1957 (StEG) drastische Strafen verhängt wurden und dies teilweise auch intern als „absolut unvertretbar" auf Kritik gestoßen war[1673], lag hier kein Schwerpunkt der justiziellen Aufarbeitung, was sich in einem Mangel an veröffentlichten Entscheidungen widerspiegelt[1674].

Zumindest im Fall des auf §§ 14 und 24 StEG gestützten Todesurteils gegen den Grenzoffizier *Manfred Smolka* wegen Spionage im Jahr 1960 ist ein daran beteiligter Staatsanwalt vom LG Erfurt wegen Beihilfe zur Rechtsbeugung und zum Totschlag verurteilt worden. Die Strafe habe in einem unerträglichen Missverhältnis zur Handlung gestanden und auch

1669 *Werkentin*, a.a.O., S. 112; *Wendel*, Ulbricht als Richter und Henker, S. 129 ff.

1670 *Hohoff*, An den Grenzen des Rechtsbeugungstatbestandes, S. 39; näheres zum Sachverhalt in Marxen/Werle, Die strafrechtliche Aufarbeitung von DDR-Unrecht. Eine Bilanz, S. 41.

1671 *Hohoff*, a.a.O., S. 39 f. mit Nachweisen zu den Anklagen und Einstellungsbeschlüssen. Vgl. auch Süddeutsche Zeitung v. 23.3.1995.

1672 LG Gera, Urt. v. 16.7. 1952 – I 2a Kls 51/52, wiedergegeben nach *Schuller*, Geschichte und Struktur des politischen Strafrechts der DDR bis 1968, S. 88 Fn. 19 a.E.

1673 Dazu *Rottleuthner*, Zur Steuerung der Justiz in der DDR, in: Rottleuthner (Hrsg.: BMJ), Steuerung der Justiz in der DDR, S. 34 mit Fn. 85.

1674 Vgl. dazu bereits Kapitel 6, B.

überhaupt nicht der Rechtspflege bzw. der Verwirklichung der Gerechtigkeit gedient, sondern der Ausschaltung des politischen Gegners[1675].

Der BGH hob den Freispruch eines DDR-Richters auf, der 1958 als Direktor des Stadtgerichts in Ost-Berlin einen jungen überzeugten Westberliner Kommunisten, der Kritik und Reformvorstellungen geäußert hatte, wegen Staatsverrats nach § 13 StEG zu einer Zuchthausstrafe von 8 Jahren und Vermögenseinziehung verurteilt hatte. Schon eine Überdehnung des § 13 StEG liege objektiv auf der Hand. Aber auch die Verneinung einer offensichtlich unerträglichen und willkürlichen und damit rechtsbeugerischen Sanktionierung des Verfolgten sei verfehlt, machte der BGH deutlich. Eine Bestrafung von derartiger Höhe habe letztlich willkürlich allein auf die Einschüchterung politisch Andersdenkender zum Erhalt der bestehenden Machtverhältnisse abgezielt. Im Falle eines solchen markanten Unrechtsurteils seien nach den bislang getroffenen Feststellungen auch keine durchgreifenden Bedenken gegen die Annahme des direkten Rechtsbeugungsvorsatzes ersichtlich[1676].

VI. Strafen unter Anwendung des DDR-StGB von 1968 und seinen späteren Fassungen

1. Spionage, § 97 DDR-StGB

Auf Spionage stand nach dem DDR-StGB von 1968 Freiheitsstrafe von nicht unter 5 Jahren. In besonders schweren Fällen konnte auf lebenslängliche Freiheitsstrafe oder Todesstrafe erkannt werden. Als rechtsbeugerisch überhöht bewertete der BGH eine „zum Zwecke massiver Abschreckung und dauerhafter Ausschaltung einer politisch missliebigen Person" 1984 beantragte (und dann auch verhängte) lebenslange Freiheitsstrafe gegen einen politischen Mitarbeiter einer SED-Kreisleitung wegen einer ersichtlich nicht staatsgefährdenden Spionage[1677].

1675 LG Erfurt, Urt. v. 5.7.1994 – 510 Js 463/90 – 1 Ks, S. 167 f. (Leitsätze abgedruckt in NStZ 1995, 91); dazu noch Kapitel 11, B. IV. 5. m. w. N.

1676 BGH NStZ 1999, 455 f.

1677 BGH, Beschl. v. 21.5.1996 – 5 StR 737/95, zitiert nach *Willnow*, JR 1997, 270 (einschließlich Fn. 152).

2. Ungesetzlicher Grenzübertritt, § 213 DDR-StGB

Der „ungesetzliche Grenzübertritt" (sog. Republikflucht) war in seinem Grundtatbestand mit Freiheitsstrafe bis zu zwei Jahren oder mit Verurteilung auf Bewährung, Geldstrafe oder öffentlichem Tadel bedroht (§ 213 I DDR-StGB/1968) wobei ab 1979 der öffentliche Tadel wegfiel und stattdessen zusätzlich Haftstrafe als kurzzeitige Freiheitsentziehung möglich war (§ 213 I und II DDR-StGB/1979). Schwere Fälle waren nach § 213 II DDR-StGB/1968 mit Freiheitsstrafe bis zu fünf Jahren, nach § 213 III DDR-StGB/1979 gar bis zu acht Jahren bedroht. Dabei war die Strafe für Vorbereitung (!) und Versuch grundsätzlich die gleiche wie für die vollendete Tat, sie konnte aber vom Gericht nach eigenem Ermessen nach den Grundsätzen über die außergewöhnliche Strafmilderung herabgesetzt werden (§ 21 IV i. V. m. § 62 DDR-StGB). Die DDR ging bei Fluchtversuchen und deren Vorbereitung jedoch mit unbarmherziger Härte vor.

Eine für alle Fälle der Bestrafung wegen (versuchter) „Republikflucht" geltende Grenze, bei deren Überschreitung jeweils Rechtsbeugung vorliegen würde, lässt sich nicht ziehen[1678]. Es ist immer der Einzelfall danach zu beurteilen, ob der „Unrechtsgehalt der Tat" aus Sicht der DDR-Justiz die verhängte Strafe zumindest annähernd plausibel machen konnte[1679]. Für die vom BGH geforderte schwere und offensichtliche Menschenrechtsverletzung wurde eine „spürbare Freiheitsentziehung" nicht für ausreichend gehalten[1680]. Eine im Jahr 1986 verhängte Freiheitsstrafe von einem Jahr und drei Monaten für einen versuchten ungesetzlichen Grenzübertritt hat der BGH nicht als solche schwere und offensichtliche Menschenrechtsverletzung angesehen[1681].

Bei Fluchtvorhaben ohne besondere Erschwernisgründe (also ohne Gefährdung von Leib oder Leben Dritter, ohne Zerstörung von Sachwerten, ohne Kontaktaufnahme mit kommerziellen Fluchthelfern oder eine Mehrzahl der geplanten Fluchtvorhaben u.ä.) neigte der BGH zu der Auffassung, Rechtsbeugung könne in solchen Fällen bei Freiheitsstrafen von

1678 BGH NJ 1997, 375, 376.
1679 BGH a.a.O.
1680 BGH NStZ 1995, 288, 289 = BGH NJ 1995, 435.
1681 BGH, Urt. v. 15.9.1995 – 5 StR 68/95, 10 f. (Überwinden eines Grenzzauns als Versuch) – insoweit nicht veröffentlicht.

zweieinhalb Jahren und höher gegeben sein[1682], während in der Literatur dies teilweise schon bei einer über einjährigen Freiheitsstrafe erwogen wurde[1683]. Letzteres hieße allerdings, nachträglich rechtsstaatliche Maßstäbe anzulegen. Man muss zubilligen, dass auch bei den gesetzlich als schwere Fälle erfassten Konstellationen Differenzierungen innerhalb des Strafrahmens grundsätzlich zulässig waren.

Auch Strafen von zweieinhalb Jahren und wesentlich höhere Strafen hat der BGH nicht als menschenrechtswidrig angesehen, wenn die Verurteilten im Zusammenhang mit Fluchtversuchen Verbindungen mit westlichen Stellen aufgenommen hatten, was aus Sicht der DDR als Zusammenarbeit mit dem Feind gewertet wurde, oder wenn es um die Teilnahme des Verurteilten an organisierter Fluchthilfe ging. Hierbei spielte allerdings die tateinheitliche Verwirklichung weiterer Tatbestände mit höherem Strafrahmen eine Rolle. So sah der BGH keine Rechtsbeugung im Fall einer Verurteilung zu einer Freiheitsstrafe von zwei Jahren und sechs Monaten wegen „landesverräterischer Agententätigkeit in Tateinheit mit Vorbereitung zum ungesetzlichen Grenzübertritt im schweren Fall“ (§§ 100 I, 213 II und III Nr. 4 DDR-StGB/1979)[1684]. Dem Betroffenen war vorgeworfen worden, die Botschaft der Bundesrepublik in Prag aufgesucht zu haben, wo ihm ein Reisepass ausgestellt wurde, mit dem er hoffte, die DDR über Ungarn und Jugoslawien verlassen zu können. Eine Freiheitsstrafe von 5 Jahren und 6 Monaten wegen „staatsfeindlicher Hetze in Tateinheit mit ungesetzlicher Verbindungsaufnahme und wegen versuchten und vorbereiteten ungesetzlichen Grenzübertritts“ wurde nicht als rechtsbeugerisch angesehen, „da den langandauernden, vielfältigen Maßnahmen der Fluchtvorbereitung ein erhebliches Gewicht beigemessen werden konnte“[1685]. Selbst in einer 1986 gegen einen 21-Jährigen verhängten Freiheitsstrafe von neun Jahren wegen „staatsfeindlichen Menschenhandels“ (§ 105 I Nr. 2 DDR-StGB/1979) und „Vorbereitung zum ungesetzlichen Grenzübertritt im schweren Fall“ (§ 213 I und III Nr. 4 DDR-

---

1682 BGH NJW 1995, 3324, 3328 f. = BGHSt 41, 247, 265 (in concreto wegen der Mehrzahl der Fluchtvorhaben abgelehnt – abl. *Spendel*, JR 1996, 178; *ders.*, RuP 2000, 232 f.); wohl auch BGH NJ 1997, 375, 376.

1683 *F.-C. Schroeder*, GA 1993, 405; *Reimer*, NStZ 1995, 84, der eine Rechtsbeugung bei *jeder* das gesetzliche Mindestmaß des 213 III DDR-StGB/1979 überschreitenden Strafe als gegeben ansieht.

1684 BGH, Urt. v. 15.9.1995 – 5 StR 642/94 unter C II 3, S. 17 f. (insoweit in BGHR StGB DDR-Recht 11, NStZ-RR 1996, 201 und StV 1996, 297 nicht abgedruckt).

1685 BGH, Urt. v. 15. November 1995 – 3 StR 527/94 (insoweit nicht abgedruckt in BGH DtZ 1996, 92; NJ 1996, 318; NStZ 1996, 386; BGHR StGB § 336 DDR-Recht 12–17), hier zitiert nach BGHR StGB § 336 DDR-Richter 2, S. 3.

StGB) fand der BGH keine Rechtsbeugung. Er berücksichtigte dabei, dass es sich um organisierte Fluchthilfe (Verstecke in Kfz) für mehrere DDR-Bürger gehandelt hatte, die mit nicht unerheblichem eigenen Gewinnstreben verbunden war. Die Strafe bewege sich zwar, namentlich mit Blick auf das junge Lebensalter des Verfolgten, an der Grenze zur unerträglichen Menschenrechtsverletzung. Andererseits sei die Strafe trotz Beteiligung an mehreren Schleusungsaktionen jedenfalls nicht dem oberen Bereich des Strafrahmens entnommen worden[1686]. Angesichts der berücksichtigten Erschwernisgründe ist die Bewertung dieser außerordentlich hohen Freiheitsstrafe durch den BGH noch hinnehmbar.

Bei Fluchtvorhaben, die aus DDR-Sicht als „schwerer Fall" qualifiziert werden konnten, war der BGH noch zurückhaltender: Der BGH akzeptierte den Freispruch mehrerer Angeklagter im „Leichtfliegerfall", obwohl diese an der Verurteilung zu besonders hohen Freiheitsstrafen beteiligt gewesen waren. Eine Dresdner Familie hatte in ihrer Küche ein zweimotoriges Leichtflugzeug gebaut, um damit nach Westdeutschland zu fliehen[1687]. Das Vorhaben wurde jedoch verraten und die Familie in U-Haft genommen. Das Ehepaar wurde zu Freiheitsstrafen von 6 Jahren bzw. 3 Jahren und 6 Monaten verurteilt, die 16- und 17-jährigen Söhne zu einem Jahr bzw. 1 Jahr und 6 Monaten. Der BGH sah hierin einen Grenzfall der Rechtsbeugung. Er nahm mit ausführlicher, letztendlich nicht angreifbarer Begründung den Freispruch der Angeklagten trotz Bedenken „jedenfalls insoweit" hin, als das LG Dresden angenommen hatte, es mangele bei sämtlichen Angeklagten am erforderlichen direkten Rechtsbeugungsvorsatz[1688].

Eine offensichtliche schwere Menschenrechtsverletzung hat der BGH dagegen nur vereinzelt *eindeutig* bejaht. Ein Fall, der den Qualifikationstatbestand des § 213 II Nr. 2 DDR-StGB/1968 betraf, führte zur Aufhebung der Freisprüche einer Richterin und eines Staatsanwaltes. Unter Geltung der damaligen Höchststrafe von 5 Jahren war es 1974 zur Verurteilung zu einer Freiheitsstrafe von drei Jahren und zwei Monaten und Beantragung

1686 BGH, Urt. v. 15.9.1995 – 5 StR 642/94 unter C II 4, S. 19ff. (insoweit in BGHR StGB DDR-Recht 11, NStZ-RR 1996, 201 und StV 1996, 297 nicht abgedruckt); a. A. noch die Vorinstanz, LG Berlin NJ 1994, 472, 474; krit. auch *Spendel*, JR 1996, 180.

1687 Das Fluchtvorhaben galt als eines der spektakulärsten der DDR. Das Flugzeug diente später dem Staatssicherheitsdienst zu Demonstrationszwecken und steht nun im Deutschen Museum in München (Süddeutsche Zeitung vom 14./15.5.1998, S. 6).

1688 BGH NStZ 1999, 245f. Die Verfolgten wurden nach knapp einem Jahr Haft freigekauft. Zur Bewertung des Freikaufs als Indiz für die Durchführung eines Scheinverfahrens s. u., B.II.

einer um weitere sechs Monate höheren Freiheitsstrafe wegen nur versuchter Nichtrückkehr aus der CSSR unter Zuhilfenahme eines verfälschten Passes gekommen[1689]. Ob nach Zurückverweisung auch der Rechtsbeugungsvorsatz nachgewiesen werden konnte, ist nicht bekannt.

In einer weiteren Entscheidung zu einem qualifizierten Fall des § 213 DDR-StGB/1968 (i. V. m. § 101 I DDR-StGB, bei einem Betroffenen auch i. V. m. § 106 DDR-StGB/1968) sah der BGH zwar die verhängten Freiheitsstrafen von 2 bzw. 3 Jahren für zwei 19-Jährige als „besonders unerträglich" an, ließ aber wiederum die Verneinung des direkten Rechtsbeugungsvorsatzes unbeanstandet. Auch hier berücksichtigte er die besonderen Umstände des Einzelfalls[1690].

Aus der ganz überwiegenden Bestätigung von Freisprüchen und dem Umstand, dass keine rechtskräftige Verurteilung aufgrund von Übermaßstrafen wegen versuchter oder vorbereiteter „Republikflucht" veröffentlicht ist, kann allerdings nicht abgeleitet werden, dass es insoweit keine einzige rechtskräftige Verurteilung gegeben hat. Es können erstinstanzliche Verurteilungen rechtskräftig geworden sein, ohne (ggf. erneut) zum BGH zu gelangen. Eine nach Tatbeständen geordnete Analyse erstinstanzlicher Rechtsbeugungsurteile ist bislang nicht veröffentlicht worden[1691]. Auch sind nicht alle einschlägigen BGH-Urteile veröffentlicht. Die Nichtveröffentlichung gerade eines BGH-Urteils, das eine Verurteilung in einem § 213 DDR-StGB betreffenden Fall bestätigt, würde freilich erstaunen.

Jedenfalls wird man feststellen können, dass die Ergebnisse der Aburteilungen von DDR-Juristen im Hinblick auf die harten Strafen für Menschen, die planten oder versuchten, die DDR auf eigene Faust zu verlassen, erheblich hinter den Erwartungen zurückgeblieben sind.

3. Fahnenflucht, § 254 DDR-StGB

Das LG Berlin wertete mit der rechtskräftigen Verurteilung eines ehemaligen Militärstaatsanwalts eine Freiheitsstrafe von 5 Jahren und 6 Monaten als Rechtsbeugung[1692]. Die 1982 Verurteilte hatte Vorbereitungen getroffen, die DDR über Ungarn zu verlassen. Als Physiotherapeutin im medizinischen Dienst des MfS im Rang eines Leutnants war sie wegen

1689 BGH NJ 1997, 375, 376.
1690 BGH NStZ-RR 1998, 297 f.
1691 Siehe Einleitung, B.
1692 LG Berlin, Urt. v. 11.3.1997 – Az. (522) 28/2 Js 88/93 Kls (40/96), zitiert nach *Hohoff*, An den Grenzen des Rechtsbeugungstatbestandes, S. 61 f. mit Fn. 208.

Vorbereitung der Fahnenflucht im schweren Fall gemäß § 254 I, II Nr. 1, 3 DDR-StGB/1979 (Strafrahmen: 2 bis 10 Jahre) verurteilt worden.

4. Beeinträchtigung staatlicher oder gesellschaftlicher Tätigkeit, § 214 DDR-StGB

Wie im vorigen Kapitel soll hier zwischen den beiden Tatbestandsalternativen des § 214 I DDR-StGB unterschieden werden.

a) Fälle unter Anwendung des § 214 I Alt. 1 DDR-StGB

In einem Fall der strafrechtlichen Verfolgung nach § 214 I Alt. 1 DDR-StGB hat der BGH (5. Strafsenat) zwar keine Tatbestandsüberdehnung[1693], aber jedenfalls teilweise eine Rechtsbeugung in der dritten Fallgruppe (Übermaßstrafe) bejaht. Drei Personen hatten versucht, in die dänische Botschaft in Ost-Berlin zu gelangen, um von dort aus ihre Übersiedlung nach West-Berlin durchzusetzen. Sie wurden verhaftet und antragsgemäß verurteilt, die beiden Erwachsenen unter ihnen zu einer Freiheitsstrafe von je einem Jahr, die 17jährige Tochter der einen Betroffenen zu einer Freiheitsstrafe von 7 Monaten. Allerdings wertete der BGH die Freiheitsentziehung durch Untersuchungshaft (hier: beantragte Aufrechterhaltung des Haftbefehls) sowie beantragte und verhängte Freiheitsstrafe nur insoweit als Rechtsbeugung, als sie die in den Haushalt und das Ausreisebegehren der Erwachsenen eingebundene Jugendliche betraf[1694]. Die gegen die Erwachsenen vollzogene Untersuchungshaft sowie die gegen sie verhängten Freiheitsstrafen noch nicht als Rechtsbeugung anzusehen, erscheint – ungeachtet ihrer auch vom BGH erwähnten Unverhältnismäßigkeit nach rechtsstaatlichen Maßstäben – vertretbar[1695].

In den meisten vom BGH beurteilten Fällen der Anwendung von § 214 I Alt. 1 DDR-StGB kam es dagegen zum Freispruch durch den BGH. Dies gilt sowohl für Entscheidungen des 5. Strafsenats[1696] als auch für Urteile des 4. Strafsenats[1697]. Hier waren jeweils Ausreisewillige, die mit verschie-

1693 Vgl. dazu bereits Kapitel 6, B.III.1.b).

1694 BGH, Urt. v. 15.9.1995 – 5 StR 168/95, S. 34 ff. (insoweit teilweise veröffentlicht in BGHR § 336 Staatsanwalt 1).

1695 A.A. *Spendel*, JR 1996, 182; ebenso *ders.*, RuP 2000, 233; abgeschwächt kritisierend hingegen in LK-*Spendel* (11. Aufl.), § 339 Rn. 64; LK-*Hilgendorf* (12. Aufl.), § 339 Rn. 77.

1696 So die in Kapitel 6 unter B.III.1.a) angeführten Fälle.

1697 BGH NStZ-RR 1996, 65 f., 69 (mehrere Fälle betreffend); BGH NStZ-RR 1998, 362 f. Der 4. Strafsenat sah hier – anders als die Vorinstanz – in der Verhängung von Frei-

denen als „Drohung“ qualifizierten Äußerungen versucht hatten, ihrem Ausreisebegehren Nachdruck zu verleihen, wegen „Beeinträchtigung staatlicher oder gesellschaftlicher Tätigkeit“ zu Freiheitsstrafen von überwiegend einem Jahr und mehreren Monaten verurteilt worden, teilweise auch zu höheren Strafen. Neben § 214 I Alt. 1 DDR-StGB waren dabei zum Teil noch weitere Tatbestände als erfüllt angesehen worden, teils ging es um eine Mehrzahl von Tatvorwürfen. Der BGH sah die Strafen zwar als rechtsstaatswidrig und unverhältnismäßig an, hielt aber den Grad eines unerträglichen Willküraktes nicht für erreicht.

b) Fälle unter Anwendung des § 214 I Alt. 2 DDR-StGB

Auch in einigen Fällen der Anwendung des § 214 I Alt. 2 DDR-StGB verneinte der BGH eine Rechtsbeugung wegen überhöhter Strafen im Sinne eines Willkürakts, so hinsichtlich der Freiheitsstrafe von einem Jahr und sechs Monaten für das Zeigen eines Plakats mit der Aufschrift *„DDR, deine Grenzen sind für mich kein Friedensbeitrag!“* bei einer Grenztruppenvereidigung[1698].

Ebenfalls keinen Vorwurf der Rechtsbeugung machte der BGH in einem Fall, in dem ein Bürger wegen des nur wenige Minuten dauernden und höchstens 50 Passanten erreichenden Zurschaustellens eines *Plakates* mit der Aufschrift *„Seit 12 Monaten werde ich am legalen Verlassen der DDR gehindert“* nach § 214 I Alt. 2 DDR-StGB zu einer Freiheitsstrafe von einem Jahr und drei Monaten verurteilt worden war. Die verhängte Strafe grenzte zwar für den BGH „bereits an einen Willkürakt, gerade weil das Verhalten des Betroffenen den Straftatbestand nur bei extensiver Auslegung erfüllte“, doch ließ der BGH eine Verurteilung der angeklagten Staatsanwältin wegen ihrer Veranlassung der Untersuchungshaft und Stellung des Strafantrags „jedenfalls“ aus subjektiven Gründen scheitern[1699], denn

> „immerhin hatte sich der Betroffene nach wiederholter Ablehnung von Ausreiseanträgen und nach ausdrücklicher Vorwarnung, folglich in voller Kenntnis ihm

heitsstrafen weder der Strafart noch der Höhe nach eine Rechtsbeugung. Er verwies darauf, dass die Wahl von Freiheitsstrafe als schwerste der in den angewandten Tatbeständen (§§ 214, 219 und 220 DDR-StGB) vorgesehenen Strafarten auch den in § 39 DDR-StGB geregelten Grundsätzen der Anwendung der Freiheitsstrafe in damaliger Auslegung entsprach (näher dazu BGH NStZ-RR 1996, 65f., 69); ähnlich BGH NStZ-RR 1998, 362f. (auf die alleinige Anwendung von § 214 DDR-StGB bezogen).

1698 BGH NJW 1995, 64, 66f.; krit. *Spendel*, JZ 1995, 380f.; *Quasten*, Die Judikatur des Bundesgerichtshofs zur Rechtsbeugung im NS-Staat und in der DDR, S. 265.

1699 Krit. *Spendel*, JR 1996, 178f.

drohender massiver Konsequenzen, zur Durchführung seiner Aktion entschlossen. Im Verfahren hat er ausdrücklich seinen Willen zur Wiederholung ähnlicher Taten bekundet."[1700]

Hinsichtlich einer ähnlichen *Plakataktion in der Rathauspassage* in Berlin-Mitte wertete der BGH die beantragte und verhängte Freiheitsstrafe von einem Jahr schon objektiv nicht als Rechtsbeugung, obwohl er auch hier herausstellte, die Strafe grenze bereits an einen Willkürakt, da der Tatbestand nur bei extensiver Auslegung erfüllt sei. Eine vergleichbare Entfernung der Gesetzesauslegung vom Wortlaut wie beim Anbringen eines „A"-Symbols am Wohnungsfenster oder in Fällen „schlichter" Passvorlage[1701] wollte der BGH aber wegen der Plakataktion, „die eine deutliche Kritik am Grenzregime mit erheblicher Öffentlichkeitswirksamkeit verbindet", noch nicht feststellen. Die Verhängung einer vollstreckbaren Freiheitsstrafe erweise sich deshalb nicht ohne weiteres als „gesetzwidrig" im Sinne des § 244 StGB-DDR. Dies solle nur bei Vorliegen weiterer hier nicht ersichtlicher Umstände in Betracht kommen[1702].

Selbst die Verhängung einer Freiheitsstrafe von einem Jahr und acht Monaten für eine Plakataktion mit einem nicht näher mitgeteilten „die Staats- und Gesellschaftsordnung der DDR diskriminierenden Text" erachtete der BGH nicht als Rechtsbeugung. Hier hatte sich der Betroffene allerdings vor der Ostberliner Marienkirche angekettet und zuvor westliche Journalisten dorthin bestellt, die dann auch die Festnahme filmten. ARD und ZDF sowie weitere westliche Medien berichteten mehrfach über den Fall[1703].

Besonders große Zurückhaltung zeigte der 4. Strafsenat des BGH hinsichtlich der Anwendung der dritten Fallgruppe auf Fälle der *Verwendung des „A"-Symbols*. Dies gilt selbst für einen Fall, in dem das verhängte Strafmaß ein Jahr Freiheitsstrafe betrug[1704]. Der 5. Strafsenat war hier strenger. Er ging davon aus, es sei erkannt worden, dass das sanktionierte Verhalten allenfalls im Grenzbereich des (objektiv aus seiner Sicht schon überdehnten) Tatbestandes anzusiedeln war. Bereits die Anordnung von Untersuchungshaft oder die Beantragung ihrer Fortdauer hielt er in den „A"-Fällen wie auch bei der *Befestigung eines weißen Stoffbändchens* an der

1700 BGH NJW 1995, 3324, 3329.

1701 Dazu noch u. und bereits Kapitel 6, B.III.2.c) und e).

1702 BGH, Urt. v. 15.9.1995 – 5 StR 68/95 (C I 2 b), S. 12 f.

1703 BGH, Urt. v. 15.9.1995 – 5 StR 168/95, (C I 5.), S. 20.

1704 BGH NStZ-RR 1996, 69, 70 f.; krit. auch LK-*Spendel* (11. Aufl.), § 339 Rn. 64 und LK-*Hilgendorf* (12. Aufl.), § 339 Rn. 77 mit Fn. 305; vgl. dazu i.ü. Kapitel 6, B.III.2.c).

Autoantenne für rechtsbeugend[1705]. In den Stoffbändchenfällen solle allerdings der Rechtsbeugungsvorsatz dann zu verneinen sein, wenn Umstände vorlagen, die als Erschwerungsgründe herangezogen werden konnten, etwa wiederholte Vorwarnungen. Dann soll aber zumindest eine verhängte Freiheitsstrafe von einem halben Jahr oder mehr den Rechtsbeugungstatbestand erfüllen[1706].
Fälle relativer Übermassstrafen im Grenzbereich des Tatbestandes sah der BGH immerhin auch im Bereich der sog. *schlichten Passvorlage.* In diesen Fällen der schlichten Äußerung eines Ausreisebegehrens unter Vorlage des Personalausweises hat der BGH in ständiger Rechtsprechung bei Verurteilung zu Freiheitsstrafe bzw. ihrer Beantragung die Voraussetzungen direkt vorsätzlicher Rechtsbeugung als erfüllt angesehen. Das gleiche gilt für die Anordnung von Untersuchungshaft und ihre Durchsetzung durch die Staatsanwaltschaft[1707], selbst für den Sonderfall gemeinschaftlicher Tatbegehung[1708].

5. Staatsfeindliche Hetze (§ 106 DDR-StGB)

Wer kritische Meinungsäußerungen wagte, konnte die ganze Härte des § 106 DDR-StGB zu spüren bekommen. Dennoch nahm der BGH eine Rechtsbeugung nur in besonders krassen Fällen an.

So stellte die Verurteilung zweier Bürger zu acht Jahren Freiheitsstrafe wegen „staatsfeindlicher Hetze" (§ 106 I DDR-StGB), begangen durch Herstellung und/oder Verbreitung der Zeitung „Roter Morgen" sowie verschiedener Flugblätter[1709], eine Rechtsbeugung dar, zumal in der harschen Kritik der verfassten Artikel keine Aufforderung zu oder Billigung von Verletzungen anerkannter Rechtsgüter anders als durch bloße Meinungs-

---

1705 Grundsätzlich bereits BGH NJW 1996, 153; ferner BGH NStZ 1999, 562; BGHR StGB § 336 DDR-Recht 28.

1706 BGHR StGB § 336 DDR-Recht 28.

1707 BGH NJW 1995, 3324, 3332 (vgl. bereits Kapitel 5, A.IV.1 und Kapitel 6, B.III.2.e); BGH 5 StR 168/95, S. 29 ff. (insoweit nicht in NJ 1996, 153 veröffentlicht; nur teilweise veröffentlicht in BGHR § 336 Staatsanwalt 1; vgl. bereits Kapitel 5, A.IV.1 und Kapitel 6, B.III.2.e); BGH NStZ-RR 1997, 301; BGH NStZ-RR 1997, 359 f.; BGH NStZ-RR 1998, 171 m.w.N auf weitere unveröffentlichte Urteile; BGH NJW 1998, 2616; BGH NStZ 1999, 562; BGH NJ 2000, 101, 102 (mit einer Ausnahme für die Verhängung von U-Haft, wenn eine „Vorwarnung" durch vorherige Ahndung des gleichen Verhaltens mit einer Ordnungsstrafe erfolgt war); vgl. dazu bereits Kapitel 6, B.III.2.e).

1708 Dazu BGH NStZ-RR 1997, 301; BGH NJW 1998, 2616.

1709 Vgl. dazu bereits Kapitel 6, B.IV.

äußerungen zum Ausdruck kamen[1710]. Die Strafe entspreche nicht mehr sachlichen Erwägungen. Sie erscheine willkürlich, weil sie erkennbar allein darauf abziele, durch übermäßige Strenge politisch Andersdenkende einzuschüchtern und damit die Herrschaft der Machthaber zu sichern[1711].

In anderen Fällen sah der BGH trotz hoher verhängter Freiheitsstrafen die Voraussetzungen für eine gesetzwidrige Entscheidung durch die Strafzumessung noch nicht als erfüllt an[1712].

6. Staatsverleumdung/Öffentliche Herabwürdigung, § 220 DDR-StGB

Der bei bestimmten kritischen Äußerungen[1713] angewandte § 220 DDR-StGB sah nicht nur Freiheitsstrafe vor, sondern auch verschiedene Rechtsfolgen unterhalb der Freiheitsstrafe: Verurteilung auf Bewährung, Haftstrafe, Geldstrafe oder öffentlichen Tadel. Eine differenzierte Bestrafung war also durchaus möglich. In einem Bericht des Präsidiums an die 17. Plenartagung des OG vom 25.9.1980 „über die Wirksamkeit der Rechtsprechung der Gerichte bei Verbrechen gegen die Deutsche Demokratische Republik und bei Straftaten gegen die staatliche und öffentliche Ordnung", der in den OGI abgedruckt war, hieß es dementsprechend zu § 220 DDR-StGB:

> „Insoweit wird richtig mit Freiheitsstrafen reagiert, wenn aus einer verfestigten negativen Haltung entsprechend schwere Straftaten begangen werden (...). Auch sind hartnäckige Begehungsweisen sowie der konkrete Inhalt der Äußerungen wichtige Gesichtspunkte für den Ausspruch von Freiheitsstrafen. Der überwiegenden Zahl

---

1710 BGHR StGB § 336 DDR-Recht 11 und Staatsanwalt 1; ausführlicher dazu BGH, Urt. v. 15.9.1995 - 5 StR 642/94, S. 23ff. (insoweit teilweise nicht veröffentlicht) und zum Parallelfall BGH, Urt. v. 15.9.1995 - 5 StR 168/95, S. 25ff. (insoweit nur teilweise veröffentlicht in BGHR § 336 Staatsanwalt 1).

1711 BGH, Urt. v. 15.9.1995 - 5 StR 642/94, S. 26 (insoweit nicht veröffentlicht); BGHR StGB § 336 Staatsanwalt 1 = BGH, Urt. v. 15.9.1995 - 5 StR 168/95, S. 26; ähnlich *Spendel*, JR 1996, 181.

1712 BGH NJW 1995, 3324, 3328 (Fall eines zu 2 Jahren Freiheitsstrafe verurteilten Diplom-Chemikers, vgl. hierzu bereits Kapitel 6, B.IV.) - krit. *Spendel*, JR 1996, 178; BGH, Urt. v. 15.9.1995 - 5 StR 642/94, S. 13ff. (Freiheitsstrafe von 2 Jahren und 8 Monaten für das wiederholte Kritisieren der staatlichen und politischen Verhältnisse in der DDR als undemokratisch in Gesprächen mit Arbeitskollegen, vgl. bereits Kapitel 6, B.IV.); krit. hierzu *Möller-Heilmann*, Die Strafverfolgung von Richtern und Staatsanwälten der ehemaligen DDR wegen Rechtsbeugung, S. 290.

1713 Dazu Kapitel 6, B.V.

der Fälle kann jedoch wirksam mit Strafen ohne Freiheitsentzug begegnet werden."[1714]

In der Praxis wurde dies jedoch anders gehandhabt[1715], obwohl auch das 1981 erschienene Lehrbuch zum Besonderen Teil des StGB noch einmal unter Verweis auf die verschiedenen Strafarten des Tatbestands die „breite(n) Differenzierungsmöglichkeiten entsprechend konkreter Tatbegehung und Täterpersönlichkeit" betonte[1716]. Hierauf gestützt konnte die bundesdeutsche Rechtsprechung verschiedentlich zu einer Verurteilung wegen gesetzwidriger Entscheidungen von DDR-Juristen kommen.

So wurde eine rechtsbeugende Bestrafung in dem bereits erwähnten „Intershop-Fall" angenommen. Eine DDR-Bürgerin hatte auf Befragen eines ARD-Korrespondenten die Einführung von „Wertschecks" für Einkäufe im Intershop u. a. als „Entmündigung" kritisiert. Die Verhängung einer Freiheitsstrafe von einem Jahr und das Hinwirken auf Untersuchungshaft für Äußerungen, „die den Tatbestand der öffentlichen Herabwürdigung ohnehin nur bei extensiver Auslegung der Vorschrift erfüllen"[1717], hat der BGH als offensichtlichen Willkürakt angesehen. Angesichts der näheren Umstände wäre aus Sicht des BGH nur eine der Rechtsfolgen unterhalb der Freiheitsstrafe in Betracht gekommen. Hinsichtlich der tatsächlich verhängten Strafe befand er:

> „Hier sollte an einem Menschen, der auch bei systemimmanenter Betrachtung allenfalls geringe Schuld auf sich geladen hatte, ein Exempel statuiert werden, indem er einer grausamen Strafverfolgung unterworfen wurde, um Bürger von mißliebigen Äußerungen ohne Rücksicht auf deren Gewicht abzuschrecken."[1718]

Auch den 1982 gestellten Antrag auf Erlass eines Haftbefehls wegen „öffentlicher Herabwürdigung" nach § 220 II DDR-StGB/1979 gegen eine

1714 Bericht des Präsidiums an die 17. Plenartagung des OG vom 25.9.1980, OGI 6/1980, S. 2ff., 12, zitiert nach BGH NJW 1995, 3324, 3331.

1715 In dem genannten Bericht rügt das Präsidium des OG, nicht nur in Bezug auf § 220 DDR-StGB, „z.T. grobe Fehlentscheidungen, die sich überwiegend in zu hohen Strafen mit Freiheitsentzug bzw. in der Nichtanwendung von Strafen ohne Freiheitsentzug" auswirkten (Bericht des Präsidiums an die 17. Plenartagung des OG vom 25.9.1980, OGI 6/1980, S. 2ff., insoweit zitiert nach *Lammich*, Strafrechtliche Sanktionen in der DDR, in: Arnold, Die Normalität des Strafrechts der DDR, Bd. 1, S. 131.

1716 Sektion Rechtswissenschaft der Humboldt-Universität zu Berlin/Akademie für Staats- und Rechtswissenschaft der DDR (Hrsg.), Strafrecht Besonderer Teil, S. 217.

1717 Vgl. dazu Kapitel 6, B.V.1.b).

1718 BGH NJW 1995, 3324, 3331.

16-Jährige, die Schriften mit bereits geschildertem[1719] politischen Bezug hergestellt und in Hausbriefkästen geworfen hatte, sah der BGH als gesetzwidrig an. Dies allerdings (anders als der Tatrichter) nicht schon deswegen, weil es an den tatbestandlichen Voraussetzungen gefehlt habe, sondern weil es der Bagatellcharakter des Falles verboten habe, eine zudem nicht vorbelastete Jugendliche wegen eines solchen Vergehens mit Untersuchungshaft zu überziehen. Die Inhaftierung habe sich auf keinen Haftgrund stützen können, der Antrag habe zudem jede Auseinandersetzung mit dem auf der Hand liegenden Unumgänglichkeitserfordernis des § 123 DDR-StPO/1968[1720] vermissen lassen[1721].

B. Tatbestandsübergreifende Sonderthemen

I. Todesurteile

In der DDR war die Todesstrafe noch bis zu ihrer Abschaffung durch Beschluss des Staatsrates vom 17.7.1987[1722] und durch Gesetz vom 18.12.1987[1723] als Sanktion vorgesehen und wurde letztmalig am 26. Juni 1981 vollstreckt[1724]. Insgesamt wurden annähernd 260 Todesurteile ausgesprochen, von denen nach älteren Angaben mindestens 170[1725], nach anderen Quellen 180[1726] bzw. weit über 200[1727] vollstreckt wurden[1728]. Ungefähr die Hälfte der vollstreckten Urteile betrafen den Vorwurf von Verbrechen in der NS-Zeit (darin sind 24 Waldheim-Todesurteile enthalten[1729]), etwa 50 den Vorwurf der Spionage, Sabotage u.ä. und etwa 50 den Vorwurf kri-

1719 Siehe Kapitel 6, B.V.1.b) a.E.
1720 Dazu noch Kapitel 9, B.I.3.b)aa).
1721 BGH NJW 1995, 3324, 3331.
1722 GBl. (DDR) I 1987 Nr. 17 S. 192.
1723 GBl. (DDR) I 1987 Nr. 31 S. 301.
1724 BMJ (Hrsg.), Im Namen des Volkes? Katalog, S. 217.
1725 BMJ (Hrsg.), Im Namen des Volkes? Katalog, S. 217.
1726 Unveröffentlichter Bericht des Bundesministeriums für Frauen und Senioren, zitiert in: *Werkentin*, Politische Strafjustiz in der Ära Ulbricht, S. 239 (Fn. 244).
1727 *Evans*, Rituale der Vergeltung. Die Todesstrafe in der deutschen Geschichte 1532 1987, S. 1031, 1033.
1728 Allgemein zur Todesstrafe in der DDR *Evans*, Rituale der Vergeltung. Die Todesstrafe in der deutschen Geschichte 1532 1987, S. 971 ff.; *Koch*, ZStW 110 (1998), 89 ff.
1729 Dazu Kapitel 11, B.IV.1.

mineller Mordtaten[1730]. Von den vollstreckten Todesurteilen werden 52[1731] bzw. 72[1732] politischen Verfahren zugerechnet.

Auch für die Anwendung der Todesstrafe gilt, dass Rechtsbeugung nicht allein deswegen ausscheidet, weil die verhängte Strafe vom gesetzlich vorgesehenen Strafrahmen her zulässig war[1733]. Auch hier bildet die Eröffnung eines Strafrahmens eine hinreichend deutliche gesetzliche Verankerung des auch in der DDR nicht unbekannten Grundsatzes, wonach die verhängte Strafe nicht in einem unerträglichen Missverhältnis zur geahndeten Tat stehen darf[1734]. Allerdings hat der BGH sehr zurückhaltende, insgesamt aber akzeptable Maßstäbe angelegt.

Eine Mitte der 50er Jahre erfolgte Verhängung der Todesstrafe vermöge als solche eine Verurteilung wegen Rechtsbeugung nicht ohne weiteres zu rechtfertigen. Die Verbreitung der Todesstrafe in den osteuropäischen Staaten, in deren System die DDR eingebunden gewesen sei, verbiete es, von einem DDR-Richter in diesem Tatzeitraum zu erwarten, dass er sein Verhalten an Erkenntnissen ausrichte, die nach heutigem Verständnis für die Menschenrechtswidrigkeit dieser Sanktion sprächen. Ein Todesurteil könne deshalb in der gegebenen Fallkonstellation, jedenfalls aus subjektiven Gründen, nicht ohne Hinzutreten weiterer Umstände bereits für sich genommen als willkürliche Menschenrechtsverletzung angesehen werden. Dies gelte namentlich angesichts der Tatsache, dass auch führende westliche Demokratien in ihren Rechtsordnungen zur Tatzeit die Todesstrafe androhten. Auch seien die in der DDR herrschenden Wertvorstellungen im Tatzeitraum zu berücksichtigen, insbesondere die zeitgebundene Wandlung im Verständnis von Strafe und Strafrechtsfunktion. Dabei verweist der BGH auf die Periode des „Kalten Krieges“, die ideologische Konkurrenz der Machtblöcke und vor diesem Hintergrund das Erforderlichhalten der Todesstrafe als „Mittel des Klassenkampfes“ seitens der DDR-Justiz, so dass auch eine Todesstrafe nicht schon deshalb als rechtsbeugerisch überhöht betrachtet werden könne, weil ihre Verhängung aus späterer Sicht nicht mehr nachvollziehbar erscheine. Dennoch könne ein so irreparabler fundamentaler Eingriff in das Rechtsgut

---

1730 Unveröffentlichter Bericht des Bundesministeriums für Frauen und Senioren, zitiert in: *Werkentin*, a.a.O.

1731 *Schaefgen*, NJ 2000, 3, der von insgesamt 72 politischen Todesurteilen ausgeht.

1732 *Schümann*, NJ 2001, 507.

1733 So aber *Buchholz*, ZAP-Ost 1996, 230. Zumindest habe der Angeklagte (hier: *Reinwarth*) den Ausspruch einer Todesstrafe für gesetzlich halten dürfen. Damit fehle es jedenfalls an der Wissentlichkeit einer gesetzwidrigen Entscheidung (a.a.O.).

1734 Dazu bereits Kapitel 5, A.II.1.

Leben nur in aufs Engste begrenzten Ausnahmefällen hinnehmbar sein. Die staatlich verfügte Vernichtung eines Menschenlebens sei allenfalls dann keine Rechtsbeugung, wenn die Ahndung schwersten Unrechts und schwerster Schuld, etwa in bestimmten Fällen vorsätzlicher Tötung, in Rede stehe. Diese äußerste Sanktion habe nicht angeordnet werden dürfen, wenn durch die zu ahndende Straftat kein gravierender Schaden verursacht worden sei. Namentlich vor dem Hintergrund des beispiellosen Missbrauchs der Todesstrafe in der nationalsozialistischen Gewaltherrschaft, von welcher sich die DDR abgewandt habe, sei die DDR-Justiz in besonderem Maße gehalten gewesen, die Todesstrafe auf Fälle schwersten Unrechts zu beschränken, zumal im Bereich politisch motivierten Strafrechts[1735].

Dass die Maßstäbe, die in der Bundesrepublik bei der Beurteilung von NS-Justizunrecht angewandt wurden, weit weniger streng waren und dass die Anwendung der nunmehr aufgestellten Maßstäbe in vielen Fällen zur Verurteilung von NS-Richtern und -Staatsanwälten hätte führen müssen, räumt der BGH selbst ein[1736]. Es ist zu begrüßen, dass ihn das damalige Versagen bei der Verfolgung von NS-Juristen nicht von einer Kurskorrektur bei der Bewertung der Verhängung der Todesstrafe abgehalten hat[1737].

Der BGH bekräftigte seine oben dargestellten Maßstäbe in einer Entscheidung zu zwei DDR-Todesurteilen, die 1979 und 1981 verhängt wurden. Für die hier zu beurteilenden Tatzeiten müsse erst recht gelten, dass die Verhängung der extremen Sanktion der Todesstrafe in Fällen, in denen nicht äußerstes Unrecht und schwerste Schuld zu sanktionieren gewesen seien, stets als Rechtsbeugung zu beurteilen seien[1738].

Nach diesen Grundsätzen ist immerhin eine ganze Anzahl ehemaliger DDR-Richterinnen und -Richter sowie ein Staatsanwalt wegen der Verhängung bzw. Beantragung von Todesurteilen (zu teils mehrjährigen Haftstrafen) verurteilt worden[1739].

1735 BGH NJW 1996, 857, 858 f.; kritisch *Möller-Heilmann*, Die Strafverfolgung von Richtern und Staatsanwälten der ehemaligen DDR wegen Rechtsbeugung, S. 215 f.

1736 BGH NJW 1996, 857, 859 f.

1737 Siehe dazu allerdings auch Kapitel 12, D.

1738 BGHR StGB § 339 Rechtsbeugung 4.

1739 Näher dazu Kapitel 15, A.III.2.

II. Freikaufproblematik

Dem Umstand, dass ein Verurteilter aufgrund eines „Freikaufs" durch die Bundesrepublik seine Strafe nicht vollständig verbüßen musste, kam für die Beurteilung des Missverhältnisses der Strafe zur Tat keine entscheidende Bedeutung zu. Bei Erlass des Urteils konnte nicht feststehen, ob ein Angeklagter später freigekauft werden würde. Daher war nicht von der tatsächlich verbüßten, sondern von der verhängten Strafe auszugehen[1740].

Zur Legitimierung drakonischer Freiheitsstrafen gegen Ausreisewillige wurde insbesondere der Einwand vorgebracht, ausreisewillige DDR-Bürger hätten bewusst den Konflikt mit dem politischen Strafrecht gesucht, um über eine Verurteilung und Inhaftierung ihren Freikauf durch die Bundesregierung zu erreichen, da die Chance des Freikaufs mit der Höhe der Strafe gewachsen sein soll[1741]. Der von dem Betroffenen erstrebte Freikauf rechtfertigt jedoch grundsätzlich nicht einen offensichtlichen Willkürakt bei der Strafzumessung, zumal nicht mit der nötigen Sicherheit von einem späteren Freikauf ausgegangen werden konnte[1742]. Selbst eine ausdrückliche Zustimmung des Verurteilten wäre für die Erfüllung des Rechtsbeugungstatbestandes durch die Verhängung einer nicht schuldangemessenen Strafe ohne Bedeutung, weil der Betroffene über die Rechtspflege als Rechtsgut beider Rechtsbeugungstatbestände[1743] nicht verfügen kann[1744]. Die erwiesene bewusste Inkaufnahme einer Verurteilung zu Freiheitsstrafe durch den Verfolgten kann aber nach Ansicht des BGH insoweit für die Gesetzwidrigkeit der Bestrafung von Bedeutung sein, als sie im Einzelfall für Richter und Staatsanwälte ein Beleg der Entschlossenheit und Wiederholungsgeneigtheit des „Täters" sein konnte, so dass „unter Umständen ein den Vorwurf der Willkür ausnahmsweise ausschließendes erhöhtes Strafbedürfnis empfunden worden sein mag"[1745]. Bei bejahter Rechtsbeugung kann die bewusste Inkaufnahme einer Inhaftierung

1740 BGHR StGB § 336 DDR-Richter 2 (insoweit nicht in BGH NJ 1997, 375 f. abgedruckt).

1741 *Limbach*, Strafrechtliche Verantwortlichkeit für die Ausübung politischer Strafjustiz, in: Lampe (Hrsg.), Deutsche Wiedervereinigung, Band II, S. 108; *Arnold*, Die Normalität des Strafrechts der DDR, Bd. 1, S. 73.

1742 BGHR StGB § 336 DDR-Recht 9; zust. *Möller-Heilmann*, Die Strafverfolgung von Richtern und Staatsanwälten der ehemaligen DDR wegen Rechtsbeugung, S. 216; so wohl auch *Grote*, Die DDR-Justiz vor Gericht, S. 160.

1743 Siehe dazu Kapitel 2, B.

1744 So auch *Weber*, GA 1993, 226.

1745 BGHR StGB § 336 DDR-Recht 9; zust. *Möller-Heilmann*, Die Strafverfolgung von Richtern und Staatsanwälten der ehemaligen DDR wegen Rechtsbeugung, S. 216.

auch nicht als ein den Tatbestand der Freiheitsberaubung berührendes Einverständnis gewertet werden[1746].

Der BGH tendierte allerdings in einem Fall dazu, jedenfalls die Wissentlichkeit der Rechtsbeugung bei der Anordnung von Untersuchungshaft zu verneinen, wenn die DDR-Justizangehörigen davon ausgehen konnten, der Verfolgte habe eine vorübergehende begrenzte Inhaftierung als Preis für eine dann alsbald zu erlangende gewünschte Ausreise bei seinem Verhalten bewusst einkalkuliert[1747]. Er entnimmt diesem Zusammenhang auf der anderen Seite auch Anhaltspunkte für eine jenseits zulässiger Anwendung des Strafverfahrensrechts abgestimmte, im Einzelfall zum Nachteil des Betroffenen rechtsbeugerisch geführte Verfahrensgestaltung[1748].

Für den Fall, dass ein Ausreisewilliger gezielt besonders hart bestraft wurde, um über den Freikauferlös die Staatsfinanzen zu stützen, hält der BGH zutreffend bereits bei nachgewiesenem Sich-Leitenlassen von solch sachwidrigem Bestreben Rechtsbeugung für gegeben[1749]. Eine solche innere Haltung ist aber, soweit ersichtlich, in keinem Fall nachgewiesen worden[1750].

Ebenso fehlte es insoweit aus Sicht des BGH am Nachweis einer Rechtsbeugung durch Missbrauch des Verfahrensrechts in Form der Durchführung eines justizförmigen Scheinverfahrens. Als „nicht unerhebliches Indiz" hierfür erkannte er den verhältnismäßig frühen Freikauf der Verfolgten (neben dem weitgehend konformen Vorgehen der verantwortlichen DDR-Juristen) immerhin an[1751].

C. Zusammenfassung

Die Untersuchung konkreter Fallgestaltungen der höchstrichterlichen Rechtsprechung zeigt je nach Zeitabschnitt unterschiedliche Probleme bei der strafrechtlichen Bewertung exzessiver Strafen.

1746 BGHR StGB § 336 Rechtsbeugung 12.

1747 BGH NStZ 1997, 127, 128; zust. *Möller-Heilmann*, a.a.O., S. 216 f.

1748 BGH a.a.O.

1749 BGHR StGB § 336 DDR-Recht 9; BGHR StGB § 336 Staatsanwalt 1; zust. *Möller-Heilmann*, a.a.O., S. 217; *Grote*, Die DDR-Justiz vor Gericht, S. 160.

1750 Vgl. BGH a.a.O., vgl. aber auch den Hinweis von *Sauter*, DtZ 1992, 170, es seien Fälle bekannt geworden, in denen die Gerichte auf Anweisung der SED das Strafmaß danach ausgerichtet hätten, welche Erlöse bei einem Freikauf zu erzielen waren.

1751 BGH NStZ 1999, 245, 246.

Hinsichtlich der frühen DDR steht die Beurteilung von Todesstrafen im Vordergrund. Insoweit hat der BGH sehr zurückhaltende, insgesamt aber akzeptable und ausführlich begründete Maßstäbe angelegt. Judikate zu Todesurteilen und langjährigen Freiheitsstrafen aus der ersten Hälfte des Bestehens der DDR lassen sich überwiegend den Verurteilungen nach dem berüchtigten Art. 6 II der DDR-Verfassung von 1949 („Boykotthetze") zuordnen.

Darüber sollte allerdings nicht aus dem Blickfeld geraten, dass nach dem Strafrechtsergänzungsgesetz ab 1958 ebenfalls äußerst harte politische Strafjustiz verübt wurde, die sich in vielen Rechtsbeugungsverurteilungen jedenfalls wegen übermäßiger Strafen hätte niederschlagen müssen. Zwei Beispiele aus der gerichtlichen Aufarbeitung wurden oben angeführt. Dennoch bleibt die Erschließbarkeit besonders angesichts des niedrigen Veröffentlichungsgrades von Entscheidungen hier dürftig.

Ähnliches gilt für das schon auf Bagatellfälle hart reagierende Wirtschaftsstrafrecht der frühen DDR, soweit es hier überhaupt zu Rechtsbeugungsverfahren kam. Die exzessive Anwendung des Handelsschutzgesetzes (HSchG) und des Volkseigentumsschutzgesetzes (VESchG) Anfang der 50er Jahre findet sich nicht in der veröffentlichten justiziellen strafrechtlichen Aufarbeitung von DDR-Justizunrecht wieder, die Anwendung der Wirtschaftsstrafverordnung (WStVO) von 1948 nur in einem Fall.

Gegenüber der vergleichsweise geringen Zahl von Anklagen wegen der Anwendung des politischen Strafrechts bis 1968 dominierten in der strafrechtlichen Aufarbeitung Anklagen wegen der politischen Strafrechtsprechung nach dem DDR-StGB von 1968, vor allem in der Fassung von 1979. Der deutliche Schwerpunkt der Anklagen liegt damit auf Fällen aus den 80er Jahren[1752]. *Hohoff* erklärt dies plausibel mit einer insoweit nach bestimmten Sachverhaltskonstellationen schematisierenden Rechtsprechung und einer darauf reagierenden Anklagepraxis in Berlin und Sachsen[1753]. Als weitere Erklärung dürften geringere Ermittlungsschwierigkeiten als bei Taten aus den 50er und 60er Jahren hinzukommen. Je länger die Tat zurückliegt, desto geringer ist die Wahrscheinlichkeit, dass der Beschuldigte noch lebt (und auch auffindbar ist). Die an den weni-

---

1752 *Hohoff*, An den Grenzen des Rechtsbeugungstatbestandes, S. 68 f. Mehr als die Hälfte (54,9 %) aller Anklagen wegen Rechtsbeugung betrafen danach Strafverfolgungsmaßnahmen in den 80er Jahren, deutlich mehr als die Hälfte (65,9 %) betrafen die politische Strafrechtsprechung insgesamt ab 1968.

1753 *Hohoff*, a.a.O., S. 69.

ger lange zurückliegenden Entscheidungen Beteiligten leben bzw. lebten größtenteils noch und waren auch zumeist verhandlungsfähig[1754].

Inwieweit die Anklagen sich auf Übermassstrafen oder andere Fallgruppen der Rechtsbeugung bezogen, ist nicht erfasst. Entsprechendes gilt für Urteile. Selbst bei den hier untersuchten Urteilen kann häufig nichts über den Verfahrensausgang gesagt werden, weil zwar viele Aufhebungsurteile des BGH, nicht aber die dann in Rechtskraft erwachsenen Entscheidungen veröffentlicht oder aus anderer Quelle bekannt sind. Obwohl daher die Analyse auf dogmatische Fragen beschränkt bleiben musste, kann jedenfalls anhand der untersuchten, überwiegend veröffentlichten Entscheidungen gesagt werden, dass die meisten Verurteilungen wegen Rechtsbeugung auf die Fallgruppe der Übermaßstrafe entfielen.

Bei nach dem DDR-StGB von 1968, insbesondere in den 80er Jahren, verfolgten Betroffenen gab es zwar ebenfalls noch langjährige Freiheitsstrafen, die ohne weiteres als Rechtsbeugung gewertet werden konnten. Mehr noch spiegelt sich in der Aufarbeitung aber das Phänomen ein- bis zweijähriger Freiheitsstrafen, die im Grenzbereich des Tatbestandes oder auch unabhängig davon für Bagatelltaten verhängt wurden, sowie in solchen Fällen beantragter und vollzogener Untersuchungshaft. Die dabei bestehenden Unsicherheiten in der strafrechtlichen Bewertung versuchte der BGH teilweise mit der bereits erörterten „Kompensationslösung" bei der Gesamtbetrachtung von Fallgruppen[1755] zu lösen, indem er auf das Zusammenspiel von tendenzieller Tatbestandsüberdehnung und gleichzeitiger Verhängung bzw. Beantragung (im Falle der Untersuchungshaft: Prognostizierung) einer in Anbetracht dieses Umstandes unverhältnismäßig schweren Strafe („relative Übermaßstrafe") abstellte und damit die Rechtsbeugungsstrafbarkeit begründete.

In sehr vielen Fällen verneinte der BGH jedoch eine Rechtsbeugung, teils in objektiver, teils in subjektiver Hinsicht. Das gilt in besonderem Maße für die Bewertung von Bestrafungen wegen (versuchten) „ungesetzlichen Grenzübertritts" (§ 213 DDR-StGB), bei welcher der BGH besonders zurückhaltend war. Dies dürfte sich auch auf die untergerichtliche Handhabung sowie die Anklagepraxis ausgewirkt haben. Eine etwas größere Neigung des BGH, Rechtsbeugung anzunehmen, zeigte sich bei Fällen von Strafverfolgung Ausreisewilliger wegen „Beeinträchtigung staatlicher oder gesellschaftlicher Tätigkeit" (§ 214 DDR-StGB), besonders in der

1754 *Marxen/Werle*, Die strafrechtliche Aufarbeitung von DDR-Unrecht. Eine Bilanz, S. 48 f.

1755 Dazu Kapitel 5, unter A. und A.IV.

Variante der „Bekundung einer Missachtung der Gesetze oder Aufforderung zu ihrer Missachtung“ (§ 214 I Alt. 2 DDR-StGB). Versuche, drakonische Strafen gegen Ausreisewillige mit dem Hinweis auf deren Erstreben eines späteren „Freikaufs“ durch die Bundesrepublik einer Rechtsbeugungsstrafbarkeit zu entziehen, hat der BGH zu Recht zurückgewiesen.

Insgesamt aber bleiben die konkreten Ergebnisse der Rechtsprechung in vielen Fällen harter Strafen hinter den Erwartungen zurück. Die Erwartungen waren allerdings bei einigen auch sehr hoch, verknüpft mit dem grundsätzlich an die Aufarbeitung von DDR-Unrecht angelegten rechtsdogmatischen Maßstab.

Die umstrittene, aber im Hinblick auf Art. 103 II GG gebotene Berücksichtigung systemimmanent ausgelegten DDR-Rechts nicht nur bei der strafrechtlichen Würdigung der Tatbestandsauslegung, sondern auch bei der Würdigung damaliger Strafzumessung, führte zwangsläufig zu – insbesondere aus Opfersicht – unbefriedigenden, wegen der verfassungsrechtlichen Beschränkungen aber insgesamt hinzunehmenden Ergebnissen. Dies veranschaulichte der BGH in einem Fall einer im Verhältnis zur Tat harten Bestrafung bei ohnehin schon extensiver Tatbestandsauslegung[1756], im Bemühen, die Erwartungen der Betroffenen zu dämpfen:

> „Die Tatsache, daß eine Bestrafung, wie sie N. erfahren hat, nicht als Rechtsbeugung gewertet wird, verdeutlicht beispielhaft den unbefriedigenden Aspekt, daß massive Reaktionen der DDR-Justiz gerade auf besonders mutiges und aktiv auf die Durchsetzung von Freiheitsrechten gerichtetes Verhalten wegen des nach rechtsstaatlichen Prinzipien gebotenen Abstellens auf die Sicht des DDR-Rechts eher selten zur Annahme von Rechtsbeugung führen werden. Letztlich geht dies darauf zurück, daß die DDR-Justiz gerade solches Verhalten von Menschen mit Zivilcourage – wie die Ereignisse vom November 1989 belegen – aus ihrer Sicht zu Recht besonders fürchten mußte.“[1757]

Diejenigen, die die Ergebnisse generell nicht akzeptieren, lehnen in der Regel wie *Spendel* und *F.-C. Schroeder* schon den Ansatzpunkt des BGH ab[1758], weil sie den Maßstab rechtsstaatlicher Auslegung damaligen Rechts

1756 Verneinung der Rechtsbeugung „jedenfalls“ aus subjektiven Gründen bei Veranlassung der Untersuchungshaft und Stellung des Antrags auf Verurteilung zu einer Freiheitsstrafe von einem Jahr und drei Monaten nach § 214 I Alt. 2 DDR-StGB wegen Plakates mit der Aufschrift *„Seit 12 Monaten werde ich am legalen Verlassen der DDR gehindert“* (vgl. o., A.VI.3.b).

1757 BGH NJW 1995, 3324, 3329; ähnlich BGH NStZ 1996, 386, 388 zum Ausbleiben strafrechtlicher Reaktion auf Bestrafungen „gerade solcher Personen (...), die dem Unrechtssystem der SED mutig und unerschrocken entgegengetreten sind“.

1758 *Spendel*, JR 1996, 178 f.; *ders.*, a.a.O., S. 183, 185.

anlegen wollten[1759]. Dem BGH wurde in diesem Kontext vorgeworfen, er habe sich auf das Gebiet einer „schwammigen Gefühlsjustiz" begeben, indem er Rechtsbeugungsvorwürfe in einzelnen Fällen auf zu hohe Strafen gestützt habe, und nicht schon darauf, dass die DDR-Justiz die Gesetze verdreht habe[1760]. Es bleibt jedoch dabei, dass Verurteilungen aus einem Nicht-Rechtsstaat nicht nachträglich mit rechtsstaatlicher Elle gemessen werden können[1761]. Dass es daher oft auf die nicht trennscharf mögliche Grenzziehung hinsichtlich einer Rechtsbeugung durch unerträglich hohe Strafen ankam, war im Grunde unausweichlich. Auf ein nachvollziehbares Unbehagen angesichts der Abgrenzungsschwierigkeiten aufgrund der Bedeutung von Wertungsfragen[1762] wurde bereits eingegangen[1763]. Davon abgesehen hat sich jedoch in bemerkenswert wenigen Fällen die Kritik der Literatur an der Rechtsprechung daran entzündet, dass die Bewertung der im konkreten Einzelfall verhängten Strafe im Ergebnis als rechtsbeugerisch oder noch nicht rechtsbeugerisch ausfiel.

1759 Vgl. bereits *Spendel* und *F.-C. Schroeder* in Kapitel 3, A.II.3.

1760 F.-C. Schroeder, FAZ v. 1.2.1996.

1761 Dazu bereits Kapitel 5, A.II.2.

1762 Dazu *Käsewieter*, Der Begriff der Rechtsbeugung im deutschen Strafrecht, S. 220 f.

1763 Kapitel 5, C.

8. Kapitel: Zur Rechtsbeugung durch die Verfahrensweise

Im Folgenden ist im Einzelnen auf die Fälle der Rechtsbeugung durch die Art und Weise der Durchführung von Verfahren, insbesondere von Strafverfahren, einzugehen. Da die Fälle der Instrumentalisierung von Strafverfahren (Verfahrensmissbrauch) Besonderheiten aufweisen, werden sie an anderer Stelle näher erörtert[1764]. Dies betrifft insbesondere präjudizierende Eingriffe der Staats- und Parteiführung in einzelne Gerichtsverfahren. Vor der Untersuchung konkreter Verfahrensweisen werden noch einmal allgemein die Auswirkungen des sozialistischen Rechtsverständnisses auf die strafrechtliche Bewertung prozessualen Vorgehens verdeutlicht.

A. Allgemeine Auswirkungen des sozialistischen Rechtsverständnisses

Die gesetzwidrige Anwendung oder Außerachtlassung von konkreten Verfahrensvorschriften mag grundsätzlich eine Rechtsbeugung begründen. Allerdings hat sich die Bedeutung dieser Fallgestaltung als sehr begrenzt erwiesen. Dies liegt zum einen daran, dass insbesondere das Strafprozessrecht der DDR rechtsstaatlichen Standards nicht entsprach und bereits dadurch weitgehende Möglichkeiten legalen Vorgehens der Staatsmacht eröffnete, wie sich etwa an der Rechtsstellung des Beschuldigten zeigt. Zum anderen führt die erforderliche Berücksichtigung des sozialistischen Rechtsverständnisses dazu, dass zusätzlich auch eine dem Beschuldigten ungünstige Auslegung des prozessualen Rechts hingenommen werden muss. Es wäre verfehlt, im Bereich des Strafverfahrensrechts und des Gerichtsverfassungsrechts mit liberal-rechtsstaatlichem Rechtsdenken an die Auslegung von DDR-Gesetzen, und seien es auch „übernommene" Gesetze, heranzugehen[1765].

1764 Siehe Kapitel 11, B.III. und Kapitel 13, C.II.2.

1765 So auch *Hellbeck*, Die Staatsanwaltschaft in der Sowjetischen Besatzungszone Deutschlands, S. 17.

Immerhin war auch der Rechtswissenschaft in der DDR und der politischen Führung der sozialistischen Staaten ein Willkürverbot, das aus der sozialistischen Gesetzlichkeit abgeleitet wurde, nicht fremd[1766]. Das Prinzip der sozialistischen Gesetzlichkeit wurde in der westlichen Literatur für das Strafverfahren insoweit als ein echtes Schutzrecht für den Beschuldigten angesehen, als es die Justizorgane an die Einhaltung der Parteibeschlüsse binde und dadurch *individuelle* Willkürmaßnahmen eines Justizorgans verhindern könne[1767].

In diesem Zusammenhang ist die Parteilichkeit im sozialistischen Sinne abzugrenzen von der Parteilichkeit des Richters gegenüber den Prozessparteien bzw. dem Angeklagten. Die Gerichte waren zur Unvoreingenommenheit verpflichtet (§§ 9 I, 156 DDR-StPO/1968/1974, § 73 DDR-ZPO). Staatsanwalt und Richter mussten ohne vorgefasste Meinung in die Hauptverhandlung gehen[1768]. Der Richter sollte parteilich, aber unparteiisch und unvoreingenommen sein[1769], hatte niemanden als Person zu begünstigen oder zu benachteiligen. Wenn auch der sozialistische Richter „objektiv" zu sein hatte, so wurde darunter keine Neutralität verstanden. Die Objektivität sollte vom sozialistischen Rechtsbewusstsein und von sozialistischer Moral geprägt sein[1770]. Die geforderte Parteilichkeit betraf

---

1766 *Haney*, Grundlagen der Theorie des sozialistischen Staates und Rechts, Teil II, S. 236: „Viertens kommt im Begriff der Gesetzlichkeit die Ablehnung jeder Form von Ungesetzlichkeit und Willkür (...) zum Ausdruck"; Institut für Theorie des Staates und des Rechts (Hrsg.), Marxistisch-leninistische Staats- und Rechtstheorie, S. 429: „Die in der sozialistischen Gesetzlichkeit liegende Absage an jede Form der Willkür..." Auch sowjetische Autoren stellen 1973 heraus, der sozialistische Staat könne seinem ganzen Wesen nach Willkür und Ungesetzlichkeit, von wem sie auch immer ausgehen möge, nicht dulden. Dabei wird dieses Merkmal der sozialistischen Gesetzlichkeit auch auf die Beziehungen zwischen den Organen der Staatsmacht (Verwaltung, Justiz) und den Bürgern bezogen und als Prinzip der Ausübung der staatlichen Machtfunktionen bezeichnet, *Autorenkollektiv (Alexandrow u.a.)*, Marxistisch-leninistische allgemeine Theorie des Staates und des Rechts, Bd. 4 (Das sozialistische Recht), S. 80f. In einer Rede des damaligen Generalsekretärs des ZK der KPdSU, *Breschnev*, vom 14.6.1974 heißt es: „Wenn wir von der Festigung der sozialistischen Gesetzlichkeit sprechen, haben wir zwei Aspekte im Sinn. Zunächst denken wir an den strengsten Schutz der Bürgerrechte, das Unerlaubtsein irgendeiner Form von Willkür, auch von seiten verantwortlicher Personen ..." (Pravda vom 15.6.1974, in: *Reich/Reichel*, Einführung in das sozialistische Recht, S. 65).

1767 *Bechthold*, Prozeßprinzipien, S. 62.

1768 *Mühlberger*, NJ 1956, 388.

1769 Vgl. Autorenkollektiv, Grundlagen der Rechtspflege, S. 65 und § 46 I DDR-GVG/1963 („unparteiisch").

1770 A.a.O., S. 65.

die Einstellung zur Rechtsfindung und Rechtsanwendung im Allgemeinen, unabhängig vom konkreten Streitfall und den daran Beteiligten[1771].

Die Parteilichkeit der sozialistischen Rechtspflege wurde geradezu als Voraussetzung ihrer Objektivität und Gerechtigkeit angesehen. Sie schließe Subjektivismus und die Verfolgung partikulärer, lokal- oder gruppenegoistischer Sonderinteressen aus[1772]. In der vom sozialistischen Gesetz und vom sozialistischen Rechtsbewusstsein und der sozialistischen Moral geprägten Sachlichkeit und Objektivität verwirkliche sich die Parteilichkeit des Gerichts als Organ zur Verwirklichung der Staatspolitik[1773].

Eine einseitige politische Voreingenommenheit gegenüber dem Angeklagten widersprach also den sozialistischen Vorstellungen von einem korrekten Prozess gerade nicht, sondern nur eine persönliche Voreingenommenheit außerhalb des politischen Bereichs. Die von der sozialistischen Gesetzlichkeit geforderte Parteilichkeit sollte auch in der Prozessführung zum Ausdruck kommen. Das beinhaltete, dass der Richter nicht objektiv Angeklagte, Verteidiger und Staatsanwalt als gleichberechtigte Parteien behandeln und die Schuld „objektiv richtig", das heißt „unter Zugrundelegung der Gesetze des Klassenkampfes" festzustellen hatte[1774]. Der Staatsanwalt wurde zur Zentralfigur des Prozesses[1775].

Es galt durchaus das Gebot, die Grundrechte und die Menschenwürde des Bürgers im Strafverfahren zu achten (§§ 3, 220 II DDR-StPO/1968; Art. 4 DDR-StGB/1974, Art. 19 II, 90 I 2 DDR-Verf./1968/1974) - ein Gebot, das in der Praxis keineswegs immer beachtet wurde, wie ein damaliger Direktor eines Bezirksgerichts 1953 offiziell zugab[1776]. Allerdings ist äußerst zurückhaltend zu beurteilen, ob und inwieweit die strafprozessualen Grundsätze und Grundrechte in der DDR der Abwehr von Willkürhandlungen dienen sollten[1777]. Denn es war zwar letztlich anerkannt, dass die „gerichtsverfassungsrechtlichen" Regelungen Grundrechte der

1771 *Böckenförde*, Die Rechtsauffassung im kommunistischen Staat, S. 70.

1772 Autorenkollektiv, Grundlagen der Rechtspflege, S. 26.

1773 *Müller/Fritzsche*, Gerichtsverfassungsrecht Staatsanwaltschaftsrecht, S. 35.

1774 *Benjamin*, NJ 1951, 155. In den 50er Jahren wurde die Ursache und Wurzel jedes Verbrechens im Klassenkampf gesehen, vgl. *Benjamin*, a.a.O.

1775 *Lange*, Die Entwicklung des Strafrechts in der sowjetischen Besatzungszone, in: Rosenthal/Lange/Blomeyer, Die Justiz in der sowjetischen Zone, S. 69.

1776 *Mühlberger*, NJ 1956, 388.

1777 Dazu *Speck*, Die Rechtsstellung des Beschuldigten im Strafverfahrensrecht der DDR, S. 377 mit Fn. 42.

Bürger konkretisieren und subjektive Rechte gewähren[1778]. Doch besagt das nicht viel, denn nach sozialistischem Verständnis waren subjektive (Grund-)Rechte keine dem Staat entgegenzuhaltenden subjektiv-öffentlichen Abwehrrechte im westlichen, rechtsstaatlichen Sinne[1779].

Neben Willkürverbot und Grundrechtsbindung, deren Tragweite im Rahmen des DDR-Rechts nicht überzubewerten ist, galt ein weiteres Prinzip: Art. 99 IV DDR-Verf./1968/1974 legte fest, dass die Rechte des Bürgers im Zusammenhang mit einem Strafverfahren nur insoweit eingeschränkt werden durften, wie dies gesetzlich zulässig und unumgänglich war. Auch dabei ist freilich zu beachten, dass das Erfordernis der Unumgänglichkeit wie bei Art. 30 DDR-Verf./1968 enger zu verstehen ist als das rechtsstaatliche Verhältnismäßigkeitsprinzip[1780].

B. Einordnung rechtsstaatswidriger Verfahrensweisen

Bei den in diesem Kapitel angesprochenen Methoden der DDR-Justiz handelt es sich um rechtsstaatswidrige Verfahrensweisen, die aber oft den Verfahrensvorschriften der DDR entsprachen und daher gerade nicht als Rechtsbeugung bestraft werden konnten. Einige davon sind in Rechtsprechung und Literatur nicht erörtert worden, obwohl es nahegelegen hätte, und waren (soweit ersichtlich) auch nicht Gegenstand justizieller Aufarbeitung.

Die folgenden Fragestellungen betreffen ganz überwiegend Verfahrensrechtsverletzungen im Strafprozess (I.-X.), wobei weiteres, staatsanwaltliches Handeln in einem gesonderten Kapitel aufgegriffen wird[1781]. Fast 96 % der Anklagen wegen Rechtsbeugung bezogen sich auf Strafverfahren[1782]. Mögliche Rechtsbeugung durch die Art und Weise des Verfahrens ist freilich nicht hierauf beschränkt. Die Abweisung von Kündigungsschutzklagen und insbesondere von Einsprüchen ausreisewilliger

1778 Autorenkollektiv, Grundlagen der Rechtspflege, S. 59; zu einem gegenteiligen Beispiel aus der Anfangszeit der DDR *Müller-Römer*, Die Grundrechte in Mitteldeutschland, S. 116.

1779 Vgl. Kapitel 3, B.VII.

1780 Vgl. Kapitel 3, A.III.1.a)cc).

1781 Kapitel 9, B.

1782 *Hohoff*, An den Grenzen des Rechtsbeugungstatbestandes, S. 32.

Pädagogen gegen ihre fristlose Entlassung im Beschlussverfahren (nach § 28 III DDR-ZPO) als „offensichtlich unbegründet" wurde allerdings zutreffend nicht als Rechtsbeugung bewertet, wie schon im Zusammenhang mit materiellrechtlichen Erwägungen erörtert wurde[1783]. Eine Anklage wegen einer sog. Zwangsadoption stützte den Rechtsbeugungsvorwurf zwar auf Verfahrensrechtsverletzungen, doch kam es aus anderen Gründen zu keinem Urteil (XI.).

I. Verletzung der gerichtlichen Prüfungspflichten bei Erlass von Eröffnungsbeschlüssen, Haftbefehlen und bei der Bestätigung von Durchsuchungen

1. Eröffnungsbeschluss

Eine Eröffnung des Hauptverfahrens war nach § 193 I DDR-StPO/1968/1974 bzw. § 176 II DDR-StPO/1952 nur bei hinreichendem Tatverdacht zulässig. § 187 II Nr. 2 DDR-StPO/1968/1974 regelte ausdrücklich die Pflicht des Gerichts, nach Eingang der Anklageschrift zu prüfen, ob hinreichender Tatverdacht besteht. Die vielfach geübte Praxis, dass das Gericht seinen Eröffnungsbeschluss ohne eigene Prüfung aus der Anklageschrift „inseriere", also einfüge, hat *Melsheimer* bereits 1956 kritisiert und auf die Eigenverantwortung des Gerichts hingewiesen[1784]. 1963 hob auch die Richtlinie des OG Nr. 17 über die Durchführung des Eröffnungsverfahrens[1785] die Eigenverantwortung des Gerichts hervor und rügte ebenfalls die Praxis, die Anklageschrift ohne Nachprüfung wörtlich in den Eröffnungsbeschluss zu übernehmen. Später hat das OG in seiner zweiten Beweisrichtlinie vom 15.6.1988 noch einmal hervorgehoben, die wichtigste Aufgabe des Gerichts im Eröffnungsverfahren sei die eigenverantwortliche Prüfung des hinreichenden Tatverdachts in Bezug auf die in der Anklageschrift erhobene Beschuldigung. Zur Entscheidung hierüber bedürfe es der kritischen Prüfung der Anklageschrift und des ihr zugrunde liegenden Ermittlungsergebnisses[1786]. Offensichtlich wurden die früheren Mah-

---

1783 BGH NJW 1994, 529, 532 = BGHSt 40, 30, 43; BGH NJW 1995, 2734, 2736 ff. = BGHSt 41, 157, 165 ff.; näher dazu Kapitel 5, B.II.

1784 *Melsheimer*, NJ 1956, 294.

1785 Richtlinie Nr. 17 v. 14.1.1963, GBl. DDR II S. 43, 44 Teil II 1.

1786 NJ 1988, 316; vgl. schon Ministerium der Justiz (Hrsg.), Kommentar zur StPO (1987), § 187 Anm. 1.1.: „eigenverantwortliche Prüfung".

nungen immer noch nicht umgesetzt. Da das Unterlassen der Prüfung als solches noch keine Entscheidung i. S. d. § 244 DDR-StGB darstellt, kann Tathandlung nur der Erlass des Eröffnungsbeschlusses sein. Sofern die Annahme hinreichenden Tatverdachts im Ergebnis unvertretbar war, kann mit dem Eröffnungsbeschluss Rechtsbeugung durch Verletzung der o.g. Vorschriften begangen worden sein. In welchen Fällen auch ein Willkürakt im Sinne der BGH-Rechtsprechung anzunehmen gewesen wäre, muss offen bleiben, da hierzu keine Entscheidungen bekannt sind. Dies dürfte hauptsächlich daran liegen, dass DDR-Gerichte in derartigen Fällen in der Regel auch verurteilt haben dürften, so dass sich Rechtsbeugungsverfahren auf die Verurteilung als Tathandlung konzentriert haben werden.

2. Haftbefehl

Ebenso wie bei allen anderen Entscheidungen hatten die Gerichte auch bei Erlass des Haftbefehls die Pflicht, unabhängig von der Staatsanwaltschaft eine eigenverantwortliche Entscheidung zu treffen, der sie nicht immer gerecht wurden[1787]. Eine Rechtsbeugung kommt aufgrund einer dabei erfolgten Verletzung der §§ 141 DDR-StPO/1952, 122, 123 DDR-StPO/1968/1974 in Betracht, also wenn es an den Voraussetzungen für die Anordnung der Untersuchungshaft fehlte[1788]. Gleiches gilt für die Aufrechterhaltung der Untersuchungshaft.

3. Durchsuchungsbestätigung

Art. 136 DDR-Verf./1949 und § 140 DDR-StPO/1952[1789] verpflichteten das Gericht nach der Rechtsprechung des OG, schon im Ermittlungsverfahren die Arbeit des Untersuchungsorgans auf ihre Übereinstimmung mit der „sozialistischen Gesetzlichkeit" (im Sinne der Einhaltung der gesetzlichen Voraussetzungen für Grundrechtseingriffe) zu überprüfen[1790]. Bemerkenswerterweise lehnte das OG unter Hinweis auf das Prinzip der strikten Einhaltung der sozialistischen Gesetzlichkeit die Praxis der kritiklosen richterlichen Durchsuchungsbestätigung durch Handstem-

---

1787 *Melsheimer*, NJ 1956, 294; Haftbefehlsrichtlinie des Plenums des OG vom 17. Oktober 1962 (GBl. DDR II, 711, 713) Nr. 4 und vom 2. Juli 1969 (NJ 1969, 454, 457) Nr. 4.2.

1788 Dazu Kapitel 9, B.I.3.b).

1789 Richterliche Bestätigung bei Durchsuchung, Beschlagnahme und vorläufiger Festnahme bzw. Arrestbefehl.

1790 OG NJ 1963, 125.

pel mit feststehendem Beschlusstext ab, weil sie zu Oberflächlichkeit und Schematismus bei der Prüfung verleite[1791]. Zwar kann aus der Verwendung eines solchen Handstempels noch nicht eindeutig geschlossen werden, dass das Gericht eine exakte rechtliche Überprüfung unterlassen hat, doch es kann bei Heranziehung weiterer Umstände hierfür Indiz sein. Eine Rechtsbeugung dürfte aber nur in Betracht kommen, wenn es auch an den Voraussetzungen für die Durchsuchung fehlte. Wurden schon Staatsanwälte selten wegen dieses Vorwurfs angeklagt[1792], sind entsprechende Anklagen gegen Richter nicht bekannt.

II. Verletzung der Pflicht zur umfassenden Sachaufklärung

Die Aufklärungspflicht („allseitig", in be- und entlastender Hinsicht) der staatlichen Organe (Gericht, Staatsanwaltschaft und Untersuchungsorgane) war in § 18c) StAG/1963, §§ 8 I, 22, 101, 220 I, 222 DDR-StPO/1968 normiert, für das Gericht bereits in § 200 I DDR-StPO/1952. Nach § 200 I 1 DDR-StPO/1952 hatte das Gericht alles zu tun, was zur Erforschung der Wahrheit notwendig ist[1793].

Nach § 202 I DDR-StPO/1952 war die Ablehnung eines Beweisantrags zulässig, wenn die Erhebung des Beweises zur Erforschung der Wahrheit nicht erforderlich oder für die Entscheidung ohne Bedeutung war. Umgekehrt, aber im Ergebnis ähnlich formulierte § 223 I DDR-StPO/1968/74: „Das Gericht hat allen Beweisanträgen stattzugeben, wenn die beantragte Beweiserhebung für die Feststellung der Wahrheit erheblich sein kann." Dies führte manche zu der Schlussfolgerung, bei einer derart weiten Fassung der Ablehnungsgründe könne das Gericht jeden unliebsamen Beweisantrag ablehnen, ohne sich einer Gesetzesverletzung schuldig zu machen[1794]. Dass dem nicht so war, zeigt eine Entscheidung von 1962. Darin beanstandete das OG, das Bezirksgericht habe angesichts der Zweifelhaftigkeit eines Schriftgutachtens nicht auf die Einholung eines von der Verteidigung beantragten Obergutachtens verzichten dürfen. Ein

1791 OG a.a.O., 126 f.

1792 *Hohoff*, An den Grenzen des Rechtsbeugungstatbestandes, S. 33; vgl. auch Kapitel 9, B.I.3.a).

1793 Ähnlich die in § 222 I DDR-StPO/1968/1974 aufgestellte Verpflichtung zu allseitigen und unvoreingenommenen Feststellungen.

1794 *Bechthold*, Die Prozeßprinzipien im Strafverfahren der DDR, S. 142.

Gericht, das sich über die gegen eine Schuld des Angeklagten sprechenden Umstände hinwegsetze, auf die der Verteidiger eindringlich hingewiesen habe, verletze die ihm gem. § 200 DDR-StPO obliegende Pflicht zur Erforschung der Wahrheit[1795]. Über die Verletzung dieser allgemeinen Aufklärungspflicht, wenn nicht schon direkt über eine Verletzung des § 202 I DDR-StPO/1952 (Ablehnung von Beweisanträgen) oder des Rechts auf Verteidigung (1956 wurde die Nichtbeachtung von Beweisanträgen des Verteidigers von einem DDR-Autor als willkürliche Beschränkung des Rechts auf Verteidigung gebrandmarkt[1796]), ist also eine Gesetzesverletzung und damit auch eine Rechtsbeugung bei der Entscheidung durchaus als möglich anzusehen.

Wenn das Gericht angenommen hat, weitere Ermittlungen würden nicht zu einer besseren Aufklärung führen können, lag allerdings keine vorsätzliche Rechtsbeugung vor. Als Indiz für den Vorsatz kann es aber angesehen werden, wenn Zeugen in so barschem Ton vernommen wurden, dass sie völlig eingeschüchtert wurden und schließlich überhaupt nichts mehr sagten oder Schöffen mehrfach das Stellen von Fragen versagt wurde oder wenn Angeklagte oder Zeugen, die in der Hauptverhandlung Beschwerden über Maßnahmen des Ermittlungsverfahrens vorbrachten, unterbrochen und die Beschwerden abgetan wurden[1797]. Anklagen, die auf entsprechende Vorwürfe gestützt wurden, sind im Rahmen der Aufarbeitung allerdings nicht bekannt geworden.

III. Verletzung der „Gesetzlichkeit der Beweisführung"

Die Unschuldsvermutung wurde von den Gerichten offenbar so häufig missachtet, dass sich das Oberste Gericht wiederholt zu deutlichen Hinweisen veranlasst sah. In seiner 1. Beweisrichtlinie vom 16. März 1978 leitete das OG mit verbindlicher Wirkung aus der Beweisführungspflicht des Gerichts (§ 22 DDR-StPO/1968) und dem Verbot, dem Beschuldigten oder Angeklagten eine Beweisführungspflicht aufzuerlegen (§ 8 II DDR-StPO/1968) ab, es sei unzulässig, Verteidigungsvorbringen des Angeklagten als Schutzbehauptung zurückzuweisen, ohne zu beweisen, dass sein

1795 OG NJ 1962, 717.

1796 *Helm*, StuR 1956, 729.

1797 Diese Art der Verhandlungsführung wurde bereits zu DDR-Zeiten gerügt, vgl. *Mühlberger*, NJ 1956, 388.

Vorbringen unwahr sei[1798]. Gleiches hatte das OG auch schon in seinem Plenumsbeschluss vom 30. September 1970 ausgesprochen[1799]. Aus der justiziellen Aufarbeitung sind allerdings keine Fälle bekannt geworden, in denen dieser Aspekt besonders aufgegriffen worden wäre.

Die Gerichte unterließen auch häufig die Prüfung des Zustandekommens von Geständnissen. Die sich vielfach aufdrängenden Fragen nach der Zulässigkeit der Erhebung von Beweisen und ihrer Verwertung wurden nicht problematisiert, obgleich sich aus den Ermittlungsakten der Verdacht ergab, dass vorliegende Geständnisse durch die Verwertung illegal erlangter Beweismittel (z. B. rechtswidrig angehaltener und geöffneter Post, illegal abgehörter Telefonate oder zermürbende Tag- und Nachtvernehmungen) erwirkt worden waren[1800]. Auch wenn Geständnisse zurückgenommen wurden, weil sie im Ermittlungsverfahren unter Zwang oder anderen Auffälligkeiten abgelegt worden waren[1801], wurden sie in der Praxis als vollgültiger Beweis anerkannt; ein Beweisverwertungsverbot wurde nicht einmal in Erwägung gezogen[1802]. Eine dem § 136a StPO vergleichbare Schutznorm gegen bestimmte Vernehmungsmethoden gab es seit Inkrafttreten der DDR-StPO von 1952 nicht mehr. Man kann daher nicht sicher sagen, ob ab diesem Zeitpunkt bis 1968[1803] Beweisverwertungsverbote bestanden.

Doch auch wenn man für diesen Zeitraum zwischen 1952 und 1968 nicht von Beweisverwertungsverboten ausgehen wollte, müssten unzulässige Methoden der Beweiserlangung zumindest bei der Beweiswürdigung durchschlagen. Für den Fall des – oft aus Angst vor Repressalien erst gar nicht gewagten[1804] – Geständniswiderrufs z. B. nach Vernehmun-

---

1798 Abschn. I Nr. 2 der Beweisrichtlinie, GBl. DDR I 1978, S. 169 .

1799 Beschluß des Plenums des OG zu Fragen der gerichtlichen Beweisaufnahme und der Wahrheitsfindung im sozialistischen Strafprozeß, OGSt 11, 63, 71.

1800 *Meinerzhagen*, Die Verfahren gegen ehemalige Richter der DDR, in: Weber/Piazolo (Hrsg.), Eine Diktatur vor Gericht, S. 128; *Kraut*, Rechtsbeugung?, S. 221 f. und 218 f.; zu weiteren Varianten der Erzielung von Geständnissen durch massiven physischen oder psychischen Druck: *Schaefgen*, Die Strafverfolgung von Regierungskriminalität in der DDR, in: Weber/Piazolo (Hrsg.), Eine Diktatur vor Gericht, S. 53; *Weber*, GA 1993, 223 (unzulässige Vernehmungsmethoden wie Anbrüllen, Drohung mit der Verhaftung von Angehörigen u. a.).

1801 Dazu, dass Geständnisse oft erzwungen waren, siehe den Bericht aus dem Strafrechtsalltag in der DDR von *Schümann*, NJ 2001, 505 f.

1802 *Ebers*, ROW 1957, 22; *Kraut*, Rechtsbeugung?, S. 222.

1803 Dazu sogleich.

1804 Dazu *Schümann*, NJ 2001, 506.

gen über eine Woche jeweils die ganze Nacht und dabei an drei Tagen Tag und Nacht (eine derartige Verhörpraxis gab es etwa im Fall *Fricke*, in dem es allerdings zu keinem Widerruf eines „Geständnisses" kam) hielt es der damalige Vizepräsident des OG, Ziegler, im Jahr 1956 „für unmöglich, unter solchen Umständen gemachte Aussagen als beweiskräftig anzusehen"[1805], was aber geschehen war.

Jedenfalls für die Zeit ab Inkrafttreten des DDR-StGB und der DDR-StPO von 1968 lässt sich das Bestehen von Beweisverwertungsverboten feststellen. Gemäß § 23 I DDR-StPO/1968 („Gesetzlichkeit der Beweisführung") waren „alle zur Feststellung der strafrechtlichen Verantwortlichkeit erforderlichen Tatsachen (...) durch die gesetzlich zulässigen Beweismittel" (§ 24 DDR-StPO/1968) und „in der gesetzlich vorgeschriebenen Form" (§§ 25–51, 101, 104–106, 222–230 DDR-StPO/1968[1806]) zu beweisen. Neben dem Gebot der Gesetzlichkeit der Beweisführung dürfte das Gebot, die Menschenwürde und die Grundrechte im Strafverfahren zu achten[1807] sowie der Straftatbestand der Nötigung zu einer Aussage (§ 243 DDR-StGB) ebenfalls gewisse Vernehmungsmethoden ausschließen[1808]. Nach dem offiziellen Lehrkommentar zum DDR-StGB ging dessen § 243 von der grundsätzlichen Forderung aus, dass Geständnisse von Beschuldigten und Aussagen von Zeugen und Sachverständigen frei abgegeben werden müssen, „weil sie nur unter dieser Voraussetzung im Strafverfahren *verwertet* werden können"[1809]. Dies lässt den Schluss auf ein Beweisverwertungsverbot nach Anwendung von verbotenen Zwangsmitteln zu, auch wenn dies nicht ausdrücklich in der DDR-StPO geregelt war. Die Annahme von Beweisverwertungsverboten wird auch gestützt durch Lehrbuchdarstellungen, wonach der Staatsanwalt „nur zulässige und auf zulässige Art erlangte Beweise zu verwenden" hatte[1810], das Gericht nur Beweise anerkennen durfte, die auf zulässigem Wege erlangt wurden[1811] und die Rechtspflegeorgane ermahnt wurden: „Auf ungesetzlichem

---

1805 Zitiert aus einem Schreiben an DDR-GStA Melsheimer, abgedruckt in: *Fricke*, Akten-Einsicht, S. 110; dazu auch *Fricke*, a.a.O., S. 66.

1806 Auf die genannten Vorschriften wird ausdrücklich Bezug genommen in: Ministerium der Justiz (Hrsg.), Kommentar zur StPO, 1987, § 23 Anm. 1.2. und 1.3.

1807 §§ 3, 220 II DDR-StPO/1968; Art. 4 DDR-StGB/1974, Art. 19 II, 90 I 2 DDR-Verf./1968/1974.

1808 *Speck*, Die Rechtsstellung des Beschuldigten im Strafverfahrensrecht der DDR, S. 113.

1809 MdJ/Deutsche Akademie für Staats- und Rechtswissenschaften „Walter Ulbricht" (Hrsg.), Strafrecht der DDR. Lehrkommentar zum Strafgesetzbuch Bd. II (1969) § 243 Anm. 1. (Hervorhebung durch die Verf.).

1810 Autorenkollektiv, Grundlagen der Rechtspflege, S. 140.

1811 Autorenkollektiv, Grundlagen der Rechtspflege, S. 62.

Wege erlangte Beweismittel dürfen für die Beweisführung nicht verwendet werden"[1812]. Beweisverwertungsverbote waren der Sache nach also durchaus bekannt[1813].

Außerdem legte § 23 II DDR-StPO/1968 zur Beweiswürdigung fest:

> „Kein Beweismittel hat eine im voraus festgelegte Beweiskraft. Das Geständnis des Beschuldigten oder des Angeklagten befreit das Gericht, den Staatsanwalt und die Untersuchungsorgane nicht von der Pflicht zur allseitigen und unvoreingenommenen Feststellung der Wahrheit im Strafverfahren."

Der Kommentar führte dazu aus:

> „Die in einem Geständnis enthaltenen Informationen dürfen erst dann als wahr festgestellt werden, wenn ihre Wahrheit mit anderen Beweismitteln nachgewiesen ist"[1814].

Auch ein wiederholtes, gleichlautendes Geständnis habe nicht von vornherein Beweiskraft und sei an Hand der übrigen vorliegenden Beweismittel zu prüfen, was eine exakte Auseinandersetzung mit den unterschiedlichen „Aussagen"[1815] erfordere[1816]. Das OG urteilte zu § 222 DDR-StPO/1968, bei Geständnis und späterem Widerruf müsse die Richtigkeit der einen oder anderen Erklärung durch zusammenhängende Betrachtung und Würdigung aller den Angeklagten be- und entlastenden Umstände festgestellt werden. Dazu sei zu prüfen, wie und aus welchen Gründen das Geständnis zustande gekommen sei und weshalb es der Angeklagte widerrufen habe[1817]. Die früheren Aussagen (d. h. Geständnisse) müssten als Beweismittel in die Beweisaufnahme einbezogen werden, andernfalls würden die Prinzipien der Feststellung der Wahrheit (§ 8 DDR-StPO/1968), der Beweisführungspflicht (§ 22 DDR-StPO/1968) und der Gesetzlichkeit der Beweisführung (§ 23 DDR-StPO/1968) verletzt[1818]. Ergebnisse des

1812 Sektion Rechtswissenschaft/Autorenkollektiv (Hrsg.), Strafverfahrensrecht, S. 129.

1813 So auch *Meinerzhagen*, Die Verfahren gegen ehemalige Richter der DDR, in: Weber/ Piazolo (Hrsg.), Eine Diktatur vor Gericht, S. 128, ausdrücklich, wenn auch bruchstückhaft erörtert von *Herrmann*, NJ 1984, 285 ff., der ein Beweisverwertungsverbot bei Verletzung der Beweisthemaverbote und der Beweismittelverbote generell oder jedenfalls bei den angeführten Beispielen bejaht, eine Fernwirkung aber - wohl generell - verneint und sich bei den Beweismethodenverboten zu der Frage des Beweisverwertungsverbotes wegen unzulässiger Vernehmungsmethoden u.ä. nicht äußert.

1814 Ministerium der Justiz (Hrsg.), Kommentar zur StPO, 1987, § 23 Anm. 2.2. mit Verweis auf *Herrmann*, NJ 1978, 224 f.

1815 Meint: Einlassungen.

1816 Ministerium der Justiz (Hrsg.), a.a.O. unter Verweis auf OGI 2/1981, S. 23.

1817 OG NJ 1973, 119, 120; ähnlich OG NJ 1974, 148 f und bereits OG NJ 1970, 27, 29.

1818 OG NJ 1970, 27.

Ermittlungsverfahrens, die nicht in die gerichtliche Beweisaufnahme eingegangen seien, dürften nicht in das Urteil übernommen werden, rügte das OG[1819]. Anlass für die wiederholten Mahnungen und Hinweise auf die Rechtslage durch das OG war eine Praxis, in der die Gerichte unkritisch dem Ermittlungsergebnis der Polizei und der staatsanwaltschaftlichen Anklage folgten, so dass Unschuldige verurteilt wurden, die ihr Geständnis widerrufen hatten[1820].

Durch Verurteilung aufgrund rechtswidrig erlangter Beweismittel (trotz bestehenden Beweisverwertungsverbots) oder Verstoßes gegen die genannten Regeln zur Beweiswürdigung konnte nach alledem grundsätzlich Rechtsbeugung begangen werden[1821]. Insbesondere in den Fällen verbotener Vernehmungsmethoden war es jedoch regelmäßig kaum möglich, den Vorsatz des Richters nachzuweisen[1822]. So lag es z. B. in einem bis zum BGH gelangten Fall, in dem die Richter ein Geständnis verwertet hatten, das durch unzulässige Vernehmungsmethoden der Staatssicherheit unter offensichtlich schweren Menschenrechtsverletzungen (Isolation, nächtliche Vernehmungen) erlangt worden war. Der Angeklagte hatte sich unwiderlegt dahingehend eingelassen, er habe davon keine Kenntnis gehabt[1823].

Das Vorsatzproblem dürfte in ähnlichem Maße auf Staatsanwälte zutreffen. Die Staatsanwaltschaft hatte zwar die Gesetzlichkeit der Beweiserhebung einschließlich der Gewinnung von Aussagen zu gewährleisten sowie nur zulässige und auf zulässige Art erlangte Beweise zu verwenden und keinem Beweis eine im Voraus festliegende Beweiskraft zuzuerkennen[1824]. In ihrer Vernehmungspraxis handelten die Untersuchungsorgane, namentlich die Staatssicherheit, aber weitgehend autark.

1819 OG NJ 1973, 90; in ähnlicher Formulierung bekräftigt in der Beweisrichtlinie vom 16. März 1978, GBl. DDR I, 169.

1820 *Arnold*, KritV 1994, 199.

1821 So auch *F.-C. Schroeder*, GA 1993, 403.

1822 So auch *Horstkotte*, Rechtsbeugung, in: Drobnig (Hrsg.), Die Strafrechtsjustiz der DDR im Systemwechsel, S. 96.

1823 LG Berlin NJ 1995, 211, 214; BGH NJW 1996, 857, 865.

1824 Autorenkollektiv, Grundlagen der Rechtspflege, S. 139 f.

IV. Beschränkung und Ausschluss der Öffentlichkeit

In politischen Strafsachen fand die Hauptverhandlung in aller Regel unter Ausschluss der Öffentlichkeit statt[1825]. Manchmal wurde der Gerichtssaal mit einem ausgesuchten Personenkreis besetzt und der Allgemeinheit der Zutritt verwehrt[1826]. Die Erfassung solcher Vorgänge als Rechtsbeugung ist jedoch nicht ohne Weiteres möglich.

Der Grundsatz der Öffentlichkeit der Gerichtsverfahren war in Art. 133 I DDR-Verf./1949 sowie in den jeweiligen Fassungen des DDR-GVG[1827] und der DDR-StPO[1828] festgelegt, hatte aber nach sozialistischem Verständnis eine andere Funktion[1829] und einen anderen Inhalt als nach westlichem Verständnis. Während der rechtsstaatliche Gehalt des Öffentlichkeitsgrundsatzes darin besteht, dass jede beliebige Person nach freiem Willen an der Hauptverhandlung teilnehmen kann (soweit es die räumlichen Gegebenheiten zulassen), wurde von Rechtsprechung und Literatur der DDR der Grundsatz dahingehend verstanden, dass in der Gerichtsverhandlung über die notwendig am Verfahren Beteiligten hinaus überhaupt weitere Personen als Zuhörer zugegen sein können[1830]. Die Zusammensetzung der Zuhörerschaft brauchte aber nicht dem Zufall überlassen zu werden, sondern konnte reglementiert werden, so dass eine Beschränkung der Öffentlichkeit nach sozialistischem Verständnis grundsätzlich zulässig war[1831]. Dem Strafprozess wurde neben der Kontrollfunktion eine Erziehungsfunktion auch für die zuhörenden Personen gesetzlich zugesprochen[1832].

Ein Beispiel zeigt die Auswirkung des durch die Erziehungsfunktion modifizierten Verständnisses des Öffentlichkeitsprinzips. In einem Ver-

1825 *Von Lindheim*, ROW 1978, 67; *Meinerzhagen*, Die Verfahren gegen ehemalige Richter der DDR, in: Weber/Piazolo (Hrsg.), Eine Diktatur vor Gericht, S. 128; zu den Gründen *von Lindheim*, a.a.O.

1826 Sog. „erweiterte Öffentlichkeit", dazu *Werkentin*, Politische Strafjustiz in der Ära Ulbricht, S. 321 f.

1827 § 6 I DDR-GVG/1952 bzw. § 9 I DDR-GVG/1959, § 4 I DDR-GVG/1963 und § 10 I DDR-GVG/1974.

1828 § 83 DDR-StPO/1952, § 10 I und § 211 I DDR-StPO/1968.

1829 Dazu *von Lindheim*, ROW 1978, 65.

1830 *Bechthold*, Die Prozeßprinzipien im Strafverfahren der DDR, S. 171 m. w. N.; *von Lindheim*, ROW 1978, 65.

1831 *Bechthold*, a.a.O., S. 171 m. w. N.; zweifelnd, im Ergebnis aber offen lassend *von Lindheim*, a.a.O., 67 f.

1832 § 2 DDR-StPO/1952; § 4 II 2 DDR-GVG/1963; § 10 II DDR-StPO/1968; dazu *Bechthold*, Die Prozeßprinzipien im Strafverfahren der DDR, S. 173.

fahren gegen Staatsfunktionäre, die ihre Position zur persönlichen Bereicherung ausgenutzt hatten, fand die Hauptverhandlung in einem Verwaltungsgebäude statt, in das nur Verwaltungsangehörige eingelassen wurden. Das OG sah hierin keine Verletzung des Grundsatzes der Öffentlichkeit. An Prozessen, die Verbrechen eines besonderen Täterkreises oder aus einem besonderen Bereich der Wirtschaft oder der staatlichen Verwaltung zum Gegenstand hätten, müssten v.a. solche Werktätigen an der Hauptverhandlung teilnehmen, die durch ihre berufliche oder gesellschaftliche Stellung mit dem Gegenstand des Verfahrens besonders verbunden seien, da diese aus dem Verfahren besondere Lehren ziehen könnten. Seien diese Voraussetzungen gegeben und nähmen solche Kreise der Werktätigen am Prozess teil, dann sei die Öffentlichkeit des Verfahrens gewahrt, auch wenn andere Interessenten nicht mehr zugelassen werden könnten[1833].

Die Rechtslage in der DDR eröffnete auch weitgehende Möglichkeiten des gänzlichen Ausschlusses der Öffentlichkeit von der Hauptverhandlung. Nach Art. 133 II DDR-Verf./1949 war der Ausschluss der Öffentlichkeit bei Gefährdung der öffentlichen Sicherheit und Ordnung oder der Sittlichkeit zulässig; seit der DDR-StPO von 1952 gemäß deren § 83 II über den Verfassungswortlaut hinaus auch dann, wenn „es die Notwendigkeit der Geheimhaltung bestimmter Tatsachen erforderte"; statt der „öffentliche(n) Sicherheit" musste nach § 83 II DDR-StPO/1952 die „Sicherheit des Staates" gefährdet sein. Die gleiche Regelung enthielten § 211 II und III DDR-StPO/1968/1974.

Der einzige, vom Ministerium für Justiz herausgegebene Kommentar definierte zwar die Gefährdung der Sicherheit des Staates[1834], aber die „bestimmten Tatsachen" i. S. d. Alt. 2 und die Kriterien für die Notwendigkeit ihrer Geheimhaltung waren nicht näher bestimmt und ein-

1833 OG, Urt. vom Februar 1953 (3 Ust II 70/53), zust. zitiert bei *Löwenthal*, NJ 1955, 686.

1834 Ministerium der Justiz (Hrsg.), Kommentar zur StPO (1987), Anm. 3.1. zu § 211: „Die Sicherheit des Staates ist in der öffentlichen Verhandlung gefährdet, wenn Staats-, Wirtschafts-, oder Produktionsgeheimnisse, entsprechende Dokumente oder Gegenstände mit Geheimhaltungsgraden zum Gegenstand der Beweisaufnahme oder der Erörterung gemacht werden sollen und der Mißbrauch dieser Kenntnisse zum Schaden des Staates durch Anwesende nicht ausgeschlossen ist, so z. B. wenn nicht allgemein bekannte Maßnahmen staatlicher Organe zur Bekämpfung und Vorbeugung der Kriminalität durch ihre Erörterung in der Hauptverhandlung zur Kenntnis bestimmter Personenkreise gelangen und dadurch der Kampf gegen die Kriminalität erschwert werden könnte (z. B. bei Staatsverbrechen oder Verbrechen im Bereich der Volkswirtschaft)".

gegrenzt[1835]. Eine gemeinsame Orientierung des Obersten Gerichts und des Generalstaatsanwalts der DDR ordnete die Anwendung des § 211 III DDR-StPO/1968 auf die Tatbestandsgruppen des 2. und 8. Kapitels des DDR-StGB (die das eminent politische Strafrecht enthielten) grundsätzlich ohne Einzelfallprüfung an[1836]. Diese auf ganze Tatbestandsgruppen bezogene Anordnung ohne Einzelfallprüfung wird von manchen als gesetzwidrig angesehen, da die gesetzliche Regelung eine Einzelfallprüfung vorsehe[1837]. Von einer Einzelfallprüfung ist im Wortlaut zwar nicht die Rede, doch ist davon auszugehen, dass sie nach dem Regelungszusammenhang vorausgesetzt war, da die Entscheidung über das Vorliegen der Voraussetzungen des § 211 DDR-StPO im jeweiligen Verfahren (frühestens nach Beginn der Hauptverhandlung) zu treffen und zu begründen[1838] war. Ob eine der gemeinsamen Orientierung entsprechende Anwendung des § 211 DDR-StPO als gesetzwidrig angesehen werden kann, hängt damit grundsätzlich vom Einzelfall ab. Eine weite Auslegung der die Öffentlichkeit beschränkenden Vorschriften entspricht dabei aber durchaus dem die Grundrechte hinter staatliche Interessen zurückstellenden Rechtsverständnis der DDR[1839].

Damit bestand i. d. R. eine gesetzliche Grundlage für Geheimprozesse, die damit in vielen Fällen nicht als Rechtsbeugung geahndet werden konnten. Dies findet auch in BGH-Entscheidungen seinen Niederschlag[1840], ohne dass dies der den objektiven Rechtsbeugungstatbestand einschränkenden BGH-Rechtsprechung angelastet werden könnte[1841]. Eine Rechtsbeugung konnte sich allenfalls unter dem Gesichtspunkt eines regelrech-

1835 Anm. 3.2. zu § 211 im Kommentar zur StPO (1987) nennt nur Beispiele, unter anderem bezeichnenderweise „Vorgänge, die für die Kontrollmethoden in wichtigen gesellschaftlichen Bereichen bedeutsam sind", womit wohl Stasi-Methoden gemeint sind.

1836 Unveröffentlicht, wiedergegeben nach *Meinerzhagen*, Die Verfahren gegen ehemalige Richter der DDR, in: Weber/Piazolo (Hrsg.), Eine Diktatur vor Gericht, S. 128.

1837 *Meinerzhagen*, a.a.O., S. 128.

1838 Ministerium der Justiz (Hrsg.), Kommentar zur StPO (1987), § 211 Anm. 2.1.

1839 So auch *Grote*, Die DDR-Justiz vor Gericht, S. 115.

1840 BGH NJW 1995, 64, 67 = BGHSt 40, 272, 284; BGH NJW 1995, 3324, 3328 = BGHSt 41, 247, 263.

1841 So aber *Möller-Heilmann*, Die Strafverfolgung von Richtern und Staatsanwälten der ehemaligen DDR wegen Rechtsbeugung, S. 217, 320. Der BGH stützt die Entscheidung in den zuvor zitierten Urteilen BGH NJW 1995, 64, 67 und BGH NJW 1995, 3324, 3328 jedoch zutreffend schon darauf, dass die betreffenden Verfahrensweisen zwar rechtsstaatswidrig waren, aber den Verfahrensvorschriften der DDR entsprachen.

ten Scheinverfahrens ergeben, welches allerdings nicht alleine wegen des Ausschlusses der Öffentlichkeit gegeben war[1842].

V. Nichtzustellung und nur eingeschränkte Bekanntgabe von Anklageschrift, Eröffnungsbeschluss und Urteil

Unter den gleichen Voraussetzungen wie der Ausschluss der Öffentlichkeit nach § 211 III DDR-StPO/1968, also wenn die öffentliche Verhandlung die Sicherheit des Staates gefährden würde oder wenn es die „Notwendigkeit der Geheimhaltung bestimmter Tatsachen erforderte", waren gem. § 203 III DDR-StPO/1968/1974 Anklageschrift und Eröffnungsbeschluss nicht zuzustellen, sondern nur (mündlich) zur Kenntnis zu bringen. Dies betraf ebenso den Verteidiger (§ 205 II StPO/1968/1974), der dann nur unter Aufsicht von Justizpersonal Einsicht in die entsprechenden Dokumente nehmen konnte[1843]. In diesen Fällen konnte das Gericht anordnen, dass auch das Urteil (oder etwaige Beschlüsse) nicht zuzustellen, sondern nur (mündlich) zur Kenntnis zu bringen sei (§ 184 V DDR-StPO/1968/1974). Bereits die DDR-StPO von 1952 sah vor, dass die Anklageschrift dem Beschuldigten bei Vorliegen „wichtiger Gründe" nur zur Kenntnis zu bringen sei (§ 180 II)[1844].

Damit konnte die Verteidigung ohne Gesetzesverletzung erheblich erschwert werden, zumal die Voraussetzungen weit ausgelegt wurden. Solche rechtsstaatswidrigen Verfahrensweisen konnten dann nicht als Rechtsbeugung geahndet werden, was sich auch in BGH-Entscheidungen widerspiegelt[1845], wiederum ohne dass dies hier der den objektiven Rechtsbeugungstatbestand einschränkenden BGH-Rechtsprechung angelastet werden könnte[1846]. Dabei bezieht sich der BGH auch auf eine

1842 Dazu Kapitel 11, B. III. und IV.

1843 Dazu *Grote*, Die DDR-Justiz vor Gericht, S. 114 f.

1844 Fehlte allerdings selbst eine (dokumentierte) mündliche Bekanntgabe, stellte dies auch nach der Rechtsprechung des OG der DDR einen groben Verstoß gegen das Recht des Angeklagten auf Verteidigung dar, das die Aufhebung des Urteils zur Folge haben musste (OG NJ 1953, 251 f; ebenso OG NJ 1953, 496 f. für die angeordnete, aber nicht erfolgte Zustellung von Anklageschrift und Eröffnungsbeschluss).

1845 BGH NJW 1995, 64, 67 = BGHSt 40, 272, 284; BGH NJW 1995, 3324, 3328 = BGHSt 41, 247, 263.

1846 So aber *Möller-Heilmann*, Die Strafverfolgung von Richtern und Staatsanwälten der ehemaligen DDR wegen Rechtsbeugung, S. 217, 320. Der BGH stützt die Entschei-

Erläuterung in den „Standpunkten“ des OG vom 20.5.1985 (Leitungsinformation 13/85), wonach mit den genannten Einschränkungen sichergestellt werden sollte, „daß es dem Gegner unseres Staates nicht gelingen darf, staatliche Dokumente über die Verfolgung von Straftaten gegen die sozialistische Staats- und Gesellschaftsordnung der DDR (...) in seinen Besitz zu bringen, um diese gegen die innerstaatliche Ordnung und das internationale Ansehen der DDR zu mißbrauchen“. Prozessdokumente waren danach in der Regel nicht zuzustellen „bei Straftaten gegen die staatliche Ordnung (...), wenn die Täter Entlassung aus der Staatsbürgerschaft der DDR beantragt haben oder durch ihr Verhalten erzwingen wollten“ oder wenn die Straftaten im Zusammenhang mit „politischen Höhepunkten“ begangen wurden[1847].

Allerdings war noch unter der Geltung der DDR-StPO von 1952 gemäß deren § 32 III die Zustellung der *Urteile* stets erforderlich. Selbst diese wichtige Vorschrift wurde missachtet. Es finden sich gesetzwidrige Verfügungen von Vorsitzenden in den Akten, dass das Urteil wegen „Gefährdung der staatlichen Sicherheit“ nicht zuzustellen sei[1848]. Wenn es hierzu keine Verurteilungen wegen Rechtsbeugung gibt, so ist dies wohl weniger der restriktiven Willküraktrechtsprechung des BGH anzulasten (eine solche Vorenthaltung des Urteils ist als grobe Menschenrechtsverletzung anzusehen, die sich auch als Willkürakt darstellt). Vielmehr dürfte die Ermittlung noch lebender Beschuldigter zu diesem lange zurückliegenden Zeitraum kaum möglich gewesen sein, zumal nicht von einer Vielzahl von Fällen auszugehen ist.

VI. Nichteinhaltung der Ladungsfrist

Kurzfristige Ladungen kamen gerade auch, aber nicht nur in politischen Strafverfahren vor. Hierdurch wurde die Vorbereitung der Verteidigung erschwert. Das DDR-Recht erlaubte dies aber in weitem Umfang. Grundsätzlich musste nach der DDR-StPO in der jeweils geltenden Fassung[1849] zwischen der Zustellung der Ladung und dem Tag der Hauptverhandlung eine Frist von fünf Tagen liegen. Diese Frist konnte das Gericht auf 24

---

dung in den zuvor zitierten Urteilen BGH NJW 1995, 64, 67 und BGH NJW 1995, 3324, 3328 jedoch zutreffend schon darauf dass die betreffenden Verfahrensweisen zwar rechtsstaatswidrig waren, aber den Verfahrensvorschriften der DDR entsprachen.

1847 Zitiert nach BGH NJW 1995, 64, 67 = BGHSt 40, 272, 285.

1848 *Beckert*, Die erste und letzte Instanz, S. 295.

1849 § 184 I DDR-StPO/1952; § 204 I DDR-StPO/1968/74.

Stunden abkürzen. Voraussetzung war jeweils, dass die Erforschung der Wahrheit dadurch nicht gefährdet werde. Nach der DDR-StPO von 1952 (§ 184 II) mussten außerdem wichtige Gründe vorliegen. Dieses Erfordernis wurde mit der DDR-StPO von 1969 (§ 204 II) aufgegeben und durch die (noch weniger präzise) Beschränkung auf „Ausnahmefälle" ersetzt. Dafür musste der Beschluss begründet werden.

Entschied sich das Gericht bewusst für eine nicht ladungsfristwahrende Terminierung der Hauptverhandlung oder traf es eine Fristverkürzungsentscheidung unter Missachtung der gesetzlichen Voraussetzungen, kann hierin grundsätzlich eine Rechtsbeugung gesehen werden[1850]. Allerdings waren die Voraussetzungen für eine Fristverkürzung so vage gefasst, dass der Nachweis einer vorsätzlichen Rechtsbeugung im konkreten Fall vermutlich meist doch nicht möglich war. Dies dürfte eher in Fällen der ladungsfristmissachtenden Terminierung in Betracht gekommen sein. Die Praxis, dass Gerichte wegen drohenden Ablaufs der Vierwochenfrist zur Durchführung der Hauptverhandlung nach Eingang der Anklageschrift[1851] die Ladungsfrist ignorierten, wurde von einem Hauptinstrukteur des Justizministeriums zugegeben und als „Unsitte" beklagt[1852].

Fraglich ist die Beurteilung als Rechtsbeugung, wenn die Terminierung und gegebenenfalls die Fristverkürzung ordnungsgemäß war, aber die Ladung nicht oder erst kurz vor der Hauptverhandlung zugestellt, die Hauptverhandlung aber dennoch durchgeführt wurde[1853]. In solchen Fällen musste das Gericht den Angeklagten, der auf die Einhaltung der Ladungsfrist verzichten konnte[1854], auf das Recht hinweisen, die Anberaumung eines neuen Hauptverhandlungstermins zu beantragen[1855]. Die Unterlassung dieses Hinweises stellte ebenso wie die Nichteinhaltung der

---

1850 Dabei setzt § 244 DDR-StGB voraus, dass die Person „bei der Durchführung eines gerichtlichen Verfahrens (...) *entscheidet*", während für § 339 n.F. StGB die Leitung einer Rechtssache genügt. Da es sich hier um einen materiellrechtlichen Begriff handelt, ist er in seiner Auslegung nicht auf Urteile und Beschlüsse beschränkt. Auch Anordnungen des Vorsitzenden waren Entscheidungen im Sinne der DDR-Rechtsordnung (vgl. MdJ [Hrsg.], Kommentar zur StPO, 2. Aufl. 1987, § 253 Anm. 2.4.). Daher kann auch die Bestimmung eines Termins als Entscheidung im Sinne des § 244 DDR-StGB aufgefasst werden.

1851 § 181 II DDR-StPO/1952; § 201 III DDR-StPO/1968/74.

1852 *Richter*, Der Schöffe 1963, 66.

1853 Vgl. die Sachverhalte in OG NJ 1953, 496 und OG NJ 1953, 496f.

1854 § 184 III DDR-StPO/1952; § 204 III DDR-StPO/1968/74.

1855 § 192 I DDR-StPO/1952; § 217 I DDR-StPO 1968/74.

Ladungsfrist eine grobe Gesetzesverletzung dar[1856]. Der Tatbestand des § 244 DDR-StGB wäre hier jedoch nur erfüllt, wenn man in der unterlassenen Belehrung eine „Entscheidung" im materiellrechtlichen Sinne sehen wollte. Dies erscheint aber bei einem solchen tatsächlichen prozessualen Handeln ohne Handlungsspielraum fernliegend.

VII. Behinderung der Verteidigung

Beschuldigte wurden vielfach in ihren Verteidigungsmöglichkeiten beeinträchtigt[1857]. Auf dem Papier bestand das Recht auf Verteidigung im gesamten Strafverfahren[1858]. Es galt als Ausdruck der sozialistischen Gesetzlichkeit und Grundprinzip des Strafprozesses[1859]. Dazu gehörte das Recht, „in jeder Lage des Verfahrens" die Hilfe eines Verteidigers in Anspruch zu nehmen[1860], also auch schon im Ermittlungsverfahren[1861]. Gericht, Staatsanwalt und Untersuchungsorgane waren verpflichtet, das Recht auf Verteidigung (sowie die anderen Rechte des Beschuldigten bzw. Angeklagten) zu gewährleisten und über diese Rechte zu belehren (§ 15 II, 61 II DDR-StPO/1968/1974). Das Recht auf Verteidigung umfasste gem. § 61 I DDR-StPO/1968/1974 auch das Recht des Beschuldigten bzw. des Angeklagten, die Beschuldigung kennenzulernen, über die Beweismittel unterrichtet zu werden, alles vorzubringen, was die erhobene Beschuldigung ausräumen oder seine strafrechtliche Verantwortlichkeit mindern konnte sowie Beweisanträge und andere Anträge zur Durchführung des Verfahrens zu stellen. Entsprechend war der Beschuldigte vor Beginn der Vernehmung zu belehren (§ 105 II DDR-StPO/1968/1974).

Die Beschuldigtenstellung wurde jedoch erst durch eine förmliche Verfügung der Strafverfolgungsorgane begründet (§§ 106, 170 DDR-StPO/1952; §§ 15 IV, 98 I StPO/1968/1974). Durch diesen formellen Beschuldigtenbegriff (und das Anknüpfen prozessualer Rechte an die

---

1856 OG NJ 1953, 496; OG NJ 1953, 496f.

1857 Dazu *Schuller*, Geschichte und Struktur des politischen Strafrechts der DDR bis 1968, S. 305ff.

1858 Art. 102 II DDR-Verf./1968 und 1974, §§ 74ff. DDR-StPO/1952, §§ 3, 61 II DDR-StPO/1968/1974, Art. 4 DDR-StGB/1974, § 8 DDR-GVG/1952, § 10 DDR-GVG/1959, § 6 II DDR-GVG/1963, § 13 II DDR-GVG/1974.

1859 *Mohr*, Das Recht auf Verteidigung im Strafverfahren der DDR, S. 73 m. w. N.

1860 § 74 I DDR-StPO/1952, § 15 I, 61 I DDR-StPO/1968/1974, § 6 II DDR-GVG/1963, 13 III DDR-GVG/1974.

1861 *Benjamin u.a*, Grundriß des Strafverfahrensrechts, S. 18.

Beschuldigtenstellung)[1862] lief die Bestimmung, der Beschuldigte dürfe sich „in jeder Lage des Verfahrens“ eines Verteidigers bedienen, teilweise leer. Die Unterbindung der Kontaktaufnahme mit einem Verteidiger *vor* Erlangung der Beschuldigtenstellung scheidet daher für eine Rechtsbeugung aus. Praktisch relevant dürfte die Verhinderung oder Beschränkung des Verteidigerkontakts allerdings vor allem zu einem Zeitpunkt gewesen sein, zu dem die formelle Beschuldigtenstellung bereits bestand. Besondere Einflussmöglichkeiten bestanden nämlich, wenn sich Beschuldigte in U-Haft befanden.

Befand sich der Beschuldigte in Untersuchungshaft, war das Recht auf Verteidigung schon gesetzlich erheblich eingeschränkt. Im Ermittlungsverfahren bis zu dessen Abschluss konnte der Staatsanwalt für Gespräche und Korrespondenz zwischen Verteidiger und dem in Untersuchungshaft befindlichen Beschuldigten Bedingungen festsetzen (§ 80 III DDR-StPO/1952; § 64 III DDR-StPO/1968). Dies führte in der Praxis zu der Bezeichnung „Sprecherlaubnis“[1863], die zunächst über den Inhalt der gesetzlichen Regelung hinausging, später aber in das StAG von 1963 Eingang fand. Nach § 18 h) StAG/1963 hatte die Staatsanwaltschaft nach Anordnung von Untersuchungshaft zu sichern, dass „Sprecherlaubnis“ an den Rechtsanwalt erteilt wird, allerdings nur, „sofern dadurch die Ermittlung nicht gefährdet wird“. Da bereits § 80 III DDR-StPO/1952 zu den vom Staatsanwalt festzusetzenden Bedingungen festschrieb, der Zweck der Untersuchung dürfe nicht gefährdet werden, konnte bereits von da an der Verteidigerkontakt bis auf eine weitgehend nutzlose Hülse beschränkt werden, indem etwa das Gespräch über bestimmte Beweismittel verboten wurde oder eine Kontrolle durch einen anwesenden Angehörigen des Untersuchungsorgans oder den Staatsanwalt erfolgte[1864]. Die insoweit ähnliche Formulierung des § 64 III DDR-StPO/1968, wonach der Staatsanwalt Bedingungen festsetzen konnte, „damit“ der Zweck der Untersuchungen nicht gefährdet werde, wurde zwar als „echte Erweiterung der Befugnisse der Rechtsanwaltschaft gefeiert[1865], dürfte aber in Wirklichkeit nicht viel mehr als eine sprachliche

1862 Im Sinne eines formellen Beschuldigtenbegriffes äußert sich auch *Ostmann*, NJ 1953, 12 unter Verweis auf die Begründung zur Volkskammervorlage zur StPO.

1863 Dazu *Luther*, Strafprozeßrecht, in: Heuer (Hrsg.), Die Rechtsordnung der DDR, S. 384 Fn. 168; verwendet auch von GStA *Melsheimer* (1956), zitiert bei *Helm*, StuR 1956, 728.

1864 *Niethammer*, Der Staatsanwalt in der DDR, S. 137 m. w. N. (zur ähnlichen Bestimmung des § 64 III DDR-StPO/1968); Ministerium der Justiz (Hrsg.), Kommentar zur StPO (1987), § 64 Anm. 3.2.

1865 *Wünsche*, NJ 1968, 361.

Veränderung darstellen. Denn auch hiermit ließ sich eine sehr weitgehende Beschränkung des Verteidigerkontakts vereinbaren[1866].

In der Praxis wurde auch das Gespräch über die Straftat, d.h. die Beschuldigung, untersagt (und auf persönliche Angelegenheiten beschränkt); üblich war das bei den vom Staatssicherheitsdienst durchgeführten (mithin den politischen) Ermittlungsverfahren[1867]. Dies allerdings war unzulässig[1868], wie auch der letzte gewissermaßen amtliche StPO-Kommentar aus dem Jahr 1987 anerkannte[1869]. Unzulässig[1870] war auch die Praxis[1871], in der Untersuchungshaft überhaupt die Kontaktaufnahme mit dem Verteidiger erst nach Abschluss der Ermittlungen zu gestatten. In „bestimmten" (politischen) Verfahren erfolgte dies sogar erst nach Eröffnung der Hauptverhandlung mit Übersendung der Terminsladung[1872]. Hierin ist ein Verstoß gegen die jeweils geltenden Vorschriften über das Recht auf Verteidigung[1873] zu sehen. Verantwortlich hierfür waren meist die Untersuchungsorgane, insbesondere die des MfS (§ 88 II Nr. 2 DDR-StPO/1968)[1874] und die Staatsanwälte[1875]. Diese Untersagung des Verteidigerkontakts oder das Verbot, mit dem Verteidiger über die Beschuldigung zu sprechen, dürften als Rechtsbeugung zu werten sein[1876]. Dennoch sind

---

1866 So auch *Speck*, Die Rechtsstellung des Beschuldigten im Strafverfahrensrecht der DDR, S. 334.

1867 *F.-C. Schroeder*, in: Brunner (Hrsg.) Menschenrechte in der DDR, S. 265; *Niethammer*, Der Staatsanwalt in der DDR, S. 137 f. m. w. N., *Jakob*, ROW 1982, 110; vgl. auch *Schümann*, NJ 2001, 507.

1868 *F.-C. Schroeder*, in: Brunner (Hrsg.) Menschenrechte in der DDR, S. 265; *ders.*, GA 1993, 403; *Speck*, Die Rechtsstellung des Beschuldigten im Strafverfahrensrecht der DDR, S. 334; *Niethammer*, Der Staatsanwalt in der DDR, S. 137; *Schöll*, Die Rechtsbeugung, S. 183.

1869 Ministerium der Justiz (Hrsg.), Kommentar zur StPO (1987), § 64 Anm. 3.2.

1870 *Pein*, NJ 1956, 777; *Speck*, Die Rechtsstellung des Beschuldigten im Strafverfahrensrecht der DDR, S. 334; *F.-C. Schroeder*, GA 1993, 403; vgl. auch Ministerium der Justiz (Hrsg.), Kommentar zur StPO (1987), § 64 Anm. 1.1. und 3.1. („Die Bedingungen dürfen die Gespräche oder die Korrespondenz auch nicht zeitweise ausschließen.").

1871 *Pein*, NJ 1956, 777; *Rosenthal*, Aufgaben, Methoden und Aufbau der sowjetzonalen Justiz, in: Rosenthal/Lange/Blomeyer (Hrsg.: Bundesministerium für gesamtdeutsche Fragen), Die Justiz in der sowjetischen Besatzungszone Deutschlands, S. 85 f.; *Gräf*, DA 1985, 974; *F.-C. Schroeder*, in: Brunner (Hrsg.) Menschenrechte in der DDR, S. 265 m. w. N.

1872 *Pein*, NJ 1956, 777.

1873 § 74 I DDR-StPO/1952, § 15 I, 61 I DDR-StPO/1968/1974, § 6 II DDR-GVG/1963, 13 III DDR-GVG/1974.

1874 Hierzu auch Kapitel 9, B.II.

1875 *F.-C. Schroeder*, GA 1993, 403.

1876 So wohl auch *F.-C. Schroeder*, GA 1993, 403; vgl. dazu auch Kapitel 9, B.II.

weder MfS-Mitarbeiter noch Staatsanwälte hierfür zur Verantwortung gezogen worden. Richter dagegen konnten hierfür entgegen einer vereinzelt gebliebenen Ansicht[1877] ohnehin nicht strafrechtlich zur Verantwortung gezogen werden.

Das Recht auf Verteidigung beinhaltete auch die freie Verteidigerwahl. Die DDR-Rechtsordnung gewährte dem Beschuldigten das Recht, sich einen Verteidiger zu wählen[1878]. Offiziell wurde betont, jeder Angeklagte habe das Recht, sich den Verteidiger zu wählen, zu dem er das größte Vertrauen habe; Gericht oder Staatsanwalt dürften ihn bei der Auswahl nicht behindern oder beeinflussen[1879]. In der Praxis kamen solche Behinderungen jedoch durchaus vor, was schon in der DDR-Literatur der 50er Jahre als willkürliche Beschränkung des Rechts auf Verteidigung gewertet wurde[1880]. Auch hierzu hat es jedoch offenbar keine Strafverfahren gegeben.

VIII. Hauptverhandlung ohne Verteidiger

Kein Ansatzpunkt für Rechtsbeugung ergab sich im Regelfall bei Durchführung der Hauptverhandlung ohne Mitwirkung eines Verteidigers. In der DDR fanden insbesondere politische Strafprozesse häufig unter Verzicht auf die Bestellung eines Verteidigers statt[1881]. Die Möglichkeit eines solchen Verzichts des Angeklagten (wie auch des Beschuldigten) war gesetzlich vorgesehen (§ 76 III DDR-StPO/1952, § 63 V 1 DDR-StPO/1968/1974), allerdings ab Geltung der StPO von 1968 nicht mehr in Strafverfahren erster und zweiter Instanz vor dem OG und in Strafverfahren erster Instanz vor dem Bezirksgericht, § 63 V 2 DDR-StPO/1968/1974. Wurde ein solcher (widerruflicher[1882]) Verzicht freiwillig und nicht etwa unter Folter oder sonstigem Zwang[1883] und in den gesetzlichen Grenzen

1877 So offenbar *F.-C. Schroeder*, GA 1993, 403 mit der unzutreffenden (vgl. Kapitel 11, B.) Behauptung, die Rechtsprechung des BGH zur Sperrwirkung des Rechtsbeugungstatbestandes setze für eine Strafbarkeit des Richters nicht voraus, dass die vorausgegangene Rechtsbeugung gerade durch den entscheidenden Richter selbst erfolgt sei. Insofern reiche eine bloße Kenntnis aus. Worin in solchen Fällen die Tathandlung des Richters liegen soll, bleibt im Dunkeln.

1878 § 75 DDR-StPO/1952; § 6 II DDR-GVG/1963, § 62 DDR-StPO/1968/1974.

1879 *Benjamin u.a.*, Grundriß des Strafverfahrensrechts, S. 18.

1880 *Helm*, StuR 1956, 729.

1881 Vgl. z. B. *Schümann*, NJ 2001, 507.

1882 *Reuter*, NJ 1952, 545.

1883 Vgl. BGH NJW 1996, 857, 865.

erklärt, stellt die Durchführung der Hauptverhandlung keine Rechtsbeugung dar. Das gilt nach der Rechtsprechung des BGH[1884] selbst dann, wenn - nach rechtsstaatlichen Maßstäben unerträglich - gegen nicht verteidigte Betroffene Todesurteile verhängt wurden: Die Abwesenheit eines Verteidigers mache die prozessuale Behandlung der Verfolgten noch nicht willkürlich.

IX. Strafverfolgung unter (Mit-)Verwertung pflichtwidriger Mitteilungen des Verteidigers

Eine Strafverfolgung unter (Mit-)Verwertung pflichtwidriger Mitteilungen des Verteidigers konnte jedenfalls theoretisch den Vorwurf objektiver Rechtsbeugung begründen. In einem Urteil zur Strafbarkeit eines Rechtsanwalts der ehemaligen DDR wegen politischer Verdächtigung (§ 241a StGB) hat der BGH festgestellt, die Durchführung des im konkreten Fall drohenden Strafverfahrens hätte (auch) in verfahrensrechtlicher Hinsicht einen offensichtlichen und schwerwiegenden Menschenrechtsverstoß bedeutet, der die daran als Staatsanwalt und Richter verantwortlich und bewusst Beteiligten dem begründeten Vorwurf der Rechtsbeugung ausgesetzt hätte.

Der angeklagte Rechtsanwalt, langjähriger inoffizieller Mitarbeiter des MfS, hatte sich in das Vertrauen seiner beiden der Bürgerrechtsbewegung angehörigen Mandanten eingeschlichen und Mitteilungen aus dem Mandantenverhältnis an das MfS gemacht. Der BGH führt aus, der Angeklagte habe u. a. das von ihm selbst initiierte Ziel, „eine Kriminalisierung“ der Zeugen „nach außen hin glaubhaft nachzuweisen“, verfolgt.

> „Unter Mißbrauch seiner Stellung als Rechtsanwalt und später auch als Verteidiger, der nach dem Recht der DDR der anwaltlichen Schweigepflicht unterlag (vgl. § 136 DDR-StGB), wurde er als verlängerter Arm gerade des ‚Untersuchungsorgans‘ MfS tätig. Damit wurde der anwaltliche Beistand in einer Weise pervertiert, daß die Zeugen im Widerspruch zum geschriebenen DDR-Recht (vgl. Art. 102 II DDR-Verf., Art. 4 DDR-StGB, § 13 DDR-GVG[1885]) einer wirksamen Verteidigung von vornherein beraubt und dem MfS völlig ausgeliefert waren.“[1886].

1884 BGH NJW 1996, 857, 865.

1885 Gemeint sind Art. 102 DDR-Verf./1968/1974; Art. 4 VI DDR-StGB/1968, § 13 DDR-GVG/1974.

1886 BGH NJ 1997, 36.

Das Vorgehen des Angeklagten habe in einem offensichtlichen Gegensatz zu dem in der DDR öffentlich vertretenen Anspruch an den „gesellschaftlichen Auftrag des sozialistischen Rechtsanwalts“ gestanden, dass die „Erfüllung der Mandate frei von äußeren Abhängigkeiten und Eingriffen“ zu gewährleisten sei und der Schaffung und Erhaltung eines festen Vertrauensverhältnisses zwischen Bürger und Anwalt entscheidende Bedeutung zukomme[1887]. Das über die Erfüllung von Anzeigepflichten nach § 225 StGB-DDR weit hinausgehende Verhalten des Angeklagten sei durch das Recht der DDR selbst bei Berücksichtigung der Grundsätze „sozialistischer Gesetzlichkeit“ nicht gedeckt gewesen. Eine Strafverfolgung unter (Mit-)Verwertung der Mitteilungen des Angeklagten an das MfS wäre mit einem massiven, grundlegende Verteidigungsrechte verletzenden Verfahrensverstoß einhergegangen[1888].

Dieser Bewertung seitens des BGH ist zuzustimmen. Die (unter Einsatz von Druckmitteln[1889]) ganz überwiegend in Rechtsanwaltskollegien zusammengeschlossene „sozialistische Rechtsanwaltschaft“ in der DDR musste zwar die Interessen des Beschuldigten „auf der Basis der Interessen der Gesellschaft“ wahren[1890]. Sie hatte ihre Tätigkeit als Teil der „sozialistischen Rechtspflege“ zu begreifen und nicht „Sprachrohr der Mandanten, sondern eigenverantwortlich arbeitender Vertreter des sozialistischen Rechts“ zu sein, und die bürgerliche Auffassung von der „gesellschaftlich isolierten Vertretung von Einzelinteressen“ zu überwinden. Zu den Aufgaben beim Auftreten vor Gericht gehörte aber auch das „konsequente und parteiliche Vertreten des eigenen Standpunkts zur Wahrung der Interessen des Mandanten“[1891].

Der Verteidiger durfte auch nach DDR-Verständnis nicht zum Ankläger werden[1892], auch nicht indirekt durch Preisgabe eines ihm anvertrauten Geständnisses[1893]. Der Verteidiger hatte gem. § 16 I 3 DDR-StPO/1968

1887 BGH a.a.O. unter Verweis auf *Häusler*, NJ 1973, 340, 341 f.

1888 BGH a.a.O.

1889 Dazu *Lorenz*, Die „Kollektivierung“ der Rechtsanwaltschaft – als Methode zur systematischen Abschaffung der freien Advokatur, in: Rottleuthner, Steuerung der Justiz in der DDR, S. 409 ff.; *Gerlach*, Die Rechtsanwaltschaft, in: Bundesministerium der Justiz (Hrsg.), Im Namen des Volkes?, S. 141 ff.

1890 *Heidrich*, NJ 1960, 169 und 171.

1891 Vgl. *Häusler*, NJ 1973, 340 f.

1892 *Heidrich*, NJ 1960, 170; *Pein*, NJ 1960, 398, *ders.*, NJ 1963, 20; *Richter*, Der Schöffe 1963, 65; Sektion Rechtswissenschaft/Autorenkollektiv (Hrsg.), Strafverfahrensrecht, S. 93.

1893 *Heidrich*, NJ 1960, 170; Sektion Rechtswissenschaft/Autorenkollektiv (Hrsg.), Strafverfahrensrecht, S. 93.

und 1974 (ausschließlich[1894]) alle entlastenden oder die Verantwortlichkeit mindernden Umstände vorzubringen. Gegen den Willen des Beschuldigten oder Angeklagten durfte er keine belastenden Umstände vorbringen[1895]. Die Tätigkeit des Verteidigers hatte nicht etwa den Zweck, das Gericht bei der Erforschung aller Umstände der strafbaren Handlung zu unterstützen und zu helfen, den Beschuldigten der strafbaren Handlung zu überführen, sondern der Verteidiger hatte - auch im Hinblick auf das Vertrauensverhältnis zwischen ihm und dem Beschuldigten - alles zu unterlassen, was die prozessuale Lage des Beschuldigten verschlechtert[1896] und sich aller Maßnahmen zur Überführung des Beschuldigten zu enthalten[1897]. Da der Verteidiger nur solche Umstände in den Prozessstoff einzuführen hatte, die den Angeklagten entlasten, musste er die Vorwürfe der Anklage entkräften, widerlegen oder anhand von Tatumständen abschwächen und so die Geschehnisse in einem günstigeren, milderen Lichte erscheinen lassen und auf diese Weise seinen Beitrag zur Ermittlung der „objektiven" Wahrheit leisten[1898].

Die DDR-Rechtswissenschaft behauptete zwar, dass im sozialistischen Staat die Interessen der Bürger, des Staates und der Gesellschaft insgesamt sich nicht feindlich gegenüberstünden, sondern prinzipiell übereinstimmten, so dass es bei der Funktion des Verteidigers nicht um den Schutz des Beschuldigten gegenüber dem Staat bzw. gegen den Staat gehen könne[1899]. Dennoch kann nicht geleugnet werden, dass ein Rechtsanwalt, der seinen Mandanten an das MfS verriet und damit entscheidend zu dessen Verurteilung beitrug, gegen die Interessen seines Mandanten verstieß und dies nicht in Übereinstimmung mit den Grundsätzen der sozialistischen Rechtspflege zu bringen war.

Dies zeigt auch die Strafbewehrung der Verletzung der anwaltlichen Schweigepflicht (§ 136 DDR-StGB). Der vom DDR-Justizministerium mit herausgegebene und damit quasi amtliche Kommentar vermerkt dazu, die Bewahrung der persönlichen Interessen (und die Schweigepflicht erstrecke sich auf alle Tatsachen, an deren Geheimhaltung ein persönliches Interesse bestehe) liege auch im gesellschaftlichen Interesse und ent-

1894 *Wolff,* NJ 1979, 401.

1895 StPO-Lehrkommentar, § 16 Anm. 2; Sektion Rechtswissenschaft/Autorenkollektiv (Hrsg.), Strafverfahrensrecht, S. 93.

1896 *Heidrich,* NJ 1960, 170 f.; Arbeitsgruppe Strafrecht-Strafprozeßrecht des Kollegiums der Rechtsanwälte des Bezirks Potsdam, NJ 1960, 396.

1897 *Mohr,* Das Recht auf Verteidigung im Strafverfahren der DDR, S. 61 f.

1898 *Pein,* NJ 1963, 19; StPO-Lehrkommentar, § 16 Anm. 2.

1899 *Heidrich,* NJ 1960, 169; *Wolff,* NJ 1961, 277; *Häusler,* NJ 1973, 340 f.; zur Leugnung des Interessenkonfliktes vgl. *Mohr,* Das Recht auf Verteidigung im Strafverfahren der DDR, S. 72 f.

spreche den Regeln des sozialistischen Zusammenlebens[1900]. Von einigen DDR-Anwälten wurde ausdrücklich vertreten, dass ein Verteidiger durch Mitteilung seines Wissens von der Täterschaft seines Mandanten an das Gericht sein Berufsgeheimnis verletze und sich damit strafbar mache[1901]. Gleiches muss für Mitteilungen an das MfS gelten. Bestrebungen in der frühen DDR-Literatur, die Schweigepflicht des Anwalts bei Staatsverbrechen und bei Fällen gesetzlich vorgesehener Anzeigepflicht zu begrenzen[1902], wurden unter der Geltung des § 136 DDR-StGB nicht aufgegriffen.

Obwohl der BGH 1996[1903] auf die Strafbarkeit einer Strafverfolgung unter (Mit-)Verwertung pflichtwidriger Mitteilungen des Verteidigers hingewiesen hatte, ist es offenbar zu keiner Verurteilung oder Anklage in derartigen Fällen gekommen. Die Schwierigkeit einer Verurteilung wegen Rechtsbeugung dürfte in Fällen wie dem oben beschriebenen vor allem im Nachweis einer Mitwisserschaft des Staatsanwalts und insbesondere des Richters hinsichtlich der einschlägigen Zusammenarbeit des Rechtsanwalts mit dem MfS gelegen haben.

X. Verfahrensdurchführung trotz völkerrechtswidriger Verschleppung

In mindestens 400 bis 500 Fällen wurden, vor allem zu Hochzeiten des Kalten Krieges, Menschen zum Zwecke der Strafverfolgung, in der Regel wegen des Vorwurfs der Agententätigkeit, aus der Bundesrepublik oder Westberlin in die DDR entführt[1904]. Beispielhaft seien hier der bereits erwähnte Fall *Fricke*[1905] und der Fall *Smolka*[1906] genannt. Es stellt sich die

1900 Kommentar zum DDR-StGB, § 136 Anm. 3.

1901 Arbeitsgruppe Strafrecht-Strafprozeßrecht des Kollegiums der Rechtsanwälte des Bezirks Potsdam, NJ 1960, S. 397.

1902 *Benjamin u. a.*, Grundriß des Strafverfahrensrechts (1953), S. 19; *Grunow*, NJ 1960, 684.

1903 S. o., BGH NJ 1997, 36.

1904 Die Süddeutsche Zeitung v. 4. Dezember 1996 (S. 6) zitiert Angaben des BGH, der von rund 400 Fällen der Verschleppung zwischen 1949 und 1989 spricht; *Schaefgen* (NJ 2000, 2) spricht von mehr als 500 Fällen.

1905 Dazu insbes. *Fricke*, Zur politischen Strafrechtsprechung des Obersten Gerichts der DDR, 21 ff.; weiter *ders.*, DA 1990, 1484 ff.; *ders.*, Akten-Einsicht, insbes. S. 84 ff.; *Bästlein*, Der Fall Mielke, S. 165 ff.

1906 Dazu Kapitel 11, B. IV. 5. *Smolka* war nach seiner Flucht schon 8–10 m auf westdeutschem Gebiet, als ihn eine Kugel traf, er festgenommen und in die DDR zurückgebracht wurde. Weitere Beispiele bei *Fricke*, Politik und Justiz in der DDR, S. 338 f. und *Bästlein*, Der Fall Mielke, S. 275 ff.

Frage, ob sich aus einer solchen Verschleppung ein Prozesshindernis ergab, das die Durchführung des Verfahrens rechtswidrig bzw. gesetzwidrig machte. Das erstinstanzliche Gericht nahm – im Einklang mit der Praxis der Gerichte anderer Länder[1907] – bei der Beurteilung des Falles *Fricke* offenbar an, dass das arglistige oder gewaltsame Verbringen eines Verdächtigen in ein anderes Hoheitsgebiet, um dort ein Strafverfahren gegen ihn durchzuführen, schon objektiv kein Verfahrenshindernis darstellt[1908]. Der BGH hat die Frage dagegen offengelassen[1909], jedoch in subjektiver Hinsicht Ausführungen gemacht, die über den entschiedenen Fall hinaus wohl generell zu einer Verneinung jedenfalls des Vorsatzes führen müssen:

Die Verschleppung habe jedenfalls aus Sicht des Angeklagten kein Verfahrenshindernis darstellen müssen. Die zwingende Annahme eines Prozesshindernisses in dem Fall, dass ein Tatverdächtiger unter Verletzung fremder Gebietshoheit in den die Strafverfolgung betreibenden Staat verbracht werde, sei selbst unter den Bedingungen des Rechtsstaats bislang weitgehend nicht anerkannt, und zwar weder im Blick auf das Rechtsstaatsprinzip noch auf Völkerrecht[1910]. Es könne dahinstehen, ob die Rechtsentwicklung in dieser Frage heute zu einer strengeren Betrachtung Anlass geben könnte. An solchen Auffassungen dürfte das Verhalten des Angeklagten im Tatzeitraum (1955/1956) ohnehin nicht gemessen werden – eine Argumentation, die auch für spätere Verschleppungen in die DDR gelten kann.

Der BGH berücksichtigt ebenfalls die Einbettung des in Rede stehenden Verfahrens in die Phase des „Kalten Krieges". Er führt aus, wenngleich die Auslieferung der Verfolgten mit Sicherheit ausgeschlossen gewesen wäre, was die Völkerrechtswidrigkeit der Entführungen unterstreiche, habe dies aus damaliger Sicht der DDR-Justiz nicht zur Annahme einer Verpflichtung führen müssen, das Strafverfahren gegen die Verschleppten abzubrechen und sie nach Westberlin rücküberstellen zu lassen. Naheliegend sei der Angeklagte als Angehöriger der DDR-Justiz zur Tatzeit der Auffassung gefolgt, die Verfolgung von Straftätern, die „Verbrechen" gegen die DDR verübt hätten, genieße unbedingten Vorrang vor Hoheitsinteressen einer feindlichen Macht, von der aus jene Verbrechen organisiert worden

1907 Zu Strafprozessen anderer Staaten gegen im Ausland entführte Personen und der Debatte in der internationalen Literatur *Schlimm*, ZRP 1993, 262 ff. m. w. N.

1908 LG Berlin NJ 1995, 211, 214.

1909 BGH NJW 1996, 857, 864.

1910 Der BGH (a.a.O.) verweist dazu auf BVerfG NJW 1986, 1427 ff.; 3021 ff.; BGH NStZ 1984, 563; 1985, 464.

seien. Eine solche Auffassung sei nicht geeignet, einen Rechtsbeugungsvorsatz zu belegen[1911].

Anders wäre der Fall nach Ansicht des BGH allerdings zu beurteilen, wenn sich nachweisen ließe, dass schon die Verschleppung Teil einer insgesamt willkürlichen Verfolgung und Inhaftierung des Entführten durch abgestimmte Verhaltensweise von SfS und DDR-Justiz war[1912]. Ein solcher Nachweis konnte aber nicht geführt werden[1913].

XI. Zu den Zwangsadoptionsfällen

Als „Zwangsadoptionen" werden Vorgänge wie der folgende Fall bezeichnet. Nachdem ein Ehepaar wegen „Republikflucht" verurteilt, inhaftiert und schließlich in die Bundesrepublik abgeschoben worden war, entzog das zuständige Kreisgericht den Eltern 1973 das Erziehungsrecht für die in der DDR zurückgebliebene Tochter. Das Urteil ersetzte zugleich die elterliche Einwilligung in die Adoption (§ 70 FGB). Die strafrechtliche Relevanz dieses skandalösen Verfahrens (Fortsetzung des Verfahrens, obwohl der Richter wusste, dass die Ladung den abgeschobenen Kindeseltern nicht zugestellt worden war; Beiordnung eines Rechtsanwalts ohne gesetzliche Grundlage; Zurückweisung des vom beigeordneten Rechtsanwalt gestellten und mit fehlendem rechtlichen Gehör der Kindeseltern begründeten Antrag auf Terminsaufhebung und Fortführung des Verfahrens bis zum Urteil) wurde nie gerichtlich geklärt[1914].

Der Vorwurf in der Anklageschrift von 1991 lag im Verstoß gegen mehrere Verfahrensvorschriften[1915]. Das Bezirksgericht Magdeburg lehnte jedoch 1992 die Eröffnung des Hauptverfahrens wegen Eintritts der Strafverfolgungsverjährung ab[1916]. Diese Entscheidung wurde 1993 vom OLG Naumburg bestätigt. Grundsätzlich habe die Verjährung für SED-Unrecht in der Zeit des Bestehens der DDR zwar geruht[1917]. Die Vorausset-

1911 BGH NJW 1996, 857, 864.

1912 BGH NJW 1997, 1317, 1319.

1913 Vgl. BGH NJW 1997, 1317, 1319.

1914 Sachverhalt nach OLG Naumburg NJ 1993, 424 und *Hohoff*, An den Grenzen des Rechtsbeugungstatbestandes, S. 67.

1915 Dazu OLG Naumburg NJ 1993, 424; Nachweis zur Anklageschrift bei *Hohoff*, An den Grenzen des Rechtsbeugungstatbestandes, S. 67.

1916 BezG Magdeburg, Beschl. v. 16.4.1992 - 5 Kls 17/91, zitiert nach *Hohoff*, An den Grenzen des Rechtsbeugungstatbestandes, S. 67.

1917 OLG Naumburg NJ 1993, 424; vgl. hierzu Kapitel 14, B.

zungen für das Ruhen der Verjährung sollen allerdings nach der Rechtsprechung zum Ruhen der Verjährung von NS-Taten nur gegeben sein, wenn die Tat, wie sie sich nach den Feststellungen tatsächlich zugetragen habe, aus der Motivierung der NS-Machthaber mit Bestimmtheit nicht geahndet worden wäre, falls sie damals schon Gegenstand eines Strafverfahrens geworden wäre. Die bloße Möglichkeit oder Wahrscheinlichkeit der Nichtverfolgung reiche nicht[1918].

Die Übertragung dieser Rechtsprechung auf die Verhältnisse in der DDR führte das OLG Naumburg zu der Annahme, die Verjährung habe im zu entscheidenden Fall der Zwangsadoption nicht geruht, so dass die 1973 beendete Tat verjährt sei. Denn in Grenzfällen, die erst nach Beendigung der SED-Herrschaft zur Kenntnis der Strafverfolgungsbehörden gelangt seien und in denen offengeblieben sei, ob eine Anzeige nicht doch zu einem Strafverfahren und zu einer Verurteilung hätten führen können, scheide in Anwendung der dargelegten Grundsätze ein Ruhen der Verjährung aus. Um einen solchen Grenzfall handele es sich hier. Ein Wille der DDR-Staats- und Parteiführung, die bewusste Verletzung von Verfahrensnormen des Zivilprozessrechts, auf die in concreto der Rechtsbeugungsvorwurf gestützt wurde, nicht strafrechtlich zu ahnden, könne nicht zweifelsfrei angenommen werden. Vielmehr scheine es in dem – auch im Verhältnis zur Bundesrepublik – politisch heiklen Bereich der „Zwangsadoptionen" durchaus auch denkbar, dass gerade hier besonderer Wert auf eine formell korrekte Verfahrensabwicklung gelegt und dies durch Strafverfolgung des Angeklagten unterstrichen worden wäre[1919].

Diese Einschätzung als Grenzfall ist allerdings anzuzweifeln. Auch in den anderen Bereichen der politisch und im innerdeutschen Verhältnis heiklen Strafrechtsprechung in der DDR, etwa der strafrechtlichen Verfolgung Ausreisewilliger und Andersdenkender (man denke unter anderem an die Freikaufproblematik), ist es für keinen Fall ersichtlich, dass Verfahrensrechtsverletzungen in der DDR strafrechtlich geahndet worden wären. Im Gegenteil bestätigt sich das Bild, dass zur Erreichung eines politisch erwünschten Ergebnisses alle Mittel recht waren. So spricht auch nichts dafür, dass es im Fall der Zwangsadoptionen anders gewollt war. Die Möglichkeit der Zwangsadoption von Kindern, die man ja ohne weiteres zur Familienzusammenführung ihren Eltern in die Bundesrepublik hätte folgen lassen können, stellte einen Baustein zur Schi-

1918 BGHSt 23, 137, 140; ähnlich und unter Verweis hierauf nunmehr in einem Mauerschützenfall BGHSt 40, 113, 118.

1919 OLG Naumburg NJ 1993, 424.

kanierung „Republikflüchtiger" und Abschreckung Ausreisewilliger dar. Daher bestand nicht nur eine - vom OLG Naumburg durchaus gesehene - „nicht geringe Wahrscheinlichkeit", dass im Hinblick auf den konkreten Fall eine Strafverfolgung nach dem objektiven Willen der Staats- und Parteiführung aus politischen Gründen unterblieben wäre. In derartigen Fällen kann vielmehr von einer generellen Nichtverfolgung ausgegangen werden. Hierfür spricht insbesondere die Art der vorgeworfenen Verfahrensrechtsverletzungen, die ersichtlich dazu dienten, eine sachgerechte Vertretung der Interessen von Eltern und Kind zu verhindern. Wäre eine Ahndung und damit das Eingeständnis solcher systematischer rechtswidriger Ausschaltung der Eltern öffentlich geworden, wäre dies eine propagandistische Schlappe gewesen, die die politische Führung mit Sicherheit nicht hätte hinnehmen wollen.

Soweit ersichtlich, hat die Entscheidung des OLG Naumburg jedoch keinerlei Kritik erfahren. Mit diesen frühen Entscheidungen von 1992 und 1993 könnte erklärt werden, warum es zu keinen weiteren Anklagen wegen Zwangsadoptionen kam.

C. Zusammenfassung und Fazit

Die Bedeutung der Fallgruppe der Rechtsbeugung durch die Art und Weise des Verfahrens hat sich in der Praxis der justiziellen Aufarbeitung als sehr begrenzt erwiesen. Es liegt die Annahme nahe, dass die den objektiven Rechtsbeugungstatbestand einschränkende[1920] Rechtsprechung des BGH sich auch bei der Fallgruppe der Rechtsbeugung durch die Art und Weise des Verfahrens strafverfolgungshindernd ausgewirkt hat[1921]. Allerdings lässt sich die pauschale Vermutung, ohne diese Barriere könnten problemlos zahlreiche im ursprünglichen Sinne gesetzwidrige Fälle den objektiven Tatbestand erfüllen[1922], nicht ohne weiteres belegen. Anderen Faktoren ist hier ein größeres Gewicht zuzusprechen.

Viele Vorschriften des Verfahrensrechts ermöglichten, verstärkt durch eine Auslegung im Sinne des sozialistischen Rechtsverständnisses der DDR, rechtsstaatswidrige Vorgehensweisen. Beispielhaft sind zu nennen die Vorschriften über die Beschränkung und Ausschluss der Öffent-

1920 Dazu Kapitel 4, B.

1921 In diesem Sinne insbesondere *Möller-Heilmann*, Die Strafverfolgung von Richtern und Staatsanwälten der ehemaligen DDR wegen Rechtsbeugung, S. 217, 320.

1922 *Möller-Heilmann*, a.a.O., S. 217.

lichkeit, die Nichtzustellung und nur eingeschränkte Bekanntgabe von Anklageschrift, Eröffnungsbeschluss und Urteil, kurzfristige Ladungen und weitere Behinderungen der Verteidigung, insbesondere Einschränkungen des Verteidigerkontakts. Insoweit wären auch beim Maßstab der Unvertretbarkeit, verbunden mit der systemimmanenten Auslegung, kaum andere Ergebnisse zu erzielen gewesen als in den beiden hierzu ergangenen BGH-Entscheidungen[1923].

Schwerwiegende Verstöße gegen das Verfahrensrecht sind - auch nach Einschätzung des früheren Mitglieds des 5. Strafsenats des BGH, *Horstkotte,* - allerdings in größerem Maße vorgekommen, als es sich aus der Rechtsprechung des BGH ergibt[1924]. Doch war hier oft der direkte Rechtsbeugungsvorsatz schwer nachzuweisen, zumal bei beisitzenden Richtern[1925].

Das Recht auf Verteidigung war in der DDR nicht im rechtsstaatlichen Sinne gewährleistet, weil dehnbare Vorschriften und Schlupflöcher eine Unterhöhlung erlaubten. Raum für die Annahme von Rechtsbeugung durch Staatsanwälte und MfS-Mitarbeiter wäre aber jedenfalls in den Fällen gewesen, in denen sie Untersuchungshäftlingen den Verteidigerkontakt gänzlich untersagten oder verboten, mit dem Verteidiger über die Beschuldigung zu sprechen. Warum dennoch weder MfS-Mitarbeiter noch Staatsanwälte hierfür zur Verantwortung gezogen wurden, kann an dieser Stelle nicht rekonstruiert werden. Gleiches gilt für Behinderungen der freien Verteidigerwahl, auch durch Richter.

Eine Strafverfolgung unter (Mit-)Verwertung pflichtwidriger Mitteilungen des Verteidigers an das MfS hätte den Vorwurf objektiver Rechtsbeugung begründen können. Obwohl der BGH hierauf hingewiesen hatte, ist es offenbar zu keiner Anklage oder Verurteilung in derartigen Fällen gekommen. Die Schwierigkeit einer Verurteilung wegen Rechts-

1923 BGH NJW 1995, 64, 67 und BGH NJW 1995, 3324, 3328. *Möller-Heilmann*, a.a.O., S. 320 missversteht vermutlich die Entscheidung BGH NJW 1995, 3324, 3328 (auf die sie sich jedenfalls bei entsprechenden Ausführungen auf S. 217 bezieht), wenn sie darlegt, Verstöße gegen Verfahrensvorschriften würden zwar bejaht, seien aber grundsätzlich nach richterlicher Auffassung nicht so schwerwiegend und menschenrechtsverletzend, dass eine rechtsbeugerische Handlung vorliege. Dagegen erwähnt der BGH nur, die Verfahrensführung erscheine rechtsstaatswidrig, betont aber auch, sie entspreche den Verfahrensvorschriften der DDR. Darauf, dass - zumindest aus Sicht der Angeklagten - keine schwere Menschenrechtsverletzung vorliege, kam es daher in dem Fall nicht an. Entsprechendes gilt für BGH NJW 1995, 64, 67.

1924 *Horstkotte*, Rechtsbeugung, in: Drobnig (Hrsg.), Die Strafrechtsjustiz der DDR im Systemwechsel, S. 96.

1925 *Horstkotte*, a.a.O., S. 96; vgl. dazu auch o., B.III.

beugung dürfte in derartigen Fällen vor allem im Nachweis einer Mitwisserschaft des Staatsanwalts und insbesondere des Richters hinsichtlich der einschlägigen Zusammenarbeit des Rechtsanwalts mit dem MfS gelegen haben.

In den Verschleppungsfällen musste die Verfolgung wegen des anschließenden Strafverfahrens zumindest am Vorsatz hinsichtlich des etwaigen Bestehens eines Verfahrenshindernisses scheitern. Dass die Ahndung von Verfahrensrechtsverletzungen in Zwangsadoptionsfällen wegen Verjährung nicht mehr möglich sein sollte, überzeugt allerdings nicht und wurde leider auch nie vor dem BGH geklärt. Auf die Variante des Verfahrensmissbrauchs wird unter dem Stichwort der „Scheinverfahren“ noch gesondert ausführlich eingegangen[1926].

1926 Siehe Kapitel 11, B.III. und Kapitel 13, C.II.2. sowie bereits Kapitel 5, A.III.1.b).

9. Kapitel: Zur Strafbarkeit von Staatsanwälten, Mitarbeitern von Untersuchungsorganen und „Hintermännern"

Nach einigen Bemerkungen zur rechtlichen Stellung der Staatsanwaltschaft in der DDR (A.) wird in diesem Kapitel aufgezeigt, inwieweit sich Staatsanwälte und Mitarbeiter von Untersuchungsorganen (insbesondere des MfS) wegen Rechtsbeugung strafbar machen konnten und sich die Strafverfolgung auch gegen deren „Hintermänner" richtete (B.).

A. Rechtsstellung der Staatsanwaltschaft in der DDR

I. Unabhängigkeit und Gesetzesbindung

Die Staatsanwaltschaft war Staatsorgan (§ 1 I StAG/1963 und 1977)[1927]. Sie unterstand nach dem Gesetz zunächst dem Ministerrat (§ 1 I StAG/1952) und war später der Volkskammer bzw. zwischen deren Tagungen dem Staatsrat untergeordnet (§ 4 I StAG/1963; § 5 III StAG/1977; Art. 98 IV DDR-Verf./1968 und 1974). Sie war bei der Verwirklichung ihrer Aufgaben von den anderen Staatsorganen unabhängig (Art. 1 I StAG/1952). Weder örtliche Organe noch der Ministerrat und seine Organe durften der Staatsanwaltschaft Aufgaben stellen oder Aufträge erteilen[1928], so dass ein gewisser Grad sachlicher Unabhängigkeit rein rechtlich gegeben war.

Das Verhältnis zur Partei war nicht klar geregelt. Seit 1977 definierte das StAG Stellung und Aufgaben der Staatsanwaltschaft u. a. so: „Sie wacht in Verwirklichung der Beschlüsse der Partei der Arbeiterklasse auf der Grundlage der Verfassung, der Gesetze und anderen Rechtsvorschriften der Deutschen Demokratischen Republik über die strikte Einhaltung der sozialistischen Gesetzlichkeit" (§ 1 I StAG/1977). Wie sich auch aus dieser Norm ergibt, konnten Parteibeschlüsse kein gesetzwidriges Verhalten einfordern. Die Staatsanwaltschaft war an die Verfassung, die Gesetze und die anderen Rechtsvorschriften der DDR gebunden.

1927 Vgl. *Müller/Fritzsche*, Gerichtsverfassungsrecht Staatsanwaltschaftsrecht, S. 72.
1928 *Müller/Fritzsche*, a.a.O., S. 72f.

Nach § 1 I DDR-StPO/1968 sollte das Strafverfahren sichern, dass jeder Schuldige, aber kein Unschuldiger strafrechtlich zur Verantwortung gezogen werde. Hierbei war der gesetzliche Tatbestand „genau zu beachten" (§ 2 I DDR-StPO/1968). Die Staatsanwaltschaft war zu „allseitiger" und unvoreingenommener Prüfung in belastender und entlastender Hinsicht verpflichtet (§ 18 Buchst. c) StAG/1963; §§ 8 I, 22, 101 DDR-StPO/1968).

Es wurde als Forderung aus dem Prinzip der sozialistischen Gesetzlichkeit angesehen, dass auf jeden Verdacht einer Straftat „unbedingt" (mit den gesetzlich vorgesehenen Mitteln und in der gesetzlich vorgesehenen Weise) reagiert werde. Jede Ermittlungshandlung musste „strikt" auf dem Gesetz beruhen. Insbesondere musste die Gesetzlichkeit bei der Anwendung von Zwangsmitteln ebenso wie alle anderen Rechte der Verfahrensbeteiligten gewahrt werden, betonte die DDR-Literatur[1929].

Hinsichtlich des Parteieinflusses bei der Steuerung der Staatsanwaltschaft dürfte es von § 1 StAG/1977 gedeckt gewesen sein, dass jede gemeinsame Anweisung von Justiz- und Sicherheitsorganen und jede Anweisung des GStA aufgrund einer zuvor im ZK getroffenen Entscheidung zustande kamen, d.h. zumindest mit der Abteilung Staats- und Rechtsfragen abgestimmt waren, wenn nicht gar auf einem Politbüro-Beschluss beruhten[1930]. Gleichwohl lässt sich hieraus ebenso wenig wie aus § 1 I StAG/1977 eine Bindung an Weisungen von Parteikadern zur Behandlung eines *Einzelfalles* – sofern diese nicht gleichzeitig Dienstvorgesetzte des betroffenen Staatsanwalts waren – ableiten. Dass nach den realen Machtverhältnissen die jeweilige Parteiinstanz *de facto* die dienstvorgesetzte Stelle des Staatsanwalts war, beinhaltet kein einzelfallbezogenes Weisungsrecht nach der *Rechtslage,* sondern spiegelt vor allem die Selbststeuerung der Staatsanwaltschaft im Alltagsverhalten wider, das durch eine Atmosphäre vorauseilenden Gehorsams und des Rückversicherns hinsichtlich der eigenen Linientreue geprägt war[1931]. Diese Selbststeuerung war auch durch die Personalauswahl angelegt. So normierte § 13 I StAG/1963 (und ähnlich § 35 I StAG/1977): „Staatsanwalt kann sein, wer (...) sich vorbehaltlos für den Sozialismus einsetzt und der Arbeiter- und Bauernmacht treu ergeben ist." Dadurch erübrigte sich in vielen Fällen die Erteilung von Einzelfallweisungen ohnehin.

1929 *Müller/Fritzsche,* a.a.O., S. 77.

1930 Dazu *Behlert,* Die Generalstaatsanwaltschaft, in: Rottleuthner (Hrsg.: BMJ), Steuerung der Justiz in der DDR, S. 320.

1931 Vgl. *Behlert,* a.a.O., S. 304.

II. Verhältnis der Staatsanwaltschaft zu den Untersuchungsorganen (insbesondere denen des MfS)

In der Regel führten nicht die Staatsanwälte selbst, sondern die staatlichen Untersuchungsorgane die Ermittlungen durch[1932], wie es im Gesetz vorgesehen war[1933]. Grundsätzlich übernahm bei politischen Verfahren das MfS die Initiative bei den Ermittlungen[1934]. Während in § 96 DDR-StPO/1952 noch nicht präzisiert war, welche Stellen „staatliche Untersuchungsorgane" seien, waren in § 16 StAG/1963 und § 88 DDR-StPO/1968 neben den Untersuchungsorganen des Ministeriums des Inneren (Kriminalpolizei als Teil der Deutschen Volkspolizei[1935]) und der Zollverwaltung ausdrücklich auch die „Untersuchungsorgane des Ministeriums für Staatssicherheit" angeführt. Die Hauptabteilung IX (der Zentrale) sowie die Abteilungen IX der Bezirksverwaltungen des MfS waren zuständig für die Ermittlungen bei „Staatsverbrechen" und einer Vielzahl anderer Straftaten, die als gegen die staatliche Ordnung gerichtet oder „vom Feind inspiriert" verstanden wurden[1936]. Für politische Delikte war auch schon der Vorläufer des MfS, der Staatssicherheitsdienst (SSD) zuständig[1937].

Die Leitung der Ermittlungen war nach dem Gesetz jedoch dem Staatsanwalt vorbehalten[1938]. Dessen besondere Verantwortung für die Einhaltung der Gesetzlichkeit im Ermittlungsverfahren wurde in § 87 II DDR-StPO/1968 und § 16 I StAG/1977 sogar besonders herausgestrichen. Auch wenn die Staatsanwaltschaft nicht die Untersuchungsorgane selbst zu leiten hatte und das Verhältnis zu diesen in dem einschlägigen, quasi-amtlichen Lehrbuch so verstanden wurde, dass keine Beziehungen

1932 *Müller/Fritzsche*, Gerichtsverfassungsrecht Staatsanwaltschaftsrecht, S. 76; *Mohr*, Das Recht auf Verteidigung im Strafverfahren der DDR, S. 19.

1933 § 96 DDR-StPO/1952; § 88 DDR-StPO/1968.

1934 *Debes/Weinke*, DA 1995, 1021.

1935 *Niethammer*, Der Staatsanwalt in der DDR, S. 44.

1936 *Reinke*, Staatssicherheit und Justiz, in: Im Namen des Volkes?, S. 240; konkret genannt werden das 1. und 2. Kapitel des DDR-StGB, mithin Verbrechen gegen die Souveränität der DDR, den Frieden, die Menschlichkeit und die Menschenrechte bzw. Verbrechen gegen die DDR (*Roggemann*, Gutachterliche Stellungnahme, in: Rottleuthner (Hrsg.), Das Havemann-Verfahren, S. 288).

1937 *Hellbeck*, Die Staatsanwaltschaft in der Sowjetischen Besatzungszone Deutschlands, S. 40 f (dort auch zu weiteren Untersuchungsorganen).

1938 § 95 DDR-StPO/ 1952; § 87 I DDR-StPO/1968; § 1 II StAG/1952; § 2 c) StAG/1963; §§ 3, 14 StAG/1977.

der Über- und Unterordnung von Organen bestünden[1939], ist entscheidender Faktor die Weisungsbefugnis des Staatsanwalts gegenüber den Untersuchungsorganen und die Aufsicht über alle Untersuchungen[1940] einschließlich der Möglichkeit, ungesetzliche Verfügungen des Untersuchungsorgans aufzuheben[1941]. Dass die Praxis in den politischen Verfahren anders aussah, diese nämlich von der Dominanz des MfS beherrscht waren, an das die Staatsanwälte ihre Kompetenzen und Verantwortlichkeiten preisgegeben hatten[1942] und von dem aufgrund der Abstimmung mit der Parteiführung und der Beobachtung der Hauptverhandlung durch das MfS ein entscheidender informeller Steuerungsimpuls ausging[1943], vermag nichts an der rechtlichen Verantwortung des Staatsanwalts zu ändern.

Schon in den 50er Jahren wurde von maßgeblicher Seite darauf hingewiesen, dass jedes Organ der Strafjustiz die volle Verantwortung für den ihm übertragenen Teil des Strafverfahrens selbständig und in vollem Umfang trage. Der Staatsanwalt durfte nicht, was häufige Praxis war, einfach die Ermittlungsergebnisse des Untersuchungsorgans mit dessen Schlussbericht übernehmen und als Anklage an das Gericht weitergeben[1944]. Dies wurde in § 18 k) und l) StAG/1963 aufgenommen, wonach die Staatsanwaltschaft sicherzustellen hatte, dass die Ermittlungsergebnisse der Untersuchungsorgane durch eigene Feststellungen der Staatsanwaltschaft auf ihre Vollständigkeit und Wahrheit überprüft und ungenügende Ermittlungsergebnisse der Untersuchungsorgane mit verbindlichen Weisungen zur Nachermittlung zurückgegeben werden. Unter bestimmten Voraussetzungen[1945] konnten die Untersuchungsorgane das Verfahren selbständig einstellen.

1939 Autorenkollektiv, Grundlagen der Rechtspflege, S. 137f.

1940 § 97 S. 1 und 2 DDR-StPO 1952; § 89 I, II Nr. 1 DDR-StPO/1968; § 17 StAG/1952; §§ 2 c), 16 I, 20 I a) StAG/1963; §§ 14, 17 StAG/1977.

1941 § 17 StAG/1977.

1942 Dazu *Meinerzhagen*, Die Verfahren gegen ehemalige Richter der DDR, in: Weber/Piazolo(Hrsg.), Eine Diktatur vor Gericht, S. 126f.

1943 *Behlert*, Die Generalstaatsanwaltschaft, in: Rottleuthner (Hrsg.: BMJ), Steuerung der Justiz in der DDR, S. 336f.

1944 *Benjamin*, NJ 1954, 456; *Melsheimer*, NJ 1956, 294. Der Staatsanwalt musste ggf. die Richtigkeit der Ermittlungen selbst prüfen und die Angeklagten und wichtigsten Zeugen noch einmal selbst vernehmen, *Benjamin*, a.a.O. Näher dazu bereits Kapitel 8, B.I.1.

1945 § 158 DDR-StPO/1952; § 141 DDR-StPO/1968; zu Einschränkungen Ostmann, NJ 1953, 14 unter Verweis auf die Rundverfügung des Generalstaatsanwalts Nr. 30/52 vom 18. Oktober 1952.

B. Anwendungsbereich von § 244 DDR-StGB und § 339 StGB

Im Folgenden soll dargelegt werden, inwieweit sich außer Richtern auch Staatsanwälte und Mitarbeiter von Untersuchungsorganen wegen Rechtsbeugung strafbar machen konnten.

I. Staatsanwälte

1. Der Staatsanwalt als möglicher Täter der Rechtsbeugung

§ 244 DDR-StGB nennt Staatsanwälte ausdrücklich als mögliche Täter der Rechtsbeugung. Dagegen beschreibt § 339 StGB (ebenso wie § 336 StGB a. F.) den Täterkreis mit „Richter, ein anderer Amtsträger oder ein Schiedsrichter". Im Hinblick darauf hat der BGH in mittlerweile ständiger Rechtsprechung angenommen, dass Staatsanwälte im Ermittlungsverfahren – auch Staatsanwälte der DDR – Täter einer Rechtsbeugung sein können[1946]. Auch nach ganz h.M. im Schrifttum können Staatsanwälte als „andere Amtsträger" auch Täter des § 339 StGB sein; richterliche Unabhängigkeit in Form der Weisungsfreiheit ist nicht erforderlich[1947].
Manche bestreiten dagegen den unparteiischen Charakter der staatsanwaltlichen Ermittlungstätigkeit und damit die Begehbarkeit der Rechtsbeugung durch Staatsanwälte[1948]. Dem hält die h.M. jedoch zutreffend

1946 BGHSt 32, 357 ff.; 38, 381, 382; vgl. schon RGSt 69, 213 f.; im Hinblick auf DDR-Staatsanwälte BGHSt 40, 169, 174 ff., insbes. 177 = BGH NJW 1994, 3238, 3239 f. (ausdrücklich auch für Militärstaatsanwälte der DDR); BGHSt 40, 272, 274 = NJW 1995, 64, 65; BGHSt 43, 183, 187 = BGH NJW 1998, 248.

1947 LK-*Spendel* (11. Aufl.), § 339 Rn. 15, 19; *Spendel*, JZ 1995, 379 (hier zustimmend zum BGH); LK-*Hilgendorf* (12. Aufl.), § 339 Rn. 20; *Maurach/Schroeder/Maiwald*, Strafrecht BT/2, § 77 II, Rn. 6; Fischer (58. Aufl.), § 339 Rn. 6; Kühl § 339 Rn. 2; SK-*Rudolphi*, § 339 (5. Aufl.) Rn. 5; *Fezer*, NStZ 1986, 29; *Wagner*, JZ 1987, 659; *Schulz*, StV 1995, 208; *Schaefgen*, Die Strafverfolgung von Regierungskriminalität in der DDR. Probleme, Ergebnisse, Perspektiven, in: Weber/Piazolo (Hrsg.), Eine Diktatur vor Gericht, S. 52; *Käsewieter*, Der Begriff der Rechtsbeugung im deutschen Strafrecht, S. 111; NK-*Kuhlen* § 339 Rn. 85; mit gewissen Einschränkungen hinsichtlich der Begründung zustimmend auch *Scholderer*, Rechtsbeugung, S. 410 f., 421 f.

1948 *Vormbaum*, Der strafrechtliche Schutz des Strafurteils, S. 337, 339 ff. und 373, der Staatsanwälte nicht für taugliche Täter der Rechtsbeugung hält, weil bei ihnen das Strafverfolgungsinteresse und damit ein Parteielement überwiege; ähnlich noch *Seebode*, Das Verbrechen der Rechtsbeugung, S. 64 und 75 f., (nunmehr aber teilweise

entgegen, dass die Staatsanwaltschaft gemäß § 160 II StPO nicht nur belastende, sondern auch entlastende Umstände zu ermitteln hat und damit den Sachverhalt wie ein Richter objektiv und unparteiisch aufklären soll[1949]. Unter dem Gesichtspunkt der Funktion des Verfahrens unterscheidet sich das Ermittlungsverfahren nicht grundsätzlich vom Hauptverfahren[1950]. Gleiches gilt auch für die Rechtslage in der DDR. Gemäß § 108 DDR-StPO/1952 und § 101 I DDR-StPO/1968 war der Staatsanwalt zur allseitigen und unvoreingenommenen Aufklärung unter Berücksichtigung aller be- und entlastenden Umstände verpflichtet. Diese Pflicht war zusätzlich in § 8 DDR-StPO/1968 für den Staatsanwalt gleichermaßen wie für das Gericht angeführt. Dies war auch schon in § 1 II DDR-StPO/1952 als „Zweck des Gesetzes" angeklungen.

2. Erfordernisse der Tatsituation

Während § 244 DDR-StGB als Tatsituation klar die „Durchführung eines gerichtlichen Verfahrens oder eines Ermittlungsverfahrens" anführt, stellt § 339 StGB auf die „Leitung oder Entscheidung einer Rechtssache" ab.

Unter „Rechtssache" wird eine Rechtsangelegenheit verstanden, bei der sich mehrere Parteien mit widerstreitenden rechtlichen Interessen gegenüberstehen können und bei denen in einem rechtlich näher (oder vollständig) geregelten, förmlicheren Verfahren nach Rechtssätzen (und nicht nur Zweckmäßigkeitsgesichtspunkten[1951]) zu verhandeln und zu entscheiden

---

revidiert in *ders.*, FS Lenckner, 596, nämlich für verfahrensbeendende Entschließungen sowie Unterlassen oder Vereitelung der Strafverfolgung, nicht aber für die Anklageerhebung, die nur als Teilnahmehandlung oder versuchte Beteiligung in Betracht kommen soll); *Hohmann*, NJ 1995, 130 f.; *ders.*, DtZ 1996, 233 f. (zu DDR-Staatsanwälten und jedenfalls für alle Fälle außer denen der alleinigen verfahrensbeendenden Entschließung nach § 170 II StPO bzw. 148 I DDR-StPO); teilweise auch OLG Bremen NStZ 1986, 120, 121, das die Anwendbarkeit des § 336 a. F./§ 339 n.F. StGB bei Staatsanwälten auf Einstellungsentscheidungen beschränken und die Vorbereitung des gerichtlichen Verfahrens ausnehmen will; hiergegen *Scholderer*, Rechtsbeugung, S. 422 und *Wagner*, JZ 1987, 659 f.

1949 LK-*Spendel* (11. Aufl.), § 339 Rn. 19, 30; *Wagner*, JZ 1987, 660; *Möller-Heilmann*, Die Strafverfolgung von Richtern und Staatsanwälten der ehemaligen DDR wegen Rechtsbeugung; S. 16; *Käsewieter*, Der Begriff der Rechtsbeugung im deutschen Strafrecht, S. 111.

1950 *Schulz*, StV 1995, 208 Fn. 32.

1951 Dazu BGHSt 14, 147, 148.

ist[1952]. Ergänzend wird das Kriterium herangezogen, dass der Amtsträger die Sache (seiner Funktion nach) *wie ein Richter* leiten oder entscheiden muss[1953] und dabei einen gewissen Grad sachlicher Unabhängigkeit genießt[1954], wobei es unerheblich ist, ob die tatsächlichen (Macht-)Verhältnisse der Unabhängigkeit entgegenstehen[1955]. Manche stellen im Rahmen der richtergleichen Funktion darauf ab, dass die Tätigkeit primär dem Ziel der Verwirklichung des (richtigen) Rechts dienen soll[1956] bzw. das Wesen der Tätigkeit in der Aufgabe liegt, neutral Recht zu verwirklichen[1957]. Der BGH verwendet mittlerweile eine kürzere, zusammenfassende Formulierung. In einer Rechtssache entscheidet danach nur, wer wie ein Richter in einem rechtlich vollständig geregelten Verfahren zu entscheiden hat[1958].

Nicht jede Entscheidung der Staatsanwaltschaft im Ermittlungsverfahren stellt danach eine „Entscheidung einer Rechtssache" dar[1959]. Die Voraussetzungen können aber für die nachfolgend erläuterten Fallgestaltungen bejaht werden.

3. Mögliche Tathandlungen

Nach den Maßstäben der Rechtsprechung konnten Staatsanwälte bei verschiedenen Schritten der Strafverfolgung Rechtsbeugung begangen haben.

1952 RGSt 71, 315; BGHSt 5, 301, 304; 14, 147, 148 = BGH NJW 1960, 974; BGH NJW 1960, 253; BGHSt 24, 326, 327 f.; 40, 169, 177; OLG Koblenz GA 1993, 513; LK-*Spendel* (11. Aufl.), § 339 Rn. 27.

1953 RGSt 71, 315; BGHSt 24, 326, 327 f.; BGH NJW 1960, 253; BGHSt 34, 146, 148; 35, 224, 230; 38, 381 f.; 40, 169, 177 = BGH NJW 1994, 3238, 3240; BGHSt 41, 247, 249 = BGH NJW 1995, 33224 f.; OLG Hamm NJW 1979, 2114; OLG Koblenz GA 1993, 513; OLG Hamm NJW 1999, 2291; LK-*Spendel* (11. Aufl.), § 339 Rn. 15; Tröndle/Fischer (50. Aufl.), § 339 Rn. 5; ähnlich Fischer (58. Aufl.) § 339 Rn. 6 („Entscheidung in seinen Händen").

1954 BGHSt 34, 146, 148; BGHSt 40, 169, 177 = BGH NJW 1994, 3238, 3240; BGHSt 41, 247, 249 = BGH NJW 1995, 33224 f.; BGH JR 2000, 246.

1955 Vgl. BGHSt 14, 147, 148; OLG Hamm NJW 1999, 2291; LK-*Spendel* (11. Aufl.), § 339 Rn. 15; *Scholderer*, Rechtsbeugung, S. 391; *Weber*, GA 1993, 214; a. A. noch *Seebode*, Das Verbrechen der Rechtsbeugung, S. 73 f., anders nunmehr wohl *ders.*, FS Lenckner, 597 f.; dies verkennt *Ulrich Neumann*, Die strafrechtliche Vergangenheitsbewältigung von SED-Unrecht am Beispiel der Rechtsbeugung, S. 203 f.

1956 LK-*Spendel* (11. Aufl.), § 339 Rn. 27, 30; SK-*Rudolphi*, § 339 (5. Aufl.) Rn. 7; *Bemmann*, JZ 1972, 600, 601; OLG Hamm NJW 1979, 2114; OLG Koblenz GA 1993, 513 f.

1957 *Maurach/Schroeder/Maiwald*, Strafrecht BT/2, § 77 II, Rn. 6.

1958 BGHSt 40, 169, 177 = BGH NJW 1994, 3238, 3240; BGHSt 41, 247, 249 = BGH NJW 1995, 33224 f.

1959 BGHSt 40, 169, 177 = BGH NJW 1994, 3238, 3240; BGHSt 41, 247, 249 = BGH NJW 1995, 33224.

a) Anordnung von Beschlagnahmen und Durchsuchungen

Die Zuständigkeit zur Anordnung von Beschlagnahmen und Durchsuchungen lag in der DDR (außer im gerichtlichen Verfahren) nicht beim Richter, sondern beim Staatsanwalt, bei Gefahr im Verzuge auch bei den Untersuchungsorganen; richterliche Bestätigung innerhalb von 48 Stunden genügte[1960]. Die Staatsanwaltschaft hatte bei der Anordnung eine eigenverantwortliche (d.h. auch vom Ergebnis und Willen des Untersuchungsorgans unabhängige) Entscheidung zu treffen[1961]. Daher können sich Staatsanwälte auch durch die Anordnung solcher rechtswidriger Zwangsmaßnahmen der Rechtsbeugung strafbar gemacht haben. Hierauf basierte der Tatvorwurf jedoch nur selten[1962].

b) Stellen eines Haftbefehlsantrags und sonstige Taten im Zusammenhang mit U-Haft

Staatsanwälte konnten sich auch was neben dem Vorwurf rechtsbeugender Anklageerhebungen weit häufiger Gegenstand späterer Strafverfahren war durch das Hinwirken auf Anordnung oder Fortdauer von Untersuchungshaft als Täter einer Rechtsbeugung strafbar machen.

aa) Haftbefehlsantrag

Die Beantragung eines Haftbefehls ist ebenfalls die Entscheidung einer Rechtssache und damit mögliche (täterschaftliche) Rechtsbeugungshandlung[1963], da der Staatsanwalt bis zur Anklageerhebung Herr des Verfahrens ist[1964].

1960 § 116, 136 I, 140 DDR-StPO/1952; §§ 109 I, 121 DDR-StPO/1968.

1961 *Melsheimer*, NJ 1956, 294.

1962 *Hohoff*, An den Grenzen des Rechtsbeugungstatbestandes, S. 33.

1963 BGH, Urt. v. 15.9.1995 - 5 StR 23/95 (insoweit nicht veröffentlicht in BGH NJ 1996, 152); LK-*Spendel* (11. Aufl.), § 339 Rn. 118; LK-*Hilgendorf* (12. Aufl.), § 339 Rn. 133; SK-*Rudolphi*, § 339 (5. Aufl.) Rn. 8a; *Kraut*, Rechtsbeugung?, S. 85; *Möller-Heilmann*, Die Strafverfolgung von Richtern und Staatsanwälten der ehemaligen DDR wegen Rechtsbeugung, S. 17; a. A. *Hohmann*, DtZ 1996, 234; (nur Teilnahme:) *Seebode*, FS Lenckner, S. 596; Buchholz ZAP-Ost 1996, 220 (nur Anstiftung).

1964 BGH NJW 1995, 3324, 3325 (= BGHSt 41, 247, 249 f.) - der BGH spricht hier von einer Entscheidung „bei der Leitung einer Rechtssache" i. S. d. § 336 StGB a.F. bzw. „bei der Durchführung eines Ermittlungsverfahrens" i. S. d. § 244 DDR-StGB; BGH, Urt. v. 15.9.1995 - 5 StR 168/95, S. 6 (insoweit nicht in BGH NJ 1996, 153 veröffentlicht); LK-*Spendel* (11. Aufl.), § 339 Rn. 118; LK-*Hilgendorf* (12. Aufl.), § 339 Rn. 133.

Eine willkürliche Menschenrechtsverletzung hielt der BGH etwa dann für möglich, wenn eine vom Staatsanwalt als Täter zu vertretende Maßnahme im Ermittlungsverfahren in einem unerträglichen Missverhältnis zu der nach DDR-Recht strafbaren Handlung stand[1965]. Das konnte insbesondere bei einem Haftbefehlsantrag der Fall sein, zumal wenn er sich auf eine Tat bezog, die auch nach den Grundsätzen des DDR-Rechts nur eine milde Sanktion (z. B. ohne Freiheitsentzug) rechtfertigte.

Untersuchungshaft musste - wie auch andere prozessuale Zwangsmaßnahmen - gesetzlich zulässig und unumgänglich sein (Art. 30 I, II, 99 IV DDR-Verf./1968 und 1974). Bei den erforderlichen Haftgründen ist besonders der häufig in Anspruch genommene § 122 I Nr. 4 DDR-StPO/1974 zu nennen. Nach dieser Bestimmung stellte es einen Haftgrund dar, dass die Tat mit Haftstrafe bedroht und eine Strafe mit Freiheitsentzug zu erwarten war. Dafür genügte es nicht bereits, dass in dem verletzten Strafgesetz Haftstrafe angedroht war. Es musste auch für die konkrete Tat eine solche Strafe mit Freiheitsentzug „real zu erwarten" sein[1966]. Diese Erwartung musste auf konkrete Strafzumessungstatsachen gestützt sein[1967].

Bei der Entscheidung über die Anordnung der Untersuchungshaft waren außerdem Persönlichkeit, Alter, Gesundheitszustand und Familienverhältnisse des Beschuldigten zu berücksichtigen (§ 123 DDR-StPO/1968/1974[1968] - eine Regelung, die in der DDR-StPO/1952 noch fehlte). Diese Umstände konnten nach der Haftbefehlsrichtlinie vom 2. Juli 1969 die Notwendigkeit einer Verhaftung ausschließen, obwohl nach dem Wortlaut des § 122 DDR-StPO/1968 die Voraussetzungen für einen Haftbefehl (dringender Tatverdacht und Haftgrund) erfüllt waren[1969].

Hilde Benjamin räumte als Justizministerin selbst ein, dass Haftbefehle nicht selten vorschnell beantragt und erlassen wurden und dass „unzulängliche Ermittlungsmethoden dadurch verdeckt werden sollen, dass zunächst verhaftet wird und die Untersuchungsorgane dann erst während der Untersuchungshaft sich bemühen, nun auch das belastende Material zusammenzutragen"[1970]. Es wurde auch kritisch auf Fälle hin-

---

1965 BGH NJW 1995, 3324, 3327 (= BGHSt 41, 257, 260).

1966 Ministerium der Justiz (Hrsg.), Kommentar zur StPO (1987) § 122 Anm. 1.6.

1967 Beschluss des Präsidiums des OG v. 20.10.1977, OGI Nr. 4/1977, S. 53 - abgedruckt in: MdJ (Hrsg.), Strafprozeßordnung - StPO sowie angrenzende Gesetze und Bestimmungen, Textausgabe (Berlin 1989), § 122 Anm. 1.

1968 Nach der ab 1. April 1975 geltenden Fassung des § 123 DDR-StPO/1974 war zusätzlich die Art und Schwere der erhobenen Beschuldigung zu berücksichtigen.

1969 Haftbefehlsrichtlinie des Plenums des OG vom 2. Juli 1969 (NJ 1969, 454, 455) Nr. 1.

1970 *Benjamin*, NJ 1953, 477 f.

gewiesen, in denen der Haftbefehl allein aus erzieherischen Gründen für erforderlich gehalten wurde, was eindeutig dem Zweck des Haftbefehls widerspreche[1971]. Ferner sah man sich genötigt, auf die Eigenverantwortlichkeit der Beantragung des Haftbefehls durch den Staatsanwalt (gegenüber dem Untersuchungsorgan) hinzuweisen[1972].

Obwohl davon ausgegangen werden kann, dass in der DDR vielfach gesetzwidrige Haftbefehle beantragt wurden, scheint sich dies nicht in entsprechendem Umfang in Verurteilungen von Staatsanwälten wider zu spiegeln.

bb) Beantragung der Aufrechterhaltung der U-Haft

Bei bereits rechtsbeugerisch angeordneter U-Haft konnte ein Staatsanwalt Rechtsbeugung und Freiheitsberaubung auch durch die Beantragung der Fortdauer der U-Haft bei Anklageerhebung begehen, und zwar nach herrschender Rechtsprechung und Literatur als Täter (und nicht nur als Beihelfer)[1973].

cc) Entscheidung, an den Haftverhältnissen nichts zu ändern

Der Staatsanwalt hatte jederzeit zu prüfen, ob die Voraussetzungen der Untersuchungshaft noch vorliegen[1974]. Sobald er das Fehlen eines dringenden Tatverdachtes oder anderer Voraussetzungen der Untersuchungshaft erkannt hatte, war er dafür verantwortlich, auf die Aufhebung eines zuvor erlassenen Haftbefehls sowie die Freilassung des Beschuldigten hinzuwirken[1975]. Er konnte die Freilassung des Beschuldigten schon vor der von ihm beantragten Entscheidung des Gerichts anordnen[1976]. Wurde er nicht tätig, konnte er sich der Rechtsbeugung durch Unterlassen (in Tateinheit mit Freiheitsberaubung) strafbar machen.

1971 *Creuzburg*, Der Schöffe 1963, 71.

1972 *Melsheimer*, NJ 1956, 294.

1973 BGH, Urt. v. 15.9.1995 – 5 StR 168/95, S. 6 (insoweit nicht in BGH NJ 1996, 153 veröffentlicht); BGH, Urt. v. 15.9.1995 – 5 StR 23/95 (insoweit nicht in BGH NJ 1996, 152 veröffentlicht); BGH NStZ 1997, 301; BGHR StGB § 336 Rechtsbeugung 12; BGH NStZ-RR 1999, 43; BGH NStZ 2000, 91, 92; *Kraut*, Rechtsbeugung?, S. 85; a. A. *Hohmann*, DtZ 1996, 234; *Seebode*, FS Lenckner, S. 596.

1974 § 146 DDR-StPO/1952; § 131 I DDR-StPO/1968; Art. 100 II DDR-Verf./1968 und 1974.

1975 §§ 148, 150 DDR-StPO/1952; §§ 132, 133 DDR-StPO/1968; vgl. BGH NJ 1996, 152; BGH NJW 1998, 2616.

1976 § 150 S. 2 DDR-StPO/1952; § 133 S. 2 DDR-StPO/1968.

Der BGH hat in einem Fall den objektiven Tatbestand der Rechtsbeugung sogar durch aktives Tun, nämlich durch pflichtwidrige Entscheidung zur Untätigkeit, erfüllt gesehen. Hier lag eine Besonderheit in folgendem Umstand: Der Angeklagte hatte als stellvertretender Generalstaatsanwalt von Berlin (Ost) dem Generalstaatsanwalt der DDR[1977] über die Ergebnisse der Ermittlungen und die erfolgte Anordnung der Untersuchungshaft gegen zwei ausreisewillige Beschuldigte berichtet. Anderweitig war er nicht tätig geworden. Nach Ansicht des BGH lag *spätestens* in der Berichterstattung *zugleich* die (konkludente) Entscheidung, an den Haftverhältnissen der Betroffenen nichts zu ändern[1978].

Dies missversteht *Kraut*, wenn er meint, der BGH sehe bereits die Berichterstattung als solche als Entscheidung einer Rechtssache an, und dies mit dem Argument kritisiert, dem Berichterstatter selbst habe in diesem Fall die Entscheidung einer Rechtssache nicht oblegen[1979]. Der BGH hatte hervorgehoben, dass der Angeklagte als stellvertretender Behördenleiter aufgrund seiner Weisungsbefugnis innerhalb der streng hierarchisch strukturierten Staatsanwaltschaft für die Aufrechterhaltung der Untersuchungshaft objektiv verantwortlich und auch subjektiv Herr dieses Ermittlungsverfahrens war, da er den Vorgang zur Kenntnis genommen hatte, wie die Tatsache der Berichterstattung ja zeigte[1980]. Wenn der Angeklagte sich nun entschied, lediglich den Sachverhalt dem GStA der DDR vorzutragen, entschied er sich damit zugleich dagegen, selbst tätig zu werden. Man mag darüber streiten, ob die Entscheidung zum Nichtstun selbst schon ein aktives Tun ist oder ob sie nicht lediglich den Vorsatz des Unterlassens widerspiegelt (ersteres ist doch stark zu bezweifeln), jedenfalls aber fehlt es nicht an der Entscheidung einer Rechtssache im Sinne des § 339 StGB, deren Vorliegen *Kraut* bezweifelt. Mag auch die Möglichkeit einer (erneuten) Entscheidung durch den GStA der DDR bestanden haben, dies ändert nichts daran, dass der Angeklagte bereits eine eigene Entscheidung getroffen hatte.

c) Anklageerhebung

Auch die Anklageerhebung kann nach Rechtsprechung und überwiegender Literatur (täterschaftliche) „Entscheidung einer Rechtssache" sein (mit

---

1977 Dies war zur Tatzeit *Josef Streit*, der jedoch 1987 verstarb, so dass nach der Wiedervereinigung gegen diesen kein Strafverfahren einzuleiten war.

1978 BGH NJ 1996, 152 (Hervorhebungen v. d.Verf.).

1979 *Kraut*, Rechtsbeugung?, S. 85.

1980 BGH a.a.O.

der das Ermittlungsverfahren beendet und in das gerichtliche Verfahren übergeleitet wird)[1981], nicht aber die Fertigung eines bloßen Anklageentwurfs[1982]. In Anwendung seiner Fallgruppen kommt die Annahme von Rechtsbeugung für den BGH insbesondere dann in Betracht, wenn Staatsanwälte Straftatbestände unter Überschreitung des Gesetzeswortlauts oder unter Ausnutzung ihrer Unbestimmtheit derart überdehnt haben, dass eine Anklageerhebung als offensichtliches Unrecht anzusehen ist[1983].

Die vielfach geübte Praxis, dass der Staatsanwalt den Schlussbericht des Untersuchungsorgans ohne eigene Prüfung zur Anklage verdichte, kritisierte Melsheimer schon 1956 als „üble Angewohnheit"[1984]. Benjamin hatte die staatsanwaltschaftliche Praxis bereits 1954 beanstandet. Der Staatsanwalt müsse ggf. die Richtigkeit der Ermittlungen selbst prüfen und die Angeklagten und die wichtigsten Zeugen noch einmal selbst vernehmen[1985]. Es existierte auch eine entsprechende Anordnung, nach der (zumindest) jeder inhaftierte Beschuldigte vor der Anklageerhebung vom Staatsanwalt zu vernehmen war[1986]. Auch später wurde die Praxis der einfachen Übernahme des Schlussberichts in die Anklageschrift als unverantwortlich gerügt[1987]. Dennoch beging ein Staatsanwalt, der den Schlussbericht des Untersuchungsorgans (z. B. des MfS) ungeprüft in die Anklageschrift übernahm, nicht schon deshalb eine Rechtsbeugung. Denn für die Zulässigkeit der Anklageerhebung kam es auch nach den strafprozessualen Vorschriften der DDR[1988] auf das Vorliegen eines hinreichenden Tatverdachts an, nicht auf dessen Prüfung als solche.

1981 BGHSt 41, 247, 249 = BGH NJW 1995, 3324, 3325 mit näherer Begründung; BGH NStZ-RR 1999, 43; BGH JR 2000, 246; *Schaefgen*, Die Strafverfolgung von Regierungskriminalität in der DDR. Probleme, Ergebnisse, Perspektiven, in: Weber/Piazolo (Hrsg.), Eine Diktatur vor Gericht, S. 52; *Wagner*, JZ 1987, 659 f.; LK-*Spendel* (11. Aufl.), § 339 Rn. 117, 118; SK-*Rudolphi*, § 339 (5. Aufl.) Rn. 8a; ergänzend *Möller-Heilmann*, Die Strafverfolgung von Richtern und Staatsanwälten der ehemaligen DDR wegen Rechtsbeugung, S. 16 f.; a. A. *Seebode*, FS Lenckner, 596 (nur Teilnahme); *Buchholz*, ZAP-Ost 1996, 220 (nur Anstiftung); *Müther*, JR 2000, 249; differenzierend Fischer (58. Aufl.), § 339 Rn. 7 (i. d. R. keine täterschaftliche Begehung, außer – Mittäterschaft – bei rechtsbeugerischen Absprachen zwischen StA und Gericht).
Zu einem Sonderfall, in dem der BGH Beihilfe durch Anklageerhebung angenommen hat, siehe BGH NJ 1998, 602 f. = JR 2000, 246 ff. mit Anm. *Müther*, JR 2000, 248 ff.

1982 StA Neuruppin NJ 1996, 539; zust. *Kraut*, Rechtsbeugung?, S. 85.

1983 BGHSt 41, 247, 260 = BGH NJW 1995, 3324, 3327.

1984 *Melsheimer*, NJ 1956, 294.

1985 *Benjamin*, NJ 1954, 456; siehe hierzu bereits A. II.

1986 Vgl. *Melsheimer*, NJ 1956, 295.

1987 *Queisser*, NJ 1960, 408.

1988 § 164 I, 168 DDR-StPO/1952 und § 148 I, 154 DDR-StPO/1968/1974.

d) Verfahrenseinstellung trotz hinreichenden Tatverdachts

„Entscheidung einer Rechtssache" durch den Staatsanwalt kann insbesondere die Einstellungsentscheidung mangels hinreichenden Tatverdachts nach § 170 II StPO[1989] sein. Sie unterscheidet sich der Funktion nach nicht von dem gerichtlichen Beschluss, mit dem die Eröffnung des Hauptverfahrens abgelehnt wird[1990].

Auch unter Anwendung des Prozessrechts der DDR war bei hinreichendem Tatverdacht, soweit nicht andere Handlungsalternativen geboten waren, die Rechtssache durch Anklageerhebung zu entscheiden. Das Legalitätsprinzip war in §§ 106, 168 DDR-StPO/1952, §§ 13, 17 StAG/1952 und später in den §§ 2, 17 II StAG/1963; §§ 87 II Nr. 1, 92, 95, 98, 101, 154 DDR-StPO/1968; §§ 1 II, 15 StAG/1977 verankert, obgleich der Begriff „Legalitätsprinzip" in der DDR nicht gebräuchlich war.

Bei der Einstellung mangels hinreichenden Tatverdachts fragt sich allerdings, inwieweit die Berücksichtigung des DDR-Rechtsverständnisses zur Berücksichtigung politischer Kriterien zwingt. Rechtsprechung und Literatur der DDR hatten keine präzisen Kriterien dafür entwickelt, wann der Tatverdacht als hinreichend anzusehen war[1991]. Immerhin wurde in einem Lehrbuch ausgeführt, dass die Staatsanwaltschaft allein auf die Gesetzlichkeit und nicht auf Zweckmäßigkeitserwägungen, wie auch immer sie geartet und motiviert sein mochten, abzustellen habe. Das galt insbesondere auch für die „Unabwendbarkeit" bzw. Notwendigkeit ihrer eigenen rechtlichen Reaktion[1992].

Gleichwohl und trotz der bereits oben geschilderten Gesetzesbindung der Staatsanwaltschaft und deren Pflicht zur Ermittlung aller be- und ent-

---

1989 BGHSt 40, 169, 177 = BGH NJW 1994, 3238, 3240; zust. *Buchholz*, ZAP-Ost 1996, 220; Fischer (58. Aufl.), § 339 Rn. 6.

1990 BGHSt 40, 169, 177 = BGH NJW 1994, 3238, 3240; zust. *Möller-Heilmann*, Die Strafverfolgung von Richtern und Staatsanwälten der ehemaligen DDR wegen Rechtsbeugung, S. 16 f.; *Müther*, JR 2000, 249. Auch bei der Einstellung des Ermittlungsverfahrens gegen Auflage nach § 153a I StPO entscheidet der Staatsanwalt wie ein Richter, auch wenn die richterliche Zustimmung erforderlich ist, denn die Entscheidungsbefugnisse bleiben in der Hand der Staatsanwaltschaft, BGH NStZ 1993, 540 f.; Fischer (58. Aufl.), § 339 Rn. 6.

1991 Vgl. Ministerium der Justiz (Hrsg.), Kommentar zur StPO (1987) § 187 DDR-StPO Anm. 3.1. Immerhin wird darin klargestellt, dass hinreichender Tatverdacht „vollständige und hinsichtlich des Anklagegegenstandes abgeschlossene Ermittlungen" voraussetze, was allerdings im Wesentlichen auch schon aus § 187 III DDR-StPO hervorgeht.

1992 *Müller/Fritzsche*, Gerichtsverfassungsrecht Staatsanwaltschaftsrecht, S. 69; Autorenkollektiv, Grundlagen der Rechtspflege, S. 122.

lastenden Umstände[1993] meint der BGH, es sei möglich, dass auch die politischen Wirkungen der Fortführung oder Einstellung eines Ermittlungsverfahrens in die Beurteilung des hinreichenden Tatverdachts eingehen sollten und dass dies als vereinbar mit den Gesetzen und anderen Rechtsvorschriften der DDR verstanden worden ist. Hierzu verweist er auf folgende Gesichtspunkte: die Berücksichtigung der Auslegungsmethoden der DDR, die Einbettung der Entscheidung in das fremde Rechtssystem sowie ihre Zuordnung auf das Staatsziel der DDR (Art. 1 I der Verfassung), die wertbezogene Prognoseentscheidung des Staatsanwalts hinsichtlich der Wahrscheinlichkeit eines gerichtlichen Eröffnungsbeschlusses wegen hinreichenden Tatverdachtes, der eben erwähnte Mangel an präzisen Kriterien für die Annahme eines hinreichenden Tatverdachtes, die überragende Bedeutung der „Verwirklichung der Beschlüsse der Partei der Arbeiterklasse (§ 1 StAG/1977) und des demokratischen Zentralismus (Art. 47 II DDR-Verf./1968, 1974)[1994].

Damit weist der BGH zwar auf zutreffende Gesichtspunkte hin. Diese vermögen jedoch sein Ergebnis - die grundsätzliche Möglichkeit der Berücksichtigung von politischen Auswirkungen der Fortführung oder Einstellung eines Ermittlungsverfahrens - nicht ausreichend zu stützen.

So ist etwa die Bedeutung der Parteibeschlüsse durchaus bei der Gesetzesauslegung nach sozialistischem Rechtsverständnis zu berücksichtigen[1995]. Sie sollte allerdings mangels konkreter Aussagen zum Problem des hinreichenden Tatverdachts nicht überschätzt werden. Bezeichnenderweise führt der BGH keinen bestimmten Parteibeschluss an. Die im Rahmen der sozialistischen Gesetzlichkeit geforderte parteiliche Anwendung des Rechts erfordert nicht, den hinreichenden Tatverdacht immer dann zu verneinen, wenn in der Folge Parteiinteressen betroffen wären oder andere politische Komplikationen drohten.

Beim hinreichenden Tatverdacht geht es letztlich um die Frage, ob dem Beschuldigten die Tat mit Wahrscheinlichkeit wird nachgewiesen werden können. Eine Erklärung dazu, welchen Einfluss die politischen Wirkungen der Fortführung oder Einstellung eines Ermittlungsverfahrens auf diese Nachweisfrage haben, bleibt der BGH schuldig. Die Berücksichtigung solcher politischer Wirkungen wäre ein Abstellen auf Zweckmäßigkeitserwägungen, das, wie gesagt, auch nach DDR-Recht nicht zulässig war. Daher musste die Staatsanwaltschaft grundsätzlich jede ihr bekannt

1993 Dazu A.I.

1994 BGHSt 40, 169, 179 f. = BGH NJW 1994, 3238, 3240 f.

1995 Dazu Kapitel 3, C. II., insbes. II. 3.

gewordene Straftat verfolgen, auch wenn sie von Machthabern in Staat und Partei begangen worden war.

Allerdings wendet der BGH denn doch ein Korrektiv an. Er kommt einschränkend auf seine Rechtsprechung im ersten Grundsatzurteil zur DDR-Rechtsbeugung[1996] zurück, indem er konstatiert:

> „Trotz solcher Verflechtungen mit dem politischen System müßte ein Rechtsbruch im Sinne der Rechtsbeugung jedenfalls angenommen werden, wenn in schwerwiegender Weise unmittelbar in Menschenrechte eingegriffen worden wäre."[1997]

Das sei bei der einen anderen begünstigenden Entscheidung eines Staatsanwalts nicht ohne weiteres der Fall, wenn auch die Einstellung eines Verfahrens bei Tötungsdelikten immerhin auf eine Nichtahndung einer Verletzung des Rechts auf Leben hinauslaufe und für die Angehörigen des Opfers schwer erträglich sei[1998]. Letztlich bejahte der BGH in dem zu entscheidenden „Stasi-Wachmann-Fall"[1999] grundsätzlich die Strafbarkeit wegen Rechtsbeugung und Begünstigung[2000], weil die Rechtswidrigkeit der Entscheidung so offensichtlich sei, dass sie sich ohne weiteres als Willkürakt darstelle, der für das Zusammenleben der Menschen seinem Gewicht nach einer Menschenrechtsverletzung entspreche, obwohl die Entscheidung der Angeklagten nicht unmittelbar in Menschenrechte eingegriffen habe und auch keinen „Einzelexzess" darstelle[2001]. Die (der Entscheidung zugrundeliegende) Sachverhaltsverfälschung könne hier nur dahingehend verstanden werden, dass eine nach dem Straf- und Strafverfahrensrecht der DDR gebotene Strafverfolgung unterbunden werden sollte, um die Gerechtigkeit zum Nutzen des politischen Systems zu unterdrücken[2002].

Im Ergebnis war damit die Strafbarkeit dieser politisch motivierten Verfahrenseinstellung nicht ausgeschlossen[2003].

1996 BGH NJW 1994, 529, 532.

1997 BGHSt 40, 169, 180 = BGH NJW 1994, 3238, 3241.

1998 BGHSt 40, 169, 180 f. = BGH NJW 1994, 3238, 3241.

1999 Siehe dazu bereits Kapitel 4, B.V.2.b) cc) (2).

2000 Zur Begünstigung siehe Kapitel 11, A.V.

2001 BGHSt 40, 169, 181 = BGH NJW 1994, 3238, 3241; vgl. dazu Kapitel 4, B.V.1.b) bb) und B.V.2.b) cc) (2). Zwar hob der BGH das erstinstanzliche Urteil auf, doch nur aus prozessualen Gründen, woraufhin das LG Berlin die beiden ehemaligen Militärstaatsanwälte letztlich rechtskräftig verurteilte – zu Freiheitsstrafen von neun Monaten bzw. einem Jahr und sechs Monaten, die jeweils zur Bewährung ausgesetzt wurden (LG Berlin, Urt. v. 30.10.1996 – 525 Kls 24/94, zitiert nach *Hohoff*, An den Grenzen des Rechtsbeugungstatbestandes, S. 64 f. Fn. 222.

2002 BGH NJW 1994, 3238, 3241.

2003 Zum Verfahrensausgang im konkreten Fall siehe die vorvorige Fn.

e) *Nichtaufnahme von Ermittlungen*

Zur Nichtverfolgung bestimmter systemnaher Straftaten gehörte es auch, dass unter Verstoß gegen das Legalitätsprinzip[2004] Ermittlungen erst gar nicht aufgenommen wurden. Hier ergab sich ein zusätzliches Problem der Anwendbarkeit des Rechtsbeugungstatbestandes. Nach dem gegenüber § 339 StGB engeren § 244 DDR-StGB muss eine gesetzwidrige Entscheidung, die nicht in einem gerichtlichen Verfahren getroffen wird, „bei der Durchführung eines Ermittlungsverfahrens" erfolgt sein. Die dabei auftauchende Streitfrage, ob schon das Stadium des Prüfens einer Strafanzeige zur Durchführung des Ermittlungsverfahrens gehört oder ob die Entscheidung über die Einleitung eines Ermittlungsverfahrens einem gesondert zu sehenden Anzeigenprüfungsverfahren zuzuordnen ist, wurde in einem Verfahren gegen Staatsanwälte wegen der Nichtverfolgung von Wahlfälschungen entschieden. Sie ist aber auch für die Nichtverfolgung wegen der Todesschüsse an der innerdeutschen Grenze und Rechtsbeugungshandlungen oder auch Misshandlungen Untersuchungs- oder Strafgefangener relevant.

aa) Nichtverfolgung von Wahlfälschung

Im Zusammenhang mit den Kommunalwahlen vom 7. Mai 1989 erstatteten zahlreiche Bürger Strafanzeigen wegen Wahlfälschung. Diese wurden aufgrund einer Anweisung per Fernschreiben des Generalstaatsanwalts der DDR von vornherein nicht bearbeitet, obwohl erhebliche Verdachtsmomente bestanden[2005]. Nach der Wende wurde neben dem früheren Minister für Staatssicherheit *Erich Mielke*, dessen Verfahren letztlich wegen Verhandlungsunfähigkeit eingestellt wurde[2006] u.a. der damalige erste Stellvertreter des Generalstaatsanwaltes, *Karl-Heinrich Borchert*[2007], angeklagt. Ihm wurde vorgeworfen, durch das Fernschreiben sowie mündliche Erklärungen und weitere Entscheidungen die Prüfung der Verdachtsfälle unterbunden zu haben. Wegen Beihilfe zur Rechtsbeugung durch Umset-

2004 §§ 106, 168 DDR-StPO/1952, §§ 13, 17 StAG/1952 und später in den §§ 2, 17 II StAG/1963; §§ 87 II Nr. 1, 92, 95, 98, 101, 154 DDR-StPO/1968; §§ 1 II, 15 StAG/1977.

2005 Zum Sachverhalt siehe BGHSt 43, 183ff. = BGH NJW 1998, 248, dazu auch *Reuter*, NJ 1990, 323 sowie *Bästlein*, Der Fall Mielke, S. 208ff.

2006 *Bästlein*, a.a.O., S. 213.

2007 *Karl-Heinrich Borchert*, ab 1968 Stellvertreter, ab 1986 1. Stellvertreter des GStA der DDR, vgl. LG Berlin, Urt. v. 19.4.1996, (515) 2 Js 66/91 Kls (22/93), abgedruckt in Marxen/Werle (Hrsg.), Strafjustiz und DDR-Unrecht 5/2: Rechtsbeugung, S. 989ff.

zung der Weisung *Borcherts* innerhalb der Staatsanwaltschaft waren der Generalstaatsanwalt von Berlin (*Dieter Simon*[2008]), der Leiter der Abteilung I A des GStA von Berlin (*Eberhard Heyer*) und die Leiterin der Abteilung I A des Bezirksstaatsanwalts Cottbus (*Eva-Maria Müller*) mitangeklagt[2009]. Nachdem das LG die vier Angeklagten aus rechtlichen Gründen freigesprochen hatte[2010], hob der BGH diese Freisprüche auf.

Der BGH hat die Strafbarkeit von Staatsanwälten wegen Nichtverfolgung von Wahlfälschung in der DDR bejaht[2011]. Dabei hat er – wie schon andere Gerichte und die Literatur[2012] – zutreffend die vereinzelt bestrittene[2013] Erfüllung des Tatbestandsmerkmals „bei der Durchführung eines Ermittlungsverfahrens" (§ 244 DDR-StGB) auch bei der Entscheidung über die Einleitung eines Ermittlungsverfahrens angenommen. Die Argumentation des BGH sei kurz dargestellt.

Für die Zuordnung der Anzeigenprüfung zum Ermittlungsverfahren spricht nach Ansicht des BGH – neben dem Sinn und Zweck der Rechtsbeugungsvorschriften – die Systematik der DDR-StPO von 1968. Diese regelte in ihrem Kapitel über das Ermittlungsverfahren, das auch so überschrieben war, im zweiten Abschnitt die „Einleitung des Ermittlungsverfahrens", während sie im dritten Abschnitt die „Durchführung des Ermittlungsverfahrens" behandelte. Oberbegriff für beides war also das Ermittlungsverfahren. Nach Ansicht des BGH knüpft § 244 DDR-StGB mit dem Tatbestandsmerkmal „bei der Durchführung (...) eines Ermittlungsverfahrens" ersichtlich hier an und nicht an die Überschrift des dritten Abschnitts des dritten Kapitels[2014].

Ganz selbstverständlich ist diese Sichtweise allerdings nicht, denn immerhin deutet der Wortlaut des im zweiten Abschnitt enthaltenen § 95

2008 *Marxen/Werle*, Die strafrechtliche Aufarbeitung von DDR-Unrecht. Eine Bilanz, S. 51; vgl. auch LG Berlin, Urt. v. 19.4.1996, (515) 2 Js 66/91 Kls (22/93), abgedruckt in Marxen/Werle (Hrsg.), Strafjustiz und DDR-Unrecht 5/2: Rechtsbeugung, S. 989 ff.

2009 Vgl. LG Berlin, Urt. v. 19.4. 1996 (515) 2 Js 66/91 Kls (22/93), abgedruckt in Marxen/Werle (Hrsg.), Strafjustiz und DDR-Unrecht 5/2: Rechtsbeugung, S. 989 ff. Insgesamt gab es sechs Anklagen zu diesem Komplex (*Hohoff*, An den Grenzen des Rechtsbeugungstatbestandes, S. 62). Zu weiteren Mitangeklagten und diesbezüglichem Verfahrensausgang *Marxen/Werle (Hrsg.)*, Strafjustiz und DDR-Unrecht 5/2: Rechtsbeugung, S. 1005 Fn. 1.

2010 LG Berlin, Urt. v. 19.4. 1996 (515) 2 Js 66/91 Kls (22/93), abgedruckt in Marxen/Werle (Hrsg.), Strafjustiz und DDR-Unrecht 5/2: Rechtsbeugung, S. 989 ff.

2011 BGHSt 43, 183 ff. = BGH NJW 1998, 248 ff.; so auch *Meinerzhagen*, Die Verfahren gegen ehemalige Richter der DDR, in: Weber/Piazolo, Eine Diktatur vor Gericht, S. 130 f.

2012 BbgOLG NJ 1994, 376 ff.; LG Dresden NJ 1993, 519 ff.; *L. Schulz*, StV 1995, 207 Fn. 17.

2013 *Von der Heide*, NJ 1990, 252 f; *ders.*, NJ 1994, 67 f.

2014 BGHSt 43, 183, 188 = BGH NJW 1998, 248, 249.

I 2 DDR-StPO/1968 darauf hin, dass die Anzeigenprüfung in der Tat noch der Einleitung des Ermittlungsverfahrens vorgeschaltet war. Danach war im Ergebnis der (Anzeigen-)Prüfung darüber zu entscheiden, ob ein Ermittlungsverfahren einzuleiten oder davon abzusehen war.

Demgegenüber ist aber zu berücksichtigen, dass der gleiche Wortlaut in zwei Gesetzen durchaus unterschiedlich auszulegen sein kann. § 244 DDR-StGB muss mit dem Wortlaut „Durchführung des Ermittlungsverfahrens" keineswegs allein auf den entsprechenden Abschnitt in der DDR-StPO Bezug nehmen und somit das Stadium der Anzeigenprüfung ausnehmen. In diesem Sinne hat auch das Bbg OLG unter Hinweis darauf, dass als Anstifter oder Gehilfen der Rechtsbeugung auch Nichtjuristen in Betracht kamen und somit ebenfalls Normadressaten des § 244 DDR-StGB waren, auf eine Auslegung nach dem allgemeinen Sprachgebrauch abgestellt. Unter „Ermittlungsverfahren" werde nach allgemeinem, auch in der DDR geübten Sprachgebrauch ein Verfahren verstanden, innerhalb dessen zu prüfen und zu entscheiden ist, ob ein Ermittlungsverfahren wegen eines bestehenden Anfangsverdachtes einzuleiten, durchzuführen und wie es ggf. abzuschließen ist. Deshalb sei der Begriff „Ermittlungsverfahren" in § 244 DDR-StGB inhaltsidentisch mit der Überschrift des Dritten Kapitels der DDR-StPO „Ermittlungsverfahren" und beziehe sich auf das Verdachtsprüfungsverfahren (§ 95 DDR-StPO) wie auf alle übrigen Verfahrensabschnitte[2015].

Die systematische Auslegung bestätigt dieses Ergebnis insbesondere unter dem Gesichtspunkt, dass der Kernbereich eigentlicher, mit Eingriffsrechten ausgestatteter staatsanwaltlicher Tätigkeit (Durchsuchung, Beschlagnahme, Verhaftung und vorläufige Festnahme sowie Abschluss des Ermittlungsverfahrens) erst im 4., 5. und 6. Abschnitt des Dritten Kapitels der DDR-StPO geregelt war. Es ist kaum vorstellbar, dass der Gesetzgeber der DDR gesetzwidriges Handeln ausschließlich innerhalb des eher formale Regelungen enthaltenden 3. Abschnitts „Durchführung des Ermittlungsverfahrens" strafrechtlich erfassen und staatsanwaltliches Fehlverhalten in den genannten weiteren Bereichen sanktionslos lassen wollte[2016]. Diese Argumentation des Bbg OLG führt in noch überzeugenderer Weise das auch vom BGH erzielte Ergebnis vor Augen.

Da mithin die Anzeigenprüfung zum „Ermittlungsverfahren" i. S. d. § 244 DDR-StGB gehört, erfüllt sie auch das Tatbestandsmerkmal „Durchführung des Ermittlungsverfahrens" i. S. d. § 244 DDR-StGB. Dementsprechend bezog auch die offizielle Kommentierung zum DDR-StGB Maßnah-

2015 BbgOLG NJ 1994, 376, 377.
2016 Ausführlicher BbgOLG NJ 1994, 376, 377.

men im Rahmen der Anzeigenprüfung ausdrücklich in den Schutzbereich des § 244 DDR-StGB ein. Danach gehörten zum Ermittlungsverfahren auch die zur Einleitung oder zur Beendigung bestimmten Entscheidungen, z. B. Überprüfungen von Anzeigen und Mitteilungen nach § 95 DDR-StPO[2017].

Zu Vorsatz und Schuld weist *Meinerzhagen* richtigerweise darauf hin, die Ermittlungsverfahren hätten gezeigt, dass sich die Betroffenen der Rechtswidrigkeit des ihnen Abverlangten bewusst gewesen seien und eine Missachtung der erteilten Weisungen keine unmittelbaren Sanktionen zur Folge gehabt hätten (z. B. Missachtung der Weisung bezüglich der Behandlung von Wahlfälschungsanzeigen durch den Bezirksstaatsanwalt von Leipzig)[2018].

Keiner der oben genannten Angeklagten wurde jedoch nach der Revisionsentscheidung des BGH in dieser Sache verurteilt. Bezüglich *Borchert, Simon* und *Eberhard Heyer* erfolgte Ende 2002 bzw. Ende 2003 eine Verfahrenseinstellung wegen Verhandlungsunfähigkeit. Das Verfahren gegen *Eva-Maria Müller* wurde 2001 gem. § 154 II StPO eingestellt, im Hinblick auf eine zwischenzeitlich wegen Rechtsbeugung in anderer Sache ergangene rechtskräftige Freiheitsstrafe von einem Jahr und zehn Monaten, deren Vollstreckung zur Bewährung ausgesetzt worden war[2019]. Die ursprünglich mitangeklagte *Eleonore Heyer*, Leiterin der Abteilung I A des Generalstaatsanwalts der DDR, wurde im August 2000 in einer separaten Entscheidung zu einer Geldstrafe von 150 Tagessätzen verurteilt[2020]. Ihr Verfahren war zwischenzeitlich abgetrennt worden. Diese Verurteilung, deren Milde unter anderem mit einer Absprache[2021] zwischen den Verfahrensbeteiligten zu erklären sein mag, wurde rechtskräftig[2022].

2017 Strafrecht der DDR. Lehrkommentar zum Strafgesetzbuch Bd. II (1969) § 244 Anm. 2; Strafrecht der DDR. Kommentar zum Strafgesetzbuch, (4. Aufl. 1981 und 5. Aufl. 1987) jeweils § 244 DDR-StGB Anm. 2.

2018 *Meinerzhagen*, Die Verfahren gegen ehemalige Richter der DDR, in: Weber/Piazolo, Eine Diktatur vor Gericht, S. 131.

2019 *Marxen/Werle (Hrsg.)*, Strafjustiz und DDR-Unrecht 5/2: Rechtsbeugung, S. 1013 Fn. 1.

2020 LG Berlin, Urt. v. 24.8.200 (512) 2 Js 66/91 Kls (22/00), abgedruckt in Marxen/Werle (Hrsg.), Strafjustiz und DDR-Unrecht 5/2: Rechtsbeugung, S. 1015 ff.

2021 Vgl. LG Berlin, a.a.O., S. 1020.

2022 *Marxen/Werle (Hrsg.)*, Strafjustiz und DDR-Unrecht 5/2: Rechtsbeugung, S. 1005 Fn. 1 und S. 1021 Fn. 1, dort auch zum Verfahrensverlauf.

bb) Nichtverfolgung der Todesschüsse von Grenzsoldaten

Bei der Nichtverfolgung wegen der Todesschüsse an der innerdeutschen Grenze hängt die Strafbarkeit in objektiver Hinsicht davon ab, wie die Strafbarkeit der Mauerschützen gesehen wird. In den Fällen, in denen die Todesschüsse noch von DDR-Recht gedeckt waren, scheidet eine Rechtsbeugung durch die Nichtaufnahme von Ermittlungen nach der hier vertretenen Ansicht aus. Danach bleiben nur die Exzessfälle von Todesschüssen.

Doch selbst wenn man die Ansicht zugrunde legen würde, dass Mauerschützen wegen Unvereinbarkeit des DDR-Grenzgesetzes mit übergesetzlichem Recht strafbar seien, steht damit die Strafbarkeit der für die Verfolgung zuständigen Staatsanwälte nicht fest. Zum einen kann immer noch eine andere Ansicht vertretbar und damit nicht gesetzwidrig sein. Zum anderen fehlte einem DDR-Staatsanwalt, der das Grenzgesetz – auch in der „menschenrechts*un*freundlichen" Auslegung – für geltendes Recht hielt und deshalb untätig blieb, der Rechtsbeugungsvorsatz (Tatbestandsirrtum[2023]). Ihm einen direkten Rechtsbeugungsvorsatz nachzuweisen, ist ein schier unmögliches Unterfangen, bedenkt man die Prägung durch die positivistische DDR-Doktrin.

Anders in den Exzessfällen, die selbst vom DDR-Recht nicht mehr gedeckt waren. Hier dürfte dem jeweils zuständigen Staatsanwalt die Strafbarkeit der für die Schüsse Verantwortlichen durchaus klar gewesen sein, so dass sich die Gesetzwidrigkeit der Nichtverfolgung geradezu aufdrängte, sofern die Umstände der Exzesstat bekannt wurden.

Dennoch wurden bis zur Wende die Todesschüsse gedeckt. In dem einzig ersichtlichen Fall der Einleitung eines Ermittlungsverfahrens gegen einen Grenzsoldaten in der DDR wurde das Verfahren wegen der bereits im September 1988 begangenen Exzesstat (Brustschuss nach bereits geglückter Flucht), jedoch erst im April 1990 und nur wegen Verstoßes gegen die Bestimmungen des DDR-GrenzG (§ 27 IV c), wonach die Schusswaffe nicht anzuwenden war, wenn das Hoheitsgebiet eines anderen Staates beschossen würde, eingeleitet – nicht aber wegen versuchten Mordes bzw. Totschlags[2024]. Dementsprechend gab es auch in der Staatsanwaltschaft keinen Selbstreinigungsprozess.

2023 So auch *Maiwald*, NJW 1993, 1889.

2024 Dazu *Grasemann*, „Grenzverletzer sind zu vernichten!", in: Weber/Piazolo (Hrsg.), Eine Diktatur vor Gericht, S. 81; im übrigen *Marxen/Werle*, Die strafrechtliche Aufarbeitung von DDR-Unrecht. Eine Bilanz, S. 11.

Auch nach der Wiedervereinigung ist es in keinem Fall dazu gekommen, dass ein Staatsanwalt wegen Nichtverfolgung von Mauerschützen angeklagt worden wäre. Dies ist angesichts der nicht geringen Zahl der – auch Exzessfälle betreffenden – Verurteilungen von Mauerschützen denn doch etwas erstaunlich, zumal die BGH-Rechtsprechung im „Stasi-Wachmann-Fall"[2025] keinesfalls entgegenstand.

cc) Nichtverfolgung von Rechtsbeugung

Ebenso wenig hat es Verfahren wegen der Nichtverfolgung von Rechtsbeugung gegeben. Zugegebenermaßen liegt dabei ein besonderes Erschwernis darin, dass den damals zuständigen Staatsanwälten der direkte Vorsatz hinsichtlich der Tatsache hätte nachgewiesen werden müssen, dass den von ihnen zu verfolgenden Tätern vorsätzliche Rechtsbeugung vorzuwerfen war.

dd) Nichtverfolgung wegen der Misshandlung Untersuchungs- oder Strafgefangener

Über Ergebnisse zu Verfahren wegen der Misshandlung von Untersuchungs- oder Strafgefangenen durch Vollzugsbeamte der DDR ist nichts bekannt[2026]. Auch hier dürfte der Vorsatznachweis im Einzelfall die wesentliche Hürde gewesen sein[2027].

4. Teilnahmehandlungen, insbesondere Antragstellung in der Hauptverhandlung

Da nach der Anklageerhebung das Gericht zum „Herrn des Verfahrens" wird und die Leitung der Verhandlung, also der Rechtssache, dem Vorsitzenden obliegt (§ 238 I StPO), ist die Staatsanwaltschaft in der Folge auf die Stellung von Anträgen beschränkt, die zwar auf eine Entscheidung in der Rechtssache hinwirken, selbst aber keine solche Entscheidungen sind, so dass dann eine Täterschaft des Staatsanwalts nach § 339 StGB ausscheidet[2028]. Der Sitzungsvertreter der Staatsanwaltschaft konnte sich

2025 Vgl. dazu o., B.I.3.d).

2026 Zur Problematik *Kraut*, Rechtsbeugung?, S. 225 f.

2027 So auch die Einschätzung von *Kraut*, a.a.O., S. 226.

2028 *Scholderer*, Rechtsbeugung, S. 422; LK-*Spendel* (11. Aufl.), § 339 Rn. 118; LK-*Hilgendorf* (12. Aufl.), § 339 Rn. 133; Fischer (58. Aufl.), § 339 Rn. 6; *Möller-Heilmann*, Die Strafverfolgung von Richtern und Staatsanwälten der ehemaligen DDR wegen Rechtsbeu-

allerdings in dieser Situation noch als Teilnehmer nach § 339 StGB strafbar machen[2029].

In Betracht kommt eine Strafbarkeit als Teilnehmer nach der Rechtsprechung insbesondere, wenn der Staatsanwalt (erfolgreich) auf die Verhängung einer Strafe hingewirkt hat, die als „grob ungerecht und schwerer Verstoß gegen die Menschenrechte im Sinne willkürlicher Rechtsanwendung" erscheint[2030]. Liegt die Rechtsbeugung im Maß der vom Staatsanwalt in der Hauptverhandlung beantragten Freiheitsstrafe, war der mitwirkende Staatsanwalt wegen „(Anstiftung oder) Beihilfe" zur Rechtsbeugung (und ggf. zur Freiheitsberaubung) zu verurteilen[2031]; die spätere Rechtsprechung legte sich für die Beurteilung der Beantragung einer rechtsbeugerisch überhöhten Strafe auf Beihilfe fest[2032]. Beihilfe ist regelmäßig deshalb anzunehmen, weil zugunsten des angeklagten Staatsanwalts unterstellt werden muss, dass das Gericht bereits ohne den gestellten Antrag zu einer solchen Bestrafung entschlossen war und in diesem Beschluss nur bestärkt wurde[2033]. Weitere Teilnahmehandlung konnte ein behördeninterner überhöhter Strafvorschlag sein[2034].

5. Ergebnis

Ehemalige Staatsanwälte der DDR können sich durch bestimmte Handlungen in ihrer Eigenschaft als ermittelnder Staatsanwalt, als Anklage-

gung, S. 17; *Grote*, Die DDR-Justiz vor Gericht, S. 172; LG Erfurt, Urt. v. 5.7.1994 - 510 Js 463/90 - 1 Ks, S. 171.

2029 BGHSt 41, 247, 250 = BGH NJW 1995, 3324, 3325; BGHR StGB § 336 Rechtsbeugung 3, DDR-Staatsanwalt; *Schaefgen*, Die Strafverfolgung von Regierungskriminalität in der DDR. Probleme, Ergebnisse, Perspektiven, in: Weber/Piazolo (Hrsg.), Eine Diktatur vor Gericht, S. 52; *Möller-Heilmann*, Die Strafverfolgung von Richtern und Staatsanwälten der ehemaligen DDR wegen Rechtsbeugung; S. 17; LK-*Spendel* (11. Aufl.), § 339 Rn. 118; LK-*Hilgendorf* (12. Aufl.), § 339 Rn. 133.

2030 BGH NJW 1995, 3324, 3327 = BGHSt 41, 247, 260.

2031 BGH NJW 1995, 3324, 3325.

2032 BGH NStZ-RR 1999, 43; LG Erfurt, Urt. v. 5.7.1994 - 510 Js 463/90 - 1 Ks, S. 169 ff. (insoweit leitsatzartig abgedruckt in NStZ 1995, 91).

2033 So etwa in BGH, Urt. v. 15.9.1995 - 5 StR 168/95, S. 28 f.; LG Erfurt, Urt. v. 5.7.1994 - 510 Js 463/90 - 1 Ks, S. 170; krit. *Spendel*, JR 1996, 182 (Anstiftung befürwortend); vgl. zu den Teilnahmeformen auch LK-*Spendel* (11. Aufl.), § 339 Rn. 118; LK-*Hilgendorf* (12. Aufl.), § 339 Rn. 133.

2034 BGH NJW 1998, 2616 (zeichnete ein vorgesetzter Staatsanwalt einen Strafvorschlag ab, der auf eine rechtsbeugerisch überhöhte Strafe abzielte, die entsprechend beantragt und verhängt wurde, so ist darin - wie bei dem antragstellenden Sitzungsstaatsanwalt - nach Ansicht des BGH lediglich eine Beihilfe zur Rechtsbeugung und Freiheitsberaubung zu sehen); LK-*Spendel* (11. Aufl.), § 339 Rn. 118.

verfasser oder als Sitzungsvertreter strafbar gemacht haben. Im gerichtlichen Verfahren (als Sitzungsvertreter in der Hauptverhandlung) kann der Staatsanwalt dabei insbesondere Teilnehmer einer von Richtern begangenen Rechtsbeugung sein.

II. Mitarbeiter von Untersuchungsorganen, insbesondere des MfS

§ 244 DDR-StGB nennt als potentielle Täter der Rechtsbeugung neben Richtern und Staatsanwälten auch „Mitarbeiter eines Untersuchungsorgans". Nach dem offiziellen DDR-Kommentar zum Strafgesetzbuch sollten letztere aber nur dann zur Verantwortung gezogen werden können, wenn sie über eine besondere Entscheidungsbefugnis in dem einzelnen Strafverfahren verfügten[2035].

Im Rahmen des StGB sind sie in aller Regel als „andere Amtsträger" i. S. d. §§ 339, 11 Nr. 2 StGB anzusehen[2036]. Die Deckungsgleichheit der tauglichen Täterkreise dürfte im Regelfall dadurch vermittelt sein, dass „Mitarbeiter eines Untersuchungsorganes" und Amtsträger die für ein „Entscheiden" im Sinne der §§ 339 StGB, 244 DDR-StGB erforderliche „Kompetenzhöhe" besitzen müssen[2037]. So müssen sie in dem Verfahren „wie ein Richter" zu entscheiden haben, damit von einer „Rechtssache" gesprochen werden kann (Tatsituation)[2038].

Diese Voraussetzungen sind etwa bei der eigenständigen Entscheidung des Untersuchungsorgans über die Einstellung des Verfahrens nach § 158 DDR-StPO/1952 bzw. § 141 DDR-StPO/1968 erfüllt, zumal auch die Untersuchungsorgane zu „allseitiger" und unvoreingenommener Prüfung des Tatverdachts in belastender und entlastender Hinsicht verpflichtet waren (§§ 8 I, 22 101 DDR-StPO/1968). Auch *Melsheimer* hatte seinerzeit

---

2035 Strafrecht der DDR. Lehrkommentar zum Strafgesetzbuch Bd. II (1969) § 244 Anm. 3; ebenso Strafrecht der DDR. Kommentar zum Strafgesetzbuch, 4. Aufl. 1981 und 5. Aufl. 1987, jeweils Anm. 3.

2036 Dies verkennt *Ulrich Neumann*, Die strafrechtliche Vergangenheitsbewältigung von SED-Unrecht am Beispiel der Rechtsbeugung, S. 171, der allein darauf abzustellen scheint, dass § 336 a. F./§ 339 n.F. StGB Mitarbeiter der Untersuchungsorgane nicht ausdrücklich erwähnt. Er geht daher zu Unrecht von vornherein von deren Straflosigkeit aus.

2037 So auch *Bottke*, Die Verfolgung von Regierungskriminalität der DDR nach dem Beitritt der neuen Länder, in: Lampe (Hrsg.), Deutsche Wiedervereinigung Bd. II, S. 227.

2038 S. o., B.I.2.

unter Berufung auf die sozialistische Gesetzlichkeit und die Strafprozessordnung die Eigenverantwortlichkeit der am Strafverfahren beteiligten Organe betont. Das Untersuchungsorgan trage unter Anleitung und Kontrolle des Staatsanwalts seine Verantwortung für die Einleitung des Verfahrens, für die vorläufige Festnahme von Bürgern, für die aus eigenem Recht erfolgende Einstellung eines Strafverfahrens[2039].

So sind insbesondere auch MfS-Mitarbeiter mögliche Täter der Rechtsbeugung, wenn sie nach § 88 II Nr. 2 DDR-StPO/1968 als eigenständiges Untersuchungsorgan tätig wurden[2040]. Dementsprechend gab es nach der Wiedervereinigung hierzu auch Anklagen wegen der Einleitung von strafrechtlichen Ermittlungsverfahren[2041].

Eine eigenständige Entscheidungsbefugnis bestand auch bei der Untersagung des Verteidigerkontakts in der Untersuchungshaft oder dem Verbot, mit dem Verteidiger über die Beschuldigung zu sprechen. Trotz zahlreicher gesetzwidriger Fälle[2042] ist hierzu im Rahmen der Aufarbeitung des DDR-Justizunrechts kein Verfahren bekannt geworden.

In Fällen, in denen keine besondere eigene Entscheidungsbefugnis ausgeübt wurde, kommt jedenfalls Beihilfe zur Rechtsbeugung (und ggf. Freiheitsberaubung) in Betracht. Der BGH bestätigte eine entsprechende Verurteilung zweier MfS-Mitarbeiter, die wissentlich und willentlich auf rechtsbeugerische Haftbefehlsanträge hingewirkt hatten[2043].

Neben der Strafbarkeit von MfS-Mitarbeitern richtete sich das Interesse der Justiz auch auf das Vorgehen gegen sogenannte Hintermänner.

2039 *Melsheimer*, NJ 1956, 294.

2040 *Letzgus*, FS Helmrich, S. 81; *Schöll*, Die Rechtsbeugung, S. 115; Fischer (58. Aufl.), § 339 Rn. 6.

2041 *Hohoff*, An den Grenzen des Rechtsbeugungstatbestandes, S. 30 mit Fn. 68.

2042 Vgl. dazu auch Kapitel 8, B.VII.

2043 BGHR StGB § 339 Beihilfe 1 (dort auch zur milden Sanktionierung nach § 33 II DDR-StGB). Einen ähnlichen Fall verfolgte die StA Dresden, hierzu *Hohoff*, An den Grenzen des Rechtsbeugungstatbestandes, S. 31. Eine weitere Anklage der Berliner Staatsanwaltschaft wegen Beihilfe zur Rechtsbeugung betraf einen früheren Mitarbeiter der Hauptabteilung IX des MfS wegen der Beantragung der Einstellung eines Ermittlungsverfahrens bei der Militärstaatsanwaltschaft (*Hohoff*, a.a.O., S. 31). Die Ermittlungen gegen den Oberstleutnant im MfS, der den Schlussbericht im Fall *Smolka* (dazu Kapitel 11, B.IV.5) verfasst und darin einen Schauprozess und die Todesstrafe vorgeschlagen hatte, wurden wegen Verhandlungsunfähigkeit eingestellt (*Bästlein*, Der Fall Mielke, S. 182, 187).

III. „Hintermänner"

Gegen den ehemaligen Minister für Staatssicherheit, *Erich Mielke*, wurde primär wegen des zweifachen Polizistenmordes am Bülowplatz vorgegangen, der ihm 1993, 62 Jahre nach der Tat, eine Verurteilung zu einer Freiheitsstrafe von sechs Jahren einbrachte, die 1995 vom BGH bestätigt wurde[2044]. Dagegen blieb das Unrecht einschließlich der Beteiligung an Justizmorden, das *Mielke* über Jahre als staatliches Organ der DDR begangen hatte, paradoxerweise[2045], aber als Konsequenz rechtsstaatlicher Prinzipien ungesühnt, weil bis zum erstinstanzlichen Abschluss des Bülowplatzverfahrens aus gesundheitlichen Gründen keine zweite Hauptverhandlung möglich war und anschließend Verhandlungsunfähigkeit die weitere Strafverfolgung verhinderte[2046]. Zahlreiche Verfahren wurden deshalb eingestellt[2047]. Viele andere Verfahren gegen *Mielke* wurden im Hinblick auf die Verurteilung im Bülowplatzverfahren nach § 154 StPO beendet[2048]. Auf zusätzliche Anklageerhebungen wurde wegen der absehbar fortbestehenden und später als dauerhaft festgestellten Verhandlungsunfähigkeit verzichtet[2049].

2044 *Bästlein*, Der Fall Mielke, S. 20 f.

2045 Dazu *Wieland*, Vorwort, in: *Bästlein*, Der Fall Mielke, S. 9 ff.

2046 *Bästlein*, Der Fall Mielke, S. 213.

2047 So insbes. das Verfahren wegen der Todesurteile gegen *Trebeljahr* (*Bästlein*, Der Fall Mielke, S. 222 ff., 231) und *Teske* (*Bästlein*, a.a.O., S. 232 ff., 240), ebenso die Verfahren wegen der Verfolgung des Politbüromitglieds *Paul Merker* (*Bästlein*, a.a.O., S. 116 ff., 122) sowie des LDPD-Vorsitzenden und Handelsministers *Hamann* und seines Staatssekretärs *Paul Baender* (*Bästlein*, a.a.O., S.122 ff., 128). Zu weiteren eingestellten Verfahren *Bästlein*, a.a.O., S. 105 ff.

2048 So insbes. das Verfahren wegen der Todesurteile gegen den verschleppten *Dr. Walter Linse* als Mitarbeiter im „Untersuchungsausschuß freiheitlicher Juristen" (dazu *Bästlein*, Der Fall Mielke, S. 146 ff., 152), den Stasi-"Verräter" *Johannes Schmidt* (dazu *Bästlein*, Der Fall Mielke, S. 173 ff., 179), im Fall *Smolka* (*Bästlein*, Der Fall Mielke, S. 187, dazu auch Kapitel 11, B.IV.5.) sowie im Fall des offenbar psychisch gestörten, aber zum politischen Täter hochstilisierten Diebes und Brandstifters *Strympe* (*Bästlein*, Der Fall Mielke, S. 199 ff., S. 204), das Verfahren wegen des auf Mielkes Betreiben zu zehn Jahren Zuchthaus verurteilten Philosophie-Dozenten und Cheflektors des Aufbau Verlags *Dr. Wolfgang Harich u. a.* (*Bästlein*, a.a.O., S. 128 ff., 134), das Verfahren wegen der Verfolgung von *Walter Janke*, des Leiters des Aufbauverlags (*Bästlein*, a.a.O., S. 134 ff., 140) oder das Verfahren wegen des nach einem Hin und Her unter Einfluss des Politbüros und einer von ihm eingesetzten Untersuchungskommission letztlich zu fünf Jahren Zuchthaus verurteilten Rechtsanwalts *Schmidt* (*Bästlein*, a.a.O., S. 192 ff., S. 199).

2049 *Wieland*, Vorwort, in: *Bästlein*, Der Fall Mielke, S. 10.

Immerhin bis zur Anklage gegen *Mielke* wegen Anstiftung zur Rechtsbeugung kam es beispielsweise im Zusammenhang mit den Wahlfälschungen bei den letzten DDR-Kommunalwahlen. Die Vorwürfe bezogen sich auf eine Weisung zur oben bereits angesprochenen[2050] Behandlung der Strafanzeigen im Zusammenhang mit der Kommunalwahl in der DDR am 7. Mai 1989[2051]. Das Verfahren wurde 1995 wegen dauernder Verhandlungsunfähigkeit *Mielkes* eingestellt[2052].

Gegen ZK-Abteilungsleiter *Sorgenicht*[2053] wurde zwar ermittelt, doch wurde dessen Verhandlungsunfähigkeit festgestellt. Die Verfahren wurden schließlich deswegen eingestellt bzw. nach § 154 StPO beendet[2054]. Auch gegen noch lebende Politbüromitglieder wurde zumindest in einem Fall wegen Rechtsbeugung ermittelt; von der Verfolgung wurde aber ebenfalls nach § 154 StPO abgesehen[2055].

Des Weiteren wurde eine ehemalige Hauptabteilungsleiterin im Ministerium der Justiz sowie ein ehemaliger Referatsleiter wegen der Kontrolle und Anleitung der Waldheimer Prozesse angeklagt[2056]. Auf die strafrechtliche Erfassung von Hintermännern bei Scheinverfahren wird im Zusammenhang mit dieser Thematik noch eingegangen[2057].

Wegen der Erarbeitung von Orientierungen zum einheitlichen arbeitsrechtlichen Vorgehen gegen Ausreiseantragsteller wurden Anklagen mit dem Vorwurf der Anstiftung zur Rechtsbeugung gegen Richter am OG (und zwar gegen den früheren OG-Präsident *Sarge*, den ehemaligen Vizepräsidenten des OG *Strasberg* sowie den Vorsitzenden des Senats für Arbeitsrecht beim OG *Rudelt*) erhoben. In diesem Komplex ist es jedoch zu keiner Verurteilung gekommen. Vielmehr sind zwei Freisprüche rechtskräftig geworden (*Strasberg, Rudelt*); ein Verfahren wurde nach § 154 II

2050 S. o., B.I.3.e)aa).

2051 *Winters*, Der Mielke-Prozeß, in: Weber/Piazolo (Hrsg.), Eine Diktatur vor Gericht, S. 112; *Hohoff*, An den Grenzen des Rechtsbeugungstatbestandes, S. 31, 63 mit Nachweis zur Anklageschrift.

2052 *Hohoff*, An den Grenzen des Rechtsbeugungstatbestandes, S. 63 mit Nachweis zum Einstellungsbeschluss.

2053 Zu Sorgenichts Rolle in politisch besonders bedeutsamen Strafverfahren siehe Kapitel 11, B.IV.5.

2054 *Bästlein*, Der Fall Mielke, S. 187 zu dem Verfahren wegen des Todesurteils gegen *Smolka*, S. 204 zu dem Verfahren wegen des Todesurteils gegen *Strympe*.

2055 *Bästlein*, Der Fall Mielke, S. 204 zu dem Verfahren wegen des Todesurteils gegen *Strympe*.

2056 *Hohoff*, An den Grenzen des Rechtsbeugungstatbestandes, S. 31 mit Nachweis zur Anklageschrift.

2057 Siehe Kapitel 11, B. III. 2. und B. IV. 4. b) cc) am Ende.

StPO - im Hinblick auf ein weiteres Rechtsbeugungsverfahren - eingestellt (*Sarge*)[2058]. Hinsichtlich der arbeitsrechtlichen Orientierung, die unter anderem die generelle Abweisung der Kündigungsschutzklagen Ausreisewilliger durch die Kreis- und Bezirksgerichte als offensichtlich unbegründet vorsah, verwundern die Freisprüche nicht, da jedenfalls bezüglich der Fälle von Erziehungs-, Ausbildungs- und Leitungskräften keine als Rechtsbeugung strafbare Haupttat festgestellt werden kann[2059].

Wegen der Erarbeitung strafrechtlicher Orientierungen zum Vorgehen gegen Ausreisewillige wurde wiederum der frühere Präsident des OG, *Sarge*, angeklagt, zusammen mit Staatsanwälten beim GStA der DDR (einschließlich des damaligen Stellvertretenden Generalstaatsanwalts *Borchert*)[2060]. Gegen *Sarge* und einen Mitangeklagten wurde das Verfahren jedoch zunächst vorläufig gem. § 205 StPO und schließlich im Mai 2001 endgültig wegen Verjährung gem. § 206a StPO eingestellt. Im Juni 2002 wurde auch das Verfahren gegen *Borchert* wegen Verjährung eingestellt[2061]. Zu einer Verurteilung kam es allerdings in diesem Komplex gegen die Mitangeklagte *Eleonore Heyer*, zum Tatzeitpunkt Leiterin der Abteilung I A des Generalstaatsanwalts der DDR. Sie erhielt im November 1999 eine Freiheitsstrafe von einem Jahr und zehn Monaten, deren Vollstreckung zur Bewährung ausgesetzt wurde. Nach Rücknahme der Revisionen wurde das Urteil rechtskräftig[2062].

Angeklagt wurde auch der ehemalige Leiter der Hauptabteilung IX (Untersuchungsabteilung) des MfS, *Rolf Fister*, wegen Zustimmung zu der strafrechtlichen Orientierung und ihrer Umsetzung in der Strafverfolgung durch die Untersuchungsabteilung[2063]. Wegen dessen Verhandlungsunfähigkeit lehnte jedoch das LG Berlin die Eröffnung des Hauptverfahrens im August 2000 ab[2064].

2058 Näher zum Ganzen mit Nachweisen zu den Anklageschriften, Freisprüchen und dem Einstellungsbeschluss *Hohoff*, An den Grenzen des Rechtsbeugungstatbestandes, S. 31 f., 65 f sowie *Marxen/Werle (Hrsg.)*, Strafjustiz und DDR-Unrecht 5/1: Rechtsbeugung, S. 18 Fn. 2.

2059 Dazu Kapitel 5, B.II.; kritisch dazu aber *Wassermann*, RuP 1999, 101 und 106.

2060 *Marxen/Werle (Hrsg.)*, Strafjustiz und DDR-Unrecht 5/2: Rechtsbeugung, S. 1005 Fn. 5; *Hohoff*, An den Grenzen des Rechtsbeugungstatbestandes, S. 31 f; dazu auch Süddeutsche Zeitung vom 4.11.1997.

2061 *Marxen/Werle (Hrsg.)*, a.a.O., S. 1005 Fn. 5.

2062 *Marxen/Werle (Hrsg.)*, a.a.O., S. 1005 Fn. 5.

2063 *Hohoff*, An den Grenzen des Rechtsbeugungstatbestandes, S. 32.

2064 *Marxen/Werle (Hrsg.)*, a.a.O., S. 1005 Fn. 5.

10. Kapitel: Der subjektive Tatbestand der Rechtsbeugung

Der Vorsatz der Rechtsbeugung muss in der Praxis mangels eines Geständnisses meist anhand von Indizien nachgewiesen werden. Hierfür können auch die Entscheidungsgründe der rechtsbeugerischen Entscheidung dienen. Besondere Probleme wirft die begriffliche und systematische Erfassung der Irrtumsproblematik im DDR-Recht auf. Dazu ist nach kurzer Erörterung der Vorsatzform bei § 244 DDR-StGB auf die grundlegenden konzeptionellen Unterschiede zur Dogmatik in der Bundesrepublik hinzuweisen, bevor auf die Problematik der Rechtsblindheit im speziellen eingegangen werden kann.

A. Besonderheiten des § 244 DDR-StGB gegenüber § 339 StGB

I. Erfordernis der wissentlich gesetzwidrigen Entscheidung

Während für § 339 StGB nach inzwischen wohl allgemeiner Ansicht bedingter Vorsatz ausreicht[2065], setzt eine Rechtsbeugung nach § 244 DDR-StGB voraus, dass der Täter „wissentlich" gesetzwidrig entschied. Das entspricht dem Erfordernis des direkten Vorsatzes; bedingter Vorsatz genügt hierfür nicht[2066]. Folge dieser engeren Ausgestaltung des DDR-Rechtsbeugungstatbestandes: Die strafrechtliche Verfolgung vieler objek-

---

2065 Dazu Kapitel 13, II.3.a).

2066 MdJ/Dt Akad. für Staats- und Rechtswissenschaften (Hrsg.), Strafrecht der DDR. Lehrkommentar zum Strafgesetzbuch, Bd. II (1969), § 244 Anm. 5; ebenso Strafrecht der DDR. Kommentar zum Strafgesetzbuch, 4. Aufl. 1981 und 5. Aufl. 1987, jeweils Anm. 5;
vgl. auch § 6 DDR-StGB:
„(1) Vorsätzlich handelt, wer sich zu der im gesetzlichen Tatbestand bezeichneten Tat bewußt entscheidet.
(2) Vorsätzlich handelt auch, wer zwar die Verwirklichung der im gesetzlichen Tatbestand bezeichneten Tat nicht anstrebt, sich jedoch bei seiner Entscheidung zum Handeln bewußt damit abfindet, daß er diese Tat verwirklichen könnte."

tiver Rechtsbeugungshandlungen war von vornherein ausgeschlossen. Denn bei lediglich bedingt vorsätzlichem Handeln verbleibt es nach dem Günstigkeitsprinzip des § 2 III StGB i. V. m. Art. 315 I EGStGB bei der sich aus § 244 DDR-StGB ergebenden Straflosigkeit[2067].

II. Zur Strafrechtsdogmatik der DDR

In der DDR wurde nicht der dreistufige Deliktsaufbau - Tatbestandsmäßigkeit, Rechtswidrigkeit, Schuld - gelehrt. Vielmehr wurde eine Einteilung in vier „Elemente des Verbrechens" vorgenommen: Objekt, objektive Seite; Subjekt; subjektive Seite. Der objektiven Seite der Handlung stand die subjektive Seite der Straftat, die Schuld, gegenüber als „die tatbestandsmäßige, in Form von Vorsatz oder Fahrlässigkeit auftretende individuelle psychische Einstellung" des Täters[2068]. Der Vorsatz wurde als Form der Schuld angesehen[2069]. Damit war eine klare Trennung von Tatbestandsmäßigkeit, Rechtswidrigkeit und Schuld sowie eine Trennung des Vorsatzes von der Schuld unter dessen Einbeziehung in den subjektiven Tatbestand ausgeschlossen[2070]. Bei Vorliegen von Rechtfertigungs- oder Schuldausschließungsgründen fehlte es zugleich an der Tatbestandsmäßigkeit[2071].

Als Voraussetzung für den Vorsatz galt in der Strafrechtsdogmatik der DDR, dass sich der Täter bewusst war, sich entgegen den Grundregeln des menschlichen Zusammenlebens zu einer sozial-negativen Verhaltensweise zu entscheiden. Bei der Entscheidung zur Tat musste er sich nicht nur der „natürlichen" Wirkungen seines Verhaltens bewusst sein. Ebenso musste sich in seinem Bewusstsein die soziale Bedeutung oder Einordnung seines Verhaltens „reflektiert" haben[2072]. Wo dieses Bewusstsein fehlte, sollte der Vorsatz über die Irrtumsregelung des § 13 DDR-StGB ausgeschlossen sein[2073]. Diese Bestimmung stellte die einzige Regelung der Rechtsfolgen von Irrtümern im DDR-StGB von 1968 dar. Nach § 13 DDR-StGB waren demjenigen, der „bei seinem Handeln das Vorhandensein von

2067 Dazu Kapitel 2.

2068 *Lekschas/Renneberg u.* a., Strafrecht AT. Lehrbuch, 2. Aufl. 1978, S. 219 ff., 231 ff., 269 ff.

2069 Vgl. § 10 DDR-StGB.

2070 *Roggemann*, ROW 1969, 106; *Buchholz*, ZStW 101 (1989), 947.

2071 *Buchholz*, a.a.O., 948.

2072 *Lekschas/Renneberg u.* a., Strafrecht AT. Lehrbuch, 2. Aufl. 1978, S. 297; *Autorenkollektiv*, Strafrecht der DDR (1988), S. 237.

2073 *Lekschas/Renneberg u.* a., a.a.O., S. 302.

Tatumständen nicht kannte, welche zum gesetzlichen Tatbestand gehören oder die Strafbarkeit erhöhen", diese Umstände „nicht zuzurechnen"[2074]. Diese Regelung wurde dahingehend erläutert, dass der Täter infolge der Unkenntnis oder des Irrtums über wesentliche Zusammenhänge der Tat auch nicht zur Erkenntnis ihrer wirklichen sozialen Bedeutung kommen könne[2075].

Im Rahmen des § 13 DDR-StGB wurde neben dem Tatirrtum (bei dem der Handelnde über Tatumstände irrt, d.h. über die im gesetzlichen Tatbestand bezeichneten Merkmale einer Tat[2076]) auch ein Rechtsirrtum anerkannt. Dies setzte allerdings voraus, dass eine Straftat mit der Verletzung besonderer Rechtspflichten verbunden war. Der Vorsatz entfiel, wenn dem Handelnden diese Pflichten nicht bekannt waren[2077]. Nun kann man die Ansicht vertreten, § 244 DDR-StGB stelle zumindest mittelbar auf eine Pflichtverletzung ab, nämlich die Verletzung der Pflicht zur Einhaltung der sozialistischen Gesetzlichkeit, so dass bei Verkennung dieser Pflicht ein vorsatzbefreiender Rechtsirrtum i. S. d. § 13 DDR-StGB grundsätzlich in Betracht komme[2078]. Diese Sichtweise ist jedoch nicht überzeugend, weil bei dieser Betrachtungsweise alle Tatbestände eine Rechtspflicht beinhalten würden, nämlich diejenige, dem jeweiligen im Tatbestand normierten Verbot nicht zuwiderzuhandeln. Dies kann aber nicht das sein, was mit der Voraussetzung einer *besonderen* Rechtspflicht gemeint war. Es dürften wohl nur Tatbestände wie § 141 DDR-StGB (Verletzung der Unterhaltspflicht) gemeint gewesen sein. Jedenfalls ist § 13 DDR-StGB selbst nach Ansicht derjenigen, die von einer grundsätzlichen Einschlägigkeit des Rechtsirrtums des § 13 DDR-StGB auch im Rahmen des § 244 DDR-StGB ausgehen, bei der Verfolgung von Rechtsbeugungshandlungen keine praktische Bedeutung zuzumessen. Sie gehen nämlich

---

2074 Da Vorsatz und Fahrlässigkeit zur Schuld gehörten (vgl. § 10 DDR-StGB), stellte § 13 DDR-StGB einen Schuldausschließungsgrund dar, der zugleich die Tatbestandsmäßigkeit ausschließen sollte (*Lekschas/Renneberg u.* a., Strafrecht AT. Lehrbuch, 2. Aufl. 1978, S. 129. Die 2. Aufl. unterschied sich insoweit nicht von der ersten Auflage von 1976, vgl. *F.-C. Schroeder*, JR 1990, 90 Fn. 10). Dies erklärt sich aus obigen Ausführungen.

2075 *Autorenkollektiv*, Strafrecht der DDR (1988), S. 238.

2076 Ministerium der Justiz (Hrsg.), Strafrecht der DDR, Kommentar, 5. Aufl. 1987, § 13 Anm. 1; *Autorenkollektiv*, Strafrecht der DDR, S. 266.

2077 Ministerium der Justiz (Hrsg.), Strafrecht der DDR, Kommentar, 5. Aufl. 1987, § 13 Anm. 1; *Autorenkollektiv*, Strafrecht der DDR, S. 267.

2078 So *Kraut*, Rechtsbeugung?, S. 141 f.; wohl auch *Möller-Heilmann*, Die Strafverfolgung von Richtern und Staatsanwälten der ehemaligen DDR wegen Rechtsbeugung, S. 226.

zutreffend davon aus, dass sich die damaligen Justizangehörigen im Allgemeinen ihrer Pflicht zur uneingeschränkten Einhaltung der sozialistischen Gesetzlichkeit in vollem Umfang bewusst waren[2079]. Soweit ein Rechtsirrtum grundsätzlich von § 13 DDR-StGB erfasst wird, ist dieser für die Verfolgung von Rechtsbeugungen mithin nicht hinderlich.

Eine Regelung des Verbotsirrtums in einer besonderen Vorschrift fehlte im DDR-StGB von 1968. Manche sehen in der dritten Alternative der Schuldausschlussbestimmung des § 10 DDR-StGB (Nichterkennen von Rechtspflichten) die Regelung eines besonderen Falles des Verbotsirrtums[2080]. § 10 DDR-StGB lautete: „Schuldhaft (vorsätzlich oder fahrlässig) handelt nicht, wem die Erfüllung seiner Pflichten objektiv nicht möglich ist oder wer dazu nicht imstande ist, weil er wegen eines von ihm nicht zu verantwortenden persönlichen Versagens oder Unvermögens die Umstände oder Folgen seines Handelns nicht erfassen oder die ihm unter den gegebenen Umständen obliegenden Pflichten nicht erkennen kann." Diese Norm dürfte aber auf Unterlassungs- und Fahrlässigkeitsdelikte zugeschnitten[2081] und daher in Fällen der Rechtsbeugung nicht einschlägig sein. Jedenfalls kommt sie auch nach Ansicht derer, die sie für anwendbar halten, aufgrund seiner Voraussetzungen für eine allgemeine Entschuldigung von Justizunrecht nicht in Betracht[2082]. Weitere Formen des Verbotsirrtums (Irrtum über die Gültigkeit einer Strafrechtsnorm, irrtümliche Annahme eines vom Recht nicht anerkannten Rechtfertigungsgrundes, Irrtum über die rechtlichen Grenzen eines Rechtfertigungsgrundes) waren nicht in das StGB der DDR aufgenommen worden. Ein „allgemeiner Rechtsirrtum" sollte nicht anerkannt werden, um die Exkulpierungsmöglichkeiten nicht zu sehr auszuweiten[2083].

In der Strafrechtslehre der DDR wurde das Problem des fehlenden Bewusstseins der Rechtswidrigkeit durchaus diskutiert[2084], die strafrechtliche Relevanz des Verbotsirrtums aber letztlich nicht anerkannt[2085]. Der

---

2079 *Kraut*, a.a.O., S. 142; *Möller-Heilmann*, a.a.O., S. 226.

2080 So *Roggemann*, ROW 1969, 109.

2081 So auch *Roggemann*, a.a.O., 110 Fn 133 m. w. N.; für die Begrenzung auf Fahrlässigkeitsdelikte *Renzikowski*, ZStW 106,1 (1994), 136 Fn. 204.

2082 Dazu *Kraut*, Rechtsbeugung?, S. 139 ff., 141; *Möller-Heilmann*, Die Strafverfolgung von Richtern und Staatsanwälten der ehemaligen DDR wegen Rechtsbeugung, S. 224 f.

2083 *Roggemann*, ROW 1969, 110 Fn 133 m. w. N.

2084 *Lekschas/Renneberg u.* a., Strafrecht AT. Lehrbuch, 2. Aufl. 1978, S. 297 ff. m.w.N; weitere Nachweise bei *Renzikowski*, ZStW 106,1 (1994), 136 Fn. 204.

2085 Dazu *Griebe*, NJ 1965, 105; *Renzikowski*, a.a.O., 136; so auch *Möller-Heilmann*, Die Strafverfolgung von Richtern und Staatsanwälten der ehemaligen DDR wegen Rechtsbeugung, S. 225.

andersartigen westdeutschen Dogmatik stand man in der DDR sogar strikt ablehnend gegenüber:

> „Die westdeutsche imperialistische Theorie besann sich nach 1945 wieder auf die Problematik des Bewußtseins der Rechtswidrigkeit beim Vorsatz und versuchte, die Verbrechen des Faschismus mit Theorien vom ‚irrenden Gewissen', vom ‚Verbotsirrtum' und von der ‚Rechtsblindheit' usw. zu entschuldigen bzw. zu verkleinern. (...) Diese Entwicklung in der Theorie vom sog. Bewußtsein der Rechtswidrigkeit zeigt, daß sie als Produkt des bürgerlichen Rechtspositivismus nicht nur als wissenschaftlicher Ausgangspunkt zur Lösung der Schuldproblematik beim Vorsatz völlig ungeeignet ist, sondern daß sie von ihrer Geburtsstunde an unter Mißachtung all dessen, was als Recht von den Völkern allgemein anerkannt wird, jede Schwenkung der Justiz im Interesse des Kapitals bzw. Monopolkapitals, d.h. die Justizwillkür, enthielt.[2086]"

Die Forderung nach dem Bewusstsein der Rechtswidrigkeit wurde sogar als ein Verstoß gegen die demokratische Gesetzlichkeit angesehen[2087]. Nach alledem kann gesagt werden, dass im Strafrecht der DDR – jedenfalls soweit dies für die Rechtsbeugung relevant ist – ein Verbotsirrtum unbeachtlich ist. Davon geht auch der BGH aus[2088]: Die Vorstellung, mit einer ungesetzlichen Handlung „recht getan" zu haben, sei nach dem Recht der DDR unbeachtlich[2089].

Es lässt sich auch nicht aus dem für den Vorsatz aufgestellten Erfordernis der Erkenntnis der sozial-negativen Einordnung des Verhaltens ableiten, das Unrechtsbewusstsein sei nach der DDR-Dogmatik als erforderlicher Bestandteil des Vorsatzes anzusehen[2090]. Denn gerade die oben zitierten Angriffe auf entsprechende Ansätze in der Bundesrepublik und die Zurückweisung der strafrechtlichen Relevanz des Verbotsirrtums weisen darauf hin, dass das Erfordernis der Erkenntnis der sozial-negativen Einordnung des Verhaltens nicht so weit gehen sollte, dass der Vorsatzbegriff auch das einschloss, was in der bundesrepublikanischen Dogmatik mit „Unrechtsbewusstsein" gemeint war. Letzteres wäre nach der DDR-Dogmatik vielmehr nicht erforderlich, soweit es über die Erkenntnis der sozial-negativen Einordnung des Verhaltens hinausgeht. Dies bestätigt auch die Kommentierung zur Vorsatzdefinition des § 6 DDR-StGB:

2086 *Lekschas/Renneberg u.* a., Strafrecht AT. Lehrbuch, 2. Aufl. 1978, S. 300.

2087 *Gerats/Lekschas/Renneberg*, Lehrbuch des Strafrechts der DDR, AT, S. 378.

2088 So schon BGHSt 39, 1, 35; BGHSt 39, 169, 190 f.

2089 BGHSt 41, 247, 277 = NJW 1995, 3324, 3332; BGH NJW 1997, 1317, 1318 = BGH NJ 1997, 205, 206 f. = BGH NStZ 1997, 234, 236.

2090 So aber *Hohoff*, DtZ 1997, 312; *Möller-Heilmann*, Die Strafverfolgung von Richtern und Staatsanwälten der ehemaligen DDR wegen Rechtsbeugung, S. 227; dem folgend, aber in den Konsequenzen relativierend *Burian*, ZStW 112 (2000), 128 f.

Die Bewusstheit, sich zu einem sozial-negativen Verhalten entschieden zu haben, werde nicht dadurch aufgehoben, dass manche Täter ihr Verhalten auf die Weise rechtfertigten, mit einer ungesetzlichen Handlung „recht getan" zu haben[2091]. Fehlvorstellungen von Justizangehörigen würden demnach nur im Falle eines „Tatirrtums" i. S. d. § 13 DDR-StGB zur Straflosigkeit nach DDR-Recht führen, nicht aber bei einem Irrtum, der dem Verbotsirrtum der westdeutschen Dogmatik entspricht.

Allerdings dürfte für einen „Tatirrtum" bei der Rechtsbeugung zur Erkenntnis der sozial-negativen Einordnung des Verhaltens die Wertung gehören, dass die getroffene Entscheidung bzw. Leitungshandlung gesetzwidrig sei. So führte der Kommentar zu § 244 DDR-StGB auch aus: Der Täter „muß die Gesetzwidrigkeit der Entscheidung in seinen Vorsatz aufgenommen haben, also von allen tatsächlichen und rechtlichen Voraussetzungen Kenntnis haben. Eine Verletzung des Rechts aus Nachlässigkeit und ungenügender Orientierung über die Regeln des Rechts wird vom Tatbestand nicht erfaßt."[2092] Mit dem letzten Satz wird die Abgrenzung zur straflosen Fahrlässigkeit unterstrichen. Wissentlich gesetzwidrig handelte nicht, wer die getroffene Entscheidung – aus welchen Gründen auch immer – für gesetzeskonform hielt. Den nach § 244 DDR-StGB erforderlichen direkten Vorsatz hatte nur, wer sich der Unvertretbarkeit seiner Auslegung sicher war; Zweifel genügen insoweit nicht[2093].

B. „Rechtsblindheit", „Verblendung" und Überzeugungstäter

In Zeiten des Herrschens einer Staatsideologie häufen sich Taten, die (auch) politisch motiviert sind. Propaganda und Indoktrinierung leisten politischer Verblendung Vorschub. Manche setzen sich aus solcher Verblendung heraus mehr oder weniger skrupellos über das Recht hinweg, manchen verstellt sie sogar den Blick für das Recht. Dann stellt sich jeweils

---

2091 Ministerium der Justiz/Akademie für Staats- und Rechtswissenschaften der DDR Potsdam-Babelsberg (Hrsg.), Kommentar zum Strafgesetzbuch, 5. Aufl. 1987, § 6 Anm. 1.

2092 MdJ/Dt Akad. für Staats- und Rechtswissenschaften (Hrsg.), Strafrecht der DDR. Lehrkommentar zum Strafgesetzbuch, Bd. II (1969), § 244 Anm. 5; ebenso Strafrecht der DDR. Kommentar zum Strafgesetzbuch, 4. Aufl. 1981 und 5. Aufl. 1987, jeweils Anm. 5.

2093 So auch *Hohmann*, DtZ 1996, 236; *Möller-Heilmann*, Die Strafverfolgung von Richtern und Staatsanwälten der ehemaligen DDR wegen Rechtsbeugung, S. 177.

die Frage, ob und inwiefern die innere Haltung Einfluss auf die Strafbarkeit hat. In diesem Zusammenhang sind insbesondere die Fälle von Überzeugungstäterschaft und Rechtsblindheit anzusprechen. Der Umgang mit diesen Problemen bei der Behandlung von NS-Justizunrecht in der Nachkriegszeit gab und gibt Anlass zu kritischen Bemerkungen und zur Erörterung anderer Lösungsmöglichkeiten. Heute stellt sich der BGH grundsätzlich der schon früher geäußerten Kritik. Welche Konsequenzen er daraus in seiner Rechtsprechung zum DDR-Justizunrecht zieht, bleibt abschließend zu erörtern.

I. Die Handhabung der Überzeugungstäterschaft in Nachkriegsrechtsprechung und Literatur der Bundesrepublik

Obwohl eine die Strafbarkeit nicht hindernde Einordnung als Überzeugungstäter wohl nicht selten möglich gewesen wäre, wurde in der Praxis die Nachweisbarkeit des Rechtsbeugungsvorsatzes meist verneint und manchem NS-Justizjuristen allzu großzügig Rechtsblindheit zugebilligt. Es besteht der Eindruck, dass die Verblendung vieler Täter nicht differenziert genug betrachtet wurde.

Zur Einordnung der Problemlagen trägt die von *Hirsch* und *Schmidt-Speicher* vorgeschlagene Unterscheidung von Irrtums- und Überzeugungstätern[2094] bei. Mit dieser Unterscheidung als solcher ist zwar noch nicht über die Frage der Strafbarkeit entschieden, da es auf die Feststellung des Vorsatzes als solchen ankommt[2095] und bei den Irrtümern dif-

2094 *Hirsch*, ZStW 82 (1970), 431; *Schmidt-Speicher*, Hauptprobleme der Rechtsbeugung, S. 108 ff. Der Begriff des Überzeugungstäters war von *Radbruch*, ZStW 44 (1924), 34 ff. („Der Überzeugungsverbrecher"), eingeführt worden.

2095 Der Einwand *Vormbaums* gegen *Schmidt-Speicher*, der Einführung des Begriffes „Überzeugungstäter" bedürfe es nicht, denn es genüge festzustellen, ob ein Vorsatz vorliege (Der strafrechtliche Schutz des Strafurteils, S. 370 Fn. 147) ist insoweit zutreffend, ändert aber nichts an der Nützlichkeit und Hilfestellung für die Feststellung des Vorsatzes im konkreten Fall. *Seemanns* Angriff auf die angebliche begriffliche Differenzierung *Schmidt-Speichers* zwischen straflosen Irrtums- und strafbaren Überzeugungstätern („terminologische Verwirrung" bei Zubilligung der Möglichkeit eines Verbotsirrtums für politisch oder ideologisch verblendete Richter – *Seemann*, Rechtsbeugung, S. 84 ff., insbes. S. 90 f.) geht ins Leere, da *Schmidt-Speicher* der Unterscheidung zwischen Irrtums- und Überzeugungstätern nicht pauschal die Merkmale straflos und strafbar zuordnet. Schon aus ihrer Einleitung der Unterscheidung sowie aus dem weiteren Text geht hervor, dass die Unterscheidung nur der

ferenziert werden muss. Sie schichtet jedoch die qualitativ völlig andere innere Haltung des Überzeugungstäters zutreffend von der Konstellation des Irrtumstäters ab und tut damit auch einen ersten Schritt zur Herausarbeitung des wirklich rechtsblinden Täters.

1. Umschreibung des Überzeugungstäters

In Rechtsprechung und Literatur wurden folgende Umschreibungen der Überzeugungstäter herausgearbeitet, unter welchen hier nicht auch die zuweilen als Überzeugungstäter im weiten Sinne bezeichneten Gewissenstäter interessieren, bei denen eine Berufung auf Art. 4 I GG in Betracht kommen kann[2096]:

„Regelmäßig an eine Ideologie gebunden, fühlen diese Täter sich verpflichtet, ihre politischen, sozialen, sittlichen oder religiösen Anschauungen *auch gegen* das Recht zu verwirklichen."[2097]. Der Überzeugungstäter zeichnet sich dadurch aus, dass er das positive Gesetz (das Verbot) genau kennt[2098]. Er setzt ganz bewusst an die Stelle der Wertordnung der Gemeinschaft die eigene[2099]. Typisch ist, dass er sich aus ideologischer Überzeugung heraus gegen das geltende Recht stellt. Er hält seine Ideologie für richtig und fühlt sich aus diesem Grunde (berechtigt und) verpflichtet,

---

Klärung der mit dem Vorsatzausschluss zusammenhängenden Fragen dienen soll, vgl. *Schmidt-Speicher*, a.a.O., S. 108 ff. Dies ist auch gegen die Kritik von *Quasten*, (Die Judikatur des Bundesgerichtshofs zur Rechtsbeugung im NS-Staat und in der DDR, S. 137 f) an Schmidt-Speicher einzuwenden.

2096 Die Unterscheidung zwischen Überzeugungs- und Gewissenstätern begann sich erst allmählich durchzusetzen (vgl. *Ebert*, Der Überzeugungstäter, S. 59; *Greffenius*, Täter aus Überzeugung, S. 58; *Gödan*, Die Rechtsfigur des Überzeugungstäters, S. 113 und 142 ff.; *Hirsch*, Strafrecht und Überzeugungstäter, S. 8 ff. und 27; jeweils m. w. N.), was auch manche Unterschiede mancher Begriffsbestimmungen erklärt. Auf das Phänomen des Gewissenstäters und seine Abgrenzung zum Überzeugungstäter einzugehen, würde jedoch über den Rahmen dieser Arbeit hinausgehen (dazu *Ebert*, a.a.O., insbes. S. 59 f., 74 f.; *Greffenius*, a.a.O.; S. 61 ff., *Gödan*, a.a.O. S. 142 ff.; *Hirsch*, a.a.O., S. 10 ff.). Zu dem ebenfalls in die Diskussion eingeführten Ausdruck „Ideologie-Täter" *Gödan*, a.a.O., S. 168 ff.

2097 *Ebert*, a.a.O., S. 74 f.; *Greffenius*, a.a.O., S. 61 ff. (auf Ideologietäter begrenzt); ähnlich *Maurach/Zipf*, Strafrecht AT/1, § 35 II 3 (Rn 7); *Radbruch*, ZStW 44 (1924), 37, stellt ebenfalls auf das Element einer Pflichtüberzeugung ab.

2098 *Armin Kaufmann*, ZStW 80 (1968), 40; *Tiedemann*, ZStW 81 (1969) 873; *Jescheck/Weigend*, Strafrecht AT, § 37 II 3 (S. 415); *Arthur Kaufmann*, Die Parallelwertung in der Laiensphäre, S. 9; *Küpper/Wilms*, ZRP 1992, 94.

2099 BGHSt 2, 194, 208; BGH MDR 1973, 901; *Jäger*, Verbrechen unter totalitärer Herrschaft, S. 171; *Maurach/Zipf*, Strafrecht AT/1, § 38 II 1 Rn. 15 m. w. N.; *Gödan*, Die Rechtsfigur des Überzeugungstäters, S. 139 und 199.

im Sinne seiner politischen und sozialen Weltanschauung zu handeln[2100]. Weiß ein Richter, dass seine Entscheidung dem Recht zuwiderläuft, glaubt er aber dennoch, beispielsweise aufgrund kriminalpolitischer Erwägungen, seine Entscheidung sei besser als die, die das Gesetz zulässt, so ist er Überzeugungstäter. Der Richter ist danach als Überzeugungstäter immer dann einzuordnen, wenn er sich über einen ihm vom Gesetz erteilten klaren und bindenden Befehl sehenden Auges hinwegsetzt[2101].

Als Überzeugungstäter (und nicht als Irrtumstäter) ist auch ein Richter anzusehen, der nach einem Kriterium entscheidet, von dem er weiß, dass es zwar ein ihn überzeugendes Ideal darstellt, aber in der geltenden Rechtsordnung keinen Niederschlag gefunden hat[2102].

2100 *Greffenius*, Täter aus Überzeugung, S. 61.

2101 *Schmidt-Speicher*, Hauptprobleme der Rechtsbeugung, S. 108 f.

2102 Diese Formulierung ist in Anlehnung an *Hirsch*, ZStW 82 (1970), 431 f. gewählt, dessen Wortwahl jedoch widersprüchlich oder zumindest missverständlich ist. Danach ist Überzeugungs- und nicht Irrtumstäter, wer glaubt, einem vermeintlich *höheren Recht* zu dienen, jedoch weiß, dass dieses höhere Recht zwar ein ihn überzeugendes Ideal darstellt, aber in der geltenden Rechtsordnung keinen Niederschlag gefunden hat. Es ist jedoch schwer vorstellbar, dass ein Richter ein Entscheidungskriterium tatsächlich für Recht (und sei es auch für höheres Recht) hält, wenn er weiß, dass es in der geltenden Rechtsordnung nicht enthalten ist. Denn Recht und Rechtsordnung sind als Einheit zu begreifen. Meint der Täter allerdings, sich mit der Verwirklichung eines höheren Rechts noch im Rahmen der Rechtsordnung zu bewegen, glaubt er nicht, das Recht zu beugen und handelt im Bedeutungsirrtum (dazu noch später). Zutreffend ist die Aussage *Hirschs* jedoch – und so ist sie wohl gemeint –, wenn man sie in dem Sinne versteht, dass dem Richter bewusst ist, dass er mit seiner Vorstellung von einem höheren Recht außerhalb der Rechtsordnung steht. In diesem Fall ist eindeutig, dass es sich um einen vorsätzlich das Recht beugenden Überzeugungstäter handelt. Denn ein solcher Richter setzt seine Vorstellungen vom Soll-Zustand des Rechts bewusst gegen den Ist-Zustand des geltenden Rechts durch. Ähnlich wie *Hirsch* bejaht *Rudolphi*, ZStW 82 (1970), 629 f., den Rechtsbeugungsvorsatz, wenn der Täter weiß, dass seine eigene Rechtsüberzeugung allein auf Erwägungen beruht, die von der geltenden Rechtsordnung (noch) nicht anerkannt sind, und daher mit dem geltenden Recht nicht übereinstimmt.
Diese Gedanken nimmt *Herdegen*, LK (9. Aufl.) § 336 Rn. 18 – *Hirsch* und *Rudolphi* zum Beleg zitierend und ergänzend – auf: „Wer nach Wertungskategorien judiziert, die *für ihn* Elemente verfassungskonformer Interpretation, Ausdruck höheren Rechts oder Mittel gesellschaftspolitischer Zielvorstellungen sind, die aber, wie er weiß, von der geltenden Rechtsordnung gerade nicht anerkannt werden, der ist nicht Irrtums- sondern Überzeugungstäter." Unzutreffend ist dies hinsichtlich der verfehlten Vorstellung von einer verfassungskonformen Interpretation. Wenn der Täter meint, verfassungskonform zu interpretieren, glaubt er nicht, dem Recht zuwiderzuhandeln, sondern gerade das Recht zu verwirklichen. Er ist als Irrtumstäter anzusehen. Überzeugungstäter ist er nur, wenn er weiß, dass seine Überlegungen der objektiven Rechtsordnung, zu der ja die Verfassung gehört, widersprechen. Dann

2. Theoretische Grundsätze der strafrechtlichen Behandlung der Überzeugungstäter

Darüber, dass beim Überzeugungstäter, wie er soeben umschrieben wurde, jedenfalls der Vorsatz gegeben ist, besteht in bundesrepublikanischer Lehre und Rechtsprechung wohl Einigkeit[2103]. Der Rechtsbeugungsvorsatz ist nicht etwa deswegen zu verneinen, weil der Täter seine Entscheidung für gerecht hält, sofern er nur weiß, dass sie mit dem geltenden Recht nicht übereinstimmt. Der Täter, der weiß, dass seine eigene „Rechts"überzeugung[2104] auf Erwägungen beruht, die von der geltenden Rechtsordnung (noch) nicht anerkannt sind, die in ihr keinen Niederschlag gefunden haben, handelt vorsätzlich[2105]. Denn in diesem Fall weiß der Täter, dass das geltende Recht mit seiner persönlichen, aus außerrechtlichen Quellen geschöpften „Rechts"überzeugung nicht übereinstimmt

---

kann er nicht ohne inneren Widerspruch der Ansicht sein, diese Auslegung sei eine verfassungskonforme. Es dürfte ihm klar sein, dass er nur den subjektiv bestimmten Soll-Zustand der Gesamtrechtsordnung herstellen will und damit den Ist-Zustand des geltenden Rechts verletzt.

Etwas klarer wird dies bei der Rezeption von *Hirsch* und *Herdegen* durch *Schmidt-Speicher,* Hauptprobleme der Rechtsbeugung, S. 108: „Der Rechtsbeugungsvorsatz wird nicht berührt, wenn der Täter an ein vermeintlich besseres Recht glaubt, jedoch weiß, dass diese ihn überzeugende Idee in der geltenden Rechtsordnung keinen Niederschlag gefunden hat." und a.a.O., S. 110, wo von einem sich über das geltende Recht hinwegsetzenden Richter, der einer „ihn überzeugenden, vermeintlich besseren Idee, die im Gesetz keinen Ausdruck gefunden hat, dienen will", als Überzeugungstäter gesprochen wird.

2103 Vgl. *Rudolphi,* ZStW 82 (1970), 629 f.; *Hirsch,* ZStW 82 (1970), 431; *Vormbaum,* Der strafrechtliche Schutz des Strafurteils, S. 370 Fn. 147; *Wassermann,* Gestörtes Gleichgewicht, S. 201; *ders.,* RuP 1992, 207; *Schmidt-Speicher,* S. 108, 110; *Seemann,* Rechtsbeugung, S. 86 ff.; MünchKom-*Uebele,* § 339 Rn. 65; *Quasten,* Die Judikatur des Bundesgerichtshofs zur Rechtsbeugung im NS-Staat und in der DDR, S. 139 (der a.a.O. S. 135 und 138 darauf hinweist, dass dies voraussetzt, dass die Vorsatzbegründung aus gesetzespositivistischer Sicht erfolgt und die Einbeziehung positiven Rechts sich kontraproduktiv auswirken würde); *Maurach/Zipf,* Strafrecht AT/1, § 35 II 3 (Rn. 7); *Kaufmann,* ZStW 80 (1968), 40; *Tiedemann,* ZStW 81 (1969), 872 f. (letztere drei Autoren allerdings ohne ausdrücklichen Bezug auf den Tatbestand der Rechtsbeugung); *Schreiber,* GA 1972, 201 (ohne Verwendung des Begriffes „Überzeugungstäter", aber in der Sache entsprechend obiger Umschreibung); BGH MDR 1973, 901.

2104 Vgl. die Anmerkung zur Wortwahl in vorstehender Fußnote.

2105 *Rudolphi,* ZStW 82 (1970), 629 f.; SK-*Rudolphi,* § 339 (5. Aufl.) Rn. 19; *Hirsch,* ZStW 82 (1970), 431 f.; *Schreiber* GA 1972, 201; LK-*Herdegen* (9. Aufl.), § 336 Rn. 18; *Schmidt-Speicher,* S. 108; *Kühl* (27. Aufl.), § 339 Rn. 8; *Quasten,* Die Judikatur des Bundesgerichtshofs zur Rechtsbeugung im NS-Staat und in der DDR, S. 138; MünchKom-*Uebele,* § 339 Rn. 61; BGHSt 32, 357, 360; insoweit zust. zu diesem Urteil *Spendel,* JR 1985, 490.

und er daher das geltende Recht beugt, wenn er seiner Entscheidung seine persönliche „Rechts"überzeugung zugrunde legt[2106]. Ein Tatbestandsirrtum scheidet also aus.

Die Literatur lehnt zu Recht ganz überwiegend auch die Anerkennung eines Verbotsirrtums – wie überhaupt jegliche Privilegierung des Überzeugungstäters[2107] – ab[2108]. Der BGH verneint ebenso – zumindest in der

---

2106 *Rudolphi*, a.a.O., 629f.

2107 *Heinitz*, ZStW 79 (1966), 637; *Bockelmann*, FS Welzel, S. 543 und 546 m.w.N.; *Ebert*, Der Überzeugungstäter, S. 74ff. (mit gewissen Einschränkungen bzgl. der Strafzumessung); ebenso *Hirsch*, Strafrecht und Überzeugungstäter, S. 28; gegen eine Privilegierung des Überzeugungstäters jedenfalls bei der Rechtsbeugung auch *Seemann*, Rechtsbeugung, S. 89f.

2108 *Maurach/Zipf*, Strafrecht AT/1, § 38 II 1 (Rn. 15); *Jescheck/Weigend*, Strafrecht AT, § 37 II 3 (S. 415); *Hirsch*, Strafrecht und Überzeugungstäter, S. 10, der nur auf die wichtige Rolle der Vermeidbarkeitsfrage bei der politischen Verführung durch totalitäre Regime hinweist (a.a.O., S. 28); *Quasten*, Die Judikatur des Bundesgerichtshofs zur Rechtsbeugung im NS-Staat und in der DDR, S. 151; a. A. *Vormbaum*, Der strafrechtliche Schutz des Strafurteils, S. 370, der zwar den Begriff des Überzeugungstäters ablehnt, sich aber auf die von *Schmidt-Speicher* damit bezeichneten Fälle bezieht. Er billigt dem Täter, der „sich aus kriminalpolitischen oder Billigkeitsgründen über die Norm hinwegsetzen zu dürfen glaubt", ohne Begründung Verbotsirrtum zu. Hiergegen ist einzuwenden, dass es sich in den genannten Fällen nicht um eine Vorstellung von *rechtlichem* Dürfen, die einen Verbotsirrtum begründen könnte, handeln kann. Vielmehr werden hier kriminalpolitische oder eigene Gerechtigkeitserwägungen der Anwendung der juristischen Erkenntnis übergeordnet.
Die nur scheinbar a. A. von *Greffenius*, der bei Überzeugungstätern zwischen Rechts- und Pflichtüberzeugung unterscheiden und nur bei letzteren einen Verbotsirrtum ausschließen will (*Greffenius*, Täter aus Überzeugung, S. 59, 70), beruht auf terminologischen Abweichungen und darauf, dass er sich nicht speziell auf den Tatbestand der Rechtsbeugung bezieht und somit dessen dogmatische Besonderheiten (dazu u.) nicht berücksichtigt. Den Täter aus Rechtsüberzeugung, dem *Greffenius* einen Verbotsirrtum zugestehen will, charakterisiert er durch das Bewusstsein, keine Norm zu verletzen – entweder, er kenne die gesetzliche Norm nicht, oder er halte sie fälschlicherweise für ungültig (*Greffenius*, a.a.O., S. 70). In derartigen Fällen ist die Zubilligung eines Verbotsirrtums bei allgemeinen Tatbeständen nicht zu beanstanden (bei der Rechtsbeugung wäre ein Tatbestandsirrtum anzunehmen, dazu u.). Hier werden nur „Täter aus Pflichtüberzeugung" i. S. v. *Greffenius* als echte Überzeugungstäter angesehen. Diese fühlen sich, wie oben beschrieben, zum Handeln nach ihrer politischen Überzeugung auch gegen das (geltende) Recht verpflichtet und können sich auf keinerlei Irrtum berufen, wie auch *Greffenius* meint.
Das Gleiche gilt für die Lösung von *Kaufmann*, der demjenigen einen Verbotsirrtum zuerkennt, der trotz seiner genauen Kenntnis des positiven Gesetzes davon überzeugt ist, dass eine positivierte Rechtsregel ihn nicht bindet. Ein solcher Überzeugungstäter verkenne gerade das, was einen Satz erst zum Rechtssatz mache: die verpflichtende Kraft (*Kaufmann*, ZStW 80 (1968), 40). Nach der vorliegend verwendeten Terminologie ist es aber so, dass ein echter Überzeugungstäter nicht nur das Gesetz,

Theorie – einen Verbotsirrtum und bejaht den Vorsatz des Überzeugungstäters[2109], hat dies aber in Verfahren gegen NS-Juristen nicht konsequent umgesetzt.

3. Verkennung der Überzeugungstäterschaft in der Praxis

Hätte man sich nach 1945 den oben skizzierten Typ des Überzeugungstäters mehr vor Augen gehalten, hätte man ihn vielleicht auch unter den NS-Juristen häufiger erkannt, auch wenn diese anders als „klassische" Überzeugungstäter nicht gegen den Strom schwammen, sondern entsprechend dem Zeitgeist handelten. Indes besteht der Eindruck, dass in der Rechtsprechungspraxis allzu leicht Schutzbehauptungen geglaubt und mögliche Rechtsblindheit anerkannt wurde, wo der Täter sich durchaus bewusst gegen das Recht gestellt hatte, um seine ideologischen Vorstellungen zu verwirklichen. Dies soll exemplarisch an zwei Fällen dargestellt werden[2110].

a) Der Prozess gegen die Richter am Sondergericht Kassel (Hassencamp und Kessler) im Fall Holländer

1943 wurde ein 28jähriger jüdischer Diplomingenieur ungarischer Staatsangehörigkeit namens Holländer, der unwiderlegt aufgrund seiner familiären Verhältnisse bis Anfang 1941 seine jüdische Abstammung nicht sicher gekannt hatte, vor dem Sondergericht Kassel angeklagt, weil er seit seiner Studienzeit vier Liebesverhältnisse mit „arischen Mädchen" angeknüpft hatte. Er wurde wegen „Rassenschande" zum Tode verurteilt, obwohl das „Blutschutzgesetz" die Todesstrafe nicht vorsah. Die Todesstrafe wurde erreicht, indem Holländer wegen der vier Liebesbeziehungen unter erstmaliger Verknüpfung des Blutschutzgesetzes mit § 20a

---

sondern auch dessen rechtlich verpflichtende Kraft kennt, sie aber nicht *an*erkennt, weil er die Bindung an seine Weltanschauung, die er umzusetzen trachtet, der Bindung an das Recht überordnet. Er stellt also bewusst eine andere Ordnung über die Rechtsordnung, was keinen Irrtum darstellt. In ebenso abweichender Terminologie spricht *Tiedemann* von einem Überzeugungstäter, der das von ihm erkannte Verbot für nicht rechtsverbindlich halte (*Tiedemann*, ZStW 81 (1969), 873).

2109 BGH MDR 1973, 901; abl. zur Privilegierung von Überzeugungstätern BGHSt 8, 162, 163.

2110 Vgl. zu ähnlich gelagerten Fällen *Wessel*, NS-Justizverbrechen und Nachkriegsrechtsprechung, S. 84ff. (Marinekriegsgerichtsfall) und S. 88ff., insbes. S. 91 (Gründelhardter Standgerichtsfall).

RStGB[2111], ohne die Person umfassend zu würdigen, als „gefährlicher Gewohnheitsverbrecher" qualifiziert wurde[2112].

Das Schwurgericht Kassel sprach 1950 zwei Mitglieder des Gerichts (den Sondergerichtsvorsitzenden und seinen Berichterstatter; das dritte Kollegialmitglied hatte gegen die Todesstrafe gestimmt und war daher nicht angeklagt worden[2113]) und - nach der Aufhebung seiner ersten freisprechenden Entscheidung durch das OLG Frankfurt a. M. unter anderem wegen unzureichender Feststellungen zur inneren Tatseite - erneut 1952 frei[2114]. Ein Rechtsbeugungsvorsatz der beiden fanatischen Nationalsozialisten sei nicht feststellbar, die Möglichkeit der Rechtsblindheit, basierend auf politischer Verblendung, sei nicht auszuschließen[2115].

Spendel merkte hierzu zutreffend an, in Wahrheit sei hier der Urteilende nicht ein strafloser Irrtums-, sondern ein in seiner fanatischen NS-Ideologie befangener strafbarer Überzeugungstäter, der sehr wohl gewusst habe, dass seine Meinung selbst nicht von allen Vertretern des NS-Regimes geteilt wurde[2116]. Obwohl es in seinem ersten Urteil festgestellt hatte, dass der Berichterstatter *Kessler* zu dem anderen Beisitzer gesagt hatte: „Es tut uns leid, dass wir Ihnen nicht folgen können, das Volk würde es nicht verstehen" und die damalige Urteilsbegründung die Wendung „... ist ein Zeichen typisch jüdischer Frechheit" enthielt, wollte das Schwurgericht es nicht als erwiesen ansehen, dass die Entscheidung unter bewusst rechtsfremden Erwägungen getroffen worden war. Die antisemitische Bemerkung sei möglicherweise nur „schmückendes Beiwort" gewesen[2117]. Auch die Anwendung der völlig unangebrachten Todesstrafe unter Vollführung juristischer Begründungsakrobatik brachte das Schwurgericht unverständlicherweise nicht zur Annahme des Rechtsbeugungsvorsatzes.

2111 Der durch das Gewohnheitsverbrechergesetz von 1933 eingeführte § 20a RStGB sah ab 1941 die Möglichkeit der Verhängung der Todesstrafe vor, wenn „der Schutz der Volksgemeinschaft oder das Bedürfnis nach gerechter Sühne" es erforderte; näher dazu *Spendel*, FS Jescheck, S. 186.

2112 Mit näheren Angaben zum Sachverhalt und den juristischen Aspekten *Spendel*, a.a.O., S. 186f.

2113 *Spendel*, a.a.O., S. 187.

2114 Urteile in: *Moritz/Noam*, NS-Verbrechen vor Gericht, S. 308ff.; 316ff.; 320ff.

2115 SchwurG Kassel in: Moritz/Noam, a.a.O., S. 308, 315 (1. Urteil) und S. 320, 326 (2. Urteil).

2116 *Spendel*, Rechtsbeugung durch Rechtsprechung, S. 13.

2117 SchwurG Kassel in: *Moritz/Noam*, NS-Verbrechen vor Gericht, S. 308, 314; weiter dazu *I. Müller* KJ 1984, 122f.

b) Fall Rehse

Auch im Fall des Richters am Volksgerichtshof *Rehse* ist zu bezweifeln, dass sich dieser überzeugte Nationalsozialist überhaupt im Irrtum über das Recht befand. Richtigerweise wurde er 1967 vom LG Berlin – Schwurgericht – zu einer Freiheitsstrafe verurteilt. Wenn er bei Verhängung zahlreicher in krassem Missverhältnis zu Unrecht und Schuld stehenden Todesurteile meinte, im Interesse des Reiches zu handeln und in seiner Verblendung annahm, so handeln zu müssen[2118], so zeigt sich hier eine politische Motivation, die sich in einer Pflichtvorstellung äußert, wie sie auch Überzeugungstätern zu eigen ist. Das LG Berlin stellte zudem fest, *Rehse* habe bewusst zugunsten der Angeklagten sprechende Tatsachen außer Acht gelassen, weil es ihm nicht darauf angekommen sei, Recht zu sprechen, sondern weil er die richterliche Tätigkeit zu rechtsfremden Zwecken benutzt habe[2119]. Er habe erkannt, dass die Taten keine nachteiligen Folgen für das Deutsche Reich gehabt hätten und dass deshalb das Missverhältnis zwischen Unrechtsgehalt der Taten und den verhängten Todesstrafen besonders krass gewesen sei[2120]. *Rehse* sah nach den Feststellungen des Schwurgerichts seine Aufgabe nicht in der Anwendung des Rechts und dem Finden einer schuldangemessenen Strafe, sondern darin, den Willen der Staatsführung durchzusetzen und Personen, die sich diesem Willen nicht bedingungslos unterordneten, „unschädlich" zu machen[2121]. Der BGH selbst hatte im Urteil gegen die Denunziantin im Fall des Priesters Dr. Metzger, an dessen Verurteilung *Rehse* beteiligt war, zur damaligen Urteilsbegründung ausgeführt: „Dies ist nicht die Denkweise und auch nicht die Sprache von Richtern, die sich um Recht und Gerechtigkeit bemühen, sondern der eifernde Ausdruck politischer Fanatiker, die keine Meinung außer der eigenen kennen und den Gegner zu vernichten trachten. Irgendwelche rechtlichen Erwägungen weist das Todesurteil nicht auf."[2122] Angesichts dieser Feststellungen ist hier wohl eher von einem Fall von Überzeugungstäterschaft als von Rechtsblindheit auszugehen[2123], und es war konsequent, den Vorsatz zu bejahen, wie es

---

2118 Vgl. LG Berlin DRiZ 1967, 390, 393.

2119 LG Berlin, a.a.O., S. 393.

2120 LG Berlin, a.a.O., S. 392.

2121 LG Berlin, a.a.O., S. 393 und 392.

2122 BGHSt 9, 302, 308.

2123 Die Rechtsblindheit ebenfalls verneinend *I. Müller*, KJ 1984, 136; *Rasehorn*, NJW 1969, 458; *Scholderer*, Rechtsbeugung, S. 476; ebenso und – zumindest – bedingtes

das LG getan hatte. Auf das Thema Rechtsblindheit ist noch zurückzukommen[2124].

Dennoch hob der BGH das Urteil auf[2125], und *Rehse* wurde nach der Zurückverweisung mit der Begründung, der Vorsatz der Rechtsbeugung sei nicht nachzuweisen[2126], freigesprochen. Einige Wochen, nachdem die Staatsanwaltschaft Revision gegen das freisprechende Urteil eingelegt hatte, starb *Rehse*, so dass es endgültig nicht zu einer rechtskräftigen Verurteilung kam.

c) Stellungnahmen in der Literatur

Spendel vermutete, dass die Nachkriegsrechtsprechung bei *Hassencamp* und *Kessler* (Fall Holländer) wie in anderen Fällen die subjektiven Tatbestandsvoraussetzungen weniger nicht feststellen konnte als nicht annehmen wollte[2127]. Gleiches gilt im Fall *Rehse*. Auch die Staatsanwaltschaft war in der Revision gegen das freisprechende Urteil des LG der Ansicht, es widerspreche jeder Lebenserfahrung, dass *Rehse* als Berufsrichter und erfahrener Volljurist, der seine Ausbildung vor 1933 genossen und mit überdurchschnittlichen Noten beendet habe, die rechtswidrig verbrecherische Diskrepanz zwischen Tat und Strafe nicht erkannt habe[2128].

Ebenso meint *Ingo Müller*, um wirkliche Rechtsblindheit sei es in keinem Fall eines angeklagten NS-Richters gegangen. „Blindheit" sei es genaugenommen nicht gewesen, denn der Rechtsbruch sei - soweit die Urteilsbegründungen Aufschluss über die Beweggründe des Gerichts gäben - sehenden Auges geschehen. Die Ausführungen in verschiedenen Unrechtsurteilen wiesen die Richter als Überzeugungstäter aus, die ihre Motive für die Rechtsbeugung in den Gründen ihrer Entscheidungen oft detailliert dargelegt hätten und deren Vorsatz, das Recht zu beugen, damit offen belegt sei[2129].

Unrechtsbewusstsein wie bedingten Vorsatz bejahend LK-*Spendel* (11. Aufl.), § 339 StGB Rn. 92, 99b.

2124 S.u., II.

2125 BGH NJW 1968, 1339 f.

2126 LG Berlin, in: *Friedrich*, Freispruch für die Nazi-Justiz, S. 615.

2127 *Spendel*, Rechtsbeugung durch Rechtsprechung, S. 12. Zu den Gründen, aus denen die Zurechnung des Rechtsbeugungsvorsatzes in der Praxis so unwahrscheinlich ist, hat *Scholderer* insbesondere im Hinblick auf das Zutrauen des erkennenden Richters gegenüber dem angeklagten Kollegen überzeugende Ausführungen gemacht (Rechtsbeugung, S. 626 ff.).

2128 In: *Friedrichs*, Freispruch für die Nazi-Justiz, S. 634 f.

2129 *I. Müller*, KJ 1984, 134 f.

Doch auch wenn die wahren Entscheidungsmotive nicht derart offen in der Urteilsbegründung zutage traten, hätte der Nachweis des Rechtsbeugungsvorsatzes nicht unbedingt scheitern müssen. Bereits 1949 hatte das OLG Bamberg vertreten, es widerspreche der Lebenserfahrung anzunehmen, ein Berufsrichter, der jahrelang in der Strafrechtspflege als Richter oder Staatsanwalt tätig war und dann bei der Entscheidung einer Rechtssache zahlreiche grobe und offensichtliche Verstöße gegen das materielle und prozessuale Recht begeht, habe nur fahrlässig gehandelt[2130]. Dieser Gedanke wurde jedoch von Gerichten und Staatsanwaltschaften, soweit ersichtlich, lange nicht aufgegriffen – ganz im Gegensatz zu der vom OLG Bamberg in diesem Urteil erstmalig von der Rechtsprechung aufgenommenen Sperrwirkung des Rechtsbeugungstatbestandes[2131], die durch die Verknüpfung mit der ungerechtfertigten Aufstellung des Erfordernisses direkten Vorsatzes viele NS-Richter straffrei stellte[2132].

1970 erkannte der BGH immerhin an, die Vielzahl der Fehler könne ein Indiz für den Vorsatz sein, wobei er allerdings betonte, der Vorsatz der Rechtsbeugung müsse für jeden einzelnen Fehler feststehen[2133]. Dass eklatante Rechtsverstöße als Indiz für den Rechtsbeugungsvorsatz gewertet werden können, machte auch *Spendel* bildhaft deutlich:

> „Wie ein Mörder, der brutal mit einem Hammer den Kopf seines Pferdes zertrümmert hat, nicht seinen Tötungsvorsatz wird leugnen können, so nicht den Rechtsbeugungsvorsatz ein Richter, der schon vor dem Prozess das Todesurteil als sicher bezeichnet, in der Hauptverhandlung den Angeklagten niederschreit, in der Beratung die Laienrichter überhaupt nicht oder ganz falsch belehrt usw."[2134]

Weiterhin wurde in der Literatur immer wieder auf die lange und intensive juristische Ausbildung mit entsprechenden Prüfungen verwiesen und angeführt, vor diesem Hintergrund müssten die Gerichte nicht bereit sein, einem angeklagten Richter jeglichen Irrtum über das Recht abzunehmen. Insbesondere bei krassen behaupteten Irrtümern ging man in der Literatur von fehlender Glaubhaftigkeit aus[2135]. Im Hinblick auf Ausbildung sowie Art und Schwere unglaublicher Verstöße gegen das Recht könne der Strafrichter der zur Verteidigung angeführten Behauptung

2130 OLG Bamberg SJZ 1949, Sp. 491.
2131 Dazu Kapitel 11, B.I.
2132 Dazu Kapitel 13, C.II.3.b).
2133 BGH NJW 1971, 571, 575.
2134 LK-*Spendel* (11. Aufl.), § 339 Rn. 94.
2135 *Vormbaum*, Der strafrechtliche Schutz des Strafurteils, S. 369; *Seemann*, Rechtsbeugung, S. 93 ff., der auf die Bedeutung der Differenzierung zwischen wirklichen Irrtümern und bloßen Schutzbehauptungen hinweist; ähnlich *I. Müller*, NJW 1980, 2394.

von Rechtsblindheit kaum Glauben schenken[2136]. Daneben wurde auf die Bedeutung von Karrierismus und oft vorkommender hemmungsloser Anpassungssucht, welche die Behauptung eines Irrtums über das Recht als in vielen Fällen unglaubhaft erscheinen ließen, hingewiesen[2137]. Zu beachten ist auch, dass dolus eventualis beim damaligen § 336 StGB als ausreichend anzusehen war[2138]. Dass einem NS-Richter bei „Terrortodesurteilen" keine Bedenken kamen, musste man ihm in der Tat nicht ohne weiteres abnehmen[2139]. NS-Juristen hätten bei Berücksichtigung dieser Aspekte nicht selten wegen Rechtsbeugung verurteilt werden können und müssen.

II. Das Problem der „Rechtsblindheit"

Das Problem der strafrechtlichen Erfassung der Rechtsblindheit, die zunächst zu definieren ist (1.), tritt nach einem Blick auf die besondere Struktur des Rechtsbeugungstatbestandes klar hervor (2.). Der BGH hat sich in der Nachkriegszeit mit einer undifferenzierten Pauschallösung begnügt und fand darin erhebliche Unterstützung (3.). In der Literatur wurden nach 1945 andere Lösungsansätze gesucht, die unterschiedlich zu bewerten sind (4.). Zur Behandlung der Rechtsblindheit ist ein eigener Standpunkt zu entwickeln, der auch eine Lösung nach dem Strafrecht der DDR einbezieht (5.).

1. Begriffsbestimmung

In der Literatur gibt es keine einheitliche Definition der Rechtsblindheit. Teils wird der Begriff verwendet, ohne ihn zu definieren[2140], teils wird die Rechtsblindheit nur anhand von Fragen und Beispielen umschrieben, aus denen eine Definition allenfalls durch Abstraktion gewonnen werden

2136 *Seebode*, JuS 1969, 204.

2137 *I. Müller*, a.a.O., 2394.

2138 Dazu Kapitel 13, C.II.3.a).

2139 So auch *Rasehorn*, NJW 1969, 459; *Vormbaum*, Der strafrechtliche Schutz des Strafurteils, S. 370, Fn. 148

2140 *Jescheck/Weigend*, Strafrecht AT, § 41 II 2 a) (S. 458); *Maurach*, ROW 1958, 179; *Rasehorn*, NJW 1969, 458; *Lewald*, NJW 1969, 459; *I. Müller*, NJW 1980, 2395; *Kaiser*, NJW 1980, 1330; *Schmidt-Speicher*, Hauptprobleme der Rechtsbeugung, S. 105; *Quasten*, Die Judikatur des Bundesgerichtshofs zur Rechtsbeugung im NS-Staat und in der DDR, S. 135.

kann[2141], teils erscheinen die Definitionen nicht ausreichend präzise[2142]. Hier sollen einige Definitionen der Rechtsblindheit vorgestellt werden, anhand derer eine eigene Definition herauszuarbeiten ist.

Mezger definiert Rechtsblindheit als „Unfähigkeit zur Erkenntnis von Recht und Unrecht"[2143] oder „Unfähigkeit, das Recht zu sehen"[2144]. Er erkennt jedoch selbst, dass die Definition in dieser Weite auch solche pathologischen Erscheinungen erfasst, die zur Schuldunfähigkeit führen[2145]. Eine diesbezügliche Abgrenzung kann jedoch vom heutigen § 20 StGB her vorgenommen werden. Die Einbeziehung solcher Fälle in den Begriff der Rechtsblindheit geht über die Problemstellung hinaus, unter der die Rechtsblindheit üblicherweise diskutiert wird[2146] und ist für diese Diskussion nicht fruchtbar.

Beulke formuliert genauer: „Rechtsblindheit (Rechtsfeindschaft) ist gegeben, wenn jemand Unrecht begeht und aufgrund einer falschen Auffassung von Recht und Unrecht dies nicht als solches erkennt."[2147] Mit der Gleichsetzung von Rechtsblindheit und Rechtsfeindschaft werden hier allerdings zwei Begriffe einer gemeinsamen Definition zugeführt, die einander ausschließen. Rechtsfeindschaft ist nur möglich, wenn der rechtsfeindlich Gesinnte das von ihm missachtete Recht auch kennt. Dies betrifft also den Fall des Überzeugungstäters. Auch ist die Rechtsblindheit von „gewöhnlichen" Irrtümern über das Recht abzugrenzen. Nicht jedes Fehlen des Bewusstseins der Rechtswidrigkeit ist sinnvoll als Rechtsblindheit zu qualifizieren. Worin die spezifische „Sehstörung" bei der Rechtsblindheit besteht, bleibt noch zu ergänzen.

Nach *Weidenkaff* spricht man von Rechtsblindheit, wenn jemand Unrecht tut, dies aber nicht erkennt, weil ihm das Gefühl für das Unrecht seines Handelns fehlt; er verletzt demnach „blind" rechtlich geschützte Interes-

2141 *Spendel*, GS Radbruch, S. 318, 322; *Seebode*, JuS 1969, 204; *Schreiber*, GA 1972, 193 f.; *Wassermann*, NJW 1995, 2965 f.

2142 Auch *I. Müller*, KJ 1984, 134 bezeichnet den Ausdruck „Rechtsblindheit" als vielschichtig und unklar.

2143 *Mezger*, FS Kohlrausch, S. 184.

2144 *Mezger*, a.a.O., S. 187.

2145 *Mezger*, a.a.O., S. 184, 197 f.

2146 S.u., II.2.

2147 *Beulke*, in: Tilch (Hrsg.), Deutsches Rechtslexikon, Bd. 3, Stichwort „Rechtsblindheit (Rechtsfeindschaft)", S. 3465.

sen[2148]. Hier wird der Grund für das Fehlen der Erkenntnis des Rechts in einem Gefühlsmanko lokalisiert. Das entscheidende ist demnach das fehlende Rechtsgefühl. Davon sollen pathologische Defekte sicherlich nicht umfasst sein. Gemeint ist der Fall, dass das Gefühl für Recht und Unrecht fehlt, obwohl der Handelnde von seinen körperlich-geistigen Kapazitäten her zu solchem Empfinden grundsätzlich in der Lage wäre. Auch hier ist jedoch keine Abgrenzung zu nicht auf Rechtsblindheit beruhenden Fehlvorstellungen über das Recht enthalten. Zudem ist der Fall, in dem sich ein Richter in einen bestimmten juristischen Gedankengang verrannt hat, nicht recht erfasst.

Wassermann spricht von Rechtsblindheit, wenn Täter aus tiefer, ja fanatischer politischer Überzeugung ihr Verhalten für Rechtens gehalten haben. Ein ähnliches Verständnis der Rechtsblindheit kann aus der Fragestellung *Schreibers* zur Behandlung des rechtsblinden Richters entnommen werden. Rechtsblind ist dementsprechend derjenige, der seine Rechtsansichten aufgrund einer abwegigen Ideologie für Recht hielt[2149]. *Wassermann* sagt über ideologische Fanatiker, denen das Gefühl für Recht und Moral fehle, solche ideologisch verblendeten Täter seien rechtsblind[2150]. Sie täten das, was sie nach ihrer Weltanschauung für richtig hielten[2151]. Hiermit stellt auch er auf das fehlende Rechtsgefühl ab, führt es aber auf ideologische Verblendung zurück.

Unabhängig davon, ob man nun die Erkenntnis von Recht und Unrecht als einen rationalen Akt oder eher als emotionalen Vorgang betrachten will, ist hier ein überzeugendes Kriterium der Rechtsblindheit aufgestellt, das den Grund der „Sehstörung" benennt: aus politisch-ideologischem Fanatismus entstandene Verblendung. Denkbare Ursache der Verblendung ist auch eine schlichte Desorientierung durch die Einwirkung von Propaganda. Eine zusätzliche Präzisierung ist dennoch vorzunehmen. Ideologische Verblendung muss nicht zwangsläufig mit einer Blindheit gegenüber dem Recht einhergehen. Sie kann auch zu einem der Weltanschauung entsprechenden Verhalten führen, das in voller Kenntnis der Rechtswidrigkeit an den Tag gelegt wird, weil der Handelnde seine Ideologie dem Recht überordnet. Solche Menschen sind, wie oben dar-

---

2148 *Weidenkaff*, in: Creifelds/Kauffmann (Hrsg.), Rechtswörterbuch, Stichwort „Rechtsblindheit", S. 931.

2149 *Schreiber*, GA 1972, 193.

2150 *Wassermann*, NJW 1995, 2966 und 2965.

2151 *Wassermann*, a.a.O., 2965.

gelegt, als Überzeugungstäter anzusehen, die gerade nicht rechtsblind handeln[2152].

Wassermann scheint diese Unterscheidung nicht zu machen, denn er spricht auch von „Überzeugungstäter(n), die wegen ideologischer Verblendung ihre menschenrechtswidrigen Urteile für Rechtens hielten"[2153]. Für ihn schließen sich offenbar Rechtsblindheit und Überzeugungstäterschaft nicht aus. Das entspricht jedoch nicht der oben angeführten überzeugenden Sichtweise in Literatur und Rechtsprechung, wonach ein Überzeugungstäter gerade weiß, dass er gegen ein gesetzliches Verbot handelt. Das Handeln des Überzeugungstäters beruht demnach nicht auf Rechtsblindheit, sondern auf Rechtsfeindschaft. Er lässt sich also in seiner Verblendung bewusst von rechtsfremden Vorstellungen leiten.

Nach alledem ist festzuhalten, dass ideologische Verblendung kein *hinreichendes* Kriterium der Rechtsblindheit ist. Sie muss vielmehr dazu geführt haben, dass der Verblendete das Unrecht seiner Tat nicht erkannte. Man könnte von einem Stufenverhältnis zwischen Verblendung und Rechtsblindheit sprechen. Rechtsblindheit ist darin eine gesteigerte Form der Verblendung – sie ist eine Verblendung, die den Blick auf das Recht trübt. Diese Vorstellung liegt auch dem bereits erwähnten Urteil des SchwurG Kassel im Fall *Hassencamp/Kessler* zugrunde. Dieses hatte es für möglich gehalten, dass Rechtsblindheit auf politischer Verblendung basiere[2154], wenngleich es sich bei den Angeklagten um politisch verblendete Überzeugungstäter gehandelt haben dürfte.

Eine nur scheinbar andere Konzeption von Rechtsblindheit und Verblendung vertritt *Lewald*, ohne die Rechtsblindheit jedoch zu definieren. Er will Rechtsblindheit einerseits und politische Verblendung andererseits unterscheiden, indem er politische Verblendung als eine Haltung versteht, die zum Missbrauch des Rechts für rein politische Zwecke treibt und die letztlich in totaler Perversion der gesellschaftlichen Moral begründet ist[2155]. Es liegt jedoch nahe anzunehmen, dass die dahinterstehende Vorstellung dem entspricht, was oben den Begriffen „Rechtsfeindschaft" und „Überzeugungstäter" zugeordnet wurde. Denn *Lewald* lässt sich nicht anders verstehen, als dass er bei der politischen Verblendung – im Gegensatz zur wirklichen Rechtsblindheit – von der Kenntnis der Rechtswidrigkeit ausgeht. Damit bestünde allenfalls ein terminologischer, nicht

2152 Unrichtig daher die fehlende Differenzierung bei *Seemann*, Rechtsbeugung, S. 67.

2153 *Wassermann*, a.a.O., 2965, ähnlich *ders.*, Gestörtes Gleichgewicht, S. 199.

2154 In: *Moritz/Noam*, NS-Verbrechen vor Gericht, S. 326.

2155 *Lewald*, NJW 1969, 459; zust. *I. Müller*, KJ 1984, 136; *Quasten*, Die Judikatur des Bundesgerichtshofs zur Rechtsbeugung im NS-Staat und in der DDR, S. 146.

aber konzeptioneller Unterschied zum hier vertretenen Verständnis der Rechtsblindheit.

Für die hier zugrundezulegende *eigene Begriffsbestimmung* ergibt sich folgendes:

Jemand handelt rechtsblind, wenn er (trotz körperlich-geistiger Fähigkeit hierzu) das Unrecht seiner Tat aus ideologischer Verblendung nicht erkennt, sondern gerade für Recht hält. Rechtsblindheit ist mithin zu definieren als die auf ideologischer Verblendung beruhende Fehlvorstellung von Recht und Unrecht. Diese Begriffsbestimmung versucht die oben aufgezeigten Nachteile bisheriger Definitionen und Umschreibungen zu vermeiden und die Eigenart der Rechtsblindheit zum Ausdruck zu bringen.

2. Problemstellung

Einheitlicher Kern der vorangestellten Definitionen ist, dass der rechtsblinde Täter das Unrecht seiner Tat nicht erkennt, ihm also das Unrechtsbewusstsein fehlt. Für das Recht der Bundesrepublik ist spätestens seit der Entscheidung des Gesetzgebers zugunsten der Schuldtheorie in § 17 StGB das Unrechtsbewusstsein als Bestandteil der Schuld anzusehen. Fehlendes Unrechtsbewusstsein schließt demnach den Vorsatz nicht aus. Der rechtsblinde Täter handelt daher bei der Mehrzahl der Straftatbestände im Verbotsirrtum[2156], bei dem gem. § 17 S. 1 des StGB die Strafbarkeit nur entfällt, wenn der Irrtum unvermeidbar war.

Eine Abweichung ergibt sich aber bei der Rechtsbeugung aufgrund der Struktur des Tatbestandes. Hier ist die Beugung des Rechts (bzw. die Gesetzwidrigkeit der Entscheidung bei § 244 DDR-StGB) objektives Tatbestandsmerkmal[2157]. Sie muss folglich vom Vorsatz mit umfasst sein (§ 16 I 1 StGB bzw. „wissentlich" bei § 244 DDR-StGB). Bei Fehlvorstellungen über das Recht, die bei anderen Tatbeständen nur als Verbotsirrtum zu behandeln wären, kann es bezüglich des Rechtsbeugungstatbestandes schon am Vorsatz fehlen. Die Strafbarkeit entfiele dann, ohne dass es auf die Vermeidbarkeit des Irrtums (oder die grundsätzliche Anerkennung des Verbotsirrtums, an der es in der DDR, wie dargelegt, fehlte) ankäme. An das Problem der Rechtsblindheit bei der Rechtsbeugung knüpft sich also die Frage, ob jede richterliche oder staatsanwaltliche Fehlvorstellung über das Recht den Vorsatz der Rechtsbeugung ausschließt. Diese Frage ist

2156 So auch BGHSt 2, 194, 208.

2157 Anders nur *Maurach*, ROW 1959, 179, dazu sogleich.

sowohl für § 339 StGB als auch für § 244 DDR-StGB zu beantworten, da die Straflosigkeit nach auch nur einem dieser Tatbestände wegen des Grundsatzes der Anwendung des milderen Gesetzes zur Straflosigkeit insgesamt führt (§ 2 III StGB i. V. m. Art. 315 I EGStGB i.d.F.d. EV). Trotz des bei § 244 DDR-StGB strengeren Erfordernisses der Wissentlichkeit erscheinen die Hemmnisse für eine Bestrafung bei § 339 StGB kaum geringer, zumal wenn man die Nachkriegsrechtsprechung und herrschende Literatur dieser Zeit betrachtet.

3. Lösung des Problems der Rechtsblindheit nach herrschender Meinung und Rechtsprechung in der Nachkriegszeit

Die überwiegende Meinung in der Literatur sah und sieht teilweise bis heute einen Irrtum über das Recht generell als Tatbestandsirrtum an[2158]. Die von anderen schon zuvor geäußerte Kritik wurde allerdings besonders heftig, als der BGH 1968 in seinem Rehse-Urteil sinngemäß formulierte, Rechtsblindheit schließe den Vorsatz der Rechtsbeugung aus[2159]. Die gesellschaftlichen Auswirkungen dieser Annahme von Straffreiheit der Rechtsblindheit wurden als gravierend eingeschätzt:

> „Wenn aber Gerichte Rechtsblindheit nur bei Richtern und bei sonst niemandem entschuldigen, bei Richtern, die das Recht studiert haben, und eine besondere Wachheit für das Recht besitzen müssen, so bedeutet dies eine Selbstaufgabe für Richter und Recht; beide verlieren damit ihre existentielle Wirkkraft auf die Gesellschaft. In der praktischen Auswirkung muß eine derartige Rechtsprechung auf die Öffentlichkeit als Proklamation eines Standesprivilegs erscheinen, als Institutionalisierung des bösen Wortes: ‚Eine Krähe hackt der anderen kein Auge aus.'"[2160]

Der Fall *Rehse* soll daher an dieser Stelle noch einmal unter dem dogmatischen Aspekt der Rechtsblindheit erörtert werden. Es wurde bereits der Standpunkt eingenommen, dass angesichts der erstinstanzlichen Feststellungen des LG Berlin hier wohl nicht von einem Fall von Rechtsblindheit, sondern von Überzeugungstäterschaft auszugehen war. Das LG Berlin sah eine vorsätzliche Rechtsbeugung durch bewussten Verstoß

2158 *Seebode*, JuS 1969, 204; *ders.*, Jura 1997, 422; *ders.*, FS Lenckner, S. 606; *Vormbaum*, Der strafrechtliche Schutz des Strafurteils, S. 368 ff.; LK-*Herdegen* (9. Aufl.), § 336 Rn. 18, allerdings differenzierend; *Kühl* (27. Aufl.), § 339 Rn. 8; Schönke/Schröder-*Cramer* (26. Aufl.), § 339 Rn. 8; Schönke/Schröder-*Heine* (28. Aufl.), § 339 Rn. 8; i. E. auch *Leverenz* DRiZ 1960, 171.

2159 BGH NJW 1968, 1339, 1340. So auch *Seebode*, JuS 1969, 204; *Kühl* (27. Aufl.), § 339 Rn. 8; LK-*Herdegen* (9. Aufl.), § 336 Rn. 18, allerdings differenzierend.

2160 *Rasehorn*, NJW 1969, 458 f.

gegen das Verbot grausam und übermäßig harten Strafens als gegeben an. *Rehse* habe erkannt, dass die verhängten Todesstrafen unter Berücksichtigung aller von der Rechtsordnung zu billigenden Gesichtspunkte in einem unerträglichen Missverhältnis zum Unrechtsgehalt der Taten und zur Schuld der Täter standen. Aus rechtsfremden Erwägungen habe er allein den Gedanken der Generalprävention in den Vordergrund gerückt. Anschließend formulierte das LG Berlin allerdings auch, *Rehse* habe möglicherweise *aus Rechtsblindheit* die Verhängung der Todesstrafen für erforderlich gehalten, weil er gemeint habe, im Interesse des Reiches zu handeln. Diese Rechtsblindheit schließe aber den Vorsatz nicht aus. Wenn er in seiner Verblendung angenommen habe, so handeln zu müssen, so sei das ein reiner (vermeidbarer) Verbotsirrtum, der den Vorsatz nicht beseitige. Es folgt im Hinblick auf die Vermeidbarkeit des Verbotsirrtums die Erwägung, der Angeklagte sei ein qualifizierter Volljurist, von dem man habe erwarten können, dass er sich ein Gefühl für gerechtes Strafen bewahrt hätte[2161].

Der 5. Strafsenat hob diese im Ergebnis überzeugende Entscheidung des LG Berlin (SchwurG) u. a. mit der Begründung auf, das Urteil enthalte Unklarheiten und Widersprüche, auch im Zusammenhang mit den Ausdrücken „Rechtsblindheit“ und „Verblendung“, die, „im üblichen Sinne verstanden“, mit dem Vorsatz der Rechtsbeugung nicht vereinbar erschienen[2162].

Zunächst ist zuzugeben, dass das Urteil – auch im Weiteren – gewisse Unklarheiten enthält[2163] und der Ausdruck „Rechtsblindheit“ nicht tref-

---

2161 LG Berlin DRiZ 1967, 393.

2162 BGH NJW 1969, 1339, 1340.

2163 Nachdem es in Bezug auf Rehse vertreten hat, dessen Rechtsblindheit schließe den Vorsatz nicht aus, ergänzt das LG, Rechtsblindheit könne den Vorsatz „tangieren“. In solchen Fällen und generell bei Rechtsblindheit sollen aber nach Ansicht des LG die vom BGH geprägten Grundsätze über die beschränkte Haftbarkeit von Richtern (BGHSt 10, 294) nicht Platz greifen. Das bedeutet, dass die Sperrwirkung nicht anzuwenden sein soll. Dies wird mit dem Fehlen des Schutzzwecks dieser Rechtsprechung (bzw. dessen „Anwendbarkeit“) begründet, wenn ein Richter in einer Verblendung über einen langen Zeitraum hinweg rechtsfremde Ziele zu verwirklichen trachte. Es wird nicht klar, warum die Haftungsprivilegierung wegfallen soll, wenn der Richter tatsächlich rechtsblind ist und dies den Vorsatz berührt. Trachtet jemand danach, rechtsfremde Ziele zu verwirklichen, und ist ihm bewusst, dass diese Verwirklichung nicht der Rechtsordnung entspricht, beugt er ohnehin vorsätzlich (als Überzeugungstäter) das Recht und die Sperrwirkung steht der Strafbarkeit auch nach anderen Tatbeständen nicht entgegen. Kritisch hierzu auch *F.-C. Schroeder*, GA 1993, 399.

fend gewählt ist[2164]. Andererseits besteht der Eindruck, dass der BGH das LG Berlin gar nicht richtig verstehen *wollte*, was sich auch in der befremdlichen Kürze der Ausführungen niederschlägt. Zu kritisieren ist erstens die Behauptung des BGH, Verblendung schließe den Rechtsbeugungsvorsatz generell aus. Wie oben bei der Charakterisierung von Überzeugungstäterschaft und Rechtsblindheit dargelegt, schließt nicht jede Verblendung den Vorsatz der Rechtsbeugung aus. Eine Verblendung, die nicht in Rechtsblindheit mündet, sondern zu Überzeugungstäterschaft führt, steht der Bejahung des Vorsatzes jedenfalls nicht im Wege[2165]. Die auf den Vorsatz deutende Feststellung des LG, *Rehse* sei es nicht auf die Anwendung des Rechts und das Finden einer schuldangemessenen Strafe angekommen, sondern auf die Durchsetzung des Willens der Staatsführung und die Bekämpfung ihrer Gegner[2166], griff der BGH nicht auf.

Zweitens machte er es sich zu leicht mit der nebenbei eingestreuten Bemerkung, Rechtsblindheit sei, im üblichen Sinne verstanden, mit der Annahme eines Rechtsbeugungsvorsatzes unvereinbar. Das LG Berlin hatte den Begriff der Rechtsblindheit offenbar nicht im üblichen Sinne[2167] – wenn man von einem solchen überhaupt sprechen konnte – bzw. nicht entsprechend dem Verständnis des BGH verwandt. Vielmehr hatte es entweder an „einfache" politische Verblendung gedacht, die nicht den Blick auf das Recht völlig verstellt, oder im konkreten Fall eine Art von Rechtsblindheit gemeint, bei der der Täter sich trotz der Kenntnis der Gesetzwidrigkeit seiner Entscheidung zu dieser aus besonderen Gründen befugt glaubte, was in der Tat den Vorsatz der Rechtsbeugung nicht in Frage stellte, sondern allenfalls unter dem Gesichtspunkt des Verbotsirrtums zu erörtern wäre[2168]. Es wäre also angebracht gewesen, dass der BGH Hinweise gegeben hätte, wie Rechtsblindheit zu verstehen sei, und –

2164 So auch *Scholderer*, Rechtsbeugung, S. 476.

2165 *Lewald* (NJW 1969, 459) hat die Ausführungen des LG als Anregung für seine Unterscheidung zwischen Rechtsblindheit und Verblendung (s. o. bei den Definitionen der Rechtsblindheit) genommen.

2166 LG Berlin DRiZ 1967, 393.

2167 So meint *I. Müller* (KJ 1984, 134), wenn man den vielschichtigen und unklaren Ausdruck „Rechtsblindheit" als „Blindheit" innerhalb des Rechts verstehe, und zwar dergestalt, dass sich der „rechtsblinde" Richter in bestimmte juristische Gedankengänge verrannt hätte, so möge solche „Rechtsblindheit" den Rechtsbeugungsvorsatz ausschließen. Um diese Art von „Rechtsblindheit" sei es jedoch in keinem Fall eines angeklagten NS-Richters gegangen. Zust. zu I. Müller: *Quasten*, Die Judikatur des Bundesgerichtshofs zur Rechtsbeugung im NS-Staat und in der DDR, S. 145.

2168 Vgl. u., 5.e).

vor allem – unter welchen Voraussetzungen im konkreten Fall der Vorsatz auszuschließen bzw. anzunehmen wäre.

Wie schon bei der Überzeugungstäterschaft angesprochen, dürfte im Fall *Rehse* anzunehmen sein, dass Kammergerichtsrat *Rehse* als erfahrener Richter der höheren Gerichtsbarkeit über die erforderliche Kenntnis der zureichenden Gründe einer Strafzumessung innerhalb des weiten gesetzlichen Strafrahmens verfügte und er nicht rechtsblind handelte, sondern das Erforderlichhalten schärfster Strafen zur Bekämpfung des „Defaitismus" ein Ausdruck seiner ausschließlich politischen Verblendung war[2169], mithin, dass ihm bewusst war, dass die Berücksichtigung des Interesses des Reiches, also der Staatsraison, ein außerrechtliches Entscheidungskriterium darstellte und er somit keinerlei Rechtsirrtum unterlag. Nach einer früheren Entscheidung des BGH, die einen geflüchteten DDR-Richter betraf, der geltend gemacht hatte, die von ihm verhängten Zuchthausstrafen für angemessen gehalten zu haben, sollte der Vorsatz nicht ohne weiteres ausgeschlossen sein, wenn Anhaltspunkte dafür bestanden, dass er etwa unter dem auf ihn einwirkenden Anpassungsdruck bewusst das Recht beugte, um der „allgemeinen Tendenz", d. h. dem Verlangen der politischen Machthaber zu genügen[2170]. Diese richtige Erwägung griff der BGH bei dem NS-Richter *Rehse* nicht auf. Ebenso ignorierte er folgende von ihm in jenem Urteil zum Vorsatz angeführte Überlegung: „Der Angeklagte ist Volljurist, von dem erwartet werden kann, dass er ein Gefühl dafür hat, ob eine Strafe in unerträglichem Missverhältnis zur Schwere der Tat und zur Schuld des Täters steht."[2171] – ein Gedanke, den das LG Berlin auf den Fall *Rehse* übertragen hatte.

Der nach der Zurückverweisung erfolgte Freispruch *Rehse*s erscheint aus diesen Gründen keineswegs zwingend vorgegeben durch die Ansicht des BGH, Rechtsblindheit erscheine, im üblichen Sinne verstanden, nicht mit dem Vorsatz der Rechtsbeugung vereinbar. Es kann nur wiederholt werden, dass man hier offensichtlich zu einem Freispruch kommen *wollte* und deswegen dem LG ein Verständnis von Rechtsblindheit unterstellte, das dieses gar nicht hatte.

Die aus der Zubilligung eines Tatbestandsirrtums bei der Rechtsblindheit entstandene Privilegierung des Täterkreises der Rechtsbeugung gegenüber anderen Tätern und die damit verbundene Besserstellung der Fach-

---

2169 *Lewald*, NJW 1969, 459.
2170 BGH NJW 1960, 974, 975.
2171 BGH a.a.O., 975.

leute gegenüber den juristischen Laien wurde von vielen als unhaltbar empfunden[2172]. Deshalb wurden immer wieder Auswege gesucht, um diesem Ergebnis wenigstens teilweise zu entkommen.

4. Alternative Lösungsansätze in der Literatur

a) *Maurach*

Maurach stellt die bisherige Auslegung der Struktur des Tatbestandes in Frage und will die Rechtsbeugung als „offenen" - nicht unrechtsindizierenden - Tatbestand im Sinne *Welzels* ansehen. Bei den offenen Tatbeständen soll die Rechtswidrigkeit des Gesamtvorganges kein vorsatzkongruentes Tatbestandsmerkmal sein, sondern ein vorsatzfreies Verbrechensmerkmal (Rechtspflichtmerkmal) mit dem Ergebnis, dass ein auf die Rechtswidrigkeit bezogener Irrtum nach den Regeln über den Verbotsirrtum zu behandeln ist[2173].

Gegen die Lehre von den offenen Tatbeständen und Rechtspflichtmerkmalen bestehen allerdings generelle Bedenken, die hier nicht noch einmal wiederholt werden sollen[2174]. Zudem richtet sich die berechtigte Kritik an *Maurachs* Ausführungen, die dahin verstanden werden, die „Unrichtigkeit" der Rechtsanwendung sei bei der Rechtsbeugung ein Rechtspflichtmerkmal und gehöre nicht zum objektiven Tatbestand[2175], primär darauf, dass dadurch der Rechtsbeugungstatbestand und damit auch der erforderliche Vorsatz seines Inhalts entleert würde[2176]. Der Verstoß gegen das Recht wird zutreffend als Kernstück des objektiven Tatbestandes der Rechtsbeugung angesehen. Nähme man ihn aus dem Tatbestand heraus, so verbliebe letztlich nur „Führung einer Rechtssache durch einen Beamten" bzw. „Amtsträger", weil als Vor- oder Nachteil einer Partei im Sinne des § 339 StGB nur ein durch „die Ungerechtigkeit" verursachter Zustand in Betracht käme. Da sich dann der Vorsatz nur noch auf eine nahezu inhaltslose Wendung

2172 Zuletzt *Roggemann*, NJW 1991, 461.

2173 *Maurach*, ROW 1958, 179.

2174 Dazu *Roxin*, Offene Tatbestände und Rechtspflichtmerkmale, S. 15 ff. m. w. N., bes. S. 187; *Seebode*, Das Verbrechen der Rechtsbeugung, S. 99 f.

2175 *Seebode*, a.a.O., S. 98; *ders.*, JuS 1989, 205; *Schmidt-Speicher*, S. 106; *Seemann*, Rechtsbeugung, S. 71.

2176 *Heinitz*, Probleme der Rechtsbeugung, S. 17 f.

zu beziehen brauchte, würde die Strafbarkeit entgegen Wortlaut und Sinn des § 339 StGB auch auf die fahrlässige Rechtsbeugung ausgedehnt[2177].

Zwar geht aus *Maurachs* Ausführungen nicht eindeutig hervor, dass die Tragweite der von ihm vorgeschlagenen Anwendung der Lehre vom offenen Tatbestand auf die Rechtsbeugung so groß sein soll, dass sie alle Fälle möglicher Rechtsbeugung erfasst. *Maurach* beschränkt seine Überlegungen auf den von ihm besprochenen Fall der Anwendung eines materiell nichtigen (ungültigen) Strafgesetzes auf einen als solchen richtig festgestellten Sachverhalt[2178]. Er bezeichnet nur den richterlichen Normgültigkeitsirrtum als Verbotsirrtum[2179]. Gültigkeit wie Ungültigkeit der Norm soll Verbrechensmerkmal sein. Doch auch wenn er tatsächlich nur den Fall der Anwendung eines ungültigen Rechtssatzes vom Tatbestand ausnehmen und nur die Ungültigkeit der Norm als Verbrechensmerkmal ansehen will, gilt der Einwand der unzulässigen Ausdehnung der Strafbarkeit in den Bereich der Fahrlässigkeit hinein, denn auch die Unvereinbarkeit einer Norm mit höherrangigem Recht kann durchaus übersehen werden[2180].

b) Begemann

Begemann kommt auf anderem Wege für einige Fälle zur Strafbarkeit des irrenden Richters. Er geht zwar wie die h.M. bei jeglichem Irrtum über die Rechtmäßigkeit von einem vorsatzausschließenden Tatbestandsirrtum im Hinblick auf § 339 StGB aus, schließt sich ihr aber nicht im Hinblick auf die Gewährung einer Sperrwirkung des Rechtsbeugungstatbestandes an[2181], sondern leitet eine Haftungsbegrenzung aus dem Institut des fehlerhaften, aber wirksamen und vollstreckbaren Staatsaktes ab. Danach wird der Haftungsausschluss nach rein objektiven Merkmalen bestimmt und reicht so weit, wie dem tatbestandsmäßigen Eingriff in die Rechtssphäre des Betroffenen eine formell rechtswirksame, vollstreckbare bzw.

2177 *Seebode*, JuS 1969, 205; *Schmidt-Speicher*, S. 106; *Seemann*, Rechtsbeugung, S. 73 ff.; *Schreiber*, GA 1972, 198; *Spendel*, GS Radbruch, S. 317 *Quasten*, Die Judikatur des Bundesgerichtshofs zur Rechtsbeugung im NS-Staat und in der DDR, S. 136 f.; ebenfalls ablehnend *Leverenz*, DRiZ 1960, 171, der allerdings das Abstellen auf die Vermeidbarkeit des Irrtums, also die Annahme lediglich eines Verbotsirrtums, ablehnt, weil damit das seiner Ansicht nach bestehende Erfordernis eines *direkten* Vorsatzes verwässert würde.

2178 *Maurach*, ROW 1958, 179.

2179 *Maurach*, a.a.O., 180.

2180 *Seebode*, Das Verbrechen der Rechtsbeugung, S. 100.

2181 Dazu noch Kapitel 11, B. I. und III. 2.

vollziehbare Entscheidung zugrunde liegt. Die Haftungsbegrenzung soll dementsprechend nicht greifen, wenn die Mängel derart sind, dass sie das Zustandekommen eines wirksamen, der formellen Rechtskraft und Vollstreckbarkeit fähigen Hoheitsaktes hindern, wie bei Nichturteilen und nichtigen Urteilen, die bei Verletzung des rechtlichen „Kernbereichs" vorliegen sollen. Unabhängig vom Vorliegen eines Rechtsbeugungsvorsatzes soll dann eine Bestrafung nach den allgemeinen Tatbeständen möglich sein, bei denen lediglich die allgemeine Irrtumsdogmatik anzuwenden wäre[2182].

Mit diesem Ergebnis würde aber ein Wertungswiderspruch zu § 339 StGB herbeigeführt, der bei Annahme einer strafrechtlichen Verantwortlichkeit nach anderen Tatbeständen durch die Aufhebung der strafbarkeitsbegrenzenden Funktion des Rechtsbeugungstatbestandes entstünde und dessen Vermeidung die h.M.[2183] überzeugenderweise dazu gebracht hat, eine Sperrwirkung auch des subjektiven Tatbestandes der Rechtsbeugung anzunehmen.

c) *Spendel*

Spendel will über die Unterscheidung zwischen Tatbestands- und Subsumtionsirrtum einen Teil der Fälle vom Vorsatzausschluss ausnehmen. Der Subsumtionsirrtum schließt den Vorsatz nicht aus, kann aber als Verbotsirrtum Bedeutung haben, wenn sich der Irrtum aufgrund der falschen Subsumtion auf das Verbotensein der Tat bezieht[2184]. Dann kommt es auf die Vermeidbarkeit des Irrtums an. Im Übrigen ist der Subsumtionsirrtum unbeachtlich, weil er lediglich die Vorstellung der Strafbarkeit beseitigt[2185]. *Spendels* Ansatzpunkt ist die Qualifizierung des Begriffes „Recht" in § 339 StGB als normatives Tatbestandsmerkmal. Die bei der Rechtsanwendung

2182 *Begemann*, NJW 1968, 1361 ff.; *ders*, SchlHA 1993, 185, *ders.*, NStZ 1996, 389 (kritisch hierzu auch *Seebode*, Das Verbrechen der Rechtsbeugung, S. 124; *ders.*, JuS 1969, 206; *Schmidt-Speicher*, Hauptprobleme der Rechtsbeugung, S. 22, 108).

2183 Dazu noch Kapitel 11, B. I. und III. 2.

2184 BGHSt 7, 17, 23; 7, 261, 265; 9, 341, 347; 13, 135, 138; OLG Saarbrücken NJW 1975, 658, 660; *Kreutzer*, NJW 1955, 1308; *Warda*, Jura 1979, 82; *Jescheck/Weigend*, Strafrecht AT, § 29 V 7 a); *Roxin*, Strafrecht AT/1, S. 486 (§ 12 B. I. 1. Rn. 101); *Ulfried Neumann*, JuS 1993, 797; Schönke/Schröder-*Sternberg-Lieben* (28. Aufl.), § 15 Rn. 43a, 44; *Kühl* (27. Aufl.), § 15 Rn. 14.

2185 *Kreutzer*, a.a.O., 1308.

einschlägigen Normen bezeichnet er als „normative Tatbestandselemente"[2186] bzw. ebenfalls als normative Tatbestandsmerkmale[2187].

Nach *Spendels* Ansatz bestehen zwei Möglichkeiten des vorsatzausschließenden Tatbestandsirrtums bei der Rechtsbeugung: der auf Tatsachenunkenntnis beruhende Tatsachenirrtum (der Richter weiß z. B. nicht, dass die von ihm angewandte Vorschrift inzwischen aufgehoben wurde) und der auf Bedeutungsunkenntnis beruhende Bedeutungsirrtum, bei dem Sinn und Tragweite einer Rechtsnorm völlig verkannt werden[2188] (der Richter verkennt z. B. die ratio legis einer komplizierten Gesetzesbestimmung, die er ganz falsch auslegt)[2189].

Im Gegensatz dazu sei ein unbeachtlicher, den Vorsatz nicht ausschließender Subsumtionsirrtum anzunehmen, wenn der Irrtum über das Merkmal „Recht" zum Irrtum über einen „Rechtsbegriff" im wahrsten Sinne des Wortes werde[2190]. Als Beispiel gibt er den Fall an, dass ein Richter den Sachverhalt und die einschlägigen Normen kennt, ihn aber nicht darunter subsumiert, weil er die Gesetzesvorschriften für inhaltlich überholt oder ungerecht hält[2191].

Die falsche Subsumtion müsse beim Richter wie beim Laien unbeachtet bleiben. Könne schon beim Laien die falsche Auffassung von rechtlichen Begriffen kein relevanter, den Vorsatz ausschließender Irrtum sein, so erst recht nicht beim Richter in seiner rechtsanwendenden Tätigkeit. Denn von ihm müsse man eine richtige Rechtsanwendung erwarten. *Maurach* sei insofern zuzustimmen, als dem Richter, der aus Gleichgültigkeit, Rechtsblindheit, ja Rechtsfeindschaft seine objektive Rechtsverletzung nicht erkannt habe, der Vorwurf der vorsätzlichen Rechtsbeugung nicht erspart werden dürfe[2192].

Allgemein mache sich immer wieder dort, wo die falsche Subsumtion, die irrige Würdigung der Tatumstände durch den Delinquenten für die Rechtsordnung zu krass werde und unverzeihlich erscheine, das unein-

2186 *Spendel*, GS Radbruch, S. 320.

2187 LK-*Spendel* (11. Aufl.), § 339 StGB Rn. 48.

2188 LK-*Spendel* (11. Aufl.), § 339 Rn. 86; zust. *Kraut*, Rechtsbeugung?, S. 142; *Möller-Heilmann*, Die Strafverfolgung von Richtern und Staatsanwälten der ehemaligen DDR wegen Rechtsbeugung, S. 226.

2189 *Spendel*, GS Radbruch, S. 320 f.; zust. *Schmidt-Speicher*, Hauptprobleme der Rechtsbeugung, S. 110.

2190 Zust. *I. Müller*, NJW 1980, 2394 (Subsumtionsirrtum bei Irrtum über den Rechtsbegriff „Recht"); offenbar auch *Kraut*, Rechtsbeugung?, S. 142.

2191 *Spendel*, GS Radbruch, S. 321; ähnlich *Schmidt-Speicher*, Hauptprobleme der Rechtsbeugung, S. 111.

2192 *Spendel*, GS Radbruch S. 319 f.

gestandene Bedürfnis geltend, die irrige Vorstellung unbeachtet zu lassen. Ebenso wenig dürfe der Vorsatz der Rechtsbeugung verneint werden, wenn der Richter als Delinquent völlig irrige Meinungen über das von ihm verletzte Recht habe[2193].

Richtig gewählt ist *Spendels* Ausgangspunkt, „Recht" als normatives Tatbestandsmerkmal zu erkennen. Genau genommen ist auch die *Beugung* des Rechts als Tathandlung normatives Tatbestandsmerkmal, denn wann das Recht gebeugt ist, lässt sich nur wertend bestimmen. Auch die durch Einordnung der Irrtümer gewonnene Lösung scheint auf den ersten Blick einleuchtend und mag zu einem wünschenswerten Ergebnis führen. Dennoch kann ihr nicht gefolgt werden. *Spendels* Konzept erscheint in sich widersprüchlich und nicht in allen Punkten überzeugend. Im Fall des Bedeutungsirrtums i. S. v. *Spendel*, bei dem nach seiner Definition Sinn und Tragweite einer Rechtsnorm völlig verkannt werden, gesteht er einen Tatbestandsirrtum zu[2194]. Dem ist zuzustimmen, soweit sich der Irrtum auf die Auslegung der vom Täter anzuwendenden Rechtsnorm bezieht. Andererseits fordert *Spendel*, die falsche Subsumtion müsse beim Richter wie beim Laien unbeachtet bleiben. Um eine falsche Subsumtion handelt es sich jedoch auch, wenn ein Richter eine Norm in Verkennung ihres Sinnes falsch auslegt. Dass auch *Spendel* hierbei einen Tatbestandsirrtum als gegeben annimmt, zeigt, dass auch nach seiner Lösung ein Richter durchaus bei falscher Subsumtion straffrei ausgehen kann, obwohl er meint, die falsche Subsumtion müsse unbeachtlich bleiben.

Mit der Formulierung, dass der Irrtum über das Merkmal „Recht" zu einem Irrtum über den „Rechtsbegriff" im wahrsten Sinne des Wortes werden könne, richtet *Spendel* wohl den Blick auf den Fall, dass der Richter seine eigene Handlung betrachtet und diese nicht als rechtsbeugerisch ansieht, weil er das Tatbestandsmerkmal „Recht" in § 339 StGB auf den gegebenen Fall falsch anwendet. Hier will *Spendel* einen unbeachtlichen Subsumtionsirrtum annehmen. Dies ist indes für den wesentlichen Teil der Fälle abzulehnen. Die Etikettierung einer Fehlvorstellung als Subsumtionsirrtum, der den Vorsatz nicht ausschließe, entbindet nicht von der genauen Prüfung im Einzelfall, ob Vorsatz tatsächlich gegeben ist. Das Fehlen eines auf die Bedeutung der angewandten Rechtsnorm bezogenen Irrtums, den alleine *Spendel* als Bedeutungsirrtum anerkennt, lässt noch nicht auf die für den Vorsatz erforderliche Bedeutungskenntnis schlie-

2193 *Spendel*, a.a.O., S. 321 f.
2194 S. o.; LK-*Spendel* (11. Aufl.), § 339 Rn 86.

ßen. Diese muss sich beim Rechtsbeugungstatbestand auf die Bedeutung der Tathandlung beziehen und damit den Schluss auf die Verletzung des Rechts durch diese Tathandlung mit umfassen, wie noch genauer darzulegen ist. Die Erkenntnis, dass er das Recht verletzt, kann aber ausgeschlossen sein, wenn der Richter den Begriff „Recht" falsch auslegt. Beim Subsumtionsirrtum, wie er von der h.M. verstanden wird, unterstellt der Täter den gegebenen Sachverhalt *bei Vorhandensein der* für den Vorsatz erforderlichen Tatsachen- und *Bedeutungskenntnis* i. S. einer Parallelwertung in der Laiensphäre (d. h. trotz zutreffender Parallelbeurteilung des Tatumstandes im Täterbewusstsein) nicht den einschlägigen Gesetzesbegriffen, weil er diese falsch auslegt[2195]. Von einem unbeachtlichen Subsumtionsirrtum kann also nicht die Rede sein, wenn es schon an der Kenntnis der sachlichen Bedeutung des Tatumstandes und damit am Vorsatz fehlt[2196].

Auch das von *Spendel* zum unbeachtlichen Subsumtionsirrtum gebildete Beispiel - ein Richter kennt Sachverhalt und einschlägige Normen, subsumiert aber nicht unter diese, weil er sie für inhaltlich überholt oder ungerecht hält - kann daher nicht überzeugen. Wenn ein Richter anzuwendende Normen nicht anwendet, weil er sie für „inhaltlich überholt" im Sinne von „*juristisch* überholt", „durch andere Normen außer Kraft gesetzt" hält, dann versteht er - aufgrund dieser Fehlvorstellungen - bei der Subsumtion seines eigenen Verhaltens unter den Rechtsbeugungstatbestand nicht den sozialen Sinngehalt seines Handelns (Unvereinbarkeit seiner Entscheidung bzw. Leitungshandlung mit dem Recht). Er befindet sich also nicht im Subsumtions- sondern im Tatbestandsirrtum. Stellt der Richter dagegen nicht derartige juristische Überlegungen an, sondern ist mit dem Inhalt der Regelung schlicht nicht einverstanden, dann dürfte es sich um bewusste, politisch motivierte Nichtanwendung des Rechts, also einen Fall der Überzeugungstäterschaft handeln, welche die Strafbarkeit nicht ausschließt. Setzt der Täter bewusst eigene Wertungen an die Stelle

2195 *Warda*, Jura 1979, 82; *Tischler*, Verbotsirrtum und Irrtum über normative Tatbestandsmerkmale, S. 19 f.; Schönke/Schröder-*Sternberg-Lieben* (28. Aufl.), § 15 Rn. 43 m. w. N.; *Welzel*, JZ 1954, 279; ähnlich, jedoch verkürzend *Kreutzer*, NJW 1955, 1308.

2196 Mit anderer Begründung, aber ebenfalls zur Straflosigkeit kommend: *Seebode*, JuS 1969, 205 f. (zust. *Schreiber*, GA 1972, 199), der auf die Wertung des Gesetzgebers abstellt, ein an sich als Subsumtionsirrtum anzusehender Irrtum des Richters bei der Subsumtion seiner eigenen Subsumtionshandlung unter § 336 StGB müsse aber ausnahmsweise zur Straflosigkeit führen, da er mit dem Irrtum bei der Rechtsanwendung, also bei Erfüllung der richterlichen Aufgabe, untrennbar verbunden sei und insoweit nur ein vorsätzlicher Fehler unter Strafdrohung stehen solle.

des geltenden Rechts, subsumiert er nicht einmal falsch unter das Merkmal „Recht" in § 339 StGB und kann ohnehin bestraft werden.

Zu alledem ist das von *Spendel* eingebrachte Kriterium der Krassheit bzw. Unverzeihlichkeit des Irrtums kein brauchbares Merkmal zur Unterscheidung zwischen Tatbestands- und Subsumtionsirrtum[2197], sondern offenbart eine Argumentation vom Ergebnis her. Es wurde auch ins Feld geführt, bereits aus praktischen Gründen erübrige sich die Anwendung dieses in der Tat „schwer zu konturierenden Kriteriums", weil das erkennende Gericht dem angeklagten Richter in solchen krassen und unverzeihlichen Fällen die Berufung auf einen vorsatzausschließenden Irrtum über das Merkmal „Recht" wohl kaum abnehmen werde[2198]. Hieran müssen angesichts der nach 1945 geübten Praxis zwar Zweifel aufkommen. Theoretisch aber ist dieser Ansatzpunkt richtig.

Es ist verständlich, wenn *Spendel* daran Anstoß nimmt, dass Subsumtionsfehler Juristen eher entlasten als Laien und eine Strafbarkeit damit begründet, vom Richter müsse man eine richtige Rechtsanwendung erwarten. Das Unbehagen ist aber zu einem guten Teil, wie schon *Vormbaum* bemerkte[2199], die Reaktion auf die - allerdings aus guten Gründen getroffene - gesetzgeberische Entscheidung, die fahrlässige Rechtsbeugung nicht unter Strafe zu stellen.

5. Eigene Lösung

Um deutlich zu machen, wie die Irrtumsproblematik bei der Rechtsbeugung zu lösen ist, sind die Anforderungen an den Vorsatz bei normativen Tatbestandsmerkmalen zunächst abstrakt in Erinnerung zu rufen, um sie dann auf das Merkmal „Recht" bzw. „Rechtsbeugung" in § 339 StGB anzuwenden und die Konsequenzen anhand der Fallgruppen bei 339 StGB zu erläutern. Anschließend ist die Frage zu beantworten, inwieweit die gewonnenen Erkenntnisse auch im Rahmen des § 244 DDR-StGB gelten. Schließlich ist anhand des Erlaubnisirrtums aufzuzeigen, dass auch bei der Rechtsbeugung nicht alle Irrtümer zur Straflosigkeit führen.

2197 So auch *Schreiber*, GA 1972, 199; *Schmidt-Speicher*, S. 107; *Hirsch*, ZStW 82 (1970), 431; LK-*Herdegen* (9. Aufl.), § 336 Rn. 18; *Quasten*, Die Judikatur des Bundesgerichtshofs zur Rechtsbeugung im NS-Staat und in der DDR, S. 137.

2198 *Vormbaum*, Der strafrechtliche Schutz des Strafurteils, S. 369.

2199 *Vormbaum*, a.a.O., S. 369.

a) *Anforderungen an den Vorsatz bei normativen Tatbestandsmerkmalen*

Die rechtlich richtige Beurteilung der normativen Tatbestandsmerkmale gehört an sich nicht zum Vorsatz des Täters[2200]. Eine juristisch exakte Subsumtion wird für den Vorsatz nicht verlangt, der Täter braucht, um vorsätzlich zu handeln, nicht die erforderliche rechtliche Wertung zu vollziehen[2201].

Andererseits genügt für den Vorsatz auch nicht die bloße Kenntnis der das Tatbestandsmerkmal ausfüllenden Tatsachen. Vielmehr wird zusätzlich zur Tatsachenkenntnis noch eine Bedeutungskenntnis verlangt, die in verschiedenen etwa gleichbedeutenden Formulierungen zum Ausdruck gebracht wird[2202]. Allgemein gebräuchlich ist dabei *Mezgers* Formel von der „Parallelwertung in der Laiensphäre“[2203], die von Rechtsprechung und Literatur aufgenommen wurde[2204], wobei allerdings bei Juristen der Ausdruck „Laie“ etwas unangebracht erscheint. Passender ist hier die von *Welzel* geprägte Formulierung, dass eine „Parallelbeurteilung im Täterbewußtsein“ erforderlich ist. Danach muss der Täter den Tatumstand in einer der gesetzlichen Beurteilung parallelen Weise erfassen, er muss den sozialen Bedeutungsgehalt parallel zum Gesetz beurteilen[2205]. Weitere Formulierungen in der Literatur nehmen dies auf und verdeutlichen, was gemeint ist:

Der Täter muss die soziale Bedeutung des Sachverhalts erkannt haben[2206], er muss den sozialen Sinngehalt des betreffenden Merkmals in sein Vorstellungsbild aufgenommen haben[2207]. Er muss die konkreten Tatumstände in seiner Vorstellungs- und Begriffswelt so einschätzen,

---

2200 BGHSt 4, 347, 352.

2201 *Mezger*, JZ 1951, 180; OLG Stuttgart NJW 1962, 65, 66; Schönke/Schröder-*Sternberg-Lieben* (28. Aufl.), § 15 Rn. 43a; *Roxin*, AT/1, S. 407 (§ 12 II Rn. 90); *Kühl* (27. Aufl.), § 15 Rn. 14; *Arthur Kaufmann*, Die Parallelwertung in der Laiensphäre, S. 20, der allerdings auch die Erfassung des „Unrechts im materiellen Sinne“ einbezieht (S. 22); a. A. *Kindhäuser*, GA 1990, 416, der für den Vorsatz fordert, dass der Täter die Norm richtig verstanden hat.

2202 Zu abweichenden Lösungsansätzen zur Irrtumsabgrenzung *Roxin*, AT/1, § 12 II Rn. 93 ff. und *Kühl* (27. Aufl.), § 15 Rn. 14 f., jeweils m. w. N.; hier wird der h.M. gefolgt.

2203 *Mezger* (Lehrbuch, 3. Aufl. 1949, S. 328), zitiert in: BGHSt 3, 248, 255; *ders.*, JZ 1951, S. 180.

2204 BGHSt 3, 248, 255; 4, 347, 352; *Arthur Kaufmann*, Die Parallelwertung in der Laiensphäre, passim, insbes. S. 19 Fn. 58 m. w. N.

2205 *Welzel*, JZ 1954, 279; vgl. schon *ders.*, JW 1927, 2007.

2206 *Bachmann*, Vorsatz und Rechtsirrtum, S. 36 m. w. N., ähnlich *Geerds*, Jura 1990, 422 (der Täter muss sich „des sozialen Bedeutungsgehaltes seines Tuns bewußt sein“).

2207 *Maurach/Zipf*, Strafrecht AT/1, § 37 II 2 Rn. 44; *Kühl* (27. Aufl.), § 15 Rn. 14.

wie es der gesetzlich-richterlichen Bewertung entspricht[2208]. Mit anderen Worten: Der Täter muss den rechtlich-sozialen Bedeutungsgehalt des Tatumstandes nach Laienart richtig erfasst haben[2209]. Er muss auf der Grundlage der Kenntnis der Tatsachen, die dem normativen Begriff zugrunde liegen, nach Laienart den sozialen Sinngehalt des Begriffs richtig erfasst haben[2210], und zwar in einer Weise, die gleich (parallel) gelagert ist zu derjenigen Bewertung der Umstände, die den Gesetzgeber veranlasste, an den Sachverhalt das Prädikat „Unrecht" zu heften[2211]. Der mit den gesetzlichen Begriffen umschriebene soziale Bedeutungsgehalt des inkriminierten Vorganges muss sich dem Verständnis des Täters erschließen[2212]. Die Parallelbeurteilung kann als gelungen angesehen werden, wenn er eine Sachverhaltsbeschreibung abgeben würde, die der Tatbeschreibung in der Bestimmungsnorm entspricht[2213]. Die erforderliche Bedeutungskenntnis bezieht sich bei allen diesen Umschreibungen auf das Tatgeschehen, nicht auf die betreffende Norm als solche.

Jedoch kann auch durch rechtliche Fehlvorstellungen ein Tatbestandsirrtum zustande kommen; „Tatumstand" muss nicht etwas „Tatsächliches" sein[2214]. Der BGH betont in einer Entscheidung zu § 145c StGB: „Ein Verbotsirrtum liegt auch nicht allein deswegen vor, weil dem Irrtum eine rechtliche Fehlbeurteilung zugrunde liegt. Rechtliche Fehlvorstellungen schließen auch sonst einen Tatbestandsirrtum nicht aus, wenn sie sich auf einen Bestandteil des Tatbestands beziehen."[2215]. Ein Rechtsirrtum kann die Verkennung von Tatumständen verursachen, wenn diese einen rechtlichen Gehalt aufweisen[2216]. Insoweit ist die Aussage *Spendels,* eine falsche Auffassung von rechtlichen Begriffen könne den Vorsatz nicht ausschließen, nicht ganz zutreffend.

Ein Beispiel ist die Steuerhinterziehung, bei der nach Rechtsprechung und h. M. der Vorsatz verneint und ein Tatbestandsirrtum angenommen wird, wenn der Täter den bestehenden Steueranspruch nicht kennt, weil

---

2208 *Warda,* Jura 1979, 80.

2209 *Wessels/Beulke* § 7 III 2 (S. 90 Rn. 243).

2210 *Kühl* (27. Aufl.), § 15 Rn. 14.

2211 *Tischler,* Verbotsirrtum und Irrtum über normative Tatbestandsmerkmale, S. 36 m.w.N.

2212 *Roxin,* AT/1, S. 407 (§ 12 II Rn. 90).

2213 *Bachmann,* Vorsatz und Rechtsirrtum, S. 39.

2214 *Mezger,* NJW 1951, 180; *Welzel,* NJW 1953, 487; *Warda,* Jura 1979, 72; BGHSt 5, 90, 92.

2215 BGH JZ 1989, 550 (Der BGH nahm hier an, dass der Rechtsanwalt, der eine aufschiebende Wirkung seiner Beschwerde gegen ein Berufsverbot angenommen hatte, im Tatbestandsirrtum handelte).

2216 So zutreffend *Warda,* Jura 1979, 72.

er die Steuergesetze falsch auslegt[2217]. Ebenso fehlt es beim Diebstahl am Vorsatz bzgl. des Merkmals „fremd", wenn sich jemand aufgrund verfehlter rechtlicher Überlegungen für den Eigentümer der weggenommenen Sache hält, weil er dann auch in laienhafter Weise nicht verstanden hat, dass die Sache einem anderen gehört[2218].

Es gibt also Fälle, in denen der soziale Sinngehalt ohne eine bestimmte rechtliche Qualifikation nicht verstanden werden kann. Dann gehört die zutreffende rechtliche Qualifikation zum geistigen Erfassen des betreffenden Tatumstandes und ist Voraussetzung des Vorsatzes[2219]. In den Fällen, in denen man die juristische Wertung mitvollzogen haben muss, um den sozialen Sinn seines Verhaltens zu erfassen, gehört diese Wertung auch dann zum Vorsatz, wenn sie mit dem Rechtswidrigkeitsurteil praktisch identisch ist[2220].

Die Abgrenzung von vorsatzausschließender fehlerhafter „Parallelwertung in der Laiensphäre" und einem den Vorsatz nicht berührenden Subsumtionsirrtum ist freilich schwierig[2221]. Darauf, dass die Übergänge von Tatumständen als Tatsachen im Lichte einer Wertung zur Subsumtion unter förmliche Rechtsbegriffe „allmählich" sind, hat *Mezger* schon 1951 hingewiesen[2222]. Auch diejenigen, die lieber von einem „Akt geistigen Ver-

---

2217 *Welzel*, NJW 1953, 486 f.; *Roxin*, Strafrecht AT/1, S. 411 (§ 12 II Rn. 96); BGHSt 5, 90, 92; BGH GA 1977, 343, 344; BGH wistra 1986, 220; BayObLG NJW 1976, 635; OLG Bremen StV 1985, 282 m. w. N.; weitere Nachweise bei *Bachmann*, Vorsatz und Rechtsirrtum, S.158 Fn. 1; a. A. *Maiwald*, Unrechtskenntnis und Vorsatz im Steuerstrafrecht, S. 22 f. (m. w. N. S. 6 Fn. 20), der argumentiert, dass derjenige, der seine Steuerpflicht nicht kennt, zugleich über das Verbotensein seiner Tat als Ganzer irrt und daher Verbotsirrtum annimmt. Dagegen zutr. *Otto* in GS Meyer, S. 585 f., der § 16 StGB als lex specialis gegenüber § 17 StGB auffasst (a.a.O., S. 584): „Der Nachweis, daß ein bestimmter Irrtum Verbotsirrtum ist, berührt seine Einordnung als vorsatzausschließenden Irrtum nicht, wenn er seinen Gegenstand in einem Tatbestandsmerkmal hat, ...", die Einordnung als Verbotsirrtum i.S.d § 17 StGB sei zudem nach den Prämissen des BGH nicht zwingend. Gegen *Maiwald* auch *Schlüchter*, wistra 1985, S. 46; *Bachmann*, a.a.O., S. 175

2218 Vgl. statt vieler *Roxin*, AT/1, S. 409 (§ 12 II Rn. 92).

2219 So auch *Roxin*, a.a.O.

2220 *Roxin*, a.a.O., S. 411 (§ 12 II Rn. 96).

2221 Vgl. etwa *Geerds*, Jura 1990, 423 zur Rechtsprechung zum normativen Tatbestandsmerkmal „Pflichtwidrigkeit des Dienens" beim Parteiverrat (§ 356 StGB); *Kühl* (27. Aufl.), § 15 StGB Rn. 15; *Spendel*, GS Radbruch, S. 321 und LK-*Spendel* (11. Aufl.), § 339 StGB Rn. 87.

2222 *Mezger*, JZ 1951, 180.

stehens"[2223] als von einer Wertung sprechen, erkennen die Grenze zwischen Bedeutungskenntnis (Parallelbeurteilung im Täterbewusstsein) und exakter Subsumtion als fließend[2224].

Die Lücke zwischen zutreffender Parallelwertung (Bedeutungskenntnis) und Subsumtion ist je nach dem betroffenen Tatbestandsmerkmal unterschiedlich groß[2225]. Im Übrigen verweisen die Autoren, die dies feststellen, für die Abgrenzung allerdings nur auf den „praktischen Fall"[2226] bzw. auf die „konkreten Bedürfnisse des Rechtslebens"[2227]. Auf eine reine Ergebnisorientierung darf dies wegen einer gewissen Gefahr der Willkür m. E. jedoch nicht hinauslaufen. Als Anhaltspunkt für die Abgrenzung zwischen geforderter Bedeutungskenntnis und vorsatzirrelevanter Subsumtion bietet sich die Appellfunktion des Vorsatzerfordernisses an. Die Funktion des intellektuellen Vorsatzelements besteht darin, dem Täter die Bedeutung seines Verhaltens vor Augen zu führen, ihm einen Impuls zur Unterlassung des Tatentschlusses zu vermitteln[2228]. Der Vorsatz bietet dem Täter die Möglichkeit, die Rechtswidrigkeit seiner Handlung zu vermuten und zu prüfen, ob Umstände vorliegen, die die Handlung rechtfertigen[2229]. Es ist also im konkreten Fall das Maß an Bedeutungskenntnis zu fordern, das erforderlich ist, damit der Täter von der Appellfunktion erreicht werden kann. Dafür, dass ihn diese Appellfunktion erreicht, ist nicht erforderlich, dass der Täter den Appell („tu´s nicht !") tatsächlich in sich wahrnimmt. Ob er nämlich die Rechtswidrigkeit seiner Handlung erkannt hat oder hätte erkennen müssen, ist eine Frage des § 17 StGB. Was nun die für den Vorsatz erforderliche Bedeutungskenntnis bei der Rechtsbeugung ist, soll im Folgenden dargelegt werden.

2223 *Tischler*, Verbotsirrtum und Irrtum über normative Tatbestandsmerkmale, S. 36; im Grunde auch *Warda*, Jura 1979, 79.

2224 *Tischler*, a.a.O., S. 210.

2225 *Tischler*, a.a.O., S. 210, vgl. schon *Mezger*, JZ 1951, 180 („konkrete Frage des einzelnen Tatbestandes").

2226 *Tischler*, a.a.O., S. 210.

2227 *Mezger*, a.a.O., 180.

2228 *Platzgummer*, Die Bewußtseinsform des Vorsatzes, S. 63; zust. Schönke/Schröder-*Sternberg-Lieben* (28. Aufl.), § 15 Rn. 47; *Wessels/Beulke*, Strafrecht AT, § 7 IV 1 (S. 92 Rn. 244).

2229 *Naka*, Die Appellfunktion des Tatbestandsvorsatzes, JZ 1961, 210.

b) Die für den Vorsatz erforderliche Bedeutungskenntnis bei § 339 StGB

Ausgehend von der objektiven Rechtsbeugungstheorie, die Rechtsbeugung in der objektiv unvertretbaren Rechtsanwendung sieht[2230], muss der Vorsatz die *Verletzung des objektiven Rechts* umfassen[2231]. Der Täter muss wissen, dass seine Entscheidung normwidrig ist[2232] oder hiermit zumindest rechnen und sich damit abfinden[2233]. Mit anderen Worten: Der Richter/Staatsanwalt muss erkennen oder zumindest die Möglichkeit erkennen und sich damit abfinden, dass seine Entscheidung oder Leitung einer Rechtssache im *Widerspruch zum Recht* steht[2234] (wobei hierunter das geltende Recht zu verstehen ist). Denn nur dann kann er den Impuls zur Unterlassung der konkreten Handlung empfinden. Andernfalls hat er keinen Anlass, von der Handlung abzusehen.

2230 Dazu Kapitel 4, A.I.1.a). Nach der subjektiven Theorie handelt der Richter, der nicht gegen seine Rechtsüberzeugung entscheidet, schon nicht objektiv tatbestandsmäßig, vgl. dazu *Seebode*, JuS 1969, 204.

2231 So auch *Kühl* (27. Aufl.), § 339 Rn. 8.

2232 *Scholderer*, Rechtsbeugung, S. 622.

2233 Wie die inhaltlichen Anforderungen an den dolus eventualis bei § 339 StGB zu formulieren sind, ist umstritten. Wegen des richterlichen Entscheidungszwangs gibt es Bestrebungen, zum Schutz des gewissenhaften und deshalb vielfach zweifelnden Richters den Inhalt des Eventualvorsatzes einzuschränken. Bedingt vorsätzliches Handeln soll nach einer Ansicht bei der Rechtsbeugung erst dann vorliegen, wenn der Täter an der Richtigkeit seiner (in Wirklichkeit falschen) Entscheidung gezweifelt hat und feststeht, dass er diese Entscheidung auch bei Kenntnis ihrer Unrichtigkeit getroffen hätte bzw. sie auch für den Fall ihrer Unvertretbarkeit billigt (*Kühl* (27. Aufl.), § 339 Rn. 9; *Geppert*, Jura 1981, 81; offenbar nun auch Fischer (58. Aufl.), § 339 Rn. 18 unter Aufgabe oder zumindest Relativierung seiner früheren Ansicht, vgl. Tröndle/Fischer (50. Aufl.), § 339 Rn. 18; dazu *Hupe*, Der Rechtsbeugungsvorsatz, S. 77 ff. und 115; *Behrendt*, JuS 1989, 949 f.). Eine ausführliche Auseinandersetzung mit dieser Ansicht kann an dieser Stelle nicht erfolgen. Überzeugend ist jedoch die Ansicht, die von dem Begriff des Sich-Abfindens nicht zugunsten eines der Billigkeitstheorie entsprechenden dolus-eventualis-Begriffes abweichen will (LK-*Spendel*, 11. Aufl., § 339 Rn. 78, 90, 91; Schönke/Schröder-*Cramer* (26. Aufl.), § 339 Rn. 7; *Scholderer*, Rechtsbeugung, S. 647 f.; *Behrendt*, JuS 1989, 949 f.) und allenfalls eine Konkretisierung des Sich-(Nicht-)Abfindens mittels des Gedankens des ernsten Gefahrvermeideversuchs vornimmt (*Behrendt*, JuS 1989, 950). Gegen die andere Ansicht spricht auch die Unbeweisbarkeit der Billigung auch für den Fall der Unvertretbarkeit (*Beulke*, Stichwort Rechtsbeugung, in: Tilch (Hrsg.), Deutsches Rechtslexikon, Bd. 3, S. 3465. Anders jedoch Schönke/Schröder-*Heine* (28. Aufl.), § 339 Rn. 7a, der dem BGH folgend einen bewusst überzeugungswidrigen Regelverstoß fordert, um die Strafbarkeit einzuschränken.

2234 Ebenso *Kühl* (27. Aufl.), § 339 Rn. 8, der allerdings mit dem Erfordernis des Erkennens des Widerspruches zum Recht nicht den für § 339 StGB ausreichenden dolus eventualis berücksichtigt.

Die Rechtsbeugung ist also ein Delikt, bei dem der soziale Bedeutungsgehalt der Handlung nicht ohne eine rechtliche Wertung erfasst werden kann. Die erforderliche rechtliche Wertung deckt sich weitgehend mit dem Rechtswidrigkeitsurteil. Die rechtliche Wertung ist hier insoweit Gegenstand des Vorsatzes[2235]. Falsche rechtliche Wertung der konkreten Entscheidung oder Leitung einer Rechtssache als mit dem Recht im Einklang stehend führt daher zum Tatbestandsirrtum. Dies liegt an der konstruktiven Besonderheit des Rechtsbeugungstatbestandes, der mit dem Begriff „Recht"[2236] den denkbar höchsten Grad von Normativität enthält. Ein Irrtum über den das Tatbestandsmerkmal bezeichnenden Gesetzesbegriff („Recht beugen") deckt sich hier mit einem Irrtum über den der gesetzlichen Tatbestandsbeschreibung entsprechenden Lebensvorgang in der Wirklichkeit. Von *Parallel*wertung in der Laiensphäre bzw. Parallelbeurteilung im Täterbewusstsein kann hier nur noch insoweit gesprochen werden, als der Täter nicht den gesetzlichen Begriff „Rechtsbeugung" mitgedacht haben muss.

Dieses Ergebnis ist dogmatisch konsequent. An ihm geht kein Weg vorbei, auch wenn dies zu dem Ergebnis führt, dass ein Richter straffrei ausgeht, auch wenn seine Rechtsvorstellungen pervertiert waren und damit gerade Täter unter Unrechtsregimen begünstigt werden[2237]. Dass diese aber schlechthin gar nicht strafrechtlich erfassbar wären, also *jede* Fehlvorstellung über das Recht zur Straflosigkeit führte, trifft nicht zu. Oben sind bereits die Überzeugungstäter abgeschichtet worden. Wem etwa bewusst war, dass er nicht das Recht, sondern einen entgegenstehenden tatsächlichen oder mutmaßlichen Parteiwillen durchsetzte, der kann sich nicht auf Rechtsblindheit berufen. Er hat den sozialen Sinngehalt seiner Handlung verstanden. Auch der BGH hat hervorgehoben, dass ein Richter sich der Rechtsbeugung schuldig mache, wenn er bei der Leitung oder Entscheidung einer Rechtssache bewusst gegen Gesetz oder Recht verstoße, weil die politischen Machthaber dies von ihm erwarteten[2238]. Des Weiteren bleibt ein gewisser Raum für die Strafbarkeit von Irrtumstätern, nämlich dann, wenn sie sich lediglich im Erlaubnisirrtum befinden, wie noch auszuführen ist[2239].

2235 *Maiwald*, NJW 1993, 1889 (ebenso zur Verfolgung Unschuldiger, § 344 StGB); *Maurach/Schroeder/Maiwald*, Strafrecht BT/2, § 77 II Rn. 15.

2236 Bzw. „Gesetz" bei § 244 DDR-StGB.

2237 Vgl. *Maiwald*, NJW 1993, 1889.

2238 BGH NJW 1960, 974 f.

2239 S. u., e).

c) Zur Bedeutungskenntnis bei den Fallgruppen des § 339 StGB

Angewandt auf die einzelnen Fallgruppen bedeutet die für den Rechtsbeugungsvorsatz erforderliche Bedeutungskenntnis folgendes:

Im Fall der *Tatbestandsüberdehnung* muss dem Täter bewusst sein, dass seine Auslegung von der angewandten Norm nicht gedeckt bzw. dass die angewandte Norm nicht anwendbar ist. Entscheidend für die Kenntnis der Tatbestandsüberdehnung ist die subjektive Einschätzung der Wortlautgrenze. Kann dem Täter nicht widerlegt werden, dass er glaubte, mit der von ihm praktizierten Berücksichtigung der Ideologie werde das Gesetz im konkreten Fall noch wortlautgemäß ausgelegt, so ist kein Vorsatz nachweisbar (sofern diese Vorstellung angesichts der Verwobenheit von Recht und Ideologie in der DDR nicht schon objektiv zutrifft und damit schon der objektive Tatbestand nicht erfüllt ist). Der Täter befindet sich im vorsatzausschließenden Bedeutungsirrtum (also Tatbestandsirrtum), wenn er seine Rechtsanwendung auf den konkreten Fall fälschlicherweise für rechtlich korrekt hält, weil ihm nicht klar ist, dass seine Auslegung von der angewandten Norm nicht gedeckt ist.

Im Fall der Nichtanwendung einer anzuwendenden Norm als Gegenstück zur Tatbestandsüberdehnung muss er erkennen, dass der Sachverhalt von der Norm erfasst wird. Verkennt er dies, befindet er sich im Bedeutungsirrtum. Denn in diesen Fällen verkennt er auch, dass die Nichtanwendung der Norm nicht mit dem Recht in Einklang steht und unterliegt daher einem vorsatzausschließenden Tatbestandsirrtum.

Der Täter handelt also nur vorsätzlich, wenn er weiß, dass seine Gesetzesanwendung und -auslegung nicht mit dem Gesetz bzw. Recht vereinbar, also schlechthin unvertretbar ist und er daher das Recht verletzt oder wenn er dies zumindest für möglich hält und billigend in Kauf nimmt oder sich damit abfindet.

In Fällen, in denen objektiv gesetzwidrige Entscheidungen auf Gesetzesauslegungen basieren, die den Richtern und Staatsanwälten der DDR damals als verbindliche Richtlinien mitgeteilt worden waren, wird man davon ausgehen müssen, dass sie diese Auslegungen für durchaus vertretbar oder zumindest für möglicherweise vertretbar gehalten haben, so dass eine Strafbarkeit mangels Vorsatzes zumindest bei Fehlen gegenteiliger Indizien ausscheidet[2240]. Manche dehnen dies für die Richter und Staatsanwälte in den Kreisen und Bezirken auch auf Beschlüsse des Ple-

2240 So auch *Bemmann*, JZ 1995, 126.

nums oder Präsidiums des Obersten Gerichts sowie auf die „Gemeinsamen Standpunkte" aus[2241]. Dem ist jedenfalls hinsichtlich der Beschlüsse des Präsidiums des OG zuzustimmen, da diese verbindlich waren[2242]. Im Übrigen ist eine genauere Prüfung im Einzelfall angebracht.

Bei klarer Überschreitung der Grenze des Gesetzeswortlauts ohne mögliche Beeinflussung durch staatliches Anleitungsmaterial wird man aber grundsätzlich vom Bewusstsein der Unvertretbarkeit ausgehen können, da auch in der DDR der Gesetzeswortlaut als Grenze zulässiger Auslegung zu beachten war[2243] und dessen Überschreitung dem Handelnden wohl meistens bewusst gewesen sein dürfte.

Bei der Fallgruppe der Rechtsbeugung durch eine Strafe, die in unerträglichem *Missverhältnis* zu Unrecht und Schuld steht, muss dem Täter dieses Missverhältnis[2244] sowie dessen Unvereinbarkeit mit dem Recht ins Bewusstsein gedrungen sein. Daraus ergibt sich Folgendes:

War sich der Richter oder Staatsanwalt bei seinen rechtlichen Betrachtungen des unerträglichen Missverhältnisses nicht bewusst (weil er die Strafe für tat- und schuldangemessen hielt), scheidet Vorsatz aus. Es fehlt an der Erkenntnis des sozialen Bedeutungsgehalts der Verhängung bzw. Beantragung dieser Strafe.

Das gleiche gilt in dem theoretisch denkbaren Fall des Irrtums über die Grundsätze der Strafzumessung, d.h. dass der Entscheidende zwar das besagte Missverhältnis erkannte, nicht aber die Verletzung des Verbots überharten Strafens – etwa, weil er meinte, der Abschreckungsgedanke überlagere dieses und erfordere oder erlaube es als *rechtliche* Erwägung im Rahmen der Strafzumessung, das Missverhältnis zwischen Schuld und Strafe außer Acht zu lassen. Denn der Richter nahm dann an, dass nicht nur sein Verhalten, sondern auch der Inhalt seines Urteils mit seinem Strafausspruch dem Recht entsprach und beugte daher nicht vorsätzlich das Recht. Dieser Fall ist allerdings – insbesondere angesichts des Ausreichens von dolus eventualis bei der ausschließlichen Beurteilung nach

2241 *Rautenberg/Burges*, DtZ 1993, 75.

2242 Kapitel 3, C.I.1.

2243 Kapitel 3, C.II.1.

2244 Dies übersieht *Möller-Heilmann*, Die Strafverfolgung von Richtern und Staatsanwälten der ehemaligen DDR wegen Rechtsbeugung, S. 227, die die Vorsatzfragen bei § 336 StGB nicht behandelt und im Zusammenhang mit der Beurteilung nach DDR-Recht lediglich darauf abstellt, dass die Verhängung einer unvertretbar hohen Strafe kaum auf einer unvermeidbaren subjektiven Fehlvorstellung von der Bedeutung der angewandten Strafvorschrift beruhen könne.

dem Recht der Bundesrepublik – wohl eher dem Bereich unglaubwürdiger Schutzbehauptungen zuzuweisen. Grundsätzlich ist davon auszugehen, dass selbst ideologisch verblendeten Juristen das Verbot schuldüberschreitenden Strafens bekannt und bewusst ist. Vom Fall des Irrtums über Strafzumessungsgrundsätze zu unterscheiden ist der Fall des Überzeugungstäters, der bewusst oder zumindest mit dolus eventualis nach außerrechtlichen Gesichtspunkten entscheidet.

Umgekehrt bedeutet dies im Fall der Überbewertung des Abschreckungsgedankens: Eine vorsätzliche Rechtsbeugung beging der Täter, wenn ihm bewusst war (bzw. im Rahmen des § 339 StGB er es auch nur für möglich hielt und billigend in Kauf nahm oder sich zumindest damit abfand), dass unzulässigerweise um der (politisch gewollten) Abschreckung willen eine Strafe zugemessen wurde, die dem Maß der persönlichen Schuld nicht im geringsten entsprach. Erkannte also der Täter das unerträgliche Missverhältnis zwischen Schuld und Strafe sowie die Zuwiderhandlung gegen das Verbot übermäßig harten Strafens, weil er wusste, dass der Abschreckungsgedanke nur innerhalb des Rahmens einer schuldangemessenen Strafe berücksichtigt werden durfte, so handelte er vorsätzlich, auch wenn er die Strafe aus *politischen* Gründen für angemessen hielt.

Es deutet auf den Rechtsbeugungsvorsatz hin, wenn z. B. verschiedene Richter und Staatsanwälte aus dem Bezirk Halle erklärten, als man sie auf „falsche, überspitzte" Entscheidungen aufmerksam machte: „Wir haben auch gemerkt, dass etwas mit diesen Entscheidungen nicht stimmt, aber wir werden uns doch nicht wieder wegen Liberalismus kritisieren lassen."[2245]

Für die Feststellung, dem Justizpersonal sei der Charakter seiner Handlungen als bloße Durchsetzung des Parteiwillens durchaus geläufig gewesen, führt Maiwald die Aussage eines früheren Richters aus Magdeburg an. Dieser erklärte, aus seiner Sicht habe die richterliche Unabhängigkeit nur formal bestanden. Die Richtung der Rechtsprechung in politischen Strafsachen sei insbesondere beim Kreisgericht Magdeburg-Nord eindeutig vorgegeben gewesen, und ein Abweichen von dieser Richtung sei nur möglich gewesen, wenn man den Verlust seines Berufes habe riskieren wollen. Er selbst sei wegen seiner milden Rechtsprechung in politischen Sachen bei Direktorentagungen abgekanzelt worden, wobei man ihm vorgeworfen habe, er habe wohl nicht die richtige politische Einstel-

2245 *MdJ der DDR*, Information über die Arbeit der Untersuchungsorgane, 23.9.1958, ZPA IV 2/13/414, zitiert in: *Werkentin*, Politische Strafjustiz in der Ära Ulbricht, S. 353.

lung, um die Tragweite der politischen Straftaten richtig zu würdigen[2246]. Auch diese Aussage weist in der Tat darauf hin, dass viele Richter sich dessen bewusst waren, dass sie insbesondere bei politischen Strafsachen mehr nach politischen als nach rechtlichen Kriterien entschieden. Bei den Staatsanwälten dürfte das nicht anders gewesen sein.

Bei der *Rechtsbeugung durch die Art und Weise der Durchführung von Verfahren* muss dem Täter die Verletzung prozessualen Rechts bewusst gewesen sein oder er sich damit abgefunden haben. Dabei dürfte in aller Regel anzunehmen sein, dass die Handelnden die Bedeutung der einschlägigen gesetzlichen Bestimmungen nicht verkannt haben[2247]. Besonderes Augenmerk ist daher auf den Nachweis zu richten, dass ihnen bewusst war, dass die Voraussetzungen der angewandten Norm im konkreten Fall nicht erfüllt waren oder dass ihnen das Vorliegen der Voraussetzungen der fälschlich nicht angewandten Bestimmung bewusst war[2248] bzw. dass diesbezüglich bedingter Vorsatz gegeben war.

Da bei einer *Sachverhaltsverfälschung* diejenige Entscheidung objektiv der Rechtslage entspricht, die durch die Beachtung der Verfahrensnormen veranlasst ist[2249], muss sich hier die erforderliche Bedeutungskenntnis auf die Verfälschung der prozessualen Wahrheit, also ebenfalls auf eine Zuwiderhandlung gegen eine Verfahrensnorm beziehen. Dass dem Entscheidenden nicht nur die Bedeutung der Verfahrensbestimmung, sondern auch die Verfälschung des Sachverhalts bewusst war, dürfte in aller Regel angenommen werden können[2250].

Davon, dass diese Voraussetzung erfüllt ist, ist grundsätzlich auszugehen, wenn der Sachverhalt grob entstellt wurde, denn dass ihm die Gesetzwidrigkeit dieses Tuns nicht klar gewesen sei, wird dem angeklagten Juristen dann wohl kaum abzunehmen sein. So hat es der BGH grundsätzlich nicht beanstandet, dass das LG Berlin im Hinblick auf die subjektive Tatseite im Fall des MfS-Wachmannes, dessen Strafverfahren unter objektiver Verfälschung des Sachverhaltes eingestellt worden war, nach-

---

2246 *Maiwald*, NJW 1993, 1889 und 1887.

2247 So auch *Kraut*, Rechtsbeugung?, S. 143; *Möller-Heilmann*, Die Strafverfolgung von Richtern und Staatsanwälten der ehemaligen DDR wegen Rechtsbeugung, S. 227.

2248 Dies verkennen *Kraut*, a.a.O., S. 143 und *Möller-Heilmann*, a.a.O., S. 227.

2249 LK-*Spendel* (11. Aufl.), § 339 StGB Rn. 56; *Maurach/Schroeder/Maiwald*, Strafrecht BT/2, § 77 II, Rn. 11; *Vormbaum*, Der strafrechtliche Schutz des Strafurteils, S. 360; vgl. auch Kapitel 5, A.III.2.

2250 Ähnlich *Möller-Heilmann*, Die Strafverfolgung von Richtern und Staatsanwälten der ehemaligen DDR wegen Rechtsbeugung, S. 227.

dem er in alkoholisiertem Zustand zwei Männer erschossen hatte[2251], nur kurze Ausführungen zur Voraussetzung der wissentlich gesetzwidrigen Entscheidung zugunsten oder zuungunsten eines Beteiligten (§ 244 DDR-StGB) gemacht hatte. Das LG habe die Sachverhaltsverfälschungen eingehend dargestellt und in diesem Zusammenhang von einer „Verdrehung der Tatsachen“ und davon gesprochen, Opfer seien zu Tätern gemacht worden. Angesichts dieser Darlegungen sei es nicht zu beanstanden, dass sich das LG im Übrigen auf den Hinweis beschränkt habe, die Wissentlichkeit[2252] bedürfe angesichts des *eklatanten Widerspruchs* zwischen den Ermittlungstatsachen und den von den Angeklagten jeweils gezogenen rechtlichen Schlussfolgerungen keiner näheren Darlegung. Die Annahme, dass die Angeklagten wissentlich den Sachverhalt verfälscht hätten, um die nach dem Stand der Ermittlungen nicht gerechtfertigte Einstellung des Verfahrens zu begründen, liege so nahe, dass nach den Urteilsfeststellungen andere Möglichkeiten ausschieden[2253].

d) Geltung der gewonnenen Grundsätze auch für die Rechtsbeugung nach Maßgabe des DDR-Strafrechts

Wie bereits erwähnt, verlangt § 244 DDR-StGB direkten Vorsatz, was nach der DDR-Dogmatik die bewusste Entscheidung zu einem sozial-negativen Verhalten erforderte. Diese Anforderungen entsprechen dem, was oben zur erforderlichen Bedeutungskenntnis bei § 339 StGB ausgeführt wurde, mit dem Unterschied, dass lediglich bedingter Vorsatz nicht ausreicht und zur Straflosigkeit führt (§ 2 III StGB). War dem Handelnden die Unvereinbarkeit seiner Entscheidung mit dem Gesetz nicht bewusst, so fehlte es ihm an der Erkenntnis, sich zu einem sozial-negativen Verhalten zu entscheiden. Er verkannte die soziale Bedeutung seines Verhaltens, so dass der Vorsatz über die Irrtumsregelung des § 13 DDR-StGB ausgeschlossen war, ebenso wie dies nach § 16 StGB der Fall gewesen wäre, und kein „wissentlich gesetzwidriges“ Handeln i. S. d. § 244 DDR-StGB gegeben war.

Bei echter Rechtsblindheit muss man demzufolge grundsätzlich zur Straflosigkeit kommen, d. h. dann, wenn sich die Rechtsblindheit auf die im konkreten Fall gesetzwidrig angewandten bzw. nicht angewandten Normen bezieht. Hält man sich noch einmal vor Augen, wie weit das

2251 Dazu Kapitel 4, B.V.2.b)dd)(2).

2252 Bei „Wissenschaftlichkeit“ in BGH NJW 1994, 3238, 3241 handelt es sich um einen Druckfehler, vgl. auch BGHSt 40, 169, 184.

2253 BGH NJW 1994, 3238, 3241 f. (Hervorhebung v. d. Verf.).

sozialistische Rechtsverständnis mit der Ausrichtung der Gesetzesauslegung an den Grundsätzen der sozialistischen Gesetzlichkeit schon objektiv geht, wird bei zusätzlicher Berücksichtigung der strengen subjektiven Anforderungen schnell offenbar, dass ideologiekonform entscheidende DDR-Juristen in vielen Fällen nicht strafrechtlich zur Rechenschaft gezogen werden konnten, weil ihnen oft die Behauptung, sie hätten ihre Entscheidung für mit dem Gesetz im Einklang stehend gehalten, nicht widerlegt werden kann.
Kraut führt an, wenn wegen der Irrtumsregel des § 13 DDR-StGB jedenfalls in den Fällen der Tatbestandsüberdehnung eine Strafverfolgung wegen Rechtsbeugung mangels Vorsatzes allenfalls in wenigen Fällen erfolgen könne, so bedeute dies aber keinen Vorsatzausschluss aufgrund einer auf Fanatismus beruhenden Rechtsblindheit. Ein strafbefreiender Ausschluss des Vorsatzes gemäß § 13 DDR-StGB könne nämlich nur dann angenommen werden, wenn ein gewissenhaft-kritischer Richter bzw. Staatsanwalt aufgrund der ihm zur Verfügung stehenden Hilfsmittel bei juristisch sauberer Arbeitsweise zu keinem anderen Ergebnis habe gelangen können oder er aufgrund fahrlässiger Nichtheranziehung vorhandener Hilfsmittel eine unrichtige Entscheidung getroffen habe, obgleich ihm andernfalls eine richtige Entscheidung möglich gewesen wäre[2254]. Ähnlich äußert sich *Möller-Heilmann*, die meint, es werde keine Rechtsverblendung, die auf fanatischer, politischer Ideologie beruhe, von Strafe freigestellt. Denn ein Vorsatzausschluss komme grundsätzlich nur in Betracht, wenn der Entscheidungsträger bei Berücksichtigung aller ihm zur Verfügung stehender zulässiger und verbindlicher Hilfsmittel zu keinem anderen Ergebnis habe gelangen können[2255].

Die dogmatische Herleitung dieses Ansatzes bleibt indes im Dunkeln. Er führt im Ergebnis, sofern nur Rechtsblindheit im Spiel ist, zu einer Bestrafung fahrlässiger Rechtsbeugung, die auch im DDR-Strafrecht nicht vorgesehen war und folglich das Rückwirkungsverbot verletzt. Dabei sei noch einmal an die DDR-Kommentierung zu § 244 DDR-StGB erinnert. Danach wird eine Verletzung des Rechts aus Nachlässigkeit und ungenügender Orientierung über die Regeln des Rechts vom Tatbestand nicht erfasst[2256].

2254 *Kraut*, Rechtsbeugung?, S. 143 f.

2255 *Möller-Heilmann*, Die Strafverfolgung von Richtern und Staatsanwälten der ehemaligen DDR wegen Rechtsbeugung, S. 227.

2256 MdJ/Dt Akad. für Staats- und Rechtswissenschaften (Hrsg.), Strafrecht der DDR. Lehrkommentar zum Strafgesetzbuch, Bd. II (1969), § 244 Anm. 5; ebenso Strafrecht

Dieser Ansatz kann auch deshalb nicht überzeugen, weil sich beide Autoren in Widerspruch zu dem von ihnen akzeptierten allgemeinen Grundsatz setzen, wonach ein vorsatzbefreiender Irrtum gemäß § 13 DDR-StGB anzunehmen ist, wenn der Entscheidungsträger Sinn und Tragweite der einschlägigen Rechtsnorm verkennt, und zwar auch dann, wenn dies auf mangelnder Informierung über Rechtsprechung und Rechtslehre beruht[2257].

Eine Erklärung für die Widersprüchlichkeit mag in der unkritischen Übernahme der *Spendelschen* Unterscheidung zwischen unbeachtlichem Subsumtionsirrtum und beachtlichem Tatbestandsirrtum liegen, deren Geltung auch für das DDR-Recht in bedenklicher Weise unterstellt wird[2258]. So werden die Grundsätze der für den Vorsatz erforderlichen Bedeutungskenntnis bei der Rechtsbeugung unreflektiert für den Fall der Rechtsblindheit ausgehebelt.

Soweit *Kraut* einen Vorsatzausschluss bei „auf Fanatismus beruhende(r) Rechtsblindheit“ verneint, könnte sich eine (zumindest teilweise) Übereinstimmung mit der hier vertretenen Ansicht daraus ergeben, dass die Unterschiede mehr terminologischer als inhaltlicher Art sind: *Kraut* bezieht sich auf *Wassermann*, der, wie oben gezeigt, nicht hinreichend zwischen Rechtsblindheit und Überzeugungstäterschaft differenziert. So kann es sein, dass *Kraut* bei seiner Stellungnahme vor allem das Bild des Überzeugungstäters vor Augen hatte, bei dem auch in der vorliegenden Arbeit der Vorsatz nicht verneint wird. Darauf deutet auch *Krauts* Schlusssatz hin: „Die Fälle, in denen der Richter oder Staatsanwalt (...) in Kenntnis der wahren Rechtslage aus purem Fanatismus bewusst eine Entscheidung contra legem fällte, lassen den Vorsatz dagegen auch dann unberührt, wenn der Betreffende davon überzeugt war, dies entspreche gemäß der herrschenden politischen Ideologie nunmehr der gewünschten Rechtslage“[2259]. Dieses Beispiel entspricht ganz dem des Überzeugungstäters, der nach einem Wertungskriterium entscheidet, von dem er weiß, dass es zwar ein ihn überzeugendes Ideal darstellt, aber in der geltenden Rechtsordnung keinen Niederschlag gefunden hat. Insgesamt bleibt aber das Bild einer unklaren und in sich widersprüchlichen Ansicht.

---

der DDR. Kommentar zum Strafgesetzbuch, 4. Aufl. 1981 und 5. Aufl. 1987, jeweils Anm. 5.

2257 Vgl. *Kraut*, Rechtsbeugung?, S. 142 f.; *Möller-Heilmann*, Die Strafverfolgung von Richtern und Staatsanwälten der ehemaligen DDR wegen Rechtsbeugung, S. 226 f.

2258 *Kraut*, a.a.O., S. 142 und ihm folgend *Möller-Heilmann*, a.a.O., S. 226.

2259 *Kraut*, a.a.O., S. 144.

Spendel hat zu Recht darauf hingewiesen, dass Tatvorsatz und Unrechtsbewusstsein auch bei § 339 StGB nicht notwendig miteinander gekoppelt sein müssen[2260]. So, wie eine Rechtsbeugung ausnahmsweise gerechtfertigt sein kann[2261], sind auch Fehlvorstellungen bezüglich dieser Rechtfertigung denkbar, etwa weil sich der Richter wegen Notstandes für gerechtfertigt hält. Es gibt mithin die Möglichkeit eines Erlaubnisirrtums auch bei der Rechtsbeugung. Irrt sich der Täter über das Bestehen oder Eingreifen eines Rechtfertigungsgrundes für eine von ihm erkannte tatbestandliche Rechtsbeugung, befindet er sich in einem Verbotsirrtum in der Form des Erlaubnisirrtums, der nach § 17 S. 1 StGB zu behandeln ist. So ist zu unterscheiden, ob der Richter seine Entscheidung für „Recht" hielt oder ob er die mit der Entscheidung begangene Rechtsbeugung „für Rechtens", also für gerechtfertigt erachtete[2262]. Es ist also bei Fehlvorstellungen über die rechtliche Relevanz ideologischer und anderer Entscheidungskriterien genau zu unterscheiden, ob der Täter diese für *tatbestandsauslegend* (bzw. in ähnlicher Weise auf das objektive Recht einwirkend, z.B. die Frage von Anwendbarkeit oder Gültigkeit einer Norm oder die Strafzumessung betreffend) hält oder ob er sie als eine (an sich erkannte) Rechtsverletzung *rechtfertigend* einordnet, wenngleich letzteres der Ausnahmefall sein dürfte. Diese Unterscheidung mag im konkreten Fall oft schwierig zu treffen sein, ist aber wegen der Frage der Anwendbarkeit von § 16 oder § 17 StGB unumgänglich. Beim (indirekten) Verbotsirrtum nach § 17 StGB kommt es auf die Vermeidbarkeit an. Diese ist nach allgemeiner Meinung bei Juristen in aller Regel anzunehmen[2263], so dass auf diesem Wege eine Strafbarkeit regelmäßig bejaht werden kann.

Rechtsblindheit als die auf ideologischer Verblendung beruhende Fehlvorstellung von Recht und Unrecht kann auf der Ebene des Tatbestands wie auf der Ebene der Rechtfertigung vorkommen. Nur das Fehlen des

---

2260 LK-*Spendel* (11. Aufl.), § 339 Rn 96.

2261 Die auf den ersten Blick widersprüchliche Möglichkeit rechtmäßiger Rechtsbeugung erklärt sich daraus, dass Rechtsbeugung unvertretbare Rechtsanwendung bedeutet und diese gerechtfertigt sein kann, ohne damit vertretbar oder gar richtig zu sein (*Seebode*, Das Verbrechen der Rechtsbeugung, S, 104 m.w.N.). Beispiel: Rechtfertigung durch übergesetzlichen Notstand (dazu *Spendel*, Radbruch-GS, S. 316f.; *ders.*, Rechtsbeugung durch Rechtsprechung, S. 27; *Seebode*, a.a.O., S. 103f.).

2262 So auch *I. Müller*, NJW 1980, 2394.

2263 *Spendel*, Radbruch-GS, S. 322f.; *Schmidt-Speicher*, S. 111; *Seemann*, Rechtsbeugung, S. 88; *Scholderer*, Rechtsbeugung, S. 629; vgl. auch LG Berlin DRiZ 1969, 393 (Fall Rehse).

Unrechtsbewusstseins durch rechtliche Fehlvorstellungen in Bezug auf den Tatbestand führt bei § 339 StGB zum Tatbestandsirrtum. Die Behauptung der Nachkriegsrechtsprechung, Rechtsblindheit führe bei der Rechtsbeugung zum Vorsatzausschluss und damit zur Straflosigkeit, ist damit so generell nicht zutreffend. Wer erkannte, dass er bei der Leitung oder Entscheidung einer Rechtssache das Recht verletzt, aber in seiner Rechtsblindheit glaubte, dies sei ihm aus übergeordneten *rechtlichen* Gründen erlaubt, kann sich nicht auf einen Tatbestandsirrtum berufen, sondern ist nach § 17 StGB zu behandeln und kann grundsätzlich bestraft werden.

Erkannte der Täter beispielsweise das Missverhältnis zwischen Tat und Strafe und war ihm die dadurch gegebene Zuwiderhandlung gegen das Verbot übermäßig harten Strafens klar, ist Vorsatz gegeben. Hielt er die Entscheidung dennoch für zulässig, weil er glaubte, aus *rechtlichen* Gründen - andernfalls hätte man es wiederum mit einem Überzeugungstäter zu tun - in der betreffenden Situation (ausnahmsweise) so entscheiden zu dürfen, obwohl er erkannte, dass der Inhalt des Urteils bzw. (in der Diktion des BGH) seine Folgen als solche nicht dem Recht entsprechen, so handelte er vorsätzlich, aber im Verbotsirrtum in der Form des (vermeidbaren) Erlaubnisirrtums[2264].

Auch bei Anwendung des DDR-Rechts ergibt sich in derartigen Fällen keine Straflosigkeit. Wie bereits dargelegt, stellte die DDR-Dogmatik zwar das Vorsatzerfordernis der Erkenntnis der sozial-negativen Einordnung des Verhaltens auf, forderte aber nicht ein darüberhinausgehendes „Unrechtsbewusstsein" im Sinne der abgelehnten bundesrepublikanischen Dogmatik[2265]. § 244 DDR-StGB erklärte die wissentlich gesetzwidrige Entscheidung für strafbar. War dem Richter oder Staatsanwalt die Gesetzwidrigkeit seiner Entscheidung bewusst, war ihm auch die sozialnegative Richtung seiner Tat bewusst. Von nichts anderem ist auszugehen, wenn er glaubte, zu seiner bewusst gesetzwidrigen Entscheidung (ausnahmsweise) rechtlich befugt zu sein[2266]. Denn das (vermeintliche) Erlaubtsein seines Verhaltens beseitigt nicht den Umstand, dass die gesetzwidrige Entscheidung den Grundregeln des menschlichen Zusammenlebens widerspricht, was dem Handelnden auch klar sein dürfte. Dieser glaubt lediglich, in einer besonderen Situation ausnahmsweise aus übergeordneten Gründen zu einem sozial-negativen Verhalten befugt zu

2264 Zu der entsprechenden Neutralisationstechnik: *Scholderer*, Rechtsbeugung, S. 628 f.

2265 A.A. *Hohoff*, DtZ 1997, 312; *Möller-Heilmann*, Die Strafverfolgung von Richtern und Staatsanwälten der ehemaligen DDR wegen Rechtsbeugung, S. 227.

2266 A.A. *Hohoff*, DtZ 1997, 312.

sein. Ein derartiger Erlaubnisirrtum war im Strafrecht der DDR unerheblich.

Nach alledem besteht beispielsweise in folgenden Fällen eine Strafbarkeit nach DDR-Recht wie nach BRD-Recht, obwohl sich der Täter fälschlicherweise „im Recht" glaubte:

Der Richter oder Staatsanwalt weiß, dass seine Entscheidung mit dem Wortlaut des angewandten (Straf-)Gesetzes nicht mehr vereinbar oder dass die beabsichtigte Strafe völlig außer Verhältnis zur Tat steht und also gesetzwidrig i. S. d. § 244 DDR-StGB ist, glaubt sich aber durch § 18 I (Notstand) oder § 20 DDR-StGB (Pflichtenwiderstreit) gerechtfertigt[2267], weil er in dem abzuurteilenden Regimegegner eine Gefahr für die sozialistische Staats- und Gesellschaftsordnung sieht. Nach § 18 II DDR-StGB beging keine Straftat, „wer Rechte oder Interessen Dritter beeinträchtigt, um eine ihm oder einem anderen oder der sozialistischen Staats- und Gesellschaftsordnung gegenwärtig drohende, nicht anders zu beseitigende Gefahr abzuwenden, wenn seine Handlung zur Art und zum Ausmaß der Gefahr in angemessenem Verhältnis steht." Nach § 20 I DDR-StGB handelte gerechtfertigt und beging keine Straftat, „wer in Ausübung ihm obliegender Pflichten sich nach verantwortungsbewusster Prüfung der Sachlage zur Begehung einer Pflichtverletzung entscheidet, um durch die Erfüllung anderer Pflichten den Eintritt eines größeren, anders nicht abwendbaren Schadens für andere Personen oder die Gesellschaft zu verhindern". Glaubt der Richter oder Staatsanwalt – ohne Vorliegen dieser Voraussetzungen – irrigerweise, sein als Rechtsbeugung erkanntes Handeln sei über § 18 oder § 20 DDR-StGB letztlich von der Rechtsordnung gedeckt, so ist dies als Verbotsirrtum anzusehen, der nach DDR-Recht unbeachtlich ist und, weil vermeidbar, auch nach dem Recht der Bundesrepublik die Strafbarkeit nicht ausschließt.

Der Rechtsbeugungsvorsatz war weiterhin durchaus vorhanden, wenn das Bewusstsein bestand, dass das ideologische Entscheidungskriterium oder der Wunsch aus Parteikreisen dem Gesetz zuwiderlief. Die Vorstellung von der Vorrangigkeit des Parteiwillens vor dem Gesetz auch gegen dessen Wortlaut war nur ein – letztlich irrelevanter – Verbotsirrtum. Meinte ein Richter beispielsweise, der verschärfte Klassenkampf erlaube eine Missachtung des Gesetzeswortlauts, um zu einer Verurteilung und damit Ausschaltung eines Systemgegners zu gelangen, so wusste er, dass

---

2267 Auch wenn das Gesetz nur § 20 DDR-StGB als Rechtfertigungsgrund bezeichnet, ist auch § 18 inhaltlich als Rechtfertigungsgrund ausgestaltet, *Roggemann*, ROW 1969, 107; *Renzikowski*, ZStW 106,1 (1994), 111.

er gesetzwidrig entscheidet. Es kommt allenfalls - wenn nicht reine Überzeugungstäterschaft vorliegt - ein (letztlich unbeachtlicher vermeidbarer) Verbotsirrtum in Betracht.

f) Ergebnis

Bei der gegebenen Rechtslage lässt sich die Strafbarkeit des tatsächlich rechtsblinden Richters oder Staatsanwalts in der Regel nicht begründen, weil es an der erforderlichen Bedeutungskenntnis und damit am Vorsatz fehlt. Hat der Täter seine objektive Rechtsverletzung nicht erkannt, so kann ihm der Vorwurf der vorsätzlichen Rechtsbeugung nicht gemacht werden, selbst wenn er aus Rechtsblindheit gehandelt hat[2268]. Rechtsblindheit schließt aber nicht generell die Strafbarkeit aus: Der Täter, der erkennt, dass seine Entscheidung dem Recht widerspricht, sich aber in seiner Verblendung für strafrechtlich gerechtfertigt hält, befindet sich im (regelmäßig) vermeidbaren Verbotsirrtum und ist wegen Rechtsbeugung zu bestrafen. Somit ist als Ergebnis festzuhalten, dass zwar viele, aber nicht alle Fehlvorstellungen über das Recht, nicht jedes Fehlen des Unrechtsbewusstseins, den Vorsatz ausschließen und zur Straflosigkeit von Justizjuristen führen, selbst wenn man nicht den Lösungen von *Maurach, Begemann* oder *Spendel* folgt. Daher dürfte die Kritik der Straflosstellung richterlicher Rechtsblindheit als Standesprivileg für die hier vertretene Lösung nicht in aller Schärfe gelten, zumal da sie anders als die kritisierte damalige Rechtsprechung im alleinigen Anwendungsbereich des § 339 StGB bedingten Vorsatz ausreichen lässt. Daran, dass dennoch in vielen Fällen Straflosigkeit angenommen werden muss, ist wegen der Besonderheit des Rechtsbeugungstatbestandes mit den Merkmalen „Recht" bzw. „Gesetz" als in hohem Grade normativen Tatbestandsmerkmalen nicht vorbeizukommen. Desto wichtiger ist es, sich die Konstellation des Überzeugungstäters, der nicht *rechts*blind ist, vor Augen zu halten. Auch bei DDR-Rechtsbeugungen ist zu berücksichtigen, dass Rechtsblindheit häufig eine reine Schutzbehauptung ist. Opportunismus, Gleichgültigkeit und Gewohnheit sind als mögliche Gründe für die Beteiligung an

2268 Allerdings ist der von *Spendel* angesprochene Fall der Rechts*feindschaft* kaum in der Weise vorstellbar, dass der Täter seine Rechtsverletzung nicht erkannt hat. Hier dürfte in aller Regel der Fall so liegen, dass er sich wissentlich über das Recht hinwegsetzt und in die Kategorie der Überzeugungstäter passt. Rechtsblindheit und Rechtsfeindschaft können nicht über einen Kamm geschoren werden.

Unrechtsurteilen ebenso in Betracht zu ziehen[2269] wie Anpassungsdruck, Karrierismus oder die innere Übereinstimmung mit der politischen Linie.

III. Das Urteil des LG Magdeburg zur Rechtsblindheit

Nach der Wende hatte sich das LG Magdeburg mit der Problematik der Rechtsblindheit zu befassen. Es sprach je einen DDR-Richter und -Staatsanwalt, die noch Ende der achtziger Jahre Ausreisewillige zu mehrjährigen Haftstrafen verurteilt hatten, von der Anklage der Rechtsbeugung frei[2270]. Die beiden DDR-Juristen seien in das Justizsystem der SED-Diktatur eingebunden und infolge marxistisch-leninistischer Indoktrination nicht imstande gewesen, das von ihnen begangene Unrecht zu erkennen[2271]. Sie seien durch Ausbildung und politische Überzeugung verblendet gewesen. Aufgrund jahrelanger Indoktrination hätten die Angeklagten nicht mehr erkennen können, dass sie mit drakonischen Strafen gegen Ausreisewillige Menschenrechte verletzten[2272].

Nach dem oben Gesagten reicht diese Begründung für einen Freispruch nicht aus. Nähere Aussagen könnten aber erst nach Studium des vollständigen Wortlauts der nicht veröffentlichten Entscheidung getroffen werden. Dass nicht jede politische Verblendung den Rechtsbeugungsvorsatz ausschließt, wurde bereits dargelegt. *Wassermann* fordert angesichts der Möglichkeit einer bloßen Schutzbehauptung zu Recht, Rechtsblindheit dürfe keineswegs schon deshalb unterstellt werden, weil Richter und Staatsanwälte langjähriger, intensiver Indoktrination ausgesetzt gewesen sind[2273]. Das Urteil des LG Magdeburg wurde rechtskräftig[2274]. Es darf angenommen werden, dass es anders ausgefallen wäre, wenn dem Gericht zu diesem Zeitpunkt bereits die kurz darauf ergangene und sogleich zu besprechende neue BGH-Rechtsprechung zu Vorsatz und Unrechtsbewusstsein bei Rechtsbeugung in stark ideologisch geprägten Systemen bekannt gewesen wäre.

2269 *Wassermann*, NJW 1995, 2966.

2270 Urt. v. 9.5.1995 - 23 KLs 41/91. Dem Wunsch auf Übersendung einer Abschrift konnte nicht entsprochen werden, da für die Anonymisierung des Urteils aufgrund seines Umfangs (1385 Seiten) nicht genug Personal zur Verfügung stand. Der Inhalt wird daher nach *Wassermann*, NJW 1995, 2965 und Der Spiegel 21/95, 62 wiedergegeben.

2271 *Wassermann*, NJW 1995, 2965.

2272 Der Spiegel 21/95, 62.

2273 *Wassermann*, a.a.O., 2966.

2274 Schreiben des Präsidenten des LG Magdeburg vom 12.8.1996 an die Verf.

IV. Die neue Linie des BGH im Rahmen der Behandlung des DDR-Justizunrechts

In einem bemerkenswerten, von der kritischen Auseinandersetzung mit dem Versagen bei der Aufarbeitung des NS-Justizunrechts getragenen[2275] Urteil vom 16.11.1995[2276] wendet sich der BGH von seiner Nachkriegsrechtsprechung ab und schließt sich grundsätzlich der Kritik an, die an der damaligen Rechtsprechung zur NS-Justiz aufgekommen war. Dabei bezieht er sich ausdrücklich auf *Spendel* mit dessen Kritik am Rehse-Urteil und die überzogene Einschränkung bei der Auslegung der subjektiven Voraussetzungen des Rechtsbeugungstatbestandes[2277]. Dies dürfte u. a. so zu verstehen sein, dass der BGH die Formel, Rechtsblindheit schließe den Vorsatz der Rechtsbeugung aus, aufgibt und den Fall *Rehse* heute anders entscheiden würde als damals.

Die Ausführungen des BGH lassen allerdings keine abschließende Bestimmung seiner neuen Position zu. Der BGH vermeidet die Verwendung des Ausdruckes „Rechtsblindheit". Er beschreibt eine Form der „Verblendung", für die er den Vorsatz der Rechtsbeugung für nicht ausgeschlossen hält. Bei genauer Betrachtung zeigt sich, dass die BGH-Rechtsprechung und die hier vertretene Lösung miteinander im Einklang stehen. Um die relevanten Passagen der Entscheidung analysieren und interpretieren zu können, sei zunächst ihr Wortlaut wiedergegeben:

> „Fälle der vorliegenden Art sind allerdings vor dem Hintergrund zu beurteilen, daß die willkürliche Unterdrückung von Regimegegnern im äußeren Gewand eines gerichtlichen Verfahrens in totalitären Systemen nicht auf Einzelfälle beschränkt, sondern weitreichende Praxis einer in der Diktatur herrschenden Unrechtsjustiz ist. Unter rechtsstaatlichen Verhältnissen werden hingegen Verstöße gegen das Verbot übermäßig harten Strafens seltene Ausnahmen sein (...), und dieser Ausnahmecharakter des Willküraktes innerhalb einer an der Wahrung von Menschenrechten orientierten Rechtsprechung wird den Vorsatz und das Unrechtsbewußtsein des Amtsträgers, der sich objektiv eines solchen elementaren Rechtsbruchs schuldig macht, ohne weiteres problemlos indizieren. Demgegenüber mag das Unrechtsbewußtsein, das im Rahmen des Rechtsbeugungstatbestandes regelmäßig Teil des Vorsatzes ist, innerhalb einer von den staatlichen Machthabern gelenkten Justiz weniger geschärft sein. So mag es vor dem Hintergrund der fundamentalen Unterschiede zwischen der DDR-Justiz und einer dem Rechtsstaat verpflichteten Dritten Gewalt bei einem das Recht beugenden Richter eine Form der *„Verblendung"* gegeben haben,

---

2275 Zur Selbstkritik des BGH hinsichtlich der „fehlgeschlagenen" justitiellen Aufarbeitung des NS-Justizunrechts siehe Kapitel 13, C.III.1.

2276 BGH, 5 StR 747/94, NJW 1996, 857 ff. = BGHSt 41, 317 ff.

2277 BGH NJW 1996, 857, 863.

bei der dieser Amtsträger *ungeachtet seines Wissens um die objektive Rechtslage und einer daraus ohne weiteres folgenden Unrechtseinsicht* seine Terrorurteile in erster Linie *durch* vorrangig verfolgte *politische Zielvorstellungen für sich rechtfertigte*, in seinem Handeln insbesondere aber durch seine Einbindung in Weisungssysteme und kollektive Handlungsschemata bestimmt war. Diese Einordnung in ein Unrechtssystem mag dabei unter Umständen so weit gehen, daß der gesetzwidrig Entscheidende *ungeachtet seiner Kenntnis von allen Umständen und Wertungen, welche die Gesetzwidrigkeit ausmachen, sich gleichwohl von rechtsfremden Vorstellungen hat leiten lassen, die er in fehlsamer Subsumtion für ‚Recht' hält.* Dies vermag den (auch direkten) Rechtsbeugungs*vorsatz gleichwohl nicht in Frage zu stellen.*"[2278]

„(...) Durch Willfährigkeit gegenüber den politischen Machthabern ‚abgestumpfte' Täter einer Rechtsbeugung sind hiernach nicht aus subjektiven Gründen straflos. Damit wird zugleich eine schwer erträgliche Besserstellung des Überzeugungstäters gegenüber denjenigen vermieden, die sich – wie der hiesige Angeklagte – nach Vereinnahmung durch eine Unrechtsjustiz letztlich bewußte Skrupel und ein Gefühl für Menschlichkeit erhalten haben. *Ein Richter, der in blindem Gehorsam gegenüber staatlichen Machthabern meint, sich auch dann im Einklang mit Recht und Gesetz zu befinden, wenn er über die Grenzen des gesetzlich Zulässigen hinaus den Willen der Staatsführung vollzieht und dabei in der geschilderten Weise Menschenrechte verletzt, unterliegt keinem den Vorsatz berührenden Irrtum. Dasselbe gilt, wenn er aus Motiven der Staatsräson in einer Weise ‚Recht' spricht, welche die Grenzen aus ihm bekannten grundlegenden unverbrüchlichen Rechtsgrundsätzen offensichtlich überschreitet.* Es kann dahinstehen, ob Vorstellungen dieser Art als Verbotsirrtum anzusehen sind; ein solcher wäre jedenfalls weder unvermeidbar noch jemals zur Strafrahmenverschiebung geeignet."[2279]

Mit dieser zu begrüßenden Entscheidung hat der BGH den entscheidenden Schritt getan, Überzeugungstäter klarer als solche herauszuarbeiten und ihren Vorsatz zu bejahen. Die in der vorliegenden Arbeit mit der Figur des Überzeugungstäters bezeichnete Konstellation spricht der BGH mit der „Form der Verblendung" an, bei der der Amtsträger „ungeachtet seines Wissens um die objektive Rechtslage und einer daraus ohne weiteres folgenden Unrechtseinsicht" seine Urteile „in erster Linie durch vorrangig verfolgte politische Zielvorstellungen für sich rechtfertigte". Hierfür soll der Vorsatz nicht ausgeschlossen sein[2280]. Dies entspricht der hier vertretenen Annahme des Vorsatzes beim Überzeugungstäter. Der Begriff des Überzeugungstäters wird auch vom BGH aufgegriffen. Die subjektive Rechtfertigung („für sich rechtfertigte") ist vom BGH ganz offensichtlich nicht juristisch (im Sinne eines Erlaubnisirrtums) gemeint, sondern im Sinne einer Technik der psychologischen

2278 BGH a.a.O., 862f.; zust. *Burian*, ZStW 112 (2000), 129; Fischer (58. Aufl.), § 339 Rn. 17; LK-*Hilgendorf* (12. Aufl.), § 339 Rn. 114.

2279 BGH a. a. O., 863; verfassungsrechtlich gebilligt durch BVerfG NJW 1998, 2585, 2587; zust. Fischer (58. Aufl.), § 339 Rn. 17; MünchKom-*Uebele*, § 339 Rn. 61; wohl auch NK-*Kuhlen* § 339 Rn. 79f.; ähnlich auch *Schöll*, Rechtsbeugung, S. 205f., 207.

2280 Zust. LK-*Spendel* (11. Aufl.), § 339 Rn. 100.

Neutralisierung des Unrechtsbewusstseins[2281]. Es steht der Einordnung als Überzeugungstäter auch nicht entgegen, wenn der BGH die Konstellation dahingehend formuliert, dass der Täter in seinem Handeln durch seine Einbindung in Weisungssysteme und kollektive Handlungsschemata bestimmt war. Denn als Überzeugungstäter können auch solche Menschen und nicht nur diejenigen angesehen werden, die ganz aus eigener Motivation heraus handeln.

Weiterhin bricht der BGH mit der zu pauschalen Lehre, wonach jegliche Fehlvorstellung über das Recht als vorsatzausschließender Tatbestandsirrtum zu qualifizieren sei. Er bejaht den Rechtsbeugungsvorsatz auch bei vertiefter „Einordnung in ein Unrechtssystem", die anders als in der zuerst angesprochenen Konstellation so weit geht, dass der gesetzwidrig Entscheidende „sich von rechtsfremden Vorstellungen hat leiten lassen, die er in fehlsamer Subsumtion für ‚Recht' hält". Diese Terminologie erinnert teilweise an *Spendel* („fehlsame Subsumtion"). In der Konzeption der Problemlösung ist der BGH jedoch nicht mit *Spendel* gleichzusetzen[2282]. Denn anders als dieser arbeitet der BGH nicht losgelöst von den konkreten Anforderungen an den Vorsatz mit dem Instrument des Subsumtionsirrtums, sondern setzt das Beispiel so, dass der Entscheidende „Kenntnis von allen Umständen und Wertungen" hat, „welche die Gesetzwidrigkeit ausmachen". Dies entspricht dem, was nach der hier vertretenen Ansicht die für den Vorsatz der Rechtsbeugung erforderliche Bedeutungskenntnis, wie eingehend beschrieben, ausmacht und folglich für eine Bestrafung zu verlangen ist. Die Stufe der Rechtsblindheit, wie sie hier verstanden wird, ist in einem derartigen Fall nicht auf der Vorsatzebene, sondern – wenn überhaupt – allenfalls auf der Ebene der Rechtfertigung erreicht. Dann steht einer Verurteilung letztlich nichts im Wege. Ob die Fehlvorstellung als Verbotsirrtum anzusehen ist, kann in der Tat offengelassen werden, wie es der BGH tut, denn ein solcher Irrtum wäre jedenfalls nicht unvermeidbar und damit nach § 17 StGB wie nach DDR-Recht ohnehin für die Frage der Strafbarkeit irrelevant.

Der BGH hält den (auch direkten) Vorsatz für nicht berührt, wenn der Angeklagte trotz des Bewusstseins der Gesetzwidrigkeit etwa einer übermäßig harten Strafe sein Handeln aus Rücksicht auf die Staatsräson als

---

2281 Dazu *Jäger*, Makrokriminalität, S. 187 ff.; *Scholderer*, Rechtsbeugung, S. 555 ff., insbes. S. 574 ff., 629 f.

2282 Vgl. dazu auch LK-*Spendel* (11. Aufl.), § 339 Rn. 100, wo *Spendel* auf die auftauchende Begrifflichkeit hinweist und meint, der BGH komme angesichts der SED-Justizverbrechen zum gleichen Ergebnis wie er, „nur in nicht genauer, unvollständiger Begründung".

„hinnehmbar" fehlbewertet[2283]. Ebenso entschied er für den Fall, dass die Angeklagte, eine Staatsanwältin, im Bewusstsein der Gesetzwidrigkeit ihrer Handlungen gemeint habe, sie sei befugt, aus politischen Gründen, etwa zum Schutz der sozialistischen Staats- und Gesellschaftsordnung vor politischen Gegnern, auch solche Anträge zu stellen, die nach Maßgabe des § 244 DDR-StGB gesetzwidrig sind[2284]. Dem ist zuzustimmen. Für den Vorsatz genügt, dass die Entscheidung wissentlich gesetzwidrig erging. In einem solchen Fall verkennt der Täter auch nicht etwa, dass er sich zu einem sozial-negativen Verhalten entscheidet, wie es § 13 StGB nach dessen Auslegung in der DDR erfordert. Er erkennt durchaus den sozialen Bedeutungsgehalt seines Tuns, das er lediglich mit außerrechtlichen Erwägungen für sich legitimiert. Selbst wenn er diese rechtsfremden Erwägungen „in fehlsamer Subsumtion für ‚Recht' hält", wie der BGH formuliert, ist der (direkte) Vorsatz nicht ausgeschlossen. Der Täter glaubt sich lediglich aus übergeordneten rechtlichen Gründen zu seinem bewusst sozial-negativen, weil bewusst gesetzwidrigen, Handeln befugt.

Zu begrüßen ist auch, dass der BGH neben den reinen Überzeugungstätern die Gruppe von Menschen hervorhebt, die sich „nach Vereinnahmung durch eine Unrechtsjustiz bewusste Skrupel und ein Gefühl für Menschlichkeit erhalten haben". Damit hat der BGH eine bisher bei der Rechtsbeugung kaum beachtete Tätergruppe ins Blickfeld gerückt, nämlich die Angepassten, die nicht den Mut haben, ihre eigene Überzeugung von der Gesetz- und Rechtswidrigkeit einer bestimmten Entscheidung zu vertreten und sich bei der Mitwirkung an der Entscheidung entsprechend zu verhalten. In diese Gruppe ordnet er den Angeklagten *Reinwarth* ein, der als beisitzender Richter am OG zwei zwischen 1954 und 1956 verhängte bzw. bestätigte Todesurteile und eine mehrjährige Zuchthausstrafe für „nicht schuldangemessen" bzw. für „grob unbillig" gehalten, aber dennoch dafür gestimmt hatte. Dies genügt dem BGH für die Annahme des unbedingten Vorsatzes. Zwar bedeute die vom Angeklagten eingeräumte Ansicht, wonach er die verhängten Strafen für nicht schuldangemessen gehalten habe, nicht notwendig, dass er die davon abweichende Meinung

2283 BGH NJW 1996, 857, 862 unter III 2 c; a. A. (Vorsatzausschluss) *Hohoff*, DtZ 1997, 312, die allerdings die Fallkonstellation nicht korrekt wiedergibt, indem sie darauf abstellt, der Handelnde habe (trotz der Kenntnis von der Gesetzwidrigkeit) gemeint, seine Entscheidung sei aus politischen Gründen, etwa zum Schutz der sozialistischen Staats- und Gesellschaftsordnung, *rechtmäßig* . Doch auch wenn man den Fall so auffasste, wäre ein Vorsatzausschluss zu verneinen (dazu s. u. und o. B.II 5.e). Gegen *Hohoff* auch *Burian*, ZStW 112 (2000), 128 f.

2284 BGHSt 41, 247, 276 = NJW 1995, 3324, 3332.

der anderen Kollegialrichter bereits für rechtsbeugerisch gehalten haben müsse. Sie lege jedoch den Schluss des Schwurgerichts besonders nahe, dass das, was nach objektiven Maßstäben als offensichtlicher Willkürakt gesetzwidrig gewesen sei, auch vom Angeklagten so beurteilt worden sei[2285].

Der BGH hatte bereits in einem Urteil vom 15.9.1995 einen deutlichen Akzent bei der Indizfunktion eklatanter objektiver Rechtsverstöße für den Rechtsbeugungsvorsatz in dem Sinne gesetzt, wie es schon seinerzeit *Spendel* und das OLG Bamberg vertreten hatten. Schon das Gewicht der im zu entscheidenden Fall begangenen Rechtsbrüche lasse keinen nachvollziehbaren Raum für die Annahme, der Angeklagte könne hier nicht wissentlich gesetzwidrig entschieden haben[2286]. In seinem Urteil vom 16.11.1995 bekräftigte der BGH dies:

> „Angesichts der besonders hohen Anforderungen an den objektiven Rechtsbeugungstatbestand, der in Fällen der vorliegenden Art auf offensichtliche schwere Menschenrechtsverletzungen durch unerträgliche Willkürakte beschränkt ist, erscheint es von vornherein kaum vorstellbar, daß einem Berufsrichter die evidente Rechtswidrigkeit seiner Entscheidung verborgen geblieben sein kann."[2287]

Damit gab der BGH den Instanzgerichten weiten Raum, eine Verteidigung mit angeblicher Rechtsblindheit als Schutzbehauptung zu werten, wenn er auch den Ausdruck „Rechtsblindheit" nicht gebraucht. Dem ist in der Sache zuzustimmen. Auch das BVerfG billigte diese Urteilspassage und bekräftigte, bei Berufsrichtern könne auf die Schwere des Rechtsverstoßes regelmäßig die Feststellung gestützt werden, der Betreffende habe wissentlich gegen das Gesetz verstoßen[2288].

Daneben nennt der BGH weitere Anhaltspunkte dafür, dass der Täter bei Verhängung völlig überhöhter Strafen den Willkürakt auch subjektiv als solchen erkannte. Fragwürdige Verfahrensabläufe wie Elemente eines Schauprozesses wiesen darauf hin, dass die Betroffenen Richtern gegenüber gestanden hätten, denen es auch subjektiv nicht primär um Gerechtigkeit, sondern um Abschreckung durch Vernichtung von Angeklagten

2285 BGH NJW 1996, 857, 862.

2286 BGHSt 41, 247, 276 = NJW 1995, 3324, 3332.

2287 BGH NJW 1996, 857, 862. Unter Verweis auf die beiden eben zitierten Urteile von 1995 bezeichnete es der BGH 1999 als „Grundsatz", daß „angesichts der hohen objektiven Schranke für die Annahme von Rechtsbeugung in politischen Strafverfahren der DDR in vielen damit auch krassen Fällen die Annahme des direkten Rechtsbeugungsvorsatzes außer Frage steht" (BGHR StGB § 339 Vorsatz 2), vgl. bereits Kapitel 7, A.II.

2288 BVerfG NJW 1998, 2585, 2587.

gegangen sei. Unbelegte Übertreibungen des als strafbar erachteten Verhaltens eines Angeklagten auch in Randbereichen seien gerade angesichts der dann verhängten Höchststrafe ein deutliches Anzeichen für dessen Herabstufung zum Verfahrensobjekt[2289].

Im Zusammenhang mit der Vorsatzproblematik spricht der BGH auch Art und Niveau der Juristenausbildung an. Unter DDR-Juristen gab es wenige, deren Ausbildung und Beginn der Berufstätigkeit noch in die Zeit der Weimarer Republik fiel. Die meisten der ohnehin weniger nach fachlichen als nach politisch-ideologischen Kriterien ausgewählten Justizjuristen in den 50er Jahren wiesen nur eine sog. Volksrichterausbildung auf, die von 1946–1950/51 in Schnellkursen von zuerst nur einem halben, dann einem Jahr absolviert wurde. Erst bis 1960 mussten sie nach Fortbildungslehrgängen ihr Staatsexamen abgelegt haben[2290]. Es können also jedenfalls für diesen Zeitraum nicht die gleichen Rechtskenntnisse wie etwa bei NS-Richtern vorausgesetzt werden. Auch später ließ die Unterrichtung in Marxismus-Leninismus dem Studium des materiellen und prozessualen Rechts zu wenig Raum. (Eine allzu vertiefte Kenntnis des Rechts und kritische Auseinandersetzung damit dürfte zum Zwecke besserer politischer Beeinflussbarkeit der Juristen auch gar nicht erwünscht gewesen sein). Der BGH wendet seine obigen Grundsätze zur Annahme des Vorsatzes selbst bei Bestehen einer bloßen Volksrichterausbildung an[2291]. Dies ist angesichts der in der Tat hohen Anforderungen des BGH an die Erfüllung des objektiven Rechtsbeugungstatbestandes nicht zu beanstanden. Derart eklatante Rechtsverstöße dürften den Entscheidungsträgern auch bei verkürzter Ausbildung in der Regel nicht verborgen geblieben sein.

Des weiteren deuten nach Ansicht des BGH die unterschiedlichen Verhältnisse in der DDR einerseits und dem NS-Regime andererseits (unterschiedliche Dimension des staatlich verübten Unrechts sowie in der DDR nicht vorhandene Doktrin, wonach der bloße Wille der Inhaber staatlicher Macht Recht schaffen konnte) darauf hin, dass das Rechtsbewusstsein der in der DDR tätigen Richterschaft – vielleicht gerade angesichts der schrecklichen Erfahrung mit der Terror-Justiz im überwundenen NS-Staat – nicht gänzlich verstummt gewesen sein könne[2292].

2289 BGH a.a.O., 862.

2290 Zur Volksrichterausbildung *Gängel*, in: Im Namen des Volkes?, S. 47 ff.; *Feth*, in: Rottleuthner, Steuerung der Justiz in der DDR, S. 351 f.; *H. Frank*, NJ 1995, 403 ff.; Wentker (Hrsg.), Volksrichter in der SBZ/DDR, S. 9 ff.

2291 BGH NJW 1996, 857, 862; zurückhaltender BGH JZ 1998, 910, 911 = NStZ-RR 1998, 360, 361.

2292 BGH NJW 1996, 857, 863.

Gleichwohl hat der BGH trotz der Schlüsse für das Vorliegen des Vorsatzes, die er grundsätzlich angesichts der hohen objektiven Schranke für die Annahme von Rechtsbeugung gezogen hat, in Einzelfällen eine Strafbarkeit (auch) aus subjektiven Gründen verneint und mehrfach Freisprüche nicht beanstandet, die auf der Ablehnung des direkten Rechtsbeugungsvorsatzes beruhten[2293]. Ohne zu schematisch vorzugehen, hat er also differenziert-rechtsstaatlich geurteilt.

2293 BGHR StGB § 339 Vorsatz 2 m. w. N.; hierzu bereits o., Kapitel 7, A.II., VI.2. und 4.b)

11. Kapitel: Die Sperrwirkung des Rechtsbeugungstatbestandes bei tateinheitlich zusammentreffenden Delikten und die Problematik der Scheinverfahren

Zunächst sollen kurz solche Delikte erläutert werden, die mit der Rechtsbeugung zusammentreffen können. Sodann ist auf die Hauptthematik dieses Kapitels einzugehen, nämlich auf die Reichweite der sogenannten Sperrwirkung des Rechtsbeugungstatbestandes und die Frage, wie Scheinverfahren dogmatisch einzuordnen sind. Die strafrechtliche Aufarbeitung des DDR-Justizunrechts hatte nicht wenige Fälle von Scheinjustiz zum Gegenstand. Solche Erscheinungen beschränkten sich nicht nur auf die 50er und 60er Jahre.

A. Mit der Rechtsbeugung tateinheitlich zusammentreffende Delikte

Ein Richter, der vorsätzlich dem Recht bzw. Gesetz zuwider die Todesstrafe oder eine Freiheitsstrafe verhängt hat, ist nicht nur wegen Rechtsbeugung, sondern auch wegen Totschlags (oder gar Mordes) oder Freiheitsberaubung zu bestrafen. Die Delikte stehen zueinander im Verhältnis der Tateinheit (§ 63 II Alt. 1 DDR-StGB/1968, § 52 I Alt. 1 StGB). Meist wird Tateinheit mit Freiheitsberaubung gegeben sein. In besonderen Fällen kommen auch andere Delikte in Betracht.

I. Tötungsdelikte

Die Vollstreckung eines auf Rechtsbeugung beruhenden rechtswidrigen Todesurteils bedeutet eine vorsätzliche rechtswidrige Tötung[2294]. Da die

2294 LK-*Spendel* (11. Aufl.), § 339 Rn. 120.

Vollstreckung nicht in den Tätigkeitsbereich der Richter gehört, begehen sie bei der Verhängung eines solchen später vollstreckten Todesurteils die vorsätzliche rechtswidrige Tötungshandlung in mittelbarer Täterschaft (§ 22 I Alt. 2 DDR-StGB, § 25 I Alt. 2 StGB) kraft Irrtumsherrschaft über die Bediensteten der Vollstreckungs- und Vollzugsbehörden[2295]. Wird die Todesstrafe nicht vollstreckt, so liegt diesbezüglich nur ein Versuch vor. Die Todesstrafe wurde in der DDR erst durch Staatsratsbeschluss vom 17. Juli 1987[2296] und durch Gesetz vom 18. Dezember 1987[2297] abgeschafft.

In der DDR umfasste § 112 DDR-StGB („Mord") jede vorsätzliche Tötung ohne mildernde Umstände. Die Tötung unter bestimmten mildernden Umständen war als „Totschlag" nach § 113 DDR-StGB strafbar. Ein gesetzwidrig verhängtes Todesurteil ist demzufolge als (in Tateinheit mit Rechtsbeugung) in mittelbarer Täterschaft begangener Mord nach § 112 DDR-StGB bzw. Totschlag nach § 212 StGB einzustufen, wenn nicht mildernde Umstände anzuerkennen sind, die die Annahme eines minder schweren Falles nach § 213 StGB bzw. eines Totschlages nach § 113 DDR-StGB rechtfertigen. Milderes und daher anzuwendendes Recht ist in aller Regel § 212 I StGB, der i. V. m. § 38 II StGB fünf bis 15 Jahre Freiheitsstrafe androht. Bei Anwendung von § 112 DDR-StGB wäre dagegen ein Strafrahmen von nicht unter zehn Jahren bis lebenslängliche Freiheitsstrafe eröffnet.

Grundsätzlich denkbar, aber von der Rechtsprechung in keinem Fall ernsthaft in Betracht gezogen worden, ist allerdings in manchen Fällen auch die Einstufung als Mord nach § 211 StGB. Wenn das Urteil ausschließlich der Verbreitung von Angst und Schrecken zur Absicherung der Macht des Regimes diente und die unbarmherzige Verfolgung und Vernichtung politischer Gegner und Andersdenkender zum Ziel hatte, kommt die Annahme eines niedrigen Beweggrundes i. S. d. § 211 StGB in Betracht[2298].

Relevant für die Feststellung eines niedrigen Beweggrundes kann auch die Frage sein, ob beruflicher Ehrgeiz und Willfährigkeit gegenüber einem in Personalangelegenheiten einflussreichen Vorgesetzten (und nicht etwa Furcht) das Handeln des Angeklagten entscheidend mitbestimmt haben, wie der BGH in einem Verfahren gegen NS-Richter betont hatte[2299]. Diese

2295 Näher dazu *Scholderer*, Rechtsbeugung, S. 346f., auch zu dem Fall, dass diese ebenfalls bösgläubig sind.

2296 GBl. (DDR) I 1987 Nr. 17 S. 192.

2297 GBl. (DDR) I 1987 Nr. 31 S. 301.

2298 Zu solchen Fällen möglicher Scheinjustiz noch u., B.III. und IV.

2299 BGH NJW 1971, 571, 572.

Überlegung wurde aber nicht zum Nachteil von DDR-Richtern aufgegriffen.

Lediglich in einer Entscheidung zu DDR-Todesurteilen äußerte der BGH, dass „wenn schon nicht Mord vorliegt, an einen besonders schweren Fall des Totschlags (§ 212 II StGB) zu denken" sei. Dennoch erkannte er außerordentliche Milderungsgründe an, aus denen er die Anwendung des § 213 StGB unbeanstandet ließ[2300].

Allerdings liegt die Bedeutung der Erfüllung von Mordmerkmalen des § 211 StGB und der Bewertung als besonders schwerer Fall des Totschlags wegen des primär anzuwendenden Tatzeitrechts (§ 112 DDR-StGB) - außer für die Frage der Verjährung - nur darin, die Anwendung des StGB als milderes Gesetz in den Fällen auszuschließen, in denen nach den konkreten Umständen des Einzelfalles aus dem Strafrahmen des § 112 DDR-StGB (Freiheitsstrafe nicht unter 10 Jahre oder lebenslängliche Freiheitsstrafe) eine mehr als 15-jährige Freiheitsstrafe zu verhängen wäre.

II. Freiheitsberaubung (§ 239 StGB, § 131 DDR-StGB)

Die Vollstreckung einer im Wege der Rechtsbeugung verhängten Freiheitsstrafe ist eine vorsätzliche rechtswidrige Freiheitsberaubung[2301]. Daher begeht ein Richter - in Tateinheit mit Rechtsbeugung - Freiheitsberaubung in mittelbarer Täterschaft, wenn im rechtsbeugenden Urteil eine nicht zur Bewährung ausgesetzte Freiheitsstrafe verhängt und diese vollstreckt wird. Wird die Freiheitsstrafe entgegen der ursprünglichen Anordnung und Annahme nicht vollstreckt, so liegt bezüglich der Freiheitsberaubung nur ein Versuch vor. Freiheitsberaubung kann der Richter auch durch rechtsbeugende Anordnung von Untersuchungshaft begehen.

Für den Staatsanwalt[2302] kommt eine tateinheitliche Freiheitsberaubung in Betracht, soweit er als Herr des Ermittlungsverfahrens zugleich mit einer Rechtsbeugung für eine Inhaftierung verantwortlich ist[2303], also durch Beantragung eines Haftbefehls, Verhaftung oder vorläufige Festnahme. Beantragt er in der Hauptverhandlung eine rechtsbeugende Freiheitsstrafe, die auch verhängt und vollstreckt wird, ist er nicht nur wegen

2300 BGH NJW 1996, 857, 863; dazu Kapitel 12, C.

2301 LK-*Spendel* (11. Aufl.), § 339 Rn. 120.

2302 Zur Strafbarkeit von Staatsanwälten wegen Rechtsbeugung Kapitel 9.

2303 BGH NJW 1995, 3324, 3325.

(Anstiftung oder) Beihilfe zur Rechtsbeugung, sondern auch als Teilnehmer an der Freiheitsberaubung zu verurteilen[2304].

§ 131 DDR-StGB setzt voraus, dass jemand rechtswidrig der Freiheit beraubt wird. Daher steht es der Verwirklichung des Tatbestandes in vielen Fällen entgegen, dass die Voraussetzungen für die Anordnung von Untersuchungshaft durch Erlass eines Haftbefehls und entsprechend für dessen Beantragung durch den Staatsanwalt in §§ 122 ff DDR-StPO sehr weit waren. Es gab also einen weiten Spielraum für Gerichte und Untersuchungsorgane, in die Freiheit von Personen einzugreifen. Dies erschwert ebenso wie bei der Rechtsbeugung den Nachweis, dass der Eingriff in die Rechte des Opfers bewusst rechtswidrig vorgenommen wurde.

III. Erpressung (§ 253 StGB, § 127 DDR-StGB)

Erpressung kommt bei Verhängung von Geldstrafen[2305] und bei der Aberkennung vermögensrechtlicher Ansprüche in Zivilurteilen[2306] sowie bei der ungerechtfertigten Anerkennung solcher Ansprüche in Betracht.

IV. Aussageerpressung (§ 343 StGB) bzw. Nötigung zu einer Aussage (§ 243 DDR-StGB/1968)

Gemäß § 243 DDR-StGB/1968 kann mit Freiheitsstrafe bis zu fünf Jahren bestraft werden, wer als Richter, Staatsanwalt oder Mitarbeiter eines Untersuchungsorgans in einem Strafverfahren Zwangsmittel anwendet oder anwenden lässt, um Geständnisse oder Aussagen zu erpressen. Der im Wesentlichen inhaltsgleiche § 343 StGB kann trotz der höheren Strafdrohung milder als die entsprechende DDR-Bestimmung sein, weil eine danach verhängte Freiheitsstrafe zur Bewährung ausgesetzt werden kann[2307].

Unter Zwangsmitteln i. S. d. § 243 DDR-StGB/1968 sind neben physischer auch psychische Gewaltanwendung, Drohung mit Gewalt oder Drohung mit einer Straftat, z. B. mit einer Rechtsbeugung, zu verstehen. Die Duldung derartiger Zwangsmaßnahmen durch eine dritte Person wurde

2304 BGH a.a.O.
2305 *F.-C. Schroeder*, GA 1993, 389.
2306 *F.-C. Schroeder*, a.a.O.
2307 BGH NJ 2000, 658 f.

ebenfalls als tatbestandsmäßig angesehen. Tateinheit mit Rechtsbeugung ist möglich[2308], jedoch nicht immer gegeben, z. B. bei MfS-Mitarbeitern[2309], die Untersuchungshäftlinge durch Schläge zum Unterschreiben unrichtiger Vernehmungsprotokolle brachten[2310].

V. Strafvereitelung im Amt (§ 258a StGB) bzw. Begünstigung (§ 233 DDR-StGB)

Sobald die Rechtsbeugung zugunsten des Beschuldigten in einem Strafverfahren erfolgt – wie etwa bei der Nichtverfolgung von Wahlfälschungen –, wird tateinheitlich eine Strafvereitlung im Amt nach § 258a StGB vorliegen[2311], bzw. Beihilfe hierzu[2312]. Allerdings war die Strafdrohung im Recht der DDR milder (2 III StGB)[2313], so dass § 233 DDR-StGB (Begünstigung, bzw. Beihilfe hierzu, § 22 DDR-StGB[2314]) anzuwenden war. Danach machte sich u. a. strafbar, wer nach der Begehung einer Straftat dem Täter Beistand leistete, um ihn der Strafverfolgung zu entziehen. Der BGH hat insoweit die Identität des Unrechtskerns der beiden Vorschriften bejaht[2315].

B. Die Sperrwirkung des Rechtsbeugungstatbestandes und ihre Reichweite

Die Möglichkeit der Bestrafung wegen anderer Delikte wird durch die Sperrwirkung des Rechtsbeugungstatbestandes begrenzt. Fälle von

---

2308 MdJ/Dt. Akad. für Staats- und Rechtswissenschaften (Hrsg.), Strafrecht der DDR. Lehrkommentar zum Strafgesetzbuch, Bd. II (1969), § 243 Anm. 3. und 4.; zu § 343 StGB: LK-*Spendel* (11. Aufl.), § 339 Rn. 122 m. w. N.; LK-*Hilgendorf* (12. Aufl.), § 339 Rn. 137; Tröndle/Fischer (50. Aufl.), § 339 Rn. 22; Schönke/Schröder-*Heine* (28. Aufl.), § 339 Rn. 11; a. A. noch Schönke/Schröder-*Cramer* (26. Aufl.), § 339 Rn. 11 und § 343 Rn 20.

2309 Zu MfS-Mitarbeitern als mögliche Täter der Rechtsbeugung siehe Kapitel 9, B.II.

2310 Vgl. den Fall BGH NJ 2000, 658.

2311 *F.-C. Schroeder*, GA 1993, 400; BGH NJW 1994, 3238, 3242 = BGHSt 40, 169, 186; BGH NJW 1998, 248, 250 = BGHSt 43, 183, 194.

2312 BGH NJW 1998, 248, 250 = BGHSt 43, 183, 194.

2313 BGH NJW 1994, 3238, 3242 = BGHSt 40, 169, 186.

2314 So der Hinweis in BGH NJW 1998, 248, 250 = BGHSt 43, 183, 194.

2315 BGH NJW 1994, 3238, 3242 = BGHSt 40, 169, 186 f.

Scheinjustiz werfen allerdings die Frage nach der Reichweite dieser Sperrwirkung auf. Dies lenkt den Blick auf einige auch zeitgeschichtlich interessante Fälle von DDR-Justiz.

I. Die Sperrwirkung des § 339 StGB

Ein Richter, der eine Rechtssache falsch leitet oder entscheidet (oder eine andere Person des Täterkreises des § 336 a. F./§ 339 n.F. StGB) darf wegen dieser Tätigkeit nur dann nach anderen Vorschriften als § 336 a. F./§ 339 n.F. StGB (also insbesondere wegen Freiheitsberaubung oder – im Fall eines Todesurteils – wegen Totschlags) strafrechtlich zur Verantwortung gezogen werden, wenn gleichzeitig eine von ihm begangene Rechtsbeugung festgestellt wird. Die richterliche Tätigkeit darf also grundsätzlich nur dann zu einer Bestrafung wegen anderer Delikte führen, wenn der Richter zugleich den Tatbestand der Rechtsbeugung erfüllt hat[2316].

Diese erstmals 1946 von *Gustav Radbruch* vertretene[2317] Auffassung wurde bald von der Rechtsprechung übernommen[2318] und hat sich auch als nahezu einhellige Lehrmeinung durchgesetzt[2319]. Unter den unterschiedlichen Begründungen der Sperrwirkung – u. a. Schutz der richter-

---

2316 Zu erforderlichen Einschränkungen klarstellend *Vormbaum*, Der strafrechtliche Schutz des Strafurteils, S. 372; *Seemann*, Die Strafbarkeit des Richters, S. 111; *Kraut*, Rechtsbeugung?, S. 147; *Möller-Heilmann*, Die Strafverfolgung von Richtern und Staatsanwälten der ehemaligen DDR wegen Rechtsbeugung, S. 49.

2317 *Radbruch*, SJZ 1946, 108.

2318 OLG Bamberg SJZ 1949, Sp. 491; SchwurG Kassel in: Moritz/Noam, NS-Verbrechen vor Gericht, S. 320, 327; BGH MDR 1952, 693, 695; BGH NJW 1957, 1158, 1159 = BGHSt 10, 294, 298; BGHSt 32, 357, 364; OLG Düsseldorf NJW 1990, 1374, 1375.

2319 LK-*Spendel* (11. Aufl.), § 339 Rn. 129; LK-*Hilgendorf* (12. Aufl.), § 339 Rn. 144; *Seebode*, Das Verbrechen der Rechtsbeugung, S. 123f. (der allerdings in zu enger Betrachtung den Täterkreis der Rechtsbeugung und damit auch den Anwendungsbereich der Sperrwirkung auf den unabhängigen Richter und den weisungsfrei als unparteiischer Dritter handelnden Beamten beschränken will – JuS 1969, 206); *Bemmann*, Radbruch-GS, S. 308; *Mohrbotter*, JZ 1969, 491 f.; *Geppert*, Jura 1981, 81; *Vormbaum*, Der strafrechtliche Schutz des Strafurteils, S. 372; SK-*Rudolphi*, § 339 (5. Aufl.) Rn. 22; *Kühl* (27. Aufl.), § 339 Rn. 11; *Behrendt*, JuS 1989, 950; *Weber*, GA 1993, 215; *F.-C. Schroeder*, GA 1993, 389ff.; *Scholderer*, Rechtsbeugung, S. 340ff.; *Hupe*, Der Rechtsbeugungsvorsatz, S. 19ff.; *Seemann*, Die Strafbarkeit des Richters, S. 100ff.; *Letzgus*, FS Helmrich, S. 94; *Bottke*, Die Verfolgung von Regierungskriminalität der DDR nach dem Beitritt der neuen Länder, in: Lampe (Hrsg.), Deutsche Wiedervereinigung Bd. II, S. 225f.; *Kraut*, Rechtsbeugung?, S. 145f.; *Möller-Heilmann*, Die Strafverfolgung von Richtern und Staatsanwälten der ehemaligen DDR wegen Rechtsbeugung, S. 46ff.; *Reimer*, NStZ 1995, 84; *Wünsch*, StV 1997, 46f.; *Papier*, in: Isensee/Kirchhof (Hrsg.), Handbuch des

lichen Unabhängigkeit, Entscheidungszwang des Richters, Wortlaut und Systematik des Rechtsbeugungstatbestandes – überzeugt insbesondere folgende Überlegung: Die Sperrwirkung des § 339 StGB folgt daraus, dass dieser eine Strafbarkeit nur bei vorsätzlicher Beugung des Rechts vorsieht und damit die Fälle der Rechtsbeugung abschließend regeln soll. Würde auch ohne Eingreifen des Rechtsbeugungstatbestandes eine strafrechtliche Verantwortlichkeit nach anderen Tatbeständen angenommen, bestünde ein Wertungswiderspruch zu § 339 StGB, da dessen strafbarkeitsbegrenzende Funktion aufgehoben wäre[2320].

Die Sperrwirkung des § 339 StGB muss folglich nach zutreffender h.M. auch für DDR-Justizorgane gelten, losgelöst von der Frage ihrer Unabhängigkeit[2321]. Auch der BGH billigt die Sperrwirkung den Richtern und

---

Staatsrechts der Bundesrepublik Deutschland, Bd. IX, S. 618 Rn. 65; *Burian*, ZStW 112 (2000), 113; MünchKom-*Uebele*, § 339 Rn. 71;
a. A. *Bauer*, Radbruch-GS, S. 306; *Stumpf*, NStZ 1997, 9 f.; krit. auch SK-*Rudolphi/Stein*, § 339 (7. Aufl.) Rn. 22a, 22b. Anders *Begemann*, NJW 1968, 1361 ff.; *ders.*, SchlHA 1993, 185; *ders.*, NStZ 1996, 389, der (mit anderer Reichweite) eine Haftungsbegrenzung nach rein objektiven Merkmalen aus der Wirksamkeit, Rechtskraftfähigkeit und Vollstreckbarkeit auch fehlerhafter richterlicher Erkenntnisse ableiten will und die Strafbarkeit nach tateinheitlichen Delikten trotz fehlenden Rechtsbeugungsvorsatzes nicht erst bei Scheinurteilen (Nichturteilen), sondern bereits bei nichtigen Urteilen eröffnet sieht (kritisch hierzu *Seebode*, Das Verbrechen der Rechtsbeugung, S. 124; *ders.*, JuS 1969, 206; *Schmidt-Speicher*, Hauptprobleme der Rechtsbeugung, S. 22, 108; *Schöll*, Die Rechtsbeugung, S. 218 f). Gegen *Begemanns* Ansatz spricht u. a., dass er den von der h.M. bemängelten Wertungswiderspruch in den Fällen lediglich nichtiger Urteile nicht vermeidet, sondern gerade zu umgehen versucht.

2320 LK-*Spendel* (11. Aufl.), § 339 Rn. 129; LK-*Hilgendorf* (12. Aufl.), § 339 Rn. 144; *Seebode*, Das Verbrechen der Rechtsbeugung, S. 123 f.; *ders.*, JuS 1969, 206, *ders.*, FS Lenckner, S. 600; *Bemmann*, Radbruch-GS, S. 308; *F.-C. Schroeder*, GA 1993, 394 f.; *Scholderer*, Rechtsbeugung, S. 345; *Hupe*, Der Rechtsbeugungsvorsatz, S. 26 f.; *Seemann*, Die Strafbarkeit des Richters, S. 109, 112; *Kraut*, Rechtsbeugung?, S. 146; *Möller-Heilmann*, Die Strafverfolgung von Richtern und Staatsanwälten der ehemaligen DDR wegen Rechtsbeugung, S. 48; *Schöll*, Die Rechtsbeugung, S. 219 f; sinngemäß auch *Wünsch*, StV 1997, 47.

2321 So ausdrücklich *Bemmann*, in: Bemmann/Manoledakis (Hrsg.), Der Richter in Strafsachen, S. 164; *Weber*, GA 1993, 216; *F.-C. Schroeder*, GA 1993, 401f; *Roggemann*, Die Justiz auf dem Prüfstand der Justiz, in: BMJ (Hrsg.), Im Namen des Volkes?, S. 293 mit Fn. 47; *Kühl* (27. Aufl.), § 339 Rn 2 und § 2 Rn. 19b; ebenso bereits *Heinitz*, Probleme der Rechtsbeugung, S. 6; i.ü. wird dies von vielen als selbstverständlich vorausgesetzt; a. A. *Vormbaum*, NJ 1993, 215 (Fn. 30); *v. Renesse*, NJ 1993, 411; *Reimer*, NStZ 1995, 84; *Wassermann*, RuP 1992, 129 und DRiZ 1992, 161 (die Sperrwirkung an die Unabhängigkeit knüpfend); *Begemann* (NStZ 1996, 389) kommt bei Fällen aus der DDR-Justiz aufgrund seiner rein objektiven Ableitung einer Haftungsbegrenzung aus der Wirksamkeit und Vollstreckbarkeit eines Staatsaktes (s. o.) zu einer Versagung der Sperrwirkung schon dann, wenn der BGH das Verhalten als objektiv rechtsbeugerisch i. S. v. bes. schweren Rechtsverstößen und Menschenrechtsverletzungen

Staatsanwälten der DDR zu. Zwar hält er in einem Urteil vom 15.9.1995 an der Ansicht fest, einer die Sperrwirkung herleitenden Auslegung bei § 336 (a. F.) StGB komme auch die Funktion eines Schutzes für die Unabhängigkeit der Rechtspflege zu[2322]. Doch schließt er sich gleichzeitig der Meinung an, dass die Sperrwirkung eine notwendige Konsequenz aus der speziellen Regelung für eine eingeschränkte strafrechtliche Verantwortung sei[2323].

II. Sperrwirkung des § 244 DDR-StGB

Auch bei dem Rechtsbeugungstatbestand des DDR-Strafrechts stellt sich die Frage, ob diesem eine Sperrwirkung für weitere Tatbestände zu entnehmen ist. Weder in Kommentaren und Lehrbüchern noch in der Rechtsprechung der DDR findet sich eine Anerkennung der Sperrwirkung des Rechtsbeugungstatbestandes, welcher überhaupt äußerst spärlich kommentiert ist. Es wurde in der DDR vielmehr die in der Bundesrepublik entwickelte Sperrwirkung als „Standesprivileg" angegriffen und strikt abgelehnt[2324].

Aus diesem Grunde wollen manche eine Sperrwirkung des § 244 DDR-StGB nicht anerkennen[2325]. Andere lehnen diese wegen Fehlens richterlicher Unabhängigkeit ab[2326]. Dem ist jedoch entgegenzuhalten, dass für die Begründung der Sperrwirkung – ebenso wie bei § 336 a. F./ 339 n.F. StGB – nicht der Schutz der richterlichen Unabhängigkeit entscheidend ist, sondern der andernfalls entstehende Wertungswiderspruch. Dieser bestünde auch im Rahmen des DDR-Strafrechts, wollte man eine Sperrwirkung des

---

ansieht (*Begemann*, NStZ 1996, 389). Er geht also in diesen Fällen offenbar generell vom Fehlen der Wirksamkeit der Entscheidung aus, was zweifelhaft ist.

2322 BGH NJW 1995, 3324, 3326; so schon BGH NJW 1957, 1158, 1159 = BGHSt 10, 294, 298; vgl. aber auch BGH NJW 1960, 974f., wo der BGH klarstellt, dass Täter einer Rechtsbeugung auch ein DDR-Richter sein könne, dem es an der Unabhängigkeit tatsächlich fehle. Kritisch zur Argumentation mit dem Schutz der richterlichen Unabhängigkeit *Bauer*, Radbruch-GS, S. 306; *Hupe*, Der Rechtsbeugungsvorsatz, S. 23ff.; *Seemann*, Die Strafbarkeit des Richters, S. 107.

2323 BGH NJW 1995, 3324, 3326; BGH NJW 1996, 857.

2324 *Kaul*, NJ 1969, 150; *ders.*, NJ 1969, 180; *Wieland*, NJ 1984, 53.

2325 *Weber*, GA 1993, 216; *Bemmann*, in: Bemmann/Manoledakis (Hrsg.), Der Richter in Strafsachen, S. 164; *F.-C. Schroeder*, GA 1993, 401 (der aber insoweit auf § 339 StGB als aufgrund der Sperrwirkung milderes Gesetz verweist); *Schöll*, Die Rechtsbeugung, S. 75; wohl auch *Vormbaum*, StV 1993, 215.

2326 *Wassermann*, RuP 1992, 208; *ders.*, FS Spendel, S. 645f.; *ders.*, DRiZ 1993, 141 (er nennt die von *Radbruch* eingeführte Sperrwirkung irreführend „Radbruchsche Formel"); *Quasten*, Die Judikatur des Bundesgerichtshofs zur Rechtsbeugung im NS-Staat und in der DDR, S. 196ff.; wohl auch *Vormbaum*, StV 1993, 215 (Fn. 28).

§ 244 DDR-StGB negieren. Denn auch § 244 DDR-StGB sieht eine Begrenzung der Strafbarkeit vor (nämlich auf direkt vorsätzlich gesetzwidrige Entscheidungen), die leerliefe, wenn es über konkurrierende Delikte bei Fehlentscheidungen, die keine strafbare Rechtsbeugung darstellen, doch zu einer Bestrafung kommen könnte. Eine Sperrwirkung des § 244 DDR-StGB ist daher anzuerkennen[2327].

Aus diesen Gründen billigt auch der BGH den Richtern und Staatsanwälten der DDR trotz des andersartigen Justizsystems der DDR die Sperrwirkung ausdrücklich auch im Rahmen des § 244 DDR-StGB zu. Denn sie sei unabhängig von mit der Regelung geschützten Rechtsgütern vornehmlich als Folge einer Spezialregelung systematisch geboten[2328].

Es drängt sich zwar zunächst der Gedanke auf, dass durch die Verbindung von Vorsatzerfordernis des dolus directus und Sperrwirkung erneut ein Standesprivileg geschaffen werde, wie einst bei NS-Richtern und Staatsanwälten[2329]. Der wesentliche Unterschied liegt aber darin, dass sich das Erfordernis direkten Vorsatzes bei DDR-Justizjuristen unmittelbar aus dem Gesetz ergibt (§ 244 DDR-StGB, Art. 315 I EGStGB, § 2 StGB), während es für die NS-Juristen willkürlich contra legem von der Rechtsprechung aufgestellt wurde[2330].

III. Keine Sperrwirkung bei Scheinjustiz

Ist die Sperrwirkung des Rechtsbeugungstatbestandes grundsätzlich anzuerkennen, so ist sie doch für Fälle von regelrechten Scheinverfahren

---

2327 So auch *Limbach*, ZRP 1992, 173; *Lüderssen*, Der Staat geht unter - das Unrecht bleibt?, S. 149 f.; *Letzgus*, FS Helmrich, S. 86 f.; *Kraut*, Rechtsbeugung?, S. 146 f.; *Möller-Heilmann*, Die Strafverfolgung von Richtern und Staatsanwälten der ehemaligen DDR wegen Rechtsbeugung, S. 230; *Wieners*, Rechtsbeugung im Zeitgeistwandel, S. 117 f.; *König*, JR 1997, 319; *Seebode*, FS Lenckner, S. 600 f.; *Kühl* (27. Aufl.), § 2 Rn. 19 b; LK-*Spendel* (11. Aufl.), § 339 Rn. 129; LK-*Hilgendorf* (12. Aufl.), § 339 Rn. 145; i.E. auch *Roggemann*, Die Justiz auf dem Prüfstand der Justiz, in: BMJ (Hrsg.), Im Namen des Volkes? S. 294; *Bottke*, Die Verfolgung von Regierungskriminalität der DDR nach dem Beitritt der neuen Länder, in: Lampe (Hrsg.), Deutsche Wiedervereinigung Bd. II, S. 225 f., der dies vorwiegend mit der - ohne Rücksicht auf andere Praktiken - auch im DDR-Recht enthaltenen „normativen Idee" der richterlichen Unabhängigkeit begründet.

2328 BGH NJW 1995, 3324, 3326; BGH NJW 1996, 857.

2329 Dazu noch Kapitel 13, C.II.3.a), b).

2330 Dazu noch Kapitel 13, C.II.3.a), b). Hierauf wies bereits *Möller-Heilmann*, Die Strafverfolgung von Richtern und Staatsanwälten der ehemaligen DDR wegen Rechtsbeugung, S. 231 hin.

in Frage zu stellen. Der Begriff „Scheinverfahren" geht auf ein sogleich näher darzustellendes BGH-Urteil zu NS-Juristen zurück. Dieses wäre insbesondere geeignet gewesen, Maßstäbe für die sachgerechte Ahndung von NS-Justizunrecht vorzugeben, hätte die Justiz sich wirklich und durchgängig daran orientiert. Warum aber keine befriedigenden Ergebnisse erzielt wurden, bedarf gesonderter Erörterung im Zusammenhang mit der Aufarbeitung des NS-Justizunrechts[2331]. Hier soll zunächst der Hinweis genügen, dass die Entscheidung in ihrem dogmatischen Ansatz im Hinblick auf die Grenzen der Sperrwirkung ein Einzelfall blieb. Später hat sich vor allem die Literatur damit auseinandergesetzt, wie eine Versagung der Sperrwirkung dogmatisch zu begründen ist, welche Rechtsfolgen dies nach sich zieht und welche Kriterien überhaupt eine Abgrenzung der Scheinverfahren von normalen gerichtlichen Verfahren erlauben. Die Überlegungen der Literatur fanden jedoch keinen Eingang in die weitere BGH-Rechtsprechung.

1. Erster, nicht weiterverfolgter Ansatz in der BGH-Rechtsprechung zum NS-Justizunrecht

In dem Prozess gegen den Ankläger *Huppenkothen* wegen Beihilfe zum Mord in sechs Fällen in dem „Standgerichtsverfahren" gegen *Pastor Bonhoeffer, Admiral Canaris u.* a., die als Widerstandskämpfer des 20. Juli 1944 unter unsäglichen Umständen in einem Konzentrationslager zum Tode „verurteilt" und hingerichtet wurden[2332], hob der BGH mit Urteil vom 12. Februar 1952 den durch das Schwurgericht erfolgten Freispruch mit einer Begründung auf, die zur Orientierung für die Einordnung solcher Fälle von Scheinjustiz dienen kann (die der BGH aber leider im weiteren Verlauf des Verfahrens sowie in späteren Urteilen nicht konsequent anwandte[2333]):

Eine Verurteilung wegen Beihilfe zum Mord oder Totschlag (richtigerweise: wegen mittelbarer Täterschaft hierbei[2334]) scheide nicht etwa deswegen aus, weil ein Verfahren unter Wahrung des gerichtlichen Gesichts stattgefunden habe. Ein Verfahren, bei dem nur das gerichtliche Gesicht

2331 Dazu Kapitel 13, C.I.2., 3. sowie C.II.2. und 3.b).

2332 Dazu *Spendel*, Rechtsbeugung durch Rechtsprechung, S. 89ff.; *Homann*, Herausforderungen an den Rechtsstaat durch Justizunrecht, S. 49ff.

2333 Dazu Kapitel 13, C.II.2.

2334 Zu Recht ablehnend gegenüber der Einordnung der richterlichen Entscheidung als bloße Beihilfe: *Spendel*, Rechtsbeugung durch Rechtsprechung, S. 94ff.; *Mohr*, NJW 1997, 915f.

gewahrt sei, das also nur äußerlich und zum Schein die für ein gerichtliches Verfahren geltenden Vorschriften beachte, und dessen Ergebnisse für den Richterspruch ohne Bedeutung seien, sei weder dem Namen noch der Sache nach ein gerichtliches Verfahren, auch wenn die notwendigen äußeren Formen noch gewahrt seien.

Entsprechendes gelte für einen Urteilsspruch, wenn er nicht allein auf den Ergebnissen eines Verfahrens beruhe, das sich ernsthaft um die erschöpfende Klärung der Schuldfrage bemühe. Zum unabdingbaren Wesen eines Richterspruchs gehöre, dass er von befehlsunabhängigen Richtern als Entscheidung ihres freien Rechtsgewissens aufgrund eines Verfahrens gefällt werde, das dazu diene, die Wahrheit zu erforschen, Schuld oder Unschuld und das Maß der Schuld zu ermitteln und festzustellen, so dass von dem Ergebnis dieses Verfahrens allein der von den Richtern zu fällende Spruch abhänge. Angebliche Urteile, die in Wahrheit nur in Urteilsform gekleidete willkürliche Machtsprüche waren, die dem Wunsch oder dem Befehl eines Auftraggebers nachkamen und den Zweck verfolgten, die gewollte und gewünschte Beseitigung von Gegnern der nationalsozialistischen Führung unter einem rechtlichen Gewand zu verbergen, seien der Sache nach keine Urteile. Für die Tötung der Opfer könne ein bloßes Scheinverfahren keinen Rechtfertigungsgrund abgeben. Die Überzeugung, es habe sich um ein willkürliches Scheinverfahren gehandelt, dränge sich insbesondere auf, je häufiger es zu Verstößen gegen geltende Rechtsvorschriften gekommen sei und je gröber sie gewesen seien[2335].

2. Dogmatische Herleitung der Versagung der Sperrwirkung und Rechtsfolgen

Der Durchgriff auf andere Straftatbestände soll nach ganz überwiegender und zu befürwortender Meinung durch die Sperrwirkung des Rechtsbeugungstatbestandes dann nicht ausgeschlossen sein, „wenn ein Tribunal nicht mehr als Gericht, seine Prozedur nicht mehr als Rechtsverfahren, seine Entscheidung nicht mehr als Richterspruch qualifiziert werden kann"[2336], wenn also von einem rechtlich geregelten Verfahren und einem

2335 BGHSt 2, 173, 175 f., dem folgend SchwurG Ansbach, Urt. v. 23.7.1960, Justiz und NS-Verbrechen XVI, 495, 557 f.

2336 LK-*Spendel* (11. Aufl.), § 339 Rn. 131; LK-*Hilgendorf* (12. Aufl.), § 339 Rn. 147; *Behrendt*, JuS 1989, 950; *Wassermann*, FS Spendel, S. 645; *ders.*, RuP 1992, 207; *ders.*, DRiZ 1993, 141; *F.-C. Schroeder*, GA 1993, 397 f.; *Maiwald*, NJW 1993, 1885; *Weber*, GA 1993, 214;

Urteil nicht mehr gesprochen werden kann, sondern nur noch von einer „pseudorechtlichen Vernichtungsaktion"[2337]. Die an solchen Scheinverfahren beteiligten Personen wären dann nicht „als Richter", sondern wie „jedermann" wegen eines allgemeinen Verbrechens zu bestrafen[2338]. Denn dann fehlt es schon an der Tatsituation der „Leitung oder Entscheidung einer Rechtssache"[2339], so dass man sich außerhalb des Anwendungsbereiches des Rechtsbeugungstatbestandes befindet, der somit auch keine Sperrwirkung entfalten kann. Dieser Gedankengang wird auch einmal in der insoweit vereinzelt gebliebenen Entscheidung BGHSt 32, 357ff. („prügelnder Jugendstaatsanwalt") angewandt, wonach sich die vom Angeklagten vorgenommene eigenhändige Züchtigung so weit von einer Maßnahme der „Leitung oder Entscheidung einer Rechtssache" entferne, dass sie rechtlich nicht als eine solche gewertet werden könne. Die Sperrwirkung stehe daher einer Verurteilung wegen Körperverletzung im Amt in keinem Fall entgegen[2340]. Entsprechendes gilt für § 244 DDR-StGB, bei

---

Kraut, Rechtsbeugung?, S. 147; *Möller-Heilmann*, Die Strafverfolgung von Richtern und Staatsanwälten der ehemaligen DDR wegen Rechtsbeugung, S. 49f.; *Wieners*, Rechtsbeugung im Zeitgeistwandel, S. 118f. und 125; *Marxen/Werle*, Die strafrechtliche Aufarbeitung von DDR-Unrecht. Eine Bilanz, S. 57f.; *Kühl* (27. Aufl.), § 339 Rn. 11; SK-*Rudolphi*, § 339 (5. Aufl.) Rn. 5; SK-*Rudolphi/Stein*, § 339 (7. Aufl.) Rn. 3b, 4 (pauschal zu Verfahren im „Dritten Reich" und in der DDR); *Mohr*, NJW 1997, 916; *Papier*, in: Isensee/Kirchhof (Hrsg.), Handbuch des Staatsrechts der Bundesrepublik Deutschland, Bd. IX, S. 618 Rn. 65; *Schöll*, Die Rechtsbeugung; S. 123f., 227f.; *Seemann*, Die Strafbarkeit des Richters, S. 113, der allerdings – etwas zu weitgehend – ein Scheinverfahren bereits dann annimmt, wenn ein Prozess nicht die „rechtsstaatlichen Mindestanforderungen eines ‚fair trial' wie rechtliches Gehör, gesetzlicher Richter, Möglichkeit, einen Verteidiger beizuziehen" erfüllt; wohl auch *Rüping*, JZ 1984, 817; i.E. ebenso, aber in der Begründung von der h.M. abweichend *Begemann*, NJW 1968, 1362ff.

2337 *Behrendt*, JuS 1989, 950.

2338 LK-*Spendel* (11. Aufl.), § 339 Rn. 131; LK-*Hilgendorf* (12. Aufl.), § 339 Rn. 147; *Schöll*, Die Rechtsbeugung, S. 227.

2339 *Wassermann*, RuP 1992, 130; *ders.* RuP 1992, 208; *ders.*, NJW 1992, 879; *ders.*, FS Spendel, S. 645; *Spendel*, JuS 1988, 857, 859; *Kühl* (27. Aufl.), § 339 Rn. 11; grundsätzlich auch *Maiwald*, NJW 1993, 1885; im Ergebnis auch *Wieners*, Rechtsbeugung im Zeitgeistwandel, S. 125f.; *Mohr*, NJW 1997, 916; zurückhaltender Fischer (58. Aufl.), § 339 Rn. 20 (Schein-Entscheidungen, die nach außen nicht einmal mehr den Anschein eines rechtsförmigen Verfahrens erwecken, sollen vom Rechtsbeugungstatbestand ausgenommen sein); die „Rechtssache"-Qualität der von NS-Richtern geleiteten Verfahren generell anzweifelnd *Vormbaum*, Der strafrechtliche Schutz des Strafurteils, S. 374.

2340 BGHSt 32, 357, 364f. Dabei unterscheidet der BGH zwischen der Züchtigung einerseits und dem vorherigen Hinwirken gegenüber den Jugendlichen und Heranwachsenden oder deren Eltern auf eine Einwilligung in die Züchtigung andererseits. Die Betroffenen gaben die Einwilligung in dem Bewusstsein, andernfalls werde das Ver-

dem es dann am Merkmal „bei der Durchführung eines gerichtlichen Verfahrens oder eines Ermittlungsverfahrens" fehlt.

Dass der Ausschluss der Sperrwirkung mit der Verneinung eines Tatbestandsmerkmals verbunden wird, ist dogmatisch nicht zu beanstanden, auch wenn man meint, dass sich die Sperrwirkung genaugenommen nicht aus dem Tatbestand der Rechtsbeugung selbst, sondern aus einem Umkehrschluss hieraus ergibt[2341]. Denn der mit der Sperrwirkung zu vermeidende Wertungswiderspruch kann so oder so nur im Anwendungsbereich des Rechtsbeugungstatbestandes auftreten. Nur für die Tatsituation der „Leitung oder Entscheidung einer Rechtssache" stellt § 339 StGB eine abschließende Regelung dar. Außerhalb dessen besteht auch kein Schutzbedürfnis. Auch die teilweise vorgeschlagene und überzeugende dogmatische Einordnung der Sperrwirkung als Rechtfertigungsgrund amtlichen Handelns in dem Spezialfall der Entscheidung von Rechtssachen, welcher beinhaltet, dass Richter und andere Amtsträger für die Leitung und Entscheidung von Rechtssachen gerechtfertigt sein sollen (genauer gesagt: für die tatbestandliche Erfüllung allgemeiner Strafrechtsnormen hierbei[2342]), sofern kein vorsätzlicher Verstoß gegen das Recht vorliegt[2343],

---

fahren mit der Folge anderer Sanktionen fortgeführt. Das Vorgehen des Staatsanwalts laufe auf das Herbeiführen einer „Vereinbarung" über eine solche Erledigung der Sache mit anschließender Verfahrenseinstellung hinaus. Es stelle sich objektiv als Leitung einer Rechtssache (und Beugung des Rechts) dar (BGH a.a.O., 359), weshalb der BGH der Revision der Staatsanwaltschaft stattgibt, welche gerügt hatte, dass der Angeklagte nicht auch wegen tateinheitlich begangener Rechtsbeugung verurteilt worden war (BGH a.a.O., 357). Dies ist im Ergebnis nicht widersprüchlich. Denn die Tragweite der Sperrwirkung richtet sich auch nach der jeweiligen Tathandlung. Daher geht der BGH zutreffend davon aus, dass die Sperrwirkung trotz Leitung einer Rechtssache bei Hinwirken auf die „Vereinbarung", auch wenn der Tatbestand der Rechtsbeugung aus subjektiven Gründen nicht erfüllt sein sollte, der Verurteilung wegen Körperverletzung im Amt durch die Züchtigung nicht entgegensteht.

2341 So aber *F.-C. Schroeder*, GA 1993, 397.

2342 Einfügung v. d. *Verf.*

2343 So *F.-C. Schroeder*, GA 1993, 396; dem folgend *Burian*, ZStW 112 (2000), 113 Fn. 35; *Horstkotte*, Rechtsbeugung, in: Drobnig (Hrsg.), Die Strafrechtsjustiz der DDR im Systemwechsel, S. 80; MünchKom-*Uebele*, § 339 Rn. 72; NK-*Kuhlen* § 339 Rn. 92; ähnlich schon OLG Bamberg SJZ 1949, Sp. 491; ähnlich auch schon *Sarstedt*, FS Heinitz, S. 442 (wonach nicht § 336 StGB a. F. den Richter vor einer Bestrafung wegen Tötung oder Freiheitsberaubung sichere; davor sichere ihn vielmehr, dass es seines Amtes sei, unter bestimmten Voraussetzungen Freiheitsentziehungen und früher auch Tötungen anzuordnen; darin liege seine Rechtfertigung); vgl. auch die unten zitiert Entscheidung BGHSt 2, 173, 175 f., wonach ein bloßes Scheinverfahren keine Rechtfertigung für die Tötung der Opfer abgeben könne.

setzt gerade die Leitung oder Entscheidung von Rechtssachen für ihren Geltungsbereich voraus und knüpft damit an dieses Tatbestandsmerkmal der Rechtsbeugungsnorm an.

Die obige Beschreibung der Konstellation, wann es an der „Leitung oder Entscheidung einer Rechtssache" fehlen soll, korrespondiert im Rahmen der Unterscheidung zwischen rechtswidrigen Urteilen, nichtigen Urteilen (die keine Rechtswirkung entfalten) und Nicht-Urteilen (denen jede Rechtsqualität abgeht) mit der Einordnung als Nicht-Urteil[2344]. Maßgeblich für die Bestimmung der Grenzen der Sperrwirkung des Rechtsbeugungstatbestandes ist mithin nicht etwa die Unterscheidung zwischen rechtswidrigen und nichtigen Urteilen[2345], sondern die zwischen nichtigen und Nicht-Urteilen. Im Rahmen einer entsprechenden Einteilung fehlerhafter Verfahren in rechtswidrige Gerichtsverfahren einerseits und „Nicht-Verfahren" andererseits[2346] fehlt es an der „Leitung oder Entscheidung einer Rechtssache" bei schieren „Nicht-Verfahren", wobei letztere eleganter als „Scheinverfahren" bezeichnet werden[2347].

Die Verhängung und Vollstreckung eines in einem Scheinverfahren ergangenen Scheinurteils (Nicht-Urteils) ist ohne weiteres rechtswidrig, d.h. ohne dass die Übereinstimmung des Urteils mit der materiellen Rechtslage zu prüfen wäre[2348]. Der Rechtfertigungsgrund amtlichen Handelns in dem Spezialfall der Entscheidung von Rechtssachen greift hier nicht ein.

Die Unanwendbarkeit des Rechtsbeugungstatbestandes und der unbeschränkte Durchgriff auf das allgemeine Strafrecht durch das Ausscheiden der Sperrwirkung führt allerdings nur teilweise zu einer Verschärfung der strafrechtlichen Haftung bei Scheinverfahren. Teilweise ist das Gegenteil die Folge. (Dies wird bei DDR-Juristen auch nicht durch eine in manchen Fällen - unabhängig von der Frage der Sperrwirkung verbleibende - mögliche Strafbarkeit wegen Verfolgung Unschuldiger aufgefangen, da im DDR-StGB eine Entsprechung zu § 344 StGB fehlte).

2344 Zu der Unterscheidung LK-*Spendel* (11. Aufl.), § 339 Rn. 132; ebenso zur Einordnung *Wassermann*, RuP 1992, 130.

2345 So aber *Scholderer*, Rechtsbeugung, S. 376f., der die Sperrwirkung bereits bei und wegen der Nichtigkeit richterlicher Entscheidungen versagen will, weil nichtiges Staatshandeln keinerlei Rechtswirkungen entfalte. Die Begründung vermag nicht zu überzeugen, da die Sperrwirkung keine Wirkung des Urteils ist, sondern aus der Wertung des Rechtsbeugungstatbestandes folgt (s. o.).

2346 *Scholderer* (Rechtsbeugung, S. 382) spricht auch von einem „nichtige(n)" gerichtlichen Verfahren, ebenso hält dies *Spendel* für denkbar (LK-*Spendel*, 11. Aufl., § 339 Rn. 12 b). Nichtig können jedoch nur Rechtsakte sein, nicht Verfahren als solche.

2347 Vgl. LK-*Spendel* (11. Aufl.), § 339 Rn. 12 b und 132.

2348 Ebenso BGHSt 2, 173, 176; *F.-C. Schroeder*, GA 1993, 389, 398; *Hohoff*, An den Grenzen des Rechtsbeugungstatbestandes, S. 175; i. E. auch *Begemann*, NJW 1968, 1361, 1362.

Der Strafrahmen ist nämlich bei einer Verurteilung nur wegen Freiheitsberaubung bei DDR-Richtern geringer als bei einer tateinheitlichen Verurteilung wegen Rechtsbeugung, da § 131 I DDR-StGB eine Höchststrafe von zwei Jahren vorsieht und daher zumindest bei nicht bewährungsfähigen Strafen als milderes Gesetz gegenüber § 239 StGB (Höchststrafe fünf Jahre, wie bei der Rechtsbeugung) anzuwenden wäre. Für Fälle ohne DDR-Bezug ist auf das Nichteingreifen der Mindeststrafe des § 339 StGB hinzuweisen (was allerdings bei NS-Todesurteilen nicht zum Tragen käme, vgl. §§ 212, 211 StGB).

Daneben kann sich die Irrtumsproblematik auswirken. Soweit man nicht davon ausgeht, dass die Annahme, ein echtes gerichtliches Verfahren durchzuführen und daher den Rechtfertigungsgrund der Entscheidung von Rechtssachen in Anspruch nehmen zu können, lediglich eine als Erlaubnisirrtum nach § 17 StGB zu behandelnde *rechtliche* Fehlbewertung darstellt, soweit man also vielmehr davon ausgeht, dass es sich um die irrige Annahme der *tatsächlichen* Voraussetzungen eines Rechtfertigungsgrundes handelt (Erlaubnistatbestandsirrtum), was vom Einzelfall abhängt, so kann eine Strafbarkeit gänzlich entfallen[2349], selbst wenn Rechtsnormen vorsätzlich verletzt wurden. War ein Verfahren in Wahrheit überhaupt kein Rechtsverfahren und das „Todesurteil" überhaupt kein Richterspruch mehr, können die Beteiligten zwar nach Ansicht von Teilen der Literatur und der Nachkriegsrechtsprechung wegen fahrlässiger Tötung bestraft werden, wenn sie irrtümlich ihre Entscheidung für ein wirksames Urteil gehalten und fahrlässig nicht als bloßen Willkürakt ohne jede Urteilsqualität erkannt haben[2350]. Nach der DDR-Dogmatik käme man wohl zum gleichen Ergebnis[2351] (wobei nach der hier vertretenen Einschätzung der DDR-Dogmatik[2352] in den Fällen der rein rechtlichen Fehlbewertung ebenfalls eine Vorsatztat nicht grundsätzlich ausscheiden würde[2353]). Nicht verfolgbar wären aber derartige Fälle, wenn nur eine Freiheitsstrafe verhängt wurde, da die fahrlässige Freiheitsberaubung weder im bundesdeutschen noch im DDR-Recht strafbar ist. Insofern

2349 Vgl. dazu auch *Hohoff*, An den Grenzen des Rechtsbeugungstatbestandes, S. 175 ff.

2350 So LK-*Spendel* (11. Aufl.), § 339 Rn. 132; *ders.*, JuS 1988, 859 und ihm folgend *Wessel*, NS-Justizverbrechen und Nachkriegsrechtsprechung, S. 34; ebenso bereits BayObLG Justiz und NS-Verbrechen VII, 184 f. und SchwG Würzburg Justiz und NS-Verbrechen VII, 173, 175 für den Lohrer Standgerichtsfall sowie BayObLG Justiz und NS-Verbrechen VI, 591, 592.

2351 Vgl. auch *Hohoff*, An den Grenzen des Rechtsbeugungstatbestandes, S. 177 f.

2352 Dazu Kapitel 10, A. II.

2353 A.A. *Hohoff*, a.a.O., S. 177 f.; gegen *Hohoff* insoweit siehe bereits Kapitel 10, A. II.

wäre also die allgemein-strafrechtliche Haftung bei Scheinverfahren, die von den Beteiligten nicht als solche erkannt wurden, falls gleichzeitig eine vorsätzliche Beugung des materiellen oder des Prozessrechts bestünde, gegenüber der Anwendung des Rechtsbeugungstatbestandes milder. Allerdings wird dieser Effekt dadurch eingeschränkt, dass Scheinverfahren schon begrifflich ohne bestimmte in der Vorstellungswelt des Richters anzusiedelnde Voraussetzungen nicht zu bestimmen[2354] und daher „fahrlässige Scheinverfahren" kaum denkbar sind.

Die Unanwendbarkeit des Rechtsbeugungstatbestandes bei Scheinverfahren führt immerhin auch zu einer weiteren wichtigen Konsequenz, die lange Zeit nicht beachtet wurde, und zwar hinsichtlich der Bestrafung der Hintermänner: Es ist die Möglichkeit eröffnet, auch diejenigen, die an Scheinverfahren etwa durch Erteilung, Weitergabe oder Umsetzung von Weisungen beteiligt waren, *als mittelbare Täter* kraft Beherrschung eines organisierten Machtapparates wegen Freiheitsberaubung bzw. wegen eines Tötungsdeliktes zur Verantwortung zu ziehen[2355]. Folgt man hingegen der Rechtsprechung, so ist allenfalls eine Strafbarkeit als Anstiftung oder Beihilfe zur Rechtsbeugung möglich. Dieser Unterschied dürfte für die Betrachtung von DDR-Altfällen bedeutsamer sein als bei NS-Justizunrecht. Denn aus DDR-Zeiten sind vielerlei steuernde Eingriffe der Politik in Ermittlungs- und Gerichtsverfahren bekannt, die in ihrer ergebnispräjudizierenden Form keineswegs durchgängig vom geltenden DDR-Recht und -Rechtsverständnis gedeckt waren.

3. Maßgeblichkeit auch der inneren Haltung des Richters

Nicht überzeugend ist der neuerdings von *Burian* unternommene Versuch, die Abgrenzung zwischen Scheinverfahren und echter richterlicher Tätigkeit im totalitären Staat nach rein formal-äußeren Kriterien vorzunehmen. Für die „Leitung einer Rechtssache" und damit für die Anwendbarkeit des Rechtsbeugungstatbestandes soll es danach genügen, dass der Richter die ihm vorgegebene Verfahrensordnung beachtet. Bei Einhaltung dieser besonderen Förmlichkeiten handele es sich auch dann um die Leitung einer Rechtssache, wenn dem Richter die Rechtsfindung bis ins einzelne vorgegeben sei. Mit der groben Verletzung der Verfahrensordnung verliere er dagegen den entscheidenden Rest dessen, was sein Handeln zu

2354 Vgl. dazu u., 3. und 4.

2355 So zutr. *Burian*, ZStW 112 (2000), 118 (dort in Bezug auf die Waldheimer Verfahren, dazu sogleich); angedeutet bezüglich der „Drehbuchfälle" (Fall *Havemann*) bereits bei *Arnold*, NJ 1999, 289 f.

„richterlichem" Handeln mache, verliere das Verfahren seinen Charakter als „gerichtliches" Verfahren.

Ausgangspunkt der Überlegungen *Burians* ist der Gesichtspunkt der Eigenhändigkeit des Delikts der Rechtsbeugung. Daraus leitet *Burian* eine Unterscheidung zwischen formaler und materieller Sonderstellung des Richters ab. Die formale Sonderstellung, in der sich der Richter von jedem anderen Funktionsträger innerhalb der staatlichen Verwaltung unterscheide, äußere sich vor allem in der allein von ihm zu beachtenden Einhaltung elementarer Verfahrensregeln. Dagegen soll die materielle Sonderstellung darauf basieren, dass der Richter allein die Verantwortung für seine Entscheidung trage. Während die materielle Sonderstellung das Verhältnis zum Staat betreffe (Innenverhältnis), der ihn in dieses Amt berufen habe und der frei darüber entscheide, welches Maß an Unabhängigkeit er seinem Richter gewähren wolle, betreffe die formale Sonderstellung des Richters als Herr des Verfahrensablaufs das Außenverhältnis, nämlich das Verhältnis zu den Bürgern im Gerichtssaal. Dieses allein soll für die Möglichkeit maßgeblich sein, eine Rechtsbeugung zu begehen.

Denn es müsse der Anspruch zugrunde gelegt werden, mit dem der Richter in der Öffentlichkeit als solcher in Erscheinung trete, nicht das Maß seiner inneren Abhängigkeit im Sinne seiner Bindung an ganz bestimmte Vorgaben hinsichtlich des Ergebnisses. Solange ein Richter – und sei es auch nur unter rein äußerlicher Beachtung der Prozessordnung – als „Richter" auftrete, müsse er sich auch an diesem Anspruch messen lassen und könne sich nicht seiner Rolle und damit seiner Verantwortung als Richter durch den Hinweis entziehen, dass er im übrigen aber völlig abhängig gewesen sei bis hin zur Vorgabe für sein Handeln durch ein „Drehbuch" [2356].

Hingegen kann es nicht ausschließlich darauf ankommen, ob ein Richter nach außen durch prozessordnungsgemäßes Verhalten „als Richter" auftritt. Ihn an diesem Anspruch zu messen, würde ihm gerade nützlich sein, um sich trotz Präjudizierung des Verfahrensergebnisses der strafrechtlichen Verantwortung leichter entziehen zu können, da ihm dann (bei nicht grober Verletzung des Verfahrensrechts) das „Richterprivileg" der Sperrwirkung des Rechtsbeugungstatbestandes zur Seite stünde. Von einem echten gerichtlichen Verfahren kann aber – selbst bei Einhaltung der Verfahrensvorschriften – nicht mehr gesprochen werden,

2356 *Burian*, a.a.O., 114–124, insbes. 123 f.

wenn das Verfahren nur zum Schein inszeniert wird, um eine bereits vorab gefällte Entscheidung juristisch zu bemänteln. Davon abgesehen erscheint es nicht lebensnah, den Anspruch, als Richter aufzutreten, an prozessordnungsgemäßem Handeln festzumachen, da ein Scheinverfahren auch bei Verletzung wesentlicher Verfahrensgrundsätze nach außen immer zur Legitimierung eines bestimmten Ergebnisses durchgeführt wird.

Richtiger erscheint es dagegen, das Phänomen der Scheinjustiz auch unter dem Gesichtspunkt der inneren Haltung der Akteure zu erfassen. Denn dieses lässt sich kaum ohne den Blick auf das tatsächlich verfolgte inhaltliche Ziel des Verfahrens beschreiben[2357]. Die Berücksichtigung der inneren Haltung der Akteure ist erforderlich, um eine schon vorab feststehende Inszenierung von einem echten gerichtlichen Verfahren zur Klärung der Schuldfrage und des Schuldmaßes zu unterscheiden.

Insoweit gab es schon zutreffende Ansatzpunkte in der Rechtsprechung zum NS-Justizunrecht, auch über die oben dargestellten Ausführungen des BGH im *Huppenkothen*-Prozess hinaus. So stellte das LG Ellwangen 1961 auf die innere Haltung ab: Ein Richter, der von Anfang an entschlossen sei, nur in einer bestimmten, von vornherein festgelegten Richtung zu votieren und zu erkennen, also nicht bereit sei, nur in Gebundenheit an das Gesetz eine Entscheidung zu fällen, führe ein Scheinverfahren selbst dann durch, wenn er bestrebt sei, die äußeren Verfahrensformen zu wahren[2358]. Daneben sei an eine bereits zitierte[2359] Entscheidung des BGH erinnert, wo es hieß:

> „Wer gar nicht Recht sprechen will und die Formen der richterlichen Tätigkeit nur zur Erreichung anderer, sachfremder Ziele benutzt, kann sich nicht darauf berufen, daß er sich – äußerlich gesehen – an die bestehenden Gesetze gehalten habe; denn dies ist bei einer solchen inneren Haltung nur zum Schein geschehen.“[2360]

2357 Vgl. auch *Wessel*, NS-Justizverbrechen und Nachkriegsrechtsprechung, S.47f., der ersichtlich ebenfalls auf die Kenntnis dessen abstellt, was Sinn und Zweck des Verfahrens war, und ob zumindest ein Streben nach Gerechtigkeit bestand (a.a.O., S. 46).

2358 LG Ellwangen, Justiz und NS-Verbrechen XVII, 257, 273. Allerdings kam es in diesem Fall zum Freispruch, weil das LG den Nachweis eines Scheinverfahrens nicht als mit ausreichender Sicherheit als erbracht ansah (vgl. a.a.O., 268 und 273).

2359 Vgl. Kapitel 5, A.III.1.b).

2360 BGHSt 10, 294, 300f. = BGH NJW 1957, 1158, 1159.

4. Rekurs auf notwendige Elemente des Gerichtsbegriffs bzw. der richterlichen Tätigkeit für die Frage der Anwendbarkeit des Rechtsbeugungstatbestandes

Für die Frage, ob die Rechtsbeugungstatbestände überhaupt anwendbar sind, stellt *Hohoff* nicht, wie dies in der vorliegenden Arbeit geschieht, ausdrücklich auf die Tatbestandsmerkmale der Leitung oder Entscheidung einer Rechtssache (§ 339 StGB) und der Durchführung eines gerichtlichen Verfahrens (§ 244 DDR-StGB) ab, sondern auf das Gericht als Institution. Sie erörtert dies gewissermaßen als Vorfrage der Anwendbarkeit. Zur Begründung führt sie an, beide Tatbestände knüpften in erster Linie an die Tätigkeit von Richtern an und setzten den Begriff des Richters oder des Gerichts voraus[2361].

Bei der anschließenden Prüfung der Gerichtsqualität der DDR-Gerichte geht sie von der Existenz eines allgemeingültigen, von dem Verständnis und der Ausgestaltung in dem jeweiligen Staat unabhängigen Minimalstandards für richterliches Handeln aus, welchen sie zutreffend aus der allgemein anerkannten und selbstverständlichen Funktion eines Gerichts ableitet, Konflikte verbindlich zu entscheiden[2362]. Die von ihr als notwendig betrachteten Elemente des Gerichtsbegriffs folgert sie überwiegend aus der Eigenart der richterlichen *Tätigkeit*. Damit schwächt sie das Abstellen auf das Gericht als Institution wieder ab, was aber zu begrüßen ist, da beide Rechtsbeugungstatbestände an eine bestimmte Tatsituation anknüpfen und daher das konkrete Verfahren nicht gänzlich aus dem Blickfeld geraten sollte. So ergänzt *Hohoff* selbst, dass die notwendigen Begriffsmerkmale in jedem Verfahren eingehalten sein müssten[2363].

Die als Minimalstandards genannten Kriterien überschneiden sich mit und ähneln den Merkmalen, die der BGH in seiner oben als sinnvollen Ansatz hervorgehobenen Entscheidung von 1952 anführte[2364]. Neben der Position des Richters als unbeteiligter Dritter nennt *Hohoff* die Gerechtigkeit als Ziel richterlicher Tätigkeit sowie den Entscheidungsspielraum als wesentliches Element, der ein „Risiko für die Gemeinschaft" (einschließlich der von dem Konflikt Betroffenen) im Sinne einer Ungewissheit hinsichtlich des Prozessausgangs impliziert. Die damit angesprochene grundsätzliche Entscheidungsfreiheit bedeutet in diesem Zusammen-

2361 *Hohoff*, An den Grenzen des Rechtsbeugungstatbestandes, S. 111 f.
2362 *Hohoff*, a.a.O., S. 112, 121 ff.
2363 *Hohoff*, a.a.O., S. 165.
2364 Hierauf weist *Hohoff* selbst hin (a.a.O., S. 165).

hang Freiheit vor Eingriffen von außen und damit vor Fremdbestimmung. Sie bestehe dann nicht, wenn dem Richtenden das Ergebnis des Prozesses vorgegeben werde, da sonst schlichte Herrschaft und keine Rechtsgemeinschaft vorliege[2365]. Daher seien die Rechtsprechungsorgane der DDR in den Fällen der Umsetzung konkreter Vorgaben der Staats- und Parteiführung, insbesondere für einzelne Prozessergebnisse der fünfziger und sechziger Jahre, mangels Risikoelement nicht als Gerichte anzuerkennen[2366].

Zustimmung verdient dieses Kriterium insofern, als damit die Fälle der Präjudizierung „von oben" von wirklicher richterlicher Tätigkeit unterschieden werden und entscheidend auf das Risikomoment zur Abgrenzung gerichtlicher Verfahren von bloßen Scheinverfahren abgestellt wird.

Nicht ganz überzeugen kann dagegen, dass damit der Fall nicht als Scheinverfahren erfasst werden soll, in dem der Richter selbst aufgrund autonomer Motive auf ein Ergebnis festgelegt ist[2367], also die Präjudizierung „von innen"[2368]. Denn hier besteht zwar theoretisch ein Entscheidungsspielraum, der Richter will ihn aber gar nicht nutzen. Dadurch besteht keine Ungewissheit hinsichtlich des Prozessausgangs. Das Risikomoment als Merkmal richterlicher Tätigkeit ist nicht gegeben. Das Verfahren ist zur bloßen Formalie degradiert. Entgegen der Ansicht von *Hohoff*[2369] ist diese Möglichkeit nicht Teil des stets in Kauf genommenen Risikos, das die Gemeinschaft dadurch eingeht, dass sie die Konfliktentscheidung in die Hände eines Dritten legt. Das Risiko der inneren Einstellung des Richtenden im Sinne einer Vorverurteilung will die Gemeinschaft gerade nicht in Kauf nehmen, weshalb sie ihn an das materielle Recht und die Verfahrensnormen bindet, anstatt die Entscheidung seiner Willkür zu überlassen. Überdies dürfte bei Scheinjustiz auf Eigeninitiative des beteiligten Richters die Gerechtigkeit als Ziel richterlicher Tätigkeit fehlen, da auch hier das Strafverfahren nicht zu dem Zweck durchgeführt werden soll, die Wahrheit zu erforschen, Schuld oder Unschuld und das Maß der Schuld zu ermitteln.

Abzulehnen ist weiterhin das Ergebnis, zu dem *Hohoff* hinsichtlich der DDR-Gerichte in den siebziger und achtziger Jahren kommt, nämlich dass diese die Minimalanforderungen an richterliches Handeln – auch über

2365 *Hohoff*, a.a.O., S. 154 ff.
2366 *Hohoff*, a.a.O., S. 168 und 171.
2367 Vgl. *Hohoff*, a.a.O., S. 159.
2368 Vgl. bereits Kapitel 5, A.III.1.b).
2369 *Hohoff*, a.a.O., S. 159.

die Umsetzung von Einzelfallvorgaben hinaus - generell nicht erfüllen[2370]. *Hohoff* begründet ihre Schlussfolgerung mit dem in jener Zeit bestehenden System der Justizsteuerung einschließlich der Partei- und Staatskonformität des Justizpersonals. Das Zusammenwirken von Vorabsteuerung, durch das für die DDR-Richter der Rahmen möglicher Entscheidungen vorgezeichnet gewesen sei, und späteren Eingriffen in einzelne Verfahren durch die politische Führung - soweit im Einzelfall erforderlich - führe dazu, dass für kein Verfahren von einem Risiko für die politische Führung gesprochen werden könne und das Handeln der DDR-Justiz als fremdbestimmt zu werten sei[2371]. Von Gerichten könne wegen der Einbindung der Justiz in das politische System für die siebziger und achtziger Jahre mithin nicht die Rede sein[2372], mit der Konsequenz der Unanwendbarkeit der Rechtsbeugungstatbestände[2373].

Hohoff stellt allerdings ihr Ergebnis selbst unter den Vorbehalt, dass der BGH das System der Justizsteuerung möglicherweise anders beleuchtet. Dies bezieht sich auf Äußerungen im Rahmen der Unrechtskontinuität der Rechtsbeugungstatbestände[2374], wonach die Rechtsprechung in der DDR auch dazu diente, ein geordnetes Zusammenleben der Menschen zu regeln und Gerichte streitentscheidend, befriedend und ahndend wirkten, insbesondere bei Fällen ohne politischen Bezug[2375]. Im Hinblick auf das Streben nach Gerechtigkeit sei diese Aburteilung der gewöhnlichen Kriminalität in der DDR derer in der BRD vergleichbar gewesen[2376]. *Hohoff* will deshalb für Verfahren ohne politischen Bezug die Gerichtsqualität auch in den siebziger und achtziger Jahren bejahen, aber nur für den von ihr als weniger zutreffende Interpretationsmöglichkeit angesehenen Fall, dass diese Ausführungen des BGH die Feststellung beinhalten sollten, dass das Steuerungssystem in den Bereichen der Alltagskriminalität sowie der alltäglichen Rechtsstreitigkeiten nicht bestand[2377].

Hier zeigt sich eine Schwäche der Argumentation *Hohoffs*. Die Anwendung ihrer Kriterien wird ausschließlich auf die Feststellungen bundes-

---

2370 *Hohoff*, a.a.O., S. 165 ff., 171 f., 211.
2371 *Hohoff*, a.a.O., S. 170.
2372 *Hohoff*, a.a.O., S. 172.
2373 *Hohoff*, a.a.O., S. 173.
2374 Vgl. Kapitel 2, B.
2375 BGH NJW 1994, 529, 531 = BGHSt 40, 30, 39, dementsprechend zur Rechtsbeugung durch Staatsanwälte BGH NJW 1994, 3238, 3239 f. = BGHSt 40, 169, 174 ff.; BGH NJW 1995 2734 = BGHSt 41, 157, 160.
2376 BGH NJW 1994, 3238, 3239 unter Verweis auf BGH NJW 1994, 529, 531.
2377 *Hohoff*, a.a.O., S. 170 f.

deutscher Gerichte zum Justizsystem der DDR gestützt[2378]. Literatur und andere Quellen bleiben außer Betracht. Eine eigene Aussage zur Intensität der Justizsteuerung macht *Hohoff* nicht. Die Grundlage ist daher schon nicht eindeutig und umfassend genug.

Darüber hinaus ist die darauf basierende Behauptung zu pauschal, die Staats- und Parteiführung habe das Risiko in jedem einzelnen Verfahren beherrscht[2379]. Dies kann über die vom BGH angesprochenen Bereiche hinaus so generell nicht einmal für die Verfahren mit politischem Bezug gesagt werden. Ein gewisser Entscheidungsspielraum war trotz der Justizsteuerung (außer bei Fällen konkreter Einzelvorgaben) auch bei politischen Strafsachen gegeben. Das zeigt sich nicht zuletzt auch in exzessiven Abweichungen nach oben von bei bestimmten Taten üblichen Strafen. Auch wenn im Regelfall die Richter schon von selbst Ergebnisse lieferten, die der politischen Führung genehm waren, war das Risiko einer auch nachträglich nicht mehr ohne weiteres korrigierbaren Abweichung nicht ausgeschlossen und das konkrete Verfahrensergebnis im einzelnen Fall nicht völlig vorhersehbar.

5. Heutige, im Ansatz abzulehnende Rechtsprechung des BGH zur Sperrwirkung bei Scheinverfahren: Anwendung des Rechtsbeugungstatbestandes

In seiner Rechtsprechung zu Scheinverfahren in der DDR knüpfte der BGH ebenso wenig an den im Fall *Huppenkothen* zunächst angewandten Gedanken der Versagung der Sperrwirkung und die dort genannten Kriterien an wie in seinen weiteren Entscheidungen zu NS-Scheinverfahren[2380]. Dabei hätte dies nahegelegen[2381]. Das Tatbestandsmerkmal „Leitung oder Entscheidung einer Rechtssache" (§ 339 StGB) problematisiert er erst gar nicht, ebenso wenig die entsprechende Frage bei § 244 DDR-StGB. Dabei ist auch diese Norm erst gar nicht einschlägig, wenn gar kein echtes gerichtliches Verfahren durchgeführt wird (oder entsprechend: kein Ermittlungsverfahren, in dem wirklich ermittelt und nicht nur so getan werden soll).

Der BGH wendet vielmehr den Rechtsbeugungstatbestand auch bei Scheinverfahren an. Hierbei kommt nach der Rechtsprechung insbesondere die vom BGH gebildete Fallgruppe der Rechtsbeugung durch die

2378 Vgl. *Hohoff*, a.a.O., S. 165.
2379 So aber *Hohoff*, a.a.O., S. 170.
2380 Vgl. dazu noch Kapitel 13, C.II.2.
2381 So auch *Hohoff*, a.a.O., S. 165.

Art und Weise der Durchführung von Verfahren mit der Untergruppe der Fälle, in denen die Strafverfolgung und die Bestrafung überhaupt nicht der Verwirklichung von Gerechtigkeit, sondern der Ausschaltung des politischen Gegners oder einer bestimmten sozialen Gruppe gedient haben, in Betracht[2382]. Daneben wird meist auch eine Rechtsbeugungshandlung durch die in unerträglichem Missverhältnis zur Tat stehende Strafe gegeben sein. Diese BGH-Rechtsprechung wird im Fortgang der Untersuchung berücksichtigt und vertieft.

IV. Untersuchung verschiedener Prozesse der DDR unter dem Gesichtspunkt des Scheinverfahrens

Die Frage nach dem Scheincharakter des Vorgehens drängt sich bei einigen in der DDR durchgeführten Verfahren geradezu auf. Bekannte, darauf hin zu untersuchende Beispiele sind die „Waldheimer Prozesse", die Verfahren im Rahmen der sog. „Aktion Rose", die dem Urteil gegen den ehemaligen OG-Richter *Reinwarth* zugrunde liegenden Vorwürfe, der Fall *Havemann* und weitere Verfahren. Interessante Entwicklungen zeigen sich dabei insbesondere in dem BGH-Urteil zum Fall *Havemann*.

1. Die „Waldheimer Prozesse" als Scheinverfahren

Mit den Waldheimer Prozessen[2383] geschah der erste große und wohl auch der größte justizpolitische Sündenfall in der DDR.

2382 Dazu schon o. Kapitel 5, A.III.1.b).

2383 Zu den Waldheimer Prozessen *Eisert*, Die Waldheimer Prozesse; *Fricke*, Politik und Justiz in der DDR, 205 ff.; *ders.*, NJ 1991, 209 f.; *Werkentin*, KJ 1991, 333 ff.; *ders.*, Politische Strafjustiz in der Ära Ulbricht, S. 174 ff.; *ders.*, Strafjustiz im politischen System der DDR, in: Rottleuthner (Hrsg.: BMJ), Steuerung der Justiz in der DDR, S. 98 ff.; *ders.*, Scheinjustiz in der früheren DDR, in: Redaktion KJ (Hrsg.), Die juristische Aufarbeitung des Unrechts-Staats, S. 703 ff.; *Wendel*, Ulbricht als Richter und Henker, S. 13 ff.; *Beckert*, NJ 1991, 301; *Otto*, NJ 1991, 355; *Kraut*, Rechtsbeugung?, S. 150 ff.; *Ingo Müller*, Furchtbare Juristen, S. 288 f.; s. auch die Urteilsfeststellungen des LG Leipzig im Fall Jendretzky, abgedruckt in Marxen/Werle (Hrsg.), Strafjustiz und DDR-Unrecht 5/2: Rechtsbeugung, S. 795 ff.

a) Ablauf und Hintergründe

Als 1950 die letzten drei sowjetischen Internierungslager auf dem Gebiet der DDR aufgelöst wurden, übergab man – je nach Quelle – 3.432 oder 3.442 Häftlinge[2384] dem Minister des Innern der DDR „zur Untersuchung ihrer verbrecherischen Tätigkeit und Aburteilung"[2385]. Man brachte sie in das Zuchthaus Waldheim und startete eine antifaschistische „Aufräumaktion". Diese wurde zugleich dazu genutzt, unter dem Vorwand der Aburteilung gefährlicher NS- und Kriegsverbrecher potentielle sowie erklärte oder tatsächliche politische Gegner zu terrorisieren und einzusperren[2386].

Materiellrechtliche Grundlage der Urteile waren das Kontrollratsgesetz Nr. 10 und die Kontrollratsdirektive Nr. 38. Nur ein kleiner Teil der Inhaftierten dürfte tatsächlich, wie man es ihnen vorwarf, NS- und Kriegsverbrecher gewesen sein oder Verbrechen gegen die Menschlichkeit begangen haben; für die übergroße Mehrzahl der Verurteilten, die entgegen den erfolgten Verurteilungen weder zu den Hauptschuldigen noch zu den Belasteten gezählt wird[2387], wird das heute verneint[2388]. Es handelte sich vorwiegend um Mitläufer des NS-Regimes[2389].

Die Verurteilungen erfolgten überwiegend nach dem Kollektivschuldprinzip ohne individuellen Schuldnachweis[2390] wegen der Zugehörigkeit zu bestimmten Berufsgruppen (Offiziere, Juristen, Polizeibeamte, Lehrer, leitende Angestellte aus Industrie und Wirtschaft oder Journalisten) oder der Mitgliedschaft in NS-Organisationen[2391]. Auch wurden Jugendliche wegen angeblicher Zugehörigkeit zur Hitlerjugend oder zum sog. „Wer-

---

2384 Dazu *Eisert*, Die Waldheimer Prozesse, S. 21 mit Fn. 20; *Otto*, NJ 1991, 355; *Werkentin*, Politische Strafjustiz in der Ära Ulbricht, S. 175 f. Dabei weisen einige Unstimmigkeiten auf eine noch höhere Zahl oder weitere, spätere Verbringungen nach Waldheim hin (dazu *Eisert*, a.a.O., S. 203 und 206).

2385 ND vom 17.1.1950, zitiert bei *Otto*, NJ 1991, 355.

2386 *Eisert*, a.a.O., S. 8.

2387 *Kraut*, Rechtsbeugung?, S. 160 f.; *Möller-Heilmann*, a.a.O., S. 251 f.

2388 *Fricke*, NJ 1991, 210; *Beckert*, NJ 1991, 302; *Maiwald*, NJW 1993, 1885; *Wassermann*, NJW 1992, 878; *Möller-Heilmann*, Die Strafverfolgung von Richtern und Staatsanwälten der ehemaligen DDR wegen Rechtsbeugung, S. 251 f.; *Limbach*, DRiZ 1995, 169 f.; Der Spiegel 37/1992, S. 93.

2389 *Wassermann*, NJW 1992, 878.

2390 *Otto*, NJ 1991, 357; BG Dresden NJ 1992, 69.

2391 BG Dresden NJ 1992, 69, 70; vgl. dazu *Werkentin*, Politische Strafjustiz in der Ära Ulbricht, S. 191.

wolf" ohne Nachweis verurteilt[2392]. Es waren sicher nicht alle Betroffenen unschuldig. Einige Angeklagte hatten als Nazi- oder Kriegsverbrecher oder als Helfershelfer des NS-Systems auch große persönliche Schuld auf sich geladen[2393]. Einen fairen Prozess erhielt aber jedenfalls keiner von ihnen. Über 160 Personen wurden interniert und bestraft, weil sie als „Feinde der neuen Ordnung" angesehen wurden[2394].

Zur Aburteilung der Internierten wurden 12 Große und acht Kleine Strafkammern beim LG Chemnitz gebildet[2395]. Die Richter wurden durch die Partei ausgewählt, zumindest soweit sie schon zu Beginn der Verhandlungen in Waldheim eingesetzt waren[2396]. So wurden 37 Richter wie auch 18 Staatsanwälte, allesamt SED-Mitglieder, vom ZK-Sekretariat bestätigt, nachdem sie in Gesprächen auf ihre politische Haltung überprüft worden waren[2397]. Wer sich nicht bereit erklärte, Weisungen der Partei bezüglich des Strafmaßes zu befolgen, auf dessen Mitwirkung wurde verzichtet[2398].

Der damalige Leiter der Abteilung staatliche Verwaltung beim Parteivorstand der SED, *Paul Hentschel*, leitete gemeinsam mit der Hauptabteilungsleiterin im MdJ, *Hildegard Heinze*[2399], eine „Kommission" aus Partei- und Staatsfunktionären mit der Aufgabe, die Arbeit der Justiz während der Waldheimer Prozesse zu „koordinieren". Das Protokoll der in Gegenwart der versammelten Richter und Staatsanwälte durchgeführten Sitzung dieser Kommission vom 19.4.1950, in der es um die „Linie" für die bevorstehenden Prozesse ging, enthält folgenden Vermerk:

> „Es gilt, die Menschen, die von unseren Freunden bisher festgehalten wurden, auch weiterhin in Haft zu behalten, da sie unbedingte Feinde unseres Aufbaus sind." Denn sonst wären sie mit entlassen worden, heißt es weiter. „Es gilt also, sie unter allen Umständen hoch zu verurteilen. Dabei darf keine Rücksicht genommen

---

2392 *Eisert*, Die Waldheimer Prozesse, S. 32 und 196 ff. (mit Beispielen); *Wassermann*, NJW 1992, 878.

2393 So auch *Eisert*, a.a.O., S. 199; *Weber*, GA 1993, 213.

2394 *Werkentin*, Politische Strafjustiz in der Ära Ulbricht, S. 191 f. (mit Beispielen); dazu auch *Eisert*, a.a.O., S. 31.

2395 *Eisert*, a.a.O., S. 115.

2396 LG Leipzig NJ 1994, 111.

2397 *Werkentin*, Die Waldheimer „Prozesse" der Jahre 1950/52, in: Deutscher Bundestag (Hrsg.), Materialien der Enquête-Kommission des Deutschen Bundestages „Aufarbeitung von Geschichte und Folgen der SED-Diktatur in Deutschland", Bd. IV, S. 857 unter Verweis auf IfGA ZPA J IV 2/3/96, 27.3.50.

2398 *Eisert*, Die Waldheimer Prozesse, S. 56.

2399 Hildegard Heinze wurde unter ihrem späteren Namen Damerius 1993 wegen Anstiftung zum Mord in Tateinheit mit Rechtsbeugung angeklagt, doch die Eröffnung des Hauptverfahrens wurde 1994 wegen Verhandlungsunfähigkeit abgelehnt, *Marxen/Werle (Hrsg.)*, Strafjustiz und DDR-Unrecht 5/2: Rechtsbeugung, S. 880 Fn. 12.

werden, welches Material vorhanden ist (...). Urteile unter 10 Jahren dürfen nicht gefällt werden."[2400]

Auch in seinem internen Abschlussbericht lässt *Paul Hentschel* erkennen, dass es auf eine Verurteilung um jeden Preis ankam:

„Die in der ersten Zeit von einigen Kammern besonders stark in Erscheinung getretene politische Schwäche zeigte sich besonders dann immer, wenn eine Verurteilung aus politischen Gründen erfolgen mußte und die für die formale juristische Urteilsfindung erforderliche lückenlose Beweisführung fehlte."[2401].

Die „politischen Schwächen" wurden mit Anweisungen und neuen Kammerzusammenstellungen behoben[2402].

Bei der Übergabe an die Behörden der DDR war als einzige Unterlage für jeden der Internierten ein „Auszug aus den sowjetischen Vernehmungsprotokollen" beigefügt worden. Der dem Betroffenen darin gemachte Vorwurf beschränkte sich auf ein bis vier Sätze. Er bezog sich beispielsweise auf die Mitgliedschaft in NS-Organisationen, die Propagierung faschistischer Ideen oder die bloße Tätigkeit im Staatsdienst. Ein konkreter Schuldvorwurf wurde in der Regel nicht oder nur sehr global erhoben. Zeugen waren nur in Einzelfällen genannt[2403]. Diese Protokolle waren nicht selten unter Druck und Zwang zustande gekommen und mussten von den Beschuldigten in der nichtübersetzten Form unterschrieben werden[2404]. Sie wurden anschließend den Urteilen entscheidend und unkritisch zugrundegelegt; eine eigenständige Beweisaufnahme erfolgte nicht[2405]. Die Protokolle durften nicht in Frage gestellt werden[2406]. Auf Ankläger und Richter wurde bei Bedarf erfolgreich Druck ausgeübt, damit sie von vornherein auf eine eigene Beweisaufnahme und Beweiswürdigung verzichteten. So heißt es im Abschlussbericht *Hentschels* an das ZK:

2400 Zitiert bei *Henrich*, in: BMJ (Hrsg.), Im Namen des Volkes?, S. 216.

2401 Nunmehr veröffentlicht in NJ 1991, 393.

2402 *Werkentin*, Politische Strafjustiz in der Ära Ulbricht, S. 184; dazu auch *Wendel*, Ulbricht als Richter und Henker, S. 15 f.

2403 LG Leipzig NJ 1994, 111.

2404 *Bogner*, Die Strafverfahren gegen „Waldheim-Richter", in: Haase/Pampel (Hrsg.), Die Waldheimer „Prozesse" – fünfzig Jahre danach, S. 64.

2405 *Werkentin*, KJ 1991, 340; *ders.*, Politische Strafjustiz in der Ära Ulbricht, S. 185; BG Dresden NJ 1992, 69, 70; BGH NJ 1999, 327, 328.

2406 *Werkentin*, Die Waldheimer „Prozesse" der Jahre 1950/52, in: Deutscher Bundestag (Hrsg.), Materialien der Enquête-Kommission des Deutschen Bundestages „Aufarbeitung von Geschichte und Folgen der SED-Diktatur in Deutschland", Bd. IV, S. 856.

„Die Anklageschrift wurde grundsätzlich auf Grund des Protokollauszuges der sowjetischen Organe erarbeitet. Anfangs erhobene sachliche Beanstandungen von Seiten der Justiz wurden durch die Methode der Arbeitsbesprechung im Verlauf der Tätigkeit restlos abgestellt. (...) Mit einigen Genossen Richtern mußte ernsthaft politisch diskutiert werden, da es nicht selten vorkam, daß Zweifel an der Richtigkeit der Auszüge der sowjetischen Protokolle erhoben wurden. Auch das ist im Verlauf der Zeit zusehends besser geworden."[2407]

Die Aburteilungsaktion dauerte im Wesentlichen vom 26. April bis zum 14. Juli 1950. Die Angaben über die Zahl der Prozesse schwanken zwischen 3.324 und 3.385[2408]. Möglicherweise ist die Zahl wesentlich höher. Anfang 1991 fand die Berliner Justiz in der zentralen Gefangenenkartei in der DDR Informationen über 5.000 Gefangene, die in den Waldheimer Prozessen abgeurteilt worden waren[2409]. Ob sich diese Zahl durch spätere Einlieferungen von Häftlingen oder anders erklärt, ist offenbar noch nicht näher untersucht worden.

Von diesen Prozessen wurden lediglich zehn öffentlich (und zwar als Schauprozesse mit ausgewählter Pseudo-Öffentlichkeit[2410]) geführt, (wobei hierfür jene Internierte ausgesucht wurden, bei denen offenbar hinreichende Beweise für ihre Beteiligung an schwersten NS-Verbrechen vorlagen[2411]), der Rest als Geheimprozesse. Die Verhandlungen wurden so schnell durchgepeitscht, dass schon nach 30–45 Minuten das Urteil verkündet wurde; Entlastungszeugen waren in keinem einzigen Fall zugelassen, Verteidiger ebenfalls nicht[2412] – mit Ausnahme der zehn öffentlichen Verfahren und möglicherweise einiger anderer Fälle, in denen ein Todesurteil erwartet wurde[2413]. In diesen Fällen traten jedoch teilweise abkommandierte Staatsanwälte als Offizialverteidiger auf[2414]. Die Betroffenen wurden zu langjährigen oder lebenslänglichen Haftstrafen, in 32

2407 Nunmehr veröffentlicht in NJ 1991, 393 f.

2408 Vgl. einerseits *Fricke*, NJ 1991, 210, und andererseits *Werkentin*, KJ 1991, 340; *ders.*, Politische Strafjustiz in der Ära Ulbricht, S. 185; dazu näher *Eisert*, Die Waldheimer Prozesse, S. 206.

2409 *Wassermann*, NJW 1992, 878.

2410 Dazu BG Dresden NJ 1992, 69, 70; *Werkentin*, Politische Strafjustiz in der Ära Ulbricht, S. 176 ff.; *Eisert*, Die Waldheimer Prozesse, S. 190.

2411 *Werkentin*, KJ 1991, 341.

2412 *Fricke*, NJ 1991, 210; *Eisert*, Die Waldheimer Prozesse, S. 190; vgl. auch BGH NJ 1999, 327, 328.

2413 Dazu LG Leipzig NJ 1994, 111,112; *Eisert*, a.a.O., S. 188; *Wendel*, Ulbricht als Richter und Henker, S. 27 und 30 f.

2414 Eisert, a.a.O., S. 188.

Fällen sogar zum Tode verurteilt[2415]. Von den Todesurteilen wurden 24 vollstreckt[2416]. In nur vier Fällen kam es zum Freispruch[2417].

1952 wurden restliche Verfahren gegen 39 Personen erledigt, die 1950 wegen Verhandlungsunfähigkeit nicht abgeschlossen worden waren. Von diesen Waldheim-Häftlingen waren 28 auch dann nicht verhandlungsfähig[2418]. Hier kamen nur drei Freisprüche hinzu. Im Übrigen herrschten ähnliche Zustände wie in den Verfahren von 1950[2419]. Insbesondere wollte man die Vernehmung von Zeugen verhindern, weil man sich bewusst war, dass dann eine große Anzahl Freisprüche herauskäme[2420]. Soweit sie nicht in der Haft verstorben oder begnadigt[2421] worden waren, kamen die letzten Waldheim-Häftlinge in den sechziger Jahren frei[2422].

b) Rechtsverletzungen

Bei den Waldheimer Prozessen wurde das Recht durch Verstoß gegen Verfahrensvorschriften in mannigfaltiger Form gebeugt. Die jeweiligen, auch nach dem Rechtsverständnis der DDR zu konstatierenden Verstöße, aus denen sich eine gesetzwidrige Entscheidung i. S. d. § 244 DDR-StGB und eine Rechtsbeugungshandlung im Sinne des § 339 StGB ergibt, sollen hier nicht im Einzelnen erläutert, sondern nur kurz angeführt werden:

2415 Dazu *Otto*, NJ 1991, 357; *Werkentin*, Politische Strafjustiz in der Ära Ulbricht, S. 193; *ders.*, Die Waldheimer „Prozesse" der Jahre 1950/52, in: Deutscher Bundestag (Hrsg.), Materialien der Enquête-Kommission des Deutschen Bundestages „Aufarbeitung von Geschichte und Folgen der SED-Diktatur in Deutschland", Bd. IV, S. 864. *Eisert* spricht allerdings „nur" von 31 Todesurteilen (*Eisert*, Die Waldheimer Prozesse, S. 209 und 255).

2416 *Werkentin*, KJ 1991, 338; *ders.*, Die Waldheimer „Prozesse" der Jahre 1950/52, in: Deutscher Bundestag (Hrsg.), Materialien der Enquête-Kommission des Deutschen Bundestages „Aufarbeitung von Geschichte und Folgen der SED-Diktatur in Deutschland", Bd. IV, S. 864; *Eisert*, Die Waldheimer Prozesse, S. 264 f.

2417 *Werkentin*, Politische Strafjustiz in der Ära Ulbricht, S. 185.

2418 *Werkentin*, KJ 1991, 343.

2419 Dazu *Werkentin*, KJ 1991, 343 f.; *ders.*, Politische Strafjustiz in der Ära Ulbricht, S. 186; *Beckert*, NJ 1991, 301 f.; *Eisert*, Die Waldheimer Prozesse, S. 274 ff.

2420 *Werkentin*, Die Waldheimer „Prozesse" der Jahre 1950/52, in: Deutscher Bundestag (Hrsg.), Materialien der Enquête-Kommission des Deutschen Bundestages „Aufarbeitung von Geschichte und Folgen der SED-Diktatur in Deutschland", Bd. IV, S. 862 unter Verweis auf IfGA ZPA IV 2/13/427.

2421 Dazu *Eisert*, Die Waldheimer Prozesse, S. 277 ff.

2422 *Werkentin*, KJ 1991, 345; *Eisert*, a.a.O., S. 279 f.

Verstoß gegen das Verbot von Ausnahmegerichten[2423], fehlende Eröffnung des Hauptverfahrens durch Eröffnungsbeschluss, Unterlassen der Terminierung durch den Vorsitzenden der jeweiligen Strafkammer, Ausschluss der Öffentlichkeit (mit Ausnahme der oben erwähnten zehn Verfahren), Nichtzulassung von Verteidigern (obwohl dies angesichts der zu erwartenden und dann auch ausgesprochenen Strafen unabdingbar gewesen wäre), schwerste Rechtsverstöße bei der „Beweisaufnahme", insbes. Verstoß gegen die Aufklärungspflicht des Gerichts[2424]. Neben den gravierenden Verletzungen des Verfahrensrechts werden von manchen auch materielle Rechtsverstöße durch falsche Subsumtion unter die Kontrollratsbestimmungen angenommen[2425]. Darüber hinaus wurden Strafen verhängt, die oft gänzlich außer Verhältnis zu den vorgeworfenen „Taten" standen[2426].

c) Rechtliche Beurteilung: Scheinverfahren ohne Sperrwirkung

Angesichts der vorgenannten Rechtsverletzungen steht die Tathandlung der Rechtsbeugung außer Zweifel. So wird von manchen Vertretern der Literatur für fast alle Verfahren der Waldheimer Prozesse Rechtsbeugung durch die Art und Weise der Durchführung dieser Verfahren angenommen[2427]. Vom Vorsatz bezüglich einer Beugung des Rechts kann jedenfalls bei der Missachtung von Verfahrensvorschriften ausgegangen werden[2428]. Die Verstöße sind so gravierend, dass sich deren Erkenntnis geradezu aufdrängte.

Das Vorgehen wird von einem Teil der Literatur an sich zutreffend auch dem Unterfall der dritten Fallgruppe des BGH zugeordnet: Strafverfolgung und Bestrafung hätten nicht der Verwirklichung von Gerechtig-

---

2423 *Kraut*, Rechtsbeugung?, S. 153 f.; *Möller-Heilmann*, Die Strafverfolgung von Richtern und Staatsanwälten der ehemaligen DDR wegen Rechtsbeugung, S. 244 ff.; str. ist, ob neben dem Verbot von Ausnahmegerichten auch das Recht auf den gesetzlichen Richter nach Art. 134 S. 1 DDR-Verf. v. 1949 verletzt wurde. Dagegen unter Berücksichtigung des Rechtsverständnisses der DDR *Kraut*, a.a.O., S. 154 f.; *Möller-Heilmann*, a.a.O., S. 246.

2424 Dazu jeweils *Kraut*, a.a.O., S. 155 ff.; *Möller-Heilmann*, a.a.O., S. 246 ff.; LG Leipzig NJ 1994, 111, 112 und 113 f.; *Bogner*, Die Strafverfahren gegen „Waldheim-Richter", in: Haase/Pampel (Hrsg.), Die Waldheimer „Prozesse" – fünfzig Jahre danach, S. 66 f.

2425 So etwa *Eisert*, Die Waldheimer Prozesse, S. 124 und 192 ff. Dazu *Kraut*, a.a.O., S. 160 f.; *Möller-Heilmann*, a.a.O., S. 251 f.

2426 Dazu näher *Bogner*, a.a.O., S. 67; Beispiele bei *Otto*, Die „Waldheimer Prozesse" 1950, S. 16.

2427 *Möller-Heilmann*, a.a.O., S. 250; *Kraut*, a.a.O., S. 153 ff., 160; den Rechtsbeugungstatbestand ebenfalls bejahend *Papier*, in: Isensee/Kirchhof (Hrsg.), Handbuch des Staatsrechts der Bundesrepublik Deutschland, Bd. IX, S. 618 Rn. 64.

2428 Dazu auch *Kraut*, a.a.O., S. 158.

keit gedient, sondern der Ausschaltung einer bestimmten Gruppe, die als vermeintliche Kriegsverbrecher und Feinde der neuen Ordnung einzustufen gewesen seien[2429]. Hinzu kommt das Ziel, der sowjetischen Erwartungshaltung[2430] zu entsprechen und den Antifaschismus der DDR unter Beweis zu stellen.

Allerdings ist wiederum zu bestreiten, dass in den Waldheimer Verfahren überhaupt im Sinne der Tatbestandsanforderungen gerichtliche Verfahren durchgeführt bzw. Rechtssachen geleitet und entschieden wurden. Auch die überwiegende Literatur zieht zutreffend die Einordnung der Waldheimer Verfahren als bloße Scheinverfahren mit Nichturteilen als Ergebnis dieser Vorgehensweisen in Betracht, so dass der Rechtsbeugungstatbestand mangels Anwendbarkeit keine Sperrwirkung gegenüber anderen Tatbeständen entfalten könne[2431].

In der Rechtsprechung sind zwar ebenfalls Tendenzen zur Bezeichnung als Scheinverfahren zu verzeichnen, aber freilich ohne dass die gleiche dogmatische Konsequenz daraus gezogen würde. Bereits im Jahre 1954 hatte das KG die Waldheimurteile als „absolut und unheilbar nichtig" bezeichnet[2432]. Nach der Wende von 1989 wurde diese Sichtweise erstmals vom Bezirksgericht Dresden im Rahmen eines Kassationsverfahrens vertreten. Danach handelte es sich bei den damals in Waldheim durchgeführten Strafverfahren nicht um gerichtliche Verfahren, sondern um die menschenverachtende Durchsetzung politischer Ziele der damaligen Machthaber unter dem Deckmantel ordentlicher Gerichtsbarkeit. Die dabei gefällten Urteile seien als politische Willkürakte lediglich Scheinurteile und damit absolut

2429 *Möller-Heilmann*, a.a.O., S. 250.

2430 Vgl. dazu z.B. LG Leipzig NJ 1994, 111, 114.

2431 *Wassermann*, NJW 1992, 879; *ders.*, RuP 1992, 208; *ders.*, DRiZ 1993, 141; *ders.*, RuP 1996, 136; *F.-C. Schroeder*, GA 1993, 403; *Spendel*, JZ 1995, 381; *Schöll*, Die Rechtsbeugung, S. 123f.; *Burian*, ZStW 112 (2000), 117f., der auch die ebenfalls zutreffende Bezeichnung „nichtgerichtliche Verfahren" verwendet; *Quasten*, Die Judikatur des Bundesgerichtshofs zur Rechtsbeugung im NS-Staat und in der DDR, S. 195f.; i.E. auch *Schulz*, StV 1995, 208 mit Fn. 35 und 206 (der zwar die Urteile als nichtig bezeichnet, bei Anwendung der Spendelschen Unterscheidung aber die Einordnung als Nichturteile akzeptiert); *Hohoff*, An den Grenzen des Rechtsbeugungstatbestandes, S. 171; *Werkentin*, RuP 1996, 142 ; *ders.*, Politische Justiz in der Ära Ulbricht, S. 304 (ohne Stellungnahme zur Sperrwirkung); *Gritschneder*, NJW 1993, 371 (ohne Stellungnahme zur Sperrwirkung);
a. A. *Maiwald*, NJW 1993, 1885; *Papier*, in: Isensee/Kirchhof (Hrsg.), Handbuch des Staatsrechts der Bundesrepublik Deutschland, Bd. IX, S. 618 Rn. 64; *Kühl* (27. Aufl.), § 339 Rn. 11; Fischer (58. Aufl.), § 339 Rn. 20.

2432 KG NJW 1954, 1901.

und unheilbar nichtig[2433]. Insoweit ist lediglich zu bedauern, dass nicht scharf zwischen „Nichturteilen" (Scheinurteilen) und „nichtigen" Urteilen unterschieden wurde[2434]. Auch das LG Leipzig, das einen Waldheim-Richter wegen Rechtsbeugung in sieben Fällen (jeweils in Tateinheit mit Freiheitsberaubung) verurteilte, bezeichnete die Waldheimurteile als „nichtig", aber doch als Urteile. Es zeigte sich überzeugt, dass „die Strafkammern in Waldheim den Mindestanforderungen an Gerichte entsprachen, auch wenn die Ergebnisse und Entscheidungen sicherlich weiterhin als Willkürakte anzusehen sind, und dass der Angeklagte jeweils im Rahmen einer gerichtlichen Entscheidung gehandelt hat"[2435]. Diese rechtliche Beurteilung billigte der BGH durch Verwerfung der Revision[2436]. Er wendet mithin auch hier den Rechtsbeugungstatbestand an, ebenso wie in einer weiteren Entscheidung zu Waldheimurteilen, in der er, auf offensichtliche schwere Menschenrechtsverletzungen durch die Art und Weise der Verfahren abstellend, eine Verurteilung wegen Rechtsbeugung bestätigt. Dabei sieht auch er die Verfahren als „krasse(n) Missbrauch der Justiz zur Durchsetzung allein machtpolitischer Zwecke"[2437].

Für die Qualifizierung der Waldheimer Verfahren als Scheinverfahren sprechen nicht nur die genannten Ziele und die auffällige Kumulierung der oben genannten Rechtsverstöße, sondern auch die im Zusammenhang damit betriebene Vorbereitung und Inszenierung einschließlich der oben beschriebenen Auswahl gefügiger Richter und Staatsanwälte.

Es verwundert nicht, dass solchermaßen ausgewählte Richter eine mangelnde innere Unabhängigkeit an den Tag legten. Sie berieten über einzelne Verfahren unmittelbar mit Genossen der Partei, es gab richterliche Anfragen bei der Kreis- oder Bezirksleitung der SED, ob denn nun ein Verfahren eröffnet werden dürfe, bis hin zur direkten richterlichen Aufforderung an die Partei, ein bestimmtes Urteil zu genehmigen[2438]. Letzteres entsprach einem am 5. Mai 1950 gefassten Kommissionsbeschluss, Urteile bis zu fünf Jahren dürften nur beantragt und „ausgeworfen" werden, wenn hierzu ein ausdrücklicher Beschluss der Kommission vorliege. Der Kommission obliege gleichzeitig die Entscheidung über die den Organen der Justiz zweifelhaft erscheinenden Vorgänge. In den anscheinend die

2433 BezG Dresden, Beschl. v. 28.10.1991, NJ 1992, 69 f.; ebenso BezG Dresden, Beschl. v. 1.11.1991, DtZ 1992, 91 f. = NStZ 1992, 137.

2434 So auch LK-*Spendel* (11. Aufl.), § 339 Rn. 3; vgl. dazu o., B.III.2.

2435 LG Leipzig NJ 1994, 111, 114 f. (Fall Jürgens).

2436 BGH, Beschl. v. 10.8.1994 (3 StR 252/94), mitgeteilt in NJ 1994, 456 und JZ 1994, 298.

2437 BGH NJ 1999, 327, 328.

2438 *Werkentin*, Politische Justiz in der Ära Ulbricht, S. 304.

Zuständigkeit der Kommission überschreitenden Fällen werde die Kommission um Entscheidung beim Parteivorstand vorstellig werden[2439].

Zwar konnte bisher nicht nachgewiesen werden, ob und wie im konkreten Einzelfall ein Politbürobeschluss über zu fällende Todesurteile zu den Richtern gelangte. Doch ist auffällig, in welcher systematischen Regelmäßigkeit solche Todesurteile anschließend von den Richtern ausgesprochen wurden – und ebenso im Politbüro wiederum beschlossene Abmilderungen[2440].

Welcher Druck auf die Richter von Seiten der Partei ausgeübt wurde, lässt schlaglichtartig der Fall des Volksrichters *Heinrich Dittberner* erkennen. Dieser hatte in einem Fall gedroht, die Robe abzulegen, wenn er gezwungen würde, eine Todesstrafe auszusprechen. Tage später weigerte er sich, einen Mann zu verurteilen, der während der NS-Diktatur ausschließlich als Sprecher des Berliner Rundfunks gearbeitet hatte und dessen Kollegen und Vorgesetzte in der DDR an maßgebender Stelle tätig waren. *Dittberner* wurde daraufhin als Waldheim-Richter abberufen[2441]. Auch sonst wurden Richter, die sich nicht an die Vorgaben hielten, abgelöst oder es wurden ihnen andere Aufgaben zugewiesen[2442].

Im Ergebnis kann nach all den systematischen Missachtungen des von Parteianweisungen überlagerten Verfahrensrechts und der durchgängigen Parteikontrolle[2443] von einem rechtlich geregelten Verfahren und einem „Urteil“ als Ergebnis der Suche nach dem richtigen Recht nicht mehr gesprochen werden, sondern nur noch von Scheinverfahren, die entgegen der Rechtsprechung die Anwendung des Rechtsbeugungstatbestandes und damit seiner Sperrwirkung nicht rechtfertigen.

Soweit Todesurteile ergingen, sind diese daher als Tötungsdelikte nach dem allgemeinen Strafrecht strafbar[2444]. Indiz für die bewusste Durchführung von Scheinverfahren sind nicht nur die objektiven Verfahrensverstöße, sondern vor allem auch der „Einsatz“ nach den Befragungen über die Bereitschaft, Parteiweisungen bezüglich des Strafmaßes zu befolgen. Es ist kaum vorstellbar, dass sich die Richter ihrer tatsächlichen Funktion in diesen Verfahren als Vollstrecker des Parteiwillens nicht bewusst waren. Aus einem Tätigkeits- und Erfahrungsbericht der Volkspolizei – Untersuchungsorgan

---

2439 Zitiert nach *Werkentin*, a.a.O., S. 183.

2440 *Werkentin*, a.a.O., S. 305.

2441 *Werkentin*, a.a.O., S. 318; *ders.*, KJ 1991, 348.

2442 BGH NJ 1999, 327, 328.

2443 Stichpunktartig zusammengefasst bei *Werkentin*, Strafjustiz im politischen System der DDR, in: Rottleuthner (Hrsg.: BMJ), Steuerung der Justiz in der DDR, S. 102.

2444 Vgl. dazu o., A. I.

Waldheim - geht hervor, dass ein VP-Oberkommissar bei mehreren „Diskussionen" zum Ausdruck gebracht hatte, er fertige die Anklageschriften gegen seine Überzeugung an; ein VP-Meister hatte geäußert, er halte die ganze Durchführung der Aktion Waldheim für eine Farce, sie stelle nahezu selbst ein Verbrechen dar[2445]. Wer sich so klar äußerte, gehörte zu den Mutigen; manch anderer dürfte aber so gedacht haben.

d) Ergebnisse der Strafverfahren gegen Waldheim-Juristen und andere an den Verfahren beteiligte Personen

Von 48 Richtern und Staatsanwälten der Waldheimer Prozesse wurden elf noch lebende Personen ermittelt. Ein Richter, gegen den die Ermittlungen bereits abgeschlossen waren, hat sich das Leben genommen[2446]. Lebende Schöffen konnten nicht ermittelt werden[2447].

Die acht zu den Waldheimer Verfahren erhobenen Anklagen führten zu mindestens vier rechtskräftigen Verurteilungen. Dabei wurde eine Richterin (*Irmgard Jendretzky*), die an mehreren Todesurteilen mitgewirkt hatte, zu einer Freiheitsstrafe von vier Jahren verurteilt[2448]. Das Strafmaß wurde mit der Masse der Fälle begründet, in denen die Angeklagte mit den Betroffenen „gnadenlos umgesprungen" sei, und damit, dass fünf Menschen hingerichtet wurden. Der Angeklagten, die teilweise auch als Revisionsrichterin tätig gewesen war, wurde zudem ein „konzentrierter, ständiger Verstoß" gegen Verfahrensregeln angelastet. Sie wurde in 12 Fällen der Rechtsbeugung, davon fünf in Tateinheit mit Totschlag, in einem Fall mit versuchtem Totschlag und in sechs Fällen in Tateinheit mit Freiheitsberaubung schuldig gesprochen[2449].

Zwei Richter und eine Richterin wurden zu Bewährungsstrafen von jeweils zwei Jahren verurteilt[2450], darunter der 86-jährige Waldheim-Rich-

2445 Abgedruckt in: *Wendel*, Ulbricht als Richter und Henker, S. 27 f.

2446 *Weber*, GA 1993, 213.

2447 *Weber*, a.a.O.

2448 LG Leipzig, Urt. v. 28.11.1997 - 1 Ks 825 Js 21999/94, abgedruckt in Marxen/Werle (Hrsg.), Strafjustiz und DDR-Unrecht 5/2: Rechtsbeugung, S. 795 ff., bestätigt durch BGH NJ 1999, 327, vgl. auch Süddeutsche Zeitung vom 29./30.11.1997, S. 10.

2449 Süddeutsche Zeitung vom 29./30.11.1997, S. 2 und 10 (insoweit handelt es sich bei der Angabe von 52 Fällen der Rechtsbeugung auf S. 10 offensichtlich um einen Druckfehler), vgl. auch BGH NJ 1999, 327, 328. Die Verfassungsbeschwerde der Verurteilten hat das BVerfG unter Verweis auf BVerfG NJ 1998, 314 nicht zur Entscheidung angenommen, vgl. den Hinweis in NJ 1999, 328.

2450 LG Leipzig NJ 1994, 111 ff., bestätigt durch BGH, Beschl. v. 10.8.1994 (3 StR 252/94), mitgeteilt in NJ 1994, 456 und JZ 1994, 298; LG Leipzig, Urt. v. 7.11.1994 - 9 Ks 20 Js

ter *Otto Jürgens.* Auch wenn er kein Todesurteil verhängt hatte, kann das Urteil als äußerst milde bezeichnet werden, bedenkt man die Massivität und Vielzahl der damaligen Verfahrensrechtsverletzungen[2451]. Eine bewährungsfähige Strafe erscheint hier manchem nicht tat- und schuldangemessen[2452]. Das Gericht hat dabei zugunsten des Angeklagten nicht nur die Erwartungshaltungen, denen er ausgesetzt war, sondern u. a. ganz erheblich auch den unmittelbaren Druck und die Einflussnahme berücksichtigt[2453]. Allerdings scheint der Aspekt vernachlässigt worden zu sein, dass er sich dem hätte entziehen können, wie der Vorlauf zur Richterauswahl mit der Befragung über die Bereitschaft, den Erwartungshaltungen der Partei zu entsprechen, zeigt.

Gegen eine große Zahl von in Waldheim eingesetzten Angehörigen der Volkspolizei wurden zwar Ermittlungsverfahren wegen Beihilfe zur Rechtsbeugung eingeleitet, doch mussten diese Verfahren aus tatsächlichen Gründen eingestellt werden, weil sich trotz umfangreicher Ermittlungen kein hinreichender Tatverdacht ergab. Personen, die die Waldheimer Prozesse aus den Ministerien in Berlin geleitet bzw. die Leitung vor Ort in Waldheim wahrgenommen hatten, konnten nicht mehr zur Verantwortung gezogen werden, da sie entweder zwischenzeitlich verstorben waren oder ihre Verhandlungsunfähigkeit feststand[2454].

2. Strafverfahren der „Aktion Rose“ als Scheinverfahren

Im Frühjahr 1953 fand an der mecklenburgischen Küste und auf Rügen eine großangelegte Polizei- und Justizaktion unter dem Decknamen „Aktion Rose“ statt[2455]. Zahlreiche Eigentümer von Hotels, Pensionen, Gaststätten, Taxiunternehmen und anderen Betrieben wurden mit Ermittlungsverfahren überzogen. Die überwiegende Anzahl der damals Beschuldigten wurde – soweit sie nicht nach Westdeutschland flüchten konnten – in Schnellverfahren zu hohen Freiheitsstrafen verurteilt. Ihr

---

17/92; LG Leipzig, Urt. v. 18.7.1996 – 1 Ks 20 Js 5115/93, bestätigt durch BGH, Beschl. v. 13.8.1997 – 3 StR 158/97 (jeweils zitiert nach *Hohoff,* An den Grenzen des Rechtsbeugungstatbestandes, S. 35 Fn. 85; vgl. a. *dies.*, a.a.O., S. 24 mit Fn. 56).

2451 Vgl. dazu insbes. LG Leipzig NJ 1994, 111, 112 f. und 114.

2452 So *Wieners,* Rechtsbeugung im Zeitgeistwandel, S. 169 f.

2453 LG Leipzig NJ 1994, 111, 115.

2454 *Bogner,* Die Strafverfahren gegen „Waldheim-Richter“, in: Haase/Pampel (Hrsg.), Die Waldheimer „Prozesse“ – fünfzig Jahre danach, S. 71 f.

2455 Dazu *K. Müller,* Aktion Rose, S. 17 ff.; *Werkentin,* Politische Justiz in der Ära Ulbricht, S. 59 ff.; *ders.*, Strafjustiz im politischen System der DDR, in: Rottleuthner (Hrsg.: BMJ), Steuerung der Justiz in der DDR, S. 102 ff.

Vermögen, insbesondere ihr jeweiliger Betrieb, wurde eingezogen[2456]. Sie wurden Opfer eines von *Werkentin* so bezeichneten „strafrechtlich getarnten Raubzuges"[2457], der heute selbst von früher führenden Vertretern der linientreuen DDR-Literatur als „Missbrauch von Strafrecht" bezeichnet wird[2458]. Die Staatsführung der DDR hatte beschlossen, die Inhaber von Hotels und Pensionen an der Ostseeküste zu enteignen. Dies wollte man mit strafrechtlichen Mitteln gegenüber anderen Staaten rechtfertigen[2459]. Die Familien der Beschuldigten wurden in einer anschließenden „Umsiedlungsaktion" an entfernte Orte in Mecklenburg und Brandenburg deportiert[2460].

Nach dem 17. Juni 1953 wurden die meisten der anlässlich der „Aktion Rose" Verurteilten entlassen[2461]. Zu diesem Kurswechsel kam es allerdings aufgrund eines entsprechenden Verlangens aus Moskau vom 2. Juni 1953, wonach die Gerichtsunterlagen der bestraften Bürger wieder zu prüfen seien „zwecks Befreiung der ohne genügende Gründe zur Verantwortung gezogenen Personen", was der Ministerrat der DDR am 11. Juni 1953 entsprechend anordnete[2462]. Im Spätsommer 1953 wurde in knapp 40 % der Fälle beschlossen, den ehemaligen Eigentümern das eingezogene Vermögen zurückzugeben und zur Nutzung (!) zu überlassen[2463]. Später wurden auch die Umsiedlungen größtenteils rückgängig gemacht[2464].

Die Vorwürfe im Zusammenhang mit der „Aktion Rose" drehten sich um Verstöße im Zusammenhang mit dem Verkauf von illegal eingeführten Westwaren, den An- und Verkauf von bezugsbeschränkten Lebensmitteln ohne Bezugsberechtigungsschein, Preisvergehen, Steuerhinter-

---

2456 *K. Müller*, Aktion Rose, S. 17; vgl. auch Kapitel 7, insbes. A.I. Es wurden 711 Überprüfungen durchgeführt, wobei in 527 Fällen Ermittlungsverfahren eingeleitet wurden. Dabei kam es in 130 Fällen bzw. bei 219 Personen zur „Republikflucht" (*K. Müller*, a.a.O., S. 23; vgl. Abschlussbericht des GStA v. 2.5.1953, insoweit abgedruckt in BMJ (Hrsg.), Im Namen des Volkes? (Katalog), S. 88). Bei 235 Verurteilten wurde das gesamte Vermögen eingezogen; bei 128 Verurteilten lediglich die Hotels, Pensionen bzw. Häuser (*K. Müller*, Aktion Rose, S. 25).

2457 *Werkentin*, Die Reichweite politischer Justiz in der Ära Ulbricht, in: BMJ (Hrsg.), Im Namen des Volkes?, S. 183.

2458 *Buchholz*, Strafrecht, in: Heuer (Hrsg.), Die Rechtsordnung der DDR. Anspruch und Wirklichkeit, S. 284; ebenso BGH JR 2000, 246, 248.

2459 BGH JR 2000, 246.

2460 *K. Müller*, Aktion Rose, S. 17.

2461 *Werkentin*, Politische Justiz in der Ära Ulbricht, S. 66.

2462 So die Feststellungen des BG Schwerin NJ 1991, 419, 420.

2463 *K. Müller*, Aktion Rose, S. 68.

2464 Näher dazu *K. Müller*, a.a.O., S. 66 f.

ziehungen und andere Wirtschaftsdelikte[2465]. Als rechtliche Grundlagen dienten[2466] insbesondere §§ 1 und 2 sowie (für die Einziehung) §§ 13 III und 17 der Wirtschaftsstrafverordnung (WStVO) von 1948[2467]. Daneben wurden das Gesetz zur Regelung des innerdeutschen Zahlungsverkehrs, die Spekulationsverordnung, das Gesetz zum Schutz des innerdeutschen Handels (HSchG) sowie in Einzelfällen weitere Rechtsgrundlagen herangezogen[2468].

Als Vorwand der generalstabsmäßig geplanten Aktion diente nur ein allgemein gegen den Mittelstand gerichteter Verdacht. Unter Verstoß gegen § 133 DDR-StPO/1952 wurden ohne Bestehen eines konkreten Anfangsverdachts Durchsuchungen durchgeführt. Ziel der Durchsuchungen war es, Zufallsfunde zu erlangen, um Strafverfahren durchführen zu können und mit deren Hilfe Beherbergungsbetriebe und sonstige Unternehmen in Staatseigentum überführen zu können[2469]. *Werkentin* spricht von „inszenierte(n) Kriminalfälle(n)" zur Durchsetzung von Enteignungen zum Zwecke der Verstaatlichung und Kollektivierung[2470]. Dieses Ziel der justiziell bemäntelten staatlichen Bereicherungsaktion zeigt sich auch darin, dass die beschlagnahmten Objekte unverzüglich anderweitig, vornehmlich dem FDGB zugewiesen wurden, ohne den Ausgang der mit größter Geschwindigkeit durchgeführten Strafprozesse abzuwarten[2471].

Es wurden innerhalb weniger Wochen 621 Objekte beschlagnahmt, davon 440 Hotels und Pensionen[2472]. 447 Personen kamen in Untersuchungshaft. Davon wurden etwa 400 zu Gefängnis- und Zuchthausstrafen bis zu zehn Jahren verurteilt[2473].

2465 Abschlussbericht des GStA v. 2.5.1953, insoweit abgedruckt in BMJ (Hrsg.), Im Namen des Volkes? (Katalog), S. 87; dazu auch *K. Müller*, Aktion Rose, S. 18 f.

2466 *K. Müller*, a.a.O., S. 26 f., 111.

2467 ZVOBl. 1948, S. 439 ff.

2468 Dazu *K. Müller*, a.a.O., S. 26, 122 ff.

2469 BG Schwerin NJ 1991, 419, 422; *K. Müller*, a.a.O., S. 42 f.

2470 *Werkentin*, Politische Justiz in der Ära Ulbricht, S. 49.

2471 Vgl. die Feststellungen des BG Schwerin NJ 1991, 419, 422; *K. Müller*, Aktion Rose, S. 42 ff.

2472 Abschlussbericht des GStA v. 2.5.1953, insoweit abgedruckt in BMJ (Hrsg.), Im Namen des Volkes? (Katalog), S. 88; *Werkentin*, Politische Justiz in der Ära Ulbricht, S. 62, unter Verweis auf Abschlussbericht der Einsatzleitung der Volkspolizei v. 13.3.1953.

2473 *K. Müller*, Aktion Rose, S. 23, 25; *Werkentin*, Politische Justiz in der Ära Ulbricht, S. 62, unter Verweis auf Abschlussbericht GStA v. 2.5.1953, ZPA IV 2/13/409, S. 16 f. *Werkentin* gibt dabei an, es handele sich um Freiheitsstrafen von *einem* bis zu zehn Jahren gegen 400 Personen. Dagegen schlüsselt *Müller* Freiheitsstrafen in dieser Höhe nur für insgesamt 242 Personen auf; 157 Angeklagte seien zu Gefängnisstrafen *bis zu*

Um sich nicht auf die örtlichen Staatsanwälte und Richter verlassen zu müssen, wurde vor Beginn der Aktion durch Umbesetzungen weitestgehend sichergestellt, dass nur „genügend gefestigte", also ausschließlich politisch zuverlässige Richter und Staatsanwälte zum Einsatz kamen[2474]. Sämtliche Verfahren wurden zentral am Kreisgericht Bützow durchgeführt. Hierfür bildete man vier Strafkammern. Beim Bezirksgericht in Schwerin wurde ein Berufungssenat eingerichtet. Dieser führte die Berufungsverhandlungen „aus Zweckmäßigkeitsgründen" in Bützow durch[2475]. Jedenfalls hinsichtlich der am Kreisgericht eigens gebildeten Kammern kann von einem Sondergericht gesprochen werden[2476], das nach Art. 134 DDR-Verf./1949 (Verbot von Ausnahmegerichten)[2477] unzulässig war. Im Abschlussbericht der Einsatzleitung der Bezirksbehörde der Volkspolizei Rostock vom 13. März 1953 heißt es dazu: „(...) Eine andere Regelung (Aburteilung in den jeweiligen Kreisen) hätte bedeutet, dass der Ausgang der Aktion gefährdet worden wäre."[2478]. Der Aspekt des unzulässigen Tätigwerdens eines Ausnahmegerichts[2479] wurde bei der Strafverfolgung wegen Rechtsbeugung allerdings offensichtlich nicht aufgegriffen[2480].

Gegen Beteiligte der „Aktion Rose" ist offenbar nur in einem Fall Anklage erhoben worden, und zwar gegen einen Staatsanwalt[2481]. Nachdem ihn das LG Rostock zu einer auf Bewährung ausgesetzten Freiheitsstrafe von einem

---

einem Jahr verurteilt worden. Die Zahl der Überschneidungsfälle (Freiheitsstrafe von genau einem Jahr) bleibt dabei offen. Insgesamt ergeben sich bei Addition aller aufgeführten Einzelposten nur 399 Freiheitsstrafen, die auch zusammen mit den gesondert aufgeführten 4 Geldstrafen nicht die a.a.O., S. 24 angegebene Zahl von 408 verurteilten Personen ausfüllt.

2474 *Werkentin*, Politische Justiz in der Ära Ulbricht, S. 61, unter Verweis auf Abschlussbericht GStA v. 2.5.1953, ZPA IV 2/13/409, S. 16 f.; *K. Müller*, Aktion Rose, S. 147 und 153.

2475 *K. Müller*, a.a.O., S. 22.

2476 So auch *K. Müller*, a.a.O., S. 148 („Sonder-Kreisgericht Bützow"); *Werkentin*, Politische Justiz in der Ära Ulbricht, S. 61; *ders.*, Strafjustiz im politischen System der DDR, in: Rottleuthner (Hrsg.: BMJ), Steuerung der Justiz in der DDR, S. 103.

2477 Und später auch nach § 7 II DDR-GVG/1952; bis dahin galt § 16 GVG weiter.

2478 VLG, Rep. 202/1 Nr. 105 Bl. 001, zitiert nach *K. Müller*, Aktion Rose, S. 152; wortgleich zitiert in BezG Rostock VIZ 1991, 39, 40 und BG Schwerin NJ 1991, 419, 420.

2479 Zu diesen Aspekten BG Schwerin NJ 1991, 419, 420; *K. Müller*, Aktion Rose, S. 38 ff., insbes. 34 f.; BMJ (Hrsg.), Im Namen des Volkes? (Katalog), S. 86; *Werkentin*, Politische Justiz in der Ära Ulbricht, S. 63 f.; *ders.*, Strafjustiz im politischen System der DDR, in: Rottleuthner (Hrsg.: BMJ), Steuerung der Justiz in der DDR, S. 99.

2480 Vgl. BGH NJ 1998, 602 f. = JR 2000, 246 ff. und *Hohoff*, An den Grenzen des Rechtsbeugungstatbestandes, S. 40 f.

2481 Vgl. *Hohoff*, a.a.O., S. 40 f.

Jahr und drei Monaten verurteilt hatte, hob der BGH das Urteil auf, weil er im Gegensatz zum LG nicht täterschaftliche Rechtsbeugung, sondern lediglich Beihilfe zur Rechtsbeugung annahm[2482]. In der Folge verhängte das LG eine rechtskräftig gewordene Bewährungsstrafe von acht Monaten[2483].

Der BGH hat in diesem Verfahren eine Rechtsbeugung nicht schon darin gesehen, dass ein Staatsanwalt die Anklage auf die WStVO gestützt hatte, denn die WStVO sei trotz rechtsstaatlicher Bedenken nicht unvereinbar mit überpositivem Recht. Jedoch hätten sich die (nicht mit angeklagten) Richter bei der Aktion Rose im Hinblick auf die festgesetzten Rechtsfolgen[2484] der Rechtsbeugung schuldig gemacht, da die Strafzumessung - auch unter Berücksichtigung der wirtschaftlichen Verhältnisse der Nachkriegszeit und der durch sie beeinflussten Wertvorstellungen - als grob ungerecht und offensichtlich willkürlich erscheine. Insbesondere habe sich weitgehend die Annahme minder schwerer Fälle aufgedrängt mit der Folge, dass Vermögenseinziehung und Zuchthausstrafe von vornherein nicht in Betracht gekommen wären. Unabhängig davon rechtfertige sich die Annahme von Rechtsbeugung schon daraus, dass sich die Richter entsprechend dem Zweck der Aktion bei ihrer Entscheidung nicht von dem Bemühen um die Festsetzung von dem Unrechtsgehalt der Taten und der Schuldschwere angemessenen Sanktionen hätten leiten lassen, sondern es ihnen ausschließlich darum gegangen sei, unter Missbrauch des Strafrechts das von der politischen Führung vorgegebene verfahrensfremde Ziel der Enteignung der damals Beschuldigten zu erreichen. Der Staatsanwalt habe insoweit Beihilfe geleistet. Das entsprechende Wissen des Staatsanwalts wurde daraus abgeleitet, dass ihm aufgrund einer Einweisung zu Beginn seiner Tätigkeit im Zusammenhang mit der Aktion Rose und aufgrund regelmäßiger Dienstbesprechungen Sinn und Zweck des Unternehmens bekannt gewesen sei und er somit gewusst habe, dass die Verfahren mit gesetzwidrigen und rechtsbeugenden Entscheidungen abgeschlossen werden würden[2485].

Bis auf den Einzelfall einer Weisung des GStA der DDR an einen Kreisstaatsanwalt wurde bisher keine direkte Einflussnahme auf Richter und

2482 BGH NJ 1998, 602 f. = JR 2000, 246 ff.; i.E. zust. *Müther*, JR 2000, 248 ff.; dazu auch *Hohoff*, a.a.O., S. 41.

2483 *Hohoff*, a.a.O., S. 41 mit Nachweis.

2484 Die betroffenen Hoteliers waren zu Strafen verurteilt worden, die bis zu 5 Jahren Zuchthaus reichten. In allen Fällen war ihr Vermögen eingezogen worden. Der Staatsanwalt hatte in 9 Fällen Anklage erhoben und teilweise auch die Sitzungsvertretung in der Hauptverhandlung wahrgenommen. Vgl. bereits Kapitel 7, A.I.

2485 BGH NJ 1998, 602 f. = BGH JR 2000, 246 ff. m. krit. Anm. *Arnold/Rost*, NJ 1998, 603 und *Müther*, JR 2000, 248 ff.

Staatsanwälte der „Aktion Rose" bekannt[2486], die etwa den massiven Eingriffen in den Waldheimer Verfahren vergleichbar wäre. Dies ist wohl zum Teil erklärlich durch den Einsatz linientreuer Juristen, die von vornherein auf den beabsichtigten Kurs eingeschworen wurden, und das Phänomen des vorauseilenden Gehorsams[2487], sowie möglicherweise auch durch die „Vorbildwirkung" der Waldheimer Verfahren. Dennoch können auch die Verfahren der „Aktion Rose" angesichts der beschriebenen Umstände als Scheinverfahren betrachtet werden[2488].

3. Das BGH-Urteil gegen den ehem. OG-Richter Reinwarth

In dem bereits angesprochenen[2489] Fall *Reinwarth* ging es um die strafrechtliche Aufarbeitung mehrerer politischer Prozesse, die 1954 bis 1956 vor dem OG durchgeführt und in denen Todesstrafen sowie langjährige Zuchthausstrafen verhängt worden waren. *Reinwarth* war daran als beisitzender Richter beteiligt. Im Vorfeld hatte teilweise die Parteibürokratie Einfluss genommen. Dies führte nicht in allen Fällen zur Verurteilung wegen Rechtsbeugung, und selbst dann nur über die Fallgruppe der Übermassstrafen.

In einem der Verfahren hatte die „Justizkommission"[2490] über die Strafhöhe beraten und für zwei der vier Angeklagten die Todesstrafe vorgeschlagen, für eine Angeklagte „15 Jahre bzw. lebenslänglich Zuchthaus" und für den vierten Angeklagten 8–10 Jahre Zuchthaus[2491]. Die ZK-Abteilung „Staatliche Organe" übermittelte dies in einer entsprechenden Vorlage an das Politbüro[2492]. Obgleich das erstinstanzliche Gericht im Rechtsbeugungsprozess von einer Einflussnahme des Politbüros auf die Vorbereitung der Hauptverhandlung ausging[2493], und das tatsächlich verhängte Strafmaß nicht von den Vorschlägen abwich, konnte das LG eine entsprechende Kenntnis der Richter offenbar nicht feststellen[2494]. Die Verurteilung wurde insoweit aber auf die außerordentlich unverhältnis-

---

2486 *K. Müller*, Aktion Rose, S. 153.

2487 *K. Müller*, a.a.O., S. 153 f.

2488 So auch *Hohoff*, An den Grenzen des Rechtsbeugungstatbestandes, S. 171.

2489 Siehe Kapitel 5, A.III.1.b)

2490 Hierzu noch u., 5.

2491 *Werkentin*, Strafjustiz im politischen System der DDR, in: Rottleuthner (Hrsg.: BMJ), Steuerung der Justiz in der DDR, S. 124.

2492 LG Berlin, Urt. v. 17.6.1994 – (528) 29/2 Js 283/92 Ks (1/94), zitiert nach *Grote*, Die DDR-Justiz vor Gericht, S. 109 f. (insoweit nicht in NJ 1995, 211 ff. abgedruckt).

2493 LG Berlin NJ 1995, 211.

2494 Vgl. *Grote*, Die DDR-Justiz vor Gericht, S. 110 und BGH NJW 1996, 857, 862.

mäßigen Strafen gestützt[2495]. In diesem Zusammenhang stellte das LG immerhin fest, *Reinwarth* habe erkannt, dass das Verfahren nicht der Verwirklichung der Gerechtigkeit dienen, sondern dass durch den Schauprozess die Bevölkerung auf das Problem der sog. Abwerbung hingewiesen werden sollte[2496]. Auch der BGH meinte angesichts der „Elemente eines Schauprozesses", dass es den Richtern auch subjektiv nicht primär um Gerechtigkeit, sondern um Abschreckung durch Vernichtung von Angeklagten gegangen sei[2497]. Daher hätte die Annahme eines Scheinverfahrens doch nahegelegen[2498].

Zusammen mit dem Schuldspruch wegen zweier weiterer rechtsbeugerisch überhöhter Todesurteile, die im Gegensatz zu den beiden zuvor erwähnten Todesurteilen auch vollstreckt wurden, erhielt *Reinwarth* eine Gesamtfreiheitsstrafe von 3 Jahren und 9 Monaten[2499].

Freigesprochen wurde er dagegen u.a. wegen eines anderen, dem Prozess ebenfalls zugrundeliegenden Verfahrens. Auch hier gab es eine Vorlage der Abteilung „Staatliche Organe". Darin war die „Todesstrafe gegen beide Verräter" vorgeschlagen und im Vorgriff auf die Verhandlung des OG angeordnet worden: „Das Urteil ist sofort nach der Rechtskraft und der Versagung des Gnadenerweises durch den Präsidenten der DDR zu vollstrecken."[2500]. Der BGH wandte wiederum den Rechtsbeugungstatbestand an. Er sah zwar eine willkürliche Menschenrechtsverletzung durch die Art und Weise des Verfahrens bei Todesurteilen als objektiv gegeben an, weil die durch den für politische Strafsachen zuständigen 1. Strafsenat des Obersten Gerichts ausgesprochenen Todesurteile offensichtlich auf einer Vorgabe des Politbüros beruht hätten[2501].

Das LG war aber – auch hier – davon ausgegangen, dass *Reinwarth* die Vorlage nicht kannte[2502], und hatte ihn daher insoweit aus tatsächli-

---

2495 LG Berlin NJ 1995, 211, 213; ebenso BGH NJW 1996, 857, 858 und 861.

2496 LG Berlin NJ 1995, 211, 213.

2497 BGH NJW 1996, 857, 862.

2498 Krit. auch LK-*Spendel* (11. Aufl.), § 339 Rn. 12c.

2499 LG Berlin NJ 1995, 211 f., vollständig abgedruckt in: *Marxen/Werle (Hrsg.)*, Strafjustiz und DDR-Unrecht 5/1: Rechtsbeugung, S. 353 ff., bestätigt durch BGH NJW 1996, 857 ff.; krit. zum milden Strafmaß LK-*Spendel* (11. Aufl.), § 339 Rn. 12c; LK-*Hilgendorf* (12. Aufl.), § 339 Rn. 13; und Kapitel 12, C., D.

2500 Vgl. BGH NJW 1996, 857, 865.

2501 BGH NJW 1996, 857, 865.

2502 Der entsprechende Passus ist leider in der Veröffentlichung dieser Entscheidung des LG Berlin (NJ 1995, 211 ff.) nicht enthalten und insoweit nur mittelbar aus der Revisionsentscheidung des BGH (a.a.O., 865) zu entnehmen. Laut Welt am Sonntag v.

chen Gründen freigesprochen[2503]. Aus Rechtsgründen sah sich der BGH außerstande, die Beweiswürdigung des Schwurgerichts zu beanstanden, obwohl er es als nicht fernliegend ansah, dass der Angeklagte - anders, als er sich vor dem Schwurgericht eingelassen hatte - von der willkürlichen Verfahrensgestaltung sehr wohl wusste. Hierzu wurde in der Literatur angeführt, dass der Angeklagte zur Tatzeit zugleich Parteisekretär des OG war, und dass ein Parteisekretär an so herausragender Stelle, der die entscheidenden Herrschaftsmethoden der Parteidiktatur in seinem Bereich einschließlich der Präjudizierung von Urteilen durch die Partei nicht kennt, ein „weißer Rabe" gewesen wäre[2504]. Ob die stärkere Berücksichtigung dieser Erwägung für die Widerlegung der Unkenntnis des Beisitzers von den Ergebnisvorgaben des Politbüros im konkreten Fall ausgereicht hätte, kann von dieser Stelle aus nicht abschließend beurteilt werden. Es ist einzuräumen, dass im Regelfall beweiskräftige schriftliche Dokumente darüber fehlen, wie den Richtern im Einzelfall der Politbürobeschluss überbracht wurde[2505].

Zu der Problematik sei ergänzend hingewiesen auf das Urteil einer anderen Kammer des LG Berlin in einem prominenten Fall von Präjudizierung durch die Partei, der wegen Versterbens der angeklagten OG-Richterin nicht zum BGH gelangte[2506]. Die Kammer hielt es zutreffend für „schlichtweg unvorstellbar, dass das Oberste Gericht ohne Kenntnis von den Wünschen des Politbüros bzw. des Vorsitzenden des ZK der SED immer wieder präzise die gewünschten Strafen ausgeworfen haben soll, wenn nicht eine Verbindung zwischen Gericht und politischer Führung bestanden hat." Sie war in dem von ihr zu entscheidenden Fall davon überzeugt, dass die Richter des betreffenden Strafsenats des OG von den Vorgaben des Politbüros wussten. Auch sie wollte allerdings nicht ausschließen, dass es in Einzelfällen vorkam, dass ein Beisitzer des OG, zumal wenn er nicht Berichterstatter war, von den genauen Gesprächsinhalten über die Vorgaben des Politbüros nicht informiert war. Es sei vorstellbar, dass nur der Vorsitzende die jeweiligen Strafvorschläge gekannt

---

10.4.1994 (zitiert nach *Debes/Weinke*, DA 1995, 1024 Fn. 58) hatte *Reinwarth* behauptet, die Absprachen seien nicht zwischen dem Gericht und Institutionen wie dem MfS oder dem ZK der SED geführt worden, sondern ausschließlich über die Staatsanwaltschaften gelaufen.

2503 LG Berlin NJ 1995, 211, 213.

2504 *Schuller*, DA 1994, 1261; krit. auch *Grote*, Die DDR-Justiz vor Gericht, S. 111.

2505 So auch *Werkentin*, Politische Strafjustiz in der Ära Ulbricht, S. 305; *Grote*, a.a.O., S. 111.

2506 Dazu noch u., 5.; ausführlich dazu *Grote*, a.a.O., S. 104 ff.

und dafür gesorgt habe, dass sie in der Kammer (sic)[2507] durchgesetzt wurden. Daher ging das LG in den zur Last gelegten Einzelfällen mangels konkreter Beweismittel davon aus, dass die Angeklagte von den Einflussnahmen der SED keine Kenntnis hatte[2508]. Eine Verurteilung erfolgte auch hier nur wegen der überhöhten Strafzumessung[2509].

Zwei der oben erwähnten rechtsbeugerisch überhöhten Urteile *Reinwarths* beruhten zwar anscheinend nicht auf einer Präjudizierung durch das Politbüro, es kam aber aus anderen Gründen die Annahme von Scheinverfahren in Betracht.

Einige Formulierungen des BGH deuten darauf hin, er halte diesbezüglich Scheinverfahren für gegeben, ohne freilich die Einordnung als Leitung und Entscheidung einer Rechtssache abzusprechen bzw. die Durchführung eines gerichtlichen Verfahrens zu verneinen. Er nennt die Todesurteile „in die äußere Form von Gerichtsurteilen gekleidete Tötungsverbrechen". Hinsichtlich eines dieser Fälle (Verfahren gegen *T.*) führt er im Hinblick auf Urteilspassagen „im Freislerstil"[2510] (dies räumte der Angekl. selbst ein) aus, in einem so begründeten Todesurteil komme schon in der Wortwahl unmissverständlich der unbedingte Wille zur physischen Vernichtung eines politischen Gegners ohne Rücksicht auf dessen persönli-

2507 Es hätte „Senat" heißen müssen.

2508 LG Berlin, Urt. v. 30.3.1995 – (527) 29/2 Js 25/92 Ks (9/94), zitiert nach *Grote*, a.a.O., S. 107; zum Ganzen *ders.*, a.a.O., S. 104 ff. Danach habe die Kenntnis von der Präjudizierung nicht zuletzt auch deshalb nicht nachgewiesen werden können, weil der damalige Vorsitzende und der andere Beisitzer bereits verstorben waren.

2509 *Grote*, a.a.O., S. 108.

2510 Lesenswert dazu BGH NJW 1996, 857, 860 f.: „Der Einwand Ts, seine Tätigkeit sei am Ort der Handlung (Westberlin) nicht mit Strafe bedroht gewesen, wird beantwortet mit der Erwägung, das Argument des Angeklagten stelle ‚nichts anderes als eine unerhörte Anmaßung' dar, die ihn ‚nur einmal mehr als abgefeimtesten Verbrecher' charakterisiere; er wage es, ‚für seine ganzen ungeheuerlichen Verbrechen, die sich unmittelbar gegen den Bestand des ersten deutschen Arbeiter- und Bauernstaates und des gesamten Weltfriedenslagers richteten, für seine Person Straflosigkeit zu beanspruchen, nur weil er diese Verbrechen aus dem Hinterhalt von einem vermeintlich sicheren Standort aus durch andere gewissenlose, von ihm gedungene Elemente ausführen ließ'. T habe ‚mit einer kaum zu überbietenden Intensität Verbrechen in einem Ausmaß begangen, die aufgrund ihres Charakters einen beispiellosen Grad an Gesellschaftsgefährlichkeit' aufweisen. Ein vom Vorsitzenden eingefügter Satz lautete: ‚Vor Elementen wie dem Angeklagten kann sich die friedliebende Menschheit nur durch deren Austilgung wirksam schützen.' Hier wird das angesichts des festgestellten tatsächlichen Sachverhalts fehlende Gewicht des von einem Angeklagten verschuldeten Unrechts durch übersteigerte, nur noch propagandistisch zu verstehende Formulierungen überspielt."

che Schuld und der Wunsch nach genereller Abschreckung auch um den Preis eines Menschenlebens zum Ausdruck. Dies sei „willkürliches Töten unter dem Vorwand eines justizförmigen Verfahrens"[2511].

Wie sich aus dem Zusammenhang der Urteilsgründe ergibt, wollte der BGH hierbei jedoch lediglich mit starken Worten die Erfüllung des objektiven und subjektiven Rechtsbeugungstatbestandes in der Fallgruppe der Übermaßstrafe begründen. In dem einen Fall hatte der Beisitzer *Reinwarth* in der Urteilsberatung erfolglos versucht, den Vorsitzenden davon zu überzeugen, dass die Todesstrafe unangemessen sei. Dass er schließlich doch der Berufungsverwerfung zustimmte und in dem anderen Fall erst gar nicht wagte, auf seine abweichende Meinung hinzuweisen[2512], beruhte offenbar auf eigener Schwäche, der Erwartungshaltung des Vorsitzenden und des Staatsanwalts standzuhalten.

Insgesamt ergab sich daher auch trotz der sonstigen Verfahrensverstöße noch nicht das Bild, dass hier seitens des Angeklagten, auch in subjektiver Hinsicht, schlichtweg nicht mehr Gerichtsverfahren durchgeführt wurden. Daher war hier die Anwendung des Rechtsbeugungstatbestandes auch hinsichtlich des Merkmals der Durchführung eines gerichtlichen Verfahrens bzw. der Leitung und Entscheidung einer Rechtssache nicht zu beanstanden.

Die angeführten Beispiele zeigen, dass selbst in Fällen stalinistischer Terrorjustiz der Nachweis von Scheinverfahren mit ihren subjektiven Voraussetzungen sehr schwierig ist. Dies wird im Kern auch in einem späteren Urteil des BGH mit der Anmerkung festgehalten, der Verdacht, die Richter oder Staatsanwälte hätten sich im jeweiligen konkreten Fall auch subjektiv nicht an den Gesetzen der DDR orientiert, sondern allein dem äußeren Anschein nach Gesetzesanwendung betrieben („Scheinjustiz"), dass sie also - auch subjektiv - ihre Tätigkeit in Wahrheit nur als reine Unterdrückungsmaßnahme betrieben hätten, liege bei der politischen Justiz in bestimmten Fällen zwar generell nicht fern. Nachgewiesen worden sei eine solche subjektive Vorstellung in den vom 5. Senat bislang entschiedenen Fällen indessen nicht[2513]. Das gilt auch für den Fall *Reinwarth*.

Neues zur Problematik der Scheinjustiz, insbesondere auch zu den Anforderungen in subjektiver Hinsicht, brachte die Rechtsprechung im Fall *Havemann*. Dem ist der folgende Abschnitt gewidmet[2514].

2511 BGH NJW 1996, 857, 860 f.

2512 Vgl. BGH NJW 1996, 857 und LG Berlin NJ 1995, 211 f.

2513 BGH NStZ 1997, 127, 128.

2514 Vgl. dazu insbes. u., 4. b) cc).

4. Der Fall Robert Havemann

Bevor auf das sich lang hinziehende Rechtsbeugungsverfahren eingegangen wird, ist ein kurzer Überblick über das Vorgehen der DDR-Justiz gegen *Havemann* angebracht.

a) Die Verfahren gegen Havemann und ihre Vorgeschichte

In den Jahren 1976/1977 und 1979 kam es zu zwei Gerichtsverfahren, die Teil einer Verfolgung *Havemanns* als politischer Gegner waren und vor dem Hintergrund ihrer Vorgeschichte besser verständlich werden. Beide Verfahren, die hier nur verkürzt dargestellt werden können, basierten auf einer umfassenden Abstimmung der Obersten Justizorgane (OG, GeneralStA der DDR und Justizministerium) mit dem MfS. Teilweise war auch *Erich Honecker* als Generalsekretär der SED und Staatsratsvorsitzender eingeschaltet[2515].

aa) Vorgeschichte

Der 1982 verstorbene Naturwissenschaftler und Regimekritiker *Prof. Dr. Robert Havemann*, dessen interessanter Lebenslauf hier nicht im Einzelnen nachgezeichnet werden kann[2516], war zunächst Mitglied der SED und der Volkskammer gewesen. Nachdem er sich kritisch über die Entwicklung und den Dogmatismus in der DDR geäußert hatte, wurde er 1964 aus der Partei ausgeschlossen und von der Humboldt-Universität fristlos als Professor und Leiter des Chemisch-Physikalischen Instituts entlassen. 1966 wurde er auch aus der Akademie der Wissenschaften ausgeschlossen. Zum endgültigen Bruch mit den Machthabern kam es 1968 aus Anlass der Niederschlagung des „Prager Frühlings“. Spätestens seitdem durfte *Havemann* seine Ansichten in der DDR nicht mehr publizieren.

Ab 1964 führte das MfS einen „Operativen Vorgang“, in dessen Rahmen über die Jahre bis 1982 über 200 Inoffizielle Mitarbeiter auf *Havemann*

2515 So die Feststellungen des LG Frankfurt/Oder, wiedergegeben nach BGH NJW 1999, 3347.

2516 Dazu u.a. BGH NJW 1999, 3347 = BGHSt 44, 275ff. sowie LG Frankfurt (Oder), Urt. v. 30.9.1997, abgedruckt in: Rottleuthner (Hrsg.), Das Havemann-Verfahren, S. 25ff., hier insbes. S. 59ff. und abgedruckt in Marxen/Werle (Hrsg.), Strafjustiz und DDR-Unrecht 5/2: Rechtsbeugung, S. 573ff., hier insbes. S. 604ff.; LG Neuruppin, abgedruckt in Marxen/Werle (Hrsg.), Strafjustiz und DDR-Unrecht 5/2: Rechtsbeugung, S. 741ff., hier S. 742f.

angesetzt wurden. Die Untersuchungsabteilung des MfS suchte immer wieder nach Möglichkeiten, *Havemann* strafrechtlich zu verfolgen[2517]. Hier zeigt sich beispielhaft die rechtsstaatlich bedenkliche, im DDR-Recht aber (sicherlich nicht zufällig) vorgesehene Verquickung von Strafverfolgung und geheimdienstlicher „operativer" Tätigkeit unter dem Dach des MfS. Für ein Vorgehen gegen *Havemann* glaubte man einen geeigneten Grund und Ansatzpunkt gefunden zu haben, als am 22.11.1976 im Nachrichtenmagazin „Der Spiegel" ein Artikel *Havemanns* zur Ausbürgerung des Liedermachers *Wolf Biermann* erschien, in dem *Havemann* auch die Verhältnisse in der DDR kritisierte („Diktatur einer Handvoll Politiker" unter Bezugnahme auf die Verwendung eines Rosa-Luxemburg-Zitats durch *Biermann*) und sich für die Gewährung von Grundrechten in einem „demokratischen Sozialismus" im Sinne des Eurokommunismus aussprach[2518].

bb) Aufenthaltsbeschränkungsverfahren

Dem daraufhin eingeleiteten Verfahren ging eine Vorbereitung durch das MfS voraus, in dessen schriftlicher Ausarbeitung zur Anwendung der Verordnung über Aufenthaltsbeschränkung (ABVO)[2519] und die Verfahrensweise es u. a. hieß: „In einem beschleunigten Verfahren wird Havemann gem. § 3 der genannten Verordnung verurteilt, zeitlich unbefristet sein Grundstück in Grünheide (...) nicht zu verlassen. Das Verfahren ist sofort durchzuführen."[2520] So geschah es dann auch.

2517 Dazu BGH NJW 1999, 3347 (insoweit ausführlicher als BGHSt 44, 275, 277 f.); ausführlich LG Frankfurt (Oder), in: Rottleuthner (Hrsg.), Das Havemann-Verfahren, S. 25, 61 f.

2518 Vgl. LG Frankfurt (Oder), in: Rottleuthner (Hrsg.), Das Havemann-Verfahren, S. 25, 63 ff.

2519 § 3 I ABVO lautete:
„Auf Verlangen der örtlichen Organe der Staatsmacht kann, auch ohne dass die Verletzung eines bestimmten Strafgesetzes vorliegt, durch Urteil des Kreisgerichts einer Person die Beschränkung ihres Aufenthalts auferlegt werden, wenn durch ihr Verhalten der Allgemeinheit oder dem einzelnen Gefahren entstehen oder die öffentliche Sicherheit und Ordnung bedroht ist. § 2 dieser Verordnung findet Anwendung."
§ 2 der ABVO statuierte:
„Durch die Aufenthaltsbeschränkung wird dem Verurteilten der Aufenthalt an bestimmten Orten der Deutschen Demokratischen Republik untersagt. Die Organe der Staatsmacht sind auf Grund des Urteils berechtigt, den Verurteilten zum Aufenthalt in bestimmten Orten oder Gebieten zu verpflichten. Sie können ihn weiter verpflichten, eine bestimmte Arbeit aufzunehmen."

2520 Zitiert nach LG Frankfurt (Oder), a.a.O., S. 25, 66; vgl. auch Abdruck in Marxen/Werle (Hrsg.), Strafjustiz und DDR-Unrecht 5/2: Rechtsbeugung, S. 573 ff., hier S. 604 ff. zum Aufenthaltsbeschränkungsverfahren; vgl. auch BGH NJW 1999, 3347.

Schon am 26.11.1976 verurteilte ihn das Kreisgericht Fürstenwalde unter Vorsitz einer Richterin, die Inoffizielle Mitarbeiterin des MfS war, im beschleunigten Verfahren auf Antrag des Staatsanwalts zu einer nicht befristeten Aufenthaltsbeschränkung auf dessen Grundstück in Grünheide. Das Urteil war nur mit einem Absatz pauschal begründet. Das Verfahren fand unter Ausschluss der Öffentlichkeit statt. Als *Havemann* Einsicht in das Hauptverhandlungsprotokoll begehrte, leitete das Kreisgericht sein Schreiben an das MfS mit der Bitte weiter, „die zuständigen Genossen im Ministerium hiervon in Kenntnis zu setzen und über den weiteren Verfahrensweg zu entscheiden“[2521].

Der Rechtsanwalt, der für *Havemann* Berufung einlegte, wurde wenige Tage später vom Justizministerium mit sofortiger Wirkung aus dem Anwaltskollegium ausgeschlossen, seine Kanzlei abgewickelt. Von der Berufungsbegründung hatte sich das MfS noch am Tag ihres Eingangs Kenntnis verschafft. Die Berufung *Havemanns* verwarf das Bezirksgericht Frankfurt/Oder im Januar 1977 durch Beschluss als offensichtlich unbegründet.

Auch das Berufungsverfahren war vom MfS in exakter „Abstimmung“ mit dem OG vorbereitet. Es gab zwei „Maßnahmepläne zur Berufung gegen das Urteil ...“, in denen die Verwerfung der Berufung durch Beschluss als offensichtlich unbegründet vorgesehen war. Beigeheftet war die Kopie eines Entscheidungsentwurfes, die jedenfalls schreibtechnisch durch das MfS hergestellt worden war. Die geistige Urheberschaft konnte das zunächst mit dem Strafverfahren befasste LG Frankfurt/Oder nicht klären. Jedenfalls war der Entscheidungsentwurf sowohl durch das OG als auch durch das MfS geprüft und gebilligt worden. Zumindest über die Absprache der Sache mit dem OG hatte der Vorsitzende des Berufungsgerichts seine Beisitzer in der Beratung aufgeklärt. Die spätere Entscheidung stimmte in Beschlussformel wie Gründen fast wortgleich mit dem Entwurf überein[2522].

In Verwirklichung der Aufenthaltsbeschränkung überwachten Einheiten des MfS und der Volkspolizei ständig das Grundstück der *Havemanns.* Kaum war der Vollzug der Aufenthaltsbeschränkung im Mai 1979 beendet worden, bahnte sich das zweite Verfahren gegen *Havemann* – diesmal ein Strafverfahren – an.

2521 LG Frankfurt (Oder), a.a.O., S. 25, 71 ff.; vgl. auch BGH NJW 1999, 3347, 3348.

2522 Vgl. dazu LG Frankfurt (Oder), a.a.O., S. 25, 78 f.

cc) Devisenverfahren

Robert Havemann, dem die Veröffentlichung von Schriften in der DDR verwehrt worden war, erzielte Einkünfte in Form von Devisen durch Veröffentlichungen im Westen. So entstandene Ansprüche und Guthaben hatte er entgegen den Bestimmungen des Devisengesetzes der DDR nicht angemeldet.

Für die Durchführung des Ermittlungsverfahrens entwarf das MfS eine detaillierte Konzeption, die von *Erich Mielke* bestätigt wurde[2523]. Ein späterer Maßnahmeplan des MfS sah neben Vorgaben zu Art und Inhalt der Befragung *Havemanns* u.a. vor, dass die Zeugenvernehmungen von Mitarbeitern des MfS durchgeführt werden sollten, obwohl offizielles Untersuchungsorgan die Zollverwaltung war. Hierzu sollte eine Legitimierung durch Dienstausweise der Zollverwaltung stattfinden, um zu gewährleisten, dass sich auch weiterhin „alle Untersuchungshandlungen gegenüber Dritten als Maßnahmen der Zollverwaltung darstellten."[2524]. Ähnliches sah ein weiterer Maßnahmeplan für zusätzliche Vernehmungen vor. Auch eine „Konzeption zum Abschluss des Strafverfahrens gegen Robert Havemann" arbeitete das MfS aus. Sie wurde von *Mielke Erich Honecker* vorgelegt, der sie nach gewissen Modifizierungen abzeichnete. Darin wird der Erlass eines Strafbefehls mit einer Geldstrafe von 10.000 Mark und der Einziehung bestimmter Gegenstände vorgeschlagen. Auch das Datum für den Erlass des Strafbefehls durch das Kreisgericht Fürstenwalde war vorgesehen. Für den Fall des Einspruchs gegen den Strafbefehl hieß es: „Die Hauptverhandlung, deren qualifizierte Vorbereitung und Durchführung über den GeneralStA und das OG der DDR sowie das Ministerium der Justiz zu gewährleisten ist", werde „gerichtsüblich" geführt, wobei „zur Verhinderung von Provokationen durch von Havemann über den Prozesstermin informierte Personen der Gerichtssaal durch einen auszuwählenden Personenkreis besetzt wird. In der DDR akkreditierten Journalisten ausländischer Publikationsorgane wird (...) die Teilnahme an der Hauptverhandlung verwehrt. (...) Im Ergebnis der gerichtlichen Hauptverhandlung wird der gleiche Strafausspruch erfolgen. Legt Havemann gegen das Urteil Berufung ein, wird dieses (sic) durch das Bezirksgericht Frankfurt/Oder durch Beschluss endgültig verworfen."[2525]

2523 Näher dazu LG Frankfurt (Oder), in: Rottleuthner (Hrsg.), Das Havemann-Verfahren, S. 25, 86f. und in Marxen/Werle (Hrsg.), Strafjustiz und DDR-Unrecht 5/2: Rechtsbeugung, S. 573ff., hier S. 624ff. sowie BGH NJW 1999, 3347, 3348.

2524 Zitiert nach LG Frankfurt (Oder), a.a.O., S. 25, 88ff., 90; vgl. auch BGH a.a.O., 3348.

2525 Zitiert nach LG Frankfurt (Oder), a.a.O., S. 25, 111ff.; vgl. auch BGH a.a.O., 3349.

Nach einer umfangreichen Beschlagnahmeaktion, durch die man *Havemann* fast alle seine Arbeitsunterlagen, insbesondere sehr viele Bücher, und seine Schreibmaschine entzog (insgesamt über 800 Gegenstände), wurde der auf §§ 17, 19 Devisengesetz gestützte Strafbefehlsantrag plangemäß gestellt; lediglich in Teilen der inhaltlichen Begründung wich er von der MfS-Konzeption ab. Der wie vom MfS vorgesehen mit der Sache befasste Direktor des KreisG Fürstenwalde lud *Havemann* – insoweit nicht plankonform, sondern der Kann-Vorschrift des § 271 II DDR-StPO/1974 entsprechend – zu einer Aussprache und gewährte ihm rechtliches Gehör. Direkt im Anschluss erließ er den Strafbefehl wie beantragt.

Auf den Einspruch *Havemanns* folgte eine Abstimmung zwischen GeneralStA, OG und Justizministerium sowie dem MfS. Dies führte zu einem von Mielke genehmigten Vorschlag des MfS, der neben der Aufrechterhaltung des Strafantrags u. a. vorsah, dass ein nur 10–12 Zuhörer fassender Verhandlungssaal gewählt werden sollte, dessen Plätze rechtzeitig von MfS-Mitarbeitern belegt werden sollten, woraufhin andere interessierte Zuhörer als *Havemanns* Ehefrau und sein Arzt mit der Begründung des Platzmangels abgewiesen werden sollten.

Letzteres tauchte auch in einer Verhandlungskonzeption auf, die von dem Vorsitzenden des Berufungssenats gemeinsam mit dem erstinstanzlich entscheidenden Kreisgerichtsdirektor erstellt wurde. Diese enthielt neben anderen detaillierten Vorgaben eine drehbuchartige Sprechanweisung in direkter Rede für den Kreisgerichtsdirektor und sogar eine von einer Schöffin zu stellende Frage in wörtlicher Vorformulierung. Es wurden drei – vom Verhalten *Havemanns* abhängige – Urteilsvoten erstellt, in denen keine freisprechende Variante vorgesehen war[2526].

An beiden Verhandlungstagen war der Gerichtssaal von MfS-Angehörigen belegt. Zu dem zweiten Verhandlungstag kam es, weil *Havemann* am ersten Verhandlungstag die Zulassung eines bestimmten Verteidigers als Ersatz für seinen gem. § 62 I DDR-StPO/1968 abgelehnten spanischen Anwalt beantragte. Die mehrere Tage vor dem ersten Verhandlungstag wegen der Suche nach einem vertrauenswürdigen Verteidiger beantragte Aussetzung des Verfahrens war abgelehnt worden.

In einer den zweiten Verhandlungstag kurzfristig vorbereiteten weiteren Konzeption des MfS war nach Abstimmung zwischen den Obersten Justizorganen und dem MfS sinngemäß vorgesehen, dass die Verhandlung auf jeden Fall fortzusetzen sei, auch wenn *Havemann* erklären würde, dass er noch keinen in der DDR zugelassenen Verteidiger gefunden hätte

2526 Dazu näher LG Frankfurt (Oder), a.a.O., S. 25, 120ff.; vgl. auch BGH a.a.O., 3350.

oder dass noch keine Akteneinsicht möglich gewesen sei. Für die Verkündung des Urteils gab es eine Zeitvorgabe (etwa eine Stunde nach Abschluss der Hauptverhandlung)[2527].

Havemann wurde dem Strafbefehl entsprechend verurteilt; bestimmte Gegenstände wurden eingezogen. Die Berufung wurde wiederum vom Bezirksgericht Frankfurt/Oder durch Beschluss als offensichtlich unbegründet verworfen, wie schon in der von *Honecker* abgezeichneten MfS-Konzeption vorgesehen und entsprechend der Abstimmung zwischen den Obersten Justizorganen und dem MfS.
1991 wurden die gegen *Havemann* ergangenen Entscheidungen im Wege der Kassation aufgehoben[2528].

b) Das Verfahren gegen die Havemann-Richter und Staatsanwälte

aa) Anklage

1994 wurden sieben einstige DDR-Richter und Staatsanwälte, die an den Verurteilungen *Havemanns* beteiligt gewesen waren, wegen des Vorwurfs der Rechtsbeugung, teilweise in Tateinheit mit Freiheitsberaubung, angeklagt. Die Vorsitzende Richterin in dem erstinstanzlichen Aufenthaltsbeschränkungsverfahren war bereits verstorben.

Das Verfahren wurde von der Staatsanwaltschaft als ein Pilotverfahren für die im Grundsatzurteil des BGH vom 13.12.1993[2529] genannte Fallgruppe, dass die Strafverfolgung und die Bestrafung überhaupt nicht der Verwirklichung von Gerechtigkeit, sondern der Ausschaltung des politischen Gegners diente, durchgeführt[2530]. Nach Auffassung der Anklage war der gesamte Verfahrensablauf bis ins Detail vom MfS gesteuert[2531].

bb) Freisprüche durch das LG Frankfurt/Oder

Das LG Frankfurt/Oder sprach alle sieben Angeklagten frei. Soweit einige Entscheidungen den DDR-Gesetzen widersprochen hätten, sei eine Bestrafung wegen der von der Rechtsprechung entwickelten Grundsätze nicht möglich. Zudem fehle insoweit auch der Vorsatz[2532]. Die Angeklag-

2527 Vgl. LG Frankfurt (Oder), a.a.O., S. 25, 128 f.
2528 BG Potsdam VIZ 1992, 117 ff.
2529 BGH NJW 1994, 529, 532.
2530 *Rautenberg*, NJ 1995, 621.
2531 *Rautenberg*, a.a.O., 621.
2532 LG Frankfurt (Oder), in: Rottleuthner (Hrsg.), Das Havemann-Verfahren, S. 25, 194 ff.

ten hätten ihre Entscheidungen für rechtlich zutreffend gehalten. Dass sie ihre Entscheidungen mit dem MfS abgestimmt hätten, hat das LG nicht festgestellt. Es war auch nicht davon überzeugt, dass die Angeklagten die Abstimmung der Obersten Justizorgane mit dem MfS oder auch nur dessen Aktivitäten gekannt hätten. Es sei nicht bewiesen, dass sie die Rolle der Verfahren gegen *Havemann* im Gesamtkomplex seiner vom MfS gesteuerten Verfolgung erkannt hätten. Weiter habe sich nicht beweisen lassen, dass sie Weisungen justizfremder Stellen, insbesondere des MfS, befolgt hätten und dass sie mit ihren Entscheidungen nicht der Verwirklichung von Gerechtigkeit i. S. v. Art. 86 DDR-Verf. hätten dienen wollen[2533].

cc) Aufhebung von Freisprüchen durch den BGH: Zu den Maßstäben objektiver und subjektiver Rechtsbeugung in Drehbuchfällen

Die Staatsanwaltschaft legte gegen vier der Freisprüche Revision ein. Dies betraf den Staatsanwalt und die Staatsanwältin sowie zwei der Richter, nämlich den Kreisgerichtsdirektor als erstinstanzlichen Richter im Devisenverfahren und den Vorsitzenden des Berufungsgerichts im Aufenthaltsbeschränkungsverfahren. Die Revisionen führten zur Aufhebung und Zurückverweisung an das LG Neuruppin.

Der BGH sah im Hinblick auf das **Aufenthaltsbeschränkungsverfahren** die Verneinung sowohl des objektiven wie des subjektiven Tatbestandes als rechtsfehlerhaft an[2534]. Im Rahmen einer Gesamtbetrachtung stellt er eine Wortlautüberdehnung von §§ 2 und 3 ABVO fest. Dabei bezieht er Art und Weise sowie Dauer des Vollzuges der Aufenthaltsbeschränkung und die Gestaltung des gerichtlichen Verfahrens, auch über die Einflussnahmen des MfS hinaus, ein. Im Ergebnis seien Menschenrechte derart schwerwiegend verletzt worden, dass der objektive Tatbestand der Rechtsbeugung erfüllt sei[2535].

Die hier (erstmals in dieser Ausdrücklichkeit[2536]) angewandte Gesamtbetrachtung von Elementen der drei Fallgruppen, die der BGH für Mischfälle und fließende Übergänge zwischen Fallgruppen[2537] einleitend als erforder-

---

2533 LG Frankfurt (Oder), a.a.O., S. 25, 67 ff., insbes. 158 ff.; 194 ff.; vgl. auch BGH NJW 1999, 3347 = BGHSt 44, 275, 276.

2534 BGH NJW 1999, 3347, 3351= BGHSt 44, 275, 297; zust. *Spendel*, JR 1999, 221.

2535 BGH NJW 1999, 3347, 3351= BGHSt 44, 275, 299.

2536 Vgl. zu Mischfällen zwischen zwei Fallgruppen bereits Kapitel 5, A.IV. sowie A. III.2.

2537 *F.-C. Schroeder*, NStZ 1999, 620 findet die Formulierung des BGH nicht glücklich und weist überzeugend darauf hin, gemeint sei offensichtlich, dass bei Fällen im

lich bezeichnet hatte, erklärt sich in objektiver Hinsicht nicht nur aus der Schwierigkeit, mithilfe der jeweils einzeln betrachteten Fallgruppen strafbares von straffreiem Verhalten abzugrenzen, sondern auch aus der einschränkenden Rechtsprechung des BGH, der eine offensichtliche, schwere Menschenrechtsverletzung verlangt, die einem Willkürakt gleichkommt. Ohne diese unangebrachte Einschränkung wäre die Gesamtbetrachtung hier zur Feststellung des objektiven Tatbestandes nicht notwendig gewesen, wie auch die Ausführungen des BGH zeigen, der im folgenden selbst herausarbeitet, dass die ABVO „entgegen ihrem eindeutigen Wortlaut und Sinn erweiternd in dem Sinne der Anordnung eines Hausarrestes" ausgelegt wurde[2538]. Dies wäre nach der hier vertretenen Ansicht für sich genommen schon für eine Rechtsbeugung ausreichend gewesen[2539], ebenso wie die Art und Weise der Durchführung des Verfahrens. Zu letzterem verweist der BGH u. a. auf das beschleunigte Verfahren. Durch dessen Ablauf wurden *Havemann* praktisch keine Verteidigungsmöglichkeiten gewährt, da er von der beabsichtigten Maßnahme erst erfuhr, als er dem Gericht zugeführt worden war. Der BGH sieht das rechtliche Gehör gerade im Hinblick auf die in Aussicht genommene gravierende, zeitlich unbegrenzte Freiheitsentziehung nicht ausreichend gewährt[2540]. Darüber hinaus ist anzumerken, dass nach der gemäß § 3 III ABVO entsprechend anzuwendenden StPO im beschleunigten Verfahren nur auf Freiheitsstrafe bis zu einem Jahr - entsprechend auf Aufenthaltsbeschränkung bis zu einem Jahr, nicht auf unbefristete - erkannt werden durfte (§ 258 I DDR-StPO/1968). Im Berufungsverfahren wurde mit dem Verbot jeglicher anwaltlicher Tätigkeit für den Anwalt *Havemanns* dessen in entsprechender Anwendung der StPO bestehendes Recht auf Verteidigung verletzt, was der BGH ebenfalls andeutet.

Als Element der Rechtsbeugung in Form der Art und Weise der Durchführung von Verfahren führt der BGH nicht nur die eben angesprochenen einzelnen „Verfahrensverstöße" an, sondern hauptsächlich die konkrete Form der Einflussnahme. Da dies das Devisenverfahren ebenso wie das Aufenthaltsbeschränkungsverfahren betrifft, soll beides im Anschluss zusammen erörtert werden. Dabei wird sich auch die tiefere und wich-

---

Grenzbereich mehrerer Fallgruppen eine Kumulierung des Unrechtscharakters zur Willkürlichkeit führen könne. Im Übrigen stimmt er der Umsetzung der vom BGH entwickelten Kriterien zu.

2538 BGH NJW 1999, 3347, 3352= BGHSt 44, 275, 300; *F.-C. Schroeder*, NStZ 1999, 620 sieht hierin ebenfalls eine eindeutige Wortlautüberschreitung.

2539 Zur Unvertretbarkeit der Auslegung der ABVO auch *Spendel*, JR 1999, 224.

2540 BGH NJW 1999, 3347, 3352= BGHSt 44, 275, 300.

tigere Bedeutung der Gesamtbetrachtungsweise des BGH erschließen. Diese liegt nämlich im subjektiven Tatbestand.

Hinsichtlich des **Devisenverfahrens**, das er allein wegen der willkürlichen Verfahrensgestaltung unter Einflussnahme des MfS als objektiv rechtsbeugerisch ansah, befand der BGH die Verneinung des Rechtsbeugungsvorsatzes der vier Angeklagten, deren Freispruch mit der Revision angegriffen worden war, für rechtsfehlerhaft[2541].

Der BGH hält dabei die Wahl des Strafbefehlsverfahrens und die Verwerfung der Berufung als „offensichtlich unbegründet" für sich genommen noch nicht für objektiv rechtsbeugerisch. Diese Vorgehensweisen seien jedenfalls nicht so offensichtlich rechtswidrig, dass sich allein daraus schon eine Rechtsbeugung ergeben müsste[2542]. Gemäß § 270 II DDR-StPO/1968 „soll" ein Strafbefehlsantrag gegen einen hinreichend Verdächtigen nur gestellt werden, wenn er geständig ist. Dies legte das OG in einem Urteil so aus, dass anderenfalls die Beantragung und der Erlass eines Strafbefehls nicht zulässig seien[2543]. Ein solches Vorgehen widerspricht allerdings dem Gesetzeswortlaut in der Tat nicht so eindeutig, dass darauf für sich genommen ein Rechtsbeugungsvorwurf gestützt werden könnte.

Beide Gerichtsverfahren sah der BGH aber als rechtsbeugerisch „durch die konkrete Form der Einflussnahme" an. In diesem Havemann-Urteil vom 10. Dezember 1998 konkretisierte der BGH erstmalig seine Vorstellung von der Fallgruppe der Rechtsbeugung durch die Verfahrensweise in der Unterform der Fälle, in denen Strafverfolgung und Bestrafung überhaupt nicht der Verwirklichung von Gerechtigkeit, sondern der Ausschaltung des politischen Gegners gedient hat[2544]. Er habe insoweit insbesondere an *„Drehbuchfälle"* gedacht, die er folgendermaßen beschreibt:

> „Das sind jedenfalls Verfahren, in denen von vornherein keine justizförmige Entscheidungsfindung vorlag, sondern vielmehr das Ergebnis vorgegeben war bis hin zu detaillierten Vorgaben zum Weg, auf dem - auf scheinbar justizförmige Art und Weise - dieses Ergebnis erreicht werden sollte. In solchen Fällen liegt Rechtsbeugung für denjenigen Justizangehörigen, der „Akteur" eines solchen „Drehbuchs" ist, auch dann vor, wenn das Ergebnis des Verfahrens für sich betrachtet noch keine willkürliche Rechtsanwendung darstellt."[2545]

2541 BGH NJW 1999, 3347, 3351= BGHSt 44, 275, 297.

2542 BGH NJW 1999, 3347, 3351= BGHSt 44, 275, 299.

2543 OG-Urteil vom 8.12.1976 – 1a OMSB 12/76; OGI 2/1978, 40, aufgeführt im und zitiert nach: Ministerium der Justiz (Hrsg.), Kommentar zur StPO, 1987, § 270 Anm. 2.2.

2544 BGH NJW 1999, 3347, 3352 = BGHSt 44, 275, 301 unter Bezug auf die st. Rspr. seit BGH NJW 1994, 529, 532 = BGHSt 40, 30, 43.

2545 BGH NJW 1999, 3347, 3352 = BGHSt 44, 275, 301; krit. *Arnold*, NJ 1999, 290.

Um solche Fälle handele es sich bei beiden gegen *Havemann* durchgeführten Verfahren, gerade auch bei dem Devisenverfahren, die Teil einer jahrzehntelangen Verfolgung *Havemanns* als politischer Gegner gewesen seien. Der BGH spricht ausdrücklich von „*Scheinjustiz*". Aus der Sichtweise der obersten Organisationsebenen hätten die Verfahren überhaupt nicht der Verwirklichung von Gerechtigkeit gedient. Nach den Vorstellungen der „Drehbuchregisseure" habe nicht Recht auf einen justizförmig ermittelten Sachverhalt angewendet werden sollen. Es habe nur dem äußeren Anschein nach Gesetzesanwendung betrieben werden sollen. In Wirklichkeit habe es sich seitens der zentralen Justizorgane und des MfS um die Durchführung eines „Operativen Vorgangs" des MfS zur Ausschaltung *Havemanns* gehandelt[2546].

Nun waren aber nicht die „Drehbuchregisseure" aus den obersten Organisationsebenen angeklagt, und das LG Frankfurt/Oder hatte sich nicht davon überzeugen können, dass die Angeklagten Kenntnis von dem Drehbuch hatten, jedenfalls soweit es justizextern bzw. in Abstimmung mit dem OG zustande gekommen war. Soweit im Devisenverfahren von zwei Richtern, also justizintern, ein Drehbuch für die Hauptverhandlung erstellt wurde, kannten diese es natürlich, aber diese Art der Prozessvorbereitung wäre bei isolierter Würdigung als durchaus vom DDR-Recht gedeckt anzusehen. Letzteres hatte der BGH sichtlich im Blick, als er zutreffend ausführte:

> „Die Abstimmung des prozessualen Ablaufs von Gerichtsverfahren und der rechtlichen Bewertung des Sachverhalts innerhalb der DDR-Justiz, auch durch Konsultationen und Anleitungen zwischen unteren und übergeordneten Instanzen in einer konkreten Rechtssache, war in der DDR allerdings nicht unüblich. Solche Maßnahmen erfüllen nach der Rechtsprechung des BGH grundsätzlich noch nicht den Tatbestand der Rechtsbeugung."[2547].

Dabei nimmt er Bezug auf seine Rechtsprechung, wonach die besonderen Züge des Rechtssystems der DDR zu berücksichtigen seien. Von diesem Grundsatz soll möglicherweise eine Ausnahme gelten, was der BGH aber ausdrücklich offen lässt, und zwar für folgende Fallgestaltungen, die sich als „justizinternes Drehbuch ohne wesentlichen Spielraum" bezeichnen lassen:

2546 BGH NJW 1999, 3347, 3352 = BGHSt 44, 275, 301 f.; zust. *Spendel*, JR 1999, 224.

2547 BGH NJW 1999, 3347, 3352 = BGHSt 44, 275, 302; so auch schon LG Frankfurt (Oder), in: Rottleuthner (Hrsg.), Das Havemann-Verfahren, S. 25, 41, 203 f. unter Verweis auf die Pflicht zur Vorbereitung einer wirksamen Hauptverhandlung in § 199 DDR-StPO und das diesbezügliche damalige Verständnis; in diesem Sinne auch *F.-C. Schroeder*, NStZ 1999, 620; wohl auch *Arnold*, NJ 1999, 289.

„Etwa Fälle, in denen die vorherige Anleitung des zuständigen, nach außen entscheidenden Richters im Hinblick auf den Verfahrensablauf und die materiell- und verfahrensrechtlichen Bewertungen so detailliert erfolgt (justizinternes ‚Drehbuch'), daß der ‚erkennende' Richter und auch das seine Entscheidungen kontrollierende Rechtsmittelgericht in allen wesentlichen Entscheidungen bereits festgelegt ist, oder Fälle, in denen eine durch Anleitungen definitiv festgelegte Bewertung des Beweisergebnisses erfolgt, so daß den an einer mündlichen Verhandlung mitwirkenden Richtern und Staatsanwälten kein Raum mehr für eine eigene Würdigung aufgrund in der Verhandlung gewonnener Erkenntnisse verbleibt."[2548]

Es ist gut denkbar, dass in derartigen Fällen jedenfalls bei Hinzutreten weiterer Umstände angenommen wird, dass ein Richter wie eine Marionette in einem justizintern inszenierten Puppentheater auftritt und nicht mehr Rechtsanwendung und Gerechtigkeit erstrebt, sondern nur Scheinjustiz betreibt.

Als Zwischenergebnis lässt sich also schlagwortartig festhalten: Bei einem „Drehbuch" ohne Spielraum kommt dem BGH zufolge Rechtsbeugung in Betracht, vermutlich auch dann, wenn es ein rein justizinternes Drehbuch ist. Rechtsbeugung scheidet aber aus bei üblicher justizinterner Abstimmung, jedenfalls wenn noch Entscheidungs- und Bewertungsspielraum bleibt.

Zur Entscheidung des Falles *Havemann* arbeitet der BGH (auch zur Abgrenzung von der üblichen justizinternen Abstimmung und einem isolierten justizinternen Drehbuch) mit den Begriffen „horizontale Anleitung" und „vertikale Anleitung"[2549] und stellt entscheidend auf das Ineinandergreifen und gewollte Zusammenwirken dieser Steuerungsmechanismen ab. Die „horizontale Anleitung" beruht danach auf der „Abstimmung" zwischen den Obersten Justizorganen (OG, GeneralStA der DDR und Justizministerium) einerseits und dem MfS sowie der Staatsführung auf der anderen Seite. Die „vertikale Anleitung" bezeichnet die Abstimmung innerhalb der Justiz, in die OG, BezG, KreisG und Staatsanwaltschaft einbezogen waren. Die horizontale Abstimmung umfasste auch die Weitergabe der Anordnungen bezüglich der Verfahrensgestaltung zur vertikalen Umsetzung innerhalb der Justiz, wofür der BGH die detaillierten Konzeptionen und Maßnahmepläne des MfS anführt, also die „Drehbücher" für die „Inszenierung" der Verfahren durch die zur Entscheidung berufenen Justizorgane. Diese horizontale Abstimmung ging nicht nur bis hin zu genauen Terminsvorgaben an die Gerichte, son-

---

2548 BGH NJW 1999, 3347, 3352 = BGHSt 44, 275, 302 f.

2549 Offensichtlich in Anlehnung an die Terminologie *Rottleuthners* (Zur Steuerung der Justiz in der DDR, in: Rottleuthner (Hrsg.: BMJ), Steuerung der Justiz in der DDR, S. 28.

dern enthielt auch die klare Vorwegnahme des Verfahrensergebnisses. Die systembedingt bestehenden justizinternen Steuerungsstrukturen wurden im Fall *Havemann* genutzt, um die Umsetzung dieser ungewöhnlich detaillierten horizontalen Abstimmung zu gewährleisten. Innerhalb der Justiz war die Anleitung ebenfalls ungewöhnlich detailliert[2550].

Der BGH führt weitere Aspekte an: In das Aufenthaltsbeschränkungsverfahren hatte auch der mittlerweile verstorbene Leiter der (politischen) Abteilung I der Generalstaatsanwaltschaft eingegriffen. Er war Major des MfS und stellte dieses Verfahren in seiner 1977 gefertigten Schrift als Musterbeispiel für einen „Operativen Vorgang" dar und beschrieb darin das Zusammenspiel von horizontaler Abstimmung und vertikaler Umsetzung[2551]. Die Anleitung umfasste auch die Einschränkungen der Öffentlichkeit und der Verteidigungsmöglichkeiten. Die von den untergeordneten Instanzen durch präzise schriftliche Verhandlungskonzeptionen ins Auge gefassten Verfahrensgestaltungen und Sachentscheidungen wurden von den zentralen Justizorganen „abgesegnet". Der tatsächliche Ablauf und die getroffenen Entscheidungen entsprachen in allen wesentlichen Punkten der horizontalen Abstimmung und dem „Drehbuch". Es wurden die bereits angesprochenen, aber für sich genommen nicht für rechtsbeugerisch erachteten „Verfahrensverstöße" zum Nachteil *Havemanns* beim Aufenthaltsbeschränkungsverfahren begangen. Beim Devisenverfahren nennt der BGH als (isoliert nicht rechtsbeugerischen[2552]) Verfahrensverstoß die „Manipulation" der Öffentlichkeit der Hauptverhandlung. Der BGH beschreibt weiter die Wirkungsmechanismen der Ausschaltung *Havemanns* im Ergebnis der Verfahren (bis hin zur Kontrolle der sozialen Kontakte, Verhinderung öffentlicher Meinungsäußerung, Entziehung der Arbeitsmittel, wesentliche Beeinträchtigung der wirtschaftlichen Existenz)[2553].

All dies begründet nach Ansicht des BGH jedenfalls die objektiven Voraussetzungen der Rechtsbeugung nach der dritten Fallgruppe. Man kann dies zusammenfassend als „Ausschaltungsfall in Form eines Drehbuchfalles" bezeichnen.

In *subjektiver* Hinsicht hielt der BGH im Rahmen des von ihm geforderten Vorsatzes – anders als das erstinstanzliche Gericht – die (genaue) Kenntnis des Drehbuchs bei den unmittelbaren „Akteuren" nicht für

2550 BGH NJW 1999, 3347, 3352 und 3353 = BGHSt 44, 275, 302 und 303 f.

2551 Näher dazu LG Frankfurt (Oder), in: Rottleuthner (Hrsg.), Das Havemann-Verfahren, S. 25, 183 ff.

2552 Vgl. zur Zulässigkeit einer Beschränkung der Öffentlichkeit Kapitel 8, B.IV.

2553 BGH NJW 1999, 3347, 3353, insoweit nur teilweise abgedruckt in BGHSt 44, 275, 304 f.

grundsätzlich erforderlich und machte damit die Bahn für eine Verurteilung der *Havemann*-Juristen frei, was in seiner Bedeutung über den entschiedenen Fall hinausgeht:

> „Bei den Drehbuchfällen ist es zur Annahme des Rechtsbeugungsvorsatzes nicht erforderlich, daß die beteiligten Richter und Staatsanwälte die Operativpläne des MfS und das „Drehbuch" in Einzelheiten kannten. Das LG ist von einem zu engen Beurteilungsmaßstab ausgegangen, wenn es auf eine (präzise) Kenntnis der Angeklagten von den Operativplänen des MfS abstellt. (...) Für die Feststellung wissentlichen Handelns genügt das Bewußtsein, daß „von oben" die Ausschaltung des politischen Gegners gewollt war und daß die handelnden Justizorgane notwendiger Teil der Umsetzung waren. Das wissentliche Eingebundensein in die Ausschaltung des politischen Gegners im Gewande eines justiziellen Verfahrens (Scheinjustiz) ist keine Rechtsanwendung und daher gesetzwidrig und eine Beugung des Rechts."[2554]

Damit setzt sich der BGH nicht etwa über die Feststellungen des LG hinweg[2555]. Er stellt vielmehr andere, weniger strenge rechtliche Anforderungen an die Vorsatzfeststellung als das LG. Er rückt auch nicht von seinem früheren Urteil ab[2556], wo die Voraussetzung aufgestellt wird, dass sich die Richter oder Staatsanwälte im jeweiligen konkreten Fall auch subjektiv nicht an den Gesetzen der DDR orientiert, sondern allein dem äußeren Anschein nach Gesetzesanwendung („Scheinjustiz"), dass sie also – auch subjektiv – ihre Tätigkeit in Wahrheit nur als reine Unterdrückungsmaßnahme betrieben haben müssen[2557]. Ein Widerspruch hierzu ist im Havemann-Urteil des BGH nicht erkennbar, sondern nur eine Konkretisierung für die Drehbuchfälle. Dies wird insbesondere bei Lektüre des weiteren Urteilszusammenhangs deutlich.

Nach der soeben zitierten Passage zum Vorsatznachweis bei Drehbuchfällen genügt dem BGH in den Drehbuchfällen grundsätzlich das Bewusstsein der mit der Sache befassten Juristen, von den Machthabern zur Ausschaltung eines politischen Gegners instrumentalisiert zu werden (*Instrumentalisierungsbewusstsein*). Gleiches dürfte nebenbei auch für die in der dritten Fallgruppe ursprünglich ebenfalls genannten, hier aber nicht erwähnten ähnlichen Fälle der Ausschaltung einer bestimmten sozialen

---

2554 BGH NJW 1999, 3347, 3353 = BGHSt 44, 275, 306.

2555 So aber *Arnold*, NJ 1999, 290.

2556 So aber *Arnold*, a.a.O., 290, *Grutza*, Robert Havemann und seine Richter, S. 201 f. Der dabei zusätzlich zitierte Satz, es komme dabei allein auf die Sicht eines DDR-Richters oder Staatsanwaltes zur Tatzeit an, ist durch Auslassung einer weiteren Passage des in Bezug genommenen Urteils verfälschend aus dem Zusammenhang gerissen. Er bezieht sich dort nur auf das materielle Recht, nämlich die Auslegung des § 217 DDR-StGB. Vgl. dazu Kapitel 6, B.VI.

2557 BGH NStZ 1997, 127, 128.

Gruppe gelten. Hierbei bleibt der BGH aber nicht stehen. Vom Instrumentalisierungsbewusstsein schließt er dann auf einen *Instrumentalisierungswillen*, es sei denn, es gäbe gegenteilige Indizien:

> „Wissen Richter, daß sie auf diese Weise eingebunden werden, dann wollen sie grundsätzlich auch den verfahrensfremden Zweck verfolgen. Wollen sie gleichwohl Recht sprechen, so müssen sie deutlich machen, daß sie von einer Außensteuerung unbeeinflußt sind. Dabei muß ihre Verfahrensgestaltung einer rechtlichen Überprüfung nach strengen Maßstäben standhalten; die Verfahrensgestaltung muß gesetzeskonform sein und insbesondere Verfahrensgarantien gewährleisten. Die Sachentscheidungen müssen nach gängigen Auslegungsmethoden vertretbar sein."[2558]

Diese Ausführungen lassen sich folgendermaßen verstehen: Es kommt nicht entscheidend darauf an, wer die verfahrensfremde Zwecksetzung getroffen hat, d. h. auf wen die Initiative für Scheinjustiz zurückgeht. Ein Richter kann Scheinjustiz aus eigenem Antrieb betreiben. Kommt dagegen die Initiative „von oben", erkennt der Richter dies und lässt sich für die Ausschaltung eines Gegners instrumentalisieren, so kann man daraus schließen, dass er sich den von anderen vorgegebenen verfahrensfremden Zweck zu eigen gemacht hat und damit auch subjektiv eine reine Unterdrückungsmaßnahme und nur dem äußeren Anschein nach Gesetzesanwendung, also „Scheinjustiz", betrieb. Somit stellt sich das *Havemann*-Urteil des BGH als wichtige Konkretisierung, nicht aber als Änderung der bisherigen Rechtsprechung dar.

Für Staatsanwälte, soweit sie dem Rechtsbeugungstatbestand unterfallen[2559], sollen grundsätzlich entsprechende Maßstäbe gelten, wobei deren Weisungsgebundenheit sowie etwa die Besonderheit zu berücksichtigen ist, dass sie im Ermittlungsverfahren mit dem MfS als offiziellem Untersuchungsorgan nach § 88 II DDR-StPO zusammenarbeiteten und dies der Rechtslage entsprach. Doch gilt auch hier (gestützt auf die Gesetzesbindung des Staatsanwalts, § 36 I 1 StAG/1977) das Erfordernis, bei den staatsanwaltschaftlichen Entscheidungen Recht anzuwenden[2560].

Angewendet auf den konkreten Fall ergibt sich aus den soeben dargestellten Maßstäben folgendes: Der gesamte Verfahrensablauf bei beiden Verurteilungen *Havemanns* lässt es aus Sicht des BGH als nahezu ausgeschlossen erscheinen, dass die Angeklagten die „Regieanweisungen" des „Drehbuchs" – oftmals bis in Detail – umgesetzt hätten, ohne zu

2558 BGH NJW 1999, 3347, 3353 = BGHSt 44, 275, 306 f.; zust. *Spendel*, JR 1999, 226.
2559 Dazu Kapitel 9, B.I.1.
2560 BGH NJW 1999, 3347, 3353 f. = BGHSt 44, 275, 307.

wissen, und das auch zu wollen, dass sie Teil eines operativen Vorgangs waren. Die Indizien dürften nicht nur isoliert gewürdigt werden. Die vom LG festgestellten Rahmenbedingungen legten den Schluss nahe, dass die mit der Sache befassten Richter und Staatsanwälte den eigentlichen Zweck der Verfahren – die politische Ausschaltung *Havemanns* – gekannt hätten[2561].

Entgegen der Ansicht von *Arnold*[2562] ist dies keine „vage Formulierung", mit der „entgegen den Feststellungen des LG die nicht begründete Behauptung" aufgestellt wird, die Angeklagten hätten von ihrer Einbindung in die Ausschaltung *Havemanns* gewusst. Vielmehr knüpft der BGH gerade an die Feststellungen des LG an und ersetzt sie nicht, sondern gibt rechtliche Hinweise zur Berücksichtigung bei der Beweiswürdigung nach Zurückverweisung des Verfahrens, ohne selbst eine Beweiswürdigung vorzunehmen.

Bei dem Aufenthaltsbeschränkungsverfahren zieht der BGH die schweren „Verfahrensverstöße" als bedeutendes Indiz zum Nachweis des Rechtsbeugungsvorsatzes heran, soweit die Angeklagten Kenntnis von diesen Verstößen gehabt hätten[2563].

An dieser Stelle hat die bereits oben angesprochene Gesamtbetrachtungsweise des BGH ihre Berechtigung und besondere Bedeutung. Objektiv für sich genommen noch nicht rechtsbeugende Verfahrensweisen können danach (insbesondere in den Drehbuchfällen) Indiz für Instrumentalisierungsbewusstsein und -wille und damit für den Rechtsbeugungsvorsatz sein. Es sei auch daran erinnert, dass der BGH in seiner Gesamtbetrachtung von Elementen der Fallgruppen auch auf eine Überdehnung des Wortlauts der §§ 2 und 3 ABVO und die Dauer der Aufenthaltsbeschränkung abstellte, um im Ergebnis eine schwere Menschenrechtsverletzung zu bejahen. All diese objektiven Umstände sind – jedenfalls zusammengenommen – geeignet, in subjektiver Hinsicht den Schluss auf den Rechtsbeugungsvorsatz zu ermöglichen[2564].

In ähnlich gelagerten Fällen sind als weitere derartige Indizien beispielsweise die Art der Verhandlungsführung (Einschüchterungsprak-

2561 BGH NJW 1999, 3347, 3354 = BGHSt 44, 275, 307.
2562 *Arnold*, NJ 1999, 290.
2563 BGH NJW 1999, 3347, 3353 = BGHSt 44, 275, 305 f.; zust. *Spendel*, JR 1999, 225.
2564 Zust. zu einer Gesamtwürdigung der Indizien auch *F.-C. Schroeder*, NStZ 1999, 620.

tiken)[2565] oder die für sich genommen noch zulässige Manipulation der örtlichen Zuständigkeit des Gerichts[2566] vorstellbar.
Doch auch bei den damaligen Verfahren gegen *Havemann* ist fraglich, ob es sich überhaupt noch um gerichtliche Verfahren gehandelt hat[2567], zumal der BGH selbst von Scheinjustiz spricht. Geht man, wie der BGH es nahelegt, von einem Instrumentalisierungsbewusstsein und -willen der befassten Justizjuristen aus, hätten diese zur Verwirklichung eines verfahrensfremden Zwecks gehandelt und sich bewusst in den Dienst der Drehbuchregisseure der obersten Organisationsebenen gestellt, um bei der Ausschaltung eines Regimegegners zum Schein das gerichtliche Gesicht zu wahren. Dann aber mag zwar das Recht gebeugt sein, doch fehlt es nach der hier vertretenen Auffassung schon an der Leitung und Entscheidung einer Rechtssache i. S. d. § 339 StGB und am Merkmal „bei der Durchführung eines gerichtlichen Verfahrens oder eines Ermittlungsverfahrens" i. S. d. § 244 DDR-StGB.

Demnach wäre an sich eine Bestrafung wegen Rechtsbeugung nicht möglich, wobei auf der anderen Seite auch die Sperrwirkung des Rechtsbeugungstatbestandes nicht eingreifen würde[2568]. Die Richter wären dann hinsichtlich des Aufenthaltsbeschränkungsverfahrens wegen Freiheitsberaubung, hinsichtlich des Devisenverfahrens wegen Erpressung[2569] zu bestrafen gewesen, die Staatsanwälte wegen Beihilfe hierzu. Für die Hintermänner auf den obersten Organisationsebenen käme

---

2565 Aufschlüsse über derartige Missstände in Strafverfahren der DDR ergeben sich aus einer Veröffentlichung, in der man zu bedenken gab, dass unsachliche Auseinandersetzungen von Staatsanwalt oder Richter mit dem Angeklagten oder seinem Verteidiger die erzieherische Wirkung des Verfahrens erheblich beeinträchtigten oder gänzlich beseitigten. Zeugenvernehmungen in barschem Ton und Versagung von Fragen eines Schöffen müssten geradezu Zweifel an der Unvoreingenommenheit des Gerichts wecken (*Mühlberger*, NJ 1956, 388).

2566 In der DDR war örtlich zuständig auch das Gericht, in dessen Bereich der Beschuldigte auf Anordnung eines staatlichen Organs untergebracht, also inhaftiert war (§ 14 III DDR-StPO v. 1952, § 170 III DDR-StPO v. 1968). Hierdurch war es dem Untersuchungsorgan (insbes. MfS bzw. SSD) möglich, die gerichtliche Zuständigkeit durch Bestimmung und Veränderung des Inhaftierungsortes eines inhaftierten Beschuldigten zu begründen. Ein solches Vorgehen war also eine gesetzlich zulässige Manipulation und kann folglich nicht als Rechtsbeugung geahndet werden, kann aber ein Indiz für die Durchführung eines Scheinverfahrens sein.

2567 Dies bezweifeln auch *Wassermann*, NJW 1992, 879 und *Burian*, ZStW 112 (2000), 121 f., Fn. 77. Auch *Homann*, Herausforderungen an den Rechtsstaat durch Justizunrecht, S. 175 geht von Scheinjustiz aus.

2568 S. o., III.2.

2569 Siehe dazu o., A.III.

eine Bestrafung als mittelbare Täter, zumindest aber als Teilnehmer in Betracht. Gegen zwei damals mit den Havemann-Verfahren befasste Stasi-Offiziere wurde vor dem LG Berlin wegen Beihilfe zur Rechtsbeugung verhandelt[2570]. Im Übrigen ist zu einer strafrechtlichen Verfolgung des Kreises möglicher Hintermänner allerdings nichts bekannt geworden.

dd) Vergleich mit der Rechtsprechung des BGH zur NS-Scheinjustiz

Abschließend ist der Bogen zu den Ansätzen des BGH hinsichtlich der Einordnung von NS-Scheinjustiz zu schlagen. Trotz der intensiven Auseinandersetzung mit dem Phänomen der Scheinjustiz und den oben erörterten Konkretisierungen bringt die weiterentwickelte Rechtsprechung kein Abgehen von der unkritischen Anwendung des Rechtsbeugungstatbestandes auf Fälle von Scheinverfahren. Zwar ist das Konzept des BGH stimmig hinsichtlich der Tat*handlung* in objektiver (mit den oben gemachten Einschränkungen[2571]) und insbesondere in subjektiver Hinsicht. Doch auf das Erfordernis der einschlägigen Tat*situation* (Leitung oder Entscheidung einer Rechtssache bei § 339 StGB und Durchführung eines gerichtlichen Verfahrens oder Ermittlungsverfahrens bei § 244 DDR-StGB) geht der BGH überhaupt nicht ein. Er bezeichnet einerseits die Ausschaltung des politischen Gegners im Gewande eines justiziellen Verfahrens als Scheinjustiz, beschränkt sich aber andererseits auf die Folgerung, dies sei keine Rechtsanwendung und daher gesetzwidrig und eine Beugung des Rechts[2572], obwohl es nahe läge, schon ein echtes justizielles Verfahren in Abrede zu stellen.

ee) Verurteilungen durch das LG Neuruppin

Während die zwei Richter, deren Freisprüche in der Revision aufgehoben worden waren, wegen Krankheit als vorläufig nicht verhandlungsfähig galten, so dass ihre Verfahren abgetrennt wurden[2573], wurde gegen den damaligen Kreisstaatsanwalt von Fürstenwalde, *Pilz*, und die Staatsanwältin beim GStA der DDR, *Heyer*, vor dem LG Neuruppin erneut verhandelt. Beide Staatsanwälte wurden mit Urteil vom

2570 Süddeutsche Zeitung v. 17.5.2000
2571 Vgl. o., cc).
2572 BGH NJW 1999, 3347, 3353 = BGHSt 44, 275, 306.
2573 *Küpper*, FAZ v. 27.5.2000, S. 3; Süddeutsche Zeitung v. 16.8.2000, S. 6; vgl. auch *Marxen/Werle (Hrsg.)*, Strafjustiz und DDR-Unrecht 5/2: Rechtsbeugung, S. 739 Fn. 1.

14. August 2000 zu je einem Jahr Freiheitsstrafe, ausgesetzt zur Bewährung, verurteilt. Dabei wurde die Länge des Verfahrens ebenso wie das lange Zurückliegen der Tat strafmildernd gewertet[2574].

In der mehrstündigen mündlichen Urteilsbegründung[2575] stützte sich das Gericht darauf, die ABVO habe nicht angewendet werden dürfen und sei außerdem „falsch"[2576] ausgelegt worden. Im Devisenverfahren sei nicht das Ergebnis des Verfahrens rechtsbeugerisch gewesen, sondern das Verfahren selbst. Das Gericht sei nicht unabhängig gewesen, alle Ergebnisse hätten schon festgestanden, die Öffentlichkeit sei „ausgetrickst" worden. In diesen Verstößen lägen schwere Menschenrechtsverstöße[2577].

Allerdings wurde der ehemalige Kreisstaatsanwalt *Pilz* vom Vorwurf der Beihilfe zur Rechtsbeugung im Devisenverfahren freigesprochen. Der Vorsitzende Richter meinte, die im jetzigen Urteil angesprochenen Rechtsfragen lüden geradezu zur Revision ein[2578]. Dies dürfte sich neben der vom BGH abweichenden Bewertung des Devisenverfahrens darauf beziehen, dass das LG Neuruppin die beiden Staatsanwälte abweichend von der BGH-Rechtsprechung[2579] wegen Täterschaft und nicht nur wegen Teilnahme verurteilte[2580]. Während die Verteidigung zunächst Revision ankündigte[2581], erklärte sie im Fall *Heyer* dann doch Rechtsmittelverzicht, ebenso die Staatsanwaltschaft, so dass das Urteil insoweit schnell rechtskräftig wurde[2582]. Nachdem der BGH die Revision des Angeklagten *Pilz* durch Beschluss vom 9. Mai 2001 als unbegründet zurückgewiesen hatte, wurde auch dessen Verurteilung rechtskräftig[2583].

Hinsichtlich der beiden verhandlungsunfähigen *Havemann*-Richter wurde zunächst nicht ausgeschlossen, dass es noch zu einem weiteren Ver-

---

2574 LG Neuruppin, abgedruckt in Marxen/Werle (Hrsg.), Strafjustiz und DDR-Unrecht 5/2: Rechtsbeugung, S. 741 ff., hier insbes. S. 786 ff.; vgl. auch FAZ v. 15.8. 2000, S. 4; Süddeutsche Zeitung v. 16.8.2000, S. 6.

2575 Süddeutsche Zeitung v. 16.8.2000, S. 6.

2576 So laut FAZ v. 15. 8. 2000, S. 4.

2577 FAZ a.a.O.

2578 FAZ a.a.O.

2579 Vgl. Kapitel 9, B.I.4.

2580 FAZ v. 15. 8. 2000, S. 4.

2581 Süddeutsche Zeitung v. 16.8.2000, S. 6.

2582 *Marxen/Werle (Hrsg.)*, Strafjustiz und DDR-Unrecht 5/2: Rechtsbeugung, S. 788 Fn. 1; vgl. auch Mitteilung in NJ 2000, 526 unter Hinweis auf FAZ v. 25.8.2000.

2583 *Marxen/Werle (Hrsg.)*, Strafjustiz und DDR-Unrecht 5/2: Rechtsbeugung, S. 788 Fn. 1.

fahren kommen könnte[2584]. Insoweit stand auch nicht Verjährung entgegen, da bereits ein erstinstanzliches Urteil ergangen war[2585]. Schließlich wurden jedoch beide Verfahren endgültig eingestellt – hinsichtlich des Angeklagten *Hauke*, weil dieser zwischenzeitlich verstorben war, und hinsichtlich des Angeklagten *Schmidt* gem. § 154 Abs. 2 StPO, nachdem dieser in einem anderen Verfahren wegen Rechtsbeugung und Freiheitsberaubung zu einer Freiheitsstrafe von einem Jahr und sechs Monaten verurteilt worden war[2586].

5. Weitere Fälle präjudizierender Eingriffe der Staats- und Parteiführung sowie des MfS in einzelne Gerichtsverfahren

Auch andere Fälle, in denen z. B. *Walter Ulbricht* oder das ZK der SED noch vor Beginn der Verfahren ein bestimmtes Strafmaß, insbesondere die Todesstrafe bestimmt hatten, kommen als Scheinverfahren in Betracht[2587]. Einflussnahmen auf die Gerichte von außen im Sinne einer Einmischung in die Entscheidung einzelner Sachen verletzten, wie bereits dargelegt[2588], die richterliche Unabhängigkeit selbst nach dem in der DDR geltenden Verständnis. Allein Verfassung und Gesetze durften für die Entscheidung bestimmend sein[2589]. Faktisch aber entschied in politisch besonders brisanten Fällen in den Anfangsjahren der DDR i. d. R. das Politbüro auf Vorschlag der ZK-Abteilung „Staatliche Verwaltung" (1949–1955) bzw. „Staatliche Organe" (1955–1957) bzw. „Staats- und Rechtsfragen" (ab 1957) über die zu beantragenden und zu verhängenden Strafen. Die Bereitschaft der Justiz zum Gehorsam, also die fehlende innere Unabhängigkeit, konnte vorausgesetzt werden und wurde auch wie selbstverständlich angenommen. Dies illustriert ein Schreiben *Mielkes* als Minister für Staatssicherheit an den 1. Sekretär des ZK der SED, Walter Ulbricht, vom November 1959, wo es zu einem Verfahren heißt:

> „Ich bitte hier um Mitteilung, in welcher Höhe die Strafe ausgesprochen werden soll, oder ob die Stellung der Strafanträge und die Verurteilung dem Staatsanwalt und dem Gericht überlassen werden sollen. Mir erscheint jedoch zweckmäßig, sie richtig zu informieren, da sie sonst nicht wissen werden, was sie tun sollen."[2590]

2584 Süddeutsche Zeitung v. 16.8.2000, S. 6 unter Berufung auf Staatsanwalt Jähnert-Piallat.

2585 Zur absoluten Verjährung vgl. Kapitel 14, D.

2586 *Marxen/Werle (Hrsg.),* Strafjustiz und DDR-Unrecht 5/2: Rechtsbeugung, S. 739 Fn. 1.

2587 So auch *F.-C. Schroeder,* GA 1993, 403 f.

2588 Dazu Kapitel 3, B.IV.2.

2589 *Toeplitz,* NJ 1963, 34.

2590 Zitiert nach *Werkentin,* NJ 1991, 479 f., dort unter Verweis auf Zwischenarchiv Normannenstraße, Archiv Mielke.

Für die fünfziger und frühen[2591] sechziger Jahre ergibt sich zu den Entscheidungsabläufen des Obersten Gerichts nach *Fricke*[2592] bzw. *Rottleuthner*[2593] folgendes Schema: Für alle Untersuchungen in politischen Strafsachen, die beim OG anhängig wurden, waren die Untersuchungsorgane des MfS zuständig. Je nach der politischen Bedeutung der Sache wurde das Politbüro früher oder später in die Entscheidungsfindung einbezogen. Nach Durchführung des Untersuchungsverfahrens und Fertigstellung des Schlussberichts durch die zuständige Hauptabteilung IX des MfS ging das Verfahren unmittelbar an den Generalstaatsanwalt, der nach der Strafprozessordnung[2594] formell ein Aufsichtsrecht über sämtliche staatlichen Untersuchungsorgane hatte. Er erhob nun allerdings nicht unverzüglich Anklage, sondern stimmte sich zu diesem Zweck mit *Sorgenicht* ab, dem Leiter der Abteilung „Staatliche Verwaltung" bzw. „Staats- und Rechtsfragen" im ZK der SED, oder mit dem damaligen Sektorenleiter *Josef Streit*, denen er auch die Anklageschrift zur Genehmigung vorlegte, ehe sie dem OG zuging. *Sorgenicht* ließ, nach Beratung in einer informellen „Kommission"[2595], der vermutlich *Sorgenicht* und/oder *Streit, Melsheimer, Hilde Benjamin, Mielke, Ziegler* und *Kern* angehörten[2596], eine Beschlussvorlage fertigen, die nach Kenntnisnahme durch das Politbüro, gelegentlich auch durch *Ulbricht* allein, bestätigt oder korrigiert wurde[2597]. Den Vorschlägen wurde meist zugestimmt[2598]. Danach wurde formell Anklage beim OG erhoben, die den Vorschlägen entsprach. Die

---

2591 Anders als *Fricke* dies tut, kann man hier nicht generell von den sechziger Jahren sprechen, weil in den Jahren 1964 bis 1970 kein Strafverfahren mehr auf der Tagesordnung des Politbüros gestanden hatte (*Rottleuthner*, in: Steuerung der Justiz in der DDR, S. 40).

2592 *Fricke*, Zur politischen Strafrechtsprechung des Obersten Gerichts der DDR, S. 25 ff.

2593 *Rottleuthner*, in: Steuerung der Justiz in der DDR, S. 40; *ders.*, Steuerung der Justiz, in: Bundesministerium der Justiz (Hrsg.), Im Namen des Volkes?, S. 225.

2594 Dazu Kapitel 9, A.II.

2595 Zur Entstehungsgeschichte *Werkentin*, Strafjustiz im politischen System der DDR, in: Rottleuthner (Hrsg.: BMJ), Steuerung der Justiz in der DDR, S. 124.

2596 Dazu *Fricke*, Zur politischen Strafrechtsprechung des Obersten Gerichts der DDR, S. 25; *ders.*, Das Zusammenwirken ..., in: Bundesministerium der Justiz (Hrsg.), Im Namen des Volkes?, S. 171 f.; *Rottleuthner*, in: Steuerung der Justiz in der DDR, S. 40 mit Fn. 110; *ders.*, Steuerung der Justiz, in: Bundesministerium der Justiz (Hrsg.), Im Namen des Volkes?, S. 225.

2597 *Fricke*, Zur politischen Strafrechtsprechung des Obersten Gerichts der DDR, S. 26.

2598 *Rottleuthner*, in: Steuerung der Justiz in der DDR, S. 40; *ders.*, Steuerung der Justiz, in: Bundesministerium der Justiz (Hrsg.), Im Namen des Volkes?, S. 225.

Entscheidung des Politbüros wurde zu den Gerichten weitergeleitet und dort befolgt[2599].

Zum letzten Mal hat sich das Politbüro – folgt man den Sitzungsprotokollen – im März 1971 konkret mit einem Strafverfahren befasst, nachdem schon in den Jahren 1964 bis 1970 kein Strafverfahren mehr auf der Tagesordnung des Politbüros gestanden hatte[2600]. Anhand anderer Quellen wird eine letzte Einmischung des Politbüros in ein laufendes Verfahren für das Jahr 1973 festgestellt[2601]. Politisch brisante Verfahren waren allerdings der Aufmerksamkeit der Politbürokratie nach wie vor sicher[2602]. Von nun an erfolgte die Steuerung auf dem kurzen Weg durch Absprachen zwischen dem Generalstaatsanwalt oder dessen Stellvertreter, dem Präsidenten des OG, dem Staatssekretär im MdJ und der Abteilung Staats- und Rechtsfragen des ZK der SED[2603]. Bei besonders wichtigen Verfahren wurden Strafvorschläge über die ZK-Abteilung dem zuständigen ZK-Sekretär (seit 1983 *Egon Krenz*) oder direkt *Honecker* unterbreitet[2604].

Allerdings kam es auch in früheren Jahren vor, dass Strafvorschläge in einzelnen Verfahren dem zuständigen ZK-Sekretär oder dem Generalsekretär (*Ulbricht*, dann *Honecker*) direkt von der ZK-Abteilung unterbreitet wurden. Die bekanntesten Fälle sind die, in denen *Sorgenicht* als Leiter der Abteilung „Staatliche Organe" am 13. und 14. Juni 1955 per Hausmitteilung Strafvorschläge in den Verfahren gegen *Benkowitz u.* a. („fünf Agenten der KgU" – Kampfgruppe gegen Unmenschlichkeit) und gegen *Wiebach u. a.* („fünf Agenten des RIAS") an *Ulbricht* weiterleitete, und in denen *Ulbricht* selbst einen Vorschlag für eine zeitliche Zuchthausstrafe in Todesstrafe umänderte oder mit „Vorschlag Todesurteil" abzeichnete, als kein konkreter Vorschlag von *Sorgenicht* gemacht wurde[2605].

2599 *Rottleuthner*, Steuerung der Justiz, in: Bundesministerium der Justiz (Hrsg.), Im Namen des Volkes?, S. 225; *Fricke*, Zur politischen Strafrechtsprechung des Obersten Gerichts der DDR, S. 26.

2600 Vgl. *Rottleuthner*, in: Steuerung der Justiz in der DDR, S. 40 und 589ff., 607; zu den Gründen vgl. *Fricke*, a.a.O., S. 27; *Rottleuthner*, a.a.O., S. 40f.

2601 *Debes/Weinke*, DA 1995, 1025.

2602 *Fricke*, Zur politischen Strafrechtsprechung des Obersten Gerichts der DDR, S. 27.

2603 *Rottleuthner*, Steuerung der Justiz, in: Bundesministerium der Justiz (Hrsg.), Im Namen des Volkes?, S. 225; Bundesministerium der Justiz (Hrsg.), Im Namen des Volkes? (Katalog), S. 183.

2604 *Rottleuthner*, in: Steuerung der Justiz in der DDR, S. 51; *ders.*, Steuerung der Justiz, in: Bundesministerium der Justiz (Hrsg.), Im Namen des Volkes?, S. 225.

2605 *Wendel*, Ulbricht als Richter und Henker, S. 97ff.; *Rottleuthner*, in: Steuerung der Justiz in der DDR S. 41f.; *ders.*, Steuerung der Justiz, in: Bundesministerium der Justiz (Hrsg.), Im Namen des Volkes?, S. 225 mit Fn. 13; *Fricke*, Das Zusammenwirken ..., in: Bundesministerium der Justiz (Hrsg.), Im Namen des Volkes?, S. 171f.; *Werkentin*,

In dem gegen *Benkowitz u.* a. betriebenen Verfahren zeichnete *Ulbricht* eine Hausmitteilung der Abteilung „Staatliche Organe" mit Strafvorschlägen langjähriger Zuchthausstrafen und einer Todesstrafe mit „Einverstanden" ab, wobei er in einem Fall die vorgeschlagene Zuchthausstrafe durch das Anbringen von Gänsefüßchen in eine Todesstrafe umwandelte, die wie die anderen Strafen dann auch verhängt und vollstreckt wurde[2606]. *Ulbricht* hatte also das Urteil vorweggenommen. Es wird angenommen, dass das Gericht von den gewünschten Strafen nicht erst durch das Plädoyer des Anklagevertreters erfuhr, denn das Urteil war - einschließlich der ausgesprochenen Strafen - bereits im Entwurf vorhanden[2607].

Ebenso war es in der etwa gleichzeitig geführten Strafsache gegen *Wiebach u.* a. („fünf Agenten des RIAS"). Die Schilderung der Anklagepunkte in der Hausmitteilung endete mit einer Auflistung der beabsichtigten drakonischen Strafen. Den einen auf „lebenslängliches Zuchthaus" lautenden Strafvorschlag strich *Ulbricht* durch und ersetzte ihn handschriftlich durch „Vorschlag Todesurteil", bevor er mit „Einverstanden, Ulbricht" abzeichnete. So wurde das Urteil wiederum verhängt und vollstreckt[2608]. Bei einer derartigen Vorwegnahme des Prozessergebnisses kann bei der dann folgenden Hauptverhandlung von einem Scheinverfahren gesprochen werden[2609]. Eine an diesem und anderen Verfahren beteiligte Beisitzerin wurde, aus bereits oben angesprochenen Erwägungen[2610], wegen Rechtsbeugung in Tateinheit mit Totschlag und Freiheitsberaubung vom LG Berlin zu fünf Jahren Freiheitsstrafe verurteilt. Zu einer Befassung des

---

Strafjustiz im politischen System der DDR, in: Rottleuthner (Hrsg.: BMJ), Steuerung der Justiz in der DDR, S. 122f.; *Beckert*, Die erste und letzte Instanz, S. 277.

2606 *Wendel*, a.a.O., S. 99f.; *Fricke*, Das Zusammenwirken ..., in: Bundesministerium der Justiz (Hrsg.),Im Namen des Volkes?, S. 171f.; *Rottleuthner*, in: Steuerung der Justiz in der DDR, S. 41f.; *ders.*, Steuerung der Justiz, in: Bundesministerium der Justiz (Hrsg.), Im Namen des Volkes?, S. 225 mit Fn. 13; *Weber*, GA 1993, 224; *Beckert*, Die erste und letzte Instanz, S. 277; etwas verkürzende Darstellung bei *Werkentin*, Strafjustiz im politischen System der DDR, in: Rottleuthner (Hrsg.: BMJ), Steuerung der Justiz in der DDR, S. 122.

2607 *Beckert*, Die erste und letzte Instanz, S. 277.

2608 *Werkentin*, Strafjustiz im politischen System der DDR, in: Rottleuthner (Hrsg.: BMJ), Steuerung der Justiz in der DDR, S. 122; *Wendel*, a.a.O., S. 104f.; *Beckert*, a.a.O., S. 283f. (hier auch zu zwei nicht näher geklärten Abweichungen des Urteils vom „Vorschlag" bei Mitangeklagten).

2609 So auch *Hohoff*, An den Grenzen des Rechtsbeugungstatbestandes, S. 171.

2610 Siehe o., B. IV. 3.

BGH kam es nicht mehr, weil die Richterin – ohnehin letzte Überlebende dieses OG-Senats[2611] – kurz danach verstarb[2612].

Dass Einflussnahmen der Partei auch 1987 noch stattfanden, zeigt der Fall „Zionskirche". Rechtsextreme Skinheads hatten Gewalttaten gegen Besucher eines Konzerts in der Berliner Zionskirche am 17. Oktober 1987 verübt. Nachdem Generalstaatsanwalt *Wendland* Protest (Bezeichnung für die Berufung der Staatsanwaltschaft) gegen das als zu milde erachtete erstinstanzliche Urteil eingelegt hatte, wurden die Anträge des Generalstaatsanwalts und das Urteil im Rechtsmittelverfahren zwischen GStA, OG, MdJ und ZK der SED unter Beteiligung von *Krenz* und *Honecker* festgelegt. *Klaus Sorgenicht* teilte als Leiter der Abteilung „Staats- und Rechtsfragen" des ZK der SED in einem Brief vom 11. Dezember 1987 dem zuständigen Sekretär *Egon Krenz* die beabsichtigten Strafanträge der Staatsanwaltschaft, die mit *Sarge*[2613], *Wendland*[2614], *Borchert*[2615] und *Wittenbeck*[2616] abgestimmt seien, mit und bat, die Zustimmung *Honeckers* einzuholen. *Honecker* vermerkte handschriftlich auf dem Brief „Einverstanden E.H." Exakt entsprechend diesen Strafvorschlägen wurden die Skinheads dann in zweiter Instanz verurteilt[2617].

Ebenso kommen Fälle als Scheinverfahren in Betracht, in denen das MfS eine Art Drehbuch für den Prozess schrieb, wie etwa im Fall des 1958 in die Bundesrepublik geflohenen und dann entführten Grenzoffiziers *Smolka*[2618], wo es in einem Vorschlag des MfS an *Mielke* hieß: „Das Ver-

---

2611 *Grote*, Die DDR-Justiz vor Gericht, S. 106.

2612 Dazu auch Kapitel 15, A.III.2.; vgl. auch *Wesel*, Geschichte des Rechts, S. 546; FAZ sowie Süddeutsche Zeitung vom 31.3.1995; näher dazu *Grote*, Die DDR-Justiz vor Gericht, S. 104 ff.

2613 *Günter Sarge*, ab 17.6.1986 Präsident des OG (1971–1977 Vizepräsident; 1977–1986 1. Vizepräsident des OG).

2614 *Günter Wendland*, ab Juni 1986 Generalstaatsanwalt (1964 kommissarischer Stellvertreter des Generalstaatsanwalts, 1965 vom Staatsrat bestätigt).

2615 *Karl-Heinrich Borchert*, ab 1986 1. Stellvertreter des Generalstaatsanwalts der DDR (seit 1968 Stellvertreter).

2616 *Siegfried Wittenbeck*, ab 1982 Stellvertreter des Ministers der Justiz der DDR (1964–1982 Richter bzw. Oberrichter am OG, Mitglied des Präsidiums).

2617 Bundesministerium der Justiz (Hrsg.), Im Namen des Volkes? (Katalog), S. 183 ff. (mit Dokumenten); *Rottleuthner*, Zum Aufbau und zur Funktionsweise der Justiz in der DDR, in: Engelmann/Vollnhals, Justiz im Dienste der Parteiherrschaft, S. 40 ff.

2618 Dazu *Werkentin*, Strafjustiz im politischen System der DDR, in: Rottleuthner (Hrsg.: BMJ), Steuerung der Justiz in der DDR, S. 112, 118 f.; *Weber*, GA 1993, 224; *Wassermann*, RuP 1992, 130; *ders.*, NJW 1992, 879; ein Scheinverfahren bejahend *Hohoff*, An den Grenzen des Rechtsbeugungstatbestandes, S. 171.

fahren ist geeignet, aus erzieherischen Gründen gegen *Smolka* die Todesstrafe zu verhängen". *Mielke* vermerkte „Einverstanden". Das Todesurteil wegen Spionage wurde nach zustimmender Kenntnisnahme des Politbüros 1960 verhängt und vollstreckt[2619]. 1994 wurde ein an dieser Entscheidung beteiligter Staatsanwalt vom LG Erfurt rechtskräftig zu einer Bewährungsstrafe von nur 10 Monaten verurteilt, und zwar wegen Beihilfe zur Rechtsbeugung in Tateinheit mit Beihilfe zum Totschlag[2620]. Ein den Rechtsbeugungstatbestand ausschließendes Scheinverfahren wurde dementsprechend nicht angenommen, obwohl das LG u.a. von einem „politischen Mord" mit dem „Schein eines rechtsstaatlichen Strafverfahrens" und einer „allein der Ausschaltung als politischer Gegner dien(enden) Strafzumessung" sprach[2621].

Weiter sind als mutmaßliche Scheinverfahren die Verfahren gegen *Wolfgang Harich u.* a.[2622] und *Walter Janka u.* a.[2623], der Schauprozess *Herwegen/Brundert* (DCGG-Prozess) des OG, der auf der Bühne des Stadttheaters Dessau inszeniert wurde[2624], und der Prozess gegen die *Werdauer Oberschüler*, in dem die verhängten Strafen im Wesentlichen vor der Hauptverhandlung feststanden[2625], zu nennen, ebenso der drehbuchartige Fall des vorab

---

2619 *Werkentin*, Strafjustiz im politischen System der DDR, in: Rottleuthner (Hrsg.: BMJ), Steuerung der Justiz in der DDR, S. 112; *Weber*, GA 1993, 224 m. w. N.

2620 LG Erfurt, Urt. v. 5.7.1994 - 510 Js 463/90 - 1 Ks (Leitsätze abgedruckt in NStZ 1995, 91); dazu auch *Hohoff*, An den Grenzen des Rechtsbeugungstatbestandes, S. 52.

2621 LG Erfurt, Urt. v. 5.7.1994 - 510 Js 463/90 - 1 Ks, S. 183 und 102; ein Scheinverfahren bejahend *Hohoff*, a.a.O., S. 171. Zur Rechtsbeugung durch Übermaßstrafe im Fall *Smolka* siehe Kapitel 7, A.V.

2622 Dazu *Fricke*, Zur politischen Strafrechtsprechung des Obersten Gerichts der DDR, S. 24; *Schuller*, Geschichte und Struktur des politischen Strafrechts der DDR bis 1968, S. 118f.; *Bästlein*, Der Fall Mielke, S. 128ff.; Auszüge aus dem OG-Urteil in NJ 1957, 166ff.; Kassationsurteil des OG NJ 1990, 206ff.; siehe dazu auch Kapitel 6, A.II., B.I.

2623 Dazu *Fricke*, Zur politischen Strafrechtsprechung des Obersten Gerichts der DDR, S. 24f.; *Bästlein*, Der Fall Mielke, S. 134ff., insbes., S. 137f.; Kassationsurteil des OG v. 5.1.1990, NJ 1990, 50; *o. Verf./o. Hrsg.*, Der Prozeß gegen Walter Janka und andere; siehe dazu auch Kapitel 6, B.I.

2624 Dazu *Werkentin*, Strafjustiz im politischen System der DDR, in: Rottleuthner (Hrsg.: BMJ), Steuerung der Justiz in der DDR, S. 127; *Fricke*, Zur politischen Strafrechtsprechung des Obersten Gerichts der DDR, S. 13ff.

2625 Dazu *Hohoff*, An den Grenzen des Rechtsbeugungstatbestandes, S. 45f.; *Marxen/Werle*, Die strafrechtliche Aufarbeitung von DDR-Unrecht. Eine Bilanz, S. 45; *Werkentin*, Strafjustiz im politischen System der DDR, in: Rottleuthner (Hrsg.: BMJ), Steuerung der Justiz in der DDR, S. 104ff.; *Wendel*, Ulbricht als Richter und Henker, S. 60ff. und 105ff. *Hohoff*, a.a.O., S. 171, nimmt ein Scheinverfahren an.

von *Honecker* gebilligten Todesurteils gegen den Stasi-Offizier *Teske*[2626], der am 26. Juni 1981 hingerichtet wurde[2627]. *Teske* war wegen Spionage zum Tode verurteilt worden, obwohl kein besonders schwerer Fall angenommen werden konnte[2628]. Gleichgelagert wie bei *Teske* war der Fall des 1979 zum Tode verurteilten und hingerichteten MfS-Majors *Trebeljahr*[2629]. Die Verurteilung der an beiden Fällen beteiligten Juristen, eines Militärrichters sowie eines Militärstaatsanwalts, wurde allerdings auch hier offenbar ausschließlich auf den Aspekt der Übermaßstrafe gestützt[2630]. Der Prozess gegen die 1955 als Natospione angeklagten *Lehman, Koch und andere*, in dem die Urteilsgründe von 35 Schreibmaschinenseiten einschließlich der detaillierten Schilderung der geheimdienstlichen Tätigkeit der Angeklagten vor der Hauptverhandlung im Entwurf vorlagen[2631], ist ein weiteres Beispiel für die Vorwegnahme des Ergebnisses der Hauptverhandlung. In allen diesen Fällen liegt die Einordnung als Scheinverfahren nicht fern. Eine nähere Untersuchung würde den Rahmen dieser Arbeit allerdings sprengen.

Erwähnt seien noch zwei rechtskräftige Verurteilungen im Fall des Leipziger Studentenpfarrers *Schmutzler*, der 1957 unter Einfluss des MfS und der Partei zu einer fünfjährigen Zuchthausstrafe wegen Boykotthetze gemäß Art. 6 II DDR-Verf./1949 verurteilt worden war[2632]. Das LG Leipzig hat den damaligen Vorsitzenden Richter wegen Rechtsbeugung in Tateinheit mit Freiheitsberaubung zu einer Bewährungsstrafe von einem Jahr

---

2626 Dazu *Fricke*, Zur politischen Strafrechtsprechung des Obersten Gerichts der DDR, S. 29; Der Spiegel 21/1995, S. 62 sowie Der Spiegel 33/1997, S. 30; *Bästlein*, Der Fall Mielke, S. 232 ff. (insbes. S. 235 ff.).

2627 BMJ (Hrsg.), Im Namen des Volkes? (Katalog), S. 217.

2628 Nach einem Bericht über die mündliche Urteilsbegründung wurde dagegen darauf abgestellt, dass Teske wegen vollendeter Spionage verurteilt wurde, obwohl er nur der versuchten Spionage überführt war (Süddeutsche Zeitung v. 3.7.1998, S. 5; vgl. auch Der Spiegel 21/1995, S. 62). Allerdings war der Tatbestand der Spionage bereits bei Sammlung bestimmter Nachrichten erfüllt. Zur fehlerhaften Verhängung der Todesstrafe in Verbindung mit § 110 DDR-StGB *Bästlein*, Der Fall Mielke, S. 237.

2629 *Bästlein*, Der Fall Mielke, S. 222 ff.; Süddeutsche Zeitung v. 3.7.1998, S. 5; Der Spiegel 21/1995, S. 62 sowie Der Spiegel 33/1997, S. 30.

2630 Vgl. Süddeutsche Zeitung v. 3.7.1998, S. 5. Das LG Berlin verurteilte die Juristen zu Freiheitsstrafen von jeweils vier Jahren, näher dazu *Bästlein*, Der Fall Mielke, S. 231 und 239 f. (siehe auch Kapitel 15, A.III.2.).

2631 *Beckert*, Die erste und letzte Instanz, S. 270 f. Zu dem Verfahren auch *Bästlein*, Der Fall Mielke, S. 157 ff., insbes. 162 f.

2632 BG Leipzig NJ 1958, 69 ff. Dazu BMJ (Hrsg.), Im Namen des Volkes? (Katalog), S. 77 ff.; *Schuller*, Geschichte und Struktur des politischen Strafrechts der DDR bis 1968, S. 118 ff. Zur Rehabilitierung Schmutzlers BG Leipzig NJ 1991, 446 f.

und 10 Monaten verurteilt[2633]. Der damalige beisitzende Richter wurde in einem anderen Verfahren, in das ein weiterer Vorwurf einbezogen war, zu einer Gesamtfreiheitsstrafe von einem Jahr und 9 Monaten verurteilt, die ebenfalls zur Bewährung ausgesetzt wurde[2634]. Das LG Leipzig legte dar, mit dem Prozess gegen *Schmutzler* seien verfahrensfremde, politische Ziele verfolgt worden. Er sei nicht wegen strafwürdigen Verhaltens, sondern ausschließlich verfolgt worden, um einen politisch Andersdenkenden unter dem Deckmantel eines justizförmigen Verfahrens zu verurteilen und insofern ein Exempel für das Vorgehen gegen die Kirche und ihre Mitglieder zu statuieren. Das Verfahren habe nur den Schein eines justizförmigen Verfahrens getragen, in Wirklichkeit sei es aber um die Ausschaltung eines politischen Gegners und der dahinterstehenden Landeskirche gegangen[2635]. In der dogmatischen Einordnung wich das LG Leipzig durch die Anwendung des Rechtsbeugungstatbestandes nicht von der Rechtsprechung des BGH ab.

2633 LG Leipzig, Urt. v. 6.11.1996 - 6 Kls 835 Js 444297/93 (vgl. auch Mitteilung in NJ 1997, 77); rechtskräftig seit 16.12.1996.

2634 LG Leipzig, Urt. v. 20.8.1996 - 5 Kls 835 Js 3557/92, bestätigt durch BGH, Beschl. v. 15.10.1997 - 3 StR 294/97, jeweils zitiert nach *Hohoff*, An den Grenzen des Rechtsbeugungstatbestandes, S. 45 mit Fn. 133.

2635 LG Leipzig, Urt. v. 6.11.1996 - 6 Kls 835 Js 444297/93, S. 44, 71, 77 f.; näher dazu insbes. a.a.O., S. 28 ff., 36 ff.

12. Kapitel: Kriterien der Strafzumessung in Verfahren gegen DDR-Richter und Staatsanwälte

Im Rahmen dieser Arbeit konnte keine umfassende Auswertung insbesondere erstinstanzlicher Urteile im Hinblick auf die Art und Weise der Anwendung von Strafzumessungskriterien geleistet werden. Es kann nur auf einige besonders interessante Punkte hingewiesen werden. Im Rahmen der allgemeinen Strafzumessungskriterien waren die folgenden Gesichtspunkte besonders zu berücksichtigen.

A. Stellung in der DDR-Justiz und Ausbildungsgrad (Volksrichterausbildung)

Einerseits kam als schuldrelevanter erschwerender Umstand etwa eine herausgehobene Stellung in der DDR-Justiz in Betracht[2636]. Andererseits konnte ein niedriger Ausbildungsgrad als mildernder Umstand gewertet werden. Das LG Leipzig hat einem wegen der Waldheimverfahren Angeklagten bei der Strafzumessung zugutegehalten, dass ihm durch die Art der Juristenausbildung im Rahmen der Volksrichterlehrgänge[2637] die elementare Bedeutung der Schutzrechte für Angeklagte im Strafprozess und die Wichtigkeit der Einhaltung von Verfahrensbestimmungen nur sehr eingeschränkt klar geworden sei[2638]. In einem weiteren Fall hat das LG Leipzig ebenfalls berücksichtigt, dass die Angeklagte „äußerst mangelhaft" ausgebildete Volksrichterin war, dazu ohne Berufserfahrung[2639]. Das ist nicht zu beanstanden.

2636 BGH NStZ-RR 1997, 301, allerdings nur obiter dictum.

2637 Vgl. dazu schon Kapitel 10, B.IV.

2638 LG Leipzig NJ 1994, 111, 115.

2639 LG Leipzig, Urt. v. 18.7.996, Az 1 Ks 20 Js 511/93 (Nachweis nach *Hohoff*, An den Grenzen des Rechtsbeugungstatbestandes, S. 24 Fn. 56, bestätigt durch BGHR StGB § 46 Abs.1 Strafhöhe 12.

B. Zeitablauf seit Begehung der Tat

Als strafmildernder Gesichtspunkt wurde immer wieder der Umstand genannt, dass die Tat lange zurückliege[2640]. Mag der Zeitablauf grundsätzlich zu berücksichtigen sein, so ist doch auch nicht aus dem Auge zu verlieren, dass seit der Tat nur deshalb so viel Zeit vergehen konnte, weil diese vom System erwünscht und gedeckt wurde, so dass es erst nach dessen Zusammenbruch zur Strafverfolgung kam. Aus diesem Grunde ist in derartigen Fällen die Störung des Rechtsfriedens auch nach längerer Zeit regelmäßig noch nachhaltiger vorhanden als wenn unter üblichen Umständen schon früher mit einer Strafverfolgung zu rechnen gewesen wäre. Der Gesichtspunkt des Zeitablaufs seit der Tat hätte also in der Regel nicht sehr stark gewichtet werden sollen.

C. Verstrickung in das System, planmässige Beeinflussung und Lenkung durch Staat und Partei

Die Einbindung in das politische System der DDR mit seinen Einflussnahmen wurde in zahlreichen instanzgerichtlichen Urteilen im Grunde richtigerweise strafmildernd berücksichtigt[2641]. Dies wirkte sich im Fall von Todesurteilen auch auf den gegebenenfalls neben der Rechtsbeugung verwirklichten Totschlag aus, bei dem ein minder schwerer Fall angenommen werden konnte. Letzteres soll hier kritisch betrachtet werden.

Der BGH hat bei einem tateinheitlich mit Rechtsbeugung begangenen Totschlag wegen der Verhängung von Todesurteilen die Einordnung der Tat als minder schweren Fall des Totschlags (§ 213 Alt. 2 StGB) unbeanstandet gelassen (Fall Reinwarth).

Dabei berücksichtigte er neben dem Aussageverhalten des Angeklagten die Einbindung in ein Unrechtssystem, in dem die Todesstrafen in den abgeurteilten Fällen zum Zwecke des vermeintlichen Staatswohls verhängt worden seien. Diese Einbindung habe darin bestanden, dass die Zustimmung des Angeklagten von seinen richterlichen Kollegen,

2640 BGH NJW 1996, 857, 863; BGH NStZ-RR 1997, 301; BGHR StGB § 46 Abs.1 Strafhöhe 12; BGH NStZ-RR 2000, 302, 303.

2641 *Hohoff*, An den Grenzen des Rechtsbeugungstatbestandes, S. 26 m. w. N. in Fn. 60.

namentlich dem jeweiligen Vorsitzenden, von ihm erwartet worden sei; die Staatsanwaltschaft habe – ihrerseits offensichtlich unter dem Einfluss von Staats- und Parteiorganen – darauf angetragen. Teilweise hätten bereits Vorinstanzen entsprechend entschieden. Unter diesen Voraussetzungen sei es für den Angeklagten ungeachtet seiner Richterstellung viel schwerer gewesen, das Recht zu wahren, als es, den massiven äußeren Einflüssen folgend, zu beugen. Rechtmäßiges Verhalten hätte Mut und die Inkaufnahme mindestens von Unannehmlichkeiten, naheliegend jedenfalls von Nachteilen im beruflichen Fortkommen erfordert. All dies vermöge an der Schuld des Angeklagten nichts zu ändern. Gleichwohl seien solche Konflikte des rechtsbeugenden Richters nur innerhalb eines Unrechtssystems typisch, für den Straftatbestand seiner Idee nach hingegen untypisch und daher auch gravierend schuldmindernd[2642].

Dies strafmildernd zu beurteilen, ist grundsätzlich in Ordnung. Das Ausmaß der Berücksichtigung erscheint aber im Ergebnis zu weitgehend. Nicht zu Unrecht hatte der BGH einleitend herausgestellt, die bewusste Tötung eines Menschen durch einen willkürlichen Richterspruch stelle ein derart gravierendes und offensichtlich mit Bedacht ausgeführtes Verbrechen dar, dass die Annahme eines minder schweren Falles sich auf den ersten Blick zu verbieten scheine. Eine gewichtigere Verantwortung eines den Tod eines Menschen vorsätzlich verursachenden Täters als diejenige eines ihn rechtsbeugend zum Tode verurteilenden Richters, der gerade zur Rechtswahrung berufen sei, sei schwerlich denkbar. In einem solchen Fall werde eher, wenn nicht schon Mord vorliege, an einen besonders schweren Fall des Totschlags (§ 212 II StGB) zu denken sein[2643]. Dass er trotzdem sogar die Zubilligung eines minder schweren Falles befürwortete, ist auch bei Berücksichtigung der anderen mildernden Umstände in dem konkreten Fall wie der besonders langen Zeit von rund 40 Jahren, die seit der Tat verstrichen waren, seines Geständnisses betreffend sein Abstimmungsverhalten bei den Unrechtsurteilen, seines erfolgreichen Widerstandes gegen die Verhängung von Todesurteilen in anderen Fällen und seines Schicksals als Opfer der NS-Gewaltherrschaft eine nicht recht nachvollziehbare Milde[2644]. Daran ändert auch nichts die ohnehin kritisch

---

2642 BGH NJW 1996, 857, 863.

2643 BGH NJW 1996, 857, 863.

2644 Krit. auch LK-*Spendel* (11. Aufl.), § 339 Rn. 12c; *ders.*, JR 1996 183; *ders.*, RuP 2000, 233 f., der auch Justizmord in Erwägung zieht. So auch LK-*Hilgendorf* (12. Aufl.), § 339 Rn. 13, der aber „Justizmord durch Rechtsbeugung" gegeben sieht, also ohne Verneinung des Rechtsbeugungstatbestandes.

zu sehende[2645] Berücksichtigung der Nichtverfolgung von NS-Justizverbrechen in der Bundesrepublik.

Einen weiteren minder schweren Fall des Totschlags begründete das LG Berlin, bestätigt durch den BGH, hinsichtlich der Todesurteile gegen Trebeljahr und Teske[2646] mit der Annahme erheblichen Drucks der Staats- und Parteiführung[2647]. Diese Annahme eines minder schweren Falls erscheint ebenfalls als besonders milde Verurteilung.

D. Versagen der bundesdeutschen Strafjustiz bei der Verfolgung der NS Juristen

In dem bereits angesprochenen Fall Reinwarth, in dem es um die Verurteilung eines ehemaligen beisitzenden Richters am Obersten Gericht der DDR zu einer Gesamtfreiheitstrafe von drei Jahren und neun Monaten wegen seiner Mitwirkung an Todesurteilen ging, hat sich der BGH im Jahr 1995 nicht nur erstmals in ausführlicher Weise mit der Haltung der Nachkriegsjustiz zum NS-Justizunrecht befasst[2648], sondern diese und ihre Folgen auch erheblich strafmildernd berücksichtigt. Wegen ihrer grundsätzlichen Bedeutung soll die entsprechende Passage hier im Ganzen wiedergegeben werden:

> „Zu der Zeit, als der Angeklagte die Taten beging, für die er jetzt verurteilt wird, und noch später waren Richter der NS-Justiz, die Todesurteile gefällt hatten, aufgrund der bereits skizzierten überaus einschränkenden Auslegung und Anwendung des § 336 StGB[2649] von der bundesdeutschen Justiz nicht zur Verantwortung gezogen worden; sie waren hingegen teilweise sogar weiter in der Justiz tätig, zuweilen konnten sie auch in Staatsämtern Karriere machen[2650]. Hätte sich die Rechtsprechung schon damals bei der Prüfung richterlicher Verantwortung für Todesurteile an Kriterien orientiert, wie sie der Senat in seiner heutigen Entscheidung für Recht erkennt,

---

2645 Siehe unten, E.

2646 Dazu Kapitel 15, A.III.2. und Kapitel 11, B.IV. 5.

2647 Vgl. Süddeutsche Zeitung v. 3.7.1998, S. 5; LG Berlin, Urt. v. 2.7.1998 (523) 29/2 Js 291/91 Ks (3/96) (Beleg LG zitiert nach *Hohoff*, An den Grenzen des Rechtsbeugungstatbestandes, S. 23 Fn. 54), bestätigt durch BGH, Beschl. v. 26.7.1999 - 5 StR 219/99 (BGHR StGB § 339 Rechtsbeugung 4).

2648 Dazu auch u., Kapitel 13, C.III.

2649 Dazu Kapitel 13, C.II.

2650 Hier bezieht sich der BGH auf den Katalog zur Ausstellung „Im Namen des Deutschen Volkes" des BMJ zu Justiz und Nationalsozialismus, S. 307ff.; dazu auch mit weiteren Beispielsfällen *Gritschneder*, NJW 1996, 1240.

hätte eine Vielzahl ehemaliger NS-Richter strafrechtlich wegen Rechtsbeugung in Tateinheit mit Kapitalverbrechen zur Verantwortung gezogen werden müssen. Naheliegend wären viele von ihnen nicht anders, als es dem Angeklagten in diesem Verfahren widerfährt, entsprechend zu verurteilen gewesen, und zwar vielfach, wie die Erkenntnisse über die NS-Justiz erweisen, angesichts des Mißverhältnisses zwischen Todesurteil und abgeurteilter „Tat" wegen noch weit schwererer Fälle. Darin, daß dies nicht geschehen ist, liegt ein folgenschweres Versagen bundesdeutscher Strafjustiz. Dies kann selbstverständlich nicht dazu führen, das Verhalten des Angeklagten nun nach den gleichen zu engen Maßstäben zu beurteilen. Daß ihm gleichwohl eine grundlegend veränderte Haltung der Rechtsprechung, ohne die seine Verurteilung nicht möglich wäre, kaum als gerecht zu vermitteln sein dürfte, liegt nicht fern. Durch diese Umstände bestärkt, sieht der Senat allen Anlaß, die Strafrahmenwahl[2651] und die überaus milde Bestrafung hier unbeanstandet zu lassen."[2652]

Zuzustimmen ist dem BGH insoweit, als das Versagen der Rechtsprechung bei der Verfolgung von NS-Justizunrecht keinen Grund zu entsprechenden Fehlern hinsichtlich des DDR-Justizunrechts abgibt. Der Hinweis darauf, dass der Rechtsstaat keine Gleichheit im Unrecht kennt und das damalige Versagen nicht wiederholt werden darf, nur um formale Gleichheit zu gewährleisten[2653], ist berechtigt. Dieser Grundsatz muss dann aber auch auf die Strafzumessung angewandt werden. Eine überaus milde Bestrafung u.a. für die Verhängung von Todesurteilen lässt sich nicht überzeugend mit Gleichheitserwägungen begründen. Dabei kann auch die Vermittelbarkeit gegenüber dem Angeklagten nicht die ihr vom BGH zugebilligte Rolle spielen. Auf allzu große Einsicht in eine Gerechtigkeit der Bestrafung schon vom Grundsatz her ist in derartigen Fällen ohnehin kaum zu hoffen.

Es ist zu begrüßen, dass der BGH auch in einer späteren Entscheidung immerhin noch einmal betont hat, die Verurteilung von DDR-Juristen wegen der Beteiligung an der Verhängung von Todesstrafen stelle trotz der günstigeren Behandlung von Verantwortlichen für NS-Todesurteile den Schuldspruch nicht in Frage und begründe keinen Rechtsfehler zum Nachteil der – hier jeweils zu 4 Jahren Gesamtfreiheitsstrafe verurteilten – Angeklagten[2654].

Die vielfältigen Bezüge der Probleme der bundesdeutschen Justiz bei der Verfolgung von NS-Justizunrecht zur Verfolgung von DDR-Justizunrecht werden im folgenden Kapitel weiter vertieft.

2651 Das Schwurgericht hatte der Einzelstrafbestimmung den Strafrahmen des § 213 StGB zugrunde gelegt (vgl. BGH NJW 1996, 857, 864 unter II.1.).

2652 BGH NJW 1996, 857, 863 f.

2653 *Kinkel*, JZ 1992, 487.

2654 BGHR StGB § 339 Rechtsbeugung 4.

13. Kapitel: Weitere Bezüge der Aufarbeitung des NS-Justizunrechts in der Bundesrepublik zur Aufarbeitung des DDR-Justizunrechts

Nach dem durch die Wiedervereinigung eingetretenen Systemwechsel stand die Rechtsprechung zum Teil vor ähnlichen Rechtsproblemen wie bei der Verfolgung nationalsozialistischen Justizunrechts. Dies stellte auch der BGH ausdrücklich fest[2655]. Daher erscheint – über die bereits behandelten Probleme hinaus[2656] – ein Blick zurück angebracht.

Doch immer wieder wird ein Vergleich von Zuständen in der DDR mit der nationalsozialistischen Zeit mit dem Argument abgelehnt, die Annahme einer Vergleichbarkeit sei grob unangemessen[2657]. Auch der BGH verwahrt sich mit Rücksicht auf die unterschiedliche Dimension gegen eine Gleichsetzung der von der Staats- und Parteiführung der DDR gebilligten Rechtsbrüche mit dem im nationalsozialistischen Regime begangenen Unrecht[2658]. Eine so vollständige Missachtung der Ideen von Gerechtigkeit und Menschlichkeit, wie sie das Bild der NS-Justiz präge, habe es in der DDR-Justiz (vielleicht abgesehen von Verfahren in den „Waldheim-Prozessen") nicht gegeben[2659], stellt er treffend heraus. Dennoch zieht er Vergleiche:

> „Gleichwohl sind auch in den Fällen der hier zu beurteilenden politisch motivierten Strafverfolgung Menschen auf vielfältige Weise – namentlich durch gravierende Eingriffe in ihre persönliche Freiheit mit schwer oder gar nicht wiedergutzumachenden Folgeschäden – zu Opfern einer rechtsstaatswidrigen Strafjustiz (vgl. Art. 17 Satz 2 des Einigungsvertrages) geworden. Dabei kamen Gesetze zum Tragen, die schon für sich, erst recht aber in ihrer konkreten Anwendung mit rechtsstaatlichen Anforderungen unvereinbar und nicht an der Wahrung von Menschenrechten ausgerichtet waren. Auf solches Unrecht muß ein der Idee der Gerechtigkeit verpflichteter Rechtsstaat in angemessener Weise reagieren."[2660]

2655 BGH NJW 1995, 3324, 3325.
2656 Siehe dazu insbes. Kapitel 10, B., Kapitel 11, B.III. und IV.
2657 So z. B. *Dencker*, KritV 1990, 300.
2658 BGHSt 40, 113, 117; BGH NJW 1995, 3324, 3325.
2659 BGH NJW 1996, 857, 863.
2660 BGH NJW 1995, 3324, 3325.

Aufgrund bestehender Empfindlichkeiten soll von vornherein klargestellt werden, dass hier die DDR nicht mit dem nationalsozialistischen Staat gleichgesetzt werden soll. Der Nationalsozialismus stellte einen totalen Ausbruch aus der Geschichte der Humanität dar, wie *Flechtheim* formulierte[2661]. Die Dimensionen des mit ihm verbundenen Unrechts sind ganz andere als die des DDR-Unrechts. Besonders hervorzuheben ist die Singularität der grausamen Ermordung von etwa 6 Millionen Juden und von Angehörigen anderer Opfergruppen durch die Nationalsozialisten sowie die Entfachung eines furchtbaren Angriffskrieges. Die DDR hingegen hat keine solchen Massenverbrechen hervorgebracht. Die Perversion des Gesetzesrechts ging in der DDR nicht so weit wie im NS-Staat.

Auch im Bereich des Justizunrechts herrschen ganz unterschiedliche Dimensionen. In der DDR wurden zwischen 1949 und der Abschaffung der Todesstrafe 1987 annähernd 260 Todesurteile ausgesprochen, von denen nach älteren Angaben mindestens 170[2662], nach anderen Quellen 180[2663] bzw. weit über 200[2664] vollstreckt wurden[2665]. Dagegen ist die Zahl der NS-Todesurteile ungleich höher. Sie wird nach unterschiedlichen Schätzungen[2666] auf etwa 32.000 (ohne die Urteile der Militärgerichtsbarkeit) geschätzt[2667], von manchen gar auf etwa 40.000 Todesurteile[2668], die zum Großteil auch vollstreckt wurden. Davon machen die Todesurteile des Volksgerichtshofes 5266 aus[2669]. Den „zivilen“ Strafgerichten (einschließlich des Volksgerichtshofs) werden insgesamt über 16.000 Todesurteile zugerechnet[2670], von denen mehr als zwei Drittel vollstreckt

2661 *Flechtheim*, Recht und Unrecht im Nationalsozialismus, in: Schoeps/Hillermann (Hrsg.), Justiz und Nationalsozialismus, S. 178.

2662 BMJ (Hrsg.), Im Namen des Volkes?, Katalog, S. 217.

2663 Unveröffentlichter Bericht des Bundesministeriums für Frauen und Senioren, zitiert in: *Werkentin*, Politische Strafjustiz in der Ära Ulbricht, S. 239 (Fn. 244).

2664 *Evans*, Rituale der Vergeltung. Die Todesstrafe in der deutschen Geschichte 1532 1987, S. 1031, 1033.

2665 Allgemein zur Todesstrafe in der DDR *Evans*, Rituale der Vergeltung. Die Todesstrafe in der deutschen Geschichte 1532 1987, S. 971 ff.; *Koch*, ZStW 110 (1998), 89 ff.; zu niedrig daher die Zahlen etwa bei *Schöll*, Die Rechtsbeugung, S. 174.

2666 *Ostendorf*, ZRP 1994, 169 spricht sogar von einem „schon klägliche(n) Streit“.

2667 *Diestelkamp/Stolleis*, Justizalltag im Dritten Reich, S. 2.

2668 *Rasehorn*, RuP 1993, 219.

2669 *Ostendorf*, ZRP 1994, 169; *Evans*, Rituale der Vergeltung. Die Todesstrafe in der deutschen Geschichte 1532 1987, S. 832 kommt dagegen nur auf 5243 VGH-Urteile.

2670 *Ostendorf*, ZRP 1994, 169; *Krumsiek*, FS Posser, S. 81. *Evans*, Rituale der Vergeltung. Die Todesstrafe in der deutschen Geschichte 1532 1987, S. 831 führt 16.560 Todesurteile nach der vom Dritten Reich selbst veröffentlichten Statistik an.

wurden[2671]. In der Differenzzahl sind auch die Urteile der Sondergerichte enthalten. Hinzu kommen die Urteile der Militärgerichtsbarkeit[2672], der weitere 30.000[2673] bis 50.000[2674] Todesurteile zugeschrieben werden. Die Zahl der übrigen, nicht von Todesurteilen betroffenen Justizopfer dürfte noch viel höher liegen. Die NS-Justiz, vor allem der Volksgerichtshof, wurde zur physischen Eliminierung Andersdenkender und politischer Gegner eingesetzt. Schon eine Meinungsäußerung konnte das Risiko einer Verurteilung zum Tode mit sich bringen.

Der BGH hebt zu Recht hervor, die nationalsozialistische Gewaltherrschaft habe eine „Perversion der Rechtsordnung" bewirkt, wie sie schlimmer kaum vorstellbar gewesen sei, und die damalige Rechtsprechung sei angesichts exzessiver Verhängung von Todesstrafen nicht zu Unrecht oft als „Blutjustiz" bezeichnet worden[2675].

Es ist jedoch zwischen Gleichsetzung und Vergleich zu unterscheiden. Während eine Gleichsetzung in der Tat unangemessen wäre und wesentliche Unterschiede verneinen und verwischen würde, muss ein Vergleich, der ja einer Bewertung vorangeht und diese noch nicht endgültig vorwegnimmt, als zulässig erachtet werden. Gerade durch einen Vergleich können Hypothesen überprüft, Parallelen und Unterschiede erkannt und deutlich gemacht und entsprechende Konsequenzen gezogen werden. Im Übrigen geht es bei dem hier angestrebten Vergleich, beschränkt auf das *Justiz*unrecht, um die strafrechtliche *Aufarbeitung* des jeweils Geschehenen. Es soll also zur „Aufarbeitung der Aufarbeitung" beigetragen werden.

2671 *Krumsiek*, FS Posser, S. 81. *Evans*, Rituale der Vergeltung. Die Todesstrafe in der deutschen Geschichte 1532 1987, S. 831 geht von rund 12.000 vollstreckten Urteilen aus.

2672 Dazu *Wüllner*, Die NS-Militärjustiz und das Elend der Geschichtsschreibung, sowie die Dokumentation von *Gritschneder*, Furchtbare Richter.

2673 *Ostendorf*, ZRP 1994, 169. *I. Müller*, Furchtbare Juristen, S. 189 nennt 33.000 Todesurteile der Kriegsgerichtsbarkeit. *Wüllner* kommt in einer fundierten vorsichtigen Hochrechnung auf *mindestens* 30.000 verhängte Todesurteile gegen Wehrmachtsangehörige (einschließlich Gefolge), hält aber eine Hochrechnung auf 35.000 für zutreffender (*Wüllner*, Die NS-Militärjustiz und das Elend der Geschichtsschreibung, S. 202 f.).

2674 Das BSG (NJW 1992, 934, 935) geht in Zusammenfassung bisheriger Forschungsergebnisse von hochgerechnet 50.000 Todesurteilen der Wehrmachtgerichte aus, einschließlich der Urteile gegen Zivilisten und Kriegsgefangene sowie standrechtlichen Erschießungen (ohne diese ebenfalls von etwa 30.000); dem folgend *Gritschneder*, Furchtbare Richter, S. 9, der dies als sehr vorsichtige Prüfung und Hochrechnung bezeichnet. Von diesen Urteilen seien mindestens 30.000 vollstreckt worden (*Gritschneder*, a.a.O., S. 2).

2675 BGH NJW 1996, 857, 863.

Die trotz aller Unterschiede der beiden Regime bestehende Ähnlichkeit mancher Strukturen, etwa der Einsatz des Rechts als Instrument zur Unterdrückung der Bevölkerung[2676], führte in bestimmten Bereichen wie der strafrechtlichen Verfolgung von Regimekritikern und anderen als Gegner angesehenen Personen zu teilweise ähnlichen Unrechtsfolgen (nämlich der übermäßigen Kriminalisierung und Bestrafung, wenn auch das Ausmaß unterschiedlich ist). Folglich ergeben sich bei der strafrechtlichen Aufarbeitung teilweise die gleichen Probleme – vom Phänomen des gesetzlichen Unrechts über die Missachtung selbst im eigenen pervertierten Recht noch enthaltener Grundsätze und die Schwierigkeit, den Inhalt des Rechts eines an sich rechtsfeindlichen Systems, in dem die Grenze zwischen Recht und Politik verschwimmt, festzustellen bis hin zur tatsächlichen oder vermeintlichen Rechtsblindheit indoktrinierter Rechtsanwender, um nur einige zu nennen. Nicht zu vernachlässigen ist auch die Organisation der strafrechtlichen Verfolgung nach dem Umbruch sowie prozessuale Probleme. Daraus, ob und wie diese Probleme damals gelöst wurden, können bei kritischer Hinterfragung Lehren für entsprechende Problemlagen gezogen werden.

Die folgende Skizzierung der Verfolgung von NS-Justizunrecht kann an dieser Stelle nur einen Überblick verschaffen. Es ist jedoch sinnvoll, sich vor Augen zu halten, dass sich bei der Verfolgung von Systemunrecht selbst so unterschiedlicher Ausprägung ähnliche Probleme stellen und dass Fehler und Versäumnisse bei der Bewältigung der sich damals stellenden Aufgabe bis heute Auswirkungen zeigen.

A. Die Ahndung von NS-Justizunrecht durch die Alliierten

Einer der zwölf Nachfolgeprozesse zum „Nürnberger Hauptkriegsverbrecherprozess" war der Juristenprozess, der vom 17. Februar bis zum 4. Dezember 1947 vor dem amerikanischen Militärgericht Nr. III stattfand. Unter den 16 Angeklagten befanden sich – neben leitenden Juristen der Ministerialbürokratie – auch Richter und Staatsanwälte[2677].

2676 *Wassermann*, FS Spendel, S. 631.

2677 Näher dazu *Ostendorf*, DRiZ 1995, 184 ff.; *Ostendorf/ter Veen*, Das Nürnberger Juristenurteil, S. 103 f. (Auszug aus der Anklageschrift) und S. 20 (zu den Kriterien der Auswahl der Angeklagten); *Bästlein*, Der Nürnberger Juristenprozess und seine Rezep-

Dieses Verfahren wird als der einzige gerichtliche Versuch in der Nachkriegszeit betrachtet, die Justiz des Dritten Reiches als Ganzes, als System, unter strafrechtlichen Gesichtspunkten aufzuarbeiten und ihren Beitrag zur Realisierung des nationalsozialistischen Unrechtsregimes strafrechtlich zu bewerten[2678]. Dabei zeigt der Gerichtshof in seinem Urteil auf, wie die Justiz zu einem willfährigen Instrument des NS-Terrorregimes wird, ein staatlich organisiertes System zur Vernichtung politischer Gegner und rassischer Minderheiten. Die Teilnahme der Angeklagten an diesem „Programm" ist Kern des Vorwurfs, der zu den Verurteilungen führt[2679]. Die Anklage und Verurteilung stützt sich dementsprechend nicht auf Tatbestände des RStGB wie Mord, Totschlag, Freiheitsberaubung und Rechtsbeugung, sondern auf das Statut des Militärgerichtshofes und das Kontrollratsgesetz Nr. 10 vom 20. Dezember 1945 (KRG Nr. 10)[2680]. Letzteres normierte in seinem Art. II Abs. 1 vier Tatbestände: Verbrechen gegen den Frieden, Kriegsverbrechen, Verbrechen gegen die Menschlichkeit und Zugehörigkeit zu verbrecherischen Organisationen. Es wurden bewusst nicht einzelne Taten an bestimmten Opfern in das Zentrum des Prozesses gestellt, um eine dadurch mögliche Relativierung des Unrechts zu vermeiden[2681]. Eine wie auch immer geartete Exkulpation unter Berufung auf das zur Tatzeit geltende deutsche Recht war ausgeschlossen. Auf diese Weise wurde – im Hinblick auf die Rückwirkungsproblematik allerdings nicht unumstritten[2682] – die wirkliche Dimension des begangenen Unrechts herausgestellt:

> „Der Kern der Anklage in diesem Fall besteht ja gerade darin, daß die Gesetze, die Hitler-Erlasse und das drakonische, korrupte und verderbte nationalsozialistische Rechtssystem als solche in sich selbst Kriegsverbrechen und Verbrechen gegen die Menschlichkeit darstellen und daß eine Teilnahme an dem Erlaß und der Durchfüh-

---

tion in Deutschland, in: Peschel-Gutzeit (Hrsg.), Das Nürnberger Juristenurteil von 1947, S. 9ff.

2678 BMJ (Hrsg.), Justiz und Nationalsozialismus, S. 332.

2679 BMJ (Hrsg.), a.a.O.

2680 Gesetz Nr. 10 des Alliierten Kontrollrats vom 20.12.1945, ABl. des KR Nr. 3 vom 31.1.1946, S. 50ff.

2681 „Keiner der Angeklagten ist in der Anklageschrift der Ermordung oder der Mißhandlung irgendeiner bestimmten Person beschuldigt. (...) Die Angeklagten sind solch unermeßlicher Verbrechen beschuldigt, daß bloße Einzelfälle von Verbrechenstatbeständen im Vergleich dazu unbedeutend erscheinen." – Ausschnitt aus dem Urteil im Nürnberger Juristenprozess, zitiert in: BMJ (Hrsg.), a.a.O., S. 341.

2682 Hierzu *Ostendorf/ter Veen*, Das Nürnberger Juristenurteil, S. 38ff., 43ff. m. w. N.; *Peschel-Gutzeit*, Aufarbeitung von Systemunrecht durch die Justiz: Anspruch und Wirklichkeit, in: Drobnig, Ulrich (Hrsg.), Die Strafrechtsjustiz der DDR im Systemwechsel, S. 9f. m. w. N.

> rung dieser Gesetze verbrecherische Mittäterschaft bedeutet. (...) Die Beschuldigung, kurz gesagt, ist die der bewußten Teilnahme an einem über das ganze Land verbreiteten System der Grausamkeit und Ungerechtigkeit unter Verletzung der Kriegsgesetze und der Gesetze der Menschlichkeit, begangen im Namen des Rechts unter der Autorität des Justizministeriums und mit Hilfe der Gerichte."[2683]

Im Nürnberger Juristenprozess wurden insgesamt 10 Freiheitsstrafen von lebenslanger bis fünfjähriger Haft verhängt. Vier Angeklagte wurden freigesprochen[2684], darunter drei ehemalige Angehörige des Volksgerichtshofs[2685]. Zwei Angeklagte waren wegen Suizides bzw. Krankheit aus dem Verfahren ausgeschieden. Unter den Verurteilten befanden sich sechs Justizjuristen: *Rudolf Oeschey*, Vorsitzender des Sondergerichts Nürnberg und des Standgerichts Nürnberg (lebenslänglich); *Oswald Rothaug*, Vorsitzender des Sondergerichts Nürnberg, später Reichsanwalt (lebenslänglich); *Günther Joel*, Generalstaatsanwalt Hamm, zuvor Ministerialrat im Reichsjustizministerium (10 Jahre); *Ernst Lautz*, Oberreichsanwalt beim Volksgerichtshof (10 Jahre); *Curt*[2686] *Rothenberger*, Oberlandesgerichtspräsident, später Staatssekretär im Reichsjustizministerium (7 Jahre) und *Josef Altstötter*, Reichsgerichtsrat, später Ministerialdirektor im Reichsjustizministerium (5 Jahre)[2687].

Unter geänderten politischen Rahmenbedingungen und dem einsetzenden Gnadenfieber wurden jedoch, bis auf einen, alle in Nürnberg verurteilten noch lebenden Juristen 1950/1951, der letzte[2688] 1956 aus der Haft entlassen[2689].

2683 Auszüge aus dem Nürnberger Juristenurteil, zit. in: BMJ (Hrsg.), a.a.O., S. 341.

2684 BMJ (Hrsg.), Justiz und Nationalsozialismus, S. 332: neben vier lebenslänglichen werden sechs zeitige Freiheitsstrafen zwischen 5 und 10 Jahren aufgeführt. Wenn bei *Bästlein*, Der Nürnberger Juristenprozess und seine Rezeption in Deutschland, in: Peschel-Gutzeit (Hrsg.), Das Nürnberger Juristenurteil von 1947, S. 9 von 12 Verurteilungen ausgegangen wird, beruht das offenbar auf der Nichtberücksichtigung der beiden vorzeitig ausgeschiedenen Angeklagten.

2685 *Jahntz/Kähne*, Der Volksgerichtshof, S. 10 – es handelt sich dabei um Reichsanwalt Paul Barnickel, den Präsidenten des 4. Senats, Günther Nebelung, und den Beisitzer Hans Petersen.

2686 Abweichende Schreibweise: Kurt (vgl. *Ostendorf*, DRiZ 1995, 185).

2687 Zur Frage, warum im Nürnberger Juristenprozess nicht weitere Mitglieder des Volksgerichtshofes angeklagt wurden, siehe *Jahntz/Kähne*, Der Volksgerichtshof, S. 12.

2688 *Oswald Rothaug*.

2689 Vgl. die Übersicht in: BMJ (Hrsg.), Justiz und Nationalsozialismus, S. 340 und *Ostendorf*, DRiZ 1995, 185 f.

B. Übergang der strafrechtlichen Verfolgung der NS-Täter auf die deutsche Justiz

Parallel zur Tätigkeit alliierter Justizorgane nahmen die ab Herbst 1945 wiedereröffneten deutschen Gerichte die Strafverfolgung von NS-Verbrechen auf. Eine kurze Zeit lang konnten auch die deutschen Gerichte das KRG Nr. 10 mit seinem zentralen Tatbestand des Verbrechens gegen die Menschlichkeit anwenden. Für die Verurteilung eines Richters war es damit nicht erforderlich, dass der Tatbestand der Rechtsbeugung erfüllt war[2690]. Das KRG Nr. 10 sah vor, dass für die Aburteilung von Verbrechen, die deutsche Staatsbürger gegen andere deutsche Staatsbürger begangen hatten, die Besatzungsbehörden deutsche Gerichte für zuständig erklären konnten. In der amerikanischen Besatzungszone war den deutschen Gerichten nur in Einzelfällen eine Ermächtigung zur Anwendung des Gesetzes erteilt worden. In der britischen Besatzungszone wurde die Ermächtigung am 30. August 1946 und in der französischen Besatzungszone am 1. Juni 1950 generell erteilt und jeweils am 31. August 1951 wieder zurückgenommen[2691]. Am 30. Mai 1956 wurde das KRG Nr. 10 für die Bundesrepublik ersatzlos aufgehoben[2692]. Fortan konnten westdeutsche Gerichte nur noch nach den Vorschriften des deutschen Strafrechts urteilen[2693]. In den Jahren 1950/51 hatten deutsche Gerichte in Verfahren, die an Deutschen oder Staatenlosen begangene NS-Verbrechen zum Gegenstand hatten, noch in 730 Fällen Urteile aufgrund des KRG Nr. 10 gesprochen und 620 Personen verurteilt[2694], wobei sich auch hier die Kritik der westdeutschen Rechtsprechung und Lehre an der, wie vorgebracht wurde, rückwirkenden Anwendung insbesondere des Tatbestandes des Verbrechens gegen die Menschlichkeit entzündete[2695]. Der OGHBrZ hielt die Anwendung des KRG Nr. 10 allerdings für mit Art. 103 II GG vereinbar[2696]. Inwieweit von rechtskräftigen Verurteilungen nach KRG

2690 OGH BrZ, OGHSt 2, 269.

2691 Dazu *Jahntz/Kähne*, Der Volksgerichtshof, S. 12; *Ostendorf/ter Veen*, Das Nürnberger Juristenurteil, S. 54, 56; *Meyer-Seitz*, Die Verfolgung von NS-Straftaten in der SBZ, S. 88. *Ostendorf/ter Veen*, a.a.O., S. 56 nennt allerdings für die Erteilung der Ermächtigung in der französischen Zone eine Verordnung Nr. 173, die bereits vom 23. September 1948 datiert.

2692 BGBl. 1956 I, S. 437 ff.

2693 *Rückerl*, NS-Verbrechen vor Gericht, S. 124 mit Fn. 37.

2694 *Rückerl*, a.a.O., S. 124; *Ostendorf/ter Veen*, Das Nürnberger Juristenurteil, S. 56.

2695 Dazu im Einzelnen mit Nachweisen: *Jung*, Die Rechtsprobleme der Nürnberger Prozesse dargestellt am Verfahren gegen Friedrich Flick, S. 153 ff.; *Meyer-Seitz*, Die Verfolgung von NS-Straftaten in der SBZ, S. 124 ff.

2696 OGHSt 2, 231.

Nr. 10 auch Richter oder Anklagevertreter über den Nürnberger Juristenprozess hinaus betroffen waren, ist jedoch nicht ersichtlich.

C. Strafverfolgung durch die Bundesrepublik Deutschland

I. Bedingungen und Versagen der Verfolgung des NS-Justizunrechts

Eine Schwierigkeit der Verfolgung von NS-Unrecht bestand darin, mit rechtsstaatlichen Mitteln, also auch ohne rückwirkende Strafnormen, Taten zu beurteilen, für die das geltende Strafrecht nicht gemacht war, weil diese Art und diese Dimensionen des Unrechts bis dahin unvorstellbar gewesen waren. Abgesehen von der anfangs möglichen (aber nicht unumstrittenen[2697]) Anwendung des KRG Nr. 10 musste man sich auf die Anklage nach einzelnen Tatbeständen des deutschen Strafrechts beschränken. Der Tatvorwurf konnte nicht auf die Mitwirkung in unrechtsverursachenden Strukturen als solche gestützt werden. Das bedeutet aber nicht zugleich, dass diese Strukturen in Prozess und Urteil auszublenden gewesen wären.

Ein größeres Hindernis für die Aufarbeitung des NS-Justizunrechts dürften jedoch der mangelnde Verfolgungswille sowie tatsächliche Schwierigkeiten der Ermittlungen[2698] gewesen sein. Nach heutigem Erkenntnisstand wurde das erste Ermittlungsverfahren gegen einen Angehörigen des Volksgerichtshofs erst 1954 eingeleitet, das aber ebenso wie mehrere weitere Ermittlungsverfahren bis 1965 schon auf der Ebene der Staatsanwaltschaft eingestellt wurde[2699].

Das Justizunrecht des 3. Reiches ist in der Bundesrepublik kaum strafrechtlich aufgearbeitet worden. Die in den Niederlanden seit 1968 erscheinende große Entscheidungssammlung „Justiz und NS-Verbrechen“[2700]

2697 S. o., B.

2698 Auf die schwierige Beweislage, insbesondere bei vollstreckten Todesurteilen des Volksgerichtshofs, weist u. a. *Edinger* (DRiZ 1995, 182) im Einzelnen hin.

2699 *Jahntz/Kähne*, Der Volksgerichtshof, S. 12f.

2700 Rüter/de Mildt (Hrsg.): Justiz und NS-Verbrechen. Sammlung deutscher Strafurteile wegen nationalsozialistischer Tötungsverbrechen 1945–1966 (Redaktion: Fritz Bauer u. a.), Amsterdam ab 1968 und später. Ab 23. Band aktualisierter Zusatz: Sammlung deutscher Strafurteile wegen nationalsozialistischer Tötungsverbrechen 1945–1999,

wurde weder von der Rechtsprechung noch von der Rechtslehre beachtet und ausgewertet[2701]. Nur vereinzelt finden sich in der Literatur Hinweise hierauf[2702]. Wenn mittlerweile darauf verwiesen wird, es sei immerhin zu 15 Gerichtsurteilen in Verfahren gegen 23 Angeklagte gekommen[2703], so handelt es sich dabei in den meisten Fällen nicht um rechtskräftige Verurteilungen[2704]. Immerhin kann es als Beleg dafür dienen, dass die Justiz nicht gänzlich untätig war, wenngleich mit Recht von einer bedrückenden Bilanz[2705] die Rede ist. Mit lediglich 12 Ausnahmen, die Standgerichte in der Schlussphase des Krieges und dabei nur drei Berufsjuristen betrafen[2706],

---

in Zusammenarbeit mit Saur Verlag, Redaktion Karl Dietrich Bracher. Insgesamt 44 Bände.

2701 *Spendel*, FS Jescheck (1985), S. 179.

2702 *Friedrich*, Freispruch für die Nazi-Justiz, S. 5; *Rottleuthner*, Kontinuität und Identität, in: Säcker (Hrsg.), Recht und Rechtslehre im Nationalsozialismus, S. 243; LK-*Spendel* (11. Aufl.), § 339 Rn. 3, 12f.

2703 *Rottleuthner*, Kontinuität und Identität, in: Säcker (Hrsg.), Recht und Rechtslehre im Nationalsozialismus, S. 243.

2704 *Diestelkamp* (Die Justiz nach 1945 und ihr Umgang mit der eigenen Vergangenheit, in: Diestelkamp/Stolleis (Hrsg.), Justizalltag im Dritten Reich, S. 135) wertet die Dokumentation von *Friedrich*, Freispruch für die Nazi-Justiz, dahingehend aus, dass es in 15 bis zum Jahr 1968 wegen unrechtmäßiger Todesurteile eingeleiteten Verfahren zunächst zu sieben Verurteilungen kam, von denen drei letztlich doch noch Freisprüche wurden, während in acht Verfahren zunächst Freisprüche ergingen, von denen zwei schließlich in „Minimalstrafen" umgewandelt wurden. Die danach verbleibende Zahl von sechs Verurteilungen ist aber unvollständig. Vielmehr lassen sich zumindest 12 verurteilte Personen ermitteln. Dazu sogleich (übernächste Fußnote). Näher zur Aufschlüsselung, insbes. nach Berufs- und Laienrichtern und zur zeitlichen Einordnung siehe *Rottleuthner*, Kontinuität und Identität, in: Säcker (Hrsg.), Recht und Rechtslehre im Nationalsozialismus, S. 243.

2705 *Rottleuthner*, Kontinuität und Identität, in: Säcker (Hrsg.), Recht und Rechtslehre im Nationalsozialismus, S. 244.

2706 Da diese Ausnahmen in der Literatur teilweise unbeachtet bleiben (so werden z. B. lediglich zwei Fälle gezählt bei *Ostendorf/ter Veen*, Das Nürnberger Juristenurteil, S. 61 sowie bei *Peschel-Gutzeit*, Aufarbeitung von Systemunrecht durch die Justiz: Anspruch und Wirklichkeit, in: Drobnig (Hrsg.), Die Strafrechtsjustiz der DDR im Systemwechsel, S. 11), seien sie hier im Einzelnen aufgeführt:
Die *erste* Ausnahme bildet der Standgerichtsvorsitzende im sog. Regensburger Standgerichtsfall. Am 23. April 1945 verurteilte ein Standgericht unter Vorsitz des Landgerichtsdirektors *Schwarz* einen Domprediger und einen Rentner wegen „Wehrkraftzersetzung" zum Tode, weil sie an einer Kundgebung teilgenommen hatten, auf der man bitten wollte, von der Verteidigung Regensburgs gegen die schon bis auf 20 km herangekommenen amerikanischen Truppen abzusehen, um eine Zerstörung der Stadt zu vermeiden. Da die Menschenansammlung in einen Volksaufruhr umzuschlagen drohte, versuchte der Geistliche, die erregte Menge durch eine kurze Ansprache zu beruhigen, wobei er und andere Kundgebungsteilnehmer, so

auch der auf die „Bonzen" schimpfende Rentner, festgenommen wurden. An ihnen sollte ein Exempel statuiert werden. In der Urteilsberatung täuschte der juristische Vorsitzende die beiden Laienbeisitzer über die Rechtslage, insbesondere über die Möglichkeit, in minder schweren Fällen nach § 5 II KSStVO statt der Todesstrafe eine Zuchthaus- oder Gefängnisstrafe zu verhängen. Dies tat er, um die widerstrebenden Kollegialmitglieder zur Stimmabgabe für die Höchststrafe bewegen zu können und dann selbst nicht für die Todesstrafe stimmen zu müssen. Der Standgerichtsvorsitzende wurde am 19.2.1948 vom Schwurgericht Weiden wegen Totschlags in Tateinheit mit Rechtsbeugung und wegen unzulässiger Strafvollstreckung in jeweils zwei Fällen zu 5 Jahren und 6 Monaten Zuchthaus verurteilt (SchwurG Weiden in: Justiz und NS-Verbrechen, Bd. II S. 235 ff., insbes. S. 279 ff., insoweit bestätigt durch OLG Nürnberg, Beschluss v. 2.11.1948 in: Justiz und NS-Verbrechen, Bd. II S. 318 ff.). Der Staatsanwalt, der im Regensburger Standgerichtsfall den Antrag auf Verhängung der Todesstrafe gestellt hatte, wurde in demselben Verfahren erstinstanzlich wegen Verfolgung Unschuldiger (§ 344 StGB) und unzulässiger Vollstreckung (§ 345 StGB) verurteilt. Insoweit hob das OLG Nürnberg allerdings das Urteil des LG Weiden auf (OLG Nürnberg, Beschluss v. 2.11.1948 in: Justiz und NS-Verbrechen, Bd. II 1969 S. 318 ff., insbes. S. 335 ff.). Er wurde in einem erneuten Verfahren freigesprochen. Auch die beiden Beisitzer des Standgerichts wurden freigesprochen (näher dazu: *Homann*, Herausforderungen an den Rechtsstaat durch Justizunrecht, S. 36 f.

Eine *zweite*, unbeachtete Ausnahme liegt in der Verurteilung des Angeklagten *L.* wegen Totschlags in einem Aschaffenburger Fall zu einer Gesamtgefängnisstrafe von immerhin vier Jahren (Schwurgericht beim LG Würzburg, Urt. v. 3.12.1949, Justiz und NS-Verbrechen V, S. 639 f., rechtskräftig durch Beschluss des BayObLG v. 14.3. 1950 III 9/50).

Zu diesem Aschaffenburger Fall gehören auch die *dritte* und *vierte* Ausnahme mit der Verurteilung zweier Truppenoffiziere, und zwar des *Major J.* als Standgerichtsvorsitzendem zu 15 Monaten und des *Leutnant B.* als Beisitzer zu neun Monaten Gefängnis wegen fahrlässiger Tötung (SchwurG bei dem LG Würzburg, Urt. v. 19.5.1950, Justiz und NS-Verbrechen VI, 587 ff.; rechtskräftig durch BayObLG, Urt. v. 25.10.1950, Justiz und NS-Verbrechen VI, 591 ff.; dazu *Wessel*, NS-Justizverbrechen und Nachkriegsrechtsprechung, S. 95).

Die *fünfte* Ausnahme bildet die Verurteilung des ehem. Amtsgerichtsrats *Dr. K.* wegen fahrlässiger Tötung zu einer Gefängnisstrafe von einem Jahr und vier Monaten durch das LG Würzburg im „Lohrer Standgerichtsfall" (SchwurG bei dem LG Würzburg v. 10.8.1950, Justiz und NS-Verbrechen VII S. 173 ff., rechtskräftig durch Beschluss des BayObLG v. 27.12.1950, Justiz und NS-Verbrechen VII S. 175 Anm. 1; Zusammenfassung des Sachverhalts bei *I. Müller*, Furchtbare Juristen, S. 194 f.; ausführlich und krit. dazu *Wessel*, NS-Justizverbrechen und Nachkriegsrechtsprechung, S. 13 ff.; *Friedrich*, Freispruch für die Nazi-Justiz, S. 82 ff.; *Homann*, Herausforderungen an den Rechtsstaat durch Justizunrecht, S. 37–39). *Dr. K.* steht offensichtlich für *Dr. Koob* (vgl. *Rottleuthner*, Kontinuität und Identität, in: Säcker (Hrsg.), Recht und Rechtslehre im Nationalsozialismus, S. 243 Fn. 6 a.E.; *Friedrich*, a.a.O., S. 78 ff. und 82 ff.; *Homann*, Herausforderungen an den Rechtsstaat durch Justizunrecht, S. 37 f).

Die *sechste* Ausnahme stellt die Verurteilung des Juristen und SS-Standartenführers *Huppenkothen* zu einer sechsjährigen Zuchthausstrafe wegen seiner Mitwirkung

wurde kein Richter oder Staatsanwalt von einem bundesrepublikanischen Gericht bzw. Gericht der Westzonen wegen eines unter der NS-Herrschaft verübten Justizverbrechens rechtskräftig verurteilt[2707], nicht einmal wegen

---

als Ankläger in dem „Standgerichtsverfahren" gegen Widerstandskämpfer des 20. Juli 1944 im KZ Flossenbürg dar (dazu zuletzt BGH, Justiz und NS-Verbrechen XIII S. 344ff., 358 – jetzt auch veröffentlicht in NStZ 1996, 485ff. m. Anm. *Gribbohm* – und unten). *Huppenkothen* war zuvor auch wegen Aussageerpressung gegenüber einem anderen Widerstandskämpfer und Gestapo-Häftling (Fall v. Guttenberg) rechtskräftig zu zwei Jahren Zuchthaus verurteilt worden (*Spendel*, Rechtsbeugung durch Rechtsprechung, S. 109f.).

Die *siebte und achte* Ausnahme, in der allerdings Nichtjuristen abgeurteilt wurden, bildet der Zellinger Standgerichtsfall. Hier waren zwei Offiziere (*Walter Fernau* und *Michalsky*) als Ankläger bzw. Vorsitzender eines sog. „fliegenden Standgerichtes" aufgetreten. *Fernau* beantragte und *Michalsky* verhängte in einem Scheinverfahren die Todesstrafe wegen angeblicher Meuterei und Wehrkraftzersetzung (dazu *Spendel*, JuS 1988, 856ff.; *Friedrich*, Freispruch für die Nazi-Justiz, S. 439ff.). Das SchwurG bei dem LG Würzburg verurteilte die beiden wegen Totschlags am 29.11.1952 unter Zubilligung mildernder Umstände nach § 213 StGB zu einer milden Strafe von je drei Jahren Gefängnis. *Fernau* erhielt wegen eines weiteren Tötungsverbrechens in einem anderen Standgerichtsverfahren eine Zuchthausstrafe von fünf Jahren, die mit der Gefängnisstrafe zu einer Gesamtstrafe von sechs Jahren Zuchthaus umgewandelt wurde (LG Würzburg, Justiz und NS-Verbrechen X, 205ff., 231). Der BGH bestätigte dies mit Urteil vom 9.6.1953 (BGH, Justiz und NS-Verbrechen X S. 233ff.). Dazu *Spendel*, JuS 1988, 856ff.; LK-*Spendel* (11. Aufl.), § 339 Rn. 132; *Homann*, Herausforderungen an den Rechtsstaat durch Justizunrecht, S. 65ff.

Die *neunte* Ausnahme ist in der Verurteilung des Standgerichtsvorsitzenden *Gottschalk* zu einer Gefängnisstrafe von 3 Jahren und 6 Monaten wegen Totschlags im minder schweren Fall (§§ 212, 213 StGB) zu sehen (LG Ansbach, Urt. v. 23.7.1960, Justiz und NS-Verbrechen XVI S. 495ff., 579; zur Rechtskraft vgl. a.a.O., 580 Fn. 2); dazu *Friedrich*, Freispruch für die Nazi-Justiz, S. 450–500, insbes. S. 489ff. und 499f.; *Homann*, Herausforderungen an den Rechtsstaat durch Justizunrecht, S. 75ff.).

Drei weitere Ausnahmen, die wiederum juristische Laien betreffen und Ausnahmen *zehn bis zwölf* bilden, werden angeführt von *Homann*: Im Fall des Standgerichts Hausen wurde der Ankläger zu fünf Jahren Gefängnis verurteilt (der Gerichtsherr wurde in diesem Fall zu einem Jahr und sechs Monaten verurteilt, was aufgrund der besonderen Funktion des Gerichtsherrn hier aber nicht mitgezählt werden soll). Ein anderer Fall endete mit zwei Jahren und sechs Monaten Gefängnis. Zu insgesamt zehn Jahren Zuchthaus für mehrere Todesurteile durch ein „fliegendes Standgericht" wurde der Zahnarzt Dr. Hübner (Generalleutnant der Wehrmacht) verurteilt (*Homann*, Herausforderungen an den Rechtsstaat durch Justizunrecht, S. 40f., m. w. N.).

2707 Kein Richter der ordentlichen Gerichtsbarkeit wurde rechtskräftig verurteilt: *Diestelkamp*, Die Justiz nach 1945 und ihr Umgang mit der eigenen Vergangenheit, in: Diestelkamp/Stolleis (Hrsg.), Justizalltag im Dritten Reich, S. 145. Insoweit kam es jedenfalls bis 1968 nur in vier Verfahren überhaupt zu Anklagen, *Diestelkamp*, a.a.O., S. 135. Zu drei Fällen, in denen es insoweit zu Einstellungen durch die Staatsanwaltschaft kam: *Diestelkamp*, a.a.O., S. 137. Zu Beispielsfällen, in denen es von eingeleite-

der massenhaft vom Volksgerichtshof verhängten Todesurteile[2708]. Zu letzterem wird anhand der Verfahren gegen die VGH-Richter *Rehse*[2709] und *Reimers*[2710] näher eingegangen. Auch soweit ehemalige Richter an Sondergerichten vereinzelt angeklagt wurden, endeten die Verfahren entweder mit Freispruch oder sie wurden wegen Verhandlungsunfähigkeit der Angeklagten nicht (rechtskräftig) abgeschlossen[2711], wie bei den Sonderrichtern *Ferber* und *Hoffmann*[2712]. Überhaupt wurden die Urteile der Sonder- und Kriegsgerichte nie systematisch aufgearbeitet[2713].

Zwar mag man vielen engagierten Strafjuristen Unrecht tun[2714] mit der vielfach pauschal geäußerten Meinung, dass die Justiz bei der Aufarbeitung des NS-Unrechts insgesamt versagt habe. Hier ist insbesondere zwischen den enttäuschenden gerichtlichen Ergebnissen der Strafverfolgung (welche auch nicht durchweg dem BGH angelastet werden

---

ten Ermittlungsverfahren, geschweige denn von abgeschlossenen Gerichtsverfahren keine Spur gibt, jedenfalls offenbar nichts bekannt wurde: *Spendel*, FS Jescheck, S. 183 f. (Abweisung der Klage eines Juden auf Vergütung nichtgewährten Urlaubs mit „aberwitziger" Begründung sowie ein Rassenschande-Urteil des RG).
Nach *Rottleuthner*, Kontinuität und Identität, in: Säcker (Hrsg.), Recht und Rechtslehre im Nationalsozialismus, S. 243 Fn. 3 waren neben den Standgerichtsverfahren zwei Sondergerichtsverfahren aus den Jahren 1942 und 1943 und ein Kriegsgerichtsverfahren aus dem Januar 1944 Gegenstand von Anklagen. Daneben habe der ehemalige Präsident des LG Köln, *Walter Müller*, wegen Verleitung zur Rechtsbeugung vor Gericht gestanden. Diese Angaben weisen allerdings nicht auf (rechtskräftige) Verurteilungen hin. Im Fall des Kölner LG-Präsidenten kam es nach einigem Hin und Her definitiv zu einem rechtskräftig gewordenen Freispruch, an dem auch der BGH nicht unbeteiligt war; hierzu näher *Diestelkamp*, Die Justiz nach 1945 und ihr Umgang mit der eigenen Vergangenheit, in: Diestelkamp/Stolleis (Hrsg.), Justizalltag im Dritten Reich, S. 136; *Friedrich*, Freispruch für die Nazi-Justiz, S. 309 ff., insbes. S. 336 (Fall 10).

2708 *Diestelkamp*, Die Justiz nach 1945 und ihr Umgang mit der eigenen Vergangenheit, in: Diestelkamp/Stolleis (Hrsg.), Justizalltag im Dritten Reich, S. 133; zu den offensichtlich (hinsichtlich weiterer Beteiligter neben dem noch vor Kriegsende verstorbenen Freisler als Vorsitzendem) nie verfolgten Rechtsverletzungen des VGH bei den Todesurteilen gegen die Geschwister Scholl und Christoph Probst als Mitglieder der Widerstandsgruppe „Weiße Rose" siehe *Spendel*, FS Jescheck, S. 191 ff.

2709 Dazu unten, I.2., II.2., III.1. sowie bereits Kapitel 10, B.I.3.b), c) und B.II.3. sowie B.IV.

2710 Dazu 3.

2711 *Asbrock*, FS Richard Schmid, S. 100 m. w. N.; *Diestelkamp*, Die Justiz nach 1945 und ihr Umgang mit der eigenen Vergangenheit, in: Diestelkamp/Stolleis (Hrsg.), Justizalltag im Dritten Reich, S. 133.

2712 Dazu unten, 1.

2713 *Asbrock*, FS Richard Schmid, S. 100.

2714 So *Rautenberg*, NJ 1995, 618.

können, sondern vielfach auf zum Freispruch drängende Schwurgerichte zurückzuführen sind[2715]) und den (leider nur) zum Teil erheblichen und systematischen Verfolgungsbemühungen vor allem der Staatsanwaltschaften[2716] zu unterscheiden zumindest für eine mehrjährige Phase ab 1979. Aber diese kamen viel zu spät, und es ist zu konstatieren, dass die Justiz – insbesondere bei der Ahndung von Rechtsbeugungstaten – sich dem damals herrschenden Zeitgeist, das Unrecht nicht zu ahnden[2717], nicht entzog. Darüber hinaus wirkten sich die personelle Kontinuität[2718] und gruppendynamische Solidarisierungsprozesse aus[2719]. Insgesamt ist die Versagensthese daher nicht grundsätzlich verfehlt, sondern im Kern zutreffend. Sie wird mittlerweile auch vom BGH geäußert[2720]. Im Rückblick wird von einer „merkwürdig verständnisvolle(n) Rechtsprechung der Tatsacheninstanzen und des BGH gegenüber NS-Juristen" und von einer „Selbstamnestierung der Justiz für ihre eigenen Taten" gesprochen[2721].

Die drei folgenden Fälle, in denen es immerhin zu einer Anklage kam, verdeutlichen beispielhaft einige der Hindernisse, die einer Verurteilung von NS-Juristen tatsächlich oder vermeintlich entgegenstanden und die die Verfolgungsaktivität zwischenzeitlich und schließlich endgültig zum Erliegen brachten.

1. Der Prozess gegen Ferber und Hoffmann als Beisitzer am Sondergericht Nürnberg im Fall Katzenberger

Der jüdische Kaufmann *Katzenberger* wurde der „Rassenschande" beschuldigt und 1942 in einem skandalösen Verfahren entgegen dem Grundsatz „in dubio pro reo" und unter unhaltbarer Anwendung der „Volksschäd-

2715 Dazu *Diestelkamp*, Die Justiz nach 1945 und ihr Umgang mit der eigenen Vergangenheit, in: Diestelkamp/Stolleis (Hrsg.), Justizalltag im Dritten Reich, S. 148.

2716 Dazu *Jahntz/Kähne*, Der Volksgerichtshof, S. 38 ff. zur Phase zwischen 1979 und 1986.

2717 Dazu *Wieners*, Rechtsbeugung im Zeitgeistwandel, S. 55 ff.

2718 Dazu u., D.I.

2719 *Wieners*, Rechtsbeugung im Zeitgeistwandel, S. 54 f.; differenzierter *Diestelkamp*, Die Justiz nach 1945 und ihr Umgang mit der eigenen Vergangenheit, in: Diestelkamp/Stolleis (Hrsg.), Justizalltag im Dritten Reich, S. 146 ff., der auch auf die Rolle der Geschworenen (Laien) hinweist.

2720 BGH NJW 1996, 857, 864; dazu u., III.

2721 *Peschel-Gutzeit*, Aufarbeitung von Systemunrecht durch die Justiz: Anspruch und Wirklichkeit, in: Drobnig, Ulrich (Hrsg.), Die Strafrechtsjustiz der DDR im Systemwechsel, S. 11.

lingsverordnung“ in Verbindung mit dem „Blutschutzgesetz“ durch das Sondergericht Nürnberg wegen Rassenschande zum Tode verurteilt[2722].

Während der Sondergerichtsvorsitzende *Rothaug* im Nürnberger Juristenprozess vom amerikanischen Militärgerichtshof am 3./4. Dezember 1947 wegen dieser Tat zu lebenslanger Freiheitsstrafe verurteilt worden war[2723], blieben seine beiden Beisitzer *Ferber* und *Hoffmann* lange unbehelligt. Dabei hatte *Ferber* sowohl im Nürnberger Juristenprozess als auch im Disziplinarverfahren gegen *Rothaug* 1957/58 als Zeuge ausgesagt, dass nach seiner damaligen Überzeugung dem Beschuldigten *Katzenberger* „Rassenschande“ nicht habe nachgewiesen werden können. Ferner erklärte er in einer eidesstattlichen Versicherung von 1946, deren Wahrheitsgehalt er in jenem Disziplinarverfahren bestätigte, das bestehende Recht sei im Prozess gegen *Katzenberger* „erheblich umgebogen“ worden. Beide ehemaligen Beisitzer haben in eidesstattlichen Erklärungen, zu deren Wahrheitsgehalt sie sich bei späteren Gelegenheiten bekannt haben, bestätigt, dass sie die rechtswidrige Zielsetzung, die der Sondergerichtsvorsitzende mit dem Verfahren verfolgt habe, erkannt hätten. Dies stellte der BGH ausdrücklich fest[2724]. Man konnte sich also nicht auf mangelnde Erfolgsaussichten einer Strafverfolgung wegen der Schwierigkeit des Vorsatznachweises berufen[2725]. Es fragt sich nicht nur, warum eine Anklage so lange nicht erfolgte, sondern auch, weshalb wegen der hierin liegenden zumindest objektiven Rechtsbeugung, soweit bekannt, nicht ermittelt wurde. Die erst 1960 angelaufenen Ermittlungen dauerten acht Jahre[2726]. 1968 verhängte das Schwurgericht bei dem LG Nürnberg-Fürth wegen Totschlags (die tateinheitlich begangene Rechtsbeugung war bereits verjährt) eine Freiheitsstrafe von drei bzw. zwei Jahren. Die Entscheidung des Schwurgerichts wurde vom BGH 1970 mit ausführlicher Begründung und Hinweisen für die Neuverhandlung unter anderem deshalb aufgehoben, weil Mord ernsthaft in Betracht kam[2727]. In diesem Urteil zeigte der BGH

2722 Dazu bereits Kapitel 10, B.T.3.a) sowie *Spendel*, NJW 1971, 537 ff.; *ders.*, Rechtsbeugung durch Rechtsprechung, S. 37 ff. mit Abdruck von Sondergerichtsurteil und BGH-Urteil S. 120 ff.; *ders.*, FS Jescheck, S. 185 f.; *Friedrich*, Freispruch für die Nazi-Justiz, S. 347 ff. (Fall 11); *Homann*, Herausforderungen an den Rechtsstaat durch Justizunrecht, S. 96 ff.

2723 Vgl. o., A., und *Ostendorf/ter Veen*, Das Nürnberger Juristenurteil, S. 69.

2724 BGH NJW 1971, 571, 574, näheres dazu bei *Friedrich*, Freispruch für die Nazi-Justiz, S. 355 ff.

2725 Dazu auch *Spendel*, Rechtsbeugung durch Rechtsprechung, S. 38 f.

2726 *Friedrich*, Freispruch für die Nazi-Justiz, S. 358.

2727 BGH NJW 1971, 571 ff.

den Missbrauch rechtlicher Formen zur Setzung von Unrecht und den Weg zur Verurteilung wegen Mordes in mittelbarer Täterschaft auf.

Die Neuverhandlung fand jedoch erst 1973 statt. Bis dahin war *Ferber* aufgrund körperlicher und psychischer Hinfälligkeit verhandlungsunfähig geworden. So wurde nur gegen *Hoffmann* während über neun Monaten verhandelt. Dann wurde die Weiterverhandlung ausgesetzt und das Verfahren 1976 endgültig eingestellt, weil auch *Hoffmann* verhandlungsunfähig geworden war[2728]. Damit fand ein weiterer Prozess sein „biologisches Ende". Es liegt die Annahme nahe, dass sich in dieser unnötig späten und dann noch schleppenden Strafverfolgung mangelnder Verfolgungswille offenbart.

2. Fall Rehse

Hans-Joachim Rehse war von November 1941 bis März 1945 beisitzender Richter im 1. Senat des Volksgerichtshofes, in dem zunächst *Thierack* und später *Freisler* den Vorsitz hatte. Er wirkte an mindestens 231 Todesurteilen mit. Dennoch wurde jahrelang kein Verfahren gegen ihn eingeleitet, obwohl der BGH bereits 1956 in einem Strafverfahren gegen die Denunziantin des später unter Beteiligung von *Rehse* zum Tode verurteilten Priesters *Dr. Metzger* deutlich gemacht hatte, dass die Verurteilung *Metzgers* und die Vollstreckung des Urteils „eine vorsätzliche rechtswidrige Tötung unter dem Deckmantel der Strafrechtspflege"[2729] gewesen sei. Der Missbrauch des § 91 b StGB durch den Volksgerichtshof gegen *Dr. Metzger* habe mit Rechtsprechung nichts zu tun. Er sei nur eine Ausnutzung gerichtlicher Formen zur widerrechtlichen Tötung. Eine derartige Rechtsprechung diene nur noch der Vernichtung des politischen Gegners, sei ein Terrorinstrument[2730]. Das hätte Anlass für eingehende Ermittlungen gegen am Volksgerichtshof tätig gewesene Personen sein müssen, ließ aber derartige Konsequenzen lange vermissen.

Erst Anfang der sechziger Jahre wurden erstmals Ermittlungen gegen *Rehse* eingeleitet, nachdem sich 1960 in Berlin bei Entrümpelungsarbei-

2728 *Friedrich*, Freispruch für die Nazi-Justiz, S. 393 f; *Homann*, Herausforderungen an den Rechtsstaat durch Justizunrecht, S. 102. Zu Zweifeln an der Verhandlungsunfähigkeit: *Diestelkamp*, in: *Diestelkamp/Stolleis*, Justizalltag im 3. Reich, S. 140.

2729 NJW 1956, 1485, 1486 (erstaunlicherweise wurde dieser wichtige Satz bei der Veröffentlichung des Urteils in der amtlichen Sammlung weggelassen, vgl. BGHSt 9, 302, 309 mit BGH NJW 1956, 1485, 1486 re. Sp.; hierauf hat schon *Spendel* [FS Jescheck, S. 189] hingewiesen).

2730 BGHSt 9, 302, 307 = BGH NJW 1956, 1485, 1486.

ten auf dem Gelände des ehemaligen Volksgerichtshofs in einem Stahlschrank mehrere hundert Volksgerichtshofsurteile gefunden hatten und von dem der Vollstreckung seines Todesurteils entgangenen *Pater Heyder* und dem früheren Chefankläger im Nürnberger Kriegsverbrecherprozess, *Robert Kempner*, Strafanzeige gestellt worden war[2731]. Das Verfahren wurde jedoch eingestellt und auch ein Klageerzwingungsverfahren vor dem OLG München hatte keinen Erfolg[2732]. Dieser Fehlschlag war Grund für die Staatsanwaltschaft, Ermittlungen einzustellen, soweit sie überhaupt aufgenommen worden waren[2733]. Eine zügige Auswertung der gefundenen Urteile unterblieb.

1965 beschlossen die Justizminister des Bundes und der Länder, die Volksgerichtshofverfahren bei der Staatsanwaltschaft Berlin zu konzentrieren. Als Pilotverfahren wählten die Staatsanwälte die Strafsache *Rehse* aus, die am geeignetsten erschien, „trotz der bisherigen Rechtsprechung eine Verurteilung eines Richters wegen seiner Mitwirkung an Todesurteilen zu erzielen"[2734]. Sieben Todesurteile, bei denen *Rehse* nach eigener Aussage für die Todesstrafe gestimmt hatte, kamen zur Anklage.

Das Schwurgericht bei dem LG Berlin verurteilte *Rehse* am 3.7.1967 wegen Beihilfe zum Mord in drei Fällen und wegen Beihilfe zum versuchten Mord in vier Fällen (in denen die Vollstreckung der Todesstrafe nicht nachweisbar war) zu fünf Jahren Zuchthaus[2735] (Rechtsbeugung war bereits verjährt). Der BGH hob die Entscheidung jedoch auf[2736] und verwies die Sache zu neuer Verhandlung zurück. In neuer Besetzung kam 1968 das Berliner Schwurgericht, wie von vielen erwartet, zum Freispruch[2737]. Die Staatsanwaltschaft ging erneut in Revision, doch starb *Rehse*, bevor über das Rechtsmittel entschieden wurde. Daher wurde das Verfahren 1969 eingestellt[2738].

Aber auch die übrigen noch anhängigen Verfahren gegen ehemalige Mitglieder des Volksgerichtshofes wurden in der Folgezeit von der Staats-

---

2731 BMJ (Hrsg.), Justiz und Nationalsozialismus, S. 440; *Asbrock*, FS Richard Schmid, S. 100; *Diestelkamp*, in: Diestelkamp/Stolleis (Hrsg.), Justizalltag im Dritten Reich, S. 138.

2732 *Friedrich*, Freispruch für die Nazi-Justiz, S. 580ff.

2733 *Ostendorf/ter Veen*, Das Nürnberger Juristenurteil, S. 63.

2734 BMJ (Hrsg.), Justiz und Nationalsozialismus, S. 440; *Jahntz/Kähne*, Der Volksgerichtshof, S. 15.

2735 LG Berlin DRiZ 1967, 390ff.

2736 BGH NJW 1968, 1339f.; zu den rechtlichen Aspekten siehe unten 3. sowie II. 2. und 3.

2737 Abdruck des freisprechenden Urteils des LG Berlin bei *Friedrich*, Freispruch für die Nazi-Justiz, S. 597ff.

2738 *Denzel*, KJ 1991, 32.

anwaltschaft bei dem Landgericht Berlin eingestellt, da ihr die Durchführung eines weiteren Strafverfahrens im Hinblick auf die höchstrichterliche Rechtsprechung, auf die bereits eingegangen wurde[2739], und aus Beweisgründen nicht erfolgversprechend erschien[2740]. Die Chancen, mit der in der Revisionsschrift niedergelegten Rechtsmeinung beim BGH durchzudringen, erachtete Generalstaatsanwalt *Günther* als „relativ klein". Es erscheine nicht durchsetzbar, dass „ein Gericht bei uns einen NS-Richter verurteilt"[2741]. Daher steht der Fall *Rehse* exemplarisch für Fehlgriffe der Rechtsprechung nach 1945 und das Versanden ohnehin spät aufgenommener Verfolgungsbemühungen.

3. Fall Reimers

Im März 1979 kamen durch eine erneute Anzeige von *Robert Kempner* die Ermittlungen gegen Volksgerichtshof-Richter wieder in Gang. Allerdings stellte die Staatsanwaltschaft Berlin die Verfahren bereits nach ca. drei Monaten unter Bezugnahme auf ihren früheren Bescheid wieder ein[2742]. Auf Veranlassung des Berliner Justizsenators *Meyer* im Oktober 1979 wurden die Ermittlungen wiederaufgenommen und damit in einer bis September 1986 dauernden Phase ein erneuter Anlauf zur Verfolgung der Juristen am Volksgerichtshof unternommen. Umfangreiche und intensive Ermittlungen wurden in Angriff genommen[2743]. 2648 Urteile des Volksgerichtshofes wurden ermittelt und ausgewertet. Doch die Bemühungen kamen zu spät. Von den insgesamt 577 beim Volksgerichtshof bzw. bei der Reichsanwaltschaft beim Volksgerichtshof tätigen Personen waren noch vor Wiederaufnahme der Ermittlungen 380 Personen nachweislich verstorben. Das Schicksal von 87 Personen konnte nicht geklärt werden, wobei sich hierunter viele befunden haben dürften, die ebenfalls schon verstorben oder zumindest verhandlungsunfähig waren oder in der DDR lebten und somit für die Ermittlungsbehörden nicht erreichbar waren[2744]. 110 Personen konnten als Beschuldigte ermittelt werden. Davon sind 27 im Verlauf der Ermittlungen verstorben. Gegen insgesamt 53 Beschuldigte wurde das Verfahren wegen mangelnden Tatverdachts eingestellt,

2739 Dazu Kapitel 10, B.I., insbes. 3.b) und Kapitel 10, B.II.
2740 *Jahntz/Kähne*, Der Volksgerichtshof, S. 34.
2741 *Friedrich*, Freispruch für die Nazi-Justiz, S. 635 f.
2742 *Asbrock*, FS Richard Schmid, S. 100.
2743 Dazu *Jahntz/Kähne*, Der Volksgerichtshof, S. 38 ff.
2744 Vgl. *Jahntz/Kähne*, a.a.O., S. 43.

gegen 29 Beschuldigte in hohem Alter wegen dauernder Verhandlungsunfähigkeit[2745]. Die biologische Amnestie tat ihre Wirkung.

Eine Ausnahme bildete der frühere Berufsrichter am Volksgerichtshof und Kammergerichtsrat *Dr. Paul Reimers*, der 1984 im Alter von 82 Jahren wegen Mordes in 62 und versuchten Mordes in 35 Fällen angeklagt wurde[2746]. Die Anklageschrift umfasste 866 Seiten und beinhaltete den ausführlich vorbereiteten Vorstoß, den Volksgerichtshof nicht als unabhängiges, nur dem Gesetz unterworfenes ordentliches Gericht im Sinne des § 1 GVG anzuerkennen, sondern jedenfalls für die Zeit ab dem Amtsantritt *Freislers* im August 1942 als bloßes Scheingericht und nationalsozialistisches Terrorinstrument zu entlarven[2747]. Ansätze hierzu hatte es schon in der Revision der Staatsanwaltschaft im Fall *Rehse* gegeben, über die aber wegen dessen Tod nicht mehr entschieden wurde. Man erhoffte sich von diesem dogmatischen Ansatz bessere Aussichten, eine Verurteilung zu erreichen. Doch noch bevor das Gericht über die Eröffnung des Hauptverfahrens entschied, beging *Reimers* 1984 Selbstmord[2748]. Eine gerichtliche Klärung blieb wiederum aus.

Eine weitere beabsichtigte Anklageerhebung konnte wegen dauernder Verhandlungsunfähigkeit nicht mehr erfolgen[2749].

Schon 1981[2750] und auch später wurde kritisiert, das Vorgehen der Staatsanwaltschaft, den gesamten Komplex aufzuklären, anstatt in eklatanten Fällen rasch Anklage im Rahmen von Einzelverfahren zu erheben, habe bei allem guten Willen zur Ergebnislosigkeit der Ermittlungen beigetragen, weil das hohe Alter der Beschuldigten außer Acht gelassen worden sei[2751]. Anlass zu Kritik gab insbesondere die nicht tragbare personelle Unterbesetzung. Nur ein Staatsanwalt wurde in Vollzeit für die Ermittlungen eingesetzt, zwei weitere hin und wieder in Sitzungen eingesetzt[2752]. Der Ansatz, den VGH jedenfalls ab einer bestimmten Phase als Scheinge-

---

2745 Näheres bei *Jahntz/Kähne*, a.a.O., S. 43 f.

2746 *Jahntz/Kähne*, a.a.O., S. 44 f.; BMJ (Hrsg.), Justiz und Nationalsozialismus, S. 450.

2747 *Jahntz/Kähne*, a.a.O., S. 44 f.

2748 BMJ (Hrsg.), Justiz und Nationalsozialismus, S. 450.

2749 *Denzel*, KJ 1991, 36; *Jahntz/Kähne*, a.a.O., S. 45.

2750 Presseerklärung der Internationalen Liga für Menschenrechte, Sektion Berlin, zitiert bei *von Feldmann*, Die Auseinandersetzung um das Ermittlungsverfahren gegen Richter und Staatsanwälte am Volksgerichtshof, in: Redaktion Kritische Justiz (Hrsg.), Der Unrechts-Staat Bd. II, S. 244.

2751 *Denzel*, KJ 1991, 35, 40 f.

2752 *Von Feldmann*, Die Auseinandersetzung um das Ermittlungsverfahren gegen Richter und Staatsanwälte am Volksgerichtshof, in: Redaktion Kritische Justiz (Hrsg.), Der Unrechts-Staat Bd. II, S. 246.

richt zu betrachten, ist freilich richtig[2753]. Nur hätte er schon früher verfolgt werden müssen. Ausreichend und angesichts des fortschreitenden Alters der Beschuldigten erfolgversprechender wäre es gewesen, sich in jedem Einzelfall auf das Fehlen des Tatbestandsmerkmals „Leitung und Entscheidung einer *Rechtssache*" zu berufen und damit den Wegfall der Sperrwirkung des Rechtsbeugungstatbestandes zu begründen[2754].

So blieb es trotz der Bemühungen in der Phase von 1979 bis 1986 bei dem unbefriedigenden Ergebnis, dass zwar rechtlich und zeitgeschichtlich wichtige Erkenntnisse zustande kamen, aber keine Strafen gegen am Volksgerichtshof tätige Juristen verhängt wurden[2755].

Aus diesen Erfahrungen war die Lehre zu ziehen, bei der Verfolgung des Justizunrechts der DDR nicht unnötig einer Verschlechterung der Beweislage, der Verjährung und der Verhandlungsunfähigkeit oder dem Versterben der mutmaßlichen Täter entgegenzusehen. Soweit ersichtlich ist diese Lehre auch gezogen worden.

II. Dogmatische Ausgangspunkte und Hindernisse für die Strafverfolgung

Die im Nationalsozialismus zu beobachtende[2756] Aufhebung oder zumindest Verwässerung der Trennung von Recht und Weltanschauung stellte die Rechtsprechung vor die Schwierigkeit zu bestimmen, was tatsächlich Recht und was lediglich Ideologie und nicht Gesetzesinhalt war bzw. inwieweit ideologische Einflüsse auf das Recht zu berücksichtigen waren. Die Auseinandersetzung hiermit erreichte aber wohl nicht die gleiche Intensität wie bei der Aufarbeitung des SED-Unrechts. Über die hier entsprechend auftretenden Fragen wurde allerdings auch trotz ausführlicher Diskussion in Rechtsprechung und Literatur keine Einigkeit erzielt[2757].

2753 In diesem Sinne auch *Rüping*, GA 1984, 304 f.; *Rautenberg*, NJ 1995, 618, der es zu den unverzeihlichen Fehlern an erster Stelle rechnet, dass frühere Richter des BGH den Volksgerichtshof als unabhängiges Kollegialgericht i. S. d. GVG angesehen haben.

2754 Dazu Kapitel 11, B.III. unten, I.2.

2755 *Jahntz/Kähne*, Der Volksgerichtshof, S. 48.

2756 Vgl. *Rüthers*, Entartetes Recht, S. 26 m. w. N.

2757 Vgl. dazu Kapitel 3, A.

1. Zurückhaltende Bewertung von Todesurteilen unter dem Gesichtspunkt der Übermassstrafen

Wie der BGH mittlerweile selbst einräumt, hätte die Erkenntnis, dass Todesurteile nur dann als nicht rechtsbeugerisch anzusehen sind, wenn sie der Bestrafung schwersten Unrechts dienen sollten, angesichts des tausendfachen Missbrauchs der Todesstrafe in einer Vielzahl von Fällen zur Verurteilung von NS-Richtern und -Staatsanwälten führen müssen[2758]. Dieser nunmehr bei DDR-Juristen angewandte strenge Maßstab blieb den NS-Juristen zu Unrecht aber erspart.

2. Die Anwendung der Sperrwirkung des Rechtsbeugungstatbestandes auch bei Scheinverfahren

Mit seiner ersten Entscheidung in dem Strafverfahren gegen *Huppenkothen* wegen des „Standgerichtsverfahrens" gegen *Bonhoeffer, Canaris u.a.* ging der BGH den sehr zu begrüßenden Weg, Scheinverfahren und daraus hervorgegangene Scheinurteile als solche herauszustellen und damit den Weg für eine Bestrafung nach allgemeinem Strafrecht freizumachen[2759]. Doch diesen Ansatz wandte er in dem sich dreimal durch den Instanzenzug quälenden Verfahren nicht konsequent an. Das Schwurgericht sprach in seinem zweiten Urteil wiederum *Huppenkothen* und auch den nachträglich mit angeklagten Vorsitzenden des „Standgerichts", den Chefrichter beim SS- und Polizeigericht München[2760] *Dr. Thorbeck,* vom Vorwurf der Beihilfe[2761] zum Mord frei. Dabei sah es keinen ausreichenden Nachweis dafür, dass die beiden Angeklagten die einzelnen Verfahren bewusst nur zum Schein durchgeführt hätten[2762]. Darauf hob der BGH auch diesen Freispruch auf und verwies ihn an ein anderes Schwurgericht. Im Mittelpunkt der revisionsgerichtlichen Erörterung stand nun allerdings

2758 BGH NJW 1996, 857, 859f.

2759 Dazu bereits Kapitel 11, B.III.1.

2760 BMJ (Hrsg.), Justiz und Nationalsozialismus, S. 398.

2761 Zu Recht ablehnend gegenüber der Einordnung der richterlichen Entscheidung als bloße Beihilfe: *Spendel,* Rechtsbeugung durch Rechtsprechung, S. 94ff.; *Mohr,* NJW 1997, 915f.

2762 So unveröffentlichtes Urteil des Schwurgerichts bei dem LG München I, wiedergegeben nach BGH, in: Justiz und NS-Verbrechen Bd. XIII, S. 336, 339 vor Nr. III. Das SchwurG sah auch keinen ausreichenden Nachweis dafür, dass die Angeklagten den Scheincharakter des Verfahrens infolge Unterlassung der ihnen nach den gegebenen Umständen und ihrer persönlichen und beruflichen Fähigkeit zumutbaren Gewissensanspannung verkannt hätten (a.a.O.).

nicht mehr die Mitwirkung an einem Scheinverfahren, sondern andere Dinge[2763]. Wie der BGH den Begriff „Scheinverfahren" verstand, wurde unklar[2764]. Er merkte nämlich an, dass neben (Beihilfe zum) Mord auch eine Rechtsbeugung begangen worden sein könnte, wenn bewusst oder bedingt vorsätzlich Scheinverfahren gegen die Widerstandskämpfer durchgeführt worden wären. Eine Bestrafung unter dem Gesichtspunkt der fahrlässigen Tötung scheide aus[2765]. Der BGH behandelte mithin nunmehr Scheinverfahren offenbar als Fall der Rechtsbeugung und wollte auch die Sperrwirkung angewendet wissen.

Er ignorierte also, dass es schon an der Leitung oder Entscheidung einer Rechtssache fehlte. Sieht man aber ein Scheinverfahren als eine *nicht*gerichtliche Prozedur mit einem *Nicht*urteil (und nicht lediglich als ganz rechtsfehlerhaftes *Gerichts*verfahren mit einem nichtigen, aber doch rechtlich vorhandenen Urteil[2766]) an, so käme eine tateinheitlich mit dem Mord begangene Rechtsbeugung und die damit verbundene Sperrwirkung bei Nichterweislichkeit des subjektiven Tatbestandes mangels Leitung oder Entscheidung einer Rechtssache nicht mehr in Betracht[2767], wohl aber eine Bestrafung wegen fahrlässiger Tötung[2768]. Insofern deutete sich eine Abweichung vom ersten Revisionsurteil an[2769].

Das mit der Sache neu befasste Schwurgericht verurteilte *Dr. Thorbeck* zu vier Jahren und *Huppenkothen* zu sieben Jahren Zuchthaus[2770]. Der BGH hob nun in seinem dritten Urteil vom 19. Juni 1956[2771] die Schuldsprüche hinsichtlich *Thorbecks* ganz und hinsichtlich *Huppenkothens* teilweise auf und erkannte insoweit selbst auf Freispruch. Von der Verurteilung *Huppenkothens* blieb immerhin eine Zuchthausstrafe von sechs Jahren wegen Beihilfe zum Mord[2772]. Die Begründung liest sich wiederum ganz anders als die des ersten Revisionsurteils. Nun stellte sich der BGH auf den

2763 Dazu *Spendel*, Rechtsbeugung durch Rechtsprechung, S. 104 f.

2764 Krit. auch *Spendel*, Rechtsbeugung durch Rechtsprechung, S. 105.

2765 BGH, Urt. v. 30.11.1954, Justiz und NS-Verbrechen XIII S. 336, 343 unter Verweis auf BGH MDR 1952, 693, wo die Sperrwirkung des Rechtsbeugungstatbestandes in die Rechtsprechung aufgenommen wurde.

2766 Zur Unterscheidung *Spendel*, Rechtsbeugung durch Rechtsprechung, S. 97; vgl. auch o., Kapitel 11, B. III. 2.

2767 *Spendel*, Rechtsbeugung durch Rechtsprechung, S. 97.

2768 Dazu bereits Kapitel 11, B.III.2.

2769 *Spendel*, Rechtsbeugung durch Rechtsprechung, S. 97 f., 105.

2770 Kritisch zur Begründung *Spendel*, a.a.O., S. 106 ff.

2771 BGH, Justiz und NS-Verbrechen XIII, S. 344 ff. – jetzt auch veröffentlicht in NStZ 1996, 485 ff. m. Anm. *Gribbohm*.

2772 BGH a.a.O., S. 344, 385 (insoweit wurde die Verurteilung bestätigt).

Standpunkt, das Schwurgericht sei nicht zur Feststellung von Tatsachen gelangt, die eine Würdigung des Sachverhalts unter dem Gesichtspunkt des Scheinverfahrens rechtfertigen könnten, und dass auch im Falle einer nochmaligen Hauptverhandlung eine Aufklärung in diesem Sinne nicht zu erwarten sei[2773]. Dass der BGH nun auf einmal kein Scheinverfahren mit einem Scheinurteil mehr erkennen konnte, ist unverständlich[2774].

Wie schon im Verfahren gegen *Huppenkothen* rang sich der BGH auch in einem weiteren Urteil nicht dazu durch, die Sperrwirkung bei einem Scheinverfahren wegen fehlender Leitung oder Entscheidung einer Rechtssache zu versagen, sondern sprach im Zusammenhang mit Scheinverfahren wiederum von Rechtsbeugung und wandte die Sperrwirkung an[2775], behandelte also Scheinverfahren definitiv als Fall der Rechtsbeugung. Damit war für derartige Fälle die Anwendung der Sperrwirkung – auch des subjektiven Tatbestandes – gefestigt.

Diese Rechtsprechung legte der BGH auch seinem bereits erwähnten Revisionsurteil im Prozess gegen die beisitzenden Richter im Fall *Katzenberger* zugrunde. Darin gab er zu erkennen, dass er die Annahme eines bloßen Scheinverfahrens zumindest naheliegend fand. Er merkte an, verschiedene vom SchwurG festgestellte, aber nicht erschöpfend gewürdigte Umstände wiesen darauf hin, dass – für beide Angeklagte offenkundig – nur ein Scheinverfahren durchgeführt werden sollte, bei dem es dem Sondergerichtsvorsitzenden nicht auf eine ernsthafte und erschöpfende Klärung des Tatvorwurfs, sondern lediglich auf die Vernichtung des Beschuldigten unter rechtlicher Tarnung angekommen sei. Diese Umstände legte er anschließend dar und sprach von „untrügliche(n) Kennzeichen dafür, dass hier unter dem Missbrauch rechtlicher Formen Unrecht gesetzt werden sollte“[2776]. Dennoch ging der BGH in dem Urteil davon aus, die Voraussetzungen einer Rechtsbeugung, zu denen die Ausführungen des Senats überwiegen, müssten erfüllt sein.

2773 BGH, Justiz und NS-Verbrechen XIII, S. 344, 354 ff. Seinen Freispruch des Mitangeklagten *Dr. Thorbeck* begründete er mit der Nichterweislichkeit eines Scheinverfahrens, „insbesondere nach der inneren Tatseite“ (BGH, Urt. v. 19.6.1956, Justiz und NS-Verbrechen XIII S. 344, 355).

2774 So auch *Mohr*, NJW 1997, 917; *Spendel*, Rechtsbeugung durch Rechtsprechung, S. 96 ff., insbes. S. 108 ff.; LK-*Spendel* (11. Aufl.), § 339 Rn. 12 a; dazu, dass es sich in der Tat um Scheinverfahren handelte, *Klug*, in: Schoeps/Hillermann (Hrsg.), Justiz und Nationalsozialismus, S. 109 ff.

2775 BGHSt 10, 294, 300 f. = BGH NJW 1957, 1158, 1159.

2776 BGH NJW 1971, 571, 573.

Im Fall *Rehse* setzte sich der 5. Strafsenat erst gar nicht mit den Überlegungen des 3. Strafsenats auseinander, die dieser im Strafverfahren gegen die Denunziantin des später unter Beteiligung von *Rehse* zum Tode verurteilten Priesters *Dr. Metzger* angestellt hatte und die die Annahme eines bloßen Scheinverfahrens zumindest nahelegten. Auch in anderen Fällen wurden Scheinverfahren verneint, obwohl dies wohl eher zu bejahen gewesen wäre[2777].

Diese Entwicklung der Rechtsprechung behinderte die strafrechtliche Verfolgung vieler NS-Juristen. Mit der hier vertretenen Verneinung des Tatbestandsmerkmals „Leitung und Entscheidung einer Rechtssache" bei Scheinverfahren wäre dagegen eine strafrechtliche Ahndung der Beteiligung an Scheinverfahren jedenfalls bei Todesurteilen möglich gewesen, ohne dass eine vorsätzliche Rechtsbeugung hätte nachgewiesen werden müssen[2778]. Allerdings wird dieser Effekt dadurch eingeschränkt, dass Scheinverfahren schon begrifflich ohne bestimmte in der Vorstellungswelt des Richters anzusiedelnde Voraussetzungen[2779] kaum denkbar sind, so dass es bei Scheinverfahren in der Regel am Vorsatz nicht fehlen dürfte.

3. Die Rechtsprechung zum subjektiven Tatbestand der Rechtsbeugung

Das Scheitern der Verfolgung von NS-Richtern und Staatsanwälten war in besonderem Maße durch eine zu weitgehende Einschränkung bei der Auslegung der subjektiven Voraussetzungen des Rechtsbeugungstatbestandes bedingt. Zu diesem Befund neigt insgesamt auch der 5. Strafsenat, der sich dabei ausdrücklich auf *Spendel*, seinen wohl schärfsten Kritiker in dieser Hinsicht, bezieht[2780]. Diese subjektiven Voraussetzungen betreffen die Vorsatzform, die sich wiederum auf den Umfang der Sperrwirkung auswirkt, und das bereits erörterte Problem der „Rechtsblindheit".

2777 Z. B. im „Gründelhardter Standgerichtsfall", vgl. dazu *Wessel*, NS-Justizverbrechen und Nachkriegsrechtsprechung, S. 88 ff., 91; *Friedrich*, Freispruch für die Nazi-Justiz, S. 500 ff.

2778 Vgl. dazu Kapitel 11, B.III.1. und 2.

2779 Vgl. dazu Kapitel 11, B.III.3. und auch 4.

2780 BGH NJW 1996, 857, 863.

a) Die Rechtsprechung zur Vorsatzform

Während der BGH bis dahin für die Rechtsbeugung bedingten Vorsatz für ausreichend ansah[2781], gab er diese Ansicht 1956 auf und hielt ab da dem klaren Wortlaut zuwider bestimmten, also direkten Vorsatz für erforderlich und meinte, dies sei zur Sicherung der Unabhängigkeit des Richters erforderlich[2782].

Die Lehre schloss sich zunächst überwiegend dieser Ansicht an[2783]. Ab Ende der sechziger Jahre kam jedoch erhebliche und berechtigte Kritik auf[2784]. Es wurde darauf hingewiesen, dass es grundsätzlich nicht darauf ankomme, ob die Tat mit direktem oder bedingtem Vorsatz begangen

---

2781 Vgl. BGH MDR 1952, 693, 694 und zunächst unveröffentlichte Entscheidungen BGH 1 StR 198/53 v. 9.6.1953 sowie BGH 1 StR 350/53 v. 30.11.1954, beide erwähnt in BGHSt 10, 294, 299= BGH NJW 1957, 1158, 1159, später veröffentlicht in Justiz und NS-Verbrechen X, S. 233 ff., 237 (offenlassend) bzw. Justiz und NS-Verbrechen XIII, S. 336 ff. *Lamprecht* (NJW 1994, 562) scheint die Formulierung „bewußt und gewollt" in BGH MDR 1952, 693, 695 nicht als allgemeine Umschreibung des Vorsatzes (im Gegensatz zu der zuvor und danach erwähnten Fahrlässigkeit), sondern als Erfordernis eines direkten Vorsatzes zu verstehen. Er meint, zwischen 1952 und 1956 müsse es Skrupel gegeben haben, weil der Senat in einer Entscheidung von 1956 (dazu oben im Text) zwei unveröffentlichte Entscheidungen von 1953 und 1954 erwähne, die offenbar bedingten Vorsatz für ausreichend gehalten hätten. Dass der BGH 1952 aber ebenfalls bedingten Vorsatz für ausreichend hielt, geht daraus hervor, dass er für die Strafbarkeit der beiden nicht vom Täterkreis des § 336 StGB erfassten Angekl. B und F nach § 212 StGB ausreichen lässt, dass sie wenigstens mit der Rechtswidrigkeit der Todesurteile gerechnet und trotzdem für die Todesstrafe gestimmt hätten, obwohl er ihnen die Sperrwirkung des § 336 StGB zugutekommen lassen will (BGH MDR 1952, 694 li. Sp., 695). Der BGH selbst räumt in der erwähnten Entscheidung von 1957 (NJW 1957, 1158, 1159) ein, das Urteil von 1952 vertrete hinsichtlich der Anforderungen an den inneren Tatbestand nicht durchweg dieselbe Meinung. „Nicht durchweg" bezieht sich darauf, dass in BGH MDR 1952, 693 ff. bedingter Vorsatz einerseits für ausreichend, andererseits auch dann für erforderlich gehalten wird, wenn § 336 für die Täter ausscheidet (also eine Strafbarkeit wegen fahrlässiger Tötung über die Sperrwirkung des § 336 StGB ausgeschlossen werden soll). Dass die Entscheidung von 1952 bedingten Vorsatz ausreichen lässt, meinen auch *Schmidt-Speicher*, S. 94 und *Seebode*, Das Verbrechen der Rechtsbeugung, S. 107 Fn. 10 und JR 1994, 6.

2782 BGHSt 10, 294, 298 = NJW 1957, 1158, 1159; so schon OLG Bamberg, SJZ 1949, Sp. 491, 492; SchwurG Kassel in: Moritz/Noam, NS-Verbrechen vor Gericht, S. 308, 313; ebenda, S. 320, 326.

2783 *Leverenz*, DRiZ 1960, 171; *Kaiser*, NJW 1960, S. 1330; *Heinitz*, Probleme der Rechtsbeugung, S. 18; *Steffen*, DRiZ 1969, 45; *Beckenkamp*, ZRP 1969, 168; *Mohrbotter*, JZ 1969, 491 ff., insbes. 494; weitere Nachweise bei *Bemmann*, JZ 1973, 547.

2784 *Bemmann*, Radbruch-GS, S. 309; *ders.*, JZ 1973, 549; *Dellian*, ZRP 1969, 51; *Scholz*, ZRP 1969, 240; *Marx*, JZ 1970, 248 ff.; *Spendel*, Rechtsbeugung durch Rechtsprechung, S. 15; LK-*Spendel* (11. Aufl.), § 339 Rn. 77 ff.; *Seebode*, Das Verbrechen der Rechtsbeugung,

werde, wenn ein Tatbestand, wie § 336 bzw. § 339 StGB, schlicht die vorsätzliche Tatbegehung unter Strafe stelle. Eine überzeugende Begründung für eine Ausnahme sei nicht ersichtlich[2785]. Die Kriminalisierung der Rechtsbeugung, deren Täterschaft keine richterliche Unabhängigkeit voraussetze, diene nicht der Sicherung dieser Unabhängigkeit, wurde dem BGH entgegnet. Der Ausschluss des bedingten Vorsatzes sei willkürlich und erwecke den Anschein der Schaffung eines Standesprivilegs[2786]. Als befremdliches Justizprivileg wurde dies v.a. wegen der Haftung anderer Berufe, insbesondere der Ärzte, für jede leichte Fahrlässigkeit empfunden[2787]. Inzwischen ist das Ausreichen von dolus eventualis nahezu einhellige Lehre[2788].

Auf die hier nur kurz skizzierte Kritik ging der BGH in einer Entscheidung von 1970[2789] mit keinem Wort ein, obwohl dies eine Gelegenheit gewesen wäre, die verfehlte Rechtsprechung zu revidieren. Selbst als durch das EGStGB vom 2.3.1974 § 336 StGB neu gefasst und mit der Streichung des Wortes „vorsätzlich" und der Nichtaufnahme der Merkmale „absichtlich" oder wissentlich" klargestellt wurde, dass bedingter

---

S. 107 ff.; *ders.*, JuS 1969, 207; *Rasehorn*, NJW 1969, 459; *Scholderer*, Rechtsbeugung, S. 637 f. m. w. N.; wohl auch *Gribbohm*, NJW 1988, 2847 f.; *Wünsch*, StV 1997, 47.

2785 *Bemmann*, Radbruch-GS, S. 309; *Spendel*, Rechtsbeugung durch Rechtsprechung, S. 15; LK-*Spendel* (11. Aufl.), § 339 Rn. 77 ff.; *Seebode*, JuS 1969, 207; LK-*Herdegen* (9. Aufl.), § 336 Rn. 13 ff.; *Wünsch*, StV 1997, 47; *Wessel*, NS-Justizverbrechen und Nachkriegsrechtsprechung, S. 62; LK-*Hilgendorf* (12. Aufl.), § 339 Rn. 88 ff.

2786 *Bauer*, Radbruch-GS, S. 306; *Bemmann*, ebenda, S. 310; „Aktionskomitee Justizreform", zitiert bei *Rasehorn*, NJW 1969, 459; *Dellian*, ZRP 1969, 51; *Spendel*, NJW 1971, 541; *Wünsch*, StV 1997, 47; *Wessel*, NS-Justizverbrechen und Nachkriegsrechtsprechung, S. 62.

2787 *Bemmann*, Radbruch-GS, S. 311; *Maurach/Schroeder/Maiwald*, Strafrecht BT/2, § 77 II, Rn. 19; *Spendel*, Rechtsbeugung durch Rechtsprechung, S. 15 f.; LK-*Hilgendorf* (12. Aufl.), § 339 Rn. 92.

2788 Siehe die beiden vorstehenden Fußnoten und die übernächste Fußnote; Fischer (58. Aufl.), § 339 Rn. 18; *Wessel*, NS-Justizverbrechen und Nachkriegsrechtsprechung, S. 61 ff.; *Wessels/Hettinger*, Strafrecht BT/1, S. 298, Rn. 1138 m. w. N.; MünchKom-*Uebele*, § 339 Rn. 63; *Schöll*, Die Rechtsbeugung, S. 198 ff.; *Quasten*, Die Judikatur des Bundesgerichtshofs zur Rechtsbeugung im NS-Staat und in der DDR, S. 33; *Kern*, Die Rechtsbeugung durch Verletzung formellen Rechts, S. 52 ff.; grundsätzlich auch NK-*Kuhlen* § 339 Rn. 78, der allerdings bezüglich der Tathandlung eine bewusste Rechtsverletzung verlangt (Rn. 65 ff.), was die Position wesentlich abschwächt; ähnlich wie Kuhlen Schönke/Schröder-*Heine* (28. Aufl.), § 339 Rn. 7a; anders (dolus directus verlangend) nur *Krause*, NJW 1977, 285 f.; *I. Müller*, NJW 1980, 2390 ff., 2395; *Hoenigs*, Zur Existenzberechtigung des Straftatbestandes der Rechtsbeugung, S. 38.

2789 BGH NJW 1971, 571 ff.

Vorsatz zur Strafbarkeit der Rechtsbeugung ausreicht[2790], ließ der BGH die Frage der erforderlichen Vorsatzform ausdrücklich offen, anstatt klar Stellung zu beziehen[2791]. Das OLG Düsseldorf ließ es sogar noch 1990 dahingestellt sein, ob ein bedingter Rechtsbeugungsvorsatz als subjektive Strafbarkeitsvoraussetzung ausreichend sei[2792], während das KG sich 1988 zum Ausreichen des dolus eventualis bekannt hatte[2793]. Erst 1994 stellte auch der BGH klar, dass § 336 StGB seit seiner Neufassung von 1974 auch bedingten Vorsatz ausreichen lasse[2794].

Für die Strafverfolgung von DDR-Richtern und -Staatsanwälten hat diese Nachkriegsrechtsprechung allerdings keine Bedeutung, weil § 244 DDR-StGB eindeutig direkten Vorsatz verlangt („wissentlich“) und als milderes Zwischengesetz auch für die Zeit vor der Ersetzung des § 336 StGB durch § 244 DDR-StGB anzuwenden ist[2795]. Dennoch ist anzumerken, dass die dolus-directus-Theorie gerade auch durch die Verbindung mit der Rechtsprechung zur Sperrwirkung eine strafrechtliche Verfolgung vieler NS-Juristen unnötigerweise verhinderte und zahlreiche Freisprüche hervorrief[2796].

b) Auswirkung der Rechtsprechung zur Vorsatzform auf den Umfang der Sperrwirkung

Mit dem von der Rechtsprechung aufgestellten Erfordernis des dolus directus griff die Sperrwirkung der Rechtsbeugung entsprechend Platz. Auch wegen solcher Delikte wie Mord, Totschlag und Freiheitsberaubung konnten Juristen nur noch bei Nachweis direkten Vorsatzes zur Rechen-

---

2790 So auch *Spendel*, Rechtsbeugung durch Rechtsprechung, S. 70 Fn. 9; Schönke/Schröder-*Cramer* (26. Aufl.), § 339 Rn. 7; *Vormbaum*, Der strafrechtliche Schutz des Strafurteils, S. 366 f.; *Schmidt-Speicher*, Hauptprobleme der Rechtsbeugung, S. 104; *Odersky*, S. 20; *Scholderer*, Rechtsbeugung, S. 635 ff.; *Schulz*, StV 1995, 209; *Seemann*, S. 28 f.; *Maiwald*, NJW 1993, 1888 f.; *Quasten*, Die Judikatur des Bundesgerichtshofs zur Rechtsbeugung im NS-Staat und in der DDR, S. 18.

2791 BGH bei: *Holtz*, MDR 1978, 626.

2792 NJW 1990, 1374, 1375.

2793 KG NStZ 1988, 557.

2794 BGH NJW 1995, 64, 65 = BGHSt 40 272, 276.

2795 Dazu Kapitel 2.

2796 So auch *Vormbaum*, Der strafrechtliche Schutz des Strafurteils, S. 353; *Wessel*, NS-Justizverbrechen und Nachkriegsrechtsprechung, S. 94; *Quasten*, Die Judikatur des Bundesgerichtshofs zur Rechtsbeugung im NS-Staat und in der DDR, S. 16 Fn. 1, S. 40.

schaft gezogen werden. Dieses Ergebnis geht über das hinaus, was Radbruch seinerzeit zur Sperrwirkung entwickelt hat[2797].

Der BGH dehnte, wie *Scholderer*[2798] zu Recht hervorhebt, ausgerechnet bei der strafrechtlichen Bewertung der NS-Justiz die Sperrwirkung des § 336 StGB a. F. gegenüber dem allgemeinen Strafrecht von den Stufen des objektiven Tatbestandes und des Vorsatzes auf den direkten Vorsatz aus, womit in weiten Bereichen eine legitime strafrechtliche Justizkontrolle vereitelt wurde. Manche meinen allerdings, zu allen Freisprüchen von NS-Richtern habe weniger das Aufstellen der dolus-directus-Voraussetzung als vielmehr die Rechtsprechungspraxis zur Rechtsblindheit mit ihren Anforderungen an den Inhalt des Rechtsbeugungsvorsatzes geführt[2799]. Die Bedeutung des dolus-directus-Erfordernisses ist jedoch als hoch einzuschätzen. Dieses wirkt sich bei der Problematik der Rechtsblindheit zusätzlich aus. Durch die Behandlung der Scheinverfahren als Fälle der Rechtsbeugung wird der straffreistellende Effekt der Kombination von dolus-directus-Erfordernis und Sperrwirkung noch verstärkt.

Erkennt man bei der Strafverfolgung von DDR-Justizjuristen eine Sperrwirkung auch des § 244 DDR-StGB an, muss man allerdings hinnehmen, dass sich das dort bereits in der gesetzlichen Regelung enthaltene dolus-directus-Erfordernis entsprechend auswirkt und die Strafbarkeit wegen tateinheitlich begangener Delikte einschränkt.

c) „Rechtsblindheit", Verblendung und Überzeugungstäter

Wie bereits dargelegt, wurde in der Nachkriegszeit NS-Justizjuristen nicht nur allzu großzügig Rechtsblindheit zugebilligt, sondern dies auch mit der Rechtsprechung verbunden, Rechtsblindheit schließe generell den Vorsatz der Rechtsbeugung aus. Dies führte dazu, dass die Strafverfolgung in diesem Bereich quasi zum Erliegen kam. Da sich die Rechtsprechung hierzu geändert hat[2800], wurden Verurteilungen nun häufiger möglich. Dies betraf allerdings nur DDR-Fälle; für Fälle des NS-Justiz-Unrechts kam dieser Rechtsprechungswandel zu spät.

2797 Vgl. *Bemmann*, Radbruch-GS, S. 308.
2798 *Scholderer*, Rechtsbeugung , S. 637.
2799 *I. Müller*, KJ 1984, 134; *Spendel*, Rechtsbeugung durch Rechtsprechung, S. 69.
2800 Siehe Kapitel 10, B.IV.

4. Einschränkende Auslegung des objektiven Tatbestandes der Rechtsbeugung als Problem der richterlichen Selbstkontrolle bei der Aufarbeitung von DDR-Justizunrecht

Ein weiterer Ausgangspunkt des BGH für die Beurteilung von Rechtsbeugungshandlungen liegt in der bereits angesprochenen[2801], zwischen 1984 und 1992 eingeführten Restriktion des objektiven Rechtsbeugungstatbestandes. Danach soll § 339 StGB nicht schlechthin jede unrichtige Rechtsanwendung, sondern nur den „Rechtsbruch als elementaren Verstoß gegen die Rechtspflege" erfassen. Rechtsbeugung soll nur der Amtsträger begehen, der sich bewusst in schwerwiegender Weise vom Gesetz entfernt[2802]. Diese Entscheidungen betrafen zwar keine NS-Richter, doch zeigt sich in ihnen eine generelle Tendenz, den Anwendungsbereich des § 339 StGB zurückzudrängen, wie sie auch in der einschränkenden Auslegung des Rechtsbeugungstatbestandes zugunsten von DDR-Juristen aufgegriffen und verschärft wurde, nachdem die Einschränkung des subjektiven Tatbestandes durch die Nachkriegsrechtsprechung[2803] aufgegeben werden musste. Offenbar handelt es sich um eine Konstante der Rechtsprechung zur Rechtsbeugung, dass Richter bei der Aburteilung von Berufskollegen nicht ganz unbefangen urteilen[2804]. Es drängt sich auch hier der Gedanke an das Sprichwort auf, dass eine Krähe nicht der anderen ein Auge aushacke, was sich hier als Problem der richterlichen Selbstkontrolle darstellt[2805]. Mit der Beschränkung der Rechtsbeugung auf schwerwiegenden Rechtsbruch und die Willküraktrechtsprechung hat der BGH erneut ein Richterprivileg[2806] aufgestellt und fortgeführt[2807].

III. Zur heutigen Haltung des BGH bezüglich der justiziellen Aufarbeitung des NS-Justizunrechts

Die vorigen Punkte zusammenfassend lässt sich sagen: Die wenigen Versuche strafrechtlicher Ahndung von NS-Justizunrecht scheiterten nicht

2801 S. o., Kapitel 4, B.I.1.
2802 BGHSt 32, 357, 363 f.; 34, 146, 149; 38, 381, 383.
2803 Dazu o., II.3.a).
2804 Ähnlich auch *Spendel*, JR 1994, 223.
2805 Darauf verweist auch *Spendel*, NJW 1996, 809.
2806 Dazu Kapitel 4, B.I. und III.
2807 So auch *Spendel*, NJW 1996, 810; ähnlich *F.-C. Schroeder*, NStZ 1995, 546; *Quasten*, Die Judikatur des Bundesgerichtshofs zur Rechtsbeugung im NS-Staat und in der DDR, S. 252.

nur an Beweisschwierigkeiten, sondern oft am Tod oder der Verhandlungsunfähigkeit der Täter („biologische Erledigung") – das gilt insbesondere für die später intensivierten Bemühungen –, wenn nicht schon aus rechtsdogmatischen Gründen eine Strafbarkeit verneint wurde.

1. Selbstkritische Äußerungen des BGH

Anlässlich der Verfahren gegen DDR-Juristen setzt sich auch der BGH mit der Aufarbeitung des NS-Justizunrechts und seiner Rolle hierbei auseinander. In seinem Grundsatzurteil zur Rechtsbeugung vom 13. Dezember 1993 spricht er nur beiläufig von der „insgesamt freilich fehlgeschlagenen Verfolgung nationalsozialistischen Justizunrechts"[2808]. Dieses Fehlschlagen dürfe aber nicht dazu führen, dass Justizangehörige der DDR ohne Rücksicht auf ihre individuelle Schuld und unter Hintanstellung rechtsstaatlicher Gebote für ihre dienstliche Tätigkeit zur Rechenschaft gezogen werden, so der BGH in einer Entscheidung vom 15. September 1995[2809].

Ausführlich beschäftigt er sich mit der Behandlung des NS-Justizunrechts erstmals in seinem Urteil vom 16. November 1995[2810] zur Mitwirkung eines DDR-Richters an Todesurteilen. Hier gesteht der BGH ein „folgenschweres Versagen der bundesdeutschen Strafjustiz" ein[2811]. Er erkennt an, dass nicht zuletzt die Rechtsprechung des BGH einen wesentlichen Anteil an der Entwicklung hatte, dass keiner der Richter und Staatsanwälte des Volksgerichtshofs wie auch der Richter der Sondergerichte und Kriegsgerichte wegen Rechtsbeugung verurteilt wurde. Die an der Rechtsprechung des BGH geübte Kritik – hier wird ausdrücklich auf das *Rehse*-Urteil verwiesen – sieht der 5. Senat nunmehr als berechtigt an[2812]. Er vermerkt, dass Richter der NS-Justiz, die Todesurteile gefällt hatten, aufgrund der überaus einschränkenden Auslegung und Anwendung des § 336 (a. F.) StGB von der bundesdeutschen Justiz nicht zur Verantwortung gezogen wurden, hingegen teilweise sogar weiter in der Justiz tätig waren und zuweilen auch in Staatsämtern Karriere machten. Von der damaligen Rechtsprechung rückt er ab und stellt noch einmal klar,

2808 BGH NJW 1994, 529, 531 = BGHSt 40, 30, 40. Zu einer Auseinandersetzung mit der gesamten Rechtsprechung zu § 336 a. F. StGB sah der BGH in jenem Fall, in dem es um eine arbeitsrechtliche Kündigung ging, offenbar keinen Anlass, vgl. *Jähnke*, ZRP 1994, 444.

2809 BGH NJW 1995, 3324, 3325.

2810 BGH NJW 1996, 857 ff.

2811 BGH a.a.O., 864.

2812 BGH a.a.O., 863.

dass bei Anwendung der Kriterien der nunmehrigen Rechtsprechung eine Vielzahl ehemaliger NS-Richter wegen Rechtsbeugung in Tateinheit mit Kapitalverbrechen hätten strafrechtlich zur Verantwortung gezogen werden müssen. Dass dies nicht geschehen ist, hindert den BGH freilich nicht, seine als verfehlt erkannte Rechtsprechung aufzugeben. Er berücksichtigt diese Tatsache aber im konkreten Fall bei der Überprüfung der Strafzumessung einschließlich der Strafrahmenwahl[2813].

Dieser Gedanke ist freilich nicht neu. Er kam schon einem NS-Richter zugute, und zwar *Hans-Joachim Rehse* bei seiner Verurteilung im ersten Rechtszug vor dem LG Berlin. Das Gericht habe nicht an der Tatsache vorbeigehen können, dass andere Personen, die in gleichem Maße gefehlt und sich am Recht vergangen hätten, noch nicht zur Rechenschaft gezogen worden seien und in der Mehrzahl der Fälle wohl auch nicht würden. „Es widerspräche der Gerechtigkeit, wollte das Schwurgericht diesen beklagenswerten Zustand außer Acht lassen."[2814]

2. Erklärungen für den Bewusstseinswandel

Die Wurzel des Scheiterns der strafrechtlichen Verfolgung des NS-Justizunrechts ist in der weitgehenden personellen Kontinuität nach 1945 zu sehen[2815]: Es liegt nahe, dass diese oft zumindest eine falsch verstandene Kollegialität im Sinne des Wortes von der Krähe, die einer anderen kein Auge aushackt[2816], begünstigte, wobei allerdings auch der Einfluss des gesamtgesellschaftlichen Verdrängungsvorganges zu bedenken ist[2817].

Entsprechend wird auch ein Grund für den Sinneswandel in der angesprochenen selbstkritischen BGH-Entscheidung vom 16. November 1995[2818] in der „späten Geburt" und einer von NS-Ideologie und entsprechendem Druck freien Prägung der beteiligten Richter, die ihr eigenes Bild über die existentielle Bedeutung von Recht und Gerechtigkeit entwickeln konnten, gesehen[2819].

2813 BGH a.a.O., 863 f.; siehe auch Kapitel 12, D.

2814 LG Berlin in: *Jahntz/Kähne*, Der Volksgerichtshof, S. 27 (insoweit nicht in DRiZ 1967, 390 abgedruckt).

2815 Dazu *Kramer*, Entlastung als System, in: Bennholdt (Hrsg.), Spuren des Unrechts, S. 108 ff.; *I. Müller*, Furchtbare Juristen, S. 204 ff.; *Boss*, Unverdienter Ruhestand, S. 7 ff.

2816 In diesem Sinne auch *Spendel*, Rechtsbeugung durch Rechtsprechung, S. 18.

2817 *Diestelkamp* (in: Diestelkamp/Stolleis, Justizalltag im 3. Reich, S, 148 f.) wendet sich daher gegen den Krähenvergleich und verweist auf die Laienmitwirkung in den Schwurgerichten.

2818 BGH NJW 1996, 857 ff.

2819 *Gritschneder*, NJW 1996, 1240.

Hinzu kommen mag, dass in den letzten Jahren die NS-Justiz und die weitgehende Verschonung der NS-Richter durch die Justiz der Bundesrepublik verstärkt in das öffentliche Bewusstsein gerückt ist. Ausdruck und Mitursache hierfür ist auch die Ausstellung des BMJ zu Justiz und Nationalsozialismus, deren Katalog erstmals 1989 und 1994 bereits in dritter Auflage erschien und auf den sich auch der BGH bezieht[2820].

Ein sehr wichtiger Faktor ist sicher auch die immer wieder vorgebrachte Kritik von *Spendel*[2821], auf die sich der BGH ausdrücklich bezieht[2822]. Nachdem der BGH in seiner Entscheidung vom 13. Dezember 1993 lediglich vom Fehlschlagen der Verfolgung des nationalsozialistischen Justizunrechts gesprochen hatte[2823], wurde kritisiert, dass sich der 5. Senat nicht mit der früheren Rechtsprechung des BGH zur Rechtsbeugung unter der Herrschaft des NS-Regimes (und davor) auseinandersetzte[2824]. Es wurde von einem „Dokument unverständlicher Geschichtslosigkeit" gesprochen und eine Stellungnahme zu der „verwirrenden Kette höchstrichterlicher Ungereimtheiten" eingefordert, die klarstelle, was noch gelte und was

---

2820 *Gritschneder* (a.a.O.) lenkt die Aufmerksamkeit diesbezüglich auf das Vorwort des damaligen Bundesjustizministers *Engelhard*, der die Flucht vor der Vergangenheit als *die* Fehlleistung der bundesdeutschen Justiz bezeichnet. *Engelhard* hebt ebenfalls hervor, in den letzten Jahren habe eine intensive Diskussion über die Rolle der Justiz in der NS-Zeit und die nicht erfolgte Bewältigung des begangenen Unrechts eingesetzt. Er fordert die bundesdeutsche Justiz auf, an dieser Diskussion teilzunehmen. Dies kann sich in der Tat in dem sieben Jahre später ergangenen Urteil des BGH ausgewirkt haben.

2821 LK-*Spendel* (11. Aufl.), § 339; *Spendel*, Rechtsbeugung durch Rechtsprechung, S. 13 ff., 69 ff.

2822 Vgl. BGH NJW 1996, 857, 860 und 863. Wenn *Gritschneder* (NJW 1996, 1241) *Spendel* mit seinem Appell aus NJW 1996, 809, 812 zitiert („Man kann unsere höchsten Strafrichter nur beschwören, daß sie die Größe besitzen mögen, selbstkritisch ihre Rechtsprechung zur Rechtsbeugung einer Revision zu unterziehen."), kann damit der unzutreffende Eindruck entstehen, der BGH habe mit seinem Urteil vom 16. 11. 1995 auf diese Beschwörung reagiert. Das Urteil ist jedoch vor deren Veröffentlichung ergangen. Es war *Spendel* jedenfalls aus der Presse bekannt (vgl. *Spendel*, NJW 1996, 810 Fn. 5). Es liegt daher um so näher anzunehmen, dass er mit seinem Appell insbesondere auch die Kritik an der Einschränkung des objektiven Tatbestandes (vgl. NJW 1996, 809 und 810 f.) bekräftigen wollte, der der BGH bislang noch nicht gefolgt ist. Zutreffend ist jedoch, dass der BGH nunmehr die Kritik *Spendels* hinsichtlich der Auslegung der *subjektiven* Voraussetzungen des Rechtsbeugungstatbestandes berücksichtigt.

2823 BGH NJW 1993, 529, 531.

2824 *Lamprecht*, NJW 1994, 562; *Rudolph*, NJW 1994, 1201.

verworfen werde[2825]. Dies mag den entscheidenden Anstoß für die späteren, oben zitierten Ausführungen gegeben haben.

D. Die Organisation der Verfolgung von DDR-Justizunrecht im Vergleich zur Organisation der Verfolgung des NS-Justizunrechts in der BRD

Wenn nach einem Systemwechsel das vorangegangene Justizunrecht mit den Mitteln der Justiz bearbeitet werden soll, stellen sich grundsätzliche organisatorische Fragen[2826].

I. Personalpolitik

Das Ergebnis der Vergangenheitsaufarbeitung hängt wesentlich von dem damit betrauten Personal ab. Vergangenheitsaufarbeitung in der Justiz bedeutet zunächst einmal Personalpolitik[2827]. Der schändliche Ausgang der strafrechtlichen Aufarbeitung des NS-Justizunrechts verwundert angesichts der weitgehend ungebrochenen personellen Kontinuität in der Justiz zwischen den Justizapparaten des Dritten Reiches und der Bundesrepublik[2828] nicht[2829]. Nach der Wiedervereinigung bestand dagegen eine völlig andere Ausgangssituation. Nach Überprüfung wurde eine große Zahl von Richtern und Staatsanwälten der DDR nicht in die bundesdeutsche Justiz übernommen. Auf Einzelheiten zur Übernahme von Richtern und Staatsanwälten der DDR kann hier nicht eingegangen werden[2830].

2825 *Lamprecht*, NJW 1994, 562.

2826 Zur Organisation der Strafverfolgung von DDR-Unrecht siehe auch *Peschel-Gutzeit*, NJ 1995, 453; *Rautenberg*, NJ 1995, 617 ff.

2827 *Kuhlbrodt*, Erfahrungen mit der Vergangenheitsbewältigung nach 1945, in: Landeszentrale für politische Bildung Sachsen-Anhalt (Hrsg.), Politische Justiz in der DDR, S. 67.

2828 Dazu BMJ (Hrsg.), Justiz und Nationalsozialismus, S. 356 ff.; *I. Müller*, Furchtbare Juristen, S. 204 ff.; *Ostendorf/ter Veen*, Das Nürnberger Juristenurteil, S. 52 f. m. w. N.; *Boss*, Unverdienter Ruhestand, S. 7 ff.

2829 In diesem Sinne auch *Wieners*, Rechtsbeugung im Zeitgeistwandel, S. 52 ff.

2830 Dazu *Thomas*, Die Übernahme von Richtern und Staatsanwälten der ehemaligen DDR in die bundesdeutsche Justiz, in: Bundesministerium der Justiz (Hrsg.): Im

Man konnte als Ersatz auf eine große Anzahl unbelasteter Juristen aus den alten Bundesländern zurückgreifen. Dieser Bruch in der personellen Kontinuität in der Justiz ist - neben dem verfolgungsfreundlichen Zeitgeist[2831] - ein wichtiger Grund dafür, dass es nach dem Zusammenbruch des Systems überhaupt zu Verurteilungen kam[2832]. Anders als bei der Verfolgung von NS-Juristen[2833] wurde nach der Wiedervereinigung zudem Personal in nicht unerheblicher Zahl für die systematische strafrechtliche Aufarbeitung zur Verfügung gestellt (dazu sogleich).

II. Zuständigkeiten und Effektivierung der Strafverfolgung

Die Hauptgerichtsstände der §§ 7ff. StPO und dementsprechend die örtliche Zuständigkeit der Staatsanwaltschaft (§ 143 I GVG) richten sich nach dem Tatort, dem Ort des Wohnsitzes oder des gewöhnlichen Aufenthalts und der Ergreifung. Unter Zweckmäßigkeitsgesichtspunkten gebührt in der Regel dem Tatortprinzip der Vorrang[2834]. Dies führte zu einer gewissen Zersplitterung der Ermittlungen. Zusammengehöriges wurde auseinandergerissen, wenn etwa erst- und zweitinstanzliche Urteile in derselben Sache mit Rücksicht auf die verschiedenen Tatorte von zwei verschiedenen Staatsanwaltschaften verfolgt wurden[2835]. Bei der Verfolgung des DDR-Unrechts kam es wegen der zentralistischen Struktur der DDR zwar zu einem Ermittlungsschwerpunkt in Berlin. Für das Justizunrecht gilt das jedoch nur begrenzt, da Richter und Staatsanwälte im ganzen Land tätig waren. Eine gewisse Häufung der Taten in Berlin ergibt sich aller-

---

Namen des Volkes?, S. 275ff.; *Limbach*, Recht und Unrecht in der Justiz der DDR, ZRP 1992, 174f., *Heitmann*,, NJW 1992, 2177; *ders.*, in: 40 Jahre SED-Unrecht, S. 13; *Bracher*, ebenda, S. 10f.; *Wieners*, Rechtsbeugung im Zeitgeistwandel, S. 130ff.

2831 Dazu *Wieners*, Rechtsbeugung im Zeitgeistwandel, S. 139ff.

2832 So auch *Wieners*, Rechtsbeugung im Zeitgeistwandel, S. 134ff., der an dieser Stelle allerdings nur auf die Richterschaft abstellt und daher verkennt, dass eine personelle Kontinuität innerhalb der Staatsanwaltschaften nach einem Systemwechsel ebenso die Verfolgung von Rechtsbeugungstaten beeinträchtigen kann.

2833 Dazu *von Feldmann*, Die Auseinandersetzung um das Ermittlungsverfahren gegen Richter und Staatsanwälte am Volksgerichtshof, in: Redaktion Kritische Justiz (Hrsg.), Der Unrechts-Staat Bd. II, S. 246.

2834 Nr. 2 der Richtlinien für das Strafverfahren und das Bußgeldverfahren (RiStBV).

2835 *Schaefgen*, Die Strafverfolgung von Regierungskriminalität in der DDR, in: *Weber/Piazolo*, Eine Diktatur vor Gericht, S. 60.

dings auch hier daraus, dass dort das Oberste Gericht der DDR und die Generalstaatsanwaltschaft der DDR angesiedelt waren[2836].

Zur Effektivierung der mithin grundsätzlich dezentral organisierten Strafverfolgung wäre eine Zentralisierung der Strafverfolgung des DDR-Unrechts sinnvoll gewesen[2837]. Entsprechenden Forderungen[2838] haben die Länder jedoch nicht entsprochen[2839].

Immerhin wurde schon am 3. Oktober 1990 beim Generalstaatsanwalt beim Kammergericht die Arbeitsgruppe „Regierungskriminalität"[2840] mit anfänglich fünf und dann sieben Mitgliedern eingerichtet[2841]. Hinzu traten Sonderdezernate der Staatsanwaltschaft bei dem Landgericht Berlin[2842]. So wurde in Berlin zunächst zwischen der Verfolgung des zentralen Systemunrechts und der Verfolgung des Systemunrechts auf Bezirksebene unterschieden. Während die „Arbeitsgruppe Regierungskriminalität" im Bereich des Justizunrechts nur die Verfahren wegen Justizunrechts der obersten Gerichte und Strafverfolgungsorgane der DDR- bearbeitete, befasste sich ein Dezernat der StA bei dem Landgericht Berlin mit der Ber-

---

2836 Allerdings ist erstaunlich, dass in Sachsen annähernd die gleiche Anzahl an Anklagen wegen Rechtsbeugung erhoben wurde wie in Berlin (vgl. dazu *Hohoff*, An den Grenzen des Rechtsbeugungstatbestandes, S. 8 sowie abschließend *Marxen/Werle/Schäfter*, Die Strafverfolgung von DDR-Unrecht Fakten und Zahlen, S. 16, Tabelle 3 und S. 20, Tabelle 6).

2837 So auch *Schaefgen*, Die Strafverfolgung von Regierungskriminalität in der DDR, in: *Weber/Piazolo*, Eine Diktatur vor Gericht, S. 60; *ders.*, Vergangenheitsbewältigung durch die Justiz, S. 28 f.; vgl. dazu auch *Marxen/Werle*, Die strafrechtliche Aufarbeitung von DDR-Unrecht. Eine Bilanz, S. 233 f.; gegen eine Zentralisierung der Strafverfolgung *Weber*, GA 1996, 196 f.

2838 *Kinkel*, DRiZ 1992, 195.

2839 Vgl. dazu *Weber*, GA 1993, 196 f.; gegen rechtliche Bedenken der Länder *Kinkel*, DRiZ 1992, 195.

2840 Der Begriff der Regierungskriminalität ist, wie *Jutta Limbach* (DtZ 1993, S. 66) zu Recht ausführt, unglücklich gewählt – nicht nur, weil sich das Strafrecht nur mit dem Verhalten von Individuen befasst, sondern auch, weil dieser Begriff suggeriert, nur die von Regierungsmitgliedern begangenen Straftaten würden hier erfasst. Dabei geht es in Wirklichkeit um die durch einen totalitären Herrschaftsapparat ausgelösten Verbrechen, ob diese nun durch Machthaber der DDR oder ihre Handlanger begangen worden sind (*Limbach*, a.a.O.). Mögliche Täter von Regierungskriminalität sind alle Inhaber staatlicher Gewalt in der DDR, also alle Funktionäre auf allen Ebenen des Staates und der diesen Staat lenkenden SED (*Schaefgen*, Die Strafverfolgung von Regierungskriminalität der DDR, in: Weber/Piazolo, Eine Diktatur vor Gericht, S. 49).

2841 *Weber*, GA 1993, 195; *Marxen/Werle*, Die strafrechtliche Aufarbeitung von DDR-Unrecht, S. 157.

2842 *Peschel-Gutzeit*, NJ 1995, 453.

liner Bezirksebene[2843]. Die „Arbeitsgruppe Regierungskriminalität" war keine eigene Behörde, sondern eine Abteilung der Staatsanwaltschaft bei dem Kammergericht. Sie bearbeitete Ermittlungsverfahren, die eigentlich in den Zuständigkeitsbereich der Staatsanwaltschaft bei dem Landgericht Berlin fielen, deren Bearbeitung aber der GStA beim KG gem. § 145 I Alt. 1 GVG selbst übernommen hatte. Da sich die Justizministerinnen und Justizminister darüber einig waren, dass die Aufgabe in gesamtdeutscher Verantwortung wahrgenommen werden müsse[2844], beschlossen die Justizminister der Länder im Juni 1991, 60 Staatsanwälte zur Unterstützung nach Berlin abzuordnen[2845] - ein Beschluss, der allerdings nur zögerlich und unvollständig umgesetzt wurde[2846]. Im Polizeibereich wurde in Berlin aufgrund eines Beschlusses der Ministerpräsidenten der Länder vom Oktober 1992 eine „Zentrale polizeiliche Ermittlungsstelle für die Verfolgung der Regierungs- und Vereinigungskriminalität (ZERV)" eingerichtet[2847]. Die Aufgaben der „Arbeitsgruppe Regierungskriminalität" wurden ab 1. Oktober 1994 von der als eigenständige Behörde neugebildeten Staatsanwaltschaft II bei dem Landgericht Berlin wahrgenommen. Bei der Staatsanwaltschaft II waren zwischenzeitlich etwa 80 Staatsanwälte beschäftigt[2848]. Sie übernahm auch die Verfahren betreffend die Bezirksebene und bearbeitete sie in einer eigenen Abteilung[2849]. Die StA II wurde am 30. September 1999 aufgelöst. Die übrigen, noch nicht abschlie-

2843 *Marxen/Werle/Schäfter,* Die Strafverfolgung von DDR-Unrecht Fakten und Zahlen, S. 14.

2844 Beschlüsse der Justizministerkonferenzen vom 15./16.11.1990 in Augsburg, vom 4./6.7 und 5./6.11.1991 in Berlin und vom 19./21.5.1992 in Hannover, zitiert in: *Weber,* a.a.O., S. 195.

2845 *Marxen/Werle,* Die strafrechtliche Aufarbeitung von DDR-Unrecht, S. 142; *Weber,* GA 1993, 195f.

2846 *Marxen/Werle,* a.a.O., S. 142 und 157f.; dazu auch *Limbach,* DtZ 1993, 67, wonach in dieser Zahl auch Richter enthalten sind, und *Prantl,* SZ vom 1.9.1999, S. 4, wonach die volle Zahl von 60 Staatsanwältinnen und Staatsanwälten nur wenige Wochen lang zur Verfügung stand; zu personellen Schwierigkeiten *Weber,* a.a.O., S. 198f. und *Schaefgen,* Die Strafverfolgung von Regierungskriminalität in der DDR in: Weber/Piazolo, Eine Diktatur vor Gericht, S. 60f. (hoher Personalumschlag, hoher Anteil an Berufsanfängern) sowie *Heuwagen,* SZ Nr. 59 v. 12.3.1997, wonach nur 45 der 60 Stellen besetzt seien. Ende Februar 1992 war die Arbeitsgruppe „Regierungskriminalität" jedenfalls mit insgesamt 62 Staatsanwälten besetzt (*Weber,* in: Lampe (Hrsg.), Deutsche Wiedervereinigung, Bd. II, S. 40.

2847 *Marxen/Werle,* Die strafrechtliche Aufarbeitung von DDR-Unrecht, S. 142; *F.-C. Schroeder,* NJW 2000, 3018.

2848 *Hahn,* NJW 1997, 307.

2849 *Marxen/Werle/Schäfter,* Die Strafverfolgung von DDR-Unrecht Fakten und Zahlen, S. 14.

ßend bearbeiteten Fälle gingen in die Zuständigkeit einer Abteilung der Staatsanwaltschaft bei dem Landgericht Berlin über. Es wurde eine „Zentralstelle zur Unterstützung der historischen Aufarbeitung des DDR-Unrechts" eingerichtet[2850]. Leiter wurde GStA a.D. *Schaefgen*, welcher zuvor die StA II bei dem Landgericht Berlin und davor die AG Regierungskriminalität geleitet hatte.

In allen neuen Ländern wurden zwischen Anfang 1992 und Anfang 1993 Schwerpunktstaatsanwaltschaften gebildet[2851], wodurch immerhin eine partielle Konzentration der Ermittlungen herbeigeführt wurde[2852]. Ein Versuch zur Begrenzung des Arbeitsaufwandes wurde unter anderem mit der Durchführung von Pilotverfahren unternommen[2853]. Von der Möglichkeit, mehrere Fälle zu einem Rechtsbeugungsverfahren zusammenzufassen, machten die Bundesländer in unterschiedlichem Ausmaß Gebrauch[2854]. Der Durchschnittswert liegt bei fast sechs Fällen pro Rechtsbeugungsverfahren[2855].

Fazit: Die Verfolgung von DDR-Justizunrecht wurde im Vergleich zur Verfolgung von NS-Justizunrecht sehr viel effizienter und systematischer organisiert. Sie hätte jedoch in struktureller und personalpolitischer Hinsicht noch wirkungsvoller aufgebaut werden können. Auch die durch Todesfälle und Verhandlungsunfähigkeit aufgrund des teils hohen Alters der Beschuldigten geschmälerte Verurteilungsquote[2856] hätte dann etwas

2850 FAZ vom 10.9.1999.

2851 Dazu *Marxen/Werle*, Die strafrechtliche Aufarbeitung von DDR-Unrecht, S. 159ff.; *Weber*, a.a.O., S. 197; *Limbach*, DtZ 1993, 67; *Rautenberg*, NJ 1995, 616.

2852 Zur Einrichtung eines Fachausschusses „Regierungskriminalität" zur Vermeidung doppelter Ermittlungen und zum Austausch von Erkenntnissen und Erfahrungen: *Weber*, a.a.O., S. 197; *Marxen/Werle*, Die strafrechtliche Aufarbeitung von DDR-Unrecht, S. 143.

2853 So leitete die StA Dresden u.a. Pilotverfahren wegen Rechtsbeugung in mehreren Variationen je nach zugrunde liegender Verurteilung ein (*Weber*, GA 1993, S. 227 Fn. 168). Auch in Berlin wurden Pilotverfahren insbesondere im Bereich der Rechtsbeugung durchgeführt (*Schaefgen*, Die Strafverfolgung von Regierungskriminalität in der DDR in: Weber/Piazolo, Eine Diktatur vor Gericht, S. 64; *Marxen/Werle*, Die strafrechtliche Aufarbeitung von DDR-Unrecht. Eine Bilanz, S. 166; 171). In Brandenburg wurde die Strategie verfolgt, in jedem Problembereich des SED-Unrechts, in dem man die Strafbarkeit für gegeben hielt, ein Pilotverfahren durchzuführen oder die höchstrichterlichen Entscheidungen in Pilotverfahren abzuwarten, die von anderen Schwerpunktstaatsanwaltschaften geführt wurden (*Rautenberg*, NJ 1995, S. 619). Durch letzteres kann unnötige Doppelarbeit reduziert werden.

2854 Dazu *Hohoff*, An den Grenzen des Rechtsbeugungstatbestandes, S. 14 Fn. 33.

2855 *Hohoff*, a.a.O., S. 14.

2856 Dazu Kapitel 15, A.III.1.

höher ausfallen können, wenngleich sich hier die „biologische Lösung" nicht so stark niederschlug wie aufgrund der Versäumnisse bei der Verfolgung nationalsozialistischen Justizunrechts.

14. Kapitel: Die Verjährung von DDR-Justizunrecht

Als Verfolgungshindernis für die Ahndung von Justizunrecht sind, da DDR-Amnestien, insbesondere die von 1987 (auf die hier nicht näher eingegangen werden soll), nicht greifen[2857], allein die Verjährungsvorschriften zu beachten.

A. Verjährungsfrist

Da auf das Delikt der Rechtsbeugung (nach beiden Tatbeständen) eine Strafdrohung von bis zu fünf Jahren steht, beträgt die Verjährungsfrist nach dem DDR-StGB acht Jahre (§ 82 I Nr. 3 DDR-StGB), nach dem StGB hingegen lediglich fünf Jahre (§ 78 III Nr. 4 StGB). Die Beurteilung der Verjährung von DDR-Alttaten richtet sich allerdings nicht ohne weiteres nach dem für den Angeklagten günstigsten Gesetz. Denn der durch den Einigungsvertrag[2858] (Anlage I[2859]) eingefügte Art. 315a EGStGB verdrängt als speziellere Regelung zur Verjährung das Meistbegünstigungsprinzip des Art. 315 I EGStGB i. V. m. § 2 III StGB[2860]. Art. 315a EGStGB[2861] regelt, dass Taten, die

2857 BGHSt 39, 353, 358 ff. (*in Bezug auf Mauerschützen*); *hierauf verweisend für die Rechtsbeugungsfälle*: BGH NJW 1994, 3238, 3239 (insoweit nicht in BGHSt 40, 169 ff. abgedruckt); BGH NJW 1995, 3324 = BGHSt 41, 247, 248; *Miehe*, FS Gitter, S. 648 f.; *Kraut*, Rechtsbeugung?, S. 89 ff.; *Möller-Heilmann*, Die Strafverfolgung von Richtern und Staatsanwälten der ehemaligen DDR wegen Rechtsbeugung, S. 137 ff.; *Wieners*, Rechtsbeugung im Zeitgeistwandel, S. 100 f.; *Willnow* JR 1997, 223; a. A. nur *Bohnert*, DtZ 1993, 172, 173; hiergegen überzeugend *Kraut*, a.a.O., S. 92; *Möller-Heilmann*, a.a.O., S. 139.

2858 EV v 31.8.1990, BGBl. II S. 889 ff. i. d. F. des Gesetzes vom 23. 9. 1990 zu dem Vertrag vom 31.8.1990 zwischen der Bundesrepublik Deutschland und der Deutschen Demokratischen Republik über die Herstellung der Einheit Deutschlands – Einigungsvertragsgesetz – und der Vereinbarung vom 18. September 1990, BGBl. II 1990, 885 ff.

2859 Anlage I Kapitel III Sachgebiet C Abschnitt II Nr. 1 c) zum EV.

2860 BGHSt 39, 353, 358; 40, 48, 56 f.; 40, 113, 115; *Geiger*, JR 1992, 397; *Krehl*, DtZ 1992, 14; *Möller-Heilmann*, Die Strafverfolgung von Richtern und Staatsanwälten der ehemaligen DDR wegen Rechtsbeugung, S. 140; in diesem Sinne auch *Riedel*, DtZ 1992, 164; missverständlich *Arnold/Kreicker*, NJ 2001, 227; klarer dazu BGH NStZ 1998, 36 und LK-*Jähnke* (11. Aufl.) , § 78c Rn. 43.

2861 Nach einer vereinzelt gebliebenen Ansicht ist aus der Überschrift des Art. 315a EGStGB abzuleiten, dass dessen Anwendungsbereich auf Taten zu beschränken ist,

am 3. Oktober 1990 nach DDR-Recht noch nicht verjährt waren, unverjährt bleiben. Die noch nicht eingetretene Verjährung gilt darüber hinaus als am Tag des Wirksamwerdens des Beitritts unterbrochen. Da gemäß Art. 8 EV ab jenem Zeitpunkt das Recht der Bundesrepublik in Kraft trat, richtet sich die von neuem laufende Verjährungsfrist nach den §§ 78 ff. StGB. Sie betrug also zunächst fünf Jahre (§ 78 III Nr. 4 StGB), wurde aber später verlängert[2862].

Voraussetzung der Verfolgbarkeit von DDR-Rechtsbeugungen nach der Wiedervereinigung ist dabei, dass diese zum Zeitpunkt des Beitritts noch nicht verjährt waren. Letzteres richtet sich nach dem Recht der DDR, also §§ 82 ff. DDR-StGB. Bei ungehindertem Lauf der Frist wären alle vor dem 3. Oktober 1982 beendeten Taten bereits vor der politischen Wende verjährt gewesen. Entscheidend für die Möglichkeit der umfassenden Ahndung war daher die Frage des Ruhens der Verjährung.

B. Ruhen der Verjährung

Hätte man nur auf die Verjährungsfristen (und die ausdrücklich geregelten Ruhensgründe) abgestellt, so wäre außer Betracht geblieben, dass es faktisch letztlich vom Willen der politischen Führung abhing, wer und was verfolgt wurde und was ungeahndet blieb. Daher gehen die ganz überwiegende, aber nicht unbestrittene Meinung in der Literatur und die Rechtsprechung zu Recht davon aus, dass bei Nichtverfolgung aus politischen Gründen die Verjährung geruht hat[2863]. Dabei stützt man sich auf

hinsichtlich derer in der ehemaligen DDR bereits Verfolgungsmaßnahmen stattgefunden haben (*Küpper/Wilms*, ZRP 1992, 96). Diese restriktive Auslegung ist nicht mit dem Wortlaut der Vorschrift selbst zu vereinbaren; hierzu näher *Riedel*, DtZ 1992, 164 und BGHSt 39, 353, 356 f.

2862 Dazu u., C.

2863 *Lemke/Hettinger*, StV 1991, 422 f.; *dies.*, NStZ 1992, 22; *König*, NStZ 1991, 570 f.; *Krehl*, DtZ 1992, 15; *Geiger*, JR 1992, 400 f und 404; *Kramer*, NJ 1992, 235 f.; *Sauter*, DtZ 1992, 169 f.; *Riedel*, DtZ 1992, 168; *Starck*, VVDStRL 51 (1992), 31; *Kinkel*, JZ 1992, 485, 488; *Weber*, GA 1993, 208; *Letzgus*, FS Helmrich, S. 88; LK-*Jähnke* (11. Aufl.), § 78c Rn. 48; *Kraut*, Rechtsbeugung?, S. 95 ff., 103 f.; *Möller-Heilmann*, Die Strafverfolgung von Richtern und Staatsanwälten der ehemaligen DDR wegen Rechtsbeugung, S. 143 ff., 149; *Klein*, Probleme bei der Verfolgung von Straftaten, die im Namen der Staatsmacht der DDR begangen wurden, in: Landeszentrale für politische Bildung des Landes Sachsen-Anhalt/Gedenkstätte für die Opfer des Stalinismus in Sachsen-Anhalt (Hrsg.), Politische Justiz in der DDR, S. 84 f.; i. E. auch *F.-C. Schroeder*, ZRP 1993, 245 f.; zweifelnd *Breymann*, NStZ 1991, 465 (hiergegen zutr. *König*, NStZ 1991, 570 Fn. 63; *Weber*, GA 1993, 209 Fn 60 a.E.); aus der Rechtsprechung: BGHSt 40, 48, 55 f.; BGHSt 40, 113, 115 ff.; BGHSt 40, 241, 242; BGHSt 41, 247, 248 = NJW 1995, 3324; BGHSt 41, 317,

§ 83 Nr. 2 Alt. 2 DDR-StGB. Nach § 83 Nr. 2 DDR-StGB ruhte die Verjährung, „solange ein Strafverfahren wegen schwerer Erkrankung des Täters oder aus einem anderen gesetzlichen Grund nicht eingeleitet oder fortgesetzt werden kann". Für die Zeit vor Inkrafttreten des § 83 DDR-StGB ist der bis dahin in der DDR weitergeltende, eine entsprechende Regelung enthaltende § 69 a. F. StGB heranzuziehen[2864].

BVerfG und BGH hatten zur Verjährung von NS-Taten entschieden, dass - auch ohne die damals von manchen Ländern erlassenen Ahndungsgesetze - nach dem Grundgedanken des § 69 a. F. StGB (Vorläufer von § 78b I Nr. 2 StGB) die Verjährung bei Taten ruhte, deren Verfolgung (aus politischen, rassischen oder religionsfeindlichen Gründen) nach dem damals als Gesetz geachteten „Führerwillen" ausgeschlossen war[2865]. Nach jener Vorschrift ruhte die Verjährung für die Zeit, in der die Verfolgung nach dem Gesetz nicht begonnen oder fortgesetzt werden durfte. Sie entspricht also dem § 83 Nr. 2 DDR-StGB. Die Voraussetzungen für das Ruhen der Verjährung sollen nach der Rechtsprechung zum NS-Unrecht allerdings nur dann gegeben sein, wenn die Tat, wie sie sich nach den Feststellungen tatsächlich zugetragen habe, aus der Motivierung der NS-Machthaber mit Bestimmtheit nicht geahndet worden wäre, falls sie damals schon Gegenstand eines Strafverfahrens geworden wäre. Die bloße Möglichkeit oder Wahrscheinlichkeit der Nichtverfolgung reiche nicht[2866].

---

320 = NJW 1996, 857; so bereits KG NStZ 93, 240; dem folgend OLG Naumburg NJ 1993, 424;
a. A. *Küpper/Wilms*, ZRP 1992, 95 f., welche ihre Zweifel u. a. teilweise wie *Breymann*, teilweise mit der (abzulehnenden) Anwendung des § 7 StGB begründen; *Grünwald*, StV 1992, 335 f.; *Pieroth/Kingreen*, NJ 1993, 389; *Roggemann*, DtZ 1993, 15; *Lüderssen*, Der Staat geht unter - das Unrecht bleibt?, S. 112 f.; *Heuer/Lilie*, DtZ 1993, 355 ff.; grds. auch *Zimmermann*, Strafrechtliche Vergangenheitsaufarbeitung und Verjährung, S. 138 ff., 147, 156 ff., 161 ff.; *Schünemann*, FS Grünwald, S. 668 ff. und 671; zweifelnd Schönke/Schröder-*Eser* (27. Aufl.), Vor §§ 3–7 Rn. 114; offengelassen (mit ablehnender Tendenz) *Otto*, Jura 1994, 613.
Ausgangspunkt des Streits waren zwei OLG-Entscheidungen im Klageerzwingungsverfahren, die ein Ruhen der Verjährung verneinten, nämlich OLG Frankfurt/a.M. (Beschl. v. 10.7.1991) StV 1991, 421 = NStZ 1991, 585 (hiergegen *Lemke/Hettinger*, StV 1991, 422 f. und *König*, NStZ 1991, 567 ff.) sowie OLG Braunschweig (Beschl. v. 22.11.1991) NStZ 1992, 183 = DtZ 1992, 126 (hiergegen *König*, NStZ 1992, 185 ff.; *Kramer*, NJ 1992, 235 f.; *Riedel*, DtZ 1992, 167). Zumindest die erste Entscheidung löste ein erhebliches Echo aus; dazu *König*, NStZ 1991, 566.

2864 *König*, NStZ 1991, 571.

2865 BVerfGE 1, 418, 423; BGH NJW 1962, 2308, 2309; BGHSt 18, 367, 368 f.; 23, 137, 139 f.; sowie bereits Urteile v. 28.2.1952 - 5 StR 28/52 und v. 9.7.1954 - 5 StR 218/54, zitiert nach BGHSt 40, 113, 116.

2866 BGHSt 23, 137, 140.

Diese nicht von Ausmaß und Gewicht der verübten Taten abhängigen[2867] Grundsätze hält die überwiegende Literatur für grundsätzlich auf DDR-Unrecht übertragbar[2868]. Die Nichtverfolgung beruhte jeweils darauf, dass die Straftaten von den Machthabern teils veranlasst oder gefördert, teils gern geduldet wurden[2869]. Auch die Rechtsprechung nimmt daher in derartigen Fällen bei DDR-Unrecht ebenso, wie bereits erwähnt, ein Ruhen der Verjährung an. Dies hat der BGH zunächst für die Strafverfolgung bei Schüssen an der innerdeutschen Grenze[2870] und dann auch für die Strafverfolgung wegen Rechtsbeugung und damit tateinheitlich zusammenhängender Delikte[2871] ausgesprochen. Diese Rechtsprechung hat das BVerfG gebilligt[2872].

Allerdings machte der 5. Strafsenat des BGH deutlich, dass man die von der Rechtsprechung zur Verjährung von NS-Taten entwickelten Grundsätze „nicht ohne weiteres" anwenden könne[2873]. Wie der BGH zutreffend feststellt, gab es, anders als im nationalsozialistischen Führerstaat, in der DDR keine Doktrin, nach der der bloße Wille der Inhaber tatsächlicher Macht „Recht" schaffen konnte[2874]. Die Nichtverfolgung bestimmter Taten

---

2867 So auch BGHSt 40, 113, 117; *Geiger*, JR 1992, 401.

2868 So insbesondere *König*, NStZ 1991, 570; *ders.*, JR 1994, 340; *Lemke/Hettinger*, StV 1991, 422 f.; *Kinkel*, JZ 1992, 488; *Krehl*, DtZ 1992, 15; *Geiger*, JR 1992, 400 f.; *Kramer*, NJ 1992, 235 f.; *Sauter*, DtZ 1992, 170 und 171; *Heitmann*, NJW 1992, 2181 f.; *Weber*, GA 1993, 208; *Letzgus*, FS Helmrich, S. 88; LK-*Jähnke* (11. Aufl.) , § 78c Rn. 48; *Kraut*, Rechtsbeugung?, S. 99 f.; *Möller-Heilmann*, Die Strafverfolgung von Richtern und Staatsanwälten der ehemaligen DDR wegen Rechtsbeugung, S. 146 ff., 148; *Klein*, Probleme bei der Verfolgung von Straftaten, die im Namen der Staatsmacht der DDR begangen wurden, in: Landeszentrale für politische Bildung des Landes Sachsen-Anhalt/Gedenkstätte für die Opfer des Stalinismus in Sachsen-Anhalt (Hrsg.), Politische Justiz in der DDR, S. 84 f.; a. A. *Pieroth/Kingreen*, NJ 1993, 390; *Heuer/Lilie*, DtZ 1993, 355 f.; hiergegen wiederum BVerfG NJW 1998, 2587, 2588; *Kraut*, Rechtsbeugung?, S. 99; *Möller-Heilmann*, Die Strafverfolgung von Richtern und Staatsanwälten der ehemaligen DDR wegen Rechtsbeugung, S. 147.

2869 *König*, NStZ 1991, 570.

2870 BGHSt 40, 48, 55 f.; BGHSt 40, 113, 115 ff.; BGHSt 40, 241, 242; so bereits KG NStZ 1993, 240 ff.

2871 BGHSt 41, 247, 248 = NJW 1995, 3324; BGHSt 41, 317, 320 = NJW 1996, 857; für eine Übertragbarkeit bereits KG NStZ 1993, 240 f.; dem folgend OLG Naumburg NJ 1993, 424.

2872 BVerfG, Kammer-Beschluss v. 13.11.1996 – 2 BvR 1130/95 zu BGH (20.3.95 – 5 StR 378/94) NJW 1995, 2732, 2733 (zitiert nach *Willnow*, JR 1997, 223); BVerfG NJW 1998, 2587, 2588.

2873 BGHSt 40, 113, 116.

2874 BGH NJW 1993, 141, 143 = BGHSt 39, 1, 24; BGH NJW 1994, 529, 530 = BGHSt 40, 30, 35; BGH NJW 1994, 2240, 2241 = BGHSt 40, 113, 116; BGH NJW 1995, 3324, 3328 = BGHSt 41, 247, 261; BGH NJW 1996, 857, 863; zust. *Rautenberg/Burges*, DtZ 1993, 72; *Schreiber*, ZStW 107 (1995), 169; *Buchner*, Die Rechtswidrigkeit der Taten von „Mauerschützen",

beruhte, wie der 5. Strafsenat hervorhebt, nicht auf einem „gesetzlichen Grunde" (§ 83 Nr. 2 DDR-StGB), sondern auf einer das geltende Recht missachtenden Staatspraxis. Diese hatte, trotz ihres fehlenden Gesetzescharakters, die *Wirkung* eines gesetzlichen Verfolgungshindernisses. Denn solche Taten sollten generell und ohne Rücksicht auf den Einzelfall, mithin nach den ein Gesetz im materiellen Sinne ausmachenden Kriterien, ungeahndet bleiben[2875]. Der BGH spricht daher mit Blick auf eine generell und ohne Rücksicht auf den Einzelfall bestehende, auf den politischen Willen der Staatsführung zurückgehende Staatspraxis von einem *„quasigesetzliche(n)* Verfolgungshindernis", das wie ein gesetzliches zu behandeln sei[2876]. Daher wendet er § 83 Nr. 2 DDR-StGB entsprechend an. Dies geböten Sinn und Zweck der Ruhensnorm, die auch im Gebot der Verwirklichung materieller Gerechtigkeit wurzelten[2877].

Dem ist zuzustimmen. Es liegt entgegen der auf den ersten Blick plausibel erscheinenden Einwände mancher[2878] auch kein Widerspruch darin, den Willen der politischen Führung für eine entsprechende Anwendung des § 83 Nr. 2 Alt. 2 DDR-StGB als gesetzesgleich zu erachten, während man andererseits für Fragen des materiellen Strafrechts einen den Gesetzen unter Umständen widersprechenden Willen der Partei- und Staatsführung nicht als verbindlich gelten lässt. Die Unterscheidung rechtfertigt sich dadurch, dass der bloße Wille der Mächtigen de jure nicht verbindlich war, aber de facto - insbesondere von den zuständigen Organen der Strafverfolgung - als verbindlich *behandelt* und respektiert wurde[2879]. Er wurde

S. 143; *Möller-Heilmann*, Die Strafverfolgung von Richtern und Staatsanwälten der ehemaligen DDR wegen Rechtsbeugung, S. 148, 165; ebenso bereits *Grünwald*, StV 1992, 335 f.; krit. *Fiedler*, JZ 1993, 207. Unabhängig von einer solchen Doktrin soll nach einer Minderheitsmeinung der Wille der Machthaber in der DDR Recht haben schaffen können (*F.-C. Schroeder*, JR 1993, 49; *König*, JR 1994, 340).

2875 BGHSt 40, 113, 116 f.

2876 BGHSt 40, 113, 117; BGHSt 41, 247, 248 = NJW 1995, 3324; BGHSt 41, 317, 320 = NJW 1996, 857.

2877 BGHSt 40, 113, 117; für eine *entsprechende* Anwendung des § 83 Nr. 2 DDR-StGB auch der 1. Strafsenat: BGHSt 40, 48, 55 sowie KG NStZ 1993, 240 f.

2878 *Grünwald*, StV 1992, 335 f.; *F.-C. Schroeder*, ZRP 1992, 245; *Bottke*, Die Verfolgung von Regierungskriminalität der DDR nach dem Beitritt der neuen Länder, in: Lampe, (Hrsg.), Deutsche Wiedervereinigung, Bd. II, S. 238; *Jakobs*, NStZ 1994, 333; *Grote*, Die DDR-Justiz vor Gericht, S. 168; Schönke/Schröder-*Eser*, (27. Aufl.), Vor §§ 3–7 Rn. 114; ähnlich *Pieroth/Kingreen*, NJ 1993, 389 f.

2879 *Lemke/Hettinger*, StV 1991, 423; *Krehl*, DtZ 1992, 15; *Sauter*, DtZ 1992, 170, in diesem Sinne auch *Kraut*, Rechtsbeugung?, S. 100 ff., *Letzgus*, FS Helmrich, S. 88 f.

wie ein Gesetz befolgt[2880]. Letzteres kann bei der Frage der Verfolgbarkeit wegen der Wesensverschiedenheit zwischen materiellem Recht und Verjährungsregelung berücksichtigt werden. Im Verjährungsrecht ist eine entsprechende Anwendung einer Ruhensregelung, wenn dies durch ihren Sinn und Zweck gefordert ist, auch zuungunsten des Angeklagten ohne Verstoß gegen Art. 103 II GG zulässig[2881]. Es sollte den Tätern nicht zugutekommen, dass eine Verfolgung bei Taten, die mit ausdrücklicher oder stillschweigender Billigung der Machthaber verübt wurden, (faktisch) ausgeschlossen war[2882]. Das widerspräche der materiellen Gerechtigkeit.

Eine Klarstellung der umstrittenen Ruhensfrage erfolgte durch das Zweite Gesetz zur Berechnung strafrechtlicher Verjährungsfristen vom 26. März 1993[2883]. Danach bleibt bei der Berechnung der Verjährungsfrist für die Verfolgung von Taten, die während der Herrschaft des SED-Unrechtsregimes begangen wurden, aber entsprechend dem ausdrücklichen oder mutmaßlichen Willen der Staats- und Parteiführung der DDR aus politischen oder sonst mit wesentlichen Grundsätzen einer freiheitlichen rechtsstaatlichen Ordnung unvereinbaren Gründen nicht geahndet worden sind, die Zeit vom 11. Oktober 1949 bis 2. Oktober 1990 außer Ansatz; die Verjährung hat in dieser Zeit geruht. Dem Gesetz wurde sowohl im Gesetzgebungsverfahren[2884] als auch von der h.M. in der Literatur[2885] und der Rechtsprechung[2886] nur deklaratorischer Charakter bei-

---

2880 *Möller-Heilmann*, Die Strafverfolgung von Richtern und Staatsanwälten der ehemaligen DDR wegen Rechtsbeugung, S. 148.

2881 Hierauf bezieht sich auch BGHSt 40, 113, 117 f.; bestätigt durch BVerfG NJW 1998, 2587, 2588; hierzu auch *König*, JR 1994, 339 f.

2882 So auch *Heitmann*, NJW 1992, 2181, *Sauter*, DtZ 1992, 169 f.; *König*, JR 1994, 340.

2883 BGBl. 1993 I, S. 392 (Art. 1), aufgehoben und überführt in Art. 315a V EGStGB durch Art. 51, 52 des Zweiten Gesetzes über die Bereinigung von Bundesrecht im Zuständigkeitsbereich des Bundesministeriums der Justiz, BGBl. 2007 I, S. 2614, 2621.

2884 Gesetzentwurf des Bundesrates, BT-Drs. 12/3080, S. 5, 6, 7; Ausschussempfehlung des Bundesrats, BR-Drs. 141/92; Beschlussempfehlung und Bericht des Rechtsausschusses des Bundestags, BT-Drs 12/4140, S. 5.

2885 *Riedel*, DtZ 1992, 162 und 169; *Weber*, GA 1993, 209; *König*, JR 1994, 339; *Willnow*, JR 1997, 223; *Letzgus*, NStZ 1994, 48; *ders.*, FS Helmrich, S. 89; *Kraut*, Rechtsbeugung?, S. 96; *Möller-Heilmann*, Die Strafverfolgung von Richtern und Staatsanwälten der ehemaligen DDR wegen Rechtsbeugung, S. 149; Schönke/Schröder-*Eser*, (27. Aufl.), Vor §§ 3–7 Rn. 119; *Schöll*, Die Rechtsbeugung, S. 232. Diese gesetzliche Interpretation des § 83 DDR-StGB stehe auch mit der Verfassung im Einklang – so ausdrücklich *Schreiber*, ZStW 107 (1995), 182; a. A. *Jakobs*, NStZ 1994, 334; *Zimmermann*, Strafrechtliche Vergangenheitsaufarbeitung und Verjährung, 184 f. (das VerjG sei daher verfassungswidrig, a.a.O., 223); *Grote*, Die DDR-Justiz vor Gericht, S. 169.

2886 BGHSt 40, 113, 115; BGH NJW 1995, 2728, 2729 (insoweit nicht in BGHSt 41, 101 ff. abgedruckt); LG Leipzig NJ 1994, 111, 115; LG Dresden NStZ-RR 1997, 200; BVerfG,

gemessen; es stelle nur eine deklaratorische Interpretation des § 83 DDR-StGB dar. Das Gesetz wurde also nicht als für die Rechtslage konstitutiv herangezogen. Es sollte nur klarstellend in den Streit zur Ruhensfrage eingreifen, um möglichst rasch Rechtssicherheit herzustellen[2887].

Für das Ende des Ruhens wurde vor der gesetzgeberischen Klarstellung bisweilen bereits der 18.3.1990 als Tag der Volkskammerwahlen vorgeschlagen[2888], teils auch „allerspätestens" der 1.7.1990 als Tag des Inkrafttretens des 6. StÄG[2889]. Sachgerechter erscheint der von vielen befürwortete und dann auch in die gesetzliche Fassung aufgenommene Tag der Wiedervereinigung, da die personelle Zusammensetzung der Rechtspflegeorgane einschließlich der leitenden Funktionsträger bis dahin weitgehend unverändert blieb und nicht ausreichend Gewähr für die Herstellung rechtsstaatlicher Zustände bot[2890].

Zusammenfassend ist festzuhalten, dass in den Fällen der DDR-Rechtsbeugung die Verjährung im Zeitraum zwischen dem 11. Oktober 1949 und dem 3. Oktober 1990 in aller Regel geruht hat, mit der Folge, dass nach der Wiedervereinigung das Verfolgungshindernis der Strafverfolgungsverjährung einer Ahndung nicht im Wege stand. Die nach der Rechtsprechung geforderte Voraussetzung für das Ruhen der Verjährung, dass die Nichtverfolgung mit Sicherheit aufgrund rechtsstaatswidriger Staatspraxis[2891] aus der Motivierung der Machthaber erfolgte, steht für rechtsbeugerische Handlungen jedenfalls bei politischen Strafsachen im weiten Sinne, aber auch bei Zivilsachen mit besonderer politischer Dimension, außer Zweifel[2892].

Kammer-Beschluss v. 13.11.1996 – 2 BvR 1130/95 zu BGH (20.3.95 – 5 StR 378/94) NJW 1995, 2732, 2733 (zitiert nach *Willnow*, JR 1997, 223).

2887 Gesetzentwurf des Bundesrates, BT-Drs. 12/3080, S. 1, 6; Beschlussempfehlung und Bericht des Rechtsausschusses des Bundestags, BT-Drs 12/4140, S. 2; *König*, JR 1994, 339; *Weber*, GA 1993, 209; *Letzgus*, NStZ 1994, 58; *ders.*, FS Helmrich, S. 89.

2888 *Riedel*, DtZ 1992, 168; *Lemke/Hettinger*, NStZ 1992, 22; *Geiger*, JR 1992, 401; LK-*Jähnke* (11. Aufl.), § 78c Rn 50.

2889 LG Dresden NStZ-RR 1997, 200 f.

2890 *König*, NStZ 1991, 570; *Kraut*, Rechtsbeugung?, S. 104; *Möller-Heilmann*, Die Strafverfolgung von Richtern und Staatsanwälten der ehemaligen DDR wegen Rechtsbeugung, S. 143 Fn. 696.

2891 So nunmehr in einem Mauerschützenfall BGHSt 40, 113, 118.

2892 Dazu *Wassermann*, RuP 1992, 210; BVerfG NJW 1998, 2587, 2588.

C. Die Verlängerung von Verjährungsfristen

Nachdem die Verjährung am 3. Oktober 1990 wieder zu laufen begann, wäre sie - außer bei weiterer Unterbrechung - bereits zum 3. Oktober 1995 abgelaufen gewesen. Durch das 2. Verjährungsgesetz (Gesetz zur Verlängerung strafrechtlicher Verjährungsfristen vom 27.9.1993[2893]) wurde jedoch die Frist für die Verfolgungsverjährung bei mittelschweren Delikten, zu denen auch die Rechtsbeugung gehört, verlängert. Hierzu wurde Art. 315a EGStGB erweitert und für das Beitrittsgebiet eine eigenständige Verjährungsregelung getroffen. Damit verjährten Taten, die dort vor dem 31.12.1992 begangen wurden und im Höchstmaß mit Freiheitsstrafe von mehr als einem Jahr bis zu fünf Jahren bedroht sind, frühestens mit Ablauf des 31.12.1997. Diese Verjährungsverlängerung wurde mit den besonderen personellen und organisatorischen Schwierigkeiten der Strafverfolgungsbehörden bei der Ahndung von SED-Unrechtstaten und der sog. Vereinigungskriminalität begründet[2894]. Das 2. Verjährungsgesetz war nach fast einhelliger, auf BVerfGE 25, 269 ff. verweisender Meinung verfassungsgemäß und verstieß insbesondere nicht gegen Art. 103 II GG oder das Rechtsstaatsprinzip, wie bereits von anderen erschöpfend begründet wurde[2895].

Durch das 3. Verjährungsgesetz vom 22.12.1997[2896], das ebenso wenig verfassungsrechtlichen Bedenken begegnet[2897], wurde die Verjährungsfrist bei mittelschweren Delikten des DDR-Unrechts ein weiteres Mal - nunmehr bis zum 2. Oktober 2000 - verlängert. Nach Überzeugung der Bundestagsmehrheit ergab sich die Notwendigkeit einer weiteren Fristverlängerung daraus, dass es der Justiz in den neuen Bundesländern aufgrund der personellen Situation noch immer nicht in angemessenem Maße gelungen war, Straftaten zu ermitteln und die Verjährung durch Strafverfolgungsmaßnahmen zu unterbrechen[2898]. Die Strafverfolgung hatte in der Tat mit erheblichen Anlaufschwierigkeiten zu kämpfen. Erst

2893 BGBl. 1993 I 1657; dazu *Lemke*, NJ 1993, 529.

2894 BT-Drs. 12/5701, S. 2, 5 (Beschlussempfehlung und Bericht des Rechtsausschusses); *Kinkel*, JZ 1992, 488; *Letzgus*, FS Helmrich, S. 90 f.

2895 Allg. M., ausdrücklich (statt vieler) *Kraut*, Rechtsbeugung?, S. 105 ff.; *Möller-Heilmann*, Die Strafverfolgung von Richtern und Staatsanwälten der ehemaligen DDR wegen Rechtsbeugung, S. 151 f.; a. A. *Heuer/Lilie*, DtZ 1993, 357; *Otto*, Jura 1994, 614.

2896 BGBl. 1997 I S. 3223; krit. hierzu *Braun*, NJ 1998, 75 f.

2897 So ausdrücklich *Möller-Heilmann*, Die Strafverfolgung von Richtern und Staatsanwälten der ehemaligen DDR wegen Rechtsbeugung, S. 153.

2898 Vgl. NJW Wochenspiegel Heft 1/2 1998, S. XLVII, wiedergegeben nach *Möller-Heilmann*, a.a.O., S. 153.

mehrere Jahre nach der politischen Wende in der DDR waren die Strafverfolgungsorgane in der Lage, das DDR-Unrecht effektiv zu verfolgen[2899]. Daher waren die Verjährungsverlängerungen sinnvoll.

D. Die absolute Verjährung

Mit dem 3. Oktober 2000 trat für mittelschwere Delikte auch die absolute Verjährung ein (§ 78c III 2 StGB i. V. m. Art. 315a I 1 Hs. 2 EGStGB). Damit war die Strafverfolgung von DDR-Justizunrecht weitgehend abgeschlossen. Allerdings konnten diejenigen Prozesse fortgeführt werden, in denen bereits mindestens ein erstinstanzliches Urteil vorlag (§§ 78b III, 78c III 3 StGB). So war zu jenem Zeitpunkt der endgültige Ausgang einiger Verfahren, insbesondere des Havemann-Verfahrens hinsichtlich eines Teils der Angeklagten[2900], noch offen.

Darüber hinaus ist eine Strafverfolgung in Fällen von Todesurteilen weiterhin möglich. Denn bei durch Rechtsbeugung begangenem Totschlag nach § 212 I StGB gilt eine Verjährungsfrist von 20 Jahren (§ 78 III Nr. 2 StGB[2901], für die unter Berücksichtigung des Ruhens der Verjährung der 3. Oktober 2010 als Ablaufdatum gilt und die eine absolute Verjährung mit Ablauf des 2. Oktober 2030 zur Folge hat. Die kürzere Verjährungsfrist der Rechtsbeugung steht dem nicht entgegen, denn nur der Rechtsbeugungs*tatbestand* entfaltet eine Sperrwirkung. Diese erstreckt sich nicht auch auf die Verjährung tateinheitlich begangener (Tötungs-)delikte[2902]. Bei Verjährung der Rechtsbeugung ist eine Verurteilung dann nur nach dem Tötungsdelikt auszusprechen[2903], wobei die Tatbestandsvoraussetzungen der Rechtsbeugung wegen der Sperrwirkung natürlich gegeben sein müssen.

2899 *Marxen/Werle*, Die strafrechtliche Aufarbeitung von DDR-Unrecht, S. 143.

2900 Dazu Kapitel 11, B.IV.4.b)ee) am Ende.

2901 Denn hier liegt die angedrohte Höchststrafe „über zehn Jahren Freiheitsstrafe" (§ 212 I i. V. m. § 38 II StGB: fünf bis 15 Jahre). Bei Anwendung von § 112 DDR-StGB wäre ein Strafrahmen von nicht unter zehn Jahren bis lebenslängliche Freiheitsstrafe eröffnet. Daher wäre schon materiellrechtlich § 212 I StGB als mildere Norm anzuwenden. In der Konsequenz kommt es nicht zur 30-jährigen Verjährung nach § 78 III Nr. 1 StGB; vgl. dazu o., A.

2902 Dies übersehen *Arnold/Kreicker*, NJ 2001, 229, und zwar möglicherweise deshalb, weil sie sich an einem Beispielsfall orientieren, in dem der BGH einen minder schweren Fall des Totschlags (§ 213 StGB) angenommen hatte. Zur Verjährung in diesen Fällen sogleich.

2903 Vgl. BGH NJW 1971, 571, 572.

Erkennt man dagegen einen minder schweren Fall nach § 213 StGB an[2904], beträgt die Verjährungsfrist nur zehn Jahre (§ 78 III Nr. 3 StGB). Sie wäre im Regelfall bereits abgelaufen. Solche minder schweren Fälle sind daher nur noch verfolgbar, wenn nach der Wiedervereinigung bereits Unterbrechungshandlungen vorgenommen wurden. Die absolute Verjährung tritt dann nach 20 Jahren, also unter Einbeziehung des Ruhens der Verjährung am 3. Oktober 2010 ein.

Fände eine Abkehr von der außerordentlich milden[2905] Rechtsprechung bei der Aburteilung von an Todesurteilen beteiligten DDR-Juristen statt, wäre in einzelnen Fällen auch die Einstufung als Mord nach § 211 StGB denkbar. Materiellrechtlich wäre dann zwar § 112 DDR-StGB (Freiheitsstrafe nicht unter 10 Jahre oder lebenslängliche Freiheitsstrafe) als Tatzeitrecht anzuwenden, weil § 211 StGB demgegenüber nicht das mildere Gesetz darstellte[2906]. Dennoch wäre die Tat unverjährbar (Art. 315a III EGStGB). Wenn die Tat als besonders schwerer Fall des Totschlags angesehen würde (§ 212 II StGB, der dann nicht milderes Gesetz gegenüber § 112 DDR-StGB wäre), betrüge die Verjährung immerhin 30 Jahre (§ 78 III Nr. 1 StGB). Eine tatsächliche Grenze der Verfolgbarkeit dürfte hier allerdings das hohe Lebensalter der Täter sein, sofern diese nicht ohnehin schon verstorben sind. Von derzeit noch anhängigen Verfahren ist nichts bekannt.

2904 Dazu Kapitel 12, C. und Kapitel 11, A.I.

2905 Dazu Kapitel 12, C., Kapitel 15, B.V. und Kapitel 11, A.I. und B.IV.3.

2906 Dazu Kapitel 2, A.I. und Kapitel 11, A.I.

15. Kapitel: Bilanz der Aufarbeitung des DDR-Justizunrechts

Nach dem zumindest nahezu[2907] vollständigen Abschluss der strafrechtlichen Aufarbeitung von DDR-Justizunrecht ist es angebracht, Bilanz zu ziehen. Dazu soll die Entwicklung der Aufarbeitung von der Einleitung der Ermittlungsverfahren über die erhobenen Anklagen bis zu den ergangenen Verurteilungen skizziert werden. Im Anschluss wird eine rückblickende Bewertung vorgenommen.

A. Entwicklung und Ergebnisse der strafrechtlichen Aufarbeitung des DDR-Justizunrechts

Betrachtet man die Zahl der Beschuldigten, so ist im Laufe des Fortgangs der Aufarbeitung eine erhebliche Ausfilterung im Ermittlungs- und im Zwischenverfahren zu konstatieren. Vergleicht man diesen Vorgang mit einem Trichter, dann hätte dieser im Vergleich zur Bearbeitung sonstige Strafverfahren einen extrem engen Auslauf[2908].

2907 Zu den Fällen, in denen eine Strafverfolgung bis maximal zum 2. Oktober 2030 theoretisch möglich ist, siehe Kapitel 14, D. Auch die Autoren der maßgeblichen Endbilanz der strafrechtlichen Verfolgung von DDR-Unrecht gehen davon aus, dass die Strafverfolgung abgeschlossen sei. Sämtliche einschlägige Ermittlungs- und gerichtliche Verfahren seien seit 2005 erledigt. Angesichts des Eintritts der absoluten Verjährung für alle Delikte außer Mord sei kaum mit neuen Anklagen zu rechnen (*Marxen/Werle/Schäfter,* Die Strafverfolgung von DDR-Unrecht Fakten und Zahlen, S. 7, 57). Im Bereich des Justizunrechts kommen für Verfahren wegen Mordes oder Totschlags nur Fälle von Todesurteilen in Frage.

2908 *Marxen/Werle,* Die strafrechtliche Aufarbeitung von DDR-Unrecht. Eine Bilanz, S. 234.

I. Eingeleitete Ermittlungsverfahren

1. Zahlen

In den Jahren nach der Wiedervereinigung wurde eine sehr große Zahl von Rechtsbeugungsverfahren eingeleitet. Die genaue Zahl kann nicht angegeben werden, weil die Erhebungsweise und damit die Zahlenangaben der Justizverwaltungen zum DDR-Justizunrecht uneinheitlich sind[2909]. Es ist sehr bedauerlich, dass dadurch eine Bilanz erschwert wurde. Es wird vermutet, dass die Ermittlungen wegen Rechtsbeugung mehr als zwei Drittel aller Ermittlungsverfahren wegen DDR-Unrechts ausmachten[2910]. Für die Schätzung der Gesamtzahl wurde ein genereller Prozentsatz von 70 % aller Ermittlungsverfahren wegen DDR-Unrechts zugrunde gelegt. Dabei ergibt sich für die Bundesländer mit deliktsspezifischer Erfassung der eingeleiteten Ermittlungsverfahren sogar ein Anteil der Rechtsbeugungsverfahren zwischen 72 % und 75 %[2911]. Gingen Schätzungen auf der Basis eines Anteils von ca. 70 % zum Stand vom 31. Dezember 1997 von 43.400 Ermittlungsverfahren wegen Rechtsbeugung aus[2912], so ergäbe sich auf gleicher Basis[2913] nach Abschluss der Strafverfolgung eine Anzahl von rund 52.500 Rechtsbeugungsverfahren bei insgesamt

2909 Näher zur Problematik *Marxen/Werle*, a.a.O., S. 143f. und 194 sowie *Marxen/Werle/Schäfter*, Die Strafverfolgung von DDR-Unrecht Fakten und Zahlen, S. 7, 9, 14f., 24.

2910 *Marxen/Werle*, a.a.O., S. 194f.; *Marxen/Werle/Schäfter*, a.a.O., S. 26.

2911 *Marxen/Werle/Schäfter*, Die Strafverfolgung von DDR-Unrecht Fakten und Zahlen, S. 26. Nach dem Zwischenstand der Untersuchung waren noch Anteile zwischen 68 % und 76 % angegeben worden, wobei Brandenburg den niedrigsten Anteil aufwies (*Marxen/Werle*, a.a.O., S. 194, 198). Mangels verfügbarer Vergleichsdaten im Zusammenhang mit der ausgiebigen Nutzung des so genannten Allgemeinen Registers und unpräziser Erfassung lässt sich aber nicht sagen, ob es dort in den Jahren nach 1997 zu Verschiebungen bei den Deliktsgruppenanteilen gekommen ist (näher dazu *Marxen/Werle/Schäfter*, Die Strafverfolgung von DDR-Unrecht Fakten und Zahlen, S. 16f.).

2912 *Marxen/Werle*, a.a.O., S. 143, 194f. (bei einer Gesamtzahl von bis dahin rund 62.000 Ermittlungsverfahren wegen DDR-Unrechts). Darin nicht enthalten sind die sog. Vorermittlungsverfahren, die in Sachsen und Brandenburg geführt wurden, siehe dazu (einschließlich der rechtlichen Problematik) *Marxen/Werle*, a.a.O., S. 180ff. und S. 187.

2913 In ihrem abschließenden Bericht zur Vorläuferstudie gehen die Autoren weiterhin von ca. 70 % Anteil der Rechtsbeugungsverfahren an allen Verfahren wegen DDR-Unrechts aus (*Marxen/Werle/Schäfter*, Die Strafverfolgung von DDR-Unrecht Fakten und Zahlen, S. 55).

knapp 75.000[2914] Ermittlungsverfahren wegen DDR-Unrechts. Dies bleibt aber eine grobe Schätzung, da gerade aus Berlin und Brandenburg, wo das Gros der Ermittlungsverfahren wegen Rechtsbeugung stattfand, keine ausreichend präzisen Daten vorliegen[2915]. Die Zahl dürfte eher noch zu niedrig angesetzt sein. Für Berlin ist von einem überdurchschnittlich hohen Anteil an Rechtsbeugungsverfahren auszugehen[2916].

2. Erklärungsansätze

a) Überblick

Die jedenfalls hohe Zahl der Ermittlungsverfahren erklärt sich daraus, dass im Rahmen des betroffenen Tatzeitraums von 40 Jahren breit ermittelt wurde. Zunächst wurde vielfach generell die Aufhebung von Verurteilungen in Rehabilitierungsverfahren zum Anlass für die Einleitung eines strafrechtlichen Ermittlungsverfahrens genommen[2917]. In diesen Fällen war jedoch keineswegs regelmäßig ein Anfangsverdacht zu bejahen. Teilweise wurden auch insgesamt die Entscheidungen von mit politischer Strafjustiz befassten Spruchkörpern untersucht[2918]. Oft richtete sich eine Vielzahl von Ermittlungsverfahren gegen eine Person, so dass die Zahl der beschuldigten Personen erheblich geringer war. So kommt es, dass die Rechtsbeugungsverfahren mindestens 70 % der Ermittlungsverfahren wegen DDR-Unrechts ausmachten. Der Anteil verringert sich allerdings deutlich bei Betrachtung der erhobenen Anklagen.

b) Vertiefung: Verhältnis zu den Rehabilitierungsverfahren

Die vielfache Praxis, allgemein in Fällen, in denen eine strafrechtliche Rehabilitierung vorgenommen wurde, ein Ermittlungsverfahren wegen

---

2914 *Marxen/Werle/Schäfter,* Die Strafverfolgung von DDR-Unrecht Fakten und Zahlen, S. 24, 25 Tabelle 11.

2915 Dazu *Marxen/Werle/Schäfter,* Die Strafverfolgung von DDR-Unrecht Fakten und Zahlen, S. 14 f. und 16 f.

2916 Zu den Gründen sogleich. Auf den überproportionalen Anteil von Berlin weist auch die Angabe in der vorläufigen Bilanz von 1999 hin, 90 % aller eingeleiteten Verfahren beträfen den Vorwurf der Rechtsbeugung (*Marxen/Werle,* Die strafrechtliche Aufarbeitung von DDR-Unrecht. Eine Bilanz, S. 177).

2917 *Peschel-Gutzeit,* NJ 1995, 454; *Rautenberg,* NJ 1995, 619; *Marxen/Werle,* Die strafrechtliche Aufarbeitung von DDR-Unrecht. Eine Bilanz, S. 195.

2918 *Marxen/Werle,* a.a.O., S. 195.

Rechtsbeugung einzuleiten[2919], ist zu Recht in die Kritik geraten[2920]. Die Rehabilitierung lässt nicht ohne weiteres den Schluss auf eine Straftat (Rechtsbeugung) zu[2921].

Die Bewertungsmaßstäbe im Rehabiliterungsverfahren unterliegen nicht dem Verbot rückwirkender Anwendung und konnten daher abweichend von den Maßstäben für die Bestrafung der damaligen Richter und Staatsanwälte ausgestaltet werden. In zeitlicher Abfolge gab es drei verschiedene Rechtsgrundlagen für die strafrechtliche Rehabilitierung.

Die erste wurde mit dem RehaG DDR vom 6.9.1990[2922] geschaffen. Allerdings sind Rehabilitierungen hiernach in der kurzen Zeit vor dem 3.10.1990 nicht bekannt geworden[2923]. Mit einigen Änderungen wurde der die strafrechtliche Rehabilitierung betreffende Teil dieses Gesetzes durch den Einigungsvertrag als fortgeltendes Recht übernommen[2924].

Danach waren unter bestimmten Voraussetzungen vor allem Personen zu rehabilitieren, die letztlich wegen der Wahrnehmung ihrer Meinungsfreiheit verurteilt worden waren oder weil sie nach Tatbeständen des politischen Strafrechts wie z. B. § 213 DDR StGB (ungesetzlicher Grenzübertritt), wegen (versuchter) Ausreise ohne Genehmigung im Wege der Flucht oder nach § 214 DDR StGB wegen Drängens auf Erteilung der Ausreiseerlaubnis oder anderen als „Beeinträchtigung staatlicher Tätigkeit" angesehenen Verhaltens verurteilt wurden. Solche Verurteilungen waren aber oft nach dem Recht der DDR gesetzmäßig. In Bezug auf Verurteilungen nach § 213 DDR StGB wurde das zu Beginn der 90er Jahre zum Teil anders gesehen. Nach der strengen „Berliner Linie" des Generalstaatsanwalts bei dem KG sollte die bloße Anwendung des § 213 DDR StGB wegen Verstoßes der Norm gegen den Kernbereich des Rechts den objektiven Rechtsbeugungstatbestand erfüllen[2925]. Da solche Verurteilungen häufig waren, führte diese Sichtweise zu einer extensiven Einleitungspraxis, die die Zahl der Ermittlungsverfahren wegen Rechtsbeugung in die Höhe schnellen ließ, auch wenn es im Anschluss meist zur Einstellung kam. Die dem zugrunde liegende Streitfrage ist mit einem der Urteile des BGH vom

2919 Siehe oben, a).

2920 *Rautenberg* NJ 1995, 619 f.; *Peschel-Gutzeit*, NJ 1995, 454.

2921 *Weber*, GA 1993, 228.

2922 DDR – GBl. 1990 I S. 1459.

2923 *Pfister*, Die Aufhebung von Willkürurteilen, in: Weber / Piazolo, Eine Diktatur vor Gericht, S. 184.

2924 DDR Rehabilitierungsgesetz vom 6. Sept. 1990 (GBl. DDR I Nr. 60, S. 1459) i. V. m. Art. 3 Nr. 6 Durchführungsvereinbarung vom 18.9.1990 zum EinigungsV vom 31.8.1990 (BGBl. II, S. 885, 889; 1239 f.).

2925 Dazu Kapitel 6, A.I.; a. A. *Rautenberg*, NJ 1995, S. 620.

15. 9. 1995[2926] geklärt worden. Dort hat der 5. Senat im Ergebnis zu Recht[2927] entschieden, dass die Anwendung der Vorschriften des politischen Strafrechts, das auch § 213 DDR StGB umfasst, für sich allein noch nicht den Vorwurf einer gesetzwidrigen Entscheidung zuungunsten eines Beteiligten begründe. Dies dürfte eine Welle von Einstellungen und Überprüfungen von Ermittlungsverfahren zumindest in Berlin verursacht haben.

Am 4.11.1992 trat schließlich das Strafrechtliche Rehabilitierungsgesetz (StrRehaG) als Teil des Ersten SED Unrechtsbereinigungsgesetzes[2928] in Kraft, wobei die ursprüngliche Antragsfrist nachträglich verlängert wurde[2929]. Hiernach ist nunmehr zu untersuchen, ob die angegriffene Entscheidung oder Maßnahme mit wesentlichen Grundsätzen einer freiheitlichen rechtsstaatlichen Ordnung unvereinbar ist. Diese Unvereinbarkeit liegt gem. § 1 I Nr. 1 und Nr. 2, II StrRehaG dann vor, wenn und soweit die angegriffene Entscheidung oder Maßnahme der politischen Verfolgung gedient hat oder die angeordneten Rechtsfolgen in grobem Missverhältnis zu der zugrundeliegenden Tat stehen. Als Hilfestellung für den Umgang mit diesen unbestimmten Rechtsbegriffen hat der Gesetzgeber in § 1 I Nr. 1 a) bis i) StrRehaG einen Katalog von Tatbeständen des DDR Strafrechts erstellt, bei deren Anwendung im Regelfall davon auszugehen ist, dass die Entscheidung der politischen Verfolgung diente, falls sich nicht gegenteilige Aspekte in den Vordergrund schieben. Zu dem Katalog gehört auch der ungesetzliche Grenzübertritt nach § 213 DDR-StGB.

Eine nach dem StrRehaG aus heutiger Sicht rechtsstaatswidrige Entscheidung kann daher durchaus der damaligen Rechtslage in der DDR entsprochen haben. Folglich ergibt sich aus der rehabilitierenden Aufhebung eines DDR Urteils noch kein Anfangsverdacht der Rechtsbeugung[2930]. Sie stellt allenfalls einen überprüfungsbedürftigen Hinweis auf eine mögliche Rechtsbeugung dar, die allerdings in sehr vielen Fällen letztlich doch ausscheidet, weil nicht gegen DDR-Recht[2931], das eben oft nicht rechtsstaatlichen Grundsätzen entsprach, verstoßen wurde.

2926 BGH 5 StR 713/94, S. 20 = NJW 1995, 3324, 3327.

2927 Dazu Kapitel 3, A.III.1.a)dd)(2) sowie Kapitel 6, A.I.

2928 Art. 1 1. SED-UnBerG vom 29. 10. 1992 (BGBl. I S. 1814 ff.).

2929 Zunächst erfolgte mit dem Zweiten SED-Unrechtsbereinigungsgesetz vom 23. Juni 1994 (BGBl. I, S. 1311, 1320) eine Verlängerung der Frist auf den 31. Dezember 1995. Mit dem Dritten Gesetz zur Verbesserung rehabilitierungsrechtlicher Vorschriften für Opfer der politischen Verfolgung in der ehemaligen DDR vom 21. August 2007 (BGBl. I, S. 2118) wurde die Frist des § 7 I StrRehaG nochmals bis 31. Dezember 2011 verlängert.

2930 *Lüderssen*, Der Staat geht unter das Unrecht bleibt?, S. 154; ders., JZ 1997, 532 Fn 64.

2931 Zum anzuwendenden Recht vgl. Kapitel 2.

Dazu kommt, dass ein Rechtsbeugungsvorsatz bestanden haben und nachgewiesen werden musste, was in den wenigsten Fällen der nachträglich aufgehobenen Urteile gelungen sein dürfte. Es waren daher Vorermittlungen angebracht, um zu klären, ob überhaupt ein Anfangsverdacht besteht[2932]. Das wird vor allem dann der Fall gewesen sein, wenn weitere Umstände hinzukamen, etwa die Zugehörigkeit des Richters zu einem I A Senat bzw. des Staatsanwalts zu einer I A Abteilung (was wegen der Zuständigkeit für politische Straftaten auf besondere Linientreue gegenüber der Partei hinwies), eine Überdehnung des Tatbestandes oder ein exzessives Strafmaß[2933].

II. Anklagen

1. Zahlen

Von der Vielzahl der eingeleiteten Verfahren kam nur ein kleiner Bruchteil überhaupt zur Anklage. Eine genaue Anklagequote kann schon aufgrund der nicht exakt feststellbaren Zahl der Ermittlungsverfahren wegen Rechtsbeugung nicht errechnet werden. Sie ist jedenfalls außerordentlich niedrig und bleibt deutlich hinter derjenigen für das sonstige Strafrecht[2934] zurück. Für das gesamte DDR-Unrecht wurde die Anklagequote nach einem Zwischenstand von 1999 zunächst grob mit 1 % beziffert. Sie wurde hauptsächlich auf die Ausdünnung im Ermittlungsverfahren im Bereich der Rechtsbeugung zurückgeführt[2935]. Abschließend kamen *Marxen/Werle/Schäfter* zum Stichtag 1. Februar 2007 im Rahmen des Forschungsprojekts „Strafjustiz und DDR-Unrecht" zu einer Anklagequote von ca. 1,4 % für DDR-Unrecht insgesamt[2936]. Sie weisen darauf hin, dass die tatsächliche Anklagequote eigentlich niedriger liegt, weil die Justizstatistiken zum Teil auch vereinigungsbedingte Wirtschaftsstrafta-

2932 *Weber*, GA 1993, 229 m. w. N.

2933 *Weber* a. a. O., 229.

2934 Nach Berechnungen von *Marxen/Werle/Schäfter* betrug der Anteil der Anklagen an allen Erledigungen der Staatsanwaltschaften bei den Landgerichten und der Amtsanwaltschaften im Jahr 1996 12,3 %, bei Hinzurechnung von Strafbefehlsanträgen erhöht sich die Quote auf 27,9 % (*Marxen/Werle/Schäfter*, Die Strafverfolgung von DDR-Unrecht Fakten und Zahlen, S. 25).

2935 *Marxen/Werle*, Die strafrechtliche Aufarbeitung von DDR-Unrecht. Eine Bilanz, S. 195 f., 234 f.

2936 *Marxen/Werle/Schäfter*, Die Strafverfolgung von DDR-Unrecht Fakten und Zahlen, S. 9, 25.

ten sowie Aussagedelikte, die in Verfahren wegen DDR-Unrechts begangen wurden, einbezogen[2937]. Die Quote liegt zwischen knapp 2 % (Berlin) und etwa 0,4 % (Brandenburg)[2938].

Aufgrund mangelnder bzw. unpräziser Daten für die einzelnen Deliktsgruppen aus Brandenburg und Berlin kann eine spezifische Anklagequote für alle Rechtsbeugungsverfahren nicht angegeben werden[2939]. In Thüringen lag sie bei nur 0,2 %[2940], in Mecklenburg-Vorpommern bei 1 %[2941]. Für Sachsen-Anhalt errechnet sich eine Quote von 2,5 %[2942]. Möglich ist immerhin eine Schätzung auf der Basis der obigen Schätzung des Anteils an den Ermittlungsverfahren wegen Rechtsbeugung, da die Gesamtanzahl der Anklagen ermittelbar ist.

Die Staatsanwaltschaften der neuen Bundesländer und Berlins hatten insgesamt 386 Anklagen wegen Rechtsbeugung erhoben bzw. Strafbefehle beantragt[2943]. Sie verteilen sich wie folgt: Berlin 159, Brandenburg 27,

2937 *Marxen/Werle/Schäfter*, a.a.O., S. 25.

2938 *Marxen/Werle/Schäfter*, a.a.O., S. 15, 17.

2939 *Marxen/Werle/Schäfter*, a.a.O., S. 15, 17. In der Vorläuferstudie war die Anklagequote für Rechtsbeugungsverfahren in Brandenburg noch auf 0,1 % beziffert worden (*Marxen/Werle*, Die strafrechtliche Aufarbeitung von DDR-Unrecht. Eine Bilanz, S. 183 Tabelle 15 zum Stand November 1997). Der weitaus größte Teil der Anklagen wegen Rechtsbeugung in Brandenburg wurde jedoch danach erhoben, wie sich aus der abschließenden Zusammenstellung ergibt (*Marxen/Werle/Schäfter*, a.a.O., S.28). Zu den Ungenauigkeiten der Erfassung in Brandenburg *Marxen/Werle/Schäfter*, a.a.O., S. 17.

2940 *Marxen/Werle/Schäfter*, a.a.O., S. 23.

2941 *Marxen/Werle/Schäfter*, a.a.O., S. 18.

2942 Eigene Berechnung aus den Angaben von *Marxen/Werle/Schäfter*, a.a.O., S. 21 und 28 (12 Anklagen bei 4.728 Ermittlungsverfahren).

2943 Eigene Berechnung; die Zahl wurde ermittelt aus einer Kombination der Zahlenangaben der Strafjustiz und Erhebungen des Forschungsprojekts „Strafjustiz und DDR-Vergangenheit" mit Stichtag 1. Februar 2007. Dabei wurde hier zu jedem Bundesland die jeweils höhere Zahl zugrunde gelegt. Die Divergenz ergibt sich aus der unterschiedlichen Art der Erfassung. Die Zahlen des Forschungsprojektes sind überwiegend niedriger, u.a. weil Grundeinheit der Datenerfassung ein Strafverfahren war und dieses definiert wurde durch die Zuordnung eines Aktenzeichens durch die StA. So wurde es auch als ein Verfahren gewertet, wenn die Beantragung mehrerer Strafbefehle oder die Kombination von Anklageerhebung und Strafbefehlsantrag unter demselben Aktenzeichen erfolgte, wobei dies durch die StA einzeln gezählt worden sein kann (*Marxen/Werle/Schäfter*, a.a.O., S. 26). Eine höhere Zahl von Anklagen als nach den Justizangaben kann sich insbesondere dort ergeben haben, wo Verfahren nicht erfasst wurden, in denen Anklagen noch vor Errichtung der Schwerpunktstaatsanwaltschaften erhoben wurden. Sie wurden von dem Forschungsprojekt gezielt recherchiert (*Marxen/Werle/Schäfter*, a.a.O., S. 27). So geht

Mecklenburg-Vorpommern 34, Sachsen 136, Sachsen-Anhalt 12, Thüringen 18[2944]. Es ist erstaunlich, dass in Sachsen (136) annähernd die gleiche Anzahl an Anklagen wegen Rechtsbeugung erhoben wurde wie in Berlin (159). Während in Berlin der Anteil der Anklagen wegen Justizunrechts 37 % der Anklagen und Strafbefehle wegen DDR-Unrechts ausmachte, betrug er in Sachsen 48,7 %[2945]. Dagegen wurde in Sachsen-Anhalt nur lediglich ein Anteil von 17,1 % erreicht[2946]. Insgesamt beträgt der Anteil

---

das Forschungsprojekt insgesamt nur von 374 Anklagen aus (*Marxen/Werle/Schäfter*, a.a.O., S. 28 Tab. 13).

Einen Zwischenstand hatte im Rahmen des Forschungsprojektes die Dissertation von *Hohoff* analysiert. Danach hatten die Staatsanwaltschaften der neuen Bundesländer und Berlins bis zum 31. August 1999 insgesamt in 317 Verfahren Anklage wegen Rechtsbeugung erhoben (*Hohoff*, An den Grenzen des Rechtsbeugungstatbestandes, S. 5, 7. Darin enthalten sind auch die Verfahren, in denen noch in der DDR Anklage erhoben worden war und die vor dem 3. Oktober 1990 noch nicht vollständig zum Abschluss gekommen waren. Sie wurden von der bundesdeutschen Justiz fortgeführt bzw. wieder aufgenommen. Es handelt sich dabei aber nur um zwei Verfahren - dazu *Hohoff*, a.a.O., S. 7,9). In der Folgezeit kamen weitere, u. a. in Brandenburg in der zweiten Jahreshälfte 1998 sowie etwa 20 dort im Jahr 1999 erhobene Anklagen hinzu, die in der Untersuchung nicht ausgewertet werden konnten (*Hohoff*, a.a.O., S. 8 Fn. 15). Außerdem wurden nach dem Stichtag der Untersuchung in Berlin und in besonders großer Zahl in Sachsen zusätzliche Anklagen wegen Rechtsbeugung erhoben (*Hohoff*, a.a.O., S. 10).

Die 317 von *Hohoff* erfassten Verfahren gegen teils mehrere Angeschuldigte betreffen 354 verschiedene Personen, wobei über 29 % von ihnen in zwei und mehr Verfahren angeklagt wurden (dazu *Hohoff*, a.a.O., S. 11 und 6). Aufgrund der Doppeltzählungen bei den Mehrfachanklagen entsprechen die 354 tatsächlich angeklagten Personen bei *Hohoff* der Zahl von 537 „Angeschuldigten" (*Hohoff*, An den Grenzen des Rechtsbeugungstatbestandes, S. 6, 11, 20). Diese Begrifflichkeit, mit der *Hohoff* operiert, ist jedoch unglücklich gewählt, da es nicht um mehr Angeschuldigte als beschuldigte natürliche Personen gehen kann. Vielmehr ist inhaltlich die Zahl von 537 *Anklagen* gemeint, welche in 317 *Anklageschriften* zusammengefasst sind (vgl. auch die einleitende Formulierung *Hohoffs*, Materialgrundlage seien 317 *Verfahren, in denen Anklage wegen Rechtsbeugung erhoben* worden sei *Hohoff*, a.a.O., S. 5; Hervorhebung v. d. zitierenden Verf.). Im Wege der Zusammenfassung mehrerer Fälle zu einem Rechtsbeugungsverfahren wurden dabei bis zum 31. August 1999 insgesamt 1525 DDR-Verfahren zum Gegenstand der von *Hohoff* ausgewerteten 317 Anklagen (i. S. v. Anklageschriften) gemacht (*Hohoff*, a.a.O., S. 14).

2944 *Marxen/Werle/Schäfter*, a.a.O., S. 16 Tabelle 3, S. 28 Tabelle 13, S. 18 Tabelle 4, S. 20 Tabelle 6, S. 28 Tabelle 13.

2945 *Marxen/Werle/Schäfter*, Die Strafverfolgung von DDR-Unrecht Fakten und Zahlen, S. 16, Tabelle 3 und S. 20, Tabelle 6. Stand: bis Oktober 2000.

2946 *Marxen/Werle/Schäfter*, Die Strafverfolgung von DDR-Unrecht Fakten und Zahlen, S. 22, Tabelle 8.

36,6 % der größte Anteil im Bereich des DDR-Unrechts, der die Gerichte beschäftigte[2947].

Bezieht man die Gesamtzahl der Anklagen und Strafbefehlsanträge auf die oben geschätzte Anzahl von 52.500 Ermittlungsverfahren wegen Rechtsbeugung, würde sich eine Anklagequote von etwa 0,7 %[2948] ergeben. Schätzt man den Anteil der Rechtsbeugungsverfahren höher, läge die Quote sogar nur bei 0,6 %. Es kann also gesagt werden, dass die Anklagequote in den Rechtsbeugungsfällen noch deutlich niedriger lag als bei dem übrigen DDR-Unrecht.

Die Zahl der Anklagen ist nicht mit der Zahl tatsächlich angeklagter Personen gleichzusetzen, da es Mehrfachanklagen[2949] und Zusammenfassungen mehrerer Verfahren gab. Nach neueren Erkenntnissen wurden insgesamt 397 Personen wegen Rechtsbeugung angeklagt. Ihr größter Anteil lag in Berlin (42,9 %), gefolgt von Sachsen (20,4 %)[2950]. Während der Anteil an den Angeschuldigten wegen aller Deliktsgruppen des DDR-Unrechts 35,6 % betrug, belief sich der Anteil an den tatsächlich angeklagten Personen auf 27,4 %. Im Vergleich dazu betraf bei 450 angeklagten Personen (= 31 %) die Anklage Gewalttaten an der Grenze und damit den weiteren Hauptkomplex der Strafverfolgung wegen DDR-Unrechts[2951]. Es wird geschätzt, dass maximal 5 % aller Richter und Staatsanwälte der DDR wegen Rechtsbeugung angeklagt wurden[2952].

2. Erklärungsansätze

Die niedrige Anklagequote von durchschnittlich 0,6 bis 0,7 % lässt sich mit den gleichen Gründen erklären, die zu der besonders hohen Zahl an Ermittlungsverfahren geführt haben (Anfangsverdacht in vielen Fällen aufgrund breit angelegter Ermittlungen[2953], der sich dann oft nicht zu einem hinreichenden Tatverdacht verdichten ließ oder schon als Anfangsverdacht zweifelhaft war). Hinzu kam die restriktive Rechtsprechung des

2947 *Marxen/Werle/Schäfter*, a.a.O., S. 29.

2948 Bei 386 Anklagen bzw. Strafbefehlen.

2949 Im Durchschnitt 1,19 Verfahren pro Person (*Marxen/Werle/Schäfter*, a.a.O., S. 33).

2950 *Marxen/Werle/Schäfter*, a.a.O., S. 32 Tab. 15, ausgehend von 374 Anklagen (dazu aber o.) gegen 618 Angeschuldigte.

2951 *Marxen/Werle/Schäfter*, a.a.O., S. 32 Tab. 15.

2952 *Hohoff*, An den Grenzen des Rechtsbeugungstatbestandes, S. 12; *Marxen/Werle (Hrsg.)*, a.a.O., S. XXXVII.

2953 Vgl. o., A.I.2.a).

BGH[2954]. Daneben dürften Zweifel an der Nachweisbarkeit des erforderlichen (direkten) Rechtsbeugungsvorsatzes die Anklagequote gedrückt haben. Außerdem musste auf viele Anklagen verzichtet werden, weil die beteiligten Richter und Staatsanwälte oder anderen Beschuldigten bereits verstorben oder verhandlungsunfähig waren. Das Gleiche gilt für die Durchführung von gerichtlichen Verfahren und Verurteilungen[2955].

III. Verurteilungen

Von den erhobenen Anklagen führte wiederum nur ein Teil zu Verurteilungen. Die im Fall der Verurteilung verhängten Sanktionen können insgesamt als milde bezeichnet werden.

1. Verurteilungsquote und Erklärungsansätze

Insgesamt kam es zu 181 Verurteilungen wegen Rechtsbeugung[2956]. Leider wird anders als bei den Anklagen hier nicht angegeben, welche Zahl tatsächlich betroffener Personen sich dahinter verbirgt. Sie dürfte etwas, aber nicht drastisch unter 181 liegen, da im Durchschnitt 1,19 Verfahren pro Person geführt wurden[2957].

Die Verurteilungsquote liegt deutlich niedriger als die Verurteilungsquote nach der allgemeinen Strafverfolgungsstatistik, die für das Jahr 1996 77,8 % betrug[2958]. Die Freispruchquote betrug knapp 40 % (und war damit höher als im Durchschnitt aller Verfahren wegen DDR-Unrechts 31 %[2959]), der Anteil der Verurteilungen an den Aburteilungen dementsprechend 60,1 %[2960]. Bezogen auf die (Doppelzählungen von tatsächlich betroffenen Personen enthaltende) Zahl von 618 Angeschuldigten betrug

2954 So auch *Marxen/Werle*, Die strafrechtliche Aufarbeitung von DDR-Unrecht. Eine Bilanz, S. 235.

2955 Angaben dazu insbes. bei *Schaefgen*, NJ 2000, 5; *Marxen/Werle/Schäfter*, Die Strafverfolgung von DDR-Unrecht Fakten und Zahlen, S. 37 ff.

2956 *Hohoff*, An den Grenzen des Rechtsbeugungstatbestandes, S. 41 Tab. 22, a.a.O., S. 43 Tab. 23.

2957 *Marxen/Werle/Schäfter*, a.a.O., S. 33.

2958 Dazu *Marxen/Werle/Schäfter*, a.a.O., S. 39 mit Fn. 84.

2959 *Marxen/Werle/Schäfter*, a.a.O., S. 56.

2960 *Marxen/Werle/Schäfter*, a.a.O., S. 40 f., Tab. 21.

die Verurteilungsquote dagegen nur 29,3 %[2961]. Diese Zahl ist insofern aussagekräftiger, als besondere Effekte im Zwischenverfahren mit einfließen.

Im Zwischenverfahren gab es nämlich einen besonders hohen Anteil von Verfahrensbeendigungen durch Nichteröffnungsbeschluss und Anklagerücknahme[2962], überwiegend bedingt durch die zwischenzeitlich ergangene BGH-Rechtsprechung, die in vielen Fällen die Straflosigkeit von DDR-Juristen zur Folge hatte[2963]. Zum einen kann dem Erklärungsansatz für die überdurchschnittlich starke Filterfunktion des Zwischenverfahrens gefolgt werden, wonach Staatsanwaltschaften und Gerichte im Bereich von DDR-Rechtsbeugung viel häufiger als sonst unterschiedliche Auffassungen über die Strafbarkeit des angeklagten Verhaltens vertreten haben[2964], wobei hier besonderer gerichtlicher Klärungsbedarf verschiedener rechtlicher Fragen zu konstatieren war. Zum anderen dürften besondere Schwierigkeiten beim Nachweis des erforderlichen Rechtsbeugungsvorsatzes bereits bei der Prognose im Zwischenverfahren eine Rolle gespielt haben.

Ergänzend kamen die Folgen des überdurchschnittlich hohen Alters[2965] der Betroffenen zum Tragen. Hierzu mangelt es an veröffentlichten Einzelzahlen zu Rechtsbeugungsverfahren. Zum Gesamtkomplex des DDR-Unrechts kann jedoch festgehalten werden, dass die Gerichte in mindestens 36 Fällen die Eröffnung des Hauptverfahrens mangels Verhandlungsfähigkeit ablehnten. Hinzu kamen mindestens zwei Fälle des

2961 Eigene Berechnung auf der Basis von *Marxen/Werle/Schäfter,* a.a.O., S. 41 Tab. 22. Dagegen gibt die dort aufgeführte Zahl von 24 % anders als von *Marxen/Werle (Hrsg.),* Strafjustiz und DDR-Unrecht 5/1: Rechtsbeugung, S. XXXVII zu dem Zitat angegeben nicht die Relation von Verurteilten zu Angeschuldigten wieder, sondern den Anteil der wegen Rechtsbeugung Verurteilten an sämtlichen wegen DDR-Unrechts Verurteilen.

2962 *Marxen/Werle (Hrsg.),* a.a.O., S. XXXVII; *Marxen/Werle/Schäfter,* Die Strafverfolgung von DDR-Unrecht Fakten und Zahlen, S. 37 f., wobei die Nichteröffnungsquote nicht spezifisch für Rechtsbeugungsverfahren, aber insgesamt für DDR-Unrecht mit 11 % angegeben ist (gegenüber 0,6 % als näherungsweise Vergleichsgröße nach der Rechtspflegestatistik). Mit 117 von 190 Fällen war dabei hauptsächlich die Deliktsgruppe der Rechtsbeugung betroffen. Ähnlich liegt es bei Anklagerücknahmen (44 von 48 betrafen Rechtsbeugung).

2963 Näher dazu *Hohoff,* An den Grenzen des Rechtsbeugungstatbestandes, S. 16 ff., zum damaligen Stand; *Marxen/Werle (Hrsg.),* Strafjustiz und DDR-Unrecht 5/1: Rechtsbeugung, S. XXXVII.

2964 *Marxen/Werle/Schäfter,* Die Strafverfolgung von DDR-Unrecht Fakten und Zahlen, S. 37.

2965 59,5 Jahre als Durchschnittsalter der wegen Rechtsbeugung Angeschuldigtem zum Anklagezeitpunkt, *Marxen/Werle/Schäfter,* a.a.O. S. 34 Tab. 16.

Versterbens nach Anklageerhebung. Bei den Anklagerücknahmen dürfte dies mit einiger Wahrscheinlichkeit ein ähnlich gewichtiger Faktor gewesen sein, auch wenn hier nur in Einzelfällen die Gründe erfasst sind[2966]. Im Hauptverfahren kamen weitere 43 Verfahrensbeendigungen aufgrund von Todesfällen hinzu sowie 67 aufgrund dauerhafter Verhandlungsunfähigkeit[2967]. Ein erheblicher Anteil dieser Fälle dürfte auf Rechtsbeugungsverfahren entfallen, da nur bei der Deliktsgruppe Amtsmissbrauch/Korruption das Durchschnittsalter höher war[2968]. Allein in Berlin (einschließlich OG-Angehörige) wurden bis zum 24.9.1999 Rechtsbeugungsverfahren gegen 118 Personen wegen Verhandlungsunfähigkeit oder Tod eingestellt[2969].

Auch beim Ergebnis der Hauptverhandlungen spielte wiederum die BGH-Rechtsprechung und die Problematik des Vorsatznachweises eine Rolle.

2. Verhängte Sanktionen

Bei den 181 Verurteilungen wegen Rechtsbeugung (nicht gleichzusetzen mit der Anzahl der verurteilten Personen, s. o., 1.) wurden fast durchgehend Freiheitsstrafen verhängt (97,2 %). Nur 2,8 % der Fälle wurden mit Geldstrafe geahndet. Gegenüber dem Geldstrafenanteil von 80 % nach der allgemeinen Verurteilungsstatistik deutet das auf die Einordnung als Kriminalität von erheblichem Gewicht. Von den Freiheitsstrafen wurden allerdings 96 % zur Bewährung ausgesetzt, was die allgemeine Sanktionspraxis von etwa 70 % in 1996 deutlich überschritt. Damit wird die Bewertung der Taten durch die Gerichte etwas weniger gewichtig. Es ergibt sich insgesamt eine Einstufung als mittelschwere Kriminalität[2970].

Immerhin sind einige ehemalige DDR-Richterinnen und Richter sowie ein Staatsanwalt wegen der Verhängung von Todesurteilen zu mehrjährigen Haftstrafen verurteilt worden: OG-Richter *Reinwarth* erhielt 3 Jahre und

2966 *Marxen/Werle/Schäfter*, a.a.O. S. 38.
2967 *Marxen/Werle/Schäfter*, a.a.O. S. 39.
2968 Vgl. *Marxen/Werle/Schäfter*, a.a.O., S. 34 Tab. 16.
2969 Vgl. *Schaefgen*, NJ 2000, 4.
2970 Vgl. *Marxen/Werle/Schäfter*, a.a.O., S. 42 f.

9 Monate Freiheitsstrafe[2971], wie bereits an anderer Stelle ausgeführt[2972]. Zwei der an den Todesurteilen gegen die beiden MfS-Offiziere *Teske* und *Trebeljahr* beteiligten Juristen (der Militärrichter am OG *Karl-Heinz Knoche* und der Militärstaatsanwalt *Heinz Kadgien*, Leiter der Abteilung I A der Militärstaatsanwaltschaft in Berlin-Ost) wurden vom LG Berlin, bestätigt durch den BGH, zu jeweils vier Jahren Freiheitsstrafe verurteilt[2973]. Dabei wurden in die Strafe des wegen Beihilfe verurteilten *Kadgien* zwei bereits rechtskräftige Verurteilungen wegen Rechtsbeugung in anderen Fällen einbezogen[2974]. Eine weitere vierjährige Freiheitsstrafe wurde gegen eine Richterin (*Irmgard Jendretzky*) verhängt, die an mehreren Waldheim-Todesurteilen mitgewirkt hatte[2975].

Die frühere Richterin am OG *Helene Kleine, verheiratete Heymann*, erhielt 1995 die mit fünf Jahren härteste gegen DDR-Juristen verhängte Freiheitsstrafe[2976]. Sie verstarb kurze Zeit nach dem Urteil des LG Berlin[2977], so dass das Verfahren ohne rechtskräftige Entscheidung endete. Die 77-Jährige

---

2971 LG Berlin NJ 1995, 211 ff., bestätigt durch BGH NJW 1996, 857 ff. Reinwarth war auch 1956 an der Verurteilung des in die DDR verschleppten westdeutschen Journalisten Fricke zu 4 Jahren Zuchthaus wegen Spionage gem. Art. 6 II DDR-Verf./1949 beteiligt. Insoweit wurde er jedoch freigesprochen (vgl. dazu LG Berlin NJ 1995, 211, 213 f.; bestätigt durch BGH NJW 1996, 857, 864 f., vgl. auch Kapitel 6, A.I., B.I.2.b) und Kapitel 7, A.II. Ein anderes Verfahren gegen Reinwarth wegen eines Todesurteils (Fall Strympe) wurde nach § 154 StPO eingestellt, *Bästlein*, Der Fall Mielke, S. 199 ff., 204.

2972 Vgl. dazu Kapitel 11, B.IV. und Kapitel 12 C, D.

2973 LG Berlin, Urt. v. 2.7.1998 (523) 29/2 Js 291/91 Ks (3/96) (Beleg zitiert nach *Hohoff*, An den Grenzen des Rechtsbeugungstatbestandes, S. 23 Fn. 54), bestätigt durch BGH, Beschl. v. 26.7.1999 - 5 StR 219/99, (BGHR StGB § 339 Rechtsbeugung 4 bzw. NStZ-RR 1999, 361); vgl. auch Süddeutsche Zeitung v. 3.7.1998, S. 5 sowie Kapitel 12, D. Ursprünglich waren auch zwei weitere beteiligte Richter sowie ein weiterer Staatsanwalt mitangeklagt, nämlich der Vorsitzende Militäroberrichter Fritz Erwin Nagel und der beisitzende Richter Lothar Ulrich Benkenstein sowie der Militäroberstaatsanwalt Leibner, Kadgiens Vorgesetzter (vgl. FAZ v. 30.9.1995, S. 8; Süddeutsche Zeitung v. 8.9.1995). Nagel und Benkenstein wurden allerdings für verhandlungsunfähig erklärt (*Bästlein*, Der Fall Mielke, S. 231 und 240). Hinsichtlich Leibners ist zum Verfahrensausgang nichts bekannt.

2974 Vgl. Süddeutsche Zeitung v. 3.7.1998, S. 5.

2975 LG Leipzig, Urt. v. 28.11.1997 - 1 Ks 825 Js 21999/94, abgedruckt in Marxen/Werle (Hrsg.), Strafjustiz und DDR-Unrecht 5/2: Rechtsbeugung, S. 795 ff., bestätigt durch BGH NJ 1999, 327, vgl. auch Süddeutsche Zeitung vom 29./30.11.1997, S. 10. Dazu bereits Kapitel 11, B.IV.1.d).

2976 FAZ sowie Süddeutsche Zeitung vom 31.3.1995; Werkentin, RuP 1996, 143 Fn. 4; dazu *Homann*, Herausforderungen an den Rechtsstaat durch Justizunrecht, S. 134 ff.

2977 *Grote*, Die DDR-Justiz vor Gericht, S. 104.

war wegen der Beteiligung an vier Todesurteilen und an der Verhängung von sechs zum Teil lebenslänglichen Freiheitsstrafen verurteilt worden[2978].

Allerdings sind jedenfalls vier Angeklagte wegen ihrer Mitwirkung an Todesurteilen lediglich zu Bewährungsstrafen verurteilt worden[2979]. Vollstreckbare Freiheitsstrafen wurden rechtskräftig gegen insgesamt sieben Richter und Staatsanwälte der DDR ausgesprochen[2980], das sind 3,8 % der Verurteilungen. Neben den soeben genannten vier Personen (den Fall der *Helene Heymann* mangels Rechtskraft nicht eingerechnet) betrifft dies folgende Fälle:

Eine DDR-Richterin wurde wegen der Verurteilung Ausreisewilliger zu drei Jahren Freiheitsstrafe verurteilt[2981]. Gegen eine weitere DDR-Richterin wurde eine Freiheitsstrafe von einem Jahr und neun Monaten ohne Bewährung verhängt[2982]. Daneben gab es einen weiteren Fall von Frei-

---

2978 Näher dazu *Grote*, Die DDR-Justiz vor Gericht, S. 104 ff.; *Homann*, Herausforderungen an den Rechtsstaat durch Justizunrecht, S. 123.

2979 Dazu *Hohoff*, An den Grenzen des Rechtsbeugungstatbestandes, S. 23 f. mit Nachweisen und BGHR StGB § 46 Abs. 1 Strafhöhe 12: Ein Angeklagter erhielt eine zur Bewährung ausgesetzte Freiheitsstrafe von 10 Monaten, ein anderer ein Jahr und drei Monate, ein weiterer ein Jahr und zehn Monate. Eine Richterin aus den Waldheimer Prozessen erhielt eine Bewährungsstrafe von zwei Jahren. Jedenfalls in ihrem Fall handelte es sich nicht um vollendeten, sondern versuchten Totschlag. Wegen Begnadigung war es nicht zur Vollstreckung des Todesurteils gekommen. Andererseits waren daneben 20 weitere Fälle von Rechtsbeugung, jeweils in Tateinheit mit Freiheitsberaubung, abzuurteilen. Der BGH sah einerseits, dass es um grobe Unrechtsurteile ging, andererseits, dass sehr gegenläufige Gesichtspunkte zu berücksichtigen waren. Da sich das LG hiermit sehr eingehend und rechtsfehlerfrei auseinandergesetzt habe, nahm der BGH als Revisionsgericht die Entscheidung hin, „auch wenn eine andere Entscheidung rechtlich möglich gewesen wäre oder gar näher gelegen hätte" (BGHR StGB § 46 Abs. 1 Strafhöhe 12 mit näheren Ausführungen).

2980 *Hohoff*, An den Grenzen des Rechtsbeugungstatbestandes, S. 22; *Marxen/Werle/Schäfter*, Die Strafverfolgung von DDR-Unrecht Fakten und Zahlen, S. 43 Tab. 23.

2981 Süddeutsche Zeitung v. 28.2.1997, S. 5; vgl. auch *Hohoff*, a.a.O., S. 25 mit Fn. 59.

2982 Vgl. Süddeutsche Zeitung v. 24.10.1996, S. 6 sowie *Hohoff*, a.a.O., S. 25 mit Fn. 59. Hierbei handelt es sich um den Fall, in dem das BVerfG die Rechtsbeugungsrechtsprechung des BGH durch Nichtannahme einer Verfassungsbeschwerde billigte, BVerfG NJW 1998, 2585 ff. = NJ 1998, 314, re. u. („derzeit verbüßt"). Die erneute Verurteilung geschah nach Aufhebung der zunächst verhängten zweijährigen Bewährungsstrafe und Reduzierung des Schuldspruches von acht auf drei Fälle. Dies übersieht der die zunächst verhängte Bewährungsstrafe als zu milde kritisierende *Wieners*, Rechtsbeugung im Zeitgeistwandel, S. 169 f.

heitsstrafe zwischen einem und zwei Jahren, die nicht zur Bewährung ausgesetzt wurde[2983].

Im Übrigen finden sich Angaben zu den Ergebnissen der Strafverfolgung bei den jeweiligen thematischen Komplexen, so etwa im Kapitel zu den Fallgruppen der Rechtsbeugung[2984], im Kapitel zu den Tatbeständen des politischen Strafrechts[2985], zu den Waldheimer Verfahren[2986], der „Aktion Rose"[2987], dem Havemann-Verfahren[2988] und anderen bekannten Fällen[2989].

B. Bewertung der Aufarbeitung von DDR-Justizunrecht2990

I. „Siegerjustiz"?

Gelegentlich wurde bezüglich der Verfolgung von DDR-Unrecht der Vorwurf der Siegerjustiz erhoben, um derartige Verfahren als illegitim zu kennzeichnen. Der Begriff der Siegerjustiz bezog sich ursprünglich auf Strafjustiz durch einen militärischen Sieger. Einen militärischen Sieg hat es beim Untergang der DDR nicht gegeben. Der Zusammenbruch kam von innen heraus, aus politischer und auch wirtschaftlicher Schwäche, vor allem aus mangelnder Akzeptanz des Systems und seiner Machthaber bei der Bevölkerung, die sich ihrer unter veränderten außenpolitischen Gegebenheiten entledigte. Schon vor dem freiwilligen Beitritt der neuen Bundesländer zur Bundesrepublik leiteten Rechtspflegeorgane der DDR im Gefolge der Wende des November 1989 Strafverfahren gegen Reprä-

---

2983 *Marxen/Werle/Schäfter,* Die Strafverfolgung von DDR-Unrecht Fakten und Zahlen, S. 46 Tab. 26, vgl. auch *Hohoff,* a.a.O., S. 25 mit Fn. 59 hier: LG Berlin, Urt. v 24.11.1997 (534) 30 Js 1042/93 Kls (39/97).

2984 Kapitel 5, A.IV.1. und B.I., II.

2985 Kapitel 6.

2986 Dazu Kapitel 11, B.IV.1.

2987 Dazu Kapitel 11, B.IV.2.

2988 Dazu Kapitel 11, B.IV.4.

2989 Dazu Kapitel 11, B.IV.3. und 5.

2990 Zur Bewertung des Standes der Aufarbeitung der „Regierungskriminalität" der DDR im Allgemeinen: *Schaefgen,* Die Strafverfolgung von Regierungskriminalität in der DDR in: Weber/Piazolo, Eine Diktatur vor Gericht, S. 64 f.

sentanten des Systems ein. Auch wegen Rechtsbeugung wurden Ermittlungen bereits vor dem 3. Oktober 1990 aufgenommen[2991].

Die nun demokratisch legitimierten Volksvertreter in der DDR sprachen sich mit der Zustimmung zum Einigungsvertrag, in dem der Wille zur strafrechtlichen Verfolgung deutlich sichtbar wird, gegen eine Amnestie aus[2992]. Es trifft auch nicht zu, dass die Bevölkerung in den neuen Ländern die Verfolgung der Täter im Grunde nicht wollte. Eine EMNID-Umfrage in Sachsen vom Mai 1992 hat ergeben, dass 67 % der Befragten die Verfolgung der Täter für richtig halte. 72 % der Befürworter hielten die Bemühungen der Justiz für noch nicht ausreichend[2993]. In der Verjährungs- und Amnestiedebatte der neunziger Jahre[2994] war letztlich keiner der Versuche, durch öffentlichen Druck einen Stimmungswandel hin zu Straffreiheit zu erreichen, erfolgreich[2995]. Daran waren gerade Stimmen aus den neuen Bundesländern maßgeblich beteiligt[2996].

In personeller Hinsicht hat es in der Justiz der neuen Bundesländer keinen vollständigen Kontinuitätsbruch gegeben, wie dies mit dem Schlagwort der „Siegerjustiz" suggeriert wird. Es saßen nicht ausschließlich Westdeutsche über Ostdeutsche zu Gericht. Nicht wenige Richter und Staatsanwälte der ehemaligen DDR sind in den Justizdienst der neuen Bundesländer übernommen worden und wirkten auch an Strafverfahren wegen Rechtsbeugung mit. Gleiches gilt vielfach für Schöffen, die bereits in Gerichten der ehemaligen DDR als Laienrichter amtierten[2997]. Wird darauf angespielt, dass kein westdeutscher Richter über Sachverhalte zu Gericht sitzen dürfte, die er nicht aus eigener Anschauung kenne, ist anzumerken, dass sich dies oft gerade zugunsten angeklagter SED-Funktionäre ausgewirkt haben dürfte[2998].

2991 Hierauf verweist auch *F.-C. Schroeder*, NJW 2000, 3017. Im Bereich der Rechtsbeugung können zwei Verfahren betreffend die Nichtverfolgung von Anzeigen wegen Fälschung der Kommunalwahlen vom 7. Mai 1989 genannt werden (dazu *Hohoff*, An den Grenzen des Rechtsbeugungstatbestandes, S. 9; *Marxen/Werle*, Die strafrechtliche Aufarbeitung von DDR-Unrecht. Eine Bilanz, S.51 f.).

2992 *Marxen/Werle*, a.a.O., S. 255.

2993 Zitiert nach: *Heitmann*, NJW 1992, 2180.

2994 Dazu ausführlich *Wingenfeld*, Die öffentliche Debatte über die Strafverfahren wegen DDR-Unrechts, S. 68 ff.

2995 *Wingenfeld*, a.a.O., S. 82.

2996 Dazu *Wingenfeld*, a.a.O., S. 68 ff.

2997 *Meinerzhagen*, Die Verfahren gegen ehemalige Richter der DDR, in: Weber/Piazolo, Eine Diktatur vor Gericht, S. 124.

2998 Dazu *Schuller*, FAZ v. 22. Februar 1995, S. 10.

Die materiellen Rechtsgrundlagen der Strafverfolgung gaben mit dem Erfordernis der doppelten Strafbarkeit Strafbarkeit sowohl nach DDR-Recht als auch nach BRD-Recht, Anwendbarkeit der milderen Regelung[2999] sogar mehr Raum für Freisprüche als das zur Tatzeit geltende DDR-Recht alleine. Dass der BGH den Maßstab dabei nicht konsequent am systemimmanenten Verständnis des DDR-Rechts ausrichtete[3000], machte die Ergebnisse nicht zu Siegerjustiz, da dem auf der anderen Seite die einschränkende Auslegung des Rechtsbeugungstatbestandes gegenüberstand[3001].

Bei der Strafzumessung wurden insbesondere der Systembezug der Taten bzw. die Einbindung der Täter in das System sowie das Versagen der bundesdeutschen Nachkriegsjustiz bei der Verfolgung nationalsozialistischer Justizverbrechen mildernd berücksichtigt[3002].

Besieht man sich die Ergebnisse der Rechtsprechung, so kann man mit *Schuller* sagen: Wenn das erbarmungslose Siegerjustiz sein soll, dann können die angeklagten SED-Funktionäre für solche Sieger nur dankbar sein[3003]. Von Siegerjustiz kann angesichts der geringen Anklagequote und der milden Ergebnisse keine Rede sein[3004], insbesondere nicht angesichts der sehr vorsichtigen Schätzung[3005], dass maximal 5 % aller Richter und Staatsanwälte der DDR wegen Rechtsbeugung angeklagt wurden. Die milden Ergebnisse charakterisieren sich einerseits durch die niedrigen verhängten Strafen[3006] und andererseits bereits durch eine sehr niedrige

2999 Dazu Kapitel 2.

3000 Dazu Kapitel 3.

3001 Dazu Kapitel 4. Den Vorwurf der Siegerjustiz wegen der einschränkenden Rechtsprechung des BGH für abwegig haltend auch MünchKom-*Uebele*, § 339 Rn. 39 m. w. N.

3002 Dazu Kapitel 12.

3003 *Schuller*, FAZ v. 22. Februar 1995, S. 10.

3004 So auch *F.-C. Schroeder*, DRiZ 1996, 88; *ders.*, Die Verfolgung der DDR-Staatsverbrechen nach der Wiedervereinigung, in: Eckart u. a. (Hrsg.), Wiedervereinigung Deutschlands (FS), S.416; *Wieland*, Vorwort, in: *Bästlein*, Der Fall Mielke, S. 10; *Prantl*, Süddeutsche Zeitung vom 1.9.1999, S. 4; *Körting*, RuP 1998, 131 (der auch auf die Haftentlassung Erich Honeckers im Jahre 1993 verweist); *Bär*, Jura 1999, 289; *Wassermann*, RuP 1999, 106; *Spendel*, RuP 2000, 235; *Marxen/Werle/Schäfter*, Die Strafverfolgung von DDR-Unrecht Fakten und Zahlen, Klappentext sowie S. 61; *Eppelmann*, Geleitwort, in: *Marxen/Werle/Schäfter*, Die Strafverfolgung von DDR-Unrecht Fakten und Zahlen, S. 4; *Marxen/Werle*, Die strafrechtliche Aufarbeitung von DDR-Unrecht. Eine Bilanz, S. 252 f; *Wieland/Albin*, Horch und Guck 2010, 8. 8. Vgl. Zum Vorwurf der Siegerjustiz auch *Loest*, Schlußwort, in: 40 Jahre SED-Unrecht, S. 85.

3005 *Hohoff*, An den Grenzen des Rechtsbeugungstatbestandes, S. 12; *Marxen/Werle (Hrsg.)*, Strafjustiz und DDR-Unrecht 5/1: Rechtsbeugung, S. XXXVII.

3006 S. o., A.III.2.

Anklage- und Verurteilungsquote[3007]. Nimmt man das besonders symbolische Beispiel der sehr harten Strafen, die wegen geplanter oder versuchter „Republikflucht" verhängt worden waren, dann haben sich die mutmaßlichen Erwartungen der Opfer und vieler anderer Bürgerinnen und Bürger wie auch der Staatsanwaltschaften am wenigsten erfüllt[3008]. Siegerjustiz wäre etwas anderes gewesen.

Die hohe Zahl zunächst eingeleiteter Ermittlungsverfahren relativiert sich nicht nur in Anbetracht der niedrigen Anklage- und Verurteilungsquote, sondern auch im Hinblick auf die viel höhere Zahl politischer Strafverfahren, die es in der DDR gegeben hatte. Die Zahl der aus politischen Gründen verurteilten und um ihre Freiheit gebrachten Menschen wird auf mindestens 150.000 bis 200.000, wenn nicht gar 250.000 geschätzt[3009]. Geahndet wurden nur schwerste Menschenrechtsverletzungen.

Abschließend kann gesagt werden, dass angesichts der rechtsstaatlichen Durchführung und der sehr maßvollen Ergebnisse der Strafverfolgung, die unter Gewährung aller Verfahrensgarantien zustande kamen, der Vorwurf von Siegerjustiz wie auch von „Rachejustiz" als widerlegt anzusehen ist.

II. Selektivität der Strafverfolgung?

Der Satz die „Kleinen hängt man, die Großen lässt man laufen" hat sich bei der strafrechtlichen Behandlung von DDR-Justizunrecht ebenso wenig wie bei der Ahndung der Todesschüsse an der innerdeutschen Grenze bewahrheitet[3010]. Das zeigen vielzählige Anklagen gegen Angehörige des OG und der GStA der DDR und entsprechende Verurteilungen[3011] wie auch die umfangreichen Ermittlungen gegen Stasi-Chef Mielke in rund

3007 S. o., A.II.1, A.III.1.

3008 Dazu Kapitel 7, A.VI.2.

3009 *Schaefgen*, NJ 2000, 3 m. w. N.. *Werkentin*, Politische Strafjustiz in der Ära Ulbricht, S. 13 hält Schätzungen, die von ca. 200.000 bis 250.000 Opfern ausgehen, für nicht übertrieben.

3010 So auch *Wieland*, Vorwort, in: *Bästlein*, Der Fall Mielke, S. 10, auch mit Ausführungen zu den Todesschüssen an der Berliner Mauer; *Marxen/Werle/Schäfter*, Die Strafverfolgung von DDR-Unrecht Fakten und Zahlen, Klappentext sowie S. 61; *Marxen/Werle*, Die strafrechtliche Aufarbeitung von DDR-Unrecht. Eine Bilanz, S. 253.

3011 Zahlenmaterial zu Berlin zum Zwischenstand 31.3.1997 bei *Marxen/Werle*, Die strafrechtliche Aufarbeitung von DDR-Unrecht. Eine Bilanz, S. 175, zum Zwischenstand 24.9.1999 bei *Schaefgen*, NJ 2000, 4 und zum Endstand vgl. o., A. III.2.

30 Fällen u. a. wegen seiner Beteiligung an Justizunrecht, das lediglich wegen Verhandlungsunfähigkeit nicht weiter verfolgt, aber umfassend aufgeklärt wurde[3012].

Gegen Richter und Staatsanwälte der DDR sind viele Verfahren eingeleitet worden (s. o.). Die Ermittlungen richteten sich insbesondere gegen Richter und Staatsanwälte beim Obersten Gericht und bei dem Generalstaatsanwalt der DDR[3013]. Die Verfahren haben unter anderem zu zwei Anklagen gegen den ehemaligen Vizepräsidenten und späteren Präsidenten des Obersten Gerichts, *Dr. Günter Sarge*, geführt, wobei allerdings das eine Verfahren nach § 154 II StPO[3014] und das andere Verfahren zunächst nach § 205 StPO und schließlich nach § 206a StPO[3015] eingestellt wurde.

Viele dieser Verfahren mussten leider ohne Ergebnis beendet werden. Mindestens 23 Verfahren gegen Angehörige des OG der DDR wurden wegen Verhandlungsunfähigkeit oder Tod eingestellt, ebenso mindestens 6 Verfahren gegen Angehörige der Generalstaatsanwaltschaft der DDR[3016].

Wie viele Richter und Richterinnen am OG der DDR insgesamt (einschließlich Bewährungsstrafen) verurteilt wurden, lässt sich hier nicht sagen[3017]. Jedenfalls sind 2 Richter am OG (davon ein Militärrichter) zu vollziehbaren Freiheitsstrafen verurteilt worden. Eine weitere OG-Richterin verstarb vor Rechtskraft ihrer entsprechenden Verurteilung. Der Leiter der Abteilung I A der Militärstaatsanwaltschaft in Berlin-Ost erhielt ebenfalls eine vollziehbare Freiheitsstrafe[3018].

Weitere hervorgehobene Personen aus dem Bereich der Staatsanwaltschaft erhielten Bewährungsstrafen. Rechtskräftig verurteilt wurden bereits am 14. 7. 1993 durch das LG Dresden der frühere Leiter der Staats-

---

3012 Dazu auch *Bästlein*, Der Fall Mielke, S. 105 ff. sowie Wieland, Vorwort, in: *Bästlein*, a.a.O., S.10.

3013 *Weber*, GA 1993, 196.

3014 *Marxen/Werle (Hrsg.)*, Strafjustiz und DDR-Unrecht 5/1: Rechtsbeugung, S. 18 Fn. 2; hier ging es um die Mitwirkung an Orientierungen zur Abweisung von Kündigungsschutzklagen von Ausreiseantragstellern (dazu Kapitel 5, B.II.). Seine in dem Verfahren mitangeklagten OG-Kollegen Dr. *Werner Strasberg* und *Walter Rudelt* wurden freigesprochen (*Marxen/Werle* [Hrsg.], a.a.O.); dazu auch Kapitel 9, B.III.

3015 Hier ging es um die Orientierungen zur strafrechtlichen Verfolgung von Ausreisantragstellern, dazu Kapitel 9, B.III., auch zu weiteren hochrangigen Mitangeklagten.

3016 *Schaefgen*, NJ 2000, 4 zum Zwischenstand 24.9.1999. Später kamen weitere Einstellungen hinzu.

3017 Mindestens ein Fall einer Bewährungsstrafe für ein Mitglied des OG ergibt sich aus einer Zusammenstellung von *Schaefgen*, NJ 2000, 4 zum Zwischenstand 24.9.1999. Sechs Angehörige des OG wurden nach dieser Zusammenstellung freigesprochen.

3018 S. o., A.III.2.

anwaltschaft der Stadt Dresden, der damalige Leiter der Bezirksstaatsanwaltschaft sowie der Leiter der für politische Strafsachen zuständigen Abteilung I A beim Bezirksstaatsanwalt[3019]. Bis 1999 wurden mindestens drei Angehörige der Generalstaatsanwaltschaft der DDR rechtskräftig verurteilt[3020]. Danach kamen noch zwei Verurteilungen der Leiterin der Abteilung I A des Generalstaatsanwalts der DDR hinzu[3021].

Aus dem Vergleich zur Gesamtzahl von Anklagen und Verurteilungen wegen Rechtsbeugung[3022] ergibt sich, dass andererseits nicht nur „die großen Fische", sondern auch einfache Justizangehörige breit zur Rechenschaft gezogen wurden. Eine Selektivität der Strafverfolgung lässt sich somit nicht feststellen.

III. Unter- oder Überkompensation des Versagens bei der Strafverfolgung von NS-Justizunrecht?

Die Versäumnisse bei der Strafverfolgung von NS-Justizunrecht[3023] können heute nicht mehr korrigiert werden. Daraus entsprang aber die Verantwortung der Justiz, sich nicht vom Zeitgeist beeinflussen zu lassen und nach dem Legalitätsprinzip das noch nicht verjährte DDR-Justizunrecht konsequent zu verfolgen. Eine Selbstamnestierung der Justiz wie nach den NS-Justizverbrechen durfte es nicht geben und hat es in dem Ausmaß auch nicht gegeben.

Das belegt schon die sehr hohe Anzahl eingeleiteter Ermittlungsverfahren. Auch wenn der Trichter bis hin zu rechtskräftigen Verurteilungen eng zusammenläuft, kann nicht behauptet werden, die Ermittlungen seien gänzlich im Sande verlaufen. Die niedrige Anklage- und Verurteilungsquote erklärt sich zwar teilweise aus der sich mit der Zeit herauskristallisierenden restriktiven Rechtsprechung des BGH, aber keineswegs ausschließlich. Sie resultiert zum Teil auch daraus, dass zunächst in sehr breitem Rahmen ermittelt wurde. Letzteres ist zu begrüßen und zeugt von einem gegenüber dem Umgang mit NS-Justizunrecht[3024] ver-

3019 LG Dresden NJ 1993, 519ff.
3020 *Schaefgen*, NJ 2000, 4 zum Zwischenstand 24.9.1999.
3021 Dazu Kapitel 9, B.I.3.e)aa) und III.
3022 Dazu o., A. II. und III.
3023 Dazu Kapitel 13, C.
3024 Vgl. dazu Kapitel 13, C.

besserten Verfolgungsansatz, der auch im Ergebnis zu einer beachtlichen Anzahl von Verurteilungen führte. So räumt auch *Werkentin* schon früh ein, gemessen am Umgang der deutschen Justiz mit den Blutrichtern der NS-Diktatur habe die Rechtsprechung einen großen Sprung nach vorn gemacht[3025]. Im Unterschied zur Verfolgung des NS-Justizunrechts wurde außerdem das Erfordernis, einen direkten Rechtsbeugungsvorsatz nachzuweisen, nicht willkürlich von der Rechtsprechung aufgestellt, sondern war vom anzuwendenden DDR-Gesetz vorgegeben. Soweit sich daraus eine niedrige Anklage- und Verurteilungsquote ergab, war das also der Justiz nicht anzulasten. Hinzu kam rein faktisch, dass die DDR sehr viel länger überdauert hatte als das NS-Regime, so dass ein höherer Anteil von Beschuldigten bereits verstorben oder verhandlungsunfähig war, als mit dem Systemwechsel die Strafverfolgung begann. Es war also weitgehend absehbar und nur teilweise durch bessere Organisation vermeidbar[3026] -, dass sich der Ausgangspunkt der Ermittlungen in einer vergleichsweise niedrigen Anklage- und Verurteilungsquote niederschlagen würde.

Kritisch zu beurteilen bleibt aber die dogmatisch unhaltbare Einschränkung der Strafbarkeit von Rechtsbeugung durch DDR-Justizangehörige insbesondere auf Willkürakte durch den BGH, auf die an anderer Stelle vertieft eingegangen wurde[3027]. Hierin ist ein erneuter schwerer Fehler bei der Aufarbeitung von Justizunrecht zu sehen. Daher kann keinesfalls von einem übertriebenen Verfolgungseifer im Sinne einer Überkompensation des Versagens der bundesdeutschen Justiz nach 1945 gesprochen werden. Im Gegenteil war trotz der oben angesprochenen Verbesserung immer noch eine zu schonende Haltung gegenüber den Justizkollegen des untergegangenen Systems festzustellen. Das zeigt sich auch in der zwar weiterentwickelten, aber immer noch die Sperrwirkung des Rechtsbeugungstatbestandes zubilligenden Rechtsprechung zu Scheinverfahren[3028] und zum Teil auch im Bereich der Strafzumessung[3029].

Wenn *König* auf die Milde des BGH hinsichtlich der Grenzsoldaten verweist und zu dem Ergebnis kommt, eine einseitige Bevorzugung des eigenen Berufsstandes könne man ihm jedenfalls im Binnenvergleich der Aufarbeitung des SED-Unrechts nicht anlasten[3030], so ist einzuräumen, dass auch Mauerschützen von der Rechtsprechung milde behandelt wurden.

3025 *Werkentin*, RuP 1996, 141.

3026 Dazu Kapitel 13, D.II.

3027 Dazu eingehend Kapitel 4 B. und C, insbes. B.III. 7, auch Kapitel 13, C.II.4.

3028 Dazu Kapitel 11, B.IV.4.b)dd) und Kapitel 13, C.II.2.

3029 Dazu unten, B.V.

3030 *König*, JR 1997, 318.

Doch die dogmatischen Einschränkungen, wie sie beim Rechtsbeugungstatbestand vorgenommen wurden, stellen durchaus eine strukturelle Besonderheit dar.

Wenig plausibel ist angesichts der Schonhaltung des BGH auch das ideologische Interpretationsmuster einiger, das die schärfere Verfolgung von DDR-Juristen gegenüber NS-Juristen hervorhebt und mit geringerer Hemmschwelle aus politischen Gründen erklärt. So schloss sich der frühere DDR-Anwalt *Friedrich Wolff* für die unterschiedliche Handhabung der Strafverfolgung von DDR- und NS-Juristen der Erklärung von *Lamprecht* an:

> „Die braunen Juristen waren, auch wenn sie Abscheuliches begangen hatten, vom eigenen Stamm: gleiche Dogmatik, gleiche Ausbildung, gleiche Qualifikation. Die roten Juristen dagegen kommen aus einer fremden Zucht. Beißhemmungen hat man in der Regel nur bei den schwarzen Schafen der eigenen Familie, nicht bei den Schmuddelkindern der anderen."[3031]

Dies lässt auch die Tatsache unbeachtet, dass die mit der Aufarbeitung von DDR-Unrecht befasste Justiz aus einer anderen, nicht NS-belasteten Generation von Juristen bestand. Die „Beißhemmung" innerhalb der eigenen Familie scheint eher auf Justizjuristen allgemein bezogen zu sein. Wenn diese „Beißhemmung" dadurch relativiert ist, dass dennoch ein unbestreitbarer Unterschied in der Verfolgungsintensität im Vergleich zum NS-Justizunrecht besteht, dann deshalb, weil immerhin eine Lehre aus dem Scheitern der strafrechtlichen Verfolgung von NS-Juristen gezogen wurde nämlich die Erkenntnis der an sich schon aus dem Legalitätsprinzip folgenden Notwendigkeit, die Juristen, die in einem später untergegangenen System Schuld auf sich geladen haben, grundsätzlich strafrechtlich zu verfolgen. Dass diese Aufgabe nach 1945 vernachlässigt wurde, ist kein Grund und durfte nicht Anlass sein, nach 1989 den gleichen Fehler erneut zu begehen. Es gibt keine Gleichheit im Unrecht. Dies wäre vom rechtsstaatlichen Gleichheitsgrundsatz nicht gedeckt. Das Versagen der Nachkriegsjustiz durfte nicht um der formalen Gleichheit willen zu einem fatalen erneuten Unterlassen führen, das die Glaubwürdigkeit der Justiz erschüttert hätte.

Trotzdem warnten manche davor, „zwanghaft" zu Anklagen und Verurteilungen zu kommen[3032], um die Versäumnisse nach 1945 durch Über-

---

3031 *Lamprecht*, Diskurs im Recht, ZRP 1994, 184; *Wolff*, DRiZ 1996, 90.
3032 *Weber*, GA 1993, 211.

eifer zu kompensieren[3033]. Es wurde darauf hingewiesen, dass die Fehler bei der Aufarbeitung unserer Nazi-Vergangenheit nicht durch „Fehlbetonungen oder Überreaktionen" im Umgang mit der Justiz in 40 Jahren DDR sozusagen wiedergutzumachen oder auszulöschen wären[3034]. Richtig daran ist nur, dass der Schuldnachweis rechtsstaatlich geführt werden und das Strafmaß schuldangemessen sein muss. Wie die Zahlen zeigen, kann von einem unnachsichtigen Verfolgungseifer, durch den in der Vergangenheit gemachte Fehler wieder ausgeglichen werden sollen, keine Rede sein[3035]. Bemerkenswerterweise ist der BGH sogar geneigt, die Folgen des Versagens der bundesdeutschen Justiz nach 1945 beim Strafmaß mildernd zu berücksichtigen[3036]. Am Legalitätsprinzip, das eine Verfolgung der Straftaten des DDR-Justizunrechts verlangt, können obige Einwände jedoch nichts ändern. Die umfassende strafrechtliche Untersuchung der Geschehnisse ist eine wichtige Lehre aus der Geschichte[3037]. Es war richtig und gut, dass anders als nach 1945 nichts verdeckt und verschleppt wurde. *F.-C. Schroeder* bemerkt zutreffend, dass es nicht nur um die „Geschichtsbewältigung" durch Strafrecht gehe, sondern sich auch die justizielle Behandlung des DDR-Unrechts ihrerseits einmal dem Urteil der Geschichte werde stellen müssen[3038].

IV. Scheitern oder Gelingen der Aufarbeitung im Grundansatz?

Angesichts der immerhin erzielten Ergebnisse kann trotz der oben[3039] aufgezeigten Grenzen von einem Scheitern keine Rede sein[3040]. Dies gilt, obwohl manche meinen, die strafrechtliche Aufarbeitung von DDR-Justizunrecht sei misslungen, weil lediglich Extrem- und Exzessfälle geahn-

3033 *Rautenberg*, NJ 1995, 618; *Arnold/Weigend*, ROW 1997, 92; wohl auch *Roggemann*, NJ 1997, 230 und *ders.*, Systemunrecht und Strafrecht am Beispiel der Mauerschützen, S. 8; *Prantl*, Deutschland leicht entflammbar, S. 231.

3034 *Däubler-Gmelin*, in: 40 Jahre SED-Unrecht, S. 24.

3035 So auch *Schaefgen*, NJ 2000, 5.

3036 BGH NJW 1996, 857, 863 f., dazu Kapitel 12, D.

3037 *Schaefgen* NJ 2000, 5.

3038 *F.-C. Schroeder*, DRiZ 1996, 88.

3039 Kapitel 3 und 4.

3040 Ähnlich *Schaefgen*, Die Strafverfolgung von Regierungskriminalität in der DDR, in: *Weber/Piazolo*, Eine Diktatur vor Gericht, S. 64; *Wieland*, Vorwort, in: *Bästlein*, Der Fall Mielke, S. 10. Vgl. dazu bereits Kapitel 3, A.III.4.

det würden[3041]. Hierbei sind insbesondere die verfassungsrechtlichen Grenzen zu bedenken. Gegen den pauschalen Vorwurf des Versagens im Sinne einer auf den BGH fokussierten Kritik wird auch darauf hingewiesen, dass immerhin ein Großteil der Literatur zu einer gänzlichen Straflosigkeit gelangt, indem schon die Unrechtskontinuität der Rechtsbeugungstatbestände verneint wird[3042]. Dem ist der BGH nicht gefolgt. Im Gegenteil hat er das Grundsignal[3043] der Strafbarkeit gesetzt. Weitere durchaus richtige und begrüßenswerte Ansätze sind zu verzeichnen, etwa bei der Ahndung drakonischer Strafen. Auch gab der BGH die frühere Formel, Rechtsblindheit schließe den Vorsatz der Rechtsbeugung aus, auf[3044]. Insgesamt gestand der BGH ein „folgenschweres Versagen der bundesdeutschen Strafjustiz" bei der Verfolgung nationalsozialistischen Justizunrechts ein und setzte sich damit auseinander[3045].

Das vermochte nichts daran zu ändern, dass die Rechtsprechung etwa hinnehmen musste, dass die Tatbestände des politischen Strafrechts der DDR derart weit gefasst waren, dass eine vorsätzliche Überdehnung nur in seltenen Fällen überhaupt annehmbar war. Dennoch bleibt, wie auch für Teile der Literatur, die strafrechtliche Beurteilung der DDR-Justizverbrechen unbefriedigend[3046], wie insbesondere in den Kapiteln 3, 4, 11 und 12 deutlich wurde. Es ist allerdings anzuerkennen, dass breit ermittelt wurde und die Justiz bei der Aufarbeitung schon angesichts des Arbeitsumfangs Beachtliches geleistet hat.

V. Zu grosse Milde bei der Strafzumessung?

Leider ist festzustellen, dass die Rechtsprechung zum Teil eine überaus große Milde bei der Strafzumessung hat walten lassen, insbesondere beim Vorwurf der Verhängung von Todesurteilen. Kriterien wie das lange Zurückliegen der Tat, die Einbindung in das politische System der DDR mit seinen Einflussnahmen auf die DDR-Justiz und das Versagen der bundesdeutschen Justiz bei der Verfolgung von NS-Justizunrecht sind zwar

3041 *Wassermann*, FS Kaiser, S. 1418; *ders.*, RuP 1999, 101 ff.

3042 *Krakowsky*, Die Aufarbeitung des SED-Unrechts durch BGH und Literatur – ein Vergleich, S. 261 f.

3043 Dazu auch *Marxen/Werle/Schäfter*, Die Strafverfolgung von DDR-Unrecht Fakten und Zahlen, S. 57 f.

3044 Dazu Kapitel 10, B.IV.

3045 Dazu Kapitel 13, C.III.1; Kapitel 10, B.IV.

3046 So auch *Spendel*, RuP 2000, 235 („höchst unbefriedigend").

nicht grundsätzlich verfehlt angewandt, aber doch zu stark gewichtet worden[3047]. Dass jedenfalls vier Angeklagte wegen ihrer Mitwirkung an Todesurteilen und damit die Hälfte der insoweit rechtskräftig Verurteilten lediglich Bewährungsstrafen erhielten, ist schwer nachvollziehbar[3048].

Die allgemein auch die nicht die Beteiligung an Todesurteilen betreffende überdurchschnittlich häufige Strafaussetzung zur Bewährung nach § 56 StGB[3049] wurde mit einer günstigen Sozialprognose begründet. Dabei spielte eine Rolle, dass Rechtsbeugungsdelikte als mögliche Wiederholungstaten schon deswegen ausschieden, weil die Verurteilten nicht mehr in der Justiz tätig waren[3050]. Das System war untergegangen, das die Rahmenbedingungen mit sich brachte, unter denen die Taten begangen wurden. Daher ist die überdurchschnittlich häufige positive Sozialprognose, die zur Aussetzung führte, nachvollziehbar.

Dass freilich das Strafmaß fast durchweg auf eine aussetzungsfähige Höhe beschränkt wurde, kann nicht pauschal beurteilt werden, ohne die einzelnen Fälle zu analysieren, erscheint allerdings insgesamt als sehr milde[3051]. Hier hielt sich der BGH teils aus revisionsrechtlichen Gründen zurück und griff nicht in die tatrichterliche Strafzumessung ein.

C. Zusammenfassung

Mindestens 70 % aller Ermittlungsverfahren wegen DDR-Unrechts betrafen das Justizunrecht. Das wären geschätzte 52.500 Verfahren. In diesem Bereich war aber die Anklagequote besonders gering etwa 0,6- 0,7 %. Immerhin waren die Gerichte bei der Aufarbeitung des DDR-Unrechts noch zu mehr als einem Drittel mit Rechtsbeugungsverfahren befasst. Es kam zu 181 Verurteilungen, sieben davon zu vollstreckbaren Freiheitsstrafen von bis zu vier bzw. fünf[3052] Jahren.

3047 Näher dazu Kapitel 12.

3048 Dazu o., A.III.2.

3049 Dazu o., A.III.2.

3050 *Hohoff*, An den Grenzen des Rechtsbeugungstatbestandes, S. 26 mit Nachweisen aus der instanzgerichtlichen Rechtsprechung.

3051 Man kann es auch als „ungemein nachsichtig" bezeichnen, so *Spendel*, JR 1996, 181 und 184 zu bestimmten einzelnen Urteilen. Dezidierter *des.*, a.a.O., 185: „übergroße Nachsicht".

3052 Die fünfjährige Freiheitsstrafe wurde allerdings wegen Todes der Angeklagten nicht rechtskräftig.

Zur Bewertung ist zunächst festzuhalten, dass es strukturell und auch angesichts der oben (unter A.) bilanzierten Ergebnisse in keiner Weise gerechtfertigt war, von Siegerjustiz zu sprechen. Eher lässt sich die Rechtsprechung als zu restriktiv angreifen. Dies betrifft aber vor allem die dogmatischen Ansatzpunkte des BGH.

Auch lässt sich keine Selektivität der Strafverfolgung nach Rangstellung innerhalb der Justiz feststellen. Das Versagen der bundesrepublikanischen Justiz bei der Verfolgung des NS-Justizunrechts wurde bei der Verfolgung von DDR-Unrecht nicht überkompensiert. Im Gegenteil ist trotz Anerkennung des Versagens durch den BGH noch eine zu große Milde zu verzeichnen gewesen.

Insgesamt ist die strafrechtliche Aufarbeitung von DDR-Justizunrecht in vielerlei Hinsicht unbefriedigend verlaufen, keineswegs aber gescheitert. Im Kontext der rechtsstaatlichen Vorgaben und Einschränkungen konnten nicht alle Erwartungen, insbesondere der Opfer, erfüllt werden. Trotz der Kritik von allen Seiten nimmt sich die Gesamtbewertung der Aufarbeitung von DDR-Justizunrecht nicht schlecht aus. Insgesamt hat sich der Rechtsstaat bewährt und auch die selbstkritische Auseinandersetzung der Justiz mit dem Versagen bei der Verfolgung von Justizunrecht der NS-Zeit ihren wenn auch nicht ausreichenden Niederschlag gefunden.

So kann im Wesentlichen der Bilanz von *Marxen*, *Werle* und *Schäfter* gefolgt werden, die befinden, die Strafjustiz sei ihrer Aufgabe im Wesentlichen gerecht geworden und habe damit einen wichtigen Beitrag zur Aufklärung und Anerkennung von DDR-Unrecht geleistet[3053]. Soweit deren Bilanz auch die Konzentration auf die Ahndung schwerer Menschenrechtsverletzungen für sachgerecht hält[3054], kann dem allerdings nicht zugestimmt werden.

3053 *Marxen/Werle/Schäfter*, Die Strafverfolgung von DDR-Unrecht Fakten und Zahlen, Klappentext und S. 57, 59; ähnlich schon *Marxen/Werle*, Die strafrechtliche Aufarbeitung von DDR-Unrecht. Eine Bilanz, S. 241. Eingehender dazu *Marxen/Werle*, a.a.O., S. 245 ff.

3054 *Marxen/Werle/Schäfter*, Die Strafverfolgung von DDR-Unrecht Fakten und Zahlen, S. 57.

16. Kapitel: Zusammenfassung

1. Die strafrechtliche Befassung mit DDR-(Justiz)unrecht kann auf der Basis eines rechtsstaatlichen Straf- und Strafprozessrechts einen zwar nur begrenzten, aber doch wichtigen Beitrag zur Aufarbeitung von Systemunrecht leisten.

2. Eine Ahndung von DDR-Justizunrecht scheidet trotz der z.T. erheblichen Unterschiede zwischen der Justiz der DDR und der Justiz der Bundesrepublik nicht von vornherein aus. Der BGH hat die erforderliche Unrechtskontinuität zwischen den jeweiligen Rechtsbeugungstatbeständen zu Recht bejaht. Als Tatzeitrecht ist § 244 DDR-StGB anzuwenden, sofern nicht § 339 StGB bzw. § 336 a. F. insbesondere wegen der überwiegend genutzten Möglichkeit der Strafaussetzung zur Bewährung im konkreten Fall das mildere Recht ist (§ 2 I, III StGB i. V. m. Art. 315 EGStGB i. d. F. des Einigungsvertrages).

3. Die strafrechtliche Beurteilung von Handlungen früherer DDR-Justizjuristen hat soweit nicht im Einzelfall bundesrepublikanisches Recht das mildere ist auf der Grundlage des zur Tatzeit geltenden Rechts der DDR, der besonderen Züge ihres Rechtssystems, des darin geltenden Rechtsverständnisses und der in der DDR geltenden Auslegungsmethoden zu erfolgen. Daraus ergaben sich gegenüber den am Grundgesetz orientierten Wertvorstellungen der Bundesrepublik beträchtliche Einschränkungen für eine Strafverfolgung von Richtern und Staatsanwälten.

Dabei will der BGH zwar im Prinzip die Auslegungsmethoden der DDR zugrunde legen, meint aber, diese hätten eine menschenrechtsfreundliche Auslegung zugelassen und erfordert. Damit erfasst er das Rechtsverständnis der DDR nicht adäquat und gerät in Konflikt mit dem Rückwirkungsverbot des Art. 103 II GG. Mit einer konsequent systemimmanenten Auslegung des DDR-Rechts würde Art. 103 II GG dagegen Genüge getan.

Jedenfalls im Hinblick auf § 244 DDR-StGB ist ein Judizieren gegen „übergesetzliches Recht“ als straflos anzusehen. Die gegenteilige Auffassung der Rechtsprechung und von Teilen der Literatur hat insoweit keine praktische Bedeutung für die Ahndung von DDR-Justizunrecht erlangt, als der BGH in den Vorschriften des politisch motivierten Strafrechts der DDR keinen zur Nichtigkeit führenden Verstoß gegen übergesetzliches Recht oder den „Kernbereich des Rechts“ gesehen hat.

4. Das erste Urteil des BGH zur DDR-Rechtsbeugung erging am 13. 12. 1993. Es folgten ergänzende Urteile am 9. 5. und 6. 10. 1994 sowie am 5. 7. und 15. 9. 1995. Damit war – trotz zu kritisierender Einschränkungen – die grundsätzliche Strafbarkeit von DDR-Justizunrecht als Rechtsbeugung klargestellt und eine orientierende Grundlage für die weitere systematische Strafverfolgung geschaffen. Diese Leitlinien ergänzte der BGH in zahlreichen weiteren Urteilen.

Nach der Rechtsprechung des BGH ist eine Bestrafung von DDR-Juristen wegen Rechtsbeugung auf Fälle zu beschränken, „in denen die Rechtswidrigkeit der Entscheidung so offensichtlich war und insbesondere die Rechte anderer, hauptsächlich ihre Menschenrechte, derart schwerwiegend verletzt worden sind, dass sich die Entscheidung als Willkürakt darstellt.“ Eine derartige Einschränkung des objektiven Tatbestandes findet jedoch im Gesetz keine Grundlage. Sie ist daher in der Literatur zu Recht scharf kritisiert worden. Es handelt sich um eine aus dem Gesetz nicht zu rechtfertigende Einschränkung des Tatbestands. Den vom BGH angeführten verfassungsrechtlichen Erwägungen, insbesondere im Hinblick auf das Rückwirkungsverbot (Art. 103 II GG), hätte ausreichend dadurch Rechnung getragen werden können, dass man jede Gesetzesanwendung als vertretbar und damit auf der Grundlage der objektiven Rechtsbeugungstheorie als straffrei angesehen hätte, die nach den Auslegungsmethoden der DDR und bei Berücksichtigung des in der DDR geltenden Rechtsverständnisses sowie der besonderen Züge des Rechtssystems der DDR noch vertretbar erschien. Das Fehlen der vom BGH aufgestellten Voraussetzungen hat zu zahlreichen Freisprüchen und Verfahrenseinstellungen geführt.

Die von den Einschränkungen ausgenommenen Fälle sogenannter Einzelexzesse haben in der Rechtsprechungspraxis kaum Bedeutung erlangt. Zentrales Element der tatbestandseinschränkenden Rechtsprechung ist das Erfordernis eines Willkürakts. Der Begriff des Willkürakts ist ebenso vage wie wertungsabhängig.

5. Konkretisierend hat der BGH Fallgruppen benannt, in denen eine Bestrafung von DDR-Juristen wegen Rechtsbeugung auch bei Berücksichtigung seiner einschränkenden Willküraktrechtsprechung in Betracht kommen soll. Danach soll ein Willkürakt dann vorliegen, wenn Straftatbestände

unter Überschreitung des Gesetzeswortlautes oder unter Ausnutzung ihrer Unbestimmtheit derart überdehnt worden sind, dass eine Bestrafung als offensichtliches Unrecht anzusehen ist, oder wenn die Strafe in einem unerträglichen Missverhältnis zu der angeklagten Handlung gestanden hat, so dass die Strafe, auch im Widerspruch zu Vorschriften des DDR-Strafrechts, als grob ungerecht und schwerer Verstoß gegen die Menschenrechte erscheinen muss, oder schließlich bei Menschenrechtsverletzungen durch die Art und Weise der Durchführung von Verfahren, sowie wenn die Strafverfolgung und die Bestrafung überhaupt nicht der Verwirklichung von Gerechtigkeit, sondern der Ausschaltung des politischen Gegners oder einer bestimmten sozialen Gruppe gedient haben.

Diese vom BGH gebildeten Fallgruppen der Rechtsbeugung lassen sich jeweils auf die Verletzung seinerzeit in der DDR geltenden Rechts zurückführen. Der Versuch des BGH, den Willküraktbegriff durch die Orientierung an Fallgruppen auszufüllen, gelingt nur teilweise und reicht zur Konkretisierung vor der Entscheidung einzelner Fälle nicht aus.

In der Praxis hat die Fallgruppe der Übermassstrafe insofern die größte Bedeutung erlangt, als hierauf die meisten Verurteilungen gestützt wurden. Insgesamt aber bleiben die konkreten Ergebnisse der Rechtsprechung in vielen Fällen harter Strafen hinter den Erwartungen zurück. Bei der Annahme echter Wortlautüberdehnung war der BGH besonders zurückhaltend. Die Fallgruppe der Art und Weise sowie des Missbrauchs des Verfahrens hat bei den Aburteilungen eine quantitativ eher untergeordnete Rolle gespielt. Besonders interessant sind in diesem Zusammenhang die Fälle von Scheinverfahren, die der BGH zu Unrecht und mit der Folge der Sperrwirkung für andere Delikte dem Rechtsbeugungstatbestand zuordnet (dazu unten mehr).

6. Auch Staatsanwälte und unter bestimmten Voraussetzungen StaSi-Leute konnten sich wegen Rechtsbeugung bzw. Teilnahme hieran strafbar machen. Hier ist als ein Beispiel die Nichtverfolgung von Wahlfälschungen zu nennen.

7. In subjektiver Hinsicht setzt die Strafbarkeit von DDR-Justizunrecht direkten Rechtsbeugungsvorsatz voraus. Nur eine *wissentlich* gesetzwidrige Entscheidung erfüllt den Tatbestand des § 244 DDR-StGB. Als Folge dieser im Vergleich zu § 339 StGB engeren Ausgestaltung des DDR-Rechtsbeugungstatbestandes war die strafrechtliche Verfolgung vieler objektiver Rechtsbeugungshandlungen von vornherein ausgeschlossen.

Denn bei lediglich bedingt vorsätzlichem Handeln verbleibt es nach dem Günstigkeitsprinzip des § 2 III StGB i. V. m. Art. 315 I EGStGB bei der sich aus § 244 DDR-StGB ergebenden Straflosigkeit.

Die Irrtumsproblematik ist beim Tatbestand der Rechtsbeugung besonders kompliziert. Die Frage, wie hier die Phänomene von Indoktrinierung und Ideologisierung einzuordnen sind und welche Auswirkungen sie auf die Strafbarkeit haben, stellte sich nach dem Ende der DDR nicht zum ersten Mal. Dies war schon im Rahmen des Umgangs mit NS-Justizunrecht in der Bundesrepublik teils heftig umstritten gewesen. Obwohl hier vielfach mit dem Begriff der „Rechtsblindheit" operiert wurde, mangelte es an einer einheitlichen und präzisen Definition. Die unklare Handhabung oder gar Verkennung weiterer Kategorien wie „Verblendung" und „Überzeugungstäter" machte das Feld nicht übersichtlicher.

Richtigerweise ist Rechtsblindheit zu definieren als die auf ideologischer Verblendung beruhende Fehlvorstellung von Recht und Unrecht. Jemand handelt also rechtsblind, wenn er (trotz körperlich-geistiger Fähigkeit hierzu) das Unrecht seiner Tat aus ideologischer Verblendung nicht erkennt, sondern gerade für Recht hält.

In der Nachkriegsrechtsprechung ist allerdings erkennbar, dass unter dem Schlagwort der Rechtsblindheit der damit verknüpfte zur Straffreiheit führende Tatbestandsirrtum zu Unrecht auch solchen Personen zugebilligt wurde, die als vorsätzlich handelnde Überzeugungstäter einzustufen gewesen wären. Die damals von verschiedenen Autoren vorgelegten alternativen Lösungsvorschläge zur Irrtumsproblematik bei der Rechtsbeugung können allerdings ebenfalls nicht vollständig überzeugen.

Bei einem engen Verständnis von Rechtsblindheit entsprechend obiger Begriffsbestimmung ist es durchaus richtig, bei dem wirklich rechtsblinden Täter grundsätzlich einen Tatbestandsirrtum zu konstatieren. Das ergibt sich aus den allgemeinen Grundsätzen des Irrtums bei normativen Tatbestandsmerkmalen. Diese Grundsätze bewirken bei der Rechtsbeugung besonders häufig die Straffreiheit, weil die Tatbestandsmerkmale „Recht" bzw. „gesetzwidrig" den denkbar höchsten Grad von Normativität enthalten. Die rechtliche Wertung ist bei der Rechtsbeugung Gegenstand des Vorsatzes. Falsche rechtliche Wertung der konkreten Entscheidung oder Leitung einer Rechtssache als mit dem Recht im Einklang stehend führt daher zum Tatbestandsirrtum. Bei echter Rechtsblindheit Muss man demzufolge grundsätzlich zur Straflosigkeit kommen, d.h.

dann, wenn sich die Rechtsblindheit auf die im konkreten Fall gesetzwidrig angewandten bzw. nicht angewandten Normen bezieht.

Freilich ist hier eine weitere Präzisierung wichtig. Rechtsblindheit als die auf ideologischer Verblendung beruhende Fehlvorstellung von Recht und Unrecht kann auf der Ebene des Tatbestands wie auf der Ebene der Rechtfertigung vorkommen. Nur das Fehlen des Unrechtsbewusstseins durch rechtliche Fehlvorstellungen in Bezug auf den Tatbestand führt bei § 339 StGB zum Tatbestandsirrtum. Die Behauptung der Nachkriegsrechtsprechung, Rechtsblindheit führe bei der Rechtsbeugung zum Vorsatzausschluss und damit zur Straflosigkeit, ist damit so generell nicht zutreffend. Wer erkannte, dass er bei der Leitung oder Entscheidung einer Rechtssache das Recht verletzt, aber in seiner Rechtsblindheit glaubte, dies sei ihm aus übergeordneten *rechtlichen* Gründen erlaubt, kann sich nicht auf einen Tatbestandsirrtum berufen, sondern ist nach § 17 StGB zu behandeln und kann grundsätzlich bestraft werden. Die einschlägige Irrtumsdogmatik in der Rechtslehre der DDR war insoweit ohnehin enger. Es ist erfreulich, dass sich in der Rechtsprechung des BGH zum DDR-Justizunrecht ein deutliches Umdenken gegenüber der Nachkriegsrechtsprechung abzeichnete.

8. Die Möglichkeit der Bestrafung wegen weiterer Delikte wird durch die Sperrwirkung des Rechtsbeugungstatbestandes begrenzt. Diese Sperrwirkung ist auch hinsichtlich des § 244 DDR-StGB anzuerkennen. Das bedeutet, dass eine Bestrafung etwa wegen Freiheitsberaubung oder bei Todesurteilen wegen entsprechender Tötungsdelikte ausscheidet, wenn sie nicht aufgrund einer wissentlich gesetzwidrigen Entscheidung begangen wurden. Die Straflosigkeit in derartigen Fällen ist als Konsequenz einer abschließenden Spezialregelung hinzunehmen, um Wertungswidersprüche zu vermeiden.

Die Sperrwirkung der beiden Rechtsbeugungstatbestände reicht jedoch nur so weit wie deren Anwendungsbereich. Sie scheidet bei regelrechten Scheinverfahren aus, da hier nicht mehr von der „Durchführung eines gerichtlichen Verfahrens“ (§ 244 DDR-StGB) und der „Leitung oder Entscheidung einer Rechtssache“ (§ 339 StGB) gesprochen werden kann. Für die Strafbarkeit ist auf das allgemeine Strafrecht zu verweisen. Insoweit unterscheidet sich die hier vertretene Ansicht von der Rechtsprechung, welche den Rechtsbeugungstatbestand unbesehen anwendet.

Seine Vorstellung von der Fallgruppe der Rechtsbeugung durch die Verfahrensweise in der Unterform der Fälle, in denen Strafverfolgung und Bestrafung überhaupt nicht der Verwirklichung von Gerechtigkeit, sondern der Ausschaltung des politischen Gegners gedient hat, konkretisierte der BGH erstmalig in seinem Urteil zu dem Rechtsbeugungsverfahren gegen DDR-Juristen, die in den 70er Jahren an der Verfolgung des Regimekritikers Havemann beteiligt gewesen waren. Er nahm dazu den Begriff der „Drehbuchfälle" als eine Ausprägungsform dieser Fallgruppe auf. Für diese Drehbuchfälle wies er allzu strenge Anforderungen an den Vorsatznachweis zurück und gab konkrete Maßstäbe vor.

9. Bei den Strafzumessungskriterien sind zwei interessante Gesichtspunkte besonders hervorzuheben. Die Rechtsprechung hat zum einen die Einbindung der Justizjuristen in das politische System der DDR mit seinen Einflussnahmen im Grunde richtigerweise strafmildernd berücksichtigt. Zum anderen hat der Bundesgerichtshof in einem Urteil von 1995 das Versagen der bundesdeutschen Justiz bei der Verfolgung und Aburteilung von (Todes-)Urteilen der NS-Justiz erheblich strafmildernd berücksichtigt. Dies geschah bei einem ehemaligen Richter des Obersten Gerichts der DDR, der wegen der Verhängung mehrerer Todesurteile über die Annahme eines minder schweren Falls von Totschlag eine Freiheitsstrafe von lediglich drei Jahren und neun Monaten erhielt. Eine solche überaus milde Bestrafung für die Verhängung von Todesurteilen lässt sich jedoch nicht überzeugend mit Gleichheitserwägungen begründen, auch nicht in Verbindung mit weiteren Gesichtspunkten wie den Einflussnahmen durch das DDR-System. So bedeutend die Auseinandersetzung der bundesrepublikanischen Justiz mit ihrem schmählichen Versagen bei der Ahndung von NS-Justizunrecht ist die daraus gefolgerte Milde beim Umgang mit DDR-Todesurteilen geht zu weit.

10. Das Versagen bei der Verfolgung von NS-Justizunrecht in der Bundesrepublik hat Gründe, die von mangelndem Verfolgungswillen über personelle Kontinuitäten und mangelnde Organisationsstrukturen bis hin zu einer in mehrfacher Hinsicht verfehlten Rechtsprechung reichen. Ein solches Versagen hat sich zum Glück bei der Verfolgung von DDR-Justizunrecht nicht wiederholt. Insgesamt ist die strafrechtliche Aufarbeitung von DDR-Justizunrecht zwar in vielerlei Hinsicht unbefriedigend verlaufen, keineswegs aber gescheitert. Das hängt nicht zuletzt mit einer kritischen Reflexion des vormaligen Versagens zusammen, auch wenn die Rechtsprechung weiterhin Kritik auf sich zog.

Die Verfolgung von DDR-Justizunrecht wurde im Vergleich zur Verfolgung von NS-Justizunrecht auch sehr viel effizienter und systematischer organisiert. Sie hätte allerdings in struktureller und personalpolitischer Hinsicht noch etwas wirkungsvoller aufgebaut werden können. Auch die durch Todesfälle und Verhandlungsunfähigkeit aufgrund des teils hohen Alters der Beschuldigten geschmälerte Verurteilungsquote hätte dann etwas höher ausfallen können, wenngleich sich hier die „biologische Lösung“ nicht so stark niederschlug wie aufgrund der Versäumnisse bei der Verfolgung nationalsozialistischen Justizunrechts.

11. Verjährung stand der Strafverfolgung von DDR-Justizunrecht nicht grundsätzlich entgegen. Inzwischen ist allenfalls noch die Verfolgung wegen der Verhängung von Todesurteilen je nach materiellrechtlicher Beurteilung möglich. Dass es insoweit noch zu weiteren Verfahren kommt, ist jedoch höchst unwahrscheinlich.

12. Als Bilanz der strafrechtlichen Aufarbeitung von DDR-Justizunrecht lässt sich sagen: Sie ist nicht gescheitert, sondern hat einen breiten Ansatz und immerhin mehr als nur punktuelle Ergebnisse erzielt. Den Opfern justizieller Unterdrückung konnte freilich nicht in dem von vielen erwarteten Ausmaß Genugtuung verschafft werden. Doch in der Vielzahl der Verfahrenseinstellungen und Freisprüche zeigt sich auch, dass sich der Rechtsstaat bewährt hat. Der Vorwurf der Siegerjustiz hat keine Grundlage.

Bei der Strafzumessung ist eine große teils übergroße Milde zu beobachten. Dabei mag das Ergebnis, dass in fast allen Fällen Freiheitsstrafen im bewährungsfähigen Bereich verhängt wurden, für die meisten Fälle noch angemessen, wenn auch sehr milde sein. Anderes gilt jedoch jedenfalls für die Ahndung rechtsbeugerischer Todesurteile. Kriterien wie das lange Zurückliegen der Tat, die Einbindung in das politische System der DDR mit seinen Einflussnahmen und das Versagen der bundesdeutschen Justiz bei der Verfolgung von NS-Justizunrecht wurden hierbei zwar nicht grundsätzlich verfehlt angewandt, aber doch zu stark gewichtet. Immerhin wurden in der Hälfte der Fälle von Beteiligung an Todesurteilen vollziehbare Freiheitsstrafen verhängt.

Insgesamt ist die Schlussbilanz mit 181 Verurteilungen wegen Rechtsbeugung doch beachtlich. Nicht nur die Verurteilungen, sondern die durchgeführten Verfahren insgesamt haben einen wichtigen Beitrag zur Aufklärung und Aufarbeitung des DDR-Justizunrechts geleistet.

Literaturverzeichnis

Adorno, Theodor W.: Was bedeutet: Aufarbeitung der Vergangenheit, in: *ders.*, Gesammelte Schriften Bd. 10, 2: Kulturkritik und Gesellschaft II (Eingriffe Stichworte Anhang), Frankfurt 1977, S. 555–572

Akademie für Staats- und Rechtswissenschaft der DDR (Hrsg.): Staat, Recht und Politik im Sozialismus, Berlin 1984

Alexy, Robert: Aussprache, in: Der Rechtsstaat und die Aufarbeitung der vor-rechtsstaatlichen Vergangenheit, VVDStRL 51 (1992), S. 132–134

–: Mauerschützen. Zum Verhältnis von Recht, Moral und Strafbarkeit, Hamburg 1993 (zitiert: Mauerschützen)

–: Walter Ulbrichts Rechtsbegriff, in: *Jörn Eckert (Hrsg.)*, Die Babelsberger Konferenz vom 2./3. April 1958. Rechtshistorisches Kolloquium 13.-16. Februar 1992 Christian-Albrechts-Universität zu Kiel, Baden-Baden 1993, S. 191–202 (zitiert: Walter Ulbrichts Rechtsbegriff, in: Eckert (Hrsg.), Die Babelsberger Konferenz vom 2./3. April 1958)

Alwart, Heiner: Die Vernünftigkeit des Bundesverfassungsgerichts, JZ 2000, S. 227–232

Ambos, Kai: Nuremberg revisited Das Bundesverfassungsgericht, das Völkerstrafrecht und das Rückwirkungsverbot -, StV 1997, S. 39–43

Amelung, Knut: Strafbarkeit von „Mauerschützen" BGH, NJW 1993, 141, JuS 1993, S. 637–643

–: Anmerkung zu BGH Urt. 26.7.1994 5 StR 167/94, NStZ 1995, S. 29–30

–: Die strafrechtliche Bewältigung des DDR-Unrechts durch die deutsche Justiz Ein Zwischenbericht, GA 1996, S. 51–71

amnesty international, Sektion der Bundesrepublik Deutschland e.V. (Hrsg.): Deutsche Demokratische Republik Rechtsprechung hinter verschlossenen Türen, Bonn 1989

Anissimow, A. (sic): Fragen des Völkerrechts und der internationalen Politik. Bemerkungen zu einem Buch von A. J. Wyschinski, NJ 1950, S. 238–240

Arbeitsgruppe Strafrecht-Strafprozeßrecht des Kollegiums der Rechtsanwälte des Bezirks Potsdam: Über einige Aufgaben des Strafverteidigers, NJ 1960, S. 396–397

Arlt, Reiner/Stiller, Gerhard: Entwicklung der sozialistischen Rechtsordnung in der DDR, Berlin 1973

Arnold, Jörg: Regierungskriminalität in der ehemaligen DDR, NJ 1992, S. 254–256
–: Die Berücksichtigung der systemimmanenten Auslegung des DDR-Rechts. Insbesondere erläutert am Beispiel der Rechtsprechung des LG Rostock und des BGH zum Vertrauensmißbrauch (§ 165 Abs. 1 StGB der DDR), wistra 1994, S. 323–327
–: „Normales“ Strafrecht der DDR?, KritV 1994, S. 187–204
–: Die Normalität des Strafrechts der DDR, Bd. 1: Gesammelte Beiträge und Dokumente, Freiburg 1995
–: Bundesverfassungsgericht contra Einigungsvertrag. Der „Mauerschützen“-Beschluß des BVerfG auf dem strafrechtlichen Prüfstand, NJ 1997, S. 115–121
–: Einschränkung des Rückwirkungsverbotes sowie sorgfältige Schuldprüfung bei den Tötungsfällen an der DDR-Grenze BVerfG, NJW 1997, 929, JuS 1997, S. 400–404
–: Thesen zur DDR-Forschung nach 1989, in: *ders. (Hrsg.)*, Strafrechtliche Auseinandersetzung mit Systemvergangenheit am Beispiel der DDR, Baden-Baden 2000, S. 1–54
ders./Karsten, Nora/Kreicker, Helmut: Menschenrechtsschutz durch Art. 7 Abs. 1 EMRK, NJ 2001, S. 561–569
ders./Kreicker, Helmut: Die Verjährung von DDR-Systemunrecht, NJ 2001, S. 225–230
ders./Kühl, Martin: Probleme der Strafbarkeit von „Mauerschützen“, JuS 1992, S. 991–997
ders./Rost, Antje: Kommentar zu BGH, Urt. v. 9. Juli 1998 4 StR 599/97 (NJ 1998, 602 f), NJ 1998 S. 603
ders./Weigend, Ewa: Strafrecht, politischer Systemwechsel und Vergangenheitsaufarbeitung in Polen und in Deutschland: Versuch einer Bestandsaufnahme, ROW 1997, S. 81–93
Artzt, Werner: Zu einigen Fragen der sozialistischen Gesetzlichkeit in der Deutschen Demokratischen Republik, NJ 1956, S. 581–586
Asbrock, Bernd: Die Justiz und ihre NS-Vergangenheit, in: *Böttcher, Hans-Ernst (Hrsg.)*, Recht. Justiz. Kritik. Festschrift für Richard Schmid zum 85. Geburtstag, Baden-Baden 1985, S. 97–105 (zitiert: FS Richard Schmid)
Asche, Rolf Daniel: Die DDR-Justiz vor Gericht. Eine Bestandsaufnahme, Göttingen 2008, http://webdoc.sub.gwdg.de/diss/2008/asche/asche.pdf
Autorenkollektiv (Bratus, S. N. u. a.): Marxistisch-leninistische allgemeine Theorie des Staates und des Rechts, Bd.1: Grundlegende Institute und Begriffe, Moskau 1970, Berlin 1974

Autorenkollektiv (Alexandrow, N.G. u. a.): Marxistisch-leninistische allgemeine Theorie des Staates und des Rechts, Bd. 4: Das sozialistische Recht, Moskau 1973, Berlin 1976

Autorenkollektiv (Assmann, Walter u. a.)/Akademie für Staats- und Rechtswissenschaft der DDR (Hrsg.): Staatsrecht der DDR. Lehrbuch, 2. Aufl. Ost-Berlin 1984

Autorenkollektiv (Becher, Karl u. a.)/Akademie für Staats- und Rechtswissenschaft der DDR (Hrsg.): Einführung in die marxistisch-leninistische Staats- und Rechtslehre, Berlin 1979

Autorenkollektiv (Lekschas, John u. a.): Strafrecht der DDR. Lehrbuch, 1. Aufl. Berlin 1988 (zitiert: Autorenkollektiv, Strafrecht der DDR)

Autorenkollektiv (Schüßler u. a.): Staat, Recht und Politik, Berlin 1984

Autorenkollektiv unter Leitung von Kurt Wünsche: Grundlagen der Rechtspflege. Lehrbuch, 2. Aufl. Berlin 1986 (zitiert: Autorenkollektiv, Grundlagen der Rechtspflege)

Baade, Hans W.: Ist Art. 6 II Verf. DDR als Strafgesetz wirksam?, ROW 1959, S. 11–14

Bachmann, Jochen: Vorsatz und Rechtsirrtum im Allgemeinen Strafrecht und im Steuerstrafrecht, Berlin 1993 (zitiert: Vorsatz und Rechtsirrtum)

Baer, Andrea: Rechtsquellen der DDR-Steuerung auf der normativ-symbolischen Ebene, in: *Rottleuthner, Hubert (Hrsg.: BMJ)*, Steuerung der Justiz in der DDR. Einflußnahme der Politik auf Richter, Staatsanwälte und Rechtsanwälte, Köln 1994 (zitiert: Rechtsquellen der DDR bzw. Steuerung der Justiz in der DDR), S. 67–91

Bär, Fred G.: Die aktuellen Strafprozesse gegen Bürger der ehemaligen DDR - ein Akt der Siegerjustiz?, Jura 1999, S. 281–289

Bästlein, Klaus: Der Nürnberger Juristenprozess und seine Rezeption in Deutschland, in: *Peschel-Gutzeit (Hrsg.)*, Das Nürnberger Juristen-Urteil von 1947. Historischer Zusammenhang und aktuelle Bezüge, Baden-Baden 1996, S. 9–35

–: Der Fall Mielke. Die Ermittlungen gegen den Minister für Staatssicherheit der DDR, Baden-Baden 2002 (zitiert: Der Fall Mielke)

Baldus, Paulheinz/ Willms, Günther: Strafgesetzbuch Leipziger Kommentar, 3. Bd. (§§ 263–370), 9. Aufl. Berlin, New York 1977 (zitiert: LK-Bearbeiter), siehe auch unter: Leipziger Kommentar

Bandel, Stefan: Anmerkung zu BGH, Urt. v. 13.12.1993 5 StR 76/93, NStZ 1994, S. 439–440

Bauer, Fritz: Das „Gesetzliche Unrecht" des Nationalsozialismus und die deutsche Strafrechtspflege, in: *Kaufmann, Arthur (Hrsg.)*, Gedächtnisschrift für Gustav Radbruch, Göttingen 1968, S. 302–307 (zitiert: Radbruch-GS)

Becher, K. (sic): Einige Überlegungen zum Begriff des sozialistischen Rechts, in: *Karl-Marx-Universität Leipzig, Sektion Rechtswissenschaft/ Wagner, Ingo,* Sozialistisches Recht und juristischer Überbau, Leipzig 1982, S. 68–74

Bechthold, Ilse: Die Prozeßprinzipien im Strafverfahren der DDR, Bonn 1967

Beckenkamp, Werner: Rechtsbeugung mit bedingtem Vorsatz?, ZRP 1969, S. 168

Becker, Werner: Recht oder Rache? Über die Grenzen des Rechtsstaats in der Abrechnung mit der DDR-Vergangenheit, in: *Krawietz, Werner/von Wright, Georg Henrik (Hrsg.),* Öffentliche oder private Moral? Vom Geltungsgrunde und der Legitimität des Rechts. Festschrift für Ernesto Garzón Valdés, Berlin 1992, S. 17–28 (zitiert: FS Valdés)

Beckert, Rudi: Die erste und letzte Instanz. Schau- und Geheimprozesse vor dem Obersten Gericht der DDR, Goldbach 1995 (zitiert: Die erste und letzte Instanz)

–: Halbe Wahrheiten über Waldheimer Prozesse?, NJ 1991, 301

Begemann, Helmut: Das Haftungsprivileg des Richters im Strafrecht, NJW 1968, S. 1361–1364

–: NS-Justiz und Richterprivileg, SchlHA 1993, S. 182–185

–: Anmerkung zu BGH Urt. v. 16.11.1995 5 StR 747/94, NStZ 1996, S. 389

Behrendt, Hans-Joachim: Die Rechtsbeugung, JuS 1989, S. 945–952

Behlert, Wolfgang: Die Generalstaatsanwaltschaft, in: *Rottleuthner, Hubert (Hrsg.: BMJ),* Steuerung der Justiz in der DDR. Einflußnahme der Politik auf Richter, Staatsanwälte und Rechtsanwälte, Köln 1994 (zitiert: Steuerung der Justiz in der DDR), S. 287–349

–: Die Staatsanwaltschaft, in: *BMJ (Hrsg.),* Im Namen des Volkes? Über die Justiz im Staat der SED, Wissenschaftlicher Begleitband zur Ausstellung des Bundesministeriums der Justiz, Leipzig 1994 (zitiert: Im Namen des Volkes?), S. 149–156

Bemmann, Günter: Über die strafrechtliche Verantwortlichkeit des Richters, in: *Arthur Kaufmann (Hrsg.),* Gedächtnisschrift für Gustav Radbruch, Göttingen 1968, S. 308–311 (zitiert: Radbruch-GS)

–: Zum Wesen der Rechtsbeugung, GA 1969, S. 65–70

–: Anmerkung zu BGH, Urt. v. 14.3.1972 -5StR 589/71, JZ 1972, S. 599–601

–: Wie muß der Rechtsbeugungsvorsatz beschaffen sein?, JZ 1973, S. 547–550

–: Zur Frage der Strafbarkeit des Judizierens gegen übergesetzliches Recht, in: *Bemmann, Günter/Manoledakis (Hrsg.)*, Der Richter in Strafsachen. Griechisch-Deutsches Symposion Hagen 1992, Baden-Baden 1992 S. 157–165

–: Zu aktuellen Problemen der Rechtsbeugung, JZ 1995, S. 123–127

Benjamin, Hilde: Grundsätzliches zur Methode und zum Inhalt der Rechtsprechung, NJ 1951, S. 150–156

–: Objekt und Gegenstand in unserer Rechtsprechung. Zugleich ein Beitrag zur Frage der Idealkonkurrenz, NJ 1951, S. 538–543

dies./ Kleine, H./ Leim, E./Löwenthal, H.: Grundriß des Strafverfahrensrechts der Deutschen Demokratischen Republik, Berlin 1953 (zitiert: Benjamin u. a., Grundriß des Strafverfahrensrechts)

–: Unsere Justiz ein wirksames Instrument bei der Durchführung des neuen Kurses, NJ 1953, S. 477–480

–: Die nächsten Aufgaben, NJ 1953, S. 509–510

–: Das 17. Plenum der SED und die Aufgaben der Justiz auf dem Dorfe, NJ 1954, S. 97–99

–: Diskussionsrede auf dem IV. Parteitag der Sozialistischen Einheitspartei Deutschlands, NJ 1954, S. 223–224

–: Zur Strafpolitik, NJ 1954, S. 453–456

–: Die Weiterentwicklung unserer Gesetzgebung, NJ 1956, S. 97–99

–: Die sozialistische Gesetzlichkeit strikt verwirklichen!, NJ 1956, S. 228–230

–: Die dialektische Einheit von Gesetzlichkeit und Parteilichkeit durchsetzen, NJ 1958, S. 365–368

–: Der Sozialismus siegt !!!! Die Sozialistische Einheitspartei Deutschlands eine Partei der Gesetzlichkeit, NJ 1958, S. 509–510

–: Das 7. Plenum des Zentralkomitees der SED und die Arbeit der Justizorgane, NJ 1960, S. 1–6

–: Die Entwicklung des sozialistischen Rechts und die Aufgaben der Rechtspflege beim umfassenden Aufbau des Sozialismus in der DDR, NJ 1962, S. 759–765

Benjamin, Michael: Zum sozialistischen Rechtsstaat, StuR 1989, S. 99–107

Berger, Götz: Jede Entscheidung Ausdruck unserer gesamten Rechtsordnung !, NJ 1950, S. 207

Bernet, Wolfgang: Beitrag in: „Umfrage", StuR 1989, S. 710–713

Beulke, Werner: Stichwort Rechtsblindheit (Rechtsfeindschaft), in: *Tilch, Horst (Hrsg.)*, Deutsches Rechtslexikon, Bd. 3, 3. Aufl. München 2001, S. 3465

–: Stichwort Rechtsbeugung, in: *Tilch, Horst (Hrsg.),* Deutsches Rechtslexikon, Bd. 3, 3. Aufl. München 2001, S. 3464–3465

Blanke, Thomas: Der „Rechtshistorikerstreit" um Amnestie: Politische Klugheit, moralische Richtigkeit und Gerechtigkeit bei der Aufarbeitung deutscher Vergangenheiten, KJ 1995, S. 131–150

Bley, Gotthold/Schüsseler, Rolf: Weitere Festigung und wachsende Bedeutung der sozialistischen Gesetzlichkeit, StuR 1974, S. 1467–1482

Blumenwitz, Dieter: Meinungs- und Informationsfreiheit, in: *Brunner, Georg (Hrsg.),* Menschenrechte in der DDR, Baden-Baden 1989, S.49–71

Bockelmann, Paul: Zur Problematik der Sonderbehandlung von Überzeugungsverbrechern, in: *Günter Stratenwerth u.a. (Hrsg.),* Festschrift für Hans Welzel zum 70. Geburtstag, Berlin, New York 1974, S. 543–556

Böckenförde, Ernst-Wolfgang: Die Rechtsauffassung im kommunistischen Staat, 2. Aufl. München 1967

Böttcher, Reinhard: Anmerkung zu BGH, Urt. v. 4.9.2001 - 5 StR 92/01, NStZ 2002, S. 146–148

Bogner, Claus: Die Strafverfahren gegen „Waldheim-Richter" wegen Justizunrechts seit 1990 - eine Bilanz, in: *Haase, Norbert/Pampel, Bert (Hrsg.),* Die Waldheimer „Prozesse" - fünfzig Jahre danach. Dokumentation der Tagung der Stiftung Sächsische Gedenkstätten am 28. und 29. September 2000 in Waldheim, Baden-Baden 2001, S. 58–73 (zitiert: Die Strafverfahren gegen „Waldheim-Richter", in: Haase/Pampel (Hrsg.), Die Waldheimer „Prozesse" - fünfzig Jahre danach)

Bohlander, Michael: Hexenjagd oder: Rechtsbeugung durch Verletzung überpositiven Rechts?, DRiZ 1991, S. 445–448

Bohley, Bärbel: Wortmeldung, in: 40 Jahre SED-Unrecht. Eine Herausforderung für den Rechtsstaat. Erstes Forum des Bundesministers der Justiz am 9. Juli 1991 in Bonn. Sonderheft der Zeitschrift für Gesetzgebung, S. 31–33 (zitiert: 40 Jahre SED-Unrecht)

Bohnert, Joachim: Die Amnestien der DDR und das Strafrecht nach dem Beitritt, DtZ 1993, S. 167–173

Bonner Kommentar zum Grundgesetz: Stand zu Art. 103 II GG: 60. Lieferung Heidelberg 1990, *Dolzer, Rudolf/Vogel, Klaus/Graßhof, Karin (Hrsg.)* (zitiert: BK-Bearbeiter), siehe auch unter. Dolzer u.a.

Boros, L. (sic): Begriff und Funktionen des Rechts, in: *Karl-Marx-Universität Leipzig, Sektion Rechtswissenschaft/Wagner, Ingo,* Sozialistisches Recht und juristischer Überbau, Leipzig 1982, S. 75–80

Boss, Sonja: Unverdienter Ruhestand. Die personalpolitische Bereinigung belasteter NS-Juristen in der westdeutschen Justiz, Berlin 2009

Bottke, Wilfried: Die Verfolgung von Regierungskriminalität der DDR nach dem Beitritt der neuen Länder, in: *Lampe, Ernst-Joachim (Hrsg.),* Deutsche Wiedervereinigung. Die Rechtseinheit. Bd. II Die Verfolgung von Regierungskriminalität der DDR nach der Wiedervereinigung, Köln u. a. 1993, S 203–238

Bracher, Karl-Dietrich: Referat, in: 40 Jahre SED-Unrecht. Eine Herausforderung für den Rechtsstaat. Erstes Forum des Bundesministers der Justiz am 9. Juli 1991 in Bonn. Sonderheft der Zeitschrift für Gesetzgebung, S. 9–11 (zitiert: 40 Jahre SED-Unrecht)

Brammsen, Joerg: Anmerkung zu BGH Urt. v. 29.10.1992 4 StR 353/92, NStZ 1993, S. 542–543

Braun, Stefan: „Emotionen des Augenblicks" Die Verlängerung von Verjährungsfristen, NJ 1998, S. 75–76

Breymann, Klaus: Zur Auslegung der Verjährungsregelung in Art. 315a EGStGB Verfolgbarkeit von Straftaten staatlicher Instanzen in der ehemaligen DDR, soweit sie nach DDR-Strafrecht verjährt sind -, NStZ 1991, S. 463–465

Browning, Christopher: Ganz normale Männer. Das Reserve-Polizeibataillon 101 und die „Endlösung" in Polen, Hamburg 1996

Brunner, Georg (Hrsg.): Menschenrechte in der DDR, Baden-Baden 1989

–: Das Staatsrecht der Deutschen Demokratischen Republik, in: *Isensee, Josef/Kirchhof, Paul (Hrsg.),* Handbuch des Staatsrechts der Bundesrepublik Deutschland, Bd. I: Grundlagen von Staat und Verfassung, Heidelberg 1987, S. 386–447

Brunner, Georg/Klein, Eckart: Internationale Menschenrechtsverpflichtungen der DDR, in: *Brunner, Georg (Hrsg.),* Menschenrechte in der DDR, Baden-Baden 1989, S. 15–48

Bruns, Hans-Jürgen: Strafzumessungsrecht. Gesamtdarstellung, 2. Aufl. Köln 1974

Buchholz, Erich: Legalität und Gleichheit, NJ 1961, S. 745–749

–: Tatbestandslehre in der DDR, ZStW 101 (1989), S. 943–960

ders./Gerats, Hans: Zu den Anfängen des Stalinismus in der Strafrechtswissenschaft, StuR 1990, S. 750–757

–: Rechtsbeugung durch DDR-Richter Zugleich eine Anmerkung zu BGH, Urt. v. 13.12.1993 5 StR 76/93, ZAP-Ost 1994, S. 187–192

–: Strafrecht, in: *Uwe-Jens Heuer (Hrsg.),* Die Rechtsordnung der DDR. Anspruch und Wirklichkeit, Baden-Baden 1995, S. 273–339

–: Rechtsbeugung durch DDR-Richter und -Staatsanwälte, ZAP-Ost 1996, S. 219–232

–: Wiedergutmachung von Unrecht. Zum Rehabilitierungsgesetz der DDR, ZRP 1990, S. 466–470

Buchner, Silke: Die Rechtswidrigkeit der Taten von „Mauerschützen" im Lichte von Art. 103 II GG unter besonderer Berücksichtigung des Völkerrechts. Ein Beitrag zum Problem der Verfolgung von staatlich legitimiertem unrecht nach Beseitigung des Unrechtssystems, Frankfurt a.M. u. a., 1996 (zitiert: Die Rechtswidrigkeit der Taten von „Mauerschützen")

Bundesministerium der Justiz (Hrsg.): Im Namen des Deutschen Volkes. Justiz und Nationalsozialismus. Katalog zur Ausstellung des Bundesministers der Justiz, 3. Aufl. Köln 1994 (zitiert: BMJ (Hrsg.), Justiz und Nationalsozialismus)

Bundesministerium der Justiz (Hrsg.): Im Namen des Volkes? Über die Justiz im Staat der SED. Wissenschaftlicher Begleitband zur Ausstellung des Bundesministeriums der Justiz, Leipzig 1994 (zitiert: BMJ (Hrsg.), Im Namen des Volkes?)

Bundesministerium der Justiz (Hrsg.): Im Namen des Volkes? Über die Justiz im Staat der SED. Katalog zur Ausstellung des Bundesministeriums der Justiz, Leipzig 1994 (zitiert: BMJ (Hrsg.), Im Namen des Volkes? (Katalog)

Bundesministerium für gesamtdeutsche Fragen (Hrsg.): Unrecht als System. Dokumente über planmäßige Rechtsverletzungen im sowjetischen Besatzungsgebiet, Teil I, Bonn 1952 (zitiert: UaS I)

Bundesministerium für gesamtdeutsche Fragen (Hrsg.): Unrecht als System. Dokumente über planmäßige Rechtsverletzungen in der Sowjetzone Deutschlands, Teil II (1952–1954), Bonn 1955 (zitiert: UaS II)

Bundesministerium für innerdeutsche Beziehungen (Hrsg.): DDR Handbuch, Bd. 2, 3. Aufl. Köln 1995

Burian, Paul: „Richterliches" Unrecht im totalitären Staat. Überlegungen zur Rechtsbeugung durch Richter und Staatsanwälte der DDR, ZStW 112 (2000), S. 106–132

Classen, Dieter: Artikel 103 Abs. 2 GG ein Grundrecht unter Vorbehalt?, GA 1998, S. 215–225

Coing, Helmut: Zur Frage der strafrechtlichen Haftung der Richter für die Anwendung naturrechtswidriger Gesetze, SJZ 1947, Spalte 61–64

Creuzburg, Harry: Zur Richtlinie Nr. 15 des Plenums des Obersten Gerichts der DDR, Der Schöffe 1963, S. 70–72

Dähn, Ulrich: Der Grundsatz der Verhältnismäßigkeit zwischen Strafe und Straftat, NJ 1980, S. 12–14

Däubler-Gmelin, Herta: Wortmeldung, in: 40 Jahre SED-Unrecht. Eine Herausforderung für den Rechtsstaat. Erstes Forum des Bundesministers der Justiz am 9. Juli 1991 in Bonn. Sonderheft der Zeitschrift für Gesetzgebung, S. 24–25 (zitiert: 40 Jahre SED-Unrecht)

Dannecker, Gerhard: Das intertemporale Strafrecht, Tübingen 1993

–: Die Schüsse an der innerdeutschen Grenze in der höchstrichterlichen Rechtsprechung BGH-Entsch. v. 3.11.1992 5 StR 370/92 = BGHSt 39, 1 -, Jura 1994, S. 585–595

–: „Diener" des DDR-Regimes: Straftäter oder Opfer des Systems?, in: *Huber, Florian/Oenning, Stephan (Hrsg.)*, 50 Jahre danach Unser Umgang mit der Vergangenheit 1945–1995, Starnberg 1995, S. 173–209

Dannecker, Gerhard/Stoffers, Kristian F.: Rechtsstaatliche Grenzen für die strafrechtliche Aufarbeitung der Todesschüsse an der innerdeutschen Grenze, JZ 1996, S. 490–494

Debes, Klaus-Heinrich / Weinke, Annette: Aufklärung von DDR-Justizunrecht in Strafverfahren, DA 1995, S. 1014–1030

Dellian, Ed: Haftungsprivileg des Richters im Strafrecht?, ZRP 1969, S. 51–52

Dencker, Friedrich: Vergangenheitsbewältigung durch Strafrecht? Lehren aus der Justizgeschichte der Bundesrepublik, KritV 1990, S. 299–312

–: Kausalität und Gesamttat, Berlin 1996

Denzel, Gerd: Die Ermittlungsverfahren gegen Richter und Staatsanwälte am Volksgerichtshof seit 1979, KJ 1991, S. 31–41

Diestelkamp, Bernhard/Stolleis, Michael (Hrsg.): Justizalltag im Dritten Reich, Frankfurt 1988

Diestelkamp, Bernhard: Die Justiz nach 1945 und ihr Umgang mit der eigenen Vergangenheit, in: *Diestelkamp, Bernhard/Stolleis, Michael (Hrsg.)*, Justizalltag im Dritten Reich, Frankfurt 1988, S. 131–149

Doller, Hans: Anmerkung zu BGH Urt. v. 27.5.1987 3 StR 112/87, NStZ 1988, S. 219–220

Dolzer, Rudolf/Vogel, Klaus/Graßhof, Karin (Hrsg.): Bonner Kommentar zum Grundgesetz, Heidelberg, Stand zu Art. 103 II GG: 60. Lieferung 1990 (zitiert: BK-Bearbeiter), siehe auch unter: Bonner Kommentar

Dreier, Horst: Aussprache, in: Der Rechtsstaat und die Aufarbeitung der vor-rechtsstaatlichen Vergangenheit, VVDStRL 51 (1992), S. 137–138

–: Gustav Radbruch und die Mauerschützen, JZ 1997, S. 421–434

ders. (Hrsg.): Grundgesetz Kommentar, 2. Aufl. Tübingen 2008

Dreier, Ralf: Gesetzliches Unrecht im SED-Staat? Am Beispiel des DDR-Grenzgesetzes, in: *Haft, Fritjof u.a. (Hrsg.)*, Strafgerechtigkeit. Fest-

schrift für Arthur Kaufmann zum 70. Geburtstag, Heidelberg 1993, S. 57–70 (zitiert: FS Arthur Kaufmann)
–: Juristische Vergangenheitsbewältigung, Baden-Baden 1995
Ebers, Godehard Jos.: Die „demokratische Gesetzlichkeit" in Mitteldeutschland, ROW 1957, S. 17–22
Ebert, Udo: Der Überzeugungstäter in der neueren Rechtsentwicklung, Zugleich ein Versuch zu einer Beurteilung de lege lata, Berlin 1975 (zitiert: Der Überzeugungstäter)
Eckert, Jörn: Die Deutsche Akademie für Staats- und Rechtswissenschaft „Walter Ulbricht" und die Babelsberger Konferenz Gespräch mit Karl-Heinz Schöneburg, in: *Jörn Eckert (Hrsg.),* Die Babelsberger Konferenz vom 2./3. April 1958. Rechtshistorisches Kolloquium 13.-16. Februar 1992 Christian-Albrechts-Universität zu Kiel, Baden-Baden 1993, S. 53–70 (zitiert: Gespräch mit Karl-Heinz Schöneburg über die Babelsberger Konferenz, in: *Jörn Eckert (Hrsg.),* Die Babelsberger Konferenz vom 2./3. April 1958)
Edinger, Thomas: Der Volksgerichtshof. Ein Scheingericht zur Durchsetzung politischer Ziele, DRiZ 1995, S. 181–182
Eisert, Wolfgang: Die Waldheimer Prozesse. Der stalinistische Terror 1950. Ein dunkles Kapitel der DDR-Justiz, Esslingen 1993 (zitiert: Die Waldheimer Prozesse)
Engisch, Karl: Zur „Natur der Sache" im Strafrecht, in: *Bockelmann, Paul/Gallas, Wilhelm (Hrsg.),* Festschrift für Eberhard Schmidt zum 70. Geburtstag, 2. Aufl. Göttingen 1971
Eppelmann, Rainer: Die Enquête Kommission des Deutschen Bundestages „Aufarbeitung von Geschichte und Folgen der SED-Diktatur in Deutschland", in: *BMJ (Hrsg.),* Im Namen des Volkes? Über die Justiz im Staat der SED, Wissenschaftlicher Begleitband zur Ausstellung des Bundesministeriums der Justiz, Leipzig 1994 (zitiert: Im Namen des Volkes?), S. 301–306
–: Geleitwort, in: Marxen, Klaus/Werle, Gerhard Die strafrechtliche Aufarbeitung von DDR-Unrecht. Eine Bilanz, Berlin, New York 1999, S. 3–4
Erb, Volker: Die Schutzfunktion von Art. 103 Abs. 2 GG bei Rechtfertigungsgründen. Zur Reichweite des Grundsatzes „nullum crimen sine lege" unter besonderer Berücksichtigung der „Mauerschützen-Fälle" und der „sozialethischen Einschränkungen" des Notwehrrechts, ZStW 108 (1996), S. 266–299
Erler, Heinz: Anmerkung zu OG, Urt. vom 15.11.1960 2 Zz 18/60, NJ 1961, S. 105–106

Eser, Albin: Schuld und Entschuldbarkeit von Mauerschützen und ihren Befehlsgebern. Zu einem unbewältigten Problem bei der Bewältigung von DDR-Alttaten, in: *Böttcher, Reinhard/Hueck, Götz/Jähnke, Burkhard (Hrsg.),* Festschrift für Walter Odersky zum 65. Geburtstag am 17. Juli 1996, Berlin, New York 1996, S. 337–349 (zitiert: FS Odersky)

Evans, Richard J.: Rituale der Vergeltung. Die Todesstrafe in der deutschen Geschichte 1532–1987, Berlin 2001

Evers, Hans-Ulrich: Die Strafbarkeit des Richters wegen Anwendung unsittlicher Gesetze, DRiZ 1955, S. 187–190

Fechner, Max: Der neue Kurs der Regierung und die Aufgaben der Justiz, NJ 1953, S. 381–385

Feth, Andrea: Die Volksrichter, in: Rottleuthner, Hubert, Steuerung der Justiz in der DDR, Köln 1994, S. 351–377

Fezer, Gerhard: Anmerkung zu BGH, Urt. v. 23.5.1984 –3 StR 102/84, NStZ 1986, S. 29–30

Fiedler, Wilfried: Anmerkung zu BGH Urt. v. 3.11.1992 5 StR 370/92, JR 1993, S. 206–208

Fikentscher, Wolfgang: Methoden des Rechts in vergleichender Darstellung, Band III: Mitteleuropäischer Rechtskreis, Tübingen 1976

Fischer, Thomas: Strafgesetzbuch und Nebengesetze, 58. Aufl. München 2011

Flechtheim, Ossip K.: Recht und Unrecht im Nationalsozialismus, in: *Schoeps, Julius/Hillermann, Horst (Hrsg.),* Justiz und Nationalsozialismus, Bewältigt Verdrängt Vergessen, Stuttgart, Bonn 1987, S. 178–190

Frank, Henning: Die Juristenausbildung nach 1945 in der SBZ/DDR, NJ 1995, S. 403–407

Frank, Reinhard: Das Strafgesetzbuch für das deutsche Reich nebst Einführungsgesetz, 18. Aufl. Tübingen 1931 (zitiert: Das Strafgesetzbuch für das deutsche Reich)

Freund, Christiane: Rechtsbeugung durch Verletzung übergesetzlichen Rechts, Berlin 2006

Fricke, Karl Wilhelm: Politik und Justiz in der DDR. Zur Geschichte der politischen Verfolgung 1945–1968. Bericht und Dokumentation, 2. Aufl. Köln 1990

–: „Die Akten lagen dem ZK vor". Gesetzesverletzungen in eigener Sache, DA 1990, S. 1484–1487

–: Das justitielle Unrecht der Waldheimer Prozesse, NJ 1991, 209–210

–: Zur politischen Strafrechtsprechung des Obersten Gerichts der DDR, Karlsruhe 1994

–: Das Zusammenwirken von Politbürokratie, Staatssicherheit und Justiz in der DDR der fünfziger Jahre, in: *BMJ (Hrsg.)*, Im Namen des Volkes? Über die Justiz im Staat der SED. Wissenschaftlicher Begleitband zur Ausstellung des Bundesministeriums der Justiz, Leipzig 1994 (zitiert: Das Zusammenwirken... bzw. Im Namen des Volkes?), S. 167–177

–: Akten-Einsicht. Rekonstruktion einer politischen Verfolgung, Berlin 1995 (zitiert: Akten-Einsicht)

Friedrich, Jörg: Freispruch für die Nazi-Justiz. Die Urteile gegen NS-Richter seit 1948. Eine Dokumentation, überarbeitete und ergänzte Auflage, Berlin 1998 (zitiert: Freispruch für die Nazi-Justiz)

Frommel, Monika: Die Mauerschützenprozesse eine unerwartete Aktualität der Radbruch'schen Formel, in: *Haft, Fritjof/Hassemer, Winfried/ Neumann, Ulfried/Schild, Wolfgang/Schroth, Ulrich (Hrsg.)*, Strafgerechtigkeit Festschrift für Arthur Kaufmann zum 70. Geburtstag, Heidelberg 1993, S. 81–92 (zitiert: FS Arthur Kaufmann)

Gängel, Andreas: Die Volksrichterausbildung, in: *BMJ (Hrsg.)*, Im Namen des Volkes? Über die Justiz im Staat der SED, Wissenschaftlicher Begleitband zur Ausstellung des Bundesministeriums der Justiz, Leipzig 1994 (zitiert: Im Namen des Volkes?), S. 47–55

–: Das Oberste Gericht der DDR Leitungsorgan der Rechtsprechung Entwicklungsstationen, in: *Rottleuthner, Hubert (Hrsg.: BMJ)*, Steuerung der Justiz in der DDR. Einflußnahme der Politik auf Richter, Staatsanwälte und Rechtsanwälte, Köln 1994 (zitiert: Das Oberste Gericht der DDR bzw. Steuerung der Justiz in der DDR), S. 253–286

Geerds, Detlef: Der vorsatzausschließende Irrtum, Jura 1990, S. 421–431

Geiger, Thomas: Verjährungsprobleme von in der ehemaligen DDR begangenen Straftaten, JR 1992, S. 397–405

Geppert, Klaus: Amtsdelikte (§§ 331 ff StGB), Jura 1981, S. 78–81

Gerats, Hans/Lekschas, John/Renneberg, Joachim: Lehrbuch des Strafrechts der Deutschen Demokratischen Republik. Allgemeiner Teil, Berlin 1957 (zitiert: Lehrbuch des Strafrechts, AT)

Gerke, Lars: Die Anwendung des § 339 StGB auf Rechtsbeugungen in der DDR. Reflexionen zum Rechtsgut der Rechtsbeugung, Frankfurt 2000 (zitiert: Die Anwendung des § 339 StGB auf Rechtsbeugungen in der DDR)

Gerlach, Christian: Die Rechtsanwaltschaft, in: *Bundesministerium der Justiz (Hrsg.)*, Im Namen des Volkes? Über die Justiz im Staat der SED. Wissenschaftlicher Begleitband zur Ausstellung des Bundesministeriums der Justiz, Leipzig 1994 (zitiert: Im Namen des Volkes?), S. 141–148

Gödan, Jürgen Christoph: Die Rechtsfigur des Überzeugungstäters. Vorarbeiten zu einer rechtsstaatlichen Lehre vom Überzeugungstäter, Berlin 1975
Gollnik, Rainer/Haney, Gerhard: Sozialistisches Recht und Gerechtigkeit, StuR 1968, S. 580–594
Gräf, Dieter: Das Recht auf Verteidigung unterliegt erheblichen Beschränkungen, DA 1985, S. 971–977
Grasemann, Hans-Jürgen: „Grenzverletzer sind zu vernichten!", in: *Weber, Jürgen/Piazolo, Michael (Hrsg.)*, Eine Diktatur vor Gericht: Aufarbeitung von SED-Unrecht durch die Justiz, München 1995, S. 67–87 (letzteres zitiert: Eine Diktatur vor Gericht)
Greffenius, Gunter: Der Täter aus Überzeugung und der Täter aus Gewissensnot, Hamburg 1969 (zitiert: Täter aus Überzeugung)
Gribbohm, Günter: Nationalsozialismus und Strafrechtspraxis Versuch einer Bilanz, NJW 1988, S. 2842–2849
–: Anmerkung zu BGH, Urt. v. 19.6.1956 - 1 StR 50/56, NStZ 1996, S. 489–491
Griebe, Walter: Das Bewußtsein der Gesellschaftsgefährlichkeit und der Rechtswidrigkeit beim vorsätzlichen Verschulden, NJ 1965, S. 103–106
Gritschneder, Otto: Entschädigung für die Witwen hingerichteter Wehrpflichtiger, NJW 1993, S. 369–372
–: Rechtsbeugung. Die späte Beichte des Bundesgerichtshofs, NJW 1996, S. 1239–1241
–: Furchtbare Richter. Verbrecherische Todesurteile deutscher Kriegsgerichte, Minden 1998 (zitiert: Furchtbare Richter)
Groesdonk, Eberhard: Reflexionen des berichterstattenden Richters, in: *Justizministerium des Landes Nordrhein-Westfalen (Hrsg.)*, Juristische Zeitgeschichte, Bd. 4: NS-Verbrechen und Justiz, Geldern 1996, S. 175–184
Gropp, Walter: Naturrecht oder Rückwirkungsverbot? Zur Strafbarkeit der Berliner „Mauerschützen", NJ 1996, S. 393–399
Grote, Martin: Die DDR-Justiz vor Gericht Rechtsbeugung durch Richter der ehemaligen DDR im Spiegel bundesdeutscher Unrechtsaufarbeitung -, unveröffentlichte Diss. Hannover 1999 (zitiert: Die DDR-Justiz vor Gericht)
Grünhut, Max: Die Unabhängigkeit der richterlichen Entscheidung, MSchrKrim, 3. Beiheft 1930, S. 1–23
Grünwald, Gerald: Ist der Schußwaffengebrauch an der Zonengrenze strafbar?, JZ 1966, S. 633–638
–: Bedeutung und Begründung des Satzes „nulla poena sine lege", ZStW 76 (1964), S. 1–8

–: Die strafrechtliche Bewertung in der DDR begangener Handlungen, StV 1991, S. 31–36
–: Zur Frage des Ruhens der Verjährung von DDR-Straftaten, StV 1992, S. 333–338
–: Die Entwicklung der Rechtsprechung zum Gesetzlichkeitsprinzip, in: *Haft, Fritjof u. a. (Hrsg.)*, Strafgerechtigkeit. Festschrift für Arthur Kaufmann zum 70. Geburtstag, Heidelberg 1993 (zitiert: FS Arthur Kaufmann), S. 433–447
Grunow, Rudolf: Diskussion über die Konzeption für die Aufgaben der Rechtsanwaltschaft bei der Durchführung des Siebenjahresplans, NJ 1960, S. 683–684
Grutza, Hans: Robert Havemann und seine Richter. Ein Gerichtsprotokoll aus der Perspektive eines angeklagten ehemaligen DDR-Richters, Berlin 2000 (zitiert: Robert Havemann und seine Richter)
Günther, Klaus: Anmerkung zu BGHSt 39, 1 ff, StV 1993, S. 18–24
Häusler, Gerhard: Die Entwicklung der sozialistischen Rechtsanwaltschaft in der DDR, NJ 1973, S. 340–344
Haffke, Bernhard: Strafprozeß als Lernprozeß? Über die (Un-)Möglichkeit, Geschichte in Strafprozessen aufzuarbeiten, in: *de Boor, Wolfgang/ Frisch, Wolfgang/Rode, Irmgard (Hrsg.)*, Vergessen Verdrängen Verleugnen. Vom Umgang der Deutschen mit ihrer Geschichte 1933–1945, Köln 1996, S. 41–57
Hager, Kurt: Die entwickelte sozialistische Gesellschaft. Aufgaben der Gesellschaftswissenschaften nach dem VIII. Parteitag der SED, Einheit 1971, S. 1203–1242
Hahn, Cornelia: 150 Jahre Berliner Staatsanwaltschaft, NJW 1997, S. 306–307
Hamann, (ohne Vornamensangabe): Willkür im objektiven Sinne, NJW 1956, S. 370
Haney, Gerhard/Wagner, Ingo: Grundlagen der Theorie des sozialistischen Staates und Rechts, Teil II, 3. Aufl. Leipzig 1967
Haney, Gerhard: Werte der Arbeiterklasse und sozialistisches Recht, NJ 1976, S. 602–607
Hefendehl, Roland/Hohmann, Olaf: Münchener Kommentar zum Strafgesetzbuch, Band 4 §§ 263–358 StGB §§ 1–8, 105, 106 JGG, München 2006 (zitiert: MünchKom-Bearbeiter), siehe auch: Münchener Kommentar
Heidrich, Heinz: Über die Funktion des Verteidigers in der Deutschen Demokratischen Republik, NJ 1960, S. 168–172
Heine, Günter: Geltung und Anwendung des Strafrechts in den neuen Bundesländern am Beispiel der Umweltdelikte, DtZ 1991, S. 423–428

Heinitz, Ernst: Probleme der Rechtsbeugung, Berlin 1963
–: Der Überzeugungstäter im Strafrecht, ZStW 79 (1966), S. 615–637
Heitmann, Steffen: Referat, in: 40 Jahre SED-Unrecht. Eine Herausforderung für den Rechtsstaat. Erstes Forum des Bundesministers der Justiz am 9. Juli 1991 in Bonn. Sonderheft der Zeitschrift für Gesetzgebung, S. 11–15 (zitiert: 40 Jahre SED-Unrecht)
–: Justizpraktische und justizpolitische Probleme der deutschen Einheit eine Zwischenbilanz für den Freistaat Sachsen, NJW 1992, S. 2177–2185
ders./Bahr, Egon: Drei Jahre nach der Einheit Für oder gegen eine Amnestie, NJ 1993, S. 537–540
Hellbeck, Hannspeter: Die Staatsanwaltschaft in der Sowjetischen Besatzungszone Deutschlands, Bonn, 1954
Helm, Rolf: Zum Recht auf Verteidigung und zur Stellung des Verteidigers, StuR 1956, S. 722–731
Helten, Hans-Jürgen: Zur strafrechtlichen Beurteilung der Mauerschützen, in: *Drobnig, Ulrich (Hrsg.),* Die Strafrechtsjustiz der DDR im Systemwechsel. Partei und Justiz, Mauerschützen und Rechtsbeugung, Berlin 1998, S. 131–145
Henrich, Rolf-Rüdiger: Die Justiz im totalitären Staat Gerichtspraxis in der DDR, in: *BMJ (Hrsg.),* Im Namen des Volkes? Über die Justiz im Staat der SED, Wissenschaftlicher Begleitband zur Ausstellung des Bundesministeriums der Justiz, Leipzig 1994 (zitiert: Im Namen des Volkes?), S. 209–219
Herdegen, Gerhard: Anmerkung zu BGH Urt. v. 3.12.1998 1 StR 240/98, NStZ 1999, S. 456–458
Herrmann, Joachim: Menschenrechtsfeindliche und menschenrechtsfreundliche Auslegung von § 27 des Grenzgesetzes der DDR Zum Mauerschützenurteil des BGH vom 3.11.1992 -, NStZ 1993, S. 118–121
–: Anmerkung zu BGH Urt. v. 25.3.1993 5 StR 418/92, NStZ 1993, S. 487–488
Herrmann, Rudolf: Prüfung von Geständnissen, NJ 1978, S. 224–225
–: Beweisverbote im Strafverfahrensrecht, NJ 1984, S. 285–287
Herrmann, Rudolf/Schüsseler, Rolf: Inhalt und Bedeutung der Unabhängigkeit des Richters in der DDR, NJ 1963, S. 129–135
Herzog, Felix: Zur strafrechtlichen Verantwortlichkeit von Todesschützen an der innerdeutschen Grenze, NJ 1993, S. 1–4
ders. (Hrsg.): Die strafrechtliche Verantwortlichkeit von Todesschützen an der innerdeutschen Grenze, Heidelberg 1992

Heuer, Uwe-Jens/Lieberam, Ekkehard (Mitarbeit): Rechtsverständnis in der DDR, in: *Heuer, Uwe-Jens (Hrsg.),* Die Rechtsordnung der DDR. Anspruch und Wirklichkeit, Baden-Baden 1995, S. 25–74

Heuer, Uwe-Jens/Schramm, Michael: Rechtsfrieden oder Rechtskrieg?, DuR 1992, S. 427–436

Heuer, Volker/Lilie, Hans: Laßt verjähren, was verjährt?, DtZ 1993, S. 354–357

Hey, Bernd: Die NS-Prozesse Probleme einer juristischen Vergangenheitsbewältigung, in: *Weber, Jürgen/Steinbach, Peter (Hrsg.),* Vergangenheitsbewältigung durch Strafverfahren? NS-Prozesse in der Bundesrepublik Deutschland, München 1984, S. 51–70

Hillenkamp, Thomas: Offene oder verdeckte Amnestie über Wege strafrechtlicher Vergangenheitsbewältigung, JZ 1996, S. 179–187

Hirsch, Hans Joachim: Literaturbericht Strafrecht Besonderer Teil (II. Teil), ZStW 82 (1970), S. 411–438 (zitiert: Literaturbericht)

–: Strafrecht und Überzeugungstäter, Berlin, New York 1996

–: Rechtsstaatliches Strafrecht und staatlich gesteuertes Unrecht, Opladen 1996

Höchst, Sigrid: Unrechtskontinuität zwischen ost- und bundesdeutschen Strafnormen?, JR 1992, S. 360–365

Hoenigs, Maike: Zur Existenzberechtigung des Straftatbestandes der Rechtsbeugung. Korrelat oder Widerspruch zur richterlichen Unabhängigkeit, Frankfurt u. a., 2010

Hohoff, Ute: Vorsatz und „Unrechtsbewußtsein" im Strafrecht der DDR als Problem aktueller Rechtsanwendung, DtZ 1997, S. 308–313

–: An den Grenzen des Rechtsbeugungstatbestandes. Eine Studie zu den Strafverfahren gegen DDR-Juristen, Berlin 2001 (zitiert: An den Grenzen des Rechtsbeugungstatbestandes)

Hohmann, Olaf: Zur Rechtsbeugung durch DDR-Staatsanwälte. Anmerkung zu den Urteilen des BGH vom 9.5.1994 und 6.10.1994 sowie des LG Neubrandenburg vom 18.7.1994, NJ 1995, S. 128–132

–: Die strafrechtliche Bewältigung der Rechtsanwendung durch Richter und Staatsanwälte der DDR Aktuelle Probleme der Rechtsbeugung, DtZ 1996, 230–237

Homann, Ulrike: Die Rechtsbeugungsprozesse gegen ehemalige DDR-Richter und Staatsanwälte vor dem Bundesgerichtshof, KJ 1996, S. 494–504

–: Herausforderungen an den Rechtsstaat durch Justizunrecht. Die Urteile bundesdeutscher Gerichte zur strafrechtlichen Aufarbeitung von NS- und DDR-Justizverbrechen, Berlin 2003 (zitiert: Herausforderungen an den Rechtsstaat durch Justizunrecht)

Horstkotte, Hartmuth: Rechtsbeugung durch Richter und Staatsanwälte in der DDR. Ein Bericht über die neuere Rechtsprechung, in: *Drobnig, Ulrich (Hrsg.),* Die Strafrechtsjustiz der DDR im Systemwechsel. Partei und Justiz, Mauerschützen und Rechtsbeugung, Berlin 1998, S. 63–100 (zitiert: Rechtsbeugung, in: Drobnig (Hrsg.), Die Strafrechtsjustiz der DDR im Systemwechsel)

Hruschka, Joachim: Die Todesschüsse an der Berliner Mauer vor Gericht. Zu dem unten abgedruckten Urteil des LG Berlin vom 20.1.1992, JZ 1992, S. 665–670

Hummer, Waldemar/Mayr-Singer, Jelka: Der „deutsche Sonderweg“ bei der Aufarbeitung von SED-Unrecht: Vergangenheitsbewältigung durch Strafjustiz, NJ 2000, S. 561–566

Hupe, Astrid: Der Rechtsbeugungsvorsatz. Eine Untersuchung zum subjektiven Tatbestand des § 336 StGB unter besonderer Berücksichtigung des richterlichen Haftungsprivilegs, Berlin 1995 (zitiert: Der Rechtsbeugungsvorsatz)

Institut für Theorie des Staates und des Rechts der Akademie der Wissenschaften der DDR (Hrsg.): Marxistisch-leninistische Staats- und Rechtstheorie. Lehrbuch, 3. Aufl. Berlin (Ost) 1980

Ipsen, Knut: Völkerrecht, 5. Aufl. München 2004

Isensee, Josef: Staatseinheit und Verfassungskontinuität, VVDStRL 49 (1990), S. 39–69

–: Der deutsche Rechtsstaat vor seinem unrechtsstaatlichen Erbe (Nachwort), in: *Isensee, Josef (Hrsg.),* Vergangenheitsbewältigung durch Recht. Drei Abhandlungen zu einem deutschen Problem, Berlin 1992, S. 91–111 (zitiert: Vergangenheitsbewältigung durch Recht)

–: Aussprache, in: Der Rechtsstaat und die Aufarbeitung der vor-rechtsstaatlichen Vergangenheit, VVDStRL 51 (1992), S. 134–137

ders./Kirchhof, Paul (Hrsg.): Handbuch des Staatsrechts der Bundesrepublik, Bd. VII: Normativität und Schutz der Verfassung Internationale Beziehungen, Heidelberg 1992

–: Verfassungsrecht als „politisches Recht“, in: *ders./Kirchhof, Paul (Hrsg.),* Handbuch des Staatsrechts der Bundesrepublik, Bd. VII: Normativität und Schutz der Verfassung Internationale Beziehungen, Heidelberg 1992, S. 103–163

ders./Kirchhof, Paul (Hrsg.): Handbuch des Staatsrechts der Bundesrepublik Deutschland, Bd. IX: Die Einheit Deutschlands – Festigung und Übergang –, Heidelberg 1997

Jäger, Herbert: Verbrechen unter totalitärer Herrschaft. Studien zur nationalsozialistischen Gewaltkriminalität, Olten, Freiburg 1967 (zitiert: Verbrechen unter totalitärer Herrschaft)

–: Makrokriminalität. Studien zur Kriminologie kollektiver Gewalt, Frankfurt 1989 (zitiert: Makrokriminalität)

–: Strafrecht und nationalsozialistische Gewaltverbrechen, in: *Redaktion Kritische Justiz (Hrsg.),* Der Unrechts-Staat. Recht und Justiz im Nationalsozialismus, 2. Aufl. Baden-Baden 1983 (zitiert: Der Unrechts-Staat), S. 143–157

Jähnke, Burkhard: Auch Rechtsbeugung kann eine „Frage des Datums" sein (ZRP-Rechtsgespräch), ZRP 1994, S. 443–445

Jähnke, Burkhard/Laufhütte, Heinrich Wilhelm/Odersky, Walter: Strafgesetzbuch. Leipziger Kommentar, 1. Lieferung (Einleitung, §§ 1–2), 11. Aufl. Berlin 1992; 17. Lieferung (§§ 77–79b), 11. Aufl. Berlin 1994 (zitiert: LK-Bearbeiter), siehe auch unter: Leipziger Kommentar

Jähnke, Burkhard/Laufhütte, Heinrich Wilhelm/Odersky, Walter: Strafgesetzbuch. Leipziger Kommentar, 9. Band, §§ 339 -358, Nachtrag zum StGB, 11. Aufl. Berlin 2006, (zitiert: LK-Bearbeiter), siehe auch unter. Leipziger Kommentar

Jahn, Gustav/Petzold, Siegfried: Die weitere Entwicklung der sozialistischen Rechtspflege erfordert eine höhere Qualität der Rechtsprechung, NJ 1961, S. 116–120

Jahntz, Bernhard/Kähne, Volker: Der Volksgerichtshof, Darstellung der Ermittlungen der Staatsanwaltschaft bei dem Landgericht Berlin gegen ehemalige Richter und Staatsanwälte am Volksgerichtshof, 3. Aufl. Berlin 1992 (zitiert: der Volksgerichtshof)

Jakob, Norbert: Die Möglichkeiten des Rechtsschutzes durch die Rechtsanwaltschaft in der DDR, ROW 1982, 109–112

Jakobs, Günther: Strafrecht Allgemeiner Teil. Die Grundlagen und die Zurechnungslehre, 2. Aufl. Berlin 1991 (zitiert: AT)

–: Vergangenheitsbewältigung durch Strafrecht? Zur Leistungsfähigkeit des Strafrechts nach einem politischen Umbruch, in: *Isensee, Josef (Hrsg.),* Vergangenheitsbewältigung durch Recht. Drei Abhandlungen zu einem deutschen Problem, Berlin 1992, S. 37–64 (zitiert: Vergangenheitsbewältigung durch Strafrecht? in: Isensee, Josef [Hrsg.], Vergangenheitsbewältigung durch Recht)

–: Untaten des Staates Unrecht im Staat. Strafe für die Tötungen an der Grenze der ehemaligen DDR?, GA 1994, S. 1–19

–: Anmerkung zu BGH Urt. v. 18.1.1994 – 1 StR 740/93, NStZ 1994, S. 332–334

Janke, Gerd: Zur Rangfolge und Veröffentlichung der DDR-Rechtsvorschriften, NJ 1997, S. 455–465

Jarass, Hans D./Pieroth, Bodo: Grundgesetz für die Bundesrepublik Deutschland. Kommentar, 10. Aufl. München 2009 (zitiert: Jarass/Pieroth-Bearbeiter)

Jescheck, Hans-Heinrich: Die Entschädigung des Verletzten nach deutschem Strafrecht, JZ 1958, S. 591–595

–: Die neuere Entwicklung des Strafrechts und des Strafverfahrensrechts in der SBZ, in: *Rechts- und Staatswissenschaftliche Fakultät der Universität Freiburg/Br. (Hrsg.),* Die Lage des Rechts in Mitteldeutschland, Karlsruhe 1965

Jescheck, Hans-Heinrich/Weigend, Thomas: Lehrbuch des Strafrechts, Allgemeiner Teil, 5. Aufl. Berlin 1996 (zitiert: Jescheck/Weigend Strafrecht AT)

Jesse, Eckhard: „Entnazifizierung" und „Entstasifizierung" als politisches Problem. Die doppelte Vergangenheitsbewältigung, in: *Isensee, Josef (Hrsg.),* Vergangenheitsbewältigung durch Recht. Drei Abhandlungen zu einem deutschen Problem, Berlin 1992, S. 9–36 (zitiert: Vergangenheitsbewältigung durch Recht)

Jung, Susanne: Die Rechtsprobleme der Nürnberger Prozesse dargestellt am Verfahren gegen Friedrich Flick, Tübingen 1992

Käsewieter, Volker: Der Begriff der Rechtsbeugung im deutschen Strafrecht, Aachen 1999

Kaiser, Eberhard: Verantwortlichkeit von Richtern und Staatsanwälten wegen ihrer Mitwirkung an rechtswidrigen Todesurteilen Gesichtspunkte für strafrechtliche Ermittlungsverfahren, NJW 1960, S. 1328–1331

Kargl, Walter: Das politische Tribunal eine Strafjustiz im Schafsfell?, KritV 1992, S. 66–83

–: Die Rechtsbeugung (§ 339 StGB) – ein Exempel des Abbaus strafrechtlicher Gesetzlichkeit, in: *Beulke, Werner/Lüderssen, Klaus/Popp, Andreas/ Wittig, Petra (Hrsg.),* Das Dilemma des rechtsstaatlichen Strafrechts. Symposion für Bernhard Haffke zum 65. Geburtstag 28./29. März 2009, Universität Passau, Berlin 2009, S. 39–60

Kaufmann, Armin: Die Dogmatik im Alternativ-Entwurf, ZStW 80 (1968), S. 34–53

Kaufmann, Arthur (Hrsg.): Gedächtnisschrift für Gustav Radbruch 21.11.1978 23.11.1949, Göttingen 1968 (zitiert: Radbruch-GS)

–: Die Parallelwertung in der Laiensphäre Ein sprachphilosophischer Beitrag zur allgemeinen Verbrechenslehre, München 1982

–: Die Radbruchsche Formel vom gesetzlichen Unrecht und vom übergesetzlichen Recht in der Diskussion um das im Namen der DDR begangene Unrecht, NJW 1995, S. 81–86

Kaul, Friedrich Karl: Der Fall Rehse, NJ 69, S. 148–151

–: Der Fall Rehse, NJ 1969, S. 179–182

Kelsen, Hans: Reine Rechtslehre, 2. Aufl. Wien 1960

Kenntner, Markus: Keine Anwendbarkeit des strafrechtlichen Rückwirkungsverbotes auf Staatsverbrechen, RuP 1997, S. 170–185

Kern, Roland: Die Rechtsbeugung durch Verletzung formellen Rechts, München 2010

Kerscher, Helmut: Nicht jedes DDR-Fehlurteil ist Rechtsbeugung, DRiZ 1991, S. 110

Kindhäuser, Urs: Zur Unterscheidung von Tat- und Rechtsirrtum, GA 1990, S. 407–423

Kindhäuser, Urs/Neumann, Ulfried/Paeffgen, Hans-Ullrich: Nomos-Kommentar Strafgesetzbuch, Band 2, 3. Auf. Baden-Baden 2010 (zitiert: NK-Bearbeiter)

Kinkel, Klaus: Wiedervereinigung und Strafrecht, JZ 1992, S. 485–489

Kirchheimer, Otto: Die Rechtspflege und der Begriff der Gesetzlichkeit in der DDR, AöR 85, S. 1–65

Kirchhof, Paul: Objektivität und Willkür, in: *Faller, Hans-Joachim/Kirchhof, Paul/Träger, Ernst (Hrsg.)*, Verantwortlichkeit und Freiheit. Festschrift für Willi Geiger, Tübingen 1989, S. 82–109 (zitiert: FS Geiger)

Klein, Wolfram: Probleme bei der Verfolgung von Straftaten, die im Namen der Staatsmacht der DDR begangen wurden, in: *Landeszentrale für politische Bildung des Landes Sachsen-Anhalt/Gedenkstätte für die Opfer des Stalinismus in Sachsen-Anhalt (Hrsg.)*, Politische Justiz in der DDR. Die kriminelle Herrschaftssicherung des kommunistischen Regimes der DDR und die Aufarbeitung der Vergangenheit, Magdeburg 1993, S. 81–92

Kleine, Helene/Krutzsch Walter: Die strafrechtliche Beurteilung von Staatsverbrechen, NJ 1954, S. 71–74

Klenner, Hermann: Der Marxismus-Leninismus über das Wesen des Rechts, 2. Aufl. Berlin 1955

ders./Schöneburg, Karl-Heinz: Vom ewigen zum beweglichen Naturrecht, StuR 1956, S. 485–497

Klug, Ulrich: Die Rechtsprechung des BGH in NS-Prozessen, in: *Schoeps, Julius/Hillermann, Horst (Hrsg.)*, Justiz und Nationalsozialismus, Bewältigt Verdrängt Vergessen, Stuttgart, Bonn 1987, S. 92–117

Kluth, Winfried: Art. 103 II GG: Strafbarkeit von DDR-Funktionsträgern wegen der Tötung von Flüchtlingen an der innerdeutschen Grenze, JA 1998, S. 102–105

Koch, Arnd: Die Todesstrafe in der DDR, ZStW 110 (1998), S. 89–113

König, Peter: Zur Verfolgungsverjährung von SED-Unrechtstaten Anmerkung zu OLG Frankfurt/M. vom 10.7.1991 2 Ws 88/91 (NStZ 1991, 585) -, NStZ 1991, S. 66–571

–: Anmerkung zu OLG Braunschweig, Beschl. v. 22.11.1991 Ws 13/91, NStZ 1992, S. 185–187

–: Anmerkung zu BGH Urt. v. 26.22.1992 3 StR 319/92, JR 1993, S. 207–210

–: Anmerkung zu BGH Urt. v. 19.4.1994 (JR 1994, 337 f = BGHSt 40, 113), JR 1994, S. 339–341

–: Denunziantentum und Rechtsbeugung. Zugleich Besprechung des Urteils des BGH vom 23.10.1996 BGHSt 42, 275 -, JR 1997, S. 317–322

Körting, Ehrhart: Die Aufarbeitung von DDR-Unrecht, RuP 1998, S. 129–135

Kohler, Josef: Studien aus dem Strafrecht, 1. Bd., Mannheim 1890

–: Über den Begriff der Rechtsbeugung, DJZ 1904, Sp. 613–616

Krakowski, Markus: Die Aufarbeitung des SED-Unrechts durch BGH und Literatur ein Vergleich, Aachen, 2001

Kramer, Helmut: Entlastung als System. Zur strafrechtlichen Aufarbeitung der Justiz- und Verwaltungsverbrechen des Dritten Reiches, in: *Bennholdt, Martin (Hrsg.),* Spuren des Unrechts, Köln 1988, S. 101–130 (zitiert: Entlastung als System)

Kramer, Volker: Zur Verjährungsproblematik bei SED - Unrechtstaten – Kritische Betrachtung zum Beschluß des OLG Braunschweig vom 22.11. 1991 -, NJ 1992, S. 233–236

Krause, Hans: Richterliche Unabhängigkeit und Rechtsbeugungsvorsatz, NJW 1977, S. 285–286

Kraut, Gerald Michael: Rechtsbeugung? Die Justiz der DDR auf dem Prüfstand des Rechtsstaates, München 1997 (zitiert: Rechtsbeugung?)

Kreutzer, Paul: Zum Irrtum über normative Tatbestandsmerkmale, NJW 1955, S. 1307–1309

Krehl, Christoph: Die Verjährung der in der ehemaligen DDR begangenen Straftaten, DtZ 1992, S. 13–15

Krey, Volker: Anwendung des „internationalen Strafrechts" im Verhältnis der Bundesrepublik Deutschland zur DDR, JR 1980, S. 45–50

–: Schutz von DDR-Bürgern durch das Strafrecht der Bundesrepublik Deutschland?, JR 1985, S. 399–408

Kriele, Martin: Aussprache, in: Der Rechtsstaat und die Aufarbeitung der vor-rechtsstaatlichen Vergangenheit, VVDStRL 51 (1992), S. 131–132
Kröger, Herbert: Die II. Parteikonferenz der Sozialistischen Einheitspartei Deutschlands der Beginn einer neuen Etappe in der Entwicklung von Staat und Recht in der Deutschen Demokratischen Republik, NJ 1952, S. 337–340
Krumsiek, Rolf: Justiz und Nationalsozialismus Erinnern statt Verdrängen, in: *Düwell, Franz-Josef (Hrsg.),* Anwalt des Rechtsstaates. Festschrift für Diether Posser zum 75. Geburtstag, Köln 1997, S. 79–83 (zitiert: FS Posser)
Krutzsch, Walter: Gegen Subjektivismus – für die richtige Beachtung des Subjekts und der subjektiven Seite des Verbrechens, NJ 1954, S. 292–295
Kühl, Kristian: Strafgesetzbuch Kommentar, 27. Aufl. München 2011
Küpper, Georg/Wilms, Heiner: Die Verfolgung von Straftaten des SED-Regimes, ZRP 1992, S. 91–96
Kuhlen, Lothar/Gramminger, Thomas: Der Mauerschütze und der Denunziant Ein Bericht über eine strafrechtliche Hausarbeit, JuS 1993, S. 32–39
Kuhlbrodt, Dietrich: Erfahrungen mit der Vergangenheitsbewältigung nach 1945. Möglichkeiten und Grenzen des rechtsstaatlichen Instrumentariums, in: Landeszentrale für politische Bildung Sachsen-Anhalt (Hrsg.), Politische Justiz in der DDR, S. 67–80
Laage, Clea: Die Auseinandersetzungen um den Begriff des gesetzlichen Unrechts nach 1945, KJ 1989, S. 409–432
Lackner, Karl/Kühl, Kristian: Strafgesetzbuch mit Erläuterungen, 24. Aufl. München 2001 (zitiert: Lackner/Kühl-Bearbeiter)
Lammich, Siegfried: Strafrechtliche Sanktionen in der DDR, in: *Arnold, Jörg,* Die Normalität des Strafrechts der DDR, Bd. 1: Gesammelte Beiträge und Dokumente, Freiburg 1995, S. 125–151
Lampe, Ernst-Joachim (Hrsg.): Deutsche Wiedervereinigung. Die Rechtseinheit. Bd. II Die Verfolgung von Regierungskriminalität der DDR nach der Wiedervereinigung, Köln 1993
–: Aufarbeitung der DDR-Vergangenheit durch Strafrecht?, in: *Lampe, Ernst-Joachim (Hrsg.),* Deutsche Wiedervereinigung. Die Rechtseinheit. Bd. II Die Verfolgung von Regierungskriminalität der DDR nach der Wiedervereinigung, Köln 1993, S. 3–11
–: Systemunrecht und Unrechtssysteme, ZStW 106 (1994), S. 683–745
Lamprecht, Rolf: Lesarten für Rechtsbeugung, NJW 1994, S. 562–563
–: Diskurs im Recht, ZRP 1994, S. 181–186

Lange, Richard: Die Entwicklung des Strafrechts in der sowjetischen Besatzungszone, in: *Rosenthal, Walter/Lange, Richard/Blomeyer, Arwed (Hrsg.: Bundesministerium für gesamtdeutsche Fragen)*, Die Justiz in der sowjetischen Zone, Bonn 1952, S. 37–74

–: Die Entwicklung des Strafrechts in der sowjetischen Besatzungszone, in: *Rosenthal, Walter/Lange, Richard/Blomeyer, Arwed (Hrsg.: Bundesministerium für gesamtdeutsche Fragen)*, Die Justiz in der sowjetischen Besatzungszone Deutschlands, Bonn, Berlin, 4. Aufl. 1959, S. 91–144

Larenz, Karl: Methodenlehre der Rechtswissenschaft, 6. Aufl. Heidelberg u. a., 1991 (zitiert: Methodenlehre)

Laufhütte, Heinrich Wilhelm/Rissing-van Saan, Ruth/Tiedemann, Klaus (Hrsg.): Strafgesetzbuch Leipziger Kommentar, 13. Band §§ 331 bis 358, 12. Aufl. Berlin 2009, siehe auch unter: Leipziger Kommentar

Laskowski, Ilse: Unrecht Strafrecht Gerechtigkeit. Die Probleme des Rechtsstaates mit dem DDR-Unrecht, JA 1994, S. 151–166

Lehmann, Günther/Weber, Hans: Theoretische Grundlagen der sozialistischen Rechtspflege, NJ 1969, S. 606–615

Lehmann, Karl-Heinz: Recht muß Recht bleiben. Zur Verurteilung eines Richters des Obersten Gerichts der DDR durch Richter des BGH, NJ 1996, S. 561–564

Leipziger Kommentar: 1. Lieferung (Einleitung, §§ 1–2), 11. Aufl. Berlin 1992, *Hrsg.: Jähnke, Burkhard/Laufhütte, Heinrich Wilhelm/Odersky, Walter* (zitiert. LK-Bearbeiter), siehe auch unter: Jähnke u. a.

Leipziger Kommentar: 17. Lieferung (§§ 77–79b), 11. Aufl. Berlin 1994, *Hrsg.: Jähnke, Burkhard/Laufhütte, Heinrich Wilhelm/Odersky, Walter* (zitiert: LK-Bearbeiter), siehe auch unter: Jähnke u. a.

Leipziger Kommentar: 3. Bd. (§§ 263–370), 9. Aufl. Berlin, New York 1977, *Hrsg.: Baldus, Paulheinz; Willms, Günther* (zitiert: LK-Bearbeiter), siehe auch unter: Baldus u. a.

Leipziger Kommentar: 9. Band, §§ 339 -358, Nachtrag zum StGB, 11. Aufl. Berlin 2006, *Hrsg.: Jähnke, Burkhard/Laufhütte, Heinrich Wilhelm/Odersky, Walter* (zitiert: LK-Bearbeiter)

Leipziger Kommentar: 13. Band §§ 331 bis 358, 12. Aufl. Berlin 2009, *Hrsg.: Laufhütte, Heinrich Wilhelm/Rissing-van Saan, Ruth/Tiedemann, Klaus* (zitiert: LK-Bearbeiter), siehe auch unter: Laufhütte u. a.

Lekschas, John: Das StEG - das mildere Gesetz im Verhältnis zu Art. 6 der Verfassung, NJ 1958, S. 82–84

Lekschas, John/Renneberg, Joachim: Zu aktuellen Problemen unserer Strafpolitik, NJ 1954, S. 717–722

–: Zu aktuellen Problemen unserer Strafpolitik, NJ 1955, S. 35–41

dies. (u. a.)/Sektion Rechtswissenschaft der Humboldt Universität zu Berlin/Akademie für Staats- und Rechtswissenschaft der DDR, Potsdam-Babelsberg (Hrsg.): Strafrecht Allgemeiner Teil. Lehrbuch, 2. Aufl. Berlin 1978 (zitiert: Lekschas/Renneberg u. a., Strafrecht AT. Lehrbuch, 2. Aufl. 1978)

Lemke, Michael: Das 2. Verjährungsgesetz. Versuch einer Analyse eines schwierigen Gesetzes, NJ 1993, S. 529–533

–: Stand der Aufarbeitung von DDR-Unrecht durch die Strafjustiz, NJ 1995, S. 237–239

Lemke, Michael/Hettinger, Reiner: Anmerkung zu OLG Frankfurt/M. Beschl. v. 10.7.1991 2 Ws 88/91, StV 1991, S. 421–423

–: Zur Verjährung von in der ehemaligen DDR begangenen Straftaten und den Möglichkeiten des Gesetzgebers Zugleich eine Erwiderung auf König, NStZ 1991, 566 und Breymann, NStZ 1991, 463 -, NStZ 1992, S. 21–24

Lenin, Wladimir Iljitsch: Werke, Bd. 33, Berlin 1963

Letzgus, Klaus: Die strafrechtliche Verantwortlichkeit von Richtern, Staatsanwälten und Untersuchungsorganen der ehemaligen DDR wegen Rechtsbeugung, in: *Letzgus, Klaus/Hill, Herrmann/Klein, Hans Hugo/Kleinert, Detlef/Oschatz, Georg-Berndt/De With, Hans (Hrsg.)*, Für Recht und Staat. Festschrift für Herbert Helmrich zum 60. Geburtstag, München 1994, S. 73–94 (zitiert: FS Helmrich)

–: Unterbrechung, Ruhen und Verlängerung strafrechtlicher Verjährungsfristen für im Beitrittsgebiet begangene Straftaten, NStZ 1994, S. 57–63

Leutheusser-Schnarrenberger, Sabine: Amnestie für Spione?, ZRP 1995, S. 308–310

Leverenz, Bernhard: Die Verantwortlichkeit des Richters und Staatsanwalts für die Anwendung und Auslegung der Gesetze des nationalsozialistischen Staates, DRiZ 1960, S. 169–172

Leymann, Julius/Petzold, Siegfried: Zum Wesen der sozialistischen Gesetzlichkeit, StuR 1959, S. 691–705

Liebig, Justus: Anwendbarkeit bundesdeutschen Straf- und Ordnungswidrigkeitenrechts auf Alttaten in der DDR, NStZ 1991, S. 372–375

Lieser-Triebnigg, Erika: Recht in der DDR. Einführung und Dokumentation, Köln, 1985 (zitiert: Recht in der DDR)

Lilie, Hans: Deutsches Strafrecht? Über die Unvereinbarkeit der Strafrechtsnormen in der Bundesrepublik Deutschland und in der DDR, NStZ 1990, S. 153–159

Limbach, Jutta: Recht und Unrecht in der Justiz der DDR. Fakten, Folgen, Überwindung, ZRP 1992, S. 170–175
–: Vergangenheitsbewältigung durch die Justiz, DtZ 1993, S. 66–70
–: Strafrechtliche Verantwortlichkeit für die Ausübung politischer Strafjustiz in der ehemaligen DDR, in: *Lampe, Ernst-Joachim (Hrsg.)*, Deutsche Wiedervereinigung. Die Rechtseinheit. Band II: Die Verfolgung von Regierungskriminalität der DDR nach der Wiedervereinigung, Köln 1993, S. 99–108 (zitiert: Strafrechtliche Verantwortlichkeit für die Ausübung politischer Strafjustiz, in: Lampe (Hrsg.), Deutsche Wiedervereinigung, Bd. II)
–: Der 8. Mai 1945: Das Ende der NS-Diktatur, DRiZ 1995, S. 167–171
–: „Im Namen des Volkes". Macht und Verantwortung der Richter, Stuttgart 1999
Lippold, Rainer: Die Strafbarkeit der DDR-Spionage und ihre Verfassungsmäßigkeit, NJW 1992, S. 18–25
Loest, Erich: Schlussworte, in: 40 Jahre SED-Unrecht. Eine Herausforderung für den Rechtsstaat. Erstes Forum des Bundesministers der Justiz am 9. Juli 1991 in Bonn. Sonderheft der Zeitschrift für Gesetzgebung, S. 85 (zitiert: 40 Jahre SED-Unrecht)
Löwenthal, Heinrich: Bemerkungen zur Öffentlichkeit des gerichtlichen Strafverfahrens, NJ 1955, S. 685–687
Lorenz, Frank Lucien: Zum „Beitrittsprinzip" und zur Strafbarkeit von DDR-Wahlfälschungen, NStZ 1992, S. 422–428
–: DDR-Wahlfälschungen vor Gericht, MDR 1993, S. 705–709
–: „Rechtsgeltung", DDR-"Geschichte" und Angemessenheit von Strafe, JZ 1994, S. 388–400
Lorenz, Thomas: Die „Kollektivierung" der Rechtsanwaltschaft als Methode zur systematischen Abschaffung der freien Advokatur, in: *Rottleuthner, Hubert (Hrsg.: BMJ)* Steuerung der Justiz in der DDR. Einflußnahme der Politik auf Richter, Staatsanwälte und Rechtsanwälte, Köln 1994 (zitiert: Steuerung der Justiz in der DDR), S. 409–428
Luchterhand, Otto: Thesen zum Verhältnis von Ostrechtsforschung und Politikwissenschaft, in: *Meissner, Boris/Roggemann, Herwig/ Schroeder, Friedrich-Christian/ Westen, Klaus (Hrsg.)*, Grundsatzfragen der Ostrechtsforschung. Referate und Diskussionsbeiträge des 10. Symposiums der Studiengruppe für Ostrecht, Tübingen 1980, S. 103–106 (zitiert: Grundsatzfragen der Ostrechtsforschung)
–: Was bleibt vom Recht der DDR?, in: *Karsten Schmidt (Hrsg.)*, Vielfalt des Rechts Einheit der Rechtsordnung? Hamburger Ringvorlesung (Hamburger Rechtsstudien, Heft 8), Berlin 1994, S. 165–198

Lüderssen, Klaus: StV 1991, 482- 487
Lübbe, Hermann: Wortmeldung, in: 40 Jahre SED-Unrecht. Eine Herausforderung für den Rechtsstaat. Erstes Forum des Bundesministers der Justiz am 9. Juli 1991 in Bonn. Sonderheft der Zeitschrift für Gesetzgebung, S. 15–17 (zitiert: 40 Jahre SED-Unrecht)
–: Kontinuität und Grenzen des Gesetzlichkeitsprinzips bei grundsätzlichem Wandel der politischen Verhältnisse, ZStW 104 (1992), S.735–784
–: Der Staat geht unter das Unrecht bleibt? Regierungskriminalität in der ehemaligen DDR, Frankfurt 1992 (zitiert: Der Staat geht unter das Unrecht bleibt?)
–: Entkriminalisierung durch Politisierung?, JZ 1997, S. 525–534
Luther, Horst: Zur Anwendung des Strafrechts nach dem Einigungsvertrag, NJ 1991, S. 395–397
–: Der Einigungsvertrag über die strafrechtliche Behandlung von DDR-Alttaten nach der Einigung Deutschlands, DtZ 1991, S. 433–435
–: Strafprozeßrecht, in: *Heuer, Uwe-Jens (Hrsg.),* Die Rechtsordnung der DDR. Anspruch und Wirklichkeit, Baden-Baden 1995, S. 341–394 (zitiert: Die Rechtsordnung der DDR)
Lyon, Thea: Der Verbrechensbegriff in der Strafrechtswissenschaft der DDR, Bonn 1960
Maiwald, Manfred: Rechtsbeugung im SED-Staat, NJW 1993, S. 1881–1889
–: Anmerkung zu BGH, Urt. v. 16.11.1995 - 5 StR 747/94, JZ 1996, S. 866–868
–: Unrechtskenntnis und Vorsatz im Steuerstrafrecht, Heidelberg 1984
Mampel, Siegfried: Die Entwicklung der Verfassungsordnung in der Sowjetzone Deutschlands von 1945 bis 1963, Tübingen 1964
–: Das Recht in Mitteldeutschland. Staats- und Rechtslehre Verfassungsrecht, Köln u. a., 1966
–: Die sozialistische Verfassung der Deutschen Demokratischen Republik. Text und Kommentar, 2. Aufl. Frankfurt 1982 (zitiert: Die sozialistische Verfassung der DDR)
Marx, Michael: Zur strafrechtlichen Verantwortlichkeit des Spruchrichters gemäß § 336 StGB, JZ 1970, S. 248–250
Marxen, Klaus/Werle, Gerhard: Die strafrechtliche Aufarbeitung von DDR-Unrecht. Eine Bilanz, Berlin, New York 1999
Marxen, Klaus/Werle, Gerhard/Schäfter, Petra: Die Strafverfolgung von DDR-Unrecht. Fakten und Zahlen, Berlin 2007
Marxen, Klaus/Werle, Gerhard (Hrsg.): Strafjustiz und DDR-Unrecht. Dokumentation, Band 5/1. und 2. Teilband: Rechtsbeugung (unter Mitarbeit von Boris Burghardt, Ute Hohoff und Petra Schäfter), Berlin 2007

Maunz, Gerhard: Die Justiz vor Gericht. Macht und Ohnmacht der Richter, 2. Aufl. München 1991

Maunz, Theodor/Dürig, Günter/Herzog, Roman/Scholz, Rupert u. a.: Grundgesetz. Kommentar. Bd. 5 (Art. 89–146), München, Stand zu Art. 103 II: 30. Lieferung München 1992 (zitiert: Maunz/Dürig/Herzog/Scholz-Bearbeiter)

Maurach, Reinhart: Zur Problematik der Rechtsbeugung durch Anwendung des sowjetzonalen Rechts, ROW 1958, S. 177–181

Maurach, Reinhart/Schroeder, Friedrich-Christian/Maiwald, Manfred: Strafrecht Besonderer Teil, Teilband 2, Straftaten gegen Gemeinschaftswerte, 9. Aufl. Heidelberg 2005 (zitiert: Strafrecht BT/2)

Maurach, Reinhart/Zipf, Heinz: Strafrecht Allgemeiner Teil, Teilbd. 1 (Grundlehren des Strafrechts und Aufbau der Straftat), 8. Aufl. Heidelberg 1992 (zitiert: Strafrecht AT/1)

Maurer, Hartmut: Aussprache, in: Der Rechtsstaat und die Aufarbeitung der vor-rechtsstaatlichen Vergangenheit, VVDStRL 51 (1992), S. 147–149

Meinerzhagen, Ulrich: Die Verfahren gegen ehemalige Richter der DDR, in: *Weber, Jürgen/Piazolo, Michael (Hrsg.)*, Eine Diktatur vor Gericht: Aufarbeitung von SED-Unrecht durch die Justiz, München 1995, S. 115–136 (letzteres zitiert: Eine Diktatur vor Gericht)

Melsheimer, Ernst: Der neue Kurs und die Aufgaben der Staatsanwaltschaft, NJ 1953, S. 576–578

–: Sozialistische Gesetzlichkeit im Strafverfahren, NJ 1956, S. 289–296

–: Die Aufgaben der Staatsanwaltschaft nach dem V. Parteitag, NJ 1958, S. 511–513

Melzer, Helmut: Die Funktion der bürgerlichen Staatsideologien in der formierten Gesellschaft des staatsmonopolistischen Kapitalismus in Westdeutschland, StuR 1967, S. 2005–2015

Menzel, Jörg: Die Bedeutung des Rechts in der DDR unter besonderer Berücksichtigung des Prinzips der sozialistischen Gesetzlichkeit in der Zeit von 1949–1989, Mainz 1990 (zitiert: Die Bedeutung des Rechts in der DDR)

Merkel, Reinhard: Politik und Kriminalität, Über einige vernachlässigte Probleme in der deutsch-deutschen Vergangenheitsbewältigung, in: *Unseld, Siegfried (Hrsg.)*, Politik ohne Projekt? Nachdenken über Deutschland, Frankfurt 1993, S. 299–332

Meves, (ohne Vorname): Die Amtsverbrechen, in: *von Holtzendorff, Franz*, Handbuch des deutschen Strafrechts, 3. Band: Die Lehre von den Verbrechensarten, Berlin 1874, S. 915–1018

Meyer-Seitz, Christian: Die Verfolgung von NS-Straftaten in der Sowjetischen Besatzungszone, Berlin 1998

Mezger, Edmund: Anmerkung zu BGH, Urt. v. 5.1.1951–2StR 29/50, JZ 1951, S. 179–180

–: Rechtsirrtum und Rechtsblindheit, in: Probleme der Strafrechtserneuerung, Festschrift für Eduard Kohlrausch, Berlin 1944, S. 180–198

Middendorf, Stefan: Recht auf Arbeit in der DDR. Von den theoretischen Grundlagen bis zu den Berufsverboten für Ausreisewillige, Berlin 2000 (zitiert: Recht auf Arbeit in der DDR)

Miehe, Olaf: Rechtfertigung und Verbotsirrtum. Zum Stand der Diskussion über die Strafbarkeit der Todesschützen an Berliner Mauer und innerdeutscher Grenze, in: *Heinze, Reinhard/Schmitt, Jochem (Hrsg.)*, Festschrift für Wolfgang Gitter, Wiesbaden 1995, S. 647–668 (zitiert: FS Gitter)

Ministerium der Justiz (Hrsg.): Strafprozeßrecht der DDR. Lehrkommentar zur Strafprozeßordnung der Deutschen Demokratischen Republik vom 12. Januar 1968, Berlin 1968 (zitiert: StPO Lehrkommentar)

Ministerium der Justiz (Hrsg.): Strafprozeßrecht der DDR. Kommentar zur Strafprozeßordnung, 2. Aufl. Berlin 1987 (zitiert: Kommentar zur StPO, 1987)

Ministerium der Justiz/Deutsche Akademie für Staats- und Rechtswissenschaften „Walter Ulbricht" (Hrsg.): Strafrecht der Deutschen Demokratischen Republik. Lehrkommentar zum Strafgesetzbuch, Bd. II, Berlin 1969 (zitiert: MdJ/Dt. Akad. für Staats- und Rechtswissenschaften (Hrsg.), Strafrecht der DDR. Lehrkommentar zum Strafgesetzbuch, Bd. II (1969),)

Ministerium der Justiz/Akademie für Staats- und Rechtswissenschaften der DDR Potsdam-Babelsberg (Hrsg.): Strafrecht der Deutschen Demokratischen Republik. Kommentar zum Strafgesetzbuch, 3. Aufl. Berlin 1979, 4. Aufl. Berlin 1981; 5. Aufl. Berlin 1987 (zitiert: MdJ/Akademie für Staats- und Rechtswissenschaften der DDR (Hrsg.), Strafrecht der DDR. Kommentar zum Strafgesetzbuch [Auflage und Jahreszahl])

Mitsch, Wolfgang: Der Geltungsbereich des StGB und „DDR-Alttaten", NJ 1992, S. 294–297

Mitscherlich, Alexander und Margarete: Die Unfähigkeit zu trauern. Grundlagen kollektiven Verhaltens, München 1968

Möller-Heilmann, Bettina: Die Strafverfolgung von Richtern und Staatsanwälten der ehemaligen DDR wegen Rechtsbeugung, Berlin u. a., 1999

Mohr, Carsten: Das Recht auf Verteidigung im Strafverfahren der DDR, Hamburg 1974

Mohr, Philipp: Die Aufhebung der Todesurteile gegen Dietrich Bonhoeffer und seine Mitstreiter und die Nachkriegsrechtsprechung, NJW 1997, S. 914–918

Mohrbotter, Kurt: Zur strafrechtlichen Verantwortlichkeit des Spruchrichters und Staatsanwalts für den Inhalt der richterlichen Entscheidung, JZ 1969, S. 491–495

Mollnau, Karl: Sozialistischer Rechtstaat (Versuch einer Charakterisierung), NJ 1989, S. 393–397

–: Über die Wyschinski-Rezeption der Babelsberger Konferenz, NJ 1991, S. 94–96

Moritz, Klaus/Noam, Ernst: NS-Verbrechen vor Gericht 1945–1955. Justiz und Judenverfolgung, Bd. 2. Dokumente aus den hessischen Justizakten mit einem Nachwort von Richard Schmid, Wiesbaden 1978 (zitiert: Moritz/Noam, NS-Verbrechen vor Gericht)

Mück, Herbert: Auslegung von Rechtsnormen in der DDR und in der UdSSR, ROW 1978, S. 14–16

Mühlberger, Fritz: Sozialistische Gesetzlichkeit im Strafverfahren, NJ 1956, S. 368–389

Müller, Frohmut/Fritzsche, Hans: Gerichtsverfassungsrecht Staatsanwaltschaftsrecht, Potsdam-Babelsberg 1981

Müller, Frohmut: Gerichtsverfassungsrecht, in: *Uwe-Jens Heuer (Hrsg.)*, Die Rechtsordnung der DDR. Anspruch und Wirklichkeit, Baden-Baden 1995, S. 211–271

Müller, Ingo: Der Vorsatz der Rechtsbeugung, NJW 1980, S. 2390–2395

–: Die Verwendung des Rechtsbeugungstatbestandes zu politischen Zwecken, KJ 1984, S. 120–141

–: Furchtbare Juristen. Die unbewältigte Vergangenheit unserer Justiz, München 1989

–: Anmerkung zu BGH, Urt. v. 4.9.2001 - 5 StR 92/01, StV 2002, S. 306–308

Müller, Jan: Anmerkung zu BGH, Urt. v. 21.8.1997 5 StR 652/96, NStZ 1998, S. 195

–: Strafverfahren als zeitgeschichtliche Erkenntnisquellen, NJW 2001, S. 2376–2378

Müller, Klaus: Die Lenkung der Strafjustiz durch die SED-Staats- und Parteiführung der DDR am Beispiel der Aktion Rose, Frankfurt 1995 (zitiert: Aktion Rose)

Müller, Wolfgang: Gesetzliches Unrecht und übergesetzliches Recht, NJ 1990, S. 232–235

Müller-Römer, Dietrich: Die Grundrechte in Mitteldeutschland, Köln 1965

Münchener Kommentar zum Strafgesetzbuch: Band 4 §§ 263–358 StGB §§ 1–8, 105, 106 JGG, *Hrsg.: Hefendehl, Roland/Hohmann, Olaf*, München 2006 (zitiert: MünchKom-Bearbeiter), siehe auch: Hefendehl u. a.

Müther, Detlef: Anmerkung zu BGH, Urt. v. 9.7.1998 - 4 StR 599/97, JR 2000, S. 248–251

Musielak, Hans-Joachim: Die Rechtsbeugung (§ 336 StGB), Köln 1960 (zitiert: Die Rechtsbeugung)

Naka, Yoshikatsu: Die Appellfunktion des Tatbestandsvorsatzes, JZ 1961, S. 210–211

Naucke, Wolfgang: Über die Zerbrechlichkeit des rechtsstaatlichen Strafrechts, KritV 1990, S. 244–259

–: Die strafjuristische Privilegierung staatsverstärkter Kriminalität, Frankfurt am Main 1996

Neumann, Ulfried: Rückwirkungsverbot bei belastenden Rechtsprechungsänderungen der Strafgerichte? ZStW 103 (1991), S. 331–356

–: Der Verbotsirrtum (§ 17 StGB), JuS 1993, S. 793–799

Neumann, Ulrich: Die strafrechtliche Vergangenheitsbewältigung von SED-Unrecht am Beispiel der Rechtsbeugung, Köln 2000 (Fotodruck)

Nierwetberg, Rüdiger: Der strafrechtliche Subsumtionsirrtum Tatbestands- oder Verbotsirrtum, Wahndelikt oder untauglicher Versuch?, Jura 1985, S. 238–243

Niethammer, Jens: Der Staatsanwalt in der DDR Aufgaben und Tätigkeit auf dem Gebiet der Strafverfolgung, Berlin 1991 (zitiert: Der Staatsanwalt in der DDR)

N.N.: Aussprache von Richtern und Staatsanwälten über Fragen der sozialistischen Gesetzlichkeit im Strafverfahren. Bericht über die Konferenz der Richter und Staatsanwälte vom 10. Mai 1956, NJ 1956, S. 324–329

NomosKommentar: Strafgesetzbuch, Band 2, 3. Aufl. Baden-Baden 2010, *Hrsg.: Kindhäuser, Urs/Neumann, Ulfried/Paeffgen, Hans-Ullrich* (zitiert: NK-Bearbeiter), siehe auch unter: Kindhäuser u. a.

Obermeyer, (ohne Vorname): Richter und Recht. Die Rechtsbeugung im künftigen deutschen Strafrecht, DRiZ 1927, S. 60–62

Odersky, Walter: Die Rolle des Strafrechts bei der Bewältigung politischen Unrechts, Heidelberg 1992

Oehler, Dietrich: Anmerkung zu BGH Urt. v. 7.3.1984 3 StR 550/83 (S), JZ 1984, S. 948–950

Oetker, Hartmut: Rechtsvorschriften der ehem. DDR als Problem methodengerechter Gesetzesanwendung, JZ 1992, S. 608–614

Oleschinski, Brigitte: Schlimmer als schlimm. Strafvollzug in der DDR, in: Im Namen des Volkes? Über die Justiz im Staat der SED, Wissen-

schaftlicher Begleitband zur Ausstellung des Bundesministeriums der Justiz, Leipzig 1994, S. 255-261 (zitiert: Im Namen des Volkes?)
o. Verf./o. Hrsg.: Der Prozeß gegen Walter Janka und andere. Eine Dokumentation, Berlin/Reinbek 1990
Oppenheim, L.: Die Rechtsbeugungsverbrechen (§§ 336, 343, 344) des Deutschen Reichsstrafgesetzbuches, Leipzig 1886 (zitiert: Die Rechtsbeugungsverbrechen)
Orschekowski, Walter: Die Erfahrungen mit dem materiellen Verbrechensbegriff bei der Anwendung des § 8 StEG berücksichtigen!, NJ 1958, S. 302-305
Ostendorf, Heribert: Roland Freisler Mörder im Dienste Hitlers, ZRP 1994, S. 169-170
-: Das Nürnberger Juristenurteil - die stellvertretende Aburteilung der NS-Justiz, DRiZ 1995, S. 184-188
Ostendorf, Heribert/ter Veen, Heino: Das „Nürnberger Juristenurteil". Eine kommentierte Dokumentation, Frankfurt 1985 (zitiert: Das Nürnberger Juristenurteil)
Ostmann, Helmut: Die Stellung des Staatsanwalts im Ermittlungsverfahren, NJ 1953, S. 11-14
-: Zur Methodik der Gesetzesanwendung, NJ 1954, S. 725-730
Ott, Hermann: Die Staatspraxis an der DDR-Grenze und das Völkerrecht. zugleich Anmerkung zum Urteil des BGH vom 3.11.1992 5 StR 370/92, NJ 1993, S. 337-343
Otto, Harro: Der vorsatzausschließende Irrtum in der Rechtsprechung, in: *Geppert, Klaus/Dehnicke, Diether (Hrsg.)*, Gedächtnisschrift für Karlheinz Meyer, Berlin 1990 (zitiert: GS Meyer), S. 583-605
-: Grundsätze der Strafverfolgungsverjährung von Straftaten auf dem Gebiet der ehemaligen DDR, Jura 1994, S. 611-614
Otto, Wilfriede: Die „Waldheimer Prozesse"- altes Erbe und neue Sichten, NJ 1991, S. 355-358
-: Die „Waldheimer Prozesse" 1950. Historische, politische und juristische Aspekte im Spannungsfeld zwischen Antifaschismus und Stalinismus, Berlin 1993 (zitiert: Die „Waldheimer Prozesse" 1950)
Paeffgen, Hans-Ullrich: Wozu dient der Strafprozeß und inwieweit darf ein Landesverfassungsgericht in ihn intervenieren? Überlegungen aus Anlaß des Verfahrens gegen Honecker u. a. und der Entscheidung des VerfGH Berlin vom 12.1.1993, NJ 1993, S. 152-153
Papier, Hans-Jürgen: § 213: Vergangenheitsbewältigung: Abwicklung, Ahndung, Entschädigung, in: *Isensee, Josef/Kirchhof, Paul (Hrsg.)*, Handbuch des Staatsrechts der Bundesrepublik Deutschland, Bd. IX: Die

Einheit Deutschlands Festigung und Übergang -, Heidelberg 1997, S. 587–627

ders./Möller, Johannes: Die rechtsstaatliche Bewältigung von Regime-Unrecht nach 1945 und nach 1989, NJW 1999, S- 3289–3297

Pawlik, Michael: Das positive Recht und seine Grenzen. Zur rechtstheoretischen und rechtsphilosophischen Problematik der „Mauerschützenprozesse“, in: *Orsi, Giuseppe/Seelmann, Kurt/Smid, Stefan/Steinworth, Ulrich (Hrsg.),* Rechtsphilosophische Hefte Nr. 2 Jg. 1993: Gerechtigkeit Beiträge zur Rechtswissenschaft, Rechtsphilosophie und Politik, Frankfurt 1993 (zitiert: Das positive Recht und seine Grenzen, in: Orsi u. a., Gerechtigkeit)

–: Strafrecht und Staatsunrecht. Zur Strafbarkeit der „Mauerschützen“, GA 1994, S. 472–483

–: Das Recht im Unrechtsstaat. Zur rechtstheoretischen Rekonstruktion des Verhältnisses von Recht und Politik, Rechtstheorie 1994, S. 101–117

Pein, Gerhard : Aus der Blickrichtung der Verteidigung, NJ 1956, S. 776–777

Pein, Gerhardt: Über einige Aufgaben des Verteidigers, NJ 1960, S. 397–400

–: Der Beitrag des Verteidigers zur Erforschung der objektiven Wahrheit, NJ 1963, S. 18–22

Peschel-Gutzeit, Lore Maria: Zur rechtlichen Auseinandersetzung mit der NS-Gewaltherrschaft und dem SED-Regime, NJ 1995, S. 450–454

–: Grundrechte und Rückwirkungsverbot. Anspruch und Wirklichkeit der Aufarbeitung von Systemunrecht durch die Justiz, FAZ vom 18. Juni 1996, S. 11–12

–: Aufarbeitung von Systemunrecht durch die Justiz: Anspruch und Wirklichkeit, in: *Drobnig, Ulrich (Hrsg.),* Die Strafrechtsjustiz der DDR im Systemwechsel. Partei und Justiz, Mauerschützen und Rechtsbeugung, Berlin 1998, S. 9–21

Peschel-Gutzeit, Lore Maria/Jenckel, Anke: Aktuelle Bezüge des Nürnberger Juristenurteils: Auf welchen Grundlagen kann die deutsche Justiz das Systemunrecht der DDR aufarbeiten?, in: *Peschel-Gutzeit (Hrsg.),* Das Nürnberger Juristen-Urteil von 1947. Historischer Zusammenhang und aktuelle Bezüge, Baden-Baden 1996, S. 277–299 (zitiert: Aktuelle Bezüge des Nürnberger Juristenurteils, in: *Peschel-Gutzeit(Hrsg.),* Das Nürnberger Juristen-Urteil von 1947)

Petzold, Siegfried: Die Parteibeschlüsse der Sozialistischen Einheitspartei Deutschlands das feste Fundament des sozialistischen Rechts in der Deutschen Demokratischen Republik, StuR 1961, S. 658–682

–: Das Recht in der Periode des umfassenden Aufbaus des Sozialismus, StuR 1963, S. 17–32

Pfarr, Heide M.: Auslegungstheorie und Auslegungspraxis im Zivil- und Arbeitsrecht der DDR, Berlin 1972

Pfister, Wolfgang: Die Aufhebung von Willkürurteilen, in: *Weber, Jürgen/ Piazolo, Michael (Hrsg.)*, Eine Diktatur vor Gericht: Aufarbeitung von SED-Unrecht durch die Justiz, München 1995, S. 181–199 (letzteres zitiert: Eine Diktatur vor Gericht)

Pieroth, Bodo: Der Rechtsstaat und die Aufarbeitung der vor-rechtsstaatlichen Vergangenheit, in: Der Rechtsstaat und die Aufarbeitung der vor-rechtsstaatlichen Vergangenheit, VVDStRL 51 (1992), S. 91–115

–: Aussprache, in: Der Rechtsstaat und die Aufarbeitung der vor-rechtsstaatlichen Vergangenheit, VVDStRL 51 (1992), S. 168–169

ders./Kingreen, Thorsten: Die verfassungsrechtliche Problematik des Verjährungsgesetzes, NJ 1993, S. 385–392

Platzgummer, Winfried: Die Bewußtseinsform des Vorsatzes. Eine strafrechtsdogmatische Untersuchung auf psychologischer Grundlage, Wien 1964

Polak, Karl: Begriffsformalismus und Demokratie. Zur Kritik der Weimarer Verfassung, Einheit 1946, S. 385–401

–: Über die weitere Entwicklung der sozialistischen Rechtspflege. Zum Beschluß des Staatsrates der DDR vom 30. Januar 1961; NJ 1961, S. 145–151

–: Über die weitere Entwicklung der sozialistischen Rechtspflege in der Deutschen Demokratischen Republik. Zum Beschluß des Staatsrates vom 30. Januar 1961, StuR 1961, S. 607–657

Polakiewicz, Jörg: Verfassungs- und völkerrechtliche Aspekte der strafrechtlichen Ahndung des Schußwaffeneinsatzes an der innerdeutschen Grenze, EuGRZ 1992, S. 177–190

Poppe, Eberhard/Schüsseler, Rolf: Sozialistische Grundrechte und Grundpflichten der Bürger, StuR 1963, S. 209–228

Prantl, Heribert: Deutschland leicht entflammbar. Ermittlungen gegen die Bonner Politik, München, Wien 1994

–: Honecker, Mielke und andere, Süddeutsche Zeitung vom 1.9.1999, S. 4

Preuss, Wolf: Der Begriff der sozialistischen Gesetzlichkeit in der DDR und die Methoden ihrer Verwirklichung als Herrschaftsinstrument der SED, München 1963 (zitiert: Der Begriff der sozialistischen Gesetzlichkeit in der DDR)

Quasten, Dirk: Die Judikatur des Bundesgerichtshofs zur Rechtsbeugung im NS-Staat und in der DDR, Berlin 2003

Queisser, Werner: „Die Qualität der Anklagen weiter verbessern!“, NJ 1960, S. 407–408
Radbruch, Gustav: Der Überzeugungstäter, ZStW 44 (1924), S. 34–38
–: Gesetzliches Unrecht und übergesetzliches Recht, SJZ 1946, S. 105–108
–: Zur Diskussion über die Verbrechen gegen die Menschlichkeit, SJZ 1947, Sp. 131–136
Ranke, Hans/Jahn, Gustav: Der V. Parteitag und einige Aufgaben der Justizorgane, NJ 1958, S. 517–520
Rasehorn, Theo/Lewald, Walter: Das Verfahren gegen Rehse und die Problematik des § 336 StGB, NJW 1969, S. 457–459
Rasehorn, Theo: Die Wunde schwärt noch: Juristen als Opfer und Täter Hitlers, RuP 1993, S. 213–220
Rautenberg, Erardo Cristoforo/Burges, Gerd: Anfangsverdacht wegen Rechtsbeugung gegen Staatsanwälte und Richter der früheren DDR ein Beitrag zum Meinungsstand in der Praxis, DtZ 1993, S. 71–75
Rautenberg, Erardo Cristoforo: Anmerkung zu BG Potsdam, Besonderer Senat, Beschluß vom 8.11.1993 6 Ws 33/93, NJ 1994, S. 88–89
–: Plädoyer für ein begrenztes Straffreiheitsgesetz im Bereich des SED-Unrechts, NJ 1995, S. 617–625
Reich, Norbert/Reichel, Hans-Christian: Einführung in das sozialistische Recht. Grundlagen, Grundprobleme, System, Quellen, Rechtsbildung, Rechtsverwirklichung, München 1975 (zitiert: Einführung in das sozialistische Recht)
Reimer, Ekkehart: Anmerkung zu BGH, Urt. v. 29.4.1994 3 StR 528/93, NStZ 1995, S. 83–84
Reinke, Herbert: Staatssicherheit und Justiz, in: Im Namen des Volkes? Über die Justiz im Staat der SED, Wissenschaftlicher Begleitband zur Ausstellung des Bundesministeriums der Justiz, Leipzig 1994, S. 239–247 (zitiert: Im Namen des Volkes?)
Renzikowski, Joachim: Zur Strafbarkeit des Schußwaffengebrauchs an der innerdeutschen Grenze, NJ 1992, S. 152–155
Reuter, (ohne Vorname): Der Verzicht auf den Verteidiger, NJ 1952, S. 545
Reuter, Lothar: Der widersprüchliche Prozeß der Erneuerung der Staatsanwaltschaft, NJ 1990, S. 322–324
Richter, Heinz: Die Rechtsanwaltschaft ein wichtiges Organ der sozialistischen Rechtspflege, Der Schöffe 1963, S. 63–69
Riedel, Joachim: „Schießbefehl“ und Verjährung Zum Problem der Strafverfolgungsverjährung bei Schußwaffengebrauch an der ehemaligen DDR-Grenze, DtZ 1992, S. 162–169
Rieger, Ulrike: Richterratschlag in Rostock, NJ 1993, S. 551

Riemann, Tord: Rechtscharakter und Verbindlichkeit staatlicher Entscheidungen, StuR 1976, S. 1291–1300
–: Sozialistisches Recht und normative Weisungen, in: *Karl-Marx-Universität Leipzig, Sektion Rechtswissenschaft/Wagner, Ingo*, Sozialistisches Recht und juristischer Überbau, Leipzig 1982, S. 225–233
Rieß, Peter: Prolegomena zu einer Gesamtreform des Strafverfahrensrechts, in: *Hassenpflug, Hedwig (Hrsg.)*, Festschrift für Karl Schäfer zum 80. Geburtstag, Berlin, New York 1980, S. 155–221 (zitiert: FS Karl Schäfer)
Rittstieg, Helmut: Grenzsoldat und Menschenrecht. Zum Mauerschützenurteil des Bundesgerichtshofs, DuR 1993, S. 18–20
von Renesse, Margot: Eine unabhängige Justiz gibt es nur bei echter Gewaltenteilung. Zu den Ergebnissen der Rostocker Anhörung über Recht und Justiz der DDR, NJ 1993, S. 409–411
Rogall, Klaus: Bewältigung von Systemkriminalität, in: *Roxin, Claus/ Widmaier, Gunter (Hrsg.)*, 50 Jahre Bundesgerichtshof. Festgabe aus der Wissenschaft, Band IV. Strafrecht, Strafprozessrecht, München 2000, S. 383–438
Roggemann, Herwig: Zur Entwicklung des politischen Strafrechts in Deutschland, ROW 1968, S. 50–62
–: Das Strafgesetzbuch der DDR von 1968, ROW 1969, S. 97–113; 145–158
–: Grenzübertritt und Strafrechtsanwendung zwischen beiden deutschen Staaten. Anmerkungen zum Fall Wienhold, ZRP 1976, S. 243–248
–: Die DDR-Verfassungen. Einführung in das Verfassungsrecht der DDR Grundlagen und neuere Entwicklung, 4. Aufl. Berlin 1989 (zitiert: Die DDR-Verfassungen)
–: Richterwahl und Rechtspflege in den Ländern der früheren DDR, NJW 1991, S. 456–464
–: Systemunrecht und Strafrecht am Beispiel der Mauerschützen, Berlin 1993
–: Zur Strafbarkeit der Mauerschützen, DtZ 1993, S. 10–19
–: Richterstrafbarkeit und Wechsel der Rechtsordnung. Das BGH-Urteil zur Rechtsbeugung durch DDR-Richter, JZ 1994, S. 769–778
–: Die Justiz auf dem Prüfstand der Justiz. Zur Strafbarkeit von DDR-Richtern wegen Rechtsbeugung, in: *BMJ (Hrsg.)*, Im Namen des Volkes? Über die Justiz im Staat der SED, Wissenschaftlicher Begleitband zur Ausstellung des Bundesministeriums der Justiz, Leipzig 1994 (zitiert: Die Justiz auf dem Prüfstand der Justiz bzw. Im Namen des Volkes?), S. 285–300
–: Die strafrechtliche Aufarbeitung der DDR-Vergangenheit am Beispiel der „Mauerschützen"- und der Rechtsbeugungsverfahren. Eine Zwischenbilanz, NJ 1997, S. 226–232

–: Gutachterliche Stellungnahme Lenkungsmechanismen in der DDR-Justiz, insbesondere im Hinblick auf die Richter und Staatsanwälte, in den siebziger Jahren, in: *Rottleuthner, Hubert (Hrsg.)*, Das Havemann-Verfahren. Das Urteil des Landgerichts Frankfurt (Oder) und die Gutachten der Sachverständigen Prof. H. Roggemann und Prof. H. Rottleuthner, Baden-Baden 1999, S. 209–334 (zitiert: Roggemann, Gutachterliche Stellungnahme, in: Rottleuthner (Hrsg.), Das Havemann-Verfahren)

Rosenau, Henning: Tödliche Schüsse im staatlichen Auftrag. Die strafrechtliche Verantwortung von Grenzsoldaten für den Schußwaffengebrauch an der deutsch-deutschen Grenze, 2. Aufl. Baden-Baden 1998 (zitiert: Tödliche Schüsse im staatlichen Auftrag)

Rosenthal, Walter: Die Gerichtsverfassung in der SBZ, in: *Maurach, Reinhard u. a./Institut für Ostrecht, Hrsg.)*, Fragen der Gerichtsverfassung im Ostblock, Berlin 1958, S. 71–88

–: Aufgaben, Methoden und Aufbau der sowjetzonalen Justiz, in: *Rosenthal, Walther/Lange, Richard/Blomeyer, Arwed (Hrsg.: Bundesministerium für gesamtdeutsche Fragen)*, Die Justiz in der sowjetischen Besatzungszone Deutschlands, 4. Aufl. Bonn, Berlin 1959, S. 7–90

Rottleuthner, Hubert: Kontinuität und Identität. Justizjuristen und Rechtslehrer vor und nach 1945, in: *Säcker, Franz Jürgen (Hrsg.)*, Recht und Rechtslehre im Nationalsozialismus, Baden-Baden 1992, S. 241–254

Rottleuthner, Hubert/BMJ (Hrsg.): Steuerung der Justiz in der DDR. Einflußnahme der Politik auf Richter, Staatsanwälte und Rechtsanwälte, Köln 1994 (zitiert: Steuerung der Justiz in der DDR)

–: Zur Steuerung der Justiz in der DDR, in: *Rottleuthner, Hubert (Hrsg.: BMJ)*, Steuerung der Justiz in der DDR. Einflußnahme der Politik auf Richter, Staatsanwälte und Rechtsanwälte, Köln 1994 (zitiert: Steuerung der Justiz in der DDR), S. 9–66

–: Steuerung der Justiz, in: *Bundesministerium der Justiz (Hrsg.)*, Im Namen des Volkes? Über die Justiz im Staat der SED. Wissenschaftlicher Begleitband zur Ausstellung des Bundesministeriums der Justiz, Leipzig 1994 (zitiert: Im Namen des Volkes?), S. 221–229

ders. (Hrsg.): Das Havemann-Verfahren. das Urteil des Landgerichts Frankfurt (Oder) und die Gutachten der Sachverständigen Prof. H. Roggemann und Prof. H. Rottleuthner, Baden-Baden, 1999 (zitiert: Das Havemann-Verfahren)

–: Zum Aufbau und zur Funktionsweise der Justiz in der DDR, in: *Engelmann, Roger/Vollnhals, Clemens (Hrsg.)*, Justiz im Dienste der Partei-

herrschaft. Rechtspraxis und Staatssicherheit in der DDR, Berlin 1999, S. 25–42
Roxin, Claus: Sinn und Grenzen staatlicher Strafe, JuS 1966, 377–387
–: Offene Tatbestände und Rechtspflichtmerkmale, 2. Aufl. Berlin 1970
–: Strafrecht Allgemeiner Teil, Bd. 1 (Grundlagen. Der Aufbau der Verbrechenslehre), 4. Aufl. München 2006 (zitiert: Strafrecht AT/1)
Roxin, Claus/Schünemann, Bernd: Strafverfahrensrecht, 26. Aufl. München 2009
Rudolph, Kurt: Lesarten für Rechtsbeugung, NJW 1996, S. 1201
Rudolphi, Hans-Joachim/Horn, Eckard/Samson, Erich/Günther, Hans-Ludwig u. a.: Systematischer Kommentar zum Strafgesetzbuch, Bd. 2 (§§ 223–358), 4. Aufl. Neuwied 1991, Bearbeiter zu § 336: Rudolphi; 5. Aufl. Neuwied 1997, Bearbeiter zu § 339: Rudolphi; Bd. 2 (§§ 267–358), 7. Aufl. Neuwied 2003, Bearbeiter zu § 339: Rudolphi/Stein (jeweils zitiert: SK-Bearbeiter)
Rudolphi, Hans-Joachim: Zum Wesen der Rechtsbeugung, ZStW 82 (1970), S. 610–632
Rückerl, Adalbert: NS-Verbrechen vor Gericht. Versuch einer Vergangenheitsbewältigung, Heidelberg 1984 (zitiert: NS-Verbrechen vor Gericht)
Rüping, Hinrich: Strafjustiz im Führerstaat, GA 1984, S. 297–307
–: „Streng, aber gerecht. Schutz der Staatssicherheit durch den Volksgerichtshof", GA 1984, S. 815–821
Rüter, Christiaan Frederik/de Mildt, Dick W. (Hrsg.): Justiz und NS-Verbrechen. Sammlung deutscher Strafurteile wegen nationalsozialistischer Tötungsverbrechen 1945–1966 (Redaktion: Fritz Bauer u. a.), Amsterdam ab 1968 und später. Ab 23. Band aktualisierter Zusatz: Sammlung deutscher Strafurteile wegen nationalsozialistischer Tötungsverbrechen 1945–1999, in Zusammenarbeit mit Saur Verlag (Redaktion Karl Dietrich Bracher u. a.). Insgesamt 44 Bände.
Rüthers, Bernd: Entartetes Recht. Rechtslehren und Kronjuristen im Dritten Reich, Minden 1994 (zitiert: Entartetes Recht)
–: Die unbegrenzte Auslegung. Zum Wandel der Privatrechtsordnung im Nationalsozialismus, 5. Aufl. Heidelberg 1997 (zitiert: Die unbegrenzte Auslegung)
Rummler, Toralf: Die Gewalttaten an der deutsch-deutschen Grenze vor Gericht, Baden-Baden 2000
Sagel-Grande, H. Irene: Grundzüge des Strafrechts der DDR, Zwolle 1976
Saliger, Frank: Radbruchsche Formel und Rechtsstaat, Heidelberg 1995
Samson, Erich: Die strafrechtliche Behandlung von DDR-Alttaten nach der Einigung Deutschlands, NJW 1991, S. 335–340

–: Auslands- oder Inlandstheorie bei DDR-Alttaten, NJ 1991, S. 236–238
Sarstedt, Werner: Fragen zur Rechtsbeugung, in: *Lüttger, Hans/Blei, Herrmann/Hanau, Peter (Hrsg.),* Festschrift für Ernst Heinitz zum 70. Geburtstag, Berlin 1972, S. 427–444 (zitiert: FS Heinitz)
Satzger, Helmut/Schmitt, Bertram/Widmaier, Gunter: Strafgesetzbuch Kommentar, 1. Auflage Köln 2009
Sauer, Heiner/Plumeyer, Hans-Otto: Der Salzgitterreport. Die zentrale Erfassungsstelle berichtet über Verbrechen im SED-Staat, Esslingen, München 1991
Sauter, Alfred: Verjährung von SED-Unrecht Überlegungen zum gesetzgeberischen Handlungsbedarf, DtZ 1992, S. 169–172
Schaefgen Christoph: „DDR-Regierungskriminalität" Erscheinungsformen und Probleme, RuP 1992, S. 191–203
–: Die Strafverfolgung von Regierungskriminalität in der DDR. Probleme, Ergebnisse, Perspektiven, RuP 1994, S. 150–160
–: Die Strafverfolgung von Regierungskriminalität in der DDR. Probleme, Ergebnisse, Perspektiven, in: *Weber, Jürgen/Piazolo, Michael (Hrsg.),* Eine Diktatur vor Gericht: Aufarbeitung von SED-Unrecht durch die Justiz, München 1995, S. 49–65 (letzteres zitiert: Eine Diktatur vor Gericht)
–: Vergangenheitsbewältigung durch die Justiz – Strafverfolgung von Regierungskriminalität – Vortrag gehalten vor der Juristischen Gesellschaft Mittelfranken zu Nürnberg e. V. am 27. November 1995, Regensburg 1996 (zitiert: Vergangenheitsbewältigung durch die Justiz)
–: Zehn Jahre Aufarbeitung des Staatsunrechts in der DDR, NJ 2000, S. 1–5
Schäfter, Petra: Die Strafverfolgung von DDR-Unrecht. Bericht über ein Forschungsprojekt zum strafjustiziellen Umgang mit Systemkriminalität, Humboldt-Forum 2000, S. 36–41
Scheffler, Uwe: Gedanken zur Rechtsbeugung, NStZ 1996, S. 67–70
Schlimm, Dirk: Der Strafprozeß gegen eine im Ausland entführte Person. Anmerkung zur Entscheidung des United States Supreme Court im Fall United States v. Alvarez-Machain, ZRP 1993, S. 262–266
Schlink, Bernhard: Rechtsstaat und revolutionäre Gerechtigkeit, NJ 1994, S. 433–437
Schlösser, Siegfried: Strafrechtliche Verantwortlichkeit ehemaliger Richter an Sondergerichten, NJW 1960, S. 943–946
Schlüchter, Ellen: Zur Irrtumslehre im Steuerstrafrecht, wistra 1985, S. 43–51
Schmidhäuser, Eberhardt: Zur Frage nach dem Ziel des Strafprozesses, in: *Bockelmann, Paul/Gallas, Wilhelm (Hrsg.),* Festschrift für Eberhard

Schmidt zum 70. Geburtstag, 2. Aufl. Göttingen 1971, S. 511–524 (zitiert: FS Eb. Schmidt)

Schmidt, (ohne Angabe des Vornamens): LM (1984), § 336 StGB 1975, Anm. zu Nr. 1

Schmidt, Eberhard: Lehrkommentar Strafprozeßordnung und Gerichtsverfassungsgesetz, Teil I, 2. Aufl. Göttingen 1964 (zitiert: Lehrkommentar StPO)

Schmidthals, Brigitte: Die Neugestaltung des strafrechtlichen Staatsschutzes in der Sowjetischen Besatzungszone, Berlin 1962

Schmidt-Speicher, Ursula: Hauptprobleme der Rechtsbeugung unter besonderer Berücksichtigung der historischen Entwicklung des Tatbestandes, Berlin 1982 (zitiert: Hauptprobleme der Rechtsbeugung)

Schöll, Jan Oliver: Die Rechtsbeugung. Aktuelle Probleme der strafrechtlichen Bewältigung staatlichen Unrechts, Konstanz 1999 (zitiert: Die Rechtsbeugung)

Schöneburg, Karl-Heinz: Die Verfassungen der DDR von 1949, 1968/74 und 1990, in: *Friedrich-Ebert-Stiftung Landesbüro Brandenburg (Hrsg.)*, Rechtswissenschaft der DDR. Problemfall oder Bereicherung der Vereinigung, Potsdam 1995

Schöneburg, Volkmar: Diskussionsbericht, in: *Lampe, Ernst-Joachim (Hrsg.)*, Deutsche Wiedervereinigung. Die Rechtseinheit. Band II: Die Verfolgung von Regierungskriminalität der DDR nach der Wiedervereinigung, Köln 1993, S. 47–51 (zitiert: Diskussionsbericht, in: Lampe, Deutsche Wiedervereinigung, Bd. II)

Schönke, Adolf/Schröder, Horst: Strafgesetzbuch Kommentar, 26. Aufl. München 2001 (zitiert: Schönke/Schröder-Bearbeiter)

Schönke, Adolf/Schröder, Horst: Strafgesetzbuch Kommentar, 27. Aufl. München 2006 (zitiert: Schönke/Schröder-Bearbeiter)

Schönke, Adolf/Schröder, Horst: Strafgesetzbuch Kommentar, 28. Aufl. München 2010 (zitiert: Schönke/Schröder-Bearbeiter)

Schoeps, Julius/Hillermann, Horst (Hrsg.): Justiz und Nationalsozialismus. Bewältigt Verdrängt Vergessen, Stuttgart, Bonn 1987

Scholderer, Frank: Rechtsbeugung im demokratischen Rechtsstaat. Zur Rekonstruktion des § 336 StGB für die Gegenwart, Baden-Baden 1993 (zitiert: Rechtsbeugung)

Scholten, Hans-Joseph: Zur Bedeutung von § 7 StGB für die Verfolgung von Straftaten des SED-Regimes, ZRP 1992, S. 476–480

Scholz, Herbert: Nochmals: Rechtsbeugung mit bedingtem Vorsatz?, ZRP 1969, S. 240

Schoreit, Armin: Anmerkung zu BGH, Urt. v. 6.10.94 - 4 StR 23/94, StV 1995, S. 195–197
Schreiber, Hans-Ludwig: Probleme der Rechtsbeugung, GA 1972, S. 193–208
–: Die strafrechtliche Aufarbeitung von staatlich gesteuertem Unrecht, ZStW 107 (1995), S. 157–182
–: Strafrechtliche Verantwortlichkeit für den Schußwaffengebrauch an der Grenze zwischen Bundesrepublik und DDR, in: *Lampe, Ernst-Joachim (Hrsg.)*, Deutsche Wiedervereinigung. Die Rechtseinheit. Band II: Die Verfolgung von Regierungskriminalität der DDR nach der Wiedervereinigung, Köln u. a. 1993, S. 53–65 (zitiert: Strafrechtliche Verantwortlichkeit für den Schußwaffengebrauch an der Grenze, in: Lampe (Hrsg.), Deutsche Wiedervereinigung, Bd. II)
Schroeder, Friedrich-Christian: Der Schutz von Staat und Verfassung im Strafrecht. Eine systematische Darstellung, entwickelt aus Rechtsgeschichte und Rechtsvergleichung, München 1970 (zitiert: Der Schutz von Staat und Verfassung im Strafrecht)
–: Methodenprobleme der Ostrechtsforschung, in: *Meissner, Boris/Roggemann, Herwig/ Schroeder, Friedrich-Christian/ Westen, Klaus (Hrsg.)*, Grundsatzfragen der Ostrechtsforschung. Referate und Diskussionsbeiträge des 10. Symposiums der Studiengruppe für Ostrecht, Tübingen 1980, S. 79–102 (zitiert: Grundsatzfragen der Ostrechtsforschung)
–: Das Strafrecht des realen Sozialismus. Eine Einführung am Beispiel der DDR, Opladen 1983 (zitiert: Das Strafrecht des realen Sozialismus)
–: Tendenzen in der Strafzumessung der DDR, ROW 1986, S. 338–340
–: Menschenrechte in Strafverfahren und Strafvollzug, in: *Brunner, Georg (Hrsg.)* Menschenrechte in der DDR, Baden-Baden 1989, S. 257–273
–: Die Strafrechtsdogmatik in der DDR, JR 1990, S. 89–93
–: Zur Verjährung von DDR-Unrechtstaten ZRP 1992, S. 244–246
–: Zur Strafbarkeit von Tötungen in staatlichem Auftrag, JZ 1992, S. 990–993
–: Die Rechtswidrigkeit der Flüchtlingserschießungen zwischen Transzendenz und Immanenz Zum Urteil des BGH vom 3.11.1992 5 StR 370/92 -, JR 1993, S. 45–51
–: Der Rechtfertigungsgrund der Entscheidung von Rechtssachen, GA 1993, S. 389–405
–: Strafrechtliche Verantwortlichkeit für die Ausübung politischer Strafjustiz in der ehemaligen DDR, in: *Lampe, Ernst-Joachim (Hrsg.)*, Deutsche Wiedervereinigung, Bd. 2, Köln 1993, S. 109–121
–: Anmerkung zu BGH, Urt. v. 5.7.1995 3 StR 605/94, NStZ 1995, S. 546–546

–: Geschichtsbewältigung durch Strafrecht?, DRiZ 1996, S. 81–88
–: Sitzfindig bis zum Grotesken. Der Bundesgerichtshof und das Justizunrecht der DDR, FAZ v. 1.2.1996
–: Anmerkung (zu: BGH Beschl. v. 5.5.1998 5 StR 150/98, JZ 1998, 910–911), JZ 1998, S. 911–912
–: Die Verfolgung der DDR-Staatsverbrechen nach der Wiedervereinigung, in: *Eckart, Karl/Hacker, Jens/ Mampel, Siegfried (Hrsg.),* Wiedervereinigung Deutschlands. Festschrift zum 20jährigen Bestehen der Gesellschaft für Deutschlandforschung, Berlin 1998, S. 399–416 (zitiert: Eckart u. a. [Hrsg.], Wiedervereinigung Deutschlands [FS])
–: Der Bundesgerichtshof und der Grundsatz „nulla poena sine lege", NJW 1999, S. 89–93
–: Anmerkung zu BGH Urt. v. 10.12.1998 5 StR 322/98, NStZ 1999, S. 620–621
–: Zehn Jahre strafrechtliche Aufarbeitung des DDR-Unrechts, NJW 2000, S. 3017–3022
ders./Gräf, Dieter: Geheime Rechtsprechungsanweisungen in der DDR, ROW 1987, S. 291–294
Schümann, Dietrich: Strafrechtsalltag in der DDR aus der Sicht eines Rechtsanwaltes, NJ 2001, S. 505–508
Schünemann, Bernd: Ungelöste Rechtsprobleme bei der Bestrafung nationalsozialistischer Gewalttaten, in: *Frisch, Wolfgang/Schmid, Werner (Hrsg.),* Festschrift für Hans-Jürgen Bruns; Köln 1978, S. 223–247 (zitiert: FS Bruns)
–: Nulla poena sine lege? Rechtstheoretische und verfassungsrechtliche Implikationen der Rechtsgewinnung im Strafrecht, Berlin, New York 1978
–: Aufarbeitung von Unrecht aus totalitärer Zeit, in: *Pawlowski, Hans Martin/Roellecke, Gerd (Hrsg.),* Der Universalitätsanspruch des demokratischen Rechtsstaats, ARSP-Beiheft Nr. 65, Stuttgart 1996, S. 97–116
–: Dogmatische Sackgassen bei der Strafverfolgung der vom SED-Regime zu verfolgenden Untaten, in: *Samson, Erich/Dencker, Friedrich/ Frisch, Peter/Frister, Helmut/Reiß, Wolfram (Hrsg.)* , Festschrift für Gerald Grünwald zum siebzigsten Geburtstag, Baden-Baden 1999, S. 657–684
Schütze, Theodor Reinhold: Lehrbuch des Deutschen Strafrechts, 2. Aufl. Leipzig 1874
Schuller, Wolfgang: Geschichte und Struktur des politischen Strafrechts der DDR bis 1968, Ebelsbach 1980
–: Zum Problem der Rechtsbeugung durch DDR-Gerichte, DA 1994, S. 1255–1262

Schultz, Günther: Anmerkung zum Urteil des BGH vom 29.5.1952 2 StR 45/50, MDR 1952, S. 695–696
Schulz, Lorenz: Rechtsbeugung und Mißbrauch staatlicher Macht. Die Rechtsprechung des Bundesgerichtshofs zur Rechtsbeugung unter dem SED-Regime, StV 1995, S. 206–212
–: Der nulla-poena-Grundsatz ein Fundament des Rechtsstaats?, in: *Pawlowski, Hans Martin/Roellecke, Gerd (Hrsg.),* Der Universalitätsanspruch des demokratischen Rechtsstaats, ARSP-Beiheft Nr. 65, Stuttgart 1996, S. 175–197
Schulze-Fielitz, Helmuth: Der Rechtsstaat und die Aufarbeitung der vorrechtsstaatlichen Vergangenheit, DVBl. 1991, S. 893–906
Seebode, Manfred: Das Verbrechen der Rechtsbeugung, Neuwied, Berlin 1969
–: Rechtsblindheit und bedingter Vorsatz bei der Rechtsbeugung, JuS 1969, S. 204–208
–: Rechtsbeugung und Rechtsbruch, JR 1994, S. 1–6
–: Freiheit und Gebundenheit des Richters. Freispruch für „Mutter Courage" BGH, Urt. v. 19.12.1996 5 StR 472/96 = wistra 1997, 106 f -, Jura 1997, S. 418–424
–: DDR-Justiz vor Gericht, in: *Eser, Albin/Schittenhelm, Ulrike/Schumann, Heribert (Hrsg.),* Festschrift für Theodor Lenckner zum 70. Geburtstag, München 1998, S. 585–617 (zitiert: FS Lenckner)
Seemann, Peter: Rechtsbeugung – Die Strafbarkeit des Richters, Aachen 1996 (zitiert: Rechtsbeugung)
Seidel, Knut: Rechtsphilosophische Aspekte der „Mauerschützen"-Prozesse, Berlin 1999
Sektion Rechtswissenschaft der Humboldt-Universität zu Berlin/Autorenkollektiv unter Leitung von Horst Luther (Hrsg.): Strafverfahrensrecht. Lehrbuch, 3. Aufl. Berlin 1987 (zitiert: Sektion Rechtswissenschaft/Autorenkollektiv (Hrsg.), Strafverfahrensrecht)
Sektion Rechtswissenschaft der Humboldt-Universität zu Berlin/Akademie für Staats- und Rechtswissenschaft der DDR, Potsdam-Babelsberg (Hrsg.): Strafrecht Besonderer Teil. Lehrbuch, Berlin 1981
Sommer, Ulrich: Das „mildeste Gesetz im Sinne des § 2 III StGB, Königstein 1979
Sontheimer, Kurt/Beck, Wilhelm: Die DDR. Politik, Gesellschaft, Wirtschaft, 4. Aufl. Hamburg 1972 (zitiert: Die DDR)
Sowada, Christoph: Zur Strafbarkeit wegen Rechtsbeugung bei angemaßter richterlicher Zuständigkeit, GA 1998, S. 177–196

Speck, Johannes: Die Rechtsstellung des Beschuldigten im Strafverfahrensrecht der DDR, Freiburg 1990
Spendel, Günter: Zur Problematik der Rechtsbeugung, in: *Kaufmann, Arthur (Hrsg.),* Gedächtnisschrift für Gustav Radbruch, Göttingen 1968, S. 312–323 (zitiert: Radbruch-GS)
–: Rechtsbeugung durch Rechtsprechung, Berlin 1984
–: Justizmord durch Rechtsbeugung, NJW 1971, S. 537-542
–: Rechtsbeugung im Jugendstrafverfahren, JR 1985, S. 485–490
–: Unrechtsurteile der NS-Zeit, in: *Vogler, Theo u. a. (Hrsg.),* Festschrift für Hans-Heinrich Jescheck zum 70. Geburtstag, 1. Halbbd., Berlin 1985, S. 179–198 (zitiert: FS Jescheck)
–: Mord durch ein „Standgericht" SchwurGer Würzburg und BGH, in: Justiz und NS-Verbrechen, X (1973), S. 205, 233, JuS 1988, S. 856–860
–: Bundesgerichtshof und „Mauerschützen"-Prozeß, RuP 1993, S. 61–66
–: Der Bundesgerichtshof zur Rechtsbeugung unter dem SED-Regime Zum Urteil des BGH v. 13.12. 1993 5 StR 76/93, JR 1994, S. 221–224
–: Anmerkung zum Urteil des BGH v. 6.10.1994 4 StR 23/93, JR 1995, S. 214–216
–: Rechtsbeugung und Justiz insbesondere unter dem SED-Regime, JZ 1995, S. 375–381
–: DDR-Unrechtsurteile in der neueren BGH-Literatur - eine Bilanz, JR 1996, S. 177–185
–: Rechtsbeugung und BGH-eine Kritik, NJW 1996, S. 809–812
–: Der Fall Robert Havemann - Beispiel einer Justizfarce, JR 1999, S. 221-226
–: SED-Justizverbrechen und Strafrecht, RuP 2000, S. 226–237
Stalin, Josef: Der Marxismus und die Fragen der Sprachwissenschaft, Berlin 1952
Stanglow, Peter: Rechtsbeugung in der DDR?-BGHSt 40, 30, JuS 1995, S. 971–978
Starck, Christian: Der Rechtsstaat und die Aufarbeitung der vor-rechtsstaatlichen Vergangenheit, VVDStRL 51 (1992), S. 7–45
–: Anmerkung zu BVerfG Beschluß v. 24.10.1996 2 BvR 1851–1853, 1875/94, JZ1997, S. 147–149
Steffen, Erich: Richterprivileg bei bedingtem Vorsatz?, DRiZ 1969, S. 45
Steiniger, Alfons: Wem mißfällt unsere Verfassung?, Die Arbeit 1957, Heft 7, S. 6–9
Stiller, Gerhard: Wesen, Aufgaben und Entwicklung des Strafrechts der DDR. Einschätzung der entsprechenden Abschnitte des Lehrbuchs des Strafrechts der DDR, NJ 1962, S. 765–770

Streinz, Rudolph: Aussprache, in: Der Rechtsstaat und die Aufarbeitung der vor-rechtsstaatlichen Vergangenheit, VVDStRL 51 (1992), S. 153–154

Streit, Josef: Mängel in der Arbeit müssen bis auf ihre ideologische Wurzel geklärt werden, NJ 1956, S. 615–617

–: Für einen neuen Arbeitsstil in der Justiz. Über die Arbeit einer Brigade im Bezirk Gera, NJ 1958, S. 368–371

Strohbach, Heinz/Rohde, Günter: Sorgfältiges Studium der Parteibeschlüsse verhindert Dogmatismus und Formalismus, NJ 1958, S. 689–694

Stumpf, Olaf: Gibt es im materiellen Recht ein Verteidigerprivileg?, NStZ 1997, S. 7–10

Thiel, Carsten: Rechtsbeugung § 339 StGB. Reformdiskussion und Gesetzgebung seit 1870, Berlin 2005 (zitiert: Rechtsbeugung § 339 StGB)

Thomas, Jürgen: Die Übernahme von Richtern und Staatsanwälten der ehemaligen DDR in die bundesdeutsche Justiz, in: *Bundesministerium der Justiz (Hrsg.):* Im Namen des Volkes? Über die Justiz im Staat der SED. Wissenschaftlicher Begleitband zur Ausstellung des Bundesministeriums der Justiz, Leipzig 1994 (zitiert: Im Namen des Volkes?), S. 275–283

Tiedemann, Klaus: Zur legislatorischen Behandlung des Verbotsirrtums im Ordnungswidrigkeiten- und Steuerstrafrecht, ZStW 81 (1969), S. 869–885

–: Der Wechsel von Strafnormen und die Rechtsprechung des Bundesgerichtshofes, JZ 1975, S. 692–694

–: Zeitliche Grenzen des Strafrechts, in: *Baumann, Jürgen/Tiedemann, Klaus (Hrsg.),* Einheit und Vielfalt des Strafrechts. Festschrift für Karl Peters zum 70. Geburtstag, Tübingen 1974, S. 193–208 (zitiert: FS Peters)

Tischler, Werner Georg: Verbotsirrtum und Irrtum über normative Tatbestandsmerkmale: Dogmengeschichte eines Abgrenzungsproblems, Berlin 1984 (zitiert: Verbotsirrtum und Irrtum über normative Tatbestandsmerkmale)

Toeplitz, Heinrich: Zur Leitung der Rechtsprechung durch die oberen Gerichte, NJ 1963, S. 33–36

–: Zur Entwicklung des Obersten Gerichts als Leitungsorgan", NJ 1979, S. 392–394

–: Verwirklichung der Grundrechte der Bürger durch Rechtsprechung, NJ 1985, S. 480–483

Tröndle, Herbert/Fischer, Thomas: Strafgesetzbuch und Nebengesetze, 50. Aufl. München 2001 (Bearbeiter: Fischer)

Tuchel, Johannes: Die NS Prozesse als Materialgrundlage für die historische Forschung. Thesen zu Möglichkeiten und Grenzen interdisziplinärer Zusammenarbeit, in: *Weber, Jürgen/Steinbach, Peter (Hrsg.),* Vergangenheitsbewältigung durch Strafverfahren? NS-Prozesse in der Bundesrepublik Deutschland, München 1984, S. 134–144 (zitiert: Die NS Prozesse als Materialgrundlage für die historische Forschung)

Volk, Klaus: Rechtsbeugung durch Verfahrensverstoß. Zugleich Besprechung von BGH, Urt. vom 5.12.1996 1 StR 376/96, NStZ 1997, S. 412–415

von Feldmann, Peter: Die Auseinandersetzung um das Ermittlungsverfahren gegen Richter und Staatsanwälte am Volksgerichtshof, in: *Redaktion Kritische Justiz (Hrsg.),* Der Unrechts-Staat Band II: Recht und Justiz im Nationalsozialismus, Baden-Baden 1984 (zitiert: Der Unrechts-Staat Bd. II), S. 244–248

von der Heide, Frank: Zum Beginn des Strafverfahrens, NJ 1990, S. 252–253

–: Stellt die Nichtverfolgung von Anzeigen wegen Wahlfälschung eine Rechtsbeugung dar?, NJ 1994, S. 67–68

Von Heintschel-Heinegg, Bernd: Strafgesetzbuch Kommentar, München 2010

von Lindheim, Thomas: Das Prinzip der Öffentlichkeit des Verfahrens im Strafprozeß der DDR, ROW 1978, S. 66–68

von Münch, Ingo/Kunig, Philip (Hrsg.): Grundgesetz-Kommentar, Band 3 (Art. 70–146), 4./5. Aufl. München 2003

von Stahl, Alexander: Wortmeldung, in: 40 Jahre SED-Unrecht. Eine Herausforderung für den Rechtsstaat. Erstes Forum des Bundesministers der Justiz am 9. Juli 1991 in Bonn. Sonderheft der Zeitschrift für Gesetzgebung, S. 26–27 (zitiert: 40 Jahre SED-Unrecht)

Vormbaum, Thomas: Der strafrechtliche Schutz des Strafurteils. Untersuchungen zum Strafrechtsschutz des strafprozessualen Verfahrensziels, Berlin 1987 (zitiert: Der strafrechtliche Schutz des Strafurteils)

–: Probleme der Strafrechtsanwendung im vereinigten Deutschland, StV 1991, S. 176–182

–: Zur strafrechtlichen Verantwortlichkeit von DDR-Richtern wegen Rechtsbeugung. Anmerkungen zum Urteil des LG Berlin vom 17. August 1992, NJ 1993, S. 212–215

–: Der strafrechtliche Schutz von Institutionen der DDR durch das bundesdeutsche Strafrecht, in: *Düwell, Franz-Josef (Hrsg.),* Anwalt des Rechtsstaates. Festschrift für Diether Posser zum 75. Geburtstag, Köln 1997, S.153–174 (zitiert: FS Posser)

Wagner, Heinz: Amtsverbrechen, Berlin 1975

–: Die Rechtsprechung zu den Straftaten im Amt seit 1975 Teil 2, JZ 1987, S. 658–669

Wagner, Ingo: Sozialistisches Recht und juristischer Überbau Zur Rechtskonzeption des entwickelten Sozialismus (Thesen), in: *Karl-Marx-Universität Leipzig, Sektion Rechtswissenschaft/Wagner, Ingo,* Sozialistisches Recht und juristischer Überbau, Leipzig 1982, S. 4–39

Wagner, Heinz Josef: Die Militärjustiz der DDR. Unter besonderer Berücksichtigung der Rechtsprechung der Militärgerichte. Band I, Berlin 2006

Warda, Günter: Grundzüge der strafrechtlichen Irrtumslehre (2. Teil), Jura 1979, S. 71–82

Wassermann, Rudolf: Wortmeldung, in: 40 Jahre SED-Unrecht. Eine Herausforderung für den Rechtsstaat. Erstes Forum des Bundesministers der Justiz am 9. Juli 1991 in Bonn. Sonderheft der Zeitschrift für Gesetzgebung, S. 35–37 (zitiert: 40 Jahre SED-Unrecht)

ders: Unrecht durch DDR-Rechtsprechung, in: *Seebode, Manfred (Hrsg.),* Festschrift für Günter Spendel, Berlin 1992, S. 629–653 (zitiert: FS Spendel)

–: Die strafrechtliche Aufarbeitung der DDR-Vergangenheit, RuP 1992, S. 121–134

–: Zur Anwendung er sogenannten Radbruchschen Formel auf Unrechtsurteile der DDR-Justiz, NJW 1992, S. 878–879

–: Zweifelsfragen bei der Verfolgung der DDR-Funktionärskriminalität, RuP 1992, S. 204–210

–: Schein-Richter, DRiZ 1992, S. 161

–: Regierungskriminalität und justizielle Aufarbeitung Möglichkeiten und Grenzen -, DRiZ 1993, S. 137–142

–: Verbrechen unter totalitärer Herrschaft Zur Rolle des Rechts bei der Aufarbeitung der DDR-Vergangenheit, NJW 1993, S. 895–899

–: Die DDR-Denunzianten und der Bundesgerichtshof, NJW 1995, S. 931–933

–: Gestörtes Gleichgewicht. Kritische Essays zu Politik und Recht, Asendorf 1995

–: Rechtsblindheit? Müßten Roland Freisler und Hilde Benjamin straffrei bleiben? NJW 1995, S. 2965–2966

–: Der Rechtsstaat als Prügelknabe, NJW 1996, S. 2076–2077

–: Wie Unrecht geschont wird. zum Umgang mit der SED-Justiz, RuP 1996, S. 132–138

–: System- und Exzeßtäter, in: *Albrecht, Hans-Jörg/Dünkel, Frieder/Kerner, Hans-Jörg/Kürzinger, Josef/Schöch, Heinz/Sessar, Klaus/Villmow, Bernhard (Hrsg.),* Internationale Perspektiven in Kriminologie und Strafrecht.

Festschrift für Günther Kaiser zum 70. Geburtstag, 2. Halbbd. Berlin 1998, S. 1405–1418 (zitiert: FS Kaiser)
–: SED-Verbrechen ohne angemessene Ahndung? Zur Schlußbilanz der strafrechtlichen Aufarbeitung des SED-Unrechts, RuP 1999, S. 101–108
–: Zur Bewertung der strafrechtlichen Aufarbeitung des DDR-Unrechts, NJW 2000, S. 403–405
Weber, Klaus: Die Verfolgung des SED-Unrechts in den neuen Ländern, GA 1993, S. 195–229
–: Praktische Probleme der strafrechtlichen Verfolgung staatlichen Unrechts in der ehemaligen DDR, in: *Lampe, Ernst-Joachim (Hrsg.),* Deutsche Wiedervereinigung. Die Rechtseinheit. Bd. II Die Verfolgung von Regierungskriminalität der DDR nach der Wiedervereinigung, Köln u. a. 1993, S. 39–46 (zitiert: Deutsche Wiedervereinigung Bd. II)
Weidenkaff, Walter: Stichwort Rechtsblindheit, in: *Creifelds, Carl (Begr.)/ Kauffmann, Hans (Hrsg.),* Rechtswörterbuch, 13. Aufl. München 1996, S. 931
Welke, Wanja Andreas: Rückwirkungsverbot zugunsten staatlicher Kriminalität?, KJ 1995, S. 369–382
Welzel, Hans: Anmerkung zu RG Urt. vom 7.4. 1927, JW 1927, S. 2006–2008
–: Das deutsche Strafrecht Eine systematische Darstellung, 4. Aufl. Berlin 1954
–: Der Parteiverrat und die Irrtumsprobleme (Tatbestands-, Verbots- und Subsumtionsirrtum), JZ 1954, S. 276–280
–: Irrtumsfragen im Steuerstrafrecht, NJW 1953, S. 486–488
Wendel, Eberhard: Ulbricht als Richter und Henker Stalinistische Justiz im Parteiauftrag, Berlin 1996 (zitiert: Ulbricht als Richter und Henker)
Wentker, Hermann: Volksrichter in der SBZ/DDR 1945 bis 1952. Eine Dokumentation, München 1997 (zitiert: Volksrichter in der SBZ/DDR)
Werkentin, Falco: Das justitielle Unrecht der Waldheimer Prozesse, NJ 1991, S. 209–210
–: Scheinjustiz in der frühen DDR. Aus den Regieheften der „Waldheimer Prozesse" des Jahres 1950, KJ 1991, S. 333–350
–: Justizkorrekturen als permanenter Prozeß Gnadenerweise und Amnestien in der Justizgeschichte der DDR, NJ 1992, 521–527
–: Wirtschaftsstrafrecht als Instrument der „Revolution von oben" Justizpolitik der DDR in den 50er Jahren, in: Strafrecht, soziale Kontrolle, soziale Disziplinierung, Jahrbuch für Rechtssoziologie und Rechtstheorie, Bd. 15, Opladen 1993, S. 328–351
–: Die Reichweite politischer Justiz in der Ära Ulbricht, in: *BMJ (Hrsg.),* Im Namen des Volkes? Über die Justiz im Staat der SED. Wissenschaft-

licher Begleitband zur Ausstellung des Bundesministeriums der Justiz, Leipzig 1994 (zitiert: Im Namen des Volkes?), S. 179–196
-: Strafjustiz im politischen System der DDR: Fundstücke zur Steuerungs- und Eingriffspraxis des zentralen Parteiapparates der SED, in: *Rottleuthner, Hubert (Hrsg.: BMJ)* Steuerung der Justiz in der DDR. Einflußnahme der Politik auf Richter, Staatsanwälte und Rechtsanwälte, Köln 1994 (zitiert: Strafjustiz im politischen System der DDR bzw. Steuerung der Justiz in der DDR), S. 93–133
-: Politische Strafjustiz in der Ära Ulbricht, Berlin 1995
-: Die Waldheimer „Prozesse" der Jahre 1950/52, in: *Deutscher Bundestag (Hrsg.),* Materialien der Enquête Kommission des Deutschen Bundestages „Aufarbeitung von Geschichte und Folgen der SED-Diktatur in Deutschland" (12. Wahlperiode des Deutschen Bundestages), Bd. IV: Recht, Justiz und Polizei im SED-Staat, Baden-Baden 1995, S. 849–879
-: Damit das Leid der Opfer nicht sinnlos war: Rechtspolitische Forderungen am Ende eines Jahrhunderts der Diktaturen, RuP 1996, S. 139–143
-: Scheinjustiz in der früheren DDR. Aus den Regieheften der „Waldheimer Prozesse" des Jahres 1950, in: *Redaktion Kritische Justiz (Hrsg.),* Die juristische Aufarbeitung des Unrechts-Staats, Baden-Baden 1998, S. 703–725

Wesel, Uwe: Geschichte des Rechts. Von den Frühformen bis zum Vertrag von Maastricht, München 1997 (zitiert: Geschichte des Rechts)

Wessel, Markus: NS-Justizverbrechen und Nachkriegsrechtsprechung. Der Lohrer Standgerichtsfall und ähnlicher Verfahren, Göttingen 1998 (zitiert: NS-Justizverbrechen und Nachkriegsrechtsprechung)

Wessels, Johannes/Beulke, Werner: Strafrecht Allgemeiner Teil (Die Straftat und ihr Aufbau), 40. Aufl. Heidelberg 2010

Wessels, Johannes/Hettinger, Michael: Strafrecht Besonderer Teil /1, 25. Aufl. Heidelberg 2001, 33. Aufl. Heidelberg 2009 (zitiert: Strafrecht BT/1) sowie 34. Aufl. Heidelberg 2010

Westen, Klaus: Die rechtstheoretischen und rechtsphilosophischen Ansichten Josef Stalins, Lindau, Konstanz 1959

Wieland, Günther: Besonderheiten der Strafverfahren zur Ahndung von Nazi-Justizverbrechen, NJ 1984, S. 52–53

Wieland, Wolfgang/Albin, Wolf: Die Justiz und das Erbe der Diktatur, Horch und Guck 2010, S. 4–8

Wieners, Marcel: Rechtsbeugung im Zeitgeistwandel, Köln 2000 (Fotodruck)

Willnow, Günter: Die Rechtsprechung des 5. (Berliner) Strafsenats des Bundesgerichtshofs zur strafrechtlichen Bewältigung der mit der deutschen Vereinigung verbundenen Probleme, JR 1997, S. 221–227
–: Die Rechtsprechung des 5. (Berliner) Strafsenats des Bundesgerichtshofs zur strafrechtlichen Bewältigung der mit der deutschen Vereinigung verbundenen Probleme (Schluß), JR 1997, S. 265–272
Wilms, Heiner/Ziemske, Burkhardt: Gesetzliches Unrecht und übergesetzliches Recht? ZRP 1994, S. 170–172
Wingenfeld, Heiko: Die öffentliche Debatte über die Strafverfahren wegen DDR-Unrechts. Vergangenheitsaufarbeitung in der bundesdeutschen Öffentlichkeit der 90er Jahre, Berlin 2006
Winters, Peter Jochen: Ein Sieg der Gerechtigkeit, DA 1993, S. 1121–1123
–: Der Mielke-Prozeß, in: *Weber, Jürgen/Piazolo, Michael (Hrsg.)*, Eine Diktatur vor Gericht: Aufarbeitung von SED-Unrecht durch die Justiz, München 1995, S. 101–113 (letzteres zitiert: Eine Diktatur vor Gericht)
Witte, Rainer: „Als Richter politisch nicht tragbar". Ehemalige Richter berichten über ihren Fall, NJ 1990, 145–147
Woesner, Horst: Deutsch-Deutsche Strafrechtskonflikte, ZRP 1976, S. 248–250
Wohlers, Wolfgang/Gaede, Karsten: Rechtsbeugung durch Handeln aus sachfremden Erwägungen? GA 2002, S. 483–496
Wolf, Ernst: Rechtsbeugung durch DDR-Richter, NJW 1994, S. 1390–1391
Wolff, Friedrich: Der Beschluß des Staatsrates vom 30. Januar 1961 und die Aufgaben der Rechtsanwaltschaft, NJ 1961, S. 277–280
–: Stellung, Aufgaben und Verantwortung des Verteidigers im Strafverfahren, NJ 1979, S. 400–402
–: Geschichtsbewältigung durch Strafrecht? DRiZ 1996, S. 88–96
Wüllner, Fritz: Die NS-Militärjustiz und das Elend der Geschichtsschreibung. Ein grundlegender Forschungsbericht, Baden-Baden 1991 (zitiert: Die NS-Militärjustiz und das Elend der Geschichtsschreibung)
Wünsch, Sandra: Richterprivileg Verteidigerprivileg, StV 1997, S. 45–51
Wünsche, Kurt: 15 Jahre Kollegien der Rechtsanwälte, NJ 1968, S. 360–361
Wüstrich, Wolfgang: Recht und Rechtsstaatlichkeit nach der Wiedervereinigung, NJ 1993, S. 171–173
Wullweber, Helga: Die Mauerschützenurteile, KJ 1993, S. 49–62
Zapater, Enrique Bacigalupo: Über die richterliche Rechtsbeugung, in: *Rogall, Klaus/Puppe, Ingeborg/Stein, Ulrich/Wolter, Jürgen (Hrsg.)*, Festschrift für Hans-Joachim Rudolphi zum 70. Geburtstag, Neuwied 2004, S. 381–390

Zielcke, Andreas: Amnestie für in der DDR begangene Straftaten? KJ 1990, S. 460–467
Zimmermann, Stefan: Die strafrechtliche „Bewältigung" der deutschen Diktaturen, JuS 1996, S. 865–871
–: Strafrechtliche Vergangenheitsaufarbeitung und Verjährung, Freiburg 1997

Abkürzungsverzeichnis

1. SED-UnberG	Erstes SED-Unrechtsbereinigungsgesetz
a. A.	andere Ansicht
Abs.	Absatz
AEMR	Allgemeine Erklärung der Menschenrechte
Alt.	Alternative
Anl.	Anlage
Anm.	Anmerkung
AöR	Archiv des öffentlichen Rechts
ARSP	Archiv für Rechts- und Sozialphilosophie
Art.	Artikel
Aufl.	Auflage
Az.	Aktenzeichen
Bd.	Band
BGBl.	Bundesgesetzblatt
BGH	Bundesgerichtshof
BGHSt	Entscheidungen des Bundesgerichtshofs in Strafsachen
BMJ	Bundesministerium der Justiz
BVerfGE	Entscheidungen des Bundesverfassungsgerichts
bzgl.	bezüglich
bzw.	beziehungsweise
DA	Deutschland Archiv
DDR	Deutsche Demokratische Republik
DDR-GrenzG	Grenzgesetz der DDR
DDR-GVG	Gerichtsverfassungsgesetz der DDR
DDR-StGB	Strafgesetzbuch der DDR
DDR-StPO	Strafprozessordnung der DDR
DDR-Verf. (1949)	Verfassung der DDR vom 7.10. 1949
DDR-Verf.(1968)	Verfassung der DDR vom 6.4.1968
DDR-Verf. (1968 /1974)	Verfassung der DDR vom 6.4.1968 in der Fassung vom 7.10.1974
ders.	derselbe
dies.	dieselbe
d. Verf.	die Verfasserin

EGMR	Europäischer Gerichtshof für Menschenrechte
DRiZ	Deutsche Richterzeitung
DtZ	Deutsch-Deutsche Rechtszeitschrift
DVBl	Deutsches Verwaltungsblatt
EGStGB	Einführungsgesetz zum Strafgesetzbuch
EMRK	Europäische Menschenrechtskonvention
EV	Einigungsvertrag
FAZ	Frankfurter Allgemeine Zeitung
FDGB	Freier Deutscher Gewerkschaftsbund
f.	folgende
ff.	fortfolgende
Fn.	Fußnote
GA	Goltdammer`s Archiv
GBl.	Gesetzblatt
gem.	gemäß
GG	Grundgesetz
ggf.	gegebenenfalls
h.L.	herrschende Lehre
h. M.	herrschende Meinung
Hrsg.	Herausgeber
Hs	Halbsatz
HSchG	Gesetz zum Schutz des innerdeutschen Handels
i. E.	im Ergebnis
insbes.	insbesondere
IPBPR	Internationaler Pakt über bürgerliche und politische Rechte
JR	Juristische Rundschau
Jura	Juristische Ausbildung (Zeitschrift)
JuS	Juristische Schulung
JZ	Juristenzeitung
KJ	Kritische Justiz
KG	Kammergericht
KPdSU	Kommunistische Partei der Sowjetunion
KRG	Kontrollratsgesetz
krit.	kritisch
KritV	Kritische Vierteljahresschrift für Gesetzgebung und Rechtswissenschaft
KSStVO	Kriegssonderstrafrechtsverordnung
LG	Landgericht
MdJ	Ministerium der Justiz

MfS	Ministerium für Staatssicherheit
MDR	Monatsschrift für deutsches Recht
MSchrKrim	Monatsschrift für Kriminologie und Strafrechtsreform
ND	Neues Deutschland
NJ	Neue Justiz
NJW	Neue Juristische Wochenschrift
Nr.	Nummer
NSG	nationalsozialistische Gewalttaten/Gewaltverbrechen
NStZ	Neue Zeitschrift für Strafrecht
OG	Oberstes Gericht der DDR
OGH BrZ	Oberster Gerichtshof für die Britische Zone
OLG	Oberlandesgericht
o.Verf.	ohne Verfasser(angabe)
PaßG/1954	Paß-Gesetz der Deutschen Demokratischen Republik. Vom 15. September 1954 (GBl. DDR 1954, S. 786)
PaßG/1957	Gesetz zur Änderung des Paßgesetzes der Deutschen Demokratischen Republik. Vom 11. Dezember 1957 (GBl. DDR 1957 I, S. 650)
PaßVO/1954	Paßverordnung. Vom 15. Dezember 1954 (VOBl. für Groß-Berlin 1954 I, S. 631)
PaßVO/1957	Verordnung zur Änderung der Paßverordnung. Vom 11. Dezember 1957 (VOBl. für Groß-Berlin 1957 I, S. 633)
RehaG-DDR	Rehabilitierungsgesetz vom 6. September 1990 (DDR-GBl. I Nr. 60 S. 1459)
RJM	Reichsjustizministerium
ROW	Recht in Ost und West
RuP	Recht und Politik
S.	Seite
SBZ	Sowjetische Besatzungszone
SchlHA	Schleswig-Holsteinische Anzeigen
SchwurG	Schwurgericht
SED	Sozialistische Einheitspartei Deutschlands
SJZ	Süddeutsche Juristenzeitung
s. o.	siehe oben
sog.	sogenannte(r)
Sp.	Spalte
StA	Staatsanwaltschaft
StAG	Gesetz über die Staatsanwaltschaft der Deutschen Demokratischen Republik (Staatsanwaltschaftsgesetz)

StEG	Gesetz zur Ergänzung des Strafgesetzbuches (Strafrechtsergänzungsgesetz) vom 11. Dezember 1957 (GBl. DDR 1957 I, S. 643 ff)
StuR	Staat und Recht
str.	streitig
StV	Der Strafverteidiger
s. u.	siehe unten
Sp.	Spalte
SZ	Süddeutsche Zeitung
u. a.	und andere/unter anderem
UaS	Unrecht als System. Dokumente über planmäßige Rechtsverletzungen im sowjetischen Besatzungsgebiet, Teil I, bzw. Unrecht als System. Dokumente über planmäßige Rechtsverletzungen in der Sowjetzone Deutschlands (Hrsg. jeweils: Bundesministerium für gesamtdeutsche Fragen)
UNO	United Nations Organisation
usw.	und so weiter
v.	von/vom
v. d.Verf.	von der Verfasserin
VESchG	Gesetz zum Schutz des Volkseigentums und anderen gesellschaftlichen Eigentums
vgl.	vergleiche
wistra	Zeitschrift für Wirtschafts- und Steuerstrafrecht
VO	Verordnung
VVDStRL	Veröffentlichungen der Vereinigung der Deutschen Strafrechtslehrer
WVK	Wiener Vertragsrechtskonvention
ZAP-Ost	Zeitschrift für die Anwaltspraxis Ausgabe Ost
z. B.	zum Beispiel
ZPA	Zentrales Parteiarchiv
ZK	Zentralkomitee
ZRP	Zeitschrift für Rechtspolitik
ZStW	Zeitschrift für die gesamte Strafrechtswissenschaft
zust.	zustimmend
zutr.	zutreffend

www.ingramcontent.com/pod-product-compliance
Ingram Content Group UK Ltd.
Pitfield, Milton Keynes, MK11 3LW, UK
UKHW021824290926
8980IPUK00004B/250

9 783631 623015